第一、二、三产业比重：8.7：23.7：67.6
人均生产总值：59471元
全年财政收入：64.2亿元
一般公共预算收入：38.4亿元
公共财政预算支出：63.1亿元
常住人口城镇化率：62.76%
城镇居民人均可支配收入：46685元
农村居民人均可支配收入：19738元
社会消费品零售总额：101.7亿元
实际利用外资：929万美元
年末人民币存款余额：483.7亿元
年末人民币贷款余额：622.9亿元
全县各类学校（含培训机构）总数：234所
在校学生数：76025人（含幼儿15060人）
专任教师：5660人
医疗卫生机构数：424所
医疗卫生机构床位：2130张
医疗卫生技术人员：2225人
全县公路里程：1024千米
大、中、小载货汽车：2756辆
大、中型载客汽车：130辆

# 香河年鉴

## 2020 XIANGHE YEARBOOK

香河县地方志编纂委员会　编

方志出版社
Publishing House of Local Records

**图书在版编目（CIP）数据**

香河年鉴. 2020 / 香河县地方志编纂委员会编. —
北京：方志出版社，2020.10
ISBN 978-7-5144-4566-4

Ⅰ. ①香… Ⅱ. ①香… Ⅲ. ①香河县-2020-年鉴
Ⅳ. ①Z522.24

中国版本图书馆 CIP 数据核字（2020）第 244338 号

**香河年鉴（2020）**

**编　　者：** 香河县地方志编纂委员会
**责任编辑：** 刘方圆

**出 版 者：** 方志出版社
地址　北京市朝阳区潘家园东里 9 号（国家方志馆 4 层）
邮编　100021
网址　http://www.fzph.org
**发　　行：** 方志出版社图书经销中心
电话　（010）67110500
**经　　销：** 各地新华书店
**印　　刷：** 廊坊市国彩印刷有限公司

**开　　本：** 889×1194　　1/16
**印　　张：** 40.88
**字　　数：** 1042 千字
**版　　次：** 2020 年 10 月第 1 版　　2020 年 10 月第 1 次印刷
**印　　数：** 001~800册

ISBN 978-7-5144-4566-4　　　　**定价：398.00元**

# 香河县地方志编纂委员会

主　　任：齐泽旭　香河县人民政府县长
副 主 任：田立军　中共香河县委常委、县委办公室主任
　　　　　张浩波　香河县人大常委会副主任
　　　　　刘雪艳　香河县人民政府副县长
　　　　　李一超　政协香河县委员会副主席
委　　员：王长泉　中共香河县委办公室常务副主任
　　　　　王　强　香河县人民政府办公室主任、县市场监督管理局局长
　　　　　王立生　中共香河县委宣传部常务副部长
　　　　　杨振亮　香河县地方志编纂中心主任
　　　　　冯国祥　香河县发展和改革局局长
　　　　　孙宏伟　香河县人力资源和社会保障局局长
　　　　　刘　宇　香河县财政局局长
　　　　　高立军　香河县住房和城乡建设局局长
　　　　　姜建明　香河县教育和体育局局长
　　　　　马宝生　香河县民政局局长
　　　　　康会伟　香河县统计局局长
　　　　　白颖浩　香河县交通运输局局长
　　　　　姚立民　香河县文化广电和旅游局局长
　　　　　石宝智　香河县科学技术和工业信息化局局长
　　　　　孟繁章　香河县农业农村局局长
　　　　　史长城　香河县融媒体中心主任
　　　　　肖凤双　香河县档案馆馆长
　　　　　赵立志　香河县文学艺术界联合会主席
　　　　　李长海　香河县公安局副局长
　　　　　樊振华　中国人民银行香河支行行长

# 香河县地方志编纂中心

主　　　任：杨振亮

副　主　任：刘春林　韩宝明

副主任科员：王树春

科　　　员：闫振春　张　丹

# 《香河年鉴（2020）》编纂人员

主　　编：杨振亮

副 主 编：王树春　李志楠

编　　辑：闫振春　陈述龙　刘士刚　马　军

　　　　　杨东林　张　丹

工作人员：孟艳双　李学涛

# 《香河年鉴（2020）》撰稿人名单

（以姓氏笔画为序）

| | | | | | | | |
|---|---|---|---|---|---|---|---|
| 马　艺 | 马　静 | 马冬伟 | 马丽娜 | 马瑞庆 | 王　尧 | 王　希 | 王　涛 |
| 王　翠 | 王小雨 | 王友杰 | 王仕磊 | 王丽娜 | 王春明 | 王春蕾 | 王树春 |
| 王海林 | 王德勇 | 孔庆军 | 石　磊 | 卢振宇 | 田文忠 | 田永康 | 付　震 |
| 冯晓明 | 吉朝伟 | 成志云 | 任海龙 | 任娟娟 | 庄英艳 | 刘　俭 | 刘　洋 |
| 刘　娜 | 刘　桐 | 刘　勍 | 刘　辉 | 刘　颖 | 刘　颜 | 刘卫华 | 刘凤娇 |
| 刘东波 | 刘春红 | 刘洪林 | 刘洪霞 | 刘娅东 | 刘晓静 | 刘雪至 | 刘跃波 |
| 刘新梅 | 祁福兵 | 阮永旺 | 孙　浩 | 孙文静 | 孙丽明 | 孙欣慰 | 孙建永 |
| 孙艳红 | 孙媛媛 | 芮文颖 | 苏绍辉 | 杜振江 | 李　帆 | 李　林 | 李　岩 |
| 李　盼 | 李　萌 | 李万勇 | 李小军 | 李长健 | 李月然 | 李会民 | 李宏林 |
| 李宏亮 | 李林繁 | 李建国 | 李春杰 | 李树明 | 李淑雅 | 杨　旭 | 杨　波 |
| 杨连永 | 杨国明 | 杨雪莲 | 杨腾飞 | 吴　华 | 吴长松 | 邱亚男 | 邱雅楠 |
| 何建妤 | 佟沅洪 | 宋　威 | 宋俊婷 | 张　洋 | 张　曼 | 张　越 | 张　厦 |
| 张　媛 | 张　毅 | 张　鑫 | 张艺馨 | 张来顺 | 张建波 | 张建悦 | 张炳江 |
| 张笑奇 | 张海亮 | 陈　强 | 陈卫彬 | 陈丽颖 | 陈宏儒 | 陈海涛 | 陈彩霞 |
| 陈淑伶 | 陈雅桐 | 邵亚海 | 果　晧 | 周月如 | 周凤伟 | 周绍会 | 周梦洁 |
| 郑　丹 | 郑万强 | 郑肃然 | 郎瑞芸 | 屈秀艳 | 孟宪东 | 赵春森 | 赵俊军 |
| 赵默然 | 胡炜东 | 茹　超 | 侯立英 | 姚　想 | 袁炳毅 | 贾　松 | 徐子涵 |
| 凌　珍 | 凌殿国 | 高　琴 | 高鑫淼 | 郭景梅 | 黄　娜 | 黄云龙 | 黄云华 |
| 黄聪伟 | 曹月丽 | 常　晖 | 康亚静 | 康学鹏 | 韩子月 | 韩建刚 | 程红坡 |
| 焦　为 | 温建亚 | 谢文波 | 靳　苹 | 靳洪坤 | 靳雪丽 | 路　志 | 蔡国强 |
| 彰卫国 | 彰文娟 | 魏　静 | 魏建军 | | | | |

荷香 香河

# 政治建设

12月31日，中国共产党香河县第十一届委员会第五次全体会议召开　　县融媒体中心供图

2020 年 1 月 10 日，香河县第十五届人民代表大会第四次全体会议开幕　　县融媒体中心供图

2020 年 1 月 9 日，中国人民政治协商会议香河县第九届委员会第四次全体会议开幕　　县融媒体中心供图

9月11日，香河县召开“不忘初心、牢记使命”主题教育动员部署会议　　县融媒体中心供图

6月27日，香河县庆祝中国共产党成立98周年暨“一先两优”颁奖典礼　　县融媒体中心供图

5月15日，中共新华书店总店党委与中共香河县委共建“四力”教育实践活动基地启动仪式在香河举行，新华书店总店党委副书记、总经理茅院生（左）与县委书记李桂强（右）共同为活动基地揭牌　　县融媒体中心供图

县委理论学习中心组组织学习　　县融媒体中心供图

荷香香河

# 经济建设

2月26日，北京市与河北省廊坊市“北三县”项目推介洽谈会召开，会上，腾云世纪（北京）数据科技有限公司在香河县建设数字经济产业项目、西维尔蓄能技术（北京）有限公司在香河县建设机器人生产线流体控制系统研发生产项目等成功签约　　香河经济开发区供图

4月13日，香河县在北京举办“承接非首都功能疏解、推进京津冀协同发展”招商恳谈会，县委书记李桂强致辞　　县融媒体中心供图

3月17日，在香河机器人小镇举行香河县重点项目集中开工现场会，机器人系统集成产业园、韵达电商华北产业基地等12个项目集中开工　　县融媒体中心供图

5月18日，2019年中国·廊坊国际经贸洽谈会举行廊坊市重点合作项目签约仪式，香河县有安基香河奢侈品物流、文化产业创新示范园、广蓉欧跨境贸易产业中心等5个项目签约 县融媒体中心供图

4月9日，第三届中国·香河国际家具展览会暨国际家居文化节开幕 县融媒体中心供图

香河机器人小镇　　县融媒体中心供图

香河健康小镇——大爱城　　县融媒体中心供图

荷香香河

# 文化建设

7月29日清晨，县四大班子领导与全县部分机关干部和社会各界群众代表2000余人，在新城公园高唱《我和我的祖国》，庆祝中华人民共和国成立70周年　　　　县融媒体中心供图

8 月 12 日，首届香河县文化和旅游产业发展大会开幕　　　　县文化广电和旅游局供图

8 月 4 日，中央电视总台农业农村频道（CCTV–17）《乡村大舞台》栏目组走进香河，录制体现香河风土人情的专题综艺节目，并于 9 月 7 日在 CCTV–17 频道首播　　　　县融媒体中心供图

1月18日，香河县召开文化艺术精品奖表彰大会，县委书记李桂强等县领导出席表彰会并为获奖者颁奖　　县融媒体中心供图

9月9日，香河县2019年教师节庆祝暨表彰大会召开　　县融媒体中心供图

传承非物质文化遗产项目——剪纸　　　　县文化广电和旅游局供图

冰雪运动进校园——冰球角逐　　　　县融媒体中心供图

# 社会建设

9月4日，8月"时代新人、河北好人"发布暨道德模范与身边好人（廊坊·香河）现场交流活动　县融媒体中心供图

5月30日，举办香河县庆“六一”暨“新时代好少年”先进事迹发布会，香河县首批26名“新时代好少年”接受表彰 县融媒体中心供图

奉献爱心，无偿献血 县融媒体中心供图

香河县智慧城市指挥中心　　　　县融媒体中心供图

香河县便民服务中心办事大厅　　　　县行政审批局供图

11月7日，在全国推动“四好农村路”高质量发展现场会上，香河县荣获全国“四好农村路”示范县称号，县长王文强（左三）代表香河县上台领奖　县交通运输局供图

农村公路　县融媒体中心供图

荷香香河

# 生态建设

北运河——香河安运桥段　　县融媒体中心供图

潮白河　　王爱民　摄

万亩荷塘　　县融媒体中心供图

城市建设——县便民服务中心鸟瞰图　　县融媒体中心供图

国家AAA级水岸潮白景区　　县融媒体中心供图

智能温室生态无土栽培　　安头屯镇政府供图

普及垃圾分类知识——5月7日，香河县启明星幼儿园参观县首个垃圾分类宣教基地　县环卫部门供图

# 编辑说明

1.《香河年鉴（2020）》以马克思列宁主义、毛泽东思想、邓小平理论、“三个代表”重要思想、科学发展观、习近平新时代中国特色社会主义思想为指导，坚持辩证唯物主义和历史唯物主义的立场、观点和方法，坚持实事求是的原则，客观翔实记述。

2.《香河年鉴（2020）》记述香河县行政区域自然、政治、经济、文化、社会等方面基本情况，反映2019年度香河县经济和社会发展的新变化、新成就，为各级领导决策提供参考依据，为社会各界人士了解和研究香河提供信息，为编史修志积累资料。《香河年鉴（2020）》为第8卷。

3.《香河年鉴（2020）》采用分类编纂法、条目式记事体，个别相关或相近部类合并立目。主体框架设类目、分目、条目3个层次，条目为年鉴内容的基本记述单元。

4.《香河年鉴（2020）》采用法定计量单位，土地面积以公顷为计量单位，为满足人们的认知习惯，用“亩”进行括注。

5.《香河年鉴（2020）》文中“党”均指“中国共产党”，未标明党派的“省委”均指“中共河北省委”、“市委”均指“中共廊坊市委”、“县委”均指“中共香河县委”、“党建”均指“中国共产党党的建设”、“党员”均指“中共党员”。

6.《香河年鉴（2020）》有关全县经济与社会统计资料以香河县统计局提供的数据为准，领导干部任职情况以县委组织部门公布的信息为准，机构设置以县委编制部门公布的信息为准；所用稿件大部分由各承编单位撰写并经单位负责人审核；部分稿件参考香河融媒发布、香河县人民政府网站及《新香河》等县主流媒体信息。

7.《香河年鉴（2020）》对正文中的部分词语在附录中予以注释。

8.《香河年鉴（2020）》设双重检索，书前有目录，书后有索引。

# 目　录

## 特　载



## 专　题



## 大 事 记



## 香河概况

## 中国共产党香河县委员会

## 香河县人民代表大会

## 香河县人民政府



## 中国人民政治协商会议香河县委员会

## 纪检监察



## 人民团体

# 军　事

## 法　治

## 综合管理

# 农业　农村

## 水　务



## 财政　税务

## 交通　邮政　电力

## 商贸流通



## 工业　信息业

## 特色产业



## 香河经济开发区

## 城乡建设

## 生态环境

## 金　融

## 教育　体育

## 科　学



## 文　化

## 旅　游



## 卫生健康

## 社会生活

## 乡镇（社区办）

## 人　物



## 文献文件辑存



## 附　录

# 特　载

责任编辑　闫振春

## 冲刺“十三五”　全面达小康<br>在推进高质量发展中建设美丽幸福新香河

### ——在中共香河县委十一届五次全会上的报告

中共香河县委书记　李桂强

（2019 年 12 月 31 日）

## 2019 年回顾与总结

2019 年，是香河县保持定力、接续奋斗，加快建设美丽幸福新香河的关键一年。县委常委会坚持以习近平新时代中国特色社会主义思想为统领，认真落实中央和省市委决策部署，聚焦打造“现代高端产业聚集区、功能完善首都卫星城、和谐幸福宜居新家园、基层党的建设新高地”，加快建设美丽幸福新香河，经济社会各项事业发展取得新业绩。

**一年来，县委常委会激发干劲，积极作为，综合实力不断增强。**面对经济下行压力持续加大、困难挑战不断增多的严峻形势，团结带领全县广大党员干部群众，坚持在客观中查主观，在工作中找差距，切实增强高质量发展的责任感和紧迫感。高水平推进全面深化改革工作，142 项改革任务扎实推进，服务协同发展、承接产业转移、推进乡村振兴、强化机关党建、送健康进校园等 20 余项改革经验和工作方法被中央和省级重点媒体刊发。高效率完成党政机构改革，真正实现了机构融合、队伍融合、工作融合、思想融合，行政效能得到提升，激情干劲充分迸发。高标准保持经济平稳运行，一般公共预算收入完成38.4亿元，同比增长4.4%左右，固定资产投资增长5%左右，规上工业增加值增长5%左右，社会消费品零售总额增长9%左右，城乡居民人均可支配收入分别增长8%和8.5%左右。香河县再次获评全国综合实力、投资潜力、科技创新、绿色发展和新型城镇化质量5个百强县并实现进位，美丽幸福新香河建设进程不断加快。

**一年来，县委常委会亲商惠企，加快转型，发展势头愈发强劲。**以高端制造业和现代服务业为主导，做大做强实体经济，推进产业转型升级。坚持上高端项目。聚焦京津、面向全国开展专题招商、会展招商和产业链招商，对在谈项目持续沟通对接，对签约项目全程跟踪服务，抓好重大项目落地投产达效。“2·26”项目推介洽谈会签约北京疏解项目总投资居全市第一，其中，韵达电商产业基地实现当年签约、当年建设、当年投产、当年纳税。成功举办“4·13”招商恳谈会，与北控置业等多家企业达成合作意向。全年新实施建设亿元以上项目54个，省市重点项目、集中开工项目实现开工率、当年投资完成率两个100%。天涯若比邻新经济产业中心、广蓉欧跨境贸易产业中心等33个实体产业项目正在积极对接洽谈中，项目储备充足。坚持优营商环境。持续推进“放管服”改革和行政审批制度改革，深入实施“三深化、三提升”，开展涉企“五项服务”，企业总数首次破万，净增2166户，居全市第一。对重点企业和重点项目实行县四大班子领导包联，提高政企服务直通信息化平台运行效率，及时解决企业遇到的困难和问题。全面推进“互联网+政务服务”，不断完善“一口收件、联合审批、信息共享”工作机制，逐步实现一般事项“不见面”、复杂事项“一次办”目标。坚持育特色产业。完善园区平台建设，提升服务水平，香河经济开发区被评为全省战略性新兴产业示范基地、高新技术产业发展先进园区，机器人小镇、美家尽有众创空间分别获批市级“双创”示范基地和众创空间。香河机器人科技企业孵化器建设项目、廊坊市“北三县”技术转移人才培养基地项目通过省科技计划项目评审并成功立项，全年新增科技型中小企业近百家。制定香河县家具产业振兴规划，召开家具城政企座谈会，鼓励家具城二次创业、转型升级，明确“面向北京、搞好服务、提升业态、培树品牌”的发展思路。全域旅游总体规划、北运河廊坊段旅游通航规划完成初稿编制，智慧旅游系统在全市率先建设完成，开发制作了全国首个“大运河文化云名片”，潮白滨水公园启动建设，成功举办首届文化旅游产业发展大会，获评市“最佳组织奖”，“运河驿站，荷香香河”品牌影响力得到全面推广和提升。水岸潮白田园综合体项目被评为省优秀新业态项目、市农业旅游示范点，水岸潮白景区获评国家AAA级景区。

**一年来，县委常委会全域发力，统筹推进，城乡面貌日益改善。**以集约、智能、绿色、低碳为方向，推进城市建设高质量发展。优化空间布局。积极抢抓协同发展重大机遇，高规格对接协同发展规划体系，制定完成《国土空间总体规划编制工作方案》，盘活存量建设用地、低效用地约133.33公顷（2000亩）。坚持建管并重。稳步推进27项市政工程建设，京唐城铁、县重点人防工程、垃圾焚烧发电厂、老旧小区改造等项目全面实施。全年累计新改建公路120千米，香河县获评全市首家“四好农村路”全国示范县。实施农村人居环境整治，高标准完成穿村公路硬化、厕所改造、镇级垃圾中转站新建、村街污水治理和垃圾分类试点任务，打造精品庭院7461户、美丽庭院2.39万户，农村环境明显改观，镇区发展承载力和辐射带动力不断提升，淑阳、安平、五百户、钳屯4镇获评全国千强镇，机器人小镇、健康小镇入围省特色小镇创建类名单。智慧城市

“三中心一平台”高效运行，深入开展“5+1”专项治理和城区环境秩序整治六大攻坚行动，文明县城创建成效明显，测评成绩排名全省第五，城市管理水平不断提升。改善生态环境。严格落实防治措施，空气质量持续提升，综合指数、优良天数、达标率均排名全市前列，潮白河、北运河、青龙湾等主要河流达到地表水Ⅴ类水体标准。制定北运河文化带保护建设五年行动计划，北运河一期8.6千米河道清淤疏浚、岸坡防护、滨河步道等工程竣工。高质量完成新营造林2000公顷（3万亩），全面实施城区绿化工程，香河县顺利通过省级园林县城复查。

**一年来，县委常委会倾注民生，强化保障，社会事业蓬勃发展。**坚持以人民为中心的发展思想，不断提高公共服务供给层次和质量，群众的获得感、幸福感、安全感持续增强。坚持教育优先发展。以办好人民满意教育为目标，26项教育工程竣工投用，教学环境实现进一步改善。以立德树人为根本任务，召开全县教育工作大会和教师节表彰大会，县委常委带头到学校讲思政课。以提升教学品质为关键，加快发展学前教育、巩固提高基础教育、做优做强职业教育、扎实办好特殊教育，香河县第一中学一本上线人数超千人，本科上线率达到97.55%。深化“四医联动”改革。不断完善基层公共医疗服务体系，钳屯、安头屯镇卫生院完成主体施工，县级医院与镇卫生院全部组建医共体，香河县被确定为“全国紧密型医共体建设试点县”“全省深化县级公立医院综合改革示范县”“全省推进镇卫生院与村卫生室一体化管理试点县”。县人民医院被评为“省级现代医院管理制度建设样板”。坚决兜住民生底线。全县59户125名贫困人口全部实现脱贫，为临贫易贫重点人群缴纳防贫保险，确保“脱贫不返贫、非贫不致贫”。设立专项资金成立关爱退役军人基金会，妥善开展退役士兵社会保险接续工作。城乡居民低保和特困人员补贴标准全市最高。完成民政事业服务中心综合楼新建和中心敬老院改造。持续推进文化惠民。276个村街完成基层文化服务中心建设，“七进”文化惠民演出任务超额完成。围绕庆祝“两节”和新中国成立70周年，开展各类喜闻乐见的文化活动，不断为广大群众提供更多更好的精神文化食粮。组织近万人拍摄爱国赞歌《我和我的祖国》大型快闪，被人民号、央视等多家媒体报道，并被“学习强国”平台发布。

**一年来，县委常委会守牢底线，加强治理，社会秩序持续向好。**把社会稳定作为一切工作的前提和保障，坚持底线思维，有效防控风险，当好首都政治“护城河”排头兵。全力化解信访矛盾。以“事要解决”为核心，紧盯重点领域、重点群体信访问题，做到疏堵结合，标本兼治。对涉房领域等突出信访问题，成立专班，畅通渠道，逐个化解，依法严厉打击恶意串访、以访施压、以访牟利行为，保障了群众合法权益，维护了信访秩序。重拳打击黑恶势力。深入推进“扫黑除恶”专项斗争，开展严打整治专项行动，全年破获刑事案件317起，抓获犯罪嫌疑人487人，其中破获涉恶案件55起，打掉恶势力团伙2个，抓获涉恶人员126人，人民群众安全感不断提升。持续加强社会治理。坚持发展新时代“枫桥经验”，完善城乡社区治理体系，深化三级综治中心建设，全面启动智慧治理信息系统管理平台，深入开展人民调解工作，圆满完成系列重大安保任务，社会治理现代化水平得到不断提升。加强民族宗教政策宣传培训，稳妥治理伊斯兰教“三化”问题，开展宗教治理“回头看”，促进民族宗教事业健康发展。深化大排查大整治攻坚行动，安全生产形势持续保持稳定。同时，依法治县、市场监管、食药安全等工作均按要求完成目标任务，“法治香河”“平安香河”建设成效显著。

**一年来，县委常委会从严治党，强基固本，基层基础更加坚实。**坚持把党的政治建设摆在首位，深入贯彻新时代党的建设总要求，压实管党治党政治责任，营造风清气正政治生态。主题教育深入开展。坚持分类指导、统筹推进，各级基层党组织聚焦主题主线，牢牢把握“守初心、担使命，找差距、抓落实”总要求，深入开展“不忘初心、牢记使命”主题教育。坚持问题导向、目标导向，全县党员干部把主题教育四项重要举措贯穿始终。坚持压实责任、以上率下，县四大班子深入推进专项整治，所列问题全部得到有效解决，实现了主题教育与当前工作“双促进”，得到省市指导组、主题办的认可和好评，全市农村基层党组织主题教育现场会在香河县召开，相关经验做法被《人民日报》刊发。政治建设不断深化。始终坚持以习近平新时代中国特色社会主义思想为统领，教育引导全县干部群众在学思践悟中增强“四个意识”，坚定“四个自信”，做到“两个维护”。以“推动全面从严治党向基层延伸”和“努力践行新时代共产党员的初心和使命”为主题，县委书记为县、镇、村三级干部讲专题党课，引导基层党员干部加强党性修养、坚守初心使命。严格落实民主集中制，严肃党内生活，县委常委班子带头开好高质量专题民主生活会，动真碰硬，红脸出汗，扎实整改，并强化对各单位进行督导检查，确保方向不偏、内容不空、程序不漏、作风不虚、取得实效。政治监督持续发力。严格落实全面从严治党和党风廉政建设主体责任，开展政治生态建设状况监测评估，对落实中央八项规定精神、纠正“四风”、“两违”拆除、扫黑除恶等工作进行自查巡察，对人防系统腐败问题开展专项治理，重点整治基层存在的形式主义、官僚主义和群众身边腐败问题，纪检监察机关共立案108件，结案98件，处分98人，创新建立第一种形态手册使用制度，不断推动全面从严治党向基层延伸。队伍建设全面加强。实现干部教育培训全覆盖，组织各级各类主体培训22期，培训党员干部5000余人次。全面落实干部经常性考察机制，开展乡科级单位内部点评，有效实行动态管理、跟踪培养，调优配强各级班子。秉持“看业绩、看能力、看表现、看公论”理念，先后7次调整干部，选拔配备90后优秀干部充实各镇领导班子，年龄结构、知识结构、整体素质实现新提升。公开选聘第二批县管优秀专家和县域特色人才，人才服务和管理环境进一步优化。基层基础不断夯实。各级党组织书记抓基层党建主责意识持续增强，开展基层党建述职评议，实施党建示范建设、后进村街整顿转化、村级活动场所提升和机关党建“五规范五加强”工程，党组织的组织力、凝聚力、战斗力全面加强，香河县被确定为“全省基层社会治理党组织建设专项试点县”。扎实开展全省发展党员违规违纪问题排查试点工作，深入落实“四违”党员处置办法，把牢发展党员入口关，严格党员队伍管理。实施基层党组织书记素质提升工程，推行村干部“两考三评一定”绩效考核办法，基层干部素质显著提升。意识形态阵地更加巩固。落实意识形态工作主体责任，制定实施方案，强化考核监督，把握主动权，弘扬正能量。围绕宣传贯彻党的十九大、十九届四中全会、全国“两会”精神，扎实开展中心组学习、理论大讲堂、专题培训、集中宣讲、网络宣讲，充分利用“学习强国”“先锋在线”等平台载体，不断丰富创新学习教育形式。持续推进融媒体中心建设，让党的声音进机关、进农村、进企业、进校园、进社区，经验做法得到中宣部肯定，并在全国推广。在中央和省级媒体刊发稿件、刊播新闻均达到300余篇（条），排名全市第一，进一步提升了香河的知名度和美誉度。

与此同时，坚持总揽全局、协调各方，支持人大、政府、政协充分履职和创新工作，高效发挥群团组织在人居环境整治、大气污染治理、净化校园环境、开展志愿服务等工作中的职能作用，县妇联高质量完成换届，《香河年鉴（2018）》

荣获第六届全国地方志优秀成果（年鉴类）一等奖，党管武装、国防教育、计划生育、扶残助困、网信安全、老干部工作等都取得了新成绩，党委领导下团结共事的群众基础更加稳固。

这些成绩，是坚决贯彻落实习近平新时代中国特色社会主义思想、在党中央和省市委坚强领导下取得的，是广大党员干部群众团结奋进、埋头苦干的成果，是社会各界鼎力支持的成果。

始于初心，成于坚守。总结过来一年的工作，县委常委会深感“不容易”：面对规划调整，项目落地不容易；面对污染防治，加快建设不容易；面对实体经济疲软，转型升级不容易；面对房地产管控，保持经济指标平稳增长不容易。但是，县委常委会更加深刻认识到：香河位于京津冀协同发展的最前沿，作为首都政治“护城河”的排头兵，经济社会各项事业发展等不得、慢不得、拖不得。等，会弱化我们的意志；慢，会滋生我们的惰性；拖，会损害我们的事业。所以，县委常委会坚持不等不靠，主动作为，把当前的事做好；坚持量力而行，超前谋划，把长远的事做对；坚持担当尽责，攻坚克难，把遗留问题解决好。一年来，县委常委会聚焦协同发展，优化营商环境，储备了大批立县项目；改善人居环境，治理生态环境，实现了绿美净亮；建设基础设施，整治土地秩序，提升了城市品质；持续改善民生，化解信访矛盾，促进了社会和谐；夯实基层基础，加强队伍建设，增添了发展动力。

在肯定成绩的同时，县委常委会也清醒地认识到，香河经济社会发展中还存在诸多不容忽视的困难和问题：房地产管控后，财政收入增长乏力，亟须新的财源替代；《北京市通州区与廊坊市“北三县”协同发展规划》尚未批复，发展空间严重不足，项目落地受到影响；盘活存量用地不够，“腾笼换鸟”任务较重；新兴产业尚未形成规模，转型升级任务艰巨；担当作为氛围不浓，营商环境亟待改善；城乡治理水平有待提高，基层组织制度还需健全完善、强化落实。

## 2020年目标与任务

2020年是全面建成小康社会和“十三五”规划收官之年，既是决胜期，也是攻坚期。目前，宏观经济形势复杂多变，中国仍处在转变发展方式、优化经济结构、转换增长动力的攻关期，结构性、体制性、周期性问题相互交织，“三期叠加”（增长速度换挡期、结构调整阵痛期、前期刺激政策消化期）影响持续深化，经济下行压力加大。具体到香河县，将面临经济增长与转型升级的双重压力、经济建设与改善民生的双重任务、深化改革与维护稳定的双重责任，保持经济持续稳定健康发展任务艰巨、责任千钧。同时，2020年也是实现京津冀协同发展中期目标之年，协同发展持续向深度与广度拓展，机遇与挑战并存，机遇大于挑战。县委常委会要保持定力、凝心聚力，严格贯彻落实中央和省市委各项决策部署，认真研究谋划“十四五”规划，牢牢把握工作的连续性、稳定性，聚精会神促转型，积蓄势能强基础，千方百计惠民生，厚植优势谋崛起；要做大增量、调优存量，发展实体经济，壮大特色产业，在集约式发展、内涵式发展、高质量发展上下功夫；要认清形势、过紧日子，靠理想信念、靠务实作风、靠科学方法、靠人民群众，爬坡过坎、闯关夺隘，攻坚克难、创造实绩。更要增强信心、抢占先机；更加主动对接北京非首都功能疏解和产业转移，乘势而为、借势而起，加快建设美丽幸福新香河，向着全面建成小康社会的目标大步迈进。

县委明确，2020年全县发展的指导思想和总体要求是：坚持以习近平新时代中国特色社会主义思想为统领，深入贯彻党的十九届四中全会和中央经济工作会议精神，全面落实省市委全会部署要求，紧扣全面建成小康社会目标任务，坚定不移走“坚持创新驱动、加快转型升级、强化基层基础、实现绿色崛起”之路，在打造“现代高端产业聚集区、功能完善首都卫星城、和谐幸福宜居新家园、基层党的建设新高地”上实现新提升，全力冲刺“十三五”，确保全面达小康，在推进高质量发展中建设美丽幸福新香河。

为了实现全面小康和“十三五”圆满收官，确定2020年全县经济社会发展目标是：地区生产总值增长5%左右，固定资产投资增长3%左右，规模以上工业增加值增长5%左右，社会消费品零售总额增长7%左右，城乡居民人均可支配收入分别增长7%和8%左右，财政收入实现可比口径平稳增长，发展质量和效益得到进一步提升。

抓好2020年工作，县委常委会必须始终坚持“以人民为中心”的价值导向，坚持“建设美丽幸福新香河”的目标导向，坚持“把工作的着力点放在解决最突出的矛盾和问题上”的问题导向，立足新时代，谋划新思路，争创新业绩。

**一、加快转型升级，优化营商环境，在打造现代高端产业聚集区上实现新提升。**践行新发展理念，以供给侧结构性改革为主线，坚持巩固、增强、提升、畅通八字方针和“六稳”方针，不断壮大实体经济，加快构建现代高端产业体系。

抓实项目落地，打牢发展基础。把2020年作为推进重点项目建设关键之年，打赢项目落地攻坚战，靠产业立县、项目强县，培育壮大县级财源，为经济发展提供强力支撑。以高端制造业和现代服务业为导向，大力承接引进北京“容不下、离不开、走不远”的高端项目，主动与长三角、珠三角等发达地区的大型企业、民营资本进行对接，务实精准引进一批龙头型、科技型、补链型项目。深入推进香河经济开发区改革，加大对平台公司考核力度，厘清权责关系，理顺管运机制，完善配套设施，精准招商引智，强化项目统筹，提升园区综合承载能力和公共服务水平。盘活存量用地，腾退低效用地，统筹开发地上地下空间，整合归并家具城、石材城、汽配城可用空间，用好重点产业项目模拟审批、土地弹性年期出让政策，推动华电集团香河燃气能源站、新媒体出版基地、数字文旅小镇、中欧班列商贸基地等储备项目尽快落地。

注重科技创新，增强发展动能。培育壮大创新主体，实施科技型中小企业提质增量工程、高新技术企业后备培育工程和创新型领军企业成长计划，激发企业创新活力，培育更多“小巨人”，形成新的增长极。鼓励企业与京津高校、科研机构合作共建创新平台和创新实体，引入京津创新资源、科技成果和专业人才，推进关键技术“京津研发、香河转化”。以机器人系统集成产业中心二期项目建设为抓手，广泛运用互联网、大数据、5G等先进技术，打造更多智能制造示范企业。建立高成长性企业名录，注重发展数字经济、总部经济、绿色经济、创意经济，打造多元发展、多极支撑的现代产业体系。

加快转型升级，提升发展质效。持续发展壮大以机器人产业港、瑞盛3D打印产业园为龙头的智能制造产业，以家具城、石材城、汽配城、韵达电商产业基地为纽带的商贸物流产业，以爱晚养老示范基地为基础的康养服务产业，以影视基地、“两河”景观带、特色民宿为代表的文创旅游产业、现代都市农业等特色产业集群。引导家具城实现二次创业，提升市场规划建设管理水平，加大整装定制环节研发力度，促进物流企业规范发展，加快推进购、游、吃一体化市场建设，不断提高香河家具城知名度和美誉度。加快推动传统农业转型升级，引导龙头企业联农带农，提升农民专业合作社发展水平，实现资源共享、优势互补，发展生产、加工、销售一条龙现代都市农业，促进农业规模化、产业化、市场化、品牌化发展。推进智慧旅游系统建设，完善景区景点配套设施，打造智慧旅游服务管理平台，发布“慧游香河”App，高质量举办第二届文化旅游产业发展大会等系列活动，持续提升旅游品牌影响力，促进旅游产业高质融合发展。培育发展特色商街、特色小镇和品牌民宿，顺应产业发展融合化趋势，加快服务业与农业、服务业与制造业、服务业各领域之间的融合发展，推进相关业态整合重组，拉长产业链条，实现产业聚变式发展。

持续深化改革，优化发展环境。深化“放管服”改革，试行政府服务“好差评”制度及失信责任追溯和承担机制，研究出台关于发展总部经济、楼宇经济等激励政策，制定鼓励支持主导产业发展专项政策，集中优势要素向产业档次高、税收贡献大、环保生态型项目倾斜，优先保障重点项目开工。大力发展民营经济，积极帮助企业争取上级各类平台、项目、资金等支持，严格落实减税降费政策，降低企业要素成本。实行重大项目领导干部包联制度，畅通政银企沟通渠道，持续破解融资难题，维护企业合法权益，以实际行动构建“亲”“清”的政商关系。持续用力防范化解重大风险，重点加强金融领域风险防控，坚决打击违法违规金融活动，全力维护经济金融秩序和社会稳定。

**二、促进城市更新，推动乡村振兴，在打造功能完善首都卫星城上实现新提升。**把握城乡融合新要求，统筹抓好城市提质和乡村振兴，促进城乡基础设施更完善、公共服务更便捷、生态环境更优美。

在服务协同发展上发力。抢抓京津冀协同发展重大机遇，在协同中发展、在服务中共赢，切实承担起历史重任。聚焦承接北京非首都功能疏解，有序推进国土空间规划编制各项工作，加强各专项规划无缝衔接，加快实现“多规合一”，推动生产、生活、生态空间有机融合，促进优质产业、基础设施、公共服务等有效对接转移，争取“微中心”在香河县选址落地。全力服务好京唐城铁建设，保障项目征迁用地。谋划安石路、通宝路新建工程，持续完善对内大循环、对外大开放的现代交通路网格局。抓好大运河文化带建设，打造运河两岸生态廊道景观，建设红庙至安运桥滨河大道，实现局部旅游通航，为发展全域旅游增加新亮点。

在强化基础支撑上发力。实施市政道路和小街小巷升级改造工程，改善城市道路通行条件。落实农村公路“路长制”，推进农村公路常态化养护，进一步提升公交线路通达深度和广度，高质量巩固提高“四好农村路”建设成果。持续推进农村人居环境整治，重点推进村庄清洁、村容村貌提升、污水处理、生活垃圾分类等工作，建立健全长效机制，统筹设置管护资金，实现建管养护并重。加大城中村和城乡接合部村庄环境整治力度，坚持一村一策，拆违建、整街巷、清环境，确保所有村街实现“四化”（道路硬化、村庄绿化、环境美化、路灯亮化）。全面完成农村中小学校、卫生院、卫生室、村民活动中心等改厕工作，确保公共场所年内全部取消旱厕。加快推进香城荣韵、京东新城等在建回迁社区建设，以及香安城、潮东新村二期等已竣工回迁社区配套设施建设，力争更多村街启动回迁。

在完善城市功能上发力。加快推进县重点人防工程、潮白滨水公园、垃圾焚烧发电厂、调峰储气站等重点工程，谋划实施便民市场新建、城区道路景观提升等工程，完成重大基础设施布局，推动县城提标扩容。加快推进智慧城市二期工程，在智慧政务、智慧民生应用上率先取得突破。重拳整治马路市场、店外经营、占道经营等城市顽疾，严管重罚乱停乱放、酒后驾驶等违法行为，加强科学化、精细化管理，提高城市治理能力，确保成功创建省级文明县城。扩大老旧小区改造覆盖范围，健全物业服务管理，推进物业管理与社区治理融合开展，实现小区物业管理全覆盖，让群众住有所居、居有所管。

在改善生态环境上发力。严格贯彻落实习近

平生态文明思想，坚定不移走生态优先、绿色发展之路。坚持依法铁腕治污，推进空气质量、水环境质量和土壤环境质量持续改善。持续提高环境执法的针对性和精准性，增强基层执法人员力量，构建全方位巡察监控体系。坚持把治管责任和宣教责任落到实处，推动企业落实生态环境保护主体责任，公开曝光环境违法行为，使生态环境保护成为全民自觉行动。以环京、环镇、环村和沿路、沿河为重点，以高档次、多功能廊道绿化为主线，大力实施造林绿化工程。挖掘利用城区可绿化空间，拆违建绿、见缝插绿，谋划城区主路两侧新建绿化带和街角公园等工程，全力打造国家级园林县城。

**三、加强社会治理，保障改善民生，在打造和谐幸福宜居新家园上实现新提升。**牢固树立以人民为中心的发展思想，加强社会治理和基层管理创新，维护群众利益，共享发展成果，不断提高广大群众的幸福感、获得感、安全感。

坚持惠民便民，提升民生保障水平。树立过紧日子思想，着力调整优化支出结构，优先安排资金用于保障和改善民生、促进基本公共服务均等化方面。推进各类保险扩大覆盖面、提高标准，完善特殊困难群体综合保障，强化脱贫人口后续跟踪帮扶，确保全面小康路上一个不掉队。全面落实就业创业优惠政策，加强创业孵化基地建设，充分发挥培训机构和企业作用，开展职业技能提升行动，为重点群体人员、就业困难人员就业创业提供坚强保障。持续深化行政审批制度改革，推进行政审批许可事项应划尽划，再造流程，并联审批，减少环节，压缩时限，让企业和群众办事更方便、更快捷、更高效。坚持“房住不炒”定位，稳步推进保障性住房建设管理工作，大力发展租赁住房，解决困难群众住房问题，确保房地产市场平稳健康发展。

坚持优质均衡，大力发展社会事业。积极引入北京优质资源，合作发展教育、卫生健康、文化等社会事业。坚持教育优先发展战略，加快推进结转工程、新建工程建设，改善办学条件。落实立德树人根本任务，完善教育评价机制，强化教师队伍建设，推动学前教育优质普惠、义务教育全域均衡、特殊教育全面普及、高中教育提质创优、职业教育特色多元。深入推进医共体建设，重点打造以县医院、中医院为龙头的县域紧密型医共体。推进县医院三级医院认定工作，实现县级公立医院上档升级。加快镇卫生院改造及集体产权村卫生室修缮工作，巩固提升乡镇卫生院与村卫生室一体化管理水平。谋划启动室内冰雪场馆建设，完成剩余 24 所基层文化服务中心标准化建设。举办香河春晚等形式多样的文娱活动，丰富群众文化和体育生活。

坚持标本兼治，创新完善治理方式。坚持发展新时代“枫桥经验”，强化系统治理、依法治理、综合治理、源头治理，推进智慧社区、智慧路防工程建设，织密立体化现代社会治安防控网，提高社会治理社会化、法治化、智能化水平。推进综治指挥平台建设，完善社会矛盾纠纷多元预防调处化解综合机制，深入开展信访矛盾排查、问题化解、秩序整治“三项行动”。全面推进安保常态化、智能化、标准化、一体化建设，做好重要敏感节点安全保卫，坚决当好首都政治“护城河”排头兵。完善基层党组织领导的基层群众自治机制，在城乡社区治理、基层公共事务和公益事业中广泛实行群众自我管理、自我服务、自我教育、自我监督，构建自治、法治、德治相结合的城乡治理体系。以培育和践行社会主义核心价值观为根本，面向全县人民、聚焦青少年开展新时代爱国主义教育。推进新时代文明实践中心建设，修订完善道德公约、村规民约，深化城乡精神文明建设。坚持和完善经常联系和服务群众工作机制，探索走好网上群众路线，畅通群众诉求渠道，建立接诉即办机制。广泛听取社情民意，持续开展电视问政，及时回应民生关切，尊重群众首创精神，教育引导群众自觉投入到建设美丽幸福新香河的各项工作中来。

坚持公平正义，深化民主法治建设。支持人大、政协依法依章履职，落实民生实事项目代表票决制，完善协商于决策之前和决策实施之中落实机制，发挥工商联、无党派人士的独特优势和工会、共青团、妇联等人民团体的积极作用，做好新形势下的统战工作，不断提高民主法治建设水平。建立扫黑除恶专项斗争长效机制，严厉打击“盗抢骗”“黄赌毒”等违法犯罪行为。加强备案审查制度建设，建立重大决策终身责任追究及倒查机制，深化行政执法三项制度改革，探索建立法律援助网络化平台，深入推进“法治香河”建设。创新普法宣传，规范文明执法，严密司法程序，加强司法监督，持续增强人民群众安全感。深入开展“双创四进”活动，推进民族团结、宗教和顺、社会和谐。加强应急管理系统建设，提高防灾减灾救灾能力，严格落实安全生产责任制，常态化开展隐患排查整治，坚决遏制重大事故发生，加强食品药品安全监管，坚持生产管理并重，构建全链条监管、全覆盖防控治理体系，确保人民群众生命财产安全。

**四、突出政治引领，全面从严治党，在打造基层党的建设新高地上实现新提升。**毫不动摇加强和改善党的领导，严格贯彻新时代党的建设总要求，把各级党组织建设得更加坚强有力。

抓宗旨教育强党性。坚持以习近平新时代中国特色社会主义思想为统领，加强忠诚教育和宗旨教育，推动全县各级党组织和党员干部切实增强“四个意识”，坚定“四个自信”，做到“两个维护”，时时处处事事对标对表、忠诚看齐，一切工作都从政治上考量、在大局下行动。严格落实不忘初心、牢记使命制度，巩固拓展主题教育成果，锤炼党员干部忠诚干净担当的政治品格。牢牢把握意识形态工作的主动权领导权，坚持党管宣传、党管意识形态，广泛宣讲党的十九届四中全会精神，抓好新闻舆论宣传和网络安全管理，突出重点领域，强化分析研判，落实舆情管控，加强舆论引导，进一步唱响主旋律、弘扬正能量。

抓班子建设强队伍。加强县委常委会自身建设，健全各级党委（党组）工作制度，增强各级组织政治领导力、思想引领力、群众组织力、社会号召力，确保党组织充分发挥领导作用。稳妥推进事业单位和乡镇机构改革，提高基层执行力。践行新时代党的组织路线，突出政治标准，在艰苦条件和急难险重任务中“看业绩、看能力、看表现、看公论”，切实把政治靠得住、能力叫得响、作风过得硬、群众信得过的干部选出来用起来。突出“精准培训+岗位锻炼”，提升干部政治能力、专业素养；突出“履职监督+考察考核”，准确了解、识别干部；突出“有序交流+奖惩激励”，调动干部积极性、主动性、创造性，激发干部队伍活力。坚持党管人才原则，深入推进人才发展体制机制改革，引进培育更多专家人才。

抓基层基础强落实。进一步树立“强化基层基础”的鲜明导向，严格实施党支部工作条例，推进基层支部规范化信息化建设。统筹抓好党组织阵地建设、机关“五好红旗支部”创建、非公企业和社会组织党组织有效覆盖工作，全面推行“村干部县、镇两级备案管理”，用好“两考三评一定”绩效考核机制，落实基层党建常态化督导检查机制，推动基层党组织建设水平总体提升、全面过硬。实施发展党员“四库”（申请入党人员库、入党积极分子库、预备党员库、党员库）管理办法，建立监审员队伍，实行发展党员“三个审查”，从严从实做好发展党员工作。规范网格化管理，发挥村街社区党组织领导作用，激发基层党员干部在信访、“两违”整治、扫黑除恶、污染治理等领域工作上的主观能动性，确保中央和省市县委各项决策精准高效地在基层落地生根、开花结果。

抓思想作风强效能。严格落实中央八项规定

及实施细则精神，深化纠正“四风”和作风纪律专项整治，坚决杜绝形形色色的形式主义、官僚主义，着力查处、公开曝光不作为、慢作为、乱作为等反面典型。坚持“三个区分开来”，把容错纠错机制落实到具体事、具体人，为担当者担当，为干事者撑腰。引导党员干部注重效率、效益、效果，深入基层、深入群众，面对面做好工作，实打实解决问题，持续精文简会，务实创新，形成事事有人抓、件件有人管、责任不落空的工作格局。树立“功成必定有我”的政绩观，激励党员干部反躬自省、担当实干，时刻反思“是不是心中装着群众，全心全意为人民服务；是不是做好本职工作，破解难题干了实事；是不是约束一言一行，树立了干部良好形象”，不断推进自我革命、自我净化、自我提高。

抓反腐倡廉强震慑。深入落实全面从严治党“两个责任”，着力加强对各级主要领导干部的监督，完善领导班子内部监督制度。深化纪检监察体制改革，完善派驻监督体制机制。深化政治巡察，抓好问题整改，强化结果运用，推进政治监督具体化、常态化。坚持无禁区、全覆盖、零容忍，一体推进不敢腐、不能腐、不想腐机制建设，始终保持高压态势，巩固反腐败斗争压倒性胜利。聚焦重点领域和关键环节，紧盯窗口单位和服务行业，坚决查处政治问题和经济问题交织的腐败案件，坚决破除权钱交易的关系网，坚决整治群众身边的腐败和作风问题，加大不敢腐的震慑。强化权力制约监督，充分发挥“互联网+监督”平台作用，推动党员干部正确规范行使权力，扎牢不能腐的笼子。注重做好查办案件“后半篇文章”，持续开展政治性警示教育，增强不想腐的自觉。

做好2020年各项工作，责任重大，使命光荣！县委常委会将继续坚持以习近平新时代中国特色社会主义思想为统领，在省市委的坚强领导下，团结带领全县人民，不忘初心、牢记使命，开拓进取、奋发作为，为决胜全面建成小康社会、加快建设美丽幸福新香河而努力奋斗。

# 政府工作报告

## ——在香河县第十五届人民代表大会第四次会议上

香河县人民政府代县长 齐泽旭

（2020年1月10日）

## 2019年工作回顾与总结

2019年是新中国成立70周年，也是香河县保持定力、凝心聚力、接续奋斗，加快建设美丽幸福新香河的关键一年。一年来，面对困难挑战增多、各项任务繁重的严峻考验，面对规划管控、经济下行压力加大的特殊形势，县政府始终坚持以习近平新时代中国特色社会主义思想为统领，在县委的坚强领导下，在县人大、县政协的监督支持下，团结和依靠全县人民，聚焦打造“现代高端产业聚集区、功能完善首都卫星城、和谐幸福宜居新家园”，攻坚克难、担当作为，加快建设美丽幸福新香河，县域经济社会实现了新的发展。香河县再次获评全国综合实力、投资潜力、科技创新、绿色发展和新型城镇化质量“5个百强县”并实现位次提升。

**一年来，县政府千方百计抓增量、优存量、促转型，高质量发展平稳推进。**全部财政收入完成64.2亿元，其中一般公共预算收入完成38.4亿元，增长4.4%。地区生产总值增长3%左右，固定资产投资增长5%左右，规上工业增加值增长5%左右，社会消费品零售总额增长9%左右，各项指标稳中有升。项目建设成果喜人。聚焦京津、面向全国，制定全县战略性、分阶段、点对点承接方案，扎实开展专题招商、会展招商和产业链招商，“2·26”项目推介洽谈会上15个项目成功签约，总投资位居全市第一。成功举办“4·13”招商恳谈会，与北控置业、杭州天涯若比邻等多家企业达成合作意向，项目储备充足。全年新实施建设亿元以上项目54个，省市重点项目和集中开工项目均实现开工率、投资完成率100%，韵达电商产业基地实现当年签约、当年开工、当年投产、当年纳税。机器人小镇、健康小镇入围全省特色小镇创建类名单。产业升级步伐加快。聚焦高端制造业和现代服务业，制定加快主导产业发展实施方案，精准施策，合力攻坚。西维尔、瑞达康等一批高新技术企业投产达效，智能制造产业集聚发展，香河经济开发区获评全省战略性新兴产业示范基地、高新技术产业发展先进园区。新桥影视特效基地三期工程主体完工，129家文化企业相继落户，现代服务业蓬勃发展，第三产业增加值占GDP比重超过50%。与省工业设计创新中心深度合作，制定家具产业振兴规划，召开家具城政企座谈会，明确“面向北京、搞好服务、提升业态、培树品牌”的发展思路，鼓励家具城二次创业、转型升级。全域旅游总体规划形成初步成果，智慧旅游系统在全市率先建成，水岸潮白田园综合体被评为省优新业态项目，获评国家AAA级景区。高水平举办首届文化旅游产业发展大会，“运河驿站·荷香香河”品牌影响力持续提升。科技创新成效显著。科技型中小企业成长、科技成果转化等创新工程深入实施，机器人科技企业孵化器项目、廊坊市“北三县”技术人才培养基地项目成功争列省科技计划项目，全县新增科技型中小企业94家、高新技术企业24家，6家企业成为省千家领军型企业。营商环境不断优化。深入推进“三深化三提升”活动，严格落实培育壮大实体经济扶持政策，实行县领导包联重点企业项目，组织开展政银企对接、涉企“五项服务”等系列活动，累计为20余名优秀人才解决落户问题，为19家企业提供担保贷款1.36亿元，100余个涉企难题得到有效解决。持续推进行政审批制度改革，企业开办时限压缩40%，全县企业总数首次破万，净增率居全市第一。

**一年来，县政府集中精力抓建设、严管理、强支撑，城乡面貌同步改观。**基础设施不断完善。城区污水处理厂扩容提标、五一路景观亮化等工程竣工投用，20个老旧小区、26千米老旧管网完成改造，县委广场改造、渠口污水处理厂、雉口方沟雨污分流改造等项目加快实施，城市功能日益完善。京唐城铁香河段重要节点全部进场施工，香务线拓宽改造、新华大街西段维修等工程竣工通车，全年累计新改建公路120千米，香河县获评全市首个“四好农村路”全国示范县。城市管理更加规范。大力推进智慧城市建设，数字城管、智慧公交等15个系统完成接入，“三中心一平台”高效运行，城市管理智慧化、信息化水平不断提升。深入开展城区环境秩序整治，着力加强公民道德建设，培育文明风尚，省级文明县城创建成效显著，测评成绩在全省100个建制县中排名第五。镇村环境持续改善。深入实施农村人居环境整治，全年硬化穿村公路28千米，改厕1.5万座，新建镇级垃圾中转站11个，完成15个村街垃圾分类试点和30个村街污水治理，累计清理垃圾33.9万立方米，打造精品庭院7400余户、美丽庭院2.4万户，农村环境明显改观。镇区街路改造、绿化美化等工程加快推进，淑阳、安平、五百户、钳屯4镇再次入选“全国千强镇”。

**一年来，县政府全力以赴抓源头、重保护、严治理，生态质量持续改善。**空气质量稳定向好。燃气锅炉氮氧化物治理、重点行业企业门禁视频联网等工作圆满完成，抑尘、清煤、控车等大气污染防治措施严格落实，“煤替代”工程安全运行，空气质量持续提升。全年综合指数5.23，同比下降3.86%；PM2.5浓度44微克/立方米，同比下降13.73%；优良天数246天，达标率67.40%。各项指标均居全市前列。水体质量持续改善。“河长制”全面落实，累计开展巡河2万余次，处理解决问题420余处。河渠“清四乱”专项行动扎实推进，“一河一策”问题整改到位，共拆除违建、围网养殖83处，清理垃圾6.1万立方米，北运河、潮白河、青龙湾减河等主要河流达到地表水V类标准。土壤环境承载力稳步提升。开展化肥农药使用“零增长”行动，64家养殖场粪污处理设施全部建成，规模养殖场废弃物资源化利用率达到75%。运河文化带建设积极推进。制定《北运河廊坊段旅游通航规划》，完成5千米滨河步道修建，运河生态文化工程稳步实施，全国首个“大运河文化云名片”上线运行，京津冀中幡文化交流大赛等活动蓬勃开展，运河文化资源有效挖掘利用。造林绿化提标扩面。全年营林造林2000公顷（3万亩），密涿高速廊道绿化、瑞盛千亩景观林等精品景观建成开放，潮白滨水公园启动建设，香河县顺利通过省级园林县城复查。

**一年来，县政府不遗余力抓实事、惠民生、强保障，和谐大局更加巩固。**社会事业协调发展。坚持办人民满意教育，以立德树人为根本，以提升教学品质为关键，大力发展教育事业，26项教育重点工程竣工投用，2000余万元教学装备充实一线，思政课建设全面加强，职业教育加快发展，香河一中一本上线人数突破千人大关，本科上线率达到97.6%。医药卫生体制改革深入实施，钳屯、安头屯2所卫生院完成主体施工，114所集体产权村卫生室完成修缮，293名村医聘任进驻，香河县被确定为“全国紧密型医共体建设试点县”“全省深化县级公立医院综合改革示范县”“全省推进镇卫生院与村卫生室一体化管理试点县”。县人民医院被评为“省级现代医院管理制度建设样板”，管理模式在全国推广。276个基层文化服务中心建成投用，“七进”文化惠民演出精彩纷呈，群众业余文化生活更加丰富。县融媒体中心获颁国家互联网新闻信息服务许可证，为全省首批、全市首家。香河县组织拍摄的《我和我的祖国》万人快闪被人民号、央视等多家媒体报道，并被“学习强国”平台发布。《香河年鉴（2018）》荣获第六届全国地方志优秀成果（年鉴类）一等奖。民生保障不断加强。建档立卡贫困人口实现脱贫，临贫易贫重点人群防贫保险落实到位。民政事业服务中心综合楼新建、敬老院改造等工程建设完成，城乡低保标准由每人每月600元提高到900元，特困人员供养标准由每人每月960元提高到1440元，志愿服务、集中义诊、扶危救困等活动扎实开展，困难群众生活得到更多保障。严格落实各项优抚政策，设立关爱退役军人基金会，退役士兵社会保险接续如期完成。全年城镇新增就业人员7300余人，就业再就业工作保持全市前列。县城乡居民社保中心获评全国人社系统优质服务窗口先进集体。社会秩序持续向好。坚持“事要解决”，标本兼治，疏堵结合，全力攻坚涉房领域等突出信访问题，及时解决群众合理诉求，依法严厉打击恶意串访、以访施压、以访牟利行为，维护了信访秩序。民族宗教政策宣传培训深入开展，少数民族特色村寨创建成效明显，民族宗教工作持续加强。强化信息网络管理，全县关键信息基础设施和信息网络系统安全运行。县、镇、村三级综治中心建设成果巩固拓展，智慧治理信息管理平台全面启动，社会治理现代化水平日益提升。严格落实安全生产责任制，深化大排查大整治攻坚行动，安全生产形势持续稳定。深入推进扫黑除恶专项斗争，全年破获涉恶案件55起，人民群众安全感不断提升。圆满完成全国“两会”、“一带一路”高峰论坛、70周年大庆等重大安保任务，“平安香河”建设成效显著。同时，国防动员、档案等工作也取得了新成绩。

**一年来，县政府驰而不息抓作风、讲担当、重落实，政务服务不断优化。**以“不忘初心、牢记使命”主题教育为抓手，立足工作实际，聚焦主题主线，以正视问题的自觉、刀刃向内的勇气，全面检视不足，认真抓好整改，所列问题全部有效解决，政务服务效能进一步提升。突出政治建设。始终坚持以习近平新时代中国特色社会主义思想为统领，坚决贯彻落实中央和省、市、县委决策部署，确保各项措施落地落实。扎实开展县政府党组集中学习、专题培训、集中宣讲等学习活动，强化政治意识，严肃党内政治生活，政府系统广大党员干部进一步树牢“四个意识”，坚定“四个自信”，做到“两个维护”。强化改革创新。高效率完成政府机构改革，有效实现机构融合、队伍融合、工作融合、思想融合。制定出台《推进基础设施工程建设项目审批提速试行办法》《产业重点项目模拟审批暂行办法》，推动民兵训练基地、垃圾焚烧发电等民生项目启动建设。大力推行“互联网+政务”服务，实行一般事项“不见面”、复杂事项“一次办”，全年办理各类服务审批事项40余万件，群众满意度达99.9%。勇于担当作为。以对发展、对历史、对群众负责的态度，深入开展“1+5”专项治理，累计拆除违法用地、违法建设、违章建筑46万平方米。为1030名在职教师一次性解决了工龄接续和养老保险补缴这个历史遗留问题，消除了广大教师的后顾之忧。坚持依法行政。立足建设法治政府，严格落实政府常务会学法制度，全力推进县、镇、村三级法律服务平台建设，自觉接受县人大、县政协和社会各界监督，人大代表建议和政协委员提案全部及时妥善办理。聚焦社会治安、环境保护、安全生产、食品药品安全等重点领域，健全完善监管机制，保持执法高压态势，政府工作规范化、法治化水平进一步提高。守牢廉政底线。严格落实政府系统全面从严治党主体责任，深入开展政治性警示教育，以案为鉴、警钟长鸣，不断筑牢拒腐防变的思想防线。深入开展群众身边腐败问题和作风问题专项整治等系列行动，建章立制、防微杜渐，为民务实清廉的政府形象更加深入人心。

过去的一年，县政府面临的形势复杂严峻，遇到的挑战超出预期，肩负的任务艰巨繁重，取得的成绩来之不易。这是坚决贯彻落实习近平新时代中国特色社会主义思想的结果，是县委总揽全局、正确领导的结果，是县人大、县政协和社会各界监督支持的结果，更是全县人民同舟共济、拼搏奋进的结果。

成绩令人欣喜，但问题和短板也不容忽视。房地产管控后，财政收入增长乏力，亟须新的增长点予以支撑；新版总规尚未落地，发展空间严重不足，新上项目落地困难；存量用地盘活受限，低效用地亟待挖潜，“腾笼换鸟”仍需加大力度；新兴产业尚处于培育阶段，传统产业转型升级任务艰巨，实体经济发展困难较多；城市基础设施还有欠账，城乡治理水平有待提高，统筹协调发展的格局尚未真正形成；干部庸懒散拖现象还一定程度存在，主动意识和较真精神还需加强，营商环境有待优化。这些问题，县政府将在今后的工作中着力加以解决。

## 2020年工作思路和安排

2020年是全面建成小康社会、实现第一个百年奋斗目标的决胜之年，是“十三五”规划的收官之年，做好2020年的工作意义重大，影响深远。县政府既要勇于正视宏观经济下行压力加大、资源环境制约突出等严峻挑战，更要看到，十九届四中全会、中央经济工作会和省、市、县委全会等系列会议，为县政府更好地开展工作，推动高质量发展指明了方向、明确了路径。京津冀协同发展进入中期收官阶段，首都地区环线高速公路全线通车，京唐城铁加快建设，为县政府乘势而为、借势而起奠定坚实支撑。党中央、国务院和省、市相继出台减税降费、金融服务、要素保障等一系列扶持措施，将给企业发展带来更多的政策红利。“不忘初心、牢记使命”主题教育深入开展，广大党员干部工作作风持续转变，为县政府攻坚克难、奋力前行提供坚强保障。

道不行不至，事不为不成。在机遇和挑战面前，县政府更要不惧风雨，不畏险阻，树牢等不得、慢不得、拖不得的责任感和紧迫感，严格按照“保持定力、凝心聚力，做大增量、调优存量，认清形势、过紧日子，增强信心、抢占先机”的要求，万众一心加油干，越是险阻越向前，担当作为、苦干实干，坚定不移地沿着高质量发展道路加速前行，不断书写建设美丽幸福新香河的精彩篇章。

根据县委十一届五次全会精神，明确2020年政府工作的总体思路是：坚持以习近平新时代中国特色社会主义思想为统领，全面贯彻党的十九届四中全会精神，深入落实中央经济工作会议和省、市、县委全会部署要求，坚持稳中求进工作总基调，坚持以新发展理念为引领、以供给侧结构性改革为主线，深入做好“六稳”工作，扎实开展“三创四建”活动，紧扣全面建成小康社会目标任务，紧紧围绕“四个新提升”，重点实施“七个加快推进”，努力实现“七个新突破”，全力冲刺“十三五”，确保全面达小康，在高质量发展中建设美丽幸福新香河。

2020年经济社会发展的主要预期目标是：地区生产总值增长5%左右，全部财政收入可比增长3.8%，一般公共预算收入可比增长5%，固定资产投资增长3%左右，规上工业增加值增长5%左右，社会消费品零售总额增长7%左右，城乡居民人均可支配收入分别增长7%和8%左右，发展质效得到进一步提升。

围绕以上思路和目标，推动县域高质量发展，2020年重点做好以下七个方面工作。

## 一、加快推进协同发展，在对接京津借势发展上实现新突破

坚决落实中央部署，深入贯彻京津冀协同发展战略，切实担起历史重任，聚焦重点，主动作为，在对接京津、借势京津、融入京津、服务京津中，加快县域高质量发展。

突出规划引领。加快推进规划编制。高标准谋划制定“十四五”规划，及时编制国土空间规划和各专项规划，进一步调整优化城镇功能和生态、生产、生活空间布局，着力构建以发展规划为统领、以空间规划为基础、以专项规划为支撑的规划体系，加快实现“多规合一”。严格重点区域管控。严守生态红线，依法拆除“两河”生态廊道、生态保护绿带贴边违建项目，整改优化合法项目，为长远发展夯实基础。规范发展房地产。按照“房住不炒、因城施策、分类指导”的要求，完善房地产调控政策，严厉打击虚假宣传、违规预售等违法违规行为，促进房地产健康发展，为更好服务北京城市副中心建设创造条件。

突出重点领域攻坚。加强产业互动互补。严格执行新增产业禁限目录，健全完善承接项目清单和配套支持政策，瞄准在京央企、大型民企和北京国企，有组织有计划地加强精准对接，千方百计争取“微中心”在香河县选址落地。推动交通互联互通。谋划安石路西延、通宝路新建工程，全力服务好京唐城际铁路建设，加快推进香河站建设，力争年内桩基工程、承台墩身全部建成，架梁施工完成一半以上。加快运河文化带建设。落实《北运河廊坊段旅游通航规划》，完善游船码头等配套设施，建设红庙至安运桥滨河大道，升级运河两岸生态景观，加快实施旅游通航，推动大运河文化带尽快成形。

突出公共服务对接。巩固教育合作成果。加大校长教师进京轮训、专家授课培训力度，支持中小学校与京津名校开展联合办学，带动全县教育教学水平持续提升。推进医疗卫生协调联动。加快推进大爱医院建设，支持县内医疗机构与京津知名医院加强交流合作，促进北京优质医疗资源向香河县延伸布局，更好地惠及全县人民。深化就业服务协作。加强与通州区就业创业服务合作，完善劳务协作信息互通共享机制，进一步拓宽就业渠道。加强文化交流互动。举办大运河文化节、京津冀文化创意和旅游商品创意设计大赛等主题活动，在交流互动中实现资源共享、合作共赢。

## 二、加快推进项目建设，在做强县域发展引擎上实现新突破

坚持产业立县、项目强县，全力打好项目落地攻坚战，集中精力建精品园区、上高端项目、聚优势产业，为经济高质量发展提供强劲动力。

建强园区平台。理顺管运机制。落实《关于加强园区建设管理的意见》，深化香河经济开发区改革，厘清权责关系，严格绩效考核，建立保障有力、权责清晰、运行高效的工作机制。完善基础设施。加大投入力度，升级区间路网，完善

水、电、热、气等基础设施，丰富生活商务设施，满足企业生产和人才入驻需求。优化服务保障。灵活运用市场化方式，加强融资、科技、信息等公共服务平台建设，加快向“新九通一平”迈进，增强园区综合服务功能和项目承载能力。

提升招商成效。实施精准招商。以高端制造业和现代服务业为导向，建立招商指导目录、目标企业目录和重点项目库“三个清单”，制定产业链全景图、招商路线图“两张作战图”，切实提高招商的针对性和精准度。突出重点招商。深耕北京和发达地区，建强专业招商团队，聚焦北京“容不下、离不开、走不远”的高端刚需项目，瞄准长三角、珠三角等发达地区的大型企业、民营资本，坚持招商引资与招才引智并举，采取专业招商、以商招商、产业链招商等方式，着力引进一批龙头型、科技型、补链型项目，推动联东U谷生命健康产业园、利星行奔驰产业中心等项目尽快签约。强化全员招商。树立“人人都是招商主体”的意识，完善招商引资、项目落地等激励机制，健全招商引资联席会议制度，建立“香河招商网”，开发香河招商 App，掀起全民招商热潮。

狠抓项目落地。建立项目落地“绿色通道”。大力倡导改革创新、担当作为精神，完善容错免责机制，进一步优化项目审批流程，用足用好产业项目模拟审批、产业用地弹性年期出让等支持政策，重点项目“一企一策”“一事一议”，力促华电燃气能源站、腾云数字经济产业中心等项目尽快落地。强化项目建设协调保障。坚持“资源跟着项目走、服务围着项目转”，继续落实重点项目县级领导包联制度，定人定事、定时定责，及时解决项目推进中的困难问题，同步完善投资督导、考核奖惩、跟踪问效机制，力促奥特莱斯城市综合体一期、瑞盛 3D 打印产业园等项目尽快投产运营。健全项目滚动实施机制。完善重点项目储备库和建设库，逐个项目细化时间表、确定路线图，力争全年可开工项目达到 30%以上，形成“储备一批、开工一批、建设一批、投产一批”的滚动发展格局。

强化用地保障。积极盘活存量土地。持续加大闲置、低效用地和“僵尸企业”的清理力度，推进园区腾笼换鸟、二次开发，力争全年再盘活存量用地、闲置土地和低效用地 106.67 公顷（1600 亩）以上。着力优化增量用地。强化“亩均论英雄”导向，统筹规划开发地上地下空间，探索推行工业项目土地带方案出让制度，算好项目投资强度账、财税贡献账和产业配套账，强化批后监管，让有限资源发挥最大效益。严厉打击违法占地。重拳整治违法圈地占地行为，维护土地市场秩序。加快建设自然资源智能监管平台，构建人防技防结合、镇村全面覆盖、处置快捷高效的违法用地治理体系。

## 三、加快推进产业升级，在构建现代产业体系上实现新突破

深入践行新发展理念，以供给侧结构性改革为主线，紧扣“巩固、增强、提升、畅通”八字方针，全面做好“六稳”工作，向创新要动力，以服务添助力，加快构建现代产业体系。

激发创新动力。培育创新主体。建立高成长性企业名录，实施科技型中小企业提质增量、高新技术企业后备培育等系列工程，力争全年新增科技型中小企业 80 家以上、高新技术企业 10 家以上。丰富创新服务载体。实施规上工业企业研发机构达标行动，力争全县规上工业企业建立研发机构比例达到 30%以上，机器人小镇争创省级国际科技合作基地。集聚创新资源。坚持“不求所有、但求所用”，完善招才引智政策，健全“假日工程师”“网络专家”等人才柔性引进机制，打造环京津“政策洼地”“人才高地”。充分发挥院士工作站作用，放大机器人小镇、国安创客等“双创”平台集聚效应，加强与京津高校、科研院所开展产学研合作，推进县域创新能力提档

升级，加快形成科技成果“京津研发、香河孵化转化产业化”的新格局。

加快产业转型。设立产业发展引导基金，加大政策支持力度，助推产业高质量发展。改造提升家具等传统特色产业。鼓励企业引进新设备、运用新技术，加强工业设计，发展数字车间，推动传统产业向数字化、智能化、品牌化方向转型。加快推进家具城“二次创业”，提升市场规划建设管理水平，加大整装定制环节研发力度，推行“互联网+”、私人订制等营销模式，加快建设购、吃、游、娱、住一体化市场。繁荣商贸物流等现代服务业。充分利用石材城、汽配城等既有资源，鼓励引导企业深耕细作市场，扩大品牌影响力和市场占有率。同步规范发展现代物流产业，培育壮大总部经济、楼宇经济、创意经济、休闲经济等现代服务业，加快服务业与农业、服务业与制造业、服务业各领域之间的融合发展，推进相关业态整合重组，实现产业聚变式发展。做强智能制造等高端制造业。加快机器人大厦、机器人系统集成产业园等配套平台建设，力促晶创铭盛电子科技、普奥利达等高新技术企业竣工投产，做全产业链条、做大集群规模。发展文化旅游产业。做足“文化旅游+”文章，引进高端文化旅游项目，完善文化旅游配套设施，丰富文化旅游元素，建设智慧文化旅游服务管理平台，举办第二届文化旅游产业发展大会等系列活动，举全县之力，争创省级全域旅游示范县，进一步提升香河文化旅游品牌知名度和美誉度。

做优营商环境。以市场主体需求为导向，以政府职能转变为核心，全力打造全省领先、全国一流的营商环境。提升服务效能。持续深化“放管服”改革，优化办事流程，清理审批事项，扎实推进剩余 89 项应划必划事项全部划转到县行政审批局，力争涉企事项 90%以上实现“一网通办”，企业开办时间压缩到 1 个工作日以内。减轻企业负担。全面落实减税降费政策，巩固涉企行政事业性收费清零成果，严禁搭车收费、违规收费，降低企业要素成本，切实让企业轻装上阵。强化金融支撑。充分发挥鼎力担保公司作用，深入开展政银企保信对接活动，健全完善信贷产品、意向企业信息库，扩大守信纳税企业金融服务产品覆盖面，积极帮助企业争取上级各类平台、项目、资金等支持，合力解决企业融资难、融资贵问题。加强入企帮扶。县级领导干部带头真包实联，深入企业送政策、送服务，对企业反映的困难和诉求亲自协调、一抓到底，以实际行动构建“亲”“清”新型政商关系。完善诚信体系。研究试行政府服务“好差评”制度、政府失信责任追溯和承担机制，做好企业投资项目承诺制试点扩面工作，严厉打击制假售假、逃废债务等违法违规行为，健全失信惩戒机制，让诚实守信成为社会自觉。

## 四、加快推进生态建设，在提升绿色发展水平上实现新突破

严格贯彻落实习近平生态文明思想，坚定不移治理环境污染，持之以恒改善生态环境，让绿色成为香河高质量发展的鲜明特色。

继续狠抓空气污染治理。严控源头污染。坚决落实大气污染综合治理措施，进一步加强散煤、扬尘、餐饮油烟、烟花爆竹、垃圾和秸秆焚烧等专项治理，继续深化散乱污企业和 VOCs 企业综合整治，最大限度减少污染排放。精准落实应急响应。健全完善重污染天气应急预案，实施差异化管控措施，支持更多排放达标企业进入正面清单，最大限度降低重污染天气对企业生产经营的影响。夯实治理基础。完成机动车固定遥感监测设备安装、工业企业分表记电、45 台燃气锅炉低氮改造等工作，完善大气治理和监测监控体系，推动蓝天保卫战取得更大胜利，让广大群众呼吸到更多新鲜空气。

全力推进水污染治理。在“管”上求实求效。压实各级河长责任，巩固河渠“四乱”治理成果，

持续开展河渠排污口封堵、纳污坑塘治理管控、涉水企业排查整治等专项行动，提升河渠管理保护水平，实现河长制由全面建立向全面见效转变。在“治”上持续用力。推进北运河、潮白河自然生态系统建设和河道藻类治理、管控，提升河流自然净化能力，确保水质稳定达标。在“护”上精准精细。进一步加强地下水资源保护，加快地下水超采综合治理计量监控项目建设，严格控制地下水开采。推进镇级集中式饮水水源地保护区规范化建设，确保饮用水源安全。

扎实开展土壤污染治理。加强重点行业企业排查整治，严格管控固体废物，严防新的污染。继续推进化肥农药使用“零增长”行动，扩大测土配方施肥使用范围，有效减少农业面源污染。完成农用地土壤环境质量类别划分，建档立卡，压实责任，稳步推进土壤治理与修复，进一步增强土壤净化产出能力。

积极推进绿色发展。提升环境执法水平。坚持治管并重、人防技防结合，增强基层执法人员力量，完善企业排污在线监控平台，构建全方位巡查监控体系。依法严惩环境违法行为，整治各类环境污染问题，保持环境执法高压态势。提升造林绿化水平。以打造京津冀生态环境支撑区为目标，以环京津、环城镇、环村庄，沿路、沿河为重点，集中连片造林，确保完成春季营林造林733.33公顷（1.1万亩）。提升低碳发展水平。强化节能环保标准约束，严格行业规范、准入管理和节能审查，鼓励企业实施低碳化、循环化、生态化改造。大力倡导绿色消费、绿色出行，让绿色理念深入人心、让节约简约蔚然成风。

### 五、加快推进城市建设，在增强发展承载能力上实现新突破

全方位对标北京城市副中心，坚持疏堵结合、建管并重，高标准打造功能完善首都卫星城。

抓好重点工程。坚持县级财政投入与争取上级资金、撬动社会资本相结合，总投资50余亿元，统筹推进水系治理、城乡路网、市政设施、公共服务等直接关系民生福祉的四大领域基础工程。

——总投资20亿元，启动5.7千米河道清淤扩挖、险工险段防护等北运河综合整治二期工程，为加快建设运河文化带奠定基础；启动潮白河清淤工程，有序实施重点排干渠清淤工作，统筹推进城乡水系连通、整治，加快打造“河清渠畅、岸绿景美”的“北方魅力水乡”。

——总投资20亿元，启动实施新开大街、淑阳大街、市场路、迎宾路等市政道路改造升级，加快大辛路养护改造、连村道路升级改造等城乡路网建设，完成平香线南延、义井大桥重建、潮白河左堤路养护改造等工程，优化城乡路网结构，提升道路通行能力。

——总投资10亿元，加快推进五百户污水处理厂、调峰储气站新建等工程，完成县委广场改造、垃圾焚烧发电厂新建和垃圾填埋场扩建等工程，进一步提升发展承载力。

——总投资5.5亿元，谋划九年一贯制学校建设，推进中小学校舍维修改造、县第二中学综合馆新建、大罗屯小学改扩建等重点教育工程，实施五百户、刘宋等镇级卫生院改造和村卫生室修缮工程，加快民兵训练基地建设，推进公共场所无害化卫生厕所全覆盖，进一步优化公共服务供给，满足群众需求。

提升城市品位。打造国内一流的智慧城市。巩固智慧城市建设成果，加快推进智慧城市二期建设，优化“四个平台”，搭建“三大智慧应用”，确保智慧政务、智慧民生率先突破。打造更高品质的园林城市。坚持“见缝插绿、拆墙透绿”，谋划实施新华大街、永泰路等街道绿化带和街角游园新建等工程，加快潮白滨水公园建设，提高城区绿化品质，全力打造国家级园林县城。打造功能完善的宜居城市。强化属地社区与属事部门共管共治，谋划建设便民市场，实施大街小巷硬化修缮、雨污分流改造、地下管网升级、消防设

施完善等工程，继续推进老旧小区改造，培育发展“夜经济”，让群众生活更舒心、让城市经济更繁荣。打造和谐有序的文明城市。启动新时代文明实践中心建设，发挥社区居委会作用，大力弘扬社会主义核心价值观，强化社会公德、职业道德、家庭美德、个人品德宣传教育，深入开展文明单位、文明社区、文明家庭创建活动，培树文明新风、良好家风、淳朴民风，确保省级文明县城创建成功。

加强城市管理。规范市容秩序。全面清理整治马路市场、占道经营、店外经营等城市顽疾，规范户外广告管理，开展消防通道集中治理，依法拆除各类私搭乱建，努力管出秩序、管出形象、管出群众满意度。净化城区环境。继续深度实施“以克论净”保洁模式，大力推进生活垃圾分类，深入开展城中村、背街里巷和城乡接合部综合整治专项行动，用整洁有序的环境“里子”扮靓城市“面子”。科学统筹治堵。完善重点路段、重点时段交通疏导长效机制，严厉打击交通违法违规行为，改善群众出行环境。深入挖掘机关企事业单位、商场超市、住宅小区的停车资源，探索实施错时共享停车，研究制定城区道路两侧限时停车办法，规范停车秩序，缓解停车难题。做优城市服务。完善社区物业监管服务体系，开展第三方社会满意度调查，探索建立社区物业有序进入退出机制，加快推进小区物业管理全覆盖，让群众居有所安、居有所管。加大公用事业单位监管力度，健全群众监督评价和综合考核考评机制，让群众享受到更加贴心的公共服务。

### 六、加快推进乡村振兴，在推动城乡融合发展上实现新突破

坚持农业农村优先发展，深入实施乡村振兴战略，以更大力度推进农业更强、农村更美、农民更富，努力打造城乡融合发展的“香河样板”。

大力发展现代农业。打造质量农业。深入开展农产品质量安全专项治理行动，改造升级县级农产品综合检验检测中心，扩大农产品质量安全追溯试点，推进农业标准化生产，保障群众“舌尖上的安全”。发展高效农业。坚持科技兴农，推广先进适用生产技术，完成326.67公顷（4900亩）高耗低效农作物调减任务，创建设施蔬菜标准园、新型农业产业园，促进农业生产、加工、销售一体化发展，提升农产品的附加值和知名度。培树品牌农业。精准对接市场需求，加大特色农产品宣传、推介、包装力度，探索制定特色产品行业标准，扩大香河肉饼、香河韭菜品牌影响力，进一步培育香河莲藕、香河臭豆腐等一批特色品牌，不断巩固提升“香”字号农产品知名度和美誉度。发展都市农业。引导龙头企业联农带农，积极发展休闲农业、观光农业和体验农业，大力推进田园综合体建设，促进农业规模化、产业化、品牌化发展。

扎实推进农村建设。持续开展农村人居环境整治。立足高质量实现美丽乡村“全覆盖”，继续推进农厕改造、村路硬化、饮水管网改造、垃圾中转站建设等工作，加强“煤替代”工程安全监管长效机制建设，扩大垃圾分类试点范围，健全城乡垃圾治理一体化、农村环境保洁长效机制，巩固提升农村绿、美、亮、净水平。稳步推进新民居建设。完善拆迁安置政策，加快京东新城、香五新村等在建回迁社区建设进度，抓紧配齐香安城、潮东新村二期等回迁社区配套设施，力争更多村街启动回迁。大力推进镇区建设。坚持以“镇区振兴”提速乡村振兴，支持镇区建设，加快镇区发展，着力培育一批优势突出、设施完善、环境优美的特色强镇。以蒋辛屯镇、新兴产业园区为重点，高标准实施健身广场、绿化美化等工程，加快建设“廊坊美丽公路”精品片区，让产业、美丽、兴旺成为香河农村最靓丽名片。

激活农村发展动力。夯实农村发展基础。保障村干部待遇落实，规范村级决策程序，切实管住“微权力”，建好村级综合活动场所，建强村

"两委"干部队伍，使农村基层党员干部成为乡村振兴的"领头雁"。壮大农村集体经济。深化农村集体产权制度改革，鼓励整合利用集体资金、资产、资源和上级扶持资金，入股、参股农业企业，增强村集体经济造血能力。建立农村集体产权交易平台，提高"三资"管理利用效率，培育更多集体经济强村。拓展农民增收渠道。开展农民合作社规范提升行动，扶持农业社会化服务组织加快发展。引导农民盘活利用闲置宅基地，发展主题民宿、乡村旅游等新兴业态，推动资源变资产、资金变股金、农民变股东。实施新型职业农民培训工程，鼓励各类人才返乡下乡创业，让更多爱农业、懂技术、善经营的新型职业农民成为农村发展的生力军。培树健康文明乡风。加强政策法规宣传，开展爱国主义教育，完善村规民约，深化乡村治理，提升农民思想道德素质，巩固农村和谐文明有序的发展局面。

### 七、加快推进民生事业，在提高群众幸福指数上实现新突破

深入落实"以人民为中心"的发展思想，尽力而为、量力而行，集中财力保障和改善民生，提升社会治理现代化水平，真正把好事办到百姓心坎上，让广大群众共享改革发展成果。

均衡发展社会事业。坚持教育优先发展。动态补充师资力量，加强校长教师培训交流，打造新时代教师队伍。强化学前教育监管，扩大普惠性幼儿园范围。优化义务教育资源布局，加快中小学软硬件升级。巩固发展高中教育，支持香河县第一中学打造一流名校。推进职业教育改革发展，培育特色专业人才。落实立德树人根本任务，完善教育评价体制机制，全力抓好思政课建设，促进学生"德智体美劳"全面发展。实施健康香河行动。以"健康干预、健康维护、重大疾病防控"为重点，加快构建基本医疗、基本公共卫生、健康宣传教育、中医中药、应急救援、医疗养老结合"六位一体"的健康服务体系。深化"四医联动"改革，完善医共体管理模式、运行机制和激励机制，加快县医院三级医院认定工作，实施基层医疗综合服务能力"双提升"工程，让群众就地就近享受优质医疗服务。繁荣发展文体事业。大力开展全民健身和大众体育活动，完善体育设施，启动室内冰雪场馆建设，推广冰雪运动。完成 24 所基层综合文化服务中心建设，实现村街全覆盖。谋划建立艺术创作人才库，支持优秀文化艺术项目和人才发展。深入开展美丽幸福新香河大家唱等系列文娱活动，让广大群众的业余文化生活更加丰富多彩。

持续强化民生保障。巩固扩大脱贫成果。强化脱贫人口跟踪监测，继续落实教育扶贫、健康扶贫等各项帮扶政策，确保贫困群众稳定脱贫、日子越过越好。全力做好稳就业工作。加快人力资源市场建设，落实高校毕业生、农村转移劳动力等重点群体就业扶持政策，确保城镇"零就业家庭"动态清零。加强退役军人服务保障。坚持政治关心、生活照顾、服务为先、依法管理，严格落实各项优抚安置政策，进一步提高"双拥"工作水平。健全社会保障体系。加大医疗、养老、工伤等保险扩面征缴力度，推进医保支付方式改革，严格医保基金管理，坚决查处欺诈骗保、过度医疗等行为，确保医保基金运行安全。落实城乡居民最低生活保障、特困人员供养、孤儿救助等政策，完善老年人、残疾人关爱服务体系，保障城乡困难群众基本生活，确保全面小康路上不落一户、不少一人。

加强创新社会治理。完善社会治理体系。坚持发展新时代"枫桥经验"，发挥社会组织、行业协会自律功能，健全道德公约、村规民约，提升群众自我管理、自我服务、自我教育、自我监督意识，加快构建自治、法治、德治"三治融合"的治理体系。提升社会治理能力。推进综合治理指挥平台建设，完善社会矛盾纠纷多元预防调处化解综合机制，深入开展信访矛盾排查、问题化

解、秩序整治“三项行动”，畅通群众诉求表达、权益保障通道，闻风而动、接诉即办，坚决维护正常的社会秩序。提升管网治网水平，创新“依法管网、数据管网、信用管网”举措，努力营造风清气正的网络环境。提高风险防控水平。完善重大风险综合研判、动态监管、及时化解等机制，全力做好金融、社会等重点领域风险防控工作。加强应急管理体系建设，提高防灾减灾救灾能力。严格落实安全生产责任，推进生产经营单位“双控”机制建设，常态化开展风险隐患排查整治，坚决遏制重大事故发生。强化食品药品安全监管，提升服务保障能力，加快建立食品药品安全现代化治理体系。健全社会治安防控机制。深化扫黑除恶专项斗争，推进智慧社区、智慧路防建设，严厉打击“盗抢骗”“黄赌毒”等违法犯罪行为，加快构建立体化、法治化、专业化、智能化社会治安防控新格局，坚决当好首都政治护城河的“排头兵”。

## 加强政府自身建设<br>打造新时代人民满意政府

打铁还需自身硬。面对发展重任、人民重托，县政府要顺应新时代需要，汲取习近平新时代中国特色社会主义思想的不竭动力，坚持“以人民为中心”的价值导向，坚持“建设美丽幸福新香河”的目标导向，坚持“把工作的着力点放在解决最突出的矛盾和问题上”的问题导向，按照县委“四个必须”的要求，始终做到忠诚干净、担当实干、勤勉尽责、廉洁高效，不断增强战略思维、历史思维、辩证思维、创新思维、法治思维和底线思维，全面提升履职水平，努力打造新时代人民满意政府。

强化政治建设，忠诚履职尽责。坚持以习近平新时代中国特色社会主义思想为统领，把政治建设摆在首位，更加树牢“四个意识”，坚定“四个自信”，做到“两个维护”，坚决贯彻执行上级党委、政府和县委各项决策部署，确保政令畅通、令行禁止，“全县一盘棋”。拓展“不忘初心、牢记使命”主题教育成果，锤炼政府系统党员干部忠诚干净担当的政治品格，让践行初心、担当使命、转变作风、干事创业成为常态。

强化法治建设，依法规范用权。深入推进法治政府建设，把依法行政、依法办事贯穿政府决策、执行和落实的全过程。提升依法决策水平。严格执行重大行政决策法定程序，落实公众参与、专家论证、风险评估、合法性审查、集体讨论决定等机制，切实做到依法决策、民主决策、科学决策。增强依法履职能力。完善政府权力清单、责任清单、监管清单，持续开展电视问政，健全政府系统“明责、履责、共责、问责”的岗位责任体系，做到“法无授权不可为、法定职责必须为”，让行政权力始终在阳光下运行。强化主动接受监督意识。坚持有权必有责、用权受监督，自觉接受县人大法律监督、县政协民主监督和监察监督，高度重视社会公众和新闻舆论监督，强化审计监督，高质量办理人大代表议案建议和政协委员提案，确保人民赋予的权力始终为人民服务、为人民谋利益。提高全民法治观念。健全城乡公共法律服务体系，深入开展“七五”普法，落实普法责任，创新普法形式，提升普法效果，让尊法、学法、守法、用法成为全社会的行动自觉。

强化效能建设，狠抓工作落实。坚持效率、效益、效果导向，雷厉风行、案无积卷、事不过夜，切实增强政府执行力。依托智慧城市建设，开发智慧政务平台，优化公文办理，精简会议文件，让干部走出机关、走进基层，走出会场、走到一线，谋事干事、真抓实干。做到问计部委省直市直、问计服务对象、问计人民群众，上跑三级争支持、下沉一线汇民智，创新解题办法，增强破题能力。坚持言必行、行必果，发扬“钉钉子”精神，勇于攻坚克难，敢于动真碰硬，一张蓝图绘到底，不换跑道、一门心思抓落实。坚持工作项目化、项目清单化、清单责任化，强化台账管理，落实绩效考核，严格政务督查，确保各项工作件件有着落、事事有回音。把容错纠错和鼓励激励机制落实到具体事、具体人，为担当者担当，为干事者撑腰，进一步浓厚干事创业、奋力争先的良好氛围。

强化纪律建设，清正廉洁从政。坚持把全面从严治党贯穿政府工作始终，严格落实党风廉政建设责任制和中央八项规定精神，加强廉政警示教育，驰而不息转作风、纠四风、树新风。坚持政府过“紧日子”，让群众过“好日子”，全面加强预算绩效管理，严控“三公”经费支出，把有限的财力用在促发展、保民生、补短板上。坚决用制度管权、管事、管人，进一步加强民生领域、工程建设、政府采购、行政审批、公共资源交易等重点领域、关键岗位和重要环节的监管，严肃查处不正之风和腐败问题，牢固树立风清气正、廉洁高效的良好政府形象。

风劲潮涌，自当扬帆破浪。任重道远，更需策马扬鞭。县政府将以习近平新时代中国特色社会主义思想为统领，在县委的坚强领导下，团结和依靠全县人民，不忘初心，牢记使命，只争朝夕加油干，不负韶华再出发，为决胜全面建成小康社会、加快建设美丽幸福新香河而努力奋斗。

# 香河县人民代表大会常务委员会工作报告

## ——在香河县第十五届人民代表大会第四次会议上

香河县人大常委会主任 闫再兴

（2020 年 1 月 10 日）

## 2019 年的主要工作

2019 年，在县委的坚强领导下，县人大常委会坚持以习近平新时代中国特色社会主义思想为指导，紧紧围绕全县工作大局,认真履行法定职责，主动服务改革发展，及时回应社会关切，自觉接受人民监督，为建设美丽幸福新香河做出了积极贡献。全年共召开常委会议 10 次，主任会议 12 次，听取和审议“一府两院”专项工作报告 9 项，作出决议、决定 5 项，开展视察、调研、执法检查 15 次，任免国家机关工作人员 65 人次，圆满完成县十五届人大三次会议确定的各项目标任务。

### 一、坚持党的领导，在对标“四个意识”上彰显新形象

县人大常委会坚持把党的领导贯穿于人大依法履职的全过程，切实做到讲政治、守规矩、重规范。

旗帜鲜明讲政治。坚持把政治建设摆在首位，树牢“四个意识”，坚定“四个自信”，做到“两个维护”。严守党的政治纪律和政治规矩，严格履行政治责任，深入贯彻中央和省、市、县委的重大决策部署，及时向县委报告县人大及其常委会工作，始终保持正确的政治方向。完善党组工作机制，对常委会工作中的重要问题、重大事项均由党组集体研究决定，切实发挥好党组把方向、管大局、保落实的作用。

围绕中心重履职。践行“功成不必在我，建功必定有我”的工作理念，紧扣县委决策部署和社会发展大局，谋划履职重点，主动担当作为，坚决做到与县委同心同德、合力合拍。强化全县“一盘棋”思想，县人大常委会班子成员积极参与包联镇村、精准扶贫、项目服务、信访接待等中心工作，为全县经济发展和社会稳定做出了积极贡献。

主题教育增干劲。加强理论武装，学思践悟习近平新时代中国特色社会主义思想，把贯彻新思想、新要求、新部署不断引向深入。集中开展“不忘初心、牢记使命”主题教育，按照“守初

心、担使命，找差距、抓落实”总要求，加强学习研讨，进一步统一思想、凝聚共识。树立问题导向，围绕扶贫脱贫攻坚、民生实事票决、小学校舍筹建、交通路网建设等方面开展调研，做到主题教育与有效履职相互促进、相得益彰。

**二、聚焦社会发展，在提升监督实效上展现新作为**

县人大常委会综合运用多种监督方式，全力推动县委重大决策的贯彻落实。

助力破解发展困局。积极响应“河北发展，人大尽责”的要求，努力为应对经济下行出力献策。开展了营商环境和减税降费情况的视察与调研，督促政府相关部门落实涉企“五项服务”，为经济健康发展创造良好营商环境。对全县工业经济运行、旅游开发、农村土地承包确权等情况进行调研，提出把该办的、能办的事抓紧抓实，为高质量发展挖掘内潜力、开拓新路径、培育新引擎。调研交通路网工程、重点项目建设情况，推动县政府做好协调服务，尽快打基础、壮实力。审议《2019年上半年经济社会发展计划执行情况的报告》，建议县政府全力攻坚克难，优化经济结构、加快转型升级。

盯紧财政绩效管理。看好“钱袋子”，实现县人大与县财政预算系统联网，在县人大机关专门建立预算联网查阅室，提高了预算审查监督的时效性和精准度。听取和审议了《2019年1—9月份财政预算执行情况的报告》，提出要开源与节流并举，防止“杀鸡取卵”“寅吃卯粮”。理性分析全县经济形势，先后两次批准了县政府提请的财政预算调整方案，支持县政府坚持实事求是，科学组织收入、严格合理监管，确保财政保运转、保工资、保民生的基本功能。守住“家底子”，审议了《2019年度国有资产管理情况的报告》，推动县政府及早摸清底数，依法合理使用，严格有效监管，确保国有资产不流失、不浪费。

持续关注生态文明。深入调研，广征民意。积极动员人民群众深度参与“美丽乡村”、“美丽庭院”创建活动。以垃圾分类、厕所革命、污水治理为主攻方向，在增建精品村、发展中心村、打造特色村，实现“美丽乡村”全覆盖工作中建言献策、有效监督。着眼保护碧水蓝天，对贯彻实施《河北省地下水管理条例》情况进行执法检查，审议了《2019年度环境状况和环境保护目标完成情况的报告》，形成对环保工作监督的常态化、制度化。

着力维护民生福祉。积极回应群众关切，将社会普遍关注的教育、医疗、养老等民生大事作为监督重点。听取和审议县医保资金管理使用情况的报告，对全县中小学校舍建设情况进行调研，对养老产业发展情况进行视察，推动县政府顺应形势，抢抓先机，抓住短板弱项、强化基本保障、精准管理服务，努力让人民有更多的获得感、幸福感、安全感。

不断深化法治建设。以培育法治思维、深化法治进程、促进公平正义为己任，大力推进法治香河建设。对拟任人员做到任前考法、任后宣誓、任中述法、全程督法。先后4次对29名提请任命人员进行法律考试。对4名员额制法官、检察官履职情况进行述职评议，组织部分人大代表旁听法院案件庭审，并现场进行点评，助推严格执法、公正司法。举办专题法律知识讲座，培训各级人大代表、机关干部500余人，大力营造崇尚宪法法律、遵法守法的社会氛围。听取和审议了县司法局关于基层司法所建设和工作开展情况的报告，视察县公安局指挥中心、巡特警大队、安平检查站等治安工作中枢节点和关键岗位建设情况，提出了重视基层基础、加强队伍建设、加大资金投入、用好科技手段等针对性建议。及时处理、批转人民群众来信来访22件61人次，保证群众诉求依法妥善处理，维护社会和谐稳定。

### 三、完善履职平台，在激发代表工作活力上开辟新途径

县人大常委会尊重代表主体地位，不断加强和改进阵地建设，全力支持和保障代表依法履职、有效行权。

发挥平台作用，促进履职担当。秉持建好更要管好、用好的原则，指导各镇人大按照“六个落实”“七个结合”“八项制度”标准，进行代表联络站规范化建设。定期开展教育培训、选民接待、调查研究和述职评议等活动，使联络站真正成为代表履职的主阵地。精心制作专题片，充分展示联络站建设成果和代表风采，梳理提炼履职典型和有益经验，赢得群众的赞誉与支持。

重视建议督办，回应人民关切。建立健全代表建议督办机制，推动建议办理从“答复满意”向“结果满意”转变，提高建议办理质效。建议提出后，及时进行汇总归类、交办督办，征询代表对办理情况的意见，专题听取代表建议办理情况报告，并给予实事求是评价。县十五届人大三次会议上代表提出的38件建议得到妥善办理，代表满意率达97.4%。

拓宽议事渠道，提升履职水平。注重代表政治站位、思想进位、履职定位，解决好为谁履职、怎样履职的问题。“学习强国”App推出后，要求代表充分利用这一平台，认真学习习近平新时代中国特色社会主义思想。激励代表强化民本情怀，坚持为民履职，当好人民的“代言人”。精心组织代表培训3期，培训代表115人次。邀请各级代表22人次参与县人大常委会活动，拓宽代表知情悉政、参政议政渠道。

### 四、注重强基固本，在加强机关自身建设上实现新提高

县人大常委会从改进工作作风入手，不断完善工作机制，提高服务水平，推动人大工作与时俱进。

创建学习型机关，凝聚积极向上能量场。不断强化思想引领，狠抓意识形态，高唱主旋律，坚守主阵地，凝聚正能量。坚持全面从严治党，保持“两学一做”学习教育常态化制度化，时刻把纪律和规矩挺在前面，着力建设勤政务实、作风硬朗的政治机关。提升本领追求卓越，利用周五学习日组织县人大常委会机关干部集中学习，打造政策通、本领高、业务精的工作机关和代表机关。

求真务实重质效，弘扬担当有为时代风。倡导精益求精的“工匠精神”，坚持问题导向、目标导向、效果导向，自觉找差距、补短板，力求把工作做实、做好。弘扬真抓实干的优良作风，科学规范工作流程，追求最佳效果。积极推动担当作为，县人大常委会机关各委室紧扣县委重大决策部署和中心工作推进，开展精准调研，把握实情，研深议透，努力为县委、县政府决策提供高质量的意见建议。教科文卫工委关于香河县基础教育现状的调研报告，得到县委主要领导的充分肯定。

改革创新增活力，共圆竞进发展自强梦。主动顺应新形势新要求，坚持向改革要动力、向创新要活力。按时完成县人大常委会各工作委员会更名改革工作，人员配备更加合理。如期实现与财政预算系统联网，为强化预算实时动态监督创造了条件。推进民生实事项目票决制，赋予代表更多权力，督促政府办准实事、办好大事、办成好事。

过去一年县人大常委会取得的成绩，得益于县委的正确领导，得益于“一府一委两院”和社会各界的大力支持，得益于全体代表和人大工作者的共同努力。

回顾过去一年的工作，县人大常委会也清醒地看到，自身工作对照县委要求和人民群众期待仍有不足，主要是：对审议意见落实情况追踪问效抓得不够理想，推动解决人大代表、人民群众关注的热点难点问题的力度还需进一步加强，监

督形式有待进一步丰富创新，县镇人大规范化建设仍存在薄弱环节。对此，县人大常委会将高度重视，认真加以改进。

## 2020年的工作安排

2020年是全面建成小康社会和“十三五”规划收官之年。县人大常委会工作的指导思想是：坚持以习近平新时代中国特色社会主义思想为指导，深刻领会党的十九届四中全会精神，全面落实县委十一届五次全会决策部署，紧扣全面建成小康社会目标任务，主动担当，依法履职，为加快建设美丽幸福新香河做出新的更大贡献。

**一、要以政治建设为统揽，进一步坚定政治方向**

把学习研究、宣传贯彻好习近平总书记关于坚持和完善人民代表大会制度的重要思想摆在突出位置，学习信仰和情怀，学习担当和作为。进一步坚定坚持和完善人民代表大会制度的决心和信念，推动人民代表大会制度和人大工作与时俱进、完善发展。坚持党的领导、人民当家作主、依法治国有机统一。自觉维护县委总揽全局、协调各方的领导地位。认真落实县委的决策部署，依法决定重大事项和人事任免。

**二、要以助推发展为要务，进一步加大监督力度**

全力以赴推动县域经济高质量发展。继续深入开展“河北发展，人大尽责”主题活动，综合运用调查研究、代表视察、执法检查、工作评议、专题询问等监督方式，督促政府和职能部门全面落实“放管服”政策，不断优化营商环境；加快基础设施建设，提升香河发展竞争力；进一步加大项目建设力度，不断壮大实体经济，为香河经济高质量发展积蓄强大后劲。

**三、要以改善民生为重点，进一步提高工作质效**

坚持把人民对美好生活的向往作为县人大常委会的工作目标和奋斗方向，紧扣民心这个最大的政治，听取人民呼声，回应人民关切，维护人民权益，接受人民监督。稳妥有效推进民生实事项目票决制，充分发挥人大主导作用，动员代表广泛征集民生实事项目建议，力求票决实施的民生实事项目能够切中人民所需所急、所想所盼。加强对“一府一委两院”的监督，推动依法行政、公正司法，提高依法治县和为民服务水平。

**四、要以依法履职为前提，进一步拓展服务内容**

充分尊重代表主体地位，全面提升服务保障水平。提高代表建议办理工作质量，加强答复承诺事项跟踪督办。推动代表“全员进站”开展活动，提升平台管理使用效能。加强代表履职服务，完善向代表通报情况和征求意见工作机制。办好代表履职培训班，强化理论武装，提升履职能力。丰富闭会期间代表活动，深入开展代表向选区选民述职活动，激励代表担当尽责。

**五、要以守正创新为目标，进一步强化自身建设**

扎实推进全面从严治党向纵深发展，始终把纪律和规矩挺在前面，营造风清气正的政治生态。注重能力建设，提高业务水平和履职能力。持续改进工作作风，提升工作效率。抓好意识形态和精神文明建设，树立良好的机关形象。加强对各镇人大主席团工作指导，提升全县人大工作整体合力。

新时代是奋斗者的时代，只有奋斗者才能成就梦想。县人大常委会将继续在县委坚强领导下，不忘初心，砥砺奋进，全力推动高质量发展，创造高质量生活，为决胜全面建成小康社会、建设美丽幸福新香河而努力奋斗。

# 中国人民政治协商会议
# 香河县第九届委员会常务委员会工作报告

## ——在政协香河县第九届委员会第四次会议上

政协香河县委员会主席　马文龙

（2020年1月9日）

2019年，在中共香河县委的坚强领导下，县政协认真贯彻落实党的十九大、十九届四中全会和中央政协工作会议精神，坚持以习近平新时代中国特色社会主义思想为指引,牢牢把握团结和民主两大主题,认真履行政治协商、民主监督、参政议政职能，汇聚智力谋发展，同心协力促和谐，创新举措增活力，扎实履职展风采，呈现出县委重视、政府支持、政协主动、各方配合、社会参与的良好态势，开创了人民政协事业的新局面，为促进香河县经济社会各项事业全面发展贡献了政协的智慧和力量。

### 一、强化政治引领，在夯实共同基础中坚守政协品格

坚持把政治建设作为“主轴”，自觉以中央和省、市、县委决策部署统一思想，汇聚力量，引领事业。

不断增进政治共识。始终把学习贯彻习近平新时代中国特色社会主义思想摆在首位，以贯彻习近平总书记关于加强和改进人民政协工作的重要思想为根本指针，以落实中共的十九大、十九届四中全会精神为首要政治任务，县政协党组集中学习12次、政协委员集中学习4次、机关干部集中学习50余次。精心编辑《做好新时代人民政协工作学习参阅资料》，收录了习近平总书记关于人民政协的重要论述和全国、省、市、县政协重要会议精神等内容共35篇，印发至全体政协委员和机关干部进行学习，不断树牢“四个意识”，坚定“四个自信”，做到“两个维护”。

自觉接受党的领导。坚持一切重要工作在县委的领导下开展，一切重要活动围绕县委中心任务进行，一切重要安排在广泛征求意见的基础上报县委审定，政协年度工作要点、年度协商和监督工作计划、常委会工作报告严格按程序及时报请县委审议，把党的领导贯穿于政协工作的始终。认真贯彻中央和省、市、县委政协工作会议精神，严格落实县委《关于新时代加强和改进人民政协工作的实施意见》，进一步强化了政协委员和机关干部的使命担当，确保了香河政协事业始终沿着正确的方向前进。

持续强化政治自觉。县政协党组充分发挥把

方向、管大局、保落实的领导核心作用，认真贯彻落实县委《关于加强新时代人民政协党的建设工作的实施意见》，修订了《县政协党组工作规则》，健全了党组议事决策机制，推动政协党组织建设全面进步、全面过硬。扎实开展“不忘初心、牢记使命”主题教育，认真学习了党章、《习近平关于“不忘初心、牢记使命”重要论述选编》《习近平新时代中国特色社会主义思想学习纲要》等必读篇目，开展专题研讨，深入调查研究，检视出问题5项，制定整改措施6项，2019年11月底前均已整改到位，制定出台全局性系统性制度文件3项。

## 二、聚焦高质量发展，在履行三项职能中彰显政协担当

坚持把服务中心作为“主线”，围绕建设美丽幸福新香河，建睿智之言，献务实之策，出推动之力。

聚焦大事，政协协商不断强化。认真贯彻落实中央和省、市、县委关于加强政协协商民主建设的文件精神，制定了《关于进一步提高协商议政质量的意见（试行）》。聚力打造宽领域、多层次、常态化的协商格局，按照协商和监督工作计划，聚焦促进传统工业企业转型升级、创建文化之乡、推动设施农业发展、全面提升县城城市品位4个重点协商议题，在充分调研的基础上，召开专题议政性常委会议2次，形成了《关于促进传统工业企业转型升级的调研报告》《关于创建文化之乡的调研报告》《关于推动设施农业发展的调研报告》和《关于以“创城”为契机，全面提升县城城市品位的调研报告》，以政协建议案的形式上报县委，得到县委主要领导的充分肯定，并批转县政府责成有关部门落实。

紧盯难事，民主监督扎实推进。认真贯彻落实县委《关于加强和改进人民政协民主监督工作的实施意见》，在提案办理、视察调研等方面扎实开展监督工作，全年共开展视察调研16次，交办政协提案67件。围绕县政府重点工作，对智慧城市建设、香河韵达电商（华北）产业中心项目、“四好农村路”创建及潮白田园综合体项目、哈洛小镇商务服务综合体项目进行专题视察，针对存在的问题，提出了建设性的意见建议。积极开展委组调研视察活动，经济组赴北京城市副中心就发展高端服务业进行调研；教文体组赴北京就文博产业进行考察；农业组到浙江桐庐围绕美丽乡村建设进行调研；民宗台侨组到新社会阶层人士活动基地——机器人小镇进行视察；群团组对香河县交通路网工程、民政事业服务中心综合楼建设、城乡生活垃圾处理等民心工程开展专项监督，形成了专题调研视察报告，对相关工作的开展起到了积极推动作用。由50余名政协委员担任特约监督员，参加了县重点人防工程征询意见会、燕赵利剑集中执行、落实农民工工资待遇调研、全县扫黑除恶工作座谈会等活动60余人次，切实做到了参与中支持、支持中服务、服务中监督，助力县委、县政府相关部署落实到位。

关注实事，参政议政富有成效。坚持围绕中心议政建言，共商全县发展大计。委员们先后就推进与北京城市副中心协同发展、培育壮大农业旅游新业态、扎实推进县级融媒体中心建设、加强地下管网建设、深化县级公立医院综合改革、加快县域文化产业发展、促进县域民宿经济发展等方面，进行了充分调研，形成了《县政协九届三次会议期间重点建议案汇编》，为县委、县政府科学决策提供了有益参考。

## 三、广泛凝聚共识，在紧扣两大主题中凸显政协作为

坚持把汇聚力量作为“主责”，突出团结和民主两大主题，寻求最大公约数，增进最大共识度，画好最大同心圆。

服务重点工作出实招。围绕全县重点工程、重点项目建设和信访工作，县政协领导班子成员主动融入全县大局，加强协调指导，努力排忧解

难，为推动重点工程和重点项目、维护社会稳定发挥了政协作用。围绕脱贫攻坚，深入包联各镇，走访困难群众，制定帮扶措施，协调解决实际问题。为深入宣传党的十九届四中全会精神，县政协领导班子成员分赴各镇、村街宣讲全会精神，把党中央的声音传达给基层群众。

加强团结联谊用实劲。配合省、市政协高质量完成了全年调研任务，省政协副主席孙瑞彬到香河调研时对香河县的政协工作给予了充分肯定。围绕京津冀协同发展、美丽乡村建设、加强基层社会治理、大运河开发与利用、提升农村环境，助力乡村振兴、打造乡村旅游产业、加快推进康养产业发展等内容，接待了北京市通州区、天津市蓟州区、辽宁省葫芦岛市等 17 家友好政协的学习考察，通过相互交流，开阔了眼界、拓宽了思路，达到了增进友谊、宣传香河、促进工作的目的。

弘扬传统文化求实效。充分发挥政协文史工作“存史、资政、团结、育人”的重要作用，搜集县政协成立 35 年以来编印的文史资料，对其重新归类整理，去芜存菁、详加校订，编辑完成了《古郡风华——香河县文史资料集萃》，共 3 卷,100 余万字，为弘扬香河优秀传统文化、推动文化繁荣兴盛注入活力。举办“庆祝人民政协成立 70 周年主题书画展”，为进一步把握时代脉搏，坚定文化自信，传承中华文明，贡献了政协力量。

### 四、从严律己正心，在强化自身建设中提升政协形象

坚持把从严要求作为“主调”，狠抓两支队伍建设，着力提高工作制度化、规范化、程序化水平。

以提升“四种能力”为重点，加强委员队伍建设。按照“懂政协、会协商、善议政”和“守纪律、讲规矩、重品行”的要求，建立委员培训常态化机制，印发十九届四中全会精神学习资料、优秀提案汇编等，组织政协委员和机关干部赴中共贵州省委党校围绕加强理想信念教育举办专题培训班，进一步提高了委员政治把握能力、调查研究能力、联系群众能力、合作共事能力。

以规范委员履职为目标，加强制度体系建设。先后制定了《政协香河县委员会委员履职工作规则》《香河县政协常委提交年度履职报告工作办法（试行）》《政协香河县委员会提案审查工作实施细则》《政协香河县委员会全体会议工作规则》《关于授权主席会议对违纪违法政协委员及时作出处理的决定》，强化了委员服务管理，规范了委员履职行为，增强了委员干事创业的思想自觉和行动自觉。

以推进党的建设为统领，加强机关队伍建设。加强党对政协机关工作的领导，经县委批准成立了县政协机关党组，制定了《中共香河县政协机关党组工作规则》，并严格按照规则开展工作，实现了政协机关党组工作规范化；严格执行“三会一课”制度，定期开展主题党日活动，组织县政协机关全体干部到北京实地参观新中国成立 70 周年成就展、中国抗日战争纪念馆，大力整顿机关纪律作风，实现了政协机关党建活动常态化。

成绩来之不易，经验弥足珍贵。一年来，县政协工作所取得的成绩，是坚持以习近平新时代中国特色社会主义思想统领政协工作的结果，是县委正确领导的结果，是县政府大力支持的结果，是社会各界积极配合的结果，更是全体县政协委员共同努力的结果。

知常明变者赢，守正创新者进。在总结成绩的同时，县政协常委会也清醒看到，与新形势、新任务和县委的要求相比，与人民群众的期盼相比，县政协常委会的工作还存在有待改进的方面。比如，民主监督的方式还需进一步探索；议政建言的质量还需进一步提升；个别委员履职的积极性还需进一步加强，履职能力还需进一步提高，这些都需要在今后工作中不断探索和提升。

2020 年是全面建成小康社会和“十三五”规划收官之年，也是香河保持定力、接续奋斗的一年。县政协工作的指导思想是：坚持以习近平新

时代中国特色社会主义思想为指导，深入贯彻党的十九届四中全会精神和中央政协工作会议精神，全面落实县委十一届五次全会决策部署，在中共香河县委的坚强领导下，全面加强党的建设，充分发挥人民政协作为协商民主重要渠道和专门协商机构的作用，着力在建言资政和凝聚共识上双向发力，为在推进高质量发展中建设美丽幸福新香河积极贡献力量。

蓝图已经绘就，目标催人奋进。围绕打造“现代高端产业聚集区、功能完善首都卫星城、和谐幸福宜居新家园、基层党的建设新高地”，县政协将重点做好以下4个方面工作：

### 一、坚持党的领导，确保正确方向

坚持以习近平新时代中国特色社会主义思想为统揽，充分运用多种形式，及时跟进学习党的最新理论。巩固“不忘初心、牢记使命”主题教育成果，引导全体委员和机关干部树牢“四个意识”，坚定“四个自信”，做到“两个维护”。牢固树立全县工作“一盘棋”思想，坚决贯彻落实县委决策部署，使政协工作做到与时代“合拍”、与党政“同行”、与群众“共鸣”。加强党的建设，探索在界别建立党组织，实现党的组织对党员委员的全覆盖、党的工作对政协委员的全覆盖。认真落实全面从严治党主体责任，切实履行“一岗双责”，运用“第一种形态”，开展谈心谈话。

### 二、聚焦中心任务，精准履职尽责

充分发挥人民政协专门协商机构作用，加强专门协商机构制度建设。紧紧围绕家具城二次创业、大运河文化带建设、创新社会治理方式、优化发展环境等全县中心工作，制定年度协商工作计划，利用全体会议协商、专题议政性常务委员会会议协商以及专委会对口协商等形式，建净言、献良策、出实招；围绕事关人民群众切身利益的扩大老旧小区改造覆盖范围、健全物业管理、农村基础设施建设维护等重点、难点、热点问题，制定年度监督工作计划，积极开展民主监督，全力推动县委、县政府决策部署落地生根。

### 三、突出团结民主，广泛凝聚共识

以凝聚共识为着力点，打牢人民政协团结奋斗的共同思想政治基础。充分发挥提案办理协商、社情民意信息的作用，及时反映群众诉求、回应群众关切。深入开展办实事、献爱心、送温暖活动，进一步巩固和发展安定团结的良好局面。健全完善与党外人士联合调研、联合监督、共同举办协商活动的制度，加强对党外知识分子、新的社会阶层人士的团结引导。密切与非公有制经济人士的联系，定期走访委员及其所在企业，帮助企业协调解决在资金、经营理念、经营模式等方面遇到的困难和问题，引导企业家委员积极参与新旧动能转换，助力企业腾笼换鸟，转型升级。鼓励委员广泛联系和动员各界群众，做好统一思想、理顺情绪、化解矛盾、促进团结的工作。

### 四、紧扣强基固本，建设两支队伍

切实加强县政协常委会、专委会、委员活动组建设，优化专委会设置，整合专委会力量，着力构建“协商有序、监督有方、参政有为、履职有效”的运行机制。加强政协委员队伍建设，加大政协委员学习培训力度，年内继续组织集中学习培训，强化政协委员履职管理，切实提高全体政协委员的政治把握能力、调查研究能力、联系群众能力、合作共事能力。加强纪律作风建设，严格贯彻落实中央八项规定和实施细则精神，用严格的标准要求，用严格的措施管理，用严格的纪律约束党员队伍，着力打造一支政治强、业务精、纪律严、作风正的政协干部队伍。

望远才知天地阔，奋斗方能破浪行。县政协常委会将更加紧密地团结在以习近平同志为核心的党中央周围，坚持以习近平新时代中国特色社会主义思想为指导，在中共香河县委的坚强领导下，不忘初心，牢记使命，凝心聚力、团结奋进，为在推进高质量发展中建设美丽幸福新香河作出新的更大贡献。

# 关于香河县2019年国民经济和社会发展计划执行情况与2020年国民经济和社会发展计划（草案）的报告

## ——在香河县第十五届人民代表大会第四次会议上

香河县发展和改革局局长　冯国祥

（2020年1月10日）

### 一、2019年国民经济和社会发展计划执行情况

2019年，全县上下坚持以习近平新时代中国特色社会主义思想为指导，认真贯彻落实党的十九大和十九届二中、三中、四中全会精神，紧紧围绕县十五届人大三次会议确定的目标任务，牢牢把握高质量发展的根本要求，全面加快建设美丽幸福新香河，统筹推进产业转型、城乡发展、项目建设、民生保障各项工作，深化开展“双创双服”活动，全县经济社会保持平稳发展态势。

经济运行稳中有进。全县生产总值增长3%左右，规模以上工业增加值增长5%左右，固定资产投资增长5%左右，社会消费品零售总额增长9%左右，全年财政收入完成64.2亿元，其中一般公共预算收入完成38.4亿元，增长4.4%。

质量效益稳步提升。规模以上高新技术产业增加值增长20%左右。技术交易额完成7.24亿元，增长61.9%。每万人发明专利拥有量达到3.2件，增长15%。全县新增高新技术企业24家、科技型中小企业94家。旅游业总收入达到27.5亿元，增长20.6%。

生态环境明显改善。全年PM2.5浓度44微克/立方米，下降13.73%。每万元生产总值能耗下降率，化学需氧量、二氧化硫、氨氮和氮氧化物减排量均完成全年目标任务。

民生保障能力持续增强。全县城乡居民人均可支配收入分别完成46512元和19575元，分别增长8%和8.5%。全县59户125名贫困人口全部实现脱贫。城镇新增就业0.73万人，城镇登记失业率控制在1.14%。

从总体情况看，年度计划指标中绝大部分实现正增长，但增速较往年放缓。主要有以下原因：一是受房地产管控影响，新的财源替代暂未形成，财政收入增长乏力。二是受规划管控影响，县域发展空间不足，盘活存量用地不多，招商引资难度大，新上项目落地困难。三是县域传统行业，多数企业规模偏小，产品同质化严重，科技含量不高，竞争力弱，抗风险能力较低，短期内难以形成支撑。四是近几年流动人口减少，居民消费进入平稳低速增长的换挡期。

### 二、2020年主要发展目标

2020年全县发展的指导思想是：坚持以习近平新时代中国特色社会主义思想为统领，全面贯彻党的十九届四中全会精神，深入落实中央经济工作会议和省、市、县委全会部署要求，坚持稳中求进工作总基调，坚持以新发展理念为引领、以供给侧结构性改革为主线，深入做好“六稳”工作，扎实开展“三创四建”活动，紧扣全面建

成小康社会目标任务，重点实施“五个抓好”，全力冲刺“十三五”，确保全面达小康，在高质量发展中建设美丽幸福新香河。

2020年全县经济社会发展目标是：地区生产总值增长5%左右，全部财政收入可比增长3.8%，一般公共预算收入可比增长5%，固定资产投资增长3%左右，规模以上工业增加值增长5%左右，社会消费品零售总额增长7%左右，城乡居民人均可支配收入分别增长7%和8%左右，发展质量和效益得到进一步提升。

### 三、工作安排

实现2020年经济社会发展目标，重点抓好以下几方面工作。

#### （一）抓好项目建设，培育发展新动能

精准招商选商。以高端制造业和现代服务业为导向，建强专业招商团队，瞄准发达地区的大型企业、民营资本，坚持招商引资与招才引智并举，开展亲情招商、专业招商、以商招商、产业链招商，精准引进一批龙头型、科技型、补链型项目。强化“亩均论英雄”导向，加强对投资强度、亩均收益的硬约束。强化全员招商，谋划建立产业转型升级引导基金，完善实体型经济奖励办法和招商引资奖励办法，建立“香河招商网”，开发香河招商App。

抓实重点项目。精心组织实施2020年省、市重点项目，力争北京中发智创产业示范中心、华电集团香河燃气能源站等项目进入省重点行列，尽快开工建设；推动瑞盛3D打印产业园、奥特莱斯商业综合体一期等重点项目早日竣工；加快推进香河机器人小镇、健康小镇两个创建类特色小镇建设。完善重点项目储备库和建设库，逐个项目细化时间表、确定路线图，切实形成“储备一批、开工一批、建设一批、投产一批”的滚动发展格局。

建强园区平台。落实《关于加强园区建设管理的意见》，进一步理顺园区管委会、平台公司的“责权利”关系，完善园区运营管理、指标控制、企业腾退、考核问责等相关机制。加大基础设施投入力度，完善生活商务配套设施，满足入区企业需求。加强融资、科技、信息等公共服务业平台建设，细化产业定位，强化项目统筹，提升园区综合服务功能和承载能力。

加快协同发展。高标准编制“十四五”规划，及时编制国土空间规划和各专项规划，推动生态、生产、生活空间有机融合，建立健全以发展规划为统领、以空间规划为基础、以专项规划为支撑的规划体系。严格执行新增产业禁限目录，促进优质产业、基础设施、公共服务等有效对接转移，争取“微中心”在香河县选址落地。谋划安石路西延、通宝路新建工程，全力服务好京唐城铁等轨道交通建设，推动交通与副中心互联互通。加快推进大运河文化带建设，打造运河两岸生态景观，加快实现局部旅游通航。鼓励企业与京津高校、科研机构合作共建创新平台和创新实体，引入京津创新资源、科技成果和专业人才，推进关键技术“京津研发、香河转化”。

#### （二）抓好转型升级，壮大民营经济

培育战略性新兴产业。全面落实战略性新兴产业三年行动计划及《香河县加快推进科技创新工作实施意见》，培育壮大创新主体，实施科技型中小企业提质增量工程、高新技术企业后备培育工程和创新型领军企业成长计划，激发企业创新活力，培育更多“小巨人”，形成新的增长极。建立高成长性企业名录，注重发展总部经济、创意经济、休闲经济、区块链经济，继续培育智能制造、商贸物流、文化旅游等战略性新兴产业，打造多元发展、多极支撑的现代产业体系。

推进传统产业转型升级。清理闲置、低效用地，向“存量”要“增量”，引进科技含量高、带动性强的优质项目，形成传统产业改造提升、落后产能有序淘汰、低效企业加快转型的新格局。推动家具产业向“研发有机构、生产有基地、物

流有平台、消费有市场、服务有配套”的链式态势发展，推进家具城“二次创业”，加快汽车零部件、金属制品等传统产业改造提升。顺应产业发展融合化趋势，加快服务业与农业、服务业与制造业、服务业各领域之间的融合发展，推进相关业态整合重组，拉长产业链条，实现传统产业聚变式发展。

（三）抓好“三创四建”，优化发展环境

深化“放管服”改革。推进“互联网+政务+民生”，加快推进服务事项电子化、网络化，推动实体政务服务大厅与网上服务平台融合，逐步打通信息壁垒，实现“最多跑一次”和“不见面”审批，降低企业和群众办事成本。推进商事制度改革，深化“多证合一”扩容升级，推行“一照多址”，实行民营企业“零限制”登记等一系列措施，促进市场主体规模进一步壮大。加大工程建设项目审批改革创新力度，继续压缩全流程审批时间。

打造一流营商环境。以打造全省领先、全国一流的营商环境为导向，强服务、促发展。坚决落实减税降费相关政策，巩固涉企行政事业性收费清零成果，降低企业要素成本。继续完善重点企业和重点项目县级领导干部包联机制，将县级包联工作做深做实，开展政银企保信对接活动，及时解决企业生产经营和项目推进中的困难问题。用好重点产业项目模拟审批、土地弹性年期出让等相关政策，研究出台关于发展总部经济、楼宇经济等激励政策，制定鼓励支持主导产业发展专项政策，集中优势要素向产业档次高、税收贡献大、环保生态型项目倾斜，优先保障重点项目开工。

（四）抓好生态文明和城乡建设，推动绿色融合发展

改善环境质量。坚持依法铁腕治污，推进空气质量、水环境质量和土壤环境质量持续改善。依法严惩环境违法行为，坚持治管并重，增强基层执法人员力量，完善企业排污在线监控平台，构建全方位巡察监控体系。强化节能环保标准约束，严格行业规范、准入管理和节能审查，鼓励企业实施低碳化、循环化、生态化改造。谋划城区主路两侧新建绿化带和街角游园等工程，完成潮白滨水公园建设，提高城区绿化景观品质，全力打造国家级园林县城。

加强城市建设。加快推进县重点人防工程、垃圾焚烧发电厂等重点工程，谋划建设便民市场、城区道路景观改造等工程，改善城市环境。加快推进智慧城市二期工程，确保以智慧政务、智慧产业、智慧民生为主要内容的系统上线运行。继续实施老旧小区改造工程，集中解决安全设施、服务设施、公共设施和外部环境存在的问题，优化和完善老旧小区各项设施。实施城市排水管网雨污分流及老旧管网改造工程、市政道路和小街小巷升级改造等工程，提升城市道路通行条件。开展城中村和城乡接合部环境整治专项行动，加强科学化、精细化管理，提高城市治理能力，确保成功创建省级文明县城。

推进乡村振兴。巩固提升“四好农村路”建设成果，落实农村公路“路长制”，推进农村公路常态化养护，持续提升公交线路的通达深度和广度。持续推进农村人居环境整治，重点推进村庄清洁行动、村容村貌提升、污水处理、生活垃圾分类试点等工作。推进蒋辛屯镇、新兴产业园区等乡村振兴示范片区建设，打造美丽乡村。加快推进香安城、潮东新村二期等已竣工回迁社区配套设施建设及京东新城、香五新村等在建回迁社区建设，力争更多村街启动回迁。加快调整优化农业产业结构，引导龙头企业联农带农，实现资源共享、优势互补，加快发展现代农业，促进农业规模化、产业化、市场化、品牌化发展。

（五）抓好民生事业，提升群众幸福指数

提高社会保障能力。强化脱贫人口跟踪监测，

继续落实教育扶贫、健康扶贫等各项帮扶政策，巩固脱贫成果，确保脱贫不返贫。推进各类保险扩面提标，完善特殊困难群体综合保障。落实就业优先政策，突出高校毕业生、农村转移劳动力等重点群体就业创业，支持创业带动就业。充分发挥培训机构作用，开展职业技能提升行动，实施残疾人服务工程，为就业困难人员就业创业提供坚强保障，确保城镇“零就业家庭”动态清零。加大医疗、养老、工伤等保险扩面征缴力度，严格医保基金管理。落实城乡居民最低生活保障、特困人员供养、孤儿救助等政策，加快推进养老服务体系建设，织密民生保障网，确保全面小康路上一个不掉队。

完善公共服务体系。加快推动中小学校舍改造、县第二中学综合馆等重点工程，进一步改善办学条件。加强与通州对接，开展校长教师培养培训工作，实现教学研究、教师培训一体化。推动学前教育优质普惠、义务教育全域均衡、高中教育提质创优、职业教育特色多元。加快推进潞河医院医康院区项目建设进度，深化“四医联动”改革，重点打造以县医院、中医医院为龙头的县域紧密型医共体。巩固提升乡镇卫生院与村卫生室一体化管理水平，进一步解决基层群众看病难、看病贵问题。完成24所基层文化服务中心建设，继续开展“七进”文艺演出等系列文化惠民活动，启动室内冰雪场馆建设，开展大型群众体育赛事和活动，丰富群众文化和体育生活。

维护社会安全稳定。推进智慧社区、智慧路防等工程建设，织密立体化现代社会治安防控网，提高社会治理社会化、法治化、智能化水平。推动公共法律服务体系建设，规范实体平台运行。巩固扩大扫黑除恶战果，严厉打击“盗抢骗”“黄赌毒”等违法犯罪行为。抓好安全生产、食品药品安全、消防安全和粮食安全工作，全面排查化解金融风险，有效防控政府债务风险，妥善解决好军队退役人员安置、问题楼盘、拖欠农民工工资等问题，维护社会安全稳定大局。

做好2020年各项工作，责任重大，使命光荣。全县上下将更加紧密团结在以习近平同志为核心的党中央周围，坚持以习近平新时代中国特色社会主义思想为统领，在县委、县政府的坚强领导下，自觉接受县人大的指导和监督，虚心听取县政协的意见和建议，为决胜全面建成小康社会、加快建设美丽幸福新香河而努力奋斗。

# 关于香河县2019年全县总预算及县本级预算执行情况和2020年全县总预算及县本级预算草案的报告

## ——在香河县第十五届人民代表大会第四次会议上

香河县财政局局长　刘　宇

（2020年1月10日）

## 一、2019年预算执行情况

2019年，在县委的正确领导和县人大的监督、支持下，县财政部门战胜各种困难挑战，坚持稳中求进、改革创新，紧紧围绕稳增长、促改革、调结构、惠民生、防风险，认真落实积极的财政政策，着力推进发展方式转变，实现财政收入平稳增长，财政支出保障有力，促进了香河县经济建设和社会事业发展。

### （一）一般公共预算执行情况

2019年，香河县全部财政收入完成641552万元，占调整预算的103.1%。一般公共预算收入完成383728万元，占调整预算的104.1%。

按照上述收入完成情况和现行省对县财政管理体制计算，香河县全年一般公共预算可用资金808709万元，一般公共预算支出完成624550万元，债务还本支出5500万元，安排预算稳定调节基金156000万元，结转下年支出16943万元，滚存净结余5716万元。

上述收支中不包含上级下达的专项转移支付资金10581万元。若加入，则可用资金为819290万元，支出为631374万元，占调整预算的98.7%，债务还本支出5500万元，结转下年支出17930万元，安排预算稳定调节基金156000万元，结余为8486万元。

### （二）政府性基金预算执行情况

政府性基金收入完成412574万元，占调整预算的100.6%。

2019年，全县政府性基金预算可用资金220071万元，政府性基金支出215540万元。若加入上级专项转移支付资金243万元，则可用资金为220314万元，支出为215695万元，占调整预算的95.9%，结转下年支出4619万元。

### （三）社会保险基金预算执行情况

2019年，香河县社会保险基金收入完成47833万元，占预算的114.1%，同比增长29.4%；2019年社会保险基金支出43010万元，占预算的110.1%，同比增长21.3%。全县社保基金年末新增结余4823万元，滚存结余25289万元。

### （四）国有资本经营预算情况

2019年，由于香河县没有国有资本经营项目，因此不涉及国有资本经营预算收支。

由于目前省对县财政结算事项尚未完成，以上收支情况若有变化，具体情况待省财政结算批复后，通过年度财政决算报告再行汇报。

### （五）2019年主要工作

一是积极克服规划管控、生态环保治理、大规模减税降费等因素的影响，完善综合治税举措，全力以赴组织收入，增强了地方财政保障能力；二是优化调整支出结构，确保支出达到时间进度，并重点保障了人员经费按时足额发放和机关正常运转；三是民生投入进一步提高，支农惠农、社会保障、义务教育、生态环保等政策得到了全面落实；四是扎实做好预算绩效管理，全面实施预算绩效管理改革，重塑预算编审流程，细化项目编制，硬化预算约束，推进预算公开。五是把握政策机遇，发挥财政杠杆作用，更为有力地促进了县域经济发展。

过去的一年，全县财政各项工作取得了长足进展,但距离全县人民的要求还有较大差距。当前，新的经济发展形势对财政工作提出了更高要求，县财政将充分把握有利条件，努力化解不利因素，采取更加有效的工作举措，推进财政科学化、精细化管理，推动全县经济社会的全面发展。

## 二、2020 年财政预算草案

2020 年，是全面建成小康社会和实施“十三五”规划收官之年，也是在推进高质量发展中建设“美丽幸福新香河”的关键之年，既是决胜期，也是攻坚期。编制执行好 2020 年预算，做好各项财政工作，对推动全县科学发展、绿色崛起意义重大。2020 年全县总预算和县本级预算安排如下：

（一）预算收支安排情况

1.一般公共预算安排情况

2020 年，全县财政收入计划安排 520000 万元，可比增长 3.8%；一般公共预算收入计划安排 250000 万元，可比增长 5%。

按照财政收入计划和现行财政管理体制测算，2020 年全县一般公共预算可用资金预计 611129 万元。其中，县本级可用资金 561129 万元，镇区可用资金 50000 万元。

全年支出计划安排 611129 万元，其中：县本级支出计划安排 561129 万元，镇区支出计划安排 50000 万元。全县、县本级和镇区支出安排与当年可用资金数额一致，做到了收支平衡。

2.政府性基金安排情况

政府性基金收入计划安排 206000 万元（国有土地使用权出让收入 194800 万元），与上年预算基本持平。

结合上年结转及调出资金情况，2020 年全县政府性基金预算可用资金为 190292 万元（含上年结转 4619 万元，调入一般公共预算 20600 万元）。

按照收支平衡的原则，2020 年政府性基金支出计划安排 190292 万元。

3.社会保险基金预算安排情况

社会保险基金预算收入当年计划安排 52048 万元，社保基金预算支出当年计划安排 43239 万元，滚存结余 26883 万元。

4.国有资本经营预算情况

2020 年由于香河县没有国有资本经营收入项目，因此国有资本经营预算不做安排。

（二）2020 年预算安排指导思想和基本原则

根据 2020 年形势和改革要求，预算编制的指导思想是：坚持以习近平新时代中国特色社会主义思想为统领，深入贯彻党的十九届四中全会和中央经济工作会议精神，全面落实省、市委全会部署要求，紧扣全面建成小康社会目标任务，紧紧围绕县委、县政府决策部署，坚定不移走“坚持创新驱动、加快转型升级、强化基层基础、实现绿色崛起”之路，坚持稳中求进工作总基调，深化财税体制改革，充分发挥财政资源配置与调控作用，奋力推进经济发展、转型升级、生态建设、民生保障、社会稳定，在推进高质量发展中建设“美丽幸福新香河”。

预算编制遵循的基本原则：一是深化改革，依法理财，全面实施预算绩效管理，推进全方位、全过程、全覆盖的预算绩效管理体系。二是突出重点，突出支持协同发展、脱贫攻坚、民生保障、结构调整、化解产能、科技创新、生态治理等重点领域，更好发挥财政调控保障作用。三是积极稳妥，量力而行、尽力而为，综合考虑财政政策、事业发展的延续性，合理确定政策范围和政策力度，确保财政可持续。四是统筹兼顾，立足全县，着眼长远，盘活存量，用好增量，统筹考虑财力与支出需求，保障财政平稳运行。

根据上级相关要求和香河县实际情况，2020

年全县支出预算安排主要以“保工资、保运转、保基本民生”为中心。“保工资”：保障人员工资支出，确保政策性增资所需资金到位。“保运转”：积极整合财政资金，牢固树立“过紧日子”的思想，严格执行中央八项规定，在全力保障各级各部门基本公用支出需要的情况下，努力降低行政成本，大力压减一般性支出10%以上。“保基本民生”：一是着眼于满足群众日益增长的美好生活需要，着力调整优化支结构，优先安排资金用于保障和改善民生、促进基本公共服务均等化。对城乡居民基本养老保险、城乡居民基本医疗保险、“五保户”供养、再就业人员补贴、城乡社会救济、特殊困难群体综合保障等问题按政策给予全力保障，不断提高广大群众的幸福感、获得感、安全感。二是把握城乡融合新要求，统筹抓好城市提质和乡村振兴，促进城乡基础设施更完善、公共服务更便捷、生态环境更优美。三是注重向公共服务项目倾斜，加大公益性项目投入，确保人民群众更多地享受经济发展的实惠。

（三）政府债务情况

2019年底，全县政府债务余额为89758万元，政府债务率11%，在合理区间内。按照偿还计划，2020年县本级应偿还债务本息共计5415万元，支出预算已安排3415万元，申请置换债券偿还本金2000万元。

（四）其他需说明的情况

本次人民代表大会批准预算前，参照上年同期的预算支出，县本级已产生一般公共预算支出4570万元，主要用于在职和离退休人员工资发放、单位运转等支出。

2020年财政工作任务艰巨、使命光荣。我们将在县委的正确领导和县人大、县政协的监督支持下，认真落实本次人代会通过的各项决议，不忘初心、牢记使命，开拓创新、锐意进取，努力完成全年各项工作任务，为决胜全面建成小康社会，加快建设“美丽幸福新香河”做出新的贡献。

# 香河县2019年国民经济和社会发展统计公报

2019年是中华人民共和国成立70周年，是决胜全面建成小康社会的关键之年。一年来，在县委、县政府正确领导下，全县坚持以习近平新时代中国特色社会主义思想为指导，全面贯彻落实各项决策部署，坚持稳中求进的工作总基调，坚持新发展理念和推动高质量发展，坚持以供给侧结构性改革为主线，统筹兼顾、协调推进经济社会各领域发展，有效应对错综复杂的外部环境和明显上升的风险挑战，经济运行总体平稳，社会发展稳步提升，为全面建成小康社会奠定坚实基础。

## 一、综合

全县地区生产总值完成224.8亿元，同比增长5.1%，其中：第一产业完成19.5亿元，同比增长2.4%；第二产业完成53.4亿元，同比增长4.1%；第三产业完成151.9亿元，同比增长5.8%。全县人均生产总值为59471元，同比增长4.4%。三次产业比重为8.7:23.7:67.6。

民营经济快速发展，2019年，民营经济实现增加值159.4亿元，同比增长5.3%，占地区生产总值比重的70.9%。民营经济实缴税金49.4亿元，同比增长8.0%，占全部财政收入比重的76.9%。

## 二、农业

全年粮食播种面积12573公顷，粮食总产量73159吨。其中，冬小麦播种面积4965公顷，产量29711吨。玉米播种面积7559公顷，产量43268吨。蔬菜及食用菌播种面积9432.5公顷，产量518828.6吨。油料播种面积7.67公顷，产量21.9吨。

全年肉类总产量7377.6吨，其中，猪肉产量2937.1吨，牛肉产量821.8吨，羊肉产量720.6吨，禽肉产量2833.8吨。奶类产量6792.7吨，禽蛋产量34119.5吨。

全年淡水产品产量2086吨，淡水养殖面积267公顷。人工造林面积1473公顷，森林抚育面积1600公顷，木材采伐11000立方米。

农用化肥施用量（折纯）19600吨，农村用电量22890万千瓦时。农业产业化经营率达到51.34%。

## 三、工业和建筑业

全年工业增加值同比增长2.8%。其中，规模以上工业增加值增长6.0%，规模以下工业增加值增长0.9%。规模以上工业企业实现利润5.0亿元，同比增长-16.5%。规上工业营业收入利润率6.6%。规上高新技术产业增加值增长30.2%。

全年建筑业实现增加值19.5亿元，同比增长6.7%。其中，资质建筑企业房屋建筑施工面积同比增长-10.1%。

## 四、固定资产投资

全年固定资产投资完成同比增长5.0%。第一产业投资增长248.0%；第二产业投资增长3.2%。其中，制造业投资增长-2.5%，电力热力燃气及水生产和供应业投资增长144.7%；第三产业投资增长0.7%。其中，交通运输、仓储和邮政业投资增长30.3%，租赁和商务服务业投资增长-56.3%。基础设施投资增长120.0%，占投资比重为11.5%；房地产开发投资增长-18.2%，占投资比重为30.0%。

亿元以上建设项目投资增长19.4%，占固定资产投资的59.0%。

## 五、交通和电信业

交通运输业稳步发展。公路交通条件不断改善，公路里程 1024.003 千米，其中：国省道 83.099 千米，县公路 56.762 千米，乡公路 107.024 千米，堤顶路 76.038 千米，村级路 777.118 千米；大中桥 22 座，4303.302 米；小桥 110 座，2037.958 米。年末实有大型载货汽车 438 辆，中型载货汽车 181 辆，小型载货汽车 2137 辆，大、中型载客汽车 130 辆。

电信业发展迅猛。截至年底，固定宽带用户数 139173 户，移动宽带用户数 408370 户；固定宽带家庭普及率 109%，移动宽带家庭普及率 108.5%；固定电话 22361 部，移动电话 496191 部。

## 六、国内贸易

2019 年，全县社会消费品零售总额实现 101.7 亿元，同比增长 9.2%。其中，限额以上企业（单位）消费品零售额 9.5 亿元，同比增长 6.7%。分城乡看，城区市场发展快于乡村市场，城镇市场实现零售额 43.2 亿元，同比增长 10.9%；乡村市场实现零售额 58.5 亿元，同比增长 8.0%，城区市场高于乡村市场 2.9 个百分点。按行业分：批发零售业实现零售额 87.1 亿元，同比增长 10.0%；住宿餐饮业实现零售额 14.6 亿元，同比增长 4.7%。

## 七、对外经济

全年实际利用外资 929 万美元，同比增长 –66.9%。其中：外商直接投资 929 万美元，同比增长–66.9%。全年入统项目 1 个。

外贸进出口总值完成 8.2 亿元，同比增长–1.7%。其中，出口总值完成 7.7 亿元，同比增长 0.4%。

## 八、财政和金融

全年财政收入 64.2 亿元，同比增长–1.4%。其中：一般公共预算收入完成 38.4 亿元，同比增长 4.4%。全县公共财政支出 63.1 亿元，同比增长 –1.1%。全县税金实际入库累计完成 52.8 亿元，同比增长 1.5%。

年末金融机构各项存款余额 483.7 亿元，比年初增加 12.2 亿元；住户存款余额 338.3 亿元，比年初增加 35.4 亿元；金融机构人民币各项贷款余额 622.9 亿元，比年初增加 16.7 亿元，其中，中长期贷款 448.8 亿元，比年初减少 5.2 亿元。

## 九、教育、文化、卫生事业

全县共有普通高中 4 所，招生 2567 人，在校生 7709 人，高中阶段毛入学率 93.5%；初中 12 所，招生 5033 人，在校生 13536 人；小学 71 所，招生 6927 人，在校生 37399 人。拥有专任教师 5660 人。

全县共有公共图书馆 1 个，博物馆 1 个，文化馆 1 个，文化站 9 个，剧场 1 个，影剧院 3 个，村（社区）综合性文化服务中心 276 个。广播、电视综合人口覆盖率达到 100%。

全县有县级医院 3 个，中心卫生院 3 个，镇卫生院 6 个，疾病预防控制中心 1 个，妇幼保健院 1 个。医疗卫生机构共有床位 2130 张。全县拥有村级卫生组织 293 个，乡医士 298 人。拥有执业医师及执业助理医师 1268 人，注册护士 957 人。

## 十、人口和人民生活

年末户籍人口 376350 人，比上年末增加 2001 人，年末户籍户数 127667 户。常住人口 378184 人，比上年末增加 321 人。常住人口城镇化率 62.76%，比上年提高 0.7 个百分点。

符合政策生育率 96.96%，出生人数 3948 人，出生率为 10.98‰，死亡人数 2120 人，死亡率为 5.90‰，自增人数 1828 人，人口自然增长率 5.09‰。

城乡居民收入持续增长，生活水平不断提高。2019 年城镇居民人均可支配收入 46685 元，同比增长 8.4%，农村居民人均可支配收入 19738 元，同比增长 9.4%。全部城镇非私营单位从业人员平均工资 92338 元，同比增长 7.2%；在岗职工（含劳务派遣）平均工资 94576 元，同比增长 6.8%。年内享受低保户 2765 户，享受低保人数 3609 人，全年共发放低保资金 1727 万元。

# 专　题

责任编辑　闫振春

## 京津冀协同发展

【京津冀协同发展】　**规划对接**。高规格对接"1+5+N"协同发展规划体系，多次研究调度，确保了有利于香河发展、有利于百姓福祉的意见建议得以充分沟通。香河县《国土空间总体规划编制工作方案》已制定完成，国土空间开发保护现状评估工作已完成现状资料梳理、形成研究框架，国土空间总体规划报告已完成部分章节。

**招商引资**。2月26日，北京市通州区与廊坊市"北三县"举行项目推介洽谈会，香河县有15个项目、总投资128.1亿元成功签约。其中，大爱医院、西维尔机器人流体控制系统等11个项目年内开工建设，特别是韵达电商产业基地实现当年签约、当年开工、当年投产、当年纳税。4月13日成功组织召开京津冀协同发展招商恳谈会，140余家北京大型企业参会，北控置业、杭州天涯若比邻等多家企业与香河县达成合作意向。利星行、百慕航材、三态环境3个项目在10月25日北京科博会上签约，总投资6.6亿元。10月16日，县委书记李桂强带领相关部门负责人赴北京市发展和改革委员会、北京市推进京津冀协同发展领导小组办公室（简称北京协同办）对接，向北京协同办副主任崔松光等相关领导汇报香河县产业优势、承载平台情况，了解非首都核心功能疏解向北三县延伸情况，得到北京协同办领导的大力支持。同时，新经济云数产业园、珠江控股文化产业创新示范区、广蓉欧跨境贸易产业中心、联东U谷产业园等一批大项目、好项目正在积极接洽，项目储备充足。

**营商环境**。深入实施"三深化、三提升"，开展"服务民营企业高质量发展年"活动，召开民营经济发展大会，表彰奖励纳税大户、优秀企业，坚决兑现壮大实体经济各项扶持政策，落实县领导包联重点企业项目制度，组织开展政银企对接、涉企"五项服务"等系列活动，累计为21名优秀人才解决落户问题，为19家企业提供担保贷款1.36亿元，100多个涉企难题有效解决。持续推进行政审批制度改革，固投项目核准减少12项申报材料，企业开办时限压缩40%，全县企业单位总数首次破万，净增2418户，居全市第一。

**基础设施**。对标北京城市副中心，高标准建成规划展览、文化艺术、便民服务、智慧城市、交通指挥"五个中心"，打造新城广场、运河文化公园等公园游园，建成运河新村、香城荣韵、双安新城、潮东新村等新型农村社区并实现回迁，推进垃圾焚烧发电、污水处理、雨污分流等基础设施改造升级，城市功能品味持续提升。近三年，大幅增加农村投入，不断缩小城乡差距，先后投入48亿元，改善农村人居环境，推进农村基础设施建设，所有保留村街实现了街道的硬化、亮化、绿化、美化，8.6 万户农民完成煤改气、煤改电，打造了 2.4 万户美丽庭院，美丽乡村实现了全覆盖，香河县被评为“全省新型城镇化与城乡统筹示范样板县”。先后投入 20 亿元，新建改建农村公路 600 余千米，建设全长 42 千米的双向八车道城区大外环、“四横四纵”主干网和七条进京快速联络线，香河县获评全市首个“四好农村路”全国示范县称号。购置 100 辆新能源公交车，开通 11 条公交线路，实现了智能公交县域全覆盖。发行了河北交通一卡通，香河成为全省首个与全国 275 个城市公共交通互联互通、一卡通行的县级城市，城乡客运一体化水平达到 AAAAA 级。

**公共服务**。补齐民生短板，提升公共服务能力。社会保障实现提标扩面，各类社会保险应保尽保，城乡居民低保和特困人员补贴标准全市最高；全县 59 户 125 名贫困人口全部实现脱贫。协同发展战略实施以来，每年投入 2 亿元改善办学条件，一批重点教育工程竣工投入使用，新增学位 12000 余个，高考成绩居全市上游水平。卫生服务质量实现提升，3 家县级医院通过组建联合体医院方式，分别与北京同仁医院、首都儿科研究所附属儿童医院、解放军总医院等 10 余所高水平医疗机构开展深层次合作，并建立远程会诊中心，共享优质医疗资源；3 家县级医院与 9 家镇卫生院组建县域医共体，香河县被确定为“全国紧密型医共体建设试点县”“全省深化县级公立医院综合改革示范县”“全省推进镇卫生院与村卫生室一体化管理试点县”。文体事业实现繁荣发展，香河县在创建“国家公共文化服务体系示范区”活动中，作为实地验收点，代表廊坊顺利通过国家考核验收。

**生态环境**。坚持对标京津，大力推进生态环境联防联治。**在大气污染治理方面，**严格落实各项治理举措，狠抓散煤、扬尘、餐饮油烟和“散乱污”治理等工作，空气质量持续改善。截至 2019 年 12 月 31 日，香河县综合指数为 5.23，排名全市第 4，同比下降 3.86%，排名全市第 4；PM2.5 累计浓度为 44 微克，排名全市第 3，同比下降 13.73%，排名全市第 1。优良天数为 246 天，达标率为 67.4%，均在全市排名第 1。**在水环境治理方面，**与央企合作，采用 PPP 合作模式，谋划启动了两河综合治理工程。认真贯彻落实总书记对大运河文化带建设的重要指示批示精神，先后组织人员赴通州、武清、扬州、沧州等运河沿线城市进行了现场考察观摩，在县委常委会、县政府常务会上集体学习研究考察成果，有力推动了相关工作开展。以《大运河文化保护传承利用规划纲要》为引领，结合香河实际，谋划制定五年行动计划，切实推进大运河文化的保护、传承和利用。年内，完成 9 千米主河道清淤、石笼岸坡防护和文化游园等节点景观打造，沿岸两侧 1000 米范围内全部实现绿化，绿化面积达 800 公顷（1.2 万亩），防洪标准提高到 50 年一遇。京津冀北运河旅游通航工作对接会在中信国安第一城成功召开，廊坊段旅游通航规划、方案相继制定，航道治理、碍航设施改造、文物保护、水上客运、信息服务等 4 个大类 20 余项重点工程初步谋划，为下一步通航奠定了基础。成功举办了首届大运河文化节和文化旅游发展大会，大批京津游客慕名而至，香河县被评为“全国最佳休闲旅游目的地”，并荣登“最美中国榜”。**在造林绿化方面，**为扩充副中心生态空间，有效改善环京区域生态环境质量，以县域东南、西北边界为重点，大力开展造林绿化，建设大尺度生态绿楔，打造环京、环津高质量绿色生态走廊，全年营林造林 2000 公顷（3 万亩），全县林木绿化率提高到 43.2%，被评为“全国绿化模范县”“省级园林县城”。

**交通互联**。投资 3.4 亿元的唐通线养护改造工程竣工投入使用。投资 5 亿元的平香线南延一期工程道路工程已完成部分施工。潮白河大桥新建、义井大桥重建工程均已完成桥梁下部结构，

"两河"堤顶路实现全线贯通，密涿高速连接线北段、蒋北路新建、倪李线拓宽改造、香北线大修等工程先后竣工。规划县道安石路、通宝路已列入《北三县与通州区协同发展综合交通专项规划（2018—2035）》，同时被安排到2022年重点项目建设方案中。为推动项目尽快落地实施，香河县将积极与北京市交通委员会路政局项目中心、通州公路分局进行路网规划对接，并与北京市同时启动项目前期工作。京唐高铁香河段13处控制节点工程已全部进场施工，同时，京唐铁路香河站站房规模已确定为1万平方米。

**【加快对接融入北京城市副中心建设】** 圆满完成"2·26"项目推介洽谈会工作。15个北京疏解项目在北京市通州区与廊坊市"北三县"项目推介洽谈会上与香河县签约，总投资全市第一，涉及智能制造、健康养老、商务服务等产业，在医疗、卫生等公共服务共享共建方面在全市领先。第二届"通武廊"恳谈会成功召开。香河县发展和改革局积极与北京市通州区、天津市武清区发展和改革部门沟通协调，5月19日，在廊坊成功举行的第二届"通武廊"产业协同发展创新恳谈会上，达成多项共识。推动中国城市规划设计研究院（简称中规院）按照《协同发展规划》要求，进一步深化细化香河县科技与产业专项规划，提前着手，详细统报数据，多次与中规院对接，充分表达诉求，确保了有利于香河发展、有利于百姓福祉的意见建议得以充分沟通。主动承接京津高端产业外溢和辐射，严格执行《河北省京冀交界地区新增产业的禁止和限制目录》，提高产业准入门槛，重点承接对北京"容不下、离不开、走不远"的高端项目，明确了"2+3+4"的产业发展方向（两大主导产业，是以机器人、3D打印为重点的智能制造产业，以商贸物流、电子商务为重点的现代商贸产业。三大培育产业，是以互联网、云计算为重点的新一代信息技术产业，以影视演艺、文化创意为重点的文化旅游产业，以健康食品、康养服务为重点的大健康产业。四大新型服务经济，是总部经济、数字经济、创意经济、休闲经济），智能机器人产业港、爱晚国家养老示范基地、国安创客、国际建材交易中心、京津冀汽车零部件交易中心、奥特莱斯环球国家中心、新桥影视基地等10余个产业承接载体建成运营，韵达电商、大爱学校、中发智能制造产业园、智慧电谷等多个北京转移项目有序承接、洽谈。

主动与通州区进行对接，两地联系日趋频繁紧密，2019年，县级领导、有关部门与北京市、通州区相关部门、企业、协会开展对接活动41次，对接内容涉及规划编制、社会保障、应急管理、园林绿化、产业转移、基础设施、教育培训、联合治超、生态联防联控、预算绩效管理等方面，并签订了《通州区与香河县公共就业服务机构协作（合作协议书）》《"通武廊"中医健康直通车工作协议》等多个合作协议，形成了合作建设医养结合养老机构、共建医疗联合体等一批对接成果。此外，教师培训互访、北京专家来香河坐诊等常规工作扎实开展，取得良好成效。

**【打造现代高端产业聚集区】** 河北香河经济开发区是承接产业疏解的主要平台，规划面积103.6平方千米，截至2019年年底，已开发面积16.7平方千米。

**商贸物流产业方面。**

——香河家具城共有单体家具展厅28座，展厅面积152.8万平方米，已承租面积83.9万平方米，入驻经营商户7000余家，还有70万平方米可以利用。

——亚太城建筑面积42万平方米，已承租面积22万平方米，入驻商户700余家，还有10万平方米可以利用。

——香河石材城（建材交易中心）已建成100万平方米，入驻商户800余家，还有27万平方米可以利用。

——香河汽配城（中国京津冀汽车零部件物流交易中心）已建成19万平方米，入驻商户600余家，还有11万平方米可以利用。

**高端制造产业方面。**香河机器人小镇获批河北省首批十大特色小镇，是国家科技领军人才创新驱动中心、中国产学研合作创新示范基地和省级科技企业孵化器，获批省级战略性新兴产业示范基地，是高端制造产业平台。规划面积3.7平方千米，其中机器人小镇占地约45.07公顷（676亩），规划建筑面积约54万平方米，已建成14万平方米。截至2019年年底，签约业界一流企业140余家，其中，投产114家。智能制造产业集群初步建成，产业链逐步完善。

**康养服务产业方面。**大爱城·香河爱晚国家养老示范基地总规划面积300万平方米，已建成92.8万平方米，入驻及签约待入驻养老人口600余人，是重要的康养服务业平台。大爱书院、养老公寓、大爱农场等一批配套设施竣工投入使用，智能康复辅具产业创新示范中心、大爱医院等工程正在抓紧建设。项目全部建成后，可容纳高端养老人群5万人，将为京津等地有养老需求人口提供高质量、专业化养老服务，具备了养老服务产业承载能力。

**文化旅游产业方面。**全县旅游收入达到15.1亿元、旅游人数达到305万人次，同比分别增长21%和15%，具备较好的文创旅游产业基础，能够满足文创旅游产业转移项目落地需求，未来也将为京津等周边区域居民提供优质休闲旅游服务。

——中信国安第一城是截至2019年年底国内规模最大的综合性国际会展中心，占地面积227.8公顷（3417亩），建筑面积54万平方米，还有20万平方米可以利用。曾承办20国集团财长会议、国际金融论坛年会等众多大型会议活动，是重要的文化旅游产业平台。

——中信国安新桥影视基地拥有数字电影拍摄棚10个2.5万平方米，杜比全景声终混、后期色彩管理等11个工作室1900平方米，承接了《红楼梦》《大闹东海》《神魔道》等多部影视制作项目。

——香河县国华影视基地是北方最大的影视拍摄“群棚基地”，建成面积8万平方米，拥有摄影棚9个，近年拍摄了《辛亥革命》《妖猫传》等数十部影视作品，承接了百灵鸟影视文化传媒（知名演员陈红）、长江影视文化传媒（知名演员杜江）等19家文化企业入驻。

——安头屯、五百户等五大精品旅游片区加快建设，荷花小镇杨家寨、荷香湖畔等绿化节点工程基本完工，万亩荷塘实现上档升级；蒋辛屯片区李家大院、松息别院等20余家特色民宿相继建成开放，景观节点陆续打造，锦绣潮白景区已初具规模。

（杨　波　李宏林）

## 全面深化改革

2019年，香河县全面贯彻党中央和省市委改革决策部署，认真推进各项改革任务落实。坚持改革任务具体化、本地化，紧密结合上级要求和本地实际，既不折不扣“跟着改”，又积极作为“主动干”，推动改革工作与整体工作深度融合。2019年，上级安排的109项改革任务中，除因上级文件未出台或香河县不涉及的改革任务14项外，全部完成改革任务95项。这些改革任务的落实，有力促进了全面深化改革工作向纵深推进，有力支撑了全县高质量发展和县域治理体系及治理能力现代化。

### 突出“三个改”，提高效率抓改革

突出抓改革的机制建设，用好的机制引领改革、抓好改革，提高改革工作落实效率。

坚持以上率下“领着改”。认真贯彻落实全面深化改革工作主体责任、政治责任，召开全面深改委（组）会议7次，学改革、抓改革、促改革，先后学习传达中省市改革会议精神13项，审议改革文件23个，听取8项改革任务落实情况汇报，有力推动了改革任务落实。县委主要领导，按照总书记“四个亲自”的指示要求，全程亲自推动了全县党政机构改革工作，并实现了机构改革工作平稳有序完成。同时，印发《党政班子领导分包改革试点自主改革任务重点改革任务》的通知，为每名改革委成员确定了分包改革任务，将落实责任明确到人，确保重点改革工作有人抓、有人管。

坚持部门联动“争着改”。充分发挥改革专项小组的统筹协调作用，突出县直单位作为承接改革任务落实的主体地位，全面推进改革任务落实、改革试点争列、改革经验推广等工作。2019年，在各改革牵头部门的共同努力下，智慧城市建设、城乡垃圾分类治理、分类建立发展党员数据库等33项自主谋划的特色改革任务成效显著，县人民医院探索的现代医院管理制度被国务院医改办推广，香河县成功争列国家级紧密型医共体建设试点县，省级乡村振兴示范区、省级智慧城市建设试点县的争列工作正在运作当中，有望在2020年上半年争列到位。

坚持从严从实“督着改”。积极创新推动全县改革工作的体制机制，充分发挥改革办“参谋助手”作用。制定下发《关于完善全面深化改革推进机制切实提高改革工作质量和水平的若干措施》，提出四方面16项推动改革落实的机制举措。结合县域改革工作实际，建立改革要点台账“隔月报送”“年底盘点”等制度，将142项改革要点全部纳入台账管理，既有效推动了改革落实，又切实减轻了基层“报文”负担。积极推进改革任务督察，先后对农村集体产权制度改革、河长制、美丽庭院建设等14项改革任务开展督察，有力增强了相关单位抓改革的主动意识、责任意识。

### 聚焦“三个点”，增强效益抓改革

聚焦改革中的试点、难点、亮点任务，强化各项改革任务落实的整体支撑。截至2019年年底，全县共获得省级以上荣誉42项，在16个中省级现场会上做典型发言，82个改革做法和成效在中省级主要媒体刊载，5篇改革经验在中省级内刊发表，全县深化改革工作取得重要成果。

抓试点、强带动。充分发挥国、省级改革试点对提升全县改革工作的带动作用，深入抓好大运河文化公园、盘活存量建设用地等国省级改革试点推进。国家级试点大运河国家文化公园香河段初具雏形，对外逐步开放接待游客；省级盘活存量建设用地试点成效显著，全年盘活存量建设用地约133.33公顷（2000余亩），为承接北京优质项目落地提供了物质基础。这些改革试点，有力促进了全县环境治理、协同发展、社会治理等相关领域改革落实，改革试点的示范带动效应进一步增强。在省市统计目录中，承接的国家级改革试点4个，省级改革试点5个，承接改革试点数量居全市首位。

克难点、助攻坚。聚焦难点改革任务，深入推进改革攻坚。在推进行政审批制度改革上，变群众跑腿为部门集中，整合13家县直单位、416项与企业生产和群众生活息息相关的高频事项进驻便民服务大厅，特别是对17个部门的111项行政许可事项进行的集中，有效打破了部门“各自掌印”的格局。在推动城乡垃圾分类治理上，坚持“宣教先行、试点先行、平台先行”和“户分类、村收集、镇转运、县处理”的“三先行、四处理”模式，通过广泛宣传教育、积分兑奖换物的方式，向群众传递新理念、新方式，逐步引导群众转变观念，推行垃圾分类，实现垃圾减量化、资源化、无害化处理。

创亮点、促提升。注重改革亮点的示范作用，以改革工作亮点支撑全县整体改革效益上台阶、上水平。认真贯彻习近平总书记关于建设“四好农村路”指示精神，全面推进农村道路建设。2019年，全县共新改建公路 120 千米，获评“四好农村路”全国示范县，全省推动“四好农村路”高质量发展现场会在香河召开。扎实推进“四医联动”改革，不断完善基层公共医疗服务体系，3 家县级医院全部与 9 家镇卫生院组建医共体，连续两年被评为“全省深化县级公立医院综合改革示范县”、连续 7 年被评为“廊坊市医改工作先进县”，县人民医院被评为“省级现代医院管理制度建设样板”。

### 做好"四个让"，注重效果抓改革

坚持以总书记四个“有利于”（多推有利于增添经济发展动力的改革，多推有利于促进社会公平正义的改革，多推有利于增强人民群众获得感的改革，多推有利于调动广大干部群众积极性的改革）的改革指示精神为指导，深入推进高质量发展，大力促进社会公平正义，着力增强人民群众获得感，通过创新机制举措增强干部群众积极性。

让高质量发展增动力。把深化“放管服”改革作为释放高质量发展活力的催化剂，加速推进企业开办便利化。县便民服务中心创新探索了码上办、导引办、一机办、掌上办、延伸办等“十办”举措，有力激发了全民创业热情，增强了经济发展后劲。2019 年，新登记注册各类企业 3250 户，全县企业总数达到 10595 户，企业总数（除农民专业合作社外）比 2018 年净增 2295 户，完成全年市场主体发展任务的 286.875%。全年新实施建设亿元以上项目 54 个，省市重点项目、集中开工项目实现开工率、当年投资完成率两个“百分百”，特别是韵达电商产业基地，实现了当年签约、当年开工、当年投产。

让公平正义获弘扬。坚持以深化司法领域改革为引领，推动社会公平正义。深入推进人民陪审员制度改革，进一步完善选任程序、扩大参审范围、调整参审职权、健全履职保障制度，有力提升了人民陪审员参审热情和参审效率，用“百姓的理儿评法律的事”，让司法审判更接地气。积极推进扫黑除恶专项斗争，开展严打整治专项行动，全年打掉恶势力团伙 2 个，抓获涉恶人员 126 人，群众安全感进一步提升。大力推进社会诚信建设，开展执行难专项整治行动，为群众挽回损失近 1.5 亿元。同时，强化法院、住建、金融等部门协调联动，将 379 人纳入失信人员名单，对 2903 人采取限制高消费措施，有效治理了“老赖”、伸张了正义。

让人民群众得实惠。坚持以“就业是最大的民生”理念为指导，建立与通州区就业互动共享机制，城镇新增就业 6434 人，完成年度任务的 107.23%。深化教育体制改革，26 项教育工程竣工投入使用，358 名公开招聘教师充实教学队伍，“营养改善计划”惠及全县 3.7 万名小学生，校内课后服务工作在县城内 5 所小学实现全覆盖，县一中本科上线率达 97.55%。全力推进脱贫攻坚，全县 59 家贫困户 125 名贫困人口全部实现脱贫，为临贫、易贫人群缴纳防贫保险，进一步完善了防贫机制。深化社会弱势群体帮扶，民政事业服务中心、3 所中心敬老院完成改造，城乡居民低保标准达到全市最高水平。

让干部群众有奔头。在激励干部担当作为上，制定出台了《关于进一步加强乡科级干部有序流动的意见》《关于进一步规范全县机关事业单位干部调动的通知》，特别是在出台《关于深入实施“两考三评一定”绩效考核落实农村“两委”干部经济待遇的实施意见》后，在 2018 年绩效考核中，村干部最高绩效奖励 1.5 万元，最低 0 元，通过差别落实经济待遇，有效提升农村干部干事创业热情。在引导群众参与乡村旅游发展上，采取“企业+合作社+农户”的方式，通过租用闲置民宅、流转农民土地，建设精品民宿，推进农业特色化产业化规模化经营，构建起乡村旅游新亮点。锦绣潮白、水岸潮白景区分别获评AA、AAA

级景区，常态化日均客流量达 500 人。群众通过出租房屋得租金，流转土地得流转金，在景区和流转企业就业再得工资，使群众尝到了村企共享发展的甜头，有效激发了群众参与乡村旅游的积极性。

（张建波）

## 香河县“不忘初心、牢记使命”主题教育

香河县辖 9 个镇，1 个省级开发区，300 个行政村、23 个社区居民委员会，778 个基层党组织，党员 20691 名。第二批“不忘初心、牢记使命”主题教育启动以来，按照中央和省、市委安排部署，县委牢牢把握“守初心、担使命，找差距、抓落实”总要求，把深入学习贯彻习近平新时代中国特色社会主义思想作为根本任务，把“学习教育、调查研究、检视问题、整改落实”四项措施贯穿始终，推动全县主题教育扎实开展。先后 10 次接受省市指导组督查指导，各项工作均得到省市指导组和市委主题教育办公室的肯定，主题教育特色做法在《人民日报》《河北日报》和市《简报》刊发，全市农村基层党组织主题教育现场会在香河县召开。

### 一、主要措施及成效

（一）提升站位抓推动，确保主题教育强势开局。县委高度重视主题教育工作，明确“起点要高，工作要实，过程要细，效果要好”的工作基调，推动主题教育强势开局。

1.强化思想认识，提升站位抓。将开展主题教育作为重大政治任务，在第一批主题教育启动后，自觉主动、不等不靠，制定了主题教育预热升温工作方案，提前组织学习教育，深入开展“大宣讲、大走访、大调研”活动，明确要求以习近平新时代中国特色社会主义思想武装头脑、指导实践、推动工作，通过改造主观世界促进改造客观世界，重点解决党员干部理想信念、党性修养、宗旨意识等方面存在的问题，为主题教育强势开局提前做好准备、奠定思想基础、营造浓厚氛围。9 月 11 日，召开全县“不忘初心、牢记使命”主题教育动员部署会议，县委书记李桂强围绕“提高政治站位、强化思想认识，紧密联系实际、强化实践标准，走好群众路线、强化分类指导，加强组织领导、强化示范带动”4 个方面对主题教育进行安排部署，既贯彻落实上级要求，又充分体现香河特色，坚决杜绝照搬照抄、上下一般粗，确保主题教育卓有成效开展。

2.建强工作机构，集中力量抓。压实党委主体责任和书记第一责任人责任，成立了县委书记任组长，11 名县委常委和县人大常委会、县政协党组书记任副组长，17 个县直单位党组（党委）负责人为成员的领导小组。采取“硬抽人、抽硬人”的办法，从县委办、县纪委监委、县委组织部、县委宣传部、县委县直工委抽调 20 名业务骨干组建领导小组办公室，成立综合、宣传、指导、专项整治、联络服务 5 个工作组，建立主任办公会议、调查研究、业务学习、大事报告、舆情监控 5 项工作制度，确保主题办工作规范运转。在此基础上，成立 15 个巡回指导组，安排 30 名县直单位“一把手”和政工主管副职担任组长或副组长，抽调 30 名机关党员干部参与督查指导工作，有力加强了对全县各单位开展主题教育的督促指导。全县累计召开领导小组会议 9 次，办公室工作会、培训会、调度会 10 次，开展督导检查 7 轮次，有力推动了主题教育各项工作深入开展。

3.精心组织实施，扎实有序抓。按照中央和省市委安排部署，结合全县工作实际，针对学习研讨、调查研究、检视问题、整改落实、分类指导等重点工作，先后研究制定了具体指导性文件 38 个，印发《简报》15 期。每月梳理重点工作任务和时间节点要求，印发《“不忘初心、牢记使

命”主题教育工作督导要点》，各巡回指导组按照要点，对被指导单位逐条督导、定期要账，发现问题立行立改。组建主题教育微信群、巡回指导组微信群等，不分时间地点，为全县各单位及时答疑解惑，确保全县主题教育各项工作步调一致、不出纰漏、全面过硬。

4.细化分解任务，明确职责抓。制定《关于在全县开展“不忘初心、牢记使命”主题教育的实施意见》，在明确主题教育根本任务、目标要求和基本原则基础上，将实施意见中的具体工作细化分解成50项重点工作任务，形成《“不忘初心、牢记使命”主题教育重点工作任务清单》，逐一明确责任单位，并组织责任单位逐项确定具体工作举措，县委主题教育办公室（以下简称县委主题办）统一汇总，建立台账，动态管理，检查问效，作为推进主题教育工作的具体抓手。同时，印发《关于建立健全责任体系深入推进主题教育扎实开展的通知》，明确基层党组（党委）书记、各单位主题教育领导小组、县委主题办、县委巡回指导组各方职责，为每一名处级干部确定联系指导单位，明确工作任务，切实压实责任，确保协调联动。

（二）抓实四项重要举措，推动主题教育深入开展。落实落细主题教育“四项措施”（即学习教育、调查研究、检视问题、整改落实），力保把每一项基本要求做扎实，把每一个规定动作做到位。

1.学习教育见真章，思想理论入脑入心。这次主题教育首先是一次思想政治教育，解决的是初心和使命问题。因此，县委把学习教育作为解决思想认识问题的有力抓手，摆在突出位置并贯穿始终。一是严格标准抓学习。按照“读原著、学原文、悟原理”要求，县委明确提出“五个严格”，引导党员干部学思践悟，抓实学习教育。严格制定学习计划。要求各单位将个人自学和集中学习研讨全部纳入学习计划，确保党员干部把握好学习节奏。严格规定学习时间。规定个人自学时间每天不少于1小时；集中学习研讨把握在7—9次。严格学习内容审查。印发专门通知，对学习内容作详细规定，明确必读篇目、研讨主题、互动交流等。同时，建立“双重审查”机制，各单位学习计划和研讨方案经县委巡回指导组审核签字后，报县委主题办复审，确保学习内容科学规范，具有可操作性。严格查验学习成效。印制测试卷2万余份，以基层支部为单位组织党员考试，检验学习效果。10月底，市委巡回指导组对全体县处级党员干部进行了闭卷考试，测试成绩优异。严格执行补课制度。未按时参加集中学习、学习时间达不到规定要求和学习测试不及格的，由所在单位负责安排个别补课。二是深研细读抓自学。县处级领导干部带头通读《习近平关于“不忘初心、牢记使命”重要论述选编》《习近平新时代中国特色社会主义思想学习纲要》及习近平总书记“5·31”重要讲话、习近平总书记在内蒙古、河南等地考察时的讲话以及在国庆期间的系列讲话、十九届四中全会精神等必读篇目，并为每名党员干部配发《习近平关于“不忘初心、牢记使命”论述摘编》《中国共产党章程》《口袋书》《明白纸》及习近平总书记最新重要讲话等必读篇目，引导普通党员读原著、学原文、悟原理。先后组织8000余人次党员干部赴李大钊故居、西柏坡、廊坊法治教育中心等红色教育基地、反腐倡廉基地参观学习。三是抓实抓细集中学习研讨。主题教育开展以来，县四大班子和所有县处级党员干部将改造主观世界作为重中之重，在全面自学的基础上，紧密结合思想和工作实际，已高质量开展了8次集中学习研讨，县委书记带头领学重点篇目，解读重要讲话，畅谈学习感悟。其他县处级领导干部精心准备发言提纲并在会上进行了不少于2次的交流发言。围绕学习贯彻党的十九届四中全会精神，组织开展大宣讲活动，通过领导干部宣讲、宣讲团宣讲，累计组织开展宣讲139场次，宣讲党员群众15000余人次。在县“四大班子”示范带动下，全县各级党员干部认真读原著、学原文、悟原理，学理论、学政策、学党史，广大党员干部在常学常新中加强理论修养，在真学真信中坚定理想信念，在学思践悟中牢记初心使命，在细照笃行中不断修炼自我，在知行合一中主动担当作为，把学习理论作为一种生活方式、一种精神境界、一种政治责任，把贯彻落实习近平新时代中国特色社会主义思想作为生活方式和政治追求，在工作生活中加强理论学习，担当干事创业，践行初心使命。

2.调查研究入基层，宗旨意识更加牢固。把从群众中来、到群众中去的工作方法贯穿调查研究始终，沉下去访民情、知民意、解民忧。全县四大班子党员领导和乡科级以上党员干部均结合工作实际分别制定调研方案，至少明确1个调研课题，全部建立基层联系点，明确在主题教育中，县委常委及县人大常委会主任、县政协主席每人联系1个镇和1个村；县人大、政府、政协其他党员领导干部每人联系1个县直单位、1个村；乡科级党员领导干部每人联系1个村街或社区、企业、下属单位。聚焦解决1—2个实际问题，深入基层开展调研。在此基础上，撰写调研报告，召开调研成果交流会，将调研成果转化为工作举措。全县乡科级以上干部累计开展调研3270次，累计召开调研成果交流会84次，解决群众生产生活实际问题1368个。通过深入基层调查研究，全县各级党员干部不仅立行立改地帮助基层群众解决了一批实际问题，兴办了一批好事实事，而且更深刻地体悟到了中国共产党人爱民为民的精神风范，深刻体悟到了党的根本宗旨和执政使命，树立了正确的世界观、人生观、价值观，树牢了以人民为核心的发展理念，时刻自省“当官为了什么、在位干了什么、离岗留下什么”，扎扎实实为党和人民做事。

3.检视问题找差距，思想行动受到洗礼。坚持边学习边调研边检视问题，做到真检视、真反思、真认账。自我加压真查找。高标准落实习近平总书记提出的“四个对照”“四个找一找”要求，做到“六对照”“五查找”，形成检视问题清单。县“四大班子”累计检视出52个问题，处级干部检视出354个问题，均已全部整改到位。乡科级班子累计检视出644个问题，乡科级干部检视出3992个问题，问题解决率达到99%，剩余问题，均为需要长期长效推进整改的问题。同时，注重总结整改落实工作中的有益经验和特色做法，建立完善镇村干部“2+6”备案管理、发展党员“四库”管理等长效制度机制，发挥制度管长管常作用。开门纳谏汇民意。除了采取设置意见箱、公布热线电话等传统方式外，还在《香河融媒发布》《香河头条》等新媒体上开辟征求意见留言栏，多渠道征求群众意见建议。累计收集到群众反映的涉及道路交通、问题楼盘、物业纠纷等意见建议2384条。将其中的共性问题，梳理总结，能立刻解决的当即解决；一时不能解决的，及时调度，逐项推进，并将问题纳入领导班子和分管处级干部检视问题清单。对照党章党规找差距。科级以上干部围绕“十八个是否”，逐条逐项检视剖析、查找问题。县“四大班子”带头召开专题会议，班子成员既讲自己对照检查出来的问题，也对其他班子成员进行逐一提醒警醒。通过深刻地自我检视剖析，广泛地征求意见建议，广大党员干部思想更加纯净了，组织纪律更加严明了，工作作风更加严谨了，自觉将党的群众观点、群众路线深深植根于思想中、具体落实到行动上，以彻底的自我革命精神，解决工作和生活中违背初心和使命的各种问题，努力把我们党建设得更加坚强有力。

4.整改落实敢担当，为民干事取得实效。把整改落实作为衡量主题教育成效的主要标尺，把“改”字贯穿全过程，坚持“实”字为先，突出“严”字要求，真正做到立查立改、即知即改、应改尽改。全心抓实“三个一批”。针对全县重点民生工程和群众最急最忧最盼的问题，责成相关单位，迅速行动，马上就办，基层群众的获得感持续增强。全县已累计兴办民生实事 186 件，化解信访积案 16 件，整改重大安全隐患 116 处。聚焦兴办民生实事。为改善群众出行，注重向农村投入，舍得为群众花钱，累计新改建公路 120 千米，获评“四好农村路”全国示范县。为优化教育环境，扎实推进 9 万余平方米的教育工程建设，截至年底，4 所学校新建教学楼、8 所学校平房改造和 10 所学校塑胶运动场改造等 22 项工程全部竣工。实施营养改善计划，为学校购买厨具 68 套，每天为约 3.7 万名小学生免费发放 1 个鸡蛋和 1 盒学生饮用牛奶。对全县所有学校旱厕进行改造，累积新建改造厕所 131 个。同时，针对行政审批事项繁复，办理周期长等问题，在全市率先配置政务服务自助终端机，重点审批事项全部实现了网上办理，效率较过去提高 80%。针对企业职工办理退休多头跑办问题，推行“只进一扇门”服务，由原来的来回跑 4 次减少为 1 次，群众的烦心事、糟心事、揪心事得到有效解决。

聚焦化解信访积案。针对近几年涉房领域日益凸显的信访问题，创新制定“双倍保障金”等系列措施，成立专班，畅通渠道，逐个化解，依法严厉打击恶意串访、以访施压、以访牟利行为，有效化解了积累多年、涉及 39 个楼盘 3.5 万户业主的历史遗留问题，保障了群众合法权益，维护了信访秩序。聚焦整改安全隐患。扎实开展“深化安全生产大排查大整治攻坚行动”和“安全生产风险防范整治行动”，共检查企业、单位和场所 4753 家次，检查覆盖率 100%，排查一般隐患 8995 项，全部整改到位。边学边查边改见成效。坚持从一开始就改起来，真正做到立查立改、即知即改、应改尽改。全县各级领导班子和领导干部通过各种渠道检视发现的问题，凡是能够马上解决的，立即整改，做到即知即改、立行立改。比如，县四大班子党员干部轻车简从深入基层开展调研 118 次，立行立改解决老旧小区改造、农村中小学校改厕等群众生产生活实际问题 53 个，并召开调研成果交流会，促进调研成果转化为工作举措，对其中需要持续推动、形成机制的事项，统筹谋划纳入下一年全县重点工作。针对全县重点民生工程和群众最急最忧最盼问题，责成相关部门和单位，迅速行动，马上就办，取得实效。全县已累计解决群众最急最忧最盼事情 186 项，排查化解信访矛盾 86 件，整改一般安全隐患 8995 处，基层党员群众的幸福感、获得感持续增强。公开晾晒受监督。为切实让广大党员群众感受到主题教育带来的新气象新变化，采取专项整治部门公开监督电话、召开服务对象和基层群众座谈会、问卷调查、通报整治情况等形式，广泛听取群众意见，主动接受群众监督。开展“四公开一满意”（公开领导班子检视问题清单、公开专项整治做法成效、公开推进落实“三个一批”情况、公开群众最急最忧最盼整改事项，让人民群众满意）活动，推行“阳光问政”，组建专门机构，聚焦市容市貌建设管理、道路交通管理、城乡环境整治、物业管理、教育医疗民心工程、营商环境优化等重点工作和领域，公开问政、公开晾晒。

（三）全面推进专项整治，全力打好专项整治攻坚战。按照市委主题教育部署，香河县集中抓好 9 项专项整治，明确整治任务 113 项，发现问题 206 项，制定整改措施 291 项，已全部完成并取得积极成效，部分整治工作坚持长期推进。在抓好 9 项专项整治任务的基础上，将中央和省市委明确提出的整治名贵土特产、面子工程等纳入整治范围，并主动作为，积极行动，均取得明显成效。①整治对贯彻落实习近平新时代中国特色社会主义思想和党中央决策部署置若罔闻、应付了事、弄虚作假、阳奉阴违的问题。注重在强化学习上下功夫，组织参观庆祝中华人民共和国成立70周年成就展和网上展馆，组织优秀干部赴延安参加主题研修班，在重庆大学举办专题培训班，开设两期习近平中国特色社会主义专题网班，召开全县各领域党组织书记“不忘初心、牢记使命”主题教育培训班，县委书记李桂强为全县三级干部讲“不忘初心、牢记使命”主题党课，提升党员干部政治素养和党性修养。制定印发《关于认真学习贯彻习近平总书记国庆期间系列讲话的通知》等文件，及时跟进学习习近平总书记最新重要讲话，组织研讨交流，提高思想认识。在此基础上，积极运用新媒体开展工作，转发十九届四中全会公报、县委书记主题教育党课重点内容简摘等。②整治领导班子和领导干部不担当不作为的问题。一方面，注重树立正确的用人导向，建立干部经常性考察量化评价数据库，282名优秀干部纳入数据库，先后有34名优秀干部走上科级岗位；累计交流干部44人；修订完善了《乡科级领导班子和领导干部年度综合考核评价办法》《乡科级领导班子和领导干部绩效管理考评工作方案》，优化了考评指标，提高了评优比例；发现和树立了一批担当作为的先进典型，并择优推荐4名个人、2个集体参加全省、全市“新时代新担当新作为标兵”评选；表彰30个先进基层党组织、30名优秀党务工作者、50名优秀共产党员，营造了浓厚的干事创业氛围。另一方面，坚持从严管理监督，查处“不担当、不作为”问题7件，给予党纪政务处分7人；召开警示教育大会，通报5个方面15起典型案件；开展处分决定执行情况监督检查，发现处分决定与工资奖惩挂钩事项执行不到位66人，全部整改到位。③整治违反中央八项规定精神的突出问题。印发《关于贯彻落实中央八项规定精神等工作的通知》，开列违反中央八项规定精神问题清单，组织全县各级党员干部进行学习和全面自查整改。同时，组织开展对落实中央八项规定精神等重点工作检查督导回头看，发现各类问题40个，并对问题逐个进行了督导整改；中秋国庆期间，组织4个检查组严查公车私用等问题，走访4家超市、10余家饭店，保持纠治“四风”高压态势。查处违反中央八项规定精神等违规使用办公用房、私车公养等问题6起，召开了全县警示教育大会，对部分典型案例通报曝光。在此基础上，设立举报平台广泛接受群众监督，整合违反中央八项规定精神突出问题和纠正“四风”及作风纪律专项整治举报电话、举报邮箱，畅通群众举报渠道。④整治形式主义、官僚主义，层层加重基层负担，文山会海突出，督查检查考核过多过频的问题。一是精简会议文件。坚持从严审批、统筹管理、严控规格，加大精简力度，减少发文数量，提高发文质量，创新会议召开形式，切实改进会风，提升会议效果。2019年发文数量和召开会议数量均实现了压减目标。二是积极为基层减负。研究制定全县《统筹规范督查检查工作的实施办法》，“香河县针对9类问题，采取24条具体减负措施，着重在效率、效益、效果上下功夫”的做法被河北日报基层减负专栏刊登。三是解决形式主义问题。清理规范“指尖上的形式主义”，对各类政务类App、微信工作群等进行清理规范；查处形式主义官僚主义问题案件8件，给予党纪政务处理2人，采取第一种形态6人；取消了安全生产、环境保护等考核“一票否决”事项，全县开展的为基层减负“1+1+6”联合督导检查工作经验，被省纪检监察网转载推广。⑤整治漠视侵害群众利益问题。聚焦教育医疗、环境保护、食品药品安全等民生领域侵害群众利益问题开展专项整治。检查食品生产经营主体757户次，开展执法检查289次，查办食品类案件15件，罚没金额38万元；严厉查处企业非法渠道购销药品、超范围经营药品、违规储存药品等违法违规行为，共出动执法力量570人次，检查场所240个，开展宣传5次，开展执法153次，查办案件7起，罚款1.6万元；每月对全县药店、药房进行2次例行抽查。通过智能监控系统共处理 2017 年以来的疑点信息 23970 条，通过调取病历及时与医院进行核实，共关闭疑点 10554 条，稽核扣款疑点 13416 条，共扣除违规费用 408 万元；查处定点医药机构违法违规行为 21 起，对 10 家定点医药机构做出暂停医保服务协议 1—3 个月的处罚，对 21 家违规定点医药机构法人或主要负责人进行了约谈，共扣除违规费用 178 万元。9 月 2 日开始全县小学配送营养餐，不存在截留克扣情况；查处有偿补课问题 1 个，处分 1 人，追责 1 人；消除 56 人以上大班额 157 个。组织开展 28 个批次的技能培训，累计培训各类人员 1477 人，使用就业专项资金 269 万元。排查无环保手续企业 788 家，其中关停取缔 759 家；上级反馈香河县 168 个问题，166 个问题已整改，其余 2 个问题已完成立案处罚；潮白河、北运河两个国考断面达到考核标准；涉及省“一河一策”台账中潮白河、北运河的违建 23 处、养殖场 9 处，已经全部完成整改销号，销号率 100%；查处在生态环境保护工作中履职不力党员干部 4 人。⑥整治基层党组织软弱涣散，党员教育管理宽松软，基层党建主体责任缺失的问题。一是全力整顿软弱涣散党组织。确定软弱涣散村党组织 28 个，软弱涣散社区党组织 1 个，软弱涣散非公企业和社会组织党组织 12 个，严格落实“六个一”举措，每个村安排 1 名县级领导分包、1 名乡镇班子成员联系、1 个县直部门结对、1 个工作组帮扶、1 名第一书记驻村、1 个企业联建，形成工作合力。年内，已整顿到位并通过评估验收。二是整治党员教育管理宽松软问题。锁定疑似重点问题党员 396 人，疑似重点问题线索 531 条；查实发展党员违规违纪 6 类重点问题党员 63 人、程序失范等非 6 类重点问题 148 人；对 12 名问题党员不予承认党员身份、6 名取消预备党员资格、11 名重新办理入党手续、4 名重新办理转正手续，对 36 人予以组织处理，对 11 人予以纪律处分；185 名相关责任人中，178 人予以批评教育等组织处理，7 人予以纪律处分，涉及科级干部 17 人；对 171 个相关党组织给予责令作出书面检查等处置；解决 3 年不发展党员村 55 个；抓好党员队伍教育管理，累计组织各类培训 90 余次；排查出流动党员 37 人，对因私出国（境）满 5 年的 2 名党员作出停止党籍处理；筛查“四违”党员 101 人，已反馈至相关基层党（工）委，并分别进行了约谈帮教。三是抓实基层党建主体责任落实。落实《关于进一步强化基层党建工作责任的意见》，健全完善县直机关党组书记、基层党（工）委书记、副书记、组织委员和基层党支部（总支）书记抓党建责任，制定《关于在全县各领域开展争创“五星级”党组织活动推动基层党建质量全面提升的实施方案》《全县村级工作“三五”管理办法》等文件，规范党建工作，强化责任落实，全面提高全县各级党建工作水平。⑦专项整治社会秩序问题。一是全面建立镇（区）安保指挥中心，形成“三集中、两统一”指挥调度格局，强化京津冀警务联动和一体化查控；对 46 家反恐重点目标的人防、物防、技防情况进行了巡查，并进一步健全反恐防暴工作指挥协调机制。二是深入开展严打整治专项行动。发现并整改隐患 48 处，限期整改、停业整顿 20 家，查获治安案件 9 起，处理 15 人，破获刑事案件 1 起，抓获犯罪嫌疑人 3 人；开展“亮剑 2019”“利刃 2019”等专项行动。不断完善城乡社区治理体系，县级综治中心已建设完成，镇级综治中心达标率 100%，所有村级综治中心全部达到“三有五规范”建设标准；推进社会治安综合治理智能化建设，投资 487.6 万元，加快“数字综治”建设；推进“雪亮工程”及综治视联网建设，雪亮工程平台已经完成建设；全县 14 个镇（社区）、园区综治视联网平台已全部建成。三是持之以恒扫黑除恶专项斗争。共破获涉恶案件 55 起，抓获涉恶人员 126 人（其中，打掉恶势力团伙和恶势力集团各 1 个，抓获团伙成员 26 人，从中破获案件 7 起）。检察机关共批捕7件9人，提起公诉6件20人；审判机关一审判决6件29人，一审判决生效4件19人。纪委监委共立案3件5人；抓好线索核查、案件侦办工作，接到线索146件，办结143件，办结率97.99%。⑧整治影响营商环境的突出问题。一是进一步提高审批效能。对529项政务服务事项全面梳理细化，建立一次性告知等56项工作制度，下放审批层级，98.2%的事项由股长和分管副局长审批即可办结，提高审批效率；整合13家县直单位、6家企业的行政权力和公共服务事项416项，解决企业和群众多头跑、来回跑问题；将分散在17个政府部门的111项行政审批职能进行重新清理，审批总时限缩短46%；通过“互联网+政务服务”数据共享平台，避免提交重复材料30余种；全县新登记注册各类企业2007户，比2018年净增1388户；建设智慧政务系统，实现400余项政务服务事项网上办理；开发政务公开App，移动审批App，实现从申报到审批的全过程移动化办理。二是进一步降低企业成本。为185家企业发放科技奖励资金1000余万元，鼎力中小企业信用担保公司年担保费率0.06%；企业水、电、气价格均按相关政策降补到位，5次下调一般工商业电价，累计降幅达0.1164元；安排税务培训20余场，3000人次，推行“套餐式”服务，全力推动办税事项“最多跑一次”改革。三是进一步完善便民惠企政策。先后出台《产业重点项目实行模拟审批暂行办法》《香河县做好创业就业工作实施方案》等文件，通过政策的完善落实，真正实现了方便百姓、惠及企业。⑨整治对防范化解重大风险工作落实不到位的问题。一方面统筹开展工作，狠抓责任落实。聚焦九大风险领域开展多元化摸排工作，对摸排出的风险隐患明确整改单位和责任人员，落实时间表和路线图，强化整改措施，坚决将风险隐患整治到位。全县共整治防范化解重大风险工作落实不到位问题75项，均已全部整治到位。另一方面严格履职尽责，强化危机管控。对照习近平总书记“1·21”讲话精神和《中华人民共和国国家安全法》规定的工作职责，以贯彻落实《关于打好防范化解重大风险攻坚战切实当好河北首都政治“护城河”排头兵实施意见》为抓手，全力防范化解九大领域风险隐患，着力整治9个方面典型问题。严格考核问责机制，采取查工作、问进展、找问题等方式，定期对各单位工作落实情况进行实地督导检查，调度各单位整治进度，确保各项危机管控措施有力、有效，落实到位，有力保障了整治防范化解重大风险工作圆满完成。

另外，针对中央和省市委部署的利用名贵特产特殊资源谋取私利问题，香河县及时将其纳入专项整治范围，由县纪委监委牵头，组织县税务局、市场监督管理局组织开展专项检查工作，对全县党政机关单位购买天价烟、定制酒情况进行了筛查，对公款购买高档景泰蓝制品等问题进行了筛查，共开展监督检查3次，未发现领导干部利用名贵特产类特殊资源谋取私利问题。按照《关于转发〈关于整治“景观亮化工程”过度化等“政绩工程”“面子工程”问题的通知〉的通知》要求，香河县迅速组织相关部门开展仔细排查摸底，经排查，未发现“景观亮化工程”过度化等“政绩工程”“面子工程”的问题。

## 二、亮点工作

1.书记党课强引领。结合主题教育讲党课要求，县委书记李桂强率先垂范，以“不忘来时之路，永葆初心之念，坚定前行之志，努力践行新时代共产党员的初心和使命”为题，围绕“中国共产党的初心使命是什么、‘不忘初心、牢记使命’主题教育要解决哪些问题、怎样做到‘不忘初心、牢记使命’”三个方面，以独特的历史视角、丰富的事例资料、辩证的哲学观点，深入浅出地为全县600余名党员干部和基层党组织书记讲了一堂专题党课，要求全县党员干部做到“吾日三省吾身”（每天反思是不是心中装着群众，全心全意为人民服务；每天反思是不是做好本职工作，破解难题干了实事；每天反思是不是约束自己一言一行，树立了党员干部的良好形象），省市指导组对此次党课给予高度评价。县委主题办将党课视频转发到每一个基层党支部，组织基层党员集中学习，畅谈学习体会，全县党员反响强烈。科级以上党员干部和各级党组织书记在县委书记李桂强党课的带动下，结合前期理论学习感悟、调查研究成果和党课精神，均为基层党员讲了专题党课，累计达 836 节次，使全县主题教育氛围更加浓厚。

2.工作要点明任务。这次主题教育时间紧、任务重、要求高，为了切实让全县各单位明白主题教育干什么、怎么干，让县委巡回指导组清楚怎么督查、怎么指导，县委主题办根据主题教育重点工作任务，详细开解“学习教育、调查研究、检视问题、整改落实”具体工作要求，逐条逐项细化分解任务，梳理制定月度工作督导要点，要求各单位按照月度工作督导要点落实举措、推进工作；组织县委巡回指导组按照月度工作督导要点，深入被指导单位逐项督办落实，确保各单位主题教育工作抓深、抓细、抓实。

3.广开言路纳真言。从主题教育一开始就坚持开门搞教育，分层次、多渠道、全方位征求意见，除了采取发放征求意见表、召开座谈会等传统形式外，积极通过在香河融媒发布、香河头条、单位公众号等新媒体上开辟征求意见留言栏、公布征求意见热线电话等办法，随时随地接受群众意见建议。并推行“阳光问政”，以电视录播或直播的形式，向全县各单位主要负责人和分管负责人进行问政，在推动工作、提升为民办事质量和效率的同时，让群众心明眼亮。

4.创新举措促规范。在主题教育中，结合工作实际，建立健全长效工作机制。一是创星争先添活力。在全县各领域基层党组织中，开展争创“五星级”党组织活动，明确争创标准，组织全县基层党组织参与创星争先，激发工作干劲，提升工作水平。二是村街干部重管理。建立村干部县、镇备案管理“2+6”工作机制，“2”即村干部档案县镇分级备案、调整任免审查备案；“6”即建立获奖励、受处分、参加培训、请销假、因私出国（境）、个人有关事项 6 类村干部重大情况台账，有效强化日常监管，着力打造一支政治坚定、素质优良、担当作为的农村干部队伍。三是机关党建促规范。深入实施“五规范五加强”（规范思想政治建设、规范党内组织生活、规范组织体系设置、规范机关阵地建设、规范党员发展管理；加强担当精神培树、加强纪律作风建设、加强党务培训管理、加强先进典型推广、加强活动平台打造）机关党建规范化建设工程，全面提高机关党建工作水平，提升服务效能。四是征求民意畅渠道。建立健全征求意见建议定期反馈解决机制，将召开座谈会、公布热线电话、新媒体开设专栏、信访渠道反馈、印发征求意见表、电视问政等多种渠道征求意见模式固化下来，定期反馈给县领导和相关县直部门，上下联动，协调推动问题解决。

5.典型示范树正气。培树一个好的典型，就等于树立起一面旗帜、增加了一个引擎，可以激励更多的党员干部奋发进取、见贤思齐、提升境界。香河县加大先进典型事迹宣传力度，将在主题教育中涌现出来的爱国老人胡景瑞、环卫工人范广义、渠口法庭彭开全、县直工委佟振玲、县融媒体中心史长城等人的先进事迹在《河北日报》、《廊坊日报》、香河融媒体上广泛宣传，在社会各界引发强烈反响。在省市“新时代新担当新作为标兵”评选中，香河县积极推荐 4 名个人、2 个集体参加评选，形成了人人向先进看齐、人人争当先进的良好氛围。

## 三、工作启示

1.思想重视是前提。只有思想重视，才能行动自觉，才能真正把主题教育不折不扣地落到实处。主题教育开展以来，香河县委高度重视，坚持把开展主题教育作为重大政治任务抓紧抓好，明确“起点要高、工作要实、过程要细、效果要好”的工作基调。第一时间成立了县委书记任组长、11名县委常委和县人大常委会、县政协党组书记任副组长的主题教育领导小组，统筹抓好主题教育开展。县委书记李桂强从主题教育一开始就要求全县各级党组织和全体党员提高政治站位，强化思想认识，自觉落实好中央和省市委各项部署要求，扎扎实实把主题教育组织好、开展好。全县处级干部积极主动参加主题教育，精心撰写调研报告、党课讲稿等相关材料，至少明确一个主题教育指导单位，全程参与被指导单位主题教育工作，既提升了自身工作和认识水平，又确保主题教育在基层落实落细。

2.书记带头是关键。各级党组织书记在本单位领导班子和各项工作中处于核心地位，只有抓住各级党组织书记这个“牛鼻子”，才能真正把主题教育开展好。县委书记李桂强把主题教育工作作为重要政治任务，先后4次主持召开县委常委会议，专题研究谋划工作，审定工作方案，提出指导意见，协调解决问题，坚持带头参加学习、带头调查研究、带头检视问题、带头整改落实、带头讲党课，充分履行了第一责任人职责。在此基础上，召开全县各领域基层党组织书记“不忘初心、牢记使命”主题教育培训会，为全县各领域党组织书记讲方法、定目标、明方向，真正让各级党组织书记成为开展主题教育的行家里手，推动全县主题教育工作深入开展。

3.分类指导是途径。第二批主题教育，涉及农村、社区、机关、非公企业和社会组织、中小学校和公立医院等多个领域，量多面广、情况复杂。如果只是“大水漫灌”式地开展主题教育，就会“雨过地皮湿”，不能取得实实在在的效果。为此，香河县委在主题教育启动之初，就明确提出“突出分类指导”原则，对镇（社区）、园区、农村（社区）、机关单位、其他基层党组织等如何开展主题教育做出具体安排，并制定印发了《关于加强对全县各领域基层党组织开展“不忘初心、牢记使命”主题教育分类指导的通知》，以分类指导为途径，针对各领域实际，采取“精准滴灌”的方式，统筹推进各领域基层党组织主题教育工作，积极落实“戴党徽、亮身份”、设立党员示范岗等措施，增强党性意识，积极服务社会，坚持“党员活动日”制度，开展“三会一课一服务”，组织党员利用党员活动日、节假日、业余时间，参加志愿服务，为身边群众做好事、办实事。全县70余家单位组织党员深入村街、社区、企业等，开展志愿服务活动，累计为群众办好事实事180余件，取得良好工作效果。同时，组织召开全县各领域基层党组织书记“不忘初心、牢记使命”主题教育培训会，就主题教育期间基层党组织的相关工作进行了逐项拆解、详细讲解，并组织观看了《榜样4》，牢牢抓住基层党组织书记这个“关键人”，强化基层党组织书记的担当意识和干事本领，确保全县各领域基层党组织开展主题教育全覆盖、全过硬。

4.群众评判是标准。习近平总书记强调，我们不能关起门来搞自我革命，而要多听听人民群众意见，自觉接受人民监督。县委在开展主题教育中，坚持开门搞教育，积极联系群众、发动群众、组织群众，真正让群众参与进来，通过召开座谈会、领导干部蹲点调研、发放调查问卷、公开热线电话等方式，让群众找问题、提建议、出点子。综合运用民主测评、民意调查、网络点评等办法让群众评判活动成效。群众不满意的及时“返工”“补课”，不断增强群众获得感和幸福感，保证主题教育取得实实在在成效。

5.立行立改是根本。开展主题教育就是要用看得见的变化回应群众的关心和期待。县委坚持边学边改、边查边改、立行立改，聚焦各方面意见比较集中、群众最急最忧最盼、能够在近期完成或取得明显成效的民生实事，立即行动，迅速整改，既提高了党员干部的服务意识和服务本领，又让群众切身感受到了主题教育带来的新气象、新变化，有效彰显了主题教育丰硕成果。

### 四、存在问题及下步工作

在中央和省市县委的正确领导下，香河县牢牢把握主题教育根本任务和总要求，坚持问题导向、目标导向和任务导向，抓牢抓实四项重点措施，主题教育取得显著成效，但也有个别基层党组织在组织党员理论学习时，存在不够深入透彻，浅尝辄止的问题。个别单位主题教育和职能工作结合的不够紧密，存在“两张皮”现象，边学边查边改工作还有欠缺。

对此，县委将继续按照中央和省、市委的安排部署，做好以下两方面工作：一是坚持把学习贯彻习近平新时代中国特色社会主义思想作为一项常抓不懈的任务，引导各级党组织和广大党员干部自觉主动学、及时跟进学、联系实际学、笃信笃行学，不断用习近平新时代中国特色社会主义思想武装头脑、指导实践、推动工作。二是参照市委主题办对县处级以上领导干部的文字材料相关要求，组织全县各单位和各巡回指导组，对乡科级领导班子和领导干部相关档案资料进行一次“回头看”，及时发现问题，纠正偏差，并及时做好材料归档工作，确保主题教育各项工作高质量。三是对主题教育中的好经验好做法，及时总结，形成制度，真正让践行初心、担当使命、转变作风、干事创业、奋发作为成为常态。

“不忘初心、牢记使命”是一个永恒的主题，在今后的工作中，县委将引导全县党员干部把牢“守初心、担使命，找差距、抓落实”总要求，做到思想上真自觉、学习上真入心、要求上真严格、落实上真见效，为推进“美丽幸福新香河”建设做出应有贡献。

（刘　勍）

## 庆祝中华人民共和国成立70周年
### ——香河县开展“我和我的祖国”群众性主题宣传教育活动

香河县按照《廊坊市隆重庆祝中华人民共和国成立70周年广泛组织开展“我和我的祖国”群众性主题宣传教育活动实施方案》（廊办发〔2019〕12号）文件要求，制定了实施方案，开展了形式多样，百姓喜闻乐见的庆祝中华人民共和国成立70周年群众性主题宣传教育活动，营造了浓厚的节日氛围，激发了全县党员干部群众的爱国主义热情，奏响了礼赞新中国、奋斗新时代的动人乐章。

### 学习体验活动

精心设计推出学习体验线路，引导干部群众就近就便开展实地考察、国情调研，观城乡新貌、看身边变化、听亲身故事，感悟国家情怀，提升精神境界。开展红色旅游，组织党员干部800余人到革命纪念地延安、井冈山、西柏坡等地参观学习，聆听革命故事，学习革命精神。

组织县内爱国主义教育基地开展活动，使干部群众充分感受中华人民共和国成立和发展的艰辛历程。渠口镇“店子务惨案纪念遗址”举办“以史为鉴、不忘初心——庆祖国70周年华诞”爱国主义教育活动，来自渠口镇店子务小学120余名小学生参加了此次活动，通过此次爱国主义教育活动，使广大青少年接受了一次深刻的爱国主义洗礼和革命传统教育，激发学生们的爱国之心、报国之情、强国之志。“农家博物馆”爱国主义教育基地开展主题鲜明、生动直观的宣传教育活动，“六一”“七一”“十一”等节日，组织开展入团、入队、入党宣誓、重温入党誓词等教育活动，2019年，共接待参观学习2000余人次，其中300多名为中小学生，全部实行免费，安排专人讲解，发挥了基地的教育作用。

继承和发扬革命传统，大力加强党员干部群众的思想教育引导，运用多种形式，创新方式方法，开展各类宣传教育活动，促使党员干部群众自觉自愿的爱党爱国，凝聚起全县人民一心向党、永远爱国的强大力量。在“不忘初心、牢记使命”主题教育活动中，县四大班子和各级党组织从党的政治建设、理想信念、廉洁自律等方面分列专题，开展集中学习研讨，表达爱党、爱国之情。

组织开展“庆祝中华人民共和国成立70周年优秀国产新片展映”和“我和我的祖国”公益电影展映系列活动，在影院放映《古田军号》《红星照耀中国》《烈火英雄》《决胜时刻》《我和我的祖国》《中国机长》《攀登者》等七部重点影片，精选《周恩来的四个昼夜》《血战湘江》《李保国》《苦难辉煌》等不同时期，具有代表性的优秀国产影片、纪录片在“人民院线”专属影厅进行公益放映，共计1000余场次，激发全县干部群众爱党爱国之情。此外，在农村、社区、校园等进行流动放映，在县电视台黄金时段放映，让全县党员干部群众感受到电影文化的魅力，接受爱党爱国教育，进一步激发爱党爱国之情。

### 主题宣讲活动

围绕新时代中国特色社会主义和中国梦宣传教育，深入开展理想信念教育，有效推动习近平新时代中国特色社会主义思想入脑入心、落地生根。广泛组织开展“香河好故事”征集宣讲活动，组织广大干部职工群众，以真人真事和真情实感，讲好香河故事、传递社会正能量。9月24日，举行了“理论微宣讲”暨“香河好故事”宣讲比赛，来自县公安局、县中医医院等10位选手参加了此次宣讲比赛。选手们结合自身工作实际，在深入学习领会习近平新时代中国特色社会主义思想的重大意义、核心要义、精神实质、丰富内涵和实践要求的基础上，以精彩独到的理论讲解，配合生动鲜活的工作案例，讲好香河故事，为大家送上了一份精彩纷呈的理论宣讲大餐。

### 共和国故事汇活动

县委组织部联合县民政局、老干部局等单位，组成工作组，对健在的中华人民共和国成立前入党老党员、离退休老干部、退役老军人等逐一进行走访，记录他们在新中国建立或者在革命斗争年代的英雄事迹，并编印成册，发到全县广大基层支部，引导基层党员学习，提高党性意识。

开展读主题图书、看主题影视剧活动，向全社会推介一批优秀主题图书和影视剧。以学习宣传习近平新时代中国特色社会主义思想和党的十九大精神为主线，以县图书馆、农家书屋为平台，开展主题演讲、经典诵读、读书征文、知识竞赛、故事会、亲子阅读等内容丰富，形式多样的全民阅读活动。鼓励中小学生在阅读实践的基础上进行思考写作，记录香河发展变化，撰写读书评论，畅谈读书感悟，展现热爱祖国、朝气蓬勃、读书圆梦的精神风貌；鼓励小学和幼儿园开展绘画和手抄报展演活动，描绘乡村振兴和祖国昌盛的美丽图景，抒发爱国之心和强国之愿。同时组织邀请学者、志愿者等深入县图书馆、农家书屋开展阅读辅导等志愿服务。

组织传唱革命歌曲、朗诵革命诗词。8月23日，举办了“韵荷香——家乡美”诗歌系列朗诵会的第二章节“我与祖国共奋进”庆祝新中国成立70周年暨“荷韵香——运河情”的诗歌朗诵会。此外，还举办了“我和我的祖国”——香河县庆祝新中国成立70周年歌咏比赛，20位选手现场演唱了《中国梦》《红旗颂》《我爱你中国》《阳光路上》《亲吻祖国》等爱国主题歌曲。

开展“时代新人说——我和祖国共成长”演讲比赛，引导干部群众结合工作生活实践感悟，生动讲述弘扬爱国奋斗精神、争做时代新人的故事。推荐优秀选手参加省市比赛，香河县报送的《这盛世如你所愿》参加了全省演讲比赛。

### 缅怀革命先烈活动

烈士纪念日（9 月 30 日）前，组织干部群众特别是青少年学生集中到盘山烈士陵园等地开展祭扫烈士墓、敬献花篮、宣读祭文、瞻仰遗物等活动，倡导青少年成人礼向革命英烈献花，学习革命先烈的英勇事迹和崇高精神。开展继承先烈遗志宣誓活动，组织共产党员、共青团员、少先队员重温入党入团入队誓词。

### 先进模范学习宣传活动

颁发“庆祝中华人民共和国成立 70 周年”纪念章是新中国成立 70 周年系列庆祝活动的重要组成部分，对于加强爱国主义教育，培育和践行社会主义核心价值观，增强中国特色社会主义伟大事业凝聚力和感召力，具有十分重要的意义。香河县按照党中央、国务院、中央军委的指示精神，县领导给香河县 67 人颁发了“庆祝中华人民共和国成立 70 周年”纪念章，并向他们表示热烈的祝贺和崇高的敬意。

广泛组织开展先进模范学习宣传活动，充分发挥他们的精神引领和典型示范作用。发挥党员干部的示范引领作用，用榜样的力量感染身边人，用行动的力量鼓舞身边人，激发广大干部群众向身边榜样看齐，把能干事、会干事、干成事作为一种责任，用实际行动彰显对党、对国家的忠诚担当。6 月 27 日，在党的生日即将来临之际，县委举行“不忘初心·牢记使命”香河县庆祝建党 98 周年暨“一先双优”颁奖典礼，对全县 30 个先进基层党组织、30 名优秀党务工作者、50 名优秀共产党员予以表彰，号召全县广大党员干部要不忘初心、牢记使命，创新务实、担当作为，锤炼党性、改进作风，以实际行动践行党的宗旨，在加快“建设美丽幸福新香河”和全面建成小康社会的伟大征程中贡献更大力量。9 月 4 日，“时代新人·河北好人”发布仪式暨道德模范与身边好人现场交流活动在香河县隆重举办，全县共有 15 人荣登中国好人榜，百余人被评为省、市、县级道德模范。以此次活动为契机，全县上下发挥道德模范的示范作用，积极营造学习身边好人、崇敬身边好人、争当身边好人的浓厚氛围，为促进经济发展、社会和谐凝聚了不竭的精神动力。9 月 10 日，隆重举行 2019 年教师节庆祝暨表彰大会，对全县 106 名优秀教师、6 名优秀教育工作者、30 名农村工作 10 年以上优秀教师和教育工作者、44 名农村工作 30 年以上在岗教师和教育工作者，以及 2 个教学质量先进集体和 1 家捐资助教爱心企业进行表彰。

组织党员干部深入走访慰问老战士、老同志、老支前模范、烈士遗属和时代楷模、道德模范、劳动模范、最美人物、身边好人等，帮助解决实际困难。全县各级党员干部在“八一”、中秋节之际走访慰问退伍军人、中华人民共和国成立前老党员、困难群众等 1 万余人次，为他们送去米面油等生活必需品，让他们切实感受到党和政府的关怀与温暖。

### 同升国旗、同唱国歌活动

在全县范围内广泛开展“我爱祖国、同唱国歌”活动，让人们充分表达爱国情感，让爱党爱国爱社会主义的时代主旋律响彻中华大地。

每天早上 7 时，在县广播电台、县电视台在主频率、主频道整点播放国歌。

10 月 1 日上午，县四大班子领导和县委、县政府机关工作人员在县委广场举行了隆重的升国旗仪式，此外，各级党政机关、人民团体、大型企事业单位、全县城乡社区和爱国主义教育基地等，也举行隆重的升国旗仪式，并在国庆长假期间悬挂国旗。集中观看中华人民共和国成立 70 周年大会、阅兵式和群众游行。随后，组织召开理论学习中心组学习会，深入学习贯彻习近平总书记在庆祝大会上的重要讲话精神，树牢“四个意识”，坚定“四个自信”，做到“两个维护”。

国庆期间，在县城主要街道、安平镇至蒋辛

屯镇主干道沿线灯杆悬挂国旗7100余面，让鲜艳的中国红成为一道亮丽的风景线。

全县有条件的小区和居民家庭也在小区门口和家门前恰当位置悬挂了国旗。

各级各类学校把国旗、国徽和国歌作为爱国主义教育的重要内容，教育学生了解国旗、国徽和国歌的历史和精神内涵。

### 主题作品征集展示活动

以文艺品牌创作为重点，全力打造“香河创作”的文艺精品，努力推出突出香河地域特色、凸显香河文化精神、提升香河知名度和形象，以及反映香河重大题材、人文景观、经济发展、新农村建设等主题的文学艺术精品，让全县干部群众在享受文化盛宴中抒发爱国情怀。围绕“我和祖国共成长”主题，举办庆祝中华人民共和国成立70周年主题书画摄影展、庆祝新中国成立70周年——京津冀文物展、开展“我与祖国共奋进”诗歌朗诵会、“践行新使命忠诚保大庆——让青春在岗位上闪光”主题演讲比赛等一系列“礼赞新中国·讴歌新时代”庆祝新中国成立70周年的主题创作活动共计56场次，歌颂了新中国发展的伟大成就，表达了对祖国的美好祝愿。广泛开展微电影、短视频、诗词、老照片、楹联、动漫等作品征集活动，共征集作品3000余幅，让人们在创作参与过程中，抒发对党、对祖国的无限热爱。

### “开学第一课”教育活动

以学校为教育平台，组织全县88所中小学校万名学生观看“开学第一课”，聚焦“我和祖国共成长”，深入开展爱国主义教育和革命传统教育；组织中小学生参加“你好新时代——中国永远在这儿”多媒体作品征集展示活动，引导广大中小学生用寓教于乐的形式，展示投身新时代、建功新时代的青春梦想。

### 节日主题活动

精心设计、广泛开展“我们的节日”活动，依托公园、广场等就近就便开展小型多样的城市节日文化活动，吸引群众积极参与，活化节日文化资源。利用博物馆、展览馆、图书馆举办主题展览、藏品鉴赏、互动体验等活动，让传统节日、民俗文化、非物质文化遗产活起来。围绕“八一”建军节、“9·20”公民道德宣传日、“十一”国庆节等重要节日和少数民族重大节庆，有针对性地组织开展群众性庆祝活动，共同迎接和庆祝中华人民共和国70华诞。此外，组织全县未成年人开展系列活动，组织新生在队会课上练习“鞠躬礼”，让学生从小受到传统教育的熏陶，学会礼貌待人，做文明有礼的学生；组织全县未成年人开展“诵读爱国诗词”活动，使学生能亲身参与到诵读爱国诗篇、解读经典的活动中来，让学生从浓浓的书香中汲取营养，丰富知识，提高修养，陶冶情操，增强了民族自豪感和使命感。

### 国防教育活动

以“赞颂辉煌成就、军民同心筑梦”为主题，全县人武干部深入村街、社区、企业开展国防教育宣讲活动，向人民群众讲解国防形势、国防知识和政策法规等内容，做到知我国防，爱我中华。

### 网上主题宣传教育活动

为庆祝中华人民共和国成立70周年，营造良好的网络氛围，弘扬爱国主义精神，坚定用中国梦引领人生航向，树立走中国特色社会主义道路的坚定信念，香河县开展“2019我和国旗合个影”微博话题活动。与爱国爱家主题有关，与国旗、家乡合影的一切照片或小视频均可，可结合特色建筑、旅游景点、节庆活动、丰收场景、志愿服务、阖家团圆等进行拍摄。以“网聚香河正能量、争做香河好网民”为主题开展“寄语祖国”倡议签名活动，通过线上、线下同步开展的方式，呼吁广大网民自觉遵守法律法规、文明上网，争做中国好网民。截至2019年年底，有3000名网民参与，开展数十条话题设置，收到留言数万条。

### 各类群众性文化活动

通过强化载体、创新形式,不断丰富文化活动内涵,切实满足群众多样化、多层次的精神文化需求，让老百姓感受到实实在在的幸福生活，增强爱祖国、爱家乡的情感。8 月 5 日，中央电视台 CCTV-17 农业农村频道《乡村大舞台》栏目走进香河，乡村艺人、达人纷纷登台献艺，以极具创意的节目构思，形式多样的节目内容，全方位、多角度展示了香河的经济社会大发展和香河人民的幸福生活，该期节目于 9 月 7 日在 CCTV-17 农业农村频道首播，反响热烈；以文化惠民为抓手，组织“舞动香河”广场舞大赛 50 余场次，在新城广场举办“美丽幸福新香河大家唱”文化惠民演出 18 场，用歌声、用舞蹈来歌颂新时代的幸福生活。9 月 26 日，在县青少年活动中心举行“我和我的祖国——辉煌七十年·筑梦新时代”迎国庆演讲比赛，比赛分小学组、中学组进行，来自全县各中小学的 28 名选手参赛。在比赛中，选手们紧紧围绕爱国主题，抒发爱国情怀，演讲内容积极向上，整个比赛过程精彩纷呈、掌声不断。10 月 1 日早上 8:00，香河县妇联携手清正和妇女微家共同举办“同心共筑中国梦·我与祖国共成长”祝福祖国 70 华诞亲子活动，30 余组家庭盛装出席，欢聚一起表达对祖国的热爱和对祖国母亲 70 华诞的美好祝福。

以“善行河北”主题道德实践活动为统揽，坚持“一周一主题”，组织全县近 90 个党政单位进 100 余个分包小区，开展“周末文明行动”志愿服务活动。让“奉献、友爱、互助、进步”的志愿精神深入人心。开展送好家规、好家训，送政策，送安全，送文化，送服务，送欢乐，送法规，送文明，送健康，送温暖“十送”主题活动，参与人数达 9000 余人。

组织公益演出，营造欢乐喜庆祥和的节日氛围。9 月 13 日，在国华影视基地举办“庆祝中华人民共和国成立 70 周年暨中秋佳节观光赏月慈善晚会”，来自全县各界的老干部代表、退役军人代表、劳动模范代表、道德模范代表、教师代表和优秀党务工作者、优秀共产党员、村党支部书记、村主任代表，以及福利院孤儿共计 200 余人观看了演出。9 月 27 日晚，香河县在新城公园文艺演出大舞台开展庆祝中华人民共和国成立 70 周年“祝福祖国·欢度国庆”专场文艺演出，为广大群众带去了节日的问候和祝福，让大家深刻地体会到了中华人民共和国成立 70 年以来国家所发生的巨大变化和取得的伟大成就，提升了群众的幸福感、获得感和自豪感。

围绕“我和我的祖国”主题，组织开展香河县庆祝中华人民共和国成立 70 周年《我和我的祖国》主题快闪活动，由广大青少年、各单位和公益团体、中老年人组成拍摄主体，各党政机关、职能部门、优秀企业的党员干部和群众近万人参与其中，传达了香河人民对家乡的情、对祖国的爱，通过荧屏网络，让无数人热泪盈眶，引发无数人与祖国同呼吸、共命运的深情共鸣。该片在香河融媒发布上线后，陆续被央视新闻移动网、人民日报客户端人民号、澎湃新闻、《河北日报》、网易新闻、今日头条、民生网、环京津新闻网等各大权威媒体转发，发布第一天，总点击量就突破百万，并通过推荐审核，成功登录中宣部学习强国平台。

### 精心打造社会公共环境

充分利用户外大屏幕、移动电子屏、建筑围挡、灯箱展板、道旗等宣传阵地广泛布设、刊登庆祝中华人民共和国成立 70 周年公益广告。全县共更新 30 余块广告电子屏，更新建筑围挡广告 5000 余平方米，更新灯箱展板广告 50 余处。大力推进文明村镇、文明单位、文明家庭、文明校园创建活动，各镇新增公益广告 800 余处，清理死角死面 80 余处，评选“五好家庭”和“十星级文明户”近 300 户。

（孙欣慰）

# 大事记

责任编辑　闫振春

## 1月

2日　在县消防大队办公楼四层会议室举行香河县消防救援大队授衔和换装仪式。

4日　中共中央、国务院对《北京城市副中心控制性详细规划（街区层面）（2016年至2035年）》的批复正式公布。其中，单设一章阐述北京城市副中心与河北省廊坊市“北三县”地区协同发展。发挥北京城市副中心对周边的辐射带动作用，实现北京市通州区与河北省廊坊市“北三县”地区统一规划、统一政策、统一标准、统一管制，促进协同发展。

8日　中共中央政治局委员、国务院副总理胡春华到大厂回族自治县（简称大厂县）调研并召开座谈会，县委书记李桂强、县长王文强赴大厂县参加座谈会。

9日　中国共产党香河县第十一届委员会第四次全体会议召开。县委书记李桂强代表县委常委会向大会作题为《以习近平新时代中国特色社会主义思想为统领坚定不移加快建设美丽幸福新香河》的工作报告。全会书面印发了《中共河北省委九届八次全会和中共廊坊市委六届六次全会精神传达提纲》，审议通过了《中国共产党香河县第十一届委员会第四次全体会议决议》。

9—10日　省医改考核组到香河县就2018年度医改工作进行考核，县长王文强，县委常委、政法委书记郭建永陪同考核。

11日　省委第十一巡视组组长孙进群到香河县就巡视整改工作进行督导检查，县委书记李桂强，县委常委、县委办公室主任田立军陪同检查。

13日　香河县在河北香河经济开发区天域九五公司召开“智慧电谷”项目考察座谈会，县委书记李桂强，县长王文强，县委常委、常务副县长齐建光出席会议。

14日　由中国动物疫病预防控制中心副主任吴晗带队的第六督查组到香河县就排查整治违法屠宰行为保障畜产品质量安全工作进行督导检查，县委书记李桂强、副县长刘雪艳陪同检查。

16—17日　中国人民政治协商会议香河县第九届委员会第三次会议在第一城福安宫召开。县委书记李桂强出席会议并讲话，县政协主席马文龙向大会做工作报告，县政协副主席苏宽向大会作提案工作报告，审议通过了《中国人民政治协商会议香河县第九届委员会第三次会议政治决议》。县委副书记、县长王文强，县委副书记张玉林，县人大常委会主任闫再兴等县委、县人大、县政府领导出席会议。

17—18日　香河县第十五届人民代表大会第三次会议在第一城国际会议中心召开。县委书记李桂强出席会议并讲话，县长王文强向大会作《政府工作报告》，县人大常委会主任闫再兴向大会作《香河县人大常委会工作报告》，会议审议通过了各项报告和香河县第十五届人民代表大会第三次会议社会建设委员会主任委员、副主任委员、委员正式人选名单。

18日　香河县召开2019年老干部情况通报会，与会老干部先后到县汽车站、便民服务中心、智慧城市指挥中心实地了解经济社会发展情况。县委书记李桂强、县长王文强等县领导出席。

是日　在县委县政府办公楼七层大会议室召开香河县基层党建工作述职会议，县委书记李桂强，县长王文强等县领导出席。

是日　香河县召开文化艺术精品奖表彰大会，表彰为全县文化艺术领域做出突出贡献的文艺工作者。县委书记李桂强出席会议并讲话，“香河县文化艺术精品奖”获奖人员代表王宏任、张玉清、邳万宇作典型发言。

19日　在县委县政府办公楼三层小会议室召开香河县运河文化公园规划设计工作汇报会，县委书记李桂强，县委常委、宣传部部长焦国强出席会议。

是日　河北省安全生产和消防工作考核督导组到香河县对2018年度安全生产工作进行考核督导，县长王文强做专题工作汇报，省考核组对香河县安全生产工作给予充分肯定。县委常委、常务副县长齐建光参加会议。

22日　以“文旅深度融合 乐享精彩河北”为主题的“2019河北文化和旅游发布会”活动在石家庄举行。发布会上，香河县荣获“2018河北优秀全域旅游创建单位”荣誉称号，香河县“水岸潮白田园综合体项目”获评河北旅发大会优秀新业态项目。

23日　2019年香河县少儿春节联欢晚会在县文化艺术中心剧场成功录制。

24日　新春佳节来临之际，县委副书记张玉林，县委常委、县人民武装部政委韩超，县委常委、政法委书记郭建永，县政协副主席盛泽良等县领导分别到香河县驻军、武警中队等单位进行走访慰问。

25日　香河县召开深化机构改革动员暨干部集体谈话会，全面贯彻中央和省、市机构改革精神，对香河县机构改革进行全面动员部署。县委书记李桂强出席会议并讲话，县长王文强主持会议，县委副书记张玉林就《香河县机构改革方案》进行了说明，县委常委、组织部部长王宏民宣布了《关于机构改革涉及干部任免职的决定》，县委常委、纪委书记、监委主任牛静就严肃机构改革工作纪律和干部廉政工作进行了集体谈话。

是日　以“改革开放40年　香河迈进新时代”为主题的“庆祝改革开放40周年暨2019年香河县春节联欢晚会”在中信国安第一城金色大厅成功录制。

是日　香河县在县文化艺术中心举办“书画运河 翰墨飘香”京津冀纪念改革开放40周年书画联展。

25—28日　随着香河县深化机构改革有序推进，全县10余家新组建和更名的机构揭牌，县委常委、组织部部长王宏民，县委常委、政法委书记郭建永，县委常委、常务副县长齐建光，县委常委、宣传部部长焦国强，副县长、县公安局局长吴海斌，副县长刘雪艳、闫明杰分别出席各自分管单位的揭牌仪式。

1月　在第四批全国法治县（市、区）创建活动先进单位评选活动中，香河县被全国普及法律工作办公室授予“全国法治县创建活动先进单位”荣誉称号，成为全市唯一获此殊荣的县。

## 2月

1日　新春佳节到来之际，县委书记李桂强、县长王文强等县四大班子领导到县融媒体中心、县环卫部门、县人民医院、县消防大队、县公安局巡特警大队、国网冀北电力有限公司香河县供电分公司，看望慰问节日期间坚守工作岗位的一线干部职工、公安干警，向他们致以节日的问候和新春祝福。

是日　北京卫生健康委党委委员、北京市中医管理局局长屠志涛到香河县人民医院对一线职工进行走访慰问，县委书记李桂强、县长王文强等县领导陪同慰问。

4 日　除夕夜，县委书记李桂强通过香河电视台发表新春致辞，通报 2018 年全县经济社会发展成果和 2019 年全县经济社会工作安排部署，并代表县委、县政府向全县父老乡亲、广大干部群众，向所有关心、支持香河发展的社会各界朋友，致以诚挚的问候和新春的祝福。

11 日　省、市先后召开开展“三深化、三提升”活动电视电话会议，县委书记李桂强、县长王文强等县四大班子领导在香河县分会场收听收看。就贯彻落实省、市会议精神，县委书记李桂强讲了具体意见。

17 日　“2019 年香河县元宵节联欢晚会暨春晚节目颁奖盛典”在文化艺术中心成功举行并录制，“晚会”在元宵节由香河电视台播出。

21 日　县委书记李桂强，县委副书记张玉林，县委常委、县委办公室主任田立军到蒋辛屯镇就打造省级美丽乡村示范片区工作进行工作调研。

25 日　香河县收听收看全市学习贯彻落实习近平总书记考察雄安新区和在京津冀协同发展座谈会上的重要讲话精神电视电话会议。会后，迅速贯彻落实，对相关工作进行安排部署，县委书记李桂强、县长王文强等四大班子领导在香河县分会场出席会议。

是日　县委书记李桂强，县委常委、县委办公室主任田立军先后到香河经济开发区新兴产业园韵达华北电商中心、机器人 3D 打印园、香河第一城酒业有限公司、富力新城社区就项目建设和安全生产工作进行调研。

26 日　北京市与河北省廊坊市“北三县”在大厂回族自治县举行项目推介洽谈会，洽谈会由北京市发展改革委（北京市京津冀协同办）、河北省发展改革委（河北省京津冀协同办）、廊坊市人民政府、通州区人民政府共同主办，香河县在洽谈会上签约项目 15 个。县委书记李桂强，县长王文强等县领导出席相关活动。

是日　在县委县政府办公楼三层小会议室召开香河县北运河生态综合整治工程汇报会，对北运河生态综合整治工程的预算调整、项目进展、文化元素植入设计等情况进行专题研究。县委书记李桂强，县长王文强等县领导出席会议。

28 日　召开香河县宣传思想工作会议，深入学习贯彻习近平新时代中国特色社会主义思想和党的十九大精神，传达贯彻中央和省市宣传部长会议精神，总结 2018 年工作，安排部署 2019 年全县宣传思想工作。

是日　香河县在县规划展馆报告厅举办大气环保执法培训会，国务院发展研究中心副所长常纪文应邀进行授课，各镇（社区）、园区及县大气环保各执法执纪负责人，重点企业负责人参加培训。

## 3 月

2 日　在第 56 个“学雷锋纪念日”来临之际，香河县在云天国际广场举办“学习雷锋好榜样”2019 年志愿服务活动启动仪式，旨在动员和凝聚更多社会力量参与到志愿服务中来，推动全县志愿服务工作常态化、制度化、社会化。

4 日　市委书记冯韶慧到蒋辛屯镇就人居环境和美丽乡村建设工作进行调研，县委书记李桂强，县委副书记张玉林，县委常委、县委办公室主任田立军陪同调研。

5 日　省农业农村厅副厅长马利民一行对香河县非洲猪瘟防控等农业农村重点工作进行包联督导，副县长刘雪艳陪同此次活动。

6 日　省委第六督查组组长赵增华一行到香河县开展督查工作，重点听取全国“两会”安保维稳、京津冀合作项目落实、一季度经济运行等工作情况汇报，并就相关工作开展情况进行实地走访，县委书记李桂强，县长王文强等县领导参加相关活动。

7 日　省委副书记赵一德到香河县蒋辛屯镇就人居环境整治工作进行调研，县委书记李桂强，县委常委、县委办公室主任田立军陪同调研。

是日　香河县召开庆“三八”表彰座谈会，表彰全县过去一年在各条战线做出突出贡献的优秀女性和先进妇女集体，并深入交流妇女工作经验。县委副书记张玉林出席会议。

11 日　国家生态环境部监督帮扶组到香河县就大气污染防治工作落实情况进行调研，县长王文强陪同调研。

12 日　副省长张古江一行到香河县就房地产市场运行情况进行调研，县委书记李桂强、县长王文强等县领导陪同调研。

是日　市委副书记、市政府副市长胡晓军到香河县就高新技术企业、科技型中小企业和科技企业孵化器发展情况进行调研，实地走访香河机器人小镇、凯华齿轮有限公司，县委副书记张玉林、副县长刘凤顺陪同调研。

15 日　香河县在县委广场举行“3·15”国际消费者权益日大型现场咨询活动。

16 日　香河县集中收听收看全省、全市传达学习贯彻全国“两会”精神领导干部会议，县委书记李桂强、县长王文强等县领导在香河县分会场收听收看。就学习贯彻落实全国“两会”精神，县委书记李桂强强调，要进一步统一思想、凝聚共识，切实增强学习贯彻全国“两会”精神的政治自觉、思想自觉和行动自觉，确保中央和省市各项决策部署在香河县落地落实。

17 日　在香河机器人小镇隆重举行全县重点项目集中开工现场会，机器人系统集成产业园、韵达电商产业基地等 12 个项目集中开工，项目涉及智能制造、商贸服务、民生保障等多个领域，总投资 51.4 亿元。县委书记李桂强等县领导出席活动。

22 日　中国共产党香河县第十一届纪律检查委员会第三次全体会议召开。县委书记李桂强出席会议并讲话，县委副书记、县长王文强主持第一阶段会议，县委常委、纪委书记、监委主任牛静代表县纪委常委会作工作报告。会议审议通过了《中国共产党香河县第十一届纪律检查委员会第三次全体会议决议》。

27 日　香河县举办“宏观经济形势暨京津冀协同发展”专题培训班，特邀北京大学经济研究所所长、教授、博士生导师睢国余现场辅导。县四大班子领导及乡科级干部 500 余人参加培训。

是日　“隆重献礼新中国成立 70 周年暨故宫 600 周年诞辰——《国器 2019》景泰蓝大龙罐全国首发式”在北京举行。该作品由中国工艺美术大师、亚太地区手工艺大师戴嘉林亲自督造，北京故宫文化服务中心出品，香河县景泰蓝（珐琅）制品厂制造。

29 日　香河县“履行义务植树，共建森林城市”2019 年春季义务植树活动在蒋辛屯镇举行。县委书记李桂强、县长王文强等县领导，与各镇（社区办）、园区、县直各单位及瑞盛公司的干部职工一起参加此次义务植树活动。

3 月　香河县融媒体中心官方微信平台“香河融媒发布”正式加入央视新闻移动网“全国百家县级融媒体中心智慧平台”，成为全市首家融入央视融媒体矩阵的县级融媒体。

# 4月

1日　香河县2019年质量强县和标准化战略工作会议召开，深入贯彻落实省市质量工作会议精神，安排部署全县质量强县和标准化战略工作。

是日　清明节来临之际，县委宣传部、县精神文明建设委员会办公室向广大城乡居民发出文明祭祀倡议书。倡议大家文明祭祀、绿色祭祀、节俭祭祀、安全祭祀，弘扬中华民族优秀传统文化，培育和践行社会主义核心价值观，深入推动移风易俗，树立文明新风，为建设美丽幸福新香河贡献自己的一份力量。

3日　县长王文强到安平镇对包联的香河百利铭泰包装有限公司、香河富强制品包装有限公司、河北华香清真肉类加工有限公司发展情况进行实地调研，深入落实“三深化、三提升”活动要求，并对安全生产工作进行督导检查。

是日　在县委县政府办公楼七层大会议室，召开全县农村“两委”主要干部党务村务“擂台赛”，县委常委、组织部部长王宏民，县委常委、副县长曾智豪出席会议。

4日　在县委县政府办公楼五层会议室，召开京唐铁路香河段征地拆迁工作动员会议，县长王文强、副县长刘凤顺参加会议。

8日　县委书记李桂强，县委常委、县委办公室主任田立军到新兴产业示范区就农业农村工作进行调研。

是日　县委书记李桂强，县委常委、县委办公室主任田立军到中意家居广场、顺隆家具广场、香河百川燃气销售有限公司就深入开展“三深化、三提升”活动进行走访调研。

9日　第三届中国·香河国际家具展览会暨国际家居文化节盛大开幕。大会主题为“‘俱'会香河，体验世界”，在开幕式上对香河家具城“2018年度十大影响力品牌”和“香河家具城五星级诚信商户”进行表彰。中国轻工业联合会党委副书记、亚洲家具联合会会长、中国家具协会理事长徐祥楠，县委书记李桂强、县长王文强等县领导和嘉宾出席开幕式。

11日　在县委县政府办公楼七层大会议室召开香河县第二批县管优秀专家和县域特色人才命名表彰会，集中命名19名县管优秀专家和8名县域特色人才，县委常委、组织部部长王宏民，县委常委、政法委书记郭建永出席会议。

12日　县长王文强到蒋辛屯镇北李庄村、河北吴村、梁家务村就污水处理项目建设情况和环首都地区高速公路两侧绿化工程建设情况进行实地督导。

13日　香河县在北京举办“承接非首都功能疏解 推进京津冀协同发展”招商恳谈会。中信国安集团有限公司党委书记、董事长夏桂兰，中国投资协会常务副会长王旭东，中国科学院理化技术研究所研究员、博士生导师、中科院院士周远，中国农畜产品进出口协会副会长兼秘书长徐小虎等200余位企业、商协会、科研院所代表应邀参加本次招商恳谈会。县委书记李桂强，县长王文强等县领导出席。

16日　在县委县政府办公楼三层大会议室，召开2018年度香河县落实全面从严治党主体责任、监督责任和党委廉政建设责任制情况专项检查工作反馈意见会议，县党政领导班子成员，县人大常委会主任、县政协主席出席会议。

17日　廊坊市农村人居环境整治工作观摩会暨扶贫开发和脱贫工作领导小组专题调度会在香河县召开。与会人员先后到蒋辛屯镇和刘宋镇就农村人居环境整治工作进行实地观摩，市委副书记、组织部部长李龙，副市长张秉舜出席会议。

19日　北京市发改委党组成员、北京市协同办副主任刘伯正一行，到香河县就推进洽谈会签约项目落地、统筹优化北京市通州区与廊坊市“北三县”人口结构布局、推动北京养老项目向廊坊市“北三县”延伸等工作进行实地调研，县长王文强，县委常委、常务副县长齐建光陪同调研。

22日　香河县在文化艺术中心举办“4·23”世界读书日暨“梦想从学习开始”系列活动启动仪式，标志着香河县全民阅读活动正式拉开序幕。

23日　香河县举行2019年“绿书签行动”签名倡议活动，以“护助少年儿童健康成长，拒绝有害出版物及信息”为主题，关心关爱少年儿童健康成长，引导青少年健康阅读、绿色阅读。

25日　省军区副司令员潘平一行到香河县就武装工作进行检查指导，县长王文强陪同检查。

是日　香河县2019年中小学生田径运动会开幕式在县第一中学隆重举行，来自全县中小学的480名运动员在为期3天的时间里展开激烈角逐。运动会各项目分别设有小学组、初中组、高中组，包括100米、400米、跳远、跳高等项目。

26日　在县规划馆一楼报告厅召开香河县“税银互联、助力民企”政税银企对接活动，县长王文强、副县长刘凤顺参加活动。

27日　“不忘初心展风采、青春谱写新时代”——香河县举行纪念“五四”运动100周年暨新中国成立70周年表彰文艺会演，对全县在经济社会发展中涌现的青年先进集体和个人进行表彰。

28日　河北省国防教育基地正规化建设观摩活动在香河国华影视基地举行。省军区副司令员朱世海，省委宣传部副部长、省电影局局长史建伟，市军分区司令员白文建，县委书记、县人武部党委第一书记李桂强等领导出席观摩活动。香河国华影视基地被命名为“河北省国防教育基地”，朱世海为国华影视基地授牌。

是日　香河县召开庆“五一”国际劳动节暨劳动模范座谈会，深刻领会习近平新时代中国特色社会主义思想的实质和内涵，充分发挥劳动模范的引领示范作用，激发劳动模范的干事创业热情，为建设美丽幸福新香河做出积极贡献。

29日　“我和我的祖国”——香河县庆祝中华人民共和国成立70周年歌咏比赛决赛在县文化艺术中心剧场拉开帷幕。20名入围选手用经典歌曲向新中国成立70周年献礼，比赛最终评选出冠军歌手奖、最佳歌手奖和优秀歌手奖。县融媒体中心对本次比赛进行全程网络直播。

30日　香河县在靓涌轩工艺品研发中心举办“京津冀著名艺术家进香河送文化下乡活动”启动仪式，县委书记李桂强，县委常委、宣传部部长焦国强出席活动。

## 5月

8日　香河县组织村“两委”主要干部党务、村务工作“擂台赛”实地评比，县委常委、组织部部长王宏民出席活动。

8—9日　省水利厅副厅长冯谦诚一行到香河县就水利工程汛前准备工作进行督导检查，县长王文强、副县长刘雪艳陪同检查。

15日　中共新华书店总店党委与中共香河县委共建“四力”教育实践活动基地启动仪式在香河县隆重举行，中国新闻出版研究院院长魏玉山，新华书店总店党委副书记、总经理茅院生，县委书记李桂强,县委副书记、县长王文强等领导出席启动仪式。茅院生、李桂强共同为“四力”教育实践活动基地揭牌，并签署“四力”教育实践活动共建协议。魏玉山应邀为新华书店总店和香河县各级干部授课。

是日　省政协党组成员、副主席孙瑞彬一行到香河县就“加强基层社会治理”课题进行实地考察,县长王文强、县政协主席马文龙等县领导陪同考察。

是日　在“国际家庭日”到来之际，全国妇联揭晓了999个2019年全国“最美家庭”，河北省妇联揭晓了100个2019年河北省“最美家庭”，香河县渠口镇石虎辛庄村李娜家庭分别荣获全国和河北省“最美家庭”荣誉称号。

16日　召开全县农村人居环境、高速沿线环境集中整治暨农村集体产权制度改革工作推进会议，对相关工作进行安排部署。

18日　2019年中国·廊坊国际经济贸易洽谈会举行廊坊市重点合作项目签约仪式，香河县有安基香河奢侈品物流项目、文化产业创新示范园、广蓉欧跨境贸易产业中心、新经济云数产业园、海产品冷链物流5个重点项目在会上签约。

20日　香河县在文化艺术中心剧场举办庆祝新中国成立70周年京津冀京东大鼓名家专场演出活动。

24日　召开香河县教育工作大会，全面深入贯彻落实习近平总书记在学校思想政治理论课教师座谈会上的讲话精神和国家、省、市教育大会精神，对全县教育工作及学校思想政治工作进行全面安排部署。县委书记李桂强、县长王文强等县领导出席会议。

24—26日　由河北省诗词协会主办的河北省诗教工作推进会议召开，香河县被授予“河北省诗词之县”荣誉称号，香河县五百户镇荣获“河北省诗词之镇”称号，香河县田各庄、西延寺村分别荣获“河北省诗词之村”称号，香河县第二中学荣获“河北省诗词之校”称号。

30日　在县委县政府办公楼七层大会议室召开香河县社区党组织书记党务居务“擂台赛”，县委常委、组织部部长王宏民出席活动。

是日　香河县2019年庆“六一”暨新时代好少年先进事迹发布会在城内第四小学举行，授予26名同学“香河县新时代好少年”称号，活动由县精神文明建设委员会办公室、县教育和体育局、共青团香河县委、县妇联、香河县关心下一代工作委员会共同举办。

31日　杭州天涯若比邻公司相关负责人到香河县进行投资考察，并举行紫云无界新经济产业园项目签约仪式，县委书记李桂强，县长王文强等县领导出席活动。

5月　香河县垃圾分类宣传教育基地建立并正式对外开放。该基地位于香城郦舍住宅小区一期西门南侧，由县环卫部门筹建，用科学性、知识性和趣味性相结合的展览内容和互动方式，让市民能够全面了解垃圾分类知识，推进垃圾分类工作进程。

## 6月

3日　河北省召开“不忘初心、牢记使命”主题教育动员部署会议，对相关工作进行动员部署。县委书记李桂强、县长王文强、县人大常委会主任闫再兴、县政协主席马文龙等县四大班子领导及市委第三督查组负责人在香河县分会场收听收看会议。

4日　在县委县政府办公楼三层大会议室召开香河县版权登记、软件正版化、“扫黄打非”工作推进会议，县委常委、宣传部部长焦国强出席会议。

6日　召开香河县推进高质量发展全面建成小康社会暨民营经济发展大会，贯彻落实省、市会议精神，对全县相关工作进行全面安排部署，对过去一年为香河经济社会发展做出突出贡献的优秀企业进行表彰。县委书记李桂强、县长王文强等县四大班子领导出席会议。

是日　在县文化艺术中心召开2019年香河县“四好”农村路建设推进会议，县四大班子领导参加会议。

是日　“2019廊坊文化旅游季 香河县京津冀中幡文化交流大赛”隆重启动，活动由廊坊市文化广电和旅游局、中共香河县委、香河县人民政府主办，中共香河县委宣传部、香河县文化广电和旅游局承办。

9 日　省长许勤到香河县就房地产去库存情况和廊坊市“北三县”与北京市通州区协同发展规划体系及规划实施情况进行调研，县委书记李桂强，县长王文强，县委常委、县委办公室主任田立军陪同调研。

11 日　举行“文明香河大讲堂”主题讲座，北京树宏心源教育创始人、培训师孙树宏应邀到香河以“弘扬正道、传承文明——弘扬并践行社会主义核心价值观”为题进行专题讲座。县委书记李桂强、县长王文强等县、镇、村三级干部 600 余人聆听讲座。

12 日　北京市协同办副主任崔松光会同北京市第 101 期局级领导干部进修班（京津冀协同发展专题）部分学员到香河县就促进廊坊市“北三县”与通州区公共服务共建共享有关工作进行调研，县委书记李桂强、县长王文强陪同调研。

13 日　县委书记李桂强到县第一中学，就加强学校思政教育工作与师生代表进行面对面交流座谈。李桂强强调，要全面落实习近平总书记在学校思想政治理论课教师座谈会上的讲话精神及省市县相关会议安排部署，以立德树人为根本任务，推进教育工作高质量发展。

18 日　2019 廊坊文化旅游季·首届香河大运河文化节暨 2019 香河荷花节及中信国安第一城第 16 届荷花节启动仪式在第一城举行。

20 日　县政府发布通告，从即日起至 12 月底，在京哈高速公路、首都地区环线高速公路香河段沿线地区环境开展集中清理整治活动。

25 日　香河县网络志愿者专题培训班开班，全县 500 余名网络志愿者参加此次培训活动。

27 日　举行“不忘初心·牢记使命”香河县庆祝中国共产党建党 98 周年暨“一先两优”颁奖典礼。县四大班子领导出席活动，并为受表彰的先进基层党组织、优秀党务工作者、优秀共产党员颁奖。县委书记李桂强带领全体党员重温入党誓词。

28 日　中国行政体制改革研究会执行局主席魏礼群一行到香河县就京津冀协同发展工作进行实地调研，县委书记李桂强、县长王文强等县领导陪同调研。

6 月　安平镇消防队、五百户镇消防队正式挂牌投勤。

6 月　2019 年香河县第三届 “县长杯”青少年足球赛在启航青少年足球俱乐部开赛，大赛由县教育和体育局主办，县足协协办，启航足球俱乐部承办。来自全县 24 所学校的 46 支球队参赛，北务屯小学获得小学男子组第一名，县城内第四小学获得小学女子组第一名，香河县第二中学包揽初中男子、女子组第一名。

## 7 月

1 日　市委副书记、市委组织部部长李龙到香河县慰问中华人民共和国成立前入党的老党员和生活困难党员，县委书记李桂强等县领导陪同慰问。

2 日　在县委县政府办公楼七层大会议室举行香河县“两不愁、三保障”大排查工作暨脱贫攻坚“擂台赛”。

4 日　在县委县政府办公楼七层大会议室召开香河县 2019 年防汛抗旱指挥部第一次全体会议，县委书记李桂强、县长王文强等县领导出席会议。

5 日　副市长张秉舜一行到香河县就河长制及水污染防治相关工作进行实地检查，县委书记李桂强、县长王文强等县领导陪同检查。

7 日　根据《中华人民共和国人民防空法》和《河北省人民政府办公厅 河北省军区司令部关于统一全省人民防空警报试鸣日的通知》等要求，县政府决定于 2019 年 7 月 7 日上午 10 时 00 分至 10 时 30 分在城区实施防空警报试鸣。

8 日　市委副书记、市委组织部部长李龙到香河县走访包联企业、检查指导防汛及安全生产工作，县委书记李桂强、县长王文强等县领导陪同检查。

10 日　香河县组织开展 2019 年防汛抢险实战演练，落实防汛工作安排，检验防汛救灾实战水平，进一步提高全县防汛抢险的应急快速反应能力。县长、县防汛抗旱指挥部指挥长王文强等县领导现场观摩、指导。

11—12 日　省委常委、常务副省长袁桐利到香河县就家具产业进行调研，县委书记李桂强、县长王文强等县领导陪同调研。

12 日　省军区政委李宁到香河县就民兵党建工作进行调研。

15 日　香河县召开县、镇、村三级干部政治性警示教育大会。县委书记李桂强出席会议并就全县开展政治性警示教育、落实中央八项规定精神、推动全面从严治党向基层延伸讲意见，县长王文强主持会议，县委常委、纪委书记、监委主任牛静通报了 2018 年以来县纪委监委查处的典型案例。

16 日　县政府全体会议暨廉政工作会议召开，总结上半年县政府工作，分析当前形势和存在问题，安排下半年重点工作，并就政府系统推进全面从严治党、加强党风廉政建设进行安排部署。县长王文强出席会议并讲话，县政府领导班子全体成员、市委第三督查组组长卢国民出席会议，县委常委、纪委书记、监委主任牛静出席第二阶段廉政工作会议并作培训讲话。

18 日　首届香河县文化和旅游产业发展大会新闻发布会在香河规划展览馆举行。来自京津冀 30 余家主流新闻媒体和网络新媒体记者、首届香河县文化和旅游产业发展大会筹备工作领导小组相关单位负责人及香河文化旅游企业代表参加发布会。首届香河县文化和旅游产业发展大会将于 8 月 12—13 日在中信国安第一城举行。

24—25 日　省“四好农村路”核查组到香河县就参评“四好农村路”国家示范县进行省级实地核查，县委书记李桂强、县长王文强等县领导陪同检查。

29 日　清晨，县委书记李桂强，县长王文强，县委副书记张玉林，县人大常委会主任闫再兴，县政协主席马文龙等县四大班子领导与全县广大干部群众 2000 余人汇聚新城公园，挥舞国旗，齐声高唱时代赞歌《我和我的祖国》，向中华人民共和国成立 70 周年献礼。

31 日　“八一”建军节来临之际，县委书记李桂强等县领导先后到县军队离休退休干部休养所、武警香河中队、香河驻军，看望慰问离退休老军人和驻香部队广大官兵，向他们致以节日的问候。

## 8 月

1 日　县委网络安全和信息化委员会第一次会议召开，深入传达学习贯彻习近平总书记关于网络强国的重要思想，认真落实全国、省、市相关会议精神，研究部署全县当前网信工作。县委书记、县委网络安全和信息化委员会主任李桂强主持会议并讲话。

是日　在中国人民解放军建军 92 周年之际，香河县“军旗飘扬·忠诚永恒”庆“八一”专场文艺晚会在新城公园举行。

4 日　中央电视台农业农村频道 CCTV-17《乡村大舞台》栏目走进香河，在中信国安第一城顺利完成现场录制。香河县的乡村艺人、达人纷纷登台献艺，以不同形式展示香河县的乡土文化和人文情怀。该期节目于 9 月 7 日在 CCTV-17 频道首播。

7 日　县委书记李桂强，县委常委、县委办公室主任田立军到钱旺镇就新民居回迁和平香线南延工程进行调研。

8 日　省广播电视局党组成员、副局长范红潮一行 6 人，到香河县融媒体中心就安全播出和融媒体运行等相关工作进行行业联合大检查，听取相关工作汇报，并实地视察了香河县融媒体中心建设情况，范红潮对香河县融媒体建设工作给予充分肯定。

9 日　中信国安集团总经理刘鑫一行到香河县就国安集团重组及项目安排进行沟通，县委书记李桂强出席。

12 日　首届香河县文化和旅游产业发展大会开幕式在中信国安第一城隆重举行。市委副书记、组织部部长李龙，原河北省旅游局纪检组长、监察专员高国明，县委书记李桂强、县长王文强、县人大常委会主任闫再兴，县政协主席马文龙等领导出席，京津冀各界领导嘉宾和旅游业从业者共计 600 余人参加开幕式。

是日　依托移动互联网前沿技术打造的全国首张大运河文化传播“云名片”—“千年文脉 •大运怀淑”在香河正式发布上线。扫一扫二维码，即可将香河及京杭大运河香河段的历史文化“尽收眼底”。

15 日　市委书记冯韶慧到香河县就项目建设、环境保护、信访等工作进行座谈，县委书记李桂强、县长王文强等县领导出席。

16 日　召开香河县家具城“二次创业”政企座谈会，深入贯彻落实“三深化、三提升”工作部署，搭建政企交流平台，推动全县家具产业转型升级。县委书记李桂强等县领导出席会议。

是日　香河县首届网络文化节拉开帷幕，活动以“文化 e 时代、网络更精彩”为主题，策划举办 16 项配套活动。

20 日　在县委县政府办公楼三层大会议室召开香河县农村人居环境整治暨农村土地确权、产权制度改革工作推进会议，县委书记李桂强、县长王文强等县领导出席会议。

22 日　政协香河县委员会在县文化艺术中心举办庆祝人民政协成立 70 周年主题书画展。县政协主席马文龙等领导出席活动开幕式。

23 日　县委书记李桂强、县长王文强赴北京城市副中心学习考察并在通州会议中心出席京津冀协同发展座谈会。

27 日　“通武廊”三地档案系统运河文化座谈会在香河县召开，县委书记李桂强，县委常委、县委办公室主任田立军，副县长刘雪艳出席相关活动。

30 日　香河县召开京唐城际铁路香河段建设工作调度会议，协调解决存在的困难和问题，加快推进工程建设进度。县长王文强出席会议。

8 月　由中共香河县委宣传部、香河县融媒体中心组织拍摄的《我和我的祖国》主题视频上线后，相继被央视新闻移动网、人民日报客户端人民号、河北日报、网易新闻、今日头条、澎湃新闻、民生网、环京津新闻网等各大权威媒体转发，引起广泛关注。8 月 21 日，成功登陆中宣部学习强国平台百灵炫版块。8 月 24 日，被学习强国河北学习平台采用发布。

8 月　香河县组织无偿献血活动，来自全县各界 1800 余人参与了无偿献血活动，创最高单日献血量 101700 毫升的纪录。

8 月　香河县组织全县各行各业近万人开展了共唱爱国歌曲《我和我的祖国》活动，深情表达对祖国的美好祝愿，向中华人民共和国成立 70 周年献礼。

## 9 月

2 日　香河县召开县委理论学习中心组集中学习扩大会议暨“不忘初心、牢记使命”主题教育培训。县委书记李桂强出席并讲话。中共中央党校马列哲学史教研室主任阮青教授应邀到香河以“不忘初心、牢记使命、担当作为”为主题进行讲解。县、镇、村三级干部500余人参加培训。

4日　8月“时代新人·河北好人”发布仪式暨道德模范与身边好人（廊坊·香河）现场交流活动在香河县文化艺术中心隆重举行。县委书记李桂强致辞；省委宣传部原副部长、省文明办原主任戴长江，市委副书记、副市长胡晓军，县委书记李桂强，县长王文强等领导共同为8月“时代新人·河北好人”揭榜；香河县李娜、彭开全、姜文云3人上榜。

6日　在县委县政府办公楼七层大会议室举办香河县“舆情应对处置培训班”，县四大班子领导及各镇（社区办）、园区和县直各部门主要负责人参加培训。

9日　香河县举行2019年第二次重点项目集体开工仪式，集中开工10个项目，总投资39.5亿元，涉及商务服务、生物科技、高端制造、民生保障、文化旅游等多个领域。市委副书记、组织部部长李龙，县委书记李桂强，县长王文强，县人大常委会主任闫再兴，县政协主席马文龙等领导出席活动。

10日　香河县举行2019年教师节庆祝暨表彰大会，对全县教育工作先进集体和个人进行表彰。县委书记李桂强，县长王文强，县人大常委会主任闫再兴，县政协主席马文龙等县领导出席会议并为获奖的先进集体和个人颁奖。

是日　香河县举行2019年新兵欢送大会。

11日　香河县召开“不忘初心、牢记使命”主题教育动员部署会议。县委书记李桂强作动员部署讲话，市委主题教育巡回指导组组长、市委党史研究室主任韩志宽出席会议并讲话，县长王文强主持会议，县委副书记张玉林，县政协主席马文龙等县领导出席会议，市委第三督查组组长卢国民应邀出席会议。

13日　香河县在国华影视基地举办“庆祝中华人民共和国成立70周年暨中秋佳节观光赏月慈善晚会”。

16日　香河县人民政府发布《关于香河县行政区内禁止放飞影响飞行安全的鸟类和其他物体的通告》，以确保庆祝中华人民共和国成立70周年国庆阅兵飞行活动安全。自2019年9月17日0时至10月1日24时，在香河县行政区域设置净空限制区，禁止放飞任何影响飞行安全的鸟类和其他物体。

是日　在县文化艺术中心举办香河县文物研究会成立大会暨庆祝中华人民共和国成立70周年——京津冀文物展。

17日　在县委县政府办公楼七层大会议室召开全县精准扶贫工作推进暨市督查精准扶贫脱贫整改情况发现问题整改“擂台赛”和城乡低保扩面提率工作会议。

18日　香河县融媒体中心正式取得中华人民共和国互联网新闻信息服务许可证，成为廊坊市首家县级具有从事互联网新闻信息服务业务资质的单位，是河北省首批获得此证的7家单位之一。

24日　香河县举办《理论大讲堂》主题讲座，邀请中国农业科学院教授梅方权到香河，就加强农业农村、卫生健康、教育和食品安全等方面内容进行专题讲座，县四大班子领导出席。

25日　县委书记李桂强慰问新中国成立前参加革命工作的离休老干部张志诚，并为其发放、佩戴庆祝中华人民共和国成立70周年纪念章。

26日　香河县庆祝中华人民共和国成立70周年主题收藏展开幕，本次收藏展藏品有钱币、票证、瓷器、书籍、字画、木艺和民俗杂项7大类。本次活动由县委宣传部、县文联、县文化广电和旅游局主办，县收藏家协会、县规划展览中心承办。

是日　“我和我的祖国——辉煌七十年 筑梦新时代”迎国庆演讲比赛在县青少年活动中心举行。来自全县各中小学的28名选手参赛。

27 日　在县职教中心体育场，举行香河县第三届全民运动会开幕式，县长王文强等领导出席。

29 日　香河县组织离退休老干部对“四好农村路”和“乡村振兴”建设成果进行参观，县委书记李桂强等县领导陪同参观。

是日　在县文化艺术中心，举办香河县庆祝中华人民共和国成立 70 周年主题书画摄影展开幕式。

9 月　香河县被国家卫生健康委、国家中医药局确定为全国紧密型县域医共体建设试点县。

9 月　河北香河经济开发区荣获第二批河北省战略性新兴产业示范基地（机器人）荣誉称号。

## 10 月

1 日　中华人民共和国成立 70 周年之际，县四大班子领导在县委广场参加升国旗仪式，并收听收看庆祝中华人民共和国成立 70 周年大会。

是日，就读于中华女子学院的香河姑娘宋煜枫，作为民兵方队的一员，参加庆祝中华人民共和国成立 70 周年阅兵；阅兵结束后，光荣加入中国人民解放军海军部队。

7 日　市委书记冯韶慧到香河县就京津冀协同发展，特别是廊坊市“北三县”与北京市通州区协同发展情况进行调研，县委书记李桂强，县长王文强，县委常委、县委办公室主任田立军陪同调研。

是日　在重阳节来临之际，香河县组织离退休老干部开展“庆祝新中国成立 70 周年 欢度老人节”系列主题活动，活动包括歌舞演出、书画展、门球等文体活动。

8日　中国中小城市发展战略研究院和国信中小城市指数研究院在《人民日报》刊发了《2019年中国中小城市高质量发展指数研究成果》，香河县荣登2019年度综合实力、绿色发展、投资潜力、科技创新、新型城镇化质量5个“全国百强县市”榜单，这也是香河县连续第4年跻身全国百强县市行列

15日　县委理论学习中心组成员赴北京参观庆祝中华人民共和国成立70周年大型成就展和中国人民抗日战争纪念馆。

是日　举行2019年度香河县公共住房公开摇号仪式，103户家庭喜获公共住房。

是日　河北省发展和改革委员会公布《河北省特色小镇创建类和培育类名单（2019）》，香河县机器人小镇、香河县健康小镇入选河北省创建类小镇名单。

16日　县委书记李桂强、副县长张锦山赴北京市发展和改革委员会，出席香河县委县政府与北京京津冀协同发展办公室对接座谈会。

17日　香河县组织全县党员干部集中观看现代评剧《焦裕禄》，引导全县广大党员干部坚定理想信念、提升党性修养，争做焦裕禄式的好党员、好干部，推动“不忘初心、牢记使命”主题教育深入开展。

21日　台湾中国统一联盟参访团李尚贤等一行32人就“现代农业、文化建设及区域发展”课题到香河县进行调研。

23日　县人民医院被省医改领导小组办公室命名为“2019年度河北省现代医院管理制度建设样板”，全省只有5家医疗单位获此殊荣，廊坊市仅此1家。

29日　香河县妇女第七次代表大会开幕，县委书记李桂强出席开幕式并讲话。

是日　市委副书记、组织部部长李龙到香河县慰问分包贫困户，调研主题教育示范点，听取主题教育开展情况汇报并讲主题教育专题党课，县委书记李桂强、县委副书记张玉林陪同。

是日，《香河年鉴（2018）》荣获第六届全

国地方志优秀成果县区级综合年鉴一等奖，全国仅28部县区级综合年鉴获得此奖。

31日　在县文化艺术中心，县委书记李桂强以“不忘来时之路，永葆初心之念，坚定前行之志，努力践行新时代共产党员的初心和使命”为题，为县、镇、村三级党员干部讲“不忘初心、牢记使命”主题教育专题党课。县长王文强主持专题党课。

10月　中华全国妇女联合会印发《关于表彰全国维护妇女儿童权益先进集体和先进个人的决定》（妇字〔2019〕38号），香河县五百户镇人民政府荣获“全国维护妇女儿童权益先进集体”荣誉称号。

## 11月

4日　香河经济开发区招商项目集中签约暨机器人大厦开工仪式在县城市规划展览中心举行。县委书记李桂强、县长王文强等县领导出席活动。

6日　京津冀大运河文化保护、传承、利用协同发展调研组到香河县就大运河文化带建设情况进行考察，县人大常委会主任闫再兴等县领导陪同考察。

6—7日　在全国推动“四好农村路”高质量发展现场会上，香河县被交通运输部、农业农村部和国务院扶贫办联合授予“四好农村路”全国示范县称号，是河北省获此殊荣的4个县（市）之一，是廊坊市首个也是唯一获此殊荣的县（市）。县长王文强代表香河县参会并领奖。

11日　县四大班子领导及各镇（社区办）、园区、县直各部门主要负责人在县委县政府办公楼七层大会议室集中收听收看中央宣讲团宣讲中共十九届四中全会精神报告会。

13日　香河县召开大运河旅游通航工作推进会议，建立大运河旅游通航工作机制，明确责任分工，安排部署相关工作。县委书记李桂强、县长王文强等领导出席会议。

14日　京津冀北运河旅游通航工作会议在香河县召开，县委书记李桂强，县委常委、常务副县长齐建光出席会议。

21日　在县委县政府办公楼七层大会议室，召开中共香河县委政协工作会议，县委书记李桂强出席会议并讲话，县委常委、县人大常委会主任、县政府和县政协班子成员出席会议。

是日　香河县召开新媒体工作会议，对全县优秀新媒体进行表彰，激发各单位加强新媒体建设的积极性，全面提升新媒体传播力、引导力、影响力、公信力，为建设美丽幸福新香河营造更好的舆论环境。

是日　中共香河县委办公室、香河县人民政府办公室发布通告，集中公布27家县直部门热线、专线、监督举报电话。旨在扎实开展“不忘初心、牢记使命”主题教育，密切联系群众，畅通民意渠道，及时了解掌握群众诉求，切实帮助群众排忧解难。

27日　香河县“冰雪运动进校园、助力冬奥会”工作推进会在县城内第四小学举行。

28日　河北省推动“四好农村路”高质量发展现场会在香河县召开。副省长张古江，省交通运输厅厅长单宝风，市委书记冯韶慧，副市长王凯军，县委书记李桂强等领导出席会议。李桂强代表香河县作典型发言，张古江对香河县“四好农村路”建设给予高度评价。

是日　首届香河县文化和旅游发展大会品牌推介暨大会成果展开幕。

11月　县第三幼儿园投资建设的机器人课程教室建成并正式投入使用，填补了香河县幼儿园机器人教育的空白，开启了幼儿创客教育项目的新课题。

## 12月

4日　在第6个“国家宪法日”到来之际，香河县组织28个县直部门联合开展“12·4”国家宪法日暨宪法宣传周集中宣传活动，普及宪法知识，弘扬宪法精神，维护宪法权威，营造出浓厚的宪法宣传社会氛围。

10日　县委书记李桂强等县领导到京唐铁路香河段施工现场进行调度，并在中铁三局项目部召开京唐铁路征迁工作调度会。

14日　“讲好香河故事，传播香河声音，我为香河文旅代言”宣讲员大赛在县文化艺术中心举行。

16日　河北省中医药学会第二届血栓病专业委员会第四次会议在香河县中医医院召开，本次会议由河北省中医药学会主办，河北省中医药学会血栓病专委会、香河县中医医院承办。来自北京天坛医院、北京阜外医院等医院的专家结合临床实际，通过病因、典型症状等方面明确诊断，讲解了心脑血管疾病中的相关知识，并解答了在临床中常见的问题。

18日　香河县“百乡、千校、百万人冰雪大联欢”活动暨2020年冰雪运动进校园活动启动仪式在县第二中学举行，此次冰雪运动进校园活动分为陆地冰壶班级对抗赛、旱地轮滑、冰球和滑雪机训练4个项目。

22日　香河县召开领导干部大会，市委组织部常务副部长李澎宣布市委关于香河县政府主要领导调整的决定，齐泽旭任中共香河县委委员、常委、副书记，提名为县政府县长候选人。县委书记李桂强主持会议并讲话，县委副书记齐泽旭作表态讲话。

26日　由县委宣传部、县文化广电和旅游局、县文联主办的“运河印象·京津冀书画展”在县规划展览中心开幕，本次书画展共展出京津冀三地书画作品100余幅。这些作品不仅展现了运河风貌，更体现了京津冀书画家们对运河文化的体悟和对运河文化的挖掘与传承。

31日　中国共产党香河县第十一届委员会第五次全体会议在县委县政府办公楼七层大会议室召开。县委书记李桂强代表县委常委会作题为《冲刺“十三五”、全面达小康，在推进高质量发展中建设美丽幸福新香河》工作报告。全会传达了省委九届十次全会和市委六届九次全会精神；全面总结2019年工作，安排部署2020年工作任务，听取和讨论了县委常委会工作报告；审议通过了《中国共产党香河县第十一届委员会第五次全体会议决议》。县委副书记、代县长齐泽旭等县领导出席。

12月　由县纠风办主办，县委宣传部、县融媒体中心联合推出的大型电视问政类节目《阳光问政》第一期节目在县融媒体中心演播大厅完成录制。《阳光问政》栏目从解决人民群众的操心事、烦心事和揪心事入手，以公众参与、反映民生、现场问政、社会监督的方式，采用面对面问政的形式，推动解决香河县人民群众关切的热点、难点问题和影响作风建设的焦点问题，搭建起政府和百姓沟通的桥梁。

（张建波　杨　波　孔庆军　魏　静）

# 香河概况

责任编辑　闫振春

## 综　述

香河县地处河北省中部偏东，廊坊市东北部，为海河流域冲积平原，背燕山而面渤海，临首都而依天津，素有“京畿明珠”之美誉。总面积448平方千米，县人民政府驻地淑阳镇。公路交通便捷，逐步形成以高速公路（京哈高速公路编号G1、首都地区环线高速公路编号G95）、国省道干线公路（京津公路编号G103、唐通公路编号G509、通武公路编号G230、平香线编号S274）为骨架，县乡公路为支脉，县镇相通、村街相连的网格化公路交通格局。县域为海河流域冲积平原，地势西北高东南低，最高点海拔15.9米，最低点海拔4.9米，自然坡降1/3000。县域属于大陆性季风气候，为暖温带半湿润气候区，四季分明，春、秋短，冬、夏长，冷暖干湿变化较大。春季少雨多风，夏季炎热多雨，秋季天高气爽，冬季寒冷干燥。香河县多年平均气温11.6℃，年极端最高气温40.7℃，极端最低气温-21.2℃，年平均降水量为580.8毫米，年均日照2651.5小时，占可照时数的60%，太阳年辐射总量5186.3兆焦耳/平方米，年均风速2.2米/秒，无霜期206天。县境四面环河，属海河水系。过境河流主要有北运河、潮白河，青龙湾河、引泃入潮河等。水资源均为淡水，基本属于中等富水区。香河县多年平均地表水资源量8002万立方米，地下水资源量7573万立方米，多年平均可利用水资源总量1.9762亿立方米。土地多为壤质土，厚而宜耕。农业林业等发达。域内野生植物品种约计200余种，野生动物有兔、鼠、雀、鹰、蛙、蛇等160余种。陶用黏土分布广泛，地热水资源丰富，较为适合开发利用。

优越的地理环境，丰富的自然资源，为县内各项事业的发展奠定了坚实的物质基础。

2019年是中华人民共和国成立70周年，也是保持定力、凝心聚力、接续奋斗，加快建设美丽幸福新香河的关键一年。一年来，面对困难挑战增多、各项任务繁重的严峻考验，面对规划管控、经济下行压力加大的特殊形势，香河县在县委、县政府的正确领导下，始终坚持以习近平新时代中国特色社会主义思想为统领，团结和依靠全县人民，聚焦打造“现代高端产业聚集区、功能完善首都卫星城、和谐幸福宜居新家园”，攻坚克难、担当作为，加快建设美丽幸福新香河，县域经济社会实现新的发展。财政收入完成64.2亿元，其中，一般公共预算收入完成38.4亿元，同比增长4.4%。地区生产总值同比增长5.1%，固定资产投资同比增长5%，规模以上工业增加值增长6%，社会消费品零售总额同比增长9.2%，城乡居民人均可支配收入分别增长8.4%和9.4%，各项指标稳中有升。香河县再次获评全国综合实力、投资潜力、科技创新、绿色发展和新型城镇化质量“5个百强县”并实现位次提升。

高质量发展平稳推进。项目建设成果喜人。聚焦京津、面向全国，制定全县战略性、分阶段、点对点承接方案，扎实开展专题招商、会展招商和产业链招商，“2·26”项目推介洽谈会上15个项目成功签约，总投资位居全市第一。成功举办“4·13”招商恳谈会，与北控置业、杭州天涯若比邻等多家企业达成合作意向，项目储备充足。全年新实施建设亿元以上项目54个，省市重点项目和集中开工项目均实现开工率、投资完成率两个“百分百”，韵达电商产业基地实现当年签约、当年开工、当年投产、当年纳税。机器人小镇、健康小镇入围全省特色小镇创建类名单。产业升级步伐加快。聚焦高端制造业和现代服务业，制定加快主导产业发展实施方案，精准施策，合力攻坚。西维尔、瑞达康等一批高新技术企业投产达效，智能制造产业集聚发展，香河经济开发区获评全省战略性新兴产业示范基地、高新技术产业发展先进园区。新桥影视特效基地三期工程主体完工，129家文化企业相继落户，现代服务业蓬勃发展，第三产业增加值占GDP比重超过50%。与省工业设计创新中心深度合作，制定家具产业振兴规划，召开家具城政企座谈会，明确“面向北京、搞好服务、提升业态、培树品牌”的发展思路，鼓励家具城二次创业、转型升级。全域旅游总体规划形成初步成果，智慧旅游系统在全市率先建成，水岸潮白田园综合体被评为省优新业态项目，获评国家AAA级景区。高水平举办首届文化旅游产业发展大会，“运河驿站·荷香香河”品牌影响力持续提升。科技创新成效显著。科技型中小企业成长、科技成果转化等创新工程深入实施，机器人科技企业孵化器项目、廊坊市“北三县”技术人才培养基地项目成功争列省科技计划项目，全县新增科技型中小企业94家、高新技术企业24家，6家企业成为省千家领军型企业。营商环境不断优化。深入推进“三深化三提升”活动，严格落实培育壮大实体经济扶持政策，实行县领导包联重点企业项目，组织开展政银企对接、涉企“五项服务”等系列活动，累计为20余名优秀人才解决落户问题，为19家企业提供担保贷款1.36亿元，100余个涉企难题得到有效解决。持续推进行政审批制度改革，企业开办时限压缩40%，全县企业总数首次破万，净增率居全市第一。

城乡面貌同步改观。基础设施不断完善。城区污水处理厂扩容提标、五一路景观亮化等工程竣工投入使用，20个老旧小区、26千米老旧管网完成改造，县委广场改造、渠口污水处理厂、矬口方沟雨污分流改造等项目加快实施，城市功能日益完善。京唐城铁香河段重要节点全部进场施工，香务线拓宽改造、新华大街西段维修等工程竣工通车，全年累计新改建公路120千米，香河县获评全市首个“四好”农村路全国示范县。城市管理更加规范。大力推进智慧城市建设，数字城管、智慧公交等15个系统完成接入，“三中心一平台”高效运行，城市管理智慧化、信息化水平不断提升。深入开展城区环境秩序整治，着力加强公民道德建设，培育文明风尚，省级文明县城创建成效显著，测评成绩在全省100个建制县中排名第五。镇村环境持续改善。深入实施农村人居环境整治，全年硬化穿村公路28千米，改厕1.5万座，新建镇级垃圾中转站11个，完成15个村街垃圾分类试点和30个村街污水治理，累计清理垃圾33.9万立方米，打造精品庭院7400余户、美丽庭院2.4万户，农村环境明显改观。镇区街路改造、绿化美化等工程加快推进，淑阳、安平、五百户、钳屯4镇再次入选“全国千强镇”。

生态质量持续改善。空气质量稳定向好。燃气锅炉氮氧化物治理、重点行业企业门禁视频联网等工作圆满完成，抑尘、清煤、控车等大气污染防治措施严格落实，“煤替代”工程安全运行，空气质量持续提升。全年综合指数 5.23，同比下降 3.86%；PM2.5 浓度 44 微克/立方米，同比下降 13.73%；优良天数 246 天，达标率 67.40%。各项指标均居全市前列。水体质量持续改善。“河长制”全面落实，累计开展巡河 2 万余次，处理解决问题 420 余处。河渠“清四乱”专项行动扎实推进，“一河一策”问题整改到位，共拆除违建、围网养殖 83 处，清理垃圾 6.1 万立方米，北运河、潮白河、青龙湾减河等主要河流达到地表水 V 类标准。土壤环境承载力稳步提升。开展化肥农药使用“零增长”行动，64 家养殖场粪污处理设施全部建成，规模养殖场废弃物资源化利用率达到 75%。运河文化带建设积极推进。制定《北运河廊坊段旅游通航规划》，完成 5 千米滨河步道修建，运河生态文化工程稳步实施，全国首个“大运河文化云名片”上线运行，京津冀中幡文化交流大赛等活动蓬勃开展，运河文化资源有效挖掘利用。造林绿化提标扩面。全年营林造林 2000 公顷（3 万亩），密涿高速廊道绿化、瑞盛千亩景观林等精品景观建成开放，潮白滨水公园启动建设，香河县顺利通过省级园林县城复查。

和谐大局更加巩固。社会事业协调发展。坚持办人民满意教育，以立德树人为根本，以提升教学品质为关键，大力发展教育事业，26 项教育重点工程竣工投入使用，2000 余万元教学装备充实一线，思政课建设全面加强，职业教育加快发展，香河一中一本上线人数突破千人大关，本科上线率达到 97.6%。医药卫生体制改革深入实施，钳屯、安头屯 2 所卫生院完成主体施工，114 所集体产权村卫生室完成修缮，293 名村医聘任进驻，香河县被确定为“全国紧密型医共体建设试点县”“全省深化县级公立医院综合改革示范县”“全省推进镇卫生院与村卫生室一体化管理试点县”。县人民医院被评为“省级现代医院管理制度建设样板”，管理模式在全国推广。276 个基层文化服务中心建成投入使用，“七进”文化惠民演出精彩纷呈，群众业余文化生活更加丰富。县融媒体中心获颁国家互联网新闻信息服务许可证，为全省首批、全市首家。香河县组织拍摄的《我和我的祖国》万人快闪被人民号、央视等多家媒体报道，并被“学习强国”平台发布。《香河年鉴（2018）》荣获第六届全国地方志优秀成果县级综合年鉴一等奖。民生保障不断加强。建档立卡贫困人口实现脱贫，临贫易贫重点人群防贫保险落实到位。民政事业服务中心综合楼新建、敬老院改造等工程建设完成，城乡低保标准由每人每月 600 元提高到 900 元，特困人员供养标准由每人每月 960 元提高到 1440 元，志愿服务、集中义诊、扶危救困等活动扎实开展，困难群众生活得到更多保障。严格落实各项优抚政策，设立关爱退役军人基金会，退役士兵社会保险接续如期完成。全年城镇新增就业人员 7300 余人，就业再就业工作保持全市前列。县城乡居民社保中心获评全国人社系统优质服务窗口先进集体。社会秩序持续向好。坚持“事要解决”，标本兼治，疏堵结合，全力攻坚涉房领域等突出信访问题，及时解决群众合理诉求，依法严厉打击恶意串访、以访施压、以访牟利行为，维护信访秩序。民族宗教政策宣传培训深入开展，少数民族特色村寨创建成效明显，民族宗教工作持续加强。强化信息网络管理，全县关键信息基础设施和信息网络系统安全运行。县、镇、村三级综治中心建设成果巩固拓展，智慧治理信息管理平台全面启动，社会治理现代化水平日益提升。严格落实安全生产责任制，深化大排查大整治攻坚行动，安全生产形势持续稳定。深入推进扫黑除恶专项斗争，全年破获涉恶案件 55 起，人民群众安全感不断提升。圆满完成全国“两会”、“一带一路”高峰论坛、中华人民共和国成立 70 周年大庆等重大安保任务，“平安香河”建设成效显著。同时，国防动员、档案等工作也取得了新成绩。

政务服务不断优化。以“不忘初心、牢记使命”主题教育为抓手，立足工作实际，聚焦主题主线，以正视问题的自觉、刀刃向内的勇气，全面检视不足，认真抓好整改，所列问题全部有效解决，政务服务效能进一步提升。突出政治建设。始终坚持以习近平新时代中国特色社会主义思想为统领，坚决贯彻落实中央和省、市、县委决策部署，确保各项措施落地落实。扎实开展县政府党组集中学习、专题培训、集中宣讲等学习活动，强化政治意识，严肃党内政治生活，政府系统广大党员干部进一步树牢“四个意识”，坚定“四个自信”，做到“两个维护”。强化改革创新。高效率完成政府机构改革，有效实现机构融合、队伍融合、工作融合、思想融合。制定《推进基础设施工程建设项目审批提速试行办法》《产业重点项目模拟审批暂行办法》，推动民兵训练基地、垃圾焚烧发电等民生项目启动建设。大力推行“互联网+政务”服务，实行一般事项“不见面”、复杂事项“一次办”，全年办理各类服务审批事项 40 余万件，群众满意度达 99.9%。勇于担当作为。以对发展、对历史、对群众负责的态度，深入开展“1+5”专项治理，累计拆除违法用地、违法建设、违章建筑 46 万平方米。为 1030 名在职教师一次性解决了工龄接续和养老保险补缴这个历史遗留问题，消除了广大教师的后顾之忧。坚持依法行政。立足建设法治政府，严格落实政府常务会学法制度，全力推进县、镇、村三级法律服务平台建设，自觉接受县人大、县政协和社会各界监督，人大代表建议和政协委员提案全部及时妥善办理。聚焦社会治安、环境保护、安全生产、食品药品安全等重点领域，健全完善监管机制，保持执法高压态势，政府工作规范化、法治化水平进一步提高。守牢廉政底线。严格落实政府系统全面从严治党主体责任，深入开展政治性警示教育，以案为鉴、警钟长鸣，不断筑牢拒腐防变的思想防线。深入开展群众身边腐败问题和作风问题专项整治等系列行动，建章立制、防微杜渐，为民务实清廉的政府形象更加深入人心。

## 地理与区划

**【地理位置】** 香河县位于北纬 39°37′—39°51′，东经 116°51′—117°12′，地处华北平原北部燕山南麓，位居河北省中部偏东，廊坊市东北部。东与天津市宝坻区毗连，南隔青龙湾河与天津市武清区相望，西与北京市通州区为邻，北与三河市、大厂回族自治县（以下简称大厂县）接壤。全境呈枫叶形，东西最长 25.5 千米，南北最宽 23.5 千米，县界总长 160.86 千米，总面积 448 平方千米。

县人民政府驻地淑阳镇，位于县境中部略偏西北，北运河之东，潮白河之西。县城距北京市中心 45 千米，距天津市中心 70 千米，距河北省会石家庄 386.2 千米，距廊坊市 52 千米。至宝坻城区 30 千米，至大厂县城 17.5 千米，至通州城区 35 千米，至武清城区 45 千米。

京哈高速公路（G1）横贯县域东西，设置香河北、香河东出口。首都地区环线高速公路（G95）穿过县域西北部蒋辛屯镇岭子、苍头、梁家务村，设置香河西出口。首都地区环线高速公路北三县段于 2016 年 12 月 6 日正式通车运营。2018 年 8 月 20 日，首都地区环线高速公路（除承平高速外）全线贯通。国道京津公路（G103）、唐通公路（G509）、通武线（G230）及省道平香线（S274）公路贯穿全境。

**【行政区划】** 2019 年，香河县辖淑阳镇、安平镇、五百户镇、刘宋镇、安头屯镇、渠口镇、蒋辛屯镇、钱旺镇、钳屯镇 9 个镇和河北香河经济开发区 1 个省级园区，共计 300 个行政村及新开、新绣、安抚、段庄、永泰、康宁、绣水、五一、新华、永兴、迎宾、城西、珠光、城北、永清、永胜、嘉园、兴济、汇文、民安、新城、正阳、安泰23个社区居民委员会。1月24日，按照《香河县机构改革实施方案》（香发〔2019〕2号）精神，撤销新开街道办事处、新华街道办事处，按原区划并入淑阳镇，撤销家具城管理委员会，将其职责并入淑阳镇。3月6日，成立新开街社区工作办公室、新华街社区工作办公室、平安街社区工作办公室。

## 2019年香河县行政区划一览表

表1

| 镇（社区办、园区） | 所辖行政村 | 所辖居民委员会 |
| --- | --- | --- |
| 淑阳镇（辖28个行政村） | 朱庄、大王庄、许台、杜屯、孟庄、郎庄、池套、前套、后套、大罗屯、小罗屯、前小屯、后小屯、赵庄、姬家止务、河南止务、河北止务、孙家止务、姚家止务、王家止务、宋家止务、凌家吴村、河南吴村、郭辛庄、赶水坝、金辛庄、娌口、计庄 | — |
| 新开街社区工作办公室（辖8个行政村、8个社区居民委员会） | 西南街、东南街、南台、阎乔各庄、安抚寨、周园、段乔各庄、前店子 | 新开、新绣、安抚、段庄、永泰、康宁、五一、绣水8个社区居民委员会 |
| 新华街社区工作办公室（辖8个行政村、11个社区居民委员会） | 白庙、胡庄子、万福辛庄、北岗子、刘庄、西北街、东北街、西店子 | 新华、永兴、迎宾、城西、珠光、城北、永清、永胜、嘉园、兴济、汇文11个社区居民委员会 |
| 安平镇（辖29个行政村） | 一街、二街、四街、后庄、东庄、扁城、赶古庄、谢屯、周庄、西贾庄、延福屯一村、延福屯二村、草沙河、成辛庄、小友垡、甘露寺、王家摆、谭庄、曹店、北太平庄、堡上、鲁家务、孙家务、王指挥庄、乔庄、三间房、枳根城、陈辛庄、高庄 | — |
| 平安街社区工作办公室（辖4个社区居民委员会） | | 民安、新城、正阳、安泰4个社区居民委员会 |
| 钳屯镇（辖19个行政村） | 红庙、茅草店、后家湾、二百户、起河屯、坨子、西延寺、前延寺、贾庄、窝头、钳屯、叶屯、尚店、张庄、池屯、赵屯、草寺、西刘庄、雀林院 | — |
| 五百户镇（辖43个行政村） | 土山、四百户、三百户、骡子王、南蔡庄、夏辛庄、兴隆庄、仉村、高辛庄、曹庄、黄营、五百户、西张庄、前马房、后马房、头百户、马各庄、六百户、八百户、九百户、十百户、孙小营、东七百户、西七百户、李庄、前土门楼、后土门楼、西王家务、吴打庄、邢家营、荒凌庄、东双街、南太平庄、香城屯、南周庄、南张庄、霍刘赵、田各庄、南石辛庄、香椿营、仓上、于辛庄、董家湾 | — |
| 刘宋镇（辖25个行政村） | 刘宋、东张庄、倪庄、马庄、程官屯、庆功台、王家务、八户、德辛庄、小刘庄、西太平庄、幞头屯、吴庄、尹庄、北村、北务屯、辛立屯、中营、刘庆庄、小陈庄、荆庄、大田、东王各庄、西王各庄、南孙家庄 | — |
| 安头屯镇（辖21个行政村） | 安一、安二、安三、安四、西口头、北口头、前口头、东口头、韩营庄、杨营庄、孙营庄、赵营庄、顾家屯、黄庄、东兴隆庄、东太平庄、商汪甸、前独立庄、后独立庄、大青庄务、小青庄务 | — |

续表 1

| 镇<br>（社区办、园区） | 所辖行政村 | 所辖居民委员会 |
|---|---|---|
| 渠口镇<br>（辖 48 个行政村） | 渠口、北渠口、金庄、许庄、王刘圈、邵庄、店子务、康庄、宣教寺、荣各庄、戴家阁、牛济河、小高坨、小河各庄、魏家滩、孙各庄、温庄、小圈、西梨园、东梨园、三岔口、卢庄、邱庄、韦各庄、高山庄、炭户庄、石虎辛庄、固庄、韩庄、躲各庄、窦庄、阎胡套、卸甲庄、黄沙务、蔡庄、谭家务、大鲁家口、东鲁家口、大七里庄、小七里庄、渔阳院、东魏各庄、西魏各庄、北张庄、西河头、唐屯、青寺、青户庄 | — |
| 钱旺镇<br>（辖 21 个行政村） | 土堡子、马房顶、北刘庄、袁庄、田贾庄、焦康庄、义井、达古庄、大高坨、袁官屯、大六王庄、小六王庄、大河各庄、富各庄、东马家窝、西大街、后大街、和平街、姜吴街、成自务、钱旺村 | — |
| 蒋辛屯镇<br>（辖 18 个行政村） | 王店子、苍头、岭子、梁家务、河北吴村、闻庄、北三百户、北六百户、北头百户、大窑上、杨簸箕庄、北李庄、北五百户、大马坊、小马坊、后场、小祁庄、蒋辛屯 | — |
| 河北香河经济开发区<br>新兴产业园（辖 17 个行政村） | 百家湾、前建各庄、后建各庄、王庄子、北四百户、小尹庄、挠子庄、祈羊店、姬庄、匠庄、小朱庄、前骆驼港、后骆驼港、双营、打鹤户、大荒庄、程辛庄 | — |
| 河北香河经济开发区<br>环保产业园（辖 15 个行政村） | 小店子、前彭家务、后彭家务、南王庄、南刘庄、黄院、前井亭、中井亭、后井亭、孙家庄、铁佛堂、石辛庄、庞营、东延寺、李辛庄 | — |

# 自然环境

## 【地质地貌】

### 地质

地层　根据中国地层区划，香河县属华北地层大区，东北部西马家窝至西延寺以东，后马房至荆庄以北属燕山分区唐山小区，其他部分属华北平原分区冀中小区。全县均为第四纪地层覆盖。

地质构造　香河县大地构造位置属华北地台区，横跨两个二级构造单元，后马房至荆庄以北属燕山台褶带，以南属淮河台向斜。

岩浆岩　香河县境内岩浆活动主要有两期：一为燕山期。以火山岩、火山碎屑岩为主，分布在大厂凹陷与武清凹陷中；在境东部宝坻凸起区，以煌斑岩脉侵入基岩中。二为喜山期。以安山玄武岩为主，夹在第三系地层中，分布在大厂凹陷区。

**地貌**　香河县地处华北平原北部燕山南麓，属冲洪积扇缘向冲积平原过渡的交接地。受北运河与潮白河影响，全境为海河流域冲积平原。地势西北高东南低，最高海拔 15.9 米，最低 4.9 米，自然坡降 1/3000，地势平坦。

地貌形态分两种类型：

山前冲洪积扇前缘地貌　位于香河县西马家窝至西延寺一线以西，大致以海拔 10 米等高线为界，为潮白河前冲洪积扇的前缘，地面高程 10—15.9 米，坡降 0.4‰左右，河道尚有微弱的侵蚀下切能力，呈现为地下河。

山前冲洪积扇前洼地地貌　位于西马家窝至西延寺一线以东，地面高程 4.9—10 米，坡降 0.2‰—0.3‰。河流以缓流淤积作用为主，形成一系列洼地和较厚的黏土层。河道易淤塞，呈现地上河。

因此在扇缘向冲积平原上，从水平到垂直，都表现出河流冲击的特点，低洼中心属于湖泊静水沉积物，质地黏重。全县地势西北高，东南低，海拔（黄海）高程 4.9—15.9 米，自然坡降 1/3000。西北部蒋辛屯镇高程 10—15.9 米，中部及北运河两岸高程 7—10 米，东部东南部的刘宋镇、渠口镇、安头屯镇东部，高程为 4.9—7 米。

**【气候】** 香河县属于大陆性季风气候，为暖温带半干旱半湿润气候区，具有四季分明，寒暑交错，春秋短、冬夏长，夏暑冬寒，温差较大，冷暖多变，干湿界限明显的气候特点。

**【气温】** 2019 年的平均气温为 12.7℃，较历年平均 12.1℃偏高 0.6℃；年极端最高气温 38.6℃，出现在 7 月 4 日，年极端最低气温-15.2℃，出现在 12 月 31 日。

**【降水】** 2019 年的降水量为 429.0 毫米，比历年平均 545.9 毫米偏少 116.9 毫米。

**【日照】** 2019 年的日照时数 2296.7 小时，比历年平均 2558.6 小时偏少 261.9 小时。

（赵春森）

**【水文 水系】** 水文包括水文地质、地上水和地下水。

水文地质。香河县地处潮白河冲洪积扇的中下游，地下水主要赋存于松散岩类孔隙水含水岩组中。松散岩类孔隙水含水岩组主要由第四系松散沉积物组成。根据成因类型可将第四系地层自上而下划分为四个含水组。

第Ⅰ含水组（全新统 Q4）：含水层组底板平缓，埋藏深度 30—40 米，局部 50—60 米，含水层厚度一般 5—10 米，局部大于 10 米，该层沉积较薄，颗粒较细。岩性以细砂、中细砂为主，单井单位出水量为 2.5—5 立方米/（小时·米），局部 5—10 立方米/（小时·米）。地下水水力特征为潜水。地下水矿化度一般小于 2 克/升。

第Ⅱ含水组（上更新统 Q3）：底板深度 140 米左右。含水层厚度 20—30 米，局部 30—50 米，含水层岩性以细砂及含砾中砂为主。单井单位涌水量 10 立方米/（小时·米）左右，矿化度一般小于 1 克/升。水力特征属微承压水。

第Ⅲ含水组（中更新统 Q2）：底板埋藏深度 300 米左右，含水层厚度一般 40—60 米，岩性以中砂、中细砂为主，单井单位出水量为 5—10 立方米/（小时·米）。地下水水质良好，矿化度小于 1 克/升。水力特征属承压水。

第Ⅳ含水组（下更新统 Q1）：底板埋藏深度 420 米左右，含水层厚度 40—60 米。岩性以中粗砂、细粉砂、粉砂为主，单井单位出水量为 5—10 立方米/（小时·米）。地下水水质良好，矿化度小于 1 克/升。水力特征属承压水。

地上水。香河县四面环河，地处海河流域中上游，属海河流域北三河水系，有潮白河、北运河水系，东部和北部为潮白河水系，西部和南部为北运河水系。

过境河流多，主要有潮白河、北运河、青龙湾减河、引泃入潮河等，年径流量为 5.9203 亿立方米，还有凤港减河、窝头河、牛牧屯引河等季节性河道。香河县境内河道建筑物共计 8 座，分别为潮白河吴村闸、引河牛牧屯闸、青龙湾土门楼闸、北运河木厂闸、北运河曹店橡胶坝及潮白河 1、2、3 号橡胶坝。引水口 4 处，设计引水能力为 36 立方米/秒，通过调度，曹店跌水橡胶坝可一次性拦蓄地上水 2180 万立方米，岭子、杨百庄、潮南进水闸、南刘庄四座引水闸年平均引水量达 5600 万立方米。

全县有干支渠 142 条，其中，干渠 26 条，总长 221.4 千米，支渠 116 条，全长 298.9 千米，干渠建筑物（闸）40 座。全县拥有国营扬水站 8 座，装机总容量 8375 千瓦，排水能力约 89.19 立方米/秒。万亩以上灌渠两个（潮南、潮北），设计灌溉面积 22333.33 公顷（33.5 万亩）。有深 2.5 米的坑塘 670 个，渠道坑塘蓄水能力 900 万立方米。有农村生活和生产机井 6173 眼，其中，深井 229 眼，主要用于城乡生活用水，浅井 5944 眼，主要用于农业灌溉和工业生产用水。

1. 潮白河

潮白河发源于承德市丰宁县、张家口市沽源县，上游由潮河、白河两大支流汇成。潮河发源于承德市丰宁县西黑山嘴，白河发源于张家口市坝上沽源县丹花岭，两河在密云水库下游河槽村汇流后，称潮白河。潮白河从蒋辛屯镇岭子村北进入香河县，流经香河县蒋辛屯、淑阳、钱旺、安头屯、渠口 5 个镇，通过潮白新河于渠口镇荣各庄村南进入天津市宝坻区，在宁车沽入永定新河入海，流向东南。该河是香河县主要行洪和供水河道，境内河道长 26.48 千米，流域面积 183.95 平方千米，防洪设计标准 20 年一遇，行洪能力 2850 立方米/秒，级别 2 级，河底纵坡吴村闸上 1/4000，吴村闸下至宝坻界 1/4500。左堤 26.485 千米，右堤 20.25 千米，堤顶硬化 46 千米。河流平均宽度 1475 米，最宽在淑阳镇赶水坝村 2500 米，最窄在钱旺镇达古庄村 450 米，堤顶宽度 8 米。

2. 北运河

北运河发源于北京市昌平区军都山居庸关附近，有大小支流数十条，主要有南沙河、北沙河、东沙河，3 条河流于昌平区的沙河闸处汇流。通州区北关闸以上称温榆河，以下称北运河。北关闸至土门楼枢纽区间又有通惠河、凉水河和凤港减河纳入。北运河由香河县安平镇鲁家务村西北入境，流经香河县安平、淑阳、钳屯、五百户 4 个镇，在木厂闸以下，沿香河、武清两县界到五百户镇双街村南出境，进入天津市武清区入永定河，从辛庄子桥入子牙河进海河入海，流向东南。北运河除汛期行洪外，平时主要为天津市输水河道，该河在香河县境内流程 20.378 千米，流域面积 237.52 平方千米，防洪设计标准 20 年一遇。行洪能力 1330 立方米/秒，级别 3 级。河道平均宽度 2125 米，扬洼闸至橡胶坝河道纵坡 1/14150，橡胶坝至木厂闸 1/15000。左堤长 23.808 千米，右堤长 8.289 千米，堤顶硬化 0.5 千米，堤顶平均宽度 8 米。为减轻北运河负担，在入境处赶水坝上游建有牛牧屯引河，汛期分泄北运河洪水至潮白河，出口处分为北运河和青龙湾减河。

3. 青龙湾减河

青龙湾减河是北运河的主要分洪河道，自香河县五百户镇土门楼闸起，沿香河县钳屯、五百户、刘宋等镇南部边界东流，于刘宋镇庆功台村扬水站东进入天津市武清区，至里自沽农场止。香河县境内河道长 18.2 千米，境内堤防总长度 23.69 千米，行洪能力 1330 立方米/秒，防洪设计标准 20 年一遇。

4. 引泃入潮河

引泃入潮河是为减轻泃河与蓟运河汛期行洪压力人工开挖的一条减河，引泃河水入潮白河，上起泃河的辛撞闸，下至宝坻区郭家庄，汇入潮白新河，从罗村渡槽进入香河县，于黄家集进入天津市宝坻区，香河县境内流程 7.885 千米，境内堤防总长度 15.77 千米，设计行洪能力 20 年一遇，行洪能力 830 立方米/秒。

地下水。香河县地处北三河下游平原潮白河冲洪积扇中下游区，水位地质条件相对简单，地下水全部为淡水。地下水水质良好，矿化度小于 1 克/升。香河县浅层水的天然水化学类型主要为碳酸盐类钠组 Ⅰ 型水，其中，东延寺为碳酸盐类钙组Ⅲ型水，淑阳镇为碳酸盐类钠组Ⅱ型水。年内水位的变化规律：浅层地下水埋藏浅，其动态年变化受降水和人工开采控制，年初至 3 月中旬为相对稳定期，此期开采量不大，地下水水位升幅很小；3 月中旬至 6 月中旬为春采水位下降期，农业灌溉集中开采，造成浅层地下水区域性水位下降，下降幅度因开采强度不同而异，5 月中旬至 6 月中旬，出现年最低水位；6 月中旬以后，由于降水量增加，开采量锐减，地下水得到降水的入渗补给，水位大幅度回升，8 月上旬至 9 月中旬，达到年最高水位；进入秋冬开采期，农业开采量相对较小，但仍使地下水位再度下降，11 月底秋冬采停止，地下水位回升进入相对稳定期。

（黄云龙　宋俊婷）

**【土壤】** 土壤包括土壤类型、质地、土壤肥力等基本要素。

香河县土壤类型受地貌类型影响，差异很大，有褐土类、潮土类和风砂土类。根据分布特点，北部主要是褐土，南部主要是潮土，沿河两岸分布有风砂土。

褐土类型（K）及其分布

香河县褐土面积 5000.03 公顷（75000.4 亩），占总土地的 11.55%，分布在香河县北部蒋辛屯镇和中部淑阳镇。其亚类有褐土亚类、潮褐土亚类、褐土性土亚类。

褐土亚类（K），面积为 18.77 公顷（281.6 亩），分布在冲积扇扇缘的突起部位。如蒋辛屯镇四百户村东部、淑阳镇北岗子村北部，以丘状或岗状存在，零星分布，群众称为黄土岗或黄土坡，比平地高 2—4 米，北岗子北部褐土被潮白河冲割呈壁立状。

潮褐土亚类（LK），在香河县分布面积为 3954.97 公顷（59324.5 亩），占总土壤面积的 9.13%，发育在褐土残丘周围洪积冲积物母质上，分布于香河县北部蒋辛屯镇和淑阳镇，地势平坦，高程在 10—15 米之间。

褐土性土亚类（MK），分布在北运河、潮白河、青龙湾两岸附近，以砂丘状存在，高出地面 3—4 米。面积为 1026.29 公顷（15394.3 亩），占总土壤面积的 2.37%。由于香河县以西北风为主，因此，在村庄的西北部和北部分布最多。如安平镇鲁家务、孙家务村北和淑阳镇大罗屯村北都有分布。

潮土类型（L）及其分布

潮土是香河县分布面积最大，耕性良好的主要土壤类型，总面积 38259.78 公顷（573896.7 亩），占总土壤面积的 88.38%，其亚类有潮土亚类、褐土化潮土亚类、盐化潮土亚类、沼泽化潮土亚类。分布在香河县东部、东南部和南部，等高线 5—10 米之间。

潮土亚类的类型及其分布

潮土亚类，总面积 35390.95 公顷（530864.3 亩），占总土壤面积的 81.75%。按土属分为砂质潮土、壤质潮土、黏质潮土和间层质地不同的土种类型。

砂质潮土（1 L）

砂质潮土又分为通体砂质潮土和砂质腰壤潮土两个土种。砂质潮土分布在香河县钱旺镇、安平镇和五百户镇的河流故道、河漫滩以及缓岗上，属于主流沉积物质。

壤质潮土（2L、3L、4L）

壤质潮土，包括砂壤质、轻壤质和中壤质潮土，以及间层质地不同的土种类型。壤质潮土分布在缓岗与洼地之间的二坡地上，属于漫流沉积物质。香河县分布面积较大的有安平镇、五百户镇、安头屯镇、刘宋镇、钱旺镇和渠口镇。

黏质潮土（5L）

黏质潮土，包括重壤以上质地的土壤。粘质潮土属于河流泛滥时的静水沉积物质，分布在离河较远的洼地上，如淑阳镇的东南部，渠口镇的南部，以及蒋辛屯镇东部的交接洼地上都有分布。

褐土化潮土亚类（KL）的土壤类型及其分布

褐土化潮土在香河县的面积为 1718.71 公顷（25780.7 亩），占总土壤面积的 3.97%. 香河县褐潮土分布为砂壤质褐土化潮土（2KL），砂壤质底黏褐土化潮土（2/4cKL），轻壤质褐土化潮土（3KL），以及轻壤质底黏褐土化潮土（3/4c KL）。

褐潮土分布在冲积平原上的缓岗下部、准缓岗以及褐土性土的周围。褐潮土所处的地形部位地势较高，排水良好，地下水 2—3 米之间，上部土层逐渐脱离地下水影响，向地带性褐土方向发展，发育程度微弱，仍属于潮土，主要分布在安平镇、钳屯镇和渠口镇。

盐化潮土亚类（SL）的土壤类型及其分布

香河县盐化潮土均属于次生盐渍化潮土，以硫酸盐含量为主。面积为 1085.09 公顷（16276.3 亩），占总土壤面积的 2.51%。根据质地，又分为轻壤质、中壤质、黏质盐化潮土以及土体中间层质地不同的盐化潮土。

盐化潮土分布在香河县低洼中心周围，如安头屯镇东部、刘宋镇东北部、潮白河两岸。分布特点以带状或片状分布。

沼泽化潮土亚类（GL）的土壤类型及其分布

沼泽化潮土在香河县面积很小，只有 65.03 公顷（975.4 亩），占总土壤面积的 0.15%，以黏质中度沼泽化潮土为主。主要分布故河道、河流决口的槽状洼地上。如蒋辛屯镇前建各庄东南部，鹳池河南侧洼地，渠口镇窝头河的故河道上。

风砂土（E）类型及其分布

香河县风砂土类，只有一个土属——砂质风积物，以流动、半流动砂丘存在。全县风砂土面积 30.59 公顷（458.9 亩），占总土地面积的 0.07%。分布在潮白河、运河两侧。风砂土类利用不充分，尚需防风固砂。在香河县沿河两侧都有分布，如淑阳镇、安平镇、五百户镇和钱旺镇。

## 2019年香河县土壤类型分布统计表

表2

| 土 类 | 亚 类 | 面积（公顷） | 占总面积% | 分 布 特 点 |
|---|---|---|---|---|
| 褐 土 | 褐土 | 18.77（281.6 亩） | 0.05 | 洪积冲积扇平原，10 米等高线以上，分布在香河县北部的蒋辛屯镇，中部的淑阳镇 |
| | 潮褐土 | 3954.97（59324.5 亩） | 9.13 | |
| | 褐土性土 | 1026.29（15394.3 亩） | 2.37 | |
| | 合 计 | 5000.03（75000.4 亩） | 11.55 | |
| 潮 土 | 潮土 | 35390.95（530864.3 亩） | 81.75 | 分布在潮白河、运河、青龙湾河冲积形成的冲积平原上，包括西部安平镇、中部钱旺、钳屯镇，淑阳镇一部分，东部渠口镇，南部五百户镇、安头屯镇和刘宋镇 |
| | 褐土化潮土 | 1718.71（25780.7 亩） | 3.97 | |
| | 盐化潮土 | 1085.09（16276.3 亩） | 2.51 | |
| | 沼泽化潮土 | 65.03（975.4 亩） | 0.15 | |
| | 合 计 | 38259.78（573896.7 亩） | 88.38 | |
| 风砂土 | 风砂土 | 30.59（458.9 亩） | 0.07 | 分布在近河两侧 |
| 共 计 | | 43290.4（649356 亩） | 100 | — |

土壤质地。土壤土质按五级划分，即砂土、砂壤、轻壤、中壤、黏土（重壤以上）。砂质土共计 1263.7 公顷（1.89554 万亩），砂壤土 8771.4 公顷（13.15711 万亩），壤质土（包括轻壤和中壤）31776.5 公顷（47.66477 万亩），黏质土 1478.8 公顷（2.21818 万亩）。

根据香河县农业农村局 2019 年 7 月 25 日编制的《香河县 2018—2019 年耕地质量等级评价》可知，香河县耕地综合评价指数在 0.81614—0.928457 范围内。按照河北省耕地质量 10 等地划分标准，将香河县耕地划分为3、4、5、6四个等级。

通过加权平均求得香河县的耕地质量平均等级为3.7。

评价结果显示：香河县3、4、5、6等地面积分别为12180.13公顷（18.27万亩）、11040.79公顷（16.56万亩）、2742.35公顷（4.11万亩）、710.6公顷（1.07万亩），分别占全县总耕地面积的45.66%、41.39%、10.28%、2.66%。

土壤肥力。根据香河县农业农村局2019年12月编制的《香河县2018−2019年度耕地质量监测工作情况》可知，耕地质量监测是实施耕地质量保护和地力建设的一项公益性和长期性的基础性工作，为了推进耕地质量建设与管理工作，对耕地质量实施动态监测，建立耕地质量监测长效机制，完善本行政区域耕地质量监测网络。香河县按要求安排4个耕地质量监测点：前马房村131024-01和成自务村131024-02、西大街村131024-01辅和蠛头屯村131024-02辅。在辅助监测点设置原则与现有监测点设置原则一致。类型条件基本相同，原则上不在同一乡镇，种植制度为小麦--玉米轮作方式。

### 监测点土壤养分状况与变化趋势分析

土壤有机质

土壤有机质是土壤肥力的核心，是衡量耕地肥力高低的一个重要指标。它不但使土壤具有保肥力和缓冲性，还能使土壤疏松和形成团粒结构，改善土壤物理性状。土壤耕作性、保肥性、供肥性等各方面都与有机质密切相关。定位取土点土壤有机质2018年为18.21克/千克，2019年为18.11克/千克（2017年平均含量为14.77克/千克），从定位监测点看耕层土壤有机质含量基本稳定，这与近年来加大秸秆还田力度有相当关系。

土壤全氮

土壤全氮代表着土壤氮素的总贮量和供氮潜力，土壤氮素绝大部分来自有机质，两者正相关，也是耕地肥力的主要指标之一。全县定位取土点2018年土壤全氮平均含量为1.1克/千克，2019年为1.19克/千克，增加了0.09克/千克，土壤全氮稳中上升。

土壤有效磷

土壤有效磷是土壤中能被植物吸收利用的磷，是土壤磷素养分供应水平高低的指标，一定程度反映出土壤中磷素的贮量和供应能力。定位取土点2018年土壤有效磷平均含量为53.8毫克/千克，2019年平均含量为68毫克/千克。从这两年定位监测可以看出土壤有效磷含量总体呈上升趋势。

土壤速效钾

钾是肥料三要素之一，能提高作物产量改善作物品质。速效钾包括水溶性钾和交换性钾，能很快被植物吸收利用。全县定位取土点2018年土壤速效钾平均含量为116毫克/千克，2019年平均含量为163毫克/千克（第二次土壤普查土壤速效钾127.65毫克/千克）。随着全县大力实施测土配方施肥，香河县监测点土壤速效钾含量水平有很大程度的提高。

土壤缓效钾

缓效钾是速效钾的主要储备仓库，可以反映出土壤供钾潜力指标。据全县定位取土点监测，2018年土壤缓效钾平均含量893毫克/千克，2019年土壤缓效钾平均含量1039毫克/千克，增加146毫克/千克。

土壤酸碱度

土壤pH对土壤肥力及植物生长影响较大，对养分的有效性影响也较大，在农业生产中应注意土壤的酸碱度，积极采取措施加以调节。全县定位取土点2018年土壤pH平均为7.8，2019年土壤酸碱度平均值是7.8,县域土壤的酸碱度基本保持稳定。

2019年香河县耕地每千克土壤养分含量表

表3

| 年份 | 有机质 | 全　氮 | 有效磷 | 速效磷 | 缓效钾 | 酸碱度 pH 值 |
|---|---|---|---|---|---|---|
| 2018 | 18.21 克 | 1.10 克 | 53.8 毫克 | 116 毫克 | 893 毫克 | 7.8 |
| 2019 | 18.11 克 | 1.19 克 | 68　毫克 | 163 毫克 | 1039 毫克 | 7.8 |

### 存在的主要问题

施肥结构不尽合理。

虽然近年来大力推广测土配方施肥技术，但随着作物单产和生物产量持续提高，而大量带走土壤中养分，加上投肥水平、结构和比例还不尽合理，有机肥投入较少，土壤磷钾肥虽有一定程度的增加，但离平衡配套施肥投肥要求还有一定差距。

长年旋耕，深耕深松面积不大，土壤耕层逐渐变浅、犁底层加厚的现象需要改观。

长年进行旋耕机械作业，土壤耕层逐渐变浅，土壤主要养分含量增长不均衡，土壤肥力提高的速度还不能满足作物高产优质对耕地质量的新要求。近年来，作物单产的提高速度很快，高产更高产，优质更优质，对土壤肥力的要求越来越高，建议加大深耕深松补贴力度，扩大深耕面积，加深耕层，打破犁底层，提升耕地内在质量。

增施有机肥料，培肥地力。

有机肥料富含有机物质和作物所需的各种养分，不但能提高产量、改善品质，而且能激活微生物活性，活化土壤养分，改善和提高土壤肥力，具有化肥不可替代的作用。因此，应加快畜禽粪便等农业废弃物无害化处理和资源化利用，促进商品有机肥推广应用，减少化肥使用量，在果蔬区推行有机肥替代化肥，提高果品品质，培肥耕地地力。

（陈淑伶　苏绍辉）

## 自然资源

【概况】　香河县自然资源丰富，2019 年，全县土地总面积 44800 公顷（67.2 万亩）。县域内多年平均地表水资源量 8002 万立方米，地下水资源量 7573 万立方米。(《香河县水资源评价 2016》) 域内野生植物品种约计 200 余种，野生动物有 160 余种，县内地热水资源丰富，较为适合开发利用。

【土地资源】　2019 年，全县土地总面积 44800 公顷（67.2 万亩）。其中，耕地 25993.33 公顷（38.99 万亩），园地 26.67 公顷（0.04 万亩），林地 900 公顷(1.35 万亩)，草地 273.33 公顷(0.41 万亩），城镇村及工矿用地 11473.33 公顷（17.21 万亩），交通运输用地 1906.67 公顷(2.86 万亩)，水域及水利设施用地 3860 公顷（5.79 万亩），其他土地 366.67 公顷（0.55 万亩）。其中，农用地 29846.67 公顷(44.77 万亩)，占总面积的 66.62%；建设用地 13226.67 公顷（19.84 万亩），占总面积的 29.52%；未利用地 1726,67 公顷(2.59 万亩)，占总面积的 3.86%。农用地中，耕地 25993.33 公顷（38.99 万亩），占农用地总面积的 87.09%；园地 26.67 公顷（0.04 万亩），占农用地总面积的 0.09%；林地 900 公顷（1.35 万亩），占农用地总面积的 3.01%；其他农用地 2926.67 公顷(4.39 万亩），占农用地总面积的 9.81%；建设用地中，公路用地 973.33 公顷（1.46 万亩），占建设用地总面积的 7.36%；水工建筑用地 780 公顷（1.17 万亩），占建设用地总面积的 5.90%；建制镇 2266.67 公顷（3.4 万亩），占建设用地总面积的 17.14%；村庄 8633.33 公顷（12.95 万亩），占建设用地总面积的 65.27%；采矿用地 206.67 公顷（0.31 万亩），占建设用地总面积的 1.56%；风景名胜及特殊用地 366.67 公顷（0.55 万亩），占建设用地总面积的 2.77%；未利用地中，河流水面 753.33 公顷（1.13 万亩），占未利用地总面积的 43.63%；内陆滩涂 700 公顷（1.05 万亩），占未利用地总面积的 40.54%；其他草地 273.33 公顷（0.41 万亩），占未利用地总面积的 15.83%。

（张　厦）

**【水资源】** 香河县多年平均地表水资源量 8002 万立方米，地下水资源量 7573 万立方米。(《香河县水资源评价 2016》)

2017 年，用水总量 10974 万立方米（指标 12907 万立方米），其中，地下水用水量 4300 万立方米（指标 4361 万立方米），年平均浅层地下水埋深 7.18 米，深层地下水埋深 30.88 米。

2018 年，用水总量 11230 万立方米（指标 12960 万立方米），其中，地下水用水量 3750 万立方米（指标 4252 万立方米），年平均浅层地下水埋深 6.6 米，深层地下水埋深 31.57 米。

香河县农业用水定额 303 立方米/亩·年。以电折水系数为 5.6（1 千瓦时电 5.6 吨水）。

2019 年，用水总量 11057 万立方米（指标 13018），其中，地下水用水量 3712 万立方米（指标 4118），年平均浅层地下水埋深 7.12 米，深层地下水埋深 38.66 米。

（黄云龙　宋俊婷）

**【地热资源】** 经香河县国土资源局于 2016 年委托廊坊市新源地热技术研究所对香河县多地块勘察发现，香河县地热水资源丰富，较为适合开发利用。可开发利用水层为中上元古界蓟县系雾迷山组热储层、古生界奥陶系—寒武系热储层、新近系馆陶组热储层，开采深度 2000—4500 米不等，出水温度 60—90℃不等。具体数值根据地块不同有所变化。

根据石油部门地震勘探及区域地热勘查资料，香河县自上而下有价值的热储层及其特征简述如下：

新近系热储明化镇组热储。新近系热储明化镇组热储层是大厂断凹广泛分布的热储层。岩性特征由上至下由细变粗，主要为白色砂岩与紫红色泥岩互层，下部为粗砂岩，底部为砂砾岩。热储层厚度 89—278 米；砂厚比 26.3%—73.8%；单层砂层最大厚度 31—45 米；孔隙度 26%—30%，热储中部温度 40—81.1℃。单井涌水量 1000—1800 立方米/天，井口水温 45—76℃，矿化度 2.122—3.352 克/升，水化学类型 $HCO_3$-Na 和 $HCO_3$-$C_l$-Na 型，pH 值 7.2—8.4。富水性好，但埋藏较浅，地温较低，一般不作为热储层开发。

寒武—奥陶系裂隙岩溶热储。区内寒武—奥陶系地层，主要分布于开滦台凹的北部、大厂断凹西北部，被新生界地层直接覆盖。顶板埋深一般 710—2300 米、底板埋深 1333—3000 米。热储层主要为奥陶系的马家沟组、亮甲山组、冶里组及寒武系府君山组构成，主要岩性为灰岩、白云质灰岩、鲕状灰岩。热储层因所处的构造位置不同，其裂隙发育差别较大，临近断裂的比远离断裂的其裂隙、溶隙发育好。区内热储厚度 7.5—426 米，热储中部温度 25—38℃，单井一般涌水量 960—1890 立方米/天，井口水温 30℃左右，矿化度 2.06—7.612 克/升。香河境内一般不作为有效热储层进行开发。

蓟县系热储。蓟县系热储层为区域性热储层，岩性为白云岩，性硬脆，裂隙缝洞发育，富水性好。据大厂断凹夏热 1 井地热井资料统计，储水层主要为雾迷山组裂隙岩溶热水。井深 3150 米，成井段 2311－2956 米，单井涌水量 960 立方米/天，井口水温 62℃，水化学类型为 $HCO_3$-Na 型，矿化度 0.667 克/升，总硬度 83 毫克/升，含氟 9.6 毫克/升，偏硅酸 40.66 毫克/升，偏硼酸 5.0 毫克/升。水中含有多种对人体有益的微量元素，是很好的浴疗用水。依据区域上该热储地热水开发利用经验，可作为医疗矿水用于医疗和休闲度假业的开发，也可用于地板采暖和种养植业等供热之需求。含水层的利用段应定位在 3000－3500 米。

（马冬伟）

**【生物资源】** 生物资源包括野生植物、野生动物。

野生植物。县域内植物种类较丰富，多为人工栽培，野生植物较少。据初步调查有木本植物 38 科 140 余种，其中，乔木 17 科 80 余种，落叶乔木主要有国槐、刺槐、青桐、银杏、合欢、臭椿、栾树、火炬、垂柳、毛白杨、小叶杨、速生杨、金枝槐、香花槐、核桃等树种；常绿乔木有油松、雪松、樟子松、侧柏、桧柏等树种。花灌木 14 科 40 余种，主要有绣线菊、榛子、锦带、迎春、红叶小檗、沙地柏、平枝荀子、连翘等。草本植物主要是禾本科、菊科、蔷薇科、毛茛科、莎草科等。主要常见杂草种类有：越年生杂草主要有荠菜，播娘蒿、芦苇；一年生杂草主要有藜、灰菜、打碗花、麦家公、刺儿菜、马唐草、苋菜、牛筋草、铁苋菜、马齿苋、狗尾草、反枝苋、泥胡菜、离子草、苘麻、稗草、田旋花、车前草、香附子、鸭跖草、苣荬菜、猪殃殃、蒲公英等。禾本科杂草主要是雀麦、节节麦。香河县野生植物品种约计 200 余种，其中，被子植物品种最多，达 150 余种。蕨类（节节草）、裸子类（银杏）、苔藓类（墙藓、地藓）、藻类（水绵、小球藻）、菌类（木耳、蘑菇）等有 20 余种。植被类型：按《中国植被》分类系统，香河公园内地带性植被类型有落叶阔叶林、灌草丛。

野生动物。县域内野生动物有 160 余种，具有较高观赏、保护价值的有白鹭、苍鹭等，它们春季从南方飞来，筑巢繁衍。经常出没于湿地、湖面，时而展翅飞翔，时而捕食嬉戏，引来众多游人驻足观赏。县域内生态环境良好，植被类型多样，生长茂密，植被覆盖率在 90%以上，为动物的繁衍生息创造了条件。经不完全调查，县域内野生动物有兽类 7 种，禽类 34 种，鳞类 19 种，介类 8 种，虫类 25 种。其中，兽类有狗獾、野兔、田鼠、仓鼠、蝙蝠、狸子、黄鼬、刺猬等，主要分布在草木较深的林地。鸟类有苍鹭、白鹭、野鸭、啄木鸟、猫头鹰、乌鸦、喜鹊、灰喜鹊、燕子、布谷鸟、麻雀、百灵、黄鹂、画眉等，种群较多，正常游览时间可闻可见。特别是每年的春夏秋季节，可见成群的苍鹭、白鹭，时而盘旋水面，时而栖息沼泽。爬行类有蜥、蛇、蜥蜴、壁虎、龟、鳖等。两栖类有青蛙、虎纹蛙、沼蛙等。鱼类有鲤鱼、草鱼、白鲢、鲫鱼、鲶鱼、鳝鱼、黄瓜鱼、胖头鱼、黑鱼、石鲢鱼、泥鳅等。腹足类有田螺、蜗牛、钉螺等。甲壳类有虾、蟹、潮虫、水蚤等。昆虫类有蝴蝶、蜜蜂、螳螂、蟋蟀、蚱蜢、瓢虫、蚯蚓、蜻蜓等。

（张　厦　苏绍辉）

## 自然灾害

**【概况】** 香河县自然灾害主要有气象灾害和生物灾害。生物灾害包括森林病虫害和农作物病虫草害。2019 年，香河县境内未发生较大气象灾害，全县森林病虫害发生面积累计约 15980 公顷（23.97 万亩），农作物病虫草害发生面积 69066.67 公顷（103.6 万亩）次，防治面积 23353.33 公顷（35.03 万亩）次。

**【气象灾害】** 2019 年，香河县境内未发生风雹旱涝等较大气象灾害。

（赵春森）

【生物灾害】 生物灾害包括森林病虫害和农作物病虫草害。

森林病虫害。成灾率：2019年，全县森林病虫害发生面积累计约15980公顷（23.97万亩），其中，美国白蛾11180公顷（16.77万亩）、春尺蠖2666.67公顷（4万亩）、蛀干害虫666.67公顷（1万亩）、杨扇舟蛾666.67公顷（1万亩）、病害发生800公顷（1.2万亩），成灾面积0公顷（0万亩），成灾率0‰。春尺蠖调查：全县3月10日左右进入春尺蠖羽化盛期，3月下旬进入幼虫孵化期。全县平均虫口密度50条/50厘米标准枝，发生最为严重的最高虫口密度达110条/50厘米标准枝，发生面积约2666.67公顷（4万亩）。美国白蛾疫情调查：1月上中旬，技术人员利用8天时间对12个调查标准地，240株调查标准株进行挖蛹调查，共挖蛹129头，平均蛹密度0.54头/株。其中活蛹64头，死蛹45头，寄生蛹20头，死亡率35%，寄生率15.5%。美国白蛾幼虫期调查：在各代美国白蛾幼虫发生期，组织技术人员在全县范围内随机抽取一定数量标准地，以杨树、椿树、榆树、桑树、槐树、柳树等树种为主的美国白蛾喜食树种，开展美国白蛾疫情调查。调查结果为：第一代美国白蛾平均有虫株率2.2%，第二代美国白蛾平均有虫株率为1.7%，第三代美国白蛾有虫株率为0.62%。草履蚧虫情调查：4月下旬，林业服务中心技术人员对潮白河大堤、运河大道、鲁务村南片林等地段进行详细调查，共调查10个样地，每个样地调查杨树30株，共调查300株。根据调查，全县草履蚧发生与危害有上升趋势，发生面积约66.67公顷（1000余亩）。悬铃木方翅网蝽虫情调查：8月15—30日，技术人员对县域内所有种植悬铃木的堤、路、园区及种苗繁育基地进行了悬铃木方翅网蝽虫情调查。此次调查，选取县域内种植悬铃木比较集中的安平镇平安大街、经济开发区、新通唐线、潮白河大堤大王庄段、双安路钳屯段、刘宋法桐种植基地、刘宋镇区等10个地块进行详细调查。调查面积约200公顷（3000亩），共抽取调查悬铃木300株，调查标准枝1200枝。从调查结果看，悬铃木方翅网蝽在县内各镇均有不同程度发生，全县平均有虫株率为13.2%，平均虫口密度14只/百叶。

农作物病虫草害。2019年，香河县农作物病虫草害发生面积45560公顷（68.34万亩）次，防治面积31666.67公顷（47.5万亩）次，专业化统防统治覆盖面积14466.67公顷（21.7万亩）次，其中小麦专业化统防统治覆盖面积2180公顷（3.27万亩），统防统治覆盖率达49.6%；玉米专业化统防统治覆盖面积3066.67公顷（4.6万亩），统防统治覆盖率达41.26%。

小麦病虫害。2019年，小麦蚜虫始见日4月10日，比2018年早1天。小麦病虫害发生面积15160公顷（22.74万亩）次，利用机防队对小麦进行统防统治面积8333.33公顷（12.5万亩）次，使2019年农作物病虫草害大发生趋势得到遏制，有效减少了病虫草危害，为赢得农作物丰收奠定了基础。

玉米病虫害。2019年，玉米长势良好，主要虫害：玉米蚜虫、玉米蓟马、玉米褐足角胸肖叶甲、玉米螟、棉铃虫、二点委夜蛾、黏虫等。玉米病害主要是瘤黑粉病、丝黑穗病、茎腐病等在部分地块造成一定危害。根据虫情测报灯诱虫情况来看，玉米螟、棉铃虫虫量增多，玉米苗期二点萎夜蛾和黏虫发生较重，玉米中后期虫害以玉米螟、棉铃虫、桃蛀螟发生严重；部分地块三代黏虫发生较重；夏季雨水充足，大斑病和小斑病发生较为普遍，危害较重；褐斑病、丝黑穗病、瘤黑粉病、茎腐病等在部分地块危害严重。

2019年，全国各省发现草地贪夜蛾为害，7月1—2日，香河县植保站先后对各镇农技人员、种植大户等进行草地贪夜蛾宣传培训，8月22日，县农业农村局组织各站技术人员去乡镇集市上进行草地贪夜蛾识别宣传并发放了草地贪夜蛾虫态挂图及资料200余份。香河县植保站印刷草地贪夜蛾挂图600张，下发各镇各村街，县植保站人员及农技人员张贴到各村和农药经营门市部，以便农户购买农药时来识别草地贪夜蛾的成虫和幼虫形态特征，及时发现，及时消灭。县农业农村局购买300台诱捕器，每村一台安放到夏玉米田里，每周调查3次，发现疑似草地贪夜蛾，及时发到省市专家微信群里进行鉴定；每村安排一名监测人员，定期汇报给各镇负责人，各镇负责人将诱捕器诱虫结果发到县植保站微信群里。截至2019年年底，未发现草地贪夜蛾成虫和幼虫。

2019年，玉米病虫害发生情况：玉米病虫草害发生面积30400公顷（45.6万亩）次，防治面积14866.67公顷（22.3万亩）次。专业化统防统治面积6133.33公顷（9.2万亩）次，2019年玉米病害总体与2018年相当，虫害重于2018年；7月下旬至8月底为各种病虫危害盛期。

蝗虫发生防治情况。东亚飞蝗中等发生。发生面积5333.33公顷（8万亩），需防治面积100公顷（0.15万亩）。夏蝗出土在5月中旬，秋蝗蝗蝻出土盛期多在7月下旬至8月上旬，三龄高峰期多在8月中下旬。县植保站雇用6名查蝗人员，为每人配备1台电动喷雾器和2箱药剂，实行包片制度，进行带药巡查，点片防治，每周向县植保站汇报情况，对蝗虫发生严重的地块，县植保站组织防治队进行防治。

资金使用情况。上级下拨香河县草地贪夜蛾监测防控资金8万元，根据县实际情况，经领导小组研究决定，1万元用于印制挂图；1.95万元购买草地贪夜蛾诱捕器；5.05万元购买无人机。为2020年农作物防治做好准备工作。蝗虫监测与防治资金已全部落实到位。

（张　厦　苏绍辉）

# 居民人口

**【居民总量】** 2019年末户籍人口376350人，比上年末增加2001人，年末户籍户数127667户。常住人口378184人，比上年末增加321人。常住人口城镇化率62.76%，比上年提高0.7%。

**【居民构成】** 2019年，香河县总人口376350人，其中，男性186197人，占总人口的49.5%，女性190153人，占总人口的50.5%，男女性别比97.77。

**【人口变动】** 2019年，香河县出生人口3948人，符合政策生育率96.96%，人口出生率为10.98‰；死亡人口2120人，人口死亡率为5.90‰；自然增长人口1828人，人口自然增长率5.09‰。

（张　鑫）

# 经济和社会发展

**【概况】** 2019年，全县地区生产总值完成224.8亿元，同比增长5.1%，其中：第一产业完成19.5亿元，同比增长2.4%；第二产业完成53.4亿元，同比增长4.1%；第三产业完成151.9亿元，同比增长5.8%。全县人均生产总值为59471元，同比增长4.4%。三次产业比重为8.7∶23.7∶67.6。民营经济实现增加值159.4亿元，同比增长5.3%，占地区生产总值比重的70.9%。民营经济实缴税金49.4亿元，同比增长8.0%，占全部财政收入比重的76.9%。

**【农业】** 2019年，粮食播种面积12573公顷，粮食总产量73159吨。其中，冬小麦播种面积4965公顷，产量29711吨。玉米播种面积7559公顷，产量43268吨。蔬菜及食用菌播种面积9432.5公顷，产量518828.6吨。油料播种面积7.67公顷，产量21.9吨。

全年肉类总产量7377.6吨，其中，猪肉产量2937.1吨，牛肉产量821.8吨，羊肉产量720.6吨，禽肉产量2833.8吨。奶类产量6792.7吨，禽蛋产量34119.5吨。

全年淡水产品产量2086吨，淡水养殖面积267公顷。人工造林面积1473公顷，森林抚育面积1600公顷，木材采伐11000立方米。

农用化肥施用量（折纯）19600吨，农村用电量22890万千瓦时。农业产业化经营率达到51.34%。

【工业和建筑业】 2019年，工业增加值同比增长2.8%。其中，规模以上工业增加值增长6.0%，规模以下工业增加值增长0.9%。规模以上工业企业实现利润5.0亿元，同比增长-16.5%。规上工业营业收入利润率6.6%。规上高新技术产业增加值增长30.2%。

全年建筑业实现增加值19.5亿元，同比增长6.7%。其中，资质建筑企业房屋建筑施工面积同比增长-10.1%。

【固定资产投资】 2019年，固定资产投资完成同比增长5.0%。第一产业投资增长248.0%；第二产业投资增长3.2%。其中，制造业投资增长-2.5%，电力热力燃气及水生产和供应业投资增长144.7%；第三产业投资增长0.7%。其中，交通运输、仓储和邮政业投资增长30.3%，租赁和商务服务业投资增长-56.3%。基础设施投资增长120.0%，占投资比重为11.5%；房地产开发投资增长-18.2%，占投资比重为30.0%。

亿元以上建设项目投资增长19.4%，占固定资产投资的59.0%。

【交通和电信业】 2019年，交通运输业稳步发展。公路交通条件不断改善，公路里程1024.003千米，其中：国省道83.099千米，县公路56.762千米，乡公路107.024千米，堤顶路76.038千米，村级路777.118千米；大中桥22座，4303.302米；小桥110座，2037.958米。年末实有大型载货汽车438辆，中型载货汽车181辆，小型载货汽车2137辆，大、中型载客汽车130辆。

电信业发展迅猛。截至年底，固定宽带用户数139173户，移动宽带用户数408370户；固定宽带家庭普及率109%，移动宽带家庭普及率108.5%；固定电话22361部，移动电话496191部。

【国内贸易】 2019年，全县社会消费品零售总额实现101.7亿元，同比增长9.2%。其中，限额以上企业（单位）消费品零售额9.5亿元，同比增长6.7%。分城乡看，城区市场发展快于乡村市场，城镇市场实现零售额43.2亿元，同比增长10.9%；乡村市场实现零售额58.5亿元，同比增长8.0%，城区市场高于乡村市场2.9个百分点。按行业分：批发零售业实现零售额87.1亿元，同比增长10.0%；住宿餐饮业实现零售额14.6亿元，同比增长4.7%。

【对外经济】 2019年，实际利用外资929万美元，同比增长-66.9%。其中：外商直接投资929万美元，同比增长-66.9%。全年入统项目1个。

外贸进出口总值完成8.2亿元，同比增长-1.7%。其中，出口总值完成7.7亿元，同比增长0.4%。

【财政和金融】 2019年，财政收入64.2亿元，同比增长-1.4%。其中：一般公共预算收入完成38.4亿元，同比增长4.4%。全县公共财政支出63.1亿元，同比增长-1.1%。全县税金实际入库累计完成52.8亿元，同比增长1.5%。

年末金融机构各项存款余额 483.7 亿元，比年初增加 12.2 亿元；住户存款余额 338.3 亿元，比年初增加 35.4 亿元；金融机构人民币各项贷款余额 622.9 亿元，比年初增加 16.7 亿元，其中，中长期贷款 448.8 亿元，比年初减少 5.2 亿元。

【教育、文化、卫生事业】 2019 年，全县共有普通高中 4 所，招生 2567 人，在校生 7709 人，高中阶段毛入学率 93.5%；初中 12 所，招生 5033 人，在校生 13536 人；小学 71 所，招生 6927 人，在校生 37399 人。拥有专任教师 5660 人。

全县共有公共图书馆 1 个，博物馆 1 个，文化馆 1 个，文化站 9 个，剧场 1 个，影剧院 3 个，村（社区）综合性文化服务中心 276 个。广播、电视综合人口覆盖率达到 100%。

全县有县级医院 3 个，中心卫生院 3 个，镇卫生院 6 个，疾病预防控制中心 1 个，妇幼保健院 1 个。医疗卫生机构共有床位 2130 张。全县拥有村级卫生组织 293 个，乡医士 298 人。拥有执业医师及执业助理医师 1268 人，注册护士 957 人。

【人民生活】 城乡居民收入持续增长，生活水平不断提高。2019 年，城镇居民人均可支配收入 46685 元，同比增长 8.4%，农村居民人均可支配收入 19738 元，同比增长 9.4%。全部城镇非私营单位从业人员平均工资 92338 元，同比增长 7.2%；在岗职工（含劳务派遣）平均工资 94576 元，同比增长 6.8%。年内享受低保户 2765 户，享受低保人数 3609 人，全年共发放低保资金 1727 万元。

（张　鑫）

# 党政机关、人民团体、事业和企业单位及领导名单

## 中国共产党香河县委员会

书　　记　李桂强
副 书 记　王文强（任至 11 月）
　　　　　齐泽旭（12 月任）
　　　　　张玉林
常　　委　韩　超
　　　　　田立军
　　　　　王宏民
　　　　　郭建永
　　　　　齐建光
　　　　　焦国强
　　　　　董美辰
　　　　　牛　静
　　　　　曾智豪（挂职）

### 中共香河县委办公室

主　　任　田立军
常务副主任　康国民（任至 1 月）
　　　　　王长泉（1 月任）
副 主 任　李红亮
　　　　　李　莉
　　　　　赵振兴
　　　　　杨志文（5 月任）

### 中共香河县委组织部

部　　长　王宏民
常务副部长　周向伟
副 部 长　郭凤娟
　　　　　杨金刚
　　　　　盛淑俊
　　　　　田　义

孙宏伟（兼）
张铁兵（兼）

**中共香河县委老干部局**（1月撤销）
局　　长　田　义（任至1月）
副 局 长　石文焘（任至1月）
任永涛（任至1月）

**中共香河县委宣传部**
部　　长　焦国强
常务副部长　王立生
副 部 长　张建军
陈　彬（任至1月）
张文颖（任至5月）
史长城（兼）

**香河县精神文明建设委员会办公室**
主　　任　张建军（兼）

**中共香河县委统一战线工作部**
部　　长　董美辰
常务副部长　赵立志（任至1月）
李洪波（1月任）
副 部 长　马灵君
李文伯
孟繁华（兼，任至1月）
冯　勇（兼，1月任）
赵志清（兼）

**香河县台湾工作办公室**
主　　任　马灵君（兼）

**香河县民族宗教事务局**
局　　长　赵志清

**中共香河县委政法委员会**
书　　记　郭建永
副 书 记　陈宝全
朱宝栋
吴海斌（兼）

**中共香河县委农村工作部**（1月撤销）
部　　长　杨金宝（任至1月）
副 部 长　张翔宇（任至1月）
张艳齐（任至1月）

**中共香河县委县直机关工作委员会**
书　　记　孙玉茹（任至1月）
李文建（1月任）
副 书 记　蒙海燕（1月任）

**中共香河县委机构编制委员会办公室**
主　　任　石克松（任至1月）
张铁兵（1月任）
副 主 任　张雪松
赵永生（任至5月）

**香河县信访局**
局　　长　梁建伟
副 局 长　王艳明（任至5月）
张　玲（任至1月）
张金虎
李永生（5月任）

**县委网络安全和信息化委员会办公室**
主　　任　陈　彬（1月任）
副 主 任　单松林（1月任）

**中共香河县委党校**
校　　长　李桂强（兼）
第一副校长　王宏民（兼）

常务副校长　　杨福林
副　校　长　　薛福巨
　　　　　　　杨立刚

### 中共香河县委党史办公室

主　　任　　夏亦飞（任至1月）

### 香河县档案馆

馆　　长　　肖凤双
副　馆　长　　吴国际

### 香河县融媒体中心

主　　任　　史长城
副　主　任　　陈洪全（任至1月）
　　　　　　　孙红霞（任至9月）

### 河北香河经济开发区

工委书记　　李桂强（兼）
管委主任　　王文强（兼任至11月）
管委副主任　　张金武
　　　　　　　冯　勇（任至1月）
　　　　　　　曹国藩（任至1月）
　　　　　　　刘全顺（ 9月任）

## 香河县人民代表大会常务委员会

主　　任　　闫再兴
副　主　任　　宋品仲
　　　　　　　张浩波
　　　　　　　周志广
　　　　　　　张云华

### 办公室

主　　任　　周学军
副　主　任　　张　超（任至6月）
　　　　　　　李志泉（任至6月）
　　　　　　　王浩坤（6月任）
　　　　　　　刘娅东（6月任）

### 代表联络科

科　　长　　王　雨（任至6月）

### 政法科

科　　长　　张君铭（任至6月）
副　科　长　　高建平（任至6月）

### 经济科

副　科　长　　李春喜（任至6月）

### 文卫科

副　科　长　　陈莉莉（任至6月）

### 教科文卫工作委员会

主　　任　　张君铭（6月任）
副　主　任　　陈莉莉（6月任）

### 选举任免代表工作委员会

主　　任　　王　雨（6月任）
副　主　任　　史春祥（6月任）

### 法制工作委员会

主　　任　　高建平（6月任）

### 财政经济工作委员会

副　主　任　　任永涛（6月任）

## 香河县人民政府

县　　长　　王文强（任至12月）
副县长、代县长　　齐泽旭（12月任）
常务副县长　　齐建光
副　县　长　　郭建永（任至2月）
　　　　　　　吴海斌
　　　　　　　刘凤顺
　　　　　　　刘雪艳
　　　　　　　闫明杰
　　　　　　　曾智豪（4月任，挂职）
　　　　　　　张锦山（6月任）

### 香河县人民政府办公室

主　　任　　刘奖波（任至1月）
　　　　　　　张占春（1月任）

副 主 任　　秦　磊（任至1月）
崔大鹏（任至5月）
任宏伟（任至5月）
佟咏卉（任至9月）
李向生
马洪磊
刘　颖
周易祥
秦奋飞
陈大勇

## 中国人民政治协商会议香河县委员会

主　　席　　马文龙
副 主 席　　盛泽良
李一超
苏　宽
刘奖波
秘 书 长　　张天亮

### 办公室

主　　任　　张天亮（兼）
副 主 任　　李俊格（任至5月）
周立波（5月任）

### 提案委员会办公室

主　　任　　刘铁山（任至1月）
靳洪坤（5月任）

### 科技经济委员会办公室

主　　任　　张春来
副 主 任　　刘　东

### 社会发展委员会办公室

主　　任　　阮永利（5月任）

## 中国共产党香河县纪律检查委员会

书　　记　　牛　静
副 书 记　　张福东
袁德永
常　　委　　王　辉
王东利
崔振起
田兆泉

### 香河县监察委员会

主　　任　　牛　静
副 主 任　　张福东
袁德永
委　　员　　崔振起
田兆泉
李永祥
张连瑞

### 县委巡察工作领导小组办公室（1月成立）

主　　任　　王东利　（1月任）
副 主 任　　于海仓　（1月任）
王友杰　（9月任）

## 人民团体

### 香河县总工会

主　　席　　阮艳霞（任至1月）
李德军（1月任）
副 主 席　　韩智慧
李宏振
高利荣（9月任、挂职）

### 共青团香河县委员会

书　　记　　马　路
副 书 记　　王若瓔

### 香河县妇女联合会

主　　任　　刘秀平
副 主 任　　李姝瑾

杨立梅

### 香河县科学技术协会

党组书记　陈建功
主　　任　陈建功（任至1月）
　　　　　孙志坚（1月任）
副 主 任　杨洪海
　　　　　王健康

### 香河县工商业联合会

主　　席　魏紫峰
常务副主席　孟繁华（任至1月）
　　　　　冯　勇（1月任）
副 主 席　李志海

### 香河县残疾人联合会

理 事 长　孔立民（任至1月）
　　　　　赵树军（1月任）
副理事长　王艳茹
　　　　　王雪山

### 香河县文学艺术界联合会

主　　席　张　勇（任至 1月）
　　　　　赵立志（1月任）
副 主 席　张玉清（任至1月）
　　　　　路咏梅（任至5月）
　　　　　韩　坡（1月任）

### 香河县红十字会

会　　长　郭建永（任至6月）
　　　　　刘雪艳（6月任）
专职副会长　孙玉茹（1月任）
副 会 长　张　玲（1月任）

### 香河县计划生育协会

会　　长　张玉林
常务副会长　彭景文（任至1月）
　　　　　张智勇（1月任）
副 会 长　佟艳华
秘 书 长　贾金红（任至1月）
　　　　　马春红（1月任）

## 法治　军事

### 香河县公安局

党委书记、局　长　吴海斌
党委副书记、政委　马小杰
党委委员、副局长　肖广平
　　　　　　　　　李长海
　　　　　　　　　刘国东
党委委员、副政委　陈光华
副局长　　　　　　张子来
副政委　　　　　　李树忠
党委委员　　　　　梁建伟

### 香河县人民检察院

检 察 长　刘振华
副检察长　李宏伟
　　　　　张金路
　　　　　曹宏艳

### 香河县人民法院

院　　长　刘　君
副 院 长　侯东祥
　　　　　丁福才
　　　　　周晓明（12月任）

### 香河县司法局

局　　长　郭宏伟
副 局 长　侯会文（任至1月）
　　　　　任春艳
　　　　　朱红京（1月任）

李晓勇（1月任）

**香河县人民政府法制办公室**（1月撤并）

主　　任　朱红京（任至1月）

副 主 任　李晓勇（任至1月）

## 香河县国防教育办公室

主　　任　（缺职）

常务副主任　罗文龙（任至1月）

副 主 任　后瑞新

## 香河县人民防空办公室

主　　任　张年台

# 县政府工作部门、直属机构、垂直管理部门

## 香河县发展和改革局（1月成立）

局　　长　冯国祥（1月任）

副 局 长　佟明顺（1月任）

刘宝明（1月任）

李英辉（1月任）

王志强（1月任）

李　刚（1月任）

唐永志（1月任）

李　阳（1月任）

许仕丰（1月任）

王　宇（1月任）

王晓轩（1月任）

周贵友（1月任）

**香河县发展改革局**（1月撤销）

局　　长　冯国祥（任至1月）

副 局 长　马广济（任至1月）

龚万林（任至1月）

许仕丰（任至1月）

王志强（任至1月）

**香河县商务局**（1月撤并）

局　　长　佟明顺（任至1月）

副 局 长　唐永志（任至1月）

李　刚（任至1月）

**香河县粮食局**（1月撤并）

局　　长　李英辉（任至1月）

副 局 长　王　宇（任至1月）

李　阳（任至1月）

赵德忠（任至1月）

闫利红（任至1月）

**香河县物价局**（1月撤销）

局　　长　刘宝明（任至1月）

副 局 长　周贵友（任至1月）

王晓轩（任至1月）

## 香河县财政局

局　　长　刘　宇

副 局 长　孟宪奎

秦　磊（1月任）

张宝栋

李长青（任至1月）

安国亮（任至1月）

## 香河县公有资产经营公司

经　　理　秦　磊（1月任）

## 香河县人力资源和社会保障局

局　　长　孙宏伟

副 局 长　刘长林

吴　凤（任至1月）

孟祥云（5月任）

## 香河县民政局

局　　长　蔡学平（任至1月）

马宝生（1月任）

副 局 长　李建新

李全红（任至1月）

夏亦飞（1月任）

**香河县退役军人事务局**（1月成立）
局　　长　　曹国藩（1月任）
副 局 长　　李　岩（1月任）
　　　　　　李全红（1月任）

**香河县医疗保障局**（1月成立）
局　　长　　杜文洪（1月任）
副 局 长　　刘洪来（1月任）
　　　　　　张春明（1月任）

**香河县行政审批局**
局　　长　　王艳文
副 局 长　　闫立国
　　　　　　崔文杰
　　　　　　屠秀东（2月任）

**香河县统计局**
局　　长　　康会伟
副 局 长　　勾连卉
　　　　　　丁立靖（6月任）

**香河县审计局**
局　　长　　沈雪松
副 局 长　　杨秀华（任至1月）
　　　　　　姬德富（任至5月）
　　　　　　董红波（5月任）

**香河县自然资源和规划局**（1月成立）
局　　长　　张锦山（任至6月）
　　　　　　高金刚（6月任）
副 局 长　　马松柏（任至4月）
　　　　　　任宏伟（1月任）
　　　　　　张建新（1月任）
　　　　　　李鹤鸣（1月任）
　　　　　　赵万华（1月任）
　　　　　　孙　永（1月任）
　　　　　　戴金锋（任至8月）
　　　　　　张　浩（1月任）
　　　　　　李长旭（1月任）

**香河县国土资源局**（1月撤销）
局　　长　　张锦山（任至1月）
副 局 长　　马松柏（任至1月）
　　　　　　董金明（任至1月）
　　　　　　李鹤鸣（任至1月）
　　　　　　赵万华（任至1月）
　　　　　　张　浩（任至1月）
　　　　　　李长旭（任至1月）

**香河县林业局**（1月撤并）
局　　长　　魏国龙（任至1月）
副 局 长　　任宏伟（任至1月）
　　　　　　戴金锋（任至1月）
　　　　　　张建新（任至1月）

**香河县市场监督管理局**（1月成立）
局　　长　　王　强（1月任）
副 局 长　　李　月（1月任）
　　　　　　张　江（1月任）
　　　　　　康子良（1月任）
　　　　　　贾建民（1月任）
　　　　　　胡振山（1月任）
　　　　　　王瑞广（1月任）

**香河县工商行政管理局**（1月撤销）
局　　长　　李　月（任至1月）
副 局 长　　张建军（任至1月）
　　　　　　贾建民（任至1月）

**香河县食品药品监督管理局**（1月撤销）
局　　长　　张　涛（任至1月）
副 局 长　　张　江（任至1月）
　　　　　　胡振山（任至1月）
　　　　　　李金明（任至1月）

王瑞广（任至1月）

**香河县质量技术监督局**（1月撤销）

局　　长　　王　瑛（任至1月）

副 局 长　　刘毅力（任至1月）

　　　　　　康子良（任至1月）

**香河县应急管理局**（1月成立）

局　　长　　成英杰（1月任）

副 局 长　　张洪伟（1月任）

　　　　　　高振宇（1月任）

　　　　　　杨建国（1月任）

　　　　　　李增旺（1月任）

**香河县安全生产监督管理局**（1月撤销）

局　　长　　成英杰（任至1月）

副 局 长　　张洪伟（任至1月）

　　　　　　孙振河（任至1月）

　　　　　　高振宇（任至1月）

　　　　　　李增旺（任至1月）

**香河县住房和城乡建设局**

局　　长　　高立军

副 局 长　　高文鹏

　　　　　　肖　鹏

　　　　　　张年台

　　　　　　于晓梦

　　　　　　赵万兵

　　　　　　韩艳生

　　　　　　杨　涛

**香河县园林绿化管理局**

局　　长　　周国良

副 局 长　　王秀丽

　　　　　　王国利

**香河县城市管理综合行政执法局**

局　　长　　陈宝东

副 局 长　　张晓伟

　　　　　　李际明

**香河县农业农村局**（1月成立）

局　　长　　孟繁章（1月任）

副 局 长　　路春艺（1月任）

　　　　　　刘继承（1月任）

　　　　　　杨海涛（1月任）

　　　　　　勾丽红（1月任）

　　　　　　张翔宇（1月任）

　　　　　　赵建新（1月任）

　　　　　　张艳齐（1月任）

**香河县农业局**（1月撤销）

局　　长　　赵树军（任至1月）

副 局 长　　印秀义（任至1月）

　　　　　　杨建国（任至1月）

　　　　　　刘继承（任至1月）

**香河县畜牧兽医局**（1月撤并）

局　　长　　王德嵩（任至1月）

副 局 长　　王铁成（任至1月）

　　　　　　勾丽红（任至1月）

**香河县农业综合开发办公室**（1月撤并）

主　　任　　安国亮（任至1月）

副 主 任　　路春艺（任至1月）

　　　　　　赵建新（任至1月）

**香河县水务局**

局　　长　　李德军（任至1月）

　　　　　　李爱兵（1月任）

副 局 长　　李永亮

　　　　　　王银瑞（任至1月）

　　　　　　张凤霞

**香河县交通运输局**

局　　长　　白颖浩

副 局 长　　王廷刚

韩凤龙
王立臣
孙瑞生（任至2月）

**廊坊市生态环境局香河县分局**

局　　长　刘全顺（任至8月）
任振宇（8月任）
副 局 长　徐凤兰（任至5月）
朱宏昌（任至5月）
赵彩虹（5月任）
袁丽丽（5月任）

**香河县工业和信息化局**

局　　长　石宝智
副 局 长　黄书惠
王宏然（任至1月）
张东生
田海春（1月任）
齐宏亮（9月任）

**香河县科学技术局**（1月撤并）

局　　长　姚立民（任至1月）
副 局 长　田海春（任至1月）
屠秀东（任至1月）

**香河县教育和体育局**（1月成立）

局　　长　姜建明（1月任）
副 局 长　吴贺伟（1月任）
韩艳明（1月任）

**香河县教育局**（1月撤销）

局　　长　姜建明（任至1月）
副 局 长　吴贺伟（任至1月）
韩艳明（任至1月）

**香河县文化广电和旅游局**（1月成立）

局　　长　姚立民（1月任）
副 局 长　刘兰芳（1月任）
程志伶（1月任）
赵　爱（1月任）
周海燕（1月任）
周君林（1月任）

**香河县文化广电新闻出版局**（1月撤销）

局　　长　李朝民（任至1月）
副 局 长　刘兰芳（任至1月）
王艳林（任至1月）
周海燕（任至1月）

**香河县旅游局**（1月撤并）

局　　长　何永齐（任至1月）
副 局 长　程志伶（任至1月）
赵　爱（任至1月）

**香河县卫生健康局**（1月成立）

局　　长　王立强（任至6月）
李洪波（6月任）
副 局 长　刘金宝（1月任）

**香河县卫生和计划生育局**（1月撤销）

局　　长　王立强（任至1月）
副 局 长　刘金宝（任至1月）
李德玺（任至1月）

**香河县地方志编纂委员会办公室**

主　　任　高景全（任至1月）
杨振亮（1月任）
副 主 任　李志楠

**香河县供销合作社联合社**

主　　任　张玉宝（任至1月）
揣柏文（1月任）
副 主 任　王宏伟
高红云
石瑞峰（5月任）

### 国家税务总局香河县税务局

局　　长　赵福强
副 局 长　侯重庆
　　　　　臧德会
　　　　　聂天昌
　　　　　杨立民
　　　　　岳景奇
　　　　　张育才
　　　　　李志良
　　　　　王冬梅

### 香河县气象局

局　　长　宋仕锋
副 局 长　马春平
　　　　　李学军

### 香河县烟草专卖局（营销部）

局长、经理　白文涛（任至3月）
　　　　　　程　伟（3月任）
副 局 长　蔡志清
副 经 理　陈芃漪

### 廊坊市住房公积金管理中心香河县管理部

主　　任　佟永国

## 事业、企业单位

### 河北省香河县第一中学

校　　长　李树峰
党总支书记　武宝旺
副 校 长　果艳青
　　　　　翟　艳
　　　　　张建军
　　　　　王春明
　　　　　张浩江

### 香河县教师进修学校

副 校 长　白元石

### 河北省香河县职业技术教育中心

校　　长　王文强（兼）（任至11月）
常务副校长　董建国
党总支书记　赵建强
副 校 长　田金泉
　　　　　杜振龙
　　　　　周　李
　　　　　宋　明

### 香河县人民医院

院　　长　门德志
党委书记　白连营
副 院 长　尹建伟
　　　　　韩兆山
　　　　　艾志国
　　　　　金永钢
　　　　　崔建国
　　　　　董建卓

### 香河县中医医院

院　　长　李瑞峰
副 院 长　张长华
　　　　　李世强
　　　　　王立强
　　　　　路志鹏

### 香河县气管炎哮喘医院

院　　长　尹志光
党支部书记　李俊东
副 院 长　董树江
　　　　　何建涛

### 国网冀北电力有限公司香河县供电分公司

经　　理　　刘会生
党委书记　　于　涛
副 经 理　　李　强（7月任）
　　　　　　吴长松（9月任）
　　　　　　庞宝松（任至9月）
　　　　　　陈大志（任至11月）
　　　　　　王跃杰（任至7月）

### 中国石化销售股份有限公司香河分公司

经　　理　　杨春林
副 经 理　　薛福永

### 中国邮政集团公司河北省香河县分公司

总 经 理　　齐建民
副总经理　　张庆玲（任至1月）
　　　　　　王　磊（1月任）
　　　　　　刘　畅（1月任）

### 中国移动通信集团香河分公司

总 经 理　　李显忠
副总经理　　郝　鹏
　　　　　　杨光辉（8月任）
　　　　　　于淑云（任至8月）

### 中国联合网络通信有限公司香河县分公司

总 经 理　　付育红（任至4月）
　　　　　　晏　鑫（4月任）
副总经理　　苏学武
　　　　　　盖天宇（任至9月）
　　　　　　王　硕（9月任）

### 中国电信集团有限公司香河分公司

总 经 理　　钟　凯
副总经理　　张艳涛

## 金融业

### 中国人民银行香河支行

行　　长　　樊振华
副 行 长　　侯玉江
　　　　　　杨松龄

### 中国银行股份有限公司香河支行

行　　长　　廉　涛
副 行 长　　李松林
　　　　　　王亚君

### 中国工商银行股份有限公司香河支行

行　　长　　宋　琳（任至5月）
　　　　　　杨　亮（5月任）
副 行 长　　李宝顺（任至4月）
　　　　　　康　强（4月任）
　　　　　　邓毅琼（4月任）

### 中国农业银行股份有限公司香河县支行

行　　长　　王从新
副 行 长　　韩　伟

### 中国建设银行股份有限公司香河支行

行　　长　　张殿刚
副 行 长　　张晓洁
　　　　　　王爱东
　　　　　　葛智超

### 中国农业发展银行香河支行

行　　长　　杨万涛
副 行 长　　陈　甜

### 河北香河农村商业银行股份有限公司

董 事 长　　张　斌
行　　长　　张永康

监 事 长　　王　健

副 行 长　　朱建功

　　　　　　郑存利

　　　　　　李玉春

中国邮政储蓄银行股份有限公司香河支行

行　　长　　庄维宝

副 行 长　　石胜宇

兴业银行股份有限公司香河支行

行　　长　　张立军

副 行 长　　李红霞

河北银行股份有限公司香河支行

行　　长　　杨　静

副 行 长　　杜　治

廊坊银行股份有限公司香河支行

行　　长　　张　磊

副 行 长　　王利军

　　　　　　李　维

　　　　　　帅增春

沧州银行股份有限公司香河支行

行　　长　　王永新

副 行 长　　潘志春

　　　　　　吴　铭

　　　　　　张晓霞

　　　　　　翟　莉

张家口银行股份有限公司香河支行

行　　长　　乔海洋

香河益民村镇银行股份有限公司

行　　长　　张　杰

副 行 长　　刘国庆

　　　　　　张　彬

中国人民财产保险股份有限公司香河支公司

经　　理　　韩艳青

副 经 理　　王二永

　　　　　　孙大宝

中国人寿保险股份有限公司香河支公司

经　　理　　彰井霞（任至6月）

　　　　　　范鸿杰（7月任）

副 经 理　　韩雪春

中华联合财产保险股份有限公司香河支公司

经　　理　　赵子斌

中国太平洋财产保险股份有限公司廊坊市香河支公司

经　　理　　殷宝义

中国大地财产保险股份有限公司廊坊中心支公司香河营销服务部

经　　理　　崔丽超

名阳保险销售有限责任公司香河分公司

经　　理　　李　烨

## 镇（社区办）、家具城

### 淑阳镇

党委书记　　凌少金（任至6月）

　　　　　　王立强　（6月任）

镇　　长　　卢英俊（任至5月）

　　　　　　范金良（5月任）

人大主席　　范金良（任至5月）

主任科员　　池晓伟

正科级组织员　程亚民

党委副书记　卢英俊（任至5月）
　范金良（5月任）
　李国栋
纪委书记　马晓伟
宣传委员　张丽娜
组织委员　尹凯辉
武装部长　佟永佳
副 镇 长　张金丰
　史建国
　张立明

## 新开街社区（3月成立）

党委书记　卢英俊
主　　任　靳洪刚

## 新开街道办事处（1月撤销）

党委书记　韩景丰（任至1月）
主　　任　李文建（任至1月）
人大主席　贺金龙（任至1月）
党委副书记　李文建（任至1月）
　崔　磊（任至1月）
副 主 任　王宝华（任至1月）
　王凤丽（任至1月）
　齐宏亮（任至1月）

## 新华街社区（3月成立）

党委书记　路洪亮
主　　任　王大为

## 新华街道办事处（1月撤销）

党委书记　王　强（任至1月）
主　　任　路洪亮（任至1月）
人大主席　姜宝良（任至1月
党委副书记　路洪亮（任至1月）
　程淑伟（任至1月）
主任科员　杨海涛（任至1月）
正科级组织员　孙红梅（任至1月）
纪委书记　周建生（任至1月）
副 主 任　祁宝兴（任至1月）
　杨月慧（任至1月）

组织委员　钱晓路（任至1月）
宣传委员　王文静（任至1月）
武装部长　刘春辉（任至1月）

## 安平镇

党委书记　杜文洪（任至1月）
　何振龙（1月任）
镇　　长　任振宇（任至9月）
　赵连成（9月任）
人大主席　张少军（任至5月）
　佟咏卉（9月任）
正科级组织员　王亚东（5月任）
党委副书记　任振宇（任至9月）
　赵连成（9月任）
　王亚东（任至5月）
　王　伟（5月任）
纪委书记　吴　君（任至1月）
　李　平（9月任）
组织委员　史春祥（任至5月）
　武国庆（5月任）
宣传委员　张金玲
武装部长　谢明辉（任至5月）
　于伟利（5月任）
副 镇 长　张　男
　李东明
　张　文（任至5月）
　谢明辉（5月任）

## 平安街社区（3月成立）

党委书记　李洪波

## 钳屯镇

党委书记　张占春（任至1月）
　韩景丰（1月任）
镇　　长　崔福军
党委副书记　崔福军
　孙爱军（任至5月）

张建生（5月任）
人大主席　邳建纪（任至1月）
张少军（8月任）
副 镇 长　李颖杰
王辉军（任至5月）
刘景丽（6月任）

## 五百户镇

党委书记　李洪波（任至6月）
吴立春（6月任）
镇　　长　吴立春（任至6月）
赵立强（6月任）
人大主席　赵立强（任至6月）
薛福宁（9月任）
正科级主任科员　王桂明
正科级组织员　刘秀华
党委副书记　吴立春（任至6月）
赵立强（6月任）
茹　超（9月任）
纪委书记　杨艳晶
组织委员　王福军
宣传委员　茹　超（任至 9月）
武装部长　王立波
副 镇 长　王立国（任至 9月）
韩　宇
冯　健

## 刘宋镇

党委书记　刘爱军
镇　　长　董　杨
主任科员　崔新宇
党委副书记　董　扬
高　宝（5月任）
石明辉（任至5月）
人大主席　田景泊（5月任）
正科级组织员　石明辉（5月任）
田景泊（任至5月）
纪委书记　艾银伶
武装部长　张　杰（任至4月）
政法委员　张　杰（4月任）
组织委员　南文智（9月任）
高　宝（任至5月）
宣传委员　李　静
副 镇 长　佟永强
薛　雷
杨　洋

## 安头屯镇

党委书记　孙宏杰
镇　　长　康国民（任至8月）
邳建纪（8月任）
党委副书记　康国民（任至8月）
邳建纪（8月任）
王建国（任至5月）
陈　楠（5月任）
人大主席　孟庆宇
主任科员　刘海军
正科级组织员　周立波（任至5月）
王建国（5月任）
纪委书记　孙继东
组织委员　刘国顺
宣传委员　李　宁
武装部长　石国栋
副 镇 长　高广玉
闫春生
陈　旋（6月任）

## 渠口镇

党委书记　绳　军
镇　　长　李永涛
主任科员　程　磊
人大主席　刘　健（任至9月）

| | |
|---|---|
| | 许新宇（9月任） |
| 正科级组织员 | 周国忠 |
| 党委副书记 | 李永涛 |
| | 张殿超（任至5月） |
| | 田卫国（9月任） |
| 组织委员 | 田卫国（任至9月） |
| 纪委书记 | 许新宇（任至9月） |
| | 蒙超鹏（9月任） |
| 宣传委员 | 周江波（任至9月） |
| | 张玲玲（9月任） |
| 武装部长 | 阚国强（5月任） |
| 副镇长 | 康亚东 |
| | 蒙超鹏（任至9月） |
| | 周江波（9月任） |
| | 李　晨 |

### 钱旺镇

| | |
|---|---|
| 党委书记 | 张继田 |
| 镇　　长 | 邳建纪（任至8月） |
| | 康国民（8月任） |
| 党委副书记 | 邳建纪（任至8月） |
| | 康国民（8月任） |
| | 闵爱国 |
| 人大主席 | 程　杰 |
| 纪委书记 | 张丽丽 |
| 武装部长 | 王东来 |
| 组织委员 | 韩　静 |
| 宣传委员 | 程大君 |
| 副镇长 | 甄仲奎 |
| | 何春明 |

### 蒋辛屯镇

| | |
|---|---|
| 党委书记 | 高金刚（任至6月） |
| | 刘　斌（6月任） |
| 镇　　长 | 刘　斌（任至6月） |
| | 宋　超（6月任） |
| 党委副书记 | 刘　斌（任至6月） |
| | 宋　超（6月任） |
| | 谢　静（任至5月） |
| | 张　亮（9月任） |
| | 王鹏晖（挂职） |
| 人大主席 | 高大永 |
| 副镇长 | 刘福臣（任至1月） |
| | 马小光（5月任） |
| | 李　鑫（5月任） |
| | 阮思琪 |

### 香河县家具城工委、管委（1月撤销）

| | |
|---|---|
| 工委书记、主任 | 王占栋（任至1月） |
| 工委副书记 | 揣柏文（任至1月） |
| | 王学仕（任至1月） |
| 纪工委书记 | 刘　静（任至1月） |
| 常务副主任 | 揣柏文（任至1月） |
| 副　主　任 | 李万青（任至1月） |
| | 高东武（任至1月） |
| | 张树合（任至1月） |

# 中国共产党香河县委员会

责任编辑　陈述龙　张　丹

## 综　述

2019年，中国共产党香河县委员会（简称县委）坚持以习近平新时代中国特色社会主义思想为统领，认真落实中央和省市委决策部署，聚焦打造“现代高端产业聚集区、功能完善首都卫星城、和谐幸福宜居新家园、基层党的建设新高地”，加快建设美丽幸福新香河，经济社会各项事业发展取得了新业绩。

面对经济下行压力持续加大，县委团结带领全县广大党员干部群众，坚持在客观中查主观，在工作中找差距，推进全面深化改革工作，142项改革任务扎实推进。服务协同发展、承接产业转移、推进乡村振兴、强化机关党建、送健康进校园等20余项改革经验和工作方法被中央和省级重点媒体刊发。高效率完成党政机构改革，行政效能得到提升，激情干劲充分迸发。高标准保持经济平稳运行，香河县再次获评全国综合实力、投资潜力、科技创新、绿色发展和新型城镇化质量5个百强县并实现进位，美丽幸福新香河建设进程不断加快。2019年，全县以高端制造业和现代服务业为主导，做大做强实体经济，推进产业转型升级。聚焦京津、面向全国开展专题招商、会展招商和产业链招商，对在谈项目持续沟通对接，对签约项目全程跟踪服务，抓好重大项目落地投产达效。全年新实施建设亿元以上项目54个，省市重点项目、集中开工项目实现开工率、当年投资完成率两个“百分百”。持续推进简政放权、放管结合、优化服务，即“放管服”改革和行政审批制度改革。深入实施“三深化三提升”活动，即深化创新创业，服务发展、服务民生活动，提升高质量发展水平、深化民心工程，提升保障改善民生水平、深化纠正“四风”，即形式主义、官僚主义、享乐主义和奢靡之风及作风纪律专项整治，提升工作效能和营商环境。开展入企调研服务、培训提升服务、融资担保服务、项目申报服务、企业上市服务涉企“五项服务”，企业总数首次破万，净增2166户，居全市第一。

城乡面貌日益改善，以集约、智能、绿色、低碳为方向，推进城市建设高质量发展。高规格对接协同发展规划体系，制定完成《国土空间总体规划编制工作方案》，盘活存量建设用地、低效用地133.33公顷（2000余亩）。坚持建管并重，稳步推进27项市政工程建设，京唐城际铁路、县人防工程、垃圾焚烧发电厂、老旧小区改造等项目全面实施。倾注民生，强化保障，社会事业蓬勃发展。坚持以人民为中心的发展理念，不断提高公共服务供给层次和质量，群众的获得感、幸福感、安全感持续增强。全县59户125名贫困人口全部实现脱贫，为临贫易贫重点人群缴纳防贫保险，确保“脱贫不返贫、非贫不致贫”。把社会稳定作为一切工作的前提和保障，坚持底线思维，有效防控风险，当好首都政治“护城河”排头兵。深入推进“扫黑除恶”专项斗争，开展严打整治专项行动，全年破获刑事案件317起，抓获犯罪嫌疑人487人，其中破获涉恶案件55起，打掉恶势力团伙2个，抓获涉恶人员126人，人民群众安全感不断提升。主题教育深入开展，坚持分类指导、统筹推进，各级基层党组织聚焦主题主线，牢牢把握“守初心、担使命，找差距、抓落实”总要求，深入开展“不忘初心、牢记使命”主题教育。坚持问题导向、目标导向，全县党员干部把主题教育四项重要举措贯穿始终。坚持压实责任、以上率下，县四大班子深入推进专项整治，所列问题全部得到有效解决，实现了主题教育与当前工作“双促进”，得到省、市指导组及“不忘初心、牢记使命”主题教育办公室的认可和好评，全市农村基层党组织主题教育现场会在香河召开，相关经验做法被《人民日报》刊发。严格落实全面从严治党和党风廉政建设主体责任，开展政治生态建设状况监测评估，对落实中央八项规定精神、纠正“四风”“两违”拆除、扫黑除恶等工作进行自查巡察，对人防系统腐败问题开展专项治理，重点整治基层存在的形式主义、官僚主义和群众身边腐败问题，纪检监察机关共立案108件，结案98件，处分98人，创新建立第一种形态手册使用制度，不断推动全面从严治党向基层延伸。各级党组织书记抓基层党建主责意识持续增强，开展基层党建述职评议，实施党建示范建设、后进村街整顿转化、村级活动场所提升和机关党建“五规范五加强”工程，即规范思想政治建设，筑牢信仰之基、规范党内组织生活，提升党性修养、规范组织体系设置，增强组织活力、规范机关阵地建设，筑牢基层堡垒、规范党员发展管理，提高发展质量；加强担当精神培树，凝聚干事合力、加强纪律作风建设，提升服务效能、加强党务培训管理，提升党务水平、加强先进典型培树，打造党建品牌、加强服务平台建设，亮出党员风采，使党组织的组织力、凝聚力、战斗力全面加强，香河县被确定为“全省基层社会治理党组织建设专项试点县”。落实意识形态工作主体责任，制定实施方案，强化考核监督，把握主动权，弘扬正能量。围绕宣传贯彻中共十九大、十九届四中全会、全国“两会”精神，扎实开展中心组学习、理论大讲堂、专题培训、集中宣讲、网络宣讲，充分利用“学习强国”“先锋在线”等平台载体，不断丰富创新学习教育形式。坚持总揽全局、协调各方，支持县人大、县政府、县政协充分履职和创新工作，在党委领导下，团结共事的群众基础更加牢固。

## 县委机构

**【中共香河县委领导机构】** 2019年，中共香河县委在第十一届任期内。年内，设县委书记1名、副书记2名、常委9名（不含书记、副书记，其中挂职常委1名）。

**【中共香河县委工作机构】** 按照《香河县机构改革实施方案》（香发〔2019〕2号）规定，调整优化县委相应机构和职能。

将县委法制香河建设领导小组改为县委全面依法治县委员会，作为县委议事协调机构。县委全面依法治县委员会办公室设在县司法局。

组建县委审计委员会，作为县委议事协调机构。县委审计委员会办公室设在县审计局。

将县委全面深化改革领导小组改为县委全面深化改革委员会，作为县委议事协调机构。县委全面深化改革委员会办公室设在县委办公室。

将县委网络安全和信息化领导小组改为县委网络安全和信息化委员会，作为县委议事协调机构。县委网络安全和信息化委员会办公室为县委网络安全和信息化委员会的办事机构，作为县委工作机关，对外加挂县互联网信息办公室牌子。

组建县委财经委员会，作为县委议事协调机构。县委财经委员会办公室设在县发展和改革局。

组建县委国家安全委员会，作为县委议事协调机构。县委国家安全委员会办公室设在县委统一战线工作部。

组建县委外事工作委员会，作为县委议事协调机构。县委外事工作委员会办公室设在县政府办公室。

组建县委教育工作领导小组，作为县委议事协调机构。县委教育工作领导小组秘书组设在县教育和体育局。

组建县委教育工作委员会，与县教育和体育局合署办公。

将县机构编制委员会改为县委机构编制委员会。县委机构编制委员会办公室为县委机构编制委员会的办事机构。作为县委工作机关，归口县委组织部管理。

将县委信访办公室、县政府信访局更名为县信访局，由县委办公室、县政府办公室管理的机构调整为县委工作机关。

将县委直属事业机构县委党校调整为县委直属事业单位。

将县委党史办公室更名为县委党史研究中心，调整为县委直属事业单位。

以县广播电视台为主体，组建县融媒体中心，挂广播电视台牌子，县融媒体中心为县委直属事业单位，归口县委宣传部管理。

将县档案局（县档案馆）的行政职能划入县委办公室。将县档案馆调整为县委直属事业单位。

将县委老干部局并入县委组织部，保留老干部局牌子，不再保留单设的县委老干部局。

县委工作机构有县纪律检查委员会监察委员会机关、办公室 、组织部、宣传部、统一战线工作部、政法委员会、全面深化改革委员会办公室（设在县委办公室）、全面依法治县委员会办公室（设在县司法局）、国家安全委员会办公室（设在县委办公室）、网络安全和信息化委员会办公室、财经委员会办公室（设在县发展和改革局）、外事工作委员会办公室（设在县政府办公室）、机构编制委员会办公室、审计委员会办公室（设在县审计局）、教育工作领导小组秘书组（设在县教育和体育局）、农村工作领导小组办公室（设在县农业农村局）、县直属机关工作委员会、巡察工作领导小组办公室、县信访局。

中共香河县委设置纪检监察机关 1 个，计入机构限额的工作机关 10 个（设在相关部门的县委议事协调机构的办事机构不计入机构限额）。其中，纪律检查委员会与监察委员会合署办公，实行一套工作机构、两个机关名称；县委办公室挂保密机要局（县国家保密局、县国家密码管理局）牌子；组织部挂老干部局、县公务员局牌子；宣传部挂县精神文明建设委员会办公室、县政府新闻办公室、县新闻出版局（县版权局）牌子；统一战线工作部挂县委台湾工作办公室（县政府台湾事务办公室）、县民族宗教事务局、县政府侨务办公室牌子；网络安全和信息化委员会办公室挂县互联网信息办公室牌子。教育工作委员会与县教育和体育局合署办公，不计入机构限额。

**【基层党组织】** 2019 年，香河县基层党（工）委、党总支部、党支部数量同比均有增加。基层党（工）委数量同比增加 27%；党总支部数量同比增加 17%；党支部数量同比增加 6%。

2019年香河县基层党组织一览表

表4　单位：个

| 组织机构 | 合　计 | 机　关 | 事　业 | 企　业 | 其　他 |
|---|---|---|---|---|---|
| 党（工）委 | 37 | 31 | 3 | 3 | 0 |
| 党总支部 | 66 | 11 | 12 | 1 | 42 |
| 党支部 | 865 | 183 | 126 | 117 | 439 |

# 县委重要会议

【县委全委会议】 2019年1月9日，中国共产党香河县第十一届委员会第四次全体会议（简称全会）在香河召开。全会由县委常委会主持。会议书面印发了《省委九届八次全会和市委六届六次全会精神传达提纲》。会议听取审议了县委书记李桂强代表县委常委会所作的工作报告。

会议认为，2018年是贯彻中共十九大精神的开局之年。在市委的坚强领导下，县委常委会坚持以习近平新时代中国特色社会主义思想为统领，认真学习宣传贯彻中共十九大和十九届二中、三中全会精神，坚决落实中央和省市委各项决策部署，抢抓京津冀协同发展机遇。面对复杂严峻的经济形势和艰巨繁重的发展任务，充分发挥总揽全局、协调各方的领导核心作用，团结带领干部群众创新务实、主动作为，保持战略定力，实现了进位争先；更加注重潜绩，解决了遗留问题；狠抓实体经济，加快了转型升级；推进绿色崛起，改善了城乡环境；大力改善民生，提升了幸福指数；不断深化改革，增添了发展动力；深化从严治党，夯实了基层基础，较好地完成了县委十一届三次全会确定的目标任务，建设美丽幸福新香河进程不断加快。

会议指出，2018年，县委常委会在多重压力下，坚定信心、科学谋划、统筹兼顾，各项重点工作在解决问题、破除阻碍、化解矛盾中得以创新深化、扎实开展，既保质保量完成了上级部署的各项任务，又有力推进了全县经济社会各项事业持续健康发展。这些成绩的取得，最核心在于坚持党对一切工作的领导，在于习近平新时代中国特色社会主义思想的科学指引；最关键在于坚持既定思路毫不动摇，实事求是、把握县情，找准符合香河实际的发展路径；最重要在于群众的支持与理解；最根本在于拥有一支忠诚、为民、务实、清廉的干部队伍。

会议明确，2019年全县发展的指导思想和总体要求是：坚持以习近平新时代中国特色社会主义思想为指导，全面贯彻中共十九大和十九届二中、三中全会精神，深入落实中央经济工作会议和省委九届八次全会、市委六届六次全会部署要求，继续深化“坚持创新驱动、加快转型升级、强化基层基础、实现绿色崛起”战略举措。立足“四个坚持”，实现“四个加快”，努力打造“现代高端产业聚集区，功能完善首都卫星城，和谐幸福宜居新家园，基层党的建设新高地”。坚定不移加快建设美丽幸福新香河，以优异成绩向中华人民共和国成立70周年献礼。

会议要求，全县上下必须立足新时代，谋划新思路，争创新业绩，持之以恒，全力以赴，坚定不移加快建设美丽幸福新香河。一是坚持改革创新，加快转型升级，打造现代高端产业聚集区。二是坚持全面协调，加快城乡统筹，打造功能完善首都卫星城。三是坚持惠民利民，加快民生改善，打造和谐幸福宜居新家园。四是坚持从严治党，加快强基固本，打造基层党的建设新高地。

会议号召，全县党员干部要更加紧密地团结在以习近平同志为核心的党中央周围，坚持以习近平新时代中国特色社会主义思想为指导，在省市委的坚强领导下，团结带领全县人民，万众一心，开拓进取，奋发作为，坚定不移加快建设美丽幸福新香河，以优异成绩向中华人民共和国成立70周年献礼。

12月31日，中国共产党香河县第十一届委员会第五次全体会议（简称全会），在香河召开。全会由县委常委会主持。会议书面印发了《省委九届十次全会和市委六届九次全会精神传达提纲》。会议听取审议了县委书记李桂强代表县委常委会所作的工作报告。

会议认为，2019年是全县上下保持定力、接续奋斗，加快建设美丽幸福新香河的关键一年。县委常委会坚持以习近平新时代中国特色社会主义思想为统领，认真落实中央和省市委决策部署，团结带领全县党员干部群众，聚焦打造“现代高端产业聚集区、功能完善首都卫星城、和谐幸福宜居新家园、基层党的建设新高地”，激发干劲，积极作为，经济社会各项事业发展取得了新业绩。一年来，香河综合实力不断增强，发展势头愈发强劲，城乡面貌日益改善，民生事业蓬勃发展，社会秩序持续向好，基层基础更加坚实。

会议指出，2020年是全面建成小康社会和“十三五”规划收官之年，也是实现京津冀协同发展中期目标之年，香河县面临的机遇与挑战并存，机遇大于挑战。全县上下必须保持定力、凝心聚力，严格贯彻落实中央和省市委各项决策部署，认真研究谋划“十四五”规划，牢牢把握工作的连续性、稳定性，聚精会神促转型，积蓄势能强基础，千方百计惠民生，厚植优势谋崛起，向着全面建成小康社会的目标大步迈进。

会议明确，2020年全县发展的指导思想和总体要求是：坚持以习近平新时代中国特色社会主义思想为统领，深入贯彻中共十九届四中全会和中央经济工作会议精神，全面落实省市委全会部署要求，紧扣全面建成小康社会目标任务，坚定不移走“坚持创新驱动、加快转型升级、强化基层基础、实现绿色崛起”之路，在打造“现代高端产业聚集区、功能完善首都卫星城、和谐幸福宜居新家园、基层党的建设新高地”上实现新提升，全力冲刺“十三五”，确保全面达小康，在推进高质量发展中建设美丽幸福新香河。

会议要求，全县上下必须立足新时代，谋划新思路，争创新业绩。一是加快转型升级，优化营商环境，在打造现代高端产业聚集区上实现新提升。二是促进城市更新，推动乡村振兴，在打造功能完善首都卫星城上实现新提升。三是加强社会治理，保障改善民生，在打造和谐幸福宜居新家园上实现新提升。四是突出政治引领，全面从严治党，在打造基层党的建设新高地上实现新提升。

会议号召，全县各级党组织和广大党员干部群众，要以习近平新时代中国特色社会主义思想为统领，在省市委的坚强领导下，不忘初心、牢记使命，开拓进取、奋发作为，为决胜全面建成小康社会、加快建设美丽幸福新香河而努力奋斗。

**【县委常委会议】** 1月8日上午，县委书记李桂强在县委县政府办公楼三层常委会议室主持召开十一届县委常委会第1次会议。会议研究审议县委办公室提交的《县委十一届四次全会安排方案》和《县委十一届四次全会报告（审议稿）》。会议原则通过县委办公室提交的《县委十一届四次全会安排方案》《县委十一届四次全会报告（审议稿）》[以下简称《报告（审议稿）》]。会议议定：定于1月9日上午，召开中国共产党香河县第十一届委员会第四次全体会议，会期半天。由县委办公室负责，精心组织，周密安排，切实做好会议各项筹备工作，确保会议圆满成功。由县委办公室负责，常委会后立即将县委十一届四次全会召开时间、会议内容等情况上报市委；由县委办公室负责，结合与会领导意见建议，对《报告（审议稿）》进一步修改完善后，提交县委十一届四次全会审议，全会通过后，以县委文件形式印发。

会议研究审议县人大党组提请审议的《关于召开香河县第十五届人民代表大会第三次会议的请示》。会议原则通过了县人大党组提请审议的《关于召开香河县第十五届人民代表大会第三次会议的请示》。会议议定：定于1月16－17日，在第一城召开香河县第十五届人大三次会议，会期3天。由县人大办公室负责，相关部门参与，精心组织，周密安排，认真做好会议各项筹备工作，确保会议圆满成功。

会议研究审议县政协党组提请审议的《关于召开政协香河县第九届委员会第三次会议的请示》。会议原则通过了县政协党组提请审议的《关于召开政协香河县第九届委员会第三次会议的请示》。会议议定：定于1月16－17日，在第一城召开政协香河县九届三次会议，会期2天。由县政协办公室负责，相关部门参与，精心组织，周密安排，认真做好会议各项筹备工作，确保会议圆满成功。

1月11日晚，县委书记李桂强在县委县政府办公楼三层常委会议室主持召开十一届县委常委会第3次会议。会议传达学习省委书记王东峰1月11日在廊坊市“北三县”调研时的指示精神，研究香河县贯彻落实意见。会议议定：全县各级各部门要切实提高政治站位，认真贯彻落实省委书记王东峰到廊坊市“北三县”调研时的指示精神，强化责任担当，抓好各项工作落实。由副县长闫明杰牵头，相关部门负责，全面深入排查香河县“大棚房”、设施农业非农化、农村宅基地租售等问题，切实摸清底数，不留死角，确保摸排情况真实、准确、可靠。同时，要加强土地用途管控，严格落实责任，层层传导压力，对失职渎职行为严肃追责问责。县党政班子成员要及时向所联系镇、街道、园区及分管部门传达有关精神，确保各项工作扎实推进；由县委常委、常务副县长齐建光负责，按照县十一届党代会报告及十一届县委二次、三次、四次全会报告内容，尽快梳理香河县2019－2021年拟上产业、基础设施、公共服务、“两河”治理等重点项目、重大工程清单；由副县长闫明杰牵头，县国土局等单位负责，对香河县与北京市通州区贴边管控区范围内已建、在建、已批未建、违法项目情况进行梳理归类，并研究具体解决方案。同时强化香河县与北京市交界地区规划建设管理，严格控制开发强度，坚决遏制贴边发展和无序蔓延；要坚定信心、振奋精神，攻坚克难，采取一切措施，确保香河县实现1月份经济指标“开门红”。

会议传达省委第十一巡视组组长孙进群到香河县督导巡视整改情况时的指示精神，学习《中共廊坊市委办公室关于严格落实巡视整改纪律的通知》精神。会议议定：全县各级各部门要认真贯彻落实省委第十一巡视组组长孙进群到香河县督导巡视整改情况时的指示精神，进一步提高政治站位，认真履行主体责任，层层传导压力，扎实做好巡视整改“后半篇文章”。要善始善终，充分做好巡视整改资料归档工作，形成完整的历史记载。要坚持以人民为中心的工作导向，求真务实，实事求是，不做虚事，不报假账，确保各项整改工作让人民满意，经得起历史的检验；全县各级各部门要深入学习贯彻中央和省、市委关于巡视工作部署要求，切实提升政治自觉和行动自觉，严守政治纪律和政治规矩，高度重视、严肃对待省委巡视反馈问题整改工作，严格按照省委巡视组要求上报相关资料。要实事求是，忠诚老实，自觉接受巡视监督检查，坚决避免整改弄虚作假、一带而过。要积极主动，扎实整改，坚决服从上级有关安排，主动认领责任，确保巡视整改工作顺利完成。

会议听取县人大党组、县政府党组、县政协党组、县人民法院党组、县人民检察院党组2018年度工作汇报，听取县纪委监委2018年落实全面从严治党监督责任情况的汇报。会议指出，县人大党组、县政府党组、县政协党组、县纪委监委、县人民法院党组、县人民检察院党组2018年围绕县委总体工作部署，主动担当、攻坚克难，各项工作取得了较好的成绩，为建设美丽幸福新香河作出了积极贡献。会议议定：县人大党组、县政府党组、县政协党组、县纪委监委、县人民法院党组、县人民检察院党组要深入贯彻落实县委十一届四次全会精神，认真研究、积极谋划2019年工作思路和举措，务实担当、履职尽责，凝心聚力、狠抓落实，充分发挥职能作用，全力推动全县各项工作实现新的跨越。

会议研究审议县委组织部提交的《关于在县“两会”期间成立临时党委的意见》。会议原则通过了县委组织部提交的《关于在县“两会”期间成立临时党委的意见》。会议议定：在县“两会”期间成立临时党委，县人大各代表团成立临时党支部，县政协各组成立临时党支部，各临时党组织机构要充分发挥好领导作用，确保县“两会”圆满成功。

会议研究审议县委组织部提交的《关于设立香河县第十五届人民代表大会社会建设委员会的意见》《关于香河县第十五届人民代表大会社会建设委员会组成人员的建议名单》。会议原则通过了县委组织部提交的《关于设立香河县第十五届人民代表大会社会建设委员会的意见》《关于香河县第十五届人民代表大会社会建设委员会组成人员的建议名单》。会议议定：为切实配强县人民代表大会委员会工作力量，充分发挥委员会作用，增强人大工作实效，结合香河县实际，在香河县第十五届人民代表大会第三次会议上按法定程序，设立社会建设委员会，设主任委员1名，副主任委员1名，委员3名。组成人选由主席团在代表中提名，经各代表团充分酝酿后，提请全体会议表决通过。

会议研究审议县政府党组提请审议的2019年《政府工作报告（讨论稿）》《香河县2018年国民经济和社会发展计划执行情况与2019年国民经济和社会发展计划（草案）的报告》《关于香河县2018年全县总预算及县本级预算执行情况和2019年全县总预算及县本级预算草案的报告》和《关于2019年全县及县本级收支预算草案情况的报告》。会议原则通过了县政府党组提请审议的2019年《政府工作报告（讨论稿）》《香河县2018年国民经济和社会发展计划执行情况与2019年国民经济和社会发展计划（草案）的报告》《关于香河县2018年全县总预算及县本级预算执行情况和2019年全县总预算及县本级预算草案的报告》和《关于2019年全县及县本级收支预算草案情况的报告》。会议议定：由县政府办公室及相关部门负责，结合与会领导意见建议，对上述报告进一步修改完善后，提交县十五届人大三次会议审议。各个报告要参照县委十一届四次全会报告内容，统一口径和标准，确保文字和数据权威可靠、准确无误。编制2019年预算工作要突出工作摆位，体现工作导向，确保实事求是、科学合理、切实可行。

会议研究审议县人大党组提请审议的《香河县人大常委会工作报告（讨论稿）》。会议原则通过了县人大党组提请审议的《香河县人大常委会工作报告（讨论稿）》[以下简称《报告（讨论稿）》]。会议议定：由县人大办公室负责，结合与会领导意见建议，参照县委十一届四次全会报告内容，对《报告（讨论稿）》进一步修改完善后，提交县十五届人大三次会议审议。

会议研究审议县政协党组提请审议的《香河县政协常委会工作报告（讨论稿）》。会议原则通过了县政协党组提请审议的《香河县政协常委会工作报告（讨论稿）》[以下简称《报告（讨论稿）》]。会议议定：由县政协办公室负责，结合与会领导意见建议，参照县委十一届四次全会报告内容，对《报告（讨论稿）》进一步修改完善后，提交政协香河县九届三次会议审议。

会议研究审议县人民法院党组提请审议的《香河县人民法院工作报告（讨论稿）》。会议原则通过了县人民法院党组提请审议的《香河县人民法院工作报告（讨论稿）》[以下简称《报告（讨论稿）》]。

会议议定：由县人民法院负责，结合与会领导意见建议，参照县委十一届四次全会报告内容，对《报告（讨论稿）》进一步修改完善后，提交县十五届人大三次会议审议。

会议研究审议县人民检察院党组提请审议的《香河县人民检察院工作报告（讨论稿）》。会议原则通过了县人民检察院党组提请审议的《香河县人民检察院工作报告（讨论稿）》[以下简称《报告（讨论稿）》]。会议议定：由县人民检察院负责，结合与会领导意见建议，参照县委十一届四次全会报告内容，对《报告（讨论稿）》进一步修改完善后，提交县十五届人大三次会议审议。

1月24日下午，县委书记李桂强在县委县政府办公楼三层常委会议室主持召开十一届县委常委会第4次会议。会议传达学习省、市“两会”精神。会议议定：全县各级各部门要把学习贯彻省、市“两会”精神作为重要政治任务，深刻领会精神实质，认真抓好贯彻落实。要把学习贯彻落实省、市“两会”精神与县委全会和县“两会”精神紧密结合起来，切实把全县领导干部思想统一到省、市、县各项决策部署上来，为建设美丽幸福新香河打下更加坚实的思想基础。

会议传达全省农村工作会议暨脱贫攻坚工作会议精神。会议议定：全县各有关部门要认真学习领会全省农村工作会议暨脱贫攻坚工作会议精神，全面落实省、市委决策部署，强化规划引领，明确目标任务，制定过硬措施，列出时间表、路线图，扎实推进脱贫攻坚、农业高质量发展、农村人居环境整治、新一轮农村改革、“大棚房”清理整治、农村基层党组织建设等各项硬任务，全面推进乡村振兴，为加快建设美丽幸福新香河奠定坚实基础。

会议研究审议县委深化机构改革领导小组办公室提交的《关于新开街道办、新华街道办、家具城3个机构及涉及人员的整改意见》。会议原则通过了县委深化机构改革领导小组办公室提交的《关于新开街道办、新华街道办、家具城3个机构及涉及人员的整改意见》。会议议定：新开街道办、新华街道办按原区划并入淑阳镇，职责、人员、编制一并划转。成立淑阳镇所属新开街社区党委、新华街社区党委，分别承担原新开街道办事处党委、新华街道办事处党委工作职责。淑阳镇组建股级事业单位新开街社区工作办公室、新华街社区工作办公室，分别承担原新开街道办事处、新华街道办事处工作职责。社区工作办公室接受社区党委领导，对外以社区工作办公室名义开展工作；家具城职责并入淑阳镇，由淑阳镇代行家具城管理委员会职责。组建淑阳镇党委所属家具城党委和股级事业单位家具城发展中心。现任家具城管委会主任、常务副主任结合机构改革，进行调整交流安置，股级及以下干部，人事关系调入淑阳镇。

会议研究审议县委深化机构改革领导小组提请审议的《香河县机构改革实施方案》。会议原则通过了县委深化机构改革领导小组提请审议的《香河县机构改革实施方案》。会议议定：全县各级各部门要坚决贯彻落实习近平总书记关于深化党和国家机构改革的重要论述，按照上级统一部署要求，着力改革机构设置，优化职能配置，创新体制机制，合理划分事权，提高效率效能，构建简约高效的管理体制。要深入做好干部职工思想政治工作，密切关注思想动态，确保干部职工思想不乱、队伍不散、工作不断、干劲不减。要紧凑有序推进改革，明确责任分工，细化工作措施和时间节点，确保圆满完成机构改革各项工作任务。

会议研究审议县机构编制委员会提请审议的《关于撤销新开街道办、新华街道办、家具城管委会的意见》《关于组建香河县融媒体中心的意见》。会议原则通过了县机构编制委员会提请审议的《关于撤销新开街道办、新华街道办、家具城管委会的意见》《关于组建香河县融媒体中心的意见》。会议议定：撤销香河县新开街道办、新华街道办、家具城管委会。将新开街道办、新华街道办职责按原区划并入淑阳镇。将家具城管委会职责并入淑阳镇，在淑阳镇成立家具城发展中心；将香河广播电视台负责的电视台、广播电台工作，县委宣传部负责的《新香河》报纸采访编辑印发工作、“两微一端”工作，县政府办公室信息中心负责的县政府官网等工作整合，以广播电视台为主体，组建香河县融媒体中心，挂香河广播电视台牌子。县融媒体中心为县委直属事业单位，归口县委宣传部管理。设主任1名，副主任2名，设广播电视节目总编辑1名（正科级），副总编辑2名（副科级）。

会议研究审议县委组织部提交的《关于设立县自然资源和规划局党组等有关部门党组的意见》。会议原则通过了县委组织部提交的《关于设立县自然资源和规划局党组等有关部门党组的意见》。会议议定：设立县自然资源和规划局党组等新组建部门党组、发展和改革局党组、城市管理综合行政执法局党组、融媒体中心党组。因机构撤销、合并或更名，原国土资源局党组等党组自然撤销。

会议研究审议县委组织部提交的《香河县机构改革人事安排方案》。会议原则通过了县委组织部提交的《香河县机构改革人事安排方案》。会议议定：全县各级各部门要提高政治站位，切实把思想和行动统一到上级关于机构改革决策部署和工作安排上来，增强抓好机构改革的责任感和紧迫感，保证改革平稳顺利完成。要加强组织协调和工作指导，做好思想宣传引导工作，确保如期圆满完成机构改革任务。要抓紧制定“三定”方案，将职责配置、编制配备、职数核定、内设机构设置及办公场所、机构挂牌、公章使用、办公设备、账户经费等统筹考虑，确保改革期间各项工作连续稳定。

会议研究审议县委组织部提交的《2018年度县委常委民主生活会工作方案》。会议原则通过了县委组织部提交的《2018年度县委常委民主生活会工作方案》（以下简称《工作方案》）。会议议定：1月29日召开2018年度县委常委民主生活会，县纪委、县委组织部负责邀请市委督导组领导到会指导；由县委组织部负责，相关部门参与，本着高度重视、严谨认真的原则，认真贯彻党中央和省、市委要求，严格落实民主生活会规定动作，从严从实做好各环节工作，确保开出高质量的民主生活会。各位常委要认真查摆问题，深刻剖析原因，撰写好对照检查材料和个人发言提纲，突出主题，求真务实，避免空话套话，确保民主生活会开出凝聚共识、团结奋斗、干事创业、狠抓落实的好氛围好效果。

1月28日下午，县委书记李桂强在县委县政府办公楼三层常委会议室主持召开十一届县委第5次常委会议。会议研究审议县委办公室提交的《县委常委班子民主生活会对照检查材料》（以下简称《对照检查材料》）。会议原则通过了县委办公室提交的《对照检查材料》。会议议定：由县委办公室负责，结合与会领导意见建议，围绕本次民主生活会主题，把习近平总书记对领导干部特别是高级干部提出的6条要求和省委书记王东峰对廊坊工作的重要指示精神，作为重要内容，对《对照检查材料》进一步修改完善后，在2018年度县委常委民主生活会上报告。

会议传达市纪委六届四次全会精神。会议议定：全县各有关部门要深入贯彻落实市纪委六届四次全会精神，增强“四个意识”，即政治意识、大局意识、核心意识、看齐意识，坚定“四个自信”，即中国特色社会主义道路自信、理论自信、制度自信、文化自信，做到“两个维护”，即坚决维护习近平总书记在党中央和全党的核心地位、坚决维护党中央权威和集中统一领导。坚持稳中求进工作总基调，忠实履行党章和宪法赋予的职责，坚定不移推动全面从严治党向纵深发展。要按照上级部署要求，以党的政治建设为统领，坚持纪严于法、纪在法前，执纪执法贯通，有效衔接司法，取得全面从严治党更大成果，为建设美丽幸福新香河提供坚强纪律保障。

会议研究审议县纪委提交的《县纪委十一届三次全会安排方案》和《县纪委十一届三次全会工作报告（审议稿）》[以下简称《报告（审议稿）》]。会议原则通过了县纪委提交的《县纪委十一届三次全会安排方案》《报告（审议稿）》。会议议定：近期召开中国共产党香河县第十一届纪律检查委员会第三次全体会议，会期半天。由县纪委负责，精心组织，周密安排，切实做好会议各项筹备工作，确保会议圆满成功；由县纪委负责，按照上级精神，结合与会领导意见建议及香河县实际，对《报告（审议稿）》进一步修改完善后提交县纪委十一届三次全会审议。

会议研究部署大气污染防治工作。会议议定：全县各有关部门要做好大气污染各项防治工作，加强对重点区域、重点部位、重点企业进展情况的督导检查，定期调度，加快推进，以工作的高效落实促进问题的有效整改。要进一步做好以严控 PM2.5 为重点的大气污染秋冬防治工作，确保一季度“开门绿”，为全年大气污染防治打好基础。

3 月 6 日下午，县委书记李桂强在县委县政府办公楼三层大会议室主持召开十一届县委第 6 次常委（扩大）会议。会议学习中央一号文件精神，传达市委副书记李龙在香河县调研时讲话精神，研究香河县贯彻落实意见。会议议定：全县各级各部门要深入学习领会中央一号文件精神和李龙在香河县调研时讲话精神，切实把思想和行动统一到中央和省、市委关于乡村振兴战略决策部署上来，全面推进乡村振兴战略实施，切实抓好各项任务贯彻落实；关于乡村振兴工作。一是兴产业促增收。全县各级各有关部门要结合香河实际，借鉴城郊型农业发展模式，充分利用闲置土地，认真研究农业农村经济发展壮大办法，激发农村经济活力。二是优环境促宜居。要加大农村人居环境整治力度，切实解决“脏乱差”问题，优化农村人居环境。三是抓治理促文明。要加强基层党组织建设，充分发挥先锋模范作用，制定完善村规民约，依靠典型示范引领乡风文明；关于美丽乡村全覆盖工作。一是由县卫健局、爱卫办负责，大面积推行村街“四化”，即硬化、绿化、净化、美化，保留村街改厕。各镇（社区）、园区按照政策申请补贴，最大化争取专项资金。由县委副书记张玉林牵头，县妇联、县农业农村局、县住房和城乡建设局负责，尽快制定美丽庭院建设指导意见，制作示范型样板图册，在统一标准的同时，提供多样选择。要搞好学习推广，组织参观活动，全面推广美丽庭院建设。全县各级领导干部要带头建设美丽庭院示范户，切实起到引领作用。二是统筹美丽乡村建设。由县委组织部负责，以镇（社区）、园区为单位，将街道风貌、门楼牌楼、文化广场、场所布置等统一风格和标准。三是统筹基础设施建设。本着实事求是的原则，建立健全水系沟渠坑塘联网、清淤扩挖、景点设置、垃圾处理等管理管护机制。四是坚持“四先四后”，即先“拆违”后建设，先地下后地上，先街道后庭院，先硬件后软件。五是实事求是、注重实效。要坚持公共财政资金向农村倾斜，确保财政投入与乡村振兴目标任务相匹配。六是突出重点，抓片区、抓精品、抓示范。在全县统筹基础上，以镇（社区、园区）域为主，将交通路网、道路绿化、全域旅游、环境整治、农户面貌等统筹考虑，点线面结合，研究制定精品线路，出台长效管理机制，打造生态宜居美丽乡村；县农业农村局要根据会议议定内容，制定具体实施意见，形成工作专班，全力推进实施乡村振兴战略，不折不扣抓好落实，确保出成效、见效果。

会议传达省委副书记赵一德在做好全国“两会”期间信访工作电视电话会议上的讲话精神。会议议定：全县各级各部门要进一步提高政治站位，全面加强巡逻防控，强化安保措施，深入开展矛盾纠纷隐患排查化解，积极稳妥处理各类信访问题，认真核查进京的每辆车、每个人，坚决把不安全因素查堵在北京外。要严格落实领导责任，压紧压实属地管理责任和部门责任，更好地发挥群众组织作用，为全国“两会”顺利召开营造和谐稳定的社会环境。会议还听取了蒋辛屯镇人居环境整治和美丽乡村建设工作汇报。

4 月 2 日下午，县委书记李桂强在县委县政府办公楼三层常委会议室主持召开十一届县委第 7 次常委会议。会议传达学习省、市扶持壮大村级集体经济工作会议精神和省委副书记赵一德在香河县就人居环境整治工作调研时讲话精神。会议议定：全县各有关部门要认真贯彻落实省、市扶持壮大村级集体经济工作会议精神，提高站位，担当作为，增强紧迫感和责任感，切实推动全县村级集体经济加快发展。要强化责任，多措并举，精准施策，把发展壮大村级集体经济各项任务落到实处。要成立县扶持壮大村级集体经济工作领导小组和工作专班，认真落实上级各项决策要求，对全县相关工作作出总体部署。明确蒋辛屯镇作为市级集体经济示范区，在省级扶持村（北李庄、苍头、王店子村）基础上，再确定北三百户、岭子、河北吴村、杨簸箕庄、梁家务村为县级扶持村，由县财政拨付扶持资金 200 万元，村均 40 万元，用于村级集体经济发展；全县各级各部门要认真学习省委副书记赵一德在香河县调研时讲话精神，统筹城乡发展，强化工作举措，提高工作质量，深入推进香河县农村人居环境整治，切实提升农村生产生活条件和生态质量。

会议传达学习 3 月 31 日全市信访工作调度会议精神。会议议定：全县上下要严格落实上级有关要求，高度重视信访工作。县委常委要对所联系镇（社区）、园区加强指导，督促做好信访矛盾隐患排查化解工作；要加强正面引导，宣传教育广大群众依法依规有序信访，理性维权，树立社会正能量。县委宣传部要做好舆情监控，及时发布县内重点工作、重大决策相关动态；要对涉房领域信访重点案件逐一组建工作专班，逐一健全工作台账，明确包案县领导和责任单位。一周一调度，攻坚克难，集中化解涉访楼盘难题。

会议研究审议县农业农村局提交的《关于开展美丽庭院创建活动的安排意见》（以下简称《安排意见》）。会议原则通过了县农业农村局提交的《安排意见》。会议指出，美丽庭院创建是美丽乡村建设、人居环境整治、乡村振兴战略的重要内容，全县各级各部门要全力推进，抓好贯彻落实。会议议定：明确美丽庭院创建活动由县委农村工作领导小组牵头，县妇联、县委组织部、县委宣传部、县委统战部参与，以镇（社区）、园区为单位组织实施。领导小组办公室要充分发挥牵头抓总、统筹协调、整体推进作用，履职尽责，扎实推动活动开展；美丽庭院创建标准要具有指导性，简单明了，实事求是，明确院子、室内、厨、厕创建具体标准，同时由县农业农村局、县妇联提供样板图册。要突出重点，点、线、面、带结合，将美丽庭院创建与美丽乡村精品片区、精品村、市级达标村摆布及全域旅游统筹考虑，旅游动线沿路两侧要优先建成美丽庭院；要将美丽庭院创建与五星党员评比、文明户创建相结合，纳入县委组织部、县委宣传部考核评比内容。要开展美丽庭院示范户评选活动，大张旗鼓地进行宣传、表彰、奖励，发挥示范带动作用。适时召开美丽庭院创建工作动员会议，结合美丽乡村全覆盖，动员全县各级各部门积极参与创建活动；由县农业农村局负责，结合与会领导意见建议，对《安排意见》进一步修改完善，由县委副书记张玉林严格把关后，以县委文件形式印发执行。

会议传达学习习近平在省部级主要领导干部坚持底线思维着力防范化解重大风险专题研讨班开班式上的重要讲话精神及省、市专题研讨班精神，研究审议县委办公室提交的《关于打好防范化解重大风险攻坚战切实当好河北首都政治“护城河”排头兵的实施意见》（以下简称《实施意见》）。会议原则通过了县委办公室提交的《实施意见》。会议议定：全县各级各有关部门要进一步提高政治站位，全面贯彻落实总体国家安全观，强化底线思维，增强忧患意识、风险意识、敏感意识，防范风险挑战。要坚持守土有责、守土尽责，把防范化解重大风险工作做实做细做好。要加强理论修养，提高思维能力，善于从纷繁复杂的矛盾中把握规律，不断积累经验、增长才干。要站位全局，加强部门间信息沟通预警，认真排查化解所分管领域各类风险隐患，建立健全风险防控机制，强化人防、物防、技防，全力保障社会大局和谐稳定；由县委办公室负责，结合与会领导意见建议，对《实施意见》进一步修改完善后，以县委文件形式加密印发。

会议研究审议县委办公室提交的《2018年度县委常委民主生活会整改工作方案》（以下简称《工作方案》）。会议原则通过了县委办公室提交的《工作方案》。会议议定：全县各级各部门要树牢“四个意识”，强化责任担当，层层传导压力，针对查摆梳理出的问题，抓住关键要害，找准关键环节，以坚决的态度推动各项整改任务落到实处。要强化协调联动，责任单位之间要相互配合，各司其职、各负其责，形成整改合力；由县委办公室负责，结合与会领导意见建议，对《工作方案》进一步修改完善后，以县委文件形式印发。

会议研究审议县委办公室提交的《2019年县级领导分包重大事项、重点工程和重点项目安排》（以下简称《“三重”安排》）。会议原则通过了县委办公室提交的《“三重”安排》。会议议定：各牵头领导和配合领导要切实担负起责任，集中精力，主动作为，牢固树立“一盘棋”思想，在做好日常分管工作的基础上，对相关重大事项、重点工程、重点项目进行协调、调度、督导，全力以赴抓好分包工作推进；由县委办公室负责，结合与会领导意见建议，对《“三重”安排》进一步修改完善后，以县委办公室文件形式印发执行。

会议研究审议县政府党组提请审议的《关于2019年在全县深化开展“双创双服”活动的实施意见》《香河县2019年深化实施30项民心工程的意见》，县纪委提交的《香河县深化纠正“四风”和作风纪律专项整治推进方案》《全县窗口单位和重点行业开展“三深化三提升”活动群众满意度测评实施方案》。会议原则通过了县政府党组提请审议的《关于2019年在全县深化开展“双创双服”活动的实施意见》《香河县2019年深化实施30项民心工程的意见》，县纪委提交的《香河县深化纠正“四风”和作风纪律专项整治推进方案》《全县窗口单位和重点行业开展“三深化三提升”活动群众满意度测评实施方案》。会议议定：全县各级各部门要切实提高思想认识，增强开展“三深化三提升”活动的责任感和使命感，全面落实中央和省、市、县委重大决策部署，扎实做好改革发展稳定和党的建设等各项工作。要深入贯彻新发展理念，深化改革，扩大开放，推动创新发展、绿色发展、高质量发展。要践行以人民为中心的发展思想，切实保障改善民生，增强人民群众获得感、幸福感。要加强作风纪律建设，优化政治生态和营商环境，激励广大党员干部担当作为。要把开展“三深化三提升”活动作为当前和今后一个时期的重要任务，加强谋划研究，细化分解任务，明确时间表、路线图、责任人，上下联动，形成合力，确保活动取得扎实成效；由县纪委监委、县发展和改革局负责，结合与会领导意见建议，对上述文件进一步修改完善后，以县委文件形式印发执行。

会议传达学习全国、省、市教育大会精神和全国学校思想政治理论课教师座谈会精神，研究香河县贯彻落实意见。会议认真听取了全国、省、市教育大会精神和全国学校思想政治理论课教师座谈会精神，原则通过了香河县贯彻落实意见。会议议定：全县各有关部门要认真学习贯彻全国、省、市教育大会精神和全国学校思想政治理论课教师座谈会精神，全面加强香河县教育工作，切实承担起铸魂育人、立德树人的历史重任。要抓好思想政治教育，严格落实意识形态工作责任制，扎实推进习近平新时代中国特色社会主义思想进课堂、进头脑。要结合香河县教育工作实际，列出任务清单、责任清单，加强督导检查，逐项落到实处，切实推动全县教育工作高质量发展；适时召开全县教育和学校思想政治理论工作会议，对香河县相关工作进行安排部署。

会议研究审议县政府党组提请审议的《关于申请取消河北香河潮白河大运河国家湿地公园试点建设的请示》（以下简称《请示》）。会议原则通过了县政府党组提请审议的《请示》。会议议定：由县政府办公室负责，履行程序，将具体情况上报省、市有关部门。

会议研究审议县政协党组提请审议的《县政协2019年度协商和监督工作计划》（以下简称《工作计划》）。会议原则通过了县政协党组提请审议的《工作计划》。会议议定：县政协要进一步规范协商和监督工作，提高协商、监督成效，充分发挥人民政协作为协商民主重要渠道和专门协商机构的作用，切实履行好政治协商、民主监督、参政议政职能，为加快建设美丽幸福新香河积极贡献力量；由县政协办公室负责，结合与会领导意见建议，对《工作计划》进一步修改完善后，以县政协文件形式印发。

会议学习《中国共产党政法工作条例》(以下简称《条例》)，研究香河县贯彻落实意见。会议认真学习了《条例》，原则通过了香河县贯彻落实意见。会议议定：全县各级各有关部门要从政治和全局的高度，深刻认识《条例》颁布实施的重大意义，切实增强学习宣传贯彻《条例》的政治自觉、思想自觉和行动自觉，切实履行好新时代政法工作的重大职责任务，坚决当好首都政治“护城河”排头兵。

会议研究审议县委政法委提交的《关于坚持发展新时代枫桥经验进一步加强和创新基层社会治理的实施意见》（以下简称《实施意见》）。会议原则通过了县委政法委提交的《实施意见》。会议议定：全县各级各有关部门要深刻领会“枫桥经验”的精神要旨和时代意义，明确树立坚持发展“枫桥经验”的目标方向，建立健全党委（党组）领导机制和政府治理机制，完善源头预防机制，加强和创新基层社会治理，提高服务群众能力，拓宽群众参与渠道。要切实发挥法治建设保障作用，为加快建设美丽幸福新香河营造良好的社会环境；由县委政法委负责，结合与会领导意见建议，对《实施意见》进一步修改完善后，以县委文件形式印发执行。

会议研究审议县委政法委提交的《香河县2019年扫黑除恶专项斗争工作要点》（以下简称《工作要点》）。会议原则通过了县委政法委提交的《工作要点》。会议议定：全县各级各有关部门要坚决贯彻上级关于扫黑除恶专项斗争的决策部署，认清形势，正视问题，把握时间节点，坚持打早打小、除恶务尽，坚持标本兼治、综合施策，坚持专群结合、依靠群众，建立健全涉黑涉恶线索发现移交、行业管理漏洞通报整改机制，完善落实市场准入、行业监管等长效工作机制，推动全县扫黑除恶专项斗争向纵深发展；由县委政法委负责，结合与会领导意见建议，对《工作要点》进一步修改完善后，以县委文件形式印发执行。

会议研究审议县委组织部提交的《2019 年全县人才工作要点》《香河县第二批县管优秀专家和县域特色人才预选人员名单》。会议原则通过了县委组织部提交的《2019 年全县人才工作要点》《香河县第二批县管优秀专家和县域特色人才预选人员名单》。会议议定：全县各有关部门要严格按照上级人才工作要点安排部署，紧紧围绕全县经济社会发展大局，抢抓京津冀协同发展机遇，不断深化人才发展体制机制改革，持续优化人才创新创业环境，集聚培育一支规模宏大、结构优化、布局合理的人才队伍，构建人才引领创新驱动、支撑转型发展生动局面，为建设美丽幸福新香河提供坚强的人才保障和智力支撑；由县委、县政府授予“县管优秀专家”“县域特色人才”称号，颁发证书并全县通报。从 2019 年起，对第二批县管优秀专家和县域特色人才进行为期四年的目标责任制管理，落实相关政治、工作和生活待遇。

会议研究审议县委组织部提交的《关于推进发展党员违规违纪问题排查试点工作实施方案》（简称《实施方案》）。会议原则通过了县委组织部提交的《实施方案》会议议定：全县各有关部门要切实规范基层党组织发展党员工作，着力把牢发展党员“入口关”，有效提高发展党员质量。要以农村、社区为重点，对发展党员违规违纪问题进行全面排查、核实认定，进一步严肃发展党员工作纪律，规范发展党员工作程序，切实推动全面从严治党向基层延伸。

会议听取县委组织部《关于 2018 年度乡科级领导班子和领导干部综合考评及绩效管理考评结果的报告》。会议议定：由县委组织部负责，将考核结果以县委干部考核领导小组文件形式通报全县。

会议听取县纪委监委《关于开展对纠正“四风”、集中拆违、扫黑除恶专项斗争、扶贫领域腐败和作风问题等重点工作进行督导检查的工作报告》。会议议定：县纪委监委要紧紧围绕县委、县政府中心工作，服务大局，严格履行监督职能，将监察、检查工作常态化。要进一步压紧压实各单位党委（党组）主体责任，突出工作重点，对顶风违纪、影响全县发展稳定大局的问题从严从重查处。要抓取反面典型，充分发挥警示震慑作用，切实增强政治纪律和政治规矩意识，全面提升全县工作效能和营商环境。

会议传达学习《河北省委关于进一步严格党内政治生活加强民主集中制建设的若干意见》（以下简称《若干意见》）。会议议定：全县各级各部门要深入学习《若干意见》，按习近平总书记“立规矩、讲规矩、守规矩”的指示要求，在各级领导班子中大力强化规矩意识，狠抓制度落实，强化监督管理，进一步浓厚民主集中制氛围，推动领导班子民主决策、决策执行和班子集体战斗力进一步增强。

会议传达学习《河北省防范和惩治统计造假、弄虚作假督察工作实施办法》（以下简称《实施办法》）。会议议定：全县各级各有关部门要深入学习《实施办法》，紧密结合上级有关决策部署和各项法律法规，全面系统开展学习。要建立健全防范和惩治统计造假、弄虚作假督察工作机制，压紧压实工作责任，坚持依法统计、应统尽统，为上级决策预判提供可靠支撑。会议还传达了浙江省桐庐县考察培训精神，研究了组织工作相关事宜及干部处理意见。

4 月 26 日下午，县委书记李桂强在县委县政府办公楼三层大会议室主持召开十一届县委第 8

次常委（扩大）会议。会议专题研究涉及房地产领域信访重点案件化解工作。传达学习全市“一带一路”峰会期间信访工作暨第二次涉及房地产领域信访重点案件化解工作调度会议精神。会议议定：全县各级各部门要进一步统一思想、明确任务、压实责任，全力以赴解决涉及房地产领域信访重点案件，落实好省委提出保居民就业、保基本民主、保市场主体、保粮食安全、保产业链供应链稳定、保基层运转（简称“六个确保”）的工作要求，将问题稳控在基层、化解在县内。要提高政治站位，克服麻痹厌战思想，坚持标本兼治、疏堵结合、准确研判、精准定性、勇于担当、注重实效的原则，增强主人翁意识，强化领导责任、属地责任、部门责任和开发企业责任；县四大班子领导要高度关注、精心指导好分包镇（社区）、园区和分管部门做好涉房信访工作。相关部门要本着“属地管理、分级负责”和“谁主管、谁负责”的原则，督促企业抓好问题整改工作，尽快解决问题。要明确属地稳控责任人和解决问题部门，将属地派出所所长一并列为稳控责任人，形成协调联动工作格局。县公安局、县人民法院、县人民检察院、县司法局要组建法律咨询团队，加强法律援助和普法宣传，坚定不移地维护上访业主合法权益，坚定不移地打击组织串联、以访施压、以闹牟利等干扰社会秩序行为。同时，注重对违法违规人员教育转化，探索现身说法、以案说法等宣教方式，增强教育效果。网信部门要密切关注网络舆情动态，积极做好舆情的监测、跟踪、收集、甄别等基础工作，并及时反馈，为后续工作的开展提供准确信息参考。城建部门要协调企业加快办理房本、退房及支付违约金，督促企业加快扫尾工程，保证业主尽快入住。市场监督管理部门要制定房地产市场监督管理办法，加强监管，组织开展专项整治，严厉打击虚假销售、霸王条款等不法行为，进一步规范房地产市场秩序。宣传部门要营造舆论氛围，加大对干扰社会秩序、寻衅滋事等反面典型案例的宣传力度，强化影响力和震慑作用；要强化问责机制，树立有权必有责、有责要担当、失责必追究的导向，真正让失责必问、问责必严成为常态。

5月16日上午，县委书记李桂强在县委县政府办公楼三层常委会议室主持召开十一届县委第9次常委会议。会议传达全市信访工作会议精神，研究香河县贯彻落实意见。会议议定：全县各级各有关部门要高度重视信访工作，特别是涉及房地产领域信访问题，县委常委要督促所联系镇（社区）、园区做好信访矛盾隐患排查化解工作。包案县领导要落实包案责任，上手上心，全力协调推进所包案件化解。相关部门要强化责任，协调联动，形成合力。问题楼盘开发企业要认真梳理业主反映的合理诉求，尽快制订解决方案，明确解决期限。各镇（社区）、园区要密切掌握辖区内问题楼盘项目总体进展情况，及时通报信息，做好风险预警，积极协调各方，全力做好化解工作。由县委常委、宣传部长焦国强、副县长、县公安局局长吴海斌牵头，县融媒体中心、县网信办、县公安局负责，在加强网络监控的同时，开展依法治访宣传活动，选取一批典型案例进行广泛宣传，发挥警示教育震慑作用。

会议研究审议县委办公室提交的《中共香河县委全面深化改革委员会2019年工作要点》（以下简称《工作要点》）。会议原则通过了县委办公室提交的《工作要点》。会议议定：全县各级各部门要深入贯彻落实上级各项重大改革部署，紧紧围绕全面深化改革总目标，把握京津冀协同发展重大历史机遇，坚持问题导向和目标需求导向，结合全县实际，着力解决影响全县经济社会发展的体制机制障碍，推进基础性关键领域改革取得实质性成果，为建设美丽幸福新香河提供强大动力和制度保障；由县委办公室负责，结合与会领导意见建议，对《工作要点》进一步修改完善后，以县委深改委文件形式印发执行。

会议研究审议县政府党组提请审议的《香河县民营经济表彰评审办法》和初评获奖企业名单。会议原则通过了县政府党组提请审议的《香河县民营经济表彰评审办法》和初评获奖企业名单。会议议定：由县政府办公室负责，结合会议议定事项，履行表彰有关程序并做好表彰大会筹备工作。

会议研究审议县政府党组提请审议的《香河县农村生活垃圾治理工程 PPP 项目实施方案》(以下简称《实施方案》)。会议原则通过了县政府党组提请审议的《实施方案》。会议议定：全县各有关部门要规范农村生活垃圾治理工程 PPP 项目建设程序，履职尽责，担当作为，全力推进项目尽早投入运营。要充分借鉴外地经验，最大化利用好原有设备和工作人员，确保项目在运行过程中发挥最大效益。要明晰各方责任，健全完善项目公司绩效考核办法，本着公开、公平、公正的原则，在部门履行好监管责任的同时，让社会广泛参与考核评价。要建立健全项目公司预警退出机制，保障项目持续稳定运行。明确项目公司未经县政府授权，禁止将项目擅自转让第三方运营。

会议研究审议县政府党组提请审议的《香河县推进基础设施工程建设项目审批提速的试行办法》（以下简称《试行办法》）。会议原则通过了县政府党组提请审议的《试行办法》。会议议定：全县各有关部门要创新突破，务实担当，精简审批事项，压缩审批时间，优化审批流程，确保《试行办法》范围内的政府性投资工程建设项目高质高效推进。

会议传达学习中央、省、市违建别墅清理整治工作动员会议精神、《省委办公厅省政府办公厅印发关于石家庄市鹿泉区和保定市部分县(区)项目违法建设、违法收储土地问题的通报》，研究香河县贯彻落实意见。会议议定：全县各级各有关部门要切实提高政治站位，认真学习上级有关会议文件精神，深刻汲取经验教训，举一反三，引以为戒，严守政治纪律和政治规矩，强化依法行政意识、依法用地意识，确保香河县不发生违法占地、违法建设现象。由县委常委、纪委书记、监委主任牛静、副县长闫明杰牵头，相关部门负责，尽快梳理 2016－2018 年违法占地清单，对问题整改未到位的，按照属地管理责任和部门监管责任，依法依规启动问责程序。对 2019 年新出现的违法占地、违法建设即发即问。对县人民法院未按时作出裁决的案件，同样对相关责任人启动问责程序。县委组织部要将新增违法占地、违法建设问题纳入镇（社区）、园区和部门考核指标，加大考核力度。

会议研究审议县委统战部提交的《中央宗教工作督查反馈意见整改方案》（以下简称《整改方案》)。会议原则通过了县委统战部提交的《整改方案》。会议议定：全县各级党委（党组）要深入学习习近平总书记关于宗教工作重要讲话精神和上级关于宗教工作有关规定，强化政治意识、宗教意识，妥善处理好各类宗教问题，以务实的作风、有效的举措，切实抓好各项整改工作落实。要加强基层宗教工作力量，建立完善区域协作机制，全面提升基层宗教事务管理能力，真正肩负起首都政治“护城河”排头兵的政治责任；由县委统战部负责，结合与会领导意见建议，对《整改方案》进一步修改完善后印发执行。

会议传达学习习近平总书记在全国公安工作会议上的讲话精神，研究香河县贯彻落实意见。会议议定：县公安局要深入学习习近平总书记在全国公安工作会议上的讲话精神，进一步增强“四个意识”，坚定“四个自信”，做到“两个维护”，始终在思想上政治上行动上与以习近平总书记为核心的党中央保持高度一致。要积极预防、妥善化解各类社会矛盾，确保社会既充满生机活力又保持安定有序。要处理好维稳和维权的关系，既要解决合理合法诉求、维护群众利益，又要引导群众依法表达诉求、维护社会秩序。要加强公安工作改革创新，深入推进公安工作和公安队伍革命化、正规化、专业化、职业化建设，结合全县实际，全面抓好反恐防爆、治安防范、公共安全等各项工作，切实维护香河县社会大局和谐稳定。

会议听取县委组织部《关于香河县发展党员违规违纪问题排查试点工作进展情况的报告》。会议议定：县委组织部要高度重视发展党员违规违纪问题排查试点有关工作，按照省、市委有关要求，对核查出的重点问题进行梳理汇总，形成核查问题清单，为后续调查核实、处理整改、规范提升等工作顺利开展打下基础。

会议研究审议县委组织部提交的《关于进一步加强乡科级干部有序交流的意见》。会议原则通过了县委组织部提交的《关于进一步加强乡科级干部有序交流的意见》。会议议定：全县各级各部门要站位改革发展大局，深刻认识干部交流任职和挂职锻炼工作的重要意义，增强责任感、使命感，按照县委统一安排，全力支持干部交流任职和挂职锻炼工作。县委组织部要紧紧围绕县委、县政府中心工作，根据领导班子配备情况，科学合理制定干部年度交流和挂职锻炼工作计划，丰富干部阅历，提升能力素质，进一步激发干部队伍活力，为建设美丽幸福新香河提供坚强的组织保障。

会议还通过了县政府党组提请审议的《香河县资产收购管理暂行办法》，听取了县委组织部《关于从优秀村党组织书记中选拔乡镇公务员工作情况的报告》，研究了组织工作相关事宜。

5月28日上午，县委书记李桂强在县委县政府办公楼三层常委会议室主持召开十一届县委第10次常委会议。会议研究审议县纪委监委提交的《中共香河县委落实全面从严治党主体责任领导小组2019年度工作要点及责任分工》(以下简称《工作要点》)和《落实市委2019年政治生态评价指标体系任务分解表》。

会议原则通过了县纪委监委提交的《工作要点》《落实市委2019年政治生态评价指标体系任务分解表》。会议议定：全县各级各部门要坚持以习近平新时代中国特色社会主义思想中共党的十九大精神为指导，紧紧围绕新时代党的建设总要求，坚定不移推进全面从严治党向纵深发展。要强化责任担当，全面落实党风廉政建设主体责任，建立健全工作机制，有效防控廉政风险，协调推进各项工作。要突出工作重点，严格落实管党治党主体责任，努力营造风清气正的良好政治生态；由县纪委监委负责，结合与会领导意见建议，对《工作要点》进一步修改完善后，以县委文件形式印发。

会议研究审议县委政法委提交的《关于迎接中央扫黑除恶督导“回头看”工作的实施方案》（以下简称《实施方案》）；会议原则通过了县委政法委提交的《实施方案》。会议议定：全县各级各有关部门要进一步增强政治自觉、思想自觉和行动自觉，压紧压实扫黑除恶专项斗争重大政治责任，高标准做好中央督导“回头看”整改工作，确保各项问题整改到位。要不断完善政法部门和纪检监察部门线索核查移交反馈机制，加强衔接、密切合作、动真碰硬，推动侦办涉黑涉恶案件与“拍蝇打伞”“打伞破网”同步进行。要切实提高政治站位，强化责任担当，坚持问题导向，深入开展自查自纠，推动扫黑除恶专项斗争取得更大战果。

会议听取县统计局《关于1—4月全县经济指标完成及运行情况的通报》，研究香河县经济工作。会议议定：全县各级各部门要主动担当、积极作为，以高度的责任感使命感做好经济运行各项工作。要加大经济指标调度频次和力度，确保应统尽统、应收尽收，努力实现上半年经济运行指标“双过半”。要搞好重点项目建设，持续提升三产比重，积极发展高新技术产业，增强工业经济增长动力和后劲，努力提质增效。要坚持问题导向，认真分析经济运行情况和存在问题，寻找经济发展支撑力和增长点，把经济运行工作抓实抓牢抓到位。

会议传达学习《地方党政领导干部食品安全责任制规定》，研究香河县贯彻落实意见。会议议定：全县各级各有关部门要认真贯彻落实上级各项决策部署，高度重视食品安全工作，加大工作力度，坚决守住食品安全底线。要增强做好食品安全工作的责任感，明确任务，突出重点，超前谋划不同时期的工作重点，消除死角盲区，确保全县食品安全工作形势持续向好。要着重抓好重点区域、重点领域和重点环节的食品安全监管，保持打击食品领域违法行为的高压态势，力促香河县食品安全监管工作进一步上层次、提水平、见实效，全力保障人民群众饮食安全。

会议听取县安委办《关于进一步深化安全生产大排查大整治攻坚行动开展情况的汇报》，研究香河县安全生产工作。会议议定：全县各级各有关部门要高度重视安全生产工作，切实提高政治站位，强化责任担当，压实部门责任和属地责任。要进一步完善安全隐患排查整改机制，规范隐患排查、登记、整治、监督、销号全过程管理。要及时发现消除事故隐患，加强防灾减灾、安全应急知识宣传教育和培训力度，提高社会、企业安全防范意识和应急自救能力。要加强应急值守，完善应急体系，锤炼应急队伍，保持信息畅通，确保及时妥善处置各类突发事件，保障人民群众的生命财产安全。

会议还通过了县委组织部提交的《关于成立县政协机关党组的意见》，研究了组织工作相关事宜。

6 月 13 日上午，县委书记李桂强在县委县政府办公楼三层常委会议室主持召开十一届县委第 11 次常委会议。会议传达学习习近平总书记在重庆考察并主持召开解决“两不愁三保障”突出问题座谈会上的讲话精神，研究香河县贯彻落实意见。会议议定：全县各级各部门要认真学习领会习近平总书记重要讲话精神，高度重视脱贫攻坚工作，着力解决“两不愁三保障”突出问题，高质量完成各项脱贫任务。要强化政治责任，加强脱贫攻坚工作监管，确保各项政策落实到位。要把防止返贫摆在重要位置，积极探索建立稳定脱贫长效机制，强化产业扶贫，巩固脱贫攻坚工作成果。

会议听取全县生态环境保护重点工作情况汇报，研究部署下一步工作。会议议定：全县各级各有关部门要高度重视环保工作，强化责任担当，加大执法力度，严格落实各项治理措施，确保香河县各项环境指标排名靠前。要加强统筹协调，实事求是，坚决避免环保督查执法“一刀切”，切实保护企业合法权益。要严厉查处环境违法行为，加大处罚力度，加强反面典型案例宣传，始终保持环境执法高压态势。要狠抓大气污染防治和水污染治理，严厉打击企业违法排污行为，坚决打好蓝天、碧水保卫战。

会议传达学习省委常委、纪委书记、监委主任刘爽到廊坊调研期间的讲话精神。会议议定：全县各级党委（党组）要强化主体责任意识，扎实履行好全面从严治党主体责任，把严明党的政治纪律和政治规矩作为根本要求，带头落实好全面从严治党各项部署。县纪委监委要落实监督责任，聚焦主责主业，创新工作机制和方法，提高工作效率，增强监督实效，确保各项工作落到实处。县委主体办要对各党委（党组）主体责任落实情况进行督导，针对发现问题和不足及时制定整改措施，确保各项问题整改到位。会议还研究了组织工作有关问题。

6 月 26 日下午，县委书记李桂强在县委县政府办公楼三层常委会议室主持召开十一届县委第 12 次常委会议。会议研究审议县委组织部提交的《全县先进基层党组织、优秀党务工作者、优秀共产党员表彰建议名单》（以下简称《建议名单》）。

会议原则通过了县委组织部提交的《建议名单》。会议议定：由县委组织部负责，本着“面向一线、倾斜基层、突出实绩、注重公论、树立导向”的原则，优中选优，综合把关，切实把具有代表性、导向性、示范性的先进集体和优秀个人选拔出来，确保在全县营造学习先进、赶超先进的浓厚氛围；会议研究审议县政府党组提请审议的《2018 年国家脱贫攻坚成效考核反馈问题整改工作方案》；会议原则通过了县政府党组提请审议的《2018 年国家脱贫攻坚成效考核反馈问题整改工作方案》。会议议定：全县各级各部门要把做好 2018 年国家考核反馈问题整改作为当前首要政治任务，全面贯彻落实习近平总书记关于扶贫工作的重要论述和对河北工作的重要指示精神，围绕上级各项决策部署，完善政策举措，解决突出问题，狠抓整改落实，推进脱贫攻坚工作提质增效，确保如期高质量打赢脱贫攻坚战。

会议研究审议县政府党组提请审议的《关于加快推进京唐铁路建设用地征收补偿工作的实施意见》（以下简称《实施意见》）。会议原则通过了县政府党组提请审议的《实施意见》。会议议定：由相关部门负责，本着尊重历史、尊重事实、对未来负责的原则，结合香河县实际，根据各镇、园区土地出让年限、经营状况、实际损失等因素，对涉及的各镇、园区征地、租用土地价格进行反复斟酌、充分论证，确保补偿标准合法合规、合情合理。

会议研究审议县政府党组提请审议的《首届香河县文化和旅游产业发展大会总体规划方案》（以下简称《规划方案》）。会议原则通过了县政府党组提请审议的《规划方案》。会议议定：由副县长刘雪艳牵头，县文化广电和旅游局负责，合理规划县旅发大会整体设计，积极筹备各项工作，确保活动衔接紧密，内容充实，体现香河特色。要适时召开领导小组会议，对大会筹备工作进行研究部署，确保大会圆满成功。要积极动员，多措并举，广泛宣传，切实提升香河县文化旅游品牌影响力，塑造文化旅游产业新形象，推动文化旅游事业跨越式发展。

会议研究审议县政府党组提请审议的《香河县 2019 年大气污染综合治理工作方案》。会议原则通过了县政府党组提请审议的《香河县 2019 年大气污染综合治理工作方案》。会议议定：全县各级各部门要高度重视大气污染综合治理工作，强化地方属地责任和部门监管责任，及时了解各项工作进展情况，落实管控措施，综合运用法律、经济、行政等多种手段，加强大气污染治理，确保空气质量持续稳定改善。要积极宣传大气污染治理重要意义、规定动作和治理成效，及时曝光反面典型，引起社会各界广泛关注、支持和参与。要不断探索大气污染科学治理、精准治理的有效措施，统筹推进大气污染治理和重点项目建设，坚持效率、效益、效果并重，防止大气污染治理“一刀切”。

会议传达学习中纪委办公厅印发的《关于贯彻习近平总书记重要批示精神深入落实中央八项规定精神的工作意见》。会议议定：全县各级各部门要深入贯彻习近平总书记重要批示精神，认真落实中央八项规定精神，坚定不移全面从严治党，持之以恒正风肃纪，努力实现治理“四风”工作高质量发展。要突出重点、抓住关键，认真落实“两个责任”，着力防范在贯彻落实上级决策部署中的形式主义、官僚主义问题，确保各项工作落到实处。要抓好班子带好队伍，切实把从严治党的责任担当好、落实好，坚持原则，抵制歪风邪气，做到敢抓敢管、真抓真管、严抓严管，坚决避免“四风”问题发生。

会议听取县纪委监委半年工作报告及香河县整治群众身边的腐败和作风问题进展情况汇报。会议议定：县纪委监委要坚持明责加压，全力推动“两个责任”落实落细。要压紧压实各党委（党组）主体责任，督促各级领导干部把党风廉政建设主体责任记在心上、抓在手上、落实到行动上，全力推进全面从严治党向基层延伸。要切实履行监督责任，发挥监管作用，坚持常态监督和问题导向，着力聚焦突出问题，坚决纠正“四风”。要会同县委组织部，积极探索干部日常管理监督与年度考核相结合制度，进一步加强对干部的考核和监督工作。

会议研究审议县纪委监委提交的《全县政治性警示教育大会安排方案》。会议原则通过了县纪委监委提交的《全县政治性警示教育大会安排方案》。会议议定：由县纪委监委负责，精心组织，周密安排，切实做好会议各项筹备工作，确保会议开出震慑效果。

会议传达学习中共中央政治局常委、纪委书记赵乐际在全国市县巡察工作推进会议上的讲话精神，研究香河县关于省委巡视办督导调研市县巡察工作反馈意见的整改落实方案。会议议定：全县各有关部门要切实把握赵乐际讲话精神实质，深刻认识巡察工作的重要意义，切实增强责任感、使命感，推动全面从严治党向基层延伸。要着力发现和推动解决群众身边的腐败问题和不正之风，坚持党内监督和群众监督紧密结合，切实提高基层监督能力，增强基层治理实效。要坚持问题导向，立足实际，创新工作方法，将巡察工作与全县乡科级单位审计成果相结合，不断增强巡察针对性和实效性；由县委常委、组织部部长王宏民，县委常委、纪委书记、监委主任牛静牵头，县纪委监委组织部负责，从有关部门抽调优秀人员到巡察岗位锻炼，组建专业巡察队伍。

会议听取县委宣传部意识形态工作情况汇报，研究部署下一步工作。会议议定：全县各级各部门要高度重视意识形态工作，认真履行主体责任，肩负起政治责任和领导责任，增强积极性和主动性，强化敏感意识，切实提高宣传思想文化工作的实效和水平。要抓住关键点、敏感区，完善网络舆情应急处置机制，维护意识形态安全，推动党委意识形态工作责任制落细落实。要把意识形态工作与全面从严治党相结合，不断提升党员干部思想基础和理论基础，积极营造全面从严治党、意识形态工作舆论氛围，推动意识形态各项工作落到实处。

会议听取县司法局法治建设工作情况汇报，研究部署下一步工作。会议议定：全县各有关部门要高度重视法治香河建设，找准法治建设突破口和着力点，充分发挥职能作用，为全县经济社会发展营造良好法治环境。要积极探索创新法治宣传方式，拓宽宣传渠道，注重宣传实效，在全县上下形成尊法学法守法用法的浓厚氛围。要加强律师队伍建设和管理，积极参与村街、社区基层民主法治建设和信访矛盾隐患纠纷排查化解，充分发挥律师作用。要充分学习借鉴枫桥经验，探索创新人民矛盾纠纷调解机制，发挥基层一线干部作用，努力构建和谐稳定的社会环境。

会议听取县委组织部《全县发展党员违规违纪问题排查试点工作进展情况报告》。会议议定：由县委组织部负责，按照上级政策要求，对各基层党（工）委上报的调查核实档案逐一进行审核。同时，尽快起草《发展党员违规违纪问题认定处理办法》，为下一阶段处理整改提供依据。

会议研究审议县委组织部提交的《香河县公务员职务与职级并行制度实施方案》。会议原则通过了县委组织部提交的《香河县公务员职务与职级并行制度实施方案》。会议议定：县委组织部要认真学习研究，精准把握政策，严格组织实施。要摸清全县机构设置、人员编制、队伍结构等情况，严格界定列入套改实施范围的单位和人员，为下一步制定全县职级设置方案及公务员职级套转晋升工作顺利启动奠定基础。要加强教育引导，做好政策宣传解读，扎实稳妥推进相关工作。

会议研究审议县委组织部提交的《乡科级领导班子和领导干部年度综合考核评价办法》（以

下简称《评价办法》）。会议原则通过了县委组织部提交的《评价办法》。会议议定：县委组织部要认真落实上级有关干部考核政策要求，着力改进和完善干部考核评价机制，健全科学合理、有效管用的干部综合考核评价体系，充分发挥考核的“指挥棒”和“风向标”作用，为实现美丽幸福新香河奋斗目标提供制度保障。会议还研究了组织工作相关事宜。

7 月 17 日下午，县委书记李桂强在县委县政府办公楼三层西小会议室主持召开十一届县委第 13 次常委会议。会议听取县文化广电和旅游局关于大运河文化带建设汇报。会议议定：全县各级领导干部要高度重视大运河文化带建设，坚决贯彻落实习近平总书记关于运河文化带建设的指示精神，以高度的政治责任感和历史使命感，围绕大运河的保护、传承、利用三大任务，加快推进香河县大运河文化带建设。由副县长刘雪艳牵头，县文化广电和旅游局负责，尽快成立由县委书记任组长、县长任常务副组长、主管副县级领导任副组长、相关部门主要负责人为成员的专项领导小组。建立工作专班，健全完善大运河文化带建设工作机制，切实抓好各项工作落细落实。尽快起草关于推进大运河文化带建设的实施方案，明确指导思想、目标任务、工作步骤等，统筹规划、科学设计、分步实施。

会议传达学习习近平总书记在中央和国家机关党的建设工作会议上的重要讲话、《关于加强和改进中央和国家机关党的建设的意见》精神，研究香河县贯彻落实意见。会议议定：全县各级党委（党组）要高度重视党的建设工作，认真落实新时代党的建设总要求和党的组织路线，提高党建工作质量，切实担负起管党治党主体责任，推动全面从严治党向纵深发展。各常委部门要创新加强机关党建工作，在全县起到示范引领作用。县直工委要认真学习领会上级文件精神，强化政治担当，全面履职尽责，不断推进县直机关党的建设。要积极宣传总结机关党建先进典型，对机关党建工作中存在的问题及时进行梳理整改。

会议研究审议县政府党组提请审议的《关于 2019 年教育系统招聘劳务派遣人员的请示》。会议原则通过了县政府党组提请审议的《关于 2019 年教育系统招聘劳务派遣人员的请示》。会议议定：由相关部门负责，本着公开、平等、竞争、择优的原则，严格审查把关，按照规定程序面向社会公开招聘教育系统劳务派遣人员。同时，明确县教育系统 2018 年公开招聘仍在岗位的劳务派遣人员与 2019 年公开招聘劳务派遣人员享受同等工资福利待遇。对于招录的劳务派遣教师，要加强管理，完善考核机制，根据今后缺编情况，研究制定递补考录入编机制。县教育和体育局要充分挖掘现有教师资源潜力，返聘优秀退休教师，提升教育队伍能力素质，均衡摆布教育资源，深入推进义务教育均衡化发展。

会议传达学习全市解决形式主义突出问题为基层减负工作推进会议精神，研究香河县贯彻落实意见。会议议定：全县各级各部门要切实增强政治站位，力戒形式主义、官僚主义，注重效率、效益、效果，在全县营造崇尚实干、担当作为的良好氛围。要精简文件改进文风，控制发文规格和数量，力求文件简短精练、直截了当、思想深刻、富有新意。要精简会议改进会风，加强会议统筹协调，控制会议规格和人数，坚持少开会、开短会，切实解决实际问题，避免照本宣科、泛泛表态。

会议研究审议县委政法委提交的《中央扫黑除恶督导“回头看”反馈意见整改工作方案》《关于开展扫黑除恶问题整改“回头看”的工作方案》。会议原则通过了县委政法委提交的《中央扫黑除恶督导“回头看”反馈意见整改工作方案》《关于开展扫黑除恶问题整改“回头看”的工作方案》。会议议定：全县各级各部门要提高政治站位、强化政治担当，切实做好扫黑除恶各项问题整改工作。要坚持问题导向，对各类问题逐项进行梳理分解、制定清单、建立台账，确保问题整改到位。要突出重点，紧盯重点领域、重点案件、重点线索整改落实和问责追责，确保整改问责到位。要统筹谋划、精心组织，采取多种形式进行自查自纠、检查验收，确保“回头看”各项工作取得实效；由县委政法委负责，对两个方案进行严格把关后印发实施。

8 月 5 日下午，县委书记李桂强在县委县政府办公楼三层常委会议室主持召开十一届县委第 14 次常委会议。会议传达省委网信办《关于进一步加强和改进突发敏感舆情回应处置工作的通知》精神，研究香河县贯彻落实意见。会议议定：县委网信委全体成员要认真贯彻落实省委网信办通知精神，高度重视网络舆情回应处置工作，为香河县社会大局和谐稳定营造良好的网络环境。全县各级领导干部要持续强化敏感意识，切实提高突发敏感舆情的应对和处置能力。县网信办要充分发挥职能作用，加强新媒体管理，加大相关法律法规宣传力度，严肃查处网络违法违规行为。要坚持预防为先，强化源头管控，大力减少和避免重大敏感舆情发生。

会议传达省、市经济工作推进会议暨新型城镇化建设工作会议精神，通报香河县主要经济指标运行情况，研究下半年工作举措。会议议定：全县各级各部门要进一步统一思想，提高政治站位，坚持积极稳妥的经济工作基调，理清思路，明确举措，突出重点，确保全年目标任务圆满完成。要继续保持良好的工作状态，千方百计保增长、促发展，确保香河县经济平稳运行；要综合研判宏观经济形势，把握政策导向，在挖潜增收的同时，注重长远发展，全面提升香河县经济发展质量。要加强统计调度，对各镇（社区）、园区及相关部门加大督导考核力度，形成工作合力，全面完成各项任务目标；要狠抓财税征收，针对历史遗留的问题楼盘，制订土地增值税清算方案，力争尽快形成收入。要将盘活存量用地、拆违、闲置土地利用与耕地占用税征收清缴工作统筹考虑，以全国第二次土地调查调后土地卫片数据为依据，全面摸清耕地占用税征缴基数，确保耕地占用税征收清缴工作取得实效；要强化项目建设，对重点项目进行专题调度，确保项目早日落地。要加强固定资产投资入统，将基础设施建设、公共服务、村庄改造等纳入统计范围，确保应统尽统。要加大招商引资力度，加快高端制造业、现代服务业和文化产业集聚发展，支持企业创新，根据相关奖励办法，对 2019 年 1—6 月纳税额符合奖励标准的企业进行梳理，兑现发展引导基金；要建立领导包联工作制度，县四大班子领导要加强对企帮扶，深入包联企业，了解实际经营情况，帮助解决存在困难，激发企业投资热情，提升经济贡献度；要健康发展房地产业，继续试行推广“一定三限”政策，研究制定并适时出台以县级为主体的限购政策调整方案。要加快历史遗留项目房产证补办速度及新售商品房网签速度，确保尽快形成税收。

会议传达全市违法占地、违法建设，即“两违”集中拆除暨农村人居环境整治工作观摩会议精神，研究香河县贯彻落实意见。会议议定：关于拆违工作。一是要对违法占地、违法建设进行大起底、大拆除、大整治，全面排查土地性质，摸清底数，根据土地性质、拆除难易程度、土地未来规划使用等制定拆违工作细化方案，区分轻重缓急，分步实施。二是要严守生态保护红线，准确掌握县城区，铁路边、高速路边、国省干道边，即“一区三边”，北运河、潮白河，即“两河”沿岸控制线内“两违”数量，做到应拆必拆、应拆尽拆。三是要制定“两违”拆除善后政策，就拆后土地收储利用、空间规划布局等进行统筹考虑。四是要实行县四大班子领导分包制度，深入一线，亲自调度，逐个推进。五是要学习借鉴三河、通州等地经验做法，积极化解难题，破解制约，确保拆出成效。六是要将拆违工作与耕地占用税征收清缴、治理“散乱污”企业、“一河一策”治理等统筹考虑，确保拆得彻底、拆出震慑。七是要把宣传工作贯穿拆违始终，大力加强土地法律法规、政策及反面典型案例宣传，全面营造拆违工作强大声势。八是县纪委监委要全程参与拆违工作，对工作落实不力的启动问责程序；关于农村人居环境整治工作。要进一步明确任务目标和时间节点，对厕所改造、垃圾治理、污水治理、美丽庭院创建等重点任务进行梳理，压紧压实工作责任，积极破解手续审批、财政资金等制约因素，统一标准，统一政策，倒排工期、加快进度，扎实推进农村人居环境整治工作。会上县政府分管领导针对生态环境部蓝天保卫战重点区域监督帮扶 1—5 轮工作交办香河县问题数量突出的问题，向县委县政府作了深刻检查。会议还通过了县纪委提交的违纪人员的处理意见。

9 月 11 日上午，县委书记李桂强在县委县政府办公楼三层常委会议室主持召开十一届县委第 15 次常委会议。会议传达中央和省、市委“不忘初心、牢记使命”主题教育动员部署会议精神，研究审议县委组织部提交的《关于在全县开展“不忘初心、牢记使命”主题教育的实施意见》（以下简称《实施意见》）。会议原则通过了县委组织部提交的《实施意见》。会议议定：全县各级各部门要认真学习领会上级会议精神，深入学习贯彻习近平总书记重要讲话精神和上级决策部署，深刻认识开展“不忘初心、牢记使命”主题教育的重大意义，进一步增强“四个意识”，坚定“四个自信”，做到“两个维护”，切实以高度的思想自觉和行动自觉落实好中央和省市委各项部署要求，扎扎实实把主题教育组织好、开展好；全县各级党员干部要切实提高政治站位，全面准确把握“守初心、担使命，找差距、抓落实”总要求，充分借鉴运用第一批主题教育成功经验，吃准吃透精神，迅速行动起来，确保主题教育强势开局、扎实推进。要力戒形式主义，坚持把效率、效益、效果作为衡量一切工作的标准，把“严”和“实”的要求贯穿学习教育、调查研究、检视问题、整改落实等各方面，改进工作方式，减少繁文缛节，减轻基层负担，以好的作风确保主题教育取得好的效果。

会议听取《发展党员违规违纪问题排查试点工作进展情况报告》，研究审议县委组织部提交的《发展党员违规违纪问题认定处理办法（试行）》《发展党员违规违纪问题责任追究办法（试行）》。会议原则通过了县委组织部提交的《发展党员违规违纪问题认定处理办法（试行）》《发展党员违规违纪问题责任追究办法（试行）》。会议议定：由县委组织部负责，按照上述两个办法有关要求，严格落实发展党员违规违纪问题认定处理和责任追究，扎实推进发展党员违规违纪问题排查试点工作。要稳妥审慎、实事求是，认真调查核实，准确分析研判，规范工作程序，切实做好问题核实认定和处理工作。要依规依纪、精准定性，准确认定问题产生的原因及客观因素，切实做好责任追究工作。

9 月 20 日下午，县委书记李桂强在县委县政府办公楼三楼常委会议室主持召开十一届县委第 16 次常委会议。会议研究审议县政府党组提请审议的《香河县机关事业单位使用劳务派遣人员实施办法》（以下简称《实施办法》）和《香河县机关事业单位使用劳务派遣人员待遇递增机制的暂行办法》（以下简称《暂行办法》）。会议原则通过了县政府党组提请审议的《实施办法》和《暂行办法》。会议议定：要进一步加强机关事业单位使用劳务派遣人员管理，严把劳务派遣人员招录程序，坚持标准、择优录用。要统筹兼顾，积极采纳各方意见，不断完善《实施办法》和《暂行办法》，充分调动劳务派遣人员工作的积极性、主动性和创造性；由县人力资源和社会保障局负责，结合与会领导意见建议，对《实施办法》和

《暂行办法》进一步修改完善后，以红头文件形式印发执行。

会议研究审议县政府党组提请审议的《关于对原县政府办公楼及附属设施进行拆除的请示》。会议原则通过了县政府党组提请审议的《关于对原县政府办公楼及附属设施进行拆除的请示》。会议议定：由县公有资产经营公司负责，严格履行相关程序，采取公开招投标的方式确定拆除单位，并与其签订施工合同，限期完成拆除任务。

会议传达学习中央纪委国家监委贯彻习近平总书记重要批示精神深入落实中央八项规定精神电视电话会议精神、全省纪检监察系统视频会议精神，研究香河县贯彻落实意见。会议议定：全县各级党委（党组）要深入贯彻落实习近平总书记重要批示精神和中央八项规定精神，切实担负起全面从严治党主体责任，持续发力纠治“四风”。县委常委要带头履行主体责任，指导和督促各级党组织严格落实主体责任。县纪委监委要突出工作重点，着力解决人民群众反映强烈的突出问题，解决影响全县中心工作推进的突出问题，完善工作机制，创新工作方法，精准执纪，务求实效。要进一步推动群众身边腐败问题专项整治工作，坚决把回应好群众关切、解决好群众诉求、维护好群众利益贯穿工作始终，确保取得良好政治效果、纪法效果和社会效果。

会议研究审议县纪委监委提交的《关于在“不忘初心、牢记使命”主题教育中开展专项整治的实施意见》（以下简称《实施意见》）和9个《专项整治工作方案》。会议原则通过了县纪委监委提交的《实施意见》和9个《专项整治工作方案》。会议议定：全县各级各部门要认真贯彻落实中央和省、市委统一部署，牢牢把握“守初心、担使命，找差距、抓落实”的总要求，坚持目标导向和问题导向，聚焦突出问题，对9项问题进行集中整治。要聚焦整治效果，找准切入点和突破口，明确目标任务、时间节点和工作措施，推动专项整治取得实实在在成效。要强化督促督导，压紧压实工作责任，坚决防止形式主义、走过场，切实把“改”字贯穿始终，确保高质量完成整治任务。

会议研究审议县委统战部提交的《关于全面深入持久开展民族团结进步创建工作铸牢中华民族共同体意识的实施方案》（以下简称《实施方案》）。会议原则通过了县委统战部提交的《实施方案》。会议议定：全县各级各部门要切实提高政治站位，紧扣“中华民族一家亲，同心共筑中国梦”总目标，紧紧围绕共同团结奋斗、共同繁荣发展主题，全面深入持久开展民族团结进步创建工作，大力营造中华民族一家亲的社会氛围。要切实发挥基层党组织的战斗堡垒作用和党员的先锋模范作用，加大基层群众思想政治工作力度，引导各族群众不断增强“五个认同”。要不断增强中华民族共同体意识，加强依法治理民族事务能力，依法妥善处理影响民族团结的矛盾纠纷。由县委统战部负责，结合与会领导意见建议，对《实施方案》进一步修改完善后，以红头文件形式印发执行。会议还研究了纪律处分事宜和组织工作相关事宜。

10月12日下午，县委书记李桂强在县委县政府办公楼三层常委会议室主持召开十一届县委第17次常委会议。会议研究部署香河县“不忘初心、牢记使命”主题教育工作。会议议定：全县各级领导干部要切实提高政治站位，认真贯彻落实习近平总书记在“不忘初心、牢记使命”主题教育工作会议上的重要讲话精神及上级各项决策部署，充分认识开展“不忘初心、牢记使命”主题教育的重大意义，全面把握“守初心、担使命，找差距、抓落实”的总要求，在思想观念上更加重视、行动贯彻上更加有力。要加强组织领导，力戒形式主义、官僚主义，更加注重实际效果，注重解决基层党组织重事务不重理论学习的问题，确保主题教育取得扎扎实实成效。

会议研究审议县政府党组提请审议的《香河县农村人居环境整治工作拆除费用以奖代补方案》（以下简称《代补方案》）。会议原则通过了县政府党组提请审议的《代补方案》。会议议定：明确资金用途为各村街农村人居环境整治工作中涉及拆除院外厕所、背房，平整土地，清理违章建筑、残垣断壁相关费用。以村街私搭乱建拆除率和厕所改造率分别达到90%以上为基本标准，作为奖补资金拨付的基本条件。综合评估历年各村街私搭乱建及环境综合治理实际费用，采用以奖代补的形式，按照人均600元标准包干。各镇（社区）、园区可根据各村街实际发生费用，进行适当调节，统筹使用。

会议研究审议县政府党组提请审议的《关于加强园区建设管理的意见》。会议原则通过了县政府党组提请审议的《关于加强园区建设管理的意见》。会议议定：要以京津冀协同发展为契机，坚持"管运分离、规划引领、产业带动、高效服务"的原则，以进一步理顺园区管委会、开发主体的"责权利"关系为突破口，实行"管运分离、企业为主体、市场化运作"的模式，完善园区运营管理、任务目标、招商引流、企业腾退、考核问责等相关机制，充分发挥园区平台作用，最大限度地调动园区开发主体的积极性，为建设美丽幸福新香河提供强力支撑。

会议研究审议县纪委监委提交的《"第一种形态"使用手册》，听取《县纪委监委对落实中央八项规定精神等重点工作检查督导"回头看"情况的报告》。会议原则通过了县纪委监委提交的《"第一种形态"使用手册》。会议议定：全县各级党委（党组）要认真履行主体责任，深入贯彻全面从严治党要求，认真落实监督执纪"第一种形态"，及时了解发现干部思想、工作、生活问题，通过抓早抓小，对出现的苗头性问题做到早打招呼、勤提醒，经常红脸出汗。要严格落实监督责任，强化责任担当，切实发挥好监督作用。县纪委监委要把力量集中到监督、执纪、问责的主业上来，抓早抓小、防微杜渐，驰而不息纠正"四风"。

会议研究审议县委组织部提交的《关于落实农村"两委"主要干部离任生活补贴待遇的实施意见》（以下简称《实施意见》）。会议原则通过了县委组织部提交的《实施意见》。会议议定：要严格按照上级要求，规范落实农村干部离任生活补贴待遇，对符合离任生活补贴发放条件且达到发放年龄的村"两委"主要干部，自2019年11月起，按照标准逐月发放离任生活补贴。

会议传达省委组织部关于集中整治软弱涣散基层党组织工作提醒函精神，听取《关于全县软弱涣散基层党组织排查工作的情况说明》。会议议定：要认真贯彻落实中央和省、市委有关要求，由县四大班子领导成员带队，走遍所分包镇（社区）、园区所辖行政村（社区），深入调研摸底，全面摸排软弱涣散基层党组织。要参照福建省《政和县星溪乡东山村调研工作台账》对辖区村（社区）情况进行汇总分析，逐村（社区）形成工作台账，同时结合"不忘初心、牢记使命"主题教育，统筹推进软弱涣散基层党组织整顿转化工作。

会议听取《全县发展党员违规违纪问题排查试点工作情况报告》。会议议定：要规范执纪问责，强化发展党员严肃性。稳妥审慎处理重点问题党员，并在全国党员管理信息系统中进行更新。需被问责的问题党员，要按照组织工作权限和程序进行相应处理。要完善制度机制，严把发展党员"入口关"。严格执行发展党员"四库"管理办法，严格开展三个审查，逐人审查入党积极分子、发展对象、预备党员入党（转正）资格条件。要创新工作举措，推进党员档案规范化。党员档案材料不齐全、不规范的，逐份进行整改完善。同时，对香河县发展党员违规违纪问题排查试点工作进行全面总结，及时上报上级有关部门。

会议研究审议县直工委提交的《关于加强和

改进县直机关党的建设的实施意见》。会议原则通过了县直工委提交的《关于加强和改进县直机关党的建设的实施意见》。会议议定：全县各级各部门要深入学习贯彻习近平总书记在中央和国家机关党的建设工作会议上的重要讲话精神，全面加强和改进新形势下县直机关党的建设，充分发挥机关各级党组织的作用，不断增强机关党组织的创造力、凝聚力和战斗力。要坚持和加强党的全面领导，求真务实、改革创新，坚持问题导向，围绕中心、建设队伍、服务群众，推动机关党建和业务工作深度融合、相互促进。

10 月 18 日上午，县委书记李桂强在县委县政府办公楼三层常委会议室主持召开十一届县委第 18 次常委会议。会议学习交流“不忘初心、牢记使命”主题教育调研成果。会议议定：各位县委常委要认真贯彻落实习近平总书记在“不忘初心、牢记使命”主题教育工作会议上的重要讲话精神及上级各项决策部署，全面把握“守初心、担使命，找差距、抓落实”的总要求，切实抓好市委第三巡回指导组意见落实；各位县委常委要结合日常工作，深入思考调研课题，加强党性修养，坚定理想信念，坚决纠正重形式、轻内容、摆架子、打官腔等作风问题。要把“学习教育、调查研究、检视问题、整改落实”四项重点举措贯穿主题教育始终，以高度的政治责任感推动主题教育高质量开展；各位县委常委要针对调研过程中基层群众反映的各类诉求，深挖问题根源，找准问题症结，剖析个性问题，查找共性问题，明确方法和路径，有针对性地推进建章立制工作，切实解决实际问题。同时，认真梳理具有可操作性的意见建议，结合谋划部署 2020 年重点工作，按决策程序进行领导决策；各位县委常委要坚持以上率下、率先垂范，为全县党员干部作出示范。要树立群众观点、坚持群众路线，把调查研究与宣传政策、答疑解惑、化解矛盾统筹结合，为人民办实事，让群众切身感受到主题教育带来的新变化。

11 月 18 日下午，县委书记李桂强在县委县政府办公楼三层大会议室主持召开十一届县委第 19 次常委（扩大）会议。会议学习中共中央办公厅《关于做好党的十九届四中全会精神学习宣传工作的通知》、《人民日报》社论《为实现中华民族伟大复兴提供有力保证》和评论员文章《推动各方面制度更加成熟更加定型——论深入学习贯彻党的十九届四中全会精神》《准确把握国家治理的关键和根本—论深入学习贯彻中共十九届四中全会精神》以及中宣部编写的《党委中心组学习参考》（第 13 期，《中国的和平发展及其世界意义》）。会议认为：学习的核心是贯彻落实中共十九届四中全会会议精神，不断增强“四个自信”。中共十九届四中全会，专门研究国家制度和国家治理问题，是从政治上、全局上、战略上的全面考量，学习好、宣传好、贯彻好中共十九届四中全会精神，是当前和今后一个时期的重要政治任务。会议要求：全县各级各部门要认真学习领会文件精神，充分发挥领学促学作用，既要知其言又要知其意，引导全县党员干部深化对全会精神的认识。要采取多种形式和手段开展中国特色社会主义制度宣传教育和全会精神宣讲活动，关键是让干部群众学懂弄通做实，让老百姓听得懂、能领会、可落实。县委宣传部、县融媒体中心等要做好解读宣传工作，增强宣传的针对性和实效性。要切实强化制度意识，带头维护制度权威，做制度执行的表率，确保党和国家重大决策部署、重大工作安排都按照制度要求落到实处。要切实把制度优势转化为治理效能，做到效率、效益和效果三者的协调统一。对标对表上级各项制度，结合分管工作，立足香河县实际，不断探索创新，研究具体措施，为建设美丽幸福新香河奠定坚实基础。

11 月 18 日下午，县委书记李桂强在县委县政府办公楼三层大会议室主持召开十一届县委第

20次常委会议。会议听取李桂强传达省委九届九次全会及市委六届八次全会精神。会议议定：全县各有关部门要深入贯彻落实省、市委全会精神，全力以赴完成香河县2019年各项目标任务。同时，认真谋划好全县2020年各项工作，为建设美丽幸福新香河奠定坚实基础。同时，要加强学习、增强本领，勇于改革创新，积极探索并及时总结基层社会治理中的好做法好经验，为推进国家治理体系和治理能力现代化贡献香河力量。

会议听取李桂强传达省委第五巡回指导组组长李剑方在香河县调研时讲话精神，研究审议香河县主题教育领导小组办公室提交的《关于全县主题教育重点工作推进情况及下步工作建议》。会议原则通过了香河县主题教育领导小组办公室提交的《关于全县主题教育重点工作推进情况及下步工作建议》。会议议定：全县各级各部门要认真开展主题教育，具体抓好以下工作：一是要高度重视，提高政治站位和政治素养，坚定理想信念，侧重改造主观世界，确保主题教育入心、入脑。二是调查研究和检视问题要结合工作实际，见人见事，在工作中找差距，在客观中查主观，重点围绕群众反映的意见建议和全年目标任务及职责分工找差距。三是问题整改要与九个专项整治结合起来，按照“开门搞教育，走群众路线，注重实效”的原则，把检视问题、整改措施以及工作成效等进行归类存档。同时，县四大班子办公室、县委组织部、县委宣传部、县融媒体中心、县信访局，负责对群众反映的主题教育相关问题进行汇总整理。四是各级领导班子分头筹备召开“不忘初心、牢记使命”主题教育专题民主生活会议，结合检视问题提前准备个人对照检查材料，确保会议高质量召开。五是各级党员领导干部要分类指导分管单位，认真学习主题教育中的规定动作和基本要求，真正做到应知应会、学懂弄通。同时，搞好群众宣传工作，为主题教育开展打牢群众基础。六是在注重时效上下功夫，主题教育的开展要经得起“查、看、问”，防止前紧后松。同时，搞好“回头看”工作，确保活动取得实实在在的效果。

会议传达全市越级访反弹防范工作视频会议精神，通报香河县近期涉及房地产信访工作形势，并研究香河县下步工作安排。会议议定：全县各级各部门要切实提高思想认识，时刻绷紧信访维稳这根弦，具体抓好以下工作：一是统一思想、压实责任。县四大班子领导要上心上手，特别是工作专班牵头领导要切实负起责任，及时出面、协调、调度。二是充分发挥协调联动机制作用。对信访预警信息第一时间推送信访、公安等相关部门，重要预警信息一并上报县委、县政府主要领导，避免拖延时间。三是主动担当作为，讲究方法策略。既要维护群众利益，也要打击以访施压、借访牟利、组织串联行为，促进社会公平正义。

会议传达中央统一战线工作领导小组《关于宗教工作督查对呼和浩特市委、三亚市委、宝鸡市委问责情况的通报》精神，研究香河县贯彻落实意见。会议议定：全县各级各部门要引以为戒，尽职尽责，加强规范引导，扎实做好民族宗教工作。同时，认真学习掌握民族宗教相关政策，及时关注各种信息动态，切实搞好宗教领域排查治理。

会议研究审议香河县自然资源和规划局提交的《关于“1+5”专项行动进展情况的报告》。会议原则通过了县自然资源和规划局提交的《关于“1+5”专项行动进展情况的报告》。会议议定：全县各级各部门要认真贯彻落实省、市委决策部署，扎实开展“1+5”专项行动，以坚决的态度、科学的方法、有力的措施，依法依规整改到位。县委常委要到所联系镇（社区）、园区督导拆违工作，做到全面排查无死角、详细核查不漏项，确保拆除到位、复耕到位。县级领导和相关部门要在吃透、用活国家土地政策的同时，切实开展政策宣讲，扎实做好群众教育引导工作。要结合新民居建设、农村人居环境整治、“一河一策”拆违、河渠“清四乱”等专项行动，对照台帐，统筹推进，分类施治，确保清理到位。

会议研究审议县自然资源和规划局提交的《关于与企业签订开发协议情况的报告》。会议原则通过了县自然资源和规划局提交的《关于与企业签订开发协议情况的报告》。会议议定：全县各级各部门要讲政治、顾大局，统一思想，认清形势，坚定信心，坚决贯彻落实省、市委安排部署，准确掌握与企业签订开发协议情况，对违法违规协议坚决予以清理。要本着依法依规、实事求是、着眼发展、留有空间的原则，明确清理协议工作时间节点、操作步骤、责任主体、清理范围、清理方式，坚持“谁签订、谁清理、谁整改”的原则，逐一对所签订协议进行合法合规性审查，对存在问题的协议要尽快整改到位。要统一宣传口径，保守工作秘密，严防媒体负面炒作，确保社会大局和谐稳定。

会议传达全市主题教育专项整治工作调度会议精神，汇报香河县专项整治开展情况，研究香河县贯彻落实意见。会议议定：全县各级各部门要认真贯彻落实会议精神，坚决把对标党中央要求化为思想自觉和行动自觉，全力推进专项整治有序开展。专项整治工作小组牵头领导要在本周内分头抓好工作调度，充分做好全县调度会议汇报准备。要主动认领责任，找准问题，深挖根源，持续加压用力，推动专项整治往实里做往深里做。要落实工作责任，聚焦热点难点问题，全面进行梳理，逐一对照检查，细化问题清单，明确时间节点，推动各项整治措施落到实处。

会议听取县委常委、纪委书记、监委主任牛静传达省纪委常务副书记、监委副主任王立彤在香河县调研时讲话精神，传达学习《中共河北省委关于进一步推进新时代巡视巡察工作高质量发展的意见》精神，研究香河县贯彻落实意见。会议议定：全县各有关部门要认真贯彻落实中央巡视工作方针，不断深化政治巡察，推动党的路线方针政策、上级重大决策部署贯彻落实到位。要压紧压实巡察主体责任，建立健全制度机制，强化巡察成果运用，不断推进县委巡察工作科学化、制度化、规范化发展。

会议传达中央政协工作会议、中共河北省委政协工作会议、廊坊市委政协工作会议精神，研究部署香河县政协工作会议相关事宜。会议原则通过了县政协提交的《关于新时代加强和改进人民政协工作的实施意见（讨论稿）》（以下简称《实施意见》）。会议议定：全县各级各有关部门要认真贯彻落实习近平总书记重要讲话精神和上级政协工作会议精神，坚持团结和民主两大主题，提高政治协商、民主监督、参政议政水平，更好凝聚共识，把上级决策部署和对人民政协工作要求落实下去。要充分发挥协商职能，把握协商定位，强化责任担当，提高协商质量，增强协商实效，推动人民政协工作开创新局面；近期召开中共香河县委政协工作会议。由县政协办公室负责，精心组织，周密安排，切实做好会议各项筹备工作，确保会议圆满成功；全县政协工作会议结束后，将《实施意见》以县委文件形式印发。

会议传达省、市委抓党建促农村宗教治理工作相关会议精神，研究香河县贯彻落实意见。会议议定：全县各相关部门要提高政治站位，强化责任担当，认真履职尽责，切实担负起抓党建促农村宗教治理的政治责任，确保各项工作任务落地见效。要加大培训力度，进一步明确村（街）党组织的宗教工作职责和任务，着力提升各级党员干部处理宗教事务、解决宗教问题的能力水平。要把农村宗教治理与县委意识形态和干部培训工作结合起来，形成协调联动抓落实的工作格局。

会议传达《江苏响水天嘉宜化工有限公司“3・21”特别重大爆炸事故调查报告》精神，研究部署香河县安全生产工作。会议议定：全县各级各部门要深刻汲取事故教训，举一反三，扎实做好当前和今后一个时期安全生产工作，严防各类事故发生。一是强化责任担当。要突出重点行业领域，以开展“双控”机制建设为抓手，按照属地监管和“三个必须”原则，压实属地责任和行业监管责任。二是进一步加大执法力度。严厉查处各类违法行为，特别是非法生产经营建设行为，要严格按照停产整顿、关闭取缔、从重处罚和严厉问责“四个一律”的要求，依法顶格处罚。三是加强应急值守。严格执行领导干部带班、24小时值班和突发事件报告制度，坚决杜绝迟报、漏报、误报、瞒报现象发生。

会议还原则通过了县委组织部提交的《关于后进基层党组织集中整顿工作情况的报告》《关于确定 xxx 同志政务撤职后职级的意见》。

11 月 26 日上午，县委书记李桂强在县委县政府办公楼三层常委会议室主持召开十一届县委第 21 次常委会议。会议研究县政府工作分工调整相关事宜。会议议定：为保障县政府日常工作正常运转，在县政府县长任命到位之前，暂由县委常委、县政府常务副县长齐建光主持县政府党组工作及县政府日常工作。

会议研究审议县委组织部提交的《县委常委“不忘初心、牢记使命”专题民主生活会工作方案》。会议原则通过了县委组织部提交的《县委常委“不忘初心、牢记使命”专题民主生活会工作方案》。会议议定：县委常委要充分运用主题教育成果，聚焦“不忘初心、牢记使命”主题，突出力戒形式主义、官僚主义重要内容，结合学习贯彻中共十九届四中全会精神，围绕理论学习有收获、思想政治受洗礼、干事创业敢担当、为民服务解难题、清正廉洁作表率的目标，盘点收获、检视问题、深刻剖析。要坚持真理、修正错误，着眼解决违背初心和使命的各种问题，严肃开展批评和自我批评，切实抓好整改，确保专题民主生活会开出高质量新气象。

会议传达全市人防系统腐败问题全面调查整顿工作推进会议精神，研究香河县贯彻落实意见。会议议定：全县各有关部门要提高工作站位，以高度的责任感和紧迫感，依法依规全力抓好人防系统问题整改。要举一反三、建章立制、堵塞漏洞，完善人防审批手续和监管流程，严防出现类似问题。

会议研究审议县纪委监委提交的《关于深化香河县纪委监委派驻机构改革的实施意见》（以下简称《实施意见》）。会议原则通过了县纪委监委提交的《实施意见》。会议议定：县纪委监委要认真贯彻落实中央和省、市委有关精神，进一步深化派驻机构改革，完善派驻监督工作机制，赋予派驻机构监察职能，深化转职能、转方式、转作风，提高派驻监督工作质量。要妥善处理好统与分的关系，聚焦主责主业，突出监督重点，履行监督责任，充分发挥职能作用，强化监督执纪问责，从严执纪执法，推动全面从严治党和反腐败斗争向纵深发展。

会议传达学习省、市扫黑除恶专项斗争第 2 次推进会议精神，研究香河县贯彻落实意见。会议议定：全县各有关部门要坚决贯彻执行中央和省、市委的决策部署，进一步提高政治站位，加强协调联动，抓好工作落实，不断推动全县扫黑除恶专项斗争取得新突破、新成效。要坚持抓早抓小，防微杜渐，严防行业痞霸坐大成势。要抓住关键，在处理问题积案上下功夫，对举报未深查的线索、未破获的案件、未抓获的逃犯进行认真梳理侦办，深挖细查黑恶势力背后的保护伞。

会议传达学习全市“守正创新、服务人民”解放思想大讨论推进会议精神。会议议定：全县各级各部门要认真贯彻落实会议精神，进一步创新工作思路、增强担当意识、提振精神状态，以解放思想的显著成果，确保主题教育取得实效。要抓住关键环节，将解放思想大讨论与主题教育学习教育、调查研究、检视问题、整改落实四项措施紧密结合，以正确政治方向引领解放思想。

会议还听取了县委组织部提交的《关于 2019 年香河县公务员职级套转工作情况的报告》，原则通过了《套转四级调研员名单》。

12 月 2 日下午，县委书记李桂强在县委县政府办公楼三层常委会议室主持召开十一届县委第 22 次常委会议。会议研究审议县委办公室提交的《县委常委主题教育专题民主生活会安排方案》。会议原则通过了县委办公室提交的《县委常委主题教育专题民主生活会安排方案》。会议议定：要认真贯彻中央和省、市委要求，严格落实专题民主生活会规定动作，从严从实做好各环节工作。各位县委常委要认真梳理检视问题，分析问题症结，深刻剖析根源，撰写好个人检视剖析材料，直奔主题，不搞官样文章，避免空话套话，确保专题民主生活会开出高质量新气象；12 月 4 日，召开县委常委“不忘初心、牢记使命”主题教育专题民主生活会，会期一天。县委组织部负责邀请参会指导的市委常委及市委第三巡回指导组、市委第三督查组、部分省市“两代表一委员”参加会议；研究审议县委办公室提交的《县委常委班子“不忘初心、牢记使命”主题教育专题民主生活会检视剖析材料》（以下简称《班子剖析材料》）。会议原则通过了县委办公室提交的《班子剖析材料》。会议议定：县委常委班子要高度重视开好主题教育专题民主生活会，严格按照中央和省、市委要求部署，围绕主题主线，对照习近平总书记关于“四个对照”“四个找一找”，即对照新时代中国特色社会主义思想和党中央决策部署，找一找在增强“四个意识”，坚定“四个自信”，做到“两个维护”方面的差距；对照党章党纪党规，找一找在知敬畏、存戒惧、守底线方面的差距；对照人民群众新期待，找一找在群众观点、群众立场、群众感情，在服务群众方面的差距；对照先进典型，身边榜样；找一找在思想觉悟、能力素质、道德修养、作风形象方面的差距的要求和中共十九届四中全会要求，扎实开展调查研究，广泛征求意见建议，深入查找检视问题，深刻剖析问题根源，认真制定整改措施，切实推动县委常委班子履职尽责、团结奋进；由县委办公室负责，结合与会领导意见建议，围绕本次民主生活会主题，对《班子剖析材料》进一步修改完善后，在专题民主生活会上报告。

会议听取县纪委监委关于《主题教育活动专项整治工作开展情况报告》。会议议定：全县各有关部门要高度重视“不忘初心、牢记使命”主题教育专项整治工作，加强政治引领，持续精准用力，坚守教育主题，以专项整治为契机，检验主题教育成效。要及时总结专项整治工作中的好经验好做法，查找问题短板，积极探索创新，建立健全常态长效化机制，使守初心、担使命成为自觉行动。

会议传达中央巡视工作领导小组王鸿津在全国县级巡察办主任提级培训班上的讲话精神，研究香河县贯彻落实意见。会议议定：县委巡察办要坚定政治站位，准确把握政治巡察定位和内涵，立足工作实际，把握工作规律，推进全县巡察工作高质量开展。要进一步提升巡察工作质效，坚持有形覆盖和有效覆盖相统一，穿插使用多种巡察方式，统筹谋划巡察全覆盖任务，打好巡察“组合拳”。要进一步加强巡察队伍建设，坚持专兼结合，盘活存量，选好配强巡察干部，提升工作能力，增强斗争本领，整合利用各方资源力量、信息渠道，不断提升全县巡察工作水平。要进一步推进巡察向村街党组织延伸，加大巡察力度，结合村街党组织工作实际和年度评星定级结果，抓住巡察侧重点，精准分类、区别对待、稳步推进，推动全面从严治党在基层见到实效。会议还原则通过了县委组织部提交的《关于副团职军转干部安置意见》。

12 月 27 日下午，县委书记李桂强在县委县政府办公楼三层常委会议室主持召开十一届县委第23次常委会议。会议研究审议县委办公室提交的《县委十一届五次全会安排方案》和《县委十一届五次全会报告（审议稿）》[以下简称《报告（审议稿）》]。会议原则通过了县委办公室提交的《县委十一届五次全会安排方案》《报告（审议稿）》。会议议定：定于12月31日上午，召开中国共产党香河县第十一届委员会第五次全体会议，会期半天。由县委办公室负责，精心组织，周密安排，切实做好会议各项筹备工作，确保会议圆满成功；由县委办公室负责，结合与会领导意见建议，对《报告（审议稿）》进一步修改完善后，提交县委十一届五次全会审议，全会通过后以县委文件形式印发。

会议听取县委宣传部《关于香河县2019年意识形态工作汇报》。会议议定：要以习近平新时代中国特色社会主义思想为指导，坚持稳中求进，突出守正创新，强化理论武装，着力提高新闻舆论传播力、引导力、影响力、公信力，切实加强宣传思想战线党的建设，推动文化事业和文化产业发展壮大。要加强网络意识形态阵地建设和管理，建立网络信息审核把关制度，加大权威信息发布和热点问题分析研判，切实做好意识形态类突发事件和重大思想理论问题的引导处置工作。

会议听取廊坊市生态环境局香河县分局《关于香河县2019年生态环境工作汇报》。会议议定：全县各相关部门要高度重视生态环境保护工作，积极探索科学治理方法，坚持依法依规、科学施策、精准务实推进，避免生态环保“一刀切”。廊坊市生态环境局香河县分局要加强环境保护法制宣传教育，提升公民环保意识，营造良好的生态环境司法保护氛围。要精准执法，严厉打击各类生态环境违法行为，同时加强对企业服务力度，不断增强企业守法意识，规范完善企业环保手续和设施，切实扶持民营经济发展。要将水域环境治理与美丽乡村建设相结合，沟渠坑塘联结成网，打造“北方水乡”。

会议研究审议县委组织部提交的《关于调整全县中小学校党组织隶属关系的情况说明》。会议原则通过了县委组织部提交的《关于调整全县中小学校党组织隶属关系的情况说明》。会议议定：由县委组织部负责，将隶属于县教体局机关党委的35个学校党组织、全县9个教联党支部、香河一中党委、职教中心党总支部、教师进修学校党支部组织关系全部划转至县委教育工委，接受县委教育工委统一管理。适时配备县委教育工委专职副书记。由县委编办负责，设置教育工委办公室，并安排人员编制。会议还研究了组织工作相关事宜。

注：第2次常委会议未出纪要。

## 县委重要决策

**【做大做强实体经济】** 以高端制造业和现代服务业为主导，做大做强实体经济，推进产业转型升级。

坚持上高端项目。聚焦京津、面向全国开展专题招商、会展招商和产业链招商，对在谈项目持续沟通对接，对签约项目全程跟踪服务，抓好重大项目落地投产达效。“2·26”项目推介洽谈会签约北京疏解项目总投资居全市第一，其中韵达电商产业基地实现了当年签约、当年建设、当年投产、当年纳税。成功举办“4·13”招商恳谈会，与多家企业达成合作意向。全年新实施建设亿元以上项目54个，省市重点项目、集中开工项目实现开工率、当年投资完成率两个“百分百”。天涯若比邻新经济产业中心、广蓉欧跨境贸易产业中心等33个实体产业项目正在积极对接洽谈中，项目储备充足。

坚持优营商环境。持续推进“放管服”改革和行政审批制度改革，深入实施“三深化、三提升”，开展涉企“五项服务”，企业总数首次破万，净增 2166 户，居全市第一。对全县 108 家重点企业和 28 个重点项目实行县四大班子领导包联，提高政企服务直通信息化平台运行效率，138 个涉企难题全部解决到位。全面推进“互联网+政务服务”，不断完善“一口收件、联合审批、信息共享”工作机制，逐步实现一般事项“不见面”、复杂事项“一次办”目标。

坚持育特色产业。完善园区平台建设，提升服务水平，香河经济开发区被评为全省战略性新兴产业示范基地、高新技术产业发展先进园区。机器人小镇、美家尽有众创空间分别获批市级“双创”示范基地和众创空间。“香河机器人科技企业孵化器建设项目”“廊坊市‘北三县’技术转移人才培养基地项目”通过省科技计划项目评审并成功立项，全年新增科技型中小企业近百家。制定了香河县家具产业振兴规划，召开家具城政企座谈会，鼓励家具城二次创业、转型升级，明确了“面向北京、搞好服务、提升业态、培树品牌”的发展思路。全域旅游总体规划、北运河廊坊段旅游通航规划完成初稿编制，智慧旅游系统在全市率先建设完成，开发制作了全国首个“大运河文化云名片”，潮白滨水公园启动建设，成功举办首届文化旅游产业发展大会，获评市“最佳组织奖”。“运河驿站，荷香香河”品牌影响力得到全面推广和提升。水岸潮白田园综合体项目被评为省优秀新业态项目、市农业旅游示范点，水岸潮白景区获评国家 AAA 级景区。

**【日益改善城乡面貌】** 以集约、智能、绿色、低碳为方向，推进城市建设高质量发展。

优化空间布局。积极抢抓协同发展重大机遇，高规格对接协同发展规划体系，制定完成《国土空间总体规划编制工作方案》，完成现状资料梳理、形成研究框架等国土空间开发保护现状评估工作，总体规划正在抓紧编制。完善存量建设用地收储流程，盘活存量建设用地 128.74 公顷；加强批后监管，盘活低效用地 9.84 公顷，为城市发展、项目落地预留空间。

坚持建管并重。稳步推进市政工程建设，城区污水处理厂扩容提标、老旧管网改造等工程竣工投入使用，京唐城际铁路、县重点人防工程、垃圾焚烧发电厂等项目全面实施，20 个老旧小区完成改造。以信息化、智能化为抓手，创新管理方式，提升治理效能，智慧城市区域服务中心、数据交易中心、大数据创新中心，大数据交易平台，即“三中心一平台”高效运行，涉及 11 个部门的 15 个系统，以及 41 个部门的政务外网已接入，二期项目建设已完成初步设计。深入开展“5+1”专项治理和城区环境秩序整治，即环境卫生整治、占道经营整治、居民小区环境卫生整治、城市牛皮癣整治、车辆乱停乱放整治、农村垃圾整治六大攻坚行动，文明县城创建成效明显，测评成绩排名全省第五，城市管理水平不断提升。全年累计新改建公路 120 千米，获评全市首家建好、管好、护好、运营好“四好农村路”全国示范县，全省推动“四好农村路”高质量发展现场会在香河县召开。实施农村人居环境整治，高标准完成穿村公路硬化、厕所改造、镇级垃圾中转站新建、村街污水治理和垃圾分类试点任务。打造精品庭院 7461 户、美丽庭院 2.39 万户，农村环境明显改观，镇区发展承载力和辐射带动力不断提升，淑阳镇、安平镇、五百户镇、钳屯镇获评全国千强镇，机器人小镇、健康小镇入围省特色小镇创建类名单。

改善生态环境。严格落实治企、抑尘、清煤、控车等防治措施，空气质量持续提升，综合指数、优良天数、达标率均排名全市前列。全面开展河渠清乱占、乱采、乱堆、乱建，即“清四乱”专项行动，潮白河、北运河、青龙湾等主要河流达到地表水 V 类水体标准。制定北运河文化带保护建设五年行动计划，北运河一期 8.6 千米河道清淤疏浚、岸坡防护、滨河步道等工程竣工。高质量完成新营造林2000公顷，全面实施城区绿化工程，顺利通过省级园林县城复查。

【大力发展社会事业】 坚持以人民为中心的发展理念，不断提高公共服务供给层次和质量，群众的获得感、幸福感、安全感持续增强。

坚持教育优先发展。以办好人民满意教育为目标，26项教育工程竣工投用，教学环境实现进一步改善。以立德树人为根本任务，召开全县教育工作大会和教师节表彰大会，县委常委带头到学校讲思想政治课。以提升教学品质为关键，加快发展学前教育、巩固提高基础教育、做优做强职业教育、扎实办好特殊教育，香河县第一中学大学本科一批上线人数超千人，本科上线率达到97.55%。

深化“四医联动”改革。不断完善基层公共医疗服务体系，钳屯、安头屯镇卫生院完成主体施工，3家县级医院与9家镇卫生院全部组建医共体，实现县域全覆盖，被确定为“全国紧密型医共体建设试点县”“全省深化县级公立医院综合改革示范县”“全省推进镇卫生院与村卫生室一体化管理试点县”。县人民医院被评为“省级现代医院管理制度建设样板”。

坚决兜住民生底线。全县59户125名贫困人口全部实现脱贫，投入159.2万元为临贫易贫重点人群缴纳防贫保险，确保“脱贫不返贫、非贫不致贫”。设立专项资金500万元，成立了关爱退役军人基金会，妥善开展退役士兵社会保险接续工作。城乡居民低保和特困人员补贴标准全市最高。完成民政事业服务中心综合楼新建和中心敬老院改造。

持续推进文化惠民。276个村街完成基层文化服务中心建设。文化惠民进社区、进农村、进校园、进军营、进企业、进广场、进景区“七进”文化惠民演出任务超额完成。围绕庆祝“两节”和新中国成立70周年，开展各类喜闻乐见的文化活动，不断为广大群众提供更多更好的精神文化食粮。组织近万人拍摄爱国赞歌《我和我的祖国》大型快闪，被人民号、央视等多家媒体报道，并被“学习强国”平台发布。

【持续稳定社会秩序】 把社会稳定作为一切工作的前提和保障，坚持底线思维，有效防控风险，当好首都政治“护城河”排头兵。

重拳打击黑恶势力。深入推进“扫黑除恶”专项斗争，开展严打整治专项行动，全年破获刑事案件317起，抓获犯罪嫌疑人487人，其中破获涉恶案件55起，打掉恶势力团伙2个，抓获涉恶人员126人，人民群众安全感不断提升。

持续加强社会治理。坚持发展新时代“枫桥经验”，完善城乡社区治理体系，深化三级综治中心建设，全面启动智慧治理信息系统管理平台，深入开展人民调解工作，圆满完成全国“两会”、“一带一路”高峰论坛、中华人民共和国成立70周年大庆等重大安保任务，社会治理现代化水平得到不断提升。加强民族宗教政策宣传培训，促进民族宗教事业健康发展。深化大排查大整治攻坚行动，安全生产形势持续保持稳定。同时，依法治县、市场监管、食药安全等工作均按要求完成目标任务，“法治香河”“平安香河”建设成效显著。

【不断深化政治建设】 坚持把党的政治建设摆在首位，深入贯彻新时代党的建设总要求，压实管党治党政治责任，营造风清气正政治生态。始终坚持以习近平新时代中国特色社会主义思想为统领，深入基层宣讲社会主义核心价值观和中共十九届四中全会精神，教育引导全县干部群众在学思践悟中增强“四个意识”，坚定“四个自信”，做到“两个维护”。以“推动全面从严治党向基层延伸”和“努力践行新时代共产党员的初心和使命”为主题，县委书记为县、镇、村三级干部讲专题党课，引导基层党员干部加强党性修养、坚守初心使命。坚持总揽全局、协调各方，严格落实民主集中制，广泛征求县人大、县政协、老干部和社会各界意见，支持保障县人大、县政协依法依章程履行职责，形成了“求真、务实、担当、高效”的工作氛围。严肃党内生活，县党政班子带头开好高质量专题民主生活会，动真碰硬，红脸出汗，扎实整改，并强化对各单位进行督导检查，确保方向不偏、内容不空、程序不漏、作风不虚、取得实效。

**【深入开展主题教育活动】** 坚持分类指导、统筹推进，各级基层党组织聚焦主题主线，牢牢把握“守初心、担使命，找差距、抓落实”总要求，深入开展“不忘初心、牢记使命”主题教育。坚持问题导向、目标导向，县党政班成员带头将学习教育、调查研究、检视问题、整改落实贯穿始终，带动全县乡科级以上干部开展调研 3200 余次，兴办民生实事 196 件，解决群众生产生活实际问题 200 余个，化解信访积案 16 件，整改安全隐患 86 处。坚持压实责任、以上率下，县四大班子深入推进专项整治，细化分解 50 项重点工作任务，所列问题全部得到有效解决，实现了主题教育与当前工作“双促进”，得到了省市指导组、主题教育办公室的认可和好评，全市农村基层党组织主题教育现场会在香河县召开，相关经验做法被《人民日报》刊发。

**【全面加强队伍建设】** 实现干部教育培训全覆盖，组织各级各类主体培训 22 期，培训党员干部 5000 余人次。全面落实干部经常性考察机制，开展乡科级单位内部点评，有效实行动态管理、跟踪培养，254 名优秀干部纳入组织视野。秉持“看业绩、看能力、看表现、看公论”理念，把新时期好干部标准贯穿始终，选优配强各级领导班子。圆满完成党政机构改革任务，新组建和调整县委有关议事协调机构 10 个，优化调整县直部门正职 41 名。严格落实《党政领导干部选拔任用工作条例》等有关规定，先后启动干部调整 8 批次，涉及 207 人，其中提拔 67 人，平职调整 122 人。研究出台《关于进一步加强乡科级干部有序交流的意见》，推动干部向基层流动，丰富干部阅历，激发队伍活力。公开选聘第二批 27 名县管优秀专家和县域特色人才，人才服务和管理环境进一步优化。

**【夯实基层党建】** 各级党组织书记抓基层党建主责意识持续增强，开展基层党建述职评议，实施党建示范建设、后进村街整顿转化、村级活动场所提升和机关党建“五规范五加强”工程，即规范思想政治建设，加强担当精神培树、规范党内组织生活，加强纪律作风建设、规范组织体系设置，加强党务培训管理、规范机关阵地建设，加强先进典型培树、规范党员发展管理，加强服务平台建设，党组织的组织力、凝聚力、战斗力全面加强，被确定为“全省基层社会治理党组织建设专项试点县”。创新党员教育途径，加强远程教育 IPTV 终端站点的维护运营及改版升级，“香河党员 e 站”发布信息 40 期，“先锋在线”App 开辟了十九大精神、“两学一做”学习教育和“不忘初心、牢记使命”等专题。升级“运河之翼”“潮白之星”两个市级党建示范区，成功打造安头屯“中幡文化”和刘宋“水润荷香”党建示范区。扎实开展全省发展党员违规违纪问题排查试点工作，深入落实违反党章党规、违反法律法规、违反党和国家政策、违反社会主义道德，即“四违”党员处置办法，把牢发展党员入口关，严格党员队伍管理。实施基层党组织书记素质提升工程，推行村干部半年考核、年终考核，村街党员群众评议、执法执纪部门评审、基层党（工）委评鉴，确定村干部星级等次的“两考三评一定”绩效考核办法，基层干部素质显著提升。

【加强政治监督】 严格落实全面从严治党和党风廉政建设主体责任，开展政治生态建设状况监测评估，对落实中央八项规定精神、纠正“四风”、扫黑除恶及“两违”拆除等工作进行自查巡察，对人防系统腐败问题开展专项治理。重点整治基层存在的形式主义、官僚主义和群众身边腐败问题，纪检监察机关共立案108件，结案98件，处分98人，创新建立第一种形态手册使用制度，不断推动全面从严治党向基层延伸。认真贯彻落实中央和省市关于厉行节约反对浪费工作相关规定，县四大班子领导率先垂范、以身作则，持续加强和改进作风建设，不断将厉行节约反对浪费工作引向深入。加强预算编制管理，规范机关事业单位使用劳务派遣人员用工管理，杜绝违规发放工资和津补贴行为。严格执行《香河县机关会议费、培训费、差旅费管理办法》《香河县公务用车使用管理制度》等制度规定，在全市率先建立公务用车信息化管理平台。开展“办公用房违规问题清零”专项行动，对机关办公用房使用情况进行“地毯式”排查，查处违规使用办公用房问题4起，给予党纪政务处分4人，下发检查建议书1份，运用“第一种形态”处置2人。

【巩固意识形态阵地】 落实意识形态工作主体责任，制订实施方案，强化考核监督，把握主动权，弘扬正能量。围绕宣传贯彻中共十九大、十九届四中全会、全国“两会”精神，扎实开展中心组学习、理论大讲堂、专题培训、集中宣讲、网络宣讲，充分利用“学习强国”“先锋在线”等平台载体，扎实开展中心组学习20次、专题培训5次、专题党课2次，观摩培训2次，做到了先学一步、深学一层。持续推进融媒体中心建设，让党的声音进机关、进农村、进企业、进校园、进社区，经验做法得到中宣部肯定，并在全国推广。在中央和省级媒体刊发稿件、刊播新闻均达到300余篇（条），排名全市第一，进一步提升了香河的知名度和美誉度。

在肯定成绩的同时，县委也清醒地认识到，香河经济社会发展中还存在诸多不容忽视的困难和问题：房地产管控后，财政收入增长乏力，亟须新的财源替代；北京市通州区和廊坊市“北三县”总体规化尚未批复，发展空间严重不足，项目落地受到影响；盘活存量用地不够，“腾笼换鸟”任务较重；新兴产业尚未形成规模，转型升级任务艰巨；担当作为氛围不浓，营商环境亟待改善；城乡治理水平有待提高，基层组织制度还需健全完善、强化落实。

# 县委综合协调

【概况】 2019年，作为县委综合协调部门的县委办公室，在县委直接领导下，坚持以中共十九大、十九届四中全会等会议精神和习近平总书记关于党委办公厅（室）工作重要指示批示精神为引领，紧紧围绕县委各项安排部署，发挥参谋助手和桥梁纽带作用，不断强化以文辅政、督促检查、综合协调、管理服务、保密机要等各项职能。围绕全县经济社会改革发展事业目标，精准把握县委主要领导的施政理念和工作思路，狠抓精细化管理，在文稿撰写、信息编报、深化改革、社情民意等方面不断开拓创新，推进县委各项决策部署落地、落实、见效。全年工作实现圆满收官，各项业务系统内考核均处于先进行列,有效保障了各部门高效运转，得到了县委领导和上级主管部门的充分肯定。

【文稿起草工作】 以习近平新时代中国特色社会主义思想为指导，认真学习贯彻中共十九大和十九届四中全会精神，紧紧围绕全县改革发展稳定大局，深刻领会县委、县政府决策意图，突出针对性、指导性和实效性。加强政策理论学习，深入开展调查研究，认真起草县委综合性文稿和主要领导重要文稿等材料等，截至年底，共整理领导讲话、致辞、汇报等材料100余篇，累计达60余万字。编印内刊《香办通报》12期，做到了观点正确、实事求是、层次清晰、表达准确、语言精练、易读易懂。深入各镇、园区、县发展和改革局、县住房和城乡建设局等部门开展调查研究50次。参与起草了县委十一届四次全会报告、县委常委会领导班子民主生活会对照检查材料等重大和重要报告材料，起草的《香河县“三深化三提升”活动开展情况的报告》《关于贯彻落实省市推进高质量发展全面建成小康社会会议精神情况的报告》等报告材料，为宣传推介香河起到了积极作用。

【信息工作】 突出信息时效性，强化上报、下发方面职能，注重信息网络建设和文稿撰写能力培养。明确采集、编辑、报送等重点环节责任人，做到任务具体、职责明确，为县委决策提供及时准确的信息参考。是年，共编发《香河信息》68期，及时全面反映了“美丽幸福新香河”建设过程中各条战线的工作动态和工作重点，得到县委书记李桂强批示3次，为领导掌握相关情况提供了详细参考，充分发挥了信息服务县委决策的“参谋、助手、耳目、喉舌”作用。是年，共上报省、市各类信息2100余篇，被省、市刊物采用126篇。信息上报、采用数量以及考核得分均居省、市前列，其中，《看病少花钱 大病不出县 香河县人民医院走出现代医院管理新路径》《香河县全面强化国庆70周年阅兵安保维稳》《香河县推进垃圾分类处理显成效》等信息被省、市《信息专报》《情况交流》《快讯》等刊物采用，并得到廊坊市委书记冯韶慧等市领导肯定性批示。

【改革工作】 当好改革参谋，研究制定《中共香河县委全面深化改革委员会工作规则》《中共香河县委全面深化改革委员会专项小组工作规则》《中共香河县委全面深化改革委员会办公室工作细则》等制度性文件，为香河县深化改革委员会及其办公室工作运行提供有效保障。扎实推进改革要点落实，建立“隔月报送”台账制度，全面掌握改革任务落实进度，2019年共确定改革任务142项，其中上级安排的改革任务109项，自主谋划改革任务33项。截至年底，上级安排的改革任务已完成95项，因上级文件未出台或不涉及香河县落实的4项，其余10项均按照时间进度要求扎实推进，自主谋划的改革任务全部按照时间进度落实。是年，协助市委改革委员会办公室对香河县27项重点改革任务开展督察，其中，优秀档次12项，良好档次10项，一般档次3项，未划分档次2项，督察结果好于上年同期水平。共向省、市委改革委员会办公室推荐改革信息39篇，被市委采用9篇，被省委采用1篇，改革信息报送、采用情况居全市前列。

【体察社情民意】 坚持把为群众提供优质服务，作为推动网上群众路线工作的目标。不断提升群众办事的便捷度、获得感，将社情民意工作和“不忘初心、牢记使命”主题教育相结合，完善《社情民意工作机制》。健全网络舆情监控系统，强化网上信访互动交流，发挥社情民意App平台作用，收集群众诉求，提炼共性问题，突出房产证办理、购房纠纷、城市环境、小区物业、户籍政策、学生转学等重点领域，及时为群众解决实际问题。到年底，已就七大类政策问题进行了回复和解答。群众在人民网地方领导留言板、省网络问政平台、阳光理政平台、微信等平台共留言126条。截至年底，共办理各类事项64件，其中省委办公厅交办的人民网网民留言25件、省网络问政平台网民留言16条，办理群众关切的各类问题25件。

【督查工作】 县委办公室始终把加强协调联动、规范督导检查作为主体责任落实的重要手段，提高大督查工作规范化、制度化、科学化水平，有力促进全县各项重点工作扎实深入开展。对《2019年县委工作要点》开展专项督查，形成《督查专报》4 期。及时督促相关领导深入一线实地走访包联企业，加大对重点项目、重点企业帮扶力度，有力推进了“三深化三提升”活动。围绕《县级领导分包重大事项、重点工程和重点项目工作情况》，先后深入基层一线开展跟踪督导 3 轮次，形成《督查专报》8 期。立足加快推动涉及房产证领域信访问题解决，对相关责任单位开展实地督导 3 轮次，确保全县大局稳定。对县委主要领导批示交办事项，跟踪督办工作开展“回头看”，形成《督查专报》4 期。联合县“纠风办”6 次深入到各窗口单位实地督导检查，形成专题报告 6 期。结合“不忘初心、牢记使命”主题教育，研究起草了《关于解决形式主义官僚主义突出问题为基层减负专项整治工作方案》《违反中央八项规定精神突出问题专项整治工作方案》。加强对省市督查组交办香河县整改任务的跟踪督导，在 8 月收到省重点工作大督查办公室重点问题整改交办清单后，对照问题，逐项核查，按时按质完成省委督查组交办的“两站两中心”建设、生态环保、信访等五个方面整改任务，有效强化了全县各单位部门的主体责任落实，推动各项工作出效率、出效益、出效果。

【会务工作】 进一步规范接待流程，对于通知起草、座次安排、会场布置等环节做到精益求精、周密安排。制定详细的接待工作方案和预案，提高办文办会工作水平，确保不出任何纰漏。是年，共审核、办理县委及县委办各类会务文件 100 余件，整理印发《常委会议纪要》22 期。共接待中央部委和省、市领导来香河县的调研及各类督导组、调研组、检查组、考核组和外省市考察团到香河县的参观考察等 220 余批次、3600 余人次。圆满完成了全省推动“四好农村路”高质量发展现场会、县十五届人大三次会议和县政协九届三次会议等活动的服务接待工作。

【应急保障】 加强值班信息化建设，开辟专用场所建设应急指挥平台。2019 年，按照省、市要求先后投入 10 余万元进行高标准建设，购置安装视频系统、涉密计算机等设备。针对紧急突发事件，畅通报送渠道，完善信息报送、信访协调、值班检查、考核等制度机制，加强值守应急，很好完成了全国“两会”、中华人民共和国成立 70 周年、十九届四中全会等重点时期的值守应急工作，充分发挥了前哨站和哨兵作用。全年向省、市委值班室报送紧急突发事件信息 5 起，其中诈骗案件 2 起，刑事案件 1 起，意外事故 2 起。

【国家安全工作】 研究制定《中共香河县委国安委 2019 年工作要点》《香河县国家安全情报信息工作规范》等政策文件，明确各成员单位职责任务、目标和举措，以“不忘初心、牢记使命”主题教育为契机，统筹各责任单位聚焦九大风险领域，整治对防范化解重大风险工作落实不到位问题专项行动，明确时间表和路线图，逐一抓措施、要成效。召开全县考核工作调度会，加强督查考核，完善统筹协调机制和情报信息收集机制，提高安全预警能力，牢牢把握国家政治安全斗争的主动权。

【保密机要工作】 以实现“绝对确保信息安全，绝对确保通信畅通”为根本，统筹兼顾，突出重点，创造性开展工作。圆满完成 2019 年度中国·廊坊“5·18”国际经贸洽谈会和香河县中高考招生考试保密工作。组织开展保密安全风险大排查活动和保密专项检查活动，对全县 30 余家涉密单位进行检查，消除各类安全隐患。利用“4·15”国家安全日和“12·4”法制宣传日以及全县股级以下干部“秋冬季集训班”，加强保密宣传教育，召开保密工作培训暨警示教育大会，全县68家单位140余人参加。截至年底，未出现一起失泄密事故，全年处理、装订2018年文书档案共计700卷，接受档案查阅200余人次，圆满完成2018年度文件清退工作，全年共销毁文件及各种介质4.4吨，销毁率达100%。

**【县委机关内部管理】** 加强机关食堂安全管理，优化“美味荷香”微信点餐平台功能，机关食堂管理服务水平得到显著提高。严格落实中央八项规定精神，进一步完善办公室车辆管理制度和司机人员管理办法，有效保障了县委领导及县委机关各部门正常的公务用车服务。

**【机关作风建设】** 围绕转变干部作风，协力推进思想建设、组织建设、作风建设、制度建设、廉政建设以及机关行政效能建设，增强了班子队伍的凝聚力和战斗力。深刻检视剖析问题，通过召开座谈会、设立意见箱、发放征求意见表等方式，征集服务对象、基层党员群众的意见建议。对照党章党规，从思想、政治、作风、能力、廉政五个方面进行检视剖析，制定整改措施，明确整改方向。认真开展批评与自我批评，召开县委办公室领导班子民主生活会，聚焦问题，开诚布公，达到了红脸出汗效果，全体党员以党小组为单位召开专题组织生活会，县委书记李桂强，县委副书记张玉林，县委常委、县委办公室主任田立军以及县委办公室班子成员，都以普通党员身份参加了所在党小组的组织生活会，开展批评与自我批评。严格落实“三会一课”制度，采取组织学习、个人发言、集体讨论、观看专题片和分享学习心得等方式开展学习交流活动，细化党支部活动日等工作方案，多频次召开专题会议，集中学习中央八项规定内容，深刻领会《中国共产党廉洁自律准则》《中国共产党纪律处分条例》和反“四风”等方面的精神实质。深入开展“读原著、学原文、悟原理”活动，先后围绕“提升自身修为”“坚持政治站位，加强政治建设”“习近平总书记十一期间重要讲话精神”等组织专题研讨。依托学习强国App、党员先锋在线、河北网络干部学院等平台，充分利用碎片时间，全面加强网络学习，有力推动理论学习走深走实。强化党员干部的纪律规矩意识，从办文、办会、办事等小事小节抓起，规范廉洁从政行为，争做县委放心的“坚强前哨”“巩固后院”。

在合理安排好各项日常工作基础上，组织县委办全体成员分2批到北京庆祝中华人民共和国成立70周年大型成就展和天津周恩来、邓颖超纪念馆等处参观学习，县委办全体成员身临其境感怀伟人事迹。组织观看《我和我的祖国》等影视作品，感受在中国共产党领导下国家发生的翻天覆地变化，团队成员党性修养得到进一步锤炼。利用周五集体学习日等时间，集中学习《县委全会工作报告》《政府工作报告》以及县委主要领导推荐阅读的《决不可摆架子，一定要打掉官风》等文章。积极组织召开县委办公室“不忘初心、牢记使命”主题教育理论学习中心组（扩大）会议，学习《习近平新时代中国特色社会主义思想学习纲要》《习近平关于“不忘初心、牢记使命”重要论述摘编》等理论著作，以及中央和国家机关党的建设工作会议等会议精神，不断提高机关党员干部的政策理论水平。持续推进“书香机关”建设，组建县委办诗词社，开展诗词评比活动，抒发对家乡的赞美之情和对伟大祖国的感恩之情。精心搭建学习交流平台，有计划开展“好文分享”“读书心得”等活动，激发成员爱读书、勤读书、读好书的热情，提高机关工作人员文化素养。全年共组织集体学习活动26次，学习交流活动7次。

（张建波）

# 组　织

**【概况】** 2019年，县委组织工作在县委的正确领导和上级组织部门精心指导下，深入学习贯彻习近平新时代中国特色社会主义思想和中共十九届四中全会精神，全面落实新时代党的组织路线。县委组织部以“不忘初心、牢记使命”主题教育为主线，以加强机构改革后领导班子和干部队伍建设为重点，坚持全面从严治党。坚持改革创新，不断推进干部选拔任用、基层党组织建设、党员队伍管理、人才队伍培养等各项工作，为建设美丽幸福新香河提供了坚强的组织保障。县委组织部拍摄制作的《传承》系列电教片荣获中组部全国优秀课件一等奖，《香河县建立内部点评机制精准识别推荐干部》在中组部《组工信息》刊载。实施“多维评价、动态考核”经验做法在全省考核工作会议上做交流发言，代表廊坊市圆满完成全省发展党员违规违纪问题排查试点工作。代表廊坊市被确定为全省乡村治理体系建设基层党组织建设专项试点县。全市农村基层党组织主题教育现场会在香河县召开，县委组织部被市委市政府认定为2019年度全市文明单位，被市委组织部评为全市组织系统调研工作先进单位、全市新闻宣传工作先进单位、全市组工信息工作先进单位。《构建精准科学选人用人机制的有益尝试》调研文章获全市调研课题一等奖，“惠才政策支撑工程”成功入选人才兴廊工程2018年度优秀项目名单，并获得5万元专项奖励，申报的“人才服务年”活动作为人才兴廊工程2019年度重点人才项目成功立项。

**【干部调配】** 坚持正确用人导向，抓好机构改革后领导班子和干部队伍建设。圆满完成机构改革相关工作。认真落实中央和省市委关于深化机构改革各项政策要求，把新时期好干部标准贯穿始终，统筹解决好自设机构整改、选优配强部门正职、推动县乡干部交流等，科学制定人事安排方案，努力增强领导班子整体功能和合力。机构改革共组建和调整县委有关议事协调机构10个，选优配强新组建的4个科级单位领导班子。对整合后的6个科级单位领导干部提出安置意见，共优化调整县直部门正职41名，并按照《中华人民共和国地方各级人民政府组织法》等有关规定，对改革中涉及政府工作部门正职新提名人选，提请县人大常委会审议通过。同时，加大对改革后领导班子和干部队伍的跟踪分析和调整优化，研究制定了《关于进一步加强乡科级干部有序交流的意见》，着力适应县级机构改革后乡科级领导班子和干部队伍建设出现的新情况，推动干部有序向基层流动。扎实推进全市乡镇配备“90后”年轻干部工作，配合做好报名初审、测评考察等相关工作，全县9个镇均配备1名90后优秀年轻干部，乡镇领导班子年龄、知识结构进一步优化。

干部选拔任用工作进一步规范。严格落实《党政领导干部选拔任用工作条例》等有关规定，认真落实对拟提拔或进一步使用人选的干部档案必审、个人有关事项报告必核、纪检监察机关意见必听、线索具体的信访举报必查要求和干部任前档案审核制度，凡发现重要信息存疑的一律暂缓，涉嫌造假的，按情节给予相应纪律处分。严格考察程序，拓展考察范围，并征求纪委监委、计划生育等部门意见。进一步规范科级以下干部选任、调配工作，制定印发了《香河县机关（参公单位）选拔任用工作暂行办法（试行）》《关于做好县乡机关股级干部任免工作的通知》。研究起草了《关于进一步规范全县机关事业单位干部调动的通知》，做好机构改革后股级职务任免工作。深化干部经常性考察考核，组织乡科级单位开展内部点评，推选拔尖副科级干部76人，股级及以下干部178人，并实行动态管理、跟踪培养，纳入干部经常性考察量化评价数据库。

（焦　为）

中共中央党校教授阮青应邀到香河授课　　县融媒体中心供图

【干部培训】　干部教育培训实现全覆盖。坚持用党的最新理论成果武装头脑，将习近平新时代中国特色社会主义思想纳入各培训班次的必修课程，结合“不忘初心、牢记使命”主题教育，统一订购发放了《习近平新时代中国特色社会主义思想三十讲》《习近平新时代中国特色社会主义思想学习纲要》《中国共产党的九十年》等学习资料。并邀请中央党校教授阮青、经济学家睢国余、浙江大学教授高奎等就全国“两会”精神、“不忘初心、牢记使命”主题教育及党支部工作等进行专题辅导；联合县委党校举办股级干部“春、秋季集训班”5期，重点学习传达十九大及全国、省、市、县“两会”精神；成功举办3期“香河县学习贯彻习近平新时代中国特色社会主义思想专题网班”，举办4期“传承红色基因、永葆政治本色，矢志不渝跟党走‘井冈山、延安、兰考’系列主题研修班”。相继开展了“信访干部综合能力提升”“乡村振兴暨产业扶贫主题研修”“京津冀协同发展与香河面临机遇专题研讨”“民营经济转型升级暨服务高质量发展”“统计法规”以及党务干部专题培训班。举办集训班、专题网班、主题研修班、专题培训班等形式多样的干部培训班，有效提升了各级干部化解矛盾风险、服务改革发展的能力。2019年，累计组织举办各级各类主体培训班23期，培训党员干部5000余人次。

（张笑奇）

【干部监督】　2019年，干部监督管理力度进一步加强。按照县委“不忘初心、牢记使命”主题教育专项整治工作安排，县委组织部牵头做好领导班子和领导干部不担当不作为专项整治工作。明确整治范围和目标，细化整治重点和49项整治措施，定期进行专题调度。全年完成整治措施45项，出台激励干部担当作为方面制度机制9项，查处问题7个，追责问责7人，发现宣传担当作为先进典型6个，通报不担当不作为反面典型案例7个，全县干部队伍勇担当敢作为、拼搏竞进的工作氛围日益浓厚。加强干部监督管理，认真落实干部选拔任用四项监督机制，即纪律监督、监察监督、派驻监督、巡视监督机制和《领导干部报告个人有关事项规定》《领导干部个人有关事项报告查核结果处理办法》“两项法规”。对71名新任领导干部进行任前公示，委托县审计局对调整的55名正职领导干部进行离任审计；结合县委巡察，组织开展选人用人工作专项检查，全年共对17家单位进行了专项检查，发现、纠正各类问题80余条，进一步规范了科级单位选人用人工作。加大组织提醒、函询、诫勉力度，对涉及违反组织纪律人员及时处理。是年，批评教育13人、通报批评5人、组织提醒3人、函询1人、诫勉4人。加强和规范领导干部因私出国（境）审批工作，严格实行“一请示两报告”制度，开展违规办理和持有因私出国（境）证件专项治理工作。对新提拔的科级干部及时新增备案，联合县公安局对因私出国（境）重复备案人员进行一方撤备，同时做好处级领导因公出国（境）审批备案工作。配合市委组织部完成了2019年县处级领导干部个人有关事项填报工作。

（王小雨）

**【干部考评】** 圆满完成全县乡科级领导班子和领导干部 2018 年度综合考核评价工作，共评出 46 个优秀领导班子和 249 名优秀科级干部，并通报全县，兑现奖惩。认真贯彻落实《党政领导干部考核工作条例》，充分发挥考核指挥棒作用，围绕县委县政府中心工作、年度重点任务，修订完善《乡科级领导班子和领导干部年度综合考核评价办法》和《绩效管理考评工作方案》，组织相关部门研究制定《乡科级领导班子考核指标评价细则》。组织全县乡科级领导班子和领导干部申报确定了 2019 年度工作目标，并于 7 月组织实施了乡科级领导班子和领导干部半年考核工作，检查督考重点工作进展、考察了解干部实绩表现。配合中共廊坊市委完成 2018 年度市对县党政班子考核工作，香河县连续第八年被市委评为优秀等次。在此基础上，充分发挥组织部门在考核工作上的牵头抓总作用，组织县直相关部门研究制定香河县党政领导班子 2019 年度总体工作目标。坚持省、市按季度对县考核指标运行情况进行督导调度，撰写分析报告 3 篇，为县委、县政府全面掌握考核指标运行态势、科学做出决策部署提供第一手资料。

（刘　辉）

**【公务员管理】** 按照《香河县机构改革方案》（香发〔2019〕2 号）规定，将县人力资源和社会保障局的公务员管理职责划入县委组织部，完成政府系统科级以下公务员管理权限整体划转等工作。做好 2019 年度公务员招录、登记、统计、考核、调任、退休、辞职等管理工作。起草出台《香河县机关（参公单位）股级干部选拔任用工作执行办法》，规范干部选任流程。制定出台《香河县公务员职务与职级并行制度实施方案》，完成职数测算和职级套转工作，完成公务员信息维护和年统工作任务。组织开展争创人才开发先进单位，创造一流人才环境；争当优秀人才，创造一流业绩，即“双争双创”活动，做好推荐申报工作，激励公务员在新时代新担当、新作为。

（卢振宇）

**【人才工作】** 强化党管人才不放松。研究制定全县 2019 年人才工作要点，明确全年人才工作思路、重点任务及责任分工。开展落实人才工作目标责任制考核，继续将人才工作纳入乡科级领导班子和干部队伍考评体系，进一步强化“一把手抓第一资源”的责任。北京良工精机、华奥兴达等 7 个高端高新项目引进 21 名优秀人才落户香河。圆满完成廊坊市青年拔尖人才推荐申报工作，5 名人才被授予燕赵英才服务卡。加大域内人才培育力度，出台《香河县县管优秀专家和县域特色人才选拔管理办法》，公开选拔第二批县管优秀专家和县域特色人才，并对入选的 27 名专家人才进行了命名表彰。扎实开展“人才服务年”活

香河县第二批县管优秀专家和县域特色人才命名大会　　县委组织部供图

动，组织市场监管、科技、发改、人社等部门定期到园区现场办公，为园区企业提供商标注册、专利申报、项目审批等“一条龙服务”，活动入选“人才兴廊”工程2019年度优秀项目，并获5万元专项奖励；编写《人才服务指南》，将国家、省、市、县各级人才优惠服务政策汇编整合，让各类人才充分了解政策。制定《燕赵英才服务卡县级服务项目实施细则》，确定服务专班，保证服务质量。统筹抓好党政、企业经营管理、教育、卫生、农村实用人才、社会工作人才等各类人才队伍建设。

加大人才工作宣传力度。县管专家张玉清作为人才典型宣传对象，盛隆景泰蓝制品厂作为人才平台类典型宣传对象，被廊坊电视台《廊坊日报》等媒体进行专题报道。县融媒体中心滚动报道27名作为人才典型宣传对象，并配合市级媒体完成采访报道工作，有关人才和个人在廊坊电视台、《廊坊日报》等媒体进行专题报道，充分展示香河县人才工作成效。发挥县融媒体中心宣传作用，滚动报道27名县管优秀专家和县域特色人才事迹，在全县上下营造了尊重劳动、尊重知识、尊重人民、尊重创造的浓厚氛围。

（张笑奇）

**【基层组织建设】** 强化基层党建工作责任制。强化各级党组织书记抓基层党建主责意识，组织召开基层党建工作述职评议会议，各镇、社区、园区党（工）委书记，县直机关工委书记和部分县直单位党委（党组）书记逐一述职，县领导分别点评，参会人员投票评议。会后，组织各党（工）委进一步研究具体整改措施，建立问题整改清单，明确整改举措、完成时限和责任人，确保问题整改到位。落实基层党建常态化督导机制，通过月度自查、季度抽查、半年互查、年度考核笔试常态化督导检查，有效压实工作责任，提升党建工作水平。

打造基层“领头羊”队伍。实施“基层党组织书记”素质提升工程，将村干部培训纳入全县基层党建工作要点，明确在积极参加省“万人示范培训”、市“万名基层党组织书记”大培训基础上，以村街（社区）党组织书记为重点，抓好全县村级党组织书记培训。截至年底，已组织村街、社区、非公经济和社会组织党支部书记培训1500余人次。赴深圳、厦门、重庆、武汉、张家口、秦皇岛等地进行观摩学习，对村街（社区）党组织书记开展党规党纪、农村土地政策、农村产权制度改革等方面专题培训。举办全县村街（社区）“两委”主要干部党务、村街（居）务工作“擂台赛”，学习交流工作经验，营造起比学赶超的良好氛围。加强对基层党组织书记的管理，用好“两考三评一定”绩效考核办法，落实农村干部离任生活补贴待遇，稳步开展从优秀村党组织书记中选拔乡镇公务员、从大学生村官考核招录事业编等工作。推行村干部县、镇备案管理“2+6”工作机制，即村干部档案县镇分级备案、调整任免审查备案2个备案；建立获奖励、受处分、参加培训、请销假、因私出国出镜、个人有关事项6本要情台账，强化日常监管。

推进党建示范建设工程及软弱涣散党组织整顿转化工程。大力实施“环北京党建示范带”创建提升工程，重点在“两室”建设、村容村貌、人居环境、产业发展四个方面发力，加大工作力度，整合优势资源，统筹工作力量。2019年，基本建成一村一特色、首都护城河作用充分发挥、基层组织建设好、党员队伍建设强的示范村和样板村7个。推进党建示范区提标建设，提升“运河之翼”“潮白之星”“中幡文化”“水润荷香”四个党建示范区建设标准，并推动各基层党（工）委分别结合本地实际打造党建示范区，扩大辐射覆盖面。针对后进村街，加大摸排力度，会同县纪委监委、信访等部门进行综合分析，最终确定

28个村、1个社区党组织为软弱涣散村党组织，严格落实签署一份承诺、研读一部经典、开展一项调查、做好一周义工、帮助一个同学、组织一次评议（即“六个一”）举措，村村安排县级领导分包，乡镇班子成员联系，县直部门结对，工作组帮扶，第一书记驻村，企业结对联建，一村一策，全面推进后进整顿工作。截至年底，29个软弱涣散村（社区）党组织已基本整顿转化。

蒋辛屯镇北三百户村村级组织阵地建设　　县融媒体中心供图

实施村级活动场所“提升工程”。对全县村“两室”建设面积、功能室划分等进行检查，建立工作台账，印发《开展农村党建阵地“提升工程”进一步提升村级组织活动场所建设水平的实施方案》《香河县组织活动场所后进村街整治方案》，将25个村街纳入整治范围，逐步提升建设水平。安排300万元专项资金，为23个村街安装党建宣传电子显示屏，打造“党员远程教育广场”。到年底，全县所有村级组织活动场所使用面积均达100平方米，其中200平方米的有186个村街，达到省市要求，按照有场所、有设施、有标志、有党旗、有书报、有制度“六有”标准推进高标准村街综合服务站建设，乡镇干部“亲情代办制”和村干部“轮流坐班制”落实到位。

扶持壮大村级集体经济。研究制定《关于扶持壮大村级集体经济的工作方案》，配套制定了《省级扶持壮大村级集体经济编制方案》和《市级集体经济示范区编制方案》，最终确定蒋辛屯镇北李庄村、王店子村、苍头村3个村街为“省级扶持壮大村级集体经济村街”，潮白之星集体经济示范区为“市级集体经济示范区”。制定《关于扶持壮大村级集体经济的工作方案》，安排200万元作为市级集体经济示范区帮扶资金，安排1名县委常委分包、1个县直部门联系、1名乡镇领导班子成员蹲点，加大扶持工作力度。截至年底，全县300个村街中，年集体经济收入100万元以上村街19个，50万元—100万元村街35个，10万元—50万元村街121个，5万元—10万元村街125个。

统筹推进各领域党建工作。在城市党建工作中，按照每个社区30万元标准，落实社区无办公及服务用房补贴资金，提高社区办公用房标准，按照每个社区每年不低于10万元和20万元标准，分别列支社区工作经费和社区党组织服务群众专项经费，提高社区党组织有钱办事能力。是年，全县16个社区党群综合服务场所面积均达到500平方米以上。在非公企业和社会组织党建工作中，开展非公党建送党组织标牌、送党旗、送党刊、送党务工具用书、送制度挂图“五送”活动。全县164个非公党建活动阵地全部达到“六有”标准。组织部分非公党组织书记、党建指导员代表赴重庆参加专题培训，进一步提升党务工作水平。继续抓好社会组织党群活动服务中心、建设行业“党员之家”、个体私营企业党群活动中心建设，重点督导支持合益包装党支部、振武保安公司党支部阵地建设。集中开展非公企业和社会组织软弱涣散党支部整顿转化工作。幼儿园联合党支部、开发区第三联合党支部等12个党支部全部整改到位。在机关党建工作中，贯彻落实《关于进一步规范和加强党组工作的意见》，深入推动实施机关党建规范思想政治建设、规范党内组织生活、规范组织体系设置、规范机关阵地建设、规范党员发展管理，加强担当精神培树、加强纪律作风建设、加强党务培训管理、加强先进典型推广、加强活动平台打造，即“五规范五加强”活动。加强对党建工作和业务工作的领导，落实党建责任制和党组书记“第一责任人”职责。先后深入县行政审批局、县市场监督管理局、县民政局，围绕打造机关党建示范点进行工作指导，提高机关党组工作制度化、规范化、科学化水平。

（果　晧）

**【党员发展】** 强化客观指导。印发《香河县2019年发展党员工作指导计划》对全县发展党员工作进行安排部署，并加强宏观指导。建立申请入党人员库、入党积极分子库、预备党员库、党员库，实行“四库”管理办法。让每一名新党员的发展过程都清晰可见、有迹可查。全县申请入党人员库1836人、积极分子库1969人、预备党员库348人、党员库20691人。

严格开展“三个审查”。组织执纪执法部门联审，审查发展对象入党资格条件，确保政历清白；创新组建发展党员监审员队伍，逐人审查发展对象档案材料，确保全面规范；组织部派人参加发展对象谈话，审查现实表现，确保人档一致。

扎实解决村街3年以上不发展党员问题。建立工作台账，实行动态管理，每周汇总统计，每月印发通报，确保工作压力传导到位，任务解决到位。扎实开展发展党员违规违纪问题排查试点工作。对排查范围内的1371名党员进行自查、协查、核查、调查，共查实“带病入党”等六类重点问题党员63人，程序失范及把关不严、材料缺失及内容混乱等非六类重点问题党员148人。依据制定的《发展党员违规违纪问题认定处理办法（试行）》《发展党员违规违纪问题责任追究办法（试行）》，对问题党员全部进行认定处理，对相关党组织和责任人进行责任追究。

**【党员管理】** 加强各类党员管理。印发《贯彻落实〈中国共产党党员教育管理工作条例〉五项措施》，组织各基层党（工）委做好党员党籍管理、不合格党员处置、党费收缴、党内关怀帮扶等工作。

严格“四违”党员处置。落实违法、违纪、违规、违信党员处置办法，每季度组织执法执纪部门对存在“四违”情形的党员进行核查，全年共筛查出“四违”党员111人，均已反馈至所属基层党（工）委进行约谈帮教。

做好老党员、困难党员慰问。元旦、春节、“七一”期间，在做好市、县领导慰问服务的同时，组织各基层党（工）委扎实做好生活困难党员、老党员慰问工作，共走访老党员、生活困难党员354人次，累计发放慰问金38.8万元。

激励党员发挥作用。深化“戴党徽、亮身份”“我是党员我带头”“上一线、当先锋”等活动，

6月27日，香河县举行庆祝建党98周年暨“一先双优”颁奖典礼，县委书记李桂强（中）为先进基层党组织代表颁奖并合影留念　　县融媒体中心供图

窗口单位统一设立党员先锋岗、示范岗，组织党员开展志愿服务，引导党员担当作为、发挥作用。

培树先进典型。组织做好省“千名好支书”及市县先进基层党组织，优秀共产党员、优秀党务工作者“一先两优”推荐表彰工作，最终确定了3名省“千名好支书”推荐人选及10个党组织、10名共产党员、8名党务工作者作为市“一先两优”推荐对象，并会同县融媒体中心，举办庆祝建党98周年颁奖典礼，对县“一先两优”进行表彰奖励，引导广大党员干部树牢“四个意识”，坚定“四个自信”，做到“两个维护”。

**【党员教育】** 强化教育培训规划设计。制定《贯彻落实〈中国共产党党员教育管理工作条例〉五项措施》，对抓好党员学习宣传及党员教育培训、提升党员教育信息化水平等工作作出安排部署。全县各级各部门党组织，累计组织各类培训90余次，全县广大党员干部基本轮训一遍。

创新党员教育途径。投资12万元对“先锋在线”App进行优化，加强远程教育IPTV终端站点和“香河党员e站”微信公共平台的维护管理。2019年，“香河党员e站”共发布信息40期，“先锋在线”App开辟了十九大精神、“两学一做”学习教育和“不忘初心、牢记使命”等专题，累计上传323部专题片、25部党建宣传视频。

严格党内组织生活。严格落实《关于严格党内组织生活十二项制度》，加强对各基层党组织规范开展“三会一课”、主题党日、组织生活会、民主评议党员等组织生活的指导和督导。组织县处级党员领导干部指导乡科级领导班子召开民主生活会；组织各基层党（工）委指导所辖基层党支部召开组织生活会和开展民主评议党员工作。是年，全县共有19721名党员参加民主测评，占党员总数的95.4%，其中，5120名党员被评议为“优秀”，14461名党员被评议为“合格”，138名党员被评议为“基本合格”，2名党员被评议为“不合格”。

（康学鹏）

**【机关自身建设】** 优化内设机构和人员配置。结合全县机构改革工作，针对县委老干部局和县公务员局整体划入县委组织部，对机关内部的重要职责进行调整。完成部机关和下属事业单位“三定”，制定申报工作，科学划分机关内设股室，进一步优化机构设置和职能分配，提高组织工作效能，增强推动组织工作不断向前发展的内生动力。同时，结合岗位设置和干部特点，对部分机关干部职务予以调整，有效调动了组工干部工作积极性。坚持“走在前、做表率”，及时调整机关党组织设置，成立机关党委，科学划分党支部、党小组，并按照《中国共产党章程》及《中国共产党纪律处分条例》规定，完成机关党委和机关党支部换届选举工作，选优配强了党组织领导班子，带头严格落实“三会一课”等党内组织生活，机关党建工作得到进一步加强。

加强政治建设。坚持把“讲政治”作为组织部门自身建设的生命线，带头深入学习贯彻落实习近平新时代中国特色社会主义思想和中共十九届四中全会精神，结合“不忘初心、牢记使命”主题教育，抓好机关学习教育、调查研究、检视问题、整改落实等工作。坚持开门搞学习教育，广泛征求意见建议，制定严密的问题清单和整改台账，坚持更高标准、更严要求，做到真查实改，务求实效，为全县开展好主题教育作出示范、当好表率。大力弘扬“安专迷”“公道正派”等组工精神，将全国优秀组工干部典型事迹辑印成册，组织全体机关干部对照学习，引导全体组工干部向典型看齐，争做优秀组工干部。

强化机关作风建设。定期通报学习各类反面典型案例，开展经常性的警示教育，全体组工干部知敬畏、守纪律意识进一步增强。严格各项工作纪律，出台《部机关内部资料及涉密文件管理工作规范》，制定完善部机关值班纪律、保密纪律等，机关工作运转更加规范。

提升素质能力。抓好学习型机关建设，坚持周五集中学习日制度，严格学习考勤，组织机关干部学习党章党规、习近平总书记系列重要讲话，教育引导组工干部知全局、识大体；辑印《组织工作最新法规、条例、政策汇编》，组织开展集中学习宣讲，要求全体组工干部及时精准全面掌握组织工作最新政策、规定等，争做组织工作的行家里手；继续组织开展“组工讲坛”活动，全体机关干部围绕职能业务及精通的各领域知识轮流登台授课，充分激发学习兴趣，有效促进知识水平提升；加大组工干部业务培训力度，执行组工干部跟班学习制度，有计划安排组工干部跟班参加各类培训和外出学习考察，开阔眼界、增长见识；开展优秀公文评比活动，抓好组工信息、新闻网络宣传和组织工作创新、亮点推介力度，全年上报组工信息 90 余篇，发表国家级网评文章 806 篇。

注重人文关怀。针对机关股室调整，在办公用房紧张条件下，最大限度做好机关办公用房维护、分配工作，确保机关股室工作有序开展；及时更新维护各类办公设备，统一购置空气净化加湿器等设备，优化机关工作环境。进一步发挥机关关爱机制，关心职工日常生活，统一订购职工生日蛋糕，培养组工干部感恩父母、热爱家庭的道德品质；坚持干部及亲人生病住院及时探望慰问、家有事情及时问询，最大限度予以慰问帮助，让每名机关干部都感受到组织部大家庭的温暖，有效凝聚了组工干部的凝聚力、向心力。

（孙　浩）

## 宣　传

【概况】　2019 年，县委宣传工作以习近平新时代中国特色社会主义思想和中共十九大精神为指导，深入学习贯彻十九届四中全会精神，增强“四个意识”、坚定“四个自信”、做到“两个维护”。紧紧围绕庆祝中华人民共和国成立 70 周年这一工作主线，承担起举旗帜、聚民心、育新人、兴文化、展形象的使命任务，坚持稳中求进、守正创新，坚持统一思想、坚定信念，坚持压实责任、守住阵地。着力建设具有强大凝聚力和引领力的社会主义意识形态；着力提高新闻舆论传播力、引导力、影响力、公信力；着力培育和践行社会主义核心价值观，着力推动文化事业和文化产业发展；着力加强宣传思想战线党的建设。全县理论武装工作不断创新扎实推进，新闻宣传工作保持全市前列，舆情报送工作稳居全市第一，精神文明创建工作遍地开花，文化工作丰富多彩，让市民共享发展成果，“扫黄打非”工作保持高压态势，使县域出版物市场健康稳定。

【意识形态工作】　2019 年，坚持将意识形态工作列入年度工作要点，列入年底领导班子考核体系，列入县党政领导班子年度总体目标，列入重点改革任务考核清单，列入督查工作重点任务。印发《深入贯彻落实〈中国共产党宣传工作条例〉责任分工方案》，加强党对宣传工作的全面领导，确保党中央和省、市、县委关于宣传工作的重大决策部署落地见效。结合抓好省、市巡视巡察意识形态领域问题整改，研究制定《关于加强意识形态工作的实施意见》，形成清清楚楚责任分工和监督问责机制，狠抓责任任务清单、监督责任清单、负面惩戒清单；考核评价办法、常态监督办法、分析研判办法、应急管控办法，即“三清单四办法”落到实处。县委书记李桂强作为县委第一责任人，高度重视意识形态工作，带头管阵地、把导向、强队伍，旗帜鲜明地站在意识形态第一线，亲自指挥宣传战役，处置舆情事件，带头研判形势，在大型会议和不同场合多次强调指出，要牢牢把握意识形态主动权，坚持问题导向，融合运用传统和现代化多种渠道、多种方式、多种手段，抓住关键点，抓住敏感区，触角延伸到最基层，切实压紧压实意识形态工作责任制。在全国“两会”、庆祝中华人民共和国成立70周年大会、中共十九届四中全会等重大时间节点，通过召开县委常委会、专题调度会、座谈交流会等形式，专题布置、专题研究意识形态工作，及时分析研判意识形态领域存在的问题和面临的形势，有针对性地作出工作安排。

县委理论学习中心组组织学习　　县融媒体中心供图

按照意识形态工作责任制“三清单四办法”的要求，每半年对全县各级党委（党组）意识形态工作责任制落实情况专题督查、考核，并及时通报考核结果和存在的问题不足，提出具体指导意见和工作要求，实现意识形态责任制落实情况监督检查常态化、全覆盖，进一步推动全县各级党委（党组）意识形态工作责任制的落实。通过听取工作汇报、查阅文件资料和座谈走访等方式，加强对贯彻落实中央和省、市、县委重大决策部署和重要工作任务情况，党委（党组）落实意识形态工作领导责任情况，各类意识形态阵地管理情况，群众性精神文明建设情况和维护网络意识形态安全情况的日常督导，确保意识形态领域安全。8月20日，启动第十一届县委第四轮常规巡察工作。将意识形态工作作为一项重要巡察内容，对县发展和改革局、县工业和信息化局、县人力资源和社会保障局等18家单位开展意识形态工作责任落实专项检查工作，对各单位存在的问题和不足，提出指导意见和工作要求，要求限期整改完成。加强爱国主义教育基地建设，转发省、市《关于加强国家级和省级爱国主义教育基地意识形态阵地管理的通知》，做好店子务惨案遗址、农家博物馆2家市级爱国主义教育基地的管理规范和环境提升工作，组织全县广大中小学生、干部群众进行参观，教育大家铭记历史，传承革命传统精神。

**【中心组理论学习】**　年初，制定中心组理论学习计划，健全完善学习机制，认真做好中心组学习的准备工作。制定下发《2019年党委（党组）理论学习中心组学习安排》，县委中心组理论学习和乡科级党委（党组）中心组理论学习，统一安排学习专题，提出学习要求，指导各级党员领导干部搞好集中学习和自学。县委书记李桂强亲自审定县委中心组学习计划，并就学习方式方法和学习内容作出具体要求，保证学习高质量，达到“实、活、新、用”效果。进行中心组理论专题学习时，县委书记李桂强坚持领学领读，对专题学习内容进行深入讲解，并结合专题学习内容，把自己摆进去，交流学习体会，提出解决问题的具体措施，让每名参加学习的领导干部切身体会到学有所获、学有所悟、学以致用。实行年计划、月推荐、半年通报制度，每月向各级党委（党组）中心组推荐学习专题，每半年通报各镇（社区）、园区和县直部门党委（党组）理论学习中心组学习情况。及时接收总结基层单位部门理论学习反馈信息，宣传推广典型经验做法，坚持深入基层调研指导理论学习，随时了解基层单位学习情况，推动理论学习科学化、制度化、经常化。截至年底，县委理论学习中心组共组织集中学习 19 次，专题培训 5 次，专题党课 2 次，观摩培训 2 次。坚持每月向各级党委（党组）中心组推荐学习专题，截至年底，共下发学习要点 10 期，推荐学习要点 40 个。

9 月 24 日，香河县举办《理论大讲堂》，中国农业科学院教授梅方权（右）应邀到香河授课，县委书记李桂强（左）主持《理论大讲堂》　县融媒体中心供图

【理论宣传】 理论宣讲工作以学习宣传习近平新时代中国特色社会主义思想和中共十九大精神为主线，以庆祝中华人民共和国成立 70 周年为契机，制定下发《关于开展 2019 年“理论大讲堂”系列活动的实施方案》。在全县组织开展“理论大讲堂”系列活动，学习宣传习近平新时代中国特色社会主义思想、中共十九大及十九届二中、三中、四中全会精神、全国“两会”精神、社会主义核心价值观等方面内容。组织开展党委书记讲党课和进基层主题宣讲活动，开展集中宣讲 3 次，网络宣讲 5 次。不断推进党的最新理论成果进企业、进农村、进机关、进校园、进社区、进网络。5 月 17 日，邀请市宣讲团成员、河北工业大学廊坊分校的陈海燕教授以“践行核心价值观，同心共筑中国梦”为题，到安平镇运河新村社区进行主题宣讲。9 月 24 日，开展理论微宣讲暨香河好故事演讲比赛，组织广大党员干部群众以真人、真事和真情实感，宣讲好香河故事，唱响时代主旋律，传递社会正能量，切实把理论学习转化为新时代加快建设美丽幸福新香河的自觉行动。11 月 6 日，邀请北华航天工业学院副教授李健以“礼赞新中国，奋斗新时代——全面建设社会主义现代化国家新征程”为主题，在平安街社区开展集中宣讲活动。开展习近平新时代中国特色社会主义思想朗读音频征集活动，共征集 50 余部作品，择优推选 20 余部作品报送市委宣传部。

【“学习强国”平台推广】 按照市委宣传部工作安排，把“学习强国”学习平台应用推广工作，作为新形势下强化理论武装工作的重要抓手。先后制定下发《关于做好“学习强国”学习平台推广使用工作的通知》和《继续深入推进“学习强国”学习平台推广使用工作的通知》，进一步对全县学习平台使用工作进行安排部署和制度规范，建立了覆盖全县党支部、党员“纵向到底、横向到边”的学习组织架构。定期对全县各单位各部门“学习强国”党员注册人数、认证人数、认证率、参与率、人均积分等内容进行通报。截至年底，全县所有党组织都已经加入平台，覆盖率达到 100%，19195 名党员干部下载注册了“学习强国”学习平台并坚持开展学习，初步实现了各级党组织百分百纳入、在职党员百分百使用、在全县形成比学赶超的浓厚学习氛围。6 月 27 日，在市委宣传部举办的廊坊市“学习强国”知识竞答活动总决赛上，香河县代表队荣获第三名。8 月 24 日，组织拍摄的“我和我的祖国”快闪视频在“学习强国”客户端百灵短视频播出，充分展现了香河县干部群众团结一心、奋发有为的精神风貌，深情表达了对祖国的美好祝愿，向新中国成立 70 周年献礼。

小学生参观爱国主义教育基地----县人民医院农家博物馆　　县人民医院供图

【新闻工作】 2019 年，为加大对外宣传工作力度，策划了农村文化繁荣发展、生态环境改善、机器人产业发展、建设幸福美丽新香河、对接京津等系列主题，围绕主题在各级主流媒体集中宣传。撰写的《河北香河承接产业转移、寻找增长亮点、融入京津冀、激发新动力》《京津冀中华大庙会——欢天喜地过大年》和《河北香河建立充满创新活力的县级融媒体》等稿件先后在《人民日报》、中央电视台、新华社、《光明日报》《经济日报》等国家级媒体发表。其中，在国家和省级媒体刊发稿件近 300 篇，在《廊坊日报》发稿 400 余篇，在新华网河北频道、河北新闻网刊发稿件 500 余篇。

主动对接国家、省级等主流媒体，年内，邀请《人民日报》记者史自强，新华社记者李晓果、鲁鹏到香河县采访 20 余人次。邀请和承接国家、省、市级新闻媒体记者到香河县开展采访活动，以提高香河县的对外知名度和美誉度，年内，通过国家、省、市级重点党报党刊，新浪、搜狐、网易等重点商业门户网站，形成了对“中华京津冀大庙会”、河北日报社“家具产业转型升级”主题采访等集中宣传活动 2 次。在继续做好与在京各国家级媒体记者联系的基础上，进一步与国家级各主流媒体驻河北分站的主要负责人密切关系，与记者约谈对香河县宣传采访事宜。

拍摄制作《招商引资宣传片》《全域旅游汇报片》《改革开放四十年》等多个宣传片，提升香河的知名度和美誉度，加大典型宣传，弘扬新风正气。史长城、杨振、武光俊、钳德等先进典型，在新华社、《人民日报》等国家级媒体报道 6 次，《河北日报》等省级媒体报道 8 次，《廊坊日报》等市级媒体报道 15 次。

【宣教工作】 围绕培育和践行社会主义核心价值观，组织开展“最美廊坊人”推荐、社会主义核心价值观主题微电影征集展示等活动。围绕庆祝中华人民共和国成立 70 周年，组织开展“我和我的祖国”群众性主题宣传教育活动。制定实施方案对活动进行安排部署，共安排学习体验活动、主题宣讲活动等 13 个方面 29 项活动。组织近万人拍摄了爱国赞歌《我和我的祖国》大型快闪，被国家和省级多家媒体报道，并在中共中央宣传部学习强国平台和学习强国河北平台发布。7 月 11 日，举办刘琦（生前任国网冀北电力有限公司大城县供电公司经理、党委副书记，“追授国网冀北电力有限公司劳动模范”荣誉称号，年度国家电网“优秀共产党员”荣誉称号，入选“时代新人、河北好人”榜单）先进事迹巡回宣讲报告会，进一步教育、引导全县党员干部增强“四个意识”“不忘初心、牢记使命”，激发广大党员干部担当奉献，奋发作为。围绕深化爱国主义教育，开展“时代新人说——我和祖国共成长”演讲活动，报送的《这盛世如你所愿》参加了全省演讲比赛。抓好“升国旗、唱国歌，祖国在我心中”主题活动，引导社会各界在重大节庆时悬挂国旗，在重大活动中高唱国歌，增强干部群众的国家意识。组织开展学雷锋示范点和岗位学雷锋标兵创建工作，是年，中宣部公布了第五批全国学雷锋活动示范点和岗位学雷锋标兵名单，县委宣传部副部长，广播电视台党组书记、县融媒体中心主任史长城入选岗位学雷锋标兵。深入挖掘培树推介香河县各行各业、各个层面的先进典型。香河县范广义、张玉珍、张树川、张文发获评“最美廊坊人”提名奖并参加颁奖盛典。举办“理论微宣讲”暨“香河好故事”宣讲比赛，来自县公安局、县中医医院等10位选手参加了宣讲比赛。选手结合自身工作实际，在深入学习领会习近平新时代中国特色社会主义思想的重大意义、核心要义、精神实质、丰富内涵和实践要求的基础上，以精彩独到的理论讲解，配合生动鲜活的工作案例，讲好香河故事。加强爱国主义教育基地建设，做好店子务惨案遗址、农家博物馆2家市级爱国主义教育基地的管理规范和环境提升工作，组织全县广大中小学生、干部群众进行参观，教育大家铭记历史，传承革命传统精神。

【新闻管理】 完善考核机制，规范媒体发稿月通报制度、通讯员轮训制度，根据《香河县关于新闻发布的暂行办法》，规范新闻发布机制，通过定期通报、召开宣传委员会议等形式，有效整合全县外宣资源，深入挖掘宣传亮点，推出一批重点稿件。

【舆情监管】 抓住关键环节守住网络阵地，认真落实相关法律法规，坚持传播正能量是总要求，采取切实有效措施。2019年，印发《香河县网络安全工作协调会商制度》《香河县重大突发网络舆情应对处置工作联席会议制度》等文件，努力掌握网络意识形态工作主动权；完善突发事件应急响应机制，做到网上快回应、网下快处置；加强对县内自媒体传播平台和微博微信、新技术新应用的管理，健全网站分类分级管理体制，规范网络媒体传播秩序。

【文化建设】 2019年，开展形式多样的群众文化活动。元旦、春节期间共开展各项文化活动51项，其中，全县群众性文化活动22项、基层文化活动29项。通过举办文艺演出、歌曲大赛、戏曲大赛、体育比赛、广场舞展演、文学艺术大奖赛、摄影展、文化下乡、游园会等形式多样、丰富多彩的文化活动，最大限度地丰富和满足城乡居民的精神文化需求。

以庆祝中华人民共和国成立七十周年为契机，开展系列庆祝活动，激发群众爱党爱国热情。以“我和祖国共成长”为主题，举办书画摄影展、书法临帖展、京津冀文物展、中幡大赛。以“我与祖国共奋进”为主题，举办诗歌朗诵会等一系列“礼赞新中国・讴歌新时代”主题创作活动。4月30日，“京津冀著名艺术家走进香河送文化下乡活动启动仪式”，在香河靓涌轩工艺品研发中心隆重举行，共有14个文艺团体班子成员代表和京津冀艺术家计120人出席启动仪式。全年共开展形式多样的文化惠民活动209场，14932人次参与。4月1日起，开通融媒体直播，电台、蓝鲸直播、电视台融媒体直播，三种传播方式和渠道使电台节目不仅能在收音机里听见，又能在手机里看广播，增加了更广泛的受众人群，增添了更强的传播力量。配合央视CCTV-17《乡村大舞台》栏目组圆满录制了走进香河特别节目，再次将全国观众的目光聚焦香河。

实施精品工程，鼓励广大文艺工作者积极开展文艺创作，集中推出一批歌颂党和祖国、歌颂改革开放、歌颂香河县人民美好生活的优秀文艺作品。作品充分反映香河县改革开放建设历程和香河文化、家具文化、民俗文化等优秀传统文化，具有浓郁时代气息，展示香河县发展成就的精品力作。《爱国》《生命的记忆》《精忠报国》等23个文艺作品申报廊坊市2019—2020年文艺精品。为促进文化强县建设，传承优秀诗教传统，弘扬中华诗词文化，2018年8月，开展“中华诗词之乡”创建活动。创建活动中，认真贯彻落实习近平总书记新时代中国特色社会主义思想，繁荣和发展社会主义文艺。按照中华诗词学会和省诗词协会提出的诗教创建标准，坚持县委规划、政府行为、全民参与，坚持创建工作全覆盖，坚持普及与提高并重。2019年5月，“中华诗词之乡”创建活动通过省级验收。香河县被河北省诗词协会授予“河北省诗词之县”荣誉称号，同时授予五百户镇为“河北省诗词之镇”，田各庄、西延寺村为“河北省诗词之村”，香河县第二中学为“河北省诗词之校”荣誉称号。加强农村文化礼堂、社区文化家园创建工作。重点抓好渠口镇西魏各庄村和蒋辛屯镇潮北新城社区香河县省级宣传文化示范点，安平镇王家摆村和钳屯镇贾庄村香河县省级文化礼堂示范点，平安街社区、正阳社区、新华街社区和珠光社区为香河县省级社区文化家园示范点建设单位。

**【文化市场监管】** 持续加大封堵查缴政治性非法出版物、扫除淫秽色情文化垃圾、加强网络监管等方面的工作力度。相继开展“清源”“护苗”“固边”“秋风”“净网”5个专项行动。并于4月23日,在第四小学举办了2019年“绿书签行动”签名倡议活动，为创建书香校园、和谐校园、文明校园营造良好的文化氛围，同时也将保护知识产权的重要性宣传到青少年当中。7月，香河县制定了《关于做好2019年暑期“扫黄打非”工作的通知》《关于开展中秋、国庆前后“扫黄打非”集中整治的行动方案》等文件。在各镇（社区）、园区的村街、部分企业及学校建立327个“扫黄打非”基层工作站，工作站各项规章制度按要求全部上墙，新华社区办、安平镇和渠口镇3家基层工作站为廊坊市示范点。加大对香河县印刷复制企业的监督检查，5月至10月，相继开展“出版物市场专项整治行动”“中秋、国庆前后扫黄打非集中整治行动”和“印刷复制企业专项整治行动”。对高氏印务引入的13家印刷企业进行了拉网式排查，并建立台账，对检查出的各类问题，采取立案调查、集中约谈等方式，严肃查处，限期整改。充分发挥“扫黄打非”基层站点的工作职能，深入基层开展“扫黄打非”政策法规和非法出版物危害等内容的宣传，对迁入的印刷企业情况进行详细摸底排查。加强对出版物市场监管，检查印刷复制企业30家（次）、校园周边商店50家（次）、书店20家（次），特别是重要节日前后，多次进行联合执法检查行动。对由外地迁入的40家图书库房进行排查摸底，并建立台账。制定《2019年印刷复制暨内部资料性出版物管理风险防控方案》和《2019年度印刷复制暨内部资料性出版物“双随机一公开”抽查方案》（指在监管过程中随机抽取检查对象，随机选派执法人员；抽查情况及抽查结果及时向社会公开）。

**【版权工作】** 年初，成立香河县版权服务工作站。版权工作主要以版权登记为依托，通过河北版权服务平台对著作权人的作品进行登记。为增强人民群众版权意识，8月29日，组织举办由相关单位版权工作负责人、部分涉及版权的企业和协会等近200人参加的版权培训，发放宣传折页和宣传册2000余份。9月21日，协助市委宣传部拍摄全市版权宣传片。参加市委宣传部组织的全市版权工作交流会，通过省版权专家的授课、实地调研版权工作优秀单位和企业，深入、细致学习了开展版权工作的方式方法和技巧。在报纸、电视台和微信公众号等平台，充分宣传版权相关知识和版权登记相关事项，公布版权登记服务电话等。截至年底，香河县已累计登记版权作品688件，超额完成2019年度市委宣传部下达的400件版权登记任务。

【软件正版化工作】 按照上级部门要求，香河县成立由县委宣传部牵头，13个成员单位参与的“推进使用正版软件工作联席会议”，并与各相关单位签订了“使用正版办公软件承诺书”。2019年，集中采购了WPS办公软件，采取场地授权模式，为55个县直部门所有计算机安装了正版办公软件，实现了上级要求的政府相关部门正版办公软件的全覆盖。

【电影工作】 2019年1月，按照《香河县机构改革实施方案》（香发〔2019〕2号）文件精神，电影管理工作划归县委宣传部。年内，梳理完善包括老电影放映员、影院和农村电影放映在内的电影工作相关资料；全县符合领取老电影放映员补助资金条件人员为57人（原为59人，去世2人），到2019年，已达到领取补助资金年龄的有49人，县委宣传部协调各镇（社区）、园区及相关部门，按时、足额将补助金发放到位；按标准将2019年度的国产影片奖励资金和先征后返资金均已如数发放给各家影院。10月22日，参加市委宣传部组织的“电影工作培训会”，详细了解、学习电影管理工作的重点和要点。通过“中影农村放映平台”和各村街的放映反馈，对全县农村电影放映工作进行监管。是年，香河县农村电影放映达3000余场，国庆期间农村电影放映站组织放映公益电影300余场，观影人数达1.2万余人次。加强电影放映的监管，9月13日，发现并处置1起无版权电影放映事件，维护了电影放映工作的良好秩序。

【农家书屋管理】 农家书屋管理职责划转县委宣传部之后，县委宣传部开展由主管领导带队的农家书屋专题调研，召开专题会议，总结过来经验做法。农家书屋借阅等各项制度统一规范上墙，并要求各镇（社区）、园区，对农家书屋的阅读环境、硬件设施和标牌等进行自查，达不到条件的自行整改，对现有书籍重新整理和分类。利用节假日和“4·23”世界读书日，开展全民阅读活动，组织相关单位参加“我的书屋·我的梦”读书演讲比赛。截至年底，完成本年度农家书屋图书购置及派发工作。

【党报党刊征订】 香河县将党报党刊征订作为宣传贯彻中共十九大精神和十九届二中、三中、四中全会精神的重要内容，迅速行动、多措并举、扎实推进。在征订发行工作中，专门成立了领导小组，各有关单位协调分工，全面确保订阅范围，确保发行量稳中有升；在严格公费订阅报刊的基础上，还出台措施积极鼓励和动员各级文明单位、明星企业等社会力量订阅党报；开展“文化扶贫”工程，确保订阅范围、订阅资金、完成期限“三到位”；改进创新，推动媒体融合向纵深发展，不断扩大重点党报党刊订阅覆盖面，全面完成2020年重点党报党刊征订发行任务。

**2020年度香河县重点党报党刊订阅情况统计表**

表5 单位：份

| 报刊名称 | 《人民日报》 | 《河北日报》 | 《廊坊日报》 | 《经济日报》 | 《光明日报》 | 《求是》杂志 |
|---|---|---|---|---|---|---|
| 订阅份数 | 1325 | 1791 | 3808 | 356 | 186 | 235 |

【宣传队伍建设】 县委宣传部贯彻落实习近平总书记关于加强宣传思想战线队伍建设的重要论述，扎实开展增强“脚力、眼力、脑力、笔力”（简称“四力”）教育实践工作。下发《关于做好增强“四力”教育实践近期重点工作的通知》及《关于在新闻战线深入开展增强“脚力、眼力、脑力、笔力”教育实践工作的实施方案的通知》，深化目标绩效管理工作，完善“干什么、怎么干、谁来干、什么时间干”（简称“四干”）抓落实机制，开展宣传思想文化重点工作督查，推动党中央决策部署和省、市、县委各项工作任务落地生效。与中共新华书店总店党委共建“四力”教育实践基地，5月15日，中共新华书店总店党委与中共香河县委在新华书店总店共建“四力”教育实践基地启动仪式上，新华书店总店总经理、党委副书记茅院生，中国新闻出版研究院院长魏玉山，县委书记李桂强，县长王文强等领导出席，魏玉山应邀为新华书店总店中层以上干部和香河县宣传思想战线人员共计200余人授课。在“四力”教育实践活动中，宣传思想战线人员以脚力为根基，深入基层，服务群众；以眼力为前提，挖掘先进典型，研判舆情动态；以脑力为核心，活用“学习强国”平台，提升干部素质；以笔力为关键，实现文风转换，繁荣文艺创作，打造政治过硬、本领高强、求实创新、能打胜仗的宣传思想工作队伍。史长城、张涓2人荣获河北省2019年“新春走基层”活动增强“四力”先进个人称号，全市只2人获此殊荣。

（孙欣慰）

## 精神文明建设

【概况】 2019年，香河县精神文明建设工作在县委、县政府的领导下，在香河县精神文明建设委员会办公室（简称县文明办）积极努力下，围绕培育和践行社会主义核价值观以及大力倡导公民基本道德规范，全面推动开展机关、学校、企事业单位、村街、社区群众性精神文明建动活动，在广大市民中积极开展励志、利民各项工作，使广大市民精神面貌得到改善，使香河县广大市民的素质得到普遍提高。

【文明校园建设】 切实加强领导，精心安排部署文明校园建设工作。县文明办把“文明校园”创建工作作为提升未成年人思想道德水平和创建省级文明县城的重要抓手，积极谋划，抓好落实。是年，全县中小学共有3800名学生参加学雷锋志愿服务组织，10余所学校4600余名学生到盘山烈士陵园祭扫，5400余名师生参加读书、诵读、书法等活动。年内，全县共评出省、市、县级三好学生314名，优秀学生干部 80名，先进班集体57个。

【未成年人思想道德建设】 以爱国主义教育为主旋律，引导未成年人树立革命传统意识。组织青少年观看革命题材的影片，坚持开展“国旗下的讲话”活动，开展读好书、写观后感、出主题板报等活动，对青少年进行爱国主义教育。以品

“小手拉大手，垃圾分类齐动手”户外实践活动　　县融媒体中心供图

德教育为主题曲，举办“小手拉大手”主题活动，组织未成年人积极投身文明城市创建活动，不但自己带头讲文明，还影响和带动周围人讲文明，使学校成为精神文明的窗口。

开展多样化的教育实践活动，提升未成年人思想道德建设水平。依托3月5日学雷锋纪念日、清明节、端午节、“七一”、国庆节等重大节日，开展“弘扬雷锋精神，争当雷锋传人”、志愿服务、“清明祭英烈 传承民族魂”主题教育实践活动。组织开展“迎端午、赛龙舟”“童心向党”“向国旗敬礼”“国旗下讲话”及主题班队会等800余次系列活动，在全县5万余名中小学生中强化爱国主义教育，厚植爱国情怀。4月，县委宣传部、县教育和体育局等多部门联合开展“绿书签”宣传教育活动。4月和10月，县第二中学、县第八中学等学校开展特色主题家长会，举办感恩、励志、家庭教育演讲。5月、6月，县第一中学、县第六中学等学校邀请专家到校开展备考心理调节讲座。县第一中学、县城内第三小学、县城内第四小学等88所学校举行开学礼、成人礼、成长礼等，将学校教育与家庭教育紧密融合，构建学校、社会、家庭教育共同体，合力促进广大青少年身心健康发展。

组织开展“扣好人生第一粒扣子”主题活动。围绕庆祝新中国成立70周年这一特殊的时间节点，在全县中小学校中广泛开展革命传统教育，传递红船精神、井冈山精神、长征精神、延安精神、西柏坡精神等革命精神，引导青少年铭记革命历史、崇尚革命英雄、继承先辈的革命事业。清明节前后，组织青少年到革命战争纪念地、烈士陵园等瞻仰宣誓、祭扫献花，敬礼先烈先辈，感恩幸福生活。组织未成年人广泛参与志愿服务活动，以此培育未成年人美好心灵、强化未成年人责任意识、提高未成年人实践能力。

（曹月丽）

**【“新时代好少年”评选活动】** 组织开展香河县“新时代好少年”评选推荐活动。联合县教育和体育局、团县委、县妇联、县关心下一代工作委员会印发了《关于2019年组织全县未成年人开展“新时代好少年”学习宣传活动的通知》（香文明办〔2019〕1号文），在县内各中小学校推选出校级“新时代好少年”700余名；评选出2019年香河县“新时代好少年”26名，5月30日，县教育和体育局组织召开香河县“新时代好少年”发布会，表彰县城内第一小学武千会、县城内第二小学杜金等26名县级“新时代好少年”。县城内第一小学邱夏宇、县第六中学潘宏博荣获2019年首批廊坊市“新时代好少年”荣誉称号。其中，县城内第一小学邱夏宇荣获2019年河北省“新时代好少年”荣誉称号，并于6月底赴张家口市参加河北省“新时代好少年”发布仪式。

（曹月丽）

**【提升教师职业道德素质】** 2019年，以“师德师风提升年”为抓手，加强师德师风建设。4月，开展师德论坛征文活动，共收到优秀征文282篇。4月26日，县教育和体育局为提升教师师德素质，组织教师师德演讲比赛，100余名教师参加演讲比赛，27名教师获奖。5月，县教育和体育局组织中华经典诵读比赛和中小学幼儿园师生规范汉字书写大赛，韩长影、赵文轩等253名师生获奖。县教育和体育局获得中华经典诵读活动优秀组织奖、规范汉字书写活动优秀组织奖。9月10日，县委、县政府召开香河县2019年教师节庆祝暨表彰大会，表彰186名优秀教师、优秀教育工作者、农村工作10年以上优秀教师和教育工作者及农村工作30年以上在岗教师和教育工作者，共发放奖励资金28万元。年内，先后有32人分别荣获“全国优秀教师”“河北省师德标兵”“廊坊市优秀乡村教师”“廊坊市优秀教育工作者”“廊坊市骨干教师”“廊坊市师德标兵”等称号。香河五中张春海、渠口镇王刘圈小学李晓红被授予“河北省优秀乡村教师”称号。

（曹月丽）

**【精神文明阵地建设】** 县文明办从组织领导、意识形态、学习教育、管理水平、卫生环境、业务能力、组织活动等方面开展文明单位创建，深入推进社会主义核心价值观涵育基地建设工作。县人民医院“农家博物馆”在建设中坚持中华民族的优秀传统文化，根植乡土影响一方风土人情的乡贤文化，发生在当地的红色文化和社会主义建设实践中形成的先进文化，用人民群众所见所闻，亲身感受来宣传展示社会主义核心价值观，2019年，共接纳免费参观900余人次。组织精干力量推进县级文明网站和微信、微博建设。自香河文明网站和微信、微博客户端建成以来，主要发布宣传思想文化和精神文明建设重要信息，开展思想道德建设和精神文明创建活动，传播文明、引领风尚，很好地促进了香河县社会文明水平和公民文明素质的不断提高。大力推动职业道德建设，要求窗口单位在显著位置张贴行业规范并遵照执行，同时对从业人员文明用语、礼貌待人和规范服务不定期进行暗访式检查，截至年底，全县共有50余个窗口单位公开张贴了行业规范，近700名从业人员规范了行业服务。

**【志愿服务活动】** 县文明办本着弘扬“奉献、友爱、互助、进步”的志愿精神，组织县直各单位、志愿者协会、企业、文明单位、社会各界爱心人士开展公益性志愿服务活动110余次，参与活动总人数达2500余人。其中，开展“周末文明行动”20余次，慰问贫困家庭10余次，赴孤儿院看望孤儿10余次，赴敬老院看望军属、老党员、孤寡老人14次，开展文明交通活动20余次，义务清扫街道5次，为捐助失学儿童组织义卖4次，向贫困地区捐赠衣物12次，无偿献血1次，组织大型捐赠活动1次。

3月2日，举行2019年香河县志愿者服务启动仪式，并对2018年度优秀志愿者进行表彰　　胡炜东 摄

**【传递乡村正能量】** 推动移风易俗深化文明村镇创建工作。在全县所有乡镇打造乡村文明示范街并投放公益广告。各镇已全面启动村街建好一支宣传队伍、设置一面好人榜、建好用好一个道德讲堂、修订完善一部村规民约、建好用好一个大喇叭工程、培树一批文明示范典型、筑牢一个文化阵地、建设好一支村民自治队伍、发起一项志愿服务活动、开设一批宣传展示专栏即“十个一”建设工作，完成公益广告投放，共制作宣传栏50余个，投放公益广告1000余幅，围挡1万余平方米。把开展文明乡镇创建活动作为培育和践行社会主义核心价值观的有力抓手，精心组织实施。截至年底，全县各镇共计清理违法广告2万余处，清理死角四面2.5万余平方米，发放文明创建宣传材料3万余份。通过培育文明乡风、淳朴民风，不断深化文明村镇建设。

**【市民文明素质提升】** 狠抓《公民道德建设实施纲要》的贯彻落实，结合香河县实际，编印了创建省级文明县城宣传折页 3.5 万份；制作《市民公约》和《居民文明公约》宣传牌并安装到社区和居民小区；开展好家风好家训征集活动，在群众中大力倡导公民基本道德规范，市民思想道德觉悟不断提高。开展公益短信发送活动，发送了以社会主义核心价值观、中华传统美德、讲文明树新风、文明出行、移风易俗为主题的公益短信 10 万条。在承办“时代新人·河北好人”的同时开展香河县道德模范评选表彰活动，树立了典型，充分展示了香河县思想道德建设的丰硕成果，凝聚了向上向善的强大力量，在全县形成了崇德向善、见贤思齐的浓厚氛围。

（刘　洋）

## 文明城市创建

**【概况】** 2019 年，香河县继续大力开展省级文明县城创建工作，县创建省级文明县城工作指挥部办公室（简称县创城办）围绕培育和践行社会主义核心价值观以及大力倡导公民基本道德规范，以“塑造城市形象、提高市民素质、推动经济发展、促进社会和谐”“建设美丽幸福新香河”为主线，掀起在城区、镇、村全域内争创省级文明城市热潮，推动城市文明程度不断提升。年初，召开全县创建省级文明县城推进会，制订全年计划，明确重点工程，细化责任分工，针对突出问题，制定应对措施，层层传导压力，确保各项创建工作任务圆满完成。

**【完善机构精心谋划】** 县委、县政府高度重视省级文明县城创建工作，把文明城市创建作为提高城市综合实力的重要载体，作为为群众办实事办好事的利民惠民工程，进行认真安排，精心部署。2019 年，为加强对创建工作的领导，进一步完善组织领导体系，充实了县创建省级文明县城工作指挥部成员，调整了内部分工。由县委书记任政委，县长任指挥长，县委副书记任常务副指挥长，县委、县人大、县政府、县政协分管领导为副指挥长，县委办、县政府办、县文明办、县执法局、县交通运输局、县交警大队等 60 余个部门的主要负责人为成员，指挥部下设包括办公室在内的 13 个工作部。制订完善了《香河县 2019 年深入推进省级文明县城创建工作实施方案》，将任务具体分解，逐一落实。各成员单位均成立了相应领导机构，做到一级抓一级，层层抓落实。

**【加强宣传营造氛围】** 为营造浓厚的创建文明城市氛围，使文明城市创建工作深入人心，县电视台、《新香河》报刊、香河文明网、香河头条微信平台等媒体及时宣传报道创建工作的动态和经验，2019 年，刊登和播出相关宣传报道 200 余条。为丰富宣传形式，在城区及乡镇主次干道悬挂道旗 3000 余面，广告牌近 500 个，在主要交通路口布设公益广告造型 100 余个，设置临街围挡 2 万余平方米，背街小巷公益广告近 600 块。

**【督导检查】** 为确保文明城市创建工作规范化、制度化，建立了督导检查制度、定期通报制度、责任单位协调会制度、“门前三包”制度、集贸市场管理制度等工作制度。定期督导检查，发现问题，指出短板，现场整改；定期召开调度会议，解决问题，弥补不足。成立由县文明办牵头，县纪委监委参与的专项督查组，整治创建工作中不作为、慢作为现象，以保证创建各项工作如期按要求高效完成。

**【提升村镇文明程度】** 以绿化、美化、亮化、净化为重点，充分发挥基层环卫工作作用，使街道清扫、垃圾运输做到经常化、制度化。加大对村街的治理力度，实行垃圾定点、分类存放，设置分类垃圾箱，防止二次污染。以镇区主要街道和村街的乡风文明示范街为分布点，用橱窗、造型、展牌等形式展现不同主题的公益广告近5000处，善行功德榜300处；成立红白理事会，投放移风易俗公益广告。

【开展文明城市志愿服务活动】　县文明办大力弘扬“奉献、友爱、互助、进步”的志愿精神，动员更多党政机关工作人员及企事业单位干部职工积极参与志愿服务活动。

开展“邻里守望”社区志愿服务活动。以“周末文明行动”为契机，组织志愿者深入社区，开展家政、医疗保健、法律援助等服务。爱心志愿者关爱空巢老人、留守儿童、残疾人等特殊人群，和他们聊天，倾听他们的心声，鼓励他们乐观勇敢面对生活，服务活动提升了他们面对生活的信心，着力培育了共享幸福生活、共建和谐家园的社会风尚。

开展志愿服务活动。在创城活动开展期间，县直各单位、志愿者协会、企业、社会各界开展文明交通志愿服务活动。在城区内重要交通路口上下班高峰时段，组织文明交通志愿服务者走上街头，倡导文明交通，并与县公安交通警察大队共同维护交通秩序，劝导行人和非机动车不闯红灯、不乱穿马路、不乱停乱放，自觉维护交通秩序，倡导文明出行。围绕省级文明县城创建，在公共场所、窗口单位、社区等重点场所设立学雷锋志愿服务站点，开展公共秩序维护、文明礼仪传播等志愿服务活动。组织志愿者开展清洁卫生行动，清除卫生死角，整治“脏乱差”。爱心人士共组织公益性志愿服务活动110余次，参与活动总人数达1.8万人。

【城市功能和品位得到提升】　近年来，省级文明城市创建工作使得县城面貌焕然一新。高标准便民服务中心已投入使用；县规划展馆、图书馆、文博馆、文化馆免费对市民开放；100辆新能源公交车已覆盖全县；县重点人防工程现已全面启动、主次干道的交通标识线重新施划；路灯装灯率和亮灯率均为100%；分类垃圾箱全覆盖；道路两侧新增机动车停车位300余个，非机动车停车位近20处；公园、广场、临街公共卫生间的无障碍设施均已覆盖；完成背街小巷路面硬化；新建小区健身器材安装率为100%，满足了居民休闲、娱乐、健身的需求。

【行业服务质量提升】　围绕创建省级文明县城工作，开展了以“诚信示范，优质服务”为主题的创建文明窗口、文明班组活动，各窗口单位以职业道德建设为突破口，制定和完善了行业规范。活动的开展提高了服务质量，促进了良好社会风气的形成，进一步树立了良好的城市形象。以提高市民健康素质和城市文明程度为目的，开展了“文明餐桌行动”，活动以酒店、餐馆、机关食堂为重点，以餐饮企业和消费者为主要参与者，大力普及文明餐桌知识，把精神文明建设融入百姓的文明用餐、健康用餐生活中，把俭以养德变为广大消费者的自觉行动，从而营造了良好的餐桌文化。

（刘　洋）

## 统一战线

【概况】　2019年，县委统一战线工作在县委的坚强领导下，在上级统战部门的指导下，认真贯彻落实中央、省、市委统战工作会议精神，紧紧围绕打造美丽幸福新香河发展大局，充分发挥统一战线重要法宝作用，县委统战部广泛凝聚共识，积极汇聚力量，各领域统战工作有了新的进展。

【民族宗教数据统计工作】　为全面真实掌握香河县少数民族干部及民族工作相关数据，5月，县委统战部对民族工作进行认真梳理，并结合省、市民族数据统计的相关要求，制定《香河县干部及少数民族干部情况统计表》《香河县少数民族特色村寨情况统计表》等表格。下发《关于做好民族工作相关数据统计工作的通知》，编制民族干部、民族种类和民族群众分布、民族学校及少数民族特色村镇台账，做到底数清，情况明。

【民族宗教培训工作】 6月21日，为提升全县基层宗教干部依法处理新时期宗教问题的能力，县委统战部在香河县城市规划展览馆一层会议室举办全县民族宗教政策法规培训班，邀请中央社会主义学院沈桂萍教授进行专题授课。县委统一战线工作领导小组和县宗教工作领导小组成员单位主要负责人，各镇（社区）、园区党组织书记、相关副职和宗教工作重点村街党支部书记等近百人参加了培训。

【慰问少数民族工作】 开斋节是穆斯林群众的三大节日之一，为进一步增近与少数民族群众的感情，斋月期间，县委统战部多次前往香椿营清真寺、西北街清真寺和安平一街清真寺进行走访看望，了解并解决信教人士生活中的实际困难。协调市民宗局，为西北街清真寺提供2万元维修资金。同时，分别为3个清真寺赠送300条印有“民族一家亲”毛巾，58个灭火器，切实做好宗教场所的消防安全工作。开斋节当日，县委常委、统战部部长董美辰带领统战部相关干部先后前往香椿营、安平一街、西北街清真寺看望慰问伊斯兰教界人士和穆斯林群众,并对全县穆斯林群众表示节日的祝贺,送去党和政府的关怀和问候。

【严查党员违规违纪】 严格审查党员热衷封建迷信活动。根据县委《关于印发〈发展党员违规违纪问题排查试点工作实施方案〉的通知》，县委统战部组织各镇（社区）、园区及县直工委等相关单位，对香河县所有党员就是否热衷封建迷信进行严密摸排审查，未发现有党员就此问题违规违纪。

【党外人士统战工作】 2019年年初，对全县党外干部情况进行登记汇总，并将党外干部政治思想、工作能力、群众评价、廉洁自律等方面情况录入党外干部管理系统。全县共有党外处级干部3人，党外科级干部14人，党外股级干部464人。党外干部中有中国国民党革命委员会（简称民革）2人，九三学社3人，中国民主同盟（简称民盟）5人。正股级党外干部本科学历58人，副股级本科学历137人，硕士研究生2人，学士5人。1月21日，县委统战部组织召开党外代表人士座谈会。会上党外代表人士踊跃发言，提出新农村建设、香河县绿化美化的后期管理问题、普及高中教育提前谋划校舍和师资等意见建议。在培养、选拔、推荐、使用党外干部工作中，县委统战部主动与组织部门加强联系，密切配合，共同担负起党外干部“娘家人”的责任。通过爱心细致的工作，一批年富力强、德才兼备的优秀党外干部走上领导干部岗位，充实到政府部门、司法机关和群团组织的领导班子。

【新社会新阶层人士统战工作】 2019年年初，为做好新社会阶层人士统战工作，更好掌握新社会阶层人士的底数，及时掌握新社会阶层人士的思想动态，发现并及时解决工作中存在的问题，县委统战部在全县范围内深入开展了新的社会阶层人士统战工作专题调研活动。重点对民营企业和外商投资企业的技术管理人员、中介组织和社会组织从业人员及自由职业者进行调查摸底，并建立了电子档案，为新的社会阶层人士统战工作做好前期准备。

【专题培训】 为搞好统战工作，开展党外知识分子、新阶层人士和统战委员培训工作。10月，在中国航天科技集团航天人才培训中心举办“香河县党外知识分子、新阶层人士和统战委员培训班”。邀请了中央社会科学院教授邱永文、山东师范大学马克思主义学院教师璐璐、河北省社会科学院教授王树臣、市保密机要局副局长张建瑜、为参训人员进行统一战线知识及相关工作的专业授课。

**【非公经济领域统战工作】** 加强对非公经济人士的思想政治引领工作。5月12日，县委统战部组织部分企业和行业商协会负责人到青岛大学参加廊坊市民营企业家经营管理人才培训班。5月24日，组织部分民营企业家参加廊坊市工商联与新奥大学联合举办的“iCome大讲堂”，以“审时、度势”为主题，对中国当前的经济形势、发展趋势以及给企业带来的机遇与挑战进行分析解读；对如何构建生态型企业以及生态型企业的运营模式进行分享，进一步加强了企业家和职业经理人相关知识的培训。10月21日，组织企业家代表参加廊坊市工商业联合会在云南大学滇池学院举办的“守法诚信经营、坚定发展信心”非公有制经济人士理想信念教育培训班。在陆军讲武堂接受爱国主义教育，更加深入扎实地推进“不忘初心、牢记使命”主题教育，引导非公经济人士坚定理想信念，不断开拓创新，提高个人修养，努力推动企业高质量发展。

发挥职能作用，做好协调服务工作。积极配合县人力资源和社会保障局组织开展2019年香河县“春风行动”大型招聘会。招聘会吸引了县内136家企业、1000余名求职者参加。智能制造、服务贸易、生态农业、科技创新等行业特色企业齐聚一堂，为求职者提供4300余个岗位，涉及行业广泛，共有700余人与企业初步达成就业意向。

开展调查研究。先后到塞铭瑞汽车零部件（廊坊）有限公司、鑫山钢结构有限公司、安旭专用汽车有限公司、成和办公家具工程有限公司以及智慧电谷创新产业园进行走访调研，围绕帮扶支持民营企业发展与企业负责人进行交谈，详细了解企业现阶段发展遇到的困难，共同研究解决问题的方法，真正做到帮企业所需，解企业所难，为企业发展保驾护航。组织企业家参加“承接非首都功能疏解 推进京津冀协同发展”招商恳谈会，就香河与驻京央企、国企、民营企业、商协会、科研院所等机构的合作发展进行深入交流。

积极引导非公经济人士履行社会责任，助力精准扶贫。坚持在非公经济人士中开展“致富思源、感恩奉献”的教育活动，引导企业家致富不忘回馈社会，鼓励企业家奉献爱心，倾力履行社会责任，争做新时代表率。5月31日，带领三强救助基金会工作人员到渠口镇西魏各庄村慰问计生贫困户，送去了米面油等生活慰问品和5000元助学金。6月1日，县委统战部组织女企业家协会与县福利院小朋友们共庆“六一”儿童节，女企业家协会捐赠2万元，用于改善孩子们的学习和生活条件。重阳节前夕，组织女企家协会爱心委员会代表到渠口敬老院举办“走进敬老院与建设祖国的老人们共同庆祝祖国生日”活动。为老人们送去了慰问品，和老人们一起吃蛋糕，庆祝中华人民共和国成立70周年；县书法家协会会员现场为老人们书写作画。

**【对台工作】** 2019年，为更好地做好对台统战工作，建立对台工作电子档案，实现动态管理。县对台办工作人员深入基层入户调查走访，掌握翔实的台胞台属资料，建立台胞台属登记表和完备的人员电子信息。截至年底，香河县共有台胞9人，台属21人。

做好对台接待工作。4月20日，来自台湾岛内3家广播公司记者苏恩恩等一行4人，到香河进行采访。计划返岛后将素材剪辑成单元节目，于2019年6月1日至2020年5月底期间，在3

家电台每周三黄金时段播出。采访团一行先后到香河县第一城和家具城进行采访。采访团感慨香河县历史文化悠久、区位优势独特、生态环境优美、产业特色鲜明、城乡品质优良，必将成为展示河北形象的闪亮名片。10 月 21 日，台湾“中国统一联盟参访团”副主席李尚贤一行 30 余人到香河县中信国安创客中心、蒋辛屯镇水岸潮白田园综合体项目参观考察。

【统战信息宣传工作】 县委统战部积极营造统战干部人人都是宣传员的工作氛围，制定具体的目标任务，领导带头，全员参与。同时，制定信息宣传工作奖惩机制，完不成工作任务的股室和个人，不得参与年终评奖评优；稿件被上级统战部门及媒体刊载的，按相关标准进行奖励。2019 年，在省级统战刊物发表信息 3 篇、市统战刊物发表信息 20 余篇。完成《关于新媒体融合时代如何做好统战宣传》《年轻一代企业家思想政治状况研究》等调研文章 4 篇。

制定信息宣传工作协调机制，促进统战信息宣传工作全面发展。将信息宣传工作提上重要议事日程，纳入年度统战工作计划；建立健全县、镇、村统战信息工作网络和信息快速上报机制，加强对乡镇信息工作的指导，及时搜集整理信息线索；加强与上级统战部门沟通，及时掌握信息要点及动向，使上报的信息更加精准；建立与县委宣传部、县委党校、各新闻媒体联席会议制度，将统战宣传纳入党委宣传工作总体规划；编印并向各单位赠阅《统一战线基本知识一百题》《科学发展观知识汇编》《商会组织及非公有制经济知识》《民族宗教知识》等学习手册，督促和方便各单位组织干部学习统一战线知识；在新闻媒体上开辟专栏和专题系列宣传，做到了电视中有图像、报纸上有文字、广播里有声音。

（常　晖）

# 县直机关党建

【概况】 2019 年，县委县直机关党建工作在县委的领导下，县委县直机关工委团结带领各级机关党组织和广大党员，认真落实全面从严治党要求，以纪念中国共产党建党 98 周年、庆祝中华人民共和国成立 70 周年为契机，牢牢把握“服务中心、建设队伍”两大核心任务，创新实施“五规范五加强”，规范机关党建建设工程，全面提高县直机关党的建设质量，推动新形势下机关党建工作走在前、作表率，为建设美丽幸福新香河提供坚实的组织保障。特别是香河“五规范五加强”县直机关党建工作经验先后被中国网、《河北日报》、河北共产党员网、《廊坊日报》、今日头条等国家、省、市重点媒体刊发，让县直机关党务干部感到极大鼓舞，担当作为，奋勇争先的信心和劲头儿更足。

【“两学一做”学习教育】 推进“两学一做”学习教育常态化、制度化。县委县直机关工委始终把思想教育作为第一任务。坚持用党章党规规范党组织和党员行为，用习近平总书记系列重要讲话精神武装头脑、指导实践、推动工作。教育引导广大党员学思践悟、知行合一，不断增强“四个意识”，做到政治合格、执纪合格、品德合格、发挥作用合格，确保党的组织充分履行职能、发挥核心作用，确保党员领导干部忠诚干净担当、发挥表率作用，确保广大党员党性坚强、发挥先锋模范作用。

【“不忘初心、牢记使命”主题教育活动】 第二批“不忘初心、牢记使命”主题教育工作部署以来，县委县直机关工委高度重视，积极采取措施，坚持以常态化、科学化、精准化、长效化，即“四化”为抓手，助推主题教育强势开局扎实推进。

学习教育常态化。县委县直机关工委及时制定印发《加强县直机关党组织理论学习的指导意见》《关于深入实施“五规范五加强”党建规范化建设助推主题教育强势开局扎实推进的通知》。积极引导县直机关各级党组织紧紧围绕学习贯彻习近平新时代中国特色社会主义思想，紧扣习近平总书记关于“不忘初心、牢记使命”重要论述，及时制订学习计划，研究保障措施，确保每周开展一次集体学习，每半月开展一次学习研讨，每季度开展一次讲党课,撰写一次个人学习体会。充分利用“学习强国”“先锋在线”等学习平台，让学习教育成为常态，将理论学习融于日常，把“要我学”变成“我要学”，进一步营造“比学赶超”的浓厚学习氛围，推动主题教育深入人心、落地生根。是年，开展集中学习研讨 7 次，发放学习材料 500 余份，切实起到了统一思想，凝心聚力的预期效果。

调查研究科学化。县委县直机关工委坚持目标导向和问题导向，着眼于机关党建新形势、新要求。先后 3 次召开书记办公会，科学规范调查研究形式及调研内容，确定座谈交流、实地查看、查阅资料等调研形式。明确组织设置、理论学习、组织生活、阵地建设、信息采集、发展党员、开展活动情况、机关作风建设、意见建议及工作计划等 10 个方面的调研内容。重点了解基层党组织党建各项工作开展及落实情况，重点分析当前机关党建存在的薄弱环节，提出解决问题的具体措施。重点听取县直机关各级党组织抓机关党建工作的特色做法，找准机关党建和业务工作的结合点，不断改进抓党建促工作的方式方法，实现党建与业务工作良性互动，高度融合。是年，先后走访调研 25 家单位，现场指导解决问题 11 个，撰写调研报告 3 份，并及时召开了调研成果交流会，先后在机关及下辖党支部讲党课 3 场次。

检视问题精准化。县委县直机关工委始终把警示教育作为重点工作来抓，坚持问题导向，及时制定印发了《各地机关党建违规违纪典型案例》，通过把身边的反面典型亮出来，督促县直机关各级党组织严格对照思想、对照宗旨、对照履行、对照纪律、对照尊法、对照作风，即“六对照”；查思想、查作为、查纪律、查作风、查生活，即“五查找”；与群众感情深不深、与群众距离远不远、群众在自己心中重不重，入党为什么、当干部做什么、自己能为后人留什么，为了谁、依靠谁、我是谁等，即“三问三查三看”相关要求，发扬刀刃向内的自我革命精神，针对工作短板、具体问题认真检视反思，深入剖析。按照县委、县政府《关于深化纠正“四风”和作风纪律专项整治的意见》要求，扎实做好深化纠正“四风”和作风纪律专项整治各项工作，定期对各单位开展情况督导检查，让党员干部明底线、知敬畏、守纪律，确保检视问题贯穿主题教育始终。截至年底，县直机关工委班子共收集意见建议 25 条，党员个人共收集意见建议 41 条。

整改落实长效化。县委县直机关工委以解决问题检验主题教育成效为突破口，全面规范机关公文、值班、财务等各项制度，强化制度约束力，不断提升工作执行力，夯实整改落实基础。同时，针对存在的问题，认真研究，找准症结，深挖根源，提出措施，明确责任股室、责任领导及完成时限要求，形成了切实可行的问题整改清单。截至年底，经梳理汇总，县直机关工委班子整改落实清单问题 6 个，班子成员个人整改落实清单问题 14 个。

**【组织建设】** 县委县直机关工委以党章为根本遵循，按照《关于新形势下党内政治生活的若干准则》和香河县《关于严格党内组织生活十二项制度》要求，督促县直机关各级党组织严格落实“三会一课”制度,定期召开组织生活会，认真抓好民主评议党员和党员领导干部过双重组织生活制度，持续优化党员活动载体，推行“7+X”，即每月“7 项规定动作+X 项自选动作”相结合的方式加强党员教育管理，推动党组织规范化、制度化、常态化。主题党日活动，使组织生活更灵活、更有效，不断提高党员政治意识、规矩意识和党性意识。

县委县直机关工委以扩大党支部覆盖和党的工作覆盖为着力点，全面核查涉改部门（单位）的党员底数，对机构改革部门（单位）党组织进行优化调整，妥善处理好党组织更名、调整、新建、撤销等设置工作。同时，要求县直机关各级党组织配齐配强党务工作力量，努力建设党性强、作风正、素质高、能力强的机关党务干部队伍，使机关党建与机构改革始终步调一致，稳妥有序做好工作交接，确保改革平稳有序。截至年底，22 家机构改革涉及单位（部门）党组织全部调整完成，县直 4831 名党员信息采集全部完成，县直机关组织体系已汇编成册，党员信息库更新调整有序进行。

【思想作风建设】 2019 年，县委县直机关工委充分发挥党建活动平台纽带作用，依托县直机关各基层党建活动阵地，发动党员领导干部，党校专、兼职教师以及理论骨干，积极投身于理论宣讲工作中来，建立义务宣讲队伍，带头走进机关讲堂，深入社区街头、深入群众家中，用通俗易懂语言诠释习近平新时代中国特色社会主义思想和中共十九大精神。截至年底，先后组织理论宣讲 50 余场，涉及 3600 余人。

县委县直机关工委制定印发了《加强县直机关党组织理论学习的指导意见》，编制了《县直机关党员理论学习计划》，引导广大党员干部主动学、用心做，切实将理论学习贯彻各项工作始终。是年，县直 239 个党支部全部建立学习台账，县直机关各党委、总支、支部政治理论和党的知识学习走上规范轨道，平均参学率达到 98%，撰写学习笔记 8000 字以上。

县直机关工委按照县委、县政府《关于深化纠正“四风”和作风纪律专项整治的意见》要求，迅速成立深化纠正“四风”和作风纪律专项整治工作领导小组。对各单位（部门）专项整治工作进行安排部署，定期对专项整治开展情况督导检查，让党员干部明底线、知敬畏、守纪律。截至年底，各项工作稳步推进，县直窗口单位和重点行业“三深化三提升”活动群众满意度测评工作在有序开展。

【基层党建工作】 为进一步抓好县直机关党建工作，使每一个基层党组织和每一名共产党员都有强烈的宗旨意识和责任意识，充分发挥党组织战斗堡垒和党员先锋模范作用，县委县直机关工委出台了《关于规范县直机关党组织阵地建设的实施意见》。要求各单位党建阵地要达到有场所、有设施、有标识、有党旗、有书报、有公示栏的“六有”标准，全力打造优质党建阵地，推动机关党建标准化建设。是年，已有 32 家单位阵地提升工作顺利完成，初步确定 5 家单位作为典型单位重点推广。

县委县直机关工委按照县委《关于进一步规范加强党组工作的意见》要求，严格规范党建责任体系，全面推动机关各级党组织责任层层落实。通过每季度对党组织书记发放任务清单，明确党建工作重点内容和具体要求，让党组织负责人有的放矢地开展党建工作，敢于担当作为。同时，不断建立健全督导机制，加大对县直机关各级党组织党建工作的督导，让督导调研下沉到最基层党支部，力争掌握第一手资料。对检查出的问题当场下发督导反馈清单，确保限期整改到位。截至年底，已督导县直党支部 124 个，非公企业党支部 7 个。

县委县直机关工委按照“统一管理、分类培训”的思路，进一步丰富培训内容、改进培训方式、拓宽培训渠道，提高机关党务干部及党组织负责人的综合素质和业务能力。健全机关党员领导干部党建工作联系点，党员领导干部带头讲党课和岗位轮训等党员教育培训机制，用制度规范工作，推动教育培训工作常态化、长效化。年内，组织42名县直党务干部参加了香河县第二期“传承红色基因、永葆政治本色，矢志不渝跟党走”延安主题研修班，取得良好学习带动效果。

6月18日，组织县直党务干部赴延安学习培训　　县委县直工委供图

县委县直机关工委聚焦选树先进典型，发挥典型的示范、引领和辐射带动作用。重点开展了“四比四争”活动，即比学习，争当业务能手；比业绩，争当发展先锋；比纪律，争当爱岗模范；比奉献，争当服务标兵，充分调动党员的主动性、自觉性，引导党员立足岗位，担当干事。特别是在“七一”前夕，对在党的基层组织建设和各项工作中表现突出的先进基层党组织、优秀共产党员和优秀党务工作者进行评选表彰，在党员干部中形成比学赶超、创先争优的浓厚氛围。

县委县直机关工委积极搭建服务平台体系，充分发挥党建的引领带动作用，全力打造机关特色服务品牌，先后推出了党员志愿服务活动，庆祝中华人民共和国成立70周年，组织收看国庆阅兵仪式、开展英雄模范慰问、开展国防教育主学习、举行微展馆及参观活动、举办“我与祖国共成长”摄影展、拍摄“共话祖国变化”微视频、开展“我为祖国献歌声”歌唱比赛、举办“迎国庆”群众文艺演出即“八个一”系列活动。截至年底，县直机关各级党组织先后组织党员干部开展各类活动90余场，涉及3500余人次，党员干部的凝聚力战斗力不断增强，机关党建水平迅速提升，成效显著。

【制度建设】　县委县直机关工委制定印发了《关于加强和改进县直机关党的建设的实施意见》，要求县直机关各级党组织切实履行机关党建主体责任，强化抓“机关党建是本职、不抓机关党建是失职、抓不好机关党建是渎职”的理念。经常研究机关党建工作，做到机关党建工作和中心工作一起谋划、一起部署、一起检查、一起考核，定期向县委报告履责情况。县直机关各级党组织主要负责人要自觉扛起抓机关党建第一责任人职责，其他班子成员认真落实“一岗双责”，做到明责、履责、尽责。机关党委要真正发挥职能作用，推动本部门机关党建任务落实。机关党委书记、党总支书记、党支部书记要聚焦机关党建主责主业，切实担当作为，不做“挂名书记”，坚持一级抓一级，层层压实机关党建主体责任。

【机关目标绩效管理】　推行目标绩效管理，提升机关工作效率。2019年1月，因香河县涉及机构改革单位较多，有的单位涉及整合，人员变动较大，为了不影响2018年度绩效考核，县委县直机关工委抓紧制定绩效考核办法，及时对2018年绩效考核情况进行安排，香河县89家单位2018年绩效考核结果全部汇总完成。

【党员发展】　县委县直机关工委制定出台《关于做好发展党员工作有关事项的通知》，并组织各单位党务干部进行发展党员工作专项培训，规范发展党员工作程序要求，严格落实发展党员申请入库、积极分子库、预备党员库、新正式党员库，即“四库”管理办法，做到随时报备、定期公示、定期问询、定期核查，确保发展党员工作科学规范。是年，对60名拟发展对象进行集中联审，待联审后启动发展党员程序，2018年新发展的74名预备党员转正工作有序推进。

11月21日，县直机关党员发展对象暨党务干部培训　　县委县直工委供图

【党员档案管理工作】　县委县直机关工委严格按照《中国共产党章程》和《中国共产党发展党员工作细则》的规定要求，对照19类160项党员档案排查标准，对2014年5月28日以来发展的党员档案进行了全面细致的自查工作。重点对44份非公企业和社会组织发展党员档案进行了深入排查，并组织对337份机关单位发展党员档案进行自查，汇总梳理，形成《发展党员违规违纪问题档案审查线索问题清单》。在调查核实阶段，县委县直机关工委组建了调查组，查阅工委、支部会议记录、审查记录等，重点印证相关情况。对重点问题进行调查核实，并制作详细的调查核实笔录，逐人形成《调查核实情况报告》，连同相关印证材料，采用“一人一档”的形式，建立发展党员违规违纪问题排查工作档案，年底，发展党员违规违纪问题排查工作基本完成。

【“七一”系列活动开展】　开展纪念中国共产党建党98周年、庆祝中华人民共和国成立70周年系列活动。“七一”前夕，县委县直机关工委表彰了一批在党的基层组织建设和各项工作中表现突出的先进基层党组织、优秀共产党员和优秀党务工作者。其中，优秀共产党员30名，优秀党务工作者30名，先进基层党组织20个。通过表彰基层党组织中涌现出的先进集体和优秀个人，在党员干部中掀起了“比、学、赶、超”的干事热潮。在县直机关单位开展“帮扶生活困难党员、慰问老党员”走访慰问活动，送去党组织的关怀和爱护，认真倾听党员的心声，了解党员对党组织的意见和建议，切实帮助困难党员解决生产生活实际问题。县直机关各级党组织在“七一”期间，先后组织召开多种形式的庆“七一”活动。组织广大党员和入党积极分子聆听报告、进行座谈，回顾党的光辉历程，畅谈党的丰功伟绩，结合实际，本着“立足岗位比贡献”的指导思想，就如何在今后的工作中进一步发挥好党组织的战斗堡垒作用和党员的模范表率作用展开座谈，进一步激发基层党员责任感、使命感。组织机关党员开展升国旗奏国歌、收听收看中华人民共和国成立70周年大会及阅兵式盛况、学习研讨习近平总书记国庆期间3篇重要讲话等活动，感受中华人民共和国成立70年以来的伟大成就，激励广大党员干部不忘初心、牢记使命，用实际行动践行入党的铮铮誓言，以坚定的理想信念，优良的工作作风，主动的担当作为，为全县经济和社会发展做出积极贡献。

（彰文娟）

# 党校教育

【概况】 2019年1月，按照《香河县机构改革实施方案》（香发〔2019〕2号文件）精神，将县委党校由县委直属事业机构调整为县委直属事业单位。是年，中共香河县委党校（简称县委党校）坚持以习近平新时代中国特色社会主义思想为指导，认真贯彻落实中共十九大、十九届四中全会和习近平总书记系列讲话精神，紧紧围绕党员干部教育培训工作，大力加强党的思想、组织、作风、制度、反腐倡廉建设。在县委的正确领导下，在上级党校的支持下，县委党校充分发挥党组织的战斗堡垒和党员的先锋模范作风，为党员教育培训，推动党校科学发展提供强有力的思想和组织保障。充分发挥党校干部教育主阵地、党校锻炼大熔炉和服务发展参谋部的作用。县委党校围绕县委、县政府中心工作，为适应香河县改革开放、经济建设事业发展需要培训党员干部，培训各种人才。全年举办各类培训及专题巡回宣讲13期次，受训人员3880人次。

【干部培训】 3月，举办香河县基层干部京津冀协同发展与香河面临机遇专题研讨班，全县200名股级及股级以下干部参加培训。4月24—25日，举办全县股级及股级以下干部专题培训班，此次培训共3期，参训900人次。培训内容是对全国“两会”精神和国务院总理李克强所作的《政府工作报告》及县“两会”精神和县《政府工作报告》进行辅导。11月28—29日，举办全县股级及股级以下干部秋季集训班，此次培训共3期，参训600人次，培训4项内容，即县“两会”精神和县《政府工作报告》辅导，全国“两会”精神和国务院总理李克强所作的《政府工作报告》辅导。

4月24日，香河县举办股级及股级以下干部“春季集训班” 县委党校供图

【红色教育基地干部培训】 为深入学习贯彻中共十九大精神，学习焦裕禄精神，进一步加强理想信念教育和党性教育，着力提升干部队伍的政治思想素质，4月8—12日，举办“不忘初心、

4月，香河县“不忘初心、牢记使命，坚定理想信念（兰考）”专题培训班（第二期）学员合影留念 县委党校供图

牢记使命，坚定理想信念（兰考）”专题培训班（第 2 期），各镇 30 名股级干部参加培训。10 月 21—25 日，举办县直单位部分股级干部“不忘初心、牢记使命，坚定理想信念（兰考）”专题培训班（第 3 期），30 名县直单位股级干部参训。

【巡回宣讲】 为更好地学习、宣传和贯彻中共十九大精神和习近平新时代中国特色社会主义思想，县委党校组织骨干教师深入基层单位开展巡回宣讲活动，近 2000 人次聆听宣讲。7 月 20 日、11 月 9 日，分别到钳屯镇政府和县人民法院，以“不忘初心、牢记使命”为主题进行宣讲，深受广大党员干部欢迎。

【统计工作业务培训】 11 月 22 日，与县统计局联合举办全县统计工作培训班 2 期，120 人参加培训。培训对象为各单位主管统计工作的副职和统计工作人员。培训内容为《中华人民共和国统计法》《中华人民共和国统计法实施条例》《河北省统计条例》《关于深化统计体制改革提高统计数据真实性实施意见》《统计违法违纪责任人处分处理建议办法》《防范和惩治统计造假弄虚作假督察工作规定》等政策、法规。

2019年中共香河县委党校培训班次一览表

表6

| 培训时间（月） | 培　训　班　次 | 培训对象 | 培训地点 | 参训人数 |
|---|---|---|---|---|
| 3 | 京津冀协同发展及廊坊市“北三县”发展前景专题培训班 | 股级干部 | 县委党校 | 200 |
| 4 | 全县股级及股级以下干部“春季集训班” | 股级干部 | 县委党校 | 900 |
| 4 | “不忘初心、牢记使命，坚定理想信念（兰考）”专题培训班（第二期） | 股级干部 | 河南兰考 | 30 |
| 5 | 县直单位十九大精神巡回宣讲活动 | 全县有关单位党员干部 | 各单位 | 2000 |
| 11 | 全县股级及股级以下干部“秋季集训班” | 股级干部 | 县委党校 | 600 |
| 11 | “不忘初心、牢记使命，坚定理想信念（兰考）”专题培训班（第三期） | 股级干部 | 河南兰考 | 30 |
| 12 | 合办全县统计工作专业培训班 | 统计干部 | 县委党校 | 120 |

【教研工作】 县委党校教师陈海涛主持 2019 年省委党校科研课题《京津冀协同发展背景下河北省金融生态环境优化研究》。中共十八大以来、党中央、国务院高度重视营商环境建设，推出一系列改革举措，营商环境优化，成绩显著。 在京津冀协同发展的背景下，研究河北省金融生态优化有重大理论与现实意义。该研究旨在全面、客观反映投资环境，引导投资方向，帮助地方政府分析影响因素，探寻优化政策，提升投资便利化水平，促进经济社会稳定健康发展。开题确定后，香河县委领导高度重视，对党校课题研究及其成果等方面给予高度肯定，该课题也得到了省、市委党校的一致好评。

《京津冀协同发展背景下河北省金融生态环境优化研究》以金融生态环境概念的提出与发展作为切入点，运用了文献资料搜集法、理论与实际相结合及实证研究法对河北省金融生态环境做了具体的分析与研究。首先，阐述了目前国内外关于金融生态环境研究发展现状，并通过阐述研究思路、研究内容与研究方法构造了文章的整体框架。其次，介绍了金融生态环境的相关理论内涵和特征及其金融生态环境的相关理论，详述了河北省金融生态环境的现状及其建设中存在的问题，以描述性语言分析河北省金融生态环境在其建设中存在的问题。紧接着构建河北省金融生态环境评价指标体系，并对影响河北省金融生态环境各因子进行实证分析评价分析，为更有针对性提出河北省金融生态环境的对策建议做基础，在问题论述与实证分析的基础上对河北省金融生态环境进行分析与评价。最后，从经济基础、金融市场环境、信用环境及制度环境 4 个方面对河北省金融生态环境优化提出具体对策建议。

（陈海涛）

**【工作亮点创新】** 实行聘任兼职教师制度。邀请县内重要部门的领导干部到县委党校兼任授课教师，增强师资队伍力量。坚持开门办学、强强联合。2019 年，县委党校与通州区委党校加强联系，交流教学经验，共同开展京津冀协同发展课题研究工作，取得良好效果。实行课题教学与现场教学结合，举办“不忘初心、牢记使命，坚定理想信念（兰考）”专题培训班 2 期。培训结束后，县委党校制作了学习画册和学习视频，供学员继续学习交流之用，并通过党校微信公众号和香河电视台播放。

**【师资队伍建设】** 2019 年，县委党校有专职教教师 4 名，其中研究生 1 名，本科生 3 名，高级职称 2 名，中级职称 2 名。为提高党校教师和职工理论水平，定期组织专职教师和职工参加理论学习及研讨活动，内容涉及中共十九大精神和习近平总书记系列讲话精神及《习近平关于“不忘初心、牢记使命”论述摘编》《习近平新时代中国特色社会主义思想学习纲要》《中国共产党的九十年》《习近平关于河北工作重要指示摘编》等必读书目，通过学习使全体教职工能用最新的理论武装头脑。

（孟宪东　屈秀艳）

## 党史研究

**【概况】** 2019年，香河县党史研究工作在县委的正确领导和上级部门的指导下，党史研究工作者认真学习贯彻中共十九大和习近平总书记一系列重要讲话精神，与时俱进，开拓创新，积极开展党史研究工作，为全县经济社会发展提供了有力翔实的历史借鉴。

**【资料整理工作】** 突出工作重点，扎实做好党史日常整理工作。深入拓展党史资料征编范围，加大对重大事件、重要人物档案资料以及口述史、回忆录征集力度，深入推进党史研究工作。

**【资料编辑工作】** 完成50万字的《香河党史专题(3篇)》编写任务。完成编写《香河年鉴(2019)》初稿，为《廊坊年鉴（2019）》《廊坊党史人物》传记提供相关资料。上报《廊坊巨变》画册拍摄点及跟拍工作等。

**【党史宣传工作】** 利用互联网、手机微信等新兴媒体做好党史宣传工作，在市委党史研究室的《天天读史“不忘初心 、牢记使命”主题教育专刊第一期》中刊登了《廊坊党史人物—陈然》；在《廊坊都市报》刊载《陈然：慷慨“自白”大义赴死》和《王少奇危急时刻，他用枪口对向自己》等反映革命烈士与党的初心使命的系列党史资料。深入开展香河地方党史宣讲活动，不断充实党史宣讲队伍，利用党史、国史、军史及纪念日等关键节点，充分宣传党史人物和党史事件，进一步推动党史宣传教育进机关、进学校、进社区、进企业、进农村。加强党史正面宣传，在涉及改革开放以及重大事件、重大党史人物纪念等时间节点与宣传、网信、报刊、电视等部门加强合作，及时引导网上舆论，对在网络上歪曲党史、国史、军史的错误言论和错误倾向予以坚决回应，同历史虚无主义错误观点和错误倾向作斗争。

（张建波）

## 老干部工作

【概况】 按照《香河县机构改革实施方案》（香发〔2019〕2 号）规定，将县委老干部局并入县委组织部，不再保留单设的县委老干部局，保留老干部局牌子，机构称老干部服务中心。服务中心担负着全县离退休老干部政治和生活待遇落实、发挥作用、党支部建设、安置、善后等工作。

2019 年，香河县老干部工作在县委的正确领导下，在市委老干部局指导下，紧紧围绕全县工作目标，认真落实省、市委组织部部长和老干部局局长会议精神，坚持以习近平新时代中国特色社会主义思想为统领，深入学习贯彻中共十九大、十九届四中全会精神，不忘初心，牢记使命，秉持以人为本，服务为先的理念，为老干部服好务。老干部工作者立足职责、用心用情、求真务实、改革创新，全面推进老干部组织建设。充分发挥老干部优势和作用，倾心聚力为老干部解决重点难点问题。着力加强老干部服务中心工作信息化、精准化、规范化建设。

【落实老干部政治待遇】 2019 年，县委、县政府召开 2 次香河县经济社会发展情况老干部通报会。组织部分离休干部和县级实职退休干部参观香河县重点工程项目。针对老干部身体特殊情况，支部开展活动采取集中与分散相结合的方式。对身体条件允许的老干部以上站和会议方式参加党支部活动；对于行动不便、因病住院的老干部，采取定期走访主动上门的方式，把党支部活动延伸到家庭、延伸到病房，从而使老干部党支部活动参与率大大提高。是年，采取集中和分散的形式组织老干部学习党章，学习习近平总书记系列重要讲话精神。县城内老干部集中上党课 4 次，老干部上站集中学习 78 次。安排各党支部下载“学习强国” App 平台，组织老干部党员通过平台及时学习和了解国家最新动态。按照政策规定继续为每位老干部征订党报党刊，为老干部党支部书记订阅《中国老年报》《健康时报》。坚持定期向老干部通报县委、县政府工作思路、经济社会发展情况等。

3 月 19 日，组织老干部党支部书记到北京国家博物馆参观改革开放 40 周年展览。29 日组织党支部书记观看了影片《邹碧华》，5 月 14 日，组织部分县处级老干部去北京世博园参观学习；6 月、9 月，组织参观了香河县“四好”农村路展示中心、蒋辛屯镇“乡村振兴”建设成果、国华影视基地等；10 月，组织部分离退休老干部收看了影片《古田军号》《我和我的祖国》，进一步坚定离退休老干部政治信念；“九九”重阳节前夕召开了“壮丽 70 年奋斗新时代，我看新中国成立 70 周年”座谈会，部分离退休老干部、老干部

老干部参观香河县“四好”农村路展示中心　　陈卫彬 摄

党支部书记 20 余人参加，老党员畅所欲言祖国 70 年的巨大变化，老干部表示，无论遇到什么困难与挑战，都要秉持初心，牢记使命，不断发挥正能量，为建设美丽幸福新香河贡献力量。

**【落实老干部生活待遇】** 2019 年，继续按照“规范化管理，高标准服务”的要求，在医护人员中坚持“两个 5 分钟”服务，即“聊家常 5 分钟”“问诊时间 5 分钟”，拉近与老干部的距离，消除老干部的紧张和焦虑感；医务人员转变服务理念，把服务“关口”前移，随时关注老干部身体健康状况，使老干部身体健康得到保障，同时也减少了医药费开支。全年为老干部报销医药费 348.6 万元，全年慰问家庭困难离退休老干部 30 人次，为 11 位老干部庆祝生日，看望生病老干部 25 名，家访 101 户离退休老干部，其中，走访异地安置老干部 2 名，走访居住在外地的离休老干部 11 名，并协助 9 名去世老干部家属办理抚恤金等善后事宜。8 月，提前组织，精心安排，与县医院密切合作，历时近 2 个月对全县 3200 余名老干部进行健康体检，及时了解老干部身体健康状况，做到早发现，早治疗，进一步完善离退休老干部健康档案。

**【组织建设】** 按照“组织健全、制度完善、管理规范、活动正常”的要求，进一步健全老干部党支部的工作制度、组织生活制度、党员教育和管理制度，确保党支部活动正常开展。

为方便老干部过组织生活，按老干部居住区域和老干部意愿划分党支部，按规定及时接转组织关系。全年转入党员 5 人，转出 2 人，调整老干部党支部书记 6 人，支部之间调整党员 30 人。在庆祝建党 98 周年系列活动中，做好老干部党员 50 年党龄统计工作，共计 195 人，其中上报 50 年党龄的困难党员 2 人。截至年底，15 个老干部党支部书记和 30 名党支部委员身体好、党性强、觉悟高，党支部的凝聚力、战斗力、创造力进一步提升。

2019 年，为了深入学习宣传贯彻中共十九大精神，灵活运用送学上门、支部学习、专题培训、老干部党校等多种形式，组织离退休干部学习领会中共十九大、十九届四中全会精神，树牢“四个意识”，坚定“四个自信”，做到“两个维护”，严守“四个服从”。局班子成员分成 4 个小组对全县离休及县级实职退休老干部进行走访，将全国“两会”精神和习近平“两会”金句以大字号印刷成明白纸折页，连同《习近平在正定》《不忘初心、牢记使命主题教育学习手册》等书籍送到老干部手中，确保宣传学习无遗漏、全覆盖，赢得了老干部们的称赞。

**【开展老干部志愿服务活动】** 以“不忘初心、牢记使命”主题教育为契机，在老干部中广泛开展创建省级文明县城宣传和志愿者服务活动，广大老干部积极参与县、街道、社区开展的创建活动，老干部自觉参与所在小区内悬挂宣传标语、发放宣传品、张贴公益广告等行动，在小区居民中带头清除楼门和楼道内的小广告。

**【老年大学】** 县老年大学全年授课 32 周、224 课时，到课学员 1 万余人次，圆满完成全年教学任务。9 月，参加市委老干部局举办的“壮丽 70 年，奋斗新时代”全市庆祝中华人民共和国成立 70 周年老干部文艺调演，香河县老年大学女声独唱《亲吻祖国》荣获优秀节目奖。

**【老年书画研究会】** 县老年书画研究会，年内组织会员开展了作品点评、笔会、送春联、书画联谊等活动。9 月，与老年大学联合举办了庆祝新中国成立 70 周年书画展，出版《诗书画集》，在廊坊第十届老年书画联谊会书画展中，香河县老年书画研究会有 15 幅作品参展，荣获一等奖 1

个，二等奖 2 个 ，三等奖 3 个，并荣获优秀组织奖。在市委老干部局与市老年书画研究会庆祝中华人民共和国成立 70 周年书画展中，香河县老年书画研究会有 15 幅作品参展；在通州区举办的京津冀蒙大型公益书画作品展中，香河县老年书画研究会有 10 幅作品入展。分别与天津市宝坻区、北京市通州区和东城区、河北省玉田县老年书画研究会等进行了书画联谊活动。县老年书画研究会被廊坊市委老干部局和市老年书画研究会授予“廊坊市第十届老年书画联谊会优秀组织奖”。

庆祝中华人民共和国成立 70 周年老年书画展　　陈卫彬 摄

**【关心下一代工作】** 由老干部组建的县关心下一代工作委员会（简称县关工委），上半年先后开展两次大型基层调研活动。调研内容主题包括各级关工委组织成员变化和老干部、老战士、老专家、老教师、老模范“五老”队伍发展情况、四点钟课堂开展情况、农村青年的培训帮扶情况等。在喜迎新中国成立 70 周年之际，县关工委会同县教育和体育局关工委在广大中小学生中开展“红色教育宣讲”、“师生联唱”歌颂伟大的祖国、“党员志愿服务”等活动。县关工委组织理想信念教育、法制教育、科技教育三大报告团和“五老”人员一行 10 人参观了位于北京市顺义区焦庄户村地道战遗址纪念馆，铭记历史，缅怀先烈，珍爱和平，开创未来。2019 年，“五老”青少年服务中心的刘志、尹俊如 2 位老干部被评为省级优秀“五老”人员。5 月 10－11 日，芳草地家庭教育研究中心的家庭教育讲师分别在县第四中学、县第四小学举办了“家校共育”讲座。在“全国养成教育建设研讨会暨好习惯之星表彰活动”中，香河县关工委、县教育和体育局、县第二中学、县第二小学、县第二幼儿园和芳草地家教研究中心等 6 个单位被评为先进集体，55 名教师被评为“好习惯培养师”，29 名学生被评为“好习惯之星”。10 月 22－26 日，县关工委同教育和体育局联合举办了养成教育实验校园专题培训。编辑出版《雨露报》4 期，为青少年提供了健康的精神食粮。

**【老体协工作】** 积极发挥县老年体育协会的平台作用，年内组织参加门球、柔力球、健身球、太极拳（剑）和象棋等多项比赛及专业培训；3 月 25 日，香河县老年门球队选派 2 支队伍参加廊坊市第 24 届妇女门球赛；4 月 16 日，参加廊坊市第四届会员队门球赛，香河县老年门球队获得冠军；4 月 23－25 日，参加华北地区第十六届门球精英赛，香河县老年门球队荣获三等奖；6 月 12－16 日，香河县老年文艺队参加河北省手拍鼓培训；7 月 29 日至 8 月 2 日，参加河北省老年柔力球比赛，荣获优秀奖；8 月 23 日，选派棋手参加廊坊市老年象棋比赛，荣获个人第一名；8 月 19－23 日，县老年体育队参加全国持杖健走活动交流，荣获团体优秀奖；9 月 2－5 日，参加河北省首届健身球操比赛，荣获优秀奖；9 月 16－19 日，选派棋手参加河北省老年象棋交流，荣获优秀奖；9 月 16 日，香河县选派太极拳（剑）选手参加廊坊市太极拳（剑）比赛，荣获团体优胜奖；10 月 17－18 日，派代表参加廊坊市老年人柔力球最新套路培训班。

（陈卫彬）

# 信　访

【概况】 按照《香河县机构改革实施方案》（香发〔2019〕2 号）规定，将县委信访办公室、县政府信访局更名为县信访局，由县委办公室、县政府办公室管理的机构调整为县委工作机构，称县委信访局，机构规格正科级。县委信访局下设股级事业单位香河县信访接待中心（机构改革前称县群众工作中心）。

在县委、县政府的正确领导下，在上级信访部门的大力支持下，全县信访工作扎实有序开展，党群、干群关系进一步合谐融洽。深入开展“不忘初心、牢记使命”的主题教育活动，不断强化广大党员干部的为民意识，稳定意识，大局意识。工作上创新理念、创新机制、创新方法，举全县之力抓稳定、保稳定，营造了党群关系和谐向上、人民群众安居乐业的良好局面，实现了经济发展与社会稳定的良性互动。

2019 年，县信访局党支部先后被中共廊坊市委评为先进基层党组织，县信访局被县委、县政府评为 2018 年度实绩突出领导班子、2018 年度创先争优领导班子，被廊坊市信访工作联席会议评为廊坊市“新中国成立 70 周年庆祝活动”信访维稳工作先进单位，县信访局局长梁建伟被省委、省政府授予“河北省先进工作者”荣誉称号。

【信访基本情况】 2019 年，县信访接待中心共接待信访案件 830 余件次，3970 余人次，其中，集体访 150 余件次 2680 余人次，个体访 670 余件次 1290 余人次。是年，共发生进京非正常上访 1 件 1 人次。发生进京访 211 批次，其中，集体访 24 批，网上登记 120 人次，实际进京访 760 人次；个体访 87 批 173 人次。发生赴省访共 88 批次，其中集体访 1 批 5 人次，个体访 87 批 173 人次。发生到市访共 200 批，其中，集体访 20 批 271 人次，个体访 180 批 354 人次。从受理的群众信访内容分类来看，土地类信访问题 114 件；建筑违规类信访问题 146 件；村民待遇类信访问题 46 件；村干部经济类信访问题 45 件；涉法涉诉类信访问题 81 件；水电暖、优抚、历史遗留问题 30 件；其他各类纠纷类信访问题 373 件。

【信访联席会议工作机制】 为加强县委、县政府对信访工作的领导，充分发挥各镇（社区）、园区和县直各部门的职能作用，及时妥善解决重大、复杂、疑难信访事项，提高工作效率，根据《信访条例》的有关规定，制定了信访联席会议工作制度。县信访工作联席会议在县委、县政府统一领导下展开工作。县委副书记张玉林为联席会议第一召集人，县委、县政府分管信访工作的领导为联席会议召集人，有关部门、单位负责人为成员。联席会议设立办公室，办公室主任由县信访局局长担任，负责日常工作。县信访工作联席会议负责组织会议召开，每月召开一次，遇特殊情况可随时召集。一般情况下，由县信访联席会议办公室或者联席会议成员单位提请，经召集人批准召开。县信访工作联席会议的主要职责：承办中、省、市联席会议交办的信访事项，负责了解掌握信访突出问题及群体性事件的情况和动态，分析、研究和判断社会稳定形势，针对信访突出问题及群体性事件提出对策建议；组织协调有关方面处理跨部门、跨行业的信访突出问题及群体性事件；总结交流处理信访突出问题及群体性事件的成功经验，推进信访工作有效开展；督促检查各镇（社区）、园区和部门处理信访突出问题及群体性事件各项措施的落实。

【领导干部集中接访】 保持党和政府同人民群众的密切联系，建立健全领导干部接访工作机制，把集中接访延伸到四大班子主要领导及成员。县委书记、县长带头，四大班子成员大排班，保证每天至少有 2 名县级领导在县信访接待中心参与接访。同时要求各镇（社区）、园区和县直各部门也要加强领导干部接访工作，要一把手带头，每天至少安排 1 名班子成员在本单位接待来访群众。此外，继续坚持向全县公布县委书记、县长、党政班子所有分管信访领导人员和重要职能部门一把手的手机号码，各镇（社区）、园区也要全部公开班子成员手机号码，24 小时开机，随时接听群众诉求。

**【信访案件查办工作】** 进一步加大信访案件查办力度，对县级领导接待的重大疑难信访案件或较大规模集体上访案，县委信访局坚持实行“信访案件交办卡”制度，明确办案时限、办案要求等，确保每件信访都有结果，每个问题都有回声。2019 年，国家、省、市在信访信息系统上共转送信访事项 3910 件，按期受理率 100%，按期答复率 100%。信访群众对信访机构的参评率达到 72.3%，满意率 91.5%；对有权机关的参评率达到 69.4%，满意率 92.1%。其中，网上信访 3560 件，网上信访占比 91%。是年，国家、省、市共交办香河县重点信访案件 35 件，已全部按期办结。办理省级领导包联案件 2 件，办理市级领导包联案件 10 件，办理县级领导包联案件 15 件，均已全部按期办结。年内争取中央解决信访疑难问题专项资金 3 万元，省配套资金 2 万元，共计 5 万元，用于化解信访案件 1 件。3 月，廊坊市智慧信访平台运行以来，香河县共接收到市智慧信访转交办案件 221 件，已全部及时进行了转送或交办。

**【重点案件化解工作】** 在解决重大疑难信访件中，按照县委的统一部署，县委信访局积极参与处理化解工作，并协调、调度、督促各单位各部门进村入户实地调查，及时解决，彻底化解。继续坚持县级领导包乡镇制、包案制、会审制、责任制和销号制，做到每月召开一次信访工作例会，每季召开一次信访工作领导小组和联席会，找准症结，落实责任，因案施策，多措并举，集中精力解决一批复杂信访案件。真正形成一级抓一级，一级对一级负责的良好工作机制，达到案结事了。2019 年，群众来访所反映的问题主要涉及楼盘问题、拖欠农民工工资、土地征占、反映村“两委”干部、涉法涉诉等方面。针对问题，县信访局坚持属地、部门、企业协调联动，牢牢把处置涉房信访问题抓在手上，特别是社会影响较大的涉房问题集体访案件进行认真梳理分析，剖析问题产生的原因，提出化解矛盾的对策建议。坚持台账管理，逐个问题制定解决方案，明确政府和企业责任，明确时间节点，挂账督办，定期进行调度，加快房产证办理进度。加快完善社区基础设施，加快项目建设进度，加强对企业的监督约束，对不履行自身责任、不落实政府安排部署的，纳入失信黑名单。在全国“两会”、中华人民共和国成立 70 周年国庆期间，县信访局牵头在安平公安检查站、凌家吴村治安检查站、京哈高速香河检查站 3 个进京主要路口，均设立了信访工作服务站。及时解决群众的合理诉求，短期解决有困难的，做好解释工作。

**【依法解决非法上访行为】** 在保证人民群众合理诉求及切身利益的同时，依法解决非法上访行为。针对 2019 年进京越级集体上访多发的态势，香河县成立了以县委常委、政法委员会书记为组长，公检法主要负责人为副组长，司法部门参与的“依法治访领导小组”。建立起了依法治访工作机制，整合属地和部门工作力量，协同分工，合力推进，确保高效精准做好信访工作。针对以访施压、以闹谋利的煽动者和组织者，立即锁定证据、依法打击。截至年底，共依法查处涉房案件 19 件，有效维护了正常的信访秩序和社会公共秩序。

**【抓好排查化解】** 将信访工作重心从事后处理转移到事前排查化解上来是做好信访工作的有效措施，转变工作方式，变群众上访为干部下访，进一步增进党群、干群关系。

扩大排查范围。在健全完善县、乡、村三级排调网络的基础上，逐步将“触角”向流动人口聚集区以及行业组织延伸，对排查出的问题逐一登记造册，建立台账，确保了动态问题随时掌握。从2018年开始，香河县针对楼盘问题群体成立工作专班，有针对性地开展化解工作。

灵活排查方法。坚持把“群众找”变为“找群众”，对摸排出的重点疑难、重点时期有可能发生越级上访问题的群众，主动进行约访或下访，由县和镇主要领导联合信访、公、检、法、国土、建设、民政等重点部门“一把手”共同会诊，集中商议，当场确定包案领导、责任单位和解决时限，有效杜绝部门间可能出现的推诿扯皮现象。

协调同步推进。充分调动党员干部利用业余时间参与到信访工作中，有的返回原籍协助党委、政府抓好信访工作，充分利用亲情、乡情、友情，沟通思想、排查隐患、化解矛盾。

（李树明）

## 机构编制

**【概况】** 2019年，机构编制工作认真落实省、市机构改革指导意见，拟定和实施香河县机构改革实施方案，确保机构改革工作圆满完成。中共香河县委机构编制委员会办公室（简称县委编办）为县委机构编制委员会的办事机构。作为县委工作机关，机构规格正科级，承担县委机构编制委员会日常工作，归口县委组织部管理。县委编办内设有综合股、机构编制股、督察股、事业单位登记管理股（河北省香河县事业单位登记管理局）4个股室，有电子信息中心、政策法规宣传中心2个事业单位。2019年，县委编办全面贯彻落实县委、县政府的各项工作安排，重点学习习近平总书记系列讲话，贯彻落实中共十九大和十九届四中全会精神，结合“不忘初心、牢记使命”主题教育，开展机关党组织建设工作、意识形态和党风廉政建设工作；学习贯彻《中国共产党机构编制工作条例》，坚持用习近平新时代中国特色社会主义思想统领和指导机构编制工作，加强党对机构编制工作的集中统一领导，推进机构编制法定化、制度化，提升机构编制工作水平，推进各项改革工作。

**【县级机构改革】** 2019年，县委编办以坚持和加强党的全面领导为统领，进一步统一思想行动、强化责任担当，组织学习习近平总书记关于深化党和国家机构改革的重要讲话，准确把握党中央和省、市委关于深化党政机构改革的基本要求。认真贯彻落实党中央关于深化党和国家机构改革的决策部署，严守纪律规矩，按照《香河县机构改革方案》（廊办字〔2018〕67号），做好机构改革工作。起草印发《我县承担行政职能事业单位改革意见》《编制县直部门“三定”规定有关意见》等相关文件；1月25日，召开香河县机构改革动员会议，全面启动全县机构改革工作，会上发印《香河县机构改革实施方案》《香河县机构改革组织实施工作方案》；组织安排相关部门开展新组建机构挂牌、人员转隶等工作。截至3月27日完成35个党政部门“三定”规定印发工作，5月，编印县委、县政府机构“三定”规定合订本。进一步调整优化了党政机构和职能，建立健全和优化县委对重大工作的领导体制机制，加强县委职能部门的统一归口协调管理职能，调整优化政府机构职能配置，建立权责清晰、分工明确、协作有序的机构职能体系。

机构改革后，共设置党政机构35个。党委机构11个，其中，纪检监察机关1个，工作机关

10个，政府工作部门24个。

【行政单位管理体制改革】 2019年，县委编办按照省委、市委统一部署要求，着力改革机构设置，对标中央、省级和市级机构改革，机构设置和职能配置同中央、省保持基本对应，与市级机构改革有效衔接，组建县监察委员会、县委网络安全和信息化委员会办公室、县自然资源和规划局、县农业农村局、县文化广电和旅游局、县卫生健康局、县退役军人事务局、县应急管理局、县医疗保障局、县行政审批局、县教育和体育局，县工业和信息化局；重新组建县司法局、县市场监督管理局；加强县委组织部、县委宣传部、县委统战部的统一归口协调管理职能，优化县审计局职责；保留县委办公室、县委政法委、县委编办、县委县直机关工作委员会、县委巡察工作领导小组办公室、县信访局作为县委工作机关；县政府办公室、县发展和改革局、县公安局、县民政局、县财政局、县人力资源和社会保障局、县住房和城乡建设局、县交通运输局、县水务局、县统计局、县城市管理综合行政执法局作为县政府工作部门；不再保留县监察局、县国土资源局（县地理信息局）、县委农村工作部、县农业局、县文化广电新闻出版（版权）局（旅游局、体育局）、县卫生和计划生育局、县安全生产监督管理局、县教育局，不再保留单设的县委老干部局。12月，按省、市要求，县工业和信息化局更名为县科学技术和工业信息化局。

【事业单位管理体制改革】 县委编办按照精干高效原则设置县委、县政府事业单位，全面推进承担行政职能的事业单位改革，除行政执法机构外，将完全、主要和部分承担行政职能的事业单位全部纳入改革实施范围。全面清理事业单位承担的行政职能，将行政职能划归行政机关，此项工作与机构改革统筹推进、同步实施，2019年，完成29个党政部门所属事业单位清理规范工作，实现行政职能全面回归机关，确保事业单位公益属性，提升事业单位公共服务效能和水平，于12月编印县直机构所属事业单位清理规范合订本。

【推进四大领域综合行政执法改革】 县委编办认真贯彻落实河北省《关于深化市场监管、文化、交通运输、农业四大领域综合行政执法改革的实施方案》，结合机构改革工作，进一步整合县域内行业领域行政执法队伍，按照一个部门原则上设立一只执法队伍的要求，将分散在部门内设机构及所属单位的行政处罚及与行政处罚相关的行政检查、行政强制职能剥离，由执法机构以部门的名义统一执法，实行“局队合一”体制。经县委编委会研究通过，3月29日，县委编办印发《关于组建县市场监督管理综合执法局的通知》《关于组建县文化市场综合行政执法局的通知》《关于组建县交通运输综合执法大队的通知》《关于组建县农业综合行政执法大队的通知》，进一步规范执法机构设置，形成权责统一、监管有力的行政执法体制，为推动全县经济社会发展提供执法保障。

【中文域名注册】 2019年，为进一步提升网站建设管理水平，促进政府网站健康有序发展，县委编办进一步加强网络红页使用，印发《关于转发〈河北省人民政府办公厅关于加强政府网站域名管理的通知〉的通知》，要求全县各党政机关和事业单位规范域名命名，加挂网站标识。6月，开通编办网络红页网站。

【统一社会信用代码赋码工作】 截至2019年年底，对符合登记要求的部门进行了赋码登记，已办理机关统一社会信用代码68家，群团统一社会信用代码9家。其中，新设立7家，变更22家，撤销10家。

【事业单位法人管理】 截至2019年年底，完成180家事业单位法人年度报告，经保密审查后，在“事业单位在线”集中公示了178家事业单位法人年度报告，对相关部门法人进行了变更登记，共办理事业单位法人设立4家、变更19家，注销事业单位法人10家。

开展事业单位法人“双随机、一公开”监管工作。县委编办制定《关于对事业单位法人实施“双随机、一公开”监管工作的实施方案》的通知，将通知、方案、抽查事项清单、事业单位法人监督管理法律文书样本、实施细则等发到各相关事业单位。同时，更新了事业单位法人名录库、抽查对象名录库和检查人员名录库，通过随机检查和专项检查相结合的方式，对5家事业单位进行实地检查，抽查比例2.68%，检查合格率100%。

（刘　颜）

## 网络安全和信息化

【概况】 按照《香河县机构改革方案》（香发〔2019〕2号）规定，将县委网络安全和信息化领导小组改为县委网络安全和信息化委员会，下设办公室（简称“县委网信办”）为县委网络安全和信息化委员会的办事机构，为县委工作机构，2月8日正式挂牌，对外加挂香河县互联网信息办公室牌子。

2019年，在县委的正确领导和市委网信办具体指导下，县委网信办坚持以习近平新时代中国特色社会主义思想、特别是习近平总书记关于网络强国的重要思想为指导，深入贯彻落实中共十九大和十九届二中、三中、四中全会以及省委九届十次全会、市委六届九次全会、县委十一届五次全会精神，全面落实上级工作部署，履行本职工作责任，把牢网络意识形态主导权，坚决当好网上首都政治“护城河”排头兵，全力推进网信工作体系建设，为加快建设美丽幸福 新香河提供强大网络舆论支撑。是年，组织县内新媒体平台及时转载、解读习近平总书记新闻稿件。持续开展习近平新时代中国特色社会主义思想和习近平总书记网络强国重要思想网上宣传。

【网络安全保障体系建设】 组织召开县委网络安全和信息化委员会第一次会议，就全县网络安全和信息化工作进行安排部署。先后出台《香河县网络安全工作协调会商制度》《香河县重大突发网络舆情应对处置工作联席会议制度》《关于开展关键信息基础设施及信息网络系统安全检查的通知》。制定网络安全责任制度，明确各单位网络安全管理负责人。制定信息资产、网络安全工作档案管理制度，明确设立各单位网络安全管理工作的内设机构，重点岗位人员签订安全保密协议。制定网络安全应急预案，每月进行一次系统漏洞检测及维修，每季度不少于一次开展安全教育培训，推动建立法律规范、行政监管、行业自律、技术保障、公众监督和社会教育相结合，打造全社会共同参与的网络治理格局。

【网络安全和信息化领域监督】 建立香河县互联网违法和不良信息举报平台，申请“15832612377”为香河县互联网违法和不良信息举报电话，并通过微信公众号面向社会公布，号召全县广大网民参与网络治理，维护互联网信息传播秩序。截至年底，已成功举报关停涉黄涉赌网站30余个，在廊坊市2019年网络违法和不良信息举报工作中被评为先进单位，荣获全市互联网法律法规和知识竞赛优秀组织奖，6人获得市级以上奖励。建立完善公共区域LED屏幕信息安全保护工作机制，强化安全运行和安全监测，提升公共区域LED屏幕信息安全防护能力。筹备搭建网络安全态势感知平台，以全流量分析为核心，结合失陷主机检测、图关联分析、大数据关联分

香河县 2019 年网络安全宣传周活动　　陈　扬　摄

析、可视化平台等技术，实行 24 小时监测防护，对全网的流量实现业务可视化、攻击与可疑流量可视化，解决安全漏洞与安全洼地问题。

【互联网信息安全管理】　组织召开全县新媒体工作暨网络安全工作会议，传达学习《廊坊市网络信息安全应急响应值守工作规范》，并与部分自媒体平台负责人签订《香河县新媒体网络信息安全责任书》；登记备案县内所有具有信息发布功能的自媒体传播机构 100 余家，对 100 万+关注量大号进行详细摸底调查，并上报省、市委网信办；对县内 827 家属地网站注册地址、联系方式、网站首页网址、备案许可证号、域名等信息逐一核对，建立属地网站基础信息数据库，把属地内所有从事新闻信息服务、具有媒体属性和舆论动员功能的网站全部纳入安全管理范围，实现监管全覆盖。

【网络安全宣传活动】　举办以“共建网络安全·共享网络文明”为主题的香河网络安全宣传日活动。通过设置宣传展板、发放宣传资料、电视采访和现场宣讲等形式，向过往群众深入宣传《网络安全法》，发放网络安全宣传彩页 1000 余份，印有网络安全提示的生活用品 800 余份，直接受益群众达 2000 余人。组织县司法局、县教育和体育局工作人员，分赴城区各中小学校开展网络安全宣传活动。联合县公安局网监大队、中国人民银行香河支行、中国移动香河分公司、中国联通香河分公司、中国电信香河分公司开展以“网络安全为人民，网络安全靠人民”为主题的网络安全宣传周活动，组织网络文明志愿者走进机关、乡镇（社区）、学校，通过发放宣传品、现场咨询服务等形式，宣传网络安全知识，活动中向广大群众发送网络安全相关内容信息 2 万余条，向全县城区中小学生寄送《致全县广大青少年健康用网倡议书》3 万余份。组织全县 100 余家行政事业单位、5000 余名机关干部，参加《中华人民共和国网络安全法》知识考试，在网络文化节网站增设《中华人民共和国网络安全法》网上答题板块，3000 余名群众参与答题。

【网络系统安全检查】　组织开展 2019 年关键信息基础设施及信息网络系统安全检查。聘请专业网络安全团队，以防攻击、防病毒、防篡改、防瘫痪为重点，对全县 100 余家党政机关、事业单位和 8 家重点网站的 1331 个终端进行在线技术检测和远程渗透测试。发现针对相关单位的信息网络系统隐患及网站风险 622 个，处理网络威胁事件 1509 例，并针对风险隐患下发网络安全整改通知，责令限期整改，切实预防网络安全事件的发生。

【网络舆情工作】　制定网络舆情监测、管理、引导 24 小时值班制度。责成专人对全网热议的网络热点，特别是河北省内出现的舆情动态进行整理，形成《舆情动态》报送县委、县政府主要领导及分管领导，作为决策参考，年内，报送《舆情专报》7 期，《舆情预警》19 期，《舆情动态》36 期。建立香河县重大突发网络舆情应对处置工作联席会议制度，明确 40 个联席会议单位，推动网络应急处置工作规范化、制度化，应对化解网上重大风险；建立督办、反馈机制，汇总阳光理政、问政河北等网络平台，群众反应强烈、事关群众利益的合理诉求，形成《网络问政专报》移送有关单位，协调相关单位主动解决群众反映问题，出台《网络问政专报》3 期，相关问题均得到妥善解决。2019 年，舆情工作成绩优异，列全省综合考核前 15 名（全省仅 4 个县）。

**【网络阵地建设】** 开通县委网信办官方“抖音号”，定期发布正能量短视频，2019 年报送的原创视频《网传闯红灯罚款扣分？真相是……》荣获河北省互联网辟谣短视频三等奖；在“香河头条”微信公众号开辟“香河最网红”专题，每周评选香河网红事件，截至年底，香河县有 10 余人入选“廊坊最网红”专题，其中，屈膝医生王超入选“中国网·感到河北”网络人物，成为廊坊市首个也是唯一入选事例。顺利完成“奋进新时代·阔步新征程”——廊坊市第三届我是家乡人代言人网上主题活动，集中点击量达到 100 万 +。

**【围绕中心开展网络新闻宣传】** 围绕县委、县政府中心工作，在新华网河北频道、河北新闻网、长城网等中省重点新闻网站刊发《香河公证处的工匠精神》《香河医生跪地两小时为患者手术》《香河 3 小伙勇救落水儿童》等多篇新闻稿件。积极开展网络媒体采访行活动，5 月 8 日，“奋进新时代、魅力新河北”全省自媒体“百佳号”采风活动，先后到县机器人小镇、现代产业新城智慧城市进行实地参观采访，有力宣传推介了县在推进经济转型升级和信息化建设方面取得的显著成果，为树立香河县良好城市形象营造良好网络舆论氛围。6 月 29 日，京津冀协同发展线下走访活动采访团，邀请京津冀网络大“V”（指在新浪、腾讯、网易等微博平台上获得个人认证，拥有众多粉丝的微博用户）200 余人，到“第一城”及新桥影视基地参观采访，对香河县推进京津冀文化旅游融合发展进行详细报道。

**【网评队伍建设】** 制定下发《网评员登记备案工作通知》，要求全县各单位按照政治立场坚定、善用网言网语、文字功底扎实等标准，上报专、兼职网评员。截至年底，全县登记在册专兼职网评员 300 余名，初步形成以县委网信办为中心，辐射各镇（社区）、园区和县直各单位的舆论引导工作网。2019 年，完成市委网信办发布的网评任务 200 余次，报送网信要情信息 30 余篇，组织县内网评员参加全省网评技能大赛，向省委网信办报送新媒体、图片类作品 30 余个。

**【香河县首届网络文化节】** 8 月 16 日，中共香河县委网信办在新城公园广场举行香河县首届网络文化节启动仪式，旨在为祖国 70 岁华诞营造良好的网络空间和网上舆论氛围。香河县首届网络文化节以“文化 e 时代·网络更精彩”为主题，分设“走进网络·共筑文明”“精彩网络·共享生活”“感知网络·共建安全”三大板块 16 项具体活动。其中，“走近网络·共筑文明”以“创

8 月 16 日，香河县首届网络文化节开幕　　陈 扬 摄

建文明城市·我们 e 起行动”为主题，开展网络文化进乡镇（社区）、进机关、进校园活动，利用发放宣传品、现场讲座、网络诈骗展示等形式进一步提高群众网络安全和自我保护意识；“精彩网络·共享生活”板块以“美丽在身边、点赞新香河”短视频大赛、“壮丽 70 年、美丽新香河”摄影大赛等活动为依托，重点推介香河改革发展成果，展示香河特色风土人情和文化魅力；“感知网络·共建安全”板块以“网聚香河正能量、争做香河好网民”为主题开展“寄语祖国”倡议签名活动，通过线上、线下同步开展的方式，呼吁广大网民自觉遵守法律法规、文明上网，争做中国好网民。

8 月 14 日，香河县互联网协议第六版（IPv6）规模部署专题培训会　闫宇昕 摄

**【数字化城市建设】** 举办互联网协议第六版 IPv6 规模部署专题培训班，对全县相关责任单位进行业务培训。协调指导工信部门推进智慧香河数据中心、智能化智慧调度中心、智慧城市展示中心、智能化立体地图基础管理平台和公共免费 Wi-Fi 二期为主要内容的智慧城市建设。截至年底，公共免费 Wi-Fi 全县累计达 798 个，注册人数近 16 万人次，实现了城区重点区域和重要活动场所全覆盖。

**【香河头条微信公众号】** 为更好地宣传新时代中国特色社会主义思想，引导网络舆论正能量，塑造香河地域文化形象，满足网民生活服务需求，对“香河头条”进行全新改版，把接地气、体民情融入日常编辑工作中。先后开通“网信科普”“以案说法”“每日快讯”“网络中国节”等多个服务广大网民的原创版块。2019 年改版以来，“香河头条”粉丝量大幅提升，粉丝量由原来的 1 万余人增长到 3 万余人，全年累计推送图文信息 3500 余篇，阅读总量达到 50 万人次，在凝心聚力、展示形象方面发挥了巨大作用，“香河头条”也成为香河县官方主动发声和舆论引导的重要前沿阵地。

**【中华人民共和国成立 70 周年主题活动】** 围绕中华人民共和国成立 70 周年主题，组织开展“我和国旗合个影”微博话题活动、“我和国旗合个影”短视频图片征集活动，收到网报微博素材上百条，短视频图片 500 余个。开展“寄语祖国网上签名活动”。在“香河头条“微信公众号开设专栏，号召广大网民文明礼貌上网，为新中国 70 华诞献上美好祝福。期间，参与网民达 5000 余人次，收到留言寄语 6000 余条。举办“壮丽七十年、魅力新香河”网络摄影大赛。面向全县征集摄影作品，见证新中国成立以来香河县的发展成就，收到各类参赛作品 200 余幅。

（蔡国强）

# 香河县人民代表大会

责任编辑　陈述龙　张　丹

## 综　述

2019年，香河县人民代表大会常务委员会（简称县人大常委会）在中共香河县委的坚强领导下，坚持以习近平新时代中国特色社会主义思想为指导，紧紧围绕全县工作大局，认真履行法定职责，主动服务改革发展，及时回应社会关切，自觉接受人民监督，为建设美丽幸福新香河做出了积极贡献。县人大常委会坚持把政治建设摆在首位，树牢“四个意识”，坚定“四个自信”，做到“两个维护”。严守党的政治纪律和政治规矩，严格履行政治责任，深入贯彻中央和省、市、县委的重大决策部署，及时向县委报告人大及其常委会工作，始终保持正确的政治方向。紧扣县委决策部署和社会发展大局谋划履职重点，主动担当作为，坚决做到与县委同心同德、合力合拍。强化全县“一盘棋”思想，常委会班子成员积极参与包联镇村、精准扶贫、项目服务、信访接待等中心工作，为全县经济发展和社会稳定做出了积极贡献。树立问题导向，围绕扶贫脱贫攻坚、民生实事票决、小学校舍筹建、交通路网建设等方面开展调研，做到主题教育与有效履职相互促进、相得益彰。

积极响应“河北发展，人大尽责”的要求，努力为应对经济下行出力献策。开展了营商环境和减税降费情况的视察与调研，督促政府相关部门落实联系走访，当好企业实情调研员、贴近实际需求，当好惠企正常宣传员、突出问题导向，当好助企破难协调员、坚持满意标准，当好为企业服务代办员、推动责任落实，当好促进规范引导员，为经济健康发展创造良好营商环境（涉企“五项服务”）。对全县工业经济运行、旅游开发、农村土地承包确权等情况进行调研，提出把该办的、能办的事抓紧抓实，为高质量发展挖掘内潜力、开拓新路径、培育新引擎。调研交通路网工程、重点项目建设情况，推动政府做好协调服务，尽快打基础、壮实力。持续关注生态文明，深入调研，积极动员人民群众深度参与“美丽乡村”“美丽庭院”创建活动。以垃圾分类、厕所革命、污水治理为主攻方向，在增建精品村、发展中心村、打造特色村，实现“美丽乡村”全覆盖工作中建言献策、有效监督。积极回应群众关切，将社会普遍关注的教育、医疗、养老等民生大事作为监督重点。听取和审议了医保资金管理使用情况的报告，对全县中小学校舍建设情况进行调研，对养老产业发展情况进行视察，推动政府顺应形势，抢抓先机，抓住短板弱项、强化基本保障、精准管理服务，努力让人民有更多的获得感、幸福感、安全感。不断深化法治建设，以培育法治思维、深化法治进程、促进公平正义为己任，大力推进法治香河建设。对拟任人员做到任前考法、任后宣誓、任中述法、全程督法。

## 县人大常委会机构设置

【县人大常委会领导机构】 2019年，香河县人大常委会为第十五届任期内。年内，有主任1名、副主任4名，其中，女性1名。

【县人大常委会工作机构】 2019年，香河县人大常委会工作机构除人大常委会办公室，下半年对其他工作机构做了调整。撤销县人大常委会联络科、政法科、经济科、文卫科，建立县人大常委会教科文卫工作委员会、县人大常委会选举任免代表工作委员会、县人大常委会法制工作委员会、县人大常委会财政经济工作委员会。

## 重要会议

【香河县人民代表大会会议】 2019年1月16日，香河县第十五届人民代表大会第三次会议在县第一城国际会议中心召开，参会代表应到181名，实到176名，会期3天。会议听取和审议由香河县人民政府县长王文强所作的《香河县人民政府工作报告》；书面审议《香河县2018年国民经济和社会发展计划执行情况与2019年国民经济和社会发展计划草案的报告》；书面审议《香河县2018年全县总预算及县本级预算执行情况和2019年全县总预算及县本级预算草案的报告》；审议香河县发展改革局《关于香河县2018年国民经济和社会发展计划执行情况的报告》，审查和批准《香河县2018年国民经济和社会发展计划执行情况与2019年国民经济和社会发展计划》；审议香河县财政局《关于2018年县本级预算及县总预算执行情况和2019年县本级预算及县总预算草案的报告》，审查《2018年县本级预算及县总预算执行情况》，批准2019年县本级预算；听取和审议县人大常委会主任闫再兴所作的《香河县人大常委会工作报告》，听取和审议香河县人民法院院长刘君所作的《香河县人民法院工作报告》；听取和审议香河县人民检察院副检察长曹宏艳所作的《香河县人民检察院工作报告》；会议决定设立香河县第十五届人民代表大会社会建设委员会机构，并决定机构组成人选。

1月17日，香河县第十五届人民代表大会第三次会议开幕　　县融媒体中心供图

【香河县人大常委会会议】 1月8日，香河县第十五届人大第12次常委会会议在县人大政协办公楼四层会议室召开，县人大常委会主任闫再兴主持会议。会议补选出席廊坊市第七届人民代表大会代表。根据市委通知精神，县人大常委会补选1名出席廊坊市第七届人民代表大会代表，县委组织部常务副部长周向伟介绍了候选人基本情况。经过表决一致通过，冯江峰当选为出席廊坊市第七届人民代表大会代表。

1月14日，香河县第十五届人

大第 13 次常委会会议在县人大政协办公楼四层会议室召开，县人大常委会主任闫再兴主持会议。会议审议批准了代表资格审查委员会副主任委员王雨所作的代表资格审查报告，确认出席县十五届人民代表大会第三次会议的 181 名代表资格有效。

会议经过审议、表决，一致通过了召开香河县第十五届人民代表大会第三次会议的决定和大会主席团及秘书长建议名单、议案审查委员会建议名单、计划预算审查委员会建议名单。会议对县人大常委会工作报告进行了认真讨论并责成县人大常委会办公室根据讨论意见作进一步修改。

2 月 21 日，香河县第十五届人大第 14 次常委会会议在县人大政协办公楼四层会议室召开，县人大常委会主任闫再兴主持会议。会议进行人事任免事项。县委组织部常委副部长周向伟代表县政府作了《关于提请郭建永同志免职的报告》《关于提请张占春等同志任免职的报告》，并介绍了拟任人员基本情况和任职理由。孟繁章、曹国藩、王强、杜文洪四人在会上分别作了供职报告。经过表决一致通过，决定免去：郭建永县政府副县长职务、冯国祥县发展改革局局长职务、姜建明县教育局局长职务、张锦山县国土资源局局长职务、王立强县卫生和计划生育局局长职务、成英杰县安全生产监督管理局局长职务、陈宝东县城市管理行政执法局局长职务、刘奖波县政府办公室主任职务、张福东县监察局局长职务、蔡学平县民政局局长职务、李德军县水务局局长职务、赵树军县农业局局长职务、张涛县市场监督管理局局长职务。

决定任命：张占春为县政府办公室主任、马宝生为县民政局局长、李爱兵为县水务局局长、孟繁章为县农业农村局局长、姚立民为县文化广电和旅游局局长、曹国藩为县退役军人事务局局长、王强为县市场监督管理局局长、杜文洪为县医疗保障局局长；石宝智为县工业和信息化局局长、冯国祥为县发展和改革局局长、姜建明为县教育和体育局局长、张锦山为县自然资源和规划局局长、王立强为县卫生健康局局长、成英杰为县应急管理局局长、陈宝东为县城市管理综合行政执法局局长。通过任命人员向宪法进行宣誓。县人大常委会主任闫再兴为通过任命人员颁发任命书，同时代表县人大常委会对新任命人员表示祝贺并提出殷切希望：牢记使命，践行执政为民宗旨。要珍惜人民赋予的权力，切实增强责任感和使命感，力争在新的发展大潮中建功立业。要把维护人民群众的根本利益作为一切工作的出发点和落脚点，始终坚持高度关注民生、切实服务民生、大力改善民生，以实际行动取信于民，赢得人民群众的信赖和支持；真抓实干，认真履行法定职责。要切实转变工作作风，在工作落实上比速度，在工作执行上比力度。突出重点，真抓实干，着力推动县委中心工作、政府重点工作。时刻注重团结，齐心协力谋发展，团结一致干事业。更加注重优化政务环境，勤政廉政，勇于担当，以优异的成绩向县委、县政府和全县人民交上一份满意的答卷；提高认识，自觉接受人大监督。要自觉接受人大监督，不断提高依法履职、依法执政的水平。坚持依照程序向县人大常委会报告工作，严格执行县人大及其常委会的决议、决定，出台的重要规范性文件及时报送县人大常委会审查备案。要认真办理人大代表的议案和建议，做到件件有着落、事事有回音，让人大代表和人民群众满意。闫再兴最后指出，通过任命的人员要紧紧围绕全县改革、发展、稳定大局，以必胜的信念、扎实的作风、拼搏的精神，抢抓机遇，开拓进取，努力创造出不辱使命、不负时代的新业绩，为加快建设美丽幸福新香河做出应有的贡献。

会议对县人大常委会 2019 年工作要点进行了认真讨论，并责成县人大常委会办公室根据讨论意见作进一步修改、完善后，印发各有关单位和部门。

4 月 29 日，香河县第十五届人大第 15 次常委会会议在县人大政协办公楼四层会议室召开，县人大常委会副主任宋品仲主持会议。会议进行人事任免事项。县委组织部副部长杨金刚代表县政府作了《关于提请曾智豪同志任职的报告》，并介绍了拟任人员基本情况和任职理由。曾智豪在会议上作了供职报告。经过表决，一致通过，决定任命曾智豪为香河县人民政府副县长（挂职一年）。曾智豪向宪法进行了宣誓。县人大常委会主任闫再兴为曾智豪颁发了任命书。宋品仲代表县人大常委会致以热烈祝贺，同时希望曾智豪在香河县挂职期间，要时刻牢记誓言，忠于宪法，忠于人民，与县政府其他班子成员一道，积极进取，开拓创新，担当起建设和发展香河的重任。要牢记使命和责任，主动增强服务意识，自觉接受人大监督，围绕全县改革发展稳定大局，恪尽职守，履职尽责，为加快建设美丽幸福新香河做出积极贡献。

4 月 29 日，召开香河县第十五届人大第 15 次常委会会议　　县融媒体中心供图

会议对省人大常委会组织开展“河北发展、人大尽责”主题实践活动进行安排部署。县人大常委会办公室主任周学军宣读了《香河县人大常委会关于开展“河北发展、人大尽责”主题实践活动的实施方案》。闫再兴就扎实开展好主题实践活动提出了具体要求：要提高政治站位。全县人大系统和广大代表要切实提高政治站位，牢牢把握正确的政治方向，以对党和全县人民高度负责的精神，认真履行好各自职责，凝心聚力开展好“河北发展、人大尽责”主题实践活动。要把握工作重点。要把扶贫脱贫攻坚、大气污染防治、优化营商环境“三项联动”监督继续往深里做、往实里做。要对全县重点民生实事和重点专项工作进行监督检查，并开展票决和满意度测评。要在完成规定动作的基础上，积极谋划开展好自选动作，重点抓好乡镇人大主席团评议基层所站工作。要加强沟通联系。加强县乡人大之间、县人大与县“一府一委两院”之间的纵向沟通和横向联系，各方面要积极配合，认真改进相关工作。县人大常委会相关工作部门要加强指导力度，积极与乡镇人大和代表沟通联系，层层分解责任，逐级抓好落实，保障活动有序开展。要强化组织推动。县人大常委会成立领导小组，具体负责主题实践活动的组织协调和督促指导，通过开展主题实践活动培训会、交流会，研究探索有效举措，总结好的经验做法。乡镇人大主席作为主题实践活动的属地第一责任人，要抓细抓好活动中的每项任务、每个环节，推动工作有效开展。活动要有具体事例，具体内容，同时要实行痕迹化管理，以供查证。要严守纪律作风。严格遵守各项政治纪律和政治规矩，坚决落实中央八项规定精神，严格执行中央和省、市、县委关于作风纪律的各项要求，反对和抵制“四风”。要坚持深入群众、深入基层、深入一线，敢于直面问题，积极研究推动解决问题。

4 月 29 日，香河县第十五届人大第 16 次常委会会议在县人大政协办公楼四层会议室召开，县人大常委会主任闫再兴主持会议。会议进行人事任免事项。县人大常委会副主任宋品仲代表县人大常委会主任会议作了《关于张君铭等同志任免职的提议》，并介绍了拟任人员基本情况和任职理由以及县人大常委会机关内设机构更名情况。

县委组织部常务副部长周向伟代表县政府作了《关于提请张锦山等同志任免职的报告》，并介绍了拟任人员基本情况和任职理由。高金刚、李洪波在会上作了供职报告。经过表决一致通过，决定任命：张锦山为县政府副县长、高金刚为县自然资源和规划局局长、李洪波为县卫生健康局局长、张君铭为县人大常委会教科文卫工作委员会主任、王雨为县人大常委会选举任免代表工作委员会主任、高建平为县人大常委会法制工作委员会主任、王浩坤为县人大常委会办公室副主任、刘娅东为县人大常委会办公室副主任、任永涛为县人大常委会财政经济工作委员会副主任、史春祥为县人大常委会选举任免代表工作委员会副主任、陈莉莉为县人大常委会教科文卫工作委员会副主任。

决定免去：张锦山县自然资源和规划局局长职务、王立强县卫生健康局局长职务、张君铭县人大政法科科长职务、王雨县人大联络科科长职务、高建平县人大政法科副科长职务、李春喜县人大经济科副科长职务、张超县人大办公室副主任职务、李志泉县人大办公室副主任职务、陈莉莉县人大文卫科副科长职务。

闫再兴代表县人大常委会向通过任命的人员表示热烈祝贺，并为其颁发了任命书。通过任命的人员向宪法进行了宣誓。闫再兴希望通过任命的人员在新的岗位上要时刻牢记誓言，忠于宪法，忠于人民，在县委的坚强领导下，紧紧围绕全县改革发展稳定大局，恪尽职守，积极作为，为加快建设美丽幸福新香河做出应有的贡献。

会议听取和审议县司法局《关于基层司法所工作开展情况的报告》，县司法局局长郭宏伟作了《关于全县司法所工作开展情况的报告》。县人大法工委作了专题审议发言。会议认为，近年来，县司法局高度重视基层司法工作，切实加强领导，努力增加投入，强化基础建设，充分发挥了司法所职能作用。基层司法所在普及法律知识，维护社会稳定，开展法律服务等项工作中，积极作为，依法履职，为创造良好的法治环境，促进全县经济社会发展提供了有力保障。肯定成绩的同时，针对存在的问题和不足，会议建议：加强队伍建设，提高基层司法人员整体素质。县司法局要努力争取县委、县政府支持，全面落实司法干部的政治待遇、经济待遇，充分调动基层司法干部的工作积极性。要积极加强与相关部门协调，用好政法专项编制，争取地方编制，选强配齐司法所长和工作人员，为进一步提高香河县基层司法所工作水平创造有利条件。司法局要探索建立轮岗制度，推行竞争机制，切实提升干部流动性，进一步增强工作活力，提高工作效率。要突破常规，引进人才，解决好基层司法所人员不齐、缺兵少将的问题。同时，要制订长期人才培养计划，加强人员培训，不断提高基层司法人员业务素质。增强服务意识，实现基层司法工作再上新台阶。县司法局要引导基层司法工作人员进一步增强使命感和责任感，充分认识基层司法工作面临的新形势、新任务和新要求，扎实、高效做好基层司法工作。要加强对基层司法行政工作和重点工作的督查和指导，确保圆满完成各项工作目标、工作任务。基层司法所要发挥职能优势，积极履职，主动作为，努力提升工作站位，在创新中谋发展，在服务中争有为，实现基层司法工作整体再上新台阶，为促进乡镇和谐稳定发挥积极作用。加大保障力度，确保基层司法工作顺利开展。县司法局要站在长远发展的高度，积极与相关单位和部门进行协调，加大对基层司法行政工作的经费投入，强化办公设施、办公用房等方面的支持和保障，继续抓好司法所规范化建设，确保基层司法工作顺利开展。

8月6日，香河县第十五届人大第17次常委会会议在县人大政协办公楼四层会议室召开，县人大常委会主任闫再兴主持会议。会议审议批准县政府《关于2019年度预算调整方案（草案）的报告》。县财政局局长刘宇代表县政府作了《关于2019年度预算调整方案（草案）的报告》并进行具体说明。会议对报告进行了认真审议，经过表决，一致通过，决定批准这个报告。

8月29日，香河县第十五届人大第18次常委会会议在县人大政协办公楼四层会议室召开，县人大常委会主任闫再兴主持会议。会议对部分员额法官检察官履职情况进行满意度测评。县人民法院副院长侯东祥、安头屯法庭庭长祁振宇、县人民检察院副检察长曹宏艳、刑事执行检察局局长马海滨4人分别向会议作履职报告。会议对以上4人履职情况进行满意度测评并现场公布测评结果。县人大常委会主任闫再兴希望4人以此次评议为契机，发扬成绩，克服不足，再接再厉，担当作为，为香河经济发展、社会和谐稳定贡献力量。

会议听取和审议县医疗保障局关于医疗保障工作情况的报告。县医保局副局长刘洪来作了《关于医疗保障工作开展情况的报告》。县人大教科文卫工作委员会作了专题审议发言。会议对报告进行了认真审议。会议认为，县医保局自年初挂牌成立以来，高度重视医疗保障工作，切实加强领导，努力增加投入，强化基础建设，不断加强管理，各项工作均取得了显著成效，充分发挥了医疗保障职能作用，为广大参保人员构筑了安全有力的医疗保障平台。肯定成绩的同时，针对医疗保障工作中存在的不足，会议建议：加强队伍建设，提高医保人员整体素质。医保部门要努力争取县委、县政府支持，通过招考、引进等方式，招录一批用得上、下得去、留得住的专业技术人才，解决好专业人才匮乏问题。要开展经常性岗位培训，努力提升医疗保障人员的综合素质，打造一支素质高、能力强、作风硬的医疗保障队伍，为医疗保障工作奠定坚实的基础；增强服务意识，不断提升医保服务水平。群众的获得感既来自医疗保障水平，也来自服务质量。医保部门要在改善服务质量，提高公共服务水平上下功夫。要千方百计把工作流程设计得更合理、更高效、更方便，把医保服务做得更加人性化。要坚持以人为本，回应群众诉求，时刻关注人民群众所想、所盼。要积极作为，努力解决群众最关心、最直接、最现实的问题。要采取有效措施对重大疾病人员给于定向帮助；做好收支监管，确保医保基金正常运行。医保基金是人民群众的救命钱，必须严格监管、有效利用。医保部门要把加强医保基金监管作为首要政治任务，以时不我待的紧迫感，勇挑重担的责任感，持续堵漏洞、强监管、重惩处，提高医保基金使用管理安全性、有效性。同时，县政府和医保部门要进一步增加投入，提高筹资标准，争取上级补助资金，加大对香河县居民医疗保险基金的补助力度。要全力做好医疗保险基金征缴工作，确保应保尽保，做到收支平衡。要严格管控医疗费用不合理增长，对造成医保基金损失或恶意骗取医保基金的违法违规行为，要进行严肃查处。

9月27日，香河县第十五届人大第19次常委会会议在县人大政协办公楼四层会议室召开，县人大常委会主任闫再兴主持会议。会议审议通过县政府《2018年财政决算报告》。县财政局局长刘宇代表县政府作了《2018年财政决算报告》，并进行了具体说明。会议对报告进行了认真审议，经过表决一致通过，决定批准这个报告。

10月23日，香河县第十五届人大第20次常委会会议在县人大政协办公楼四层会议室召开，县人大常委会主任闫再兴主持会议。会议进行了人事任免事项。县人民法院院长刘君作了《关于丁福才等同志任免职的报告》，并介绍了拟任职人员基本情况和任职理由。县人民检察院检察长刘振华作了《关于李宏伟等同志任免职的报告》，并介绍了拟任职人员基本情况和任职理由。县人大常委会主任闫再兴对李宏伟、丁福才履行任职程序进行了情况说明。丁福才、李宏伟在会上分别作了供职报告。经过表决，通过任命：丁福才为县人民法院副院长、审判委员会委员、审判员；李宏伟为县人民检察院检察员、检察委员会委员、副检察长；周海东等31人为香河县人民陪审员。会议免去李宏伟县人民法院副院长、审判委员会委员、审判员职务；免去梁琰县人民法院立案庭庭长、审判委员会委员、审判员职务；免去侯玉江等31人县人民法院陪审员职务；免去丁福才县人民检察院检察员、检察委员会委员、副检察长职务。

闫再兴代表县人大常委会向通过任命的人员表示热烈祝贺，并为丁福才、李宏伟颁发了任命书。丁福才、李宏伟2人向宪法进行了庄严宣誓。闫再兴希望2人在新的工作岗位上，要时刻牢记誓言，忠于宪法，忠于人民，主动增强服务意识、大局意识，努力维护社会公平正义；要始终牢记使命和责任，加强法律知识、业务知识学习，不断增强自身素质和工作能力；要认真践行立党为公、司法为民宗旨，摆正位置，自觉接受县人大监督；要围绕全县大局，在县委的坚强领导下，恪尽职守，履职尽责，不负众望，不辱使命，为加快建设美丽幸福新香河做出应有的贡献。

会议听取和审议县财政局关于《2019年1—9月份财政预算执行情况的报告》。县财政局局长刘宇代表县政府作了《2019年1—9月份财政预算执行情况报告》。会议对报告进行了认真审议，县人大常委会财经工作委员会作了专题发言。会议认为，2019年1—9月份，县政府及财税部门面对复杂严峻的经济形势，按照县十五届人大三次会议确定的各项目标，积极加强财源建设，强化财政收支管理，加大经济运行调度，着力保障改善民生，切实履行了保稳定、促发展职能，为香河县经济社会高质量发展提供了有力的财政支撑。肯定成绩的同时，针对香河县预算执行中存在的不足，会议建议：依法组织收入，确保完成全年任务。县政府及财税部门要密切关注、科学分析和准确把握全县经济运行态势，加强财税部门协调配合，强化收入调度，确保应收尽收。要实事求是，做到依法依规，杜绝预收、虚收、空转现象。要严格规范非税收入管理，提高收入质量；优化支出结构，提高服务民生水平。县政府要强化财政资金支出统筹力度，坚持好钢用在刀刃上，全力保障生态环境、重点项目、改革创新等重点支出。进一步加大民生投入，推动教育、医疗、社保等项目尽早见效，提升人民群众的幸福感和获得感；强化财政职能，增强香河县发展后劲。县政府要充分发挥财政政策和资金的引导作用，着力支持高新技术企业和科技型中小企业发展。要推动传统产业转型升级，促进新兴产业、现代服务业快速成长，实现新旧动能转换。要发挥好财政资金杠杆作用，引领更多社会资本支持科技成果转化。要着力减轻实体经济成本，增强企业发展活力，进一步扩大税基、培植税源；深化预算管理，有效防控债务风险。县政府要进一步深化预算管理改革，提高预算编制科学化、精细化水平，为预算顺利执行奠定良好基础。要建立绩效评价结果向同级人大报告制度，规范绩效目标设置和评价。要依法依规安排使用新增债券资金，抓好债务存量化解，有效防控政府债务风险。

会议书面审议县发展和改革局《关于2019年上半年经济社会发展计划执行情况的报告》、县审计局《2018年财政预算执行情况的审计报告》。县政府常务副县长齐建光列席会议，并代表县政府作表态发言，县政府将加强统筹，攻坚克难，努力涵养税源，促进香河经济社会持续健康发展。

12月27日，香河县第十五届人大第21次常委会会议在县人大政协办公楼四层会议室召开，县人大常委会主任闫再兴主持会议。会议进行人事任免事项。根据省委安排，县长王文强调任深州市委书记，为此，向县人大常委会提出辞去香河县人民政府县长职务。经过表决，会议决定接受王文强辞职请求。县人大常委会副主任宋品仲受县人大常委会主任会议委托，向会议作了《关于齐泽旭同志任职的提议》，并介绍了齐泽旭的基本情况和任职理由。经过划票表决，会议一致通过，决定任命齐泽旭为香河县人民政府副县长、代县长。县人大常委会主任闫再兴为齐泽旭颁发了任命书。

齐泽旭作了表态发言，表示在今后的工作中将牢记初心和使命，忠诚履职担当，坚定信念对党忠诚，不辱使命真抓实干，牢记宗旨一心为民，依法行政精诚团结，注重效率狠抓执行，严于律己廉洁从政。在县委的坚强领导下，在县人大的监督支持下，与县政府班子一道，坚定信心、拼搏进取、创优争先，为加快建设美丽幸福新香河做出应有的贡献，绝不辜负党和人民的期盼与重托。县人大常委会主任闫再兴代表县人大常委会对齐泽旭表示热烈的祝贺，并希望齐泽旭肩负起全县人民的重托，在县委的坚强领导下，率领政府一班人，按照县“十三五”规划的发展蓝图，紧紧抓住京津冀协同发展的难得契机，团结带领全县人民，勇于担当，锐意进取，求真务实，攻坚克难，多为群众谋福祉，多为百姓做实事，多为发展想办法，努力开创出香河经济、社会加快发展的新局面，为建设美丽幸福新香河做出积极贡献。

县人民检察院检察长刘振华作《关于李永祥等同志免职的报告》，并进行了情况说明。经过表决，一致通过免去：李永祥县人民检察院检察员、检察委员会委员职务；免去张连瑞县人民检察院检察员、检察委员会委员职务；免去古玉红县人民检察院检察员、检察委员会委员职务；免去赵光举县人民检察院检察员、检察委员会委员职务；免去杨树元县人民检察院检察员、检察委员会委员职务；免去吴丙明县人民检察院检察员、检察委员会委员职务；免去孙海东县人民检察院检察员职务；免去李志超县人民检察院检察员职务；免去方楠县人民检察院检察员职务；免去王璧合县人民检察院检察员职务。因工作岗位调整，张占春、杜文洪、李洪波、高金刚、王强、王占栋、池晓伟、刘洪来、刘健、崔新宇、赵立军、程磊、张莉 13 人向县人大常委会递交了报告，请求辞去县人大代表职务。李志标因违反相关法律法规，本人向县人大常委会提出辞去廊坊市第七届人大代表职务请求。经过表决，　致通过以上人员的辞职请求。会议强调，县人大常委会办公室要及时把县人大常委会接受李志标辞去市人大代表职务的有关情况报市人大常委会。张莉辞去县人大代表职务后，按照法律规定，其香河县第十五届人民代表大会常务委员会委员职务自行终止。

会议表决通过了《关于补选县十五届人大代表的决定（草案）》。根据《中华人民共和国地方各级人民代表大会选举法》《中华人民共和国地方各级人民代表大会和地方各级人民政府组织法》和《省人大选举实施细则》的有关规定，结合香河县实际，决定由代表出缺的第 5、8、78、73、74、72、14、21、29、31、19、66、55、61、46 选区各补选一名县人大代表，补选县十五届人大代表选举日为 2020 年 1 月 6 日。

县财政局局长刘宇代表县政府作《关于调整 2019 年县本级预算及全县总预算的报告》，并进行具体说明。会议对该报告进行了认真审议，经过表决一致通过，决定批准这个报告。会议审议《关于实施民生实事项目人大代表票决制工作的办法（草案）》。县人大常委会主任闫再兴向与会人员介绍了出台这个办法草案的背景、具体工作步骤和程序。经过表决一致通过，会议决定批准《关于实施民生实事项目人大代表票决制工作的办法（草案）》。会议书面审议《全县环境保护现状及环境目标完成情况报告》、县政府《关于全县2018年国有资产管理情况的报告》。会议强调，县政府要高度重视国有资产管理工作，要责成相关单位摸清家底，需要计入国有资产的，必须严格履行相关手续，防止国有资产流失。

## 工作与职能

**【监督检查】** 2019年，常委会听取和审议《2019年1—9月份财政预算执行情况的报告》，提出要开源与节流并举，防止“杀鸡取卵”“寅吃卯粮”。理性分析全县经济形势，县人大常委会先后两次批准县政府提请的《财政预算调整方案》，严格合理监管，确保财政保运转、保工资、保民生。听取和审议了《2019年度国有资产管理情况的报告》，严格有效监管，推动政府及早摸清底数，确保国有资产不丢失、不浪防费。听取和审议《2019年上半年经济社会发展计划执行情况的报告》，建议政府全力攻坚克难，优化经济结构、加快转型升级，着力维护民生福祉，听取和审议了《医保资金管理使用情况的报告》。着眼保护碧水蓝天，关注生态文明，开展大气污染防治联动监督工作，成立了专门大气污染防治监督工作小组。坚持在法制框架内实施依法监督，并与开展法制宣传结合起来。通过建立微信监督平台、座谈汇报、实地视察等多种方式要求小组成员随时向监督组反馈交流问题，强化监督实效，推动整改落实。积极回应群众关切，将普遍关注的教育、医疗、养老等民生大事作为监督重点。年底，听取和审议了县政府《2019年度环境状况和环境保护目标完成情况的报告》。对贯彻实施《河北省地下水管理条例》情况进行执法检查，形成对环保工作监督的常态化、制度化。

为深化司法监督工作，促进司法机关依法履职、公正司法，开展对法官、检察官述职评议。8月，在县人大常委会会议上对部分法官、检察官近年来履职情况进行满意度测评，引导法官、检察官牢固树立法治观念，践行“忠诚、为民、公正、廉洁”的核心价值观，推动法官、检察官队伍政治素质和业务能力整体提升。10月8日，县人大常委会副主任周志广带领相关职能部门，对香河县贯彻实施《河北省地下水管理条例》情况进行执法检查，实地查看各项法律法规落实情况。检查后周志广指出，香河县要在水生态文明理念的指引下，不断规范水资源管理、加强水环境保护和水生态修复、开展节水宣传教育等各项工作，进一步促进水资源合理配置，提高用水效率和效益，加快构建水资源节约保护、开发利用、优化配置的现代治理体系，实现水资源的可持续利用，有效保障水安全，为加快建设经济强县、美丽香河作出贡献。为保证监督检查取得实效，11月21日，组织部分人大代表深入渠口人民法庭，旁听评议买卖合同纠纷案件庭审。选取上诉较多以及反映强烈的典型案件作为庭审案件，庭审结束后，人大代表对庭审程序、庭审纪律、司法礼仪、庭审能力、庭审技巧等逐项进行打分测评。通过旁听评议活动，促进了人大代表依法履行监督职责，促进了人民法院庭审工作的程序化、规范化。

**【视察调研】** 县人大常委会积极响应“河北发展，人大尽责”的要求，努力为应对经济下行出力献策。开展了营商环境和减税降费情况的视察与调研，督促政府相关部门落实涉企“五项服务”，为经济健康发展创造良好营商环境。为全面了解香河县工业经济发展现状，深刻剖析当前工业企业发展缓慢原因，全面服务和扶持重点工业企业，解决企业发展难题，加快助推全县工业企业发展。4月16日，县人大常委会副主任周志广带领有关职能部门，对全县一季度经济运行情况进行了调研，调研组先后到县工业和信息化局、县发展和改革局，和相关人员交流经济运行情况，深入探讨工业经济发展存在的问题及下一步工作重点。为有效解决当前工业经济中存在的问题，指出要抓督导，保进度，确保全县各项经济指标顺利完成。6 月，采取实地查看、走访座谈和听取汇报等多种方式，对基层司法所建设和工作情况进行广泛深入调研，对工作成绩给予充分肯定，对存在问题和不足进行深入分析，对改进工作提出意见和建议。9 月 3—5 日，县人大常委会副主任周志广带领相关职能部门及部分乡镇，对香河县农村土地承包确权工作进展情况开展专题调研，了解农村土地确权工作进展情况、存在的困难及下步计划。全县农村土地确权登记颁证工作已基本完成，但仍然存在一些问题，主要是个别村街因土地流转、征占地、新农村改造等，造成土地情况比较复杂，增加了确权工作难度，使个别村街工作进度受到影响。要求有关部门要进一步加大工作力度，全力以赴，合力攻坚，全力解决遗留问题，加快确权发证工作，尽快完成档案移交，确保完成任务目标。9 月 27 日至 10 月 12 日，县人大常委会副主任周志广带领相关职能部门，对香河县交通路网体系建设、重点项目工作开展情况进行调研。通过座谈、询问、走访等形式，详细了解了香河县运河大道北延工程、密涿高速连接线、平香线南延、大辛路养护改造工程（含义井大桥）、安石路西延、通宝路、战备路、香务线（双安路—冀津界段）养护改造工程、连村路、潮白河左堤路养护改造工程、风港减河桥、危桥改造等工程建设情况及“四好农村路”全国示范县创建工作情况。是年，香河县交通路网体系建设稳步推进，重点项目顺利开展，县政府及相关部门做了大量卓有成效的工作，取得了有目共睹的成绩。11 月，组织部分县人大常委会委员、市县人大代表，重点围绕香河县治安防控体系建设、管理和服务群众等工作，深入县公安局指挥中心、巡特警大队、安平检查站、文化艺术中心警务站进行视察。通过听取汇报、现场询问、观看视频等方式，详细了解全县治安管控能力，并提出意见建议。

**【预算联网监督工作推进】** 实施预算联网监督工作既是加强人大对本级财政预算执行实施有效监督的重要举措，也是推动财政部门实施全面规范、公开透明预算制度的有效措施。2019 年，县人大财经工作委员会按照相关要求，已完成硬件准备及联网工作。11 月 23 日，市人大常委会财经工作委员会召开全市预算联网监督系统安装培训会，对各区县预算、国库、国资等财政部门及财经工委相关负责人进行预算联网监督系统操作培训。

**【陪同上级人大调研】** 5 月 17 日，县人大常委会副主任周志广、县政府副县长刘雪艳及相关职能部门负责人，陪同省人大常委会检查组到香河县开展河湖治理与保护立法开展调研工作。调研组一行先后到北运河生态治理 PPP 项目、潮白河一号橡胶坝，了解水域面积、水位、河道治理、淤泥清理等情况。调研组对香河县落实河湖治理与保护立法所做的工作给予充分肯定，指出要紧扣时代主题，坚持生态发展优先，坚持绿色发展，要注重整治整改，不断巩固管护成效，提高执法监管能力保障，落实河湖管理保护执法监管责任。

7 月 9 日，县委常委、常务副县长齐建光，县人大常务委员会副主任周志广及相关职能部门负责人，陪同市人大调研组到香河县机器人产业港汇天威 3D 打印、安川都林喷涂机器人 2 家企业进行视察并召开座谈会。会上听取了县政府 2019 年上半年国民经济和社会发展计划、预算执行情况和相关职能部门的工作情况汇报。听取汇报后，调研组指出，香河县上半年经济社会发展取得了一定成效，但从调研情况来看，计划执行和经济运行依然存在一些困难和问题：经济增长仍有不少压力，主要表现为财政收入实际增长压力大，部分企业生产经营压力较大，生产要素制约仍然突出；金融运行仍有突出矛盾，企业融资难问题依然存在；投资增长仍然缺乏后劲，主要表现为投资结构有待优化，投资项目支撑不足，项目要素保障困难，部分重大项目推进缓慢；民生保障仍然任务艰巨，主要表现为保障公共安全、公共服务、社会保障、乡村振兴等领域仍需投入大量资金；生态环境治理任重道远，固废污染防治、大气污染防治等工作还需进一步加强；城市品质形象有待提升，城市管理“短板”有待补齐，基础配套设施建设有待加强；养老服务、食品安全、学前教育、城乡排污管道维护管理等一些人民群众和人大代表比较关注的问题有待进一步解决。针对调研发现的困难和问题，市人大调研组提出要不断优化营商环境，促进民营经济健康发展；坚守风险底线，提高金融风险防控能力；狠抓建设进度，发挥项目投资支撑作用；切实保障民生，推进城市功能品质提升。

县人大常委会举办国旗、国歌、国徽法律知识讲座　　县融媒体中心供图

**【干部任前考法】** 县人大常委会以培育法治思维、深化法治进程、促进公平正义为己任，大力推进法治香河建设。对拟任人员做到任前考法、任后宣誓、任中述法、全程督法。先后4次对包括2名副县长在内的29名提请县人大常委会任命人员进行法律考试。为使考试内容更好体现人民意识、权力与责任意识，对法律考试试卷进行重新命题。考试内容涉及中共十九大知识及《中国共产党章程》《中华人民共和国宪法》《中华人民共和国地方各级人民政府组织法》《中华人民共和国地方各级人民代表大会组织法》《中华人民共和国突发事件应对法》《中华人民共和国公务员法》《中华人民共和国行政许可法》《中华人民共和国行政处罚法》《中华人民共和国行政复议法》《中华人民共和国法官法》《中华人民共和国检察官法》。

**【法律知识培训】** 国旗、国歌、国徽是中华人民共和国的象征和标志。在庆祝中华人民共和国成立70周年之际，县人大常委会组织县人大、县政府有关领导、县人大常委会委员、政府组成部门一把手、政法各部门班子成员、各镇（社区）园区镇长、人大主席、人大秘书、部分县乡人大代表及县人大机关全体工作人员共计400余人，参加了在县文化艺术中心举办《中华人民共和国国旗法》《中华人民共和国国歌法》《中华人民共和国国徽法》专题讲座。通过讲座，广大党员干部对国旗、国歌、国徽的历史有了进一步的了解和认识，强化了国家观念，弘扬了爱国主义精神，增强了维护国旗、国歌、国徽尊严的自觉性，更加坚定地担负起维护宪法尊严、保证宪法实施的职责。

**【信访工作】** 将人大信访工作与常委会监督工作紧密结合，加强与公、检、法联系沟通，不断完善涉法涉诉信访工作机制。做好案件登记，对来访者认真倾听诉求，耐心细致做好工作，督促有关部门及时调查落实.县人大常委会紧紧围绕县委中心任务，坚持来信来访“件件有落实，事事有回音”，着力化解矛盾。综合运用执法检查、评议、专题调查等手段，及时解决群众反映强烈的热点、难点问题，化解各类矛盾。是年，及时处理、批转人民群众来信来访 22 件 61 人次，保证群众诉求依法妥善解决。

【议案督办】 县人大常委会坚持把督办代表议案、建议作为支持代表行权履职的重要工作来抓，建立健全代表建议督办机制，全面提高议案、建议的办理质量和办理实效，推动建议办理从“答复满意”向“结果满意”转变。对会议及闭会期间代表提出的议案、建议，及时进行汇总归类，转交县政府及相关部门办理。加大督办工作力度，选择群众关心、涉及面广、落实难度大的议案和建议进行重点督办，有效提高了议案、建议的办成率和代表的满意率。办理过程中，通过实地视察、听取和审议代表建议办理报告等方式，强化督办催办。同时，尊重代表权力，征询代表对办理情况的意见，及时反馈给承办单位。在答复验收阶段，坚持求实较真，要求承办单位清晰说明办理情况，精准评估承办效果。在县政府和承办单位的共同努力下，2019 年提出的 38 件代表建议均得到妥善办理，满意率达 97.4%。

【代表工作】 县人大常委会充分尊重代表主体地位，全面提升服务保障水平。注重代表的思想上位、政治站位、履职定位，解决好为谁履职、怎样履职的问题。“学习强国”App 推出后，及时督促代表充分利用这一平台学习习近平新时代中国特色社会主义思想。激励代表强化民本情怀，坚持为民履职，当好人民的“代言人”。办好代表履职培训班，精心组织代表培训 3 期。是年，分两批组织县人大代表赴贵州、古田会址参加履职能力提升培训班。培训课程有《中华人民共和国宪法》《推动人民代表大会制度与时俱进》《人大代表履职能力提升》等法律法规。全年培训代表 115 人次。邀请各级代表 22 人次参与县人大常委会活动，拓宽代表知情悉政、参政议政渠道。丰富闭会期间代表活动，深入开展代表向选区选民述职活动，支持代表担当尽责。

【乡镇人大工作】 县人大常委会秉持对基层人大机构建好更要管好、用好的原则，指导各镇人大日常工作达到人大秘书配备落实、办公用房落实、代表议政室落实、代表活动经费落实、交通工具落实、牌子章子落实（“六个落实”）；开展乡镇人大工作与党委、政府中心工作结合，与推进村务、政务公开结合，与人大代表议政、村民代表议事结合，与提高代表素质结合，与解决难点热点问题结合，与联系代表、联系选民结合，与探索人大各种监督形式结合（“七个结合”）；人大主席、副主席、秘书岗位责任制度，主席团工作制度，人大主席、副主席联系代表和代表联系选民制度，人大代表小组活动制度，人大主席接待日制度，人大代表议政、村民代表议事制度，代表社情民意报告制度，乡镇人大工作百分考核制度（“八项制度”）。

【人大代表联络站运行】 人大代表联络站建设是省、市人大常委会部署的一项重要工作，是人大闭会期间丰富代表活动的重要方式。按照工作要求，各站开展了联系选民、向选民述职、视察、调研、执法检查等活动，加强了对代表履职工作的管理，激发了代表履职热情。各人大代表联络站发挥建在基层、贴近群众的优势，宣传贯彻中共十九大精神，宣传人民代表大会制度和宪法法律，增强人民群众的民主意识 、法律意识、国家意识。

**【人事任免】** 1月8日，香河县第十五届人大常委会第12次会议，补选廊坊市第七届人民代表大会代表1名。2月21日，香河县第十五届人大常委会第14次会议决定任命国家工作人员15名、免职13名。4月29日，香河县第十五届人大常委会第15次会议任命国家工作人员1名、免职9名。6月20日，香河县第十五届人大常委会第16次会议任命国家工作人员11名。10月23日，香河县第十五届人大常委会第20次会议任命国家工作人员31名。12月27日，香河县第十五届人大常委会第21次会议任命国家工作人员1名、免职10名。

（石　磊）

# 香河县人民政府

**责任编辑** 陈述龙 张 丹

## 综 述

2019年，香河县人民政府（简称县政府）坚持以习近平新时代中国特色社会主义思想为统领，在县委的坚强领导下，在县人大、县政协的监督支持下，团结和依靠全县人民，聚焦打造“现代高端产业聚集区、功能完善首都卫星城、和谐幸福宜居新家园”，攻坚克难、担当作为，加快建设美丽幸福新香河，县域经济社会实现了新的发展。是年，全县财政收入完成64.2亿元，其中一般公共预算收入完成38.4亿元，同比增长4.4%，地区生产总值同比增长5.1%，固定资产投资同比增长5%，规模以上工业增加值同比增长6%，社会消费品零售总额同比增长9.2%，各项指标稳中有升。获评全国综合实力、投资潜力、科技创新、绿色发展和新型城镇化质量5个“百强县”并实现位次提升，获评全市首个“四好农村路”全国示范县，被确定为“全国紧密型医共体建设试点县”“全省深化县级公立医院综合改革示范县”“全省推进镇卫生院与村卫生室一体化管理试点县”。

聚焦京津、面向全国，制定全县战略性、分阶段、点对点承接方案，扎实开展专题招商、会展招商和产业链招商，产业升级步伐加快。聚焦高端制造业和现代服务业，制定了加快主导产业发展实施方案，精准施策，合力攻坚。科技创新成效显著，科技型中小企业成长、科技成果转化等创新工程深入实施，机器人科技企业孵化器项目、廊坊市“北三县”技术人才培养基地项目成功争列省科技计划项目，全县新增科技型中小企业94家、高新技术企业24家，6家企业成为省千家领军型企业。营商环境不断优化，深入推进“三深化三提升”活动，严格落实培育壮大实体经济扶持政策，实行县领导包联重点企业项目，组织开展政银企对接、涉企“五项服务”等系列活动，累计为20余名优秀人才解决落户问题，为19家企业提供担保贷款1.36亿元，100余个涉企难题得到有效解决。

集中精力抓建设，基础设施不断完善。城区污水处理厂扩容提标、五一路景观亮化等工程竣工投用，20个老旧小区、26千米老旧管网完成改造，县委广场改造、渠口污水处理厂、蛭口方沟雨污分流改造等项目加快实施，城市功能日益完善。大力推进智慧城市建设，数字城管、智慧公交等15个系统完成接入，“三中心一平台”高效运行，城市管理智慧化、信息化水平不断提升。镇村环境持续改善。镇区街路改造、绿化美化等工程加快推进，淑阳、安平、五百户、钳屯4镇再次入选“全国千强镇”。

空气质量稳定向好，水体质量持续改善。“河长制”全面落实，累计开展巡河2万余次，处理解决问题420余处。河渠“清四乱”专项行动扎实推进，“一河一策”问题整改到位。运河文化带建设积极推进，制定《北运河廊坊段旅游通航规划》，完成5千米滨河步道修建，运河生态文化工程稳步实施，全国首个“大运河文化云名片”上线运行，京津冀中幡文化交流大赛等活动蓬勃开展，运河文化资源有效挖掘利用。

社会秩序持续向好。坚持“事要解决”，标本兼治，疏堵结合，全力攻坚涉房领域等突出信访问题，及时解决群众合理诉求，维护了信访秩序。民族宗教政策宣传培训深入开展，少数民族特色村寨创建成效明显，民族宗教工作持续加强。驰而不息抓作风、讲担当、重落实，政务服务不断优化。以“不忘初心、牢记使命”主题教育为抓手，立足工作实际，聚焦主题主线，以正视问题的自觉、刀刃向内的勇气，全面检视不足，认真抓好整改，所列问题全部有效解决，政务服务效能进一步提升。坚持依法行政，立足建设法治政府，严格落实政府常务会学法制度，全力推进县镇村三级法律服务平台建设，自觉接受县人大、县政协和社会各界监督，人大代表建议和政协委员提案全部及时妥善办理。聚焦社会治安、环境保护、安全生产、食品药品安全等重点领域，健全完善监管机制，保持执法高压态势，政府工作规范化、法治化水平进一步提高。

（杨　波）

## 县政府机构

**【县政府领导机构】** 2019年内，县政府领导机构由8名成员组成，其中县长1名，副县长8名（其中挂职副县长1名）。

**【工作机构】** 按照《香河县机构改革实施方案》（香发〔2019〕2号）规定，县政府工作部门有县政府办公室（挂县政府外事办公室、地方金融监督管理局，〈金融工作办公室〉牌子）、香河县发展和改革局（挂商务局、粮食和物资储备局牌子）、香河县教育和体育局、香河县科学技术和工业信息化局、香河县公安局、香河县民政局（挂扶贫办牌子）、香河县司法局、香河县财政局、香河县人力资源和社会保障局、香河县自然资源和规划局（挂林业局牌子）、香河县住房和城乡建设局（挂人民防空办公室牌子）、香河县交通运输局、香河县水务局、香河县农业农村局、香河县文化广电和旅游局、香河县卫生健康局（挂爱国卫生运动委员会办公室牌子）、香河县退役军人事务局、香河县应急管理局（挂地震局牌子）、香河县审计局、香河县市场监督管理局（挂知识产权局牌子）、香河县统计局、香河县城市管理综合行政执法局、香河县行政审批局（挂政务服务管理办公室牌子）、香河县医疗保障局。

改革县政府其他事业机构。将县地方志编纂委员会办公室更名为县地方志编纂中心，调整为县政府直属事业单位；撤销新开街道办事处、新华街道办事处，按原区划并入淑阳镇；撤销家具城管理委员会，将其职责并入淑阳镇。

## 县政府重要会议

**【县政府常务会议】** 2019年，香河县人民政府（简称县政府）共召开11次常务会议。

1月11日，县长王文强主持召开第1次县政府常务会议。会议安排部署全县安全生产工作。研究审议《关于申请城区餐厨垃圾、公厕粪便资源化无害化处置特许经项目引进社会资本方的请示》。

3月15日，县长王文强主持召开第2次县政府常务会议。会议听取《关于传达全国及省市教育大会精神的报告》。研究审议《关于在全县范围内划定高污染燃料禁燃区的通告》《关于2019年在全县深化开展“双创双服”活动的实施意见》《香河县2019年深化实施30项民心工程的意见》《香河县深化纠正“四风”和作风纪律专项整治推进方案》《全县窗口单位和重点行业开展“三深化三提升”活动群众满意度测评实施方案》《关于进一步优化审批流程加快学校（幼儿园）建设的实施意见》《关于提请批复香河县新建垃圾焚烧发电PPP项目物有所值报告的请示》《关于提请批复香河县新建垃圾焚烧发电PPP项目财政承受能力论证报告的请示》《香河县新建垃圾焚烧发电PPP项目实施方案》《关于潮白滨水公园有关建设方案的请示》《关于签订〈北运河香河段生态综合整治PPP项目合同之补充协议二〉的请示》《关于取消河北香河潮白河大运河国家湿地公园试点的请示》《关于对香河县大辛路（唐通线－义井大桥段）养护改造工程进行变更的请示》。

5月10日，县长王文强主持召开第3次县政府常务会议。会议听取《关于全省高考综合改革动员会议精神及香河县贯彻落实意见的报告》《全县生态环境保护重点工作情况汇报》《关于河长制工作开展情况的报告》。学习《地方党政领导干部食品安全责任制规定》。研究审议《香河县民营经济表彰评审办法》《关于建立健全巡河员队伍补助资金的请示》《香河县农村生活垃圾治理工程PPP项目实施方案》《关于启动生活垃圾焚烧发电项目建设的请示》《关于镇级新建垃圾中转站地基处理洽商的请示》《关于签订安洁垃圾埋场运营协议的请示》《香河县推进基础设施工程建设项目审批提速的试行办法》《香河县资产收购管理暂行办法》《香河县产业重点项目实施模拟审批的暂行办法》《关于申请钳屯三角地节点公园所需资金的请示》《关于对双安路（大香线－香务线段）进行改造的请示》。

6月19日，县长王文强主持召开第4次县政府常务会议。会议听取《关于6月17日全市安全生产专项工作调度会议精神的传达提纲》《关于进一步深化安全生产大排查大整治攻坚行动开展情况的报告》《省长许勤到廊坊市“北三县”调研讲话精神及香河县贯彻落实意见》《关于全国医改工作电视电话会议精神及香河县贯彻落实意见的报告》。研究审议《2018年国家脱贫攻坚成效考核反馈问题整改工作方案》《首届香河县文化和旅游产业发展大会总体规划方案》《香河县2019年大气污染综合治理工作方案》《关于冀办密传〔2019〕19号文件和省市五个专项行动整治动员部署电视电话会议精神及香河县贯彻落实意见的报告》《香河县违法违规用地建设采矿采砂和破坏生态环境及违建别墅问题清理整治专项行动实施方案》《香河县县级财政投资评审管理办法》《香河县2019年度公共住房申请审核分配实施方案》《关于加快推进京唐铁路建设用地征收补偿工作的实施意见》《关于拨付香河县鼎力中小企业信用担保有限公司6000万元资本金的请示》。

7月11日，县长王文强主持召开第5次县政府常务会议。会议听取《关于近期生态环境部发现问题情况的报告》《关于市政府教育督导评估组对香河县2018年履行教育职责评价反馈问题整改情况的报告》。研究审议《关于2019年招聘劳务派遣人员的请示》。

8月19日，县长王文强主持第6次县政府常务会议。会议传达贯彻全市经济运行工作调度会议精神。听取《关于落实〈关于进一步加强和改进突发敏感舆情回应处置工作的通知〉精神情况的报告》《关于学习传达〈中共中央国务院关于深化改革加强食品安全工作的意见〉及香河县贯彻落实意见的报告》《关于2019年以来“双创双服”及“30项民心工程”工作开展情况的报告》《香河县“扫黑除恶”专项斗争领导小组办公室关于今年以来工作开展情况的报告》《关于上半年经济运行分析及下半年对策建议的报告》。研究审议《香河县加快推进科技创新工作实施意见》《香河县农村环境工作中涉及私搭乱建拆除费用的以奖代补方案》《香河县机关事业单位使用劳务派遣人员实施办法》《香河县机关事业单位使用劳务派遣人员待遇递增机制的暂行办法》《关于建立城乡居民基本养老保险待遇确定和基础养老金正常调整机制落实意见》《关于城中村及旧城改造项目配建保障性住房执行政策的请示》。

9月3日，县长王文强主持召开第7次县政府常务会议。会议研究审议《关于规范土地收储、供应相关问题的指导意见（试行）》《香河县城乡低保扩面提率专项行动实施方案》《关于政府购买社会救助服务的请示》《香河县农村人居环境整治项目申报审批管理办法（试行）》《香河县农村人居环境整治工程验收办法（试行）》《香河县农村人居环境整治项目资金管理办法（试行）》《关于培育壮大稻香村香河生产基地项目给予奖励的请示》《关于申请香河S271省道（高速出口至绣水街段）及新华大街西延（五一路至新城广场）周边景观亮化工程方案优化变更的请示》《关于申请S271省道景观综合改造工程（平安大街雨污水管线）施工变更评审的请示》。

9月16日，县长王文强主持召开第8次县政府常务会议。会议传达落实全市经济运行暨投资和项目建设调度会议精神。研究审议《关于对原县政府办公楼及附属设施进行拆除的请示》。

9月26日，县长王文强主持召开第9次县政府常务（扩大）会议。会议安排部署全县生态环境保护和重污染天气应急响应工作。听取《关于落实〈关于国务院安委会对省级政府2018年度安全生产和消防工作考核巡查情况的通报〉的报告》《关于2019年优化营商环境工作进展情况的报告》。研究《关于对香河县城乡低保扩面提率专项行动实施方案内容进行补充完善的请示》《香河县商标专利资金管理办法》《关于加强园区建设管理的意见》《关于京唐铁路永久用地涉及国有土地征收补偿方式的请示》《关于检察服务大厅工程变更的请示》《关于申请绣水街（矬口方沟）至污水处理厂铺设污水管线工程变更评审的请示》《关于申请S271省道景观综合改造工程市政一标段工程变更评审的请示》。

11月1日，县长王文强主持召开第10次县政府常务会议。会议研究审议《关于申请将香河县农村生活垃圾治理工程PPP项目实施模式变更为特许经营模式的请示》《关于提请审议香河县新建垃圾焚烧发电PPP项目合同的请示》《关于申请新华大街（五一路至运河大道段）路面改造工程设计变更的请示》。

12月16日，常务副县长齐建光主持召开第11次县政府常务会议。会议听取《关于深刻汲取江苏响水天嘉宜化工有限公司特别重大爆炸事故教训全力抓好当前安全生产工作有关情况的报告》《关于2019年全县消防安全工作情况的报告》《2019年生态环境保护工作情况报告》《关于香河县人防系统机动巡察回头看反馈问题整改措施落实情况的报告》《关于市委第七巡察组对我县民生领域巡察回头看反馈问题整改进展情况的报告》《关于省市"扫黑除恶"专项斗争第2次推进会议传达贯彻落实情况的工作报告》《关于2019年前三季度经济运行情况的报告》。研究《关于2018年度县级机关目标绩效奖励工资发放办法》。

**【县长办公会议】** 2019年，县政府共召开19次县长办公会议。

1月3日，县长王文强主持召开第1次县长办公会议。会议传达学习全市经济工作调度会议精神。会议对政府近期重点工作进行安排部署。

2月1日，常务副县长齐建光主持召开第2

次县长办公会议。会议就规范有序做好土地出让工作、促进县域经济持续健康发展进行安排部署。

2月18日，县长王文强主持召开第3次县长办公会议。会议就全县协同发展规划体系编制工作进行安排部署。

2月26日，县委常委、政法委书记郭建永主持召开第4次县长办公会议。会议就县人民医院外科大楼手续补办工作进行研究部署。

3月4日，县长王文强主持召开第5次县长办公会议。会议就县政府当前重点工作进行安排部署。

3月20日，副县长闫明杰主持召开第6次县长办公会议。会议就加快推进县重点人防工程建设进行安排部署。

3月20日，副县长吴海斌主持召开第7次县长办公会议。会议就汽油、漆料等涉案罚没危险化学品处置工作进行安排部署。

3月25日，县长王文强主持召开第8次县长办公会议。会议传达京冀两地领导对接会议精神。会议通报赴浙江省桐庐县参加农村人居环境整治专题培训班相关情况。会议就县政府近期工作进行安排部署。

4月22日，县长王文强主持召开第9次县长办公会议。会议就县政府近期重点工作进行安排部署。

5月13日，常务副县长齐建光主持召开第10次县长办公会议。会议就环保园区供水管网相关事宜进行安排部署。

3月15日，常务副县长齐建光主持召开第11次县长办公会议。会议就城市基础设施配套费征收相关工作进行安排部署。

5月15日，副县长闫明杰主持召开第12次县长办公会议。会议就规范有序做好土地出让工作、促进县域经济持续健康发展进行安排部署。

5月28日，常务副县长齐建光主持召开第13次县长办公会议。会议对《“大香线潮白河大桥东侧绿化工程”审计报告（征求意见稿）》意见反馈工作进行安排部署。

7月29日，县长王文强主持召开第14次县长办公会议。会议听取《关于香河县集中式饮用水水源保护区划分工作开展情况的报告》。会议传达落实全市当前重点工作调度会议精神，就县政府近期重点工作进行安排部署。

10月31日，副县长闫明杰主持召开第15次县长办公会议。会议就冬季清洁取暖工作进行安排部署。

11月12日，县政府副县长张锦山主持召开第16次县长办公会议。会议就五百户镇香椿营村牲畜私自屠宰问题进行安排部署。

11月14日，常务副县长齐建光主持召开第17次县长办公会议。会议就积极稳妥推进城乡道路、公园、绿地等市政基础设施建设占地历史遗留问题解决工作进行安排部署。

9月10日，副县长闫明杰、张锦山主持召开第18次县长办公会议。会议就2019年35蒸吨以上燃煤锅炉超低排放改造工程有关事宜进行安排部署。

12月23日，县委副书记齐泽旭主持召开第19次县长办公会议。会议就推动县政府工作规范有序开展、确保2019年各项工作圆满收官作出安排部署。

## 施政辑要

**【融入北京城市副中心建设】** 2019年，圆满完成“2·26”项目推介洽谈会工作。15个北京疏解项目在北京市通州区与廊坊市“北三县”项目推介洽谈会上与香河县签约，总投资全市第一。涉及项目有智能制造、健康养老、商务服务等产业，在医疗、卫生等公共服务共享共建方面在全市领先。5月19日，第二届“通武廊”产业协同发展创新恳谈会在廊坊举办。会上，香河县积极与通州区、武清区沟通洽谈，达成多项共识。推动中国城市规划设计研究院按照《京津冀协同发展规划刚要》要求，进一步深化细化香河县科技与产业专项规划。提前着手，详细统报数据，多次与中国城市规划设计研究院对接，充分表达诉求，确保有利于香河发展、有利于百姓福祉的意见建议得以充分沟通。主动承接京津高端产业外溢和辐射。严格执行《河北省京冀交界地区新增产业的禁止和限制目录》，提高产业准入门槛，重点承接对北京“容不下、离不开、走不远”的高端项目。明确了以机器人、3D打印为重点的智能制造产业，以商贸物流、电子商务为重点的现代商贸产业两大主导产业；以互联网、云计算为重点的新一代信息技术产业，以影视演艺、文化创意为重点的文化旅游产业，以健康食品、康养服务为重点的大健康产业三大培育产业；总部经济、数字经济、创意经济、休闲经济四大新型服务经济（简称“2+3+4”产业）。智能机器人产业港、爱晚国家养老示范基地、国安创客、国际建材交易中心、京津冀汽车零部件交易中心、奥特莱斯环球国家中心、新桥影视基地等 10 余个产业承接载体建成运营。韵达电商、大爱学校、中发智能制造产业园、智慧电谷等多个北京转移项目有序承接、洽谈。

主动与通州区进行对接，两地联系日趋频繁紧密。2019 年，县级领导、有关部门与北京市、通州区相关部门、企业、协会开展对接活动 41 次。对接内容涉及规划编制、社会保障、应急管理、园林绿化、产业转移、基础设施、教育培训、联合治超、生态联防联控、预算绩效管理等方面，并签订了《通州区与香河县公共就业服务机构协作（合作协议书）》《“通武廊”中医健康直通车工作协议》等多个合作协议，形成了合作建设医养结合养老机构、共建医疗联合体等一批对接成果。此外，教师培训互访、北京医疗专家来香河坐诊等常规工作扎实开展，取得良好成效。

**【打造现代高端产业聚集区】** 香河经济开发区是承接产业疏解的主要平台，规划面积 103.6 平方千米，2019 年已开发面积 16.7 平方千米。机器人产业小镇获批河北省首批十大特色小镇，是国家科技领军人才创新驱动中心、中国产学研合作创新示范基地和省级科技企业孵化器，获批省级战略性新兴产业示范基地，是高端制造产业平台。规划面积 3.7 平方千米，其中机器人产业港占地约 45 万平方米（676 亩），规划建筑面积约 54 万平方米，已建成 14 万平方米。截至年底，签约业界一流企业 140 余家，其中投产 114 家。智能制造产业集群初步建成，产业链逐步完善。爱晚国家养老示范基地总规划面积 300 万平方米，已建成 92.8 万平方米，入驻及签约待入驻养老人口 600 余人，是重要的康养服务业平台。大爱书院、养老公寓、大爱农场等一批配套设施竣工投用，智能康复辅具产业创新示范中心、大爱医院等工程正在抓紧建设。项目全部建成后，可容纳高端养老人群 5 万人，将为京津等地有养老需求的老人或家庭提供高质量、专业化养老服务，具备了养老服务产业承载能力。

**【创建省级全域旅游示范县】** 按照“一年打基础、两年出形象、三年上品质”的步骤，举全县之力推动全域旅游示范区创建工作。将旅游产业发展纳入全县重点工作，明确写进县委全会工作报告和县政府工作报告。编制完成了《香河县乡村旅游发展规划》《香河县全域旅游总体规划（初稿）》，出台了《香河县加快发展全域旅游的实施意见》《香河县旅游质量提升行动方案》《香河县创建省级全域旅游示范县工作实施方案》。投资近 20 亿元用于农村道路建设，被评为全国“四好农村路”示范县。建成香河县旅游集散中心，补充修缮 40 余块旅游标识牌，建成旅游厕所

62座。开发建设智慧旅游系统，完成“一个中心，两个平台，一个示范景区”（旅游云数据中心，服务于客游的智慧服务平台、服务于政府的智慧管理平台，水岸潮白景区）建设，高质量打造智慧旅游小程序，实现一部手机游香河。培树会奖旅游、影视旅游、家居文化旅游、“两河”生态旅游、赏荷旅游、农业观光旅游、乡村旅游、新业态旅游等八大旅游品牌。2019年，通过乡村旅游直接带动村民就业人数超 5000 人。建设完成46家主题民宿院落。荣获“河北省最美景物之最美民宿”“廊坊市乡村旅游创客大赛”优秀种子奖、廊坊市最美民宿大赛二等奖和优秀奖。成功举办香河县首届文化旅游产业发展大会、首届“香河大运河文化节”。香河中幡入选国家级非物质文化遗产名录，香河县被命名为“中国中幡文化之乡”，受邀参加在云南省昆明举办的世界园艺博览会。中信国安第一城是截至2019年国内规模较大的综合性国际会展中心，占地面积 227,8 公顷，建筑面积54万平方米，还有20万平方米可以利用。曾承办20国集团财长会议、国际金融论坛年会等众多大型会议活动，是重要的文化旅游产业平台。新桥影视基地拥有数字电影拍摄棚10个，计 2.5 万平方米，杜比全景声终混、后期色彩管理等11个工作室，计1900平方米，承接了《红楼梦》《大闹东海》《神魔道》等多部影视制作项目。国华影视基地是北方最大的影视拍摄“群棚基地”，建成面积8万平方米，拥有摄影棚9个，近年拍摄了《辛亥革命》《妖猫传》等数十部影视作品，承接了百灵鸟影视文化传媒（知名演员陈红）、长江影视文化传媒（知名演员杜江）等19家文化企业入驻。安头屯、五百户等精品旅游片区加快建设，荷花小镇杨家寨、荷香湖畔等绿化节点工程基本完工，万亩荷塘实现上档升级；蒋辛屯片区李家大院、松息别院等20余家特色民宿相继建成开放，景观节点陆续打造，锦绣潮白景区已初具规模。

2019年，全县旅游收入达到15.1亿元、旅游人数达到305万人次，同比分别增长21%和15%，具备了较好的文创旅游产业基础，能够满足文创旅游产业转移项目落地需求，未来也将为京津等周边区域居民提供优质休闲旅游服务。

**【打好“蓝天、碧水、净土”保卫战】** 打好蓝天保卫战。开展全县涉气企业排查整治和帮扶专项行动，排查涉气企业981家，发现并解决问题7283个。开展工业和农业农村用电户集中摸排专项行动，共计排查出无环保手续企业788家，关停取缔 759 家，其余 29 家进行整改提升，已有22家改造提升完毕，剩余7家责令关停取缔。将1017家涉气企业列入减排清单，其中，涉及家具制造、工业涂装、包装印刷等重点行业781家，其他行业企业236家，高质量完成应急减排清单编制工作。聘请中国环境科学研究院清洁生产中心结合香河县实际制定《香河县家具行业环境整治提升方案》，推进县域家具制造传统产业改造提升。完成15台35蒸吨及以上燃煤锅炉超低排放改造，超额完成103台燃气锅炉低氮改造任务省定目标，110 台非道路移动机械编码登记，14家工业企业料堆场视频监控和PM10 在线监测系统安装率100%。提前完成9个镇级空气质量自动站国标六因子升级改造任务。2019年，香河县空气质量综合指数5.23，降幅3.86%；PM2.5年均浓度44微克/立方米，降幅13.73%，优良天数246天，达标比例67.40%。在全省8个大气污染传输通道城市所辖134个县（市、区）中，香河县3月、4月、8月、11月综合排名分别为第4、第2、第5、第2位，分别获得38万元、46万元、34万元、46万元奖励。2019年，在全省大气污染综合治理考核中取得良好等次。

打好碧水保卫战。开展潮白河、北运河和小友垈排干渠重点河流干渠综合整治工作，开展集中式饮用水水源保护区规范化建设，完成30个村庄的生活污水治理和114个村庄生活污水管控，对163个有水坑塘建立了环境长效管控机制。

打好净土保卫战。配合完成农用地土壤污染状况详查，及2家重点行业企业用地土壤污染状况调查信息采集，和生态红线勘界年度任务。开展涉重金属行业企业排查整治专项行动，完成年度重金属减排目标。开展全县生态环境大排查大整治“回头看”行动，对违规建设项目、饮用水水源保护区和生态保护红线内违规问题，进行全面核查。

**【北运河综合整治】** 北运河香河段生态综合整治工程位于北运河堤线以内，北起北运河京冀界，南至北运河冀津界，全长21.7千米，工程占地约26平方千米，总投资38.84亿元。以“生态引领城市发展”模式为指导，以北运河香河段生态综合整治和沿线文化产业建设为抓手，牢牢把握“保护好、传承好、利用好”要求，通过实施防洪工程、河道岸线修复及生态湿地、河堤景观绿化、环境物联网系统等，将北运河打造成为自然景观优美、文化脉络清晰、人文风景独特的生态景观带、旅游观光带和产业集聚带。该工程于2015年9月入选财政部第二批PPP示范项目，由香河县人民政府与中信国安投资有限公司、香河公有资产经营公司共同签订PPP项目合同。2015年12月成立中信国安（香河）环境工程有限公司，具体负责项目设计、建设、运营维护等工作，2016年9月正式开工建设。截至2019年年底，项目一期工程（曹店橡胶坝—土门楼枢纽）已完成8.6千米河道清淤疏浚、6.46千米岸坡防护、5千米滨河步道和运河文化公园建设等；水利工程（安运桥南至红庙村段）岸坡防护准备进场施工；景观工程正在进行施工图优化工作；曹店橡胶坝至凤港减河段正在进行现场临建搭设，场地局部清表，重新测量放线。

项目二期工程的水利工程部分初设已获批复，设计单位抓紧时间进行施工详图设计；已完成水利监理、施工（陈辛庄以北至牛牧屯引河段水利工程）招标；土地征迁工作已完成钉桩放线，正在进行地上物登统工作；船闸工程已组织中信国安（香河）环境工程有限公司 、河北省水利水电第二勘测设计研究院、北京市水利规划设计研究院召开船闸设计对接会，确定船闸设计方案，准备开展施工图设计工作。二期工程将于2020年4月底进场施工。

**【维护社会稳定局面】** 投资1300余万元，建成智慧边界防控、智慧路防工程，提升了安检查控智能化、信息化水平。圆满完成全国“两会”、暑期安保、中华人民共和国成立70周年大庆、中共十九届四中全会等一系列安保任务。投资4500余万元，建设65个智慧社区。投资370万元，建成4个城区警务站，做到屯警街面、警灯常明，实现了“警力网格化、警务智能化、勤务全时化、服务便捷化”。初步形成以智慧检查站为点，以智慧边界为线，以智慧社区、智慧视频、智慧警务站为面的立体化、信息化、智能化社会治安防控体系。8月23日，全省“三道防线”（环省界高速国省道主要路口；省内纵深高速国省道主要路口、火车站及汽车站；环京国省道各站及进京小路口）检查站建设暨“智慧安检”现场观摩会在香河县召开。9月18日，国务委员、公安部部长赵克志等国家、省、市领导到香河县安平公安检查站视察环京“护城河”工作，对智慧“护城河”建设予以高度评价。深入推进“扫黑除恶”专项斗争。2019年，共破获涉恶案件51起，抓获嫌疑人105名，刑拘98人，逮捕86人，移送起诉111人，查扣涉案财物价值494万元。查处涉枪爆治安案件3起、行政处罚违法人员3人。侦破涉黄赌毒案件53起、刑事拘留29人、治安拘留161人。破获传统侵财类刑事案件28起，逮捕犯罪嫌疑人17人。

开展矛盾纠纷排查调处，开展信访问题集中化解，全县信访秩序趋于稳定，非法越级上访、进京集访和借访施压、借访谋利的势头得到有力遏制。全年上级共交办香河县重点信访案件 35 件，已全部按期办结，办理赴省重点信访案件 7 件。办理省领导包联案件 2 件，已全部按期办结，案件均息诉罢访。办理市级领导包联案件 10 件，全部按期办结。县级领导包联案件 15 件，全部按期办结。组织开展“法律九进”（进机关、进乡村、进社区、进学校、进企业、进单位、进监所、进中介、进军营）活动，扩大普法覆盖面。发挥人民调解“第一道防线”作用，组织各类排查 337 次，预防纠纷 192 件。排查出各类民间矛盾纠纷 1590 件，成功调处 1557 件，调解率 100%，成功率 97.9%。法律援助工作全面提升，共接待来访 760 人次，电话咨询 1560 余次，办理案件 147 件。

## 综合协调

【概况】　县政府办公室作为县政府的综合协调部门，牢固树立“超前服务、严谨细致”的理念，切实发挥上传下达、综合协调作用。精心服务领导日常工作，强化工作的主动性与超前性，做到预先熟知、适时提醒、拾遗补阙，确保政府工作有序推进。强化与政府部门和基层单位的对接联系，对需要沟通衔接的工作积极协调、研究办法、统筹安排，切实做到“事事有回音、件件有着落”，确保县委、县政府各项决策部署高效落实。按照《香河县机构改革实施方案》（香发〔2019〕2 号）规定，将县政府办公室的应急管理职责整合到新组建的县应急管理局；将县政府办公室的法制工作职责整合到重新组建的县司法局。

【领导班子建设】　扎实开展“不忘初心、牢记使命”主题教育，明确了“四无两有”（服务大局无条件、服务领导无差错、服务同志无距离、服务群众无止境，服务部门有原则、服务企业有底线）工作总要求。把深入学习习近平新时代中国特色社会主义思想作为首要政治任务，精心制定年度学习计划和专题，通过多种形式读原著、学原文、悟原理，不断提高运用马克思主义理论指导工作的能力和水平。认真履行全面从严治党主体责任，党组成员严格遵守《关于新形势下党内政治生活的若干准则》《中国共产党廉洁自律准则》等各项规定，带头规范党内政治生活，同时加强对分管股室人员的日常监管，经常性进行提醒谈话，营造风清气正、崇廉尚洁的良好干事环境。在乡科级领导班子年度考核中被县委县政府评为“优秀”档次。

【政务信息】　2019 年，聚焦项目建设、产业结构调整、高质量发展、生态环保、民生改善、协同发展、扶贫攻坚、乡村振兴等重点工作，编辑上报政务信息 400 余篇、国办专报信息 3 篇，被省、市采用 127 篇。其中《香河县扎实推进生活垃圾分类处置》等 8 篇信息被市委主要领导肯定性批示，市政府领导肯定性批示 2 篇。香河政务信息综合考核居全市各县（市、区）第一，政务信息上报工作得到市政府办公室充分肯定，并在 11 月全市政府系统信息工作培训会上作典型经验交流发言。县政府办公室被评为全市“2019 年度政务信息上报工作先进单位”，县政府主要领导先后 3 次对政务信息工作作出肯定性批示。同时，紧密关注环境卫生整治、美丽乡村建设、拆违、水系治理等当前重点工作，编发《香河政务信息》15 期。

【调查研究】　以“不忘初心、牢记使命”主题教育为契机，组织开展全员调研活动。县政府办公室围绕领导关心、群众关注的焦点、难点问题，分头深入部门、企业、村街，开展调查研究，摸实情，找对策，共撰写调研文章46篇。其中，《关于耕地占用税、土地使用税清缴工作的调研》《关于行政执法权向基层延伸的意见建议》《关于改善城区交通拥堵状况的思考与建议》等8篇调研报告得到县委、县政府主要领导肯定性批示，部分工作建议纳入政府工作决策。

【办文办会】 文稿草拟坚持契合上级精神与领导思想，科股长、主管主任分级审核，严把政策关、事实关、语言关、格式关。年内，高标准起草《香河县创建“四好农村路”全国示范县工作报告》等领导重要讲话及大型汇报材料380余篇，印发各类政府公文120余件；严格执行公文处理各项规章制度，规范流转程序，提高传文效率。全年共处理请示报告、电报传真等各级来文7000余件，切实做到传签及时、归档有序；会务组织注重细节、周密部署；全年共组织召开各级电视电话会议、现场会等重大活动130余次，迎接国家、省、市督导检查、考核验收50余次，均圆满完成任务。

【政务公开】 围绕全县国民经济和社会发展情况、发展规划、重点项目、社会事业、安全生产、食品药品安全等热点话题，累计发布信息1300余条。全面、及时、准确地对全县主要工作进行了公开，在服务大局、引导舆论方面发挥了积极的作用。保障了公民、法人等依法获取政府信息，提高了政府工作的透明度，促进了依法行政。在全市2019年政务信息公开工作考核中位居全市第三名。

【政务督查】 突出“实、敢、精、深”，不断提高把握大局、协调工作和谋划创新能力。抓好《政府工作报告》细化分解，形成八大方面125项重点目标任务，建立台账、倒排工期、责任到人，并实行月总结、季通报制度。全年印发《县政府工作报告目标任务分解完成情况督查通报》4期，全面推动政府中心工作优质高效开展，做好热点难点工作及30项民心工程跟踪督办。先后开展“两节”期间安全生产、消防安全、“1+5”专项整治、烟花爆竹禁放、秋冬防攻坚月行动、污水处理厂、调峰储气站建设和老旧小区改造等重点工作专项督查50余次。抓住关键环节，找准症结所在，提出针对性措施办法，确保政府各项重点工作稳步推进。对政府重要会议议定事项及领导批示落实情况开展督查，专人盯办、一事一报。全年共印发督查通报3期、专报30期，常务会及办公会议定事项落实情况5期，督办领导批交事项12期170余件，切实做到事事有结果、件件有回音。其中，8期简报、专报得到县政府主要领导肯定性批示。

【建议提案承办】 秉持“不搞形式、不走过场、诚恳对待”的理念，认真梳理人大代表建议和政协委员提案内容，及时召开承办工作会议，明确承办单位和办结时限。严格把好回复关，对承办件数量多、难度大的单位及时给予业务指导，跟踪办理进度，主动联系走访提件人，认真听取代表委员意见建议，不断提高建议提案的办理质量。是年，承办的105件市、县人大代表建议和政协委员提案已全部办理完毕，回复率和满意率均达到100%。其中，“整治县第一幼儿园周边环境”“在县第五中学路段增加公交车”等一批建议提案，承办方采取措施有力，办结效果明显，得到代表委员和社会群众的充分认可与赞许。

【金融运行监管】 银企精准对接。全年组织开展4次银企精准对接，有效解决企业融资难题。域内14家金融机构走访企业2445家，为81家达成贷款意向企业发放贷款10.1亿元。

常态化宣传教育。在充分利用电视、广播、

报纸、微信公众号等新老媒体，大力宣传国家有关防范和处置非法集资活动的各项政策措施，多方位、多角度地宣传非法集资的表现形式和特点的同时，开展“携手筑网·同防共治”主题宣传活动。剖析典型案例，以案说法，现场答疑，切实增强广大群众的风险意识和辨别能力，自觉抵制非法集资行为，得到广大人民群众的支持和好评。全年张贴宣传海报2800余张，悬挂条幅940余条，发放各类宣传资料3.3万余张，手提袋5000余个。

重点排查整治。各镇（社区）、园区和各行业主（监）管部门，对重点领域、地域、行为开展重点排查整治，全县2家担保公司、1家典当行、1家小额贷款公司、392家农民合作社、124家重点关注企业和7家地方资产管理公司均未发现重大风险隐患。

金融领域扫黑除恶。针对“非法从事互联网金融业务”“非法抵押贷款”“非法从事‘校园贷’”等涉金融领域、民间借贷领域开展扫黑除恶行动。通过积极开展宣传教育，加强领域监管，加大信息反馈，切实维护金融安全和市场稳定。

【信用体系建设】 落实廊坊市社会信用体系建设工作部署，发挥政府推动和引导作用，研究解决社会信用体系建设中的重点、难点、堵点问题，推动信息共享和信用产品应用。将各项工作职责延伸到各镇、社区、园区，形成了覆盖全县的工作网络体系和较为完备、符合实际的社会信用体系建设总体规划体系。通过公开失信行为、列入失信“黑名单”的形式对失信单位和个人进行失信联合惩戒，营造公平诚信的市场环境，取得良好效果。

【外事服务】 积极做好香河县因公外事出访报批工作。2019年，县委主要领导率团赴韩国、日本开展招商引资及城市建设考察，县政府办公室按照廊坊市外事有关工作部署及有关规定，认真履行登记、报批等手续。

【政府门户网站】 认真对照《国务院办公厅关于开展第一次全国政府网站普查的通知》和《关于做好全省政府网站普查工作的通知》文件精神，安排专人定时登陆县政府网站。一旦发现有错漏、断链、更新不及时等情况，立即督促网站运行维护公司修复。同时进一步完善对政府网站的监控与管理，上网信息严格按程序审批，重要数据资料进行备份，采取严格的防范措施，有效确保政府网站安全平稳运行。全年累计发布网站新闻1000条，并顺利通过2019年全省政府网站抽查。

【群众服务热线】 牢记初心使命，强化宗旨意识，认真受理群众反映的热点、难点问题。面对群众来电来访，耐心倾听诉求，细心解释说明，协调督促分管部门及时处理并反馈办理结果，促进问题尽快解决。全年共协调解决群众电话反映的环境污染、占道经营等问题1000余件，办理市长热线交办的物业管理、夜间噪音扰民等投诉问题5000余件，办理数量和群众满意度均居全市第一，密切了政府与群众的联系，维护了政府为民务实的良好形象。

（杨　波）

## 行政审批

【概况】 2019年，香河县行政审批工作在县委、县政府的坚强领导下，在上级主管部门指导和支持下，县行政审批局积极开展科技化、制度化、规范化建设，从群众需要出发，以服务供给侧结构性改革为主线，全面落实“放管服”改革措施，大力开展“不忘初心、牢记使命”主题教育活动，内外结合、多措并举提升审批效率。统筹抓好政务服务管理体制创新，革除障碍、简政放权、精准施策、重点发力，各项工作取得明显成效。

按照香河县年初《政府工作报告》和县委、县政府对2019年行政审批工作提出的目标要求，县行政审批局持续推进“放管服”改革和行政审批制度改革，全面落实“多证合一”（已经实施“五十证合一”），全面推进“互联网+政务服务”，推行企业设立全流程电子化，由窗口受理变成网上办理，“智能化”“管家式”服务模式全面推行，部分业务实现“不见面”审批。在所有企业开办窗口推行“审核合一”，企业开办3环节所用时间缩短至2.5个工作日完成。截至年底，超额完成《政府工作报告》中提出的工作任务目标。

香河便民服务中心业务大厅　　县行政审批局供图

【公共资源交易】　2019年，公共资源交易中心完成交易520项，涉及资金49.89亿元，为各方交易主体节约资金0.44亿元。其中，建设工程类项目124项，总投资13.71亿元，中标金额13.53亿元，为投资主体节约资金0.18亿元。政府采购306项，总投资5.17亿元，成交金额4.91亿元，节约资金0.26亿元。土地公开出让73宗，起拍价31.14亿元，成交金额31.42亿元，增加财政收入0.28亿元。产权交易类项目21项，涉及资金521.15万元，增加财政收入20.51万元。

【企业申请注册优化】　2019年，新登记注册企业3449户，企业总数10708户，其中：内资企业公司8591户，内资企业分公司967户，农民专业合作社420户，企业户数（不含农民专业合作社）净增2059户，完成市场主体培育发展任务的257.375%。主要工作措施：拓宽企业登记申请渠道。在设立窗口提交和网上两种提交形式的基础上，县行政审批局努力拓宽企业开业申请渠道，与中国银行香河支行联合开发设立“一体机”自助打照系统，公司设立申请可以通过设在中国银行香河支行、安平营业所和便民服务大厅的3台“一体机”提交材料，“一体机”提供公司设立全套模板，申请人通过填写一些基本信息完成申请材料的填写工作，“一体机”便会生成公司设立登记的全部材料，解决了一直困扰企业的公司章程、股东会议决议等一些复杂材料的起草工作。提交材料经后台审核合格后，申请人可以在“一体机”自助打印营业执照，极大方便了企业申请工作。

融合线上线下平台，创新“扫一扫”政务服务新模式。企业登记涉及设立、变更、注销等多项业务，每项业务又细分各种类型、范围，需提交的申请材料专业性强，程序复杂，针对这些难点问题，县行政审批局充分依托现有人员、设施优势，合理调配资源，衔接线上线下，创新服务模式，推出业务办理“扫一扫”等一系列便民服务措施。“扫一扫”服务是把企业登记涉及的设立、变更、注销的18项高频业务的办理流程图、提交材料规范、文书填写示范、文书表格全部整合成规范文件，并嵌入办理窗口导航信息，统一制作成二维码。线下模式做成挂图设置在窗口显著位置，办事群众只需按照挂图上办理事项类别找到想要办理的事项二维码，通过微信扫一扫功能，即可找到所办事项相应的提示信息和填报表格。线上模式开发一款微信小程序，实现在手机终端即可识别所办事项二维码，办理事项流程、提交材料规范、表格填写示范一目了然，同时支持表格网上下载功能。小程序嵌入县行政审批局微信公众号和县政务服务网，企业、群众在家中就可以办理工商登记业务，真正让企业、群众享受到“贴心式提醒、保姆式服务”。全面推行公司设立登记全程电子化。大力宣传全程电子化的优越性，全面推行不见面审批，真正做到让“信息多跑路，群众少跑腿”，全面实现“最多跑一次”或“一次不用跑”。是年，通过全程电子化设立的公司已达到1554户，是上年全年通过全程电子化设立公司的22.8倍。

合理调配人员。针对每天窗口排队人员较多的情况，县行政审批局在人员紧张的情况下，立足内部挖潜，精选业务素质高的工作人员充实到窗口一线，加快企业登记受理速度，每天拿号群众当天全部受理完毕。

税收服务　　县行政审批局供图

减少审批环节。将原来的“一审一核”制改变为“审核合一”制，实现企业登记从受理到核准全部由一人完成，提高了审批速度。

精简提交材料。按照国家市场监督管理总局新的《企业登记提交材料规范》要求，全面清理多余的提交材料，减少公司法定代表人、董事、监事等任职文件。同时对公司住所（经营场所）实行书面承诺制，避免了申请人开具产权证明的麻烦，促进了企业数量的增长。

为方便企业办理业务，引进刻章服务企业。通过公平竞争，选择服务好、价格低的刻章企业进驻窗口，推行“一条龙”服务，实现企业设立后，不出服务大厅，就能办结税务登记、刻制公章，最短时限内完成企业开业手续。将企业登记注册的有关法律法规及企业登记注册文书示范编辑成册，一方面供登记人员学习使用，另一方面为申请人提供参考，方便申请人办理注册登记。

**【项目审批流程优化】** 2019年，在县委、县政府的正确领导下，随着“放管服”改革持续深入，以加强党的建设为引领，以大力优化营商环境为主线，在相关部门的大力支持下共划转19项行政许可事项，相关事项不断优化审批流程，完善审批机制。截至年底，共办理商品房预售证31个，预售面积70.35万平方米，预售商品房10506套；办理房地产开发暂定资质业务40个，包含申报业务15个，延续业务19个，变更业务6个；核发建筑工程施工许可证30个；核发固定资产投资项目核准批复21个。

配合完成政务服务事项标准化梳理工作。全面梳理政务服务事项，明确受理标准、审查标准、决定标准，逐项制定办理政务服务事项的审查工作细则和标准化业务办理模版。对所有政务服务具体业务项目的申请材料、办理流程和具体环节进行细化改进，依法科学合理减少申请材料。在受理环节重点明确受理条件及其裁量标准，大幅压减自由裁量空间，切实减少企业重复提交申请和到现场办理的次数。进一步规范办件申请、受理、复审、审核、审批等流程，逐项细化量化审批裁量标准，实现审批材料和审批流程标准化、程序化、信息化。

做好已划转事项的流程优化和提速增效工作。加强培训力度，做到纵向精通与横向兼顾，真正实现“一窗式服务”。在首批事项划转的基础上，配合做好下一轮审批事项划转工作。优化项目建设审批流程，将商品房预售许可环节所需提交的“建设用地规划许可证”“新建住房户型面积结构比例统计表”“住房能源消耗指标和节能措施等”“代收代缴物业维修基金承诺书”4项材料全部取消。在施工许可阶段取消施工许可证核发前现场勘验环节，取消申请材料中的资金证明、无拖欠工程款承诺书、农民工工资预储金缴存凭证或保证保函证明取消，将提交已经基本具备施工条件的证明改为承诺事项。深入推进审批服务事项向行政审批股集中、审批股向政务服务中心集中、审批服务事项向网上审批和电子监察系统平台集中；做到审批服务事项进驻中心到位、部门向窗口授权到位、审批人员进驻到位，即“三集中、三到位”，落实充分授权，保证窗口既受又理，切实提高审批效率。

推进投资项目高效审批。出台《香河县产业重点项目实行模拟审批暂行办法》，创新审批模式,节约项目办理时间,确保重大建设项目早落地、早开工,着力打造一流的投资服务环境。

**【深化审批制度改革】** 县行政审批局制定印发《香河县工程建设项目审批制度改革实施方案》，方案将改革内容细化分解为61个工作任务,将工程建设项目审批流程划分为立项用地规划许可、工程建设许可、施工许可、竣工验收4个阶段。精简了审批事项，清理了不合法、不合理、不必要的审批事项，实行全省统一的审批事项清单管理。不存在存而不废的情况，对作为审批、办理事项前置条件中的审批事项，不存在超越上级要求增加申请材料、延长审批时限等问题。制定了4个阶段的申请表、办事指南及审批流程，实现了办事窗口公布了一份办事指南、一张申请表单、一套申报材料，待征求各相关单位意见后投入使用，基本完成了“一张表单”的设置。截至年底，固定资产投资项目核准、建设工程施工许可及住房和城乡建设局涉及施工许可前置备案已完成“一个窗口”的设置。

**【行政许可审批工作有序推进】** 2019年，农林水务系统共受理行政许可审批事项286件，办结286件。其中：兽药经营许可2件、乡村兽医登记许可2件、粮食收购许可1件、动物防疫条件许可1件、农药经营许可10件、林木采伐许可263件、林木种子生产经营许可5件、临时占用林地1件，勘查、开采矿藏和各项目建设工程占用或者征收、征用林地审核1件。

**【政务行政许可服务规范化】** 2019年，县行政审批局贯彻落实《香河县行政许可标准化实施方案》，按照“以标准化促进规范化”的要求，为群众提供高效准确的行政许可服务，不断优化面向群众审批项目的办事流程和服务标准，压缩办理时限，逐步落实审批流程“标准化”。

贯彻落实政务服务事项标准化梳理工作，对“互联网+政务服务”数据共享需求清单及全程网办事项进行系统性整理。按照标准化原则，整理各个事项的服务指南、办事流程，并实现网上审批，提高服务效率。根据《关于开展政务服务事项标准化梳理工作的通知》文件精神，按照省、市、县三级，名称、类型、依据、编码相统一，即“三级四同”“能同尽同”的原则，在河北省政务服务事项平台，按照统一标准，领取市场行政许可政务服务事项，细化、完善其实施清单信息，同时对政务服务系统中录入的事项实施清单进行完善。严格审批，严格做好材料审查，简化办事流程。对每一个提交的行政许可申请，认真检查资料，核对原件及复印件，并根据需要做好场地核查，对不符合要求的申请坚决不予受理，对符合条件的申请及时进行审批。截至年底，行政审批文艺表演团体设立 9 件，延续 4 件，出版物零售单位设立 7 件，出版物网上销售备案 3 件，高危险性体育项目审批 1 件，娱乐场所设立 1 件，互联网上网服务营业场所注销 1 件，中小学生休学、复学审批 135 件，民办学校设立及变更 51 件，民办学校初审 49 件，校车材料初审 10 件，公共卫生许可证审批 112 件，乡村医生执业注册 297 件，放射诊疗许可 7 件，医疗机构设置，变更注销换补证 67 件，医疗机构放射性职业病危害建设项目预评价报告审批 5 件，医疗机构放射性职业病危害建设项目竣工验收 7 件，社会团体设立、变更、注销 33 件，社会团体修改章程核准 50 件，民办非企业单位设立、变更、注销 37 件，民办非企业单位修改章程核准 52 件，备案待处理事项共计 63 件。

1 月，由于《香河县机构改革实施方案》的落实，一些审批事项对接的监管部门发生变化，县行政审批局社会事务股积极与相关单位沟通，建立审批与日常监管协作协商机制，保证了审批业务顺利开展。贯彻落实“三定方案”，保障股室业务移交顺利进行。整理股室变动业务梳理表，完成政务服务网络审批事项相关信息修改，确保不会因股室业务变动产生审批空窗期。同时，对社会事务股室业务进行材料精简，非营利民办学校和非营利医疗机构在申请民办非企业单位设立时，不再要求提供办学许可证、医疗机构许可证及批复等材料。对负责的行政审批事项分别赋予二维码，群众扫描二维码即可获取事项办理所需的申报流程、申请材料、填报模板、前置后置审批等所有信息。

【市场行政许可服务规范化】 2019 年，县行政审批局深入贯彻落实《香河县行政许可标准化实施方案》及“三深化三提升”活动精神，按照“以标准化促进规范化”的要求，将新的工作环境、规范标准、工作流程、服务模式整理整合，不断优化面向群众审批项目的办事流程和服务标准，逐步落实审批流程“标准化”。严格审批，对每一个提交的行政许可申请，认真检查资料，核对原件及复印件，对不符合要求的申请不予受理，对符合条件的申请及时进行审批。截至年底，共办理行政审批事项 1033 件：食品经营许可（销售类）设立 537 件，变更 53 件，注销 71 件；食品经营许可（餐饮类）设立 288 件，变更 28 件，注销 19 件；食品生产许可 3 件；市局委托药品经营许可 29 件；市局委托药品经营质量管理规范（GSP）认证受理 5 件。由于《香河县机构改革实施方案》的落实，一些审批事项对接的监管部门发生变化，市场服务股与相关单位沟通，建立审批与日常监管协作协商机制，保证了审批业务顺利开展。贯彻落实“三定方案”，保障股室业务移交顺利进行。整理股室变动业务梳理表，完成政务服务网络审批事项相关信息修改，确保不会因股室业务变动产生审批空窗期。

贯彻落实《廊坊市审批系统食品安全隐患排查治理实施方案》《香河县食品安全隐患清查治理实施方案》《廊坊市寄宿式校外托管机构隐患排查工作方案》《香河县成品油市场夏季会展整治行动方案》《香河县秋冬季成品油市场攻坚实施方案》等，按照最严谨的标准、最严格的监管、最严厉的处罚、最严肃的问责，即“四个最严”要求，强化有力措施，严守审批安全底线，对食品相关审批事项申请材料、现场核查专家组结论报告和各类现场核查表进行再梳理。对案件受理、审查、审批等各环节中的行政许可文书进行复查，进一步确保案卷规范性、完整性。

（周绍会）

# 中国人民政治协商会议香河县委员会

责任编辑 陈述龙 张 丹

## 综 述

2019年，中国人民政治协商会议香河县委员会（简称县政协）在中共香河县委的坚强领导下，坚持以习近平新时代中国特色社会主义思想为指引,牢牢把握团结和民主两大主题,认真履行政治协商、民主监督、参政议政职能，汇聚智力谋发展，同心协力促和谐，创新举措增活力，扎实履职展风采，呈现出县委重视、政府支持、政协主动、各方配合、社会参与的良好态势，开创了人民政协事业的新局面，为促进全县经济社会各项事业全面发展贡献了政协的智慧和力量。

坚持把政治建设作为“主轴”，自觉以中央和省、市、县委决策部署统一思想，汇聚力量，引领事业。不断增进政治共识。始终把学习贯彻习近平新时代中国特色社会主义思想摆在首位，以贯彻习近平总书记关于加强和改进人民政协工作的重要思想为根本指针，以落实中共十九大、十九届四中全会精神为首要政治任务。政协党组集中学习12次、政协委员集中学习4次、机关干部集中学习50余次。精心编辑《做好新时代人民政协工作学习参阅资料》，收录了习近平总书记关于人民政协的重要论述和全国、省、市、县政协重要会议精神等内容共35篇，印发至全体政协委员和机关干部进行学习，不断树牢“四个意识”，坚定“四个自信”，做到“两个维护”。自觉接受党的领导。坚持一切重要工作在县委的领导下开展，一切重要活动围绕县委中心任务进行，一切重要安排在广泛征求意见的基础上报县委审定，政协年度工作要点、年度协商和监督工作计划、常委会工作报告严格按程序及时报请县委审议，把党的领导贯穿于政协工作的始终。认真贯彻中央和省、市、县委政协工作会议精神，严格落实县委《关于新时代加强和改进人民政协工作的实施意见》，进一步强化了政协委员和机关干部的使命担当，确保了香河政协事业始终沿着正确的方向前进。持续强化政治自觉。县政协党组充分发挥把方向、管大局、保落实的领导核心作用，认真贯彻落实县委《关于加强新时代人民政协党的建设工作的实施意见》，修订了《县政协党组工作规则》，健全了党组议事决策机制，推动政协党组织建设全面进步、全面过硬。扎实开展“不忘初心、牢记使命”主题教育，认真学习了《中国共产党章程》《习近平关于“不忘初心、牢记使命”重要论述选编》《习近平新时代中国特色社会主义思想学习纲要》等必读篇目，开展专题研讨，深入调查研究，检视出问题5项，制定整改措施6项，11月底前均已整改到位，制定出台全局性系统性制度文件3项。

## 县政协机构设置

**【政协常委会领导机构】** 2019 年，政协香河县委员会有主席 1 名、副主席 4 名。在 4 名副主席中有非中共人士 2 名，其中女性 1 名。

**【政协香河县委员会工作机构】** 2019 年，政协香河县委员会工作机构有办公室、提案委员会办公室、科技经济委员会办公室、社会发展委员会办公室。

## 县政协重要会议

**【县政协委员会会议】** 1 月 16—17 日，县政协第九届委员会第三次会议在香河第一城举行。会议应到政协委员 160 人，实到 155 人，因事因病请假 5 人。会议听取和审议县政协主席马文龙所作的《中国人民政治协商会议香河县第九届委员会常务委员会工作报告》；会议听取和审议县政协副主席苏宽所作的《中国人民政治协商会议香河县第九届委员会常务委员会提案工作报告》；全体委员列席香河县十五届人大三次会议第一次全体会议，会议听取并协商讨论《政府工作报告》，协商讨论其他报告；会议通过大会政治决议。

1 月 16 日，中国人民政治协商会议香河县九届委员会第三次会议开幕

县融媒体中心供图

**【县政协常委会会议】** 1 月 14 日，县政协九届九次常委（扩大）会议在县人大政协办公楼三层会议室召开。会议议程是：讨论县政府 2018 年全县经济社会发展情况的通报和关于县政协九届二次会议提案办理情况的通报；会议决定政协香河县第九届委员会第三次会议于 1 月 16—17 日在第一城召开，会期两天。会议审议通过政协香河县第九届委员会第三次会议议程（草案）、日程（草案）；会议审议《中国人民政治协商会议香河县第九届委员会常务委员会工作报告（讨论稿）》和《中国人民政治协商会议香河县第九届委员会常务委员会提案工作报告（讨论稿）》，并协商确定两个报告的报告人；协商讨论政协香河县第九届委员会第三次会议期间秘书长建议名单草案；大会副秘书长建议名单草案；提案审查委员会主任、副主任、委员建议名单草案；会议对政协全会工作做出安排。

1 月 17 日，县政协九届十次常委（扩大）会议在第一城福安宫第 11 会议室召开。会议议程是：县政府领导及有关部门负责人听取政协委员对《政府工作报告》及其他报告协商讨论情况的汇报；听取各组对县委书记讲话及《政协常委会工作报告》、九届二次会议以来《提案工作报告》讨论情况的汇报；会议审议通过了本次会议《政治决议（草案）》，一致同意提交第 4 次全体会议审议。

3 月 27 日，县政协九届十一次常委（扩大）会议在县人大政协办公楼三层会议室召开。会议议程是：审议通过政协常委会《2019 年工作要点》及常委会、委组活动安排；会议审议通过《政协香河县委员会 2019 年协商工作计划》；审议通过《政协香河县委员会全体会议工作规则》；审议通过《政协香河县委员会委员履职工作规则》；审议通过《香河县政协常委提交年度履职报告工作办法（试行）》；审议通过《政协香河县委员会提案审查工作实施细则》；会议通报有关人事任免事项。

7 月 25 日，县政协九届十二次常委（扩大）会议在县人大政协办公楼三层会议室召开。本次常委（扩大）会议共有 4 项议程：会议听取并讨论县政府《2019 年上半年全县经济社会发展情况通报》；听取并讨论对政协九届三次会议以来《政协提案办理情况的通报》；会议围绕“促进传统工业企业转型升级”进行协商议政；围绕“创建文化之乡”进行协商议政；学习传达全国地方政协工作经验交流会精神；通过靳洪坤等 4 人的任免决定。

7 月 25 日，县政协九届十二次常委（扩大）会议召开　　县融媒体中心供图

11 月 21 日，县政协九届十三次常委会议在县人大政协办公楼三层会议室召开。本次常委会议共有 3 项议程：会议围绕“推动设施农业发展”进行协商议政；围绕“以‘创城’为契机，全面提升县城城市品位”进行协商议政；会议学习传达中央政协工作会议暨庆祝中国人民政治协商会议成立 70 周年大会和中共河北省委政协工作会议精神、中共廊坊市委政协工作会议精神；学习传达《中共中央关于新时代加强和改进人民政协工作的意见》和《中共河北省委关于新时代加强和改进人民政协工作的实施意见》《中共廊坊市委关于新时代加强和改进人民政协工作的实施意见（讨论稿）》；会议审议《中国人民政治协商会议香河县委员会提案工作规则（讨论稿）》；审议《政协香河县委员会关于进一步提高协商议政质量的意见（试行）（讨论稿）》；审议《政协香河县委员会常务委员会关于授权主席会议对违纪违法政协委员及时作出处理的决定（草案）》。

## 县政协工作与职能

【政治协商】　2019 年，县政协常委会认真贯彻落实中央和省、市、县委关于加强政协协商民主建设的文件精神，制定了《关于进一步提高协商议政质量的意见（试行）》，聚力打造宽领域、多层次、常态化的协商格局。按照协商和监督工作计划，聚焦促进香河县传统工业企业转型升级、创建文化之乡、推动设施农业发展、全面提升县城城市品位 4 个重点协商议题。在对 4 个重点协商议题充分调研的基础上，召开专题议政性常委会议 2 次，形成了《关于促进传统工业企业转型升级的调研报告》《关于创建文化之乡的调研报告》《关于推动设施农业发展的调研报告》和《关于以“创城”为契机，全面提升县城城市品位的调研报告》。4 个调研报告以县政协常委会建议案的形式上报县委，得到了县委主要领导的充分肯定，并批转县政府有关职能部门落实。

【民主监督】　认真贯彻落实香河县委《关于加

强和改进人民政协民主监督工作的实施意见》，在提案办理、视察调研等方面扎实开展监督工作。群团组对香河县交通路网工程、民政事业服务中心综合楼建设、城乡生活垃圾处理工程等民心工程开展专项监督，形成专题调研视察报告。由50余名政协委员担任特约监督员，参加了县重点人防工程征询意见会、“燕赵利剑”集中执行、落实农民工工资待遇调研和全县“扫黑除恶”工作座谈会等活动，切实做到了参与中支持、支持中服务、服务中监督，助力县委、县政府相关部门落实到位。

【参政议政】 县政协坚持围绕中心议政建言，共商香河县发展大计。政协委员先后就推进与北京城市副中心协同发展、培育壮大农业旅游新业态、扎实推进县级融媒体中心建设、加强地下管网建设、深化县级公立医院综合改革、加快县域文化产业发展、促进香河县民宿经济发展等方面，进行充分调研，形成《县政协九届三次会议期间重点建议案汇编》，为县委、县政府科学决策提供有益参考。

围绕全县重点工程、重点项目建设和信访工作，县政协常委会班子成员主动融入香河县大局，加强协调指导，努力排忧解难，为推动香河县重点工程和重点项目、维护社会稳定发挥了作用。围绕香河县脱贫攻坚，常委会班子成员深入包联各镇，深入乡村走访困难群众，指导帮扶措施，协调解决实际问题。为深入宣传中共十九届四中全会精神，常委会班子成员分赴各镇，深入村街宣讲全会精神，把党中央的声音传达给基层群众。

【提案办理】 县政协九届三次会议会中及会后，县政协常委会共收到政协委员提案62件。相关委、室及时进行梳理和归纳，并与县政府办公室沟通，确定承办单位并召开提案办理交办会议。7月，召集部分政协常委和委员，请县政府有关职能部门对上半年政府系统提案办理情况进行通报。督促和引导政协委员和各承办单位高质量完成提案办理工作。截至年底，62件提案已全部回复完毕。

【调研视察】 围绕县政府重点工作，对智慧城市建设、香河韵达电商（华北）产业中心项目、“四好农村路”创建及潮白田园综合体项目、哈洛小镇商务服务综合体一期工程项目进行专题视察，针对存在问题，提出建设性的意见建议。开展委组调研视察活动，经济组赴北京城市副中心就发展高端服务业进行调研；教文体组赴北京就文博产业进行考察；农业组到浙江桐庐围绕美丽乡村建设进行调研；民宗台侨组到新社会阶层人士活动基地—香河机器人小镇进行视察。

10月11日，部分政协常委及委员视察香河县智慧城市指挥中心　县融媒体中心供图

【庆祝政协成立70周年书画展】 8月22日，县政协机关组织香河县广大书画爱好者，在香河县文化艺术中心举办为期1个月的“庆祝中国人民政治协商会议成立70周年（1949—2019）主题

书画展”。在此次活动中既展示了县政协人才济济、联系广泛、动员能力强的优势，又对外大力宣传了改革开放后的新香河。书画展活动不但弘扬了优秀传统文化，同时也推动了香河县书画艺术繁荣发展。活动后整理出版庆祝中国人民政治协商会议成立70周年《书画集》一书。

**【广泛联谊】** 围绕京津冀协同发展、美丽乡村建设、加强基层社会治理、大运河开发与利用、提升农村环境、助力乡村振兴、打造乡村旅游产业、加快推进康养产业发展等内容，接待了北京市通州区、天津市蓟州区、辽宁省葫芦岛市等17家友好政协学习考察团，通过相互交流，开阔了眼界、拓宽了思路，达到了增进友谊、宣传香河、促进工作的目的。

**【文史资料编辑】** 充分发挥政协文史工作“存史、资政、团结、育人”的重要作用，搜集香河县政协成立35年以来编印的文史资料，对其重新归类整理、去芜存菁、详加校订。编辑出版了《古郡风华—香河县文史资料集萃》，共3卷,100余万字，为弘扬香河县优秀传统文化、推动香河县文化繁荣兴盛注入活力。

**【自身建设】** 县政协常委会坚持把从严要求作为“主调”，狠抓县政协委员队伍、县政协机关队伍两支队伍建设，着力提高工作制度化、规范化、程序化水平。以提升政治把握能力、调查研究能力、联系群众能力、合作共事能力，即“四种能力”为重点，加强委员队伍建设。按照“懂政协、会协商、善议政”和“守纪律、讲规矩、重品行”的要求，建立委员培训常态化机制，印发了中共十九届四中全会精神学习资料、优秀提案汇编等。4月21日，组织政协委员和机关干部赴贵州省委党校围绕加强理想信念教育举办专题培训班，进一步提高了县政协委员政治把握能力、调查研究能力、联系群众能力、合作共事能力。以规范委员履职为目标，加强制度体系建设，先后制定了《政协香河县委员会委员履职工作规则》《香河县政协常委提交年度履职报告工作办法（试行）》《政协香河县委员会提案审查工作实施细则》《政协香河县委员会全体会议工作规则》《关于授权主席会议对违纪违法政协委员及时作出处理的决定》，强化了委员服务管理，规范了委员履职行为，增强了委员干事创业的思想自觉和行动自觉。以推进党的建设为统领，加强县政协机关队伍建设，6月21日，制定了《中共香河县政协机关党组工作规则》，有效推进了政协机关党组履行职能制度化、程序化和规范化。

（付　震）

# 纪检监察

责任编辑　陈述龙　张　丹

## 综　述

2019 年,香河县纪检监察工作按照党中央和中央纪律检查委员会、国家监察委员会的安排部署，在县委的坚强领导下，中共香河县纪律检查委员会、香河县监察委员会（简称县纪委监委）以习近平总书记新时代中国特色社会主义思想为指引，全面贯彻中共十九大和十九届四中全会精神，贯彻落实习近平总书记对河北工作重要指示批示精神，“不忘初心、牢记使命”，持续加强“四个意识”，坚定“四个自信”，做到“两个维护”，忠实履行党章和宪法赋予的职责，各项工作稳中有进、稳中有效。县纪委监委加强对政治纪律的监督检查，问责对贯彻上级决策部署不担当、不作为等形式主义、官僚主义问题。县纪委监委加强党对反腐败工作的集中统一领导，坚持重大事项、重要工作第一时间向市纪委监委和县委请示报告，充分发挥县委反腐败协调小组职能作用。强化工作协同，认真落实“两为主”，即查办腐败案件以上级纪委领导为主；各级纪委书记、副书记的提名和考察以上级纪委会同组织部门为主。会同组织部门提名考察乡镇纪委书记 3 名。制定《纪检监察室对镇（社区、园区）、县直部门分包联系制度》，指导乡镇纪委查办案件 41 件，修订完善乡镇纪委《履职情况积分考核办法（试行）》，开展积分考核 3 次，签订《乡镇纪委书记专职专责责任书》，推动乡镇纪委工作回归主责主业。推动监察职能向乡镇延伸，各镇全部挂牌成立监察办公室，打通监察监督最后一米。圆满完成县级派驻机构改革工作，成立 4 个派驻纪检监察组，综合监督县直 47 家单位，实现了党和国家机关派驻监督机构全覆盖。

## 纪检监察机构

**【县纪律检查委员会领导机构】** 2019 年，中共香河县纪律检查委员会（简称县纪委）有常委 7 名，其中县纪委书记 1 名，副书记 2 名。

**【县监察委员会领导机构】** 2019 年，香河县监察委员会（简称县监委）有主任 1 名，副主任 2 名，委员 4 名（不含主任、副主任）。

**【县纪委监委工作机构】** 2019 年 1 月，县纪委监委内设机构 20 个：办公室、组织部、宣传部、党风政风监督室、信访室、案件监督管理室、第一纪检监察室、第二纪检监察室、第三纪检监察室、第四纪检监察室、第五纪检监察室、第六纪检监察室、第七纪检监察室、第八纪检监察室、第九纪检监察室、第十纪检监察室、第十一纪检监察室、第十二纪检监察室、案件审理室、纪检监察干部监督室。3 月，增设研究室、信息技术保障室，第一至第十二纪检监察室分别调整为第一至第五监督检查室、第六至第十二审查调查室。12 月，撤销第十二审查调查室，撤销研究室，将其职能并入宣传部；撤销信息技术保障室，将其职能并入办公室；撤销纪检监察干部监督室，将其职能并入组织部。

【县纪委监委派出机构】 河北香河经济开发区纪工委（监察组）是县纪委监委的派出机构，在县纪委监委和开发区党工委领导下开展工作。河北香河经济开发区纪工委设书记 1 名（暂缺），副书记 1 名。

【县纪委监委派驻机构】 2019 年 12 月，根据《中国共产党章程》《中华人民共和国监察法》有关规定，县纪委监委统一设立派驻机构，名称为“中共香河县纪律检查委员会香河县监察委员会派驻纪检监察组”（简称县纪检监察组），由县纪委监委直接领导、统一管理。县纪委监委派驻纪检监察组共 4 个，即县纪委监委派驻县委办公室纪检监察组，负责综合监督县委办公室、县人大常委会机关、县委组织部、县委宣传部、县委统战部、县委网信办、县委编办、县委县直工委、县委党校、县信访局、县档案馆、县委党史研究中心、县工商业联合会、县融媒体中心 14 家单位；县纪委监委派驻县政府办公室纪检监察组，负责综合监督县政府办公室、县政协机关、县行政审批局、县人力资源和社会保障局、县医疗保障局、县教育和体育局、县卫生和健康局、县计划生育协会、县文化广电和旅游局、县应急管理局、县地方志编纂中心 11 家单位；县纪委监委派驻县财政局纪检监察组，负责综合监督县财政局、县发展和改革局、县审计局、县统计局、县市场监督管理局、县交通运输局、县工业和信息化局、县科学技术协会、共青团香河县委员会、县妇女联合会、县供销社 11 家单位；县纪委监委派驻县自然资源和规划局纪检监察组，负责综合监督县自然资源和规划局、县住房和城乡建设局、县城市管理综合行政执法局、县农业农村局、县水务局、县民政局、县退役军人事务局、县残疾人联合会、县红十字会、县总工会、县文学艺术界联合 11 家单位。按照机构设置，每个派驻纪检监察组核定行政编制 3 名，其中组长 1 名（副科级），担任派驻部门（不含综合监督单位）党组成员（党委委员），副组长 1 名。将县委政法委纪工委更名为县委政法委纪检监察工委，机构规格、领导职数和隶属关系保持不变。

## 县纪委重要会议

【纪委全委会议】 2019 年 3 月 22 日，中国共产党香河县第十一届纪律检查委员会第三次全体会议召开，全会由中共香河县纪律检查委员会常

3 月 22 日，中国共产党第十一届香河县纪律检查委员会第三次全体会议召开
县融媒体中心供图

务委员会主持。县委书记李桂强出席全会并讲话。县委、县人大常委会、县政府、县政协和县人民法院、县人民检察院领导出席会议，有关方面负责人参加会议。全会以习近平总书记新时代中国特色社会主义思想为指导，全面贯彻落实中共十九大和十九届三中、四中全会精神，按照十九届中央纪委三次全会、省纪委九届四次全会、市纪委六届四次全会和县委十一届四次全会要求，回顾总结 2018 年纪检监察工作，部署 2019 年工作任务。全会审议通过了由县纪律检查委员会书记、县监察委员会主任牛静代表县纪委常委会所作的《忠诚履行职责，勇于担当作为，推动新时代香河县纪检监察工作高质量发展》的工作报告。

【工作会议】 1 月 4 日，召开重点工作监督检查部署会，对春节前监督检查工作做总体安排部署。县委常委、县纪委书记、县监委主任牛静出席会议并讲话。

7 月 5 日，香河县召开纪检监察工作会议　　县纪委监委供图

7 月 5 日，召开全县纪检监察工作会议。会议学习中纪委关于落实中央八项规定精神的最新要求，传达 7 月 4 日全市纪检监察系统视频会议精神，部署香河县贯彻落实工作。会上，县纪委副书记、监委副主任袁德永带领与会者学习中纪委《〈关于贯彻落实习近平总书记重要批示精神，深入落实中央八项规定精神的工作意见〉的通知》。县委常委、县纪委书记、县监委主任牛静就落实相关文件及会议精神讲意见。

9 月 12 日，县纪委召开“不忘初心、牢记使命”主题教育动员会议，县委常委、县纪委书记、县监委主任牛静出席会议并讲话。会议对全县纪检监察系统开展“不忘初心、牢记使命”主题教育活动进行动员和部署。

## 纪检监察工作

【加强政治监督】 加强习近平总书记对河北工作重要批示精神和党中央决策部署贯彻落实情况的监督检查，推动环境保护、“大棚房”清理整治、减税降费等重大部署落到实处，问责贯彻上级决策部署不担当、不作为党员干部 13 人。县纪委监委加强对党内政治生活纪律的监督检查，共查纠落实党内政治生活走过场、打折扣等形式主义、官僚主义问题 8 件，处理 8 人。开展人防系统腐败问题专项治理，立案审查 2 人，挽回损失 1515 万元。开展对违建别墅问题，违法违规用地、违法违规建设、违法违规采矿、违法违规采砂、破坏生态环境即“1＋5”专项整治监督工作，严查违法占地和违章建筑背后的不作为、乱作为问题，坚决保障京津冀协同发展和县委、县政府规划落实。严把干部选拔任用政治关、品行关、作风关、廉洁关，全年共回复党风廉政意见 6636 人次。

【落实“两个责任”】 县纪委监委认真落实党风廉政建设责任制，即党委负主体责任，纪委负监督责任（“两个责任”）。为更好推动落实党委主体责任，辑印《“第一种形态”使用手册（试行）》，全县各级党委（党组）班子成员人手一册，做到主体责任落实有抓手、有依据，开列党组织运用“第一种形态”12种具体方式，推动基层党组织将“第一种形态”用起来、用规范，破解“第一种形态”运用难的问题。通过落实“两个责任”，树立从严治党，党员人人有责的责任意识。落实监督责任，创新监督方式，整合监督事项。

**【监督检查】** 县纪委监委深入开展社会主义经济建设、政治建设、文化建设与社会建设“四位一体”监督监测评估，通过精准收集问题线索、助力突破讯问口供、辅助查明主观故意、深度挖掘违法犯罪事实、全网追踪逃匿地点“五个维度”定期为政治生态体检、“画像”，防微杜渐。集中开展两轮“压茬式”近身监督检查，发现5个方面40件问题，并通过“面对面”谈话方式压实“一把手”管党治党责任。通过“专项检查+日常监督”方式推动作风监督精准化、常态化。全年开展各类作风监督检查70余次，查实违反“中央八项规定”精神和工作纪律问题14件，给予党纪政务处分7人，运用“第一种形态”7人次。坚持抓早抓小、严管厚爱，全县纪检监察机关共运用“四种形态”327人次，第一、二、三、四种形态占比分别为70%、25%、2.5%、2.5%，其中“第一种形态”229人次，同比增长25%。

**【专项整治】** 县纪委监委全力开展群众身边腐败和作风问题专项整治行动，共筛查问题线索346件，处置（办结）327件，给予党纪政纪处分52人，收缴、返还违纪资金29.2万元。在主题教育中牵头开展漠视侵害群众利益问题专项整治，公布6个方面12项整治成果，让群众深感正风反腐就在身边。深入推进扶贫领域腐败和作风问题专项治理，运用第一种形态处置3人。强化“扫黑除恶”专项斗争监督执纪问责，查办涉黑涉恶腐败和“保护伞”问题线索3件，给予党纪政务处分5人，诫勉谈话2人，批评教育2人。

**【案件查办】** 2019年，县纪委监委积极构建一体推进“不敢腐、不能腐、不想腐”“三不”体制机制。年内，全县纪检监察机关共处置信访举报960件次，立案108件，结案98件，处分98人，其中乡科级干部24人，审查调查市纪委监委指定案件3件，留置5人，持续保持办案安全“零事故”。制定《信访举报接谈书面询问制度（试行）》，提升问题线索质量，预防不实举报、诬告陷害行为。深入开展案件质量评查、处分决定执行情况“回头看”，发现并纠正问题66件，退缴多发补贴37万元。召开全县领导干部政治性警示教育大会，通报曝光典型案例2次共27件。打造“廉政巡回讲堂”，到县委政法委、县自然资源和规划局等单位开展警示宣讲5期，持续强化不敢腐的震慑。坚持以案促改，开展纪检监察建议落实情况专项检查，发现并整改问题3件，全年共下发纪检监察建议书33份，切实扎牢不能腐的笼子。

**【党风廉政宣传工作】** 强化日常提醒。坚持一节日一提醒一检查，紧盯重要时间节点，重申纪律要求。累计向县四大班子领导及各单位主要负责人推送廉政短信5000余条。丰富宣传方式。创建县纪委抖音公众号，针对春节、清明、端午节等关键时间节点，先后录制快板《过节千万别收礼》、歌曲《欢乐中国年》、动漫《廉洁过端午》等7部廉政短视频。投放至全县各大户外电视广告、公交车载电视媒体，并通过微信公众号和抖音号在线上同步播出，通过群众喜闻乐见的形式让廉政教育更加深入人心。打造全县党员干部党风廉政教育的掌上学习平台—“清廉香河”微信公众平台，2019年推送63期100余条党风廉政新闻、信息。

【纪检监察干部队伍建设】 县纪委监委扎实开展“不忘初心、牢记使命”主题教育，理论学习中心组带头学习研讨10次，撰写调研报告9篇，带动机关全体党员以支部为单位开展学习研讨54批次，党员干部思想受到锤炼洗礼，党性修养实现改造提升。加强培训提素质，持续提升业务能力，辑印学习资料600余册，组织专题培训8期，测验考试3次，培训纪检监察干部700余人次。制定《执纪审查调查岗位轮训制度》，采取“以案代训”的方式方法，开展跟班培训2期，培训学员28人，纪检监察干部执纪执法规范化水平显著提升。加大干部交流力度，从县公安局、县司法局、县人力资源和社会保障局等部门选调3名干部充实机关队伍，选派4名干部担任派驻纪检监察组组长，努力形成“一池活水、一池清水”。

（郑肃然）

## 巡察工作

【概况】 2019年，县委巡察工作在县委和县委巡察工作领导小组的坚强领导下，县委巡察办公室坚决贯彻落实中央和省、市、县委关于巡察工作的新部署、新要求，把“发现问题、形成震慑、推动改革、促进发展”作为根本任务，坚持稳中求进、坚持探索创新、坚持实事求是，不断推动县委巡察工作提质增效。是年，修订完成《中共香河县委巡察工作规划（2017－2021年）》。配合市委提级巡察组，文安县、永清县交叉巡察组对中共香河县委宣传部、淑阳镇、县人力资源和社会保障局、县财政局、县住房和城乡建设局、县交通运输局6家单位开展了提级、交叉巡察。截至年底，圆满完成了对安平镇、刘宋镇、县发展和改革局等29家单位党组织和53个村街的巡察工作。

【县委巡察机构】 2019年1月，根据《中共廊坊市委办公室、廊坊市人民政府办公室关于印发〈香河县机构改革方案〉的通知》（廊办字〔2018〕67号）规定，设立香河县委巡察工作领导小组办公室（简称县委巡察办），为县委工作机关，机构规格正科级。设立4个县委巡察组，承担巡察任务，机构规格为正科级。组长由正科级巡察专员担任，副组长由副科级巡察专员担任。

县委巡察办是县委巡察工作领导小组的日常办事机构，负责巡察的日常工作。职责是：承担县委巡察工作的综合协调、组织指导、制度建设，及对巡察组的监督管理、服务保障等工作；贯彻落实县委和县委巡察工作领导小组作出的决策和部署，向县委巡察工作领导小组报告巡察工作情况；督促香河县有关部门和所属镇（社区、园区）做好省委巡视机构和市、县委巡察机构反馈意见的整改落实；协调配合有关部门调配、培训、考核、监督和管理巡察工作人员；负责与省委巡视工作领导小组办公室、市委巡察工作领导小组办公室的日常联络，承办省委巡视机构和市委巡察机构交办的事项；负责本部门干部日常管理和监督，承办领导交办的其他事项。人员编制5名。

县委巡察工作领导小组设立4个县委巡察组，承担巡察任务，业务受县委巡察办指导。职责是：对所辖乡（科）级及以下地方、单位党组织领导班子及其成员进行巡察监督。报告巡察情况，包括巡察情况的全面报告、巡察期间的阶段性报告、巡察过程中的重大情况报告、普遍性倾向性问题的专题报告等；巡察工作结束后，经批准，及时向被巡察党组织及其主要负责人反馈巡察情况，并会同县委巡察办督促其认真抓好整改落实；对派出巡察组的党组织决定的事项及时分类移交，会同巡察办做好跟踪督办工作；办理巡察工作领导小组交办的其他事项；负责本巡察组干部日常管理和监督，承办领导交办的其他事项。人员编制12名。

【专项巡察】 专项巡察重点发现以权谋私、作风不实、侵害群众利益等方面存在的突出问题。4月，根据县委巡察工作统一安排，选派4个专项巡察组利用近2个月时间，对县发改局、县工业和信息化局、县人力资源和社会保障局等12家单位党组开展了作风建设和优化营商环境专项巡察。巡察组认真贯彻中央巡视工作方针，紧扣被巡察党组织职责使命，紧盯领导班子和“关键少数”，深入监督检查被巡察党组织落实上级和县委、县政府决策部署情况，落实服务群众、服务企业情况，落实服务经济社会发展情况，通过广泛开展个别谈话，受理来信来访，调阅文件资料，深入了解情况，顺利完成了巡察任务。巡察期间，共实地走访企业79家，发放调查问卷200余份，发现问题62个，问题线索20件，向县委、县政府、县纪委监委提出建议5条，向被巡察单位提出整改意见34条。此次开展的专项巡察是在县委前三轮常规巡察的基础上，进行的一次方式方法上的探索创新，工作开展有力有序，取得了明显成效，得到了县委的充分肯定。

【常规巡察】 常规巡察着力发现违反政治纪律、组织纪律、廉洁纪律、群众纪律、工作纪律和生活纪律，即“六项纪律”方面的问题和线索。8月，根据县委巡察工作统一安排，选派6个巡察组，利用3个月时间，重点围绕坚决维护党中央权威和集中统一领导情况、学习贯彻习近平总书记新时代中国特色社会主义思想情况、选人用人和基层党组织建设情况、整治“四风”和执行中央八项规定精神情况、党规党纪执行情况、领导干部廉洁自律和整治群众身边腐败问题情况、巡视巡察共性问题整改情况等方面内容，对安平镇、刘宋镇、蒋辛屯镇、渠口镇、五百户镇、县委编办、县妇联、县文化广电和旅游局、县总工会等17家单位党组织及53个村街开展了常规巡察和延伸巡察。巡察组认真贯彻中央巡视工作方针，紧扣被巡察党组织职责使命，紧盯领导班子和“关键少数”。通过查阅资料、听取汇报、座谈了解、实地走访等方式，深入了解情况，顺利完成了巡察任务。巡察工作中，探索实施了“四不四必谈”（不单独召开村街巡察动员会，不听党组、纪检工作、组织人事工作3个汇报，不简单将工作和学习笔记作为监督重点，不集中进行问卷测评；听百姓言、说百姓话、进百姓门，与群众面对面谈政策、谈发展、谈民生、谈和谐工作方法）。简化和优化了巡察方式，提高了工作效率和工作质量，也赢得了群众的拥护和支持。巡察期间，共查阅资料10168份，实地走访企业23家，座谈干部群众1625人次，发现问题412个，问题线索27件，推动立巡立改问题3个，向县委、县政府、被巡察单位及相关职能部门提出意见建议14条。回复党风廉政意见6636人次，审查村街（社区）两委干部1603人次，审查党员1372人次。

（王友杰）

# 人民团体

责任编辑　王树春

## 综　述

2019年，香河县总工会、共青团香河县委员会、香河县妇女联合会、香河县科学技术协会、香河县文学艺术界联合会、香河县工商联、香河县残疾人联合会、香河县红十字会等人民团体围绕县委、县政府的中心工作，创新工作思路，探索服务新路径，研究确立新方法，拓宽服务新领域，充分发挥自身职能和党联系群众的桥梁纽带作用，建设美丽幸福新香河。

## 香河县总工会

【概况】　香河县总工会是县委领导下的职工自愿结合的工人阶级群众组织，是县委、县政府联系职工群众的桥梁和纽带，其主要职责是维护职工群众的合法权益和民主权利，为全县职工说话办事，反映他们的意见和要求，关心职工生活，帮助他们解决困难，全心全意为职工服务；动员和教育职工群众参加香河县经济建设，开展社会主义劳动竞赛，开展经济技术创新和合理化建议活动，教育职工以主人翁的态度参政议政，努力完成生产和工作任务；组织职工参与国家和社会事务的管理，充分发挥职工服务中心作用，大力开展普惠化服务。

2019年，县总工会求真务实，开拓进取，在服务全局中强化自身建设，在推进改革中提升工作水平，着力抓好工会基层组织建设、推行普惠化服务、职工建功立业、劳动关系和谐企业创建、困难职工帮扶、“职工互助一日捐”活动、民主管理等重点工作，完成任务目标。

【基层工会组织建设】　2019年，县总工会对全年基层工会组建任务进行分解，督促各镇、社区、园区总工会开展基层工会组建工作，成立工会基层组织建设工作督导小组，实行领导班子成员分包，定期对各镇、社区、园区的工会基层组织建设工作进行督导检查，秉承“哪里有职工，哪里就有工会”的原则，确保按时完成全县工会基层组织建设任务目标。年内，各类法人单位建会率和25人以上单位建会率均100%；各类法人单位职工入会率96%；基层工会规范建设达标率90%。不断扩大工会组织和工会工作有效覆盖，消除建会空白点，大力推动工会组织向新领域延伸。全县新建工会组织17家，新增工会会员1265人。

【困难职工帮扶】　县总工会始终坚持把做好困难职工帮扶和弱势群体的救助，作为工作重点。采取集中救助和平时救急的方式，对全县困难职工家庭和到县总工会求助的困难职工进行帮扶。春节期间，走访慰问 3 户困难职工家庭。1 户困难职工家庭经过救助，生活水平已高于最低生活保障标准，退出困难职工序列。按照困难职工新的认定标准在全县范围内进行摸底，把新增的 3 名困难职工录入帮扶软件系统。

**【“慰问一线职工”活动】** 夏季高温时节，县总工会督促企事业单位切实加强和改进高温季节的安全生产及劳动保护工作，落实防暑降温措施，防止高温中暑和各类事故发生。8 月，慰问高温环境下坚持奋战的环卫工人和香河正大有限公司一线工人，为他们发放防暑冷饮、食品（矿泉水、方便面、火腿、西瓜）、防暑药品（藿香正气水、藿香正气胶囊、风油精）和毛巾、草帽等慰问品。

**【“职工医疗互助”活动】** 开展“职工医疗互助”活动，做好 2019 年度“职工医疗互助”资金筹集使用工作。年内，收到 111 个单位的职工互助捐款 59.2 万元，捐款人数 11827 人；“职工医疗互助”活动救助 85 人，救助金额 50.5 万元。

**【法律监督流动服务站活动】** 加强法律监督流动服务站活动，贯彻落实《河北省工会劳动法律监督条例》，按照省、市总工会要求，5 月，县总工会成立工会劳动法律监督委员会，切实履行好维护职工合法权益、竭诚服务职工群众的基本职责，积极构建和谐稳定的劳动关系，发挥首都政治“护城河”作用。

**【职工文化生活】** 春节期间，开展“同心同书·祖国新春好”书法公益活动，印制春联和福字各 2 万份，发放到企业职工、困难职工、劳动模范代表手中。5 月，组织举办书法、绘画、太极等兴趣培训班，500 余名职工报名参训，经过 6 个月培训，11 月，对参训学员进行考核，为成绩合格者颁发结业证书。举办“中国梦·劳动美”香河县第四届职工迎新年书画作品展活动。选送香河县第一小学职工李国彬、县医院职工钱凯月参加全市庆祝中华人民共和国成立 70 周年“劳动筑梦”职工演讲比赛。9 月，举办全县单身职工联谊会，48 名单身职工参加联谊活动；11 月，组织 23 名单身职工参加通州、武清、廊坊三地单身青年联谊会。开展女职工合法权益宣传月系列活动，广泛开展女职工普法宣传和维权服务，提升女职工维权意识。3 月，在“香河工会会员之家”微信公众号上开展 4 期“合法权益我知晓—香河县总工会女职工权益保护法律法规有奖竞答”活动，5000 余人次参与。4 月，开展《河北省女职工劳动保护特别规定》普法宣传活动，通过派发宣传品、现场咨询等形式进行宣传。开展关爱特殊儿童活动，“六一”期间，到香河县特殊教育学校，看望慰问特殊儿童，并为 2 名被帮扶的特殊儿童送去慰问金。持续推进“爱心妈妈小屋”建设工作，在香河慧安公共交通运输有限公司、中粮可口可乐华北饮料有限公司、香河县便民服务中心分别建设“爱心妈妈小屋”。

9 月 8 日，县总工会举办单身职工联谊活动　　县总工会供图

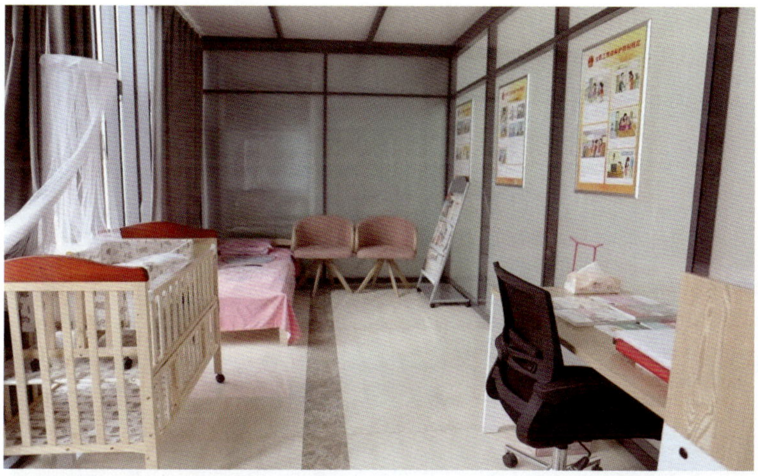

位于县便民服务中心一层大厅的“爱心妈妈小屋”　　县总工会供图

【劳动模范评选】 2 月，县总工会按照省、市总工会通知要求，认真做好全国“五一”劳动奖、工人先锋号和河北省劳动模范、先进工作者、先进集体的推荐评选工作，推荐香河县第一中学校长李树峰、县信访局局长梁建伟为“河北省先进工作者”，县供电公司经理刘会生、第一城酒业有限公司办公室主任孙玉洁、香河众旺木业有限公司车间主任杨建明为“河北省劳动模范”，县医院骨科为河北省先进集体。“五一”前夕，获奖者参加全市庆祝“五一”国际劳动节暨劳动模范座谈会并接受表彰。

【关爱劳动模范】 4 月 22—28 日，安排全县 174 名劳动模范免费进行身体健康检查，完善劳动模范健康档案，健全劳模定期健康体检机制。4 月 28 日，召开以“争做新时代先锋楷模，建设美丽幸福新香河”为主题的“五一”劳动模范座谈会。5 月，排查全县生活困难的省部级劳动模范和检查回访，为 1 名省级劳动模范申报办理困难补助；对全县省部级以上劳动模范的荣誉津贴、退休费、体检等方面待遇落实情况进行摸底调查。10 月，对全国和省部级劳动模范进行调查摸底和申报工作，确保生活困难的劳动模范能够得到及时救助；对市级职工劳动模范离退休荣誉津贴情况进行统计核审，确保劳动模范津贴待遇落实。8 月和 10 月，分别安排部分劳动模范到北戴河和云南参加专题疗养休养活动。

【普惠化服务】 按照“提质、扩面、严管”的要求，扎实推进普惠化服务工作。重点推进工会会员卡普惠工作，提高普惠化服务质量。2019 年，新开工会会员卡 1000 余张。加大宣传，县总工会与廊坊银行香河支行共同设计印制宣传资料 5000 份，深入机关、企业宣传 9 次，现场激活工会会员卡 1 次，提高基层职工对工会会员卡的知晓率。加强监督，县总工会不定期深入会员特约服务的 117 家单位，督查普惠化工作开展情况，对不按协议对工会会员提供服务的单位采取摘牌处理。打造品牌，做实做细职工普惠工作，提升广大职工的获得感、幸福感。10 月，在全县开展“庆祝国庆 •普惠职工”活动，职工持工会会员卡与有效身份证件可享受支付 10 元就可观看当日放映的任意场次、任意影片的观影普惠；在家电超市购买任意商品享受成交价格的基础上 10%优惠补贴，最高享受 2000 元补贴的家电普惠。联合香河怡康医院，聘请北京知名中医专家，分别于 10 月 16 日、10 月 30 日下午在县总工会举办健康保健知识讲座的健康普惠活动。定期组织开展律师进企业活动，免费为职工开展法律咨询。组织医疗团队进企业为职工进行健康体检，涉及 9 家企业，服务职工 500 余人。

（周梦洁）

## 中国共产主义青年团香河县委员会

【概况】 共青团香河县委员会（简称团县委）全面学习贯彻中共十九大精神、习近平总书记对青少年提出的一系列重要论述精神，紧紧围绕县委、县政府中心工作，通过宣传教育、实践引导等方式，团结带领广大团员青年，求真务实、锐意进取、扎实工作，为全面建成小康县，在推动高质量发展中加快建设美丽幸福新香河做出新的努力和贡献。

2019年，团县委荣获本年度省级“优秀团县委”、市级“实绩突出单位”“全市县级团委综合考评第一”称号。

5月24日，团县委学习习近平“五四”重要讲话精神暨全市纪念“五四”运动100周年大会精神座谈会　胡炜东 摄

**【共青团组织建设】** 截至2019年年底，全县有基层团委38个，县直团支部19个，团员总数8317人。团县委始终把学习宣传贯彻中共十九大及十九届二中、三中、四中全会精神作为首要政治任务。团县委党支部班子严格贯彻落实团干部带头学的要求，在自学的基础上，组织党支部成员开展集体学习12次，党支部书记讲党课2次，集中开展批评与自我批评民主生活会3次，切实增强党支部战斗力、凝聚力和党员先锋模范作用。按照全团“青年大学习”行动部署，在全县团员青年中开展“中共十九大精神”“共青团中央十八大精神”网络知识竞赛，以赛代训、以赛促学，使会议精神在广大团员青年中入脑入心。

**【纪念“五四”运动100周年】** “五四”期间，团县委组织全县103名青年工作者集中收听收看“团中央纪念‘五四’运动100周年大会”。5月24日，团县委召开专题座谈会，精准传达市委书记冯韶慧在“全市深入学习贯彻纪念‘五四’运动100周年大会精神座谈会”上的指示精神，重点学习领会县委书记李桂强在全县教育大会上对共青团提出的工作要求，就如何开展好学校团组织思想政治教育工作作出安排部署，全县青年工作者进一步统一思想，明确工作思路。

**【“五四”青年节表彰活动】** 4月27日，团县委开展以“不忘初心展风采　青春谱写新时代”为主题的“五四”青年节表彰大会暨文艺会演活动，对香河县2018年度33个共青团先进集体和135名先进个人进行表彰，引导广大青年继承和弘扬“爱国、进步、民主、科学”的“五四”精神，展现新时期“五四”精神的时代内涵和当代青年的时代风貌。

4月27日，香河县举行“五四”青年节表彰大会暨文艺会演　胡炜东 摄

**【运用新媒体传播正能量】** 转变活动方式，充分运用新媒体，团县委最大限度压缩路演、培训会、展览等传统宣传活动的频次，将更多的精力投放在微信、B站等平台，制作“香河青年快闪”“‘五四’网络会演”等一系列新媒体产品，传播正能量，其中，网络会演直播单次浏览量1.6万，有效扩大了团组织的线上覆盖面。

**【特色主题活动】** 5月15日，团县委组织全县少先队员和青年团员开展“乡村振兴 童心共筑”美丽乡村实践活动，青少年代表们参观美丽乡村和美丽庭院，用一条条红领巾牵动一个个家庭，共同参与农村人居环境整治。“六一”期间，面向全县少先队员开展“我的美丽‘香’村”口袋书作品征集活动，让广大青少年通过镜头记录农村的变化，在心中种下爱乡村、记乡愁的种子。

9月，团县委集中开展“我与国旗合个影”主题活动，隆重庆祝中华人民共和国成立70周年，唱响礼赞新中国、奋进新时代的青春主旋律，各基层团组织认真落实，用实际行动表达对祖国的热爱与祝福。

“十一”期间，团县委开展“争做新时代好队员 我为祖国写祝福”书法大赛活动，有29所小学参加，评选出99幅优秀作品。少先队小队员们的书法作品主题鲜明，政治立场坚定，内容积极向上。在少先队员中营造良好的爱国氛围，培养小队员的爱国情怀。

**【特色志愿服务活动】** 3月2日，团县委联合县文明办、县妇联、县文联在云天国际广场开启“学习雷锋好榜样”2019年香河县志愿服务活动启动仪式。活动表彰2018年度优秀志愿服务组织5人，优秀志愿者13人。动员和凝聚更多社会力量参与到志愿服务中来，推动全县志愿服务工作常态化、制度化、社会化，7月6日，团县委组织志愿者到淑阳镇服务中心敬老院开展服务活动。志愿者为有需要理发的老人认真理发，陪老人们聊天话家常，倾听老人们的心声，为他们排忧解闷。还为老人们送去毛巾、香皂、象棋等日常生活及娱乐用品。

**【少先队工作】** “六一”儿童节期间，团县委联合县教育局共同评选出2018年度“香河县少先队工作先进集体”17家、“优秀少先队辅导员”70名、“星星火炬奖章”获得者22名、“优秀少先队员”100名，“乡村振兴先进集体”5家，“乡村振兴领队人”9名，并集中进行表彰。总结2018年少先队工作经验，树立和宣传少先队事业先进典型，在广大少先队员、少先队辅导员和少先队集体中形成人人争先的浓厚氛围。

5月30日，团县委开展“情暖童心—红领巾微心愿圆梦活动” 胡炜东 摄

5月30日，团县委开展“情暖童心—红领巾微心愿圆梦活动”，为全县20名贫困儿童完成心愿清单。活动鼓励青联委员和广大社会人士认领小朋友们的心愿礼物，满足孩子们的愿望，引起全社会对贫困儿童的关注，此项活动连续开展三年，成为香河团县委的一个品牌。

【青少年权益保护】 9月，团县委开展“青少年维权岗服务月”活动，把预防青少年违法犯罪和维护青少年合法权益工作始终放在首位。活动期间，发放宣传资料3000余册，在68所学校开展“法制进校园”为主题的巡讲活动。

6月，团县委认真部署中高考减压及暑期青少年自护教育活动，按照时间节点，分类推进，累计召开减压专题会议6次，5000余名学生受益。

【青年创业活动】 5—7月，团县委组织开展青年发展状况抽样调查，对学生群体、传统领域创业青年及新兴领域从业青年等20个类别、500余人采集数据，调查内容涵盖就业创业、权益保障等69个项目，用科学数据引导团县委把工作延伸到广大青年最需要的地方，打造青年信得过、靠得住、离不开的团组织。

11月，按照人力资源和社会保障部、财政部、商务部、国务院国资委、共青团中央和全国工商联印发《关于实施三百万青年见习计划的通知》《河北省中长期青年发展规划（2018—2025年）》和《中共廊坊市委办公室廊坊市人民政府办公室关于印发〈廊坊市服务民营企业高质量发展年活动方案〉的通知》关于开展“万名青年创业”行动的有关要求，团县委联系县人力资源和社会保障局和企业，成功与廊坊爱依瑞斯家具有限公司、香河凯华齿轮有限公司 、香河天音乐器有限公司3家企业签订见习基地协议，为全县应届毕业生、离校2年内未就业高校毕业生和16—24岁失业青年等提供30个就业岗位。

（胡炜东）

## 香河县妇女联合会

【概况】 香河县妇女联合会（以下简称县妇联）是县委领导下的社会群众团体，是党和政府联系妇女群众的桥梁和纽带，是国家政权的重要社会支柱，最基本的职能是代表和维护妇女权益，促进男女平等。内设3个科室，分别是办公室、权益部、妇女儿童部，人员编制6人。

2019年，县妇联始终按照“党建带妇建、妇建促党建”工作思路，自觉做到“党委有号召，妇联有行动”，团结带领全县广大妇女履职尽责、实干担当、拼搏奉献，坚持把工作落实在基层、把服务优化在基层、把成效展示在基层，整体工作不断上台阶,为加快建设美丽幸福新香河做出积极贡献。县妇联被评为“河北省‘三八’红旗集体”“廊坊市最佳志愿服务组织”“香河县优秀领导班子”“香河县先进基层党组织”“香河县优秀政务新媒体”。新媒体信息宣传工作取得新突破，全年推送上报信息450条，其中，被国家级媒体采用1篇，被省级媒体采用4篇，被市级媒体采用21篇，被香河智慧党建App—先锋在线、香河信息、香河头条、香河融媒体中心平台采用100余条（篇）。推送的《廊坊香河“三句半”中国故事传万家》信息在全国妇联“女性之声”网络平台发表；制作的《小城故事》《三句半》在县委组织部举办的“牢记初心、逐梦前行——庆祝新中国成立70周年”原创视频比赛中荣获三等奖。

【宣传思想教育】 加强思想政治建设，突出思想引领，让妇女群众听党话、跟党走、感党恩。以学习为突破口，教育引导妇女群众采取接力诵读学、交流分享学、比赛展示学、微信推送学等多种方式加强政治理论学习。扎实开展“不忘初心、牢记使命”主题教育，学原文、读原著、悟原理，强化思想武装，坚定理想信念。创新理论教育，组建百余人的“巾帼志愿宣讲团”，录制“百千万巾帼大宣讲”视频，围绕“巾帼心向党、建功新时代”主题，向广大妇女群众开展多形式、分层次、全覆盖、互动式宣讲。将党的政策理论和核心价值观编排成群众喜闻乐见的歌舞、快板、三句半等文艺节目，进村街、社区、学校、企业巡讲巡演。推送的《廊坊香河“三句半”中国故事传万家》信息在全国妇联“女性之声”网络平台发表。在香河妇联微信平台开设“学习宣传中共十九届四中全会和香河县妇女第七次代表大会精神”和“她感言”专题栏目，近百名妇女代表抒发感悟，切实将中共十九届四中全会和妇代会精神传达落实到基层、落实到妇女群众。县妇联被省妇联指定为全省首个新媒体宣传工作试点县；培树先进典型，传播好先进事迹，发挥榜样带动作用，激励引领广大妇女建功新时代。召开以“巾帼心向党 扬帆启新航”为主题的庆“三八”表彰座谈会，对全县在工作及家庭中作出突出贡献的先进集体和先进个人进行集中表彰。

10月29日，香河县妇女第七次代表大会召开　　县妇联供图

**【创新妇联改革】** 深化妇联改革，联系服务妇女更加有效，妇女群众的获得感不断增强。探索出一条符合群团特征、彰显香河特色、富有妇女特质的妇联改革新路，《河北日报》以《建坚强阵地、筑温暖之家》为题，介绍香河妇联改革的经验做法。重塑妇联组织架构强基础——织密“一张网”。按照“哪里有妇女，哪里就有妇联组织”的工作定位，夯实基层组织，畅通工作渠道，形成上面一根针、下面千条线、织就妇联工作“一张网”的“网格化+功能型”妇联组织模式。全县300个行政村顺利完成会改联（“妇女代表会”改为“妇女联合会”）工作，女大学生村官、非公经济和社会组织女性带头人、热心妇女工作的1359名优秀女性当选基层妇联执委，建成各类功能性妇女小组296个，将妇联工作向妇女生活的最小单元拓展延伸。2019年10月，召开香河县妇女第七次代表大会，圆满完成县妇联换届，选举产生香河县妇联第七届执行委员会。其中，执委23名，主席1名，专职副主席2名，兼职副主席3名，常务委员7名，优化了县妇联领导班子结构，开启妇联工作新航程。改进工作作风和方式，增添了工作活力，当好“娘家人”。出台妇联干部直接联系妇女群众工作制度。每名妇联干部联系5名普通妇女或儿童，每月联系走访1次；建好网上妇联，由县镇村三级妇联主席工作群、巾帼志愿服务群、巧手创业群、善美家风传承群、家庭教育交流群等30余个微信群组成微信矩阵，搭建联系服务妇女群众和广大家庭的“连心桥”，有效增强妇联组织的凝聚力和影响力。建管用好示范“妇女之家”“妇女微家”，构筑“新高地”。年内，全县建成淑阳镇凌家吴村1个省级“示范妇女之家”，五百户镇五百户村、安头屯镇西口头村、钳屯镇红庙村、安平镇运河新村4个市级“示范妇女之家”。截至年底，全县打造3个省级示范“妇女之家”、6个市级示范“妇女之家”。各级妇联立足“以培训提高妇女、以关爱温暖妇女、以活动凝聚妇女”的工作站位，常态化组织开展各类宣传、服务、指导活动。打造创业、巧手、戏曲、歌舞、摄影、品茗、非遗等96个活跃度高和代表性强的七彩玫瑰“妇女微家”，围绕“礼赞新中国、奋进新时代”主题，举办亲子茶会、手工烘焙、文艺表演、书画创作、非遗剪纸、

诗词诵读、摄影讲座等25场活动。

【“双学双比”活动】 实施“巾帼脱贫行动”，各级妇联组织充分发挥“联”的优势，动员社会力量开展精准扶贫。组织家政服务、家庭手工、巾帼旅游、特色农业“四大巾帼脱贫工程”培训。加强对困境妇女的帮扶，充分发挥淑阳镇荣生手工艺品公司省级巧手脱贫示范基地作用，帮助残疾和贫困妇女掌握手工加工技能，增收解困，实现居家就业。2019年10月，香河盛隆景泰蓝制品厂被省妇联命名为“河北省巾帼脱贫示范基地”。在深化“巾帼创业创新行动”中，引领广大妇女在经济发展新常态下主动投入创业新实践。乐一方蔬菜产销专业合作社被评为市级“巾帼现代农业科技示范基地”，香河县水岸潮白被省妇联、省文化和旅游厅、省扶贫开发办命名为“河北省巾帼乡村旅游点”，为妇女创业创新、施展才华搭建了平台。

【巾帼建功活动】 继续深化“巾帼文明示范岗”创建活动，激励妇女创业建功，鼓励女职工立足岗位创新建功。广泛开展以“巾帼创业行动”为主题的各种活动，通过开展演讲比赛、座谈会、先进事迹报告会、诗歌朗诵会等活动，展示妇女爱岗敬业、拼搏争先、无私奉献的良好风采，引导职业女性争做知识型、创业型、创新型女性。开展岗位练兵、技能比武、技术交流等创建活动30场次，参与女职工1万余人。香河县第二幼儿园获“河北省巾帼建功集体”荣誉称号。

【家庭文明创建活动】 扎实推进家庭文明建设，建设好家庭、涵养好家教、传承好家风，营造文明新风尚。深入贯彻落实习近平总书记提出的“注重家庭、注重家教、注重家风”重要指示精神，以培育和践行社会主义核心价值观为统领，把家庭文明建设扎扎实实开展到基层，落地在家庭。寻找“最美家庭”活动成为全县文明建设的创新实践和生动载体。制定《香河县妇女联合会关于开展寻找、培树、表彰“最美家庭”活动的实施方案》，印发《传承良好家风争做最美家庭倡议书》。召开2019年度寻找“最美家庭”工作会议，按季度推荐评选出不同类型最美家庭，让“宣传最美、争做最美”成为新风尚、新常态，李娜家庭获全国“最美家庭”荣誉称号。家庭教育工作不断深化，以“4·23”世界读书日为契机，举办“书香飘万家、经典润童年”主题读书日系列活动，携手睿子国学幼儿园发放《读书倡议书》；以母亲节为契机，开展“给妈妈写一封信”征文、“画（话）出最美妈妈”亲子绘画、“孝老爱亲慰问”、“健康知识宣传”活动，启动“传承家教家风、培育家国情怀”家庭教育活动。

【美丽庭院创建】 在创建美丽庭院中，提高政治站位，深化创建认识，强化“建设美丽”“经营美丽”“延伸美丽”理念，高起点谋划、高标准创建、高质量推进。打造中心户、提升示范户、扮靓精品户，以点带面，聚线成片，实现学有样板、做有方向，由户向片梯次推进，形成“一户

6月，廊坊市“基层妇联组织建设暨美丽庭院创建工作观摩推进会”在香河县召开　　县妇联供图

一亮点、一街一特色、一村一品牌、一片一风景”的香河美丽庭院创建格局，以每家每户庭院小美，增加大美乡村内涵和颜值。2019 年，胡中标家庭获得河北省“十佳美丽庭院”荣誉称号，周春荣家庭获得廊坊市“十佳美丽庭院”荣誉称号，陈晓娟等 12 户家庭获得廊坊市“百优美丽庭院”荣誉称号。4 月，县妇联代表廊坊市妇联在石家庄市鹿泉区召开的“全省美丽庭院经验交流会”上作典型发言，6 月，廊坊市“基层妇联组织建设暨美丽庭院创建工作观摩推进会”在香河县召开并实地观摩。

【妇女儿童民生工作】 开展“春风送暖、情系姐妹”宫颈癌、乳腺癌“两癌”免费筛查和妇女健康关爱行动，2019 年，完成第三批次免费筛查活动，涉及五百户镇、钳屯镇、安平镇和新开街社区。截至年底，“两癌”免费筛查活动覆盖全县各镇（社区办）、园区，惠泽适龄基层妇女 1.5 万人。加大对中国人寿保险公司“慧·智·阳光，关爱女性健康”系列产品的宣传力度，动员基层财政和社会企业家为建档立卡贫困妇女申报疾病保险，助力精准扶贫，关爱女性健康。发挥香河妇联“巾帼爱心汇”志愿服务团队作用，开展巾帼志愿服务活动。对 3 名困境儿童走访慰问，为特校儿童精心组织文艺活动，送去精美水果、糕点。是年，县妇联被评为“廊坊市最佳志愿服务组织”。县妇联“巾帼爱心汇”志愿服务项目，荣获“河北省最美巾帼志愿服务项目”称号。加强《中华人民共和国妇女权益保障法》《中华人民共和国未成年人保护法》《中华人民共和国反家庭暴力法》宣传，3 月，在县气管炎哮喘医院举行“百万妇女学法律 家庭平安促和谐”大型法律宣讲活动启动仪式，在珠光社区“妇女之家”组织女性权益知识答卷活动；9 月，开展“送法进农村”活动，邀请“木兰有约”法治宣讲团到安平镇运河新村、安头屯镇西口头村两个市级“示范妇女之家”宣讲法律知识，使普法和维权服务更加接地气、贴民心、见实效。

（刘新梅）

## 香河县科学技术协会

【概况】 香河县科学技术协会（以下简称县科协）是全县科技工作者的组织，是在县委领导下的人民团体，是县委和县政府联系广大科技工作者的桥梁和纽带。业务上受廊坊市科学技术协会（以下简称市科协）指导。主要任务是普及科学知识，开展科技教育，推广先进技术，组织学术交流，维护科技工作者权益，充分发挥桥梁和纽带作用。机构内设办公室、综合股，有工作人员 10 人。

2019 年，县科协按照县委、县政府的总体要求和部署，深入学习贯彻县委十一届四次全会精神，立足为科技工作者服务、为创新驱动发展服务、为提高全民科学素质服务、为党和政府科学决策服务，扎实开展科协工作。加强自身建设，年初制定县科协全年工作计划。通过开展学习日、参加培训班，认真学习习近平系列讲话，提高全体党员干部理论修养和政治思想素质。开展教育实践活动，通过开展“两学一做”“把纪律和规矩挺在前面”等系列活动，提高机关干部适应新情况、解决新问题的能力。开展科普工作，在开展好各项科普活动的基础上，组织抓好科普示范基地和科技示范学校创建工作，加强对农民特别是农村党员、干部及在乡青年的科技培训教育，努力为农村经济发展提供科技支持。认真履行桥梁纽带职责，建好“科技工作者之家”。突出以人为本的思想，不断健全和完善科技工作者联系制度，及时了解和掌握科技人员的需求动态，反映科技工作者的呼声和要求，做好为科技工作者排忧解难工作。县科协完成各项年度工作任务。

11 月 20 日，科普进校园活动走进安平镇第一小学　　县科协供图

走访慰问科技型企业和教育部门 6 名一线优秀科技工作者代表，带去了县委、县政府对广大科技工作者的节日祝福和问候，并与各位代表座谈，倾听他们对科普工作的意见建议。开通“科普香河”微信公众号，利用新媒体开展科普宣传。通过微信平台组织开展“5·30”全国科技工作者日有奖竞答活动，进一步宣传党和国家关于科技工作的方针政策，弘扬科学精神、普及科学知识、传播科学思想和科学方法，全面提高公众科学文化素养和创新能力。

开展以“礼赞共和国、智慧新生活”为主题的“全国科普日”系列活动。科普知识有奖竞答活动，通过“科普香河”微信公众号，开展“9 月 14—20 日全国科普日有奖竞答活动”。乡村振兴、农村科普联合行动，9 月 17—19 日，县科协会同蒋辛屯镇科协、刘宋镇科协、五百户镇科协先后开展送科普进村街宣传活动，向广大群众传授卫生健康、航天科技、防震防灾、食品安全、垃圾分类等科普知识，激发和调动群众参与科普

**【科普基地建设】** 县科协不断探索市场经济体制下开展农村科普工作的运行机制，在农村建立多种形式的科普示范基地，以示范的方式普及农村先进技术和农业新成果、新品种，传播现代农村科技信息以及先进管理方法，成为提高社会公众科技文化素质和技能水平、带动农村群众科技致富的重要载体和科普设施，在促进农业科技成果转化、农村和农业经济结构调整、农业增效和农民增收等方面发挥重要作用，显现良好的社会效益和经济效益。2019 年，县科协为建成的科普示范基地、村街定期更新科普宣传内容。

**【开展青少年科技活动】** 县科协会同县教育和体育局坚持每年度开展青少年科技创新大赛、“大手拉小手”活动、中小学校外科技实践活动及各类学科竞赛等。组织开展 2019 年香河县青少年科技创新大赛，有 5 个大项 271 个作品参赛；组织参加第 10 届全国青少年科学影像节活动，香河县有 9 个作品获得三等奖。组织参加廊坊市 2019 年小学生反邪教绘画比赛，全县各小学积极参与，征集绘画作品 134 篇，均上报市科协。

**【科普系列活动】** 开展以“礼赞共和国、追梦新时代—科技志愿服务行动”为主题的“科技工作者日”宣传月活动。5 月 20 日和 24 日，分别

9 月 17 日，县科协送科普进入蒋辛屯镇北三百户村　县科协供图

活动的积极性，现场发放宣传材料及宣传品 2400 余份。社区科普联合行动，9 月 18 日，县科协在康宁社区开展送科普进社区活动。现场展出展板 19 块，发放宣传材料及宣传品 800 余份。全国科普日主场宣传活动。9 月 19 日，县科协会同县农业农村局、县市场监督管理局、县卫生健康局、县人民医院、县中医医院等单位，在县委广场组织开展 2019 年全国科普日系列宣传活动。为群众现场解答问题，让群众感受到科普就在身边，弘扬科学精神，倡导科学、健康、文明的生活方式，展出展板 20 块，发放宣传资料及宣传品 3100 余份、义诊 200 余人次。开展校园科普联合行动，9 月 14—20 日，联合县教育和体育局在全县中小学师生中，开展科普宣传活动。在校举办科普活动周启动仪式，激发学生对科技的兴趣，调动学生参与活动的积极性；利用主题班会普及科普知识；举办学生自己动手科技小制作活动，有 200 余件作品参加 9 月 26—27 日举办的全县中小学自制教具与科技创新作品评比活动。

【科协系统深化改革】 加强基层科协组织建设，7 月 2 日，制定印发《关于进一步加强全县基层科协组织建设的实施方案》，全县 9 个乡镇相继建成乡镇科协组织，为农村普及科普知识提供了坚强的组织保障。

【科普 e 站建设】 2019 年，积极推进科普中国落地应用和科普中国 e 站转型升级，实现科普服务精心分类、精准推送，提高基层科普服务能力水平，切实打通科普传播的“最后一公里”，助推公民科学素质跨越提升，按照班子有活力、工作有制度、学术有创新、活动有成效、经费有保障的“五有”标准，把香河县第十中学建设成为校园科普 e 站重点站。

（刘雪至）

## 香河县工商业联合会

【概况】 2019 年，香河县工商业联合会（简称县工商联）在县委、县政府的正确领导下，在上级工商联和县委统战部的关心指导下，坚持以习近平新时代中国特色社会主义思想为指导，认真学习贯彻中共十九大精神和习近平总书记系列重要讲话精神，紧紧围绕非公有制经济健康发展和非公有制经济人士健康成长工作主题和全县发展大局，积极履行职责，在参政议政、协调服务、思想政治工作、党的建设、光彩事业等方面发挥了积极的作用，为香河县经济社会的发展做出了应有的贡献。4 月，县工商联被市工商联评为“千企帮千村”精准扶贫先进工商联，其他各项工作均居全市前列。

【参政议政】 注重发挥工商联组织和会员中人大代表、政协委员的作用，提出有价值的建议和提案，为美丽幸福新香河的发展建言献策。

【政策宣传与培训教育】 工商联作为党和政府的宣传员、传声筒，在加大企业的信息反馈，做好优秀商会及会员企业家先进典型事迹的宣传报道上下功夫，2019 年，在工商联网站、微信公众平台系统发布各类有价值的宣传稿件，广泛宣传国家有关非公经济的政策法规和工商联亮点工作。组织部分企业和行业商协会负责人到青岛大学参加廊坊市民营企业家经营管理人才培训班；组织部分民营企业家参加廊坊市工商联与新奥大学联合举办的“ICOME 大讲堂”，以“审时·度势”为主题，对中国当前的经济形势、发展趋势以及给企业带来的机遇与挑战进行分析解读，对如何构建生态型企业以及生态型企业的运营模式进行分享；组织香河县女企业家协会会员企业到中粮可口可乐华北饮料有限公司和香河县珐琅厂参观考察，互相交流企业文化经验；组织部分企业和行业商协会负责人参加廊坊市工商联在云南大学滇池学院举办的“守法诚信经营、坚定发展信心”非公有制经济人士理想信念教育培训班，引导非公经济人士坚定理想信念，不断开拓创新，提高个人修养。

【光彩事业】 5月31日，县工商联和三强救助基金会工作人员到渠口镇西魏各庄村慰问计划生育困难户李宝海一家；“六一”儿童节，县工商联组织女企业家协会到县福利院看望小朋友；“八一”建军节，县工商联组织爱心企业慰问消防指战员；重阳节前夕，县工商联组织女企业家协会爱心委员会和县书法家协会到渠口敬老院举办“走进敬老院与建设祖国的老人们共同庆祝祖国生日”活动。

4月24日，全国工商联第八联系调研组到北京顺鑫农业股份有限公司牛栏山酒厂香河生产基地进行调研　　县工商联供图

【调查研究】 深入贯彻落实“三深化、三提升”活动要求，助力高科技企业创新发展，3月27—29日，县委统战部部长和县工商联主要负责人到塞铭瑞汽车零部件（廊坊）有限公司、鑫山钢结构有限公司、安旭专用汽车有限公司、成和办公家具工程有限公司以及智慧电谷创新产业园走访调研，围绕帮扶支持民营企业发展与企业负责人进行交谈，研究破解企业发展中存在的困难和问题。4月24日，全国工商联第八联系调研组到香河县就基层商会建设、民营企业运行情况进行调研。通过实地走访、听取汇报、座谈交流等形式，先后深入县工商联机关、北京顺鑫农业股份有限公司牛栏山酒厂香河生产基地、香河机器人小镇和喜临门北方家具有限公司等企业以及香河光彩慈善会，详细了解基层商会建设、参与精准扶贫、民营企业营商环境等情况和现阶段面临的困难与问题，共同探讨解决问题的对策和工作思路。6月25日，市委统战部副部长、市工商联党组书记王书华一行到香河实地走访香河机器人小镇、精波仪表（香河）有限公司、香河合益包装机械有限公司，就企业经营发展情况、当前政商关系及营商环境情况进行调研。

【加强交流与联谊，搭建招商平台】 3月4日，县工商联主要负责人到北京市朝阳区中小企业市场发展商会就京津冀协同发展企业转型和商会企业合作进行走访对接。3月8日，县工商联与通州区工商联开展走访对接活动，双方对今后两地协同发展和产业转移等相关问题进行商讨。4月13日，县工商联主办的香河县“承接非首都功能疏解 推进京津冀协同发展”招商恳谈会在北京举行，就香河与驻京央企、国企、民营企业、商协会、科研院所等机构的合作发展进行深入交流，进一步加深了解，增进友谊，促进合作，达到展示香河形象、结交新老朋友、营造亲商环境、推进协同发展的工作目标。4月25日，县工商联主要负责人参加通州区西集镇·香河县产业协同发展座谈会，就两地工商联下一步签订友好协议事宜进行深入交流，表示今后就两地相关产业协同发展进行合作。8月15日，北京市通州区统战部副部长、工商联党组书记曹恒永，区工商联主席赵静一行到香河县工商联就加强区域合作进行对接交流。12 月 25 日，北京市通州区工商联与廊坊市北三县工商联联盟签订仪式在通州区会议中心举行，北京城市副中心与廊坊市北三县工商联联盟正式成立。

12 月 25 日，北京市通州区与廊坊市“北三县”工商联联盟　　县工商联供图

【基层商会建设】　加强对镇（社区）、园区基层分会、行业商协会的服务和指导，推动商协会工作上新台阶。县工商联加强指导与商协会发挥主体作用相结合，典型引路与整体推进相结合，按照“四好”（班子建设好、团结教育好、服务发展好、自律规范好）商会标准，认真开展理想信念、守法诚信、“两学一做”学习教育活动，引导企业转型升级、创新发展，规范商会建设。

【扎实开展“不忘初心、牢记使命”主题教育】　在第二批“不忘初心、牢记使命”主题教育工作中，县工商联紧紧围绕“守初心、担使命、找差距、抓落实”的总要求，坚持将学习教育、调查研究、检视问题、整改落实四项重点措施贯穿始终，组织机关全体、非公经济代表人士和行业商协会负责人学习贯彻中共十九届四中全会精神，县工商联通过开展活动来更好地推进主题教育工作。 9 月 19 日，县工商联与通州区工商联、大厂县工商联、三河市工商联在通州区召开对接座谈会，就四地联系合作，共同推进非公经济发展进行交流研讨。与会人员就如何加强四方区域合作，建立北京城市副中心与廊坊市北三县工商联联盟进行研究，并初步拟定合作协议。10 月 11 日,组织机关全体和非公经济代表人士观看爱国主义影片《我和我的祖国》。11 月 1 日，县工商联同统战部全体干部赴卢沟桥开展革命传统教育，深切缅怀革命先烈，进一步提升党性修养，坚定理想信念，筑牢“四个意识”。11 月 14 日,召开香河县工商联（总商会）民营企业财税、法律风险管控座谈会，搭建民企服务平台，就财税和相关法律法规进行培训，帮助企业就发展中遇到的相关问题进行答疑解惑。

（陈宏儒）

## 香河县文学艺术界联合会

【概况】　香河县文学艺术界联合会（简称县文联），是全县群众性的文学艺术工作者联合组织，是县委、县政府联系广大文艺工作者的桥梁和纽带，2019 年，县文联以习近平新时代中国特色社会主义思想为指导，坚持以“人民为中心”，以出人才、出精品为宗旨，聚焦庆祝中华人民共和国成立 70 周年这条主线，开展丰富多彩的文艺活动，组织广大文艺工作者紧跟新时代脉搏、唱响新时代主旋律。

4月30日，京津冀著名艺术家走进香河送文化下乡活动启动仪式　　县文联供图

**【开展文学艺术活动】** 2019年，全县开展形式多样、丰富多彩的文学艺术活动。4月9日，在安头屯镇文化站举办庆祝“五一”国际劳动节戏曲演出。4月30日，在香河靓涌轩工艺品研发中心举行“京津冀著名艺术家走进香河送文化下乡活动启动仪式”，大力弘扬和践行社会主义核心价值观，坚持文化自信，传播正能量，推动京津冀文化艺术交流与发展，充分发挥优秀传统文化引领香河文化发展的积极作用，助力“美丽幸福新香河”建设，有14个文艺团体班子成员代表和京津冀艺术家等120余人出席启动仪式。开展京津冀艺术家走进香河送文化下乡系列活动，是发现人才、挖掘人才、聚集人才、培养人才，推动全县书画艺术发展、加强京津冀文化学习与交流、丰富群众精神文化生活的一次具体行动，为香河文化事业发展增添新动力、注入新活力、焕发新魅力。举办第四届廊坊市舞蹈大赛香河赛区选拔赛，众多艺术培训机构参加，参赛作品62个，参赛人员近千人。大赛分幼儿组、儿童组、少年组3个组别，有35个优秀作品成功晋级廊坊总决赛。开展文艺进校园系列活动，组织开展“我们的节日”系列活动。5月，举办京津冀京东大鼓名家专场演出。组织京津冀京东大鼓名家刘丙山、金克强、周春荣、郭宝艳、邱金鹏、王从民等20余人在县文化艺术中心剧场为广大群众表演传统和自编节目10余个，受到广大群众欢迎；6月29日，在安头屯镇文化站举办“弘扬传统文化 迎接七一党的生日”戏曲专场。开展书法“六进”活动，到香河县公安交警大队、消防中队等开展送书法慰问。组织承办京津冀“文化旅游，美丽乡村”大型摄影作品巡回展。7月，举办全县首届中小学生器乐比赛，全县200余名学生个人和团体参加。组织举办全县“壮丽70年、奋斗新时代”大型书画摄影艺术展，展出书画摄影作品300余幅，反映香河社会各项事业70年的发展历程，展现香河人砥砺前行的整体精神风貌。举办“庆祝新中国成立70周年诗词美文大赛”，优秀作品在《香河文艺》杂志刊登，部分优秀作品推荐到《新香河》、微信公众号等平台选登。9月26日，香河县“庆祝中华人民共和国成立70周年”大型收藏文化展在香河规划展览中心隆重开幕。旨在弘扬中华优秀传统文化,共同营造盛世和谐、文化底蕴浓厚的收藏品交流学

6月，第四届廊坊市舞蹈大赛香河赛区选拔赛舞蹈表演　　县融媒体中心供图

习平台，促进京津冀收藏文化的交流与发展，提高全民鉴赏水平。展览展出七大类近3000件珍贵藏品，观展人数近万人。11月8日，京津冀“文化旅游美丽乡村”大型摄影大赛作品巡回展在县文化艺术中心举行，参展作品反映群众日常劳作和蒸蒸日上的快乐生活，展出参赛作品60幅。春节前组织全县书法骨干10余次“下乡送春联”活动，累计书写春联1200余幅，达古庄村家家户户贴上了活动中送出的春联。

**【文学艺术辅导】** 人才的关键在于培养。2019年，先后邀请中国作家协会、《天津文学》主编和《燕南诗词》等专家教授开展文学讲座。邀请中国书协会员开办“每周书法公益课堂”。中华诗词学会副会长林峰在香河县文化艺术中心二楼报告厅做诗词专题讲座，吸引众多文学和书法爱好者。

**【文学艺术进校园】** 2019年，开展“文学进校园”活动。推动全县文学事业的发展和繁荣，促进文学经典在中小学校园推广传播，在中小学校园中培养和发现优秀教师作者、学生作者，结合省市文联开展文艺志愿者服务基层活动，在部分中小学校中开展“文学进校园活动”，推进素质教育，激发学生创作热情。活动以专家讲座、交流会为主要形式，聘请知名作家、评论家对学生创作进行指导，与学生面对面交流创作经验，解答学生在文学创作方面遇到的问题。聘请浙江师范大学教授、博士生导师、中国作家协会儿童文学委员会副主任方卫平，辽宁省作家协会副主席、辽宁文学馆馆长薛涛，《儿童文学》杂志主编冯臻、编辑徐雅菲到县城内第二小学、县城内第四小学、县城内第五小学和安平镇第一小学为广大师生进行文学创作辅导。开展“文学进校园”活动举办讲座12场。“书法进校园”活动邀请中国书协会员、楷书专业委员会委员曹月堂在香河县第二中学为广大书法爱好者举办书法讲座。县书法家协会骨干人员每周到县城内第三小学、香河县第二中学等学校免费辅导书法，举办讲座和书法课20场，使书法艺术有了更为广泛的社会基础。

**【“中华诗词之乡”创建】** 2019年3月，正式启动“中华诗词之乡”创建活动。创建中坚持县委规划、政府行为、全民参与，坚持创建工作全覆盖，坚持普及与提高并重，分类指导、典型引路，示范带动，使诗化环境面貌一新，诗教活动深入人心，诗词进校园、进社区、进企业、进景区、进农村、进机关的“六进”活动常态化和制度化。5月，香河县被河北省诗词协会授予“河北省诗词之县”荣誉称号，授予五百户镇为“河北省诗词之镇”荣誉称号，授予田各庄、西延寺村为“河北省诗词之村”荣誉称号，授予县第二中学为“河北省诗词之校”荣誉称号。创作香河县诗词百家系列丛书《香河诗词选》2册，由中国现代出版社出版。加大工作力度，扩大诗词影响力，迎接中华诗词学会的验收，努力创建“中华诗词之乡”。

**【《香河文艺》编辑】** 香河县文联始终坚持“宣传新思想、展示新形象”的办刊宗旨，《香河文艺》杂志从版面设计到内容编排，不断追求改进和创新，力求每一期都以最清新的形象、最优美的文字、最丰富的内容呈现给广大读者。2019年，《香河文艺》增设创建“中华诗词之乡”专栏，每期刊登100余首诗词作品，这些诗词作品，歌颂祖国、歌颂党、歌颂美丽幸福新香河，催人奋进，传播正能量。《香河文艺》杂志专门开设会员作品展示栏，刊登摄影、书法、美术等30余件文艺作品，为香河县会员与外地交流搭建良好平台。《香河文艺》杂志受到广大读者好评和喜爱。

【在河北省基层文联工作会议上作典型发言】 10月20—23日，河北省基层文联工作会议在邢台市内丘县举行，香河县代表廊坊市在会上作了题为《人才和精品两翼齐飞构筑基层组织建设新格局》的典型发言，从4个方面介绍经验做法：实践组织建设新模式，让文联真正“硬”起来；人才和精品两翼齐飞，让文联真正“强”起来；系列活动如火如荼，让文联真正“火”起来；经费保障有力，让文联真正“活”起来。

（周月如）

## 香河县残疾人联合会

【概况】 香河县残疾人联合会（简称县残联）是中国残联的地方组织，是经县委、县政府批准和国家法律确认的将残疾人自身代表组织、社会福利团体和事业管理机构融为一体的残疾人事业团体，具“代表、服务、管理"职能。代表残疾人共同利益，维护残疾人合法权益；开展各项业务和活动，直接为残疾人服务；承担县政府委托的部分行政职能，发展和管理残疾人事业。内设办公室和残疾人就业服务所，编制6人。

2019年，县残联加强残疾人康复、残疾人教育、残疾人就业、残疾人脱贫、残疾人社会保障及救助、残疾人权益保障、残疾人文化体育活动、残疾人职业技能培训、残疾人证办理及助残日活动等方面工作，提升管理服务水平。

【残疾人康复】 2019年，县残联做好辅助器具发放工作，提高残疾人生产生活质量，完成辅具摸底筛查工作。投资16.6万元，免费为肢体残疾人发放轮椅217台，座便椅98台，浴椅82台，腋杖18副，手杖40副，盲杖5副，助行器64个，助视器10个。投入资金9万元，为45名听力残疾人适配助听器。投入资金9.2万元，为13名肢体残疾人安装义肢。推进香河县残疾人精准康复服务工作，按照《廊坊市残疾人精准康复服务行动实施方案》要求，年内，对543名有康复需求的残疾人进行康复服务。做好康复救助工作，县残联安排16名0—6周岁智力、听力、言语残疾儿童在市残联定点专业康复机构进行康复训练，补贴救助资金19.2万元。

【残疾人教育帮扶】 通过摸底调查，对3名残疾人子女考生发放省级、县级补贴资金，配合统战部门完成“泛海助学”残疾人大学生及残疾人子女大学生救助工作。

【残疾人职业技能培训】 2019年，县残联完成8期残疾人职业技能培训，培训150人次。其中，2期珐琅工艺制作，2期电子商务，3期中式面点制作，1期农村种养殖技术培训班。

【残疾人就业】 2019年，为20名残疾人安排就业；为7名符合条件的残疾人分别申报市、县两级个体创业资金补贴；协助市残联完成省残联举办的2019年残疾人专场招聘会，拓宽残疾人就

为残疾人免费发放助听器　　马子童 摄

业渠道，香河县有55名残疾人参加此次招聘会；组织参加2期市残联举办的“残疾人雇主培训班”。征收残疾人就业保障金640万元，县残联对10家用人单位雇用残疾人情况进行年度审核。县残联依托“香河县景泰蓝珐琅制品厂”，为“互联网+”就业创业平台投入资金5万元，用于“互联网+”平台的日常运转维护费、场地费、从事互联网工作的残疾人餐费及住宿费资金。有5名残疾人开通淘宝店，其中，2名淘宝店业绩优秀的残疾人被培训学校聘为专兼职教师。

【残疾人脱贫】　全县有建档立卡贫困残疾人户11户、15人，2019年，所有建档立卡户均实现脱贫。

【残疾人社会保障及救助】　2019年，做好应急救助工作，全面解决残疾人因病、因灾、因子女入学等原因造成的各种困难，县残联本着侧重低保户、建档立卡残疾人并兼顾其他残疾人的原则，加大应急救助审批力度，为20名有困难的残疾人发放救助款12.1万元。做好重度残疾人两项补贴的统计工作，完成全县享受低保的残疾人生活补贴和重度残疾人护理补贴的统计工作。截至年底，全县享受生活补贴的残疾人765人，其中，年内新增148人；享受护理补贴的重度残疾人4363人，其中，年内新增817人，申报材料移交县民政局相关部门。做好残疾人托养工作。在集中托养工作中，投入资金41万元，依托淑阳镇卫生院精神病专科对28名精神残疾人进行集中托养，采取托养加治疗相结合的康复治疗方法，疗效显著，既减轻了患者家庭负担，又一定程度上维护了社会稳定。对154名持证精神类残疾人免费发放7万元的药品。在居家托养工作中，投入12.45万元，依托家政服务公司对83名16—60周岁就业年龄段的精神、智力、重度肢体残疾人开展居家托养服务模式，满足残疾人多样化的社会服务需求，为残疾人提供专业化、高品质的居家托养服务。

【残疾人权益保障】　2019年，做好残疾人无障碍改造工作。为20户残疾人家庭进行无障碍改造，改造项目为安装护栏扶手、门窗、低位灶台、橱柜、灶具、防盗门及太阳能等基础设施，投资总额为12.6万元。实施残疾人家庭无障碍改造工作，极大改善了残疾人生活条件，方便残疾人出行，深受残疾人好评。做好残疾人信访及燃油补贴发放工作。县残联接待残疾人来访20人次，经过工作人员努力，残疾人的实际需求和困难得到圆满解决。县残联依托“大洋法律服务所”为12名残疾人进行法律援助。完成10名残疾人机动轮椅车燃油补贴申报及发放工作。

为贫困残疾人家庭进行无障碍改造　　周海川　摄

【残疾人文化体育工作】　2019年，县残联加大对残疾人文化体育工作力度，依托香河县特殊教育学校，新建省级残疾人体育健身示范点。

【助残日活动】　5月18日，是第29个全国助残日，县残联围绕“自强脱贫，助残共享”活动主题，组织县残联全体干部到县委广场进行宣传，发放宣传册3000册，宣传品3500件。

【残疾人证办理】 2019年，县残联办理残疾人证1942例。其中，为不便离家的贫困残疾人上门办证180例，承担其复印、照片等费用，了解其生活状况及需求，为精准扶贫和精准康复提供翔实数据。

【组织建设】 县残联把专职委员素质提升作为工作重点，采取多种培训方式，对镇、社区和村街320名专职委员进行培训。全面提升基层残疾人组织服务能力和管理科学化水平，切实将残疾人工作纳入城乡社区建设整体规划，促进残疾人各项工作顺利开展。

（刘跃波）

## 香河县红十字会

【概况】 2019年，是香河县红十字会（简称县红十字会）具有里程碑意义的一年。县红十字会职能从县卫生健康局职能中分离出来，独立开展工作。县红十字会从红十字会工作职责出发，围绕县委、县政府工作部署，充分发挥人道工作领域助手作用，积极开展应急救援、应急救护、人道救助和献血液、献造血干细胞、献人体器官组织的“三救三献”，红十字志愿服务，红十字文化宣传等工作，推动全县红十字工作开好局、起好步，为建设美丽幸福新香河做出积极贡献。年内，县红十字会被市红十字会评为“基层组织建设先进单位”“信息宣传工作先进单位”。

【红十字博爱周活动】 5月8—14日,以“爱心相伴，救在身边”为主题，开展“红十字博爱周活动”。5月8日是“世界红十字日”，为纪念第72个“世界红十字日”，扩大红十字会的社会影响，凝聚更多的社会力量参与和支持红十字事业，县红十字会开展丰富多彩活动纪念“世界红十字日”。多措并举，加强宣传，营造浓厚活动氛围。为让更多的人了解红十字会，县红十字会通过微信公众号、自媒体等宣传媒介积极进行宣传，在微信朋友圈中发送群体消息进行推送。在主要交通路口和繁华街道，悬挂宣传条幅和宣传标语，让过往群众知晓红十字知识，参与红十字活动，扩大红十字会社会影响。

5月8日上午，县红十字会组织县人民医院、县中医医院等卫生健康系统红十字志愿者和社会红十字志愿者在县委广场举办大型义诊及宣传活动。卫生健康系统的志愿者热情为广大群众测量血压、诊断病情、解答疑问。社会红十字志愿者向广大群众宣传造血干细胞知识，宣传小天使基金申请方法，鼓励群众参与捐献造血干细胞、献血、捐献器官活动，积极参加救援、救护、救助活动,向过往群众发放宣传资料3000余份。县委常委、县政府副县长曾智豪来到活动现场，看望各行各业的红十字志愿者，并与志愿者亲切交谈，了解义诊情况和宣传内容，鼓励志愿者利用业余时间多多为群众做好事。

积极开展特色志愿服务活动。县红十字会组织红十字志愿者深入敬老院、光荣院、困难群众家中，开展献爱心、送温暖活动，为孤寡老人义务理发、打扫卫生、义务体检等；组织社区红十字志愿者进行白色垃圾清理、城市牛皮癣（小广告）清除、不文明行为劝阻和爱护公共设施宣传等工作。

【无偿献血】 弘扬奉献精神，积极开展无偿献血工作。8月中旬，县红十字会在全县组织开展大型无偿献血活动。印发《关于开展无偿献血工作的通知》。县红十字会积极组织，提前谋划，打破固定医院献血模式，采取就近献血原则，把采血车开到老百姓家门口，方便干部群众献血。

全县有1227人参加献血，献血量39.1万毫升，献血人数和献血量都创下历史最高纪录，展示出香河广大干部群众高尚的道德情操。

8月中旬，医务人员带头开展义务献血　　县气管炎哮喘医院供图

【造血干细胞捐献】　积极开展造血干细胞捐献工作。县红十字会以“不忘初心，牢记使命”主题教育为载体，以“让生命重新绽放美丽光芒”为主题，在全县开展造血干细胞知识巡回讲座活动，邀请廊坊市红十字会干细胞工作负责人到香河举办知识讲座4场，受教人数2000余人。通过电视、微信公众号等形式，大力宣传香河县第一例造血干细胞捐献者李磊的事迹。通过宣传发动，全县有1000余名志愿者加入中华骨髓库，位居廊坊市各县之首。

【遗体和人体器官捐献】　遗体和人体器官捐献工作取得突破。加强遗体和人体器官捐献工作，通过媒体、报刊、微信公众号等形式进行宣传，在主要交通路口和繁华街道，悬挂宣传标语条幅，让过往群众了解遗体捐献相关知识，达到润物无声的效果。全县有1人实现遗体捐赠，4人签订捐献意向书。

【人道救助】　开展扶贫帮困，积极做好人道救助工作。县红十字会以弱势群体为主要工作对象，通过募集资金和物资，积极开展健康促进、大病救助、扶贫帮困等人道救助工作。组织人员深入村街和社区，了解核实困难户的生活情况，对因病致困家庭进行登记造册，并做好安抚救助。截至2019年年底，为4名白血病儿童争取救助金12万元。

【爱心帮扶活动】　在中秋节和庆祝中华人民共和国成立70周年之际，县红十字会联合焦点婚纱摄影，在全县开展“阳光行动，情暖万家”主题爱心帮扶活动，为全县300户困难家庭每户送去价值300元的棉被一床、为100名品学兼优困难儿童每人赠送书包一个、为全县300户最美家庭每户赠送价值699元24寸全家福一套，为每名适婚青年拍摄婚纱照减免1000元现金，同时赠送小天鹅全自动洗衣机1台和价值3980元净水器1台。为全县困难家庭、困难儿童、最美家庭及适婚青年送去社会的关怀和温暖。

8月6日，县红十字会向环卫工人捐赠药品　　县红十字会供图

**【爱心物资捐赠】** 倡导“人道、博爱、奉献”的红十字精神，8 月 6 日，县红十字举办爱心药品捐赠仪式。廊坊德坤元医药零售连锁有限公司把价值 34000 余元的药品及毛巾、矿泉水等物品捐赠给县红十字会，县红十字会把这些爱心物资捐给了工作在一线的公安干警和环卫工人，县红十字会授予德坤元医药零售连锁有限公司“红十字爱心公益企业”荣誉称号。县委常委、副县长曾智豪、市红十字会专职副会长王玉虎、市红十字会秘书长吴春芳出席仪式。

**【艾滋病防治宣传】** 珍爱生命，携手防艾。宣传普及艾滋病预防知识，提高全社会对艾滋病防治工作的认识。11 月 29 日，县红十字会联合县疾病预防控制中心以“社区动员同防艾，健康中国我行动”为主题，走进校园，开展艾滋病防治宣传。向学生发放《中学生预防艾滋病专题教育读本》《青少年预防艾滋病宣传册》，利用宣传横幅、宣传展板、宣传册、咨询台等多种形式，向广大学生宣传艾滋病对健康的危害，消除对艾滋病患者的歧视，帮助广大学生树立正确的生活态度。活动中有 500 余名学生接受咨询，发放各种宣传册、宣传彩页 2000 余份。

**【红十字志愿者队伍建设】** 积极建设红十字志愿者队伍。通过网络、微信公众号等媒介，广泛动员社会爱心人士加入红十字会员和红十字志愿者组织，与社会爱心人士座谈接触，鼓励他们加入志愿者组织。建成干细胞志愿服务队、无偿献血志愿服务队和稀有血型联盟 3 支志愿者队伍。志愿者定期开展志愿活动，成为香河一道亮丽的风景。

**【基层红十字组织建设】** 加强基层组织建设，延伸工作触角。在全市范围内，县红十字会率先建立基层红十字组织，全县各镇、社区办、园区和 20 个县直单位建立基层红十字会，在“三救三献”(应急救援、应急救护、人道救助，献血液、献造血干细胞、献人体器官组织)中发挥作用。市红十字会对香河县的做法给予充分肯定，在全市推广学习香河经验，县红十字会在全市工作会议上作典型发言。

**【队伍建设】** 加强自身建设，打造高效廉洁的红十字干部队伍。落实全面从严治党主体责任，加强作风建设，持续不断地改进工作作风，严格组织生活制度，强化党员干部教育，扎实推动党建工作与业务工作同步提升，通过开展“主题党日”、集中学习日等活动，使党员干部的整体素质不断提高，树立忠诚、干净、担当、表率的红十字人形象。

（王　尧）

# 军　事

责任编辑　王树春

## 综　述

香河县武装工作在市军分区党委和县委、县政府的坚强领导下，坚持以党在新形势下的强军目标和习近平系列重要讲话为指导。全面贯彻落实中共十九大精神，增强“四个意识”，坚定“四个自信”，做到“两个维护”，紧紧扭住听党指挥、履行使命、安全稳定等工作重点，圆满完成民兵、预备役部队的组织建设、军事训练、武器装备、兵役登记、兵员征集和政治思想等方面工作。2019年，香河县人民武装部被河北省军区评为国防动员先进单位。

## 香河县人民武装部

【概况】　中国人民解放军河北省香河县人民武装部（简称县人武部），是县委的军事机关，是县政府的兵役机关，受廊坊军分区和县委、县政府的双重领导。县人武部以党在新形势下的强军目标为指导，扭住听党指挥、履行使命、安全稳定等工作重点，坚持不懈改作风，扎扎实实打基础，认认真真抓落实，各项工作任务圆满完成，单位全面建设取得新的发展和进步。

【思想政治建设】　以夯实政治理论根基为抓手，确保用党的创新理论指导实践。狠抓党委中心组理论学习制度落实。制订《2019年党委理论学习中心组（带机关）学习计划》，常态落实周四党委中心组带机关理论学习和周五党日学习制度，坚持把学习贯彻习近平新时代中国特色社会主义思想和习近平强军思想摆在首位，抓好贯彻落实。

深入开展主题教育。同步开展“传承红色基因、担当强军重任”和“不忘初心、牢记使命”主题教育，认真学习河北省军区深化“传承红色基因、担当强军重任”主题教育动员部署会议精神，广泛发动干部职工,就如何发扬老香河人武部的红色基因,创造性地开展好本职工作,进行专题辨析讨论；深入开展“不忘初心、牢记使命”主题教育，用习近平重要讲话精神和强军思想武装头脑，组织全体干部职工围绕“守初心、担使命、找差距、抓落实”12字总要求，确保“不忘初心、牢记使命”主题教育开展落到实处、见到实效。

多种形式开展经常性政治教育。“七一”期间，党委书记给全体干部职工上专题党课，并深入基层乡镇进行党课辅导；结合兵役登记、征兵宣传、民兵整组、应急分队集训、对口保障空军专业分队集训等活动，对机关干部、专武干部和广大民兵宣讲中共十九大精神和国防后备力量建设新理论新思想；利用党课时间集中组织全体干部职工观看红色题材影视《烈火英雄》和《古田军号》；参加主题教育党课辅导、事迹报告会，组织全体干部职工开展“学习张富清先进事迹、争做新时代奋斗者”大讨论；联合县委宣传部、县文化广电旅游局、辖区驻军举办庆“八一”军地联欢晚会，活跃了文化生活，激发了爱国拥军热情；在庆祝中华人民共和国成立70周年之际，组织观看大阅兵，增强全体干部职工的向心力和自豪感。

民兵训练　　　县人民武装部供图

党的建设工作全面加强。坚持把组织生活制度作为加强党建工作重要抓手，先后围绕“四个带头”“五个检视”召开党委班子民主生活会和专题组织生活会，认真开展批评和自我批评，严肃剖析问题根源，党委班子自身建设取得新进步新成效。注重强化党组织功能，深入开展“三抓一提升”活动，“三会一课”、谈心谈话、民主评议党员等组织生活制度落实，党组织生活取得新成效。

【民兵工作】　以落实民兵组织整顿为根本，确保民兵队伍编实建强。按照“早计划顶层设计、早研究抓实方案、早布置反复推进、早用力分工落实”的工作思路，狠抓民兵整组、整训的各个环节，确保工作有效推进落实。

党委重视、思路明确。依据军委国防动员部下发的《深化民兵调整改革检查考评实施细则》，召开党委会认真学习传达，及时将文件精神向县委、县政府进行专题汇报。对全县基层民兵组织建设情况进行摸底调研。

周密部署、编实建强。按照“编为用、建为战”的原则，优化民兵组织布局，广泛吸收退伍军人、适龄青年、优秀员工加入基干民兵组织。对现有民兵装备器材建立健全物资账目、出入库登记，对装备的数量质量进行跟踪检查，及时维护保养，充分发挥装备最大效能。4月22—26日，组织全县13名专职武装干部赴文安民兵训练基地参加集训，2名学员在结业考核中取得实弹射击、理论考核科目双满分的优异成绩。

按纲施训、检训结合。采取不打招呼的方式，对所属乡镇民兵应急分队进行拉动点验；深化民兵基地化轮训成果，6月10—21日，组织民兵应急连和专武干部采取摩托化机动的形式，赴霸州市民兵训练基地，历经12个训练日，落实完成军事科目14个、80课时，开展政治教育学习7次、16课时，实现全程安全圆满顺利的目标。7月10日，联合县应急管理局、县水务局等部门和各基层单位，组织民兵抗洪抢险实战演练，提高全县防汛组织机构的实战能力。积极推进对口保障专业分队训练，10月28日至11月11日，组织基干民兵，开展为期15天的专业训练，参训人员分通信保障、伪装防护、安全警戒3个专业。

【兵员征集】　以提高兵员征集质量为突破，确保主责主业得到有效落实。年初先后三次召开征兵工作专题会，协调推进工作落实。

及早筹划、预有准备。2月5日，召开大学生摸底调查专题部署会，对专职武装干部进行培训，征兵办全体人员深入村街一线，逐家逐户做好摸底调查。2月18日、26日组织专职武装部长，召开大学生摸底调查情况推进会，听取开展入户调查和走访情况。2019年，全县应征报名人员中，大学生占41.9%、大学毕业生占12.1%。

明确任务、督导有力。及时调整征兵工作领导小组成员单位，明确职责任务，建立沟通协调和集中办公机制；协调县公安局，将全县适龄青年户籍基本信息打印成册，督导各单位落实兵役登记工作，于1月底率先在全市完成18周岁男青年兵役登记工作。省、市征兵会后，第一时间组织相关工作人员进行业务培训，结合征兵工作，进行廉政教育并签订廉洁征兵责任书。

形式多样、广泛宣讲。印制张贴兵役登记公告和流程图各500份，在全县设立14个“基层武装工作宣传专栏”。1月15－18日，到辖区的3所高中开展兵役登记工作，发放宣传折页1000余份，组织符合条件的高三学生填写《2019年男性高中生兵役登记调查表》。6月7日，利用高考时机，在香河一中考点设立征兵咨询站，向考生家长发放宣传页1500余份。7月15日、26日，集中开展征兵宣传日活动，县四大班子领导、征兵工作领导小组成员单位和乡镇征兵办人员参加，发放宣传单4000余份、宣传T恤衫500件，设立宣传咨询站14个、流动宣传车16台。

严格标准，多措并举。8月5－8日，在县人民医院体检中心对应征青年进行体检。8月9－20日，对体检合格人员进行政治审查。经过复检、政考确定双合格人员，组织参加为期一周的役前训练。其间，县人武部领导逐一与每名预征新兵进行谈心交流。9月6日，按照优中选优的原则确定新兵名单和具体方向。9月12日，完成新兵起运任务。全县征集新兵实现大学生、大学毕业生任务指标双超。9月底至10月初，对入伍新兵进行回访，确保入伍新兵思想稳定，实现零退兵。

7月26日，集中开展征兵宣传日活动　　县人民武装部供图

【民兵训练基地建设】 根据市委议军会议精神，经2017年香河县议军会议和2018年1月12日香河县人民政府第五次县长会议研究确定，成立民兵训练基地改扩建项目领导小组，该项目由香河县公有资产经营公司作为实施主体，负责履行相关建设手续。截至2019年年底，项目完成地基等相关设施建设，预计2020年11月，完成竣工及验收工作。

【安全防范工作】 县人武部党委始终把安全工作作为底线工程紧抓不放，围绕国防动员部明确的17个安全管理重点，深入开展“学法规、用法规、守法规”活动，强化干部职工安全意识。认真开展“百日安全”检查评比活动，对照7个方面、33个防范重点、20项具体工作，狠抓安全管理末端落实。定期开展安全教育。依托周一交班会、党委中心组理论学习、党课辅导等时间，以随到随学、每季度主官检查学习情况等方式对安全常识进行经常性学习。全国“两会”、“一带一路”高峰论坛、“五一”、“中非合作论坛”、“十一”国庆等重要时机前组织一次政治纪律、政治规矩教育。定期开展安全形势分析。围绕季节转换、重大节日、新兵起运回访等特殊时期，定期分析安全形势。定期进行谈心交心。干部、职工休假归队，及时进行谈心交心。对涉密人员、会计、出纳、司机、厨师等逐人抓好政治考核，组织安全教育训练和岗位能力培训，通过纪律约束等措施加强管控。

【“双拥”工作】 充分挖掘利用红色教育资源。4月28日，河北省首次国防教育基地正规化建设观摩活动暨河北省国防教育基地授牌仪式在香河县国华影视基地举行，中央电视台七套军事农业频道“军营大舞台”栏目组走进国华影视基地，为观众奉献了一场红色教育视觉盛宴,普及全民国防教育知识，增强广大群众的国防观念。7月12日，河北省军区政委李宁在廊坊市军分区司令员白文建,政委常彦明陪同下到香河县视察工作，实地察看作为省级国防教育基地的香河国华影视基地,深入了解香河县挖掘利用红色教育资源的主要做法，对如何更好地利用红色资源、弘扬红色精神提出具体要求。

协助建立和完善退役军人台账。年内，协助退役军人事务局建立和完善历年以来农村退役军人台账，对符合安置政策的退役人员信息进行查漏补缺，分类汇总，为解决部分退役人员相关问题提供依据。

跨区帮扶项目进展顺利。根据市军分区统一安排部署，县人武部通过积极对接承德市围场县人民武装部，赴当地一线实地调研，深入了解实际情况，共同研究确定帮扶围场县新地乡六家村12万元的蔬菜暖棚项目，蔬菜暖棚投入使用，种植西红柿并产生经济效益。

【后勤保障工作】 以精细化经费管理为目标，着力提升后勤保障服务水平。后勤保障坚持“服务单位大局、服务干部职工、服务重点工作”的理念，保障全年各项工作顺利开展。财务业务水平不断提升。加强政策、业务以及预算编制学习，优化预算安排，加强财务核算、认真审核报销凭证、严格执行审批程序，业务水平得到明显进步。库室设置有序、食堂管理职工满意。保障霸州集训、征兵工作、入伍奖励金发放、对口保障专业训练、民兵误工补贴发放、干部职工福利待遇发放等任务。

（李　岩）

## 国防教育

【概况】 香河县国防教育办公室在县委、县政府的领导下，在市委宣传部、市国防教育办公室的精心指导下，坚持以习近平总书记新时代中国特色社会主义思想为统揽，夯实基础，突出重点，抓出特色。2019年，香河县国防教育办公室被河北省国防教育办公室授予“河北省全民国防教育先进单位”称号，被中共廊坊市委宣传部、廊坊军分区政治工作处授予“廊坊市全民国防教育工作先进单位”称号。后瑞新被河北省国防教育办公室授予“河北省全民国防教育先进个人”称号，被中共廊坊市委宣传部、廊坊军分区政治工作处授予“廊坊市全民国防教育先进个人”称号。

【党员干部的国防教育】 加强全县广大党员干部的国防教育，开展“赞颂辉煌成就，军民同心筑梦”主题教育活动，促进广大党员干部的国防意识。

【青少年的国防教育】 组织中小学生参加河北省“爱我中华·强我国防”主题演讲比赛，经过遴选，有4名学生的优秀演讲作品推选到省市参选；在中小学校开展“国防知识宣传周”活动，利用校园广播站、橱窗、黑板报，开辟国防历史、国防知识宣传专栏，在校园内利用电子屏幕滚动播放标语口号，增强学生履行国防义务的责任感；

开展革命传统教育，组织中小学生开展清明祭英烈活动，通过网络平台为先烈送寄语、颂古诗、读佳作；组织中小学生在国防教育基地军事研学营开展军事体验活动。通过开展系列活动，引导学生尊重传统、继承传统、弘扬传统，增进爱党、爱国、爱社会主义情感。

【民兵预备役人员的国防教育】　以民兵整组为契机，组织全县专职武装干部、民兵预备役人员学习国防教育法律法规。

【国防教育主题活动开展】　在《中华人民共和国国防教育法》颁布实施18周年和第19个全民国防教育日，通过设立宣传咨询站、发放宣传册、明白纸、悬挂条幅、文艺演出、电视台播放爱国影片和国防教育公益广告，在主要街道、路口、市场的LED显示屏播放宣传片等形式开展国防教育。开展征兵宣传活动。6月7日，组织乡镇武装部和机关全体人员，深入到高考考点进行征兵宣传，悬挂宣传条幅25幅，发放宣传单5000余份，制作宣传展板10块，解答咨询100余次。悬挂条幅、张贴标语、发放宣传资料。征兵期间全县悬挂宣传条幅100余幅，张贴兵役登记公告和宣传海报550余张，印制宣传T恤2000余件，宣传单2万余份；利用村街“大喇叭”宣传征兵政策；每天的黄金时段在县电视台、电台滚动播出兵役登记公告及征兵宣传标语口号，实时报道征兵工作最新动态；开通香河征兵微网站，及时推送征兵政策、国防法规，刊发征兵工作最新动态。

【国防教育基地建设】　4月28日，河北省国防教育基地正规化建设观摩活动暨河北省国防教育基地授牌仪式在香河县国华影视基地举行，省军区副司令员朱世海，省委宣传部副部长、省电影局局长史建伟等，廊坊军分区司令员白文建，香河县委书记、县人武部党委第一书记李桂强等市县领导参加活动。活动中，香河县国华影视基地被正式命名为“河北省国防教育基地”。中央电视台七套军事农业频道“军营大舞台”栏目组走进国华影视基地，举行“军旅红歌演唱会”。香河军嫂武光俊作为全市典型在全省宣传推广，6月9日，河北广播电台“我和我的祖国”365百姓故事汇微故事展播（第9期），以闪耀军功章的“背面”为题，对香河军嫂武光俊的先进事迹进行宣传。制作国防教育网上数字展厅，分别以第一城、国华影视基地两家省级国防教育基地为基础，利用三维虚拟现实VR技术将基地展馆及其陈列品推送到互联网上进行展示宣传，构建数字化展厅，使观众群体能够在网络平台及手机等移动终端上真实感受教育基地，接受国防教育。

（王海林）

## 人民防空

【概况】　2019年，香河县人民防空加强人民防空工程建设、人民防空宣传教育、人民防空设施维护等工作，提升全县人民防空能力和水平。

【人民防空工程建设】　2019年，审批××个工程项目，其中就地建设××个，易地建设工程×个。县重点人防工程，相关手续办理齐全，开工建设。

【人民防空宣传教育】　在县委广场开展人防宣传2次，发放宣传材料800册，受教育群众1100人。

【人民防空设施维护】　对投入使用的人防工程进行巡查，督促使用单位对人防设施进行定期维护管理，形成检查记录，确保人防设施使用效能。

（张　洋）

# 法　治

责任编辑　王树春

## 综　述

2019 年，全县政法机关始终坚持以习近平新时代中国特色社会主义思想为统领，紧紧围绕维护国家政治安全、确保社会大局稳定、促进社会公平正义、保障人民安居乐业"四大任务"，履职尽责、奋发作为，完成各项重点工作。年内，政法系统有 12 名个人、10 个集体受到省级以上表彰奖励。其中，县公安局巡特警大队被评为"全国青年文明号"，县人民检察院被评为"全国优秀青少年维权岗"。在 2019 平安河北"三微"比赛中，县委政法委报送的《反邪教战士之歌》荣获优秀微视频奖。香河县人民法院荣获"全国法院司法宣传先进单位"称号。

## 政　法

【概况】　坚持以情报信息为引领，不断加强管控力度，完成全国"两会"、第二届"一带一路"国际合作高峰论坛、"5·18"中国廊坊国际经济贸易洽谈会、暑期、中华人民共和国成立 70 周年国庆等一系列重要节点的安保任务，未出现任何纰漏。增强人民群众安全感，提高预测、预警、预防各类风险能力，加强综治中心建设，学习借鉴"枫桥经验"，不断加强和创新社会治理。以深入推进"八开展、八跟进"（开展"存量清零"专项行动，同步跟进人民群众满意度调查；开展"打伞破网"专项行动，同步跟进"一案三查"；开展"打财断血"专项行动，同步跟进涉案财物管理；开展突出违法犯罪"延伸打击"专项行动，同步跟进治安突出问题整治；开展"质量提升"专项行动，同步跟进执法司法规范化建设；开展行业监管"堵塞漏洞"专项行动，同步跟进综合治理；开展农村"两委"班子换届"回头看"专项行动，同步跟进基层社会治理；开展"正风肃纪"专项行动，同步跟进政治性警示教育）专项行动为载体，全面推进"扫黑除恶"专项斗争，围绕习近平总书记对政法队伍提出的"政治过硬、业务过硬、责任过硬、纪律过硬、作风过硬"的要求，贯彻落实中共中央印发的《关于新形势下加强政法队伍建设的意见》，营造守正创新的良好生态。

【社会稳定维护】　做好社会稳定维护工作，管住人地物，突出一个"严"字。对重点人员，严格落实乡镇包村干部制度，成立情报专班，实行每日一研判，每日一通报，每日一点评，做到第一时间掌握"新动向"，确保对辖区内的重点人员底数清、情况明。建立镇（区）安保指挥中心，形成信息集中、命令集中、力量集中，统一指挥、统一调度的“三集中、两统一”指挥调度格局。对重要物品，安排专人专管，定岗定责，严密安保措施，在所有重要物品使用存放单位全部安装视频监控设备，实现与“110”指挥中心联网。深入推进打击制贩枪支犯罪、易燃易爆危险物品和寄递物流安全管理整治，严格对辖区涉危涉爆单位的日常检查，全面加强对枪支、民爆物品、易制爆危险化学品、散装汽油等危险物品的监管控制，未发生危爆物品丢失、炸响等情形。

建好应急队，确保一个“快”字。进行全面排查，发现涉恐嫌疑人员，确保能够迅速落实侦控、管控措施，稳妥予以处置。年内，核查关注人员50余人，排查出3名关注人员、2名非关注人员，全部做出稳控措施。对46家反恐重点目标的人防、物防、技防情况进行巡查，其中，二类重点目标19个，三类重点目标27个；健全反恐防暴工作指挥协调机制，完善应急处突预案，组建以巡特警大队为主体的应急处突力量，以防冲撞、防砍杀、防爆炸、防纵火、防个人极端行为为重点，定期开展应急拉动演练，确保遇有突发紧急情况能够快速稳妥处置。依托实有人口和房屋管理，对涉恐重点复杂场所开展排查，严防暴恐分子实施暴力恐怖活动。

【平安建设】 2019年，以创新社会管理为抓手，不断夯实平安建设基层基础。深入开展严打整治专项行动。在集中清查行动中，出动警力3756人（次）、警车1326辆（次），检查场所4251家（次），发现并整改隐患48处，限期整改、停业整顿20家；从中查获治安案件9起，处理15人；破获刑事案件1起，抓获犯罪嫌疑人3人。在“亮剑2019”专项行动中，侦破涉黄赌案件43起，刑事拘留28人，行政拘留161人；侦破涉枪涉爆案件3起，行政拘留3人；破获1起涉嫌收购珍贵、濒危野生动物及制品案，刑事拘留1人；在街面巡控过程中抓获现行违法犯罪嫌疑人49人，稳控群体性事件12起，制止个人极端事件2起；抓获公安网在逃人员58人。在“利刃2019”专项行动中，破获传统侵财类刑事案件20起，逮捕犯罪嫌疑人13人；查获新发现吸毒人员4人，强制戒毒1人，移送起诉涉毒犯罪嫌疑人1人；破获电信诈骗案件16起，刑事拘留犯罪嫌疑人5人，移送起诉“民族资产解冻”专案犯罪嫌疑人4人，累计15人。

【完善城乡社区治理体系】 2019年，以新时代“枫桥经验”为引领，充分结合工作实际，制定香河县《关于坚持发展新时代“枫桥经验”进一步加强和创新基层社会治理的实施意见》，3月21—24日，组织有关单位到浙江省诸暨市枫桥镇进行考察学习。按照“立足当前、着眼长远、标本兼治、综合治理”的原则，在全县范围内深入开展单位无集体进京赴省上访、无重大群体事件发生、无重大“民转刑”命案发生，矛盾纠纷排查率、矛盾纠纷化解率、高危当事人管控率3个100%的“三无三百”平安村（社区）创建活动，年内，全县有68个村街达到无诉讼、无涉诉信访、未发生治安案件的标准。以综治中心为抓手，实行网格化精细化管理，大力推进县、镇、村三级综治中心规范化建设。县级综治中心建设完成，镇级综治中心达标率100%，所有村级综治中心全部达到有场所设施、有工作力量、有规章制度，规范职责任务、规范工作架构、规范数据应用、规范业务流程、规范保障标准的“三有五规范”建设标准。加强社会治安综合治理网格化管理工作，在合理划分网格、配备网格员的基础上，上半年，结合换届选举及时对网格员进行调整。全县529名网格员全部调整到位，发放手机终端529部。县人保公司受理农村治安保险理赔案件75起，理赔金额26.3万元；为全县1248名精神障碍患者监护人缴纳2019年度责任险12.48万元；

为全县27名严重精神障碍患者监护人发放“以奖代补”资金4.86万元。6月，在全县范围内联合开展严重精神障碍患者集中排查诊断与确诊患者危险性评估活动，排查精神障碍患者1514名，占全县总人口的4.03‰。

**【律师参与村街基层民主法治建设】** 在全县300个村街实现法律顾问全覆盖的基础上，以村（居）公共法律服务工作站为阵地，充分发挥律师业务专长，在服务新农村建设、满足村街群众法律服务需求、化解基层矛盾纠纷、普及法律知识、维护稳定等方面发挥积极作用。法律顾问广泛开展各类免费法律服务，参与村街法治宣传活动100余次，接受法律咨询1200余人次，参与修订涉法文书72件，参与调解纠纷355件。在开展“民主法治示范村”创建活动中，安平镇王家摆村、五百户镇后土门楼村、蒋辛屯镇北三百户村被确定为省级民主法治示范村。

**【社会治安综合治理智能化建设】** 坚持实战导向，投资487.6万元，加快“数字综治”建设。全县自主研发的“香河县智慧治理信息系统管理平台”全面启动运行。加快推进以县、乡、村三级综治中心为指挥平台，以综治信息化为支撑，以网格化管理为基础，以公共安全视频监控联网应用为重点的“群众性治安防控工程”，通过三级综治中心建设把治安防范措施延伸到群众身边，发动社会力量和广大群众共同监看视频监控，共同参与治安防范，从而真正实现治安防控“全覆盖、无死角”的“雪亮工程”及综治视联网建设，“雪亮工程”平台完成建设，全县各镇（社区办）、园区综治视联网平台全部建成。

**【加强矛盾纠纷多元化解工作】** 积极探索矛盾纠纷多元化解机制，推进矛盾纠纷化解手段多元化、主体多元化和载体多元化，不断提升全县化解社会矛盾纠纷工作能力和水平。认真落实案件受理沟通制度，推行诉外沟通、庭前对话、庭中协调的工作模式，力争将矛盾化解在诉前，解决在庭外；建立医患、劳资、交通事故、土地流转、环境保护、消费者权益保护、物业管理、食品药品安全8个行业性、专业性人民调解委员会，着力做好矛盾纠纷高发领域的排查调处工作。在全县开展矛盾纠纷排查化解工作，针对排查出的矛盾纠纷隐患，逐一制订管控解决方案，有效避免不稳定因素失控、升级。全县各级人民调解组织开展矛盾排查活动169次，排查出矛盾纠纷786件，调处成功762件，预防纠纷95件，没有调处成功的都落实了防范措施。

**【强化社会治安防控体系建设】** 在智慧边界建设上，安装热成像枪球联动系统27套、人脸识别系统25套、星光级摄像机52套、4G电子围栏10套，所有数据全部接入公安机关查控平台；成立8个巡控处突组和1个无人机巡逻组，不间断地对环京边界进行巡逻，形成点、线结合，“人防”“技防”结合的立体化防控体系，确保接到可疑人员越界的预警指令，能够迅速赶到现场进行处置，切实提高对可疑目标的发现和查控能力。在智慧社区建设上，投资3800万元，对各社区重要区域建设视频监控摄像机430台，社区单元门口安装人脸抓拍摄像机741台，社区出入口建设人脸抓拍摄像机242台、车辆抓拍摄像机146台，并通过技术手段，实现社区的多维数据采集、应用，有效压降各类发案；在智慧视频建设上，为满足城市治安防控和城市管理需要，利用图像采集、传输、控制、显示等设备和控制软件组成，对固定区域进行实时监控和信息记录的视频监控系统的“天网工程”经过6期建设，建成1250套视频监控摄像机、44套智能卡口和县公安局“天网”平台为基础的视频监控系统。年内，投资700余万元，安装80套人脸识别系统并完成视频监控平台智能化升级，增加智能化应用模块，最大限度发挥指挥督导、侦查破案、服务群众等功能。在智慧警务站建设上，实现屯兵街头、前移警务，不断强化打击、防范、服务。9 月 28 日，城区 3 个综合警务站正式建成启用，夯实了社会面治安防控基层基础工作。全县形成以智慧检查站为点，以智慧边界为线，以智慧社区、智慧视频、智慧警务站为面的立体化、信息化、智能化社会治安防控体系。

**【“八开展、八跟进”专项行动】** 2019 年，以“扫黑除恶”为重点，全面净化社会治安环境，以深入推进开展“存量清零”专项行动，同步跟进人民群众满意度调查；开展“打伞破网”专项行动，同步跟进“一案三查”；开展“打财断血”专项行动，同步跟进涉案财物管理；开展突出违法犯罪“延伸打击”专项行动，同步跟进治安突出问题整治；开展“质量提升”专项行动，同步跟进执法司法规范化建设；开展行业监管“堵塞漏洞”专项行动，同步跟进综合治理；开展农村“两委”班子换届“回头看”专项行动，同步跟进基层社会治理；开展“正风肃纪”专项行动，同步跟进政治性警示教育的“八开展、八跟进”专项行动为载体，全面推进“扫黑除恶”专项斗争。破获涉恶案件 51 起，抓获涉恶人员 105 人。其中，打掉恶势力团伙 2 个，抓获团伙成员 24 人，从中破获案件 7 起。检察机关批捕 7 件 9 人，提起公诉 4 件 16 人；审判机关一审判决 5 件 26 人，一审判决生效 3 件 15 人。纪委监委立案 2 件 4 人。“扫黑除恶”专项斗争深入开展，有效净化全县社会治安环境。年内，接收有效警情 14188 起，同比下降 9.57%；九类涉恶类刑事案件发案 52 起，同比下降 27.7%。

**【“扫黑除恶”专项行动】** 加强组织领导。3 月初，全县提前谋划“扫黑除恶”专项斗争重点工作，并就加强线索核查、宣传发动、“一案三查”、综治工作以及基层组织建设等进行具体部署；县委召开县委常委会，专题部署 2019 年“扫黑除恶”专项斗争，制定《香河县 2019 年扫黑除恶专项斗争工作要点》；4 月 26 日，召开全县“2019 年扫黑除恶专项斗争推进会”，压实责任，细化分工，强调要求。工作推进过程中，县委主要领导约谈重点行业部门“一把手”和各镇党委书记，聚焦问题、责任、落实三个方面，提出明确要求和指导意见；组织政法各部门和相关成员单位先后 9 次召开“扫黑除恶”工作会议，研究解决问题。

加强宣传工作。坚持“扫黑除恶，宣传先行”，印发《扫黑除恶专项斗争普及读本》，详尽阐述“扫黑除恶”相关知识，使广大干部群众有据可依、有的放矢。充分发挥宣传栏、“大喇叭”和电子屏的宣传作用，在村街、商场、广场开展全方位、立体化宣传，让“扫黑除恶”深入人心。5 月 17 日，邀请县人大代表、政协委员和各行业部门负责人召开座谈会，通报工作进展，听取意见建议。在商业街、家具城等人员密集、流动较大的场所、部位布设展架、张贴海报，公布举报方式，利于广大群众举报黑恶违法犯罪线索，累计发放宣传材料 15 万份，张贴标语、悬挂横幅 4000 余条，张贴宣传彩画 1.2 万张，印发《扫黑除恶专项斗争普及读本》3 万份，设置标语电子屏 5000 余块，布设宣传展架 1300 个，接到群众举报的黑恶类线索 30 余条。

加强核查办案。针对辖区实际和黑恶犯罪隐身变色等特点，明确主攻方向，突出抓好线索核查、案件侦办工作，加大对涉恶案件的侦办力度，取得新战果，成功打掉于某海恶势力团伙、袁某武恶势力团伙，抓获团伙成员 24 人，从中破获寻衅滋事、非法拘禁案件 7 起。

加强行业监管。持续加强对家具物流、征地拆迁、房地产开发等易滋生黑恶势力的行业、领域管理。公安、法院等部门在侦办已经打掉的涉恶团伙时，针对相关行业部门存在的监管薄弱环节，向主管部门移交监管建议5条；住建部门调整24个“扫黑除恶”工作组，全员参与“扫黑除恶”，对全县建筑市场进行大规模线索摸排；交通、住建等部门完善了包括《住建系统涉黑涉恶违法犯罪易发多发领域“扫黑除恶”工作制度》《交通运输行业准入标准》《“黑名单”制度》在内的9项工作制度，特别是对工程项目建设、房屋拆迁、装修市场等行业领域，完善公安机关与相关行业监管部门线索双向移送反馈机制，切实提升综合治理能力和成效。

加强基层组织建设。防止黑恶势力染指、渗透基层政权，以村街“两委”班子换届选举为契机，加强基层组织建设。在资格审查时将“五选十不选”、扫黑除恶、整治村霸村闹和宗族恶势力等内容纳入候选人资格审查，对全县300个村街的1618名村党组织候选人和612名现任村委会成员进行先期资格审查，累计审查4358人（次），剔除曾受处理人员68人。在选举过程中，化解选举产生的矛盾纠纷74起，破获涉换届选举的刑事案件2起，刑事拘留3人，查处治安案件6起，行政拘留8人，训诫8人；破获一起原任村干部朱某干扰选举的刑事案件；依法将破坏换届秩序的组织者赵某、康某抓获并刑拘。全县村街换届秩序平稳，300个村街、16个社区“两委”顺利换届。选举后，持续强化管理培训，重点围绕法律知识、工作纪律等进行专题培训，围绕“扫黑除恶”14类打击重点进行重新摸底调查，对1509名新当选村“两委”干部成员逐人“再过筛子”，开展换届“回头看”，确保基层组织的纯洁性。

【政法队伍建设】 2019年，全面提升政法队伍整体水平，围绕习近平总书记对政法队伍提出的“政治过硬、业务过硬、责任过硬、纪律过硬、作风过硬”的要求，贯彻落实中央印发的《关于新形势下加强政法队伍建设的意见》，营造守正创新的良好生态。

扎实开展教育培训工作。组织全县政法系统干警参加政法网络大讲堂集中培训，5月底，分2批次组织政法部门及乡镇政法委员赴重庆学习。注重强化机关干部的日常学习，县委政法委机关坚持开展中心组学习和周五集体学习，定期组织开展交流研讨活动，起到较好的示范效应。把每周五下午作为党员集体学习日，定期开展活动，确定活动主题，明确活动内容，在“党章学习日”等党的重大节日期间专门制订活动方案，通过开展重新学习《中国共产党章程》、重温入党誓词及组织单位全体观看《古田军号》《我和我的祖国》等电影，促进教育活动开展。

认真做好干部选拔配备工作。县委政法委按照干部管理权限，不断规范干部任免管理工作，特别是严把职数、任职资格、任职程序“三关”。年内，研究调整县级政法部门干部1次，在干部工作中从未发生违法违纪问题。

积极做好政法宣传工作。香河县长安网站建立长安网群技术保障队伍和通讯员队伍。香河县在河北长安网的发稿数量一直在全省各地市综合排名第一。年内，全县政法系统在市级以上媒体刊播稿件2058篇，其中，国家级媒体刊播166篇，省级媒体刊播1613篇，市级媒体刊播279篇。

（刘东波）

## 公　安

【概况】 2019年，香河县公安局以习近平新时代中国特色社会主义思想为指导，贯彻落实习近平总书记重要讲话精神，以维护政治安全为根本，以服务经济发展为目标，以“不忘初心、牢记使命”主题教育为载体，以智慧边界、智慧路防、智慧视频监控、智慧平安社区、智慧警务站“五大智慧工程”建设为抓手，主动作为、勇于担当，完成亚洲文明对话大会、庆祝中华人民共和国成立70周年系列活动等重大安保任务，公安事业实现高质量发展，全县社会治安秩序持续稳定。是年，县公安局有11个集体和11名个人受到省级以上表彰，7个集体和30名个人受到市级表彰。其中，县巡警特警大队被共青团中央、公安部授予“2017—2018年度全国青年文明号”荣誉称号，县看守所、京哈高速香河北检查站等集体分别被省公安厅评为“成绩突出集体”。国务委员、公安部部长赵克志，河北省副省长、公安厅厅长刘凯，中共廊坊市委书记冯韶慧等领导对香河县公安工作给予高度评价。

【全力打造“智慧公安”】 2019年，县公安局以海康视频采集存储平台为基础，先后完成“天网工程”的五期建设，在此平台基础上相继搭建了智慧边界、智慧社区和智慧路防工程等单体智慧工程项目，最终形成以县公安局指挥中心天网一级监控平台为龙头，以12个基层所队二级基础平台为骨干，以222个村街三级存储平台为支撑，以智慧交通平台为补充的综合性智能监控平台。

集中开展“五大智慧工程”建设，与“天网工程”有机融合，并初具规模。“天网工程”为侦查破案、巡逻防控和智慧城市提供大量数据资源，单体智慧项目在社区管控、快速安检、暑期通道管理、犯罪发现、手段延伸等方面发挥良好作用。

【惩治违法犯罪】 2019年，继续保持对各类违法犯罪的严打高压态势，带动治安防范工作整体提升，切实保障人民生活安宁。把“扫黑除恶”专项斗争作为重大政治任务，充分发挥公安机关主力军作用，深挖细查，净化政治生态，赢得党心民心。全力抓好大案攻坚，坚持命案必破。11月20日，迅速侦破钱旺镇达古庄村一家4人被杀案，将犯罪嫌疑人庄某某成功抓获。各类专案、专项行动成绩斐然。在以惩治黄赌毒、枪爆物品等违法犯罪，整治出租房屋、行业场所、医院校园周边治安乱点等为重点的“亮剑2019”专项行动中，查处涉枪爆治安案件3起、行政处罚违法人员3人；侦破涉黄赌毒案件53起、刑事拘留29人、治安拘留161人；抓获公安网在逃人员61人。在“利刃2019”专项行动中，破获传统侵财类刑事案件28起，逮捕犯罪嫌疑人17人。在“云剑”追逃专项行动中，充分利用中秋节、国庆节等重大节日期间在逃人员可能潜逃回家的时机，开展追逃工作，抓获各类在逃人员143人。在侦办公安部督办的“民族资产解冻”专案中，破获案件13起，刑事拘留26人。推进巡逻防控，严

国庆期间，县公安局巡特警大队开展街面巡逻　　县公安局供图

打街头犯罪。以“追逃清网”“身边小案集中破”等专项行动为载体，不断强化“实战+视频”立体化巡控模式，深化社区警务，出动巡逻警力76587人次，警车16520辆次，盘查可疑人员65821人次，盘查可疑车辆52683辆次，抓获各类违法犯罪嫌疑人268人，群众的安全感和满意度进一步得到提升。

9月12日，开展交通安全知识进校园宣传教育活动　　县公安局供图

【为县域经济发展保驾护航】 2019年，围绕服务经济、服务大局，确保县域经济社会和谐有序发展，县公安局严厉惩治经济犯罪，先后开展了惩治侵犯知识产权和制售假冒伪劣商品犯罪、非法集资违法犯罪专项行动，立案18起，破案8起，抓获犯罪嫌疑人27人。在惩治传销行动中，破获组织、领导传销活动案3起，刑事拘留10人，捣毁传销窝点85个，解救被骗群众6人，教育遣散187人，及时清除传销违法犯罪活动滋生的土壤。打击环境污染犯罪，开展“利剑斩污”“水污染治理”“蓝天”“净土”等专项行动，破获污染环境类刑事案件1起、刑事拘留1人，治安案件9起，治安拘留10人；严管严控烟花爆竹燃放，破获非法储存、运输、燃放烟花爆竹行政案件12起，行政处罚12人，劝阻制止违法燃放烟花爆竹案86起，查处违规燃放案件1起，收缴烟花126箱，爆竹42万头。打击各类食品、药品违法犯罪，县公安局会同县卫生健康局、县教育和体育局、县市场监督管理局等部门深入全县170余所学校、幼儿园进行联合检查，着力解决校园食品、供餐企业、周边饮食摊点卫生等方面存在的问题；开展食品药品安全检查专项行动，重点是食品批发市场、大型超市等，检查单位135家；县公安局会同县农业农村局开展农资农药打假专项行动，深入蔬菜集中种植区、田间地头、农资市场等场所，联合执法检查80余次，有效维护了广大农民的合法权益。先后破获王某及王某龙生产销售伪劣产品案，王某及董某销售非法制造注册商标标识案等系列案件，抓获犯罪嫌疑人23人，移送审查起诉12人，有效维护了全县食品药品安全。

【交通安全管理】 防事故、保畅通，集中开展“除隐患、防事故、保大庆”交通安全整治攻坚战，开展集中统一行动32次，累计查处各类交通违法行为56.9万余起，行政拘留312人，刑事拘留78人；坚持警力下沉，在农村地区建立驻区中队，延伸交通安全管理。在6个乡镇建设一级劝导站9个，使农村道路交通安全得到有效治理。

加大交通安全宣传警示、提示、曝光力度，集中曝光突出违法车辆150辆次，典型事故案例27次。突出“两客一危一货”（公路客运、旅游客运、危化品运输车辆及重型货车）驾驶人等重点群体，推送警示提示信息6500余条，累计覆盖重点群体8万人次；以“七进”宣传为载体，组织民警深入乡镇集市、学校、工厂、村街播放警示教育片、举办文艺演出等，吸引群众主动参与，自觉接受教育。健全完善农村交通基础设施建设，积极开展“千灯万带”（至少在全国一千个农村公路平交路口增设交通信号灯,在一万个农村平交路口增设减速带等安全设施）示范工程，在10个路口增设信号灯，25个路口安装减速带。

【深化“放管服”工作】 2019年，深化“放管服”工作，坚持将户籍管理各项便民举措落到实处，与县邮政局联合，免费邮寄到家；为高考、各类职业资格考试考生，办理“绿色通道”；实行“互联网+户政服务”，企业和群众可以登录各地公安机关网上办事大厅、政务网、移动终端等平台，在线咨询户籍政策、预约户政业务、查询业务办理进度等。受理公民因私出国及往来港澳台申请13519证次，其中，护照7265证次，往来港澳通行证5119证次，往来台湾通行证1135证次。

【常住人口管理】　截至2019年年底，全县总人口376350人，127667户。其中，城镇人口181138人，乡村人口195212人。从性别比例上看，2019年总人口中男性186197人，占总人口的49.5%，女性190153人，占总人口的50.5%；从年龄构成看，0—17岁79915人，占总人口的21.2%，18—34岁88452人，占总人口的23.5%，35—59岁133637人，占总人口的35.5%，60岁以上74346人，占总人口的19.8%。

【公安队伍管理】　2019年，以“不忘初心、牢记使命”主题教育为主线，公安局精心组织，超前谋划，先后开展7次集中学习、5次专题研讨、1次专题党课，对照党章党规找差距，深入探讨党委班子成员存在的问题和不足，明确整改措施。通过网络学习、警示教育、知识测试、亮牌示岗、志愿服务等形式，加强对党员干部的教育引导。为落实“一岗双责”工作机制，坚持以案为鉴，从思想、制度、监督三方面筑牢全体民警的思想防线，将党风廉政建设与业务工作同部署、同检查、同落实、同考核，围绕重大安保工作和中心工作，由督察牵头，深入一线实地督导检查，确保各项工作落到实处。举办公安业务“大讲堂”，坚持以实战实用实效为标尺，完善教学练战一体化教育培训机制，分类分层级开展全警大练兵，最大限度提高民警实战能力和业务水平。为落实从优待警，激发工作热情，为因公负伤民警申请公安部特别慰问金1万元，为9人申报省市县政法系统特困干警资助金5.7万元；针对民警实际困难，以民警互助协会的方式筹集资金，开展春节慰问、大病特别救助、战时慰问、子女入学慰问等活动，累计慰问78人次，发放慰问金22.1万元。

（马　静）

## 检　察

【概况】　2019年,香河县人民检察院在上级人民检察院和县委的正确领导下，在县人大及其常委会的监督下，在县政府的大力支持和有关部门的密切配合下，认真贯彻中共十九大及十九届二中、三中、四中全会精神和习近平新时代中国特色社会主义思想，“讲政治、顾大局、谋发展、重自强”的检察总体要求，着力抓好检察业务发展，为绿色香河、法治香河、平安香河创造了公正高效的法治环境。年内，受理本院、公安转送案件709件、1104人。其中，呈捕257件、358人，移送公诉314件、262人，退查138件、284人。

【司法责任制改革】　明确改革要求，完成内设机构改革各项工作。将13个科室整合为5个部室，提升检察工作效能；实行“捕诉一体”办案机制，组建3个检察业务机构，实现刑事、民事、行政、公益诉讼“四大检察”并行。

【刑事检察】　2019年，受理案件350件、506人，审结起诉285件、419人，不起诉23件、26人，指定管辖案件6件、24人，判决252件、343人，出庭支持公诉308次，提出适用简易程序建议175件，追诉漏犯3人，追诉漏罪1人，纠正侦查活动中违法情形1件，适用认罪认罚从宽制度案件95件、133人，提出量刑建议97人，法院采纳率100%，在判决的案件中，无超期羁押、无遗罪漏犯。

**【刑事执行检察监督】** 2019年，办理羁押必要性审查案件12件，变更强制措施的建议均被相关单位采纳，采纳率为100%；书面纠正监管场所违法8件，确保了在押人员合法权益，维护了监管秩序的稳定；审查纠正羁押期限违法3件；县人民检察院与县司法局分别于3月和9月联合开展社区矫正执法检查活动，书面纠正社区矫正违法1件，均被采纳；财产刑执行监督，将年内收到的财产刑执行案件202件全部核查，建立“两个台账”，完成相关业务数据录入；集中清理判处实刑罪犯未执行刑罚专项活动，核查出全县有审前未羁押、判处实刑未交付执行罪犯21人，年内收监执行16人。

**【控告申诉检察】** 受理并办结立案监督案件6件，其中，公安机关立案1件，受理办结民事申诉案件4件，办理刑事申诉案件3件，移送扫黑办案件线索3件。接收最高人民检察院、省人民检察院、市人民检察院及本级信件38件，全面贯彻落实最高人民检察院检察长张军提出的“群众来信件件有回复”制度。

**【行政审判监督】** 受理民事生效裁判结果监督案件3件，做出不支持监督申请决定3件；受理行政执行活动的监督案件1件，做出不支持监督申请决定。

**【民事及行政检察】** 2019年，受理民事、行政生效裁判结果监督案件3件，做出不支持监督申请决定3件；受理审判程序违法监督案件5件，均办结并发出检察建议；受理对民事、行政执行活动的监督案件1件，做出不支持监督申请决定。

**【公益诉讼检察】** 2019年，办理行政公益诉讼案件32件，均办结并发出诉前检察建议。5月，开展以公益诉讼为主题，通过手机短信平台，向广大人民群众发送“立足检察职能、推进公益诉讼”“守护祖国的绿水蓝天”“维护百姓‘舌尖上的安全’”“保护国有财产不受侵犯”为内容的公益诉讼宣传短信2000条，使广大人民群众充分了解公益诉讼的监督范围，感受到检察机关履行法律职责和为人民服务的决心。

**【社会治理创新】** 践行新时代“枫桥经验”。以创新发展新时代“枫桥经验”为契机，做好检察信访工作。2019年，妥善处理群众来信来访96件次，引导信访群众理性表达诉求、依法维护权益，切实将矛盾化解在基层，把问题解决在萌芽状态，继续保持涉检涉诉进京赴省“零上访”。

**【推进公益诉讼】** 办理行政公益诉讼案件32件，均办结并发出诉前检察建议。

**【审查批捕】** 受理审查逮捕案件293件、401人，批准逮捕257件350人，不批准逮捕32件48人。

**【“扫黑除恶”专项斗争】** 2019年，批准逮捕黑恶势力犯罪案件7件、9人，追捕1人；提起公诉5件、19人，年内，除1件3人尚在审理中外，其余均已判决。接受群众举报线索2件，全部移送相关部门；“回头看”“再回头”复查案件2935件、3932人。监督涉恶案件2件、3人，提前介入9件、17人。向公安机关发送关于涉恶案件的检察建议1份。县人民检察院有1人和1个集体被市人民检察院授予“扫黑除恶先锋”荣誉称号。

**【法警工作】** 2019年，县人民检察院法警队加强与检察业务部门配合，保护检察官开庭公诉28人次，协助检察官提审46人次，参与刑事执行检察社区矫正5次，为公益诉讼提供警务保障3次，送达各类法律文书45次，维护法律宣传现场秩序 4 次。

**【阳光检察】** 增强检察工作透明度，促进人民群众和社会各界对检察工作的认识与了解，举办“检察开放日”、评议检察等活动，邀请人大代表、政协委员、社会各界人士到县检察院评议检察工作，召开专题座谈会 3 次。案件信息公开网公开程序性案件信息 434 件，法律文书 272 份。县检察院微信粉丝 187 人，发布信息 495 条；微博粉丝 231 人，发布信息 2025 条；今日头条粉丝 148 人，发布信息 148 条；门户网站发布信息 270 条。市级媒体发表 2 篇。

**【“12309”检察服务中心】** 受理群众来信来访 58 件次，接受法律咨询 65 件次。协调并落实县群众服务中心值班 100 余人次，国家信访总局值班 6 人次。

**【未成年人检察工作】** 2019 年，受理审查逮捕涉及未成年人案件 16 件、24 人，批捕 13 件、18 人，不予批捕 4 件、6 人。受理审查起诉案件 18 件 32 人，提起公诉 15 件 20 人。适用认罪认罚从宽制度 10 件 12 人。在打击侵犯未成年人犯罪的同时，县人民检察院认真贯彻落实“一号检察建议”，提高未成年人的安全意识及防性侵的自我保护意识。9 月开学季，县人民检察院正副检察长分别在其所担任的法制副校长学校开展送法进校园法治宣讲活动，会同校方一起检查学校的学生宿舍、食堂，查找安全隐患，进一步完善校园安全建设。

**【保障民营经济健康发展】** 7 月，走访民营企业,深入到企业内部,详细了解民营企业的发展经营情况,听取企业员工对检察机关的意见和建议，拉近检察机关和民营企业的距离，增强企业经营者的信心，提高企业遵纪守法意识，激励民营企业的发展，并为建立亲情检企关系，更好地服务和保障民营经济健康发展奠定了坚实基础。

**【食品安全联合执法专项整治】** 为深入贯彻落实习近平总书记关于食品药品安全“四个最严”指示精神，规范香河县食品生产经营市场，严厉打击食品安全违法行为，县人民检察院与县市场监督管理局联合印发《关于落实食品药品安全“四个最严”要求专项行动工作方案》，成立专项行动小组，并于春节前，共同对县内批发市场、超市、高速服务区等地开展了联合执法专项整治活动。

**【检察机关队伍建设】** 强化思想教育，做到政治过硬。积极参加县人民检察院开展的“不忘初心，牢记使命”主题教育活动，认真学习习近平总书记的重要讲话精神，牢固树立宗旨意识和服务意识，提高干警的政治素质。建设标准化党员活动中心和“党员之家”。强化人才培养，做到业务过硬。提高新形势下开展检察工作能力，强化党风廉政建设，做到作风过硬。组织检务督察 15 次，继续保持干警违纪违法零纪录。

（陈雅桐）

## 法　院

**【概况】** 2019 年，香河县人民法院在县委正确领导，县人大有力监督，县政府、县政协及社会各界大力支持下，牢牢把握司法为民、公正司法工作主线，忠实履行宪法法律职责。年内，受理案件 11303 件，同比上升 29%；审执结案件 10839 件，同比上升 31%；结案率 95.89%、审限内结案率 99.96%。香河县人民法院荣获“全国法院司法宣传先进单位”称号；3 名干警被评为全省先进。

【审判机关机构设置】 香河县人民法院下设诉讼服务中心、刑事审判庭、民事审判庭、行政审判庭、执行局、政治部、综合办公室、审判管理办公室、司法警察大队、安平法庭、安头屯法庭、渠口法庭、五百户法庭、蒋辛屯法庭、淑阳人民法庭、刘宋人民法庭、钳屯人民法庭、钱旺人民法庭、新兴产业示范区人民法庭、家具城人民法庭、经济技术开发区人民法庭、环保产业园区人民法庭。其中，机关内设机构 9 个，派出法庭 5 个，一乡一庭 8 个。有正式干警 105 人，政法专项编制 82 人，中共党员 119 人，3 人取得硕士学位，5 人取得三级心理咨询师资格。

【刑事案件审判】 受理刑事案件 322 件，审结 317 件。坚持“打伞破网”“打财断血”同步推进，对涉黑恶犯罪保持高压严打态势，受理审结涉恶案件 6 件，判处罪犯 29 人，公开宣判刘某等 6 人寻衅滋事案，提升人民群众安全感。

【民商事案件审判】 坚持“能调则调、当判则判、调判结合、案结事了”原则，受理民商事案件 5735 件，审结 5532 件。其中，审结买卖等合同纠纷 2500 余件，维护安全的市场交易秩序；审结涉民营企业借款、劳动争议等案件 600 余件，保障民营企业正常生产经营，优化营商环境。

【行政案件审判】 坚持依法保护行政相对人合法权益与监督支持行政机关依法行政并重，受理审结行政案件 277 件。坚持规范化审查，立案执行非诉行政案件 43 件，保障行政机关做出的各项具体行政行为程序合法、事实清楚、适用法律正确，促进依法行政。

【执行工作】 加大综合治理力度，加强与住建、土地、银行等部门协调联动，协同公安、检察机关实现拒不执行判决裁定罪突破，以拒不执行决裁定罪判处 1 人，推动形成“党委领导、人大监督、法院主办、社会联动”的综合治理执行难工作大格局。加大强制执行力度，受理执行案件 4882 件，执结 4626 件，执行到位金额近 2.5 亿元。网络拍卖房屋等 51 件，成交金额 6960 余万元；提起查控申请 400 余万次、冻结资金 1.6 亿元、司法拘留 92 人、罚款 71 件 64 万元、曝光 677 名失信被执行人、采取限制高消费等信用惩戒 3256 人次，打出执行声威。加大规范执行力度，建成集指挥调度、财产查控、信用惩戒等一体化执行指挥中心。查控手段从登门临柜到网络查控全覆盖，查控对象从银行存款到财产全类型，查控范围从本县到全国联网，实现执行模式的根本变革；加强执行管理，狠抓节点留痕，规范干警行为，有财产可供执行案件法定期限内结案率 97.12%、终本案件合格率 100%、执行信访办结率 100%。

【司法为民】 注重便民服务，打造“一站式”诉讼服务中心，配置导诉台、储物柜、自助立案机等设施，构建诉讼服务中心、司法公开网、“12368”热线服务体系；坚持立案登记制，当场

“12·4”宪法日开展“送法进校园”普法宣传活动　　县人民法院供图

立案登记率97%，网上立案367件、网上缴费450余次、跨域立案7件；司法救助59件200余万元，为115名当事人减、缓、免缴诉讼费80余万元，体现司法人文关怀。注重民生保护，聚焦民生热点，审结农村土地流转、建设工程等涉农纠纷650件；开展涉诉信访化解攻坚战，落实稳控措施，信访案件呈现初访少、无矛盾激化、无群体性事件的良好局面。妥善化解王某等100余名农民工起诉某公司拖欠劳动报酬案，避免群体性事件发生；拓展延伸职能，开展“法律六进”（法律进机关、进乡村、进社区、进学校、进企业、进单位）等活动150余次，提高人民群众法律意识；邀请14家金融机构、60余家民营企业共商发展大计，全力防范金融风险；深化枫桥经验，开展诉调对接，推进无诉讼乡镇村街创建活动，筑牢乡村治理法治保障，涌现出三间房村等27个无诉讼村街，探索出创新社会管理、增进社会和谐的新路径。

香河法院新任人民陪审员就职宣誓暨培训会　　县人民法院供图

【司法改革】 推进司法责任制改革，完成员额法官、法官助理和书记员单独职务序列改革，聘用制书记员选聘工作有序推进；组建28个审判团队，员额法官人均结案245件，排名全省前列；坚持院领导办案常态化机制，受理案件1738件，审结案件1516件，发挥示范引领作用。推进诉讼制度改革，落实“三项规程”（最高人民法院出台的“人民法院办理刑事案件庭前会议规程”“人民法院办理刑事案件排除非法证据规程”“人民法院办理刑事案件第一审普通程序法庭调查规程”，全面深入推进以审判为中心的刑事诉讼制度改革），证人、鉴定人、侦查人员出庭作证26人次，推进庭审实质化；深化家事审判改革，化解家庭纠纷780余件，促进家庭和谐；完善分案机制，设立速裁团队，推进繁简分流；优化内设机构改革，部门由31个缩减为21个，激发队伍活力。推进改革试点工作，改革庭审记录模式，推行语音识别转换系统应用，提高庭审记录效率；深化道交一体化调处机制改革，设立道交审判法庭，受理案件110件，为当事人提供全方位司法服务；新选任31名人民陪审员，人民陪审员参加审判、参与调解案件500余件，普通程序案件陪审率100%，创造出可复制、可推广的“香河经验”。

【监督职能】 接受人大监督，坚持向人大报告工作，接受人大审议和对法官履职监督；认真办理人大交办的信访事项，确保事事有着落；全方位、多角度加强与人大和人大代表联络沟通，邀请人大代表旁听、见证执行200余人次，接受监督成常态。拓展外部监督，适时向县政协通报情况，聘请政协委员担任执法监督员，听取意见建议；主动邀请政协委员参加视察调研、参与调解等工作；邀请检察长列席审委会讨论案件4件，支持检察机关履行监督职责。

【深化司法公开】 规范审判流程、执行信息、裁判文书公开操作流程，庭审直播案件 610 件，裁判文书上网 6885 份；定期邀请人大代表和政协委员视察法院，参加会议、旁听庭审、参与执行。畅通人民群众举报和监督渠道，设立举报箱，公开监督电话，完善人民陪审员制度，一审普通程序陪审率 100%。加大司法公开力度，组织社会各界 300 余人旁听庭审。举行“公众开放日”2 次，召开新闻发布会 4 次，满足公众司法需求。

【智慧法院建设】 加快建成人民法院信息化 3.0 版，助推智慧法院建设。推进电子卷宗深度应用。以抓“智审”系统应用为突破口，推进数字法院等系统在全院、全员、全程使用。加强电子卷宗同步生成工作，实现网上立案，网上缴费，切实让信息多跑路，让群众少跑腿。充分发挥人工智能在推动电子卷宗自动生成、案件信息自动检索、裁判文书自动生成、裁判文书智能分析校对等方面的作用，构建人力和科技深度融合的司法运行新模式，深入推进电子卷宗随案同步生成及深度应用工作，探索涵盖自助立案移动阅卷、电子送达、智能庭审、法律文书自动生成的一体化办案模式，建成集网络查控、远程指挥、监督管理等功能于一体的新型执行指挥中心，优化法官工作模式，提升审判质效，提高人民群众的司法获得感。

【队伍建设】 加强党建工作，打造高标准党员活动室、党建长廊，推进党支部规范化建设；通过院长讲党课、重温入党誓词、升国旗唱国歌等，提升党性修养。加强文化建设，突出抓好院志编纂和院史馆建设两件大事，先后 3 次在全省法院院志编纂推进会议上介绍经验，衡水饶阳等多地法院学习借鉴。院志初稿共 24 编 85 章 170 节 190 余万字，即将出版成册；院史馆规划建设稳步推进。加强廉政建设，坚持把纪律和规矩挺在前面，贯彻“八项规定”精神，整饬“四风”，落实“两个责任”，履行“一岗双责”，层层签订《党风廉政建设责任状》，确保主体责任落实到位；通过到廊坊市法治宣教中心参观学习等形式，教育引导干警增强廉洁自律免疫力，抓早抓小，防微杜渐。

（王春蕾）

## 司法行政

【概况】 2019 年 1 月 24 日，根据《中共香河县委香河县人民政府关于印发〈香河县机构改革实施方案〉的通知》（香发〔2019〕2 号）文件精神，重新组建县司法局，将县司法局的职责，以及县政府办公室（县政府法制办公室）的法制工作职责整合，重新组建县司法局，作为县政府工作部门。县政府办公室不再加挂县政府法制办公室牌子。是年，县司法局加强法治宣传教育、司法鉴定、人民调解、司法所规范化建设、人民陪审员选任、法律服务与律师监管、法律援助、公证、社区矫正、安置帮教、法治社会建设、“扫黑除恶”专项斗争、队伍建设等工作。在依法行政、行政规范性文件管理、行政决策机制、规范行政执法行为、专门监督和司法监督、行政复议、行政应诉、政府法律顾问等方面加大工作力度，促进政府法制建设。

【法治宣传教育】 完善领导干部、公务员学法用法工作。加强党委（党组）中心组集体学法、政府常务会议会前学法、领导班子集中学法制度，健全完善领导干部法治培训、法治讲座、学法档案制度，推进政府法律顾问制度。联合组织部门，利用党校阵地，聘请法律专家和教授对全县股级以上干部进行法律培训。继续组织实施干部法律知识合格证考试制度，把学法和考法成绩作为干部奖惩、晋级、任免及公务员考核的重要依据。

加强青少年法治宣传教育工作，深化“依法治校示范校”创建工作，完善法治副校长制度，强化专兼职法治副校长和法治辅导员作用，定期开展法治教育培训；积极开辟法治教育第二课堂，采取律师讲法制课、法院庭审旁听、法律故事大家讲、法律知识竞赛、矫正人员现身说法等法制实践活动，对师生进行生动、直观的法治教育。制定下发《2019 年香河县普法依法治理工作要点的通知》（香法宣〔2019〕2 号）。根据香河县人事变动情况，对香河县法治宣传教育工作领导小组进行调整。开展形式多样的法律宣传工作，根据“七五”普法规划要求，按照“谁执法谁普法”的原则，以“三八”国际妇女节、“3·15”国际消费者权益日、“4·15”全民国家安全教育日、《中华人民共和国网络安全法》实施 2 周年、开展非法集资宣传等活动为契机，围绕活动主题，组织各镇、社区及早策划、创新形式，使活动更务实、高效、更有针对性，截至 2019 年年底，发放宣传资料 2.31 万份，接受咨询 890 余人次,发放小件生活用品 800 余份，直接受益 2000 余人。从普法重点对象的需求角度和获取信息的行为习惯出发，制作相应学法内容满足各式人群的个性需求，通过组织开展法律进机关、进乡村、进社区、进学校、进企业、进单位、进家庭、进市场、进景区的“法律九进”活动，利用“香河普法”微信工作平台、户外广告屏等，力求普法范围覆盖全民，推动全社会形成崇尚法治氛围；利用“法治香河”微信公众平台向社会宣传法律法规、展示普法先进典型、点评剖析经典案例，拉近法律与用户的距离。

**【司法鉴定】**　司法鉴定工作稳步推进，通过廊坊市工作验收，在全市处于领先水平。2019 年，受理酒精检测业务 316 件。

**【人民调解】**　2019 年，围绕矛盾化解，深入开展人民调解工作。发挥人民调解在维护社会和谐稳定的“第一道防线”作用。按照省市安排部署，在全县部署开展“大排查、大化解、大宣传维稳攻坚”专项行动、“大排查、早调解、护稳定、迎国庆”专项活动和矛盾纠纷排查化解集中攻坚行动，活动期间，全县开展矛盾纠纷排查活动 209 次，排查出各类矛盾纠纷 909 件，调解成功 889 件，预防矛盾纠纷 114 件，未调解成功的全部落实防范措施，为中华人民共和国成立 70 周年营造良好社会环境；全县各级调解组织严格落实“村（居）日排查、乡镇（社区办）周排查、县月排查”以及“两节”“两会”期间民间矛盾纠纷排查化解机制，组织各类排查 337 次，预防纠纷 192 件；排查出各类民间矛盾纠纷 1590 件，成功调处 1557 件，调解率 100%，成功率 97.9%，未调处成功的矛盾纠纷全部落实防范措施，有效维护全县和谐稳定。

组织开展全县人民调解员培训工作。组织县司法局全体工作人员、各镇、村街、社区调解员及全县各行业专业性调解委员会主任 360 余人，在县文化艺术中心参加人民调解员培训，旨在使新选任的调解员尽快适应新的工作岗位，及早掌握人民调解的工作方法和业务技能。组织县司法局机关和镇、村调解员参加 5 期司法部举办的人民调解大讲堂视频培训。

部署开展完善调解员队伍、规范调委会建设活动。吸纳法庭和公安派出所人员、辖区内有威望且热心调解工作人员、各镇相关副职以及法律顾问充实到人民调解组织队伍。各镇、村、社区调委会严格按照要求新建精品调委会 20 个。11 月，设立香河县石材城人民调解委员会并开展人民调解工作。

**【司法所规范化建设】**　加强司法所整体建设，不断提高规范化水平。摸底调研全县司法所建设情况，会同县人大调研组展开座谈，提升司法所规范化水平；检查督导镇级公共法律服务中心建设和工作开展情况，相关信息及时上报市司法局；市司法局党组书记宋九胜到香河县新华司法所和县医疗纠纷调解委员会调研，对香河县司法所规范化建设工作给予充分肯定和高度评价。

【人民陪审员选任】 坚持依法民主、公平公开，做好人民陪审员选任工作。县司法局与县人民法院、县公安局积极协作，在经过随机抽选、资格审查、选任公告等程序后从200名候选人中选取31人，经县人大常委会正式任命为人民陪审员，并在宣誓和培训后正式开展陪审工作。

【法律服务】 拓展法律服务领域、服务民生、维护群众合法权益。提升法律服务能力，提高满意度。律师管理工作紧紧围绕服务全县经济发展大局，引导律师做好法律服务。2019年，办理各类案件835件，其中，刑事案件57件，民事案件548件，经济案件59件，行政案件11件，非诉讼法律事务113件,法律援助案件47件。担任企事业法律顾问56家，解答法律咨询1500余人次。做好涉法涉诉案件代理和化解工作。重新整合律师资源，严格落实月度值班制度，协助县领导接待各类上访，调处各种矛盾纠纷，年内，律师接待法律咨询100余人次。引导律师积极参与社会公益活动。律师结合社区矫正人员实际情况，通过真实案例，督促矫正人员严格遵守矫正制度；律师每周义务为《新香河》报刊栏目提供案例分析，多角度、多层次宣传法律知识，在《新香河》报纸刊发“宠物咬伤他人主人担侵权责任”“出租房漏水向谁索赔”等案例100余期。

【律师监管】 强化律师事务所管理，规范律师执业。组织相关人员到全县4家律师事务所针对律师监督台、律师事务所统一收案收费、律师办案收费标准等相关制度落实情况进行检查指导。开展执业律师档案自查自纠活动，组织各律师事务所认真开展自查，积极查摆问题，严格进行整改，规范律师执业行为。严把年检注册关，办理全县4家律师事务所28名执业律师和2名公职律师年检考核手续，完成年度考核工作，做到零差错。办理2名实习律师备案登记手续。

【法律援助】 夯实法律援助工作基础，法律援助工作能力全面提升，不断开创工作新局面。2019年，接待来访760人次，电话咨询1560余次，办理案件147件,指派有经验的专业律师提供法律援助。构建法律援助一体化网络，加强实体“窗口”建设。加快升级“12348”法律援助平台建设步伐，构建以法律援助中心为主导、法律援助工作站为支点、法律援助联络点为补充的法律援助三级网络，打造“1小时法律援助服务圈”，将法律援助和社会律师“窗口”值班融入平台建设，有效整合法律服务资源，提供“综合性、一站式”的法律援助服务，集中受理和解决群众的法律服务事项。开展法律援助专项维权活动，提升基层站、点作用。加强与相关部门协作，为军人、军属等特定群体提供“绿色维权通道”。对特定困难群体的特定需求，开展老年人、残疾人、未成年人、农民工等群体的专项服务活动，全面活跃基层站点作用。完善质量服务标准，建立完备法律援助案件服务质量体系。按照《香河县法律援助案件质量评估方案》要求，突出对案件质量服务的评估和监督作用，综合采用旁听庭审、案件回访、案件评查、重大疑难案件讨论等方式提高案件质量和服务质量。做好法律援助投诉处理工作，认真对待每一位投诉群众，做好法律援助投诉处理工作和摸底调查，向社会公示投诉电话，畅通投诉渠道，做好舆情分析报告工作。

【公证工作】 2019年，香河县公证处坚持严管公证质量并稳控强化公证队伍素质，服务于县委、县政府中心工作及社会民生，强化服务意识，提高公证质量。办理各类公证 600 余件。严格执行司法部公证执业“五不准”（不准为未查核真实身份的公证申请人办理公证、不准办理非金融机构融资合同公证、不准办理涉及不动产处分的全项委托公证、不准办理具有担保性质的委托公证、不准未经实质审查出具公证书）等相关规定，对“五不准”范围内的公证事项坚决不予办理。扎实做好常态公证并勇于创新，通过定制的身份证指纹识别仪、人像识别仪及自行开发的办证系统，在全国第一个实现档案数字化，第一个使用身份证指纹识别仪，第一个采用证据标贴，第一个实现继承权公证生成办证系统，做到定制、高效办证。县公证处开通拉卡拉收费系统，方便了当事人以银行卡刷卡、微信、支付宝等方式交费。

【社区矫正】 2019 年，抓好社区中心建设，解决监管难题。建立社区矫正指挥中心、社区矫正工作站、培训基地、依托培训基地建立社区矫正工作中心、阳光中途之家，提升社区矫正日常管理工作；解决执行、监管难题，与杭州创盾科技有限公司共同开发社区矫正管理系统并试运行，切实减轻工作人员的工作量，提高教育监管质量。

强化多项举措，加强日常监管，提高教育管控质量。加强社区矫正工作队伍执法培训工作，组织全县社区矫正工作人员参加市、县培训 4 次，主要内容包括矫正工作实务、社区矫正管理系统使用、调查笔录撰写、日常管理注意事项等，受训人员 200 余人次。严格把好“入口关”，做好社区矫正适用审前调查评估工作，调查评估是开展社区矫正工作的前提，也是把好入矫的第一关，年内，办理各类调查 105 件，采纳率 98%以上。与多部门配合，做好社区服刑人员的管控工作。在审前调查时，公安机关出具居住证明及有无违法犯罪记录证明等相应证明材料，对调查结论提供有力的证据，年内，办理调查案件 105 件，出具有无违法犯罪证明 903 份，和矫正对象签订《法定不批准出入境人员告知书》，对持有的出境证件进行收缴，由县司法局社区矫正股统一管理，对拒不上交的人员由公安机关给予注销证件；县检察院刑事执行检查局在县司法局社区矫正股建立检察室，联合执法检查 30 余次；法院在对调查以及收监执行上，对拟判处缓刑人员进行矫正前教育，为各级、各地法院开展审前调查、居住地调查 58 件，意见采纳率 98%以上。加强对重点人员监管，通过综合分析和风险评估，把判决禁止令、容留吸毒等人员作为重点人员列入严管对象，加强重点时期、重点时段进村入户进行走访和开展安全排查，确保重大节日和活动期间的社会稳定。加强集中教育，严把教育劳动关，以课堂化讲授、集体式学习和规模化公益劳动等方式，将社区服刑人员进行集中教育；年内，举办教育培训 12 期、35 课时，受教育 2500 余人次；对有劳动能力的社区服刑人员组织开展社区服务，参加劳动 2350 余人次，形成分阶段、多层次的教育矫正工作模式。强化档案管理，严把档案管理关。安排专职档案管理人员将审前调查档案、社区矫正执行档案、社区矫正工作档案、社区矫正培训档案全部扫描输入电脑，分类管理，为档案管理模块开发做准备，力争实现网上查询，网上管理。

【安置帮教】 做好安置帮教工作，严把最后一关。始终把安置帮教作为维护社会稳定的大事来抓，坚持刑满释放必接机制，对刑释解矫无劳动能力，无生活来源，无法维持基本生活的“三无”人员，积极与县民政部门联系给予社会救济，大力推进安置帮教工作规范化建设。2019 年，接收社区服刑人员 148 人，解除矫正 119 人，在矫社区服刑人员 182 人,口头警告 10 人，警告 17 人，治安处罚 2 人；管理刑满释放人员 1023 人，年内，接收监狱释放人员 47 人，解除社区矫正转安置帮教 119 人。

**【法治社会建设】** 深入推进依法行政，大力建设法治政府。深化行政执法体制改革，邀请专家学者对全县执法人员进行面对面的专题培训，采取网络授课方式对全县959名行政执法人员进行培训考核，从整体上提高执法人员依法行政素质和能力。完善执法人员档案，实行持证人员档案网上公开制度，接受监督和查询。制定出台《香河县推行行政执法公示制度、执法全过程记录制度、重大执法决定法制审核制度试点实施方案》，明确14项工作任务，32项工作措施，完成3项制度改革任务。

规范行政执法行为，加大行政执法监督力度。制定印发《进一步贯彻落实行政处罚裁量基准制度的通知》，严格规范行政处罚行为，切实将“三步式”执法程序落实到具体执法过程中。对全县罚没许可证进行年检，确认罚没主体31个。全面贯彻落实《河北省重大行政处罚备案办法》，下发《关于进一步做好重大行政处罚备案工作的通知》，确保重大行政处罚备案工作有序开展。根据《河北省行政处罚案卷标准》，对全县27个行政执法单位行政处罚案卷及行政许可案卷进行仔细评查，并对卷宗中存在问题的单位进行指导。

**【“扫黑除恶”专项斗争】** 深入推进“扫黑除恶”专项斗争，确保全县“扫黑除恶”专项斗争取得实效，县司法局制定《香河县司法局开展“扫黑除恶”专项斗争工作实施方案》和《2019年“扫黑除恶”专项斗争工作要点》。充分发挥法治宣传教育功能，努力营造“扫黑除恶”专项斗争的浓厚氛围。将“扫黑除恶”有关法律法规作为“七五”普法的重要内容利用宣传展板、法治专栏、悬挂标语、室外大型LED显示屏、“村村通”广播等手段进行宣传，年内，播放广播1.53万次，在各镇主街道及文化广场等地张贴宣传标语，下发宣传页1.25万份。由县司法局、普法办印制的一图读懂《中华人民共和国宪法修正案》，正确引导广大群众积极参与“扫黑除恶”专项斗争。

引导律师积极参与“扫黑除恶”专项斗争。严格按照“涉黑涉恶”基本信息统计和个案统计规定，律师事务所接“涉黑涉恶”类案件必须向司法行政部门报备，引导律师充分认识“涉黑涉恶”案件办理工作的重要性，自觉树立正确的执业理念，尽职尽责做好会见、阅卷、调查取证、出庭辩护等工作。全县律师参与辩护代理“扫黑除恶”案件19件。

严格做好特殊人员管控工作。认真组织各司法所对辖区内的社区服刑人员开展拉网式排查，发现违反社区矫正规定的情况5起并进行处理，其中，1人被给予治安处罚。充分利用社区矫正服刑人员定期集中学习制度，从源头上防止黑恶势力的引诱和拉拢。集中宣讲“扫黑除恶”相关法律知识19次，受教育3900余人次。依靠智慧矫正管理新模式，充分发挥手机定位管理的大数据应用功能，在中华人民共和国成立70周年国庆安保期间，对5名定位异常人员进行依法处理。

**【队伍建设】** 认真落实从严管党治党，推进司法行政队伍建设。深入开展“不忘初心、牢记使命”主题教育，制订主题教育实施方案，召开主题教育动员会，组织开展专题党课活动，组织全体党员干部前往李大钊故居开展“不忘初心、牢记使命”主题教育党日活动，组织自主学习、集中研讨、正反典型教育等多种活动，通过系列活动的开展，使全体干警时刻牢记初心使命，积极发挥党员先锋模范作用，永葆党员本质不变色。切实加强队伍能力建设。积极参加中央政法委、省司法厅等举办的政法干部学习讲座，通过形式多样的学习活动，全面提升队伍素质，激发干部学习新知识、新技能的热情，提高干部的业务能力和专业知识水平。抓责任体系，责任落实到位。充分履行党建和党风廉政建设责任，落实主体责任，健全“一把手负总责，分管领导一岗双责，班子成员齐抓共管”的领导体制和工作机制，把党建和党风廉政建设作为党的建设、队伍建设的重要内容，切实做到管人与管事相结合、管业务与管党建和党风廉政建设相结合，司法行政业务工作与党建和党风廉政建设“两手抓、两不误、两促进”。

（陈　强）

## 法治政府建设

**【概况】** 香河县法治政府建设以习近平新时代中国特色社会主义思想为指导，认真贯彻落实中共的十九大、十九届四中全会和习近平总书记关于法治政府建设的重要论述精神，按照国务院关于《法治政府建设实施纲要（2015—2020 年）》的要求，把法治政府建设贯穿于政府工作全过程，切实增强全县政府系统抓好法治政府建设的思想自觉和行动自觉，严守政治纪律、政治规矩，不断推动依法治县、依法行政和法治政府建设向纵深发展，为美丽幸福新香河建设提供坚实的保障。2019 年，按照《香河县法治政府建设实施意见》的各项目标任务，严格从依法全面履行政府职能、完善依法行政制度体系、坚持严格规范公正文明执法等 7 个方面对推进依法行政、加快法治政府建设做出总体安排，研究制定《2019 年法治政府建设工作要点》，细化各项工作任务，明确责任分工，督导推动工作落实。

**【依法行政工作】** 坚持依法行政，立足建设法治政府，严格落实县政府常务会学法制度，全力推进县、镇、村三级法律服务平台建设，自觉接受县人大、县政协和社会各界监督，人大代表建议和政协委员提案全部及时妥善办理。聚焦社会治安、环境保护、安全生产、食品药品安全等重点领域，健全完善监管机制，保持执法高压态势，提高政府工作规范化、法治化水平。

**【行政规范性文件管理】** 加强行政规范性文件管理。完善行政规范性文件前置审查和备案审查管理制度，保证行政行为合法性和科学性。规范性文件审查严格按照《廊坊市规范性文件制定管理规定》《认定规范文件的指导意见的通知》《合法性审查档案管理工作规范（试行）的通知》《做好规范性文件三统一工作的通知》等文件执行，使全县规范性文件的起草制定、备案审查更加规范化。制定规范性文件按时归档上报、定时清理公布。在规范性文件评估清理工作中，清理出规范性文件 69 件，其中，拟保留 64 件（含拟修改 3 件）、拟废止 2 件、拟宣布失效 3 件。

**【行政决策机制】** 健全行政决策程序和内部决策规则。重大决策、决定严格按照《香河县重大行政决策程序规定》实行公开征求意见、专家论证、听证和合法性论证等制度。对社会涉及面广、与人民群众利益密切相关的决策事项，及时向社会公布，或通过座谈会、听证会、论证会等形式广泛听取意见，切实保障广大群众对政府重要决策的知情权、参与权和监督权；从程序上保证科学决策、民主决策和依法决策。加强对全县重大行政决策执行情况的跟踪、调查与反馈，提高决策的科学性和民主性。完善重大决策终身责任追究制度及责任倒查机制。

**【规范行政执法行为】** 严格执法行为，推进行政执法规范化。严格执法主体资格管理，采取集中审核方式，对全县罚没许可证进行年检，确认罚没主体31个。完善执法人员档案，持证人员网上公开制度，接受监督和查询，对不符合执法条件人员进行清理。加强执法人员法律培训考核，县法制办采取网络授课方式对全县959名行政执法人员进行培训考核，提高执法人员依法行政素质和能力。健全行政执法监督机制，严格开展案卷评查活动，根据行政处罚案卷标准，对全县27个行政执法单位行政处罚案卷及行政许可案卷进行仔细评查，对卷宗中存在问题单位进行指导。

**【专门监督和司法监督】** 强化专门监督和司法监督。加强行政执法与刑事司法衔接工作，建立健全行政执法机关与检察、公安机关协作配合机制，香河县打击侵权假冒“两法衔接”平台联网率100%。人大、政协、监察、审计等部门创新工作方式，加大工作力度，形成监督合力，将党内监督、民主监督、专门监督和司法监督落到实处。开展党风廉政建设，加强对政府投资项目、工程建设领域突出问题的监督检查和专项治理，严肃查处涉及拆迁拆违中的违法违纪行为。建立行政权力规范运行预警机制，惩治和预防腐败体系建设深入推进。

**【行政复议、行政应诉】** 加强行政复议、行政应诉工作。认真贯彻国务院《中华人民共和国行政复议法实施条例》以及省、市行政复议会议精神，依法积极受理、办理行政复议案件。创新办案理念，完善行政复议听证质证、集体讨论、调解和解制度；快速、彻底化解行政争议，促进案件办理效果与社会效果相统一。加强行政复议、行政诉讼案件统计。2019 年，收到行政复议案件 24 件，受理 22 件，不予受理 2 件。受理案件中，维持 9 件，撤销 2 件，驳回 5 件，责令履职 3 件、终止 3 件，维持决定增长 80%，撤销决定降低 50%。年内，涉及县政府的应诉案件 20 件，其中，信息公开 7 件、土地管理 6 件、拆迁 4 件、投诉举报 2 件、行政处罚 1 件，胜诉率 95.5%；涉及政府相关部门的应诉案件 47 件，行政机关负责人出庭应诉率 25.4%。

**【政府法律顾问】** 根据中央及省、市文件关于“普遍建立法律顾问制度”的规定，按照香河县《进一步建立健全法律顾问制度实施意见》要求，继续聘请张克锋等 6 名经验丰富的律师为香河县人民政府法律顾问。年内，提供法律意见建议 60 余条，出具法律意见书 34 份，提高政府依法行政、依法决策的能力和水平。

**【法治宣传培训】** 注重学习宣传，提高干部法律素质。严格落实《香河县人民政府进一步完善政府系统领导干部学法制度的意见》，制定印发《2019年度县政府领导干部集中学法计划》，加大领导干部学法力度，不断提高领导干部法治思维和依法行政水平。年内，组织县政府常务会议会前集体学法6次，组织依法行政专题讲座1次。形成领导干部带头学法用法的长效机制，切实增强领导干部学法意识和用法水平。按照“谁执法谁普法”的要求，开展形式多样的法治宣传活动，发放宣传资料2.8万份，接受法律咨询480余人次。

（孙建永）

# 综合管理

责任编辑　王树春

## 综　述

2019 年，香河县制定并分解下达《香河县 2019 年国民经济和社会发展计划》和《香河县 2020 年国民经济和社会发展计划》，全县 4 个项目列为省重点建设项目，8 个项目列为市重点建设项目。对接京津，全面推进协同发展，进入实质性推进阶段，协同发展成效逐步显著，做好项目工作，强化价格认证和物价管理，加强粮食仓储与粮食安全工作。加强统计队伍建设，推动统计改革，加大统计执法力度，开展统计调查研究，提高统计数据质量，优化统计服务，加强统计监测，开展第四次全国经济普查，为经济社会发展提供统计服务。审计工作围绕防范化解重大风险、精准脱贫、污染防治“三大攻坚战”，重点对防范化解重大风险、污染防治政策措施落实情况等方面开展跟踪审计，认真履行审计监督职责，搞好审计服务，做好财政预算执行审计，开展行政事业审计及政府投资项目审计，强化审计整改，促进审计工作规范化建设。加强自然资源管理，严格国土资源保护，突出抓好耕地资源保护，制定土地综合规划，严厉打击国土资源违法行为，推进生态环境治理，加强地质灾害防治，严格土地规划管理，强化土地供应，合理开发利用土地，服务项目建设，强化土地执法巡查，进行违法违规用地专项整治，做好不动产登记和农村宅基地管理，规范自然资源市场交易，完成地理信息测绘采集工作。市场监督管理优化市场经济秩序，实施商标品牌战略，加强大气污染防治工作，加强执法稽查和质量监管，强化企业信用监管，增强消费权益保护，反不正当竞争。加大知识产权保护力度。食品药品监督加大监督检查力度，强化食品安全战略，加大食品药品抽样检验频次，开展专项整治，组织宣传教育活动，开展食品安全示范创建活动，加大违法行为查处等措施，确保全县饮食用药安全。香河县质量技术监督全面强化标准化、计量、质量、特种设备安全检查监督管理，实施质量强县战略，实行标准化管理。应急管理加强应急管理体系建设，进行应急演练，开展安全监督规范化工作，对各类从业人员进行安全生产培训，加强安全生产大检查和安全生产专项整治活动。

## 经济社会发展与经济调控

**【概况】**　2019 年 1 月 24 日，根据《香河县机构改革实施方案》（香发〔2019〕2 号）文件精神，将香河县发展改革局更名为香河县发展和改革局（简称县发展和改革局），将县民政局等部门的组织实施重要物资和应急储备物资收储、轮换和日常管理职责划入县发展和改革局，为县政府工作部门，机构规格正科级，加挂县商务局、县粮食和物资储备局牌子。组建县委财经委员会，作为县委议事协调机构,县委财经委员会办公室设在县发展和改革局。

2019 年 2 月，香河县获得廊坊市 2018 年度项目考核第二名，被市委、市政府通报表彰；9 月，香河县获得“河北省重点联系出口聚集区”荣誉称号，被河北省对外开放工作领导小组办公室通报表扬；4 月，县发展和改革局被县委、县政府评为“优秀等次领导班子”“创优争先领导班子”。

**【省市重点项目争列】** 2019 年，全县 4 个项目列为省重点建设项目，8 个项目列为市重点建设项目。

**【项目建设】** 2019 年，全县实施亿元以上项目 114 个，总投资 769.8 亿元，完成投资 238.3 亿元，同比增长 23.9%，自开工累计完成投资 457.9 亿元。按产业划分：工业项目 48 个，总投资 202.7 亿元；服务业项目 25 个，总投资 290.1 亿元；基础设施项目 25 个，总投资 30.8 亿元；房地产项目 22 个，总投资 214.9 亿元。年内，项目备案 49 个，审批项目 40 个。筛选出机器人产业园三期工程、奥特莱斯环球国际中心 2 个项目在全市项目观摩中展示，充分展现香河县项目建设成果和项目建设水平。举办 2 次项目集中开工活动，韵达快递华北基地、平香线南延工程、河北爱绿中成药制剂生产等 22 个项目陆续启动实施。

**【固定资产投资】** 2019 年，全县固定资产投资完成 129.1 亿元，同比增长 5%，全市排名第八。

**【中央资金和政府债券申报】** 2019 年，严格中央投资项目管理，加强项目监督，跟踪项目进度，每月 1—5 日，对国家重大项目库进行更新；对县第三中学新建教学楼项目工程的资金使用和工程进度情况进行监督，该工程总投资 2200 万元，年内，完成投入 1725 万元。申报地方政府专项债券项目（第二批）5 个；2020 年地方政府专项债券项目（第三批）3 个，即：潮白河大桥建设项目、潮白滨水公园项目、县人防工程项目，总投资 7.72 亿元。

**【中国·廊坊国际经济贸易洽谈会成果】**“5·18”中国·廊坊国际经济贸易洽谈会签约项目情况。按照《2019 中国·廊坊国际经济贸易洽谈会承办工作方案》要求，会同有关部门和企业单位，认真组织项目签约活动，取得良好成效。有 5 个项目在廊坊市重点合作项目签约仪式上签约（市会签约项目共 32 个），总投资 110 亿元，拟引进资金 110 亿元。其中，签约内资项目 4 个，总投资 105 亿元,拟引进资金 105 亿元，内资项目分别为广东珠控产业投资有限公司投资 60 亿元的文化产业创新示范园项目、广州广蓉欧集团有限公司投资 15 亿元的广蓉欧跨境贸易产业中心项目、天涯若比邻网络信息服务有限公司投资 15 亿元的新经济云数产业园项目、中国冷链产业投资（集团）有限公司投资 15 亿元的海产品冷链物流项目；签约外资项目 1 个，北京允中投资咨询有限公司投资的香河奢侈品物流项目，总投资 7000 万美元。签约项目涵盖信息技术、现代物流等领域，落地后将助力全县产业结构优化升级和经济高质量发展。

**【清洁能源发展情况】** 重大能源项目进入省、市能源专项规划。全力做好廊坊市“北三县”与通州区协同发展规划体系中综合能源专项规划的编制；将香河燃气能源站项目纳入协同发展规划和《廊坊市优化调整能源结构实施意见》重大项目清单，与省发改委对接，把该项目纳入省级规划。电代煤工程顺利通过生态环境部工作组抽检验收，生态环境部工作组利用 4 天时间，对全县“电代煤”工程进行抽检，县发展和改革局组织相关单位认真开展迎接检查工作，并对相关档案资料进行归档梳理，顺利通过检查。有效进行散煤治理，年内，全县治理散煤 72.5 吨，市场价格 4104 元，交由县国资部门通过拍卖形式对散煤予以处置。大力推进增量配电项目建设，香河经济开发区环保产业园被国家发改委和国家能源局确定为第四批增量配电业务改革试点。

【对接京津，全面推进协同发展】 2019 年，组织参加“2·26”北京市通州区与廊坊市“北三县”项目推介洽谈会，15 个北京疏解项目在推介洽谈会上与香河县签约，总投资全市第一，涉及智能制造、健康养老、商务服务等产业，在医疗、卫生等公共服务共享共建方面全市领先。主动对接、主动服务，力促产业项目早日落地开工、投产达效。5 月 19 日，在廊坊举行的第二届“通武廊”产业协同发展创新恳谈会上达成多项共识。推动中国城市规划设计研究院（简称中规院）按照《协同发展规划》要求，深化细化香河县科技与产业专项规划，提前着手，详细统报数据，多次与中规院对接，充分表达有利于香河发展、有利于百姓福祉的意见建议。主动承接京津高端产业外溢和辐射，严格执行《河北省京冀交界地区新增产业的禁止和限制目录》，提高产业准入门槛，重点承接对北京“容不下、离不开、走不远”的高端项目，明确香河县“2+3+4”（两大主导产业，是以机器人、3D 打印为重点的智能制造产业，以商贸物流、电子商务为重点的现代商贸产业。三大培育产业，是以互联网、云计算为重点的新一代信息技术产业，以影视演艺、文化创意为重点的文化旅游产业，以健康食品、康养服务为重点的大健康产业。四大新型服务经济，总部经济、数字经济、创意经济、休闲经济）的产业发展方向，智能机器人产业港、爱晚国家养老示范基地、国安创客、国际建材交易中心、京津冀汽车零部件交易中心、奥特莱斯环球国家中心、中信国安新桥影视基地等 10 余个产业承接载体建成运营，韵达电商、北京景山学校香河大爱分校、中发智能制造产业园、智慧电谷等多个北京转移项目有序承接、洽谈。

【实际利用外资情况】 2019 年，利用外资任务目标 3600 万美元，截至年底，完成 924 万美元，全市增速排位第八。

【招商引资工作】 2019 年，对接洽谈储备项目 2 个，智慧电谷创新产业园项目，选址香河经济开发区智能制造产业园，总投资 50 亿元，一期占地 13.33 公顷（200 亩），在“2·26”北京市通州区与廊坊市“北三县”项目推介会上签约；中发豪辰智能制造（香河）产业园项目，选址香河经济开发区环保产业园，总投资 20 亿元，一期占地 13.33 公顷（200 亩），在“2·26”北京市通州区与廊坊市“北三县”项目推介会上签约。

重点在谈项目 2 个，同德资本香河国际金融谷项目，选址香河经济开发区环保产业园，起草合作框架协议准备签约，总投资 10 亿元，占地 13.33 公顷（200 亩）；北控集团进口海产品冷链物流项目，进行精准深度对接。

与万通、世贸对接世界足球博物馆项目和大运河文化产品交流中心项目，三强集团建立国际会展中心项目，九华旅游设备建设国家级研发中心项目等都在积极对接中。

在“新战略 新动能 新机遇”廊坊（厦门）投资合作对接暨廊坊临空区、自贸片区招商说明会上，香河县积极在对接会上推介园区，全面展示香河县区位、产业优势以及经济社会建设各项成果，向海内外客商推介香河县的招商引资项目。

会上，就香河东湖数字小镇项目再次进行对接，该项目计划占地 23.33 公顷（350 亩），总投资 15 亿元，以一座科技、人文、生态的特色小镇，引领香河建设宜居宜业智慧城市未来价值新高度。

**【年度计划编制与实施】** 充分调研论证，广泛征求各有关部门的意见，编制《香河县 2018 年国民经济和社会发展执行情况与 2019 年国民经济和社会发展计划报告》，通过县十五届人大三次会议审议。起草《香河县 2019 年上半年国民经济和社会发展计划执行情况的报告》，提交县人大审议。切实加强经济运行分析，当好领导的参谋助手。2019 年，全县主要经济指标保持平稳增长：全县地区生产总值完成 224.8 亿元，增长 5.1%;全县财政收入完成 64.2 亿元，增速-1.4%，其中：一般公共预算收入完成 38.4 亿元，增速 4.4%；规模以上工业增加值同比增长 6%；固定资产投资同比增长 5%；社会消费品零售总额完成 101.7 亿元，同比增长 9.2%；城镇居民和农村居民人均可支配收入分别达到 46685 元和 19738 元，同比分别增长 8.4%和 9.4%。

**【开展“双创双服”活动】** 周密部署，制定方案，根据省市要求，按照时间节点、工作标准，制定实施方案。突出县域特色，方案结合县委十一届四次全会精神和《2019 年政府工作报告》。实施 30 项民心工程，比市级民心工程方案多 13 项（市方案中 23 项民心工程涉及香河县 17 项），增加市政、教育、医疗、脱贫、农田水利等自选工作。

加强领导，健全机制，成立由县委书记、县长牵头的“双创双服”活动领导小组，办公室设在县发展和改革局，负责具体工作；各镇（社区）、园区成立“双创双服”领导机构，各专项活动牵头部门也分别成立工作专班，构建纵向到底、横向到边的组织体系；制定《香河县 2019 年“双创双服”活动领导小组办公室工作机制》，呈现各局和政府办分别牵头负责，县政府统一调度，平行推进的特点。落实重点企业、项目包联制度，组织对口帮扶部门深入企业讲解政策，梳理重点问题，聚焦重点解难题；实行领导分包制度，梳理重点企业、重点项目在用地指标、占补平衡指标、用地规划调整、融资需求等方面存在的问题，协调相关部门大力支持解决；推动审批流程再优化，开展“双创双服”政策大梳理活动，破除影响和制约营商环境的制度障碍。

6 月 6 日，香河县推进高质量发展全面建成小康社会暨民营经济发展大会召开
县融媒体中心供图

积极建设省政企服务直通信息化平台。将县级“双创双服”活动领导小组办公室、各职能部门和 100 余家企业信息录入系统，实现企业、群众与政府职能部门服务人员随时交流互动。年内，企业通过平台反映问题 130 个，全部得到解决；各单位上传工作动态、通知公告、扶持政策、政策解读等 2500 余条。

加强宣传，营造氛围。通过电视台、微信等方式加大政策宣传解读力度，真正将优惠政策宣传到基层、解读到企业，印发活动报 60 期，各专项工程扎实推进。科技企业孵化载体提升、培育市场主体、交通路网、清洁取暖、城乡生活垃圾处理、便民市场建设、职业技能培训、就业促进、交通秩序整治、居家养老、公共文化服务、残疾人服务等12项工程完成市定目标任务；人防改造、中小学基础建设等2项工程完成县定目标任务。

**【大气污染治理】** 加强培训、检查力度，提高大气污染防治意识。针对不同时段具体工作，先后印发通知7次、对加油站站长专门培训6次、检查成品油经营户300余家次，督导各加油站加强油气回收治理工作，有效落实大气污染防治工作。严把进油渠道，确保油品质量。各加油站点对所有供油企业必须索要成品油批发企业资质进行备案，各加油站点加油机、泄油口、罐区等处粘贴国五标识，提示高温季节和严控期间，早8点至晚8点不得进行装卸油操作，敏感地区油站错峰加油，加强VOCs治理，控制臭氧污染。

**【安全生产】** 县发展和改革局与县公安环安大队、钱旺镇政府、淑阳镇政府联合打击端掉黑加油车3辆。与城区内各大型商场超市签订安全生产责任书和消防安全生产责任书，与加油站点签订承诺书，每季度对各商场超市进行一次安全生产检查。要求中石化、中石油所属国有加油站自行聘请专家对加油站进行自查自纠，发现问题立行立改。机构改革后，县救灾直属库划归县发展和改革局管理，建立物品出入库台账，每月到直属库巡视，强化救灾直属库管理。

**【物价管理】** 2019年，接收公安机关价格认定协助140件，办结136件；接收县纪委价格认定协助书2件，办结2件。对全县米、面、油、蔬菜等价格进行监测，实行周报制度；落实国务院降低一般工商业电价10%的目标要求，加大电价政策宣传力度，督促行业自律；对全县非居民用管道天然气销售价格进行相应调整；贯彻落实降费措施，对涉企行政事业性收费和政府定价的经营服务性收费进行再梳理，调整全县收费目录清单，减轻企业负担；对全县4家住宅小区进行前期物业服务收费备案，规范物业服务收费行为。完成对香河现代、香河县国兴2家污水处理有限公司4个年度的污水处理成本监审工作，为全县价格政策的制定奠定基础。

**【特色小镇创建与培育】** 2019年10月15日，“河北省特色小镇创建类和培育类名单（2019）”公示，河北省特色小镇规划建设工作联席会议办公室对特色小镇名单进行动态调整，拟将香河县健康小镇调整为创建类，香河县机器人小镇、香河县健康小镇均入围创建类特色小镇名单，数量居全市前列。

**【“双创”示范基地创建】** 推动全县战略性新兴产业快速、高质量发展，大力推动河北省战略性新兴产业示范基地创建工作。2019年，香河县机器人小镇获批市级“双创”示范基地、香河经济开发区获批省战略性新兴产业示范基地。

**【“十四五”前期谋划工作】** 按照上级安排部署，启动“十四五”前期研究工作，印发《关于做好“十四五”规划编制工作的实施意见》，县直各部门抓紧谋划“十四五”期间城市基础设施、空间布局、工业和信息化、园区建设等21个专项发展思路，研究起草全县“十四五”规划基本思路。

**【扶贫脱贫】** 按照县委、县政府关于扶贫脱贫工作的相关部署，县发展和改革局结对帮扶的4户贫困户，经过帮扶，均实现了“两不愁、三保障”，于2018年年底达到退出标准。2019年，按照县扶贫办要求，县发展和改革局坚持“摘帽不摘责任、摘帽不摘政策、摘帽不摘帮扶、摘帽不摘监管”的原则，继续巩固帮扶成果，防止脱困户返贫。

（杜振江）

## 统　计

**【概况】**　2019年，香河县加强统计队伍建设，推动统计改革，加大统计执法力度，深入基层开展统计调查研究，提高统计数据质量，优化统计服务，为全县经济社会发展提供前瞻性统计服务。

**【统计内容】**　2019年，香河县统计局负责的专业统计有综合、农业、工业、能源、固定资产投资、对外经济（机构改革后职能划转县发展和改革局）、建筑业、房地产业、保障性安居工程、国内贸易、国民经济核算、劳动工资和社会保险业、科技、金融业、服务业、城市化监测、民营经济、文化相关产业、社会物流统计调查与核算、统计从业资格管理与继续教育、价格调查、基本单位名录库、普查1项，有年报统计表64种、定期报表52种。

**【统计培训】**　抓好统计全系统干部职工业务素质的提升，加强对统计基本知识、基本方法、基本技能的学习。强化县统计局干部职工的业务知识、计算机基础理论知识、网络知识和电子政务知识的学习，充分利用网络课程教育和视频会议，组织全体人员系统学习上级有关政策、法律法规和统计专业知识，不断提高统计工作人员的知识结构、文化层次和实际工作能力。强化对基层网上直报人员的业务指导和培训，以“双创双扶”活动为契机，支持和鼓励统计专业人员走进企业，服务基层，指导基层统计工作，实际解决基层企业在统计直报工作中存在的问题和困难，以“企业一套表”制度为重点，让基层统计人员尽快熟练掌握国家、省级2个联网直报平台的操作流程，以及在统计报表过程中出现问题的解决办法，确保网上直报工作高质高速高效运行。强化对企业统计人员的专业知识和业务技能培训，组织统计专业知识和法律知识培训，印发培训资料300余份。

**【基层统计建设】**　落实市政府办公室印发的《关于进一步加强统计基层基础建设的通知》〔2018〕77号）要求，重点解决当前全县基层统计工作面临的岗位缺失、人员不足、经费短缺等突出问题。主要做到三个坚持：坚持岗位设置到位。各镇、社区办、园区在内设机构中都要增设独立、固定的统计工作岗位，具体负责承接市、县两级统计部门安排部署的常规统计工作及重大普查调查；坚持人员配置到位。各镇、社区办、园区要依照年轻化、高素质化标准，配齐配强专职统计人员；坚持职责履行到位。专职统计人员，要在市、县两级统计部门统一指导下，依照《中华人民共和国统计法》《中华人民共和国统计法实施条例》《河北省统计条例》等法律法规，依法开展统计工作，确保上报的本地主要经济数据应统尽统、不重不漏。

**【第四次全国经济普查】**　2019年是经济普查年，县统计局经济普查办公室坚持把保证数据质量贯穿于经济普查登记全过程，切实加强组织领导，强化宣传覆盖，多措并举为经济普查工作保驾护航。

多措并举，全力做好普查登记工作。秉承数据质量第一的意识，从严从紧从源头上狠抓普查登记数据质量，按照市经普办制定下发的《普查登记阶段数据质量控制办法》，分专业进行数据质量控制；每周根据市经济普查办公室反馈意见，对每个行业主要数据存在的问题进行查询，分别检验普查数据质量；定期召开专业会议，查摆总结数据质量控制中存在的问题，针对不同问题采用不同的方法加以解决；将国家、省、市下发的问题解答及时培训到普查员，做到“登记不停止，培训不结束”，极大地提升“两员”（普查指导员和普查员）业务知识水平和调查能力；强化督导检查力度，根据进度不同制定不同的督导方案、督导内容、督导检查表，并对参加督导的人员进行业务培训，及时发现和解决普查登记中存在的问题，确保普查源头数据真实准确。

认真开展普查“回头看”工作。组织各专业科室负责人分专业、分行业深入分析经济普查数据审核评估中存在的问题，对非一套表普查登记数据质量问题做出重点说明。“回头看”的工作重点，坚持在行业划分上，以非一套表单位数据填报的真实性为重点，及时调配人员力量做好审核和查遗补漏工作；在调查区域上，以城区、工商聚集区、写字楼为重点，重新进行一次地毯式筛查，做到不重不漏；在经济指标的填报上，以财务账目不规范和没有账目的单位为重点，做到账目清楚，真实可靠；在普查执法上，以瞒报、拒报，经教育仍不配合普查的单位为重点，做到发现一起处理一起，决不姑息。

安排部署全县经济普查事后质量抽查工作。对前期开展工作进行认真梳理，对照方案要求补充完善细化基础工作，按照普查方案规定的时间节点，合理统筹安排，抓好工作落实，提高工作成效，做好各项准备，扎实做好迎检工作；组织镇政府、社区办、园区管委会负责人及统计人员召开经普数据质量培训会议，对尚未完成整改的单位和个体进行全面核实，确保数据不重不漏，真实准确；对问题单位和个体按照实际情况填报，务必做到平台修改，留痕备查，通过整改做到数据求实。

【人口变动调查】 2019 年，根据全省人口变动调查实施方案要求，成立香河县人口变动调查组织机构，按照国家和省审定的样本小区开展调查，确保调查小区地域范围和调查样本的准确率。抽调工作能力强、业务水平高、熟悉小区情况的调查员深入开展人口变动调查摸底工作，精准绘制小区地图，正确填报户主姓名底册摸底表，准确核实小区出生和死亡人口、外来和外出人口情况，全面掌握调查小区基本信息以及调查入户工作中存在的问题和困难，为人口变动调查后续工作的顺利开展打好基础。县、乡、村三级统筹安排，协调联动，规范规定动作，调查人员充分掌握调查制度，熟练掌握 PDA 操作流程，降低入户登记工作难度，确保登记数据的准确性。调查员严格按照调查方案进行调查，做到百分百入户，对空房率、外来和外出人口太少、人在户在比重过高、出生和死亡人口均为“0”等情况进行重点核实，做到区不漏房、房不漏户、户不漏人、人不漏项，确保数据质量。做好宣传工作，采取群众喜闻乐见、灵活多样的方式，引导调查对象积极参与、支持、配合调查，如实填报调查项目，确保人口变动调查工作扎实有序进行，为全县第七次全国人口普查工作的开展打下坚实基础。

【统计监测】 加强经济运行趋势的分析，全面、及时、准确地掌握全县的经济运行情况，了解目标任务完成进度和经济运行质量，掌握全县经济运行现状。紧密结合县委、县政府的工作部署，密切配合、协同工作，多方收集数据，加强与上级统计部门、其他经济管理部门沟通和联系，做好经济形势分析预判。不断创新工作思路，积极探索新形势统计工作新方法，切实做到应统尽统，积极做好与县内相关部门和上级统计部门业务衔接，确保各项考核指标任务顺利完成。加强对报表数据收集、审核和汇总，强化结构性分析，注重数据间逻辑关系和匹配性，对数据进行横比、环比和同期比较，提出切实可行建议措施，提高统计预警监测水平。及时掌握经济社会发展动态第一手资料，加强数据匹配性，准确掌握经济运行情况，提高统计分析准确性和针对性。

【统计调查】 认真开展战略性新兴产业、高技术产业、新兴现代服务业、新兴现代农业、互联网经济等重点领域统计调查。继续深化现代服务业统计改革，做好互联网经济、电子商务等统计调查。抓调研，力促全县经济转型，针对全县近年来因经济迅速发展带来的诸多问题，组织力量对全县现代服务业、文化产业，以及汽配城、石材城等新兴产业进行专项调查，对产业发展带来的经济效益与整个发展阶段和人均收入应达到的水平存在的差距进行对比，揭示问题主要原因，用精准的统计数据、客观公正的统计判断和实事求是的分析论证提出一系列合理化建议。

扎实推进投入产出调查工作。加强与镇（社区办、园区）工作联络员的联系，做好与企业的业务衔接指导，把好数字质量关。严格按照新的国民经济行业分类标准，对新增加的农业部门、服务业以及“新兴经济”的调查进行重点布控；加强网络监管，确保“企业一套表”联网直报平台畅通无阻，保证基层数据的录入审核和汇总。针对投入产出调查单位种类和指标数繁多、取材难度和工作量较大等难点问题，组织专业人员会同基层统计人员调查掌握问题根源，研究分析解决问题的办法。坚持把培训工作覆盖到全部被调查单位和不同的调查阶段，确保每一名调查人员都能够理解投入产出的专业口径范围、指标含义、填报方法、审核关系等内容。

【统计服务】 加强统计预测、预警机制，搞好统计服务。制定统计报表相关工作制度，规范基础统计和原始记录台账，加强对统计资料审核和管理，强化统计工作预测、预警功能，确保统计数据真实性、准确性、匹配性和全面性。

坚持数据质量评估制度，定期组织专业人员深入基层，实地考察，摸清情况，加强指导，在对数据进行全面、深入、有联系的比对、分析、评估基础上，对国民经济和社会发展计划主要指标进行全面分析论证，系统预测主要经济指标运行趋势，集中解决主要经济指标数据不匹配和存在漏报、漏统问题。

提供优质高效统计服务，全面提升新常态统计服务水平，聚焦省、市、县重点工作任务，将统计监测、统计评价和统计预警有机结合，加大对综合性、关联性、行业性经济数据的分析研究力度，加强对县委、县政府关键性改革和政策实施效果跟踪监测，扎实开展有关京津冀协同发展、生态文明建设、县域经济增比进位、战略性新兴产业、农业产业化、特色小镇和企业创新等方面的统计监测，加强经济形势分析和预警预判，为县委、县政府科学判断形势、加强宏观调控提供参考依据。

全面、及时、准确地掌握经济运行情况，了解目标任务完成进度和经济运行质量，掌握全县经济运行现状，做出经济形势分析和预警预判。紧密结合县委、县政府的工作部署，多方收集数据，注重与上级统计部门、其他经济管理部门沟通和联系，适时提出经济指标预警，对全年各个时期的经济运行态势进行认真分析，对经济走势进行分析预判。不断创新工作思路，积极探索新形势下统计工作的新方法，切实做到应统尽统，做好与县内相关部门和上级统计部门的业务衔接，确保各项考核指标任务顺利完成。加强对报表数据收集、审核和汇总，强化结构性分析，既注重数据间的逻辑关系和匹配性，又对数据进行横比、环比和同期比较，提出切实可行的建议措施，提高统计的预警监测水平。及时掌握经济社会发展动态的第一手资料，加强数据的匹配性，准确掌握经济运行情况，努力提高统计分析的准确性和针对性，按月、季度、年度分别整理出统计分析资料汇编，集印成册，报送县领导和相关部门，更好地发挥统计部门信息库、舆情表、参谋部的作用。

【统计改革】 继续推进统计制度方法改革，做好基本单位名录库动态维护和管理，加强与编办、市场监管、税务、民政等部门的密切配合，搭建共用的基本单位数据库信息平台，实现信息资源共享。

推进统计管理体制改革，把贯彻落实好中央和省、市深化统计管理体制改革的有关文件精神作为首要任务，进一步强化改革意识，强力推动统计管理体制改革各项目标任务的贯彻落实。

【统计执法】 继续强化统计执法，深入学习和宣传《中华人民共和国统计法》《中华人民共和国统计法实施条例》和《河北省统计条例》等法律法规，印发统计宣传条幅 500 余条，统计宣传手册和统计工作手册各 1000 余本，组织开展统计法律法规知识培训 3 次，在全社会营造知法、学法、守法的浓厚氛围。明确统计活动的主体权利和义务。联合税务、财政、发改、市场监管等部门分批次集中开展统计执法检查，净化统计工作环境。

规范统计执法检查程序，深入开展统计造假、弄虚作假专项整治活动，加大执法力度，全面开展"双随机"执法工作，完善各项检查制度，做到层层把关，逐级负责。针对因县域内环保治理力度加大给生产企业带来的影响展开重点调查，提出合理化建议。坚持数据质量评估制度，定期组织专业人员深入基层，实地考察，摸清情况，加强指导，在对数据进行全面、深入、有联系的比对、分析、评估基础上，对国民经济和社会发展计划主要指标进行全面分析论证，系统预测主要经济指标运行趋势，集中解决主要经济指标数据不匹配和存在的漏报漏统问题。

（邵亚海）

# 审　计

【概况】 2019 年，香河县审计工作始终坚持围绕中心、服务大局，不断加大审计监督力度、创新审计理念和方法，审计监督水平进一步提高，有力发挥审计在党和国家监督治理体系中的重要作用。服务发展大局，进一步发挥审计监督作用。紧紧围绕年初确定的工作计划，开展各类审计业务，突出审计在服务改革和经济社会发展中的作用。截至年底，完成审计项目 58 个，在审项目 9 个。审计金额 1076417.82 万元，查出违规资金 384957.2 万元，上缴财政 127.3 万元。

香河县审计局（简称县审计局），是县政府工作部门,机构规格正科级。是年 1 月，根据《香河县机构改革实施方案》（香发〔2019〕2 号）文件精神，对应市级机构改革，调整优化相应机构和职能，组建中共香河县委审计委员会，作为县委议事协调机构，县委审计委员会办公室设在县审计局，承担县委审计委员会具体工作。县审计局内设 9 个股室，分别为办公室、法规审理股、财政金融审计股、固定资产投资审计股、农业农村审计股、行政事业审计股、社会保障审计股、经济责任审计股、综合审计股，下属事业单位 1 个：香河县审计局审计服务中心；在编人数 53 人。

【政策措施落实跟踪审计】 2019 年，深入推进各项重大政策措施落实跟踪审计。结合香河县实际，围绕防范化解重大风险、精准脱贫、污染防治"三大攻坚战"，重点对防范化解重大风险、污染防治政策措施落实情况等方面开展跟踪审计。其中，开展世界银行贷款河北省大气污染防治项目，对 2017 年度中央和省级预算投入的结转资金，主要涉及香河县新能源汽车推广应用专项资金的预算投入、实际支出及结余情况进行审计。2017 年度省级预算投入结转资金 53 万元，发放符合补贴申领条件车辆 30 辆支出 529960 元，结余 40 元。在扶贫政策落实和扶贫资金跟踪审计中，主要是利用扶贫审计监督平台，完成对平台反馈问题的落实整改。组织实施“电代煤”“气代煤”工程审计，重点从 2016—2018 年实际完成任务两级补助资金的基本情况展开，截至 2019 年 6 月 30 日，香河县实际收到省级补助资金 2964.97 万元，县级财政安排补助资金 1617.72 万元，均拨付使用。

【预算执行审计】 2019 年，积极开展财政预算执行审计。以推动建立现代财政制度、提高财政资金使用绩效、维护国家财政安全为目标，在掌握县本级预算执行总体情况的基础上，重点关注县本级预算收支的完整性、财政财务收支的真实合法效益、专项资金统筹整合、财政存量资金管理使用、决算草案编制、网络安全建设和绩效、中央八项规定精神和国务院“约法三章”（政府性的楼堂馆所一律不得新建，财政供养人员只减不增，公费接待、公费出国、公费购车只减不增）贯彻落实、“三公”经费和会议费管理使用情况等。截至年底，完成对县财政局县本级 2018 年度预算执行及其他财政收支情况审计，审计金额 356700 万元。10 月 18 日，《香河县审计局关于香河县 2018 年度县本级预算执行及其他财政收支情况的审计报告》提请中共香河县委审计委员会召开第二次会议审议并通过，并提请县第十五届人大十九次常委会审议通过。

【清理拖欠民营企业、中小企业账款情况专项审计】 2019 年，认真开展清理拖欠民营企业、中小企业账款情况专项审计。根据《河北省审计厅关于清理拖欠民营企业中小企业账款审计工作方案》要求，2018 年 12 月 26 日至 2019 年 1 月 9 日，主要对县直各部门及乡镇政府拖欠民营企业、中小企业账款情况进审计，把支持和服务民营企业持续健康发展贯穿此次审计监督工作全过程。本次清理审计，重点对淑阳镇、新开街社区办等 9 个镇、3 个园区、3 个社区办事处进行专项审计，被审计单位均作出无拖欠民营企业、中小企业账款承诺，经审计核实，未发现拖欠行为。

【政府债务和政府隐性债务专项审计】 2019 年，对政府债务和政府隐性债务开展专项审计调查。根据省审计厅统一安排部署，2018 年 12 月 18 日至 2019 年 1 月 9 日，在国家重大政策跟踪审计中，对香河县政府及所属单位 2017 年 7 月 14 日以后举借政府隐性债务情况进行抽查核实。时间分别截至 2018 年 8 月底和 2018 年 12 月底，重点抽查核实香河县政府及所属单位在政府隐性债务统计监测平台填报的债务。本次债务抽查审计延伸包括香河县职业教育中心、县公安局、县水务局、县交通运输局、淑阳镇政府、钳屯镇政府、县住房和城乡建设局、安平镇政府、县房产管理局、县国土资源局、新开街道办事处等 11 家单位，未发现问题。

【干部经济责任和离任审计】 2019 年，扎实开展领导干部经济责任审计。受县委组织部的委托，对全县 2019 年离任的党政领导干部经济责任进行审计。审计中，主要以促进领导干部贯彻执行党和国家有关经济方针政策和决策部署，推动本部门、本单位科学发展和守法、守纪、守规、尽责为目标，加大党政领导干部经济责任同步审计力度，促进领导干部守法、守纪、守规、尽责，廉洁用权、干净干事。截至年底，完成对 34 家单位、35 人的经济责任审计,在审 6 人。

【行政事业审计】 2019 年，全面开展行政事业审计。以监督检查财政财务收支情况及其相关经济活动的真实性、合规性、效益性为目标，对县人民医院、县中医医院和县气管炎哮喘医院 2018

年度财务收支情况、各种专项资金、基金的管理和使用情况，以及医改情况等进行审计，审计总金额78485.61万元，查处违规金额1939.77万元。

【养老服务体系建设及运行情况专项审计】 2019年，对全县养老服务体系建设及运行情况专项审计调查。围绕养老服务体系建设政策措施落实情况、养老服务体系建设资金管理使用情况、养老服务体系建设资金申请及发放情况三个方面，审计资金430.68万元，发现滞留、闲置专项资金12.7万元，上缴财政12.7万元。

【政府投资建设项目审计】 2019年，加大对政府投资建设项目的审计监督。围绕“揭露问题、规范管理、提高绩效、维护安全”的投资审计工作总体思路，重点审查基本建设程序是否合法,建设资金的筹集、管理和使用是否合规，工程造价的计量与结算是否真实，工程质量管理是否有效，是否存在工程质量问题和严重损失浪费现象。通过对项目建设资金和工程造价真实性、合法性和效益性的审计监督，确保建设资金合理、合法和有效使用。年内，完成工程审计项目9个。

【审计整改】 2019年，强化审计整改，落实销号制度。严格按照上级要求，高度重视审计整改工作，严格执行审计发现问题整改销号制度，开展审计整改回头看，对整改不到位、不及时的单位进行督促，提升各单位经济责任意识、遵守财经纪律的自觉意识、从事经济行为的规范意识，加大对领导干部权力运行经常性、有效性的制约和监督。

【上级抽调审计】 2019年，认真做好上级抽调审计。根据上级审计机关统一部署，先后派出11名业务骨干参加外出审计。6月17日至7月30日，抽调7人参加三河市政府清理欠款和政府隐性债务审计调查工作； 10月15日至11月8日，配合市审计局完成香河县政府降费减负政策措施落实情况审计工作； 3月至7月，抽调3人分别配合市、县纪委完成市、县巡查工作； 5月7日至7月4日，抽调1名工作人员赴河间市做好“一卡通”审计工作。抽调人员以外出审计为契机，认真学习，查找不足，提升审计水平。

5月23日，中共香河县委审计委员会第一次会议召开　　县审计局供图

【县委审计委员会会议】 2019年5月23日，中共香河县委审计委员会召开第一次会议，县委书记、县委审计委员会主任李桂强主持会议并作重要讲话。书面传达学习中央及省委审计委员会第一次会议精神和习近平总书记等党和国家领导人重要批示精神，审议通过《中共香河县委审计委员会工作规则》《中共香河县委审计委员会办公室工作细则》《2019年度审计工作计划》。10月18日，中共香河县委审计委员会召开第二次会议，县委书记、县委审计委员会主任李桂强主持会议并作重要讲话。书面传达学习省委、市委审计委员会第二次会议精神，审议通过《中共香河县委审计委员会关于推进审计全覆盖的实施意

见》《香河县审计局关于香河县2018年度县本级预算执行及其他财政收支情况的审计报告》。

【审计工作规范化建设】 2019年，坚持依法执审，规范执法行为。工作中，紧扣中心，突出对重点领域、重点部门、重点资金和重点环节的审计监督。加大对部门所属下级单位延伸审计的力度，努力做到不留死角，确保全覆盖审计。严格落实行政执法责任制，定期开展审计法治宣教，制订年度普法、依法行政、法治建设工作计划和普法责任清单，签订行政执法责任书，切实把依法审计、文明审计、廉洁审计，牢记在心、落实到位。严把审计关口，提升审计质量。注重审计工作的规范化建设，主要从审计证据适当、充分情况，主要事实表述完整、清楚情况，审计定性的准确、合规情况，法律法规引用的准确、恰当情况，审计评价的客观、准确情况，审计建议的针对性、可操作性情况，审计实施方案确定审计事项的完成情况，审计程序执行情况，重要问题在报告中的反映情况，被审计对象反馈意见采纳情况，审计文书使用合规性等方面对审计项目进行严格审理，优质高效完成各项审计任务。认真贯彻落实省审计厅、市审计局年初审计工作精神，在各股室开展争创“三个十佳”审计项目优秀评比，县审计局上报项目在全省优秀审计项目中处于领先位置。

【审计队伍建设】 2019年，强化队伍建设，进一步提升工作作风效能。全面做好抓班子带队伍。牢固树立全局“一盘棋”思想，始终不放松班子建设。局党组书记切实担起第一责任人的职责、统筹抓总，把责任扛在肩上、落实在行动中，带头管阵地、把导向、强队伍。年初专门召开专题会议制定年度工作计划，定期开展党组中心组学习、班子民主生活会、批评与自我批评等思想教育，努力提高班子整体政治素质和理论水平。班子成员充分发挥“关键少数”的示范和表率作用，坚持做到以身作则、率先垂范、精诚协作、配合默契。同时，建立健全和完善基层党组织自身建设制度、以民主集中制为核心的党内生活制度、以目标管理为主导的基层组织工作制度，在全局上下形成党组主要领导亲自抓、分管领导具体抓、职能部门协同抓的工作格局，保证了各项工作的有序开展。抓好机关干部队伍建设。围绕“内强素质、外树形象”，紧扣中共十九大和习近平新时代中国特色社会主义思想主题，结合中央审计委员会会议要求，坚持每周五集中学习，做到学习教育融入日常、抓在经常。按照“缺什么,补什么,需要什么,就培训什么”的工作思路，积极参加上级组织的各种业务培训班，鼓励干部参加专业技术职称考试，干部专业知识结构得到明显改善。4月，县审计局专门邀请市审计局固定资产投资科科长张志军，到县审计局进行固定资产投资审计培训。培训期间张志军就投资审计工作中存在的疑难问题以及今后投资审计的工作方向做了详细、深刻的解释和分析，为香河县进一步提高投资审计质量、防范审计风险奠定了坚实的基础。

【审计机关文明创建活动】 2019年,开展机关文明创建活动。年初，专门印发《香河县审计局关于开展精神文明创建工作的实施方案》，围绕“提质提效、文明服务”“志愿服务”“审计最美文明家庭”等内容开展丰富多彩的活动，引导干部职工参与志愿服务。在创城、无偿献血、新春慰问、爱心助学等志愿活动中，通过多种形式的志愿帮扶，赢得广大群众肯定，向社会传递温暖。积极推进审计单位内部文化建设，在开展“我们的节日”活动中，依托中华传统节日、国家重大纪念日，充分挖掘节日的深厚文化和时代内涵，弘扬传统美德、培育文明风尚，增强审计队伍的向心力和凝聚力。在庆祝中华人民共和国成立70周年之际，组织全体干部开展升国旗唱国歌活动，激发全体审计干部爱党、爱国、爱社会主义热情。

（靳　苹）

# 自然资源管理

**【概况】** 2019 年 1 月 24 日，按照《中共香河县委香河县人民政府关于印发<香河县机构改革实施方案>的通知》（香发〔2019〕2 号）文件精神，组建县自然资源和规划局。将县国土资源局（县地理信息局）的职责，以及县发展改革局的组织编制并实施主体功能区规划职责，县住房和城乡建设局的城乡规划管理职责，县农业局（县林业局）的林业管理、草原监督管理职责，县水务局、县农业局的资源调查和确权登记管理职责，相关部门的自然保护区、风景名胜区、自然遗产、地质公园管理职责等整合，组建自然资源和规划局，作为县政府工作部门，加挂县林业局牌子，不再保留县国土资源局（县地理信息局）。

2019 年，香河县土地总面积 448 平方千米（67.20 万亩），其中，耕地 26000 公顷（38.99 万亩）；园地 26.67 公顷（0.04 万亩）；林地 900 公顷（1.35 万亩）；草地 273.33 公顷（0.41 万亩）；城镇村及工矿用地 11473.33 公顷（17.21 万亩）；交通运输用地 1906.66 公顷（2.86 万亩）；水域及水利设施用地 3860 公顷（5.79 万亩）；其他土地 366.67 公顷（0.55 万亩）。

**【土地综合规划】** 2019 年，香河县加强城乡空间管控，防止北京副中心贴边区域“摊大饼式”扩张，全县完成贴边区域范围内合法已建、在建、已批未建和违法等四类用地清查，清查已建合法项目 111 个，占地 880.06 公顷（13200.84 亩）；在建合法项目 18 个，占地 45.23 公顷（678.47 亩）；已批未建项目 43 个，占地 77.01 公顷（1155.17 亩）；违法项目 7 个，占地 8.11 公顷（121.64 亩）。四类用地清查为制定贴边区域处置方案奠定基础，为控制性详细规划的修编制定具体管控规定提供参考。

在北京市通州区与廊坊市“北三县”协同规划及“1+5+N”体系规划编制中，香河县严格落实上位规划管控政策，详细核实用地现状情况，加强对接和沟通，及时向规划编制组报送准确的基础资料，为规划编制工作顺利开展奠定坚实基础。

**【耕地资源保护】** 2019 年，香河县贯彻执行“十分珍惜和合理利用每一寸土地，切实保护耕地”的基本国策，实行最严格的耕地保护制度。省、市规定香河县年度耕地保有量目标 20850 公顷（312750 亩），基本农田保护目标 17354.51 公顷（260317.65 亩）。

建立耕地保护共同责任机制。县政府与 9 个镇及新开街社区、新华街社区、香河经济开发区环保产业园、香河经济开发区新兴产业园、县自然资源和规划局签订耕地保护责任书。按照部、省考核办法要求，逐级开展耕地保护责任目标履行情况考核。全面建立“纵向到底、横向到边”共同责任机制。明确各级政府为耕地保护责任主体、政府主要负责人为耕地保护第一责任人。将耕地保护责任延伸到集体经济组织和农户，落实到每个地块，形成县、镇、村和农户齐抓共管的责任体系。

将耕地保护目标纳入政府年度考核评价体系，建立土地违法违规政府领导干部问责制、政府领导干部耕地和基本农田保护离任审计制度。明确各镇及新开街社区、新华街社区、香河经济开发区环保产业园、香河经济开发区新兴产业园一把手作为第一责任人，对本行政区域内耕地保有量和基本农田保护面积负责。规定在各类考核、评优中，实行耕地保护“一票否决”。

贯彻落实《中共中央、国务院关于加强耕地

保护和改进占补平衡的意见》（中发〔2017〕4号，以下简称《意见》）精神。改进管理方式、落实耕地占补平衡是适应耕地保护形势发展需要。改进耕地占补平衡管理，建立以数量为基础、产能为核心的占补新机制，通过“算大账”的方式，落实占一补一、占优补优、占水田补水田，促进耕地数量、质量和生态三位一体保护。自然资源主管部门高度重视、深刻领会，掌握要求、精心部署，更加科学、务实、高效地做好补充耕地工作，确保耕地占补平衡落实到位，严守耕地红线，保障国家粮食安全。

完善基本农田保护各项制度。全县在乡镇基本农田保护区设有15块标志牌。根据国家、省关于基本农田保护有关法律、法规和规定，全县建立以责任制为龙头的各项保护制度，包括保护责任制度、基本农田保护区制度、占补平衡制度、基本农田保护监督检查制度、禁止破坏和闲置荒芜基本农田制度，形成基本农田保护长效管理制度体系。

【土地利用】 2019年，香河县供应国有土地73宗，面积92.38公顷（1385.7亩），出让金总额314177.4万元，其中，住宅用地供应25宗，面积45.05公顷（675.75亩），占全年总量的48.77%，土地出让金243393万元；商业用地供应23宗，面积17.38公顷(260.7亩),占全年总量的18.81%，土地出让金47419万元；工业用地供应22宗，面积27.09公顷(406.35亩),占全年总量的29.32%，土地出让金20572.2万元；其他用地供应3宗，面积2.86公顷（42.9亩），占全年总量的3.1%，土地出让金2793.2万元。

【地籍管理】 土地变更调查后续工作。全县2018年度土地变更调查宗地数为795宗，总面积283.53公顷（4253亩）。795宗地块通过实地调查举证，建立变更数据库，按照河北省自然资源厅意见两次修改上报。2019年，通过国家审核并下发使用。

香河县第三次全国土地调查工作。按照上级部门的要求和指示，开展全县第三次全国土地调查工作。完成全县第三次全国土地调查基础库建设，开展统一时点更新的外业举证工作。

【土地储备开发】 2019年，按照香河县人民政府《关于规范收储、供应相关问题的指导意见》的规定，成功完成5宗存量建设用地收储工作，面积为7.81公顷（116.72亩）。

【服务项目建设】 2019年，香河县累计争取用地指标11.8公顷（177亩），其中，重点建设项目用地指标8.53公顷（128亩）。是年，全面出具建设项目用地预审1宗，其中，工业项目1宗。

【土地执法监察】 土地卫片执法情况。2019年，香河县按照省自然资源厅关于2018年度土地卫片6月底违法占用耕地比例降到15%以下的要求，经过半年整改，通过省自然资源厅验收，完成省自然资源厅要求6月底违法占用耕地比例降到15%以下的目标。

动态巡查情况。执法监察大队现有5支执法巡查队，主要巡查工业聚集区、基本农田保护区和村庄周围，尤其以基本农田保护区和村庄周围为重点，加大动态巡查力度，充分利用现有资源，尽量实现土地巡查全覆盖，提高发现违法占地效率。坚持预防在先、关口前移，实现早发现、早制止、早处置“三早”原则，齐抓共管，重点抓好政策宣传、动态巡查、制度建设和查处整改等工作，确保及时发现土地违法行为并将其消除在萌芽状态。

“扫黑除恶”工作情况。始终深入贯彻落实中央、省、市关于“扫黑除恶”专项斗争的决策部署，分别制定关于《扎实推进“八开展、八跟进”专项行动》《中央“扫黑除恶”督导“回头看”反馈意见整改》《开展“扫黑除恶”问题整改“回头看”》的实施方案。采取“五加二”不间断巡查，全面排查违法占地多发区（工业园区、主要交通干道两侧）和一些死角，防止出现新增违法行为；组织相关股室和基层所，围绕2016—2018年土地违法案件（848件）、信访案件（250件，其中重复访196件）、土地出让（131宗）、征地补偿（17个批次，涉及70个地块）开展一次“回头看”，逐宗、逐件、逐个进行排查，以整改难度大、任务完成慢的案件为重点，深挖黑恶势力和“保护伞”，做到“不留死角、全面见底”力争挖出有价值的线索；针对群众反映强烈、问题比较突出的加大检查、暗访，通过走村入户、现场接访等方式持续收集线索、了解情况，定期每周向县扫黑办上报排查线索。年内，接到上级交办疑似涉黑涉恶线索10件，其中，9件核查完毕并上报县扫黑办公室，剩余1件在核查中。

“大棚房”工作情况。严格按照《关于对“大棚房”问题再次进行全面摸排的通知》《关于“大棚房”问题专项清理整治行动整改工作的指导意见》的要求，对项目内是否存在三类问题进行排查。全部查处整改完毕，不存在大棚房现象。

散煤管控工作情况。2019年，按照上级关于散煤管控工作统一安排部署，精心组织，突出抓好“散煤治理”问题，强力推进全县散煤管控工作。认真开展排查，未发现散煤管控违规问题。

“散乱污”和大气治理工作情况。坚持以持续改善大气环境质量为目标，全面贯彻落实省、市开展“散乱污”工业企业整治和大气治理工作部署和相关要求，按照“统筹推进、重点攻坚、专项突破、全面带动”的原则，迅速行动，强力推进，全面按时完成整治任务。未发现“散乱污”和大气治理违规问题。

黑加油站情况。规范全县成品油市场秩序，打击非法加油站点经营活动，确保成品油市场安全，根据上级统一安排部署，对全县非法加油站点进行摸底排查。发现非法经营加油站点3家，均无合法用地手续。此次排查，摸清了非法加油站点的分布及数量，为打击取缔明确了目标。

交通干线300米范围内违法占地情况。为深入贯彻落实党中央、国务院和省、市决策部署，加强重要交通干道沿线自然生态空间保护和农用地保护，经对高速公路沿线300米范围内的违法占地情况进行全面排查摸底，排查出高速公路沿线300米范围内违法占地10处，整改到位8处，剩余2处，纳入补办手续范围。

**【违法违规用地专项整治】** 2019年，拆除新增违法占地30宗，面积12.1公顷（181.54亩），清除存量违法占地问题，遏制新增违法占地行为，促进土地资源节约和环境空间保护。确保在规定的时间节点内完成整改任务，组织两次集中拆除行动，拆除存量违法占地108宗，面积28.46公顷（426.96亩）。

**【自然资源市场交易】** 2019年3月15日，进行1批次拍卖出让国有土地，出让宗地36宗，成交宗地32宗，未成交宗地4宗。此次成交面积33.23公顷（498.41亩），土地出让金额79261万元。其中，居住用地11宗、面积11.18公顷（167.7亩）、土地出让金额59246万元；商业用地6宗、面积1.53公顷（22.93亩）、土地出让金额4496万元；工业用地15宗、面积20.52公顷（307.78亩）、土地出让金额15519万元。与土地一同出让的地上建筑物罚没金额4213.97万元。

6月27日，进行2批次拍卖出让国有土地，出让宗地24宗，成交宗地16宗，未成交宗地4宗。此次成交面积23.24公顷（348.57亩），土地出让金额103049万元。其中，居住用地9宗、面积14.03公顷（210.44亩）、土地出让金额82069万元；商业用地2宗、面积6.22公顷（93.3亩）、土地出让金额为18591万元；工业用地4宗、面积2.75公顷（41.31亩）、土地出让金额2086万元；公用设施营业网点用地1宗，面积0.23公顷（3.52亩），土地出让金额303万元。与土地一同出让的地上建筑物罚没金额5037.55万元。

10月16日，进行3批次出让国有土地，出让宗地25宗，成交宗地25宗。此次成交面积35.91公顷（538.67亩），土地出让金额131867.4万元。其中，居住用地5宗、面积19.84公顷（297.56亩）、土地出让金额102078万元；商业用地15宗、面积9.63公顷（144.49亩）、土地出让金额为24332万元；工业用地3宗、面积3.81公顷（57.22亩）、土地出让金额2967.2万元。医疗卫生用地1宗，面积2.47公顷（37亩）、土地出让金额2335万元；公用设施营业网点用地1宗，面积0.16公顷（2.39亩），土地出让金额155.2万元。与土地一同出让的地上罚没建筑物罚没金额9642.41万元。

年内，全县采取拍卖方式，出让国有土地73宗，面积92.38公顷（1385.65亩），地上物罚没金额18893.93万元，土地出让金额314177.4万元，总计333071.33万元。

**【自然资源市场监管】** 按照《河北省人民政府办公厅关于印发河北省公共资源交易平台服务管理细则的通知》（冀政办字〔2018〕1号）文件精神，结合县域实际情况，土地使用权出让工作划转到县公共资源交易中心。国有土地使用权出让流程与县公共资源交易中心协调完成，明确县自然资源和规划局、县公共资源交易中心的职责分工，确保国有土地使用权出让工作依法有序进行。香河县自然资源和规划局对整个出让过程进行监督管理。加强全县土地评估管理工作，建立公开、公平、公正的土地评估市场，香河县自然资源和规划局按照财政部门的采购要求依法依规招录业绩好的评估公司进行评估。

**【自然资源确权登记】** 2019年，按照河北省自然资源厅和廊坊市自然资源和规划局的统一部署，做好全县行政区域内自然资源确权登记工作，主要包括通告发布、权籍调查、界线核实、权属争议调处、公告、颁发证书等。针对2020年将正式开展的自然资源确权登记工作，制定县级总体工作方案和年度实施计划，逐步铺开、分阶段推进全县自然资源确权登记工作，做好前期各项准备工作，该项工作计划2020年6月正式启动，预计2023年基本完成，并通过补充完善的方式逐步实现全覆盖。

**【不动产确权登记】** 2019年，发放不动产登记证书22545本；不动产登记证明13188张。

**【测绘及测绘监管】** 2019年，完成测绘综合执法巡查12次，未发现测绘单位违法从事测绘活动。

**【地理信息管理】** 2019年，完成测绘备案26宗，测绘汇交17宗。

（张　厦）

## 市场监督管理

**【概况】** 2019年1月，根据《香河县机构改革实施方案》（香发〔2019〕2号）文件精神，组建香河县市场监督管理局，由原香河县工商行政管理局、香河县食品药品监督管理局、香河县质量技术监督局合并组建，融合了香河县发展改革局、香河县物价局、香河县商务局、香河县科学技术局的价格监督检查与反价格垄断相关职责、反垄断相关职责、知识产权管理职责，是县政府工作部门，机构规格正科级，加挂香河县知识产权局牌子。县政府食品安全委员会的具体工作由县市场监督管理局承担。县市场监督管理局不再加挂县工商行政管理局、县食品药品监督管理局、县质量技术监督局牌子。

县市场监督管理局主要负责全县市场综合监督管理，贯彻落实市场监督管理和药品监督管理有关法律法规规章，起草全县市场监督管理有关地方政府规章草案，制定有关政策、标准，组织实施质量强县战略、食品安全战略、标准化战略、知识产权战略，拟订并组织实施有关规划，规范和维护市场秩序，营造诚实守信、公平竞争的市场环境。内设股室19个，分别是办公室、法制和综合规划股、执法稽查股、信用监督管理股、反不正当竞争股、价格监督检查股、广告监督管理股、消费者权益保护股、产品质量监督管理股、食品安全协调股、食品安全监督管理股、安全生产管理股、计量和标准监督管理股、知识产权管理保护股、药械和化妆品监督管理股、科技和财务股、党建办公室、宣传人事股、外商投资企业登记管理股。派出机构5个，分别是香河县市场监督管理局新开分局，香河县市场监督管理局新华分局，香河县市场监督管理局安平分局，香河县市场监督管理局刘宋分局，香河县市场监督管理局渠口分局。下属事业单位4个，分别是投诉举报中心、不良反应中心、消费者权益保护委员会、检验所。

**【“双随机、一公开”工作】** 2019年，完成双随机抽查11次；组织实施跨部门双随机联合抽查4次，抽查市场主体351户，参与执法人员102人次。对抽查中发现问题的100家单位列入经营异常名录。

**【执法稽查】** 2019年，开展“守护消费”暨打击侵害消费者个人信息行为等各类专项执法行动45次，查处各类违法案件100起，罚没违法金额340万元。同时调查消费者举报投诉案件170起，涉及虚假广告、无中文标签产品销售、服装标签不合格问题。

**【企业信用监督管理】** 2019年，内资企业年报率为94.58%，农专年报率为89.89%，个体工商户年报率为81.3%。企业经营异常名录列入637户，移出135户；农民专业合作社经营异常名录列入45户，移出3户；个体工商户标记经营异常状态列入338户，恢复正常记载状态443户；列入严重违法失信企业名单157户；为企业、农民专业合作社修复信用记录644条。

**【市场主体登记注册】** 推行“审核合一”登记流程，简化审批程序，办理时限缩短至5个工作日。全面落实“证照分离”，简化注册程序，实行“零限制”登记。推进“互联网+”登记服务，个体工商户云窗办照系统全面推行。截至2019年年底，全县有个体工商户25709户。

**【市场经营秩序监督管理】** 以网络交易平台和网络商标侵权、销售假冒伪劣商品、虚假宣传、刷单炒信等突出违法问题为重点开展监督检查行动，检查网络主体120户，核实网站信息316条，为5家企业张贴电子标。以有形市场和办事窗口为重点开展“扫黑除恶”宣传活动，发放明白纸5000份，悬挂宣传条幅520条，发放宣传手册100本，在微信公众号刊登“扫黑除恶”文章2篇。以走访商户为主要形式重点摸排欺行霸市、强买强卖、收保护费的“市霸”“行霸”等涉黑涉恶问题，摸排上报扫黑线索3条。

**【价格监督管理】** 开展天然气价格联动机制实施季节性价格调整政策检查、涉企收费专项检查、农产品市场价格巡查、医疗服务和药品价格重点检查、教育收费专项检查5次，规范收费行为。

**【广告监督管理】** 起草《香河县商品房预售代理行为监督管理暂行规定》，并以县政府办公室文件的形式印发。集体约谈8家房地产商、9家中介销售公司、20家广告公司，查处广告违法行为6起。

**【消费权益保护】** 受理消费投诉举报1442件，回复率100%，诉求办结率95.1%，成功调解消费纠纷95件，调解成功率93%，为消费者挽回经济损失11万元。

**【市场监管信息化建设】** 新购置电脑50台、打印机30台、执法记录仪10台。在调查室、询问室及办公区内重要位置安装了监控摄像头。

（周凤伟）

## 知识产权保护

**【概况】** 2019年，申请商标注册1327件，授权注册商标1141件；申请专利475件，专利授权302件。截至年底，全县有效注册商标4041件、有效发明专利125件，万人发明专利拥有量3.31件。

**【知识产权保护】** 举办专业培训，邀请原河北省知识产权服务中心专利代理师雷莹，讲解知识产权的运用及保护，全县70余家规模企业参加培训。出台《香河县商标专利专项资金管理办法》，调动全县引进商标专利的积极性，截至2019年年底，从域外引进专利35件。进一步加大保护知识产权执法力度，年内，立案查处知识产权违法行为10起，罚没款43万余元。

**【原产地地理标识认定】** 2019年，新增集体商标1件，香河肉饼协会；新增地理标志证明商标1件，香河韭菜。

**【商标、专利执法工作】** 制定《香河县市场监督管理局2019年知识产权保护工作（雷霆行动）方案》和《2019年度香河县知识产权系统执法保护专项行动方案》。2019年，立案11起，罚没款69.1万元。

（周凤伟）

## 食品药品监督管理

**【概况】** 2019年，全县有食品生产企业30家，持证食品销售经营者1601户，持证餐饮服务经营单位1188户，小作坊备案登记20家，小餐饮备案登记579家，小摊点备案登记1590家，药品生产企业2家，医疗机构280余家，药品零售企业289家，药品批发企业1家，医疗器械生产企业2家，经营企业178家。出台《香河县农村集体聚餐食品安全管理办法》，对120余家农村“大棚席”实现规范化管理。年内，通过监督检查、严抽样检验、开展专项整治、组织宣传活动、查处违法行为等措施，确保全县人民群众的饮食用药安全，全年未发生一起重大食品药品安全事故。

**【食品安全战略】** 严格落实“党政同责”和“四个最严”（最严谨的标准、最严格的监管、最严厉的处罚、最严肃的问责）要求，把食品药品安全纳入经济社会发展责任目标和年度考核重要内容；层层签订食品药品安全工作责任书，建立健全“地方政府负总责，监管部门各负其责，企业是第一责任人”的食品药品安全责任体系；加强食品药品安全监管队伍、协管员队伍建设，食品药品安全检验检测和监管执法装备，农产品及食品药品安全监管经费保障到位。

**【食品安全监督管理】** 按照“四个最严”的要求推进食品监督管理工作，全年累计出动执法人员1396人次，出动执法车辆483台次，检查食品生产企业20家次，食品经营单位1168家次，餐饮服务单位 489 家次，下达责令整改通知书 231 份，立案 27 起，罚没 48.2 万元。

**【食品安全检验】** 以农兽药残留、微生物污染、滥用食品添加剂等突出问题为重点，加强食品监督抽检。2019 年，完成食品抽样检测 1570 批次，其中，生产环节抽检 130 批次，食品销售单位抽检 720 批次（其中，食用农产品抽样 360 批次），餐饮单位抽检 720 批次，对 16 批次不合格食品进行立案查处。完成医疗器械抽检 4 批次、药品抽检 30 批次。

**【重大活动食品安全保障】** 2019 年，建立 2 个食品快检室，配备快检设备和各种试剂，全年开展快速检测 1000 余批次，为县“两会”、春节大庙会、春节晚会、少儿春节晚会、元宵晚会、中国香河国际家具展览会暨国际家居文化节、中国廊坊“5·18”国际经济贸易洽谈会、中高考等重大活动提供食品安全保障工作，服务保障 3 万人次的饮食安全。

**【食品安全专项整治】** 开展元旦春节期间专项检查、非洲猪瘟防控工作、春季学校（含托幼机构）食堂及周边经营单位清查、“山寨”食品专项整治、打击食品保健食品虚假宣传、农村集体聚餐专项清查、旅游景区食品安全检查、豆制品专项检查、网络第三方平台专项整治、冷冻肉制品和水产品质量安全突击检查、膨化食品安全检查、面制调味食品安全检查等专项整治 12 次。检查食品经营者 900 户次、集贸市场 5 个、检查猪肉经营户 2396 户、餐饮单位 330 家，签订承诺书 2076 份，对 398 户食品经营者提出整改意见 687 条次。

**【校园食品及“小餐桌”监管】** 制定《香河县 2019 年校园食品质量安全水平提升工作方案》，召开全县校园食品质量安全水平提升工作会，对辖区内的学校幼儿园进行全覆盖式检查规范，发现问题当场责令其整改，当场不能整改到位，限期整改，并按照期限及时进行复查。全县 110 家学校幼儿园食堂，均取得食品经营许可证，达到明厨亮灶标准，食品安全量化等级均达到良好（B 级）以上，主城区学校食堂食品安全优秀（A 级）等级超过 20%。

**【药品、医疗器械监督管理】** 以保障药品、医疗器械质量安全为目标抓好日常监管。开展药品流通领域违法经营行为整治、医疗器械使用单位专项整治 11 次，检查零售药店 538 家次，医疗机构 191 家，医疗器械经营企业 134 家，解决隐患问题 164 个。

**【化妆品监督管理】** 对全县化妆品经营使用单位经营使用的婴幼儿化妆品，染发类产品，宣称美白、祛斑类产品，宣称祛痘、抗粉刺类产品，育发类产品，防晒类产品，面膜类产品进行检查，建立化妆品经营使用单位台账，检查化妆品经营使用单位 50 家，未发现不合格产品。

**【保健食品监督管理】** 针对药店、超市、保健食品专营店等相对集中销售点进行保健食品《标签标注警示用语指南》推广，实行以点带面，重点科普的方式，加强对保健食品标签的科普宣传，普及法律知识。截至 2019 年年底，利用微信公众号发布保健食品消费警示信息 1 条，张贴保健食品消费警示 500 余张，发放宣传资料 1000 余份，接受群众咨询 100 余人次，

**【食品和药品、医疗器械、化妆品安全宣传及教育培训】** 利用“食品安全宣传周”等活动发放食品药品安全知识手册、宣传海报 2000 份；组织全县学校幼儿园及“小饭桌”负责人、“大棚席”

经营者、食品生产企业及小作坊负责人召开食品安全责任险投保培训会，全县投保食品生产企业26家，小作坊5家，学校幼儿园食堂、工地食堂、企事业单位食堂61家，“小饭桌”94家，集体配餐单位2家，餐饮单位2家，超市5家；组织全县30家食品生产企业负责人、质量负责人召开食品生产企业食品安全管理人员监督检查抽考工作培训会，讲解《食品生产企业食品安全管理人员必备知识考试题库》和《食品生产企业食品安全管理人员抽考系统操作手册》，辖区30家企业的63名食品安全管理人员全部通过考试，合格率100%。

（周凤伟）

## 产品质量监督管理

【概况】 2019年，全县产品质量总体平稳。县内获得工业产品生产许可证的企业全部完成年度自查工作。工业产品监督抽查合格率97%；计量器具检定合格率98%；特种设备登记率、检验率、建档率和操作人员持证率均100%。

【质量强县战略】 召开香河县2019年质量强县和标准化战略会议，印发《2019年度质量强县重点任务分解方案》《关于开展质量提升行动加快质量强县建设的实施方案》，督促指导17家成员单位严格落实方案；香河第一城酒业有限公司和香河众旺木业有限公司入围廊坊市政府质量奖组织奖；香河第一城酒业有限公司等3家企业参加廊坊市卓越绩效评价准则培训暨“一十百千万”（组织一次高质量发展论坛、深化质量提升十个专项行动、选树百个高质量发展标杆、推动千家企业导入先进质量管理模式、开展服务万家企业活动）活动启动仪式。香河凯华齿轮有限公司等5家企业参加“中国品牌日”“品牌故事”分享活动；喜临门北方家具有限公司等6家企业申报优秀QC小组，8个课题小组参加廊坊市优秀QC小组征集活动。

【标准化管理】 开展标准化资质申报活动，走访企业100余家次，发放《河北省标准化资助办法》180余份。

【产品质量管理】 开展全省制造业质量竞争力指数测算分析工作，对全县55家规模以上制造业企业的产品质量等级品率和质量管理体系认证率指标进行采集。组织12家单位和企业，在县委广场西侧开展以“共创中国质量，建设质量强国”为主题的大型公益集中宣传活动，发放宣传资料1万余张（册），现场接受群众咨询200余人（次）。组织香河众旺木业有限公司、河北绿农检测技术服务有限公司等5家企业参加2019年廊坊市质量月启动仪式。监督抽检粉末涂料2批次、儿童玩具和学生文具14个批次、娃娃类玩具1批次、眼镜8批次、学生服11批次、电动自行车10批次、化肥15批次、成品油428批次。

9月，开展“质量月”大型公益集中宣传活动　　县市场监督管理局供图

【产品质量认证】 开展生产、流通领域强制性认证产品监督检查行动，对辖区内的8家获得强制性产品认证的企业、26家经销单位进行监督检查，检查漏电保护器等14个产品374台（件），未发现问题产品。开展实验室开放日活动1次，组织社会各界代表到香河第一城酒业有限公司酒类检验中心实验室观摩学习。

【检验检测工作】 免费检定各类计量器具41672台件，其中，电子汽车衡器30台次，衡器7835台次，加油机565条枪，加气机56条枪，压力表500块，血压计（表）130件，天平及砝码7843件，长度类计量器具33件，电能表11197块，水表8400块，热量表4360块，出租车计价器723台件。煤炭检验20个样品。

【计量监督检查】 开展计量器具专项监督检查活动4次，检查粮油公司1家、污水处理企业5家、环境监测站1家、成品油销售企业43家、眼镜制配单位26家。抽查7家定量包装企业；7家单位通过诚信计量示范单位审批，全县计量市场秩序稳定。

【特种设备安全监察】 开展起重机械、电梯、气瓶、锅炉等专项整治10余次，检查使用单位512家，检查特种设备2532台，发现整改安全隐患51个，完成气瓶检验6500只，报废气瓶2800只，在用起重机械检验率100%，叉车首检上牌率100%，人员全部做到持证上岗；与全县13家气瓶充装单位、石材城102家特种设备使用单位负责人进行集中约谈；开展电梯事故应急救援演练活动1次；组织特种设备安全知识培训4次，培训人员500人次，未发生特种设备安全事故。

（周凤伟）

## 应急管理

【概况】 2019年1月，根据《香河县机构改革实施方案》（香发〔2019〕2号）文件精神，将县安全生产监督管理局的职责，以及县政府办公室的应急管理职责，县公安局的消防管理职责，县民政局的救灾职责，县国土资源局的地灾害防治、县水务局的水旱灾害防治、县农业局（林业局）的草原防火、森林防火等相关职责，县住房和城乡建设局（县地震局）的地震监测、赈灾应急救援等相关职责，县防汛抗旱、减灾、抗震救灾、森林防火指挥部（委员会）的职责等整合组建香河县应急管理局（以下简称县应急局），作为县政府工作部门，加挂县地震局牌子。不再保留县安全生产监督管理局，县住房和城乡建设局不再加挂县地震局牌子。

香河县应急管理局是香河县人民政府管理全县应急工作的部门，负责应急管理工作。指导各级各部门应对安全生产类、自然灾害类等突发事件和综合防灾减灾救灾工作；负责安全生产综合监督管理和工矿商贸行业安全生产监督管理工作；负责危险化学品安全监督管理综合工作和烟花爆竹安全生产监督管理工作；指导应急预案体系建设，综合协调应急预案衔接工作，组织开展预案演练，推动应急避难设施建设；制定应急物资储备和应急救援装备规划并组织实施，会同县粮食和物资储备等部门建立健全应急物资信息平台和调拨制度，在救灾时统一调度；指导协调森林和草原火灾、水旱灾害、地质灾害等防治工作，组织开展地震监测预报工作和地震灾害预防工作，负责自然灾害综合监测预警工作，指导开展自然灾害综合风险评估工作；负责组织指导协调和监督全县安全生产行政执法工作，组织开展对安全生产重点企业的执法检查，负责全县抗震设防执法工作。

县应急局设 6 个内设机构，分别是办公室、应急救援指导股、安全生产综合协调股、危险化学品安全监督管理股、安全生产基础股、法制和调查统计股；4 个所属事业单位，分别是宣教培训中心、防汛抗旱中心、地震和灾害防御救援中心和安全生产监察大队（下设 3 个执法中队）。机关编制 18 名（行政编制 7 名，锁定事业编制 11 名），事业编制 32 名。

2019 年，县应急局（含原县安监局）先后被评为河北省“安全生产月”活动先进单位、河北省 2019 年优秀安全生产志愿者服务组织，廊坊市 2018 年度安全生产目标管理考核优秀单位、廊坊市 2018 年重点专项工作考核安全生产宣传教育第一名、廊坊市 2018 年重点专项工作考核安全生产隐患大排查大整治攻坚行动第三名、廊坊市 2018 年度安全生产志愿者注册人数先进单位、廊坊市 2018 年度安全生产志愿服务工作优秀单位、廊坊市 2019 年安全生产应急救援体能竞赛优秀组织单位，香河县 2018 年实绩突出领导班子、2018 年度创优争先领导班子、全县“一先两优”先进基层党组织、2018 年度安全生产目标县直单位考核优秀单位、2018 年度依法行政考核县政府部门优秀单位、执法监督类优秀领导班子。

**【应急预案体系建设】** 根据有关法律、法规及政策标准的变动情况，组织应急预案专家开展评审和文本修编，修订印发《香河县应急管理局安全生产突发事件应急预案》《香河县防汛抗旱应急预案》《香河县自然灾害救助应急预案》《香河县行洪区灾民转移安置预案》《香河县破坏性地震应急救援预案》；完善重大危险源数据库的建立和重大危险源远程视频监控，提高信息化管理水平。

**【应急救援体系建设】** 在重点行业企业进行实战培训，完善应急体系，锻炼应急队伍。建立预警联动机制，及时通过手机短信、微信等方式快速、准确进行预报和预警，有效提高应对突发天气的能力。扎实推进应急管理信息化建设工作，加强综合性应急队伍建设，制订综合性应急救援队伍建设方案，配备必要的物资装备，加强与专业队伍互动演练，提高队伍综合应急能力。加快推进安全监管方面的信息化建设，提高动态监测能力。

7 月 10 日，举行 2019 年香河县抗洪抢险应急救援演练　　县应急管理局供图

**【应急演练】** 组织香河百川燃气销售有限公司和香河金钥匙国际家居汇展中心 2 家企业的救援队伍参加市安全生产应急救援体能竞赛，在家具城、人员密集场所、“煤替代”等重点行业企业进行实战培训，锻炼应急队伍。检验燃气安全事故发生后的应急处置与外部救援的协调配合能力，以淑阳镇辖区某酒店内天然气计量调压设备区域突发天然气泄漏为主题，组织开展事故应急演练，各有关部门主管人员及部分酒店安全负责人 100 余人到现场进行观摩，有效提升应对突发事件的能力。举行 2019 年抗洪抢险应急救援演练。演练模拟 2012 年“7·21”汛情应对为主要

背景，采取多媒体大屏幕方式模拟场景，分为灾民转移安置、堤防加高、洪水调度、孤岛救人、新闻发布和舆情应对等 5 个科目，通过本次抗洪抢险实战演练，检验各级防汛组织机构的快速反应和应急救援能力，为做好洪涝灾害等突发事件的应急救援工作打下坚实基础。

【应急管理信息化建设】 利用应急监控平台，对全县 54 家高危企业作业现场实现 24 小时不间断动态监控。实时直观地获取和记录危险场所、危险品企业的视频图像信息，实时、直观了解和掌握重点部位安全动态，及时发现和处置各类突发事件。对地质、地震、防汛抗旱、气象、森林草原险情火情、消防、安全生产经营单位等领域和部门数据感知网络建设现状感知数据需求进行调研，明确 2019 年感知数据的建设（接入）范围、数量等。根据全县安全生产、自然灾害风险防范和应急救援指挥实际需要，聘请专业公司编制信息化建设方案，明确责任分工和时间节点要求，确保各项工作有序开展。利用政务外网，与县水务局、县自然资源和规划局等相关职能部门实现互联互通，信息共享，完善政务外网架构，提升应急管理和服务能力。

【应急器材使用培训】 组织县应急局机关全体人员参加应急器材使用专题培训，邀请应急救援专业人士对个人防护、应急器材、心肺复苏操作程序进行详细讲解，并进行正压式呼吸器、自动苏生器、防毒面具、数字激光测距仪等仪器的现场演示教学。通过培训让大家熟悉应急救援器材的使用方法和操作技能，进一步提升参训人员的应急处置能力。

【落实安全生产责任制】 落实中共中央办公厅、国务院办公厅《地方党政领导干部安全生产责任制规定》和省、市、县要求，层层压实党政领导责任。在此基础上，县政府与各镇政府（社区办）、园区和重点部门签订目标管理责任状，对发生重大安全生产事故的单位，坚决实施“一票否决”，取消评优评先资格。适应机构改革新要求，县安委办进一步修订完善《香河县安全生产监管责任清单》，明确各单位、各部门安全生产监管任务，消除监管盲区，增强行业主管部门安全生产责任意识、担当意识。

6 月 16 日，举行香河县 2019 “安全宣传咨询日” 活动　　县应急管理局供图

【安全生产宣传教育】 组织开展安全文化进社区、进企业、进学校、进农村、进家庭和“五进五创”活动。印制宣传品 139 种、设立宣传图板 100 余块、悬挂各类宣传条幅 50 余条，接受群众咨询 2500 余人次。组织开展“5·12”防灾减灾周、“6·16”安全宣传咨询日、“7·28”抗震减灾周宣传日活动，印制宣传品 76 种、设立宣传图板 45 块、悬挂各类宣传横幅 100 余条，编制防灾宣传手册 5 种，发放资料 1.5 万余份。编制印发《安全知识手册》《企业员工应急安全知识手册》《家庭安全注意事项》《居民安全应急知识》

等，发放各类宣传资料13000余份，发放印有安全知识的宣传物品3850份。制作发放以安全生产典型事故案例和安全生产系列警示教育为题材的《香河县安全生产警示教育片》。开展社区燃气安全培训、安全文化进社区活动5次，400余人参与活动。分片区开展餐饮企业应急安全知识大讲堂活动7次，450余人参与活动。举办专题文艺演出，在香城郦舍和京汉君庭居民小区推进安全文化主题社区建设工作，在开发区打造一条安全文化主题街道。利用“香河应急管理”微信平台，图文并茂发布各类安全知识、事故预警信息，发布微信平台132期，推送各类安全知识403条。

11月21日，在钳屯镇双安新城举行“气代煤”农村燃气安全员、燃气安全协管员知识培训　　县应急管理局供图

【安全生产专业培训】　采取“请进来”方式，聘请省级安全专家分片区对各镇政府（社区办）、园区管委会安监站工作人员及企业主要负责人、安全管理人员开展《生产安全事故条例》专题培训活动，组织8场培训，1200余人参与，发放《生产安全事故应急条例》手册1300余册。采取“走出去”方式，分2批次组织县安委会成员单位业务骨干，到中国石油大学（华东）的国家应急管理部安全监管监察学院（青岛），参加业务素质提升实训学习；分2批组织应急管理局干部职工及各镇政府（社区办）、园区安监站业务骨干90余人，赴北京市安全生产综合实训基地进行专题培训。

【安全生产隐患排查整治】　邀请省、市专家组织开展各类培训活动15次，培训企业4000家次，组织现场交流观摩5次，发放“双控”知识手册5000余本，有效促进“双控”建设的提标扩面。2019年，全县有重点企业254家，其中，218家完成“双控”体系建设，辨识发现风险因素820类，风险点3350个。危化和烟花爆竹企业66家，全部完成“双控”体系建设，辨识发现危险因素306类，安全风险点731个。

【安全生产执法检查】　2019年，立案处罚327.88万元，无一例行政复议案件、无一例因行政执法造成的诉讼案件，无一例因行政执法引发的上访事件。香河县应急局被应急管理部政策法规司确定为第一批应急管理政策法规标准基层联系点。

【行政执法“三项制度”建设】　坚持实施执法公示制度，通过相关公示载体定期公示行政许可事项和行政处罚情况，接受群众监督。完善听证室、询问室、档案室等各类功能室的相关配套制度。坚持行政执法全过程记录制度，按照规定配备执法记录仪、照相机等音像设备，保障执法全过程文字记录和音像记录完整。坚持重大行政执法决定法制审核制度，明确重大执法案件范围，保障行政执法决定合法性、合理性，促进严格规范公正执法。聘请相关专家对执法人员进行培训，法制和调查统计股对日常执法文书进行审查，确保执法文书规范，案卷完整齐全。

【重点行业及区域安全生产专项整治】 抓好化工行业攻坚行动，召开全县化工行业安全生产整治攻坚行动工作会议，制定印发《香河县化工行业安全生产整治攻坚行动方案》，对全县涉及的化工生产企业和危化生产经营储存使用单位开展化工行业专项隐患排查整治行动，聘请专家分两轮对危化企业进行安全检查，第一轮检查23家企业，发现安全隐患105处，第二轮检查企业43家，发现安全隐患214处，全部整改到位。开展家具行业隐患整治工作，利用1个月时间，聘请专家对全县148家家具企业的安全生产情况进行评估，检查出隐患2038条，发现管理资料问题515项，全部整改完毕。开展电检活动，聘请有资质电检公司对全县75所小学和幼儿园、12所中学、18所医院及卫生院、3所敬老院进行安全检测，对安全隐患进行彻底整治。其间，累计检查出各类问题隐患911处，全部整改完毕。

【危险化学品和烟花爆竹安全监管】 2019年初，制定危险化学品和烟花爆竹安全监管工作重点，及时部署相关工作。抓住重要时间节点，认真开展危险化学品和烟花爆竹安全大检查工作，排查问题和隐患876处，及时督促企业完成整改。按照上级工作要求，有序开展危险化学品企业作业场所设备设施检测检验、受限空间作业专项整治和“双控”机制建设工作。严厉打击非法生产经营危险化学品和烟花爆竹行为，坚决遏制各类事故的发生。

【防汛抗旱、地震和防灾减灾工作】 组织专业技术人员对8座国有扬水站进行预防性试验和重车试验，对存在的问题及时进行修复整改，对县域内干渠闸涵闸门进行调整，关闭引水首闸，全部打开节制闸，确保渠道畅通，消除安全隐患，确保汛期排沥安全；针对第9号台风“利奇马”，制定并印发香河县《防御应对台风“利奇马”工作方案》，全体人员坚守岗位，直至解除防汛Ⅳ级应急响应，9号台风“利奇马”对香河县未造成人员和财产损失；对位于安头屯镇安三村东南角及五百户镇香城卫生院内的2个强震监测台站进行日常维护检查，对以前停用的监测设备进行检修，做到自动化设备与人工监测同时运行，对记录数据进行分析，保障上传省、市地震局和国家防灾减灾学院数据准确无误；协助中国地震局地球物理研究所和市地震局对“京津冀”以及首都副中心地震带断裂探测研究项目选址进行前期沟通，涉及香河县的4个监测台站全部建设完成。

【重点时期安全巡查】 为确保“两会”、“五一”劳动节、家居采购节、“5·18”中国廊坊国际经贸洽谈会、中秋节、国庆节等重要时期全县安全生产形势持续稳定，制订巡查方案，成立巡查组，每天由一名副科级干部带队，在全县范围内开展烟花爆竹、危险化学品、人员密集场所等重点行业领域安全生产检查，采取“四不两直”、暗察暗访方式相结合，每日检查巡查不间断，发现隐患督促整改到位。同时，县政府及县安委办专门抽调人员组成多个联合督查组，深入实地明察暗访，加强督导、严格执法，切实做到时刻以战时状态保持对安全生产的高压态势。其间，累计出动执法人员1200余人次，检查企业1180余家次，排查整改隐患2100余处。

（田永康）

# 农业　农村

责任编辑　王树春

## 综　述

2019年1月24日，根据《香河县机构改革实施方案》（香发〔2019〕2号）文件精神，将原县委农村工作部、县农业局的职责，以及原县发展改革局的农业投资项目、县财政局（县农业开发办公室）的农业综合开发项目、县国土资源局的农田整治项目、县水务局的农田水利建设项目等管理职责整合，组建香河县农业农村局，作为县政府工作部门；县委农村工作领导小组办公室设在县农业农村局。县农业农村局2019年1月25日正式挂牌，3月18日，完成合并重组单位的搬迁工作。合并重组后，县农业农村局有工作人员243人，其中，科级以上干部23人、股级以下工作人员220人，党员101名。3月15日，县农业农村局向县委县直工委提交《香河县农业农村局关于撤销党支部和建立机关党委的请示》，4月8日，中共香河县直机关工作委员会对请示给予批复，成立“中国共产党香河县农业农村局机关委员会”。是年，县农业农村局切实规范管理，强化作风建设，杜绝“不作为、慢作为、乱作为、假作为”现象的发生，制定出台《机关卫生检查管理制度》《机关正版软件资产管理制度》等一系列管理制度，切实把人情管理裁量权空间较大的现象进行规范化管理。是年，香河县加强农业管理，发展农业项目，抓好农作物种植及畜牧水产养殖，推进农业产业化发展，提高农业机械化水平，强化农村经济管理，开展新民居建设，三农工作全面提升。

是年，香河县被河北省农业农村厅授予“河北省农产品质量安全县”荣誉称号（冀农办发〔2019〕21号）；县农业农村局被市委、市政府评为2019年度“市级文明单位”。

## 农业管理

【概况】　2019年，香河县农业农村工作立足新机构、新职能，聚焦全面建成小康社会硬任务，以实施乡村振兴战略为总抓手，围绕农业供给侧结构性改革核心任务，突出重点抓落实，稳妥扎实有序推进“三农”领域各项工作，全县农业农村经济保持稳中有进的良好发展态势。全面完成清产核资、成员认定、股权设置、成立组织、登记发证五大任务。培训生产经营型的蔬菜种植户150人，结合农村人居环境整治工作，合理推进空置房屋、闲置宅基地治理，完成91个村街360户空置农宅治理。育龙头企业，新认定龙头企业一家——香河牧富民畜牧养殖有限责任公司。顺利完成规模养殖场粪污资源化利用处理设施建设及验收，春秋季重大动物疫病强制免疫工作得到顺利开展，非洲猪瘟疫情得到有效防控，屠宰、产地检疫率均 100%。全县化肥使用量降低 607 吨，测土配方施肥技术推广面积 1.75 万公顷（26.2 万亩）。其中，小麦 0.49 万公顷（7.4 万亩）、玉米 0.75 万公顷（11.3 万亩）、蔬菜 0.5 万公顷（7.5 万亩），测土配方施肥技术覆盖率 90%，粮食作物氮肥利用率 39%以上。

【农产品质量安全监管体系建设】　健全农产品质量安全监管体系，明确工作目标。落实属地责任，依托镇级农业服务中心等部门，强化镇级农产品质量安全监管站建设，由各乡镇主管农业领导直接负责，落实责任到人。为 22 名镇级监管人员配备农产品质量安全监管移动终端设备并完成相关培训，开展各项农产品质量安全监管工作。

【农产品质量检测】　加大日常监督抽检力度，保障农产品质量安全。通过农残速测、监督检查和专项抽检，定期对县域农产品生产企业的蔬菜、肉类进行例行抽检，抽检样品覆盖本地主导农产品种类。2019 年，完成蔬菜样品农残快速检测 1000 批次，出动执法人员 367 人次，共检查农产品生产经营单位 47 家次，农药等投入品经营单位 103 家次。加大日常监督抽检力度配合国家抽检 28 批次，省市检测部门抽检 51 批次，农药残留检测合格率 98.5%以上。上半年，全县标准化生产覆盖率分别为非畜禽类 65%，畜禽类为 67%。推进农产品追溯体系建设，探索农产品溯源查询。指导试点单位应用省级监管追溯平台和“种养小管家”App，逐步实现生产档案、投入品使用档案等电子化，强调企业继续建立健全可追溯档案。加强技术培训与宣传力度，利用云 EMS 短信、微信群，每月发送农产品质量安全科普信息 2 万余条。另外完成 2019 年耕地土壤和农产品协同监测工作 19 个点位的踏勘工作。

【农产品质量安全专项整治】　围绕违规经营、农兽药残留超标、非法添加、违禁使用、制假售假等问题，针对农产品种养殖生产、加工环节进行源头管控，加强对重点时段、重点区域、重点产品和薄弱环节的监管及专项整治行动，加大执法查处力度，严厉打击农产品质量安全领域的违法违规行为。2019 年，完成种子纯度抽检 6 批次，转基因检测抽检 10 批次，农药标签抽检 60 批次，农药内容物质量抽检 12 批次，农作物种子网上备案 172 份，肉产品及兽药中违法添加抽检 134 批次，实现对农产品生产经营单位、农业投入品生产经营单位、定点屠宰企业全覆盖监管。

【农业执法】　2019 年，开展农资打假和监管、兽用抗菌药执法检查、兽用疫苗专项整治行动、宠物饲料专项整治。狠抓生产、流通和使用等环节的监管，严厉打击制售假劣畜牧水产农资，坚决取缔无证生产、经营的单位和个人。全面规范动物诊疗和兽药市场经营秩序，保障畜牧业健康发展和畜产品安全。开展兽药市场专项整治，动物诊疗专项整治。加强对本辖区内兽药、饲料等农资的生产、经营、使用的单位和养殖场的日常巡查。对重点区域、重点单位加大检查、抽检力度。在执法过程中，注意相应法律、法规宣传，发放畜牧养殖权益维护手册 210 余册。加强对规模饲养场和养殖户的监管，依法坚决查处生产、销售和使用禁用兽药及非法添加违禁物质等行为。加强对重点区域的监管，保障全县肉食品安全。加强渔政执法工作。执法队根据《农业农村部关于实行海河、辽河、松花江和钱塘江等 4 个流域禁渔期制度的通告》精神，加大对潮白河及运河的执法监督力度，开展全方位、高强度执法检查，清理各类违法违规渔具。年内，执法队立案查处 1 起非法电鱼案和 1 起无证经营兽药案。查处县食安办移送食品安全案件 4 起。配合省、市上级主管部门完成各项执法工作。执法队配合廊坊市畜牧水产行政综合执法支队开展兽医兽药、饲料执法检查2次。完成兽药抽样任务1次。参加市级执法业务培训4人次。

【农产品质量安全认证】 围绕推进农业供给侧结构性改革，提高绿色优质农产品供给能力，实现农业高质量发展等发展目标，开展绿色食品、有机农产品、农产品地理标志认证的宣传工作，组织开展绿色食品认证培训，邀请专家授课，并组织部分农产品生产经营单位负责人到永清海泽田、新苑阳光等新型农业基地实地参观，提高绿色农业、质量农业、科技农业发展意识。

【农业科技培训】 坚持面向产业、融入产业、服务产业，以满足农民需求为核心，提升培训质量、转变培训理念、改进培训内容、创新培训方式、强化跟踪服务。2019年，香河县作为新型农民培育工程项目县，投入专项资金45万元，举办专题培训班3期，培训职业农民150人，重点进行蔬菜无公害生产经营培训，以专家课堂教学、现场参观学习、实训等多种形式，有效提升农民生产技能和生产理念的转变，造就一支爱农业、懂技术、善经营的高素质农民队伍，为实施乡村振兴和现代农业发展提供人才支撑。开展秋季无公害蔬菜生产培训，以专业户、合作社、农资经营户为重点，对农药安全使用、土壤地力恢复进行培训，有效推进绿色农业发展。开展对2018年度学员后期跟踪服务，深入到西河头村，对西河头冬瓜种植进行面对面技术指导。

【农业技术推广】 推广中麦816、轮选169、京冬18等抗旱节水小麦品种；推广深松等行平播小麦；做好病虫草预测预报及田间苗情监测等工作，完成粮食精准施肥施药绿色管理，粮食产量持续稳定在亩产400千克左右，提高粮食质量安全保障水平。举办生产技术培训班，重点向群众宣传讲解《中华人民共和国农产品质量安全法》、无公害蔬菜生产技术规程、滴灌节水、棚室建造、错季菜生产和无公害蔬菜用药等农业实用技术，提高群众法律意识和科技种田水平。

【“互联网+农业”】 2019年，开展信息进村入户工作，以益农信息社建设为“突破口”，推动“互联网+农业”工作。年内，全县行政村益农信息社建设覆盖率100%，益农信息社建设是农业农村信息化领域的基础工程，对“互联网＋农业”具有革命性意义。建设益农信息社，广泛聚合各种公益性和经营性服务资源，强化益农信息性服务功能，推动公益服务、便民服务、电子商务和培训体验服务等“四项”基本服务有效运行，做到服务延伸到村、信息精准到户，以信息化引领驱动农业现代化加快发展，是实施信息进村入户工程的标志点。全面打通农业农村信息服务“最后一公里”，用现代信息技术武装农民、建设农村、服务农业、大力提升农民信息获取能力、致富增收能力、社会参与能力和自我发展能力。年内，完成农技推广系统的填报工作，为相关政策制定提供科学依据；维护农业视频会议系统正常运转，确保了信息的正常传递。

【旅游休闲农业】 规划推荐香河县休闲农业旅游精品路线一条，以荷香园生态农场、乐农美联生态农场和荷花产业园为主体，兼具休闲采摘、科普教育和纳凉赏花多种功能。积极开展休闲农业示范点创建工作，水岸潮白田园综合体项目被评为省优秀新业态项目、市农业旅游示范点，水岸潮白景区获评国家AAA级景区。

【产业扶贫工作】 2019年，聘请贫困户产业发展指导员35名，进村入户200余人次，指导贫困户解决生产经营管理中存在的问题。全县56户贫困户119人通过本人申请、村街乡镇逐级审批的程序，确定扶贫资金每人入股 2.16 万元，共计 257.04 万元。4 户贫困户为县农业农村局养殖典型扶贫对象，根据 2019 年饲养状况和积极性，决定再补充给每户 2 只母羊及饲料补贴 800 元，共计补充母羊 8 只、补贴资金 2.16 万元。4 户贫困户为县农业农村局种植典型扶贫对象，根据 2019 年 4 户扶贫对象的实际情况，决定对 2 户的农业大棚进行重新覆膜，共计补贴 1.4 万元；对 2 户给予 0.4 万元农药化肥支持。年内，全县贫困户全部实现脱贫。

【高标准农业设施园建设】 2019 年，争取 200 万元县级财政资金，选择有一定规模、生产基础较好、产品主供京津的设施农业规模园区参加设施蔬菜标准园和新型农业产业园创建活动，经过自愿申请，现场答辩、专家评审，择优筛选 6 家实施单位，完成相关建设和验收工作。其中，对承建设施蔬菜标准园项目的香河县鲜速达蔬菜产销专业合作社、香河佳秀农业开发有限公司各给予 70 万元的补助，对承建新型农业产业园项目的安华果岭农林科技香河有限公司、农道（香河）农业开发有限公司、香河东旺家庭农场、香河香润苗木种植专业合作社各给予 15 万元的补助。

（苏绍辉）

## 农业项目

【概况】 2019 年，香河县加强农业项目建设，落实耕地保护补贴政策项目，补贴资金全部发放到位，超额完成地下水超采综合治理项目目标任务，完成粮食生产功能区划定成果县级验收工作，农业综合开发高标准农田项目通过市级验收。

【耕地保护补贴政策项目】 为全面贯彻落实耕地地力保护补贴政策，做好耕地地力保护补贴工作，按照《河北省财政厅 河北省农业厅关于转发〈财政部 农业部关于农业生产发展资金管理办法的通知〉》（冀财农〔2017〕55 号）文件精神的部署和要求，依据河北省财政厅、河北省农业厅关于印发《河北省农业“三项补贴”改革工作实施方案》（冀财农〔2016〕58 号）文件精神。2019 年，根据耕地地力保护补贴资金总额和各镇政府、社区办、经济开发区管委会上报享受补贴的土地面积，确定全县耕地地力保护补贴统一标准为 94.6 元/亩，并全部发放到位。

【地下水超采综合治理项目】 香河县县城以北是地下水浅层超采区，2018 年秋季推广小麦节水品种及配套技术推广补贴项目 866.67 公顷（13000 亩），补贴小麦种子 19.5 万千克，补贴资金 91 万元，涉及蒋辛屯镇 8 个村、香河经济开发区新兴产业园 9 个村和 1 个农场，涉及农户 580 户。平均亩产 462.2 千克，比全县平均亩产增加 54.3 千克。通过调查浇水用电量数据，依据出水量计算，节水小麦比普通小麦生产亩均节约用水 70.15 立方米，实现地下水压采 91.195 万立方米，超额完成地下水超采综合治理小麦地下水压采 60 万立方米项目目标任务。

【粮食生产功能区划定】 2019 年，香河县粮食生产功能区划定涉及渠口、安头屯、安平、刘宋、五百户、钱旺、钳屯 7 个镇，147 个行政村，311 个片块，2436 个地块，安装 35 块标志牌。汇交粮食生产功能区划定面积 9930.99 公顷（148964.9 亩）。其中，小麦复种区 4763.03 公顷（71445.47 亩），完成省市下达的划定任务。5 月 13 日，河北省第三测绘院对香河县“两区”划定数据库成果预检“合格”；8 月 28 日，完成粮食生产功能区划定成果县级验收工作。

【农业综合开发高标准农田项目】 2018—2019

跨年度农业综合开发高标准农田项目，总投资1040万元，其中，上级财政投入资金980万元，建设高标准农田533.33公顷（8000亩），涉及蒋辛屯镇的岭子村、苍头村、梁家务村、王店子村、河北吴村、杨簸箕庄村6个行政村，项目建设的主要内容：购置安装175QJ40–36水泵90套，安装7.5千瓦智能配电箱90套，安装机井首部连接90套；铺设110毫米PP输水管道23.726千米，安装出水口及保护装置618套，购置三通347个、弯头246个；安装小管出流35.33公顷（530亩）、微喷28公顷（420亩）；架设JKLGYJ高压线2.114千米，安装3×35平方毫米地埋铠装电缆22.37千米，安装80千伏安变压器14台；修建作业通道50处；修建小型标识牌2座，硬化5米宽水泥路6.003千米，栽植胸径5厘米、株高3米垂柳4000株。该项目顺利通过市级验收。

（苏绍辉）

## 农作物种植

**【概况】** 香河县自然资源较好，开发历史悠久，适宜北方各类农作物生长，位于冀中北部小麦种植区，主要作物以玉米、小麦为主，主要经济作物以蔬菜为主，少量种植瓜果、薯类等作物。经小麦育种、栽培和推广方面专家委员会充分论证，适宜香河县种植的小麦品种8个（中麦175、中麦816、沧麦119、轮选169、中麦1062、农大212、京冬18、航麦247）。全县围绕“农业供给侧结构改革”这一核心，以农业项目为载体，积极引导扶植专业合作社、家庭农场和种植大户等农业经营主体，加快农业结构调整，重点推广粮食绿色优质高效栽培技术，做到化肥、农药减量增效，粮食生产安全。

**【粮食作物】** 在粮食生产功能区基础上，稳定粮食产量。实施“藏粮于地、藏粮于技”战略，确保国家粮食安全。全面落实惠农政策，保持粮食生产能力基本稳定，农业基础设施更加稳固。主要作物以玉米、小麦为主。2019年，粮食播种面积12573公顷（18.86万亩），总产7.32万吨。其中，小麦4965公顷（7.45万亩），单产407千克，总产2.97万吨；玉米7559公顷（11.34万亩），单产466.5千克，总产4.33万吨；大豆31.33公顷（470亩），单产230千克，总产100余吨。

**【经济作物】** 主要经济作物以蔬菜为主，种植瓜果、薯类等作物。2019年，组织香河左岸农业开发有限公司、香河县鼎森果蔬种植专业合作社和香河东旺家庭农场等企业参加“河北水果十大名品”评选活动。

**【培育新型种粮大户】** 通过土地流转，加快专业合作社、家庭农场、种植大户新型农业经营主体发展，通过生产管理技术提升，降低种子、化肥、农药及农机作业等消耗、降低生产成本，提高生产效益，保护生态环境，推动农业供给侧改革。2019年，安头屯镇通过土地经营权流转，小麦上百亩连片统一种植京花11、京冬18等品种，与三河种子公司签订生产合同，形成企业+农户的农业产业链，提升科技含量。香河县县城以北是地下水浅层超采区，推广小麦节水品种及配套技术推广补贴项目866.67公顷（1.3万亩），补贴小麦种子19.5万千克，补贴资金91万元，涉及蒋辛屯镇8个村、香河经济开发区新兴产业园9个村和1个农场，涉及农户580户。平均亩产462.2千克，比全县平均亩产增加54.3千克。

**【蔬菜生产】** 对全县蔬菜生产包括种植品种、面积、上市量、上市时间、批发价格及质量情况及时在网上发布，对全县各乡镇、园区的蔬菜生产情况进行全面细致的摸底汇总，积极深入基地、市场搞好蔬菜生产调查，完成各项蔬菜统计汇报，准确掌握市场动态，为各级领导和广大菜农提供准确信息，为京津各大市场提供高质量的合格产品。

渠口镇耘竹农场大棚蔬菜　　县融媒体中心供图

【蔬菜安全检测】 加大日常监督抽检力度，完成蔬菜样品农残快速检测 800 份，配合国家抽检 28 批次，省市检测部门抽检 51 批次，农药残留检测合格率 98.5%以上。

【无公害蔬菜品种认证】 积极组织企业和合作社参加第四届京津冀果品争霸赛。其中，香河县巨贤种植合作社的“阳光玫瑰”葡萄在第四届京津冀果品争霸赛中获得优质产品奖。组织企业和合作社参加“河北水果十大名品”评选活动。香河左岸农业开发有限公司、香河县鼎森果蔬种植专业合作社和香河东旺家庭农场的“河北水果十大名品”申报材料报送廊坊市农业农村局。

【蔬菜品牌创建】 香河致力于将蔬菜种植发展为特色优势产业，做大做强蔬菜品牌建设，以品牌做市场营销，引导新型经营主体开展商标注册工作。蔬菜注册商标有 6 个，分别是香河县桑梓乐园蔬菜产销专业合作社的“桑梓乐园”；香河县荷花产业园区的“一品香荷”“荷情荷礼”“九品莲花”；香河县乐农美联蔬菜产销专业合作社的“香美农果”；香河县绿福韭菜产销专业合作社的“好四刀”。

【耕地质量监测与质量等级评价】 耕地质量监测是实施耕地质量保护和地力建设的一项公益性、长期性的基础工作，全县按要求安排 4 个耕地质量监测点：前马房村 131024-01 和成白务村 131024-02、西大街村 131024-01 辅和幞头屯村 131024-02 辅。通过对耕地质量监测数据进行系统的汇总分析，基本掌握县域内耕地质量状况，为制定耕地质量保护政策、开展耕地质量建设、指导农民科学施肥、合理利用土地、指导当前农业生产提供基础数据支撑。监测点土壤养分状况与变化趋势分析。土壤有机质是土壤肥力的核心，是衡量耕地肥力高低的一个重要指标。它不但使土壤具有保肥力和缓冲性，还能使土壤疏松和形成团粒结构，改善土壤物理性状。土壤耕作性、保肥性、供肥性等各方面都与有机质密切相关。定位取土点土壤有机质 2018 年为 18.21 克/千克，2019 年为 18.11 克/千克（2017 年平均含量为 14.77 克/千克），从定位监测点看耕层土壤有机质含量基本稳定，这与近年来加大秸秆还田力度有关系。土壤全氮代表着土壤氮素的总贮量和供氮潜力，土壤氮素绝大部分来自有机质，两者正相关，也是耕地肥力的主要指标之一。全县定位取土点 2018 年土壤全氮平均含量 1.1 克/千克，2019 年 1.19 克/千克，增加 0.09 克/千克，土壤全氮稳中上升。土壤有效磷是土壤中能被植物吸收利用的磷，是土壤磷素养分供应水平高低的指标，一定程度反映出土壤中磷素的贮量和供应能力。定位取土点

2018年土壤有效磷平均含量53.8毫克/千克,2019年平均含量68毫克/千克。从定位监测可以看出土壤有效磷含量总体呈上升趋势。土壤速效钾，钾是肥料三要素之一，能提高作物产量改善作物品质。速效钾包括水溶性钾和交换性钾，能很快被植物吸收利用。全县定位取土点2018年土壤速效钾平均含量116毫克/千克，2019年平均含量163毫克/千克（第二次土壤普查土壤速效钾127.65毫克/千克）。随着全县大力实施测土配方施肥，全县监测点土壤速效钾含量水平有很大程度的提高。缓效钾是速效钾的主要储备仓库，可以反映出土壤供钾潜力指标。据全县定位取土点监测,2018年土壤缓效钾平均含量893毫克/千克，2019年土壤缓效钾平均含量1039毫克/千克，增加146毫克/千克。土壤酸碱度。土壤pH值对土壤肥力及植物生长影响较大，对养分的有效性影响也较大，在农业生产中应注意土壤的酸碱度，积极采取措施加以调节。全县定位取土点2018年土壤pH值平均为7.8，2019年土壤酸碱度平均值7.8,土壤酸碱度基本稳定。存在的主要问题。施肥结构不尽合理，虽然近年来大力推广测土配方施肥技术，但随着作物单产和生物产量持续提高，而大量带走土壤中养分，加上投肥水平、结构和比例还不尽合理，有机肥投入较少，土壤磷钾肥虽有一定程度的增加，但离平衡配套施肥投肥要求还有一定差距。长年旋耕，深耕深松面积不大，土壤耕层逐渐变浅、犁底层加厚的现象需要改观。长年进行旋耕机械作业，土壤耕层逐渐变浅，土壤主要养分含量增长不均衡，土壤肥力提高的速度还不能满足作物高产优质对耕地质量的新要求。作物单产的提高速度很快，高产更高产，优质更优质，对土壤肥力的要求越来越高，建议加大深耕深松补贴力度，扩大深耕面积，加深耕层，打破犁底层，提升耕地内在质量。增施有机肥料，培肥地力。有机肥料富含有机物质和作物所需的各种养分，不但能提高产量、改善品质，而且能激活微生物活性，活化土壤养分，改善和提高土壤肥力，具有化肥不可替代的作用。应加快畜禽粪便等农业废弃物无害化处理和资源化利用，促进商品有机肥推广应用，减少化肥使用量，在果蔬区推行有机肥替代化肥，提高果品品质，培肥耕地地力。

香河县2018—2019年耕地质量等级评价

编制依据。落实《耕地质量调查监测与评价办法》（农业部令2016年第2号）和《耕地质量等级》国家标准（GB/T33469-2016）要求，参照中华人民共和国农业行业标准《耕地质量划分规范》（NY/T2872-2015）、中华人民共和国农业行业标准《耕地地力调查与质量评价技术规程》（NY/T1634-2008）及《河北省耕地质量评价编制操作规程（试行版）》进行耕地质量等级评价。

编制原则。按照《农业部办公厅关于做好耕地质量等级调查评价工作的通知》（农办农〔2017〕18号）要求，全面加强耕地资源统计调查和监测基础工作，以绿色发展为导向，以保障国家粮食安全、农产品质量安全与农业生态安全为目标，强化耕地质量监测保护，坚持科学布点、持续调查、规范评价，建立健全耕地质量等级调查评价及信息发布制度，利用耕地质量等级调查评价成果，为粮食安全省长责任制考核、掌握不同区域耕地质量等级现状及演变趋势提供基础支撑。

测算方法及评价参数。利用国土二调农用地地块图、行政区划图和土壤图，按照《河北省耕地质量等级划分技术规范》（2016年5月试行）样点确定原则，选择香河县评价样点，填写每个样点基本情况调查表，建立数据库，布点要求覆盖耕地主要土种。香河县耕地总面积26673.87公顷（39.99万亩），确定40个调查点。对评价样点的地理位置、土类、亚类、土属、土种、地形部位、有效土层厚度、耕层厚度、耕层质地、田面坡度、障碍因素、常年耕作制度、有机质、有效磷、速效钾、灌溉能力、排涝能力、盐渍化程度、清洁程度等情况进行调查。将调查表中的数据录入、审核，建立规范的县域耕地资源空间数据库和属性数据库。将收集的农用地地块图、行政区划图和土壤图进行耕地质量评价单元图制作。利用村级行政区划图与农用地地块图叠加，将叠加后的矢量文件与土壤图叠加，生成耕地资源管理单元图。确定评价指标体系：按照《河北省耕地质量评价编制操作规程（试行版）》要求，香河县属于燕山太行山山麓平原农业区，耕地质量等级评价选择有效土层厚、质地构型、耕层厚度、地下水埋深、障碍因素、灌溉能力、排水能力、耕层质地、酸碱度、土壤容重、盐渍化程度、有机质、有效磷、速效钾、地形部位、农田林网化、生物多样性、清洁程度 18 个因子作为评价指标，并对各评价指标分别进行分级并赋值。建立评价模型：根据各评价因子的空间分布图或属性库，将各评价因子数据赋值给评价单元。对点位分布图，采用插值的方法将其转换为栅格图，与评价单元图叠加，通过加权统计给评价单元赋值。矢量分布图直接与评价单元图叠加，通过加权统计、属性提取，给评价单元赋值。对线型图使用数据高程模型，形成栅格图，再与评价单元图叠加，通过加权统计给评价单元赋值。通过专家论证确定各区域评价指标的权重。

## 燕山太行山山麓平原农业区准则层划分及指标权重表

表7

| 准则层 | 指标层 | 指标权重 | 准则层权重和 |
|---|---|---|---|
| 剖面性状 | 有效土层厚 | 0.105 | 0.246 |
| | 质地构型 | 0.081 | |
| | 耕层厚度 | 0.02 | |
| | 地下水埋深 | 0.02 | |
| | 障碍因素 | 0.02 | |
| 土壤管理 | 灌溉能力 | 0.172 | 0.212 |
| | 排水能力 | 0.04 | |
| 理化性状 | 耕层质地 | 0.128 | 0.208 |
| | 酸碱度 | 0.03 | |
| | 土壤容重 | 0.03 | |
| | 盐渍化程度 | 0.02 | |
| 养分状况 | 有机质 | 0.08 | 0.184 |
| | 有效磷 | 0.056 | |
| | 速效钾 | 0.048 | |
| 立地条件 | 地形部位 | 0.12 | 0.13 |
| | 农田林网化 | 0.01 | |
| 健康状况 | 生物多样性 | 0.01 | 0.02 |
| | 清洁程度 | 0.01 | |

通过县域耕地资源信息管理系统，建立层次结构模型，构建判断矩阵，进行层次分析单排序、总排序及一致性检验，计算各指标隶属度，确定9140个评价单元的耕地质量综合评价指数和耕地面积，根据河北省耕地10个等级地所对应的综合评价指数标准划分等级，计算出各等级耕地所对应的耕地面积和全县耕地平均质量等级。在10个耕地质量等级中，耕地质量综合指数越大，耕地质量水平越高。1等地耕地质量最高，10等地最低。

数据分析：通过对香河县耕地质量调查点剖面性状（质地构型、有效土层厚、耕层厚度、地下水埋深、障碍因素等）、土壤管理包括灌排能力、理化性状（包括盐渍化程度、酸碱度、土壤容重）、土壤养分（包括有机质、有效磷、速效钾）状况、立地条件（地形部位、农田林网化程度）、健康状况（生物多样性、清洁程度）等指标隶属度与土壤中微量元素（铁、锰、铜、锌、硫、硼、钼、硅）及重金属（镉、铬、铅、汞、砷）检测结果进行统计分析。

耕地质量等级评价结果：香河县耕地综合评价指数在0.81614－0.928457范围内。按照河北省耕地质量10等地划分标准将香河县耕地划分为3、4、5、6四个等级。通过加权平均求得该县的耕地质量平均等级为3.7。评价结果显示：香河县3、4、5、6等地面积分别为12180.13公顷（18.27万亩）、11040.79公顷（16.56万亩）、2742.35公顷（4.11万亩）、710.6公顷（1.07万亩），分别占全县总耕地面积的45.66%、41.39%、10.28%、2.66%。

**【病虫测报发布】** 2019年，发布病虫情报9期，农作物重大病虫动态周报29期，小麦病虫周报15期，玉米病虫周报19期，网上系统报表10余次，适时指导大田防治。

**【农作物病虫害防治】** 2019年，全县农作物病虫草害发生面积4.56万公顷次，防治面积3.17万公顷次，专业化统防统治面积1.45万公顷次，其中，小麦专业化统防统治面积0.22万公顷次，统防统治覆盖率49.6%；玉米专业化统防统治面积0.31万公顷次。统防统治覆盖率41.26%。利用机防队对小麦进行统防统治面积0.83万公顷次，农作物病虫草害大发生趋势得到遏制，有效减少病虫草危害，为赢得农作物丰收奠定基础。年内，上级下拨香河县草地贪夜蛾监测防控资金8万元，其中，1万元用于印制挂图；1.95万元购买草地贪夜蛾诱捕器；5.05万元购买防治用无人机。玉米病虫草害发生面积3.04万公顷次，防治面积1.49万公顷次。专业化统防统治面积0.61万公顷次。尚未发现草地贪夜蛾成虫和幼虫。

**【农药化肥监管】** 2019年，出动执法人员367人次，检查农产品生产经营单位47家次，农药等投入品经营单位103家次。

**【优良品种引进】** 玉米青贮、鲜食及杂粮加工等得到发展，纪元128、纪元168等硬粒品种玉米生产面积扩大，杂粮生产需求增多，玉米秸秆青贮面积全县突破1333.33公顷(2万亩)，增加玉米产业效益，有利于农业绿色发展。2019年，重点推广小麦节水抗旱品种、秸秆还田、精细整地、配方施肥、适期适量播种、播后强力镇压等技术，高质量完成全县小麦播种5186.67公顷（7.78万亩）。主要品种有良星99、京花11、衡观35、京冬18等。

（苏绍辉）

## 林　业

**【概况】** 2019年，香河县持续抓好生态环境改善，紧紧围绕全市“创建国家森林城市”总体部署，坚持把造林绿化作为政治任务抓紧、抓好，截至年底，森林覆盖率34%，林木绿化率44.2%。是年，廊坊市下达香河县植树造林任务1466.67公顷（22000亩），全县完成造林1473.33公顷（22100亩），占任务的100.5%，超额完成全年造林任务；营林完成526.67公顷（0.79万亩），占任务目标的131.7%。

蒋辛屯镇域内的造林绿化　　县融媒体中心供图

【植树造林】 2019年，加强全县植树造林工作，高度重视，周密部署。坚持把造林绿化作为“一把手”工程，成立专门的指挥部，由县委、县政府主要领导任指挥长，分管副县长任副指挥长，县有关单位主要负责人为成员，全面负责造林绿化工作的指挥、调度、督导。实行领导分包制度，建立实行“县级领导包镇、镇干部包村、村干部包地块”的三级分包机制，确保工作高效推进。全面动员部署，先后召开县委常委会、县政府常务会、县长办公会，就地块落实、土地流转、资金奖补等工作进行专题研究安排；2月25日，组织召开全县2019年春季造林绿化动员大会，逐镇分解任务，签订工作责任状；通过电视台、微信、悬挂横幅等多种方式，广泛宣传发动，开展绿色企业、绿色机关、绿色学校、绿色社区、绿色庭院创建活动，调动全社会参与造林绿化积极性；密集督导调度，专项督导组，深入镇、村一线督导检查工作落实情况，对出现问题随时反馈，第一时间解决；建立工作台账，每日汇总通报进度，工作落后预期进度的及时进行预警提示。

科学谋划，突出重点。坚持高起点规划、高效率推进、高质量打造。突出环京方向。按照“三环、两沿”（环城、环镇、环村，沿河、沿路）要求，紧紧围绕服务北京城市副中心建设，坚持以安平、蒋辛屯等临京镇区为重点，着力打造树种多样、集中连片的生态景观林，特别是发挥北运河、潮白河“两河”优势，集中打造高质量的滨河生态景观带。坚持“五个结合”。打破“就绿化抓绿化”的传统观念，把造林绿化与全域发展统筹考虑，按照“提品质、上档次、建精品、创亮点”的工作思路，把造林绿化与服务北京城市副中心建设相结合，与创建省级全域旅游示范县相结合，与创建国家园林县城相结合，与打造大运河文化带相结合，与美丽乡村建设相结合，改变过去的“分散种植”模式，集中资源投向“两河”流域，投向环京区域，投向国省干线两侧，大力度建设规模化片林。打造66.67公顷（1000亩）以上片林2块，33.33公顷（500亩）以上片林2块，6.67－33.33公顷（100－500亩）片林38块。重点实施“四大工程”。廊道绿化工程，以G95首都地区环线高速公路及引线、蒋北线、唐通线等交通干线为重点，高标准打造一批新的精品景观廊道；村庄绿化工程，大力建设环村林带，推进村街道路、房前屋后和居民庭院绿化美化，精心建设一批绿美村庄；林果网片绿化工程，规模化栽植高端景观林和精品果木林，集中连片发展，形成风景优美的生态景观区；森林质量提升工程，瞄准沿河和环京区域，高质量建设郊野公园，全力打造多层次、多色彩的森林景观。

创新机制，破解制约。建立五种造林机制。按照“政府主导、市场运作、全民参与”和“谁种植、谁受益”的原则，继续实行大户承包、公司运作、联户种植、股份合作和家庭自营五种造林机制，年内，全县有华夏集团、瑞盛公司、胜强开发有限公司、水木田园农业科技有限公司等10余家企业和40余家承包大户参与造林绿化工作。着力完善补贴政策。全县落实造林资金2.1亿元，其中，财政资金6200万元，企业资金1.5亿元；调动全社会造林积极性，制定《香河县2019年春季造林绿化奖励办法》，专门安排2400万元资金用于奖补造林企业和大户，按照栽植树种、地径、苗高、成活率等相应指标，以及集中连片造林规模（50亩以上100亩以下、100亩以上300亩以下、300亩以上500亩以下和500亩以上）分别给予800－2500元/亩的一次性奖励，并对投资较大的廊道、节点等精品绿化工程采取“一事一议”另行奖励。组织开展义务植树，3月29日，举行以“履行义务植树 共建森林城市”为主题的春季义务植树活动，县四大班子领导带头参加，全县各有关单位500余人进行义务植树活动，植树3000余棵，掀起全民植树造林热潮，引导社会各界积极加入到植树造林、爱绿护绿的行动中来。

3月29日，香河县举行春季义务植树活动　　县融媒体中心供图

【强化与北京接壤区域生态绿化】 2019年，香河县安平镇、蒋辛屯镇与北京接壤区域，完成造林350.07公顷（5251亩），重点打造首都地区环线高速公路香河段廊道绿化、瑞盛千亩景观林、枳根城村西景观林等精品亮点工程。首都地区环线高速公路香河段廊道绿化工程，全长4千米，贯穿蒋辛屯镇苍头村、梁家务村、北李庄村，规划在沿线每侧营造200米宽高标准景观绿化带，由胜强农业发展有限公司进行高标准绿化设计和施工，总投资5000万元。春季完成造林86.67公顷（1300亩），主要栽植树种有金叶白蜡、法桐、紫叶碧桃、金叶榆、垂柳、油松、栾树、毛白杨等。瑞盛千亩景观林，瑞盛公司在蒋辛屯镇大窑上村北规划栽植高标准景观林66.67公顷(1000亩)，年内,完成栽植33.33公顷（500亩），主要树种有海棠、法桐、白皮松等。枳根城村西景观林，水木田园农业科技有限公司在安平镇枳根城村西栽植高标准景观林21.33公顷（320亩），主要树种有油松、白蜡、银杏、法桐。

【经济林】 2019年，香河县全域核桃树种植面积91公顷（1365亩），各镇均有分布；枣树种植面积8公顷（120亩），零星分布于钳屯镇、刘宋镇和蒋辛屯镇等地。

【林下经济】 完成中央财政林业科技推广示范项目——《林下香菇标准化栽培技术推广项目》的验收工作。鼓励企业、单位、大户、合作社等社会组织、个人参与林下经济发展工作，大力培育主导产业和龙头企业，大力推广“龙头企业+专业合作社+基地+农户”运作模式，推进林下经济规模化、产业化、特色化发展。2019年，水岸潮白林药种植和长宏农业林粮种植等企业，丰富林下经济模式。在宣传引导方面，通过对全县林地资源的调查，筛选适宜发展林下经济产业的林地，与林地产权人面对面讲政策、讲收益，引导他们发展林下产业。全县发展林下经济170.67公顷(2560亩)，林地利用面积120公顷(1800亩)，产值1920万元。形成包括林菌、林草、林禽、林畜、林粮、林菜、林药等7种较为成熟的林下经济模式。

【果品生产】　全县果品无公害化生产取得明显成效，基本使用高效、低残留农药，施用有机肥，采用果实套袋技术等高科技生产标准。

【花卉生产】　全县花卉面积433.33公顷（6500亩），其中，常绿观赏苗木320公顷（4800亩），草地面积17.33公顷（260亩），完成盆花30万盆，观赏苗木50万株。

【专业科技培训与推广】　推广果园标准化生产技术，全县果园全部完成无公害果品环评认定工作。通过推广科学施肥技术，增施有机肥，减少化肥用量，降低对土壤和环境的污染。大力推广安全间隔期用药技术，加强农药科学使用技术指导。加强病虫害预测预报，大力推广黏虫板、杀虫灯等物理防治措施，大力推广生物农药和高效、低毒、低残留的农药，充分利用天敌防治主要害虫，形成生物防治、物理防治和化学防治相结合的综合防治体系。积极鼓励企业、单位、大户、合作社等社会组织、个人参与林下经济发展工作，要大力培育主导产业和龙头企业，大力推广“龙头企业+专业合作社+基地+农户”运作模式，推进林下经济规模化、产业化、特色化发展。树立典型，示范带动。发现、培树、宣传林下经济先进典型，通过典型的示范、引领、带动作用，以点带面推动林下经济快速发展。

（张　厦）

## 林业管理

【概况】　全县以“提质量、上档次、建精品、创亮点”为抓手，以增资源、提质量、促效益为核心，积极抢抓京津冀协同发展重大战略机遇，坚持造林营林并重，新造、补植补造、改造提升并举，继续突出优树种、调结构、上品质，努力实现高质量发展。加强对春尺蠖、美国白蛾等有害生物防治，保护造林成果。严格林政资源管理，确保生物多样化。2019年，廊坊市下达香河县植树造林任务1466.67公顷（22000亩），全县完成造林1473.33公顷(22100亩)，占任务的100.5%，超额完成全年造林任务。是年3月，廊坊市绿化委员会下发《关于对2018年造林绿化实绩突出县（市、区）、森林乡镇、绿美村庄、亮点工程进行表扬的通报》（廊绿字〔2019〕1号），蒋辛屯镇被评为森林乡镇，安头屯镇小青庄务村、蒋辛屯镇苍头村被评为绿美村庄。

【病虫害防治】　2019年，全县发生森林病虫害累计约15980公顷（23.97万亩），其中,美国白蛾11180公顷（16.77万亩）、春尺蠖2666.67公顷（4万亩）、蛀干害虫666.67公顷（1万亩）、杨扇舟蛾666.67公顷（1万亩）、病害发生800公顷（1.2万亩），成灾面积0公顷（0万亩），成灾率0‰。香河县高度重视，认真谋划，制定具体的防治实施方案，明确责任，坚持“预防为主，科学治理，依法监管，强化健康”的方针，多措并举搞好森林病虫害防治工作。加强监测预报体系建设，在全县设立15处黑光灯监测点，明确专人负责，详细记录各种常发病虫害的始发期、发生盛期和盛末期，并指导全县的各种病虫害防治工作。针对各种林业有害生物在全县的发生发展规律，确立调查标准地，定期观测，对发生重点村街进行随机抽查，确定病虫害的防治最佳时期，及时发布林业信息，组织开展有效的防治工作。编写印发各种林业有害生物的林业信息6期，飞防通告1600余份，为全县的防治工作提供可靠的理论依据。加强领导压实责任，全面做好2019年林业有害生物防治工作，印发《香河县2019年春尺蠖防治实施方案》《香河县2019年美国白蛾防治实施方案》，全县上下主要领导负总责，主管领导亲自抓，县、镇、村层层划定责任区，明确责任人，层层签订责任状，做到分级负责，一级抓一级，逐级抓落实，确保防控不出现责任空档，同时坚持“谁经营，谁防治”的责任制度，调动全民防治的积极性，责任落实到位，保障林业有害生物防治工作有序进行。强化重点，实施飞防作业，全县分别组织开展春尺蠖、美国白蛾和杨扇舟蛾的飞防作业，全县飞防作业面积3.12万公顷（46.74万亩），其中，春尺蠖飞防作业面积0.64万公顷（9.6万亩），美国白蛾飞防作业面积1.88万公顷（28.14万亩），杨扇舟蛾飞防作业面积0.6万公顷（9万亩）。飞防作业区域包括运河大道、运河两侧林带、运河左右堤、潮白河左右堤、京哈高速公路、平香线、双安路、国安路、夏安路、香宋路、引泃入潮河左右堤、郁林苗圃片林、驻军片林、鹔池河及老武河故道等地段。通过药效检测，飞防效果良好，确保有虫不成灾。村村联动，展开地面防治。遵循“突出重点，分区治理，属地负责，联防联治”的原则，全力突破、全面覆盖、全员发动，加强春尺蠖和美国白蛾地面防治。全县投入防治车辆300辆次，高压机动喷雾器20台套，喷烟机20台，背负式喷雾器100台，组织地面防治作业面积3.09万公顷（46.3万亩），其中，春尺蠖地面防治666.67公顷（1万亩），美国白蛾地面防治3.02万公顷（45.3万亩）。加大资金投入力度，确保防控的后勤供给，切实做好全县林业有害生物的防治工作，在争取上级财政拨款的基础上，县政府在年初及时拨付有害生物防治资金433.09万元，专项用于春尺蠖及美国白蛾飞防、防效勘察、林业有害生物防治检疫宣传和培训等支出。县政府下发通知要求各乡镇及有关单位积极筹措防治专项经费，保证防治的后勤供应。加强森林植物检疫执法工作，加强和规范林业植物检疫执法，严厉打击违法调运森林植物及其产品的行为，防止危险性林业有害生物的传播蔓延，巩固全县造林绿化成果。根据《京津冀协同发展林业有害生物防治框架协议》精神，切实加强全县森林资源保护，有效遏制危险性林业有害生物传播蔓延。5月24日，香河县自然资源和规划局在县委广场与廊坊市森防站联合开展2019年林业植物检疫检查专项行动宣传活动，活动期间向广大群众宣传林业植物检疫法律法规，现场发放《植物检疫条例（林业部分）》、美国白蛾等宣传资料400余份及病虫害防治和检疫明白纸500余张；对香河木材交易市场进行现场检疫。

【林木管护】　落实管护责任，实行分区、分片的种植模式，各镇党委政府进一步强化责任人、监管人的责任和意识，与承包人签订责任书，加强管护工作，确保每一片、每一棵树都有专人看护。加大宣传力度，利用广播、横幅、宣传标语等方式，加大《中华人民共和国森林法》等法律法规的宣传，增强群众爱绿护树意识，提高广大群众管护树木的自觉性，营造起林木管护的良好氛围。积极做好浇灌工作，加大树苗浇水力度，要求各村积极对新植树木进行充分浇灌，并及时埋坑封土进行保墒，防止水分蒸发，并高标准对树干下1米进行涂白，增强抗病和抗虫能力，针对病虫害及时组织喷打农药。

【森林防火】　2019年，香河县切实做好秋冬季森林防火工作，保护绿化成果，促进全县生态文明建设，有效预防和扑救森林火灾，确保不发生财产损失和人员伤亡，在森林火灾高发期，给各有关单位下发《香河县自然资源和规划局关于切实做好秋冬季森林防火工作的通知》。提高认识，高度重视森林防火工作。各镇、社区、园区坚持以人为本的指导思想和“预防为主、积极消灭”的工作方针，按照行政区域划分严格落实《香河县森林防火责任书》，认真履行森林防火职责，周密部署秋冬季森林防火工作，抓好各项工作措施的落实。广泛宣传，杜绝人为火患因素。通过广播、电视、大喇叭、微博微信等方式，进行防火宣传教育，提高全社会森林防火意识，让“护林防火，人人有责”的意识深入人心，营造全社会自觉参与森林防火的浓厚氛围。3 月，开展森林防火“宣传月”专项活动，宣传森林防火有关法律法规和安全用火基本常识，增强全民安全防火意识和法制观念，增强保护生态环境的意识。引导广大群众文明祭祀，倡导推广家庭追思、网上祭祀、社区公祭、集体公祭等现代祭扫方式，推广采取植树、送花等保护生态环境的文明方式进行祭扫，最大限度减少森林火灾隐患。宣传月期间，印发森林防火宣传册 1.5 万份，制作森林防火横幅 50 条，悬挂于林木资源集中地区及主要交通道口。通过宣传，使“护林防火，人人有责”的意识深入人心，营造全社会自觉保护森林资源的良好氛围。组织开展森林火灾隐患排查，最大程度降低森林火灾发生。加大巡护检查力度，重点监控，严格落实火灾隐患网格化排查。特别是重大片林、重点区域、重点路段、绿色通道，要进行一次全面彻底的排查，对存在森林火灾隐患的区域立即整改、清理消除火患，降低森林火灾发生概率。组织精干力量对各单位清除火患工作进行不定期抽查，对于森林火灾隐患严重区域下达限期整改通知，确保清除火患工作落实到实处。加强领导，严格落实防火责任。按照森林防火行政领导负责制“五条标准”的要求，落实森林防火责任制。按照森林防火责任书的要求严格落实，切实加强森林防火工作，组织做好森林防火排查、清理工作，解决好工作中遇到的问题。

**【林业资源管理】** 在林木检疫方面，依照《森林植物检疫条例》的规定，加强森林植物调运管理和进出县管理，严防危险性病虫传入和传出。在春季、秋季苗木运输的旺季，检疫人员深入各苗木交易市场、苗圃和种植基地开展详细检疫检查，随时查验调入调出苗木，防止人为带入带出。开出调运检疫证 39 车次，其中，木材调运检疫 29 车次，苗木调运检疫 10 车次。根据生产种苗单位的报检，实施产地检疫苗圃基地 2 处、200 公顷（3000 亩），经实地抽样检疫并按检疫规程签发产地检疫合格证，产地检疫率、调运检疫率 100%，通过产地检疫、调运检疫工作，杜绝林木病虫害的传播与漫延，切实从源头上保证全县用苗安全。

**【林业综合执法】** 牢固树立依法治林、依法兴林、依法护林、依法富林的执法观念，转变执法作风，强化执法人员素质，规范执法行为，做到文明执法、服务于民，使林业执法工作走向规范化轨道。做好《中华人民共和国森林法》《中华人民共和国森林法实施条例》《中华人民共和国野生动物保护法》《森林防火条例》等法律法规的宣传。响应县委、县政府安排部署，以广播及科技大集等形式发放宣传图册 2000 份、明白纸 1000余份。加大对破坏森林资源案件的打击力度。根据林业相关法律、法规，对滥伐盗伐林木案、非法占用改变林地用途案违法行为给予坚决打击，查处林业违法案件 9 起，其中，行政处罚 4 起，移送公安机关刑事立案 5 起。受公安局委托协助派出所到林业现场勘查 1 次。有效地遏制林业违法案件的发生，保护了森林资源。

【野生动植物保护】 2019年，加强对野生动植物的保护，维护生态平衡。加强宣传，结合“世界野生动植物日”和“爱鸟周”活动，在全县范围开展野生动植物保护宣传工作，悬挂标语，印制彩页，印发《拒食野生动物的倡议书》1000余份，专门下发到镇、社区、集贸市场以及野生动物驯养繁殖场所管理人员手中。为群众讲解野生动植物保护常识及法律法规，提升社会各界对野生动植物保护重要性的认识，广大群众形成远离“野味”共识，主动监督举报猎捕、贩运、食用野生动物等违法行为。严格执法，对县域范围内所有陆生野生动物栖息地、农村集市、农贸市场和陆生野生动物驯养繁殖场所进行调查和疫情排查，加密监测点布局，扩大巡查监测范围开展专项行动，深入农家乐、酒店、餐馆、农贸市场、野生动植物驯养繁殖场所等，严禁出售贩运相关制品，通过专项治理，乱捕滥猎野生动物的现象得到有效遏制。防控疫源疫病，加强对潮白河、北运河野生动物繁殖地、栖息地和集群活动区的巡护和看守,在候鸟迁徙地、野生动物栖息地、繁殖地建立健全野生动物保护和疫源疫病监测防控责任制，严禁病源传入传播。

（张　厦）

## 畜牧水产养殖

【概况】 截至2019年年底，全县存栏猪2.82万头、肉牛1.6万头、奶牛0.27万头、羊5.29万只、鸡387.86万只、鸭6.19万只，全年肉产量0.74万吨，蛋产量3.41万吨，奶产量0.68万吨；全县猪饲养量12.7万头；牛饲养量2.29万头；羊饲养量13.79万头；禽饲养量510.72万只；其中肉鸭饲养量102.75万只。年内，监督检疫肉鸭398.4万只，其中，产地肉鸭44.8万只、县外肉鸭353.6万只，肉鸡35.4万只，监督场方无害化处理不合格动物2.3252万只，屠宰检疫率100%、无害化处理率100%。鱼塘养殖面积989.9亩，主要饲养鲤鱼、鲢鱼、草鱼、鲫鱼和虾等品种，存塘量139.3吨。全县有香河正大鸭场、新恒昌养殖场、凤发养殖场等3家农业产业化龙头企业，2个奶牛场被列入全县智能化奶牛场改扩建重点项目。“珊珊”鸡蛋、“河北黑大叔”猪肉、“凤发园”鸡蛋等成为香河县及京津地区的知名品牌，走进北京和天津各大超市。新恒昌养殖有限公司、香河正大养殖有限公司成为香河县2个重要的畜牧养殖基地，新恒昌养殖有限公司蛋鸡存栏250万只，香河正大养殖有限公司年出栏肉鸭750万只；顺丰养羊专业合作社，存栏羊1300只；全县有生猪养殖场73个，散养户419个，采用新型猪饲料槽饲养，每头猪能节约饲料约20千克，提高利润80余元，5月，新型猪饲料槽获得国家发明专利；规模养殖场的粪污资源化设施设备利用率100%，畜禽粪污得到充分利用。年内,全县无重大动物疫情发生。

【动物疫病防控】 高致病性禽流感、口蹄疫、高致病性猪蓝耳病、猪瘟、布鲁氏菌病等强免项目免疫密度100%。加强奶牛场结核病和布鲁氏菌病“两病”净化工作，截至10月底，结核病和布鲁氏菌病“两病”检测工作顺利完成，经检测结果全部为阴性，确保100%达到稳控标准。面对非洲猪瘟防控严峻形势，出台相应政策，组织培训，发放宣传资料，签订责任状，采取全面排查，消毒、设立检查站、禁喂泔水等措施，确保全县不发生重大动物疫情。

【动物及动物产品检疫】 2019年，开展禽流感、口蹄疫、猪瘟 、蓝耳病等病的抗体检测工作及布鲁氏菌病、结核病的净化工作，完成监测任务。秋防期间，组织动物疫病流行病学调查，对全县90个规模场、300个村街进行疫情排查，未发现任何可疑疫情。全县屠宰检疫率100%、无害化处理率100%。向廊坊市农业农村局农产品质量综合检测中心送检饲料产品监督抽样2批次，动物中药残监督监测牛尿20批次，羊尿20批次，动物产品药残监督监测猪肉5批次，牛肉5批次，羊肉3批次，禽肉3批次，禽蛋3批次，水产品监督抽样2批次，全面完成农产品及投入品抽检送样任务。

**【畜禽定点屠宰监管】** 屠宰检疫率100%、无害化处理率100%。开展畜产品质量安全“百日攻坚”大会战行动。检查养殖场（户）112个（次），畜禽屠宰厂（户）9个（次）；按照省市畜产品监管工作要求，及时将95家畜禽规模养殖场、9家定点畜禽屠宰场、8家兽药经营单位、1家饲料及饲料生产经营企业等被监管主体信息录入到河北省农产品质量安全监管追溯平台中，实现畜产品可追溯。

**【渔政水产安全监管】** 2019年，香河县渔政监督管理工作认真执行国家各项政策；根据《农业农村部关于实行海河、辽河、松花江和钱塘江等4个流域禁渔期制度的通告》（农业农村部通告〔2019〕1号）精神，保护渔业资源和水域生态环境，实现渔业可持续发展，自2019年起全省实行内陆水域禁渔期制度，禁渔时间从5月16日12时至7月31日12时。禁渔期间，除钓具外所有类型工具禁止捕捞作业。禁渔期间将加大执法监督力度，开展全方位高强度执法检查，严厉打击各种违反禁渔期规定和破坏渔业资源的违法违规行为。5月27日，省市渔政水产部门在香河县潮白河流域组织廊坊市“北三县”联合执法行动，出动执法人员30人次，执法船两艘，破坏围网500余米，地龙网23块。全面禁止电鱼、地笼捕鱼等渔业违法行为，烧毁巡查到的地笼，放生非法捕捞的水产品生物，教育从事非法捕捞人员，规范渔业生产、保护水域资源生态环境。

**【监督执法】** 开展畜产品质量安全“百日攻坚”大会战行动。加快河北省农产品质量安全监管追溯平台建设，实现畜产品可追溯。完成河北省第一批农产品质量安全示范县创建工作。完善定点屠宰企业硬件设施，加快企业提升档次。针对性开展“瘦肉精”专项整治行动。检查养殖场（户）1344个（次），屠宰厂（户）516个（次），“瘦肉精”速测13500批次，速测结果均为阴性。

**【畜禽养殖废弃物的资源化利用】** 深入贯彻落实《国务院办公厅关于加快推进畜禽养殖废弃物资源化利用的意见》（国办发〔2017〕48号）精神，强化畜禽养殖废弃物资源化利用。重点对全县包括64家规模化养殖场在内的所有养殖场（户）实施全面禁煤，采用清洁能源替代。确保污染物达标排放，保护和改善生态环境；全县64家规模化养殖场全部具备粪污处理设施，通过环保联合验收，配件率100%；规模养殖场资源化利用率75%，提前完成任务。

（苏绍辉）

## 农业产业化

**【概况】** 香河县立足区位优势、坚持问题导向、创新工作方式、紧紧围绕推进农业供给侧结构性改革，认真贯彻落实中央一号文件精神和省市工作部署，坚持把大力发展农业产业化作为推进乡村振兴战略实施的切入点和突破口，创新工作思路，狠抓关键环节，发挥农业产业化龙头企业的带动作用，加快发展绿色农业、科技农业、品牌农业，为实现农业增效、农民增收、农村发展奠定坚实基础。2019年，被市产业办评为“农业产业化一村一品工作先进单位”。

【农业产业化龙头企业】 坚持把培育壮大龙头企业作为推进农业产业化经营的着力点，大力培育发展科技含量高、发展前景好、带动能力强的农业产业化龙头，增强产业核心竞争力。2019年，有廊坊市农业产业化龙头企业11家，其中，新认定龙头企业1家——香河牧富民畜牧养殖有限责任公司；监测合格企业10家，分别是河北华香清真肉类加工有限责任公司、香河正大有限公司、香河县众鑫养殖基地、香河县万邦牧业有限责任公司、香河县左岸农业开发有限责任公司、香河新宇肉类有限责任公司、香河县兴旺粮油有限责任公司、香河新恒昌养鸡有限责任公司、河北雅琳农业发展有限责任公司、香河百运达食用菌种植园。

【农产品品牌建设】 主动适应市场竞争需要，推进农业品牌战略的实施，指导龙头企业、合作社争创无公害农产品、绿色食品、有机食品、地理标志农产品，协助做好品牌认定和管理，依靠品牌提高效益，依靠品牌开拓市场，提高企业和本地农产品的知名度和美誉度。先后培树起“京华香”肉类、“第一城”酒业、“姗姗”鸡蛋、“黑贵族”黑猪肉、“荷情荷礼”藕荷产品、“桑梓乐园”蔬菜、“盛年华”香菇、“西河头”冬瓜等一批名特优农产品品牌。组织企业和合作社参加“河北水果十大名品”评选活动，将香河左岸农业开发有限公司、香河县鼎森果蔬种植专业合作社和香河东旺家庭农场的“河北水果十大名品”申报材料报送省、市农业农村局。对全县农业品牌进行梳理汇总，印制《香河县农业品牌汇编》，全面展示香河县农产品品牌建设成果。充分发挥农业龙头企业、家庭农场、合作社等新型农业经营主体的创新引领作用，提高品牌意识、市场意识、质量意识和诚信意识，强化产品质量认证及体系认证，鼓励申报国家、省、市名优产品，加大品牌和产品推介，致力打造一批企业品牌和产品品牌，成为抢占市场的“金字招牌”。2019年，“香河韭菜”荣获国家地理标识认证；香河县开展特色农产品优势区创建工作，获评“廊坊市韭菜生产优势区”。

【参展农产品交易会】 组织企业和合作社参加“9·26”中国廊坊国际农产品交易会和第四届京津冀果品争霸赛。其中，香河县巨贤种植合作社的“阳光玫瑰”葡萄在第四届京津冀果品争霸赛中获得优质产品奖。

（苏绍辉）

## 农业机械

【概况】 2019年，全县农机总动力221454千瓦，拥有拖拉机3001台，旋耕机1315台，播种机1757台，大型收获机械458台，青饲料收获机22台。

【惠农政策】 香河县认真贯彻执行省、市系列清费减负政策要求，确保各项惠农政策落到实处。农机监理行政审批权力下放、行政审批事项集中，取消农机拖拉机号牌费、拖拉机行驶证费、拖拉机登记证费、拖拉机安全技术检验费，农机免费监理减轻了农机使用者的经济负担。

【农业机械社会化服务】 2019年，全县有农机专业合作社11个，入社户数近90户，全年作业服务总面积1.13万公顷（17万亩）。农机专业合作社平均每社拥有社员8户、服务农户450户，拥有农机具15台，组织化、规模化、产业化程度不断提高，农机专业合作社成为推进农业机械化和发展农业社会化服务的生力军。

【新机具新技术引进推广】　2019 年，在新机具新技术引进推广工作中，把农机推广工作和农机购置补贴工作紧密结合起来，引导购机户购买先进适用，安全可靠的新技术、新机具。推广实施保护性耕作技术，努力提高全县农机装备水平，促进全县农机化事业发展。

【农业机械安全监督管理】　加强农机安全生产监督管理工作。认真落实安全生产责任制，建立健全农机安全生产监督管理长效机制。规范拖拉机、联合收割机等农业机械及驾驶员的管理，严把安全技术检验关、驾驶员考试关，提高农业机械技术状态和驾驶员操作水平。抓好重点农时季节的农机安全生产，减少农业机械事故，防范重特大农业机械事故发生，加大田间、场院执法检查力度。加强农机监理装备建设，强化农机安全监督管理手段。开展农机安全宣传教育和创建“平安农机”活动，提高农业机械驾驶操作人员的安全意识。加强农业机械维修管理，提高维修质量，保护农机手合法利益。实现连续多年无重大农机安全事故。

（苏绍辉）

## 农　村

【概况】　2019 年 1 月，按照《香河县机构改革实施方案》（香发〔2019〕2 号）文件精神，县委农村工作领导小组办公室设在县农业农村局，“一套人马、两块牌子”，局长兼任办公室主任。县委、县政府乡村振兴工作领导小组，办公室也设置在农业农村局，具体工作由局内设机构农办秘书股承担。是年，香河县农业农村工作以中央、省、市农业农村工作会议精神为指针，紧紧围绕“农业稳定发展、农民持续增收、农村全面繁荣”为目标，以实施乡村振兴战略为总抓手，持续深化农村机构改革，切实改善人居环境，在加快建设美丽幸福新香河中展现新作为、实现新突破。

【乡村振兴战略推动】　组织创建乡村振兴示范区——锦绣潮白生态休闲示范区，包含蒋辛屯镇16 个村、香河经济开发区（新兴产业示范园）6 个村，重点推进“打造现代休闲农业精品园区、建设宜居宜业宜游美丽乡村片区、打造乡村旅游精品线路、完善基础设施和公共服务设施网络、构建现代乡村治理体系、打造体现新时代农民精神风貌的文化大戏”六大任务。通过引入社会资本，打造集“农业、文化、旅游”深度融合的水岸潮白田园综合体，获评国家 AAA 景区，累计接待游客 5 万余人次，营造出田园变风景、农房变景观、村庄变景区的乡村新生活，成为京津冀游客休闲度假的首选之地之一。

蒋辛屯镇北李庄村外景　　县农业农村局供图

【农村人居环境治理】　严格按照省市关于农村人居环境整治工作的安排部署，统一思想、强化举措、整合资源、聚力攻坚，有效保障各项工作扎实有序推进。

安平镇垃圾中转站建设　　县农业农村局供图

聚焦五大任务，强力推进农村人居环境整治。厕所改造，有效促进农村厕所退街、进院、入室以及厕所整村推进，制定出台《香河县农村人居环境整治拆除费用以奖代补方案》，对村街私搭乱建拆除率和厕所改造率分别达到90%以上的，按照人均600元标准进行以奖代补，2019年，全县完成改厕15192座；组织开展农村厕所摸底排查，全县300个村街，除城中村和3年内计划上楼的村街外，有220个村街、常驻户数63715户，累计完成改厕53668座，改厕覆盖率84%。计划2020年继续推进3722座无害化卫生厕所改建，达到省市一类地区改厕覆盖率90%以上的要求。强化垃圾治理，安平镇、蒋辛屯镇、钱旺镇、安头屯镇、钳屯镇等5个镇的15个村街开展垃圾分类试点，村内餐厨垃圾和其他垃圾单独收运；11座镇级垃圾中转站全部完工投入使用；生活垃圾焚烧发电项目开工建设。加强污水处理，围绕30个村街治理任务，22个村街纳入城镇污水管网，6个村街建设集中式污水处理设施，2个村街建设分散式污水处理设施；蒋辛屯镇河北吴村、王店子、苍头、杨簸箕庄等4个村街污水处理设施建成并投入使用，有效避免农村污水直接排放入国考潮白河断面，提高潮白河流域水生态环境治理水平，增强民宿接待能力和承载能力，助推村街产业发展；经对出口水质进行检测，均达到国家一级A排放标准。开展村容村貌整治，硬化方面，26个村街完成穿村公路硬化28.1千米；绿化方面，春季造林绿化工作高质量完成，新造林0.1473万公顷（2.21万亩），占任务数的100.5%，新建村街小游园、小果园、小菜园588个，村庄绿化水平明显提升；美化方面，累计清理垃圾杂物33.9万立方米、坑塘123个、沟渠25千米，拆除违章建筑3100余处、2.9万余平方米，所有村街均完成村庄标识设立；亮化方面，所有村街全部实现主路路灯亮化。加强美丽庭院创建，按照"一人带动一家、一家带动一街、一街带动一村"的理念，广泛发动机关干部、农村"两委"干部和党员带头开展美丽庭院建设，示范引领广大群众共同参与。全县打造美丽庭院和精品庭院3.13万户。

建立三项机制，集中开展高速沿线环境整治。与村庄"清洁行动"、农村人居环境"五清"等重点工作相结合，从完善工作推进机制入手，全

安平镇王家摆村精品庭院　　县农业农村局供图

力保障京哈高速、首都环线高速沿线环境整治工作高效开展。建立每周调度机制，成立高速沿线环境整治工作领导小组，实行“每天一汇总、每周一调度”制度，及时协调解决问题，全力保障高速沿线环境整治工作落实。全县高速沿线 28 个村街中，全部完成“六项集中清理”工作。建立台账管理机制，对摸排中发现的私搭乱建、残垣断壁、垃圾杂物乱堆乱放等问题，全部建立工作台账，逐一明确责任单位、整治措施和完成时限，并实行动态销号管理，治理一处、销号一处，确保严格整治到位。累计整治各类问题 1081 处，清理生活和建筑垃圾 7.6 万立方米。督导巡查机制。成立 4 个专项督导组，采取分区包片的方式，定期巡查，发现问题直接交办责任单位进行整治，纳入工作台账，跟踪督导，不定期 开展“回头看”，严防问题反弹。

蒋辛屯镇岭子村农村公路　　县农业农村局供图

突出四个提升，巩固放大示范片区建设成效。以“规划提升、路网提升、景观提升、产业提升”四大工程为抓手，主动抬高标尺、自我加压，提高以蒋辛屯镇、新兴产业园为核心的锦绣潮白生态休闲示范区建设水平。规划提升，聘请河北省城乡规划设计院，高标准编制香河县乡村振兴示范区建设规划；路网提升，围绕打造精品动线，结合“四好农村路”全国示范县创建工作，投资 3800 余万元，启动了全长 10 千米的潮白河堤顶路拓宽改造工程，累计完成 7 千米路面铺油；景观提升，以精品动线内的堤顶路和关键节点为重点，丰富绿化层次，增加游园设施，打造精品景观。栽植景观树 1.3 万株，建设景观小品 9 个，完成潮白河滨河绿道的骑行路、滨河观景平台等一期工程建设；产业提升，引进占地 33.33 公顷（500 亩）的香河菊花农旅产业园项目，以及占地 13.33 公顷（200 亩）以上的雨润潮白、绿野农庄、腾奥庄园等一批农业综合体项目，其中，菊花农旅产业园于秋季开始对菊花进行采摘和分级加工。2019 年，首届香河县文化和旅游产业大会也对该片区进行重点宣传推介，作为香河全域旅游重点观摩项目之一，组织开展自驾游与房车露营体验活动。

（苏绍辉）

## 农村经济管理

**【概况】** 农村经济管理立足于农业经济，工作内容主要涉及农村财务管理与监督、农村土地流转及承包合同管理、农村土地承包经营权确权登记颁证、农民负担监督管理，农民专业合作社及家庭农场服务指导等方面工作。

**【农村集体产权制度改革】** 香河县于 2018 年全面启动农村集体产权制度改革工作，被列为省级试点县，全县 300 个行政村全面开展农村集体产权制度改革。2019 年，全部完成五大任务，分别是清产核资、成员认定、股权设置、成立集体经济组织、登记赋码，全部发放登记证书。

**【农村土地承包经营权流转】** 2019 年,香河县通过与两个测绘公司（河北天元地理信息科技工程有限公司、河北恒华信息技术有限公司）及一个质检验收公司（四川鱼鳞图信息技术有限公司）通力合作，加大土地承包经营权确权登记工作力度，截至年底，全县应确权村街 249 个，全部开展确权工作，占全县应确权村街总数的 100%。完成外业调查面积 2.49 万公顷（37.35 万亩），完成二次公示无异议的村街 248 个，完成二次公示无异议耕地面积 2.42 万公顷（36.3 万亩）；完善家庭承包合同 58270 份，占全县应确权农户总数的 99.38%；涉及耕地面积 2.4 万公顷（35.96 万亩）。印制经营权证书 8 万份。全县农村土地确权工作完成省级验收，完成与省农业厅和农业部的数据库汇交。开展确权档案整理移交及经营权证书发放工作。认真做好农村土地承包经营权纠纷调解仲裁工作，完成全县农村土地承包经营权纠纷调解仲裁考评自评报告及有关资料的收集整理上报工作。

**【农村财务监督管理】** 2019 年，香河县加强三资平台的日常监督审核，三资监管平台运行后，对全县各村街账目资金情况实时进行网络审计，从审计情况看，全县村级财务管理正在逐步走向规范化、制度化的管理轨道，票据的使用和管理越来越规范，开支审批程序的履行越来越严格，村街基本做到账目齐全、票据规范、开支合理。

**【农民专业合作组织和新型家庭农场】** 2019 年，全县在工商部门登记注册 354 个农民专业合作社，17 个家庭农场。其中，获得部级示范社 1 个，即桑梓乐园农民专业合作社。省级示范家庭农场 2 个，即洵河湾生态家庭农场和东昊家庭农场。按照省市两级示范社和示范家庭农场评定标准，对全县的省市级示范社及示范家庭农场进行全面监测，对其他符合示范标准的合作社及家庭农场进行申报。

**【农业行政综合执法】** 农业行政综合执法是深入推进农业行政综合执法体制改革、全面整合农业执法职能、着力提升农业执法水平的重要举措，也是实施乡村振兴战略推进农业农村现代化的执法保障。实行局队合一，统一行使农业综合行政执法职能，由县农业农村局统一领导。县农业行政综合执法队的成立，标志着香河县进入农业行政综合执法新的阶段，执法力量得到加强，香河县行政农业执法队适应新任务新要求，全面推进工作开展。深刻理解担负的重大责任，尽快适应新职能、新要求，不断提高做好新时代农业行政综合执法工作的能力和水平；勇于担当敢于负责，切实提升服务水平，为实施乡村振兴战略、推进农业农村现代化提供有力的执法保障。2019 年，香河县农业行政综合执法加强执法人员培训，强化执法人员素质、提高执法能力，持续推进文明执法、理性执法、规范执法；杜绝粗暴执法、执法扰民和违法侵权问题的发生。确保县域农产品质量安全，在潮白河、运河休渔期间取缔违法网具，严厉打击各种违反禁渔期规定和违法违规行为。对随意丢弃和私自处理兽用医疗废弃物造成环境污染的，农业综合执法部门将联合生态环境部门依法进行处理（处罚）。对随意丢弃和私自处理兽用医疗废弃物造成动物疫情传播漫延的，一经查实，依法追究当事人刑事责任。

（苏绍辉）

# 水　务

责任编辑　王树春

## 综　述

2019 年，是全县水务工作砥砺前行、力度空前的一年。香河县积极践行新时期水利工作方针，以习近平新时代中国特色社会主义思想为指导，在水利工程建设、农田水利建设、河渠治理、水资源管理及落实河长制工作等方面取得一定成绩，为建设美丽幸福新香河打好水利基础。12 月，香河县水务局被市委、市政府评为“廊坊市文明单位”。

（宋俊婷）

## 水利工程建设

【概况】　2019 年，重点推进中信国安投资有限公司北运河环境工程 PPP 项目建设，实施县级闸桥建设，进行“两河”（北运河、潮白河）治理及橡胶坝景观建设。

【水利资金引进】　2019 年，香河县引进水利专项资金 338.94 万元。其中，特大防汛抗旱资金 15 万元（冀财农〔2018〕162 号、香财农〔2019〕8 号）；水库移民资金 2.7 万元（冀财农〔2018〕154 号、香财农〔2019〕13 号）；中央水利发展资金 89.5 万元（冀财农〔2019〕52 号、香财农〔2019〕21 号）；农村饮水安全巩固提升资金工程资金 57 万元（冀财建〔2019〕167 号）；2019 年度省级地下水超采综合治理资金 170 万（冀财农〔2019〕103 号、香财农〔2019〕30 号）；2019 年度省级地下水超采综合治理专项资金 4.74 万元，其中，农业制牌 4.37 万元，工业制牌 0.37 万元（廊财农〔2019〕75 号）。

【北运河综合治理】　由中信国安投资有限公司投资的北运河香河段生态综合整治 PPP 项目，占地约 26 平方千米，预计总投资约 38.84 亿元，主要内容包括：防洪工程，含 18.5 千米新建堤防，河道清淤疏浚，堤防加高培厚、扩建橡胶坝、新建桥梁；河道岸线修复；生态湿地建设约 50 公顷（750 亩）；河堤景观绿化；生态公园建设；堤顶公路及生态联络线建设；环保物联网系统建设。项目分为三期建设，2019 年，继续实施投资 9.17 亿元一期工程建设，内容包括河道清淤与岸线防护、荷花公园景观提升与滨河景观工程、防洪堤建设、环境物联网等工程，截至年底，一期水利工程完成 6.46 千米岸坡防护，景观工程完成 10 公顷（150 亩）生态驳岸景观；二期工程可行性研究报告获省水利厅批复，调整工程初步设计。年内，为实现北运河香河段通航做好前期规划准备工作。

北运河香河段生态综合整治项目——运河文化公园　　县融媒体中心供图

【潮白河清淤工程】 2019年9月，启动潮白河清淤工程前期工作。确定的招标代理已做好设计单位和评估公司前期招投标的有关手续。待设计单位确定后，由设计单位结合香河县环保部门制定《潮白河（香河段）污染底质修复及水生态项目》，编制《潮白河（香河段）清淤工程可行性研究报告》《工程设计方案》，同时出具《水土保持方案》《防洪评价报告》（《水土保持方案》《防洪评价报告》为工程立项及完工验收的前置条件）。确定的资产评估公司主要对潮白河（香河段）主河道两侧影响清淤的树木、构筑物等进行评估。年内，按照项目的实施节点，积极推进此项工作。

【全县水系规划编制】 香河县水系规划以水清、岸绿、景美，河、渠、沟、塘互联互通，引、蓄、提有机结合，充分利用地表水，压采地下水为总体规划思路，并严守水生态红线。以县境内现有潮南、潮北灌区为基础，其中，潮北灌区东至引沟入潮河、南至潮白河、西接潮白河左堤、北至县界；潮南灌区东至县界、南接青龙湾减河左堤、西至北运河左堤、北至潮白河右堤。主要涉及现有引水灌溉、排沥渠道为主体的综合生态景观治理工程，以最终形成动态连续水面、健康水环境为主要目标。2019年，全县水系规划报告初稿基本编制完成。

【水利桥闸建设】 2016－2020跨年度县级闸桥建设项目，工程总投资为1872.26万元，重建干渠闸6座和干支渠桥11座。2017年，完成老武河首闸、池屯北桥、南周庄桥、炭户东桥、焦康庄东桥、三岔口桥、阎胡套南桥、戴家阁桥重建工程；2018年，完成五百户闸新建、庆功台桥加宽扩建和后独立桥重建。2019年，完成小高坨桥和石辛庄桥重建，香五西侧首闸、刘庄闸和韩庄闸在建，预计2020年上半年竣工，雀林院闸因占地问题取消实施。

【橡胶坝景观建设】 香河县潮白河小高坨跌水橡胶坝附属工程位于荣各庄扬水站下游约560米，两侧滩地设计总面积为60991平方米，主要建设内容为钢结构廊桥、景观柱、花架、风车等景观节点工程及种植垂柳、银杏、龙珠碧桃等乔木类和向日葵、波斯菊、紫花鼠尾草等地被植物类，工程总投资1286.91万元。工程2018年3月开工，2019年6月工程完工验收。

（宋俊婷）

## 农村水利

【概况】 2019年，香河县以广大农民群众的根本利益作为出发点和落脚点，全面开展农田水利基础设施工程和节水灌溉工程项目登录工作。

【管护经费落实】 2019年，香河县完成农村饮水巩固提升、农村饮水工程维修养护2个项目。农村饮水巩固提升项目投资57万元(中央预算内资金)；农村饮水工程维修养护项目投资40万元(中央补助资金)。

【农田水利基础设施工程】 推进2017—2019跨年度农田水利基础设施项目，包括新梁家务干渠北头百户闸新建工程和五一渠首闸、鹳池河打鹳户枢纽(包括打鹳户闸、连通涵、打鹳户排涝泵站)、荒凌庄扬水点重建工程，总投资1584.45万元。工程于2018年3月开工，2018年建设完成北头百户闸、荒凌庄扬水点及打鹳户枢纽主体工程，2019年实施五一渠首闸工程，9月完工，12月通过验收。

"五一"渠首闸 县水务局供图

【农业水价综合改革】 2019年，完成全县9个镇270个村街的2.45万公顷(36.8万亩)耕地的农业水价综合改革工作任务，成立县、镇(园区)、村街农民用水者协会，制定《香河县农业水费收缴、管理、使用办法》《香河县农民用水奖补资金管理使用办法》，建立农业用水精准补贴和节水奖励制度，完成各村街农户和用水者大户农业灌溉情况调查摸底工作。

【节水灌溉工程】 2019年，完成节水灌溉基本情况调查、摸底、汇报工作及节水灌溉工程系统登录及工作总结。

(宋俊婷)

## 防汛抗旱

【概况】 2019年，香河县防汛抗旱工作，紧紧围绕全县中心工作，以保障经济社会发展、人民群众生命财产安全、社会和谐稳定为目标，立足于防大汛、抢大险、抗大旱、救大灾，早安排，早部署，明确责任，突出重点，扎实落实各项防汛抗旱措施，做到科学防汛抗旱两手抓两不误，确保"有汛防汛，有旱抗旱"，全县安全度汛，社会经济平稳发展。

【雨情水情】 2019年，全县累计降水429毫米，较多年同期(545.9毫米)减少21%，降水主要集中在7、8月，因降雨量偏少，全年水势较为平稳，9月10日左右，潮白河出现最大洪峰流量330立方米/秒。

【防汛备汛】 开展防汛隐患排查，对全县河道堤防、闸涵泵站等防洪除涝工程设施进行全面检查，查出的11处问题全部登记备案并制定整改方案和应对措施，于汛前完成整改，消除安全隐患。完成8座国有扬水站预防性试验及开车排水调试；完善各类应急预案，主要完善全县防洪、除涝、抗旱、防汛物资调运、橡胶坝调度、豁口封堵、县级河道洪水调度等预案，河道内14个村街(北运河7个：曹店、高庄、鲁家务、陈辛庄、孙家务、南张庄、吴打庄；潮白河7个：程辛庄、杨簸箕庄、苍头、王店子、河北吴村、河南吴村、凌家吴村)，分别编制群众紧急转移避险预案；做好物资保障工作，编织袋、铅丝、彩条布、钢管、救生衣、发电机组、潜污泵、离心泵等20余种县级常备物资全部到位，对重点险工险段所需的抢险物料，做到点对点储备，为全县的防洪安全提供强有力的物质支撑；做好气象预测预警，完成视频会商系统、无线超短波通信系统、远程视频监控系统的更新调试，并与北京市水务部门、气象部门建立联络沟通机制，第一时间掌握上游雨情、水情。

【防汛应急演练】 2019年5月10日，在潮白河3号橡胶坝附近，县水务局组织20余人开展安全转移和水面搜索救援工作实战演练，8月，县防汛抗旱指挥部组织全县相关单位针对超标准洪水进行水面搜救、防洪调度、群众转移等桌面推演防汛演习，提高抢险队员的实战经验和应对突发状况的处置能力。

【抗旱工作】 2019年，香河县全年累计降水429毫米，较多年平均降雨量偏少21%，降雨主要集中在7、8月，因降雨量偏少，县水务局积极与各镇协调沟通，根据实际用水需求，调节曹店跌水橡胶坝，使北运河水经牛牧屯引河汇入潮白河，利用岭子闸、后建闸和潮南进水闸将河水引入香河县潮南、潮北灌区，并调控全县所有干渠节制闸配水，确保抗旱水源充足，全年引蓄地上水6000万立方米，有效抵御了干旱。利用省级抗旱资金，投资15万元，对4座重要闸涵进行维修，改善引蓄水环境。

【重点部位防守】 5月，全县8座扬水站全部进行预防性试验和重车试验，对发现的问题及时进行修复，确保汛期排沥安全；对北运河、潮白河在建的水利工程于汛前清除阻水坝埝，确保河道行洪安全，针对北运河3处堤防豁口（新华大街西延路口、安运桥两侧豁口）制定豁口封堵方案。

【预测预警】 确保第一时间了解雨情、汛情和闸坝的运行情况，及时与上游北京市北运河管理处、杨洼闸管理所，下游武清区、宝坻区相关单位进行沟通对接，增加信息预警预报的准确性和及时性，对全县扬水站、橡胶坝的通讯设备进行全面细致的检测维修，健全无线超短波通信系统，确保信息及时传达到位。

（宋俊婷）

## 水资源保护

【概况】 2019年，香河县加强水资源管理保护工作，实施河长制，做好河道采砂监管、调水补水、节约用水、水资源费征缴等工作，加强水政执法，推进农业水价综合改革工作。

【水资源管理】 严格落实取水许可制度，规范取水许可证发放工作，截至2019年年底，全县发放取水许可证60套。其中，新办2套，延续3套，变更2套。自2018年9月1日起，除法律、法规另有规定的情形外，在河北省行政区域内直接取用地下水的，由省水利厅负责取水许可审批；开展地下水超采综合治理工作，建设香河县地下水超采综合治理非农取水在线监测项目，截至2019年年底，已建非农用水户在线监控点98个，其中，2019年非农用水户在线监控建设任务为16个，对年取水量5万立方米以上的取水户用水量全部实现在线远程监控。通过此项目建设促进取用水户开发节水潜力，增强节水意识，减少开采量，降低全县总用水量。按照市下达的压采各项指标，结合本地实际，《香河县地下水超采综合治理实施方案》《香河县地下水超采综合治理2019年度实施计划》均编制完成。

【落实河长制】 加强制度建设，保障河长制工作全面落实，制定《香河县全面推行河长工作方案》《香河县河长制工作督查督办制度》《香河县河长制巡查工作制度》等6项制度，并印发到各镇（园区、社区办）；扎实开展河长巡河工作，县域内31条河渠均实现河长全覆盖，形成县、镇、村三级河长制管理体系。2019年，各级河长累计巡河27292次，发现垃圾、围网捕鱼、水面漂浮物等问题513处，全部整改完成；年内，完成280块河长制公示牌更新；县财政拨款101.08万元，对县级管理33条河渠的巡河员进行误工补贴，制定出台巡河员管理等配套制度；统一启用“河长云”巡河App软件，登录激活率100%，实现对各条河渠多层次动态化管理。

全面完成交办问题整改，涉及潮白河、北运河“一河一策”的32处违建、养殖场问题，全部完成整改。2019年任务涉及的8处树障，全部完成清理。水利部海河水利委员会（海河委）2019第一轮暗访发现的安运桥左岸垃圾和公示牌水系图丢失、杨簸箕庄高速桥下建筑垃圾、赶水坝段厂房等6处问题，全部整改完成。

强力推进河渠“清四乱”（乱占、乱采、乱堆、乱建）工作，制定印发《香河县河渠“清四乱”专项行动方案》。各镇（社区、园区）均建立河渠“清四乱”长效工作机制，对辖区内河渠采取不间断巡查，发现一处、清理一处，对涉河违建问题坚决予以拆除，坚决杜绝新增违建问题。年内，完成市级“清四乱”台账31处问题整改工作。清理河道内“乱占”“乱建”问题76处，清理河道管理范围内垃圾7万立方米。

【河道采砂监管】 按照深入开展打击非法采砂取土“飓风行动”实施方案的要求，严厉打击非法采砂取土行为，形成专项巡查制度。2019年，出动执法车132车次、执法人员403人次，对非法采砂形成强有力的震慑，未发现私挖乱采行为。

【调水补水】 2019年，香河县全年累计降水429毫米，较常年平均降雨量偏少21%，因降雨量偏少，县水务局积极通过与各镇协调沟通，根据实际用水需求，调节曹店跌水橡胶坝，使北运河水经牛牧屯引河汇入潮白河，利用岭子闸、后建闸和潮南进水闸将河水引入香河县潮南、潮北灌区，调控全县所有干渠节制闸配水，确保水源充足，全年引蓄地上水6000万立方米。

【节约用水】 2019年，利用3月22日“世界水日”、6月5日“世界环境日”、9月19日“全国科普日”开展活动，围绕“节约用水”主题，由县水务局组成宣传队，在县委广场悬挂横幅，发放宣传材料、宣传手册和宣传品，开设咨询台，向群众讲解节约用水常识，让每个人从自我做起，提高节水意识，把节水行为变成一种习惯，使大家一起行动起来，共同节约珍惜水资源。

【水资源税征缴】 全县确认非农取用水纳税户55家。在用水计量上，严格按照标准安装用水计量设施，县水务局定期对企业取用水计量设施进行排查，发现问题及时解决，每月10日前完成取用水量核定，并依法向申报人核发《河北省水资源税纳税人取用水量核定书》，申报人向税务部门申报纳税。香河县农业水资源税纳税人认定工作依法开展，截至2019年4月，对全县农业用水户通过以电折水方式进行水量核定，确定香河正大有限公司和钱旺养殖场属于超限额取用水纳税人，需要缴纳农业水资源税并完成申报缴纳。

【水政监察执法】 严格依法行政，按照《中华人民共和国水法》等法律法规，定期对各镇园区进行执法巡查，打击非法取用地下水行为；制定2019年“双随机，一公开”工作计划，合理确定抽查比例、频次和覆盖面。对12家企业进行取水许可项目抽查，对全县内的所辖企业实现全覆盖。

抽查工作均严格按照执法程序进行认真登记工作台账并予以公示；加强河道管理，对“四河八堤”及主干渠道进行经常性巡查，重点部位、地段加大巡查频次，建立巡查台账，本着“谁查处谁负责”的原则，及时发现并解决违反水法规的各类违法行为。处理涉及河道堤防的违法案件 3 件。其中，潮白河美丽乡村旅游线路大桥、义井大桥工程汛期期间在河道内搭建的临时建筑和物料设施，形成人为阻水障碍，影响行洪安全。决定处以责令施工单位清除障碍，恢复河道原貌，罚款 15 万元并结案。梁家务干渠左岸唐屯段管理范围内私自建房违法案件处理中。严厉打击捕捞鱼虫行为，捕捞鱼虫过程中破坏河床，影响河道走势，给防洪安全带来重大隐患。

（宋俊婷）

## 城乡居民供水

**【概况】** 2019 年，香河县以“保障供水”为目标，全面加强农村饮水安全，编制完成农村人饮工程管理办法及工程运行领导小组，编制农村人饮工程应急预案和“三个公开”基础资料并进行了公布，建立农村饮水安全管理责任体系，编制全县农村饮水安全存在的问题整改工作方案。实施 2019 年农村饮水巩固提升和 2019 年农村饮水工程维修养护两个项目，保证农村饮水安全。

**【农村供水】** 香河县辖 300 个行政村，农村供水人口 290740 人，300 个村庄均饮用地下水。全县有千吨万人供水工程 6 处，分别为香河县三强水厂、国兴水业有限公司、现代水业有限公司、潮东水业有限公司、平安水厂和中悦水业有限公司，供水村庄 71 个，供水人口 67246 人；千人以上工程供水村庄 107 个，供水人口 146301 人；千人以下工程供水村庄 122 个，供水人口 77193 人。全县自来水普及率 100%。

**【农村饮水安全工程】** 2019 年，农村饮水巩固提升项目涉及五百户镇南张庄、南周庄 2 个村，项目投资 57 万元（中央预算内资金），建设健康水站 2 座，解决两个村 1080 口人的饮用水氟超标问题，项目建设完成并投入使用，运行效果良好；2019 年，农村饮水工程维修养护项目投资 40 万元（中央补助资金），涉及 22 个村街，供水人口 29720 人，分别为 21 个现供水村街和 1 个待引水村街（西口头村）。项目主要内容包括村管道修复引水、节门井更新改造、村街水表升级，供水加压泵更新改造、供水消毒设备升级改造等 10 项工程，项目建设均完工并投入使用，效果良好。

（宋俊婷）

# 财政　税务

责任编辑　杨东林

## 综　述

2019年，香河县财税工作积极面对各种困难与挑战，财税部门坚持稳中求进、改革创新，围绕稳增长、促改革、调结构、惠民生、防风险，落实财税政策，严格执行减税降费政策，克服房地产调控、生态环境整治、营业税改增值税等因素影响，加强综合治税建设，制定科学合理的征管计划，做到应收尽收，确保财政收入及时足额入库。推进发展方式转变，实现财政收入平稳增长，财政支出保障有力，促进全县经济建设和社会发展。

## 财　政

**【概况】**　2019年，香河县财政局解放思想，锐意改革，恪尽职守，依法理财，实现财政事业健康发展。被省委、省政府授予“省级文明单位”荣誉称号，并被省财政厅授予“2018年度全省预算执行统计分析工作先进单位”“2018年度全省部门决算工作先进单位”荣誉称号，自2000年起连续20年被市委、市政府授予“市级文明单位”荣誉称号。

**【一般公共预算执行情况】**　2019年，全县财政收入641552万元，占调整预算数的103.1%。一般公共预算收入383728万元，占调整预算的104.1%，同比增长4.4%，税费收入占一般公共预算收入比重70.5%。财政一般公共预算支出631374万元，全年支出进度完成98.7%。

**【政府性基金预算执行情况】**　2019年，政府性基金收入412574万元，占调整预算的100.6%。支出215695万元，占调整预算的95.9%。

**【社会保险基金预算执行情况】**　2019年，全县社会保险基金收入47833万元，占预算的114.1%，同比增长29.4%；社会保险基金支出43010万元，占预算的110.1%，同比增长21.3%。

**【政府债务情况】**　2019年，省财政厅下达香河县新增政府债务限额29600万元，至2019年政府债务限额达到209656万元，政府债务率为12.5%，处于安全范围内，且数值较低，债务运行不存在财政风险。

**【预算绩效管理】**　县财政局按照省财政厅绩效预算改革要求，对预算指标进行严密监控，调整优化财政支出结构，做到收支平衡。成立香河县预算绩效管理委员会，制定《香河县全面推进预算绩效管理工作实施方案》《县级事前绩效评估管理办法》《预算绩效目标管理办法》《部门预算绩效管理办法》《第三方参与预算绩效管理工作办法》《部门整体绩效评价管理办法》等相关文件，举办3期预算绩效管理培训班，10月29日，举办香河县预算绩效管理培训暨全面实施预算绩效管理改革推进会。明确教育、卫健部门为2019年试点。

10月29日，举办香河县预算绩效管理培训暨全面实施预算绩效管理改革推进会议
县财政局供图

【收费征管】 全县有78个执收执罚单位、200余个收费项目、40个执罚部门、108个执罚主体。2019年，全县非税收入一般公共预算完成111898万元。加快新版非税收入系统推广，为执收执罚单位配置电脑及打印机，并进行安装调试，确保新版非税收入系统顺利运行。

【盘活财政存量资金】 消化财政存量资金，包括一般公共预算结转结余资金、政府性基金预算结转资金、转移支付结转结余资金、部门预算结转结余资金、预算周转金、预算稳定调节基金管理以及收入缴库管理、偿债准备金管理等。2019年，全县存量资金共计1905万元，消化2018年年底存量资金65234万元，消化比例为97.2%。

【惠农资金投入】 制定《香河县农业支持保护补贴实施方案》,投入农业支持保护补贴资金1768万元，全部以“一折通、一卡通”形式发至农户。制定《香河县2019年农机购置补贴实施方案》，投入农机购置补贴资金360万元。投入“村级一事一议财政奖补”资金855万元,审批34个村街、34个项目建设，受益人口2.7万人。投入村级公共服务资金1955万元，推动农村卫生、美化、亮化、绿化上档升级。投入24000万元，推进“四美五改”，实施12个专项行动，促进美丽乡村建设上档升级。投入3000万元，用于300个村街的环境卫生长效机制补助，营造干净整洁的城乡环境。投入农业保险理赔572万元，涉及受灾农民933户。

【教育文化资金投入】 2019年，投入义务教育资金109400万元，特别是加强对农村义务教育的投入,促进义务教育均衡、持续、健康发展。按照农村义务教育经费保障标准，香河县小学生公用经费标准人均685元，初中人均885元，2019年为义务教育学校拨付学生人均公用经费3197万元;发放普通高中助学金243万元；拨付中央、省下达农村中小学营养改善计划专项资金431万元，普通高中助学和免学费资金20万元，县级配套资金7万元；投入143万元，用于家庭经济困难学生资助；投入34万元，用于特殊教育经费；按高于每名学生人均1000元标准，支持职业教育发展，投入213.3万元，用于职业教育免学费和家庭困难学生助学补助；投入200万元专项资金，用于全县教师教学培训和能力提升,改善农村中小学办学条件。发放奖金500万元，用于城乡文艺演出，活跃人民群众业余文化生活;发放奖金90万元,用于支持县级图书馆、文化馆和镇文化站公共文化设施建设。

**【生态环保资金投入】** 2019年，投入环保资金40900万元，支持农村“气代煤”“电代煤”工程、燃煤和燃气锅炉改造提升、家具行业提升整治、集中式饮用水水源保护区规范化建设、纳污坑塘治理等重点环保项目建设。投入资金3000万元，加强300个村街环境卫生长效机制建设。

**【社会保障资金投入】** 2019年，投入13200万元，用于城乡居民养老保险。投入1727万元，用于3609名城乡低保对象的基本生活保障。筹集再就业资金1652万元，年内支出710.46万元。投入858万元福利彩票公益金，用于殡仪馆维修维护、贫困大学生救助和香河县体育设施等公益事业建设。投入188万元，用于保障性安居工程及公租房补贴。

**【医疗卫生资金投入】** 2019年，投入2522万元，支持基层卫生院开展建立居民健康档案、健康教育、预防接种、传染病防治、高血压及糖尿病等慢性病治疗、儿童保健，孕产妇保健、老年人保健和重度精神疾病治疗。投入4916万元，扶持公立医院，并将医疗改革资金足额纳入财政预算，推动医改工作开展。投入4436万元，用于基层医疗机构药品零差价补贴。

**【财政监督】** 做好扶贫资金管理。制定《香河县扶贫资金监督管理追责实施细则》，在香河县人民政府门户网站上公示扶贫资金管理情况，督促项目主管单位进行项目公示，专项扶贫资金支付监控实行“四联签”，确保资金使用安全。2019年，香河县第一批产业扶贫项目财政总投资261万元，年内项目建设完成，全县119名贫困人口全部参加入股分红，经检查，无虚报冒领现象。

落实减税降费。制定《关于全面落实中央减税降费部署推进方案》（香政通〔2019〕10号），财政局成立落实减税降费部署工作领导小组，开展减税降费措施实施效果专项检查和调研评估，重点对2018年以来中央、省级财政部门出台的各项减税降费政策措施实施情况进行检查，选取县内10家企业发放调查问卷，经过检查，未发现违反财经纪律、增加企业负担、损害群众利益问题，在河北省纪委监委、河北省审计厅、国家财政部河北监管局等部门督察、巡查、审计活动中未发现问题。

开展绩效评价工作。对县交通运输局采购新能源公交车资金、县残联残疾人托养资金开展重点绩效评价；对美丽乡村建设专项资金、2016－2018年美丽乡村建设项目资金、养老服务体系建设项目资金、2018年中小学薄弱学校改造中的省级263万元专项补助资金、2016－2018年省级文化产业“十强县”奖励资金300万元等项目开展绩效评价。

开展惠民惠农财政补贴资金“一卡通”专项治理。

开展财政专项扶贫资金督导检查。对县农业农村局、县民政局、刘宋镇、五百户镇、安头屯镇、安平镇的扶贫资金进行检查。

开展会计信息质量检查。对县民政局、廊坊市生态环境局香河县分局，在财务管理，部门预算执行，会计核算，会计资料的真实性、完整性、合规性方面进行检查。

梳理编制“互联网+监管”系统。在国家监管事项目录清单动态管理系统中，确定对政府采购代理机构执业情况的监管，对中介机构从事会计代理记账业务审批事项的监管，对国家机关、社会团体、公司、企业、事业单位和其他组织中的会计信息质量的监管，并录入子项的检查实施清单。

推行“双随机一公开”监管。健全完善随机抽查事项清单、执法对象名录库和执法人员名录库、制定随机抽查工作计划、完善随机抽查信息平台，实现运用随机抽查监管的方式进行常态化日常监管。

对各单位预决算公开的及时性、完整性、细化程度、公开方式进行检查。

【政府投资评审】 做好政府投资项目最高限价和工程结算的审查，对政府投资的重大项目、重点项目，做好评审工作，提升政府投资效益。年内完成191项工程评审，项目总投资87186万元，审定金额79168万元，审减节约不合理资金8018万元，平均审减率达到9.3%。主要审核香河县双安路国安路段两侧绿化养护工程、香河县新华大街路面改造工程、香河县唐通旧线（大香线—赶水坝）大修工程、18个老旧小区改造工程、蒋辛屯镇美丽乡村工程、刘宋镇美丽乡村工程等。加强对评审中介机构的管理，按照《香河县财政局引入社会中介机构参与评审工作管理办法（试行）》中的单项考核指标体系，对中介机构完成的评审工程进行考核评价。

【债务风险防控】 加强政府债务管理，强化债务风险防控能力，杜绝隐性债务发生，严格控制债务风险，对政府与社会资本合作（PPP）、政府投资基金、政府融资平台等融资模式及政府购买服务进行规范管理。严禁利用PPP、政府投资基金等方式违规变相举债，不得以任何方式承诺回购本金、承担损失或保证最低收益。除国务院统一部署的棚户区改造、异地扶贫搬迁工作外，严禁将建设工程作为政府购买服务项目，严禁将金融机构、融资租赁公司等非金融机构提供的融资行为纳入政府购买服务范围，购买服务期限严格限定在年度预算和中期财政规划期限内。重新修订并实施《香河县政府债务风险应急处置预案》，全县债务风险持续总体可控，各项债务风险指标持续保持在警戒线以内，债务结构不断优化，促进经济健康发展。

【政府采购】 2019年，县政府采购办公室通过公开招标、询价采购、谈判采购等形式，组织采购271次，采购金额37473万元，节约资金1055万元，节约率2.74%。

【国有资产管理】 严格执行国有资产“收支两条线”，实现票款分离和收缴分离，全年实现国有资产收入20602万元。规范国有资产处置程序，办理国有资产处置事项28件，涉及办公设备277件，中小学拆除老旧校舍7137平方米，报废机动车27辆，账面总价值1440万元。批复因机构改革涉及的资产划转事项37件。推进党政机关办公用房排查整改，年内，组织2次党政机关办公用房信息统计，并完成党政机关办公用房数据的录入和上报。

【公务用车管理】 建立公务用车服务平台，实现对全县公务用车的运行状态、运行轨迹、行驶里程全程动态监管。截至2019年年底，有84辆公务用车交付县公有资产经营公司管理。做好企事业车改工作，制定《香河县县直事业单位公务用车制度改革实施意见》（香车改办〔2019〕1号），《香河县县属国有企业公务用车制度改革实施意见》（香车改办〔2019〕2号）及《关于推进落实县直事业单位和县属国有企业公务用车制度改革工作的通知》（香车改办〔2019〕3号），完成12家企事业单位的公务用车改革。

【会计管理】 组织会计专业考试报名，有408人报名参加会计专业中级资格考试。开展会计人员信息采集，4月19日至6月15日，开展会计人员信息集中采集，并随时更新，年内采集932人。开展2018年度各单位内部控制报告编报工作。做好代理记账资格审批，4家机构通过审批，取得代理记账许可证。开展农村财会人员财政支农政策培训，11月13日举办镇村财务管理培训班，培训镇财政所会计、农经站会计和重点村街会计，72人参加培训。开展会计培训及会计继续教育工作，4月，举办会计准则制度暨会计人员素质提升培训班，225名行政事业单位会计参加培训。12月，香河县财政局与华夏会计网联合举办会计人员继续教育学习网，学员在网上学习、网上考试。开展《中华人民共和国会计法》执行检查，检查结果按程序在相关网站进行公示。

【票据管理】 加强对执收执罚单位票据审核，审查收费项目是否合法、收费标准是否符合规定、收费资金是否按规定上缴，确保收费、罚没资金及时足额上缴。全年累计发放各类财政手写票据3054本，机打票据73657份，医用机打票176万份。严格财政代开票据管理，年内累计为企业代开票据737笔，金额28.6亿元。

【落实政府对企业的扶持】 2019年，组织6家企业申报中央外经贸发展资金项目，其中工业设计技改资金项目5个，对外经贸发展进口贴息资金项目1个。拨付扶持企业资金109.7万元，其中，省级中小企业发展专项资金企业6户，扶持资金62.2万元；省级工业转型升级（技改）专项资金企业2户，扶持资金47.5万元。

（佟沅洪）

## 税 务

【概况】 2019年，国家税务总局香河县税务局（简称县税务局）强化综合治税，完善税收联合控管机制，加大与财政等部门联合控税力度，强化信息管税和税源管控，实现挖潜增收。落实减税降费政策，加大对小微企业和实体经济的税收支持力度，促进经济持续健康发展。年内，县税务局被市委、市政府授予廊坊市“文明单位”荣誉称号。

【税费征收】 2019年，完成税费征收53.46亿元，同比增收0.56亿元，增幅1.06%。其中，一般公共预算收入31.17亿元，同比增收1.83亿元，增幅6.23%。

【社会保险和非税收入】 1月1日，机关事业单位基本养老保险和企业职工基本养老保险、医疗保险、失业保险、工伤保险等由税务进行征收。征收社会保险费8.77亿元，同比增收1.41亿元，增长19.22%；征收非税收入1.26亿元，同比增收878.27万元，增长7.5%。

【税收法治建设】 推进税收法治建设，深化税收行政执法公示制度、执法全过程记录制度、重大执法决定法制审核制度，加强内控机制建设，落实依法行政工作机制，发挥律师和法律顾问作用。开展税收执法资格考试，提升税务干部执法水平。开展执法监督检查和防控工作。对风险应对、个人股东股权转让、内控系统过错数据核实应对、二手房管理进行督查。强化对房产交易申报受理、业务复核、票证开具、档案管理方面的管控，将内部控制加入到存量房交易业务的处理流程之中，实现相互支撑、有效制约、有效监督。多部门合作，建立问题线索移交、问题审查、反馈整改工作机制，联合防控风险。

【税收减免】 宣传减税降费政策，组织减税降费专题培训30场次，参训企业人员3500余人次。推进金税三期系统、网络申报系统优化升级工作，推行税收优惠清单式管理、扩大出口退税无纸化申报范围、优化增值税发票查验平台功能、提供应抵扣发票信息提醒服务、办税事项容缺办理、规范统一自助办税事项、探索证明事项告知承诺试点、纳税人网上解锁报税盘、城镇土地使用税和房产税合并申报、部门间信息共享10项便民办税措施。举办十场培训、百户小微企业入户宣传、收集千名社保缴费人民生调查、发放万份宣传单减税降费活动。精准核算减税降费数据，利用信息综合服务平台为16025家纳税人推送“减税降费红利账单”。2019年，通过税率降低和普惠性政策优惠减免税款3.09亿元，减免社会保险费1900万元。

【税收征管】 推进税收征管基础保障。11 月 1 日，信息系统配套升级，启用《税收征管操作规范》（2.0 版）程序；通过编写发放《电子税务局操作指南》、组织纳税人集中培训、为使用电子税务局纳税人开通绿色通道等方式，推广和提高电子税务局使用率。制定欠税催缴、欠税台账管理、欠税人报告等制度，定期进行催报催缴，动态掌握欠税人涉税信息，制定清欠计划，有序开展欠税专项清理。与县卫生和健康局、县教育和体育局协调，建立联合执法、共同治税机制，规范医疗、教育行业税源管理，降低税收执法风险。对旅游景点门票、出租车行业发票进行核查，规范发票管理。开展税收风险管理，年内接收处置各种风险任务 65 批次，涉及纳税人 666 户，入库税款 10478.58 万元，加收滞纳金 6294.21 万元。开展跨区域风险协作，接收办理跨区域协作任务 39 件，香河县税务局发起跨区域协作任务 7 件。

【税费税种管理】 深化增值税改革。严格执行行业核实加计抵减、不动产一次性抵扣等政策；完成增值税优惠专项核查；加强增值税发票最高版）升级。

加强出口退税管理。年内，接收 33 户企业申报，受理生产型出口企业申报出口退税 123 户次，退（抵）税金额 6454.96 万元。

推行车辆购置税网络申报与移动端申报。

落实成品油消费税税收政策。开展成品油消费税企业调研核实工作。

做好土地增值税清算工作。对全县所有不动产项目的土地增值税项目进行调查清算。年内，完成 6 个项目清算，清算入库税款 29655.84 万元。

落实新个人所得税法。严格执行 6 项个人所得税专项附加扣除政策，全县专项附加扣除信息采集 17760 人，扣除减税金 662.45 万元。依照《关于 2018 年第四季度个人所得税减除费用和税率适用问题的通知》（财税〔2018〕98 号）要求，2019 年减免税额 6115.48 万元，涉及 74928 人次。

加强企业所得税管理。完成 2018 年度企业所得税汇算清缴工作，5662 户企业参加汇算清缴，审核通过率达 100%，汇算清缴入库企业所得税 3.15 亿元。

开展耕地占用税清理。清理入库耕地占用税 1.84 亿元，同比增收 1.78 亿元，增比 2845.3%。

开展环保税核定征收管理收入测算。纳入扩面管理企业 14 户；复核 2018 年度、2019 年度环保税企业 44 户，补缴环保税款 29.18 万元。

开展水资源税核查。核查出 24 户水资源税纳税人问题数据，补缴税款 4.17 万元。

【纳税服务】 提升纳税人和缴费人满意度。以“新税务·新服务”为主题，以实施减税降费为主线，开展便民办税春风行动；通过增加导税人员，整合办税窗口，设立“房管国土税务联动窗口”，提高办税服务厅工作效率；加强业务学习，提高税务干部业务素质和服务水平；推广自助办税，在基层税务分局设立 4 个办税服务室，确保纳税人就近办税，提升办税服务便捷度；完善投诉事后反馈机制，及时解决纳税服务方面存在的问题；做好纳税人基础信息核实维护。强化涉税专业服务监管。开展涉税专业服务机构实名制信息采集，加大对辖区内 24 户实名制登记的涉税专业服务机构的监管。完成 2018 年度纳税信用等级评价工作，全县 2018 年度评价中 A 级纳税人 222

位于县便民服务中心的税务自助服务区　　县行政审批局供图

户，B 级纳税人 2727 户，M 级纳税人 2957 户，C 级纳税人 25 户，D 级纳税人 203 户。

【队伍建设】 聚焦领导班子自身建设。全面加强政治理论学习，通过党委中心组理论学习、“不忘初心 牢记使命”主题教育，提升班子整体政治素质；认真履行《党组工作规则》，坚持民主集中制。做好干部管理，认真开展绩效管理和数字人事等考核考评工作。强化教育培训，坚持“周三学习日”制度，组织优秀青年干部参加业务比武竞赛，开展兼职教师和巡察专业人才选拔工作。持之以恒正风肃纪，巩固和拓展落实中央八项规定精神成果，开展纠正“四风”和作风纪律专项整治。开展志愿服务活动，展示税务干部良好精神风貌。

## 2019年香河县纳税1000万元（含）以上企业一览表

表8　　单位：万元

| 序号 | 纳 税 人 名 称 | 全年实缴金额 |
|---|---|---|
| 1 | 北京顺鑫农业股份有限公司牛栏山酒厂香河生产基地 | 72820 |
| 2 | 香河第一城酒业有限公司 | 36981 |
| 3 | 富力（香河）房地产开发有限公司 | 36938 |
| 4 | 香河鼎泰园区建设发展有限公司 | 16445 |
| 5 | 香河恒康房地产开发有限公司 | 15398 |
| 6 | 香河县胜强房地产开发有限公司 | 13321 |
| 7 | 香河中商房地产开发有限公司 | 11551 |
| 8 | 河北香河农村商业银行股份有限公司 | 11305 |
| 9 | 河北万特房地产开发有限公司 | 9806 |
| 10 | 廊坊瑞盛投资股份有限公司 | 9264 |
| 11 | 香河县华宇房地产开发有限公司潮白新村西区项目部 | 8600 |
| 12 | 香河县城镇房地产综合开发有限公司 | 8566 |
| 13 | 骏豪凯星（香河）房地产开发有限公司 | 8482 |
| 14 | 香河京御房地产开发有限公司 | 7966 |
| 15 | 香河县三强建筑工程有限公司 | 7225 |
| 16 | 河北美联房地产开发有限公司 | 6100 |
| 17 | 香河万通房地产开发有限公司 | 5960 |
| 18 | 香河经纬房地产开发有限公司 | 5813 |

续表 8

| 序号 | 纳 税 人 名 称 | 全年实缴金额 |
|---|---|---|
| 19 | 香河孔雀郡房地产开发有限公司 | 5640 |
| 20 | 香河县华宇房地产开发有限公司蓝山庭苑项目部 | 5384 |
| 21 | 香河万利通实业有限公司 | 4463 |
| 22 | 香河县百川燃气销售有限公司 | 4134 |
| 23 | 喜临门北方家具有限公司 | 4119 |
| 24 | 香河中安房地产开发有限公司 | 3850 |
| 25 | 香河县城镇房地产综合开发有限公司尚乘华府项目部 | 3716 |
| 26 | 香河秀兰房地产开发有限公司 | 3713 |
| 27 | 香河县华宇房地产开发有限公司 | 3240 |
| 28 | 河北荣盛建筑材料有限公司 | 3086 |
| 29 | 香河鹏渤房地产开发有限公司 | 2956 |
| 30 | 香河县华宇房地产开发有限公司新世界名苑项目部 | 2674 |
| 31 | 香河金汉房地产开发有限公司 | 2505 |
| 32 | 香河恒泰建筑有限公司 | 2480 |
| 33 | 香河理想嘉业房地产开发有限公司 | 2375 |
| 34 | 香河鑫福源商贸有限公司 | 2193 |
| 35 | 荣盛房地产发展股份有限公司香河分公司 | 2143 |
| 36 | 香河县华宇房地产开发有限公司天琴湾二期东区项目部 | 2121 |
| 37 | 上海绿地集团香河投资开发有限公司 | 2107 |
| 38 | 荣盛建筑设计有限公司 | 1981 |
| 39 | 香河西联建材装饰城有限公司 | 1865 |
| 40 | 香河春城房地产开发有限公司 | 1817 |
| 41 | 香河县逸景房地产开发有限公司 | 1709 |
| 42 | 香河孔雀城房地产开发有限公司 | 1599 |
| 43 | 香河鑫中盛房地产开发有限公司 | 1597 |
| 44 | 香河金港房地产开发有限公司 | 1554 |
| 45 | 廊坊万恒盛业房地产开发有限公司 | 1448 |
| 46 | 国网冀北电力有限公司香河县供电分公司 | 1196 |
| 47 | 香河维远房地产开发有限公司 | 1124 |
| 48 | 中粮可口可乐华北饮料有限公司 | 1113 |
| 49 | 廊坊爱依瑞斯家具有限公司 | 1112 |
| 50 | 奥莱（香河）房地产开发有限公司 | 1057 |
| 51 | 荣盛（香河）房地产开发有限公司 | 1016 |

（任海龙）

# 交通 邮政 电力

责任编辑 杨东林

## 综 述

2019年，香河县加强国、省干道和县、乡、村道路建设，做好道路养护，11月7日，在全国推动“四好农村路”高质量发展现场会上，香河县被交通运输部、农业农村部和国务院扶贫办授予“四好农村路”全国示范县。11月28日，在香河召开河北省推动“四好农村路”高质量发展现场会。加强对运输行业管理，运输行业安全有序进行。邮政在代理金融、快递包裹、电子商务、发行投递等项业务上有新进展。国网冀北电力有限公司香河县供电分公司实现连续安全生产12835天，加强电网建设，实现优质服务。

## 公 路

【概况】 2019年，香河县新、改建农村公路118.7千米。截至年底，等级公路通车总里程1024.003千米，公路网密度2.30千米/平方千米。县域路网形成县镇相通、村街相连的路网格局，每个镇（园区）至少有1条二级及以上公路相通，每个村至少有1条四级及以上公路相连，农村等级公路比例100%，铺装率（道路硬化率）100%，县乡公路三级（含三级）以上公路比率66.12%，农村公路列入公路养护范围的道路比率100%。

【高速公路】 经过香河县境的高速公路2条，全长23.955千米。其中，京哈高速公路（编号G1）香河境内长21.303千米，设有香河北出口和香河东出口；首都地区环线高速公路（编号G95）香河境内长2.652千米，设有香河西出口。

【其他国省干线公路】 经过香河境内的国道共3条，全长54.016千米。其中，国道103线（编号G103）香河境内长3.87千米；通武线（编号G230）香河境内长23.415千米；唐通线（编号G509）香河境内长26.731千米。经过境内的省道平香线（编号S274），香河境内长5.128千米。

【农村公路】 香河县有农村公路597条，总里程940.904千米。其中，县道4条，总里程56.762千米（香北线22.11千米，倪李线17.632千米，香务线10.302千米，蒋渠线6.718千米）；乡道14条，总里程107.024千米；村道579条，总里程777.118千米。

【公路桥涵】 香河境内国省干线公路有桥梁20座，其中，大桥5座，中桥3座，小桥12座；县乡公路有桥梁46座，其中，大桥7座，中桥4座，小桥35座。国省干线公路桥梁大部分为1999年后修建，总体技术状况稳定。县乡公路桥梁总体技术状况较差，三类以下桥梁占总数的52%。为保证安全，公路养护部门按照河北省桥梁管理规定，坚持对桥梁日常巡查、经常检查和定期检查。针对部分桥梁出现的一般性损坏，做到早发现，早维修，对桥梁出现的结构性损坏及时向上级报告，在村道桥梁检查中发现的问题，向所辖镇送达书面维修建议书。

【公路工程建设】 2019年，大辛路（唐通线—义井大桥段）养护改造工程完成1670米边沟清表、清淤、山皮石换填工作，完成780米旧路铣刨、结构层拆除、边沟土方回填；桥梁工程完成桥梁下部结构，预制箱梁106片（共120片），箱梁吊装完成104片（共120片），第一联桥面跨中横梁完成8道（共9道），端横梁完成1道（共2道），中横梁完成2道（共2道）。

香务线养护改造工程完成8.5千米道路主体工程，已通车。

潮白河左侧堤顶路（大香线至大厂界段）养护改造工程，大厂界至大香旧线段7千米完成二层水泥稳定碎石的铺筑，大香旧线至大香线段3.1千米，铺设完成3.02千米底基层石灰稳定土。

2017年连村道路养护改造工程完成80.9千米，25座危桥改造工程完成项目前期手续及招投标，签订施工合同，与项目所在镇完成对接，已开展障碍物拆迁及旧桥拆除。

战备路新建工程完成现场勘测，确定建设方案，编制完成工程可行性研究报告。计划在其民兵训练基地房建工程主体结构完成后，进场施工。

密涿高速连接线大厂界至蒋北路全长1.6千米，完工通车。通过蒋北路与通武线（原大香线）相连，具备进出高速公路功能，蒋北路口往南完成200米油面，剩余1.8千米尚未完工；与大厂回族自治县交接处的蒋辛屯镇岭子村中桥桩基、墩柱、盖梁、挡块、耳背墙、垫石全部完工，梁板安装、护栏、桥面铺装全部完成。

平香线南延一期道路工程完成下面层沥青混凝土摊铺3.38千米，完成管道安装4.74千米及2处防护涵、3处过水箱涵、2处通道箱涵。

潮白河大桥工程完成桥梁下部结构、主桥0—1#块箱梁12个，景观桥0—1#块6个，主桥2#块箱梁施工完成2个（共8个），完成引桥上部结构施工。新改建农村公路118.7千米（不含市政路）。包括各镇（园区）自建道路。

【公路养护】 发挥专业化公路养护公司作用，将公路养护与治理道路扬尘结合，15台大型养护机械每天上路作业，为防止出现二次扬尘，所有清扫车全部使用湿扫，国省干线公路每天保持清扫2遍，机械洒水3—4遍。对于适合大型机械清扫作业的主要县乡公路，保持每天清扫1遍，机械洒水1遍，安排60余名保洁人员，对死角死面进行人工清扫，捡拾路界内垃圾和飘挂物。实施公路预防养护工程，全年维修、新建公路标识44块，三桩二碑（百米桩、路界桩、示警桩、里程

农村公路　　县融媒体中心供图

碑、建筑红线控制碑）60 块，施画道路标线 2.4 万平方米，挖补路面坑槽 7500 平方米，灌注路面裂缝 2 万多米，消除安全隐患 35 处。

**【全国“四好农村路”创建】** 2019 年，香河县在荣膺“四好农村路”省级示范县的基础上，积极创建“四好农村路”全国示范县。坚持把农村公路建设好、管理好、养护好、运营好，着力建设“畅、美、智、产、安”的特色农村公路，即坚持高起点规划、高标准建设、高水平运营，打造“畅行农村路”；融合全域绿化、四大水系、美丽乡村，打造“美丽农村路”；推行智慧公交、智慧路长、智慧管护，打造“智慧农村路”；带动农民增收、项目建设、旅游发展，打造“产业农村路”；全程建设监督、管护治理、运营保障，打造“平安农村路”。11 月 7 日，在四川省蒲江县召开的全国推动“四好农村路”高质量发展现场会上，香河县被授予“四好农村路”全国示范县，是廊坊市首个也是唯一一个获此荣誉的县（市、区），县长王文强出席会议并接受“四好农村路”全国示范县奖牌。11 月 28 日，河北省推动“四好农村路”高质量发展现场会在香河县召开。县委书记李桂强出席会议并作典型发言，介绍香河县“四好农村路”的经验和做法。

11 月 28 日，河北省推动“四好农村路”高质量发展现场会在香河召开　县融媒体中心供图

## 运　输

**【概况】** 香河县有长途客运站 1 个，2019 年通过省级二级客运站验收，有始发营运班线 10 条。香河慧安公共交通运输有限公司负责县内公交运营，与县内 7 条北京公交线路实现零距离换乘。有出租汽车公司 6 家，货物运输企业（含 1 家危险货物运输企业）5 家，物流企业 6 家，汽车维修企业 53 家，机动车驾驶员培训学校 2 所。

**【长途客运】** 香河汽车站始发营运班线共 10 条，分别为香河至天津、香河至廊坊、香河至承德市兴隆县、香河至内蒙古自治区赤峰市敖汉旗新惠镇、香河至三河市燕郊镇、香河至唐山、香河至张家口市张北县、香河至内蒙古自治区赤峰市林西县、香河至承德市平泉县、香河至内蒙古自治区锡林郭勒盟正蓝旗。营运车辆共 27 辆，日发车 51 班次，年客运量 37.5 万人次。其中，隶属廊坊市通利运输有限公司香河分公司车辆 12 辆：香河至唐山 1 辆，渠口至廊坊 1 辆，石虎辛庄至廊坊 1 辆，刘宋至廊坊 2 辆，五百户至廊坊 2 辆，香河至廊坊 5 辆；隶属香河汽车站管辖车辆 15 辆：香河至天津 1 辆，石虎辛庄至天津 1 辆，刘宋至天津 1 辆，香河至天津 1 辆，鲁家口至廊坊 1 辆，香城至廊坊 1 辆，香河至承德市兴隆县 1 辆，香河至内蒙古自治区赤峰市敖汉旗新惠镇 1 辆，香河至三河市燕郊镇 7 辆。

## 2019年香河县长途汽车站班车运行时刻表

表9

| 班车线路 | 里程(千米) | 发车时间 | 发车时间 | 票价 | 备注 |
|---|---|---|---|---|---|
| 香河—廊坊 | 50 | 6:00 | 13:35 | 15元 | — |
| | | 6:20 | 13:50 | | |
| | | 6:40 | 14:05 | | |
| | | 7:00 | 14:20 | | |
| | | 7:10 | 14:40 | | |
| | | 7:30 | 15:05 | | |
| | | 7:50 | 15:30 | | |
| | | 8:10 | 15:55 | | |
| | | 8:20 | 16:20 | | |
| | | 8:30 | 16:45 | | |
| | | 8:40 | 17:00 | | |
| | | 8:50 | | | |
| | | 9:10 | | | |
| | | 9:30 | | | |
| | | 9:55 | | | |
| | | 10:15 | | | |
| | | 10:35 | | | |
| | | 11:00 | | | |
| | | 11:25 | | | |
| | | 11:50 | | | |
| | | 12:15 | | | |
| | | 12:30 | | | |
| | | 12:55 | | | |
| | | 13:10 | | | |

| 班车线路 | 里程(千米) | 发车时间 | 票价 | 备注 |
|---|---|---|---|---|
| 香河—平泉 | 280 | 6:20 | 84元 | 1/2班次 |
| 香河—蓝旗 | 600 | 7:00 | 136元 | — |
| 香河—承德 | 241 | 7:00 | 96元 | — |
| 香河—天津 | 102 | 7:30 | 29元 | — |
| | | 8:20 | | — |
| | | | | — |
| | | 9:00 | | — |
| | | | | — |
| | | 13:50 | | — |
| 香河—张北 | 310 | 5:30 | 110元 | 1/2班次 |
| 香河—唐山 | 150 | 8:10 | 52元 | — |
| | | 8:40 | 51元 | （下道） |
| | | 9:50 | 52元 | — |
| | | 11:20 | | — |
| 香河—下板城 | 241 | 8:40 | 98元 | — |
| 香河—赤峰 | 522 | 9:40 | 166元 | — |
| | | 14:30 | | — |
| 香河—秦皇岛 | 320 | 9:10 | 89元 | — |
| | | 16:10 | | — |
| 香河—新惠 | 653 | 11:00 | 175元 | — |
| 香河—林西 | 667 | 14:30 | 212元 | — |
| 香河—青龙 | 200 | 9:20 | 74元 | — |
| | | 15:20 | | — |
| 香河—兴隆 | 150 | 8:00 | 51元 | — |

2019 年香河县公交运营示意图

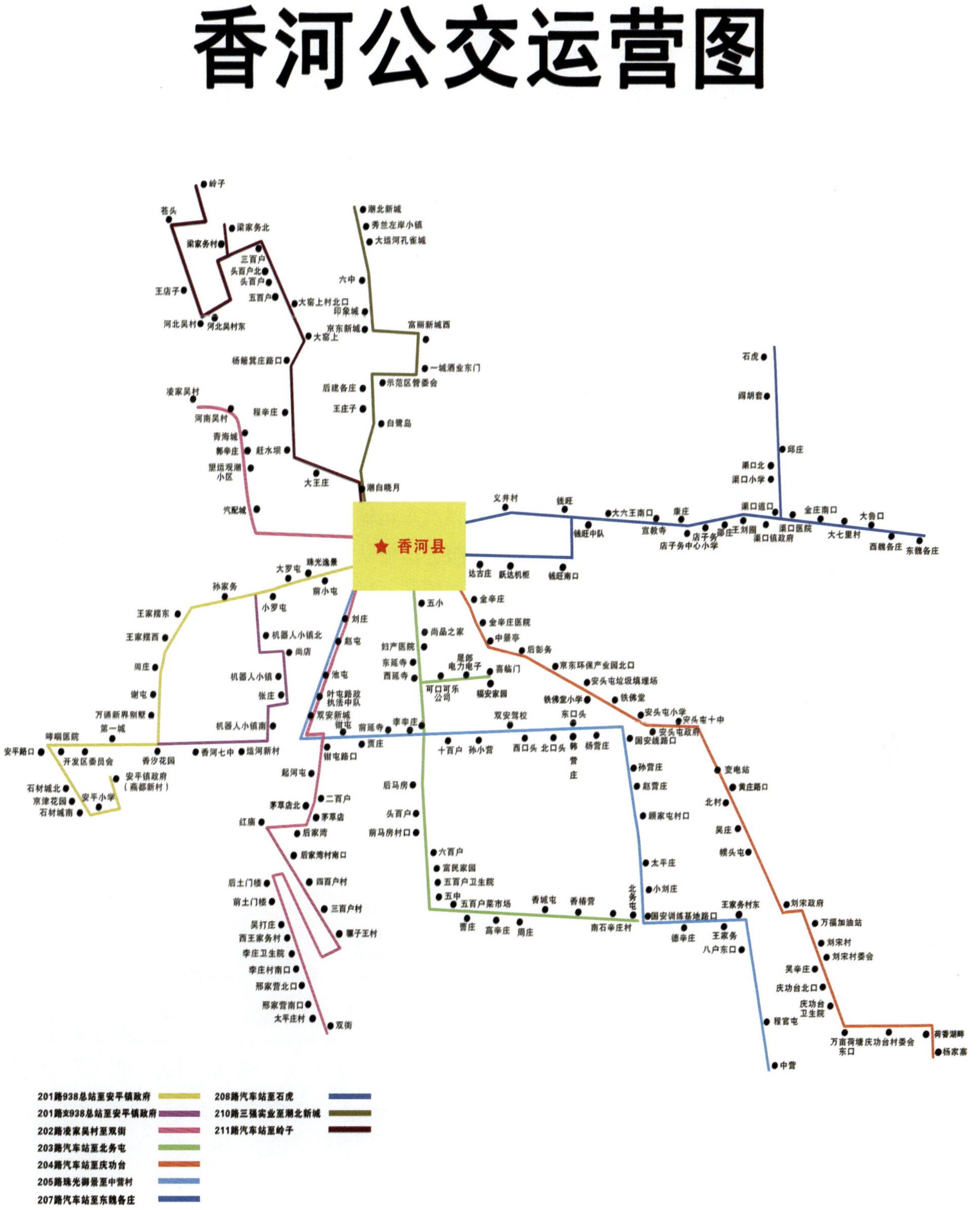


县交通运输局供图

【京香公交】 938路快线北京至香河公共交通有938路、810路、100路、101路、000路（香汐通勤）公交车。

938路公交运行路线及发车时间。快车：北京站东至香河总站，北京站东发车时间6:30—20:00；香河总站发车时间5:00—18:20。慢车：北京站东至香河安平香汐花园小区站，北京站东发车时间5:55—20:25；安平香汐花园小区站发车时间4:30—19:30。

810路运行路线及发车时间。快车：北京大郊亭东站至香河富力新城站，大郊亭东站发车时间8:30、9:30、18:00、19:00；香河富力新城站发车时间7:00、8:00、16:30、17:30。慢车：通州区北苑站至香河总站。北苑站发车时间6:00—20:45，香河总站发车时间4:30—19:10。

100路运行路线及发车时间。北京大北窑站至香河第一城站，北京大北窑站发车时间工作日18:30周六日、节假日停驶。香河第一城站发车时间工作日6:30周六日、节假日停驶。

101路运行路线及发车时间。通州区潞城地铁站至香河安平香汐小区站。潞城地铁站发车时间：6:20、6:50、8:20、9:20、17:20、17:50、19:20、19:50；香汐花园站发车时间5:30、6:00、7:30、8:30、16:30、17:00、18:30、19:00。

000路（香汐通勤）路运行路线及发车时间。北京朝阳区郎家园站至香河安平香汐小区站。郎家园站发车时间7:30—18:10，香汐小区站发车时间6:20—17:00。

【县域公交】 香河县开通县域公交线路11条，线路总长272千米，运营新能源公交车100辆，日发班次599个，年运送旅客516.7万人次。实行全程2元统一票价，支持现金、微信、支付宝、NFC、IC卡等支付方式，并对学生、残疾人、65周岁以上老人等特殊群体实行优惠或免费。2019年，在公交线路途经道路设立仿古铜不锈钢站亭98座、不锈钢站牌346座，在渠口镇、刘宋镇设立2个租赁公交分站。

【出租汽车运营】 香河县有鑫瑞、通达、宝达、瑞隆、新越、铭浩6家出租汽车公司，2019年营运车辆631辆，从业人员600余人。铭浩、瑞隆等出租汽车公司连续11年开展“免费接送高考生”志愿服务活动，车上统一放置“免费接送考生”标识，为考生提供服务。

【货物运输】 香河县有4家普通货物运输车队，1家危险货物运输企业，共有货运车辆55辆，477.942吨。4家普通货物车队分别为：廊坊迅捷电子商务股份有限公司5辆，11.97吨；香河县东兴汽车运输队16辆，70.377吨；香河县亨通汽车服务运输队18辆，167.685吨；香河县洪利汽车运输队6辆，51.205吨。1家危险货物运输企业：香河华瑞气体有限公司10辆，176.705吨。

【物流中心】 香河县有6家货运站场，分别为香河八方物流有限公司、香河县北方物流基地、香河县亨瑞达物流有限公司、香河广源物流有限

运营中的县域公交车　　王树春 摄

公司、香河刚子物流有限公司、香河县远恒物流有限公司，总占地面积 254120 平方米，从业人员 405 人，年货物吞吐量 10 余万吨。物流目的地为辽宁省、吉林省、黑龙江省、内蒙古自治区、宁夏回族自治区、甘肃省、青海省、新疆维吾尔自治区、四川省、重庆市等，重点服务于香河家具产业。

## 交通运输管理

【概况】　依法开展路政、运政等行业管理，保护公路路面、公路用地、公路设施，维护公路路产、路权和路域环境，对道路客货运输市场监督检查，规范经营行为，维持良好运营秩序，保障交通运输行业健康有序发展。

【推进公路建设项目手续办理】　加快推进计划建设项目前期工作，明确项目主管领导、责任部门和具体负责人，积极抓好与上级和有关部门的协调，全力开展项目手续办理工作，力争项目早日开工建设。2019 年，安石路（新开街）西延、通宝路新建工程已列入《“北三县”与通州区协同发展综合交通专项规划（2018－2035）》，并安排到 2022 年重点项目建设方案中。为推动项目尽快实施，县交通运输局积极与北京市交通运输委员会路政局项目中心、通州区公路分局进行路网规划对接，并到香河县就接线位置进行踏勘。

2019 年，189 条连村道路养护工程已完成工程可行性研究报告，5 座危桥改造工程正在编制工程可行性研究报告；运河大道北延项目建设方案初步确定，工程可行性研究报告初稿编制完成。

潮白河特大桥方案已通过水利部海河水利委员会科技咨询中心确认，列入《“北三县”与通州区协同发展综合交通专项规划（2018－2035）》和《河北省“三沿”地区公路（石家庄市区外滹沱河沿线公路、京杭大运河沿线公路、山海关至沧州沿海公路）与产业协同发展指导意见》。

年内，争取省财政用于农村公路建设补助资金 198 万元。

【交通运输行政执法】　按照《河北省交通运输行政执法公示办法》《河北省交通运输行政执法全过程记录办法》《河北省交通运输重大行政执法决定法制审核办法》，严格规范交通运输执法行为，加强执法监督，维护当事人和交通运输主管部门及其所属执法机构、执法人员的合法权益，提升依法治理水平，促进文明执法。将“双随机、一公开”作为交通运输领域全部市场监管活动的基本手段。加强行政执法与刑事司法衔接，依托河北省行政执法与刑事司法衔接信息共享平台，对涉嫌犯罪案件进行网上移送、网上办理、案件信息的流程跟踪和监控。全年共查处各类交通运输违法案件 7 起。

【公路交通运输行政审批】　在香河县政府信息公开平台、河北省政务服务网对交通运输行政执法事项进行公开，规范行政审批行为，优化行政审批流程，压缩审批时限，创新行政审批服务方式，23 项交通行政许可项目均实现河北省政务服务网“在线办理”。全年共办结行政审批事项 7 项，全部在政府信息公开平台、信用廊坊等进行公开。

【公路路政管理】　国省干线公路每天巡查 2 次、县乡公路每周巡查 2 次，通过日常公路巡查维护路产路权。2019 年共治理在公路用地内堆放物品、倾倒垃圾、倾倒污水等 8 处，清理公路用地内摆摊设点 130 处，清理在公路建筑控制区内擅自设置的非公路标志 95 块。采取路警结合、路面治超与源头治超结合，严格开展超限运输治理。与源头治超负责人、货源单位、维修企业签订责任状，将工作责任落实到岗，细化到人。依托平香线超限检测站，科学检测货运车辆，对超限车辆卸载后放行，超限率控制在2%以下。全年共检测车辆19335辆，卸载超限车辆74辆，卸载货物1030.39吨。

**【机动车驾驶员培训管理】** 加强对双安驾校和东岳长江驾校监管，严把学员结业考核和学员培训记录审核关，对培训不合格、培训学时不够、内容不全等不予签批。严厉查处培训中单车超数额配备学员、培训过程中教练员不在岗、不按教学大纲施教等行为。定期对教练员资质、教练车状况和安全设施配备情况进行监督检查，排除安全隐患。完成学时审核1万余人次，结业证存档3261份。

**【营运客车管理】** 加强长途客运及公交行业管理，规范运输市场秩序，全面深化司乘人员素质教育，提高职业道德水准，规范公交车文明服务用语，倡导文明服务。做好春节、劳动节、国庆节、端午节等运输高峰期及重要节点道路旅客运输工作，落实日常安全管理措施，签订安全生产责任状，狠抓安全生产，重点把好驾驶员、营运车、客运站等关键领域和环节，增加驻汽车站人员，由每天2名增至4名，做好安全生产检查。年内，香河汽车站通过省级二级客运站验收；100辆公交车司机安全防护设施安装完毕。

**【出租汽车运营管理】** 对6家出租汽车公司及出租汽车从业条件、经营资质、经营行为、证照标志、税费缴纳、车容车貌、等级评定、保险等进行年审，年审中，更换车载灭火器38个，更换标识标贴123个，撤掉45辆出租车的玻璃贴膜。年底，对6家公司、23家个体出租车的612名从业人员开展服务质量信誉考核。打击出租汽车乱涨价、乱收费行为，规范出租汽车市场秩序，提高出租汽车服务水平；治理“黑出租”，净化出租汽车市场，营造便捷、安全、舒适的乘车环境。

**【车辆维修业管理】** 香河县有汽车维修企业53家，其中一类1家，二类20家，三类32家，从业人员230人。对维修质量进行信誉评定，引导和促进维修企业依法经营、诚实守信、公平竞争、优质服务，提高机动车维修服务水平，对一、二类维修企业经营主体、从业人员、维修质量进行测评，对部分企业下达整改通知书，强化营运车辆二级维护管理，规范维修企业经营行为。推进汽车维修电子健康档案系统建设，实现一、二类汽车维修企业系统应用全覆盖，现有21家一、二类汽车维修企业完成对接。

强化大气污染治理。重点对汽车喷漆的维修企业进行巡查治理，1—3月，检查企业131家，对7家未建立危废间的企业下达《限期整改通知书》，对列入汽车修理喷漆企业管理台账的30家企业进行核查，已全部建立危废间；4—5月，联合廊坊市生态环境局香河县分局、县市场监督管理局、县公安局环境安全保卫大队、县城市管理综合执法局对县域内各镇（社区）、园区所有汽车维修企业进行检查，检查企业154家，对存在问题企业依法依规进行处理。

**【公路货物运输行业管理】** 依据《国务院关于取消和下放一批行政许可事项的决定》，取消道路货物运输站（场）经营许可和落实下放管理层级的毗邻县行政区域间道路旅客运输经营许可，落实货运车辆年审、年检、尾气排放检验“三检合一”。严格危险货物运输市场管理，落实危险货物运输安全责任制，提高危险货物运输企业准入门槛，加强对现有危险货运公司负责人的培训，落实安全管理制度，每月进行一次安全监督检查，制定突发事件紧急预案。做好车辆道路运输资格证审验，全年新增货车 4 辆 64.5 吨，新增挂车 2 辆，年审货车 235 辆 1986 吨。坚持路面治理与源头管理相结合，以车辆管理和装载源头管理为重点，加大对散煤运输、危险货物运输、沙石车辆运输中货物脱落、扬洒行为查处，劝返运输砂石料等未苫盖车辆 56 辆。

**【交通保障】**　对香河县境内重点路段开展常态化巡查，及时发现排除安全隐患，时刻保障道路安全畅通。发挥道桥抢修队作用，长期保持 20 人队伍和 5 台大型道桥抢修机械设备，为交通提供保障。

（李万勇）

## 邮　政

**【概况】**　2019 年，中国邮政集团公司河北省香河县分公司从业人员 110 人（其中合同用工 59 人、劳务工 14 人、劳务承揽人员 37 人）。设有综合办公室、市场营销部、金融业务部、集邮与文化传媒部、渠道平台部、寄递事业部。城镇邮政支局所 10 个，金融网点 6 个。自办邮路 2 条，邮路总长度 62 千米（单程）。城镇投递道段总长 260 千米，农村投递道段总长 2166 千米。邮政车辆 14 台。

**【指标完成情况】**　完成业务收入 1630 万元，占年计划的 101.66%。其中，代理金融业务收入 826 万，完成年计划的 86.94%；快递包裹业务收入 255 万元，完成年计划的 82.42%；电子商务业务收入 94 万元，完成年计划的 81.49%；分销业务收入 161 万元，完成年计划的 164.94%；发行投递业务收入 115 万元，完成年计划的 90%；集邮业务收入 61 万元，完成年计划的 78.57%；函件广告业务收入 11 万元，完成年计划的 280.5%。

**【企业建设情况】**　营业网点正常运营率、乡镇网点覆盖率、建制村直接通邮率均达到 100%。金融网点利用电话邀约、微信公众号、LED 屏、厅堂看板、台卡、荧光板等进行客户邀约，设计厅堂游戏和优惠购物活动，吸引客户办理储蓄存款、保险、理财等业务，进行金融价值提升。完成安平营业所装修改造工作，对新华大街营业所、蒋辛屯营业所进行迁址改造。通过网点改造升级，完善网点功能分区布局，改善客户用邮环境，提升客户满意度，为金融业务健康发展奠定基础。

**【企业文化建设】**　解决职工在工作、生活中的实际问题，健全完善服务职工工作体系，推进职工小家建设，调动职工积极性、主动性和创造性，切实把职工小家建成职工满意的暖心工程。为职工之家建立职工食堂和职工休息室，为一线投递员及时配发防寒衣物棉服、手套、口罩等。

（芮文颖）

## 国网冀北电力有限公司<br>香河县供电分公司

**【概况】**　国网冀北电力有限公司香河县供电分公司（以下简称香河供电公司），是国网冀北电力有限公司下属的趸售县分公司，有员工 308 人，固定资产 6.51 亿元。香河供电公司坚持人民电业为人民的企业宗旨，圆满完成各项工作。2019 年，被县委、县政府授予“实绩突出领导班子”称号。

**【电网建设】**　3 月 10 日，完成 2019 年度《香河县域电网规划》修编工作。8 月，完成 2020 年农网改造项目储备工作。10 月，对廊坊北 500 千伏变电站站址征用补偿进行商谈。12 月，完成香河县国土空间规划电力专项规划初稿编制工作。完成 2018 年度电网诊断分析报告。确定姬庄站 219 后场路为专线电源，将后场路原有负荷全部挂接至218朱庄路，专线建设路与226双营路同杆架设。完成“煤改电”工程和电网结构优化，降低线路运行损耗。配合廊坊市供电公司特高压办公室，对香河境内特高压线下建筑物和树木进行清理，拆除建筑15处，砍伐树木1.1万株。

【运行维护检修】 完成辖区内35千伏变电站站设备例行检验工作，更换站内直流电池组。

对钳屯站和五百户站的主变压器、各路出线、电容保护定值校验，主变压器有载调压开关换油9台，更换35千伏直配变压器2台、35千伏刀闸11组、35千伏开关1组、10千伏刀闸15组、10千伏开关1组，处理缺陷6处。

对安头屯1号主变压器进行主变吊芯滤油、钳屯站五防系统进行维修更换、五百户站充电模块和逆变器进行更换。

对旧线路进行升级改造。完成顾庆支线后半段7.6千米线路更换，完成香渠线部分架空线路的入地改造，新铺设电缆0.7千米。

对线路及设备进行排查，带电检测设备，同时对重过载线路及跳闸频繁线路进行重点检查，发现缺陷故障332例，隐患61例，已全部处理到位。

完成庆功台35千伏变电站二次改造工程，并进行全站预试及保护定值校验，确保扬水站在汛期的供电安全。

摸排线路设备负载率和运行情况。对重载线路进行负荷切改，共进行线路切改18次，调整负荷170425千伏安，确保迎峰度夏及冬季取暖。5月，通过国网冀北电力有限公司组织的不停电作业技能达标测试。

落实农网改造、技改、大修工作。2019年，农网工程一期新增配电变压器27台；农网工程二期计划新增配电变压器61台，属跨年项目，年内完成物资采购。

【优化营商环境】 全力推进创新创业，切实服务发展，服务民生，改善营商环境。落实《国家电网有限公司关于印发持续优化营商环境，提升供电服务水平两年行动计划的通知》（国家电网办〔2018〕1028号）和《国网冀北电力有限公司关于印发持续优化营商环境，提升供电服务水平两年行动计划实施方案的通知》（冀北电办〔2018〕642号）精神，精简办电手续、节约办电成本、缩短办电时间、提高装表接电效率，实现10千伏及以上大中型企业客户平均接电时间60天以内，低压小微企业客户平均接电时间15天以内。年内走访2153户企业，并对小微企业实行“一对一”“面对面”“零距离”服务。不断提升现场故障响应速度和处理水平。更换老旧终端803只，老旧电表817只，保证计量装置稳定运行。更换“电代煤”村街电能表3470只，确保取暖季峰谷电价执行正确。治理高损线路，查找高损产生原因，杜绝抄录不同步，排除计量装置故障，加强同期线损考核。做好“大气污染治理”、助力“蓝天保卫战”，配合环保部门对环境不达标的企业进行治理。

【落实减税降费政策】 严格落实减税降费政策。落实《河北省发展和改革委员会关于电网企业增值税税率调整，相应降低单一制工商业电价有关事项的通知》（冀发改价格〔2019〕468号），4月1日起单一制工商业及其他销售电价每千瓦时降低2.14分；落实《河北省发展和改革委员会关于降低单一制工商业电价等有关事项的通知》（冀发改价格〔2019〕726号），7月1日起单一制工商业及其他销售电价每千瓦时降低2.99分，输配电价同步降低；国家重大水利工程建设基金征收标准每千瓦时降低至0.196875分。

【电力营销】 2019年，全年售电量完成172641.05万千瓦时、增长率6.69%，售电均价完成 528.61 元/千千瓦时，上缴税款 1208 万元。香河电网全年最大负荷 41.45 万千瓦，再创历史新高。电能替代完成替代项目 26 个，完成替代电量 9788.92 万千瓦时。全年受理新装申请 154 个，容量 138545 千伏安，受理增容申请 55 个，容量 45920 千伏安，受理竣工报验 121 户，办理用电变更 537 个。全年分布式电源用户达到 385 家，累计容量 6167.09 千瓦，发电量 808.14 万千瓦时，其中全额上网 328 户，容量 5227.5 千瓦，余电上网 57 户，容量 939.59 千瓦。大用户直购用户 5 户，合同容量 30055 千伏安。

**【充电设施建设】** 2019 年，新建充电站 8 座，直流充电桩 64 个。分别建在香河供电公司门口、京哈高速公路香河东出口（渠口镇大爱书院西侧）、杨家寨主题公园（刘宋镇）、运河文化公园南侧（安平镇、2 座）、香河大爱城二期（渠口镇）、北李庄首都环线高速公路香河西出口（蒋辛屯镇）、香河公交站门口（淑阳镇）。截至年底，共有充电站 11 座，77 个直流充电桩，1 个交流桩。

**【安全生产】** 2019 年，实现连续安全生产 12835 天，圆满完成全国“两会”“中华人民共和国成立 70 周年庆典”等保电任务，全年未发生七级以上人身、电网、设备、信息系统等安全事故。2 月，开展农村电力设施隐患排查治理。至 12 月 31 日，完成 35 千伏及以下设备检测 52 次，消除隐患 136 处。3 月、9 月进行电力设施保护宣传，通过新闻、广播、微信等形式，发放宣传材料 58000 份，解答群众安全用电咨询 1000 余人次。清理树障 13468 棵。组织安全、消防培训，参加培训 380 人次，开展安全日活动 2 次。开展生产现场安全工作检查，检查施工现场 52 处，治理违章 9 起。

**【重大活动保电任务】** 2019 年，安排专业团队做好供电巡视和值守，确保电网正常运行，保证电网安全可靠供电，为全县经济发展、城乡居民生活及香河县的重大活动提供有力保障。圆满完成春节、“两会”、高考和中考、中华人民共和国成立 70 周年国庆等重大节日和重要活动的保电工作。

**【企业文化】** 3 月，国网冀北香河供电公司召开一届三次职工（会员）代表大会，91 名代表参加会议。3 项 QC 成果参加河北省第四十次质量管理发布会，均被评为二等 QC 小组活动成果。组织在职 52 名复员、转业、退伍军人庆祝“八一”建军节。在中央电视台、人民网、新华网及《中国能源报》《国网手机报》《中国电力报》等各级媒体发表稿件 876 篇。

（吴长松　孙丽明）

# 商贸流通

责任编辑　杨东林

## 综　述

2019年，香河县商贸流通平稳向好，消费品市场供销两旺，进出口贸易、投资服务、市场管理成绩显著。切实保障消费品市场供需平稳和节日市场供应稳定。在粮食流通方面开拓市场，粮油储备充足，保证供应。供销商业，实施服务乡村产业振兴战略，提升为三农服务水平。转变观念，整合资源，理顺渠道，多措并举推进传统主营业务发展。仓储物流服务网络不断健全。烟草专卖，加强烟草经营和市场监管。石油专卖，加强安全生产，保障市场供应，环保升级改造。

## 商贸管理

**【概况】**　2019年，香河县在对外贸易、投资服务、酒类监督管理、市场整顿及规划管理、机电产品进出口等方面保持持续向好态势，强化应急存储及调用机制；挖掘消费潜力，指导商贸企业抓住各种节日时机采取合理促销措施，拉动消费增长。电子商务发展迅速。

**【内贸市场运行消费情况】**　2019年，社会消费品零售总额实现101.7亿元，同比增加9.2%；其中，限额以上企业实现7.6亿元，同比增加11.4%。坚持市场运行“周、旬、月分析”制度，切实保障消费品市场供需平稳和节日市场供应稳定，鼓励大型商贸企业采取多样化的宣传促销措施，拉动消费增长。

**【市场供应应急管理】**　通过商务部业务系统平台，香河华联香百超市有限公司、美联福超市、香河华香商贸有限公司报送生活必需品市场监测周报，香河华联香百超市有限公司、美联福超市、香河华香商贸有限公司、香河县盛达电器商贸有限公司、香河物美超市有限公司、香河县御娇龙家具有限公司报送商贸流通业统计分析月报。国庆节、春节黄金周开启黄金周日报。县发展和改革局每月撰写6篇生活必需品市场运行监测分析，包括市场运行监测周分析和月监测报告，对全县生活必需品市场运行监测，对粮、油、米、面、肉、蔬菜、水果、水产品，食盐、食糖等商品价格波动进行监测分析，国庆节、春节黄金周撰写生活必需品保供工作和黄金周市场运行监测分析。通过市场运行监测，对粮、油、米、面、肉、蔬菜、水果、水产品，食盐、食糖等生活必需品总体情况、运行特点、消费热点、趋势预测、存在问题等进行总结分析，及时掌握市场运行信息。为保证突发事件期间重要生活必需品市场供应，有效预防和控制市场异常波动，确保人民群众基本生活需要，依据《中华人民共和国突发事件应对法》《河北省突发事件生活必需品市场供应应急预案》（冀政办〔2017〕132号）、《廊坊市突发事件生活必需品市场供应预案》等法律、法规和有关规定，结合香河县实际，编修《香河县突发事件生活必需品市场供应应急预案（修订稿）》。

**【便民市场建设】** 2019年，完成由华联香百超市有限公司承办的“98传奇生鲜超市新华嘉园店”改造升级。采购项目设备，完成升级改造任务，助力城区百姓菜篮子消费上档升级。指导县域龙头企业完善生鲜超市布局。华联香百超市有限公司开设直营生鲜超市2家，拟新建3家，推进城区生鲜超市布点规范有序，服务升级。

**【电子商务】** 组织企业参加省、市电子商务大赛，开展电子商务培训，确保电子商业实现平稳、较快的发展。2019年，电商零售额突破35亿元，同比增长25%。经阿里研究院评定，渠口镇、安平镇、淑阳镇被评为淘宝镇。

**【成品油市场监管】** 严格落实《河北省成品油市场管理规定》，做好成品油站点年检工作，积极督导存在问题企业进行整改。2019年，香河县有中石化加油站11家、中石油加油站5家、民营加油站30家，总计46家(包括柴油加油站3家)。其中，设施改建3家；因办理变更造成“三证”不统一未年检13家；未报送年检材料3家；2家柴油站通过年检。

（杜振江）

## 进出口贸易

**【概况】** 2019年，全县完成进出口总值8.22亿元，同比下降1.7%。其中，出口总值7.67亿元，同比上升0.4%，进口总值5500万元，同比下降24.2%。

**【外贸出口贸易】** 2019年，香河县被列为河北省重点联系出口聚集区。出口企业数量持续增加，年内，新增外贸进出口权企业6家，全县共有128家外贸出口企业。其中，汽车配件出口额占全县出口总值的61.1%；电子零部件出口额占全县出口总值的15.2%。

**【促进进出口贸易开展】** 申报并获批中小企业国际市场开拓资金20.3万元，助力企业积极开拓国际市场，支持中小企业发展。为富都华创家具有限公司申报进口设备贴息。为河北新仟瑞新型建材有限公司等6家企业联系办理对外贸易经营者备案登记手续，力争获得自营出口权。组织香河旭明源汽车配件有限公司等20家外贸进出口企业参加外贸发展培训会、第二届中国国际进口博览会、第十六届中国—东盟博览会、2019克拉玛依投资贸易洽谈会、第30届华东进出口商品交易会、第二届中国国际进出口博览会等。在第二届“进博会”上，香河县企业达成采购意向500万美元，位居全市第一，提升了香河县知名度和美誉度。

（杜振江）

## 粮食流通

**【概况】** 加强粮食市场管理，搞好全县粮油供应，确保人民生活和部队粮油供应，做好救灾粮储备。监督全县粮食企业商品粮油的安全储存，组织生产设施规划、布局和建设工作，推广科学储粮。监督全县粮油储存的安全管理和安全生产，做好储备管理人员的培训。

**【粮食购销】** 2019年，香河县收购原粮9.54万吨，其中，小麦总收购4.24万吨，省外收购1.38万吨；玉米总收购5.29万吨，省外收购1.04万吨。原粮销售9.54万吨，其中，小麦总销售4.24万吨，销往省外3.74万吨；玉米总销售5.30万吨，销往省外4.31万吨。对从事粮食收购的企业进行粮食库存联合执法大检查，掌握香河县粮食从业企业的基本概况，提高了粮食经营从业负责人依法经营意识，规范粮食收购市场管理秩序，强化县级储备管理水平，为提升县级储备粮质量提供保障。

**【粮食供应】** 2019年，香河县粮食供应量7.31万吨，其中，小麦2.97万吨，玉米4.32万吨，大豆112吨，谷子20吨。

**【粮食加工】** 香河县无大型粮食加工企业，只有一些零散分布的小加工作坊，年生产能力约1000吨。

**【粮食储备】** 香河县无县以上储备粮指标，县级储备指标1000吨。2019年，香河县投入1200万元完成粮食储备的基础设施建设，危仓老库维修改造项目（原渠口粮库）投资800万元，新建2幢仓房，增加原粮承储能力1.2万吨；仓储设施维修改造项目（原香城粮库）投资400万元，对原有旧仓房进行维修改造，改造后，可进行成品粮和食用油储存。同时，贯彻落实国有粮食仓储设施保护制度，做好日常检查，签订粮食安全生产责任书，建立安全保障机制，确保粮食安全，提高备战、备荒和应对自然灾害能力。

**【保护粮农利益】** 以宣传教育为主，规范粮食从业企业的收购行为，保护种粮农民利益。要求从事粮食收购企业及个人，规范操作流程，按照国家粮食收购政策，公平、公正收购农民余粮，保证党中央、国务院的惠农收购政策不走样、不打折扣，惠及种粮农民。投入8万元对粮食质量进行安全检验监测。

**【粮食市场监管】** 制定出台《粮食应急预案》，加强粮食预产调查和购销、储存调查工作，准确掌握粮食供需情况，保障粮食市场供需平衡。定期采集市场粮食价格信息，发现粮食价格异常波动，及时做出预警。抓好安全生产管理，与基层单位签订安全生产《目标管理责任书》，明确任务，强化责任，全年未发生一起安全生产事故。2019年,县域内具有粮食收购资格企业2家，针对全县原粮市场情况,县发展和改革局组织执法人员先后2次对粮食收储企业从收购数量、质量、库存、仓储设施等方面进行监督检查，对发现的问题及时督促企业整改到位，确保粮食安全，为居民消费创造良好市场环境。

（杜振江）

## 供销合作

**【概况】** 香河县供销合作社联合社（以下简称县供销社）负责对全县供销系统企业进行指导、协调、服务、监督等行业管理，研究制定香河县供销合作社发展战略和发展规划，推动供销系统改革和发展，加快机制和体制创新，做好农业、农村、农民服务工作，促进农村经济发展和农民增收。2019年，县供销社树立“以农为本、服务三农”理念，转变观念，整合资源，理顺渠道，多措并举大力推进传统主营业务发展。下有香河县盐业专营有限公司、香河县农业生产资料公司、香河县土产杂品公司、香河县农村产权交易有限公司4个公司。全年实现销售收入2050万元，上缴税金15.82万元，超额完成全年任务。

**【农村产权交易中心建设】** 2019年，县供销社与河北省产权交易中心签约，将香河县农村产权交易纳入河北省农村产权交易平台，组织交易中心人员参加省级培训。开展产权交易相关政策以及法律法规宣传，组织开展宣传5次，涉及5个行政村，发放宣传资料1500余份，经过实地走访等多种方式，征集到有意向流转土地农户12户，其中，有意向转让3户，出租8户，转包1户；有意向流转土地4.3公顷（65亩）。

【土地托管】　9月，制定《香河县供销社关于开展土地托管服务的指导意见》。根据指导意见，依托香河县农民专业合作社联合社和香河县馨荷源种植专业合作社联合社，联合桑梓乐园蔬菜产销专业合作社、绿福韭菜产销专业合作社、香荷藕荷种植专业合作社等数十家农民合作社，通过“专业社+农户+基地”模式，开展土地托管服务。截至年底，香河县土地托管面积2331.94公顷（34979.1亩），其中，半托面积723.42公顷（10851.3亩），全托1608.52公顷（24127.8亩）。托管面积比上年增长321.75公顷（4826.3亩）。

【盐业经营】　食盐安全供应，推广多品种食盐，优化配送网络，加大宣传力度，完善售前售后服务，确保食盐供应。2019年，购进食用盐1155吨，工业盐337吨，食用盐销售970吨，工业盐销售377吨。

【烟花爆竹经营】　投入18万元对库房（区）进行修缮，严格落实安全管理规章制度，对烟花爆竹储存库进行安全生产标准化自评和安全评价报告申报，取得安全生产标准化三级企业证书。2019年，购进115万元烟花爆竹，销售70万元，上缴税金1.85万元。

【农资供应】　投资700余万元对经营场地进行新建和改建，建成农资储备库1800平方米，解决了化肥淡季储备难问题，降低了经营成本。延伸经营触角，在全县建立加盟店57家，其中，镇级加盟店16家，村级41家，直营店17个。开展农资定制和配送活动，及时将优质农资送到田间地头。2019年，共销售化肥4820吨，同比增长10%，农药152吨，同比增长8%。

（杨雪莲）

## 烟草专卖

【概况】　2019年，香河县烟草专卖局（营销部）坚定不移强化专卖管理，着力净化烟草市场环境秩序,烟草专卖工作取得显著成效。

【烟草经营】　以规范经营为重点，不断提高服务质量，保持销售平稳、结构优化、效益增长的良好发展态势。2019年，销售卷烟1.53万箱，同比减少169箱；实现销售额4.44亿元，同比增加686万元。其中，省产卷烟销售2510箱，同比增加447箱，增长21.67%，实现销售额4618万元，同比增加1239万元，增长36.67%。

【市场监管】　烟草专卖监管以市场管理、打假破网、治理卷烟非法流通为重点，坚持内管外打、打管结合、综合治理。2019年，查处各类涉烟案件117起，其中销售假烟案件6起，查获各类违规卷烟148.19万支，其中，假冒卷烟16.54万支，走私卷烟8.64万支，上缴罚没款11.57万元，同比上升189.25%。

（成志云）

## 物流快递

【概况】　2019年，全县物流市场有物流经营实体324家，办理货运站场经营许可证19家，主要分布在家具城周边，面向北京、天津、山东、河南、内蒙古、山西、辽宁、吉林、黑龙江等省、自治区、直辖市，从业人员1000余人。快递业务发展迅速，香河县的快递业务由廊坊市邮政管理局监管。

【物流中心】 全县有6家货运站（场），分别为香河八方物流有限公司、香河县北方物流基地、香河县亨瑞达物流有限公司、香河广源物流有限公司、香河刚子物流有限公司、香河县远恒物流有限公司，总占地面积25.41万平方米，从业人员405人，年货物吞吐量10余万吨。物流目的地为辽宁、吉林、黑龙江、内蒙古、宁夏、甘肃、青海、新疆、四川、重庆等省、自治区、直辖市，重点服务香河家具产业。

【物流企业管理】 依据《国务院关于取消和下放一批行政许可事项的决定》（国发〔2019〕6号）精神，自2月27日起取消道路货物运输站（场）经营许可证。通过“双随机一公开”监管，加强对道路货物运输站（场）生产经营的监督管理，依法查处违反道路货物运输经营管理规定的行为。加强对道路货物运输站（场）经营业户的信用监管，对道路货物运输站（场）企业的安全生产行业监管，督促企业履行安全生产主体责任。

（李万勇）

【快递业务】 2019年，香河县由廊坊市邮政管理局监管的快递品牌10个，国有、民营企业共19家。其中，EMS快递1家，百世快递1家，德邦快递3家，京东快递3家，申通快递2家，顺丰快递4家，天天快递1家，中通快递1家，圆通快递1家，韵达快递2家。独立许可企业2个，分支机构17个。

（廊坊市邮政管理局）

## 石油专卖

【概况】 中国石化销售股份有限公司河北省廊坊市香河县石油分公司，隶属国有特大型企业中国石油化工集团，位于香河县新华大街40号，有加油站11座，分布香河县7个镇，干部职工48人。2019年，抓油品数量、质量，秉持“每一滴油都是承诺”理念，强化服务意识，增加服务项目，改进服务措施，完善服务功能。

【成品油销售】 2019年，完成成品油销售2.1亿元，非油品销售收入完成929万元，完成税收197万元。严格质量管理，全方位做好销售服务工作，不断改进服务措施，提高服务质量，完善服务功能，做好客户开发与维护工作。同时，为香河县抗旱防汛提供燃油保障。

【环保升级改造及油品替换】 严格执行错峰加油、接卸油措施，城内第一加油站、第二加油站坚持从上午10点至下午6点停止接卸油、加油作业，为打赢蓝天保卫战作出贡献。按上级要求，年底前对油品进行更新换代，销售的汽油为国六（VI）标准的乙醇汽油。

【安全生产】 始终把安全生产放在首位，积极开展全员安全教育培训，严格落实“风险排查与隐患治理”方案，各加油站认真排查安全隐患，及时整改存在的问题，积极创建绿色企业。2019年，未发生任何等级的安全生产事故。

（马瑞庆）

# 工业　信息业

责任编辑　杨东林

## 综　述

2019 年 1 月，根据《香河县机构改革实施方案》（香发〔2019〕2 号），将香河县发展改革局（县科学技术局、县工业和信息化局）的科学技术、工业和信息化管理职责，及香河县人力资源和社会保障局的外国专家管理职责整合，组建香河县工业和信息化局。2019 年，香河县有工业经济单位 4762 家，完成营业收入 273.44 亿元，同比增长 3.25%；实现利润 18.4 亿元，同比增长 1.31%；累计纳税 15.65 亿元，同比增长 28.5%。规模以上工业企业 79 家，累计实现总产值 89.04 亿元，同比增长 7.43%，规模以上工业企业增加值同比增速 6.0%，在廊坊市排名第四位。中国移动通信河北有限公司香河分公司做好基础设施建设，抓好业务发展、服务保障、安全生产工作，助力精准扶贫和文明城市建设。中国联合网络通信有限公司香河县分公司下设营业部 10 个，现有自有厅 7 个，自办他营厅 5 个，社会渠道 59 个（合作厅 9 个、沃店 50 个），社区便民服务站 469 个。服务于全县各单位及 300 个村街，负责香河县通信保障任务。中国电信集团有限公司香河分公司加强网络建设，提高服务质量，赢得用户满意。邮电通讯事业迅猛发展，年末固定宽带用户 90460 户，移动宽带用户 138275 户；年末固定电话 28710 部，移动电话 397525 部。智慧城市建设抓好智能化指挥调度中心、智慧城市展示中心和智慧香河数据中心“三个中心”，香河智慧城市基础智能化立体地图管理平台和香河社会管理与服务综合信息平台“两个平台”，香河智慧城市“一个门户”建设，推进香河县智慧政务信息服务系统、香河智慧安监信息服务系统、香河智慧环保信息服务系统、香河中小企业信息服务系统、香河智慧城管信息服务系统、香河智慧交通信息服务系统、香河智慧医疗信息服务系统和香河智慧旅游信息服务系统“八大应用”建设。

## 工业企业管理

**【概况】**　以“三深化、三提升”服务民营企业高质量发展年活动为抓手，围绕“稳增长、调结构、促转型”工作思路，深入开展入企调研帮扶活动，实施一企一策，坚持精准帮扶，扎实开展涉企服务。截至 2019 年年底，全县有河北省科技型中小企业 699 家，其中，年内新增科技型中小企业 94 家；高新技术企业累计 68 家，年内新增 24 家；市级以上科技企业孵化器 3 家；市级以上众创空间 5 家，其中，国家级众创空间 1 家。

【政策支持】 为企业提供融资担保，2019年，香河县鼎力中小企业信用担保公司共为19家企业提供担保贷款1.36亿元，累计为50余家企业提供担保贷款9.52亿元。指导香河海潮制件有限公司、香河县康泰机械制造股份有限公司、稻香村、河北星耀新材料科技有限公司、河北金戈懋元科技强胜电动车等企业在线申报河北省重点技改项目培育入库，截至2019年年底，申报省重点技改项目11项。组织申报河北省新产品新技术，在全县工业企业范围内组织开展河北省新产品新技术项目申报工作，指导香河县正大有限公司、热视际河北科技有限公司申报成为河北省新产品新技术项目。

【企业培训】 2019年，组织企业参加专题培训及人才培训18次，参训企业200余家次。

工业设计专题培训。4月，组织安旭专用汽车有限公司参加河北省工业设计项目申报辅导会；组织15家企业参加在廊坊市举办的通武廊，即北京市通州区、天津市武清区、河北省廊坊市工业设计高峰论坛；5月，邀请省工业设计创新中心团队举办香河家具行业工业设计座谈会；9月，组织恒通电气公司参加全省家具和自行车行业工业设计培训班等。

上市培训。5月，组织15家企业参加廊坊市上市挂牌督导培训；6月，组织河北庄重工程机械有限公司赴浙江省宁波市参加上市培训；7月，组织10家企业参加廊坊市上市挂牌、转板及融资培训；10月，组织企业参加河北省多层次资本市场上市辅导活动等。

食品工业企业培训。6月，组织华香肉类公司参加全省食品工业诚信体系建设培训会。

政策解读暨企业家素质提升培训。4月，组织海潮公司、鑫城电气公司等到云南省昆明大学参加企业家进高校活动；7月，组织10家企业参加廊坊市装备制造业高质量发展系列政策解读暨安全生产培训；8月，参加河北省工业企业研发机构和新产品开发工作培训；9月，组织13家企业参加廊坊市“专精特新”中小企业培育提升培训；10月，组织120家企业参加2019年河北省中小企业“百场万家”香河专场公益服务活动。

【企业产品展览】 2019年，组织产品展览及行业对接交流13次，参加企业40多家次。3月，组织香河奥尔利金属制品有限公司、香河县兴华金属制品有限公司、北京憾海科技有限公司等参加2019中国企业走出去风险发布会；组织富都华创家具公司、廊坊爱依瑞斯家具有限公司等参加第43届中国广州国际家具博览会。4月，组织企业参加“百校千企”产学研用合作推进系列活动，香河凯华齿轮有限公司、河北庄重工程机械有限公司参加。5月，组织河北安旭专用汽车有限公司、机器人产业港参加“5·18”中国廊坊国际经贸洽谈会应急装备招商推介会；组织食品行业企业参加2019第十三届东亚国际食品交易博览会。6月，组织香河凯华齿轮有限公司参加在广东省广州市举办的第十六届中国国际中小企业博览会。8月，组织16家企业参加廊坊市政银企对接会。10月，组织廊坊爱依瑞斯家具有限公司、意奢元素家具（廊坊）有限公司等6家企业参加第二届廊坊工业设计大奖赛。11月，组织香河凯华齿轮有限公司、河北星耀新材料科技有限公司、舍维斯（香河）复合材料有限公司参加第二届中国国际进口博览会。12月，组织智捷智能科技香河有限公司、意奢元素家具（廊坊）有限公司参加第三届中国工业设计展览会。

【实施品牌战略】 推动“专精特新”企业申报。河北星耀新材料科技有限公司、河北富都华创家具制造有限公司、香河汇文节能科技有限公司、萨克森建筑新型材料（廊坊）股份有限公司4家重点企业被评为廊坊市“专精特新”中小企业；香河县康泰机械制造股份有限公司、河北星耀新材料科技有限公司、萨克森建筑新型材料（廊坊）股份有限公司被评为省级“省专精特新”企业。

申报河北省千家领军型企业。2019 年，香河县 6 家企业荣获河北省千家领军型企业（第一批）称号，其中，喜临门北方家具有限公司获评行业龙头型领军企业；获评创新引领型领军企业；萨克森建筑新型材料（廊坊）股份有限公司、香河海潮制件有限公司获评高成长型领军企业；香河港龙汽车配件制造有限公司、香河众旺木业有限公司获评单项冠军企业。

申报 2019 年河北省重点技改项目 11 个。香河海潮制件有限公司、香河县康泰机械制造股份有限公司、稻香村、河北星耀新材料科技有限公司、河北金戈懋元科技强胜电动车等企业在线申报河北省重点技改项目培育入库。

申报评定工业企业研发机构。香河皓达机器人谐波减速器制造有限公司、河北星耀新材料科技有限公司、河北飞图机器人科技有限公司 3 家企业申报市级研发机构；香河汇海实木家具有限公司、香河百利铭泰包装有限公司、香河县鑫鼎盛家具有限公司 3 家企业评定为县级研发机构。

**【工业用电】** 2019 年，全县工业用电总量 7.10 亿千瓦时，占总电量的 41.13%，比上年增加 0.43 亿千瓦时，增长 6.39%。香河县十大工业用电量完成 15787 万千瓦时，同比增长 10.23%。

**2019年度香河县工业企业用电量前10家情况一览表**

表10

单位：万千瓦时

| 序号 | 企业名称 | 2019 年用电量 | 2018 年用电量 | 占全县工业总用电比重（%） | 同比（%） |
|---|---|---|---|---|---|
| 1 | 香河众旺木业有限公司 | 3446.99 | 3564.54 | 4.85 | –3.30 |
| 2 | 香河天亚木业有限公司 | 3454.44 | 890.95 | 4.86 | 19.49 |
| 3 | 香河兴源建丰木业有 公司 | 2745.8 | 2760.95 | 3.87 | –0.55 |
| 4 | 中粮可口可乐华北饮料有限公司 | 2702.80 | 1976.27 | 3.81 | 36.76 |
| 5 | 喜临门北方家具有限公司 | 677.21 | 639.98 | 0.95 | 5.82 |
| 6 | 赛铭瑞汽车零部件（廊坊）有限公司 | 738.34 | 683.59 | 1.04 | 8.01 |
| 7 | 香河县李程商业管理有限公司 | 636.39 | 362.69 | 0.90 | 75.46 |
| 8 | 香河亚辉铸造有限公司 | 380.82 | 441 57 | 0.54 | –13.76 |
| 9 | 香河正大有限公司 | 623.79 | 614.1 | 0.88 | 1.58 |
| 10 | 河北永拓节能玻璃有限公司 | 380.44 | 386.94 | 0.54 | –1.68 |

**【服务民营企业】** 6 月 6 日，召开香河县推进高质量发展，全面建成小康社会暨民营经济发展大会，对 2018 年度做出突出贡献的优秀民营企业给予表彰。

开展香河县服务民营企业高质量发展年活动。按照廊坊市《服务民营企业高质量发展年活动方案》要求，制定《香河县服务民营企业高质量发展年活动方案》，重点开展“提振信心”“干部入企服务”“民企招聘”“政策宣传进企业”“市场开拓”“青年创业”“企业家进高校”“创新驱动”“企业减负月”等十大专项行动，解决融资难、转型难、盈利难、用工难、创业难、政策落地难等民营企业发展难题。

开展企业家进高校活动。5月，组织35人赴陕西省西安交通大学参加学习民营经济业务知识；组织开展“工业转型升级及特色产业振兴发展培训班”，35人赴辽宁省大连理工大学学习12月，组织县经济主管部门相关业务人员、县内各孵化器、众创空间业务负责人、重点科技企业、为县域科技企业提供服务的科技服务机构相关人员赴广西壮族自治区广西大学、南宁高新区中关村创新示范基地参加强化科技创新，促进双创能力建设培训班。

（邱雅楠）

## 主导产业

【概况】　2019年，香河县在工业企业发展中，家具制造、金属制品、汽车配件、印刷包装4个行业形成规模主导产业。

【家具产业集群】　2019年，香河县家具产业集群被选为河北省级重点支持县域特色产业集群，按照省市发展特色产业要求，香河县将原金属产业集群文件柜、机箱、电器柜、电器箱生产企业整合到家具产业集群，延伸家具产业链条，丰富家具产业门类，提升产品层次。2019年，香河县家具产业集群有生产企业（包括企业法人和个体工商户）1258家，配套及相关三产企业2648个，从业人员31297人。家具产业集群实现营业收入114亿元，同比增长25.73%；利润总额7.23亿元，同比增长10.3%，上缴税金1.13亿元，同比增长25.02%。纳税超过百万元的家具制造及配件的企业有11家，分别是喜临门北方家具有限公司、廊坊爱依瑞斯家具有限公司、河北富都华创家具制造有限公司、香河县高氏家具有限公司、河北双叶家具有限公司、香河益马家具有限公司、河北宏益家具有限公司、香河全顺家具有限公司、香河众旺木业有限公司、香河天亚木业有限公司、香河兴源建丰木业有限公司。

【汽车配件业】　2019年，香河县有汽车配件企业17家。从业人员3291人。实现营业收入21.36亿元，同比增长9.8%，利润总额1.32亿元，同比增长6.1%。纳税超百万元汽车配件企业5家，分别是香河海潮制件有限公司、香河金柏包装技术开发有限公司、河北安旭专用汽车有限公司、香河凯华齿轮有限公司、香河港龙汽车配件制造有限公司。

【印刷包装业】　2019年，香河县有印刷包装企业123家。从业人员5089人。实现营业收入16.76亿元，同比增长3.1%；利润总额1.3亿元，同比增长2.9%。纳税额超百万元的印刷包装企业有5

尼玛克焊接设备　　香河经济开发区供图

家，分别是香河县高氏印务有限公司、香河富士嘉利纸制品有限公司、香河丽乐嘉包装制品有限公司、香河县淑阳镇诚信达纸制品厂、香河县通利达福利纸业有限公司。

北京顺鑫农业股份有限公司牛栏山酒厂香河生产基地灌装车间　　王树春 摄

【金属制品产业集群】 2019年，香河县有金属制品企业19家，配套及相关三产企业23个，从业人员2115人。实现营业收入5.01亿元，同比增长14.26%；利润总额0.82亿元，同比增长7.70%。纳税额超百万元的金属制品企业9家，分别是香河鑫山钢结构有限公司、香河县宏远机械有限公司、河北新仟瑞新型建材有限公司、华威博奥（廊坊）电力设备有限公司、晟朗（香河）电力电子有限公司、河北宏泰铝业有限公司、河北知行合一电器设备有限公司、萨克森建筑新型材料（廊坊）股份有限公司、尼玛克焊接设备（香河）有限公司。

（邱雅楠）

## 特色企业

【概况】 2019年，香河县工业企业抓技术改造，抓新产品研发，抓产品升级换代，生产出名特优新产品，满足市场需要，持续发力，保持良好发展态势，实现社会效益和经济效益同步发展。

"第一城"牌部分系列白酒产品　　香河第一城酒业有限公司供图

【香河第一城酒业有限公司】 香河第一城酒业有限公司成立于1993年，位于香河县新兴产业示范区内，占地12公顷（180亩），有职工800余人，专业技术人员50人，国家级品酒师5人。2012年，成立北京顺鑫农业股份有限公司牛栏山酒厂。2019年，有25条现代化灌装流水线，纳税11.7亿元。荣获国家、河北省、廊坊市"名优产品""消费者信得过产品""质检好产品""河北省优秀民营企业""河北省百强企业""河北省诚信企业"等称号。坚持"质量第一，诚信为本"的原则，严把产品质量关，依靠技术创新，严格的质量管理，现代企业制度，增强企业活力，推进技术进步。生产的"香神酒""香酒"成为香河人的家乡酒，并畅销内蒙古自治区、山东省、山西省等地。传统的生产工艺传承了二锅头"清、爽、醇、净"的独特风格，高素质的技术团队、国内领先的全自动电脑勾调系统和智能化灌装设备和先进的检测设备为产品质量提供保障，满足了市场需求。始终把食品安全放在首位，严格执行国家食品安全卫生标准，并以高于国家食品安全卫生标准组织生产。把环境保护和节能减排作为提高市场竞争力、履行社会责任的战略性工作，积极采用先进标准和节能技术，推行清洁生产，严格执行国家环保标准，加大投入，建立污水处理站、雨污分流设施、废水处理设施，实施厂区绿化，营造环境优美，空气清新的绿色生态工业园。注重道德行为建设，制定安全生产文明管理制度、员工日常行为规范制度和职业道德行为准则。高度重视消防安全，成立专职消防队伍，购置 2 辆消防车，积极开展消防安全活动。关怀员工生活，通过岗位走访，定期谈心，召开座谈会等方式了解员工身体健康、住所、福利等方面的需求，改善员工工作环境，解决员工实际困难；员工生日送祝福、子女考学发放助学金等，提高了员工的满意度和忠诚度，提升了员工对公司的归属感。始终以社会责任为己任，真情回报社会，积极参与公益慈善事业，连续多年，开展助教、助学、支持敬老事业、城市建设，扶贫救灾等社会公益和慈善事业。

（孙玉洁）

**【香河天音乐器有限公司】** 香河天音乐器有限公司建于 1976 年，原为安平镇乡镇企业，早期为天津手风琴厂加工零部件，1990 年独自生产第一台手风琴，1998 年企业改制，2000 年研发出国内首台巴扬琴，2001 年在国内推出具有音域宽和演奏方便的 8－120 贝斯键钮巴扬式手风琴，2019 年有职工 160 人，技术人员 50 名，年产爱迪牌手风琴 1.6 万台，产品包括 8－120 贝斯 14 种规格，26 个花色的键盘式手风琴和 8－120 贝斯键钮巴扬式手风琴，产品销往美国、日本、韩国等 20 余个国家和地区。香河天音乐器有限公司先后被评为廊坊市消费者信得过单位、河北省科技型中小企业等，爱迪牌手风琴获得“河北省名牌产品”“河北省著名商标”“中国驰名商标”等称号。

爱迪牌手风琴　　香河天音乐器有限公司供图

香河天音乐器有限公司秉承质量第一的理念和以客户为中心的宗旨，开拓市场，赢得客户，在公司发展的同时，不忘回报社会，先后向安平镇第一小学、香河县城内第四小学捐赠手风琴 80 台。

（李春杰）

**【香河景泰蓝珐琅制品厂】** 成立于 1986 年，位于河北省香河县淑阳镇工业园区，集景泰蓝产品设计研发、工艺展示、精品欣赏、参观购物于一体。公司设计研发团队聚集众多国家级、省级工艺美术大师，拥有近百名景泰蓝高级工艺技师和京津冀地区景泰蓝制作的专业技术人才，生产精美的景泰蓝工艺品。产品畅往国内及东南亚、欧美市场。公司作为廊坊市非物质文化传承基地、河北省“燕赵老字号”企业，深度挖掘景泰蓝文

《国器 2019》景泰蓝大龙罐　　香河景泰蓝珐琅制品厂供图

化。代表作品：2015 年 9 月 27 日为纪念联合国成立 70 周年，中国政府赠送联合国《和平尊》国礼。“和平尊”以青铜器中的“尊”为原型，以“中国红”为主色调，顶部龙饰象征守望和平，两侧象首、凤鸟寓意天下太平，人民安康。尊体以中国传统吉祥纹饰，辅以丝绸之路等元素，传承和平发展、交流合作的理念。尊身展翅高飞的七只和平鸽，代表联合国为世界和平奋斗的 70 年。《大国雄风》是在乾隆将军尊造型上进行再创造，英武稳健，气势磅礴。顶盖采用古代将军头盔上的盔缨形式，威武大气，左右两侧镶嵌故宫狮头铺首，是尊贵与威严的象征。作品集掐丝珐琅、宝石镶嵌、錾刻、鎏金、铸造五大国宝工艺绝技，整体线条流畅、饱满圆润、敦厚挺拔、雍容大度，一派君临天下的傲人雄姿。瓶地以故宫中国红为主色调，并辅以经典龙凤图案和多重吉祥纹饰，寓意天下吉祥，世界和平。2019 年 3 月 27 日 ，“隆重献礼新中国成立 70 周年暨故宫诞辰 600 周年——《国器 2019》景泰蓝大龙罐全国首发式”在北京举行。该作品由中国工艺美术大师、亚太地区手工艺大师戴嘉林亲自督造，北京故宫文化服务中心出品，香河县景泰蓝（珐琅）制品厂制造。加强企业文化建设，开展残疾人就业培训基地建设，至 2019 年，培训残疾人 320 名，就业 266 名。有 38 名残疾人在该企业就业。

（李益达）

## 信息业

【概况】 2019 年，香河县加强信息业建设，特别是加强政务网络建设、推进工业化和信息化（以下简称“两化”）的融合、提升三大网络运营商（中国移动通信集团河北有限公司香河分公司、中国联合网络通信有限公司香河县分公司、中国电信集团有限公司香河分公司）的基础设施建设和服务水平，为经济发展和人民生活服务。

【政务网络建设】 2019 年，香河县随着国民经济和社会信息化发展，特别是电子政务深入推进，网站建设内容日益丰富、功能逐渐增强、逐步成为政务公开的重要窗口和建设服务型政府的重要平台。是年，香河县电子政务网站发展迅速，实现网站交互性，为公众社会提供优质的多元化服务。充分发挥互联网的优势，更好的为民服务、扩展其对外宣传、政务公开、咨询服务、网上办公等主要功能。按照新的机构设置，香河县 52 个部门需要接入政务网络平台。截至年底，有 41 个部门接入。其中，县委、县政府工作部门接入 26 个；各镇、园区、社区办全部接入。

【“两化”融合】 2019 年，香河县加快推进“两化”融合，将电子信息技术应用到工业生产的各个环节，信息化成为工业企业经营管理的常规手段。使信息化进程和工业化进程在技术、产品、管理等各个层面相互交融，并形成工业电子、工业软件、工业信息服务业等新产业。不断以信息化带动工业化、以工业化促进信息化，走新型工业化道路，实现可持续发展。促进工业和信息业技术融合、产品融合、业务融合、产业衍生。机械人小镇河北省智能制造示范园区项目，被河北省工信厅认定为“河北省智能制造示范园区”；凯华齿轮和第一城酒业申报河北省工业互联网创新发展重点项目；香河县申报“河北省大数据应用案例”获得河北省网信办批准。

（邱雅楠）

【中国移动通信集团河北有限公司香河分公司】 中国移动通信集团河北有限公司香河分公司（以下简称“中国移动香河分公司”）坐落于廊坊市香河县府前街 12 号，现有干部职工 92 人，公司分设综合部、市场部、网络部和政企客户部 4 个职能部室，下设5个乡镇营销部、2个自办厅，渠道网点遍布香河县城镇乡村，是香河县最大的通信运营商之一。

2019年，中国移动香河分公司把网络基础设施建设作为首要工作，全年工程建设指标稳步提升。截至年底，在网运行自有基站47个，光缆长度1390千米，主城区有43个基站。为满足客户网络覆盖需要，实现4G网络的深度覆盖，LTE工程建设已全部开通，宏站开通35个，室分新建和整治19个物业点，对香河县人民医院心脑血管院区、香河汽配城和信号覆盖较弱的九璟湾、国隆府、香景园、秀水经典等居民小区地方进行信号覆盖，根据日常拨测及用户感知，对网络进行优化处理，扩大覆盖范围，提高网络质量。以光纤到户为核心，中国移动家宽业务发展迅速。截至年底，移动宽带已覆盖296个点位，覆盖客户12.6万户。其中县城覆盖110余个居民小区、8.3万户，覆盖率60%以上；乡村已完成建设134个村、4.3万户，覆盖率45%以上。

府前街营业厅晨会　　中国移动香河分公司供图

扩大业务发展与提高服务保障。截至年底，中国移动香河分公司市场占有率为65%，覆盖了县域内的所有村镇及服务场所，为广大客户提供便捷的移动通信服务。落实工信部下发的《携号转网服务管理规定》《关于做好携号转网服务用户交互规范工作的通知v4版》两个文件精神。要求携转条线所有工作人员需熟练掌握政策和业务知识，准确为客户解答问题，顺畅为客户提供携转服务；在营业厅内显要位置展示“携号转网服务受理流程办理指南”公告牌；确保每个触点、每个一线工作人员100%知晓、100%规范执行。

加强安全生产，明确岗位职责，加大隐患排查力度，主要负责人为安全生产第一责任人，增强员工安全生产意识，做到有问题早发现、早预防、早处理。认真落实安全生产责任制，全年未发生一起安全生产事故和责任事故。

助力精准扶贫。为深入贯彻落实党中央、国务院、省委省政府开展消费扶贫，助力打赢打好脱贫攻坚战的部署，坚持精准扶贫精准脱贫基本方略，帮助贫困人口脱贫增收，推动贫困地区加快发展，专门对贫困户制定了扶贫资费，资费扶贫政策涵盖语音、流量、宽带等多种业务，可以满足贫困客户各类通信消费需求。为香河县贫困户办理扶贫资费，套餐打5折优惠、扶贫专属流量包、扶贫专属语音包等，贫困户贫困资费宣传知晓率达到100%，办理率81.5%。

积极践行社会责任，服务于地方经济社会发展大局，开展文明城市创建活动。中国移动香河分公司文明创建志愿者走进社区、街道进行创城活动的宣传。员工们统一着装，深入小区，打扫小区卫生，清理小区垃圾，现场给居民发放创城知识手册，广泛宣传创建文明县城的重要意义，引导小区居民积极参与支持文明县城创建活动。

（李　娜）

**【中国联合网络通信有限公司香河县分公司】** 中国联合网络通信有限公司香河县分公司（简称中国联通香河分公司）是中国联通在香河县的分支机构，2008年中国联通香河分公司和中国网通香河分公司合并建立，具有全业务经营资质的省级电信运营企业，主要经营 GSM/WCDMA/第四代数字蜂窝移动通信业务移动电话、固定电话、宽带等基础通信产品和信息应用、信息内容、系统集成等综合信息服务产品。下设营业部 10 个，现有自有厅 5 个，自办他营厅 6 个，社会渠道 59 个（其中合作厅 9 个、专营店 50 个），社区触点 600 个。服务于全县各单位及 300 个村街的通信业务需求，负责全县的通信保障任务。

加强通信基础设施建设。2019 年，新建 L900 基站 55 个、4G 宏站 24 个，室分及小区分布 30 个、完成网络优化 72 处。驻地网宽带建设项目 194 个，大客户应急工程 61 项，抢修维护 1974 次、机房 OLT 合并下电 26 套、OLT 新调 PON 口 80 个、OLT 万兆扩容 20 台，升级端口 22 个。钳屯机房更换机房供电发电机、油箱,前店子机房搬迁至新秀机房。新建社区触点 380 家，社区触点规模达到 600 家，触点覆盖香河县全部行政村及居民小区。

5G 通信网络建设。2019 年，中国联通香河分公司在府前街营业厅建设 5G 基站一个，满足客户进行 5G 体验。

通信服务网点建设，全面建立服务网点，提升便民服务能力，广布触点、覆盖全县，扫码下单、服务便民，推广线上扫码下单服务，二维码触点遍及全部行政村及居民小区。提高业务办理便民能力。装机、移机、故障检修、当日接通率 98.35%，装机、移机、故障检修、当日接通满意率 98 .09%，虚假闭单率 10.5%，线路光衰整治 96.5%以上，装移机测光率 93%以上，宽带修障连夜修率 98.9%，创建营业明星窗口，打造装维服务标准化体系；致力于以先进的通信技术、完备的业务应用和争创最优的服务，推进香河县社会经济发展和信息化建设。

加强通信保障建设，县域达到“当日装、连夜修、频道多、画质优”宽带装维服务，提升居民通信服务保障能力；完成“老旧小区”改造 21 个，完成县委广场、香务线线路牵改工程等；完成中华人民共和国成立 70 周年大庆、中考、高考、“天网”工程等通信保障服务。

（李竹青）

**【中国电信集团有限公司香河分公司】** 2019年，中国电信集团有限公司香河分公司（简称中国电信香河分公司）内设 6 个部门，下设 5 个农村支局、3 个城区支局、5 个自办厅，共有工作人员 96 名。主要经营固定电话、移动通信、卫星通信、互联网接入、智慧家庭及应用等综合信息服务。现有“天翼”“天翼畅享”“天翼 e 家”“大翼领航”“天翼 Wi-Fi”“天翼云”等服务品牌，服务号段为 133、153、189、180、181、177、173、199、191，另外 1349 为中国电信集团卫星通信有限公司卫星电话号段。

电信网络建设。加快各领域推进“互联网 +”，落实移动网络提速降费，开展城市千兆宽带入户示范，推动移动网络基站扩容升级。截至年底，累计建设 4G 室外站 414 套、室内分布系统 99 套，4G 网络覆盖率达到 100%，用户能够畅享高速 4G 网络服务；FTTH（光纤到户）布线 3 万户、累计覆盖 22.3 万户，部分居民小区具备千兆宽带入户能力；“天翼高清”平台承载能力达到 22.3 万户，用户迈入智慧高清时代。

电信业务服务。2019 年，推行安装维修服务“五个一”标准（一双鞋套、一块抹布、一块垫布、一张服务卡、一张服务质量监督调查表）和安装维修工作“十步曲”（上门之前需预约、入室前后需沟通、现场实施需谨慎、综合布线需规范、安全规范需遵守、实施完毕需认证、准确无误再验证、指导用户很关键、结束莫忘再提醒、清理现场显素质）。推行首问责任制，用户宽带或电视报修后 30 分钟内联系并上门维修，做到“谁联系谁负责，谁维修谁售后，不推诿敢担当”。有电信布线资源的居民小区或村街，实施无条件装机，做到当日装当日通，城区范围内在16点前办理的用户保证当日安装，18点前报修的故障当日维修完毕，做到故障不隔夜。

（马　艺）

## 智慧城市建设

【概况】　2017年8月11日，县政府第10次常务会议通过《香河推进智慧城市建设工作方案》和《关于推进香河智慧城市一期建设的请示》，《香河推进智慧城市建设工作方案》明确提出未来5年香河县智慧城市建设的主要任务是：重点抓好“三个中心”“两个平台”“一个门户”建设，着力推进“八大应用”。“三个中心”：智能化指挥调度中心、智慧城市展示中心和智慧香河数据中心；“两个平台”：香河智慧城市基础智能化立体地图管理平台和香河社会管理与服务综合信息平台；“一个门户”：香河智慧城市统一门户；“八大应用”：建设香河县智慧政务信息服务系统、建设香河智慧安监信息服务系统、建设香河智慧环保信息服务系统、建设香河中小企业信息服务系统、建设香河智慧城管信息服务系统、建设香河智慧交通信息服务系统、建设香河智慧医疗信息服务系统和建设香河智慧旅游信息服务系统。2019年，香河县智慧城市一期建设在2018年基础上各项工作圆满完成，正式投入运行，智慧城市一期建设的主要内容是“三个中心”（智慧香河数据中心、智能化指挥调度中心、智慧城市展示中心）、“一个平台”（智能化立体地图基础管理平台）和“公共免费Wi-Fi二期”。

【智慧香河数据中心】　智慧香河数据中心占地面积330平方米，由内外网虚拟化资源池、环境监控系统、负载均衡系统、上网行为管理系统、安防监控系统、消防系统、USP系统等组成，采用了虚拟化、云计算等技术手段，可为智慧城市及全县各部门业务应用系统提供统一的计算资源、网络资源、安全保障和运维服务。智慧香河数据中心由主机房和网络机房两大部分组成。其中，主机房主要承担托管业务、数据存储备份业务、虚拟主机业务等，50台服务器机柜全部安装完毕，存储系统、虚拟主机、核心交换机、超融合服务器等32台（套）设备上架，经试运行测试，各项指标参数稳定。主机房后期可根据实际需求，扩展至80台服务器机柜。网络机房12台机柜及安防、消防等设备全部安装完毕，核心交换机、防火墙等17台（套）设备上架安装完毕。网络机房主要是联通、移动、广电、电信运营商网络接入，承载香河政务网络、“ixianghe”无线Wi-Fi各项业务。年内，网络机房有55家单位完成政务网络接入。

智慧香河数据中心　　县科学技术和工业信息化局供图

【智能化指挥调度中心】　智能化指挥调度中心占地500平方米，主要承担对城市综合管理的事务进行指挥调度并高效联动，可将各部门应用系统接入数据中心，进行整体调试、指挥，及时应对城市综合管理应急事务。2019 年，智能化指挥调度中心承载的智能化立体地图管理平台安装调试完成，能全面支持大气监测站点及监测数据等环保数据，交通基础设施、交通运营等交通数据，城市应急管理等数据的实时展示。5 排操控台、50 个专用调度座席、20 台双屏电脑调试完成，其中，前 20 个专用调度座席，可同时为 20 个相关部门提供影像接入，后 30 个座席既可用作领导指挥调度专用，也可随时扩展为调度座席，以满足更多业务部门接入要求。无纸化会议系统及视频会议系统全部调试完成，可同时与 11 个分支机构召开视频会议。指挥调度中心 78 平方米大屏幕已经试运行，智能化立体地图、数字城管、行政审批、经济运行、应急管理、发展和改革、环卫和公共免费 Wi-Fi 等数据实现动态展示。

智慧城市智能化指挥调度中心　　县融媒体中心供图

【智慧城市展示中心】　智慧城市展示中心，全面展现香河智慧城市建设成果及超前智能服务理念，作为形象展示的窗口，全方位展现基于“大智移云”构建的智慧香河。展示中心共分为 7 个展示区域，分别为城市大脑系统演示、智慧城市进程演示、智慧政务展示区、智慧社区、智慧环保展示区、智慧产业展示区和智慧民生展示区。迎宾机器人、3D 打印机和健康检测专用设备等进入调试阶段，调试后投入试运行。

【智能化立体地图基础管理平台】　该平台为智能化指挥调度中心提供重要支撑，一图呈现智慧城市立体信息、资源共享，后期逐步打通各行业数据，最终搭建集社会管理与服务综合信息管理为一体的管理平台。2019 年，完成全县 448 平方千米三维地形模型，30 平方千米建成区域和重点区域的实景三维模型在指挥中心大屏完成展示，地面分辨率优于 5 厘米，数据精度在国内智慧城市行业应用中处于领先水平，环保业务数据、Wi-Fi 业务数据、医疗设施分布等已上图展示。

【公共免费 Wi-Fi 二期】　公共免费 Wi-Fi 二期主要对县人民医院、妇产医院、心脑血管医院、便民中心、文化活动中心进行全覆盖。共安装 AP 设备 257 个。同时，针对已有区域在运行过程中出现的信号覆盖弱、部分区域网络运行不稳定的问题，进行了补点安装工作，确保了重点区域免费 Wi-Fi 网络运行稳定。全县免费 Wi-Fi 网络累计安装 AP 设备 798 个，累计注册人数 16 万人次。

【启动智慧城市二期项目建设】　2019 年，在香河智慧城市一期建设基础上，启动二期项目建设。截至年底，香河智慧城市二期建设项目各项内容初步设计方案、项目预算完成并通过专家评审。

（邱雅楠）

# 特色产业

责任编辑　杨东林

## 综　述

2019年，香河县以中信国安第一城、家具城、大爱城、石材城、汽配城等特色产业在基础设施建设、打造营商环境、加强内部管理、提高服务质量、加强国际合作、提升企业形象等方面全方位推进，取得较快进展。

## 中信国安第一城

【概况】　中信国安第一城是由中信国安集团投资兴建的一座集会议展览、旅游观光、休闲度假、娱乐健身、美食购物、影视拍摄、文化演艺、养生养老等多种功能于一体的大型综合性文化旅游景区，坐落于京、津、冀交界黄金地带的河北香河经济开发区，距北京市中心52千米、天津市中心70千米，总占地221.3公顷（3320亩），建筑面积54万平方米，总投资80亿元人民币。第一城外仿明清时期北京都城的城垣风貌，内聚中华几千年中华民族建筑精华，采取内九外七的格局，建成了皇宫王府、市井茶肆、圆明八景、22座城关、十里古城墙，周边5千米的空腹城墙、22座错落有致的城楼、具有浓郁中国传统文化风格的建筑群和独具匠心的皇家园林，亭台楼榭，九曲回廊，雕梁画栋，融中国南北古典造园艺术于一身，每年6—8月，第一城芙蓉满园、荷香四溢，形成了“荷在湖中、湖在景中、景在城中、人在画中”的靓丽风景，成为京津冀地区著名的赏荷基地，是国家AAAA级旅游景区。

第一城风光　　牛宝森 摄

【特色活动】 2月4—10日，举办2019京津冀中华大庙会。庙会以“第一城里热闹多，红红火火过大年”为主题，涵盖威尼斯大马戏、冰雪大世界、特色饮食、儿童娱乐、特色演出等多个主题，打造“最好玩、最好吃、最热闹、最具国际范儿、最具文化气息”的庙会，庙会期间接待游客5.3万人；5月推出“‘粽’情一城 万人包粽迎端午”品牌推广活动和“皇城夜未央——紫藤花海风铃艺术节”，近万人参加了活动；8月，承办香河县首届文化和旅游产业发展大会；8月15日，大型水幕电影灯光节开幕，气势恢宏的大型水幕电影，激情四溢的网红游戏，吸引众多游客，赢得广大游客好评。

【会议接待】 2019年，接待各类会议团队223批次，完成销售额5635万元。包括接待中信银行系列培训、2019全国高等学校空乘推介会、思博迪培训会、一龄博士员工培训会、2019DI中国区年度成果展示、智华教育系列培训会、慧宇教育培训会、青春中国系列活动、小荷花艺术赛、星星火炬赛事活动等。

（孙艳红）

## 香河家具城

【概况】 香河家具城有展厅32座，总面积300万平方米，享誉东北亚，是北方最大，全国第二的家具批发市场。先后荣获“全国十大著名家具城”“中国产业集群品牌50强”“全国质量服务双十佳信誉单位”“重质守信3·15满意单位”“中国北方家具商贸之都”等称号。入驻国内外企业7000余家，经营商品上万种，名优品牌1500余个，形成产、供、销一条龙的产业格局，产品销往全国，并远销俄罗斯、加拿大、韩国、蒙古、中东、非洲以及东南亚部分国家和地区，日客流量最高时达4万人。2019年，香河家具城党委在县委、县政府的正确领导下，深入学习宣传贯彻中共十九大精神，认真贯彻落实省委九届九次全会、市委六届七次全会和县委十一届四次全会工作部署，紧紧围绕“建设美丽幸福新香河”的发展目标，着力落实“8·16”政企对接会安排部署，推进家具城“二次创业”各项措施，促进香河家具城转型升级，打造经济发展平台，激发市场潜能，刀刃向内进行改革调整，适应新的市场环境，进一步增强家具城的影响力和辐射力。4月，香河家具城被中国家具协会评为“2018—2019年度中国家具行业信息工作先进单位”；9月，香河家具城被中国家具协会评为“中国家具行业突出贡献单位”；12月，香河家具城被河北省家具协会评为“新中国成立70周年河北省家具行业品质服务示范单位”，荣获“2019年度廊坊市文明单位”荣誉称号。

【第三届中国·香河国际家具展览会暨国际家居文化节】 4月10—12日，香河家具城与中国家具协会、河北省家具协会共同举办“中国·香河国际家具展览会暨国际家居文化节”。以“让世界了解香河，让香河走向世界”为目标，以“‘俱’会香河，体验世界”为主题。通过新品发布、直播互动、特色展示等活动，吸纳全国10万名经销商、采购商、家具产业集群人士及消费者参加。每天接待来客3.9万人次，会展期间商品交易额总量达到14.05亿元。展会首创“消费者零距离”购物直播体验，让家具城有更好的展示平台和宣传推广，升级产品信息化宣传模式，引领家具行业潮流。增加“五星级诚信商户评选”“十大影响力品牌评选”等活动，挖掘更多知名品牌，激励更多家居品牌更好更快发展，对于提高香河家具城的知名度和美誉度有很大的促进作用。中国家具协会在香河召开2019中国家具行业信息大会，取得圆满成功。

4月10日，在第三届中国•香河国际家具展览会暨国际家居文化节开幕式上，县委书记李桂强（中）为2018年度香河家具城“十大影响力品牌”获奖者颁奖
县融媒体中心供图

【“金秋采购季”活动】 9月18日至10月8日，举办“香河家具城金秋采购季”活动。充分利用官方媒体资源宣传香河家具城，第一时间把活动信息及时、准确、有效地传播给客户和观众，自9月10日开始，发放宣传资料25万份，推送短信提示320万条，增加了家具城金秋采购季的受众面；组建直播平台，分别对名品世家、皇家名品进行现场直播，在线观看人数3.43万次。“香河家具城金秋采购季”活动期间，成单量和人数较上年同期增长10%。国庆节黄金周期间，到香河家具城的县域外私家车平均每天5400辆左右，较上年同期每天增加1000辆左右；对各展厅商户发放的金秋采购季调查表，回收有效调查表3875份，按10%比例抽取387份销售汇总表，其中，销售金额1万元以下的200份、1万－2.5万元以下的132份、2.5万－5万元以下的44份、5万－10万元以下的8份。本届“金秋采购季”的成功举办，为丰富香河家居产业内涵、拓宽家具产业营销模式、探索家具产业聚集区建设新模式、推动香河家具城二次创业起到积极促进作用。

【招商考察工作】 制订香河家具城精准招商方案，制作高标准家具城招商PPT；赴北京市家和佳美酒店用品商城、城外诚家居城、居然之家家具城，河北省唐山市、保定市、沧州市、秦皇岛市，辽宁省葫芦岛市等地进行实地宣传招商活动；与广州番禺酒店用品公司对接并全程接待到香河家具城考察活动；赴广东省番禺市、中山市，广西壮族自治区东兴市、中兴市，江西省赣州市等地实地招商考察，与当地企业洽谈对接；利用河北省家具协会定制家具资源，对接全屋整装定制家具特色馆落户香河事宜。组织召开香河家具城招商恳谈会、中小经销商座谈会，组织人员赴石家庄参加第15期“中国（石家庄）会展集训营”。

【家具城管理】 县家具城党委和县市场监管局联合成立家具质量监管办公室，负责对家具城家具质量监管工作。召开打击假冒伪劣专项会议，开展历时3个月的打击假冒伪劣专项整治行动，对多次违规、投诉较多的商户进行停业整顿，各家具展厅做出“假一赔十”的承诺。严把产品质量关，确保每个商户在经营过程中，杜绝欺骗顾客、以次充好，做到进、销两个环节的每件家具产品货真价实。加强市场监管和约束商户自律，营造良好的行业风气和市场环境。开展广告专项治理，重点对家具城内外虚假广告、违法广告和虚假宣传3种广告违规违法行为进行整治。

健全诚信体系，规范市场秩序。制定《香河家具城售后服务公约》，完善《香河家具城销售人员管理制度》和服务人员上岗办证系统，进一步规范合同单、价签并免费发放。办理服务人员上岗证893个，检查各展厅违规服务人员365名，处理各类投诉183件。严厉打击治理无牌、无证营运车辆、装卸人员，查处市场内违规车辆和违规装卸36车（人）次。

对展厅外装修和施工进行备案登记，并对施

工进行安全监督。规范各家具展厅户外广告设置，对家具大道沿线11个家具展厅的22处违规大型户外广告设施和其他违建设施进行拆除。对家具城辖区内的餐饮场所进行安全生产检查，发现安全隐患2处，均已整改完毕，发放《安全生产知识宣传手册》《餐饮场所检查要点》100余份。加强对厅外各小吃摊点的治理，营造良好的购物环境。开展家具城环境卫生整治，对展厅外破损、陈旧的广告布、路道旗、宣传牌进行了清洗和更换；保持沿家具大道两侧展厅外观整洁。

家具城优美的家具购物环境　　县融媒体中心供图

【家具城服务】　提升服务水平，加强对新上岗导购人员的培训和考核。根据实际情况制定培训方案，讲授销售礼仪、销售沟通技巧、销售人员管理制度、合同单填写及工作处理、消防安全知识等，导购员熟练掌握家具城各项规章制定和各种技能。2019年，举办新导购员岗前培训5期，参训人数287人次，经过考核全部合格上岗；接待大型参观考察团28次，其中，省部级考察团1次，市县级参观考察团27次，提高了家具城的知名度。在全国第四次经济普查中，做好家具城商户的信息统计、录入和家具城知识产权申报工作，完成河北省旅游购物街区和商店评定工作，进一步提升了家具城服务质量水平。

【品牌推广】　完善家具城的营销模式，包括消费者试用、“一站式”购物享受、会员定制服务、退换货机制、定期促销优惠等模式。确保引入的家居产品多样化、高档化、个性化，达到艺术性、装饰性和观赏性的完美结合，简洁与时尚，流行与复古，中西结合，繁简搭配，满足日常生活对各种家居功能的需要。提升家具城的品牌效应，打造展、销、学、研一体化的商贸平台，加大对质量建设、平安建设、诚信建设等资金投入，创新周边地区拓展、品牌发展论坛、从业人员高端培训等，打造“中国家具之都”名片。依托全国各大媒体以及行业媒体，根据入驻企业品牌特点量身定制宣传推广计划。在所有展厅内集合品牌家具和家居设计、家居配饰、原辅材料等配套行业，确保为入驻企业提供宽松优良的品牌成长空间，发现并培育有潜力的品牌。

【互联网+家居】　发挥现有优势，践行家居文化，突出品牌效应，统一制定整体空间规划，加大整装定制环节研发力度，推行“互联网+”、私人订制等营销模式，从环境、零售业、服务业、酒店、宾馆等11个方面全力打造集旅游、餐饮、网红一体化发展链条。

【创新广告宣传模式】　微信平台建设扎实推进，2019年，香河家具城公众号完成改版升级，全年共发布公众号文章15期，共计90余篇，直接向2.3万名粉丝推送。直播平台推广初见成效，年初开通香河家具城直播栏目，进行各类直播15次，25万人次观看直播。积极开展市场调研，合理谋划整体外宣方案，为切实提高广告宣传的实际效果，专门组织了市场调研，同时与各类宣传机构沟通联系，选取最具性价比的宣传方案，制定下一年度香河家具城整体外宣方案。家具城官方网站平稳运营，3 月，香河家具城官网进行改版升级，独立设置了家具展专属域名及版面，年内，浏览量 580 万次，比上年增加 29%。

【物流管理】 2019 年，香河家具城周边共有物流企业 230 家，其中，京津廊唐地区短途物流 59 家，长途物流 171 家，有博远、久久、北方、大通、八方 5 家物流园。

完善管理制度，规范物流市场秩序，制定《香河家具城物流企业规范化管理试行办法》，对家具城物流企业实行《红黑名单公布制度》，公布官方推荐物流企业名录，在香河家具城官方网站、微信平台及家具城各展厅内外电子屏将物流企业服务情况以红、黑名单的形式公布，给商户、顾客选择物流企业提供参考。

【消防安全管理】 成立以家具城管理服务中心主要领导为组长，相关科室、家具城派出所、各家具展厅负责人为组员的消防安全领导小组，责任到人，措施到位，定区域、定人员、定责任，建立以各家具展厅为单元的三级消防网格化管理体系，形成各司其职、相互联动、综合监管的工作格局，使安全管理工作更加规范化、科学化、精细化、长效化；与展厅法人代表签订《安全生产目标管理责任书》《消防安全责任状》以及安全生产承诺书，建立健全安全生产工作制度，强化企业主体责任。坚持日巡查、夜抽查、季联查，开展消防检查工作。消防安全培训。6 月和 11 月，以各展厅为单位分别组织开展 2 次疏散救援演练，提高了实战灭火技能，检验了各展厅应急预案的可行性、可操作性，提升了安全管理人的应急指挥、协调和处置能力。联合县应急管理局，组织家具展厅的安全负责人和安全管理人员开展“‘双控’机制建设”“生产安全事故应急条例”等安全生产法律法规培训。加强家具城安全监管队伍建设，提升安全管理人员的管理水平和履职能力。各展厅通过悬挂标语、广播、LED 显示屏等形式宣传安全生产知识，增强从业人员的安全生产意识。开展 2019 年“安全生产月”活动，5 月 10 日，在县委广场参与“防灾减灾日”集中宣传活动，现场发放宣传资料 1500 份。

（刘卫华）

## 香河大爱城

【概况】 香河大爱城项目由大爱城投资控股有限公司投资建设，创立以“大爱”为核心价值的市场化养老服务体系，独创“大爱·书院式养老”模式，实现“医、康、护、养、学、游”全产业链融合发展，多种医疗、康养模式并存，建设市场化、规模化、全龄层、全配套的亲情健康社区，构建多元化养老格局。香河大爱城在社区营造中重塑人与人之间的亲密关系，从连接到融合，推动社区文化建设。

大爱书院养老中心　　香河大爱书院供图

【基础设施及项目建设】 截至 2019 年年底，完成香河大爱书院养老中心、养生公馆，大爱酒店，大爱健康医疗中心综合门诊部，大爱城生态农场，北京景山学校香河分校，大爱城一期、二期项目建设。年内，香河大爱城三期雅园项目开工建设，总建面 21.75 万平方米；香河大爱健康医疗中心一期开工建设，项目总占地面积 10 万平方米；香河大爱医院、婴幼园、大爱体育公园以及商业中心在建中。其中，大爱体育公园是集运动、健身、休闲为一体的室外休闲娱乐、健身场地和生态园林。

【养老中心】 大爱书院养老中心共 30846 平方米，养老公寓有房间 342 间、床位 621 张。房间内配置家具、社区无线定位、紧急呼叫等 30 项安全措施，为老年人打造安全、舒适、温馨之家。图书馆、多功能教室、棋牌室、手工活动室、健身房、游泳池、茶艺室等设施，为老人提供专业化、高品质的生活服务。有家庭医生和完善的健康管理，为老年人提供医疗健康保障。

【养生公馆】 大爱书院养生公馆有精装公寓 1002 套,多种户型。房间内配置家具、社区无线定位、紧急呼叫等 30 项安全措施,为老年人安全提供保障。入住老人可享有大爱书院养老中心所有服务设施。

【大爱健康医疗中心】 香河大爱健康医疗中心是以康复医学为重点的专科医院。总建筑面积 10 万平方米，床位 600 余张，配备国际先进智能化诊疗设备，汇集北京近百名医学专家，以亚健康、慢性疾病及恶性肿瘤患者为主要服务对象，以生物治疗、中国民族医药、营养运动及心理康复为特色。面向京津冀中老年群体，采用会员制管理，建立疾病防、诊、治、康一体化模式，为会员量身定制诊疗方案。服务项目包括健康体检、专家会诊、综合康复、随访门诊、急诊、日间医疗、住院医疗、家庭医疗、网络咨询与健康指导。2019 年，建成综合门诊部投入运营。综合门诊部建筑面积约 2000 平方米，为全科门诊，为社区家庭提供健康管理、家庭医生和紧急救护服务，实现了“健康有人管、小病随时看，大病有安排、救治有保障”。

【北京景山学校香河大爱城分校】 北京景山学校香河大爱城分校由北京景山学校、大爱城投资控股有限公司共同创办，集小学、初中、高中为一体的十二年制民办学校，由北京景山学校管理，按北京景山学校的育人模式办学，学校于 2017 年 8 月 28 日正式开学。

【生态农场】 生态农场占地面积 65.2 公顷（978 亩），核心区 13.3 公顷（200 亩）。集生态观光、果蔬采摘、休闲健身于一体，规划全家庭休闲体验，包括百果采摘区、生态示范区、运动餐饮区、大棚种植区、休闲游乐区、田地租赁区。

北京景山学校香河大爱城分校　　香河大爱书院供图

【客服中心】 大爱美好社区服务中心为客户提供生活缴费、日常报修、装修办理、管家服务、居家养老、房屋手续办理、产权咨询等服务。

【社区管理】 打造社区新型管理模式及可持续发展、全民参与、兴趣互动、交流学习、共享共议、专业性人才培育的多元化平台；培育、孵化、建立社会组织或社工机构，组织社区兴趣领袖、社区小秘书、助老爱幼社工等，以社群的方式促进社区精神文化建设，实现居民自治，打造创新型社区运营模式。

（张　越）

香河石材城内景　　牛宝森　摄

## 香河石材城

【概况】 香河石材城为河北省重点建设项目，位于安平镇103国道两侧，计划总投资108亿元，主要建设总部结算区、电子商务区、仓储交易区及相关附属设施等，项目建成后以综合运输、仓储物流、展览展示和电子商务为支撑，打造集“厂商办公、产品展示、零售交易、产品批发、仓储物流、信息处理、娱乐休闲”八大功能于一体的新型体验式石材产销基地。主营批发零售石材大板及辅料，石材生产修边整形，养护。承接石材工程，机械设备销售与维护。本着“现代化、综合化、智能化”的理念，成为京津冀地区最具竞争力，规模大、品质高的现代化石材交易中心。截至2019年，已完成投资40亿元，建成80公顷（1200亩），入驻福建、广东、山东等地商户1000余家，从业人员3万余人，带动就业4500人，年客流量30万人次，成交量5000余万平方米，纳税6000余万元，相关产业创造税收1亿元。

【管理与服务】 建立香河石材城网站及微信公众号，为商户免费宣传、推介，让更多的用户了解、关注香河石材城。为会员提供专业技术培训，提高管理水平，请行业专家，对商户进行专业技术指导与交流。聘请北京市著名律师，根据商户需求，有针对性的举办法律讲座。

【运行态势】 京津冀地区的基础设施建设、城镇化建设等为香河石材城带来巨大的发展空间。京津冀地区的产业结构调整，一体化进程的推进，雄安新区、北京副中心建设及首都第二机场一批重大基础设施项目的开工建设，以及房地产、交通、环保等建设项目，为香河石材城带来历史性的发展机遇。香河石材城在招商引资、吸引人才、开发市场、资源共享、降低运输成本等方面都得到快速发展。

【河北省京津冀石材产业协会】 京津冀石材产业协会是华北地区首个以石材为单一产业组建的专业化行业协会，成立后致力于行业自律、行业信息共享、交流合作、编辑出版、培训服务，有助于推动京津冀地区石材产业的健康发展，提升本地区石材市场在全国的影响力。

【党建工作】 2019年1月，在安平镇党委指导下，中共香河石材城支部委员会正式成立。党支部建立党员活动中心，认真落实“三会一课”制度，组织开展“不忘初心、牢记使命”主题教育，组织党员学习《习近平关于“不忘初心、牢记使命”论述摘编》等必读书目，跟进学习习近平总书记系列重要讲话。党支部统一组织悬挂党员经营商户标牌，引领商户诚信经营。

（张　曼）

## 香河汽配城

汽配城　　王树春　摄

【概况】　2019 年，香河汽配城（中国京津冀汽车零部件物流交易中心）携手中汽联，通过参加车展及商务考查与全国汽配行业企业学术交流，优化管理模式，提升员工队伍综合素质和管理水平，提高企业的生存能力和核心竞争能力。

【招商情况】　参加会展。参加 2019 年中国汽配经销商发展论坛、法兰克福汽配展（环渤海汽车后市场联谊研讨会）、2019 年汽车后市场行业盛典、参加第 85 届全国汽车配件交易会；4 月 12—14 日，香河汽配城参加石家庄第 85 届全国汽车配件交易会；参加 10 月 11—13 日由“中汽配”和“中汽联”在山东济南举办的第 86 届全国汽车配件交易会暨中汽联换届大会，香河汽配城总经理王来当选为中汽联副会长。

招商引资。2019 年，开展招商 12 次，邀请有影响力的商户 40 余家，分析国家政策，讲解市场发展前景，推动香河汽配城的影响力，加快了招商进度。拓展招商思路，多渠道、全方位的展开工作，引进载货重卡、工程机械、农用机械等商源进驻；利用网络，进行市场调查，对汽配产业集中地区进行考察，与生产厂商沟通，吸引厂家入城开直营店，协助厂家建立中转库房及业务部，促进汽配城发展。

宣传营销。2 月，在北京周边 11 个县市电视台以宣传短片的方式进行宣传；5—7 月，在全县及周边县市的居民区、汽车站、展馆、商圈进行宣传，提高汽配城在周边地区的影响力，发放宣传单 4 万余份，张贴宣传海报 4000 份；利用全县 9 条线路的 100 辆公交车车体和电子屏播放广告；78 家物流公司在运输车辆上，张贴香河汽配城宣传广告；中汽联、中国汽车后市场总会编辑出版的《汽车后市场商报》刊发香河汽配城专版。

【运营管理】　组织礼仪及业务知识培训，提高员工素质，树立良好企业形象，每月对员工进行礼仪培训，提升员工礼仪和交流沟通能。每月 15 日举办业务知识培训，提升市场管理员管理能力，增强员工的服务意识和服务水平。定期组织消防演练和消防知识培训，印发消防知识宣传册，提高商户的防火意识，增强管理人员应急处置能力。

【客服工作】　对来访商户进行点对点跟进服务，制定回访计划，分期分批电话回访，根据回访情况再确定重点对象和跟进对象。同时，虚心接受商户的意见和建议。

（谢文波）

# 香河经济开发区

责任编辑　杨东林

## 综　述

2019年，香河县有1个省级开发区——河北香河经济开发区，下设智能制造产业园、环保产业园和新兴产业园。其中，智能制造产业园以机器人制造为主；环保产业园以节能环保产业为主；新兴产业园以商贸物流、总部经济、电子商务和文创产业为主。是年，香河县园区建设坚持改革创新，加快转型升级，聚焦高端制造业和现代服务业，制订了加快主导产业发展实施方案，精准施策，合力攻坚，进一步完善园区平台建设，提升服务水平。香河经济开发区被评为全省战略性新兴产业示范基地、高新技术产业发展先进园区，机器人小镇、健康小镇入围全省特色小镇创建类名单，机器人小镇、美家尽有众创空间分别获批市级“双创”示范基地和众创空间。“香河机器人科技企业孵化器建设项目”“廊坊市‘北三县’技术转移人才培养基地项目”通过省科技计划项目评审并成功立项；韵达电商产业基地实现当年签约、当年开工、当年投产、当年纳税；西维尔、瑞达康等一批高新技术企业投产达效；新桥影视特效基地三期工程主体完工，129家文化企业相继落户，现代服务业蓬勃发展，第三产业增加值占GDP比重超过50%。

## 智能制造产业园

【概况】　2019年，智能制造产业园区规划面积21.6平方千米，开发用地面积12.7平方千米，园区内有企业178家，其中，“三资”企业42家（包括区内注册区外经营企业）。实现工业总产值9.9亿元，固定资产投资13.7亿元，财政收入3.75亿元，实际利用外资925万美元，工业企业实现税收7100万元。

【园区基础设施建设】　2019年，完善路网工程、给排水工程，铺设污水管网、燃气管道，实施电力迁改，开展环境提升工程，凸显环境优势，为项目建设创造优越的发展环境，实现供水厂、污水处理厂、供热站以及相应管网的建设，供水、排水、供电、供暖、通讯、燃气等各种基础设施均已投入使用，实现“九通一平”。

【项目建设】　2019年，实施精准招商，全年产业类招商项目20家，全年共签约亿元以上重点项目12个,北京力诺天晟智能传感器、北京良工精机高端五轴数控机床研发生产、河北爱绿生物工程等一批高质量项目落户园区。截至年底，共有126家机器人相关企业签约入园，提升了智能机器人产业港整体水平。

【机器人产业提升园区品牌优势】 智能制造产业园大力推进机器人产业技术创新，提升园区品牌优势。2019年，获得高新技术企业发展先进园区、河北省战略性新兴产业示范基地、河北省园林式单位、最具成长力十强特色小镇等荣誉。香河机器人产业基地以“京津冀机器人科技创新协同区”“机器人国家火炬特色产业园区”“中国智造创新驱动发展示范区”为远景目标，致力于打造全国有影响力的机器人产业集聚高地。

11月4日，香河经济开发区招商项目集中签约暨机器人大厦开工仪式 徐子涵 摄

【“双创双服”】 为贯彻落实省、市、县“双创双服”活动安排部署，聚焦重点、明确方向，牢牢把握“创新、强企、解难、惠民”的活动主题，大力推进创新创业，服务发展、服务民生，确保工作落实到实处。成立“双创双服”工作领导小组，制定了实施方案，配备了专职工作人员；采取副科级领导干部包企业，项目机制、明确责任，定期调度督导，建立工作台账；摸清底数，对企业反映的困难和问题，不仅底数清楚，情况明确，还要限时办结。坚持问题导向，切实解决实际问题。召开2次银企对接工作会，为10家企业办理贷款5000万元；加快企业创新发展，共有12家企业被认定为高新技术企业，25家企业被认定为河北省科技型中小企业；举办28场产业政策宣讲、人才招聘、主题论坛，满足企业需求。解决人才引进后顾之忧，为21名优秀人才安置落户。

【安全生产】 以安全隐患排查整治、强化企业安全生产主体责任为重点，扎实开展安全生产工作。强化目标责任体系，落实安全生产各项工作职责，高效开展各类安全生产工作，明确企业安全生产主体责任，严格执行规章制度，加大安全投入，加强从业人员安全培训，改善基础条件，深入开展自查自纠等活动；狠抓重点专项整治，充分发挥各职能部门优势，积极组织协调各部门开展隐患排查整治，加大打击各类违法违规行为，做到不留盲区和死角，对发现隐患登记造册，责令企业立即整改，确保不发生安全生产事故。积极开展“回头看”工作，对已整改隐患进行“销号清零”，巩固工作成果，最大限度杜绝新隐患；持续加大安全宣传力度，组织开展形式多样、内容丰富、广泛参与、高度关注的教育活动，以事故案例教育职工，提高防范意识，增强自我保护，让安全深入人心。成立安监站并配足专职人员，实现了独立办公，各类办公用品和专业装备均已落实到位。全年共组织企业培训6次，培训人数800余人次，开展隐患排查150余次，发现隐患330余处，均整改完成，全区未发生一起安全生产事故，实现经济发展与安全生产同步推进。

【环境卫生治理】 全力做好市政环卫工作。严格做到垃圾定期定时清运、每天进行环境卫生治理，做到持之以恒。组织开展环境卫生治理活动，在切实加大街区清扫保洁及垃圾清运基础上，积极探索环卫工作新机制，将环卫和绿化管护工作推向市场，加大督导检查力度，确保达到各项标准要求。加大市容市貌执法力度。组织制定了《香河开发区关于进一步加强市容管理工作的实施方案》，明确了整治重点和工作要求，对占道经营、私搭乱建、随意摆摊设点等现象，严格按照相关条款规定进行严管重罚。联合县执法部门对群众反响强烈的安泰南路占道经营影响交通问题进行了清理整顿，得到群众好评。

【大气污染防治】 做好大气污染防范治理工作，研究制定园区《关于进一步做好大气污染防范治理工作的实施方案》，将各项具体工作进行了细化、量化，严格落实各项措施。加大主要市政道路清扫保洁和洒水降尘频次；加大停工工地和停限产企业的督导工作，并派驻巡查员，确保日常及重大活动、启动重污染天气应急预案期间的空气质量。

【水污染治理】 严格落实县政府关于水污染防治工作实施方案要求，结合单位承担的任务目标，进一步加大推进力度。7月、10月，园区2次牵头实施小友垡排干渠清除垃圾、浮萍工程，对小友垡排干渠的水质净化起到了良好作用，水质检测均达到合格标准。

【党建工作】 严格党组织生活，坚持“三会一课”制度，加强学习，让党员干部在学习中更新观念，树立正确的世界观、人生观、价值观，不断提升思想政治水平和业务能力，努力促进党员干部素质的提高。全年共召开专题基层组织推进会4次，参会党员300余人次；发展党员5人，确定积极分子15人，有20余人递交入党申请书。非公有制企业党建工作再上新台阶，重点打造了合益包装有限公司党支部，实现了企业第三联合支部后进转化，充实了机器人产业园党支部班子。

（靳雪丽）

## 香河机器人小镇

【概况】 2019年，香河机器人小镇紧抓京津冀协同发展战略机遇，以机器人产业为主导，以园区为载体，以项目为抓手，推动产业与北京副中心互补、融合。截至年底，有安川都林、美国ATI、汇天威等136家企业签约入驻，累计签约投资额120亿元。年内，获2018年度中国机器人十大产业园区、2019年最具成长力特色十强小镇、2018年度河北省智能制造示范园区、香河机器人科技企业孵化器建设项目、高新技术企业发展先进开发区、河北省园林式单位、河北省战略性新兴产业示范基地、河北省重点出口聚集区、2019年河北省优秀“双创”载体产业服务奖、廊坊市“双创”示范基地等多项荣誉。

【重点企业】 美国ATI工业自动化有限公司为北美工业机器人协会、北美汽车协会会员，国际一线品牌汽车（通用、福特、戴姆勒、宝马、日

奥腾工业自动化（廊坊）有限公司生产车间　　徐子涵 摄

产、丰田、本田、雷诺、一汽轿车、长城汽车、长安汽车、吉利汽车等）主机厂换枪盘供应商，奥腾工业自动化（廊坊）有限公司是美国 ATI 工业自动化有限公司在华成立的第一家工厂。安川都林是日本安川电机与韩国都林自动化的合资公司，其产品喷涂、涂胶机器人在汽车整车产业、汽车零部件产业、家电产业及一般工业领域应用广泛。安川都林香河工厂包括预组装生产线、研发实验室、培训设施、科技展厅等。德国尼玛克是国际著名汽车行业电阻焊机供应商，是机器人焊钳的发明者，拥有多项世界先进技术，中国高端汽车行业市场占有率达 90% 以上，客户有北京奔驰、一汽奥迪、一汽大众、北京汽车，广州本田等，在香河机器人产业园已完成三期建设。

**【科技创新】** 2019 年，香河机器人小镇为 25 家入驻企业认定通过河北省科技型中小企业，为 12 家企业申请认定高新技术企业，其中，河北飞图机器人有限公司、香河博阳达信机械设备有限公司、河北万维克林精密设备有限公司、香河畅通自动化设备科技有限公司、佳龙远大装配式建筑有限公司已通过认定。

**【产业服务】** 为企业办理工商核名、注册、刻章、签三方、税务登记、发改立项、环境评估及排污许可证等手续；协助企业进行知识产权、高新认证、双软认证、资质认证、园区挂牌、园区资质申报等服务。

对接股权交易所、租赁担保、银行、华夏幸福产业投资基金等第三方金融服务机构，为企业提供股权融资、贷款融资、上市辅导、担保等金融服务。

对接国家科技部科技领军人才驱动中心及高等院校，组织人才交流会、现场招聘会及主流网站线上发布招聘信息，对接劳务公司、猎头公司为企业招聘专业人才；通过企业实训基地、机器人职教中心，进行机器人专业人才培训；为企业高端人才解决子女就学，落户，购房补贴、安家补贴等项服务。

为企业提供内部上下游配套合作，提供硬件采购平台、代加工平台等供应链服务；推荐会计师事务所等第三方服务机构，提供资产评估、审计、税务咨询、代理记账、融资理财服务；对企业进行法律援助。

为企业提供四站合一、建站、定制网站、SEO、SEM、微信代运营、移动电商、社会化营销、活动公关、大数据云电销、信任五环、销售罗盘、智能客服、企业 QQ、小鱼视频、腾讯广告等各类营销推广服务。

机器人公寓　　徐子涵 摄

助推高等院校与企业进行产学研合作，助建企业研发中心，解决企业技术难题，加速企业科技成果转化；借助园区太库孵化器，为企业提供专业培训、风投对接、技术对接等技术创新服务。

县域公交进入园区，提供标准化车位、汽车充电桩及免费洗车等；机器人大厦，总面积 1.92 万平方米，满足园区企业高端商务需求；6000 平方米机器人公寓，解决人才就业和生活所需的短期租赁和过渡周转用房；为企业提供体检、办公租赁、办公用品采购、员工礼品福利及客户礼品福利等服务。

智慧城市运营中心、展厅、园区免费 Wi-Fi 全覆盖，修建足球场、篮球场、网球场、慢跑道等休闲健身场所；实现供水、雨水、污水、电力、热力、通信、交通等“七通一平”。

**【重要事记】** 2月26日，北京市与河北省廊坊市“北三县”项目推介洽谈会在大厂回族自治县举行，西维尔、力诺天晟等5家企业成功签约入驻香河机器人小镇。3月17日，香河县重点项目集中开工现场会，香河机器人小镇3个高端装备制造产业参会，总投资7.8亿元。4月，香河机器人小镇机器人公寓项目交付使用。11月4日，香河经济开发区招商项目集中签约暨机器人大厦开工仪式举行，北京良工精机、华奥兴达、卡雷佩克等7个高端高新项目落户香河机器人小镇。

（徐子涵）

## 环保产业园

**【概况】** 香河经济开发区环保产业园下辖15个行政村，行政区面积19.2平方千米，规划面积41.9平方千米。辖区总人口12876人，起步区面积17.87平方千米，建成区面积8.8平方千米。2019年，完成财政收入10992万元，一般公共预算收入5561万元，实现工业总产值173984万元，完成固定资产投资147376万元。先后被市委、市政府授予“廊坊市文明单位”，被省政府评为“2019年度河北省投资领域统计工作先进单位”；被市政府评为“2018年度廊坊市建设领域统计工作先进集体”“廊坊市2018年度造林绿化亮点工程”。

**【园区基础设施建设】** 2019年，园区基础设施建设完成投资1.93亿元。其中，中粮可口可乐华北饮料生产基地供水管道工程投资1000万元，年内完成建设并投入使用；景观大道东延及东干渠涵桥工程投资9750万元，年内完成东干渠桥涵建设及部分道路建设用地补偿；香武路污水管网工程投资3180万元，年内完成路径勘测及施工图设计；2个110千伏安变电站投资450万元，年内完成项目可行性研究报告、立项及土地征收等项工作；环保园区总部服务中心1号楼办公楼投资3880万元，年内完成建设；新建水厂投资1050万元，年内完成水文地质勘察及方案设计。

**【规模以上企业】** 园区现有规模以上企业8家，包括河北富都华创家具制造有限公司、喜临门北方家具有限公司、晟朗（香河）电力电子有限公司、中粮可口可乐华北饮料有限公司、河北双叶家具有限公司、高氏印务有限公司、香河汇文节能科技有限公司、香河县御娇龙家具有限公司。

**【招商引资】** 坚持“产业优先、行业有位”原则，注重招大引强，优化服务。引进中发豪辰智创产业示范中心、腾云（香河）数字经济产业、工业设计科技创新谷、香河医疗供应链管理中心和香河三态环境处理中心等10个投资亿元以上项目。其中，投资50亿元以上项目1个，央企、行业龙头企业项目2个，省、市重点项目3个。储备北斗（香河）高新技术研发中心项目、东诚药业香河研发基地项目、维通利生产基地等10余个在谈项目，实现园区项目结构不断优化。为重新完善产业定位，聘请长城咨询公司为园区做好新版产业规划。

**【重点项目建设】** 稻香村食品集团股份有限公司香河生产基地项目，总投资12亿元，占地13.3公顷（200亩），一期建设占地8.67公顷（130亩），2019年完成建设用地摘牌7.5公顷（113

亩），剩余 1.1 公顷（17 亩）土地指标已完成组卷上报工作，项目建设手续办理中，力争早日建成投产；京唐城际铁路项目建设，占地涉及 5 个村街，在规定时间内完成了除庞营村宅基地以外的 5 个村街的全部占地征用工作，同时完成项目临时占用土地 26 公顷（390 亩），全力保障了京唐城际铁路及辖区内香河站的建设。香河县新建垃圾焚烧发电项目，占地 9.53 公顷（143 亩），其中，占辖区铁佛堂村 3.73 公顷（56 亩），石辛庄村 5.8 公顷（87 亩），2019 年园区完成了一次性征地补偿和土地交付工作，配合廊坊市生态环境局香河县分局和县环卫部门做好环评可研的风险评估座谈会和听证会等工作。

**【“双创双服”全面展开】** 结合实际，制定方案，分类建立工作台账，实行全程跟踪服务。加快项目建设，与稻香村集团股份有限公司香河生产基地、腾云（香河）数字经济产业园等计划开工项目对接，对工业企业走访调研，推动项目建设。服务企业发展，解决香河喜临门家具有限公司用工难问题、帮助中粮可口可乐华北饲料有限公司增资扩产、引导香河富都华创家具制造有限公司强化工业设计，促进实体企业发展壮大。

中粮可口可乐华北饮料有限公司生产车间　　牛宝森 摄

**【植树造林】** 2019 年，完成植树造林 57.33 公顷（860 亩），做好林木的病虫害防治和日常管理，形成造林、护林的良好环境。

**【美丽乡村建设】** 完成黄院、庞营、前景亭、中景亭、后景亭、小店子、李辛庄、东延寺 8 个村街 380 余处的“三清一拆”；完成美丽庭院创建 800 余户，精品庭院创建 300 余户；辖区所有村街全部完成主街道硬化，主路亮化。推行农村厕所革命，引导农户厕所退街、进院。2019 年，完成无害化卫生厕所改造 1003 户。拆除村街违章建筑 16 处；清理违规废品回收站 9 处；清理香宋路、香武路和双安路违规摊点 68 处，规范广告牌匾 26 处。拓宽翻修连村路 4 段共 5.8 千米。

**【生态环境保护】** 推动“气代煤”工作，15 个村街已完成气代煤工程 3679 户，补贴 3643 户。加强对村街燃气安全隐患检查，出现问题及时处置；做好燃气使用安全细则宣传，确保群众安全用气。开展村庄清洁行动，对 15 个村街及周边重要区域的积存垃圾进行清理，清理农村生活垃圾 9 万余立方米，清理畜禽养殖粪污等 7000 余立方米。5 月，开展农村垃圾分类工作，15 个村街全部实施垃圾分类，涉及 3000 余户，确保生活垃圾达到“日产日清”。持续做好日常巡河工作，正式启用河长云巡河 App；坑塘和沟渠水污染整治，对辖区内所有坑塘垃圾进行清理，并统一树立围挡和标牌；不断加大摸排力度，对发现的排污口进行及时封堵，确保辖区内所有坑塘、沟渠均达到合格标准。扑灭田间野火 50 余起。

**【大气污染防治】** “散乱污”企业整治，2019 年，对现有 56 家“散乱污”企业全部进行取缔，为防止新增

"散乱污"企业和已经取缔"散乱污"企业复工复产，园区成立由32人组成的村街巡逻队，开展常态化巡查，严防死守；向企业发放环保整改通知书，纠正环保违规问题，为51家VOCs企业和72家非VOCs企业办理排污证，规范已经获得排污许可证的123家工业企业的生产行为，确保生产时环保设备正常运行，确保厂区环保全部达标。完成123台燃气锅炉低氮化改造。为有效降低扬尘对大气的污染，3辆洒水车、1辆雾跑车对主要道路每日至少3次湿扫和喷雾作业；对4万余平方米土石方及公路两侧裸土、料堆进行全面苫盖。

【安全生产】 落实"党政同责、一岗双责"事故风险防控长效机制，组织召开安全生产专项培训会5次，约谈问题企业15家，组织安全事故应急演练2次，到企业宣传27次，发放宣传材料700余份，悬挂条幅46条；摸排辖区企业底数，定期开展安全生产大检查，全年检查各类企业89家，发现各类安全隐患375处，并整改完毕；做好安全风险分级管控和隐患排查治理双重预防控制（含职业病防治）的机制建设，发放《"双控"机制建设指导手册》91份，召开"双控"机制建设宣传培训会4次。

【社会保障】 2019年，受理保障性住房申请7户，批准1户；扎实开展农村危房改造工作，重点对建档立卡贫困户、低保户、农村分散供养特困人员和贫困残疾人家庭4类人员共90户房屋进行安全检查，确定21户为危房改造户，年内16户改造完成，剩余5户由于其个人原因列入2020年改造计划；全面落实2020年农村居民医疗保险、农村居民养老保险收缴工作；发放农村居民医疗保险补贴2.68万元，高龄老人养老补贴25.21万元；完成计划生育家庭奖励扶助、特别扶助对象资金发放28.97万元；为4名"以政府安排工作方式退出现役士兵"办理保险补缴；为18名年满60周岁的农村籍退役老兵办理补贴申请。完成15个村街土地确权及农村产权制度改革工作。

【信访工作】 完成严格落实信访工作"一把手"责任制，重点梳理、排查、掌握信访动态，做到及时受理、积极化解。2019年，处理各类信访事件340件，接待来访群众500余人次。

【社会稳定】 圆满完成2019年全国"两会"、"5·18"中国廊坊国际经贸洽谈会、中华人民共和国成立70周年大庆和十九届四中全会等安保工作；摸排黑恶势力线索，开展"禁铲毒"工作，依法惩治各类违法犯罪活动和邪教活动。加大"扫黑除恶""禁铲毒"等宣传教育。

宣讲中共十九届四中全会精神　　香河经济开发区环保产业园供图

【基层党组织建设】 2019年，发展党员11人，确定发展对象3人；4个3年未发展党员村制定发展党员计划；推进党支部"两学一做"学习教育活动常态化、制度化，使"两学一做"学习教育真正融入"三会一课"中，按照要求规范记录《党支部工作手册》，由专人定期督导检查，发现问题及时整改；认真梳理2014年以来发展的50名党员，对照党员档案等相关资料，检查出各类问题1000余条，排查“问题党员”9人，对相关人员进行问责处理；提升村级阵地建设，新建农村综合服务站15个，修缮村街活动场所8个。

【“不忘初心、牢记使命”主题教育活动】 制定“不忘初心、牢记使命”主题教育实施方案，深入贯彻习近平新时代中国特色社会主义思想、中共十九届四中全会精神及各项法律法规、党规党纪,推动主题教育深入企业、村街。严格按照方案安排，分阶段组织召开专题集中学习和交流研讨6次；副科级以上领导干部结合分管工作制定调研方案并扎实开展调研；开好民主生活会，严肃认真开展批评与自我批评。抓好非公企业党建工作，中粮可口可乐华北饮料有限公司和香河喜临门家具制造有限公司党支部作为廊坊市非公有制企业党建示范点，接待廊坊市各县（市、区）观摩学习2次，成为非公有制基层党组织建设的典型。

【意识形态工作】 高度重视意识形态工作，严格落实主体责任，将意识形态工作纳入重要议事日程；抓好园区工委理论中心组学习，开展集体学习12次；加强信息宣传，共有20余篇信息在《河北经济日报》《廊坊日报》等媒体刊发，在网站和电视台发表信息30余条，在园区官方微信上，信息日均点击量500次以上，进一步提升了园区的知名度和美誉度；丰富群众文化活动，举办庆新春文艺会演、建党98周年“重温入党誓词”、庆“八一”建军92周年文艺会演及中粮可口可乐华北饮料有限公司垃圾分类公益行等群众文体活动；在各主路沿线安装公益广告牌，在村街开展文明行为创建活动，促进了园区的精神文明建设。

【全面从严治党】 切实履行党风廉政建设“两个责任”，坚决贯彻落实中央“八项规定”精神。抓实执纪监督、促进作风建设作为党风廉政建设重点。严格落实“一问责八清理”和“基层微腐败”专项行动，建立健全长效机制，有效整治群众身边的腐败和作风问题。2019年，共查办案件10件，其中，查实2件。健全完善班子成员分工负责、议事程序、决策程序、班子内部相互监督等各项规章制度，提升机关效能。年内，从机关到村街，党员干部务实担当作风进一步提升，干事创业精神进一步凝聚，为高质量推进园区建设提供坚强的纪律保证。

（刘凤娇）

## 新兴产业园

【概况】 新兴产业园辖17个村街。2019年，加强基础设施建设，加大招商引资力度，在党的建设、文化体育、社会保障、环境治理、大气污染防治、美丽乡村建设、人居环境改善等方面成效显著。全年财政收入完成3.2亿元，公共财政预算收入完成1.09亿元，固定资产投资完成1.01亿元。

【基础设施建设】 路网工程，平香线工程完成箱涵5个，雨水管道9204米，道路工程：完成16米宽机动车道6720米，4米宽非机动车道6800米；2.5米宽便道4125米。桥梁工程：潮白河大桥完成274根钻孔灌注桩，26个承台，20个桥墩，24个肋板，18个盖梁。其他工程：3D打印产业园中心一期工程竣工；西区雨水提升泵站竣工；纬三路道路及桥梁工程竣工。

【项目建设】 在建项目2个：韵达电商（华北）产业中心项目，6月1日一期项目运营，9月1日北京韵达总部迁入香河，实现当年签约、当年建设、当年投产、当年纳税。3D打印产业中心项目，

云彩产业园项目签约仪式　　　　荣盛香河产业新城供图

规划总占地 26.7 公顷（400 亩），计划总投资 15 亿元，其中前期建设以鑫山公司南侧地块为起步区，建设研发中心、中试厂房、标准化厂房、综合服务中心、科研成果展示中心等。2019 年，完成一期工程，2 栋共 8000 平方米楼房主体及内外装修和设备调试。

签约项目 5 个：广蓉跨境贸易产业中心项目，规划占地 21.4 公顷（321 亩），计划投资 15 亿元，项目建设规模 30 万平方米，拟建设欧洲跨境商品自营直销基地、跨境商品国际商贸结算中心、跨境商品国际多式联运中心、跨境商品分拣包装加工分拨中心、供应链金融服务中心；2 月 2 日完成项目公司注册，3 月 6 日完成项目立项备案。浙云新经济产业中心项目，规划占地 26.7 公顷（400 亩），总投资 15 亿元，总建筑面积约 37 万平方米，打造集区域总部办公、研发、生产、智慧物流、供应链管理为一体的新经济云数据产业中心和交易平台；10 月 30 日完成工商注册取得营业执照，11 月 6 日完成在县发展和改革局备案工作。文化产业创新示范区项目，规划占地 104 公顷（780 亩），计划投资 100 亿元，包括文创总部创新中心、文创体验中心、文创服务中心、文创空间、金融服务创客空间、文化创新交流中心、科创产业研发基地、科创共享空间等，项目在“5·18”中国廊坊国际经贸洽谈会上完成签约。中国冷链物流项目，总投资 2.5 亿美元，规划占地 33.3 公顷（500 亩），建设冷链仓储、冷链运输、冻品加工、国际贸易代理、供应链金融、冷链综合服务信息系统等，项目在“5·18”中国廊坊国际经贸洽谈会上完成签约。香河奢侈品物流项目，总投资 7000 万美元，规划占地 6.7 公顷（100 亩），总建筑面积 7.5 万平方米，建设产品展示展销大厅、保税仓库、厂房及综合办公楼等，项目在“5·18”中国廊坊国际经贸洽谈会上完成签约。

在谈项目 12 个：香河东湖数字小镇项目、利星行产业展示展览研发培训中心项目、剑邦科技 IPO 项目、和润粮油商贸暨农产品冷链综合园区项目、北京市商品车共同配送基地项目、北京建工集团装配式建材生产基地项目、上海数据港大

韵达电商华北产业中心　　　　荣盛香河产业新城供图

数据中心项目、北京互联大数据中心项目、中国化工出版社项目、新能源新材料科技产业园项目、中国家具产业互联网总部基地项目、无人系统试验测试中心项目。

**【农村人居环境整治】** 将园区分3个片区，开展农村人居环境整治工作。乡村振兴示范片区：包括小朱庄、匠庄、挠子庄、后骆驼港4个村回迁至京东新城，程辛庄、北四百户作为保留村街，与蒋辛屯镇22个村街连片打造成省级乡村振兴示范区，充分利用程辛庄村滨临潮白河畔的地理位置。锦绣潮白生态休闲旅游片区：以堤顶路为纽带，按照高铁高速沿线环境集中整治专项行动实施方案要求，对京哈高速沿线的小尹庄、前建各庄、后建各庄、百家湾、大荒庄、王庄子建设锦绣潮白生态休闲旅游片区。绿美亮净标准片区：包括打鹧户、姬庄、前骆驼港、双营、祁羊店，以绿美亮净为标准，推进人居环境整治工作，让群众生产生活环境得到根本改善。

垃圾清理和拆违。清除房前屋后杂物3565处，清理垃圾12万立方米、出动车辆4860车次、出动人员7875人次，实现无垃圾堆放、无污水横流、无杂物挡道，农村人居环境整治取得实效。村街实现户户通、街街亮、村村净。

**【美丽乡村建设】** 对潮白河左堤顶路大香线入口至大窑上路口段，对后建各庄陡坡急弯、沟渠两侧、小尹庄废旧坑塘区域等节点进行景观设计，建设景观小品，栽种油松、海棠、碧桃、美人梅、竹桃、小苹果树等1.3万余株。对四百户、小尹庄、后建各庄、前建各庄、王庄子、大荒庄、百家湾7个村街村委会外观进行改造，主街道墙体粉刷，每村平均建设6个小景观节点、1个小广场，村内入户道路建设及房前屋后绿化美化，安装路灯1440盏。对1403处户外厕所进行改造，完成改厕1239座。开展美丽庭院建设，联系辖区企业参与美丽庭院建设活动，助建“精品庭院”。

对京东新城社区进行升级改造，优化基础设施，对小区内停车位进行规划，安装太阳能路灯，对楼栋墙体外立面进行修补粉刷，重点部位进行绿化，清理小区内垃圾杂物200余处，拆除小区内违建11处。

**【大气污染防治】** 利用广播宣传秸秆禁烧和散煤清零通知，在重点路段悬挂150余幅禁烧条幅，为大气污染防治工作营造舆论氛围。进行不间断巡查，网格化管理，出动巡逻车300余车次，人员800余人次，扑灭着火点80余处。扬尘治理工作，对1处料场、2个重点部位，每天巡查，发现裸露及时苫盖，对新建料场及时发现，及时苫盖,对平香线南延工程进行监管，共出动人员500余人次，使用密目网1500卷，苫盖裸土面积33万平方米，清理垃圾20余吨。安排2辆洒水车、1辆雾炮车，对主要道路进行洒水降尘及湿扫作业。加强环保巡查，形成长效监管机制，共发现并取缔散乱污企业16家。重污染天气预警期间，检查环保设备40余次，做到驻场监督，停产、限产到位。

**【“两违”治理】** 园区涉及2018年例行督察限期整改类违法建设1宗，富力新城集市0.29公顷（4.4亩）完成拆除整改工作；潮白河水务用地内违法建设6宗13公顷（195亩），完成拆除4宗5.9公顷（89亩）；与北京市通州区交界2千米范围内违法建设9宗6公顷（90.5亩），完成拆除8宗5.1公顷（76.6亩），拆除一处新建厂房4000平方米。

**【安全生产】** 加强安全生产工作，防止发生重特大安全生产事故，发挥好首都护城河作用。排查安全生产隐患28处，整改28处，拆除3个储油罐。在“大排查大整治”中，对18家企业进行排查，发现隐患43处，均已整改。发放新《中华人民共和国安全生产法》200册，在村街悬挂安全生产警示标语60余条，在安全生产月专题活动中，开展宣传活动1次，组织企业观看《安全生产警示教育宣传片》4次。2019年，未发生一起安全生产事故。

**【群众工作】** 解决群众反映的热点难点问题，避免出现群体事件；以化解辖区问题楼盘历史遗留问题为抓手，坚持“预警、协调、汇报、存档”工作机制，秉持“排得出、稳得住、化得了”的原则，有针对性地制定解决方案，处置问题楼盘12个，接待来访业主2100余人次，化解纠纷500余起，涉及资金2580余万元。建立“平时掌控，重点监控，依法处置，妥善化解”的信访工作长效管理机制，坚持“小事不出村、大事不出园区”的方针，变上访为下访，将矛盾解决在基层；发挥村干部作用，加大信访工作考核分值权重，细化考核内容；2019年，到县、市上访事件明显减少，未发生赴省进京上访事件，信访总量同比上年下将20%。

**【社会保障】** 2019年，园区共有农村低保户118户152人，月低保金75281元；城镇低保户2户5人，月低保金2480元；特困供养人员9人，其中，集中供养1人，分散供养8人，定时发放分散供养人员补助款。为父母均为重残的儿童办理享受孤儿待遇手续。园区有建档立卡贫困户2户，通过实施精准扶贫、落实各项帮扶政策，10月，2户贫困户实现脱贫。年内，为1名残疾人申请了助听器，为5名重度残疾人申请了轮椅，为8名残疾人申请了坐便椅，为6名精神类残疾人申请了免费精神类药物。 完成17个村光荣退役军人之家、光荣军属、光荣烈属、光荣之家挂牌工作；做好军队退役人员信息采集、甄别工作，建立退役军人基本情况总台账及17个村街分台账，建立退役军人包联台账；对退役军人、现役军人、烈士子女进行系统录入，为符合条件人员发放优待证；为退役军人发放明白纸、连心卡，并于“八一”期间，对军队退役人员进行走访慰问；加强就业帮扶，为退役军人提供就业信息和职业介绍等服务；注重把退役军人选进村“两委”班子。

**【文化活动】** 为实现文化大发展大繁荣，充实文化队伍，开展文化活动。开展多项文化惠民活动。借助村街文化广场开展篮球比赛、秧歌大赛等文体活动，组织企业、村街参加乒乓球比赛，歌咏比赛，广场舞大赛等，营造积极向上的氛围，让百姓享受示范区飞速发展的丰硕成果。发挥“农村书屋”作用，对17个村街的 “农家书屋”图书进行查看、统计，并对图书管理员进行培训，增加开放次数，提升村民综合素质，拓展群众视野。在13个村街和1个社区安装LED显示屏，利用显示屏播放时事新闻、民生实事、公益宣传片、健康讲堂、舞蹈视频等，丰富群众业余文化生活。

**【基层党组织建设】** 完成违规违纪发展党员审查整改工作。并以此次审查整改工作为标尺，严格发展党员程序，把好发展党员关口，杜绝出现违规违纪发展党员现象。对6个3年未发展党员村街制订发展党员计划。

**【意识形态工作】** 高度重视意识形态工作，并将意识形态工作列入重要议事日程抓紧、抓好；坚持中心组理论学习，领导干部带头学， “一把手”带头讲党课,班子成员结合分管工作谈体会、谈认识，班子成员在推进示范区科学发展上思路更加清晰，思想更加解放，发展的共识更加统一，进一步增强班子的凝聚力。严格学习制度，制订学习计划，坚持每周五集中学习及每年不少于12次的中心组理论学习制度，做到学习有笔记、有体会。结合中心小组理论学习，抓好机关干部自学。通过举办培训班、远程教育、召开会议的形式组织党员学习，为园区经济建设和社会发展提供坚强有力保证。

宣传报道和文化活动，邀请报刊、电视台等媒体对特色产业、先进典型进行宣传报道。围绕园区中心工作，加大信息和新闻报道，每周报送2—3篇信息，2—3篇新闻稿件。2019年，在《人民日报》《河北日报》《廊坊日报》等媒体发表新闻报道10余篇，在河北公共频道、廊坊新闻、香河新闻等报道10余篇。

**【“不忘初心、牢记使命”主题教育】** 深入开展“不忘初心、牢记使命”学习教育，研究制定园区“不忘初心、牢记使命”主题教育实施方案，成立领导小组，召开动员大会，全面安排部署园区的主题教育工作。利用广播、微信、网络等广泛宣传，制定主题教育学习计划和督导机制，从严从实抓好教育实践工作，以主题教育为契机，创新工作思路，整合干部队伍，强化内部奖惩，激发队伍活力，抓好基层党建。

**【全面从严治党】** 加强党风廉政建设，制定落实了《关于落实全面从严治党主体责任的实施方案》，成立履行全面从严治党主体责任领导小组，建立完善了清单式明责、台账式履责、绩效式评责、对应式追责的工作格局。

（马　丹）

# 城乡建设

责任编辑　杨东林

## 综　述

2019年，香河县启动国土空间规划编制工作，将主体功能区规划、土地利用规划、城乡规划等空间规划融合为国土空间总体规划，实现“多规合一”，规划编制工作主动与北京城市副中心对接，按照廊坊市“北三县”与北京市通州区实行“统一规划、统一政策、统一标准、统一管控”原则，实现协同发展。加快市政建设步伐，对城区道路、桥梁、排水、路灯等市政工程进行优化、改造，提升城市品位。在城区供水水质监测、居民燃气保障、冬季取暖保障等城市公共事业方面发展迅速。城市园林绿化贯彻落实城市绿化法律、法规，依法查处新建、改建、扩建工程建设项目和城区主干道内不按标准安排绿化用地行为；单位、居住区有空地可以绿化但不按规定时间绿化；工程建设项目未达到绿化标准用地，征收绿化用地补偿费；城建工程未按规定时间完成绿化的。编制城镇村街绿化规划、制定年度和长远绿化计划，审核城镇绿化设计单位，施工单位资质。对基建工程项目绿化规划方案进行审批、指导、检查，监管，检查绿化管护承包方履约情况。加快住房保障，在政府保障性住房建设、商品房销售、房屋交易监管、房屋中介监管和物业管理方面，加大工作力度，确保房住不炒。城乡环境卫生工作，在垃圾处理、垃圾分类、焚烧发电，数字环卫等方面发展迅速。在网络体系建设、大气污染治理、提升城市品位方面加强城市综合管理。住房公积金在归集管理、贷款发放、公积金提取等做到规范管理。对建筑节能、农民工工资保障、建筑市场、工程质量加大管理力度。在危房改造，美丽乡村建设、特色小镇建设上成效显著，农村居住环境得到改善。支油支铁工作，加强油气管线建设与维护、保障京唐城际铁路施工建设。

## 城乡建设规划

**【概况】**　2019年，香河县国土空间总体规划强化底线约束，推进国土空间节约集约利用，提高国土空间利用质量和利用效益。服从服务京津冀协同发展战略，围绕非首都功能疏解，构建区域协调和城乡统筹发展新格局。增强国土空间规划的科学性和实用性，助力美丽幸福新香河建设。

**【规划编制】**　按照河北省、廊坊市《关于建立国土空间规划体系并监督实施意见》和《廊坊市国土空间规划编制工作方案》要求，8 月，香河县启动以 2035 年为目标年的国土空间总体规划编制工作。全面落实国家重大决策部署和河北省、廊坊市工作要求，对空间发展作出战略性、系统性安排。明确空间发展目标，优化城镇化格局、农业生产格局、生态保护格局，确定空间发展策略，转变国土空间开发保护方式，提升国土空间开发保护质量和效率。坚持生态优先、绿色发展，尊重发展规律，因地制宜开展规划编制，强化底线约束，为可持续发展预留空间。明确规划约束性指标和刚性管控要求。制定实施规划的政策措施，健全规划实施传导机制，确保规划能用、管用、好用。

【市政规划管理】 高质量做好市政设施的规划管控。提升城乡品质和综合承载力，做好市政道路、管线等项目的规划管理。完成香河县潮白河左堤路（大厂界—大香线段）养护改造工程、东干渠北侧道路工程、城内五小三幼区间路、迎宾路南延、香河县荷花产业园道路和节点公园改造提升、五百户消防站附属工程、城区新建 5 座公厕及新建安平、钳屯、钱旺垃圾中转站等 8 个工程项目的规划意见；开展新建小区配套设施大检查，对香河县建成区 2015 年以来新建小区的幼儿园、小学、物业、居委会、菜市场、健身场所、文化活动室、社区卫生服务、养老服务等配套设施进行自查和专项检查，解决新建小区配套设施短缺问题。

【建设项目规划管理】 2019 年，核发建设用地规划许可证 73 份，总占地面积 108.2 公顷（1623.3 亩）；核发建设工程规划许可证 18 份，总建筑面积 54.53 万平方米；完成 29 个项目的竣工规划核实证；完成 21 个建设项目的规划核实意见。

（张　厦）

## 市政建设

【概况】 2019 年，出台《香河县房屋建筑和市政基础设施工程竣工验收程序指导规范》《关于特别强调建设工程检测的意见》，全面提升城市品位，加强市政建设，在市政设施、城区道路、排水管网建设上加大投资，加强管理。同时做好城区防汛，确保安全度汛。

【市政设施建设】 2019 年，维修向阳街路面及两侧便道；对五一路西侧、爱亿佳超市东侧、淑阳大街南侧、香江逸景A区、永盛路东侧、书香新苑小区便道进行维修改造，铺设沥青混凝土路面 2820 平方米，便道铺装透水砖 4800 平方米；城区街道补修沥青路面 1.9 万平方米；维修新华大街、新开街人行便道 2500 平方米，铺设透水砖便道 200 平方米；更换破损井盖 200 个，疏通堵塞管线及污水检查井 30 余处，清理城区主要街道雨水收集井 500 余处。

【城区道路建设】 投资 842 万元，对新华大街（五一路至运河大道段）路面进行改造。道路长 2700 米，道路红线 40 米，主路面宽 24 米。

【排水管网建设】 年内，完成雨污分流改造 9.7 千米，总计实现雨污分流管网 15.9 千米。县城污水处理厂完成提标扩容改造，由每天处理污水 2 万吨提高到 4 万吨，出水标准由一级A提高到京B标准。

【城区防汛】 制定防汛应急预案，对 2 个排水闸和 1 个提升泵进行检查维护，保证汛期排水闸、提升泵随时启用。完成五一渠周边雨水改造、城区排水管道清淤、新华大街（永泰路至矬口方沟段）增设排水管道、永泰路排水管道与淑阳大街排水管道连通、香五路提升泵站维修项目。

（张　洋）

## 城市公共事业

【概况】 2019年，香河县加强对城市自来水、燃气供气系统、取暖供热等城市公共事业管理，强化责任意识、安全意识、服务意识，确保人民群众安居乐业。

【供水保障】 后小屯新井安装使用；对10号井、20号井25千伏安变压器进行加油检修；对全部水源井安装录像和远程监控设备并进行检修。

【居民燃气保障】 香河百川燃气公司建有高压门站5座，输气能力为日均120万立方米。在取暖季前，与百川公司协调，争取燃气指标，签订保障供气合同，制定燃气保供应急预案，确保燃气供应。完成188个村街、60668户“气代煤”改造工作。对“气代煤”村街开展拉网式隐患排查，发现隐患立即整改，长期聘请第三方安全评价公司参与检查，增强隐患排查的针对性和科学性，2019年共开展拉网式排查3次，整改隐患问题900余处。百川燃气公司对农村燃气用户开展燃气表替换工作，将原有机械表全部更换为可网络控制并实时监控燃气数据的物联表，用户在网上购气并可对户内燃气使用情况实时监测。

【冬季取暖保障】 城区集中供热面积1200万平方米，城区有九矗热力、葆丰热力、三强热力等3家供热企业，供热管网290千米。制定供暖应急救援预案，严格管理，确保供暖的稳定性和安全性。供暖季前，供热企业对管网、水泵、换热设备、自控设备、水循环系统设备进行检修维护，保证供热系统良好运行。

（张　洋）

## 城市园林绿化

【概况】 2019年，香河县园林绿化管理局依法对城区内园林绿化的规划管理、建设管理、产权管理、监督管理和城市公园的管理，加强对绿地、林地、公园和苗圃等的建设、养护和管理。改善城区环境，提升城市品位。

新城公园　　县融媒体中心供图

【城区绿化工程】 新铺草坪12650.02平方米，栽植乔灌木537株，绿篱4741.21平方米，增设草坪围栏5428.6米。完成矬口方沟绿化设计工作；完成淑阳工业园北区绿化修缮提升工程招标；完成城区整体绿化修缮提升工程最高限价；完成锉口方沟绿化带工程、新华大街新建绿化带工程、新开街新建绿化带工程、永泰路等地绿化带工程；完成2020年春节亮化工程；完成城区裸露地块绿化工程的项目立项。

【节日亮化美化工程】 2019年春节期间，对县委广场、新城公园、亚太园等重要节点进行亮化。国庆节期间，对县委广场、新城公园、五一公园、亚太园、新华大街与五一路交口等处摆放绿雕 2 个，造型花钵 11 个，三角梅、铁树、孔雀草、串红、彩叶草等 30 万盆，扮靓城市，喜庆新中国 70 华诞。

新华大街与“五一”路交口景观　　县融媒体中心供图

【公园建设】 2019年，潮白滨水公园建设征用土地 57.24 公顷（858.63 亩），已完成 38.67 公顷（580）亩土地平整工作。

【省级园林县城通过复查验收】 成立省级园林县城迎检复查工作小组；制定《香河县省级园林县城复查工作实施方案》和《香河县省级园林县城复查任务细化分解表》，明确责任分工、明确检查考核内容、明确考核机制，协调督促责任单位抓好落实，确保总体目标任务顺利完成；加强迎检复查资料的收集汇总工作。4月19日，组织召开省级园林县城复查协调会，安排部署省级园林县城迎检复查工作；7 月初，省级园林县城复查验收组到香河检查验收；11 月 7 日，河北省住房和城市建设厅印发《关于 2019 年省级园林城市（县城、城区）复查情况的通报》，香河县城区绿化达到标准要求，通过省级园林县城复查，继续保留省级园林县城称号。

【绿化管护】 制定巡查机制，将城区内绿化分段分组进行巡查，确保监管无死角，发现问题及时加以解决。加强日常管理，确保绿化效果，按照疏枝、整形、除害的标准，对生长旺盛的行道树、花灌木、绿篱、草坪适时修剪、整形。加强病虫害防治，坚持“预防为主，防治结合”，制定防治措施，及时组织防治，做到治早、治小。对城区各主次干道、公园、游园、广场、绿化带适时科学用药。

【推进社会绿化】 2019 年，香河便民服务中心被评为廊坊市园林式单位，秀兰左岸小镇、公园壹号小区、大运河孔雀城运河家园小区、钻石湾滨河家园小区、宏达家园、晨汐小区、大爱城小区、理想嘉业小区、双龙金地 9 个小区被评为廊坊市园林式小区。

（陈彩霞）

## 住房保障

【概况】 2019 年，继续规范房地产开发企业经营行为，维护房地产市场秩序，依法依规把好预售审批，按照受理、审核、许可、公示等工作流程，对达不到预售条件的项目不予发放预售许可证。严格审核商品房预售资金使用、拨付，防范商品房交易风险。落实房地产市场交易“日报告、周分析”制度，及时掌握市场交易数据，督办拟建和在建房地产开发楼盘项目手续备案，巡查监管销售公司等中介机构，规范销售行为，杜绝无证预售、违规销售。年内，制定了《商品房买卖合同》《香河县存量房买卖合同》《香河县商品房预售资金监管合同》《住宅专项维修资金专户银行服务合同》《前期物业合同》，进一步规范房地产市场买卖行为，促进物业公司与业主的融洽和谐。

【保障性住房建设】 截至2019年年底，公租房共计2482套，总建筑面积12.4万平方米；在建公租房配建项目54个，约6万平方米。2019年，竣工移交项目4个，房源121套，面积8273平方米；新审查配建项目4个，配建公租房7038平方米。分配住房94套，收缴房租24.63万元。

【农村危房改造】 2019年，农村贫困户住房安全保障工作，由镇级初步排查建档，做到一户不漏，一户一档。按照《香河县2019年农村贫困户危房改造实施方案》启动危房改造工作，根据农户自愿原则，按照翻建、新建、维修、租住、投亲靠友等形式分类解决，做到应改尽改，应保尽保。完成房屋改造83户，其他保障方式解决住房安全问题174户。

【商品房销售】 2019年，新建商品房销售面积44.55万平方米，同比增长32.04%；销售6025套，同比增长20.5%；销售均价10695元/平方米，同比增长6.82%。其中，住宅销售面积28.24万平方米，同比增长8.45%；销售2926套，同比增长13.76%；销售均价11791元/平方米，同比增长11.63%。

【房屋交易监管】 2019年，新增商品房预售资金监管31户，重点监管资金18.08亿元，拨付资金377笔共计44.76亿元。

【房屋中介监管】 规范房地产市场经营秩序，印发《规范房地产市场秩序的通知》。加强巡查队伍建设、增加巡查频次，加大对销售公司等中介机构巡查监管力度，规范企业销售行为。2019年，商品房项目专项检查3次、日常巡查130余次，查处违规预售、违规代理销售等行为6起，处罚金额18万元。

【物业管理】 2019年，组织召开物业行业座谈会3次，研究当前存在的问题及解决办法。加强专业培训，聘请权威专家讲解物业法律风险防范、消防安全风险防控、物业服务企业提高服务水平、物业费欠费纠纷解决方案等。组织参加在广东省深圳市举办的中国国际物业产业博览会、物业高层论坛，到深圳物业管理学院与专家座谈，走访深圳市的2个小区，学习先进的物业管理经验和服务理念。组织8家物业公司、8家开发企业与县发展和改革局、县市场监督管理局、新开街社区办、新华街社区办、县公安交警大队参加的停车位治理研讨会，改善住宅小区停车难问题。发起全县“最美物业人”“最宜居小区”网络评选活动，提升物业管理水平。

【物业维修基金】 2019年，19441户交存物业维修资金1.46亿元，5个住宅小区支取物业维修资金405万元。截至年底，累计185个项目、约15万户业主交存物业维修资金14亿元；累计77个住宅小区支取维修资金约4032万元。

（张 洋）

## 城乡环境卫生

【概况】 2019年，香河县加强城乡环境卫生治理，对县域道路清扫保洁及垃圾收集、运输、处置，对垃圾焚烧发电场、生活垃圾填埋场、餐厨垃圾、粪便及建筑垃圾处理场及城区公厕、垃圾中转站等环卫设施的建设、管理和维护，对道路扬尘治理、垃圾分类进行宣传推广。县环卫部门现有各类清运、清扫车辆120辆。清扫保洁面积400万平方米，每天清运生活垃圾400余吨，生活垃圾无害化处理率100%。实行24小时综合作业。道路机械化清扫率90%。果皮箱、垃圾桶、地埋箱等垃圾收集设施3500个，城区新建公厕6座，共有公厕61座，达到城市建成区每平方公里4座标准。新建固定式垃圾中转站8座，移动式垃圾中转站3座，共有固定式垃圾中转站12座，移动式垃圾中转站5座。香河县垃圾焚烧发电项目开工建设。垃圾分类工作取得初步成效，共有6030户居民实行源头垃圾分类。厨余垃圾分类量达每日1.31吨，垃圾分类工作开展情况得到中共廊坊市委主要领导的肯定，并先后被新华社和《人民日报》《经济参考报》《廊坊都市报》《湖南日报》及河北电视台等媒体报道。7月，开通“香河环卫在线”微信公众号，微信公众平台发送信息900余条，点击量41万次。

**【农村生活垃圾治理】** 召开农村生活垃圾治理协调会3次，垃圾分类培训会9次，清理镇、园区积存垃圾14.7万立方米。为全县农村配备垃圾转运车11辆，为各镇（园区）配备转运车93辆，垃圾桶12.73万个（包括入户分类垃圾桶8000个），垃圾箱1390个，保洁员1023人。新建8座镇级转运站，健全农村垃圾收运体系，实现农村生活垃圾“日产日清”。为保障农村垃圾得到有效治理，县环卫部门申请成立2个督查小组，每天对各镇（园区）卫生状况进行不定时巡查，将发现的情况以照片、定位的方式发至微信工作群，每周向责任镇（园区）发布通报，要求立行立改，问题整改率达95%以上，将农村生活垃圾治理工程PPP项目实施模式变更为特许经营模式，引进社会资本负责对镇村生活垃圾的清扫、保洁、清运等进行统一管理，年内，项目通过物有所值评价及财政承受能力论证，实施方案经县政府审议通过。

**【垃圾分类】** 2017年9月29日，香河县列入河北省农村环境整治和垃圾治理示范县。按照示范县的创建标准，开展垃圾分类工作，不断完善分类投放、分类收集、分类运输、分类处理体系。制定《香河县人民政府关于印发生活垃圾分类试点工作实施方案的通知》(香政办〔2017〕60号)、《中共香河县委 香河县人民政府关于印发香河县2018年农村生活垃圾治理及垃圾分类示范点建设工作实施方案的通知》(香办〔2018〕25号)、《香河县人民政府关于印发香河县生活垃圾分类实施意见的通知》（香政办〔2018〕43号），明确垃圾分类标准及工作责任。

拍摄《香河县垃圾分类宣传片》，宣传垃圾分类知识，累计播放量已达6.4万次。编写录制“垃圾分类广播剧”，通过“村村通广播”向村民宣传垃圾分类的有关政策和知识。

投入444.39万元，购置日处理能力12吨的餐厨垃圾生化处理设备及餐厨垃圾转运车。对城区140家餐馆及垃圾分类试点小区定时定

5月7日，香河启明星幼儿园幼儿参观香河垃圾分类宣教基地　县环卫部门供图

点上门收集并运至餐厨垃圾处理厂进行资源化处理。

建设“香河垃圾分类教育基地”，面向全社会免费开放。宣传垃圾的产生过程、垃圾的危害，从而理解垃圾分类的必要性。展厅建成后先后接待1000余人次。

【城区垃圾分类】 实现“互联网+”管理模式，为香城郦舍小区、珠光御景小区、康宁园小区等试点小区配置21套垃圾分类智能设备，该设备具备扫码开箱、自动称重、自动积分、自动统计功能。发放1300套入户分类垃圾桶，2.8万捆分类垃圾袋，与小区居民签订2600余份垃圾分类承诺书，开展宣传活动58场。并实行“积分奖励机制”，通过积分兑换生活用品。2019年，1300户进行源头分类，源头减量湿垃圾19.78吨，可回收物4.85吨。

【农村垃圾分类】 在县域300个行政村开展垃圾分类宣传，通过“村村通”广播、发放宣传资料、张贴明白纸等，使垃圾分类覆盖率达到100%。按照示范县验收创建标准，在安平镇、安头屯镇、钱旺镇、钳屯镇、蒋辛屯镇按照每个镇确定3个试点村，每个试点村聘用1名垃圾分类指导员和1名收集员，负责垃圾分类宣传、普及、指导。发放入户垃圾桶2000余个，分类垃圾袋5.06万捆，动用15辆垃圾清运车，开展宣传活动138场，与村民签订垃圾分类协议1150余份。各试点村分发的入户垃圾桶都粘有一张二维码，收集员每天用相关手机软件扫描并记录垃圾量等数据。是年，共有2727户参与垃圾分类，湿垃圾源头减量50吨，平均每天分出厨余垃圾550千克，累计投放合格厨余垃圾约2万次，发放奖品520件。

【垃圾处理】 2019年，全县生活垃圾处理以卫生填埋为主，县域内垃圾全部由专用垃圾压缩运输车从中转站运送至垃圾填埋场，生活垃圾无害化处理率达100%。城区日产餐厨垃圾约8吨，餐厨垃圾统一进行收集转运至餐厨垃圾处理厂进行无害化处理，年内有1套日处理能力为2吨的餐厨垃圾处理设备正常运行，新增日处理能力10吨餐厨垃圾生化处理设备已投入使用，餐厨垃圾的处理能力为12吨/日；新增粪便垃圾处理设施，设备完成安装验收，粪便资源化日处理能力达到40吨。

【垃圾焚烧发电项目】 2019年，香河县新建垃圾焚烧发电项目，占地8公顷（120）亩，其中，新征用地5.47公顷（82亩），原有用地2.53公顷（38亩），计划总投资4.5亿元。一期设计日处理能力750吨，年处理27.4万吨，2020年年底建成；二期设计日处理能力500吨。项目全部建成后日处理能力1250吨，将彻底解决县域内垃圾终端处置问题，实现生活垃圾无害化、减量化和资源化处理。年内，新建垃圾焚烧发电项目已完成立项、可研、环评及调整批复；社会稳定风险评估报告已评审完成，河北省环保联合会对本项目环境社会风险调查与评估已通过；项目信息已

渠口镇石虎村垃圾中转站　　县环卫部门供图

入河北省财政厅库并上传财政部PPP综合信息平台；上海康恒环境股份有限公司作为社会资本方，已组建项目公司，9月20日项目开工建设，截至年底，桩基工程基本完成，项目临电工程主体施工完成，准备进行交接试验及送电验收事宜。

县委书记李桂强（右一）等县领导慰问环卫工人　　县环卫部门供图

**【数字环卫指挥中心】** 2019年，完成“香河县数字环卫指挥中心”建设。将清运车队、电瓶车队所有车辆编号分组,每辆车安装GPS定位系统，对车辆进行实时监控，在中转站、环卫局车队以及垃圾填埋场安装视频监控，对车辆每日运行轨迹实现在线监测和追溯查询，实现“数字环卫”。

**【大气污染防治】** 2019年，县环卫局严格按照专家对路段和时间点的要求进行洒水、雾炮、湿扫作业。在温度、湿度适宜的情况下，雾炮车巡回喷洒城区主次干道，湿扫车不间断地对城区主次干道湿扫降尘。对香河县第一中学和第二中学周边的人行便道、街巷、无物业管理小区每天出动2辆小型洒水车进行洒水降尘。对沿街绿植进行冲洗，为空气增湿、降尘，有效改善城区路面扬尘状况。年内，7辆大型湿扫车、5辆小型湿扫车、20辆大型洒水车、10辆小型高压清洗车、4辆雾炮车全部投入使用，在重污染天气按实际情况增加车辆机动降尘，确保了香河县的扬尘治理工作排在廊坊市前列。

**【关心关爱环卫工人】** 县委、县政府高度重视环卫工作、关心关爱环卫工人，社会各界爱心企业、爱心人士也关心关爱着环卫工人。2月1日，县委书记李桂强带领县四大班子领导及县总工会负责人，到环卫一线，看望、慰问春节期间坚守岗位的环卫工人，感谢他们的辛勤付出，并为他们送去慰问品和新春祝福。8月1日，县委副书记张玉林带领县总工会负责人代表县委、县政府，看望、慰问在高温酷暑中奋战的环卫工人，并为环卫工人带来防暑降温用品。10月26日是香河县第八届环卫工人节，县环卫部门负责人为环卫工人送去慰问品和节日的祝福。中粮可口可乐华北饮料有限公司、中国电信香河分公司、沧州银行香河支行、德玄斋食品有限公司、浙加都超市、香河县和平医院、慧德爱婴幼儿园、北京同仁堂香河店、德坤元医药、三笑医药、狮王瓷砖香河旗舰店、凯琳迪陶瓷批发公司爱心企业和爱心人士，也先后到环卫一线慰问环卫工人，并送去慰问品和感谢、祝福的话语。

**【环卫队伍建设】** 2019年，进一步提升环卫队伍建设,更好地服务群众。强化领导班子建设，确保领导班子高效、协调、务实，持续提高决策科学化、民主化水平。加强思想政治教育，通过理论学习和开展教育培训活动，提高干部职工思想政治意识。加强工作创新，强化“人机结合”精细化程度，深入推行“以克论净”，严格执行垃圾落地不超过10分钟的标准，确保源头垃圾不停留、不堆放、不出箱。整合“网格化管理”模式，确保责任层层落实。利用“职工之家”开展丰富多彩的文化体育活动，丰富职工的业余文化生活，营造健康和谐氛围；开展业务知识答题、竞赛、岗位技能大赛等活动，提升作业水平。

（李月然）

## 城市综合管理

【概况】 2019年1月，按照《香河县机构改革方案》（香发〔2019〕2号）文件精神，香河县城市管理行政执法局更名为香河县城市管理综合行政执法局。负责东起潮白河西岸，西至运河大道，南起双安路，北至京哈高速香河北出口（含河北香河经济开发区新兴产业园区）范围内的行政执法工作。

【网格化管理】 按城区范围和街道分布将管理区域划分为东区、中区、西区，采取定岗布控、责任到人、徒步巡查、整体联动的执法精细化管理模式，每个片区实行队长负责、不定期轮岗工作制，推进城市管理工作有序开展。

【数字城管体系建设】 2019年，香河县数字化城市管理监督指挥中心围绕城市管理工作核心，不断完善信息采集、受理处置和监督评价的多层面回路系统，完成与香河县智慧化城市管理中心对接，推进与公安、交警、政法委等部门视频监控资源共享，对数字城管系统进行全面升级。2019年，共上报案件28229件，处置完成27113件，按期处置率97%，结案27086件，按期结案率99.82%。

【城市管理全面管控】 开展市容市貌综合整治行动，改善城区环境秩序。与县公安局、县交通运输局联合开展交通环境秩序整治，对电动三轮车、机动三（四）轮车进行集中治理。加强对沿街商户、学校周边、公园广场等重点区域的环境秩序管理，开展对占道经营、马路市场等治理，对校园周边环境实行常态化治理。治理城区流动经营、店外经营、店外加工等违规行为6490余起，下发《城区环境综合治理通知书》2274份。联合县环卫局清理永明路、淑阳大街垃圾20余吨，取缔新花园市场北侧、迎宾路南段、永盛路城内第四小学门口、香城郦舍小区北侧等马路市场，治理永明路、向阳街、淑阳大街西段（汇文金街至兴济路）、淑阳大街东段马路市场，维护城区环境秩序。

开展市容市貌综合整治行动　　县城市管理综合行政执法局供图

【规范户外广告】 审批户外广告牌匾213块，规范、拆除违规广告牌匾194块，清理临时LED灯箱1324块，清理违规小广告15316处，摘除破损条幅695条，治理散投商品广告2400张，劝返散投人员128名。

【治理油烟直排及露天烧烤】 对城区主要商业街、居住区、校园周边及城乡接合部的早餐摊点、小吃车、户外熟食加工进行集中治理，取缔油烟直排及散煤燃烧炉具。2019年，检查城区早餐摊点、油烟直排1898次，治理散煤燃烧32处。对烧烤门店发放法律法规宣传单册，提高商户环保意识。取缔露天（流动）烧烤258处、教育当事人300余人、制止垃圾焚烧62处。

【规范渣土运输】 对渣土清运进行严格监管，要求辖区内所有施工清运车辆在现有车厢自动苫盖装置基础上，实行平槽运输，有效控制渣土遗撒。对工程渣土车辆的运输时间、运输路线，进行备案后方可运输。年内，共处罚违规运输渣土车5辆，警告、劝返、整改车辆980余车次。

【建筑领域监管】 对建设施工项目进行检查，查处未批先建项目1个。对县城内违规建筑进行排查并建立台账，对违规建筑下达限期拆除通知书，责令限期拆除，逾期拒不拆除的，予以强制拆除。强化巡查力度，做到及时发现，及时拆除。年内，拆除向阳街、绣水街等处私搭乱建5处共470平方米。

【市政设施监管】 对擅自挖掘道路、破坏树木和市政设施等行为进行严格监管，2019年，发现问题及时处理或协调相关部门及时修缮、更新。清理安全墩470个，拆除地锁地桩110个，清理占道石墩50个，清理占道杂物40个，清理不规范坡道17处，拆除违规占用市政围挡360平方米，规范临时占用彩砖便道施工53处，规范挖掘绿化施工16处，制止破坏绿化行为20起，规范市政工程施工25处，发现破损、老化市政设施并及时上报110处，发现并及时制止破坏市政设施行为15起，市政施工裸土苫盖1500平方米。

（何建妤）

## 廊坊市住房公积金管理中心香河县管理部

【概况】 2019年，加强公积金管理，维护住房公积金所有者合法权益，促进城镇住房建设，提高城镇居民居住水平，加强住房公积金法规宣传，在住房公积金的缴存、提取、使用、管理上为公积金所有者提供服务。

【归集管理】 2019年度，完成归集额1.91亿元，累计归集余额6.93亿元，缴存额增长8%。缴存比例为单位12%，个人8%。新增缴存职工人数277人，新增建制单位26个。

【贷款发放】 2019年度，为187户职工发放住房公积金贷款8162.7万元，累计为3212户职工发放住房公积金贷款9.62亿元，累计贷款余额5.60亿元，个人贷款率为83.67%，个人贷款逾期率0%。

【公积金提取】 2019年度，为5189人次提取住房公积金1.47亿元，年度提取率77%，累计提取额9.83亿元。

（高鑫淼）

## 建筑业管理

【概况】 2019年，香河县共有混凝土搅拌企业7家，检测公司4家，备案建筑企业40家，其中建筑工程总承包32家，市政资质8家。年内，全县在建项目65个，总建设面积210万平方米；新开工项目22个，建设面积80.1万平方米；竣工备案183个单体,建筑面积250.7万平方米。大运河孔雀城、大爱城等5个项目获得省级文明工地称号；爱晚康城雅苑-5建设项目、绿地香河国际新城博雅苑一期等4个单体项目申报了河北省结构优质工程；秀兰住宅小区三期建设项目申报了河北省建筑工程质量最高奖——安济杯奖。全县建筑工地安全生产、文明施工、大气污染防治工作均得到提升。

【建筑市场监管】 2019年，制定《香河县住房和城乡建设局相关行业社会信用管理暂行办法》，加强对建筑市场的监管，年内对违规的19家房地产开发企业、20家建筑施工企业、1家设计单位、2家勘察单位，25名个人通报批评，并计入负面信用档案，其中，2家企业列入香河县建筑市场严重失信“黑名单”，取消参与香河新建项目和新项目施工备案资格。

【工程建设监管】 对全县所有在建工地安装视频监控和在线监测系统，确保现场视频监控设备覆盖整个项目，做到没有死角。2019年，共有视频监控摄像头350余个，对67个建筑工地进行全方位覆盖。

【工程质量监督】 2019年，接受新的质量监督任务20项，建筑面积70.36万平方米，其中，市政工程3项，截至年底，累计质量监督的在建项目49个，总建筑面积338.58万平方米。全年到建筑工地检查500余次，下发整改通知书400余份；对施工、监理单位进行量化考核，其中，项目经理共4人记72分，总监理工程师共4人记70分。

【建筑工程招投标】 坚持公正、高效、公开、廉洁理念，抓管理制度化、程序规范化、办事透明化、服务效率化，增强服务意识，提高服务水平，高标准、严要求完成招投标业务受理、审核、监督工作。共完成招投标审核、监督、备案36项，其中，公开招标31项，邀请招标5项。

【安全生产规范化建设】 2019年，针对存在安全隐患的施工企业下发建设工程施工现场安全检查记录120余份。对全县10家深基坑施工企业逐一进行排查，对存在违法施工作业的廊坊市博科工程项目管理有限公司、廊坊市瑞驰工程建设监理有限公司等4家企业进行处罚，共处罚款10.4万元，同时监督企业将安全隐患全部整改到位。

【建筑节能监管】 采取监管与服务相结合的方式，落实项目建筑节能和绿色建筑要求，确保节能75%以及绿色建筑一星100%，加强对建设单位建筑节能验收监管，采取随机抽查和专项检查相结合，对工程项目施工中落实建筑节能和绿色建筑法律法规、执行标准进行监督检查。

【建筑领域清欠】 严格用工管理制度，督促企业与农民工签订劳动合同，建立健全务工人员管理台账，明确工资支付程序、时间等。建立农民工工资专项巡查、监督制度，开展农民工工资发放专项监督检查，确保农民工工资按月足额发放。全年监督发放工资约2.5亿元，涉及人数约1.5万人。受理农民工欠薪案件142起，其中，网上信访95起，涉及农民工人数3000余人，涉及工资金额约7000万元。2019年，信访案件比上年下降50%。

【建筑新技术得到普及】 新建建筑节能与结构一体化技术应用率100%，该技术是集建筑保温功能与墙体围护功能于一体，实现保温与墙体同寿命的建筑节能技术。大力推广建筑减隔震技术，该技术是指通过设置耗能装置或隔震支座，达到减震和隔震作用，钻石广场项目、大爱城部分项目已使用隔震支座，提高了建筑的抗震性能。BIM（建筑信息化模型）已得到中建一局等企业的广泛应用，整个建筑进程提高效率显著、大量减少风险。

【农民工工资保障金管理】 2019年，为规范农民工工资监管，出台《香河县农民工工资专项账户监管三方协议》，进一步保障农民工工资发放。年内，共有26个项目缴纳农民工工资预储金3亿元，保证金1200万元。

【建筑工地扬尘治理】 制定实施《香河县建筑工地扬尘治理“六五四三”工作法特别方案》，确保建筑工地扬尘管控工作有序进行。“六五四三”工作法，即六项基本要求（全部围挡、道路全部硬化、车辆全部冲洗、裸土全部覆盖、土方湿法作业、车辆全部密闭运输）、五项惩戒措施（经济处罚、停工整改、停止支取安全措施保证费、主流媒体曝光、联合执法）、四项保障措施（24个工作组分片管理、视频扬尘监测系统、监督举报机制、企业互查机制）、三项令行禁止（禁止违反应急响应措施、禁止施工现场搅拌、禁止使用不达标非道路移动源）。2019年，对建筑工地扬尘企业累计处罚44万元。

【香河县建筑行业党史展馆】 香河县建筑行业党史展馆由县住房和城乡建设局党委筹建，2019年7月1日建成开放。党史展馆围绕增强建设行业党组织战斗力、凝聚力，引导企业把党支部建在项目上，把党旗插在工地上，充分发挥党员的先锋模范作用，努力建设一批红色工地，弘扬工匠精神，打造建筑精品，。展馆面积400平方米，分为序厅、党史展厅、香河建筑简史展厅、优秀企业和优秀党员展厅、书吧、会议室等。采用图文展示、实物陈列、视频短片（《香河党史简说》、《香河英雄人物》《香河建筑掠影》《香河建筑业永远跟党走》）、现场讲解等方式，展示中国共产党的发展历程、香河革命历史、香河革命人物、香河建筑史、知名建筑企业和建筑工匠、建筑行业党组织和党员风采。

（张　洋）

香河县建筑行业党史展馆　　县住房和城乡建设局供图

## 支油支铁

【概况】 因机构改革，香河县支油支铁办公室更名为支油支铁服务中心，调整为香河县住房和城乡建设局下属股级财政拨款事业单位。核定财政拨款事业编制13名（其中，全额编制8名，差额编制5名），设主任1名，副主任3名。主要职责：贯彻执行国家油田和铁路建设的有关法律法规，制定符合香河县实际的具体规章、办法；参加油田、铁路、石油天然气管道工程建设的前期论证；负责协调工程建设中施工方与地方的关系，调处有关权属纠纷；协调石油、天然气管道设施安全工作；参与协调油田、铁路工程建设征用土地和临时占地附着物的补偿。

【支油工作】 2019年，途经香河县的输油、输气管线有秦京石油管道和陕京四线天然气管道，全年正常运行，无安全事故。秦京输油管线处于停输状态，管线的风险等级有所降低，按照县规划要求，做好与管道穿越和并行的工程相关手续办理工作，协调三强自来水公司对钢材市场内的秦京管线进行迁移，协调中铁二局、中铁三局针对京唐铁路穿越秦京输油管线及陕京四线天然气管道手续办理工作；完成陕京四线天然气管道马坊支干线征地及拆迁工作，马坊支干线涉及渠口镇躲各庄村 300 米，9 月，完成占地补偿，12 月，完成施工并同期运行；协调中石油北京天然气有限公司、中石油管道秦皇岛输油气分公司做好安全生产预案，强化安全生产意识，开展输油、输气管道安全生产巡线工作，全年巡线 12 次。

12 月 10 日，县委书记李桂强（前排右二）实地调研京唐铁路建设并主持召开调度会　　县融媒体中心供图

【支铁工作】　京唐城际铁路在香河县境内约 31.36 千米，设车站 1 座，线路穿越蒋辛屯镇、淑阳镇、钳屯镇、五百户镇、环保产业园、安头屯镇和刘宋镇。2019 年，完成淑阳镇、蒋辛屯镇、安头屯镇、五百户镇、钳屯镇、环保产业园涉及 14 个村街，13 宗土地先行用地组卷工作，用地面积 22.47 公顷（172 亩）。完成控制网补桩及精密网埋桩工作。4 月 8 日至 5 月 8 日，集中进行勘界清登工作，清点房屋 260 处、非宅建筑 31 处、树木 2.05 万棵、坟墓 281 座。完成京唐高铁香河站站房规模调整工作，站房规模从原设计 8000 平方米调整为 1 万平方米。推进征地拆迁工作，4 月 4 日，召开京唐铁路征地拆迁工作会议，启动征地拆迁工作，截至年底，施工临时用地已交付 51.5 公顷（773.36 亩），红线永久用地已交付 70.6 公顷（1058.39 亩）；首批 13 处控制性节点工程全部进场施工，桩基工程、承台墩身全部建成，架梁施工完成 50%以上。

京唐铁路施工现场　　县支油支铁服务中心供图

（刘洪霞）

## 新民居建设

【概况】　2019 年，香河县加快新民居建设和提升城市品位，以“产城结合、以人为本，村民自愿、集体申报，资格准入、公平竞争，集中回迁、跨区安置”为原则，加快农村新民居建设步伐，积极推进城中村和老旧小区改造，着力实现群众居住条件和城市形象品质的“双提升”。

【农村新民居建设】　截至 2019 年年底，香河县在省自然资源厅报备新民居建设增减挂钩项目15个，涉及7个镇(园区)83个村街，村址占地1955.8公顷（29337亩）。建设回迁社区12个，其中，涉及启动回迁工作的5个镇（园区）、21个村街、3295户、11571人、3626处宅基地，村址面积296.41公顷（4446.11亩），签订拆迁改造协议2985户，回迁2978户10123人，回迁率90.38%，拆除旧宅2791户，拆旧率84.65%，涉及拆旧复垦村街10个，村址面积176.41公顷（2646.19亩）。推进钱旺镇大六王村回迁工作。钱旺镇大六王村启动回迁工作，签订拆迁安置补偿协议并进行抓阄选房工作，全村297户、1413人、425处宅基地，村址面积22.17公顷（322.598亩）。签订安置补偿协议237户，回迁235户、1182人，回迁率79.12%，拆除旧村址234户、涉及349处宅基地，拆旧率78.79%。推进全县"村改居"工作。做好全省盘活存量土地试点工作，深入推进全县村改居工作，按照《香河县盘活存量建设用地试点工作实施方案》具体要求，编制专项规划，委托市规划设计院对香河县新型城镇化工作进行专项规划编制，形成《规划编制方案讨论稿》。调整完善政策。制订《香河县"村改居"建设管理办法》初稿，明确新的工作模式、补偿标准、工作程序和管理方式。制订《香河县"村改居"工作流程图》初稿，明确工作步骤和程序要求。制订《香河县"村改居"建设项目拆迁安置补偿方案》初稿，统一安置补偿标准，宅基地补偿采用货币加房屋产权置换的，按宅基地证载面积置换还迁楼房，地上附着物按评估价格计算货币补偿；在生活保障方面规定统一为回迁村民办理养老保险，进行专户管理，免除回迁群众后顾之忧；村集体用房按比例置换商铺作为办公、公服用房；村内道路、坑塘、闲散地等在扣除回迁楼、公共配套设施后剩余面积，开发企业按征地区域补偿价格的标准补偿给村集体，增加集体资金积累，由村集体统筹使用。

**【城中村与旧城改造】** 截至2019年年底，全县49个城中村中，有48个村街与14家开发企业签订开发改造协议。启动城中村改造村街17个，涉及4303户、15214人、4982处宅基地，村址面积248.52公顷（3727.85亩），签订拆迁安置补偿协议3124户，签字率72.6%。其中，有16个村街建设回迁楼，15个村街2756户、9262人实现回迁，回迁率64.05%，拆除旧宅2941户，拆旧率68.35%。全县有18个旧城改造项目建设回迁楼，有3189户、9536人实现回迁。

（刘洪霞）

# 生态环境

责任编辑　杨东林

## 综　述

2019年，香河县生态环境保护工作在县委、县政府和廊坊市生态环境局的领导下，在廊坊市生态环境局香河县分局及各镇（社区）、园区、相关部门的共同努力下，圆满完成省、市下达的各项任务目标。一年来，全县上下全力以赴抓源头、重保护、严治理，县域生态环境质量持续改善。空气质量稳定向好。燃气锅炉氮氧化物治理、重点行业企业门禁视频联网等工作圆满完成，抑尘、清煤、控车等大气污染防治措施严格落实，“煤替代”工程安全运行，空气质量持续提升。水体质量持续改善。“河长制”全面落实，累计巡河2万余次，处理解决问题420余个。河渠“清四乱”专项行动扎实推进，“一河一策”问题整改到位，共拆除违建、围网养殖83处，清理垃圾6.1万立方米，北运河、潮白河、青龙湾减河等主要河流达到地表水V类标准。土壤环境承载力稳步提升。开展化肥农药使用“零增长”行动，64家养殖场粪污处理设施全部建成，规模养殖场废弃物资源化利用率75%。年内，廊坊市生态环境局香河县分局严格落实各项治理措施，强力推进生态环境保护工作，集中力量打赢蓝天、碧水、净土保卫战和生态环境风险防范攻坚战。贯彻落实河北省大气污染防治3年行动计划实施方案，坚持科学施治、标本兼治；贯彻落实水污染防治“国10条”和“省50条”，坚持系统治理、综合施治，重点河流水质明显好转；贯彻落实《河北省“净土行动”土壤污染防治工作方案》，全力推进土壤污染治理；加强生态环境风险防范，严格生态保护红线准入，把生态保护红线作为全县国土空间开发的底线，推进生态环境风险隐患大排查大整治，强化专项执法，严防问题反弹。

## 生态环境管理

【概况】　2019年，廊坊市生态环境局香河县分局强化环境管理，加大生态环境执法力度，依靠省控和市控环境空气自动监测站、远红外报警系统、污染源在线监控等科技手段，实时掌握区域环境质量及重点企业的污染排放情况，严厉打击违法排污企业。坚持执法与服务并重，服务项目建设，促进经济可持续发展。加强宣传，提升全社会自觉保护环境的法律意识和自觉性，让香河的天更蓝、水更清。

【生态环境执法】　强化依法治污，始终保持生态环境执法高压态势。2019年，廊坊市生态环境局香河县分局联合公安、综合执法、各镇政府等部门，共出动执法人员3100余人次，开展夜查、晨查120余次，立案处罚148件，处罚金额717.63万元，行政拘留10人，对破坏生态环境者形成有效震慑。落实市委、市政府关于生态环境综合执法“局队合一”要求，12月12日，廊坊市生态环境局香河县分局举行“局队合一”揭牌仪式，香河县生态环境综合执法大队挂牌成立。实施执法网格监管责任制，分局班子成员兼任执法大队大队长、副大队长，同时兼任执法监管网格化管理的网格长、副网格长。

**【环保督查】** 配合国家生态环境部、省环境保护厅对香河县进行督导检查。“2019－2020年生态环境部蓝天保卫战强化监督及定点帮扶行动”中，蓝天保卫战强化监督涉及香河县环境问题49件，已按要求整改，并按规定时限完成；重点区域定点帮扶涉及香河县180个问题，全部完成整改；“2019年河北省第二轮环境保护督察群众举报问题情况”，督察组向香河县交办102个环境信访问题，其中，属实案件96件，不属实6件。截至年底，完成整改96件，整改率100%。

**【ISO 14001环境管理体系审核】** 8月27日，香河县ISO 14001环境管理体系进行内部审核，对县发展和改革局、自然资源和规划局、水务局、应急管理局4家单位进行审核，未发现体系运行存在观察项和不符合项；8月29日，进行县级监视和测量，对县住房和城乡建设局、环卫部门、农业农村局、市场监督管理局4家单位进行监测，未发现体系运行存在观察项和不符合项；9月25－27日，国家生态环境部认证中心专家刘晓飞、唐永团对香河县进行监督审核，25个认证主体部门接受审核，对污水处理厂、垃圾填埋场和河北双叶家具有限公司进行检查，均未发现体系运行存在观察项和不符合项。

**【远红外报警系统建设】** 为做好秸秆、杂草、落叶、垃圾等焚烧的火情监测，全县完成24个点位视频安装并与市级联网，实现视频监控和红外报警系统全覆盖。进行实时监控，做到及早发现火源并及时处置。

**【辐射源监管】** 2019年，全县有15家持证辐射企业，其中，涉放射源单位3家，含Ⅱ类放射源1枚，Ⅴ类放射源3枚。年内，对涉放射源及射线装置单位按照规定检查25次，接受省、市辐射防护与安全检查组抽查2次，联合廊坊市通信发展办公室对通信基站进行随机抽查。加强对辐射源的监管，提升辐射源的安全性。

**【城市声环境质量监管】** 制定《香河县声环境功能区划分方案》，对全县声环境功能区进行划分，为全县总体布局、构建和谐香河提供科学依据，并为区域内环境质量评价、建设项目审批、噪声污染纠纷评判提供依据。

**【服务经济发展及项目建设】** 树立执法与服务并重的理念，实施精细化、差异化应急管控措施。建立生态环境监管正面清单，2019年，全县有10家重点工程项目、战略性新兴产业、重点出口企业列入河北省生态环境动态监管正面清单，免于一般性执法检查，在重污染天气应急响应期间不限产、不错峰、不检查、不打扰，助推企业绿色发展。

推进传统产业改造提升，聘请北京环境科学院清洁生产中心，结合香河县实际情况，制定《香河县家具行业环境整治提升方案》，督导推进家具制造传统产业改造提升。

优化建设项目环境准入审批流程，简化办事程序，全面落实限时办结制度，年内，195个建设项目通过环评审批，审批效率提升90%。

严格执行国家产业政策及京津冀协同发展领

导小组办公室制定的《河北省京冀交界地区新增产业的禁止和限制目录》，对禁止、限制、淘汰等项目不予审批，控制新污染源的产生，改善城乡总体环境质量。

开展“双创双服”“三深化三提升”活动。5月14日和22日，分别到香河伊斯曼乐器有限公司、喜临门北方家具有限公司，解答环境影响评价等方面的问题。

**【环保培训】** 2019年，组织2期全县企业环保知识培训班，学习《中华人民共和国环境影响评价法》《中华人民共和国水污染防治法》《中华人民共和国大气污染防治法》，讲解《中华人民共和国环境保护法》规定的企业应履行的主体责任、《最高人民法院、最高人民检察院关于办理环境污染刑事案件适用法律若干问题的解释》以及环境保护责任追究等方面案例。并就企业提出的新建、扩建、改建项目，违规建设项目，批建不符项目如何办理排污许可证等问题进行解答。

**【提升执法人员的业务素质】** 邀请法律顾问进行环境行政执法业务培训。结合环保局行政执法工作特点，讲解证据的基本特征、证据的地位和作用、证据的种类、对证据的要求、执法人员如何取证等方面知识。采取以案说法的形式，解读《中华人民共和国环境保护法》在环境执法中常见的问题，提高了执法人员的执法能力。2019年，廊坊市生态环境局香河县分局有25人通过了行政执法考试。

**【环保宣传】** 6月5日，是第48个世界环境日，围绕“美丽中国，我是行动者”主题活动，聚焦蓝天保卫战，通过进农村、进社区、进学校、进企业、进超市等行动，开展环境保护宣传。在香河县委广场设置“环境执法污染投诉”咨询服务台，摆放展板20块，发放宣传手册2000余份，环保袋1500余个，印有“美丽中国，我是行动者”的纸抽1000盒，解答群众咨询150余次。同时通过广播、电视、微信平台等宣传环保知识。

**【信访工作】** 2019年，廊坊市生态环境局香河县分局接到上级交办信访案件588件。其中，“12369”环保举报系统292件（部级12件、省级46件、市级34件、县级200件），河北省环保举报系统28件、省级纸质版信访12件、市长热线208件、市“12369”交办48件。案件全部办结。

## 大气污染治理

**【概况】** 2019年，香河县空气质量综合指数5.23，降幅3.86%；PM2.5年均浓度44毫克/立方米，降幅13.73%，优良天数246天，达标比例67.4%。各项指标均居全市前列，在河北省8个大气污染传输通道城市所辖的134个县（市、区）中，香河县3月、4月、8月，综合排名分别为第4、第2、第5位，分别获得38万元、46万元、34万元奖励。2019年，在河北省大气污染综合治理考核中取得良好等次。

**【财政资金投入】** 2019年，全县投入27915.37万元用于大气污染防治，其中，省级资金4079.93万元；县级资金23835.44万元。“气代煤”“电代煤”投入19774.99万元，包括“气代煤”“电代煤”运行补贴，“气代煤”“电代煤”工程补贴，“气代煤”土石工程、天然气应急采购差价补贴等。燃煤锅炉淘汰改造投入7166.04万元，包括10蒸吨以下燃煤锅炉淘汰补助、35蒸吨及以下燃煤锅炉淘汰改造补助、大型燃煤锅炉超低排放改造补助、热力并网及二次管网维修改造补贴等。投入974.34万元，用于监测能力建设和全国污染源普查。

【大气污染监测】 2019年，全县有省控环境空气自动监测站2个，分别位于香河县第一中学和香河县第二中学；市控镇级环境空气自动监测站9个。均已完成国标六因子升级改造任务。

【“散乱污”企业治理】 按照《省大气办关于印发河北省“散乱污”企业持续整治专项行动方案的通知》（冀气领办〔2019〕20号）文件精神，严格落实“散乱污”企业整治长效管控措施，不间断巡查和突击检查，同时对照整治台账开展“回头看”，取缔回流、反弹“散乱污”企业，年内取缔“散乱污”企业25家。会同县大气办、县工业和信息化局和供电部门，对全县工业企业及农业农村用电户开展排查，发现无环保手续企业788家，关停取缔766家，22家进行整改提升并通过验收。

【重污染天气应对】 根据污染源解析结果和主要涉大气污染物排放构成，科学标定应急管控重点对象，对工业源项目清单中的企业生产活动全过程进行监控，对989家企业制定应急减排措施。逐个排查涉气污染源，摸清污染物排放情况。指导企业制定实施重污染天气应对“一厂一策”方案，结合企业的行业分类、企业坐标、生产工艺、涉气产污环节、污染物排放等基本信息，细化完善预警应急减排措施，明确具体的停产生产线，掌控企业生产中的天然气使用量、污染物排放量和用电量关键性指标。

【重点行业企业在线监测】 对重点行业、企业料堆场实行在线监测。按照廊坊市生态环境局《关于督导重点行业企业料堆场安装视频监控和PM10在线监测设备的紧急通知》要求，对2家建材企业、8家搅拌站、4家铸造企业安装视频监控和PM10在线监测设备，安装率达100%。

重点排污单位自动监控安装联网。按照《廊坊市生态环境局办公室关于开展2019年重点排污单位自动监控安装联网工作的通知》要求，对县内4家热力公司、4家污水处理厂和中粮可口可乐华北饮料有限公司，安装污染源在线监控系统并与市级监控平台联网，数据进行实时上传监测。

【涉气企业帮扶】 制定《香河县家具生产企业整改规范（试行）》。成立6个帮扶组，18个帮扶整改小组，开展为期1个月的涉气企业帮扶整改活动。对全县家具制造、包装印刷、人造板制造等981家涉气企业进行帮扶，发现问题7283个。对问题企业停产整治，责令按期完成整改。同时填写香河县生产企业问题整改及企业承诺表、香河县生产企业问题整改验收表。

【重点工业企业分表记电】 按照廊坊市大气办《关于在全市范围内开展重点工业企业治污设施与生产设施分表记电工作的通知》（廊气办字〔2019〕32号）《关于加快推进工业企业分表记电工作的通知》（廊气办字〔2019〕93号）要求，对涉气企业、污水处理厂、年产生10吨（含10吨）以上危险废物企业以及危险废物（含医疗废物）处置企业实施分表记电。通过政府采购的方式，聘请专业公司实施分表记电项目，年内，系统开发完毕、电表安装到位。

【污染源减排】 2019年，完成6项减排工程，分别是县三强污水处理厂、工业区污水处理厂、葆丰热力有限公司、三强热力公司、西城热力公司、九矗热力有限公司。是年，香河县COD、氨氮、二氧化硫、氮氧化物4种主要污染物分别消减为27.06吨、15.94吨、749.09吨、203.94吨，同比分别消减10%、7%、45%、25%。

【锅炉改造】 开展燃气锅炉低氮改造。按照河北省大气办《关于开展燃气锅炉氮氧化物治理工作的通知》要求，全县150台燃气锅炉于2020年10月底完成低氮改造（烟尘≤5毫克/立方米、$SO_2$≤10毫克/立方米、$NO_x$≤30毫克/立方米）任务。2019年，省下达改造任务103台，全部完成改造。

35蒸吨以上燃煤锅炉超低排放改造。按照《廊坊市燃煤锅炉改造提升三年作战计划》要求，2019年10月底前完成热力公司15台35蒸吨以上大型燃煤锅炉超低排放改造（烟尘≤10毫克/立方米、$SO_2$≤35毫克/立方米、$NO_x$≤80毫克/立方米）。

【餐饮油烟管控】 对全县203家餐饮单位油烟净化设施安装使用及运转情况进行监管，打击油烟净化设施不正常运转的环境违法行为，确保生产经营过程中环保设施正常使用，污染物达标排放；对城区烧烤经营点、露天油烟直排及餐饮单位进行重点检查，发现油烟直排2262次，均依法依规给予处罚。

【车辆排放管控】 全县有非道路移动机械891台，上报市生态环境局备案。对全县20家汽车销售公司在售车辆是否符合国六标准进行检查，对方晟机动车检测有限公司、双安机动车检测服务有限公司的日常运行、设备使用维护、检测人员水平进行检查，10月16—18日，聘请资质公司对45辆柴油货车进行路检，对不符合排放标准车辆进行处置、处罚。为减轻机动车排放对大气造成的污染，香河县自2013年11月2日，实行机动车尾号限行措施，对尾号1和6、2和7、3和8、4和9、5和0（尾号是字母的按0号）的机动车，每周一至周五限行1天，按季度轮换，限行区域为县城城区道路。

【加油站监管】 对全县41家加油站点经营过程中油气回收装置安装使用情况进行监测，每月对加油站点油气回收装置运转使用情况进行抽查，重点打击经营过程中不正常运转油气回收装置的环境违法行为，对存在超标排放企业，依据相关环保法律法规进行高限处罚。

## 水环境治理

【概况】 2019年，全县水环境质量持续改善，主要河流的地表水质量达到国家、省、市考核标准，在全市地表水考核中名列第一。全面落实“河长制”，继续开展北运河、潮白河等重点河流干渠的综合整治，对纳污坑塘建立长期管控机制，全面启动集中式饮用水水源保护区规范化建设，建立香河县水环境智慧管理服务平台，进一步提升水环境管理的能力和水平。开展重点河流入河排污口摸底排查及处置工作，全力推进农村生活污水治理及畜禽粪便无害化处理。

【水环境质量状况】 2019年，县域内2条重点河流（潮白河、北运河），3个国省考断面（潮白河入境吴村断面、出境大套桥断面和北运河出境土门楼断面），均达到地表水Ⅴ类水体标准，符合生态环境部、省生态环境厅、市生态环境局考核要求。其中，北运河出境土门楼断面达到Ⅳ类水体标准，提前完成“十三五”考核目标要求。市控小友垡排干渠入北运河口断面达到地表水Ⅴ类水体标准，达到考核要求。9月、11月、12月，香河县在全市地表水考核中均排名第一位，分别获得240万元、135万元、100万元奖励。

【北运河综合治理】 2019年5—7月，在北运河流域27个村街开展涉水环境排查整治专项行动，对排查出的生活污水、工业污水、生活垃圾和农业废弃物、固体废物、畜禽养殖等建立台账，同时加大监测监管力度，由每月一测改为每周一测，及时掌握水质变化情况。

【潮白河综合治理】 邀请国家生态环境部环境科学研究院教授苏一兵、北京大学教授郭怀成等，对潮白河进行现场勘查，召开咨询论证会，按照水环境治理专家意见进行整改。加快实施潮白河清淤工程，确定清淤环保技术方案。加强对河流出入境考核断面的巡察监管，进行不间断巡察，并强化措施，防止出现倾倒生活垃圾、污水及其他排污行为；对大套桥断面、百家湾排干渠、田贾庄排干渠、堤内死水渠等水域打捞垃圾、杂草、浮萍等300余吨。

【小友垡排干渠整治】 督促香河经济开发区做好园区污水闸门的密闭工作；加强对平安污水处理厂的巡察监管力度，确保企业污水达标排放；封堵沟渠排污口，清理垃圾杂物，并加大巡查频次；做好砾石床的运营运维工作。

【入河排污口排查】 2月14日至3月5日，开展重点河流入河排污口摸底排查，排查入河排污口26个。其中，有排污手续的3个：三强污水处理厂排污口、现代污水处理厂排污口、安头屯污水处理厂排污口；有12个雨水排口：刘宋镇亮洁汽车美容装饰北侧排口、香河县第四中学东侧排口、刘宋集贸市场排口、刘宋镇幞头屯加油站排口，淑阳镇大王庄西南角2个排口，环保产业园李辛庄村东排口、李辛庄桥头排口，五百户镇头百户村头排口、五百户村北排口；其余11个排污口分别整改，封堵汽配城东墙外排污口、青海城排污口、嘉亿隆北小桥排污口、佳森纸业排污口、众旺木业排污口、美墅杉小区入河排污口，天琴湾1期东侧排污口、 经纬家具城南排污口接入市政管网,平安污水处理厂排污口、开发区污水处理厂排污口、双安屠宰厂排污口进行排污手续办理。

【水源保护区规范化建设】 7月12日，县城区集中式饮用水水源保护区划定技术报告获省政府批复。饮用水水源保护区内存在的环境问题由县住建局牵头，市生态环境局香河县分局、淑阳镇、新华街社区办、新开街社区办共同解决。启动镇级集中式饮用水水源地（国兴水业、现代水业、潮东水业、安平水厂）保护区划定及规范化建设工作，聘请第三方专业技术公司编制《集中式饮用水水源保护区划分技术报告》，已完成初稿。

【纳污坑塘管控】 县境内有纳污坑塘340个，其中，有水坑塘163个、无水坑塘177个，于2018年年底通过验收。市生态环境局香河县分局督促并协助各镇建立完善坑塘水环境长效安全保障机制，明确专人负责，定期对坑塘开展检查。

【农村生活污水治理】 2019年，全县完成30个村庄的生活污水治理，其中，纳入污水管网22个、建设集中式污水处理设施6个、建设分散式污水处理设施2个。有114个村庄生活污水得到有效管控。完成年度任务目标。

【水环境智慧服务平台】 2019年，为确保县内国家、省、市控水断面各项考核达标，聘请第三方专业公司打造香河县水环境智慧服务平台，经过现场勘查，制定长效管控工作方案（初稿）。

【水质监测站建设】 2019年，在潮白河橡胶坝院内新建市级水质自动监测站，此项目是中央环保督查整改项目，建成并投入试运行。

## 土壤环境治理

【概况】 2019年，制定《香河县净土保卫战工作方案（2019—2020）》及《香河县土壤污染防治工作要点》，完善《香河县“净土行动”土壤污染防治工作方案》，全面推动重点行业企业用地土壤污染状况调查、农用地土壤污染详查、产粮（油）大县耕地土壤环境质量类别划分、严格建设用地准入管理、生态保护红线勘界、危险废物排放监管等土壤污染防治重点工作开展。

【土壤污染状况调查】 做好省生态环境厅部署的农用地土壤污染状况详查，完成土壤样品采集。加强重点行业企业用地土壤污染状况监管，对香河万水环保材料有限公司、安洁垃圾填埋有限公司，按时监测，并向社会公开。组织开展涉重金属行业企业排查整治专项行动，完成年度重金属减排目标。

【农用地分类管理】 加强优先保护类耕地管理，优先保护未污染的农用地，将符合条件的优先保护类耕地划为永久基本农田或纳入永久基本农田整备区，确保耕地面积不减少，土壤环境质量不下降。

【建设用地准入管理】 严格实施建设用地准入管理，建立建设用地土壤环境调查评估制度，对全县拟出让的102宗土地进行土壤环境污染情况调查，通过土壤9项因子检测，精准掌控土地污染现状。

【生态保护红线勘界】 完成生态红线勘界年度任务。2019年，全县生态保护红线面积为7.88平方千米，占全县面积的1.76%，集中分布在潮白河和青龙湾流域。潮白河流域生态保护红线位于河道、滩地内，呈西北—东南走向，经蒋辛屯镇苍头村、王店子村至渠口镇小高坨村、荣各庄村等；青龙湾流域生态保护红线位于河道内，呈西北—东南走向，经钳屯镇红庙村至五百户镇仉村、刘宋镇中营村等。经过3次摸排，未发现侵占生态保护红线现象。

【农村垃圾无害化处理】 2019年，香河县对农村环境开展综合整治，村街生活垃圾及时清运并进行无害化处理，达到生活垃圾无害化处理率大于等于70%的标准。

【畜禽养殖粪污无害化处理】 以规模养殖场为重点，推进源头减量、严格过程控制、强化末端利用、落实主体责任，加快畜禽养殖粪污处理设施建设，提高养殖废弃物资源化利用，构建种养结合、农牧循环的长效机制。制定《香河县畜禽养殖禁养区限养区适养区划定方案》。辖区内规模化畜禽养殖场粪污处理设施装备配套率达到100%。

【灌溉农用机井排查】 2019年，对县内农用机井进行摸底排查，经排查，全县有灌溉农用机井5467眼。在摸底排查中对灌溉农用机井出水色度、浑浊、异味等进行检查，无疑似污染现象。

【危险废物排放监管】 加强对涉及危险废物排放的企业进行执法监管，督促企业填报“河北省固体废物信息管理平台”中的相关信息，确保涉及危险废物排放的企业在危险废物产生、储存、运输等环节不造成二次污染。

【生态环境整治】 组织开展生态环境大排查大整治“回头看”行动，重点对违规建设项目、饮用水水源保护区和生态保护红线内违规问题，进行全面核查，落实“环境有价、损害担责”的环保理念。

（杨　旭）

# 金　融

责任编辑　刘士刚

## 综　述

2019年，香河县金融业全面贯彻执行国家金融管理政策，加快经济转型，实施创新机制，科学把握存贷款业务和国债发行、国际金融证券等业务；加强队伍建设，内强素质，外树形象，不断满足社会经济与人民群众对金融事业的需求。整体上稳金融、稳外资、稳投资；下功夫处理好稳增长与防风险的关系，处理好宏观总量与微观贷款的关系，用好担保机制，用好国债；完善香河县大中小金融机构健康发展格局，健全正向激励机制；重拳打击非法金融活动和非法金融机构专项活动。科学严谨的金融运行机制，有效促进了香河县银行业与保险业健康、平稳、有序的发展。

## 银行业

【概况】　2019年，香河县银行业围绕县域经济特色产业发展，持续推进金融体制改革，不断丰富银行业服务内容，加强内部管理，提高履职水平，强化抵御风险的能力，维护银行业稳定运转，服务方式不断满足人民群众和经济发展的实际需求，实现了银行业自身的稳定运作与发展，有效地促进全县精神文明建设与物质文明建设。全县多元体制的银行业服务单位发展到14家，呈现稳定的发展趋势，实现自身发展与服务经济的有机结合，有力地促进了香河县经济繁荣与稳定。截至年底，全县银行业实现各项存款余额483.6亿元，比年初增加12亿元；各项贷款余额622.9亿元，比年初增加16.7亿元。

【中国人民银行香河支行】　2019年，中国人民银行香河支行（简称人行香河支行）有在职员工25人，党员16名，专业技术人员14人，其中，中级职称7人，初级职称7人。

支持实体经济发展。2019年，人行香河支行推进优质企业精准对接工作，认真督导，与部分银行深入企业走访，在进行的5轮优质企业精准对接工作中，14家金融机构走访了2876家企业，发放企业贷款86户，贷款金额总计102137.8万元。推进新型农业经营主体主办行制度在辖区的实施，香河县“主办行”支持新型农业经营主体132家，贷款余额34934万元。

防范金融风险。以防为主、防治结合、深化金融风险防控工作。做好存款保险系统正式上线工作；严格落实金融机构重大事项报告和风险提示制度，加强利率监测分析，督促金融机构维护好辖区市场利率定价秩序；加强贷款行业分布风险监测，并作为信贷投向调整的政策引导依据，对地方法人金融机构的风险监测分析，及时掌握辖内法人金融机构流动性状况；推进廊坊市金融机构个人购房按揭贷款，房地产抵押品贬值信贷风险监测制度在香河辖区的实施，防范金融风险；组织开展“防范和打击非法集资”宣传活动。

涉外贸易及监管。人行香河支行通过实地走访、发放宣传页、利用微信群等方式，宣传货物贸易外汇管理政策、跨境人民币业务、个人外汇业务等相关知识和政策，帮助香河万有家具有限公司和香河工艺品有限公司解决收汇困难问题。抽查 17 家涉外企业现场核查货物流与资金流匹配表。8 月，完成货物贸易专项核查和部分银行的国际收支现场核查工作，对国际收支申报不及时的企业负责人进行了约谈。

提升金融服务水平。2019 年，取消企业开户许可政策在辖区内顺利实施，完成企业开户 1102 户，企业账户变更 198 户，撤销 296 户，改善了营商环境。开展电子退税，简化流程，加快退税审核，办理小微企业退税 8697 笔，金额 146.72 万元。组织辖区内 14 家金融机构开展“反假货币小超人”答题活动，参加答题人数 22128 人，完成上级下达任务的 111.76%。推进征信查询服务工作，是年，个人查询 24906 次，企业用户查询 268 户，上报征信信息调研 8 篇，被中国人民银行河北分行采用 1 篇。开展形式多样的金融维权系列宣传活动；开展“扫黑除恶”宣传，召集银行机构、保险机构召开座谈会，主动配合政法机关开展“扫黑除恶”专项斗争。

队伍建设。人行香河支行组织选派 3 人次参加中国人民银行举办的培训班，组织 117 人次参加涉及破产重整、财税编译、金融消费者权益保护、跨境人民币、节能减排等 20 余项视频培训班；先后举办了公文、保密知识、外汇知识、结算知识等培训，参加人员总计 97 人次。参加会计财务系统岗位练兵，实现全年会计核算业务零差错，综合业务部集体、ACS 操作人员，受到中国人民银行廊坊支行表彰。

安全防范。加强内部审计，对预算管理进行了专项审计，荣获中国人民银行廊坊支行审计项目评比二等奖。做好安全保卫工作，深入开展安全隐患排查，对消防器材彻底进行检测加压，对配电室、车棚、后勤库房的灭火器予以更新补充。加强安全防护设施建设，对外围院墙加装了铁丝防护网，对办公楼纱窗统一更换为防盗金刚网，提高了安全系数。加强应急管理，开展桌面应急演练，发生紧急情况按程序及时上报并做好应急处置。

工作创新与影响力。加强对辖区内银行外汇及跨境人民币（以下简称“本外币”）业务的监管，制定实施《香河县外汇指定行本外币分类管理考核办法》。该办法被中国人民银行廊坊支行以文件形式（廊汇管〔2019〕2 号）转发。参与中国人民银行香河县支行预算管理专项审计，受到中国人民银行廊坊支行的通报表彰（廊银内审〔2019〕10 号）。主办拍摄的廉政微电影、合作参与的廉政文化建设手册，被中国人民银行天津分行以信息形式进行经验推广。参与国库财税编译工作，全年上报编译信息 93 篇，总库采用 5 篇；总库采用的 5 篇编译信息，在河北省国际财税编译工作培训会上做编译经验交流。

（王　希）

**【中国农业银行股份有限公司香河县支行】** 2019 年，中国农业银行股份有限公司香河县支行（简称农行香河支行）贯彻落实县委县政府、上级银行和监管部门各项决策部署，突出“抓党建、夯基础、强队伍、谋发展、控风险”5 项重点工作，积极应对严峻的外部经营环境，取得较好经营业绩。截至年底，农行香河支行本外币各项存款余额 70.3 亿元,本外币各项贷款余额 100.3 亿元，累放 7.58 亿元。实现拨备后利润 28584 万元，实现中间业务收入3426万元。年内，分别获得省、市农行系统“先进单位”荣誉称号；被中国农业银行总行评为“安全保卫工作先进单位”。

认真履行普惠金融职责。农行香河支行将发展“三农”业务提高到战略高度，紧扣农业结构性改革，扎实推进“三农”金融服务，树立服务“三农”品牌形象。截至2019年年底，县域涉农、小微企业贷款全部达到监管要求。为128户企业发放纳税e贷5816万元，办理线下税e贷840万元。

支持县域园区建设。制定实施《扫园区工作方案》，服务园区经济建设，截至年底，扫园区新开对公目标客户457户，完成率282%；时点存款8001万元，完成率619%。

加强良性的银政、银企关系。始终保持与系统性、垄断性机构类客户的联系和沟通，筑牢银政、银企合作关系，年内，县财政局、县人力资源和社会保障局、全县所有医保定点单位、中小学教育机构等164户全部落户农行香河支行，实现机构存款8.4亿元。

进市场、进乡村“双进”工作成效。以特约商户为突破口，带动个人客户提质工作，截至12月底，个人有效加权账户13257户，互联网场景商户90户，个人理财14.44亿元，签订大额存单5.6亿元，专业市场版布放2400余个。年内，制定出台《ETC营销方案》，安装ETC12440户，其中，线上申请6650户，线下安装5790户。

加强对个人住房贷款不良业务管控。受房地产的宏观调控政策及经济下行影响，房地产市场及商品房价格下调，不良贷款管控压力凸显。农行香河支行严把客户准入关，按政策调整购房客户首付比例；加大逾期贷款催收力度，严控不良发生。截至年底，个人不良贷款余额590万元，不良率严控在0.05%以内,圆满完成不良贷款控制目标。

员工素质提升。强化政治学习和业务知识、业务技能的培训，提升员工服务水平，提高全员整体素质。发挥党员表率作用，开展“弘扬爱国奋斗精神、建功立业新时代”创先争优活动，党员领导干部以优良的业绩、勇于担当的魄力、敬业履责的实干精神，带领广大干部员工创先争优。坚持前后台交流、机关网点交流和岗位轮换的常态化机制，让人“动起来”，思想“活起来”，员工的闪光点“亮出来”，注重人才的发现培养，增加员工岗位危机感，促进个人潜能的发挥和综合素质的提升。选对人，用好人。在干部选拔任用上坚持德才兼备原则识人，凭工作实绩用人，大胆选用有担当、有胆识、有干劲的年轻人担任中层重要岗位，为他们提供展示平台，充分体现自身价值，更好地促进业务健康发展。加强人文关怀，提升凝聚力。开展丰富多彩的文体活动、拓展训练、健康体检等，娱悦身心、强身健体；深入网点开展座谈，做员工的知心人，解难人，提升全员合力。

强化内控监管，严肃执纪问责。组织全员学习《员工违规行为处理办法》《问责办法》《关于强化责任追究工作的若干意见》等一系列规章制度，明确从严处理的若干典型违规问题等，提升全员合规意识。加大对潜在风险隐患，尤其是屡查屡犯问题处理力度，对出现的违规违纪等风险事项发现一起、通报处理一起，对相关责任人员进行连带处罚。严格执行上级行关于责任追究的相关规定，强化执纪问责职能，2019年，对问题责任人依法依规严格处理，有效发挥了执纪问责的震慑作用。

（郎瑞芸）

**【中国工商银行股份有限公司香河支行】** 2019年，中国工商银行股份有限公司香河支行（简称工行香河支行）围绕“夯实业务基础、创新转型发展”做文章，克服经营困难，外拓市场，内强素质，充分调动员工积极性，防范风险，稳健发展。截至年底，各项存款余额46.9亿元，较年初增长4.08亿元，其中，个人存款余额38.82亿元，对公存款余额8.08亿元；各项贷款余额119.78亿元，其中，个人贷款余额108.19亿元，公司贷款余额11.59亿元。实现拨备前利润2.94亿元，净利润2.4亿元。全量个人客户拓展净增9214户，公司客户净增299户。

全量客户拓展。找准业务发展着力点，以市场为中心，以客户为重点拓展市场。年初完成对市场和客户的细分，针对工行香河支行客户结构现状，制定具体的营销计划。以“客户发展大干500天”活动为契机，加快落实坐商向行商转变，做业务向做客户转变。组织开展“迎三八·鲜花送女企业家”活动、“相约春天·相伴同行”银企联谊春游活动、“走进大爱书院”志愿活动、“粽子传情·温暖客户”活动等，增加客户黏性，提升客户增量。年内实现个人客户净增9214户，公司客户净增299户，实现存款增长4.08亿元。

中间业务开展。2019年，实现中间业务收入1452万元，较同期增长469万元。积极推动大零售业务转型，开展精准营销，做大结算、理财、基金、保险等个人金融资产池，做强年轻客户和中高端客户群等客户基础；组建营销团队，以家具城、石材城为中心，加快信用卡、POS机、二维码支付结算精品产品营销。

公司存款营销。细化公司客户，以域外重点房地产客户为攻坚突破口，走访营销，实现对公存款增量较大突破，较同期增长2.63亿元；机构存款增1.52亿元。

ETC实现快速发展。工行香河支行贯彻国家、上级行ETC发展方针政策，多点发力拓展ETC市场，充分利用赠送OBU设备、高速通行打折、赠加油卡等各种优惠，坚持线下落地与线上应用相结合，网点“零售”和信贷“批发”相结合，公私联动，分层营销；对接政府、企事业单位，争取扩大ETC业务覆盖面；开展进社区、进乡村、进高速站、进4S店以及洗车店等活动，实现ETC快速增长。截至年底，办理ETC8240个，业绩居廊坊市工商行系统前列。

金融知识宣传。工行香河支行履行社会责任，开展进社区、乡村、企业、学校开展金融知识宣传活动，防范和打击非法集资宣传教育活动，3·15金融消费者权益保护宣传周活动，打击防范电信诈骗宣传活动，金融知识进万家宣传活动等，提高人民群众安全防范意识，提升人民群众金融知识水平，营造良好的金融社会环境。

内控案防管理。开展“零风险闯关”活动，利用电话、上门服务、法律手段等措施，加大不良贷款催收力度，确保资产业务良性运作。2019年，工行香河支行实现全年无重大风险事件和安全事故，业务安全稳健运营。

（黄　娜）

**【河北香河农村商业银行股份有限公司】** 河北香河农村商业银行股份有限公司（简称香河农商银行），是在原香河县农村信用合作联社基础上，改制成立的股份制商业银行，于2018年5月18日正式挂牌开业。2019年，香河农商银行坚持服务“三农”、服务县域、服务中小企业，不断开拓创新，深化改革，全方位为香河人民提供更好的金融产品和服务，用责任和担当为县域经济腾飞助力提速。截至年底，共有29个营业网点，在职员工337人，各项存款余额143.78亿元，各项贷款余额106.62亿元。

机构网点。香河农商银行设有部室16个，分别为综合办公室、人力资源部、党委办公室、信贷管理部、小贷中心、市场拓展部、风险合规部、计划财务部、结算管理部、资金营运中心、审计部、纪检监察室、安全保卫部、科技部、营业部、客户经理部。20个支行，8个分理处，11个小贷中心，辐射县域内全部乡镇。

存款业务。截至2019年年底，各项存款余额

143.78亿元，比年初增长10亿元。其中，储蓄存款余额115.85亿元，比年初增加7.31亿元;对公存款余额27.93亿元，比年初增加2.7亿元。依据制定的存款营销方案，开展了“存款积分送好礼、‘三八’妇女节购物送礼、教师群体智能存款”等活动，各网点结合本地实际做好宣传，开展入户精准营销，保证了存款稳定性。稳定对公存款，各网点加强结算渠道和电子银行渠道的便捷性宣传，提升服务水平，做好代发工资等工作，增强对单位结算客户的吸引力；内外勤联动，有计划分片召开银企座谈会，吸收企业、园区、政府部门的存款。实行包行领导责任制，总行领导和部室经理分片督导存款工作，将29个网点按照存款规模，平均划分给各部室经理进行帮扶督导，促进存款工作进度。建立营销费用条线，把费用向前台和业务发展倾斜，取消各网点营销费用限额，在总行额度内实报实销，支持基层网点业务发展。

服务企业——香河农商银行主要负责人深入企业一线调研　　韩卫华 摄

贷款业务。截至2019年年底，各项贷款余额106.62亿元，比年初增加3.47亿元。优化信贷投向，把握“支农支小”服务方向，坚持把服务实体经济作为出发点和落脚点，扶持地方支柱企业，支持节能减排、科技创新和战略性新兴产业，支持重点项目和工程发展，建立与县扶贫部门的沟通渠道，持续开展精准扶贫，发展“绿色金融”“农村金融”，推动区域经济转型升级。制定县域内房地产自行评估管理办法、普惠型小微企业贷款利率政策实施办法，提高抵押物抵押率和各项利率优惠幅度，降低小微企业的融资成本。创新信贷品种，针对市场细分客户需求，不断丰富产品种类，健全信贷产品体制，推出“公职人员消费贷款”“工薪贷”“家庭贷”“天使贷”“园丁贷”等系列产品，为客户提供“量体裁衣”式金融服务，持续满足多元化、多层次的金融服务需求。改进服务方式，成立小贷中心，原有4个客户经理分部扩展为11个小贷中心，辐射县域内全部乡镇，扩大营销市场与客户服务半径。优化信贷审批程序，实行独立审批人制度，对于存量贷款查漏补缺、新增贷款严把准入，规范操作行为，防范信贷风险，合理控制办理时限，提高信贷业务审批效率，有效提高香河农商银行信贷质量和业务竞争实力。

不良贷款清收。截至2019年年底，不良贷款余额3亿元，不良贷款占比2.82%。逐笔梳理，确保不良贷款底数清楚。明确专人对存量不良贷款进行分析梳理，分门别类，建立台账。借款人和担保人的相关信息及时登记更新，对其还款能力、还款意愿、还款态度再调查，再明确，根据不同欠款人和担保人分类制定清收计划，制订详细的清收处置方案，实行一户一策、选重点找易点、抓大不放小的清收策略，逐步完成清收任务。严抓贷前调查、贷时审查、贷后检查，遏制不良贷款前清后增。加强贷款调查、审查、授信审批、贷后跟踪等各个环节的精细化管理，将真实性核查融入信贷管理的每个环节，提高全行信贷识假、防假、打假能力。对现有正常类客户通过约谈和现场检查的方式进行排查、质询，对于有过逾期与欠息记录的客户高度关注，及时掌握客户贷款后的工作、经营、收入等动态信息，做好到期贷款的监测与督导，控好信用风险，切实做到早预警,早加压，从源头入手治理不良贷款反弹问题。加大不良贷款处置力度。拓宽不良贷款处置渠道，将外访清收、电话催收、信函催收相结合，直接施压借款人和担保人；以张榜公示、清收风暴、加入个人失信名单等手段，重点攻坚；充分利用微信公号、电子显示屏、新闻媒体等媒介，对相关信贷政策、法律责任广泛宣传，借助征信提升客户诚信意识，营造“人无信不立”“诚信光荣、赖账可耻”的舆论氛围；对恶意拖欠、多次催收无果的欠款人，依法开展清收工作，做到清收一户、教育一方、带动一片；协助客户以资抵债，畅通资产变现渠道，提高清收效率；严格按照省联社待呆账核销管理办法，对符合条件的不良贷款进行核销,做到能核尽核。严格奖惩，落实贷款新规则，落实责任认定及追究。组织开展不良贷款清收擂台赛，班子成员分包不良贷款大户，全员参与到竞赛中,按照清收奖励办法，奖励清收有功人员。

电子银行业务。截至12月底，移动金融客户规模中手机银行存量8.95万户,完成全年任务的116.23%,其中，新版手机银行“随e盾”存量实现3.41万户,完成全年任务的106.23%,新型收单活跃商户完成4838户,完成全年任务的118%。以手机银行、新版手机银行随e盾为重点，增加用户量，提升新型收单商户业务发展，开展“遇见手机银行，邂逅惊喜好礼”主题营销活动，深入家具城、园区、商业街为客户提供面对面、一对一专职服务，主动与企业对接，逐户上门服务，为客户提供“一揽子”“一站式”金融服务。制定ETC业务全员营销的工作目标和考核办法，以员工用车、员工亲属用车为基础，依托业务合作企业车辆，营销社会车辆，全行员工共同开展营销，推进ETC业务有序开展。承办全省京津冀农银通卡主题营销现场会，香河农商银行结合香河环京津区位优势，制定了完备的推广方案，从强化组织领导、多形式宣传、完善推广制度到锁定重点营销，仅11月营销月，就营销农银通卡3.46万张。

风险防控机制。强化内控合规建设，更名稽核部为审计部，独立履行职责，建立健全内部审计管理制度和工作流程，扎实推进内部审计改革创新，着力提升审计工作质效，强化审计监督职能，以信贷、电子银行、财务开支、现金管理等为重点，逐项进行现场审计，发挥预警系统非现场监管优势，对高风险点进行重点监控，强化对审计发现问题的惩处力度,促进合规经营。2019年，开展序时审计4项，专项审计34项，强制休假1次，序时审计和专项审计面均达到100%。组织风险防控培训，学习《河北省农村信用社员工违规失职行为处理办法》和员工案件防控，开展员工行为排查与重点机构、重点岗位、重点业务领域风险排查，规范员工行为，及时发现并消除各类风险隐患。全面加强安保工作，严肃值班纪律,落实值班责任，修订防抢、防盗、防火、防暴预案,加强员工安全教育，开展多项演练，切实提

9月9日，香河农商银行举办反洗钱知识竞赛决赛　　任娟娟 摄

高员工防范意识,及时处理各类安全隐患，确保全年安全经营无事故。做好客户投诉处置工作，保护金融消费者权益，加强排查、稳控，有效避免舆情风险。全年累计受理各类投诉 25 次，其中，建议 2 个，撤诉 18 件，有效投诉 5 件，属实投诉 0 件。成立集中事后监督中心，事后监督中心监督各营业网点贯彻执行国家有关财经法规和信用社（农商行）规章制度的情况，对上交的会计凭证资料逐笔进行审查，督促各营业网点合规、合法处理各项业务，严把账务、凭证质量关，杜绝、堵塞差错和漏洞，防范各类经济案件发生。

服务机制建设。在全辖区网点统一招聘大堂经理，细化大堂经理管理，使其充分发挥引导、服务、宣传作用，促进网点服务水平提高，提升农商银行品牌形象。所有网点统一设立学雷锋志愿服务站，设置《客户意见簿》、残疾人无障碍通道；设立饮水机、便民雨伞、急救包、老花镜等服务内容，为群众带来方便。开展专业技能培训与业务技能比赛，打造高效快捷的服务文化。2019 年，组织开展技能培训 4 次，知识大讲堂 4 次，持续营造“比、学、赶、超”浓厚氛围，增加客户满意度。优化企业开户服务，提高企业开户效率。

星级网点建设。开展网点标准化建设，年内完成王家摆支行、蒋辛屯支行的装修改造，安抚路分理处完成迁址并更名为运河大道分理处，按照“功能分区、设备齐全、高效运转”的总体原则，从网点硬件和软件设施上为客户提供舒适服务。推行星级柜员评定活动,强化员工服务意识，优化服务流程，公示投诉机制，持续推进星级网点柜员创建活动，按月评比服务之星。

（任娟娟）

【中国银行股份有限公司香河支行】　中国银行股份有限公司香河支行（简称中行香河支行），是隶属于中国银行燕郊分行的县级支行，经中国银行业监督管理委员会批准建立。主要经营：办理人民币存款、贷款、结算、票据贴现业务；代理发行金融债券、代理发行兑付政府债券；代理收付款项业务，办理信用卡业务；代理保险业务，代理外汇存款、外汇贷款、外汇汇款、外币兑换；经营国际结算、结汇、售汇业务；个人实盘外汇买卖、资信调查、咨询、见证业务；经中国银行业监督管理委员会依照有关法律、行政法规和其他规定批准的业务。中行香河支行内设 5 个部室、2 个支行，员工 42 人。

存款业务。截至 2019 年年底，各项人民币存款余额 230394 万元，其中，人民币公司存款余额 91596 万元，人民币储蓄存款 136664 万元。外币存款折美元 703 万美元，其中，储蓄存款 363 万美元，企业存款 340 万美元。

贷款业务。截至 2019 年年底，各项人民币贷款余额 649839 万元，比年初增加 15579 万元，其中，个人消费贷款 646139 万元，公司贷款 3700 万元。2019 年国际结算量 7019 万美元。

其他业务。2019 年年底，消费贷款不良余额 3481 万元，不良率 0.53% 。关注类消费贷款余额 3804 万元。银行卡不良资产余额 65.34 万元，不良率 1.1%。全年实现净利润 8565 万元，员工人均利润 203.92 万元。

稳定存量客户，实现业务突破。以普惠金融为契机，利用结算通宝、税易贷等产品，逐户走访了解企业需求,实现中小企业授信业务的突破。面对一季度迎宾路支行大客户存款下降 1 亿元的不利情况，中行香河支行确定迎宾路支行为分期特色业务支行，整合业务，调整人员，进行轻型化改革，集中力量营销分期客户和基金保险等重点客户，截至 12 月底，办理分期业务 224 笔，金额 3034 万元，销售保险 363 万元，销售基金 102 万元。利用 OCR 系统强大的数据功能，将客户分层到员工，梳理了岗位流程，同时明确大堂经理、理财经理的岗位职责，实现对客户周期性的营销，取得了较好效果。通过与县行政审批局和会计公司的合作，加强对公开户的营销与管理，加强与香河县石材城、家具城等商圈的营销，截至12月底，新开立对公账户210个。

调整信贷结构，拓展综合营销。针对中行香河支行信贷投放单一的实际情况，2019年，对公司授信及个人授信业务方向进行了调整，重点开展民营及普惠类授信业务，对公营销成功并投放了荣生工艺品公司120万元。办理票E贴业务5户16笔，金额1087万元。储备百川燃气、紫辰汽车配件、昆仑化学、富士嘉丽、合益包装等优质企业客户。个人授信业务办理华夏经纬商业住房业务，办理个人抵押贷款4户、金额380万元，商超贷2户、金额23万元。储备了商超贷40户，个人抵贷6户。年内，拓展ETC客户，通过与县交通局、河北省高速公路管理局的对接、员工进村、进社区、进驻高速路口营销等方式，大力拓展安装ETC，累计安装公司客户ETC 83个，个人客户ETC 6282个，完成了上级分行下达的任务指标。

（刘晓静）

**【中国邮政储蓄银行股份有限公司香河县支行】**2019年，中国邮政储蓄银行股份有限公司香河县支行（以下简称“邮储银行香河支行”）内设综合管理部、“三农”金融部、营业部、公司业务部4个部，下辖1个自营网点、6个代理网点，在岗员工33人，设1个党支部，党员6人。邮储银行香河支行坚持以客户为中心，打造线上和线下互联互通、融合并进的金融服务体系，为广大客户提供优质、便捷、高效的综合化金融服务。坚持“普之城乡，惠之于民”的经营理念，在提供普惠金融服务、发展绿色金融、支持精准扶贫等方面，积极履行社会责任。

存款业务。截至年底，存款余额11.78亿元，比年初增加9400万元，增长8.6%，其中，储蓄存款7.74亿元，对公存款4.04亿元。贯彻“融合发展”理念，持续深化转型发展，在个人存款业务发展上注重综合营销，对客户进行分层逐级管理模式，丰富网点转型产品，注重深化维护管理、提高客户满意度，使客户资金进得来、留得住；优化公司存款业务客户的结构，拓展客户来源，开展专题营销活动，拉近银政、银企关系，加强行内资源协同、提升邮储品牌。

贷款业务。截至年底，零售类贷款余额25.36亿元，比年初增加4.79亿元，增长23.29%。支持“三农”和地方经济建设能，满足农户、商户及小微企业融资需求。以再就业贴息贷款为抓手，与县人力资源和社会保障局、县财政局签署再就业贴息贷款补充协议，确保小额贷款业务的提质增量；重点推进肉牛、肉羊畜牧业“冀农担”业务，加大对养殖专业村进行持久的市场开发工作，大力发展农场大户业务。贯彻以客户为中心的经营理念，深入市场，对地方经济和特色行业进行专项调研，深挖客户需求，加大产品创新，开发出更贴合客户的产品，争取更多的客户及占有更大市场份额。个人消费贷款业务保持较快增长速度，通过合作平台关系维护，坚守风险防控底线，筛选优质中介进行合作。结合同业的精准调研和错峰营销，确保房贷规模和资产质量。

个人综合业务。扩大信用卡发卡规模，实施“厅堂+外拓”相结合的方式，对重点行业、重点企业、单位等上门营销；抓好超市满减、加油满减、特惠洗车、特惠洗衣等营销活动；借助平台推广宣传信用卡业务，提高客户刷卡热情。全年信用卡累计进件5278张，累计结存信用卡7194张，全年消费金额14826.86万元。拓展网上银行、手机银行线上交易渠道，利用移动展业设备进行营销，通过手机缴费、邮E平台等功能及营销活动进行手机银行客户的开发，手机银行全年发展5955户。全年ETC客户新增4554户，累计客户8174户。

风险防控。坚持风控优先，将案件防控工作做实做细，在抓业务发展的同时，采取多种有效措施严控各类风险，邮储银行香河支行被邮储银行廊坊市分行授予“2019 年度案件防控工作先进单位”荣誉称号。

企业文化建设。切实履行服务职工、维护职工合法权益的职责，落实职代会制度，做好提案征集和合理化建议工作，充分保障员工的各项权益。加强人文关怀，建全职工小家设施，丰富员工文化生活，将职工的利益放在第一位，真正将温暖小家营造到每一位职工心里,保持职工队伍的稳定，增强团队的凝聚力，推进了邮储银行香河支行“精神文明”“和谐企业”建设。

（李长健）

**【中国农业发展银行香河县支行】** 中国农业发展银行香河县支行（简称农发行香河支行）是香河县唯一一家农业政策性银行。主要职责是按照国家的法律、法规和方针、政策，以国家信用为基础，筹集资金，承担国家规定的农业政策性金融业务，代理财政支农资金的拨付，为农业和农村经济发展服务。2019 年，有正式员工 16 人，设 1 个党支部,党员 13 人(其中在职党员 12 人)。2019 年，农发行香河支行党支部被农发行廊坊分行评为“2019 年先进基层党组织”。

信贷业务。2019 年，累放贷款 10000 万元，年底贷款余额 140246.81 万元（剔除基金借款 13700 万元），比年初增加 2597.66 万元，增幅 1.89%，贷款余额创历史新高。

存款业务。2019 年，新增存款客户 9 个，新增日均存款 4062 万元。截至年底，存款余额 22816.37 万元，其中，企业活期存款 21050 万元,财政存款 1766 万元。日均存款余额 29753.98 万元。

重点建设基金。截至 2019 年年底，基金已支取 13700 万元，全部用于北运河香河段生态综合整治 PPP 项目一期工程资本金的投入。加强日常基金管理，做好基金支取档案资料的归纳整理，确保档案资料完整、合规。

国际业务。农发行香河支行将营销国际业务作为业务增长的突破口，利用自身国际业务政策优势开展高端营销。2019 年，成功营销廊坊荣跃家具有限公司、北京稻香私房食品有限公司 2 个国际业务客户，开展国际业务 12 笔，涉及金额 52.07 万美元。

信贷效率新纪录。3 月 22 日，农发行香河支行向“香河厚朴农业科技有限公司”成功发放中长期贷款 1 亿元，该项目从立项到贷款投放仅用了 15 个工作日，刷新了农发行香河支行贷款项目审批发放效率的新纪录。农发行香河支行认真研究中华“老字号”企业稻香村集团业务经营的特点，成立营销团队，为企业量身定制信贷服务产品。仅用 14 个工作日，获得省分行审批通过，产业化龙头固定资产贷款 2 亿元，再创办贷效率新纪录。

加强员工素质建设。利用每天午休半小时，开办青年业务培训班，行长和主管业务副行长亲自授课，学习信贷、财会等业务知识和规章制度，以案教学，整个培训突出实战、实用和实效性，收到良好效果。成立项目攻坚小组，集中优势力量开展攻坚工作，打破以往信贷业务部在项目推进上单打独斗的格局，做到全行项目发展“一盘棋”；在稻香村食品香河基地项目、潮白河湿地博览园项目攻坚阶段，全行各部室业务骨干配合信贷业务部高效完成了办贷流程。年内，多人进入农发行河北省分行各条线人才库，3 人被选拔为信贷主调人员，全体青年员工考取信贷人员上岗资格；1 名中层骨干参加省分行青年骨干培训班，多名青年员工前往省、市分行跟班学习，参与跨市检查学习，受到上级银行的充分肯定；11 月 3 日,4 名女职工宣讲作品《巾帼花开别样红 一路芳华践初心》,在农发行廊坊市分行举办的“初心故事”宣讲活动中荣获第一名，该作品在 11 月 29 日人行香河支行组织的“不忘初心 牢记使命追梦新时代”演讲比赛中再夺桂冠。

（刘洪林）

**【中国建设银行股份有限公司香河支行】** 2019年，中国建设银行股份有限公司香河支行（简称建行香河支行）坚持稳步推进、创新发展、合规经营的工作思路，积极开展基础管理提升年活动，各项业务稳步有序开展。截至年底，存款余额36.14亿元，比年初减少6287万元，其中，个人存款余额23.49亿元，对公存款12.65亿元；贷款余额94.42亿元，比年初增加3.03亿元，其中，公司贷款3.58亿元，比年初增加2.05亿元，个人贷款90.84亿元，比年初增加0.98亿元。对公客户增长到2156户，增长374户，其中，机构类客户达到242户，增长46户；中间业务收入2444万元；全年实现利润1.88亿元。

持续推进业务发展。2019年，全县100余户财政零余额账户在建行香河支行实现“零基一体化”；代理县住房和城乡建设局房屋维修基金50%以上的份额；全县教育系统、县公共资源交易中心、县行政审批局先后在建行香河支行开立基本户和保障金专户；县公共资源招标系统正式上线，全年完成167个标的保证金清算，存款余额为600万元；成功上线58户教育平台，累计获得客户41000人；上线党群平台39户，获得客户1800人，超额完成上级分行下达的任务指标。成功营销香河县教育系统16所中小学校、幼儿园教育云平台和缴费平台项目，年内实现缴费34601笔，缴费金额3140万元。 通过搭建该云平台，实现对公账户开立16户，银行卡开卡4528张；手机银行签约、激活4650户。

成功上线建行廊坊分行首个专业市场云服务平台。2019年，建行香河支行在香河明泰来家具城上线首个云服务专业市场平台，也是建行廊坊分行首家，截至年底，已上线2个云服务专业市场平台，继平台搭建后，持续营销，在明泰来家具城、金钥匙家具城、红星美凯龙家具城建立3个惠兜圈商圈，为拓展商户、应用龙支付、聚合支付等多种支付方式打下了坚实的基础。

抓存款，夯实基础。截至2019年12月末，建行香河支行个金存款年新增2.3亿元，日均新增2.14亿元。商户拓展到3049户，新增740户。

ETC攻坚战。干部员工放弃周六日休息时间，深入机关、工厂、学校、社区，为有车族免费安装ETC，全程历时5个月，ETC安装1万余部。

“裕农通”攻坚战。建行香河支行行长任组长，建立专业攻关团队，负责裕农通的整体推动。率先在300个村街完成了100%全覆盖任务，裕农通服务点拓展到334个，完成224笔生活服务缴费。

普惠金融服务。2019年，建行香河支行超额完成廊坊市分行下发的1600万元普惠金融新增贷款任务，截至年底，完成普惠金融贷款11470万元，比年初新增2685万元，客户新增64户。

推进住房租赁“蓝海项目”建设。截至年底，金融家园注册的户数8050户；不断推动住房租赁项目，已上线企业4户，企业房源3700套，跟踪住房租赁企业4家。

信贷资产风险管控。2019年，面对个贷逾期、催收压力增大的严峻形势，建行香河支行积极转变工作思路，形成常态化催收机制，逾期、不良贷款均控制在核定的范围内；对公司贷款，坚持会商和定期自查，定期召开信贷资产分析会，确保对公贷款全年无逾期、无不良资产。

内控合规建设。加强合规文化的宣传教育，将合规入脑入心；加强对关键环节、关键岗位的管理，成立案防合规领导小组，开展整治银行乱象活动，做好每月员工行为排查、按月组织业务检查、建立检查排查积分台账；加强“反洗钱”工作，防范内外勾结和外部欺诈。网点制定反欺诈预案，定期组织演练；每个部门每周利用晨会开展一次“合规大家谈”活动，引导员工利用新媒体的形式学合规、明底线、知红线、不碰高压线，形成了人人讲合规、守纪律的氛围。

（祁福兵）

**【河北银行股份有限公司香河支行】** 2019年，河北银行股份有限公司香河支行（简称河北银行香河支行）突出业务发展，强化合规经营，实现了业务规模、经营效益同步提升。截至年底，各项存款时点余额112779万元，比年初增加2474万元；各项贷款余额215960万元，比年初减少18419万元。公司业务及小企业方面，公司存款余额52414万元，比年初减少6408万元；小企业贷款余额17301万元，比年初增加2762万元。个人业务方面，其中，储蓄存款余额60365万元，比年初增加8882万元；储蓄存款年日均余额54658万元，比年初增加7065万元；个人贷款余额198659万元，比年初减少21181万元。

发挥产品优势，稳步推进储蓄存款增长。重点加强对中高端客户营销，中高端客户营销贯穿全年的考核方案，同时出台可跨客户营销的中高端客户冲刺方案、临界客户提升方案、理财客户流失方案等，基础客户营销常抓不懈；抓住代发业务，提高代发工资的奖励标准，按人逐户上报营销目标及时间，营业室配合营销上门集中开卡，营销县人力资源和社会保障局退休工资、行政事业单位年终精神文明奖，基础客户不断提升，中高端存储客户明显增长。深度合作机构类客户，实现对公存款产能最大化，与县人民医院的银医合作获批并签约,河北银行香河支行向县人民医院支付项目投资款139.42万元，安装聚合支付POS机30台，投资的大型自助设备全部安装到位并投入使用，促进了存款业务的提高。

明确重点业务，抓好小微及个人高收益贷款。利用好小微贷款，狠抓小微企贷款,客户经理转型做小微业务，全年共办理小微企业贷款18笔，支持了小微企业的发展。提升个人高收益贷款业务，客户经理对现有小微客户做好高收益贷款的宣传，增加对借款人及其人脉圈的营销。客户经理加入家具城的各种微信群，进行批量营销小微贷款的宣传，增强主动营销意识，拓宽客户渠道。

深化内控管理，确保规范经营、安全运营。先后开展了扫黑除恶专项斗争活动、保护红线违法违规房地产项目排查等工作，按季集中对涉黑涉恶线索摸行为进行排查，并全员签订了《河北银行员工行为承诺书》。制定并实施《消费者权益保护活动方案》，组织开展“3·15”金融消费者权益日主题宣传教育活动，专人负责金融消费者投诉处理工作；按人民银行要求，利用营业室内电视机、显示屏宣传非法集资的表现形式和特点，开展对外宣传教育活动，让群众充分认识非法集资的危害性，提高公众防范非法集资的觉悟。加强物防设施建设，年内更换5条监控线路，增加4路高清摄像头，改进了监控设备的UPS续航能力。开展存、贷案件和消防事故警示教育，定期组织案件风险排查和员工行为排查，做到培训日常化、演练实战化，提高全员合规操作与风险防范的自觉性和主动性，年内迎接河北银行安保检查1次、河北银行燕郊支行安保检查4次，组织防暴演练8次、消防灭火逃生演练4次，实现全年安全经营无事故。

（刘 颖）

**【沧州银行香河支行】** 沧州银行香河支行成立于2013年1月18日，2019年，内设营业室、信贷部、存款部3个部门，有员工29人。是年，沧州银行香河支行在县主管部门的正确领导下，认真贯彻落实各项监管政策，以依法经营为前提，以强化管理为手段，以科学发展为指导，以共创佳绩为目的，改进机制，强化营销，严控风险，大胆管理，全行员工抢抓机遇、攻坚克难，认真履行工作职责，努力实现各类经营指标，圆满完成上级银行下达的各项工作目标，业务经营得到了健康、有效、快速地发展。截至 12 月底，各项存款余额 44.33 亿元，比年初减少 10.33 亿元；贷款余额 15.61 亿元，比年初增加 5.79 亿元；全年实现利润总额 6005 万元。

金融服务创新。注重储蓄，降低成本，推动存款业务稳定发展。2019 年，坚持“稳存款、调结构、促增长”的工作思路，把营销个人储蓄存款作为存款营销的重中之重。多措并举，加强管理，不断提高网点文明服务水平。在日常工作中，注重对员工服务意识培养，将人情化、贴心化、细心化的服务融入服务工作中，最大限度满足客户需求。在制度建设方面，严格按照制度治行的原则，重新制定和完善有关文明服务工作的各项规章制度；在服务效率方面，提出限时服务要求，柜员要严格遵循 15 分钟让客户离行的办理业务时限。

加强内控管理。依法经营，从严治行，提升内控管理水平。2019 年，沧州银行香河支行继续保持连续多年零案件，深刻分析新常态下银行业案件防控形势，积极开展案件隐患专项整治和业务检查活动，防控业务风险发生。成立专项领导小组，明确专项检查责任分工，安排专人负责相关检查工作，明确整治重点，制定严密的专项检查实施方案，明确各阶段工作任务，风险防控做到业务、制度、人员、轮岗、对账等各工作方面全覆盖。加强安全防控制度建设，严格落实安全防控制度刚性约束，加强员工行为排查和内部审计工作，使安防制度真正落入实处。年内，沧州银行香河支行在中国人民银行香河支行首次综合执法大检查中，各项业务基本合规，未出现严重违规事项，得到检查组的肯定。

提高信贷管理水平。2019 年，沧州银行香河支行对龙头企业、纳税大户、规模以上企业、市人民银行推介名单中的企业精准营销，累计走访企业 330 户，其中，龙头企业、规模以上企业走访营销 54 户。年内，累计投放贷款 114 笔、金额 139334 万元,其中,新增 31 户(含按揭贷款 22 户)，金额 77372 万元;收回贷款 395 笔(含按揭贷款)，金额 81460 万元，年末贷款余额 156080 万元，比年初增加 57873 万元，完成全年增量任务 386%，实现贷款利息收入 8201 万元。截至年底，有贷款储备项目 5 个，储备贷款金额共 3.16 亿元。信贷部门通过坚持每日晨会制度、及时学习重要信贷产品及管理办法、做好全员信贷业务营销培训等方式，有效提高了员工的营销水平和营销效率，在沧州银行组织的 2019 年信贷档案亮档比赛，取得分行组中（8 家分行共 49 家支行）第一名的好成绩。不良贷款清收见成效，年内，清收仅有的 1 笔、273 万元不良贷款本金，不良贷款余额清零。

员工素质建设。抓好岗位培训，提高业务素质。结合岗位实际，按照经营管理人员、市场营销人员、信贷人员、临柜操作人员等层面，有针对性地开展岗位培训；结合各类业务和技能考核、考试进行培训，组织员工班后学习，提高员工的技能水平和业务素质；结合知识结构分层培训，以老带新，提升总体业务素质；结合文明服务要求，打造规范化、人性化、航空化的文明服务。加强员工职业道德建设，提升行业自信心和自豪感。培养员工自觉遵守“爱岗敬业、诚实守信、办事公道、服务群众、奉献社会”5 项职业道德的基本规范，以社会主义核心价值观为导向，建设一支实事求是、与时俱进、勇于创新、知难而进、艰苦奋斗、务求实效、淡泊名利、无私奉献的员工队伍。

（姚　想）

**【廊坊银行香河支行】** 2019 年，廊坊银行香河支行按照“创新经营、科学管理、服务至上、稳中求进”的工作思路，坚持效益优先的原则，进一步创新经营发展模式和管理办法，提升员工队伍执行力，企业的核心竞争力不断提高，经营效益的持续增长。截至年底，各项存款余额 38.85

亿元，其中，对公存款余额 19.54 亿元，储蓄存款余额 19.31 亿元。表内外授信业务余额 20.94 亿元，其中，表内外对公授信余额 14.25 亿元，零售贷款 6.69 亿元。全年实现净利润 7797 万元，上缴税金 977 万元。

存款业务开展。采取多种方式，确保存款增量。秉持“廊坊银行是廊坊人自己的银行”的宗旨，努力做好服务，为客户推出专属客户经理机制，在客户出现疑问时，能够第一时间解决；推出高性价比的产品和优质服务，吸引新老客户；定期举办客户活动，拉近与客户之间的距离。

贷款业务开展。精准对接企业客户，了解掌握企业的经营情况及需求，实地走访，主动与企业沟通，提高授信业务办理效率，拓宽融资渠道，把风险降至最低程度，确保贷款业务平稳运行；加大对中小企业扶持，不同时间段增加不同的优质信贷产品，满足企业所需；针对小微企业融资难的问题，专门推出了低资金成本的流动资金贷款，加大对中小微企业的支持力度，相继对香河瑞康盛金属制品有限公司、香河硕大装饰工程等企业进行了信贷服务。

金融服务。积极参与县金融监管部门组织的征信、反假、反洗钱、非法集资宣传以及金融知识万里行等宣传活动，发放各项宣传单页 1.5 万余份；充分利用廊坊银行微信公众号，为客户提供便捷的线上服务和传导金融知识；推进工会会员卡和居民健康卡的发卡与激活工作，年内，工会会员卡新增发卡 2000 余张，累积发卡 2.2 万余张；冬季取暖费代缴系统投入使用，为居民缴费提供便利。年内，中国银行协会授予廊坊银行香河支行“中国银行业文明规范服务五星级营业网点”殊荣。

（张海亮）

**【兴业银行股份有限公司香河支行】** 兴业银行股份有限公司香河支行（简称兴业银行香河支行）2013 年 10 月 18 日正式开业，隶属于兴业银行股份有限公司廊坊分行。兴业银行香河支行辖区内拥有 1 个网点和 1 个社区营业网点；内设企业金融部、零售信贷部、营业厅、营业室 4 个部室，在编人员 25 人。2019 年，上缴税金 660 万元。

存款业务。截至 2019 年年底，各项存款余额 15.25 亿元，同比下降 2.67 亿元。其中，公司存款余额 7.3 亿元，同比下降 4.35 亿元；个人储蓄存款余额 7.95 亿元，同比增加 1.68 亿元。

贷款业务。截至 2019 年年底，各项人民币贷款余额 22.63 亿元，同比下降 2.69 亿元。其中，公司贷款余额 2000 万元，同比下降 2000 万元；个人贷款余额 22.43 亿元，同比下降 1.55 亿元。

其他金融业务。截至 2019 年年底，代销保险 2498.1 万元，基金 980.1 万元，信托产品 6450 万元，券商产品 1688 万元；销售大额定期存单 13128.5 万元，个人受托金融资产达到 28.6 亿元。办理票据贴现 2755 万元，开立保函 200 万元，银行承兑汇票 886 万元，委托贷款 8000 万元。

服务创新。实行客户经理制，一对一为企业及个人客户提供周到服务，节约了客户办理业务的时间；为企业及客户开发推出“企业版手机银行”——兴业管家手机软件，兴业管家方便快捷、免收转账手续费；上线自助结汇业务，将自助结汇功能添加至企业网银，企业可在公司进行结汇、远程审核，无需企业再至银行进行结汇；年内，贴现业务和保函业务全部升级线上办理，节省了企业办理业务的时间，简化了流程，提高了放款效率。

业务拓展。坚持发展存款业务、资产业务，代发工资业务，利用现金管理产品、结构性存款、企业理财等多种业务手段，促进存款业务。客户经理深入企业，开展调研，及时反馈企业客户需求，根据企业客户需求创设新兴产品。零售业务以按揭贷款业务为基础，以快速经营贷、全网收单、大额定期存单以及代销保险、基金等业务为抓手，依托产品和优质服务赢得客户。

员工素质建设。组织全体员工签署“承诺书”，由综合办公室进行员工异常行为排查，提高员工合规经营意识，防范道德风险。组织全体员工参加岗位资格考试，持证上岗；组织征信用户参加人民银行和兴业总行组织的征信资格考试，提高全体员工的学习意识，遵规守纪意识，提升业务水平，防范操作风险。注重抓好贷后管理，无论零售贷款、企业贷款，每户都有专人进行贷后管理，随时了解还贷企业和个人的经营情况，帮助企业和个人制订还款计划，防范信用风险。

（韩子月）

【张家口银行香河支行】 张家口银行香河支行2014年9月21日成立，2019年，有职员工15人。截至年底，各项存款余额101940万元，其中，对公存款40779万元，储蓄存款61161万元，储蓄存款新增33472万元，储蓄存款由2018年年底占比42%上升到2019年年底的60%，顺利实现存款结构调整目标；贷款余额26983万元，信贷业务零逾期、零不良、综合收息率100%。2019年，开立个人卡16220张，对公账户390户，聚合支付累计办理2100户，实现暖阳绑卡1561户，下载注册中国银联云闪付105户。

风险防范。每月召开案件防控分析会，对内部规章制度进行细致梳理，开展合规检查，加强授权行为的统一管理和内部控制，增强防范风险和控制风险的能力，保障各项业务安全运行。全年开展各类合规制度培训50次，累计参加培训人数500人次。不断加强自身制度建设，梳理制度流程，强化制度约束力与管控力，按制度要求开展培训、演练、行为排查、轮岗、强休等工作，强化员工内控意识与识别风险能力，杜绝风险事件发生。

金融普惠促发展。推出家银惠民手机、美团联名信用卡、暖阳绑卡、云闪付等新业务。随着大零售转型战略不断深入，各项业务下沉到乡镇，实现村民在家门口办理存款、取款、转账、定期存款等基本业务。家银惠民手机已全面通过测试，发放给部分客户，推出线上转账、定期存款、贷款申请业务，实现客户身边就有一个移动银行的金融普惠目标。家银美团联名信用卡终身免年费、每天首单减6元、电影票5折等活动，吸引了大量客户，2019年，新增信用卡客户400户。创新业务，在贷款端推出小微易贷线上审批业务，客户通过微信公众号直接提交贷款基础资料，利率低、放款快、免评估费等政策的实施，支持了中小企业资金需求，促进了中小企业的发展。

（孙文静）

【香河益民村镇银行股份有限公司】 香河益民村镇银行股份有限公司（简称香河益民村镇银行）2010年9月16日挂牌开业，是河北省首批、廊坊市首家获批开业的村镇银行，香河益民村镇银行设9家营业网点，分布在县城区、渠口镇、五百户镇、刘宋镇、安平镇、蒋辛屯镇、钳屯镇、安头屯镇和钱旺镇。截至2019年年底，存款余额18.17亿元，比年初增加2.84亿元；贷款余额11.02亿元，比年初增加1.81亿元。年内，被全国村镇银行论坛授予“全国百强村镇银行”称号荣誉。

服务“三农”与小微企业。坚持“支农支小”的市场定位不动摇，制定了“立足县域、服务小微、造福三农、惠及于民”经营理念，把服务对象和发展着力点放在“三农”方面，有针对性的开发“接地气”的服务产品，推出了金口碑、乐业贷、创富通三大系列8项产品及“牛羊乐”“菜农乐”“合同项下未来收款权质押贷款”“税抵贷”等多个专项产品，贷款客户可依据其自身生产经营、回款周期情况，自主选择贷款期限和还款方式，满足广大客户多种资金需求。

企业文化建设。在开拓业务的同时，不断充实和完善着属于香河益民村镇银行自己的企业精神和文化内涵，提出了“亲民、务实、创新、高效、廉洁”的企业精神，成为全行统一思想和行为规范的纲领；制定的“快、活、净”三字原则和“做裁缝店不做服装店”的产品设计理念，成为全行信贷文化建设的中心内容；坚持“风险为本、有舍有得”的风险防控理念，为全行风险文化建设制定了主基调；实施的“以人为本，以行为家”的家文化理念，确保全行团结一心、和谐发展的动力。

（贾　松）

## 保险业

【概况】　2019 年，香河县保险业认真贯彻落实中国银保监会召开的 2019 银行业和保险业监督管理工作会议精神，以“人民保险为人民”为宗旨，严格恪守“合法、合规、合理”的经营理念，大力实施创新驱动发展战略，准确把握市场发展机遇，以转型升级为主线，加快推动保险业改革创新，有效防范经营风险，不断提升服务质量，进一步提升服务实体经济和广大人民群众的能力。中国人寿保险股份有限公司香河支公司、中国人民财产保险股份有限公司香河支公司，以实际业绩不断满足广大群众的生活需求，深得广大群众的信任，促使香河县保险业得到了稳妥健康的发展。

【中国人寿保险股份有限公司香河支公司】　中国人寿保险股份有限公司香河支公司（简称人寿保险香河支公司）成立于 1996 年，隶属于中国人寿保险股份有限公司，总部设在北京。2019 年，人寿保险香河支公司下设个险、银保、团险 3 个发展渠道，综合、客服 2 个部门，设渠口、五百户、蒋辛屯、安头屯、刘宋、安平 6 个营销网点，有内勤员工 25 人，外勤员工 780 人。截至年底，保费总量达到 3.28 亿元。首年标保 2820.59 万元，首年期交 5493.32 万元；其中，10 年期交 2907.31 万元，5—9 年期交 60.6 万元，5 年以下期交 2525.41 万元；趸交 53.27 万元，长险首年 5546.59 万元；短期险保费 1909.69 万元。赔款支出 933.94 万元，全年医疗给付 589.22 万元，死亡给付 254.45 万元，满期给付 1930.25 万元，年金给付 999.07 万元。

小额保险惠民。小额保险具有保费低廉，保障适度，保单通俗，理赔简便等特点，是小额金融的重要组成部分。人寿保险香河支公司多次抽调人力，深入到农村宣传小额保险的重要意义，在部分村落建立起小额保险制度，将小额保险办成真正的惠民工程。2019 年，受理理赔案件 4300 件，理赔金额 1738.94 万元。为在校学生提供风险保障，保费达 328 万元；为农民提供保险保障，收取保费 80 万元；为小微企业提供意外险保障服务，收取意外伤害保险费 242 万元。

智能化保险服务。2019 年，人寿保险香河支公司推行电子化服务，实现电子化投保，优化客户投保环节，一改往日填写投保资料的烦琐，通过国寿 e 店可以实现资料的录入填写，逐步完善投保环节，节省客户投保的时间，享受电子化服务的便捷。推出中国人寿寿险手机 App，客户通过手机 App 可随时查阅个人的保单信息，足不出户就可以办理保单借款、续期缴费理赔业务。优化理赔流程，简化理赔手续，开辟理赔绿色通道，对于达到一定金额的理赔案件，上门收取理赔资料。

诚信服务、防范风险。加强保险营销员诚信教育，强化诚信服务意识,利用大小晨会宣导《诚信文化建设工作管理办法》等相关规定，强化销售人员的风险防范意识，坚决杜绝代签名、销售误导等不合规行为的发生。做好外部宣传活动，不定期组织公司业务骨干在县委广场和社区开展“远离非法集资、打击洗钱犯罪”宣传活动，向群众宣传规避非法集资、洗钱风险的策略，营造良好的保险业发展环境。

（王翠鑫）

**【中国人民财产保险股份有限公司香河支公司】** 中国人民财产保险股份有限公司香河支公司（简称人保财险香河支公司）位于香河县淑阳镇康平路6号，下设综合部、理赔分部、业务管理部、农村保险事业部、普惠金融事业部4个部门，续保团队、车商团队、V盟团队、商业非车团队4个团队，淑阳、安平、钳屯、安头屯、刘宋、渠口6个农村营销服务部。2019年，人保财险香河支公司完成总保费6258万元，其中，车险保费收入4126万元，农险保费收入756万元，非车非农保费收入1376万元；保险金额828.24亿元，同比增长35.82%；缴纳各种税款782万元。

保险理赔。理赔查勘，确保及时到达第一现场,严格执行2000元以下 24小时赔付；涉及人伤损失金额在3000元以下的小额案件，推行小额人伤案件快速处理机制。引导客户使用交警 App，快速分责，快速理赔，推行理赔无纸化理赔服务。2019年，立案5733件，案件处理率96.5%，赔款金额4127万元，综合赔付率54.38%。其中，车险赔款2177万元，综合赔付率47.97%；商业非车险赔款1148万元，综合赔付率55.25%；农险赔款802万元，综合赔付率 100.85%。

经营险种。人保财险香河支公司经营机动车辆保险、企业财产保险、家庭财产保险、货物运输保险、农业保险、意外伤害保险、食品安全责任保险、校园方责任保险、医疗责任保险、防贫保险、安全生产责任保险等各种责任保险。

客户端服务方式。客户端服务方式包括线上自助投保，柜台承保服务，农村服务部、验车、车商网点业务，电话承保平台，网上承保平台，专业营销员上门承保，理赔绿色通道，线上化理赔。

做好政策性保险。在政策性农业保险中，努力把政府的惠民政策和人保的有效服务有机结合。2019年，为农业生产承保，提供1.6亿元风险保障，赔款802万元，使人民群众在自然灾害和财产损失上得到及时补偿，通过承保和理赔服务，践行“人民保险，服务人民”的历史使命。

提高素质、热情服务。人保财险香河支公司将提高员工素质、热情服务作为一项重点工作，制定服务标准，对各营业网点及业务管理部、理赔分部进行定期服务标准化考核。在理赔上始终坚持“五个一”服务，即一句温馨话，赠一瓶矿泉水，发一份理赔指南，做一次理赔服务满意度回访，发一张理赔服务监督卡。接待客户双手递接，微笑服务，坚持做到“四声”服务，即来有迎声、问有答声、怨有歉声、走有送声。用全体员工的热心、关心、细心、耐心让客户舒心、放心、安心、欢心。

（张建悦）

**【中国太平洋财产保险股份有限公司廊坊市香河支公司】** 2019年，中国太平洋财产保险股份有限公司廊坊市香河支公司（简称太平洋财险香河支公司）贯彻“诚信天下,稳健一生,追求卓越”的企业核心价值观，以客户需求为导向，积极为客户提供风险保障服务，紧紧围绕上级公司下达的各项工作指标，以业务发展、服务地方、助力脱贫攻坚为重点，积极有效的开展工作，圆满完成年度目标任务。全年完成保费收入1805.83万元，其中，车险业务1310.21万元，非车险业务199.43万元，农业保险业务296.19万元；全年累计赔款726.98万元。

业务发展。确立“迅速转变观念,拓展渠道业务”经营思路，发挥车险、非车险、农业保险的专业销售团队作用，根据各渠道的特性和优势，分别制定了适用于公司发展的业务规划。年初，对上一年度保费收入情况和保险市场变化情况进行综合分析，将本年度任务指标进行层层分解，针对全年各阶段经营重点，结合本地市场实际情况，适时推出发展方案，有针对性地进行业绩拉动，确保全年目标任务的完成。完善农业保险基层服务网络，在刘宋镇、渠口镇等乡镇新筹建了3家“三农”服务站网点。

“防贫保”业务。太平洋财险香河支公司承担着“防贫保”业务，2019年，共计走访农户2758户，遍布9个乡镇、2个园区，将防贫资金精准发放到真正需要扶持的百姓手中，为全县10万农村人口在因病、因灾、因学方面提供了全方位防贫保障。

加强规范化建设。每周组织全体员工进行1次晨会学习，对承保知识，实际操作、服务态度、服务技能等方面进行优化和提高。针对保险实名制改革，在中国反洗钱和保险操作合规性方面进行了深入学习，顺利完成了承保信息真实化的过渡时期。制定实施《窗口服务礼仪规范》《门店日常管理规范》《客户投诉处理规范》等行为规范，推进公司标准化、规范化建设，加强店面日常管理，保持柜面整洁卫生，每个员工坚守行为礼仪规范，井然有序完成每日工作。2019年度实现0投诉。

（李　萌）

**【名阳保险销售有限责任公司香河分公司】**　名阳保险销售有限责任公司香河分公司（简称名阳保险香河分公司）成立于2015年，属于非公企业。地址位于香河县中医医院南侧康平路21–5号，现有内勤人员6人，外勤营销人员124人，与国内40家保险公司建立良好的合作关系，2019年，保费收入3500万元，同比增加15%。

党建促企业发展。名阳保险香河分公司于2019年建立中共党支部，发挥党员和积极分子的模范带头作用，积极参加党组织活动，贯彻落实党对非公企业的方针政策，坚持“听党话、跟党走，讲正气、走正道”，坚持“人民保险为人民”的经营理念，探索构建“现代企业制度+党的建设+社会责任”三位一体的企业管理新模式，促进企业经营和社会责任共同成长。

用法律护航保险业。名阳保险香河分公司与北京宝温平法律咨询有限公司，建立战略合作伙伴关系，用法律后援保险营销机构，维护客户的合法权益，让客户投保安心，保险合同落实更透明。

（李会民）

**【中国大地财产保险股份有限公司廊坊中心支公司香河营销服务部】**　中国大地财产保险股份有限公司廊坊中心支公司香河营销服务部（简称大地财险香河服务部）成立于2005年12月6日，业务秉承“车辆保险、财产保险、意外健康保险共同发展”的理念，扩大投保渠道，吸引优秀人才。2019年，全年保费收入1019万元，同比增长26%，其中，车险922万元，非车险58万元，意外健康险39万元。

做好客户服务。“95590”全国统一服务专线，全天候提供报案、咨询、投诉、承保理赔信息查询和客户回访等服务；接到报案后10分钟内与客户联系，在约定的时间内查勘，对保险责任明确、索赔材料齐全的10万元以下的车险案件1个工作日内赔付；车险小额案件快赔，对保险责任明确的5000元（含）以下车险小额非人伤赔案，可以现场定损或采取微信自助查勘，远程定损保险责任明确、索赔资料齐全的，30分钟内付款；提供小额人伤现场调解、住院伤员定期探视、伤残鉴定陪同、医疗救援指导、人伤理赔及诉讼调解专业建议和咨询等服务，对案件事实清楚、损失金额基本确定的，可根据客户需求提前赔付；全国通赔，就近理赔，方便客户在异地出险时，就近接受理赔服务，不收取异地理赔费用。

提升业务服务技能。把基层窗口单位的服务建设作为首要目标，通过柜员服务能力的提升，服务机制的完善，服务软硬件设备的投入，不断提升基层窗口服务水平。让微信理赔更友好，客户能随时随地掌握理赔进度；让电话直赔更快捷；让简易快赔更智慧，客户通过手机拍照就能自动理赔；人伤理赔更温情，对人伤案件提供全程关爱服务，万元以下案件免纸质单证及免丧残鉴定。

（凌　珍）

【中华联合财产保险股份有限公司香河支公司】中华联合财产保险股份有限公司香河支公司（简称中华财险香河支公司）于2007年1月30日成立，位于香河县新开街东段，有员工12人，营销员36人。2019年，保费收入2245万元，赔款支出798万元。

经营险种。经营险种5000个，主要包括机动车辆保险、农业保险、人寿保险、短期意外险、健康险、责任险、信用保证险、企业财产险、家庭财产险等。成功入围香河环卫局新购车辆保险项目、香河民用燃气保险项目。

服务承诺。中华财险香河支公司推出承诺车险标准服务内容：电话4001999999和e.cic.cn投保，出单48小时内免费送单上门；客户上门投保，双方对保险事项达成一致后，20分钟内出具保险单证；中华保险cic微信客户端，指导客户现场自助理赔；异地出险，全国通赔通付；www.cic.cn网站自主查询承保理赔信息；365天360°全方位受理客户咨询、投诉，为客户提供全方位更贴心的服务。投保车辆损失险的11座及以下非营运车辆客户，免费享有全国非事故车辆道路救援。

企业文化。中华联合财产保险企业文化具有开放性、包容兼蓄性、凝聚力和感召力。企业愿景：成为国内领先、专业化的综合保险金融集团。企业使命：引领行业发展，造福中华百姓。企业精神：创新、进取、专业、协同。企业核心价值观：诚信、守护、包容、共享。经营理念：稳健、永续、价值、发展。服务观念：感同身受、便捷至诚、全心全意。

（张　媛）

【河北三玉利保险代理有限公司香河分公司】河北三玉利保险代理有限公司香河分公司（简称三玉利保险香河分公司）位于香河县城新开街东段，内设主管室和培训室。2019年，处理车险理赔案件421起，理赔金额226.48万元，其中，死亡案件3起；处理意外险理赔案件182起，理赔金额128.75万元，其中，死亡案件2起。全年0投诉案件。

业务拓展。向非车险业务拓展，内容包括重大疾病保险、百万医疗保险、终身寿险、年金保险、家庭财产保险、企业财产保险、雇主责任保险、财产保全保险等。

服务客户。为使客户年检车辆更加便捷，成立验车小分队，专人为客户提供上门开车验车服务，验车能力每天超过20辆；客户服务无缝化，为客户不间歇服务。

（李晓军）

# 教育　体育

责任编辑　刘士刚

## 综　述

2019 年 1 月，按照《香河县机构改革实施方案》（香发〔2019〕2 号）文件精神，将县教育局职责，以及县文化广电新闻出版（版权）局的体育管理职责整合，组建香河县教育和体育局，作为县政府工作部门，不再保留香河县教育局。

是年，香河县教育和体育事业坚持以习近平新时代中国特色社会主义思想和中共十九大精神为指引，全面落实全国及省、市、县教育大会和习近平总书记在学校思想政治理论课教师座谈会上的讲话精神，以办好人民满意的教育和体育为目标，坚持立德树人的根本任务，全面提高教育质量，大力提升全民健康水平，努力实现教育和体育事业新发展。学前教育、义务教育、普通高中教育、职业教育、成人教育、民办教育、特殊教育稳定有序发展。学前三年入园率 98%；小学入学率 100%，巩固率 100%；初中入学率 100%，巩固率 98.5%；高中阶段毛入学率 93.5%。全年共荣获国家级奖励 4 项，省级奖励 11 项，市级奖励 38 项，县级奖励 26 项。县教育和体育局获“第十九届华人少年作文比赛优秀组织奖”并被授予“廊坊市诗教先进单位”“廊坊市首届冰雪运动会轮滑比赛团体第二名”“廊坊市模范职工之家”“香河县实绩突出领导班子”等荣誉称号。香河县第一中学被评为“河北省十佳科技创新学校”，香河县第二中学被评为“全国青少年人工智能活动特色单位”“北京 2020 年冬奥会和残奥会奥林匹克教育示范学校”，香河县第四中学被评为“河北省绿色学校”。新华网、《廊坊日报》、《新香河》及“香河融媒发布”“香河头条”公众号等媒体多次报道香河教育和体育工作，香河教育和体育影响力显著提升。

5 月 24 日，香河县召开教育工作大会　　县融媒体中心供图

## 教育结构

**【概况】** 2019年，全县共有各级各类学校234所，其中，国办幼儿园4所，小学68所，初中11所，高中2所，职业技术教育中心、教师进修学校、特殊教育学校、广播电视学校、青少年活动中心、成人教育总校各1所，乡镇成人学校9所，注册民办教育机构134所（其中，幼儿园68所，短期培训机构60所，民办学校6所）。教职工（含民办教育机构）6900人，在校生（含幼儿）76025人。

（张来顺　张炳江）

**【学前教育】** 全县有独立国办幼儿园4所，注册民办幼儿园68所，比2018—2019学年度增加1所，为香河县运河新村幼儿园。在园（校）幼儿6988人，其中，县直幼儿园1898人，小学附设幼儿班5090人。

**【小学教育】** 全县有小学68所，其中，独立设置少数民族学校1所，为五百户镇香椿营回民小学。教学班912个，在校生36695人，其中，寄宿生1798人，少数民族学生1062人。2015年小学一年级在校生5499人，至2019年小学五年级在校生5563人，小学五年保留率101.16%，增长原因为近几年随迁子女增加所致。

**【初中教育】** 全县有初中11所。在校生12620人，其中，寄宿生4024人，少数民族学生534人。教学班264个，2017年初中一年级在校生4009人，至2019年初中三年级在校生3956人，初中三年巩固率98.68%。与2018—2019学年度相比，增加香河县第十三中学1所。

**【普通高中教育】** 全县有普通高中2所，在校生7457人，其中，寄宿生4883人，少数民族学生325人，教学班131个。

**【职业高中教育】** 全县有职业高中1所，为县职业技术教育中心，2019年有在校生2255人。

**【成人中等专业教育】** 全县有成人中等专业学校1所，为县教师进修学校。

**【特殊教育】** 全县有特殊教育学校1所，为香河县特殊教育学校，在校生66人，教学班5个。

（张来顺）

**【民办教育】** 全县有全日制注册民办幼儿园68所，在园幼儿8072人，其中，县级及以上普惠园8所。

注册小学3所，分别是香河县星宇学校、香河县富力新城学校、北京景山学校香河县大爱城分校，在校生704人，其中，寄宿生187人，少数民族学生44人。2015年一年级在校生43人，至2019年五年级在校生59人，五年保留率137.20%。

九年一贯制学校1所，为香河县少林文武学校，小学在校生625人，初中在校生291人，均为住宿生，其中，少数民族学生19人。2017年初中一年级在校生82人，至2019年初中三年级在校生81人，初中三年巩固率98.78%。

注册民办高中2所，为香河县实验中学、廊坊京城学校，在校生252人，其中，住宿生252人，少数民族学生16人。

短期培训机构60所。

与2018—2019学年度相比，增加民办高中学校1所，短期培训机构增加45所，撤销4所私立幼儿园。

（张来顺　张炳江）

# 教育教学

**【概况】** 坚持公办和民办教育并举，推进幼儿园普及普惠发展，促进义务教育优质均衡发展，提升高中教育质量，增强职业教育服务经济社会发展能力，支持民办教育发展，兼顾特殊教育，统筹推进各类教育协调、规范、健康发展。坚持以学生和教师发展为中心，落实立德树人根本任务，深化教育改革，强化教育教学管理，提高学生综合素质和教师专业素质，促进教育质量全面提升。

（路　志）

**【学前教育教学】** 开展农村公办中心幼儿园创建工作，对全县4所公办幼儿园和62所小学附设幼儿园进行学前教育普查视导，规范办园行为，提高幼儿园管理水平，推动幼教工作提质升级。举行幼儿教师教案评比、说课大赛、幼儿文艺展演及家园共育活动，选派47名幼儿园园长、幼教主任及骨干教师到南京、廊坊等地参加学习培训，提升幼师专业素质，促进幼儿园教育教学水平提升。2019年，顺利通过省级规范办园行为督导评估。

（杨国明）

**【九年义务教育教学】** 坚持以提高教育教学质量为工作重心，立足课堂教学，在“查、看、听、导、比”五字上做文章，加强教学研究与管理，提高教师专业素质，促进全县教育工作持续、健康发展。开展全县中小学12学科教学视导，举办语文、数学、英语、道德与法治、历史、化学等学科优质课评选，并组织教师进行观摩。举办全县中小学综合实践、校本课程、音乐、体育、美术等学科录像课和说课比赛，初中9个学科教学设计评比及教师专业技能测评等，提升教师教学技能，促进专业化成长。组织开展丰富多彩的学生活动，培养学生学科核心素养，促进身心健康发展。举行全县中小学英语口语、小学语数英、八年级数学、八年级物理、初中作文等多项知识技能竞赛，全县共有710余名学生参赛，300余人获奖。成功举办全县中小学田径运动会、乒乓球赛、篮球赛、门球赛、田径单项赛、长跑比赛等体育活动，全面提高学生综合能力，展示素质教育成果，促进学生全面健康发展。

（刘　俭）

**【普通高中教育教学】** 坚持以学生和教师为中心，强化质量兴校意识，加强规范化管理，充分发挥河北省香河县第一中学省级示范性高中龙头作用，形成高中教育错位发展、特色化办学模式，教育质量持续攀升。河北省香河县第一中学秉承“以教学质量求生存，以严格管理谋发展，尊重个性，挖掘潜力，让每位学生走向成功”的办学理念，实行激励式管理，推行励志教育，提升学生个人修为。采取“分级施策、突出重点”的教学管理，深化课堂改革，强化集体备课，实行大组教研，打造高效课堂。狠抓教学常规落实、教研活动开展、试卷命题研究等，注重青年教师和尖子生培养，落实新高考选科分班及高考前备考训练工作，全面提高教学质量。香河县第三中学坚持“优化办学条件和提升教育内涵双结合”发展思路，深化管理体制和运行机制改革，加强校园文化建设，健全德育工作机制，强化学生养成教育，不断提高育人水平。推进课程教学改革，完善教师管理制度，积极开展集体备课、教学研讨、优质课评比、科研课题申报等，落实“分层分类”教学，积极拓展升学空间，逐步形成“普高、特长同步发展”的教育特色。

（路　志）

【职业高中教育教学】 致力于提升教职工综合素质，研究制定《师德师风提升年活动实施方案》，规范教师职业行为；鼓励教师参加专业培训，持续更新教师队伍知识结构；加强教育科研，激发教育教学创新活力。2019年，先后有5名教师参加省中等职业学校教师国家级项目、专家团队建设项目、师资培训管理系统等培训，11名教师申报省市县级课题，7名教师参加廊坊市优质课比赛、教师教学能力比赛。与北京商鲲教育控股集团、北京瀚文教育科技有限公司、北京中清研信息技术研究院有限公司等企业开展校企合作、专业共建，创新理论和实习实训相结合培养模式，根据相关企业用工需求进行专业培养，输送大批毕业生到天津冀津、天津鹏驰、北京北汽、北京宝沃、北京奔驰、北京铁路局、广州客运段、广九客运段、北京铁道大厦等企业跟岗、顶岗实习，强化学生实践能力，缩短学生上岗适应期，提高就业竞争力。2019年，高考录取总人数达到283人（天津春季高考103人，河北高职院校180人），其中，本科院校录取3人。

（张炳江）

【教师继续教育教学】 组织全县中小学、幼儿园4200余名教师参加基础教育教师培训网和全国中小学教师继续教育网组织的全员远程培训。

（凌殿国）

【特殊教育教学】 坚持“以人为本、以发展为本”教育理念，秉承“补偿缺陷、普遍成长、学会生存、适应社会”办学宗旨，深化教育改革，推动素质教育，加强教学常规管理，提高办学水平，争办人民满意的特殊教育。开齐开足国家课程，针对残疾儿童特点开设生活课、家政课及校内植树、卫生清理、残疾人文艺演出等社会实践活动。加强德育管理，以爱国主义、集体主义、社会主义为主线，以养成教育为重点，突出抓好纪律、卫生、文明礼仪、安全、环保等方面教育，培养学生正确的思想观念和行为，促进个体思想品质健康发展。

（王德永）

【民办教育教学】 坚持以“规范管理 提高质量”为中心，以督导评估为手段，加强业务指导，重点围绕“办学条件、安全卫生、保育教育、教职工队伍建设、内部管理”等方面，以评促建，全面规范民办学校、幼儿园办学行为，提高教育教学质量。2019年，在全县教师节表彰大会上，6名民办学校、民办幼儿园教师被评为优秀教师。

（张炳江）

## 教师队伍

【概况】 全县各级各类学校共有教职工6900人（含劳务派遣689），其中，县直幼儿园272人、小学2952人（含附设幼儿班教师375人）、初中1210人、普通高中785人、职业高中119人、成人中等专业教育44人、特殊教育学校13人、民办教育机构1505人。

【学历结构】 幼儿园（不含附设幼儿班）专任教师987人（其中民办园742人），均为高中阶段毕业及以上，学历达标率100%，专科及以上学历874人，占88.55%，硕士研究生学历2人。

小学专任教师2873人，均为高中阶段毕业及以上，学历达标率100%，其中，大学专科及以上学历2830人，占98.5%，大学本科及以上学历1909人，占66.45%，硕士研究生学历42人。

初中专任教师1142人，均为大学专科及以上学历，学历达标率100%，其中，大学本科及以上学历1036人，占90.72%，硕士研究生学历18人。

高中专任教师646人，大学本科及以上学历

642 人，学历达标率 99.38%，硕士研究生学历 90 人，占 13.93%。

职业高中专任教师 114 名，大学本科及以上学历 108 人。

成人中等专业学校专任教师 35 名，大学专科毕业 17 人，大学本科毕业 18 人。

特殊教育专任教师 12 名，高中阶段学历 1 人，大学专科学历 6 人，大学本科学历 5 人。

**【年龄性别结构】** 幼儿园（不含附设幼儿班）专任教师 987 人（其中，民办幼儿园 742 人），其中，24 岁及以下 224 人、25—29 岁 374 人、30—34 岁 247 人、35—39 岁 76 人、40—44 岁 44 人、45—49 岁 19 人、50—54 岁 3 人、55—59 岁及以上 0 人。

小学专任教师 2873 人，其中，24 岁及以下 264 人、25—29 岁 613 人、30—34 岁 268 人、35—39 岁 457 人、40—44 岁 586 人、45—49 岁 382 人、50—54 岁 259 人、55—59 岁及以上 44 人。

初中专任教师 1142 人，其中，24 岁及以下 119 人、25—29 岁 134 人、30—34 岁 62 人、35—39 岁 154 人、40—44 岁 378 人、45—49 岁 218 人、50—54 岁 63 人、55—59 岁及以上 14 人。

高中专任教师 646 人，其中，24 岁及以下 31 人、25—29 岁 95 人、30—34 岁 65 人、35—39 岁 139 人、40—44 岁 166 人、45—49 岁 92 人、50—54 岁 56 人、55—59 岁及以上 2 人。

职业高中专任教师 114 人，其中，29 岁及以下 15 人、30—34 岁 7 人、35—39 岁 19 人、40—44 岁 32 人、45—49 岁 18 人、50—54 岁 12 人、55—59 岁及以上 11 人。

成人中等专业学校专任教师 35 人，其中，29 岁及以下 1 人、35—39 岁 2 人、40—44 岁 12 人、45—49 岁 9 人、50—54 岁 11 人、55—59 岁及以上 0 人。

专任教师中女教师所占比例：幼儿园女教师占 99.70%、小学女教师占 85.94%、初中女教师占 70.84%、高中女教师占 70.74%、职业高中女教师占 64.91%、成人中等专业学校女教师占 97.14%、特殊学校女教师占 83.33%。

**【职称结构】** 幼儿园（不含附设幼儿班）专任教师 987 人（其中，民办园 742 人），其中，高级教师 1 人、一级教师 48 人、二级教师 125 人、未定职级 813 人。

小学专任教师 2873 人，其中，高级教师 157 人、一级教师 1120 人、二级教师 931 人、未定职级 665 人。

初中专任教师 1142 人，其中，高级教师 262 人、一级教师 521 人、二级教师 186 人、未定职级 173 人。

高中专任教师 646 人，其中，高级教师 156 人、一级教师 270 人、二级教师 139 人、未定职级 81 人。

职业高中专任教师 114 名，其中，高级教师 48 人、一级教师 48 人、二级教师 18 人。

成人中等专业教育专任教师 35 名，其中，高级教师 4 人、一级教师 27 人、二级教师 4 人。

特殊教育专任教师 12 名，其中，高级教师 1 人、一级教师 6 人、二级教师 5 人。

（张来顺）

## 基础设施及教学设备

**【概况】** 坚持以“优质、均衡”为发展目标，加大教育投入力度，加快推进基础设施建设，着力改善办学条件，促进城乡教育环境全面改善。

（路　志）

**【基础设施建设】** 2019 年，坚持“立足发展、服务民生”的理念，科学谋划城乡教育布局，积极协调相关部门，全力推进总投资约 3 亿元、建

安平镇第三小学教学楼落成　　县教育和体育局供图

筑面积9万余平方米的38项工程建设进度，城乡校园环境得到提升改善。年内，钳屯镇钳屯中心小学新建教学楼、安平镇第三小学新建教学楼、8所农村学校平房改造及10所学校塑胶运动场改造等26项工程竣工并投入使用；渠口镇店子务中心小学二期、县幼儿园新建教学楼、渠口镇石虎辛庄中心小学新建教学楼等7项工程正在加紧施工；县第六中学新建食宿楼和安平镇周庄中心小学新建教学楼等5项工程正在办理土地、规划、招投标等相关手续，城乡教育环境进一步改善。

（吉朝伟）

【校园环境改善】 遵循“实用、经济、美观、因地制宜”的原则，广泛发动学校组织植树造林活动，并以此为契机，开展绿化美化宣传教育活动，把植树与育人相结合，增强师生的绿化、环保意识，提高爱绿、护绿自觉性。6月5日，在“世界环境日”举行“美丽中国、我是行动者”主题活动，对学生进行环境保护教育。在全国第28个爱国卫生月期间，开展校园及周边环境卫生整治活动，对校内教室、食堂、宿舍、厕所等场所进行检查治理，对校外小商小贩脏、乱、差问题，联合相关村街、部门进行整治，促进校园及周边环境质量提升。

（刘　娜）

【教育教学设备购置】 结合全县教育教学实际，准确统计设备缺口，规范开展政府采购，科学使用管理，提升教育信息化水平。2019年，投入2129万元用于教育技术装备采购，其中，为县运河新村幼儿园配齐玩教具和保教设备7938件套，为县第二中学、县第四中学、县城内第一小学、县城内第二小学等17所中小学配备智慧教室设备，为中小学购置1385台计算机和62套教学多媒体设备，为渠口镇店子务中心小学和牛济河中心小学、淑阳镇后彭务中心小学和姬止务小学、钳屯镇钳屯中心小学等5所小学新建校舍购置教学设备1524件套，为县特殊教育学校购置教学设备129件套。

（魏建军）

## 教育管理

【概况】 坚持立德树人的根本任务，加强思政课教师队伍建设，依托多样化的教育实践活动，提升未成年人思想道德建设水平。以创建义务教育优质均衡县为目标，强化政策引导，加强过程性督导，促进全县义务教育优质、均衡发展。坚持以课例为载体，牢牢把握教学“主阵地”，聚焦课堂效果效率，组织课堂研究活动，加快教师成长步伐，促进教学质量整体提升。加强教学常规视导，组织开展学科竞赛、体育比赛、科技创新、规范汉字书写、经典诵读等活动，提高学生综合素质，促进身心健康发展。精准落实各项扶贫政策，确保贫困家庭子女不因贫困而失学辍学。

（路　志）

6 月 13 日，县委书记李桂强（前排右三）到河北香河第一中学就加强学校思想政治教育工作与师生代表座谈　　县融媒体中心供图

【加强学生德育教育】 落实立德树人根本任务，培育和践行社会主义核心价值观，开展多样化的教育实践活动，提升未成年人思想道德建设水平。依托学雷锋纪念日、清明节、国庆节等重大节日，开展“弘扬雷锋精神，争当雷锋传人”志愿服务、“清明祭英烈 传承民族魂”主题教育实践、庆祝中华人民共和国成立 70 周年等系列活动，融入国旗下讲话、主题班队会、研学旅行、演讲比赛、诗歌朗诵、书画展、手工制作、手抄报评比等形式，强化爱国主义教育，厚植爱国情怀，教育引导学生热爱和拥护中国共产党，立志听党话、跟党走。邀请教育专家、联合多部门开展“绿书签”宣教、特色主题家长会，举办感恩、励志、家庭教育演讲，备考心理调节讲座，举行开学礼、成人礼、成长礼等，将学校教育与家庭教育紧密融合，构建学校、社会、家庭教育共同体，合力促进青少年身心健康发展。以文明校园创建为载体，开展传统文化进校园、评优树先等活动，弘扬传统文化、发挥榜样引领作用，打造文明和谐校园。2019 年，全县共有 3800 余名中小学参加学雷锋志愿服务，10 余所学校 4600 余名学生到盘山等地缅怀英烈，5400 余名师生参加读书、诵读、书法等活动，推选出校级“新时代好少年”700 余名、县级“新时代好少年”26 名、市级“新时代好少年”2 名，省、市、县级三好学生 314 名，优秀学生干部 80 名，先进班集体 57 个。

（刘春红）

【加强教师思想政治教育】 2019 年，香河县深入学习贯彻全国及省市县教育大会和习近平总书记在学校思想政治理论课（以下简称思政课）教师座谈会上的讲话精神，坚持立德树人的根本任务，在选好关键人、上好关键课、用好新机制、育好接班人四方面做文章、下功夫，努力培养德智体美劳全面发展的社会主义建设者和接班人。加强思政课教师队伍建设，按照“专任为主、专兼结合、数量充足、素质优良”的原则，补齐建强思政课教师队伍，加强师德师风建设，加大思政教师培养力度。创新思政课教学形式，突出抓好第一课堂，激活教育第二课堂，利用好社会大课堂。发挥思想政治理论课主渠道作用，利用中华传统文化和社会教育资源，丰富思想政治教育载体，开展社会实践活动。以重大事件、重大节庆日和重大纪念日为契机，通过国旗下的讲话、主题班队会、童谣传唱、观看专题片、时事辩论、知识竞赛等方式，开展习近平新时代中国特色社会主义思想进教材、进课堂、进头脑工作。在廊坊市“习近平思想进头脑、进课堂”录像课评比活动中，香河县 8 名教师荣获一等奖，12 名教师荣获二等奖。

（刘　俭）

【教师队伍建设】 2019 年，香河县面向全国公开招聘 358 名教师，全部充实到教学一线。通过互动、培养、支教等形式交流教师 170 人，优化教师队伍结构，缩小校际、城乡师资水平差距。

坚持“全员与骨干”“远程与集中”相结合原则，依托网络、培训机构、外地名校等优质资源，先后组织4500余人次参加河北省全员远程培训及国培、省培项目培训；950余名教学管理人员、教研人员、专任教师及学科骨干教师到南京、青岛、天津、北京等地参观考察、学习研修；邀请北京教学专家到香河县传经送教，全县600名教师参加教学观摩，拓宽视野，增长见识，用全新理念引领教育教学，提高管理水平和教学水平。加强骨干教师队伍建设，依托名师工作室培养优秀教师，新成立市级名师工作室2个，截至2019年年底，全县有省级名师工作室1个，市级名师工作室3个。以“师德师风提升年”为抓手，开展师德论坛征文、师德风采演讲、师德巡回报告等活动，加强师德教育，提升教师思想修养。深入开展查摆剖析师德建设存在的问题，广泛征求意见建议，制定整改方案，落实整改措施，形成师德建设长效机制。整治中小学在职教师有偿补课行为，制定《中小学在职教师有偿补课问题专项整治工作方案》，与学校、教师签订责任书，公开监督举报电话，成立专项治理小组，深入校外教育机构、社区等，进行明察暗访，共接到举报线索3个，查实案例1个，处分1人，追责1人，形成了强大的威慑力，治理效果显著。落实职工医疗互助、中央专项彩票公益金励耕计划等救助政策，帮助37名困难教职工申请救助金64万元，提前完成1030名教师工龄接续和养老保险补缴工作，补缴金额达5882余万元。表彰186名优秀教师、优秀教育工作者、农村10年以上优秀教师和教育工作者及农村工作30年以上在岗教师和教育工作者，先后有32人荣获“全国优秀教师”“河北省师德标兵”“廊坊市优秀乡村教师”“廊坊市优秀教育工作者”“廊坊市骨干教师”“廊坊市师德标兵”等称号。

（凌殿国　王　涛）

**【推动教育均衡发展】** 以创建义务教育优质均衡县为目标，强化政策引导与过程督导，促进全县义务教育优质、均衡发展。组织全市第二轮义务教育质量监测和县域内教育质量监测，全面分析掌握学生学科素养、身心发展和情感、态度、价值观的真实水平，为促进义务教育发展提供决策依据。开展县域义务教育督导检查，对79所义务教育学校及特殊教育学校教育教学管理、硬件配备、校园建设及档案整理等方面进行检查，各项数据监测指标提升。2019年4月，顺利通过市政府教育工作督导委员会对香河县履行教育职责评价检查。严格招生入学管理，制定《2019年义务教育、学前教育招生入学工作方案》，合理划分施教片区，严格入学资料审核，实现了阳光招生，促进教育公平。规范学籍管理制度，建立控辍保学责任制、月报制度和动态检测等有效机制，维护校际间生源均衡，杜绝优质生源外流现象出现。通过调整招生片区、严守招生政策、挖掘学校潜力、加快校舍建设、加强教师招聘等方式，按计划开展大班额消除工作。是年，基本完成年度大班额消除工作任务，实现“全县超大班额消除、起始年级未出现大班额、非起始年级大班额按计划逐步消除”的工作目标。

（王德永）

**【课堂研究】** 坚持以课例为载体，牢牢把握教学“主阵地”，聚焦课堂效果效率，组织系列课堂研究活动。先后开展了1500余名教师参加的青年教师优质课评比、复习课教学观摩、录像课优质课评比，教研员走进学校、课堂，全面了解中小学课堂教学现状，重点关注新课程实施情况，并结合课例就教学理念、教学设计、教学方法及教学资源运用等方面进行点评、剖析、指导，对教学中的困惑进行答疑，达成了多点教学共识。开展初中校际教学交流、小学试卷分析专题区域教研活动，印发《教研通讯》内刊2期，为教师搭建交流平台，实现优秀教育资源共享。组织参加全市“2019 年教育研究与评价项目”培训，内容涉及初中英语、生物、历史、地理，小学数学、语文、科学及中小学地方和校本课程、信息技术等 10 余学科，全县 20 名教师获市级优质课奖，1 名教师代表廊坊市参加了全省优质课现场直播展评，148 名教师参加了现场观摩培训，系列观摩研讨活动提高了一线教师的专业水平，对教师课堂驾驭能力及对新课程理念的理解起到了助推作用，促进教育教学质量整体提升。

【教学常规督导检查】 开展“教学视导、教学联查校校行”活动，组织教研员深入全县各中小学，走进课堂听课，全面掌握一线教师课堂教学水平，与教师面对面研讨交流。教师们畅谈自己的教学设计思路、反思课堂教学，教研员结合听课、交流情况就方法策略等问题，多角度审视各学科教学情况，提出建设性意见和建议。同时，对学校教学管理、教学常规落实、教师教案及学生作业等情况进行指导，规范学校办学行为，提高课堂效率，促进教育质量提升。

【学科竞赛活动】 为激发学习兴趣，拓展学生思维，搭建展示学生个性和才华的舞台，县教育和体育局先后举办了多个学科知识技能竞赛活动。5 月 23 日，举行八年级数学竞赛，旨在培养学生数学核心素养,提高教师专业水平，竞赛本着“源于课本、高于课本、贴近中考、拓展思维”的命题原则，共选拔出 62 名学生进入决赛，20 余人获奖；5 月 24 日，举行小学高年级学生英语口语综合技能评比，激发小学生英语学习兴趣，提高口语表达能力，共有 140 余名学生参赛，59 名学生、6 个单位获奖；为巩固学生物理学科知识，培养应用能力和创新的意识，本着“注重积累、夯实基础、提升能力”的命题原则，于 6 月 6 日举办八年级物理知识应用能力竞赛，经过初赛，选拔出 60 名学生参加全县决赛，最终有 19 名学生分别荣获一、二、三等奖；11 月 14 日，举行了全县初中生语文作文竞赛，参赛选手 65 名，经过评委老师综合品评，最终 26 名同学获得优胜奖励；为促进学生英语综合能力发展，营造校园英语学习氛围，展示英语口语教学成果；11 月 20 日，举行了全县初中生英语口语比赛，比赛内容包括自命题演讲和才艺展示两个环节，最终评选出一等奖 5 名、二等奖 5 名、三等奖 7 名、优秀奖 10 名；为培养和选拔特长生，彰显学生个性，于 12 月举行四年级语文、五年级英语和六年级数学三学科知识技能竞赛，初赛和复赛由各单位自行组织，决赛由县教育和体育局统一安排、统一监场、统一评判，共有 352 名学生参加县赛，146 名学生、12 个单位获奖；成功举办了 2019 年全县中小学田径运动会、中小学乒乓球赛、篮球赛、门球赛及中小学田径单项赛等活动。

（刘　俭）

【学生科学制作展评】 9 月，组织全县中小学、幼儿园优秀自制教具与科技作品评选活动，师生热情高涨，踊跃报名参加，共收到参赛作品 233 件，经过评选，129 件作品分别荣获一、二、三等奖。择优 15 件作品参加市级评比，荣获一等奖 6 件、二等奖 7 件、三等奖 2 件，县教育和体育局荣获“优秀组织奖”。

（彰卫国）

【语言文字工作】 推进学校语言文字达标工作，督促学校依据《学校语言文字工作指导标准》，加强语言文字法规宣传普及，加强语言文字教学，广泛开展语言文字实践活动，培养师生语言文字应用能力、自觉规范使用国家通用语言文字的意识和自觉传承弘扬中华优秀传统文化的意识，提升学校教育教学质量。在全县中小学校广泛开展规范汉字书写和经典诵读活动，激发师生学习中华优秀传统文化和祖国语言文字热情，提升师生综合素质。在市级评选中，荣获经典诵读、软笔书写、硬笔书写等组别一等奖，县教体局荣获中华经典诵读和规范汉字书写活动优秀组织奖。

（凌殿国）

【教育扶贫】 坚持“科学施策、精准帮扶”原则，研究制定《教育精准扶贫学生资助工作实施细则》，下发《关于做好义务教育阶段学额巩固监控工作的通知》，完善从学前教育到高等教育建档立卡贫困家庭学生就学资助体系，做到资助工作科学、规范，资金管理安全有保障，确保资助全到位、帮扶见实效，不让贫困家庭子女因贫困而失学辍学。2019 年，为 256 名幼儿发放学前资助金 12.81 万元，为 963 名义务教育阶段学生发放贫困学生生活费 43.88 万元，为 235 名高中生减免教科书费、住宿费及学杂费等共计 26.82 万元，为 710 名高中生发放助学金 75.88 万元，为 98 名高中学生发放“滋蕙计划”资金 19.6 万元，为 50 名高三毕业生发放新生入学资助金 3.15 万元，为 208 名职业高中生发放助学金 20.8 万元。全县 25 名建档立卡贫困学生全部在校学习，17 名义务教育阶段建档立卡贫困学生无失学辍学现象发生。

（王丽娜）

## 法制安全及信访工作

【概况】 以打造“安全和谐校园”为目标，加强校园安全工作管理，加大安全设施投入力度和扫黑除恶工作力度，强化安全法制教育宣传，增强师生自我保护意识，提高应急避险能力，促进学校安全管理能力提升，维护全县教体系统和谐稳定。

【校园法制教育】 加强法制宣传教育工作。协调县司法、公安、法院、检察院等部门，开展“法制安全进校园”讲座80余次。组织全体干部开展宪法考试活动，集中开展宪法宣传活动，现场为群众解答问题，发放宣传资料300余份。积极开展“扫黑除恶”专项斗争，年内，依托省市“扫黑除恶”推进会精神，发动广大师生积极举报影响正常教育教学秩序和涉师、涉生安全的黑恶势力，扩大宣传、深挖线索。同时，大力治理校园欺凌行为，依法保障青少年健康成长。开展预防“非法集资”和“传销”、青少年禁毒等专题宣传教育活动，发放宣传资料500余份，组织全县青少年网上学习和网上知识竞赛答题，参与率、答题率均达到90%。

（韩建刚）

【校园安全管理】 强化安全制度落实。建立健全一岗双责、安全隐患网络平台录入、来客检查登记、校园及周边巡查、大型活动申报、交通安全、应急值守及安全工作痕迹化管理等系列制度，县教育和体育局联合县交通运输局、县公安交警大队召开接送学生车辆安全管理工作会议，并签订安全责任状，压实安全责任，强化安全工作过程管理。加强隐患排查治理。寒暑假、学期开学初，开展4次拉网式安全排查，发现隐患60余处，对校内所有小卖部和食堂进行检查，发现隐患18处，全部整改完毕。聘请专业人员对全县中小学幼儿园校舍进行防雷设施检测及部分可能存在安全隐患的校舍进行检测鉴定。加大校园安全资金投入。累计投入资金33万余元，聘请第三方专业检测机构对全县85所学校进行校园安全专项检查、消防设施评估检测和饮用水检测；投入资金354万余元进行校园安防设施建设。加强宣传培训工作。利用开学第一课、安全生产月等重要节点，通过家长会、平安校园 App 平台及致家长一封信等形式，向学生及家长进行安全教育，组织开展应急疏散演练，培训全县教育系统中层以上安全管理干部480余人次，提高学校安全管理水平，增强广大师生及家长的安全意识和防范能力。

（黄云华）

【信访工作】　做好矛盾纠纷排查和调处工作。针对群众反映的问题，进行深入调查，并按规定及时进行反馈，得到了广大群众的支持和理解，提升了教体系统的社会声誉。2019 年，全县教育系统没有群体性事件和大规模上访事件发生，全年妥善处理各类信访案件 50 件，查处率、办结率均达 100%。

## 教育成果

【概况】　扎实推进总投资约 3 亿元 9 万余平方米的 38 项工程建设进度，教学环境全面改善。高考成绩在全市位于先进行列，教学质量稳步提升。面向社会公开招聘 358 名教师，交流校长教师 170 人，教师队伍结构不断优化。营养改善计划、校内课后服务等惠民举措全面落实，校园运动焕发蓬勃生机，120 余名教师荣获国家级省市级奖励，百余名学生在省市级比赛中获奖。教育扶贫政策精准落实，惠及学生 2520 余人次。

【中考】　2019 年，全县中考报名人数为 2990 人,比上年增加 79 人。香河县第一中学计划录取统招生 170 人,实录 171 人,分数线 540 分；计划录取指标生 680 人,实录 685 人,最低控制线 447 分。香河县第三中学录取分数线为 382 分,职教中心录取分数线为 286 分。

【高考】　2019 年,全县高考报名 2643 人,4 月份高职单招提前录取 510 人,参加 6 月普通高考人数为 2133 人,比上年增加 215 人。理工类考生 1112 人,文史类考生 1019 人，对口类考生 2 人。本、专科录取考生 2362 人，高考总录取率 89.4%。其中,本科层次录取考生 1412 人，专科层次录取考生 950 人。高考中，香河县第一中学本科一批上线人数首次突破千人大关，达到 1016 人，本科一批上线率达到 67%。香河县第三中学本科一批上线 7 人,本科上线总数达到 315 人,上线率达 58%，其中，有 5 名学生被北京交通大学、大连海事大学等“211”工程大学录取。

（李建国）

【国家、省、市、县级课题研究】　2019 年，共有 1 项省级课题、10 项市级课题、34 项县级课题成功立项，12 项市级课题、42 项县级课题顺利结题。

（黄聪伟）

【省市级评优课暨教师基本功大赛】　2019 年，全县 5 名教师荣获省级优质课奖，41 名教师荣获市级优质课奖，1 名教师代表廊坊市参加全省优质课现场直播展评荣获一等奖，在全国“一师一优课”活动中，5 名教师荣获部级、省级奖。在河北省第五届实验教学优质课说课评比活动中，1 名教师荣获二等奖，在廊坊市中小学教师信息化教学研修与实践成果交流评比中，荣获一等奖 5 件、二等奖 8 件、三等奖 8 件。

（魏建军　刘　俭）

【个人成就及奖项】　张春海荣获“全国优秀教师”称号，李文兴荣获“廊坊市优秀乡村教育工作者”称号，刘长虹、成建平、王轶丽、王海燕、张立娟、王艳、王淑霞、李冬丽、王金伶、王波、池冬松、高琳静、王占祥、蔡宝华 14 名教师荣获“廊坊市优秀乡村教师”称号，赵春霞、于秋红、王建军、陈倩、冯立静、王翠艳、吴秀丽 7 名教师荣获“廊坊市中小学骨干教师”称号，梁倩、张丽霞、王秀梅、李双红、刘欣然、张春雁、王颖、庞雪梅8名教师荣获“廊坊市师德标兵”称号，张凤瑜、王佳、张春海3名教师荣获“香河县道德模范”称号。

（凌殿国　王　涛）

【青少年科技创新大赛】　在河北省第九届“校外杯”系列主题比赛中，香河县3名同学荣获航模项目小学组三等奖；在廊坊市首届志晟杯航空模型比赛中，香河县6名同学荣获组别一二等奖；在廊坊市中小学机器人竞赛中，香河县荣获一等奖2名、二等奖2名、三等奖4名。

【体育比赛】　9月，在廊坊市中小学体育教师教学技能比赛中，香河县荣获一等奖8人、二等奖1人。10月，香河县7名教师代表全市参加河北省中小学体育教师教学技能比赛，荣获团体二等奖、体育道德风尚奖及个人一等奖2名、二等奖5名；在廊坊市第十四届中学生运动会中，香河县荣获甲组团体总分第二名、乙组团体总分第二名及篮球比赛第二名。

（张　毅）

【文化艺术类赛事活动】　开展“寻找雷锋榜样，争做雷锋传人”榜样评选活动，5万余名师生参与校内外环境治理、绿地养护等公益活动；开展“我和我的祖国”主题演讲比赛及书画作品展览，30余名学生获奖，10幅书画作品参加市级评选。组织全县中小学生国防教育主题演讲比赛，全县4件演讲作品视频参加市级评选；开展“新时代好少年”学习宣传活动，全县88所中小学通过国旗下讲话、“争做新时代好少年”启动仪式等活动，广泛宣传，推选出“新时代好少年”校级700余名、县级26名、市级2名；开展优秀童谣征集活动，共征集童谣50余首，选择优秀作品20首推荐参加市级评选。

## 河北省香河县第一中学

【概况】　河北省香河县第一中学始建于1940年，是河北省示范性普通高中、省级重点中学、中华绿色名校。学校新校区占地15.66公顷（235亩），总建筑面积7.2万平方米。2019年，有教学班82个，学生4650名，在岗教师432名（其中正高级教师1名，副高级教师138名，省特级教师4名，省级骨干教师6名，研究生学历58名），教育教学设施具有多媒体教学设备、计算机教室、电子备课室、校园网、天文观象台、理化生实验室、通用技术专用教室、图书馆。年内，香河县第一中学荣获河北省十佳科技创新学校、河北省绿色学校复查优秀学校、第八届河北省教育系统优秀志愿服务先进单位、2018年度廊坊市学校安全工作先进单位、廊坊市体育突出贡献奖、香河县实绩突出领导班子等项荣誉称号。

河北香河第一中学东门　　县融媒体中心供图

校橄榄球队获得2019年“天人化工杯”河北省青少年橄榄球锦标赛男子第二名、女子第七名，2019年河北省青少年橄榄球冠军赛男子第二名、女子第四名；健美操队获得2019年河北省第八届全民健身操大赛体育道德风尚奖；校运动队获得2019年廊坊市第十四届中学生运动会篮球比赛男子甲组第二名，2019年廊坊市第十四届中学生运动会团体总分第二名。

【高考成果】　2019年高考，大学本科一批上线人数1016人，比2018年901人增加115人，首次突破千人大关；5月，省会考通过率100%，体育达标率100%。

【教师队伍建设】　开展教师读书活动，加大教研教改力度，进行大组研究，备课组集体备课，以科研促教学，以科研推动“专家型、学者型”教师的培养，拓宽教师视野，更新教育观念。高度重视青年教师的培养，努力培养青年骨干教师、青年优秀班主任。组织好教师评比课、示范课、优质课，鼓励教师积极参加教育主管部门组织的各类课堂教学竞赛、论文比赛、课（软）件教具大赛，不断提高师资水平。请专家为教师讲座122节次；举行青年教师优质课大赛和骨干教师示范课大赛，81人次参加比赛；组织教师网上晒课、“一课一优师”等活动。教师外出学习培训达130余人次；教师论文、课件、教具、技能大赛等获得省市县各级奖励总计157人次。

【改善办学条件】　2019年，香河县第一中学体育馆工程作为县政府重点工程，年内，完成工程可研、立项、规划许可、限价评审、预算备案、工程招标备案，进行施工及监理公开招标，预计2020年4月完成施工许可证办理，正式开工建设；教学楼增设饮水机16台，提升师生饮水质量；公开招标采购500千伏发电机项目，实现电力运行保障；完成校园安全监控系统升级改造、艺术楼暖气改造、宿舍楼平改坡等工程；完成第一食堂托管经营招标采购项目；完成新课改政策下教室及学生桌椅的采购调配工作；完成物业、绿化养护服务的公开招标工作；对水处理系统进行首次维护保养，确保设备运转正常。

【思想政治教育】　加强思想政治教育工作，加强德育队伍建设。2019年，县教育和体育局开展师德师风提升年活动，香河县第一中学积极响应，制定具体实施方案，创新师德教育，引导教师树立远大职业理想，学习师德规范。把职业理想、职业道德以及心理健康教育融入教师招录准入、职后培训、日常管理全过程；新任教师进行师德师风教育岗前培训。严格师德考核，促进教师自觉加强师德修养，完善考核制度。突出师德激励，促进形成重德养德良好风气，组织表彰活动。积极组织教师开展“师德标兵、文明教师”评选活动。强化师德监督，开展有偿补课专项整治工作，有效预防违反师德师风行为，建立问题查摆制度。全校教师积极工作努力成为有理想信念，有道德情操，有扎实学识，有仁爱之心的好教师。

【深化“激励式”成人教育】　全体教职工本着“成才先成人”的观念、全员德育的思想、教好每一名学生的理想，着眼于学生终身受益的习惯与责任感的培养，狠抓学生高尚、文明行为的强制与教化，让学生在提升个人修为中获取成长成熟的快乐。各年级突出重点做好学生励志教育，开好主题班会，开展“学雷锋，献爱心”、盘山烈士陵园扫墓、纪念“五四”运动、“十八岁成人礼”、迎建党98周年纪念、喜迎新中国成立70周年等系列主题教育活动，均收到了很好的效果。开展学生评优活动，为了培育和践行社会主义核心价值观，让学生拥有良好的品行和积极向上的人生观，做正能量的传递者，共评选“助人之星”40名，评选学习之星、进步之星30名，文明礼仪之星60名。面向全体学生，开展心理咨询辅导和生涯规划教育，加强心理育德教育。加

组织学校师生到盘山革命烈士陵园扫墓　　香河县第一中学供图

强家长与学校在学生教育问题上的沟通与合作，取得家长对学校和班主任工作的理解和支持。

【教学管理】　加强过程管理、环节管理，抓好教学常规的落实。围绕提高课堂教学效率、作业效率，贯彻落实备课、上课、布置和批改作业、辅导、组织考试、组织课外活动教学“六认真”机制，加强教学常规的检查、评比、交流、优化教学行为。

加强教研组建设，落实教研教改课题，教研组长每月组织一次大组教研活动，备课组长每周组织一次集体备课活动。切实做到精准备课。本学期各备课组集体备课要求做到“五有”“四定”“三明确”，夯实各学科基础。“五有”就是有计划、有措施、有记载、有课题、有效果，“四定”就是定时间、定地点、定主题、定中心发言人，“三明确”就是明确基本知识点、明确考点、明确重点和难点，学期末进行了优秀备课组、优秀备课组长等评选活动。

建设高效课堂，提倡分层教学，分层布置作业，分层考试，分层评价，继续探索落实各学科各种课型的高效课堂教学模式，建设高效“规范化”“激情化”的课堂。完善听课制度，加强教师间的学习交流，增强听评课的实效性。建立好课推介制度。每月组织一次听课交流汇报，对优课、好课进行全校推介；对薄弱学科，重点对象要严格安排跟踪课，及时落实指导帮扶措施。通过听评课查常规，促后进，推优秀，引领教师聚焦课堂，提升教学质量。

继续做好培优、补差工作。各年级实施导师制，对弱生和优生跟踪分析，建立档案，有计划地进行质量测评，及时通报，及时调整改进措施；定期召开尖子生交流会议，挖掘尖子生的学习潜能，不断提高他们的竞争实力；积极与大学名校交流，制定“自主招生”培养计划；做好专业学生的补差工作，做到专业与文化课成绩齐头并进。

重点抓课堂教学改革，切实转变教师的教学行为和学生的学习行为。用好录播教室，经常组织课堂观摩、专题研讨等活动。开展各种赛课活动，不断提高教学质量。本学期各年级根据教学侧重点举行了不同类型的公开课活动，教科处举行了各学科教师的示范课，赛后进行表彰和经验

香河县第一中学教师——河北省名师赵红艳工作室研讨活动　香河县第一中学供图

交流。另外还组织了教师网上晒课、“一课一优师”等活动。

做好各年级阶段性考试管理工作。努力提高自主命制试卷的质量，考前做好学生心理辅导、考试规范性教育及答题技巧的指导，加强监考并规范阅卷工作，做好考后质量分析工作，并建立试卷档案，考试的试卷样卷，评分标准，成绩登记，试卷分析等材料要统一归档，建立档案。

加强和改进学校体音美工作。体育组和各年级重视学校运动队培养训练工作，不断提高体育课的教学质量，切实保证学生的体育活动时间，提高全体学生的体质和健康水平。对音美特长生的培养制定计划，措施到位，力争多出名生，上名校。

**【教育教学科研】** 走科研兴校、科研强校之路。引导教师潜心教育阅读，更新教育理念，点燃教育激情，提升专业精神，体验教育幸福。要求教师定时完成教学反思，鼓励和倡导教师进行教育写作，引导教师将写作当成一种教育生活方式。校报《潮之声》择优刊出教师的教育教学文章，并进行优秀稿件评选。继续建设教育教学资源库，各学科备课组长要按照学校的要求，及时组织上传相关教学资源，学校将根据上传数量及质量予以奖励。加强不同年级同学科之间的交流，实现教学资源的优化利用，充分利用高三年级高考研究成果，发挥高三年级的辐射作用，发挥学科带头人的引领、示范、带动作用。继续抓好小问题、小专题、小主题的研究工作，并形成教研文章或科研课题报告。抓好信息技术培训工作，让教师能独立制作课件并熟练应用多媒体课件授课，以及完成教案等资料上传工作等。

**【备战高考】** 科学规划、精细备考、落实细节。从宏观上规划好高考备考工作的 3 轮复习和高考考前适应训练 4 个阶段，完成好每一阶段的教学要求，循序渐进培养学生的能力。从微观上做好高考备考工作的强化练习环节、强化规范作答、强化高效课堂、强化边缘生跟踪、强化复习节奏调控的 5 个强化，联系环节严把试题审查关、试题发放关、试题批改和点评关、试题诊断关。为了提高课堂效率要求做好教学进度、习题训练、讲授内容的 3 个统一，贴近高考目标与高考要求、贴近学生学习实际与生活实际、贴近学生心理以调动学生兴趣的 3 个贴近，突出知识基础、突出解题规范、突出能力培养的 3 个突出，加强边缘生的学法指导、加强边缘生的心理调节、加强边缘生的薄弱学科攻关的 3 个加强，研究高考说明和高考信息、研究高考出题方向与特点、研究因材施教、促使学生进步的最佳方法的 3 个研究，信息追踪题的训练、纠错诊断题的训练、模拟重组题的训练的 3 个训练。

严格管理，狠抓过程，强化协作。严格日常教学常规管理，向管理要效率。对班主任队伍实行统一指挥，坚持班主任是班级质量第一责任人，班主任必须按照年级工作布置协调各科教学；对备课组长的实行统一指挥，坚持备课组长是学科质量第一责任人，充分发挥备课组长的指挥能力，坚持培优补弱主渠道在课堂不动摇，始终把培养能力、培养学生学科思想作为课堂教学起点与归宿。加强过程管理,向过程要成绩。制定周详的复习计划，坚持每周集体备课日教研组活动，加强文综、理综考试整合训练，要求每位高三学生自备一本错题集，及时收集作业及考试错题。坚持团结协作，形成备考合力。班级六科老师的团结协作，班主任在工作中聚全体科任老师之智、扬全体科任教师之长；各备课组所有老师的团结协作，形成备考合力。

加强思想教育，调动学生学习积极性。加强对学生的励志教育，将理想教育细化、实化、生活化，把远大理想与现实高考、备考紧密结合，把平时的要求与温馨提示跟奋斗目标联系在一起；加强对学生的思想纪律教育，高三学生因时间紧，功课任务繁重，思想波动大，加强学生思想教育不可轻视；加强对学生表彰激励，每次月考后都召开学生表彰大会，表彰成绩优异和进步幅度大的学生。

【后勤服务保障】 立足于为广大师生服务，为一线教学服务，努力构建优质高效的行政后勤服务系统。学校行后各部门积极服务、协调一致，确保学校教学工作正常进行。将后勤工作重点放在建设“平安校园”上，强调“安全第一”是一切工作的前提和基础，强化责任意识。确保水、暖、电、建设器材等的绝对安全；建设优美的生态校园，为师生提供良好的生活、学习环境；继续发扬模范职工小家优秀作风，为教职工家庭维修 126 次。政教处加强了法制、消防安全及疏散演练等工作的排查检查力度。信息处做好录播教室的使用维护工作，并保障学校一切电教设备的高效运转。教务处严格学籍管理，做好月考及大型考试的安排准备工作，以及学生评教等常规性工作。宿管办突出安全巡视检查，加强了对宿舍、教学楼和校园的安全管理。

（赵默然）

## 香河县教师进修学校

【概况】 香河县教师进修学校位于香河县淑阳大街 82 号，是一所隶属于县委、县政府的中等专业学校，学校总占地面积 1.25 公顷（18.8 亩），教职员工 45 人，其中，专任教师 39 人，全部为本科以上学历，高级职称 7 人，中级职称 29 人，助理级职称 3 人。主要担任全县中小学教师继续教育工作，开展中小学教师继续教育科目培训、科任教师培训、骨干教师培训、师德培训、学历提高培训，对新上岗教师、非师范类毕业生、新任小学校长进行上岗培训。拥有集办公、教研、教学于一体的综合楼 1 栋，有 9 个标准教室，其中，普通教室 2 个，微格实验室、专用语音教室、综合实验教室、美术教室、图书资料室、微机室、档案室各 1 个，能同时开展 350 人的学习培训。电子备课室能同时满足 20 名教师同时网上操作，建立了网络系统，能够实施网络教学。学校图书室藏书现 6700 册，配专业阅览室 1 个。

【继续教育】 2019 年，对全县中小学教师的继续教育工作实行远程培训，7 月 3 日开始，完成了全县 3617 名教师远程培训的信息收集、分类汇总、数据上报等相关工作；选派 9 名教师担任远程培训的辅导教师，辅导教师在线进行发布简报、作业评判、教学研讨、在线交流等工作，同时，管理员进行后台管理、答疑解惑；辅导工作结束后，辅导教师为全体教职工做学习心得汇报，交流在培训中的收获，全校教师通过学习掌握了新的教学理念和教学技巧。

【教师资格证审验】 2019 年度，教师进修学校做好全县教师教师资格定期注册工作，组织全县 3300 余名中小学教师完成网上申报、网上确认、网上初审工作。现场审核教师资格定期注册申请表、教师资格证原件，继续教育证原件；现场审核聘用、考核、师德表现，身心健康证明材料等。协助廊坊市教育局进行网上审核和材料审核，协助县教育和体育局对教师资格注册档案材料归档整理。完成继续教育证书验证盖章工作，对 2017 年、2018 年继续教育合格贴进行查询和粘贴；为配合教师资格定期注册工作，向全县中小学发放继续教育证书，并对 2010—2018 年的远程培训成绩和合格证进行了查询和整理。

【竞赛提升教学素质】 为提高广大教师教学能力和整体素质，组织全体教师进行了毛笔字、钢笔字、粉笔字的书写比赛，爱国主义文章朗诵比赛，撰写师德论文并进行评比等多项活动，提升了教师的教学素质，丰富了教师的业余文化生活。

（冯晓明）

## 河北省香河县职业技术教育中心

【概况】　河北省香河县职业技术教育中心（简称县职教中心）前身为香河县职业中学，1996 年，更名为河北省香河县职业技术教育中心，1999 年，入选省级重点职业学校序列，2004 年，晋升为国家级重点中等职业学校，县职教中心是一所集职业高中、职业中专、短期培训多种办学形式于一体的中等职业教育机构，前国家主席杨尚昆为县职教中心题写校名。占地 5.7 公顷（85 亩），建筑面积 26815.6 平方米，有主体楼 7 栋，其中，教学楼 2 栋、实习实训楼 1 栋、学生生活服务楼 3 栋、办公楼 1 栋，可容纳学员 2000 余人。2019 年，县职教中心有教职员工 101 人，专任教师 96 人，教学班 55 个，全日制在校生 1953 人，年内招生 672 人，应届毕业生合格率 100%，就业率 96%；荣获香河县“2018 年度学校法制工作先进集体”“三八红旗集体”等称号。是年，投资 69 万元，进一步改善办学条件。

【思想政治教育】　加强师德师风建设，倡导人人上好思政课。提升教职人员师德师风建设自觉，认真组织全体教师加强政治理论和法律法规学习，全面提高教师的思想政治素质，强化教师遵纪守法意识。通过会议、橱窗、专栏、微信平台等多种途径，持续强化宣传，时刻提醒、勉励广大教师自觉增强立德树人、教书育人的荣耀感和责任感，坚持学为人师、行为世范，努力当好学生健康成长的指导者和引路人。

深入开展“师德师风提升年活动”。研究制定《师德师风提升年活动实施方案》，进一步规范教师职业行为，切实加强教师队伍建设，全面提高教师职业道德水平和职业素养，激发教职工发扬为人师表、爱岗敬业、甘于奉献精神，努力争做“有理想信念、有道德情操、有扎实学识、有仁爱之心”的“四有”教师。

大力倡导人人上好思政课。以县政府主要领导到校讲授思想政治理论课为契机，开展思想政治理论课创新活动，充分利用好课上课下两个课堂，努力打造一支优秀的思政课教师队伍，全面落实立德树人，全员育人、全程育人、全方位育人的“三全”育人意识，为社会培养合格的建设者和接班人。其间，组织了以“迎祖国七十华诞，展职教时代风采”为主题的全校教师大讨论。

6 月 14 日，县长王文强到县职业技术教育中心就加强学校思想政治教育工作与师生代表座谈　　县融媒体中心供图

【教师素质提升】　加强制度建设。制定完善了《香河职教中心教师晚自习管理制度》《教师教案检查制度》《学生考试制度》《作业检查制度》等一系列教学检查制度，大力整顿教学秩序。

加强对教师的培训，进一步提升教学的能力

和素质。开展校内培训，组织全校教师参加为期1周的“绿色教育”主题强化培训，引入切实有效的激励方式，帮助学生形成正确的人生观、世界观、价值观和审美观，引导学生热爱学习、热爱生活，培养阳光、乐观、友善、博爱、进取的精神品质，体现“以人为本”的教育理念。争取校外培训，3名教师参加省年度中等职业学校教师国家级项目培训，1名教师参加省年度职教师资骨干培训专家团队建设项目培训，1名教师参加省职业院校师资培训管理系统的培训，多名专业教师参加省2019年中职对口升学教材业务培训；同时组织全体教师在中国教师资格网进行教师资格定期注册，参加河北省中小学教师培训。

开展教研活动。以学科或专业组为单位，采取给定主题或根据本学科学习情况自选议题的形式，在教师中不定期开展教研活动。2019年，全校有11名教师申报省、市、县级课题，1名教师参加廊坊市优质课比赛，6名教师参加廊坊市职业院校技能大赛教师教学能力比赛；积极组织参加廊坊市素质教育论文比赛。

**【高考成果】** 县职教中心精心组织参加天津春季高考、河北省高职单招和全国普通高考。103名学生参加天津市2019年春季高考，分别被天津大学仁爱学院、北京科技大学天津学院、天津中德应用技术大学、天津职业大学等高等院校录取，升学率达100%。学前教育、计算机、机械等专业共180名学生参加河北省高职单招考试，分别被河北旅游职业技术学院、泊头职业技术学院等省内高职院校录取。在全国普通高考中，3名学生被大学本科录取。

**【开展技能大赛】** 2019年，首次承办“丹佛斯”杯“通武廊”职业学校学生技能大赛，县职教中心1人获学前教育专业美术与手工比赛一等奖，2人获职业生涯技能挑战赛一等奖，8人分获学前专业美术与手工比赛、职业生涯技能挑战赛、电子商务运营技能比赛二等奖，11人分获各赛项三等奖，13名教师获得优秀指导教师奖。年内，县职教中心分别参加了河北省中等职业学校“职业礼仪大赛”“全国职业院校技能大赛河北选拔赛酒店服务大赛”“全国中职学生会计手工比赛的初赛”“SSC杯青少年无人航空器邀请赛”，其中，河北省中职学校职业礼仪大赛，县职教中心2人获三等奖、4人获优秀奖；全国职业院校技能大赛河北选拔赛酒店服务大赛上，县职教中心1人获三等奖、5人获优胜奖；SSC杯青少年无人航空器邀请赛上，县职教中心代表队获得团体第一名。开展县职教中心第二届“翰墨书香”规范汉字书写比赛和第三届“诗意年华、如歌青春”经典诗文朗诵比赛，选拔优秀学生代表参加全县规范汉字书写比赛和经典诵读比赛，其中，县职教中心2人表现优秀，被选拔参加廊坊市规范汉字书写比赛；在2019年度香河县经典诵读大赛上，县职教中心获得3个高中生组二等奖，1个教师组二等奖，3名教师获得优秀指导教师奖。

10月22日，2019年“丹佛斯”杯“通武廊”职业学校学生技能大赛开幕式
县职业教育中心供图

【推行产教深度融合发展】 坚持以培养职业技能人才为目标、理论和实习实训相结合的培养模式，根据相关企业用工需求进行专业培养，输送学生到企业跟岗、顶岗实习，强化学生实践能力，缩短学生上岗适应期，提高就业竞争力。输送大批毕业生到天津冀津、天津鹏驰、北京北汽、北京宝沃、北京奔驰、北京铁路局、广州客运段、广九客运段、北京铁道大厦等企业跟岗、顶岗实习。全省“四好农村公路”香河现场会期间，县职教中心 70 名高铁服务专业学生参加志愿服务活动，得到与会各界人士好评。

加强与用人单位联系，为学生就业提供顺畅渠道。积极联络香河三田假日酒店、安川都林机器人应用设备河北有限公司、北京科技大学成荫科技（北京）有限责任公司、河北巨川节能科技有限公司、河北悦融嘉人力资源服务有限公司等多家单位，将用工信息及时发布到毕业生微信群。

继续保持并规范与北京商鲲教育控股集团、北京瀚文教育科技有限公司、北京中清研信息技术研究院有限公司校企合作、专业共建，通盘布局招生、教学、德育、就业等工作。

适应社会与市场需求，培养学生实践技能。组织开展高三学生焊工专业、学前教育专业中级工技能鉴定培训考试，参试学生全部通过。汇总退役士兵培训成果，实施 2019 年退役士兵培训计划，退役士兵报名计算机、电工、驾驶三个专业的培训并结业。顺利通过河北省电子行业特有工种职业技能实训基地的复审，为承接各类短期培训奠定基础。

【校园安全管理】 加强学生安全教育。通过法制教育进课堂、应急疏散演练、校园安全隐患排查、防灾减灾知识宣传等，切实提高广大师生的法制意识和防范各类自然灾害的意识以及自救互救能力。在第 24 个“全国中小学生安全教育日”，组织开展“健康成长、安全同行”为主题的安全教育周宣传活动；6 月，组织开展“安全生产月”活动，对学生进行防汛、防溺水、交通安全等全面教育；在“11·9”消防日，积极组织开展校园消防安全周活动。节假日期间充分利用致家长的一封信，做好假期间的安全教育。大力创建“平安校园”。组建三个管理小组，深入推进“优秀班集体”“红旗班级”“红旗宿舍”创建。后勤保障工作加强常规管理，保障运行安全，食品安全、消防安全等得到可靠保障。

（高　琴）

## 体　育

【概况】 2019 年，香河县体育事业按照“政府主导、部门协调、社团运作、百姓受益”的工作思路，积极落实全民健身计划，加大体育健身设施投入力度，广泛开展全民健身活动、中小学生体育比赛，大力发展冰雪运动，全力做好香河县体育工作。

【城乡体育设施】 2019 年，全县投入资金 116.49 万元，推进钳屯双安新城和钳屯镇红庙村体育综合健身场地建设，为 10 个村街和新城公园更换体育健身器材，人均健身场地面积达到 2.06 平方米，丰富全县 15 分钟健身圈，全面形成覆盖县、镇、村三级的健身服务网络。利用中央专项彩票公益金 77.03 万元，完成健身与健康融合中心建设工作，所有检测设备完成安装并投入使用。

【群众性体育赛事活动】 5 月 15—16 日，举行香河县第三届全民运动会中小学生门球赛，共有 15 支代表队参赛。6 月 13 日，香河县第三届“县长杯”青少年足球赛开幕，来自全县 44 支队伍参加比赛。6 月 16 日，京津冀大联盟足球赛开赛，来自京津冀地区 12 支球队参赛，依托中国足球国

6月15日，2019年香河县第三届“县长杯”青少年足球赛颁奖仪式
县融媒体中心供图

家训练基地带动香河足球发展，打造“京津冀足球大联盟”特色品牌活动。8月16—18日，在河北省“丛台分子酒杯”青年足球赛中，香河县代表队荣获全省冠军。8月23日，在廊坊市首届太极拳交流大会中，香河县参赛选手荣获银奖和铜奖各1枚。8月25日，在全国体育彩票业余棋王争霸赛廊坊赛区比赛中，香河县荣获儿童组冠军、季军，老年组冠军。9月5日，在廊坊市第四届“市长杯”足球赛中，香河县荣获女子组第五名。9月7日，香河县第三届全运会篮球赛在荣威体育馆开幕，全县300余人参加比赛。9月26日，在香河职教中心体育场举行了第三届全民运动会开幕式，全县各体育协会、俱乐部和广大体育健身群众1500余人参加。10月7日，在廊坊市围甲联赛总决赛中，香河县参赛选手荣获第二名。10月19日，香河县第三届全运会毽球赛在荣威体育馆开幕，全县200余人参加比赛。11月3日，香河县第三届全民运动会健身舞蹈大赛开幕，来自京津冀的300名运动员参加比赛。11月10日，香河县第三届全民运动会长跑比赛，吸引了京津冀900余名选手。

【冰雪运动】 2019年，香河县冰雪进校园已实现全覆盖，全县5.86万名中小学生参与到冰雪活动。10月26日，举行香河县首届冰雪运动会暨“米墨杯”轮滑比赛，有200余名选手参加比赛，这是廊坊市县（市、区）级首场冰雪赛事。12月12日、13日，举办香河县首届冰雪运动会陆地冰壶比赛，全县中小学28支代表队，运动员、裁判员、教练员等500余人参加活动。在廊坊市首届冰雪运动会，香河县取得滑冰比赛团体第二名、冰壶比赛团体第三名。组织开展“百乡、千校、百万人冰雪大联欢”活动，全县各中小学举办首届冰雪运动会及冰雪系列主题活动，提高师生对冰雪运动的认识，提高群众对冰雪运动的关注度和参与度。

12月13日，香河县首届冰雪运动会陆地冰壶比赛　　县教育和体育局供图

【体育协会组织】 2019年，香河县有田径、球类、棋类、游泳、武术、健美操等各类体育协会及俱乐部24个，注册会员3400余人。各协会积极发挥作用，主动参与全县中心工作，投身全民健身活动，多次代表香河县参加省、市和全国性竞技比赛，并取得了优异成绩。各体育协会的成

立，增强了群众体育运动活力，引领和带动了更多群体参与体育健身活动，推动了全县体育事业健康、蓬勃发展。

（袁炳毅）

4 月 25 日，2019 年香河县中小学田径运动会开幕　　县教育和体育局供图

【2019 年香河县中小学田径运动会】 4 月 25—26 日，香河县 2019 年度中小学生田径运动会在县第一中学隆重开幕。开幕式上，县城内第一小学、第三小学，县第二中学、第三中学等校表演了大型团体操，整齐划一的动作、精美的造型，把开幕式推向高潮。县委常委、政法委书记郭建永与县委宣传部、县教育和体育局、团县委、县妇联、县文化广电和旅游局等部门的负责人出席开幕式。本次运动会由县教育和体育局主办，县第一中学、县第七中学承办。来自全县中小学的 480 名运动员在 3 天（其中，部分投掷项目于 24 日在香河县第七中学举行）时间里展开激烈角逐。运动会各项目分别设有小学组、初中组、高中组，包括 100 米、400 米、跳远、跳高等项目。本次运动会高中女子组跳远、高中男子组 100 米 2 项比赛成绩打破县级记录。

【校园体育活动】 积极开展校园体育活动，全县各级各类将体育课教学和课外体育活动有机结合，执行教学计划，开齐开足体育课程，每天开展大课间体育活动，创新活动形式，组织开展校园田径运动会、足球、跳绳、乒乓球、轮滑、冰壶及趣味运动会等丰富多彩的特色体育活动，保证学生每天锻炼 1 小时，激发学生体育兴趣和运动潜能，提升学生体育素养。同时，组建体育兴趣小组，开展体育专项训练，并选拔优秀学生代表参加县级竞赛，形成“小学、初中、高中”三级衔接的训练竞赛体系，营造了体育运动氛围。截至 2019 年年底，全县有全国校园足球特色学校 5 所、橄榄球特色学校 1 所、冰雪运动特色学校 2 所、门球特色学校 1 所。7 月 14 日，在廊坊市第十九届中小学生门球赛中，香河县代表队包揽甲乙组前三名。

（张　毅）

## 2019年度香河县教育和体育系统集体获县以上荣誉一览表

表11

| 获奖单位 | 荣誉名称 | 授奖单位 | 授奖时间 |
|---|---|---|---|
| 县教育和体育局 | 第十九届华人少年作文比赛优秀组织奖 | 教育部关心下一代委员会、中国教育学会等 | 2019 年 3 月 |
| 香河县第二中学 | 全国青少年人工智能活动特色单位 | 中国科协青少年科技中心<br>中国青少年科技辅导员协会 | 2019 年 11 月 |
| 县直第二幼儿园 | 2018 年养成教育建设年度优秀学校 | 全国养成教育研究总课题组北京师大智慧教育科技研究院 | 2018 年 11 月 |
| 县直第二幼儿园 | 河北省巾帼建功先进集体 | 河北省妇联 | 2019 年 6 月 |

续表 11

| 获奖单位 | 荣 誉 名 称 | 授 奖 单 位 | 授奖时间 |
| --- | --- | --- | --- |
| 香河县电大分校 | 2018 年全省电大系统开放教育招生先进集体 | 河北广播电视大学 | 2018 年 11 月 |
| 香河县第一中学 | 第八届河北省教育系统优秀志愿服务先进单位 | 河北省教育厅 | 2018 年 10 月 |
| 香河县第一中学 | 河北省十佳科技创新学校 | 河北省青少年科技活动领导小组 | 2019 年 2 月 |
| 香河县第四中学 | 河北省绿色学校 | 省生态环境厅、省教育厅 | 2019 年 5 月 |
| 渠口镇店子务小学 | 河北省绿色学校 | 河北省生态环境厅、河北省教育厅 | 2019 年 5 月 |
| 香河县第六中学九年级 4 班 | 2018－2019 年省级先进班集体 | 河北省教育厅 | 2019 年 4 月 |
| 香河县第二中学 | 河北省诗词之校 | 河北省诗词协会 | 2019 年 6 月 |
| 香河县第二中学 | 北京 2022 年冬奥会和残奥会奥林匹克教育示范学校 | 河北省教育厅 河北省体育局 | 2019 年 11 月 |
| 香河县第三中学 | 京津冀第三届高校学生健美操、啦啦操锦标赛第九届河北省青少年健康活力大赛最佳组织奖 | 河北省大学体育协会、河北省中学体育协会等 | 2019 年 11 月 |
| 香河县第十一中学 | 廊坊市五四红旗团委 | 共青团廊坊市委 | 2019 年 4 月 |
| 县城内第三小学 | 廊坊市维护妇女儿童权益先进集体 | 廊坊市妇联 | 2019 年 3 月 |
| 县教育和体育局 | 廊坊市首届“志晟杯”青少年航空模型比赛优秀组织奖 | 廊坊市教育局、体育局 | 2019 年 6 月 |
| 县教育和体育局 | 廊坊市 2017－2018 年度“一师一优课 一课一名师”活动先进集体 | 廊坊市教育局 | 2019 年 3 月 |
| 县教育和体育局 | 市级诗教先进单位 | 廊坊市诗词学会 | 2019 年 5 月 |
| 县教育和体育局 | 市模范职工之家 | 廊坊市总工会 | 2019 年 3 月 |
| 县教育和体育局 | 廊坊市第十四届中学生运动会田径比赛团体总分第一名 | 廊坊市教育局 | 2019 年 10 月 |
| 县教育和体育局 | 廊坊市第十四届中学生运动会田径比赛团体总分（女子乙组）第一名 | 廊坊市教育局 | 2019 年 10 月 |
| 县教育和体育局 | 廊坊市第十四届中学生运动会田径比赛团体总分（男子乙组）第一名 | 廊坊市教育局 | 2019 年 10 月 |
| 县教育和体育局 | 廊坊市第十四届中学生运动会田径比赛体育道德风尚奖 | 廊坊市教育局 | 2019 年 10 月 |
| 县教育和体育局 | 廊坊市第十四届中学生运动会田径比赛优秀组织奖 | 廊坊市教育局 | 2019 年 10 月 |
| 县教育和体育局 | 廊坊市第十四届中学生运动会团体总分（乙组）第二名 | 廊坊市教育局 | 2019 年 10 年 |
| 县教育和体育局 | 廊坊市首届冰雪运动会陆地冰壶比赛团体第二名 | 廊坊市首届冰雪运动会组委会 | 2019 年 12 月 |
| 县教育和体育局 | 廊坊市首届冰雪运动会青少年组团体第三名 | 廊坊市首届冰雪运动会组委会 | 2019 年 12 月 |
| 县教育和体育局 | 廊坊市首届冰雪运动会体育道德风尚奖 | 廊坊市首届冰雪运动会组委会 | 2019 年 12 月 |
| 县教育和体育局 | 廊坊市首届冰雪运动会优胜奖 | 廊坊市首届冰雪运动会组委会 | 2019 年 12 月 |
| 县教育和体育局 | 廊坊市首届冰雪运动会优秀组织奖 | 廊坊市首届冰雪运动会组委会 | 2019 年 12 月 |
| 香河县电大分校 | 2018 年全市电大系统开放教育招生先进集体 | 廊坊广播电视大学 | 2018 年 12 月 |
| 香河县电大分校 | 开放教育教材管理先进单位 | 廊坊广播电视大学 | 2018 年 12 月 |

续表 11

| 获奖单位 | 荣 誉 名 称 | 授 奖 单 位 | 授奖时间 |
|---|---|---|---|
| 香河县电大分校 | 开放教育考务管理先进单位 | 廊坊广播电视大学 | 2018 年 12 月 |
| 香河县第一中学 | 廊坊市体育突出贡献奖 | 廊坊市体育局 | 2019 年 8 月 |
| 县城内第一小学 | 法制工作先进集体 | 廊坊市体育局 | 2019 年 3 月 |
| 五百户中心总校 | 2018 年度法治工作先进单位 | 廊坊市教育局 | 2019 年 3 月 |
| 五百户中心小学 | 廊坊市第十九届中小学生门球赛乙组第四名 | 廊坊市体育局、廊坊市教育局、教育局体育总会、老年人体育协会等 | 2019 年 7 月 |
| 香河县第四中学 | 廊坊市安全工作先进单位 | 廊坊市教育局 | 2019 年 3 月 |
| 县城内第四小学 | 廊坊市“市长杯”足球赛小学女子组第五名 | 廊坊市教育局 | 2019 年 9 月 |
| 香河县第十中学 | 廊坊市第二届中小学生机器人竞赛活动优秀组织奖 | 廊坊市教育局 | 2019 年 4 月 |
| 香河县第十一中学 | 2019 年廊坊市门球赛甲组第二名 | 廊坊市教育局 | 2019 年 7 月 |
| 县城内第三小学 | 学校安全工作先进单位 | 廊坊市教育局 | 2019 年 3 月 |
| 刘宋中心小学 | 廊坊市第十九届中小学生门球赛（乙组）第一名 | 廊坊市体育局、廊坊市教育局、教育局体育总会、老年人体育协会等 | 2019 年 7 月 |
| 香河县第二中学 | 廊坊市诗教先进单位 | 廊坊市诗词学会 | 2019 年 6 月 |
| 香河县第二中学 | 廊坊市第十九届中小学生门球（甲组）第一名 | 廊坊市体育局、廊坊市教育局、 廊坊市体育总会等 | 2019 年 9 月 |
| 香河县第二中学 | 2018 年度学校安全工作先进单位 | 廊坊市教育局 | 2019 年 11 月 |
| 县直第二幼儿园 | 廊坊市“童心向党”千所校园歌咏赛活动二等奖 | 廊坊市文明办、廊坊市教育局等 | 2018 年 7 月 |
| 县直第二幼儿园 | 2018 年度学校安全工作先进单位 | 廊坊市教育局 | 2019 年 3 月 |
| 县城内第二小学 | 荣获廊坊市第十九届中小学生门球（乙组）第三名 | 廊坊市体育局、廊坊市教育局、教育局体育总会、老年人体育协会等 | 2019 年 7 月 |
| 安平镇第一小学 | 廊坊市首届青少年航模比赛组织奖 | 廊坊市教育局、廊坊市体育局 | 2019 年 6 月 |
| 安头屯镇四营中心小学 | 法治工作先进单位 | 廊坊市教育局 | 2019 年 3 月 |

# 科 学

责任编辑 刘士刚

## 综 述

2019年，香河县继续坚持科学技术是第一生产力的理念，强化科技创新政策扶持，促进企业可持续发展。结合县域实际，制定《香河县加快推进科技创新工作实施意见》和《香河县关于深化科技改革创新推动高质量发展的实施意见》等多项扶持政策，制定《推进重点技改项目专项工作实施方案》《工业设计工作推进专项实施方案》《小微型企业创业创新基地培育活动实施方案》等多项方案，推进科技创新，提振民营企业发展的信心和决心。坚持创新是引领发展的第一动力，以推动制造业转型升级为目标,引导企业以创新设计研发为龙头,增强创新能力和水平，以典型带动为引领，力促民营企业健康发展。年内，为185家企业发放科技“小巨人”、高新技术企业等各类奖励资金1768万元。科技创新成效显著，科技型中小企业成长、科技成果转化等创新工程深入实施，机器人科技企业孵化器项目、廊坊市“北三县”技术人才培养基地项目成功争列省科技计划项目；积极做好科技项目立项，加大科技知识的培训、普及与宣传。全面强化气象现代化建设，加强气象防灾减灾水平，更好地为经济社会发展和人民群众的生产生活提供优质服务，全力推进气象服务“三农”示范县建设，服务能力和服务水平得到提升。加强防震减灾工作，做好地震监测设施设备维护保养，确保正常运转，顺利通过廊坊市地震局检查验收。

## 科学技术

**【概况】** 2019年1月，根据《香河县机构改革实施方案》（香发〔2019〕2号）文件精神，将县发展改革局（县科学技术局、县工业和信息化局）的科学技术、工业和信息化管理职责，以及县人力资源和社会保障局的外国专家管理职责整合，组建县工业和信息化局，作为县政府工作部门，加挂县科学技术局牌子。12月27日，将香河县工业和信息化局（挂香河县科学技术局牌子）更名为香河县科学技术和工业信息化局，不再加挂香河县科学技术局牌子。年内，香河县用足、用好国家、省、市扶持科技型中小企业发展各项优惠政策，对重点企业给予大力扶持；在项目申报、技改、培训等方面开展灵活多样的服务；以科技创新为先导，按照《香河县加快推进科技创新工作实施意见》精神，推进科技创新平台建设，突出科技政策引导，优化创新环境，大力促进科技成果转化。是年，香河县新增科技型中小企业94家、高新技术企业24家、市级企业技术研发中心4家、市级众创空间1家、6家企业成为省千家领军型企业。

【科技型中小企业】 2019年，新增河北省科技型中小企业94家，超额完成廊坊市下达的85家的任务目标，全县河北省科技型中小企业累计699家。

【高新技术企业】 2019年，全县新增高新技术企业24家，累计68家；市级以上科技企业孵化器3家；市级以上众创空间5家，其中，国家级众创空间1家。

【企业研发平台建设】 2019年，全县新增市级企业技术研发中心4家，市级企业技术研发中心累计45家；全县有市级重点企业研究室1家、市级企业研究院1家。

【院士工作站建设】 2019年，全县有省院士工作站1家，香河华北致冷设备有限公司周远院士工作站，重点研发加速斯特林制冷机项目转化。

【创新创业平台建设】 依托国安创客、机器人产业港、太库孵化器等创新创业载体，推进其逐步优化完善软硬件环境，打造集众创空间、孵化器、加速器于一体的高品质、服务优、环境美的链条式创新创业服务链条，吸引更多科技含量高、创新能力强企业及创新团队入驻。2019年，新增市级众创空间1家，即香河美家尽有众创空间，创新创业平台总量累计达到8家。

【科技项目研究立项】 2019年，由香河鼎泰园区建设发展有限公司承担的“香河机器人科技企业孵化器建设项目”和河北百纳信达科技有限公司的技术转移机构建设项目，及该公司与北京技术市场协会合作共建的“廊坊市北三县技术转移人才人才培养基地项目”被列为河北省级科技计划项目。“河北绿农检测技术服务有限公司”申报河北省农业科技小巨人项目，已通过河北省科技厅评审。由香河县人民医院承担的“高强度聚焦超声治疗瘢痕妊娠与孕周关系的临床疗效研究”“功能磁刺激、Kegel训练联合中药熏蒸对于产后盆底肌力康复的临床研究”“鼻内镜下微创功能性鼻整形手术的应用解剖研究”“踝关节外侧副韧带损伤伴慢性踝关节不稳症的手术治疗方式临床研究”“64排螺旋CT检查在泌尿系统结石性质评价中的临床研究”“他克莫司软膏联合糠酸莫米松软膏治疗外阴白色病变的临床研究”“通心络胶囊治疗冠心病心肌缺血临床疗效，NF-κB水平变化及对心电图、心肌酶谱的影响”7个项目被列为市级科技计划项目。

【科技项目申报服务】 香河康泰机械制造有限公司等3家企业获批“河北省专精特新企业”；香河富都华创家具制造有限公司、香河萨克森金属建材有限公司等4家企业荣获“2019年廊坊市专精特新企业”称号，并获得奖补资金各10万元；香河喜临门家具有限公司、香河众旺木业有限公司等6家企业获评河北省千家领军型企业；指导香河海潮制件有限公司、稻香村食品集团香河有限公司等企业共计11个项目申报河北省重点技改项目；为香河凯华齿轮有限公司、香河萨克森金属建材有限公司申报“市级智能车间”项目；香河东方电子有限公司研制生产的半导体温差发电器件填补了国内产品空白，并获得奖补资金20万元；上报海潮、富都华创两家企业作为廊坊市科创板上市后备资源库。

小学生参观香河机器人小镇　　香河经济开发区供图

【科普宣传】 2019年，组织科普宣传活动2次，即“香河县大众创业万众创新活动周启动仪式”及主题为“科技强国，科普惠民”的科技活动周宣传活动，累计发放各种宣传资料800余份。

【科技培训】 开展企业科技培训。深入企业调研，根据多数企业所需，邀请专家开展有针对性的集中专题培训。2019年，组织企业专题培训2次，培训内容分别为技术交易合同登记和高新技术企业相关优惠政策培训及科技型企业融资对接。开展农业科技人才培训。依托香河县百运达食用菌种植园和香河县新恒昌养鸡有限公司2家“星创天地”平台，分别举办“香菇种植技术集成与示范”培训班和“蛋鸡养殖技术”培训班，培训农业科技人员100余人。

3月7日，香河县举办高新技术企业申报暨技术交易合同登记相关优惠政策培训
县科学技术和工业信息化局供图

## 气　象

【概况】 负责气象工作的香河县气象局实行廊坊市气象局与香河县人民政府双重领导，以廊坊市气象局领导为主的管理体制，在廊坊市气象局和香河县人民政府领导下，根据授权承担香河县行政区域内气象工作的政府行政管理职能，依法履行气象主管机构的各项职责。2019年，香河县气象局有工作人员6名，大专以上学历占100%；有副高职工程师1名，工程师1名；属国家一般站。年内，香河气象自动站、区域站运行正常，观测资料数据传输及时有效。按照县级综合气象业务提升方案，加强综合业务管理，提高整体业务技能，消除安全隐患，局、站分离远程观测模式运行良好。参加“全国综合减灾示范社区”、文明县城创建活动，香河县气象局获得2019年度廊坊市文明单位荣誉称号。

【基础设施建设】 2019年，新建气象业务楼完成主体建筑及装修验收，投入使用；按照县政府要求，已将前马房区域站迁至九百户。

【公共气象服务】 制定《香河县气象局2019年决策气象服务周年方案》。按照方案，气象部门密切监测天气变化，认真做好服务，根据天气变化情况及时制作相关服务材料并报送到县委、县政府及相关单位，为香河县防御气象灾害提供科学依据。为春节、县“两会”、中高考、国庆节等及时提供专题气象服务。2019 年，报送雨情信息、预警信号、气候评价及公告、环境气象报告等各类服务产品 355 期。在气象服务中做出突出贡献，获得省气象局嘉奖。

【气象防灾减灾】 2019 年 5 月，对全县气象信息员进行了核实和调整。11 月 22 日，举办全县气象信息员培训。县气象灾害防御指挥部及办公室发文 19 期，同时利用“香河县气象灾害防御工作微信群”发挥防灾减灾作用。针对极端性、突发性、灾害性重大天气气候事件，发布决策服务材料 13 期。针对大气污染防治，制作环境气象扩散条件预报，开展重污染过程的气象条件分析，发布大气污染应急预警短信 16 期。

【“三农”气象服务示范县建设】 制定《2019“三农”气象服务示范县建设实施方案》，按照气象部门开展的“一本账、一张图、一张网、一把尺、一队伍、一平台”，即“六个一”要求，进行基本能力建设，提升基层气象灾害防御应对和快速反应能力，提升为农服务规模效应，发展直通式智慧化农业气象服务，完成农业小气候监测设备的安装调试，逐步建立完善的农业气象服务体系。加强各镇气象信息服务站建设，发放气象科普书籍 2 万余册，开展气象科普下乡宣传活动。

【气象安全监督管理】 2019 年，县气象局向社会发布《防雷安全管理告知书》《关于开展防雷安全检查的通知》《公共气象服务白皮书》。加强全县成品油市场防雷安全治理，及时消除防雷安全隐患，促进成品油市场健康有序发展。联合县应急管理部门及安全生产专家组，在全县范围内开展安全生产督导检查，共检查企业 68 家，发现安全生产隐患 56 处，全部整改到位。参加全县应急救援演练和防汛抗旱应急演练，组织气象灾害应急演练，应急能力得到提升。

【推进“双创双服”活动】 组织气象业务人员深入田间地头，对小麦返青期的生长状况、大田土壤墒情和病虫害情况进行实地调查；走访产业大户介绍近期天气对大棚蔬菜的不利影响及防御措施，并现场征求对气象服务需求和建议；强化精准化无缝隙的监测、预报、预警业务，并由香河电视台进行专题报道，共录制播放 4 期，为农业增效、农民增收保驾护航。

【气象科普宣传】 县气象局及相关部门利用“世界气象日”“防灾减灾日”“安全生产月”“法制宣传日”等宣传契机，组织开展特色突出、形式多样的主题宣传活动，共发放宣传材料 2000 份，气象宣传手册 200 册。在《中国气象报》、CMA 网、《廊坊都市报》等报刊、媒体上，发表气象学术文章 4 篇，参加廊坊市防灾减灾文化作品宣传公益征文活动并荣获二等奖。

（赵春森）

## 地震监测

【概况】 2019 年 1 月，按照《香河县机构改革实施方案》（香发〔2019〕2 号）文件精神，原县住房和城乡建设局的地震监测、震灾应急救援等相关职责，调整至县应急管理局，在县应急管理局加挂香河县地震局牌子。地震监测重点从“法制抗震防灾、地震知识宣传培训、地震设施维护”方面展开工作。是年，地震监测设备、设施正常运转，均顺利通过廊坊市地震部门检查验收。

【地震监测技术设施建设】 2019 年，香河县对安头屯镇地震前兆观测台和五百户镇强震监测台站，进行日常维护检查，确保设备正常运转；同时，对停用的人工监测设备进行检修，达到自动化设备与人工操作设备同时运行，把记录的两组数据进行对照分析，保障上传至省、市地震局和河北防灾科技学院的数据准确无误。协助中国地震局地球物理研究所和廊坊市地震局，完成对“京津冀”以及首都副中心地震带断裂探测研究项目选址工作，涉及香河县的4个监测台站，年内全部建设完成，投入使用。

**【防灾减灾宣传】** 5月12日，联合县交通运输局、县住房和城乡建设局、县市场监督管理局、县自然资源和规划局、县教育和体育局、香河家具城、消县防救援大队等20家减灾委员会相关成员单位以及县供电公司、香河百川燃气销售有限公司2家企业在县委广场进行防震减灾宣传活动，活动主题为“提高灾害防治能力，构筑生命安全防线”。此次活动印制宣传品76种、设立宣传图板45块、悬挂各类宣传横幅100余条，向群众发放防灾减灾知识手册、法律法规手册等各种宣传资料8500份，发放宣传品5300份，接受群众咨询1200人次。

**【防灾减灾信息员培训】** 6月28日，举办全县镇、村两级防震减灾信息员培训班，邀请省救灾和物资保障科专家，对“镇、村灾害信息员实务”和《国家自然灾害灾情管理系统》进行详细地讲解，全县镇、村330人参加培训。

**【防震减灾组织保障】** 香河县抗震救灾指挥体系健全，防震减灾工作领导小组办公室设在县政府，抗震救灾指挥部成员单位和人员发生变动时，由县政府负责及时做出调整变更。防震减灾工作由县政府列入各单位年度考核内容，确保相关单位防震减灾工作落到实处。

（赵俊军）

# 文　化

**责任编辑**　刘士刚

## 综　述

2019年，县委、县政府高度重视文化事业的发展，加大对公益文化事业的投入力度，努力构建县、镇、村三级公共文化服务体系，促进全县文化事业的不断发展与繁荣。持续推进文化惠民，276个村街完成基层文化服务中心建设，“七进”文化惠民演出精彩纷呈，群众业余文化生活更加丰富；围绕庆祝“两节”和新中国成立70周年，开展各类喜闻乐见的文化活动，不断为广大群众提供更多更好的精神文化食粮；组织拍摄的《我和我的祖国》万人快闪被人民号、央视等多家媒体报道，并被“学习强国”平台发布；香河县荣获“河北省诗词之县”荣誉称号；县融媒体中心获颁国家互联网新闻信息服务许可证，为全省首批、全市首家；《香河年鉴（2018）》荣获第六届全国地方志优秀成果县级综合年鉴一等奖。

是年1月，按照《香河县机构改革实施方案》（香发〔2019〕2号）文件精神，组建香河县文化广电和旅游局，将县文化广电新闻出版（版权）局（县旅游局）的文化、广播电视、旅游等职责整合，组建县文化广电和旅游局，作为县政府工作部门，不再保留县文化广电新闻出版（版权）局（县旅游局、县体育局）。主要职责是贯彻执行党和国家文化广电、旅游和文物工作方针政策和法律法规。研究拟订全县文化广电、旅游和文物政策措施，起草全县文化广电、旅游和文物等有关规定和办法。设有办公室、艺术股、公共服务股、产业发展股、市场管理股、宣传和对外合作交流股和广播电视管理股7个股室，下辖香河县文化市场综合行政执法局、香河县文化馆、香河县图书馆3个事业单位。

2019年，县文化广电和旅游局紧紧围绕县委、县政府中心工作，积极履行自身职责，稳步有序推进文旅机构整合、队伍融合，在全市率先完成了合署办公、机关“三定”、股室设置、人员安排等机构改革各项工作，扎实开展文旅的各项工作，以满足人民群众日益增长的精神文化需求为出发点和落脚点，坚定文化自信，推动文化惠民，凝聚文化力量，较好地完成了既定的目标任务。首届香河县文化和旅游产业发展大会成功举办，并获评全市“最佳组织奖”，香河县水岸潮白田园综合体获最佳示范项目，大运河文化节获最佳文旅活动,宣传片获最佳宣传片,情景剧《家在运河》获最佳文旅展演。第三届廊坊市乡村旅游创客大赛，香河县文化广电和旅游局获得“优秀组织奖”，《水岸潮白田园综合体》获得银叶奖，《国家级中幡艺术团》获得铜叶奖。第三届廊坊市最美民宿大赛，香河县文化广电和旅游局获得“最佳组织奖”，李家大院民宿荣获一等奖，别处酣客民宿获优秀奖。2019 河北省文创和旅游商品创意设计大赛暨廊坊市第二届文化创意和旅游商品创意设计大赛，香河县文化广电和旅游局获得“最佳组织奖”，香河县文化馆原创作品“香河潮童”非遗系列文创产品获得最具廊坊特色奖和 2019 年最佳文创旅游商品称号，同时获得首届北运河杯“通武廊”文创产品大赛创意设计主题铜奖。精选特色旅游商品、文创展品、非遗展品等 6 件展品参加省文化和旅游厅“2019 河北文创精品展”。香河县五行通臂拳获得廊坊市首届“十大优秀非遗项目”称号，安头屯中幡获得廊坊市 2019 十大优秀创客项目称号，金银细工银花丝摆件“双龙莲叶瓶”和“凤戏牡丹满园春”分别获得 2019“百花杯”中国工艺美术精品奖金奖、优秀奖。县文化广电和旅游局荣获“2019 年度市级文明单位”称号。

## 文化事业

【概况】 2019 年，香河县全面加大基层文化综合服务中心建设力度，公共文化事业得到进一步发展壮大；积极抓好文化产业示范基地的龙头作用，维护文化市场健康有序运行，非物质文化遗产的保护和传承力度进一步加强，文化事业发展得到全面提升。

【基层文化基础设施建设】 全县公共文化基础设施进一步加强，截至 2019 年年底，基层综合服务中心建成 276 个，城市广场文化、农村特色文化等文化活动丰富多样，公共文化服务渠道的方式进一步拓展。

【文化产业示范基地】 截至 2019 年年底，全县有省级文化产业示范基地 1 个，香河国华影视基地，2019 年营业收入 1385.95 万元；市级文化产业示范基地 1 个，香河县景泰蓝珐琅制品厂，2019 年营业收入 287.05 万元，在“2019 中国—东盟博览会文化展”上，景泰蓝珐琅制品获最佳创意奖。香河盛隆景泰蓝被中国老字号文化研究中心评为“燕赵老字号”。

【文化市场】 2019 年，全县有印刷企业 79 家（其中，包装装潢企业 59 家，其他印刷品企业 12 家，出版物企业 7 家，排版制版企业 1 家。），互联网上网服务经营场所 50 家，文艺表演艺术团体 11 家，演出场所经营单位 1 家，卡拉 OK 歌舞厅 10 家，书店 20 家，音像制品店 1 家，影院 3 家，影视制作基地 2 家。书店、影院、娱乐场所集中分布在县城，上网服务经营场所县城与乡镇分布比例属于均衡状态，文艺表演艺术团体与印刷企业主要分布在乡镇，文化企业整体分布合理，带动效应显著。加强对文化娱乐业的监管，规范经营，文化监管涉及互联网上网服务营业场所、经营性互联网文化单位、营业性演出、娱乐场所、美术品经营、印刷业、出版活动、电影发行放映单位监管共 8 项。

【非物质文化遗产保护与传承】 截至 2019 年年底，香河县有国家级非遗项目 1 个，省级非遗项

6 月 6 日，2019 廊坊文化旅游季之香河县京津冀中幡文化交流大赛 县融媒体中心供图

目6个，市级非遗项目16个，县级非遗项目127个。4月，公布第三批县级非遗项目，包括传统技艺、手工技艺、民间文学、民俗、传统戏剧、传统医药、传统游艺7类共59项。申报并获县委、县政府批准命名第二批县级特色人才9名。建立县级非遗项目数字资源库。6月6日，在蒋辛屯镇北李庄水岸潮白广场组织举办“2019 廊坊文化旅游季之香河县京津冀中幡文化交流大赛”，邀请北京市朝阳区、房山区，天津市宝坻区、廊坊市安次区等地10余支中幡代表队150余人参加。举办2019年“文化与自然遗产日展览周——非遗就在身边”非物质文化遗产主题活动。组织第七届省级非物质文化遗产项目申报工作，申报项目为香河肉饼、珐琅镶嵌制作技艺、花丝制作技艺。组织刺绣、金银细工、阮家红木参加省级非遗文创产品大赛。6月13－17日，组织金银细工和香河肉饼参加“通武廊”文化旅游创意产品展暨第七届廊坊特色博览会。香河县五行通臂拳非物质文化遗产项目获得廊坊市首届“十大优秀非遗项目”称号，在廊坊市文化旅游工作推进会上省级非遗项目香河县五行通臂拳获得2019年十大优秀“非遗”传承项目称号、香河县“香河潮童系列”获2019年最佳文创旅游商品称号。安头屯中幡获2019十大优秀创客项目称号。非遗项目金银细工银花丝摆件“双龙莲叶瓶”和“凤戏牡丹满园春”分别获得2019“百花杯”中国工艺美术精品奖金奖、优秀奖。

【文物保护与文化品牌】　高度重视文化的保护工作，在深度挖掘内涵，保护文化载体，提升文化软实力方面做了大量工作。近年来，香河县积极开展野外文物普查工作，共普查不可移动文物151处。2019年，协助核查37块地块文物情况，摸排统计7个不可移动革命文物情况；举办香河县文物研究会成立大会暨庆祝中华人民共和国成立70周年——京津冀文物展。

## 影视制作产业

【概况】　影视制作产业既是香河县特色文化产业，也是香河县文化产业的龙头产业。香河县有香河国华影视基地和中信国安新桥国际影视基地2家影视制作产业基地。

【香河国华影视基地】　香河国华影视基地坐落在香河县钱旺镇，始建于2005年，占地近万亩，计划投资30亿，截至2019年年底，已完成投资14.8亿，是一家专门从事影视剧拍摄、景观制作、红色旅游、国防教育、休闲度假等综合性影视文化传播活动的民营企业。已建成高规格封闭式摄影棚9座，影棚建筑面积9.5万平方米，实景打造毛泽东主席专列、抗日战场、国防体验营、天鹅湖、鸳鸯湖、牡丹园、月季园、欧洲风情小镇、职业体验小镇、动物园、私家农场、水上餐厅、台湾风味小吃一条街、四川风味小吃一条街、国华酒堡、文化创意广场、江南水乡、乌镇、徽派小镇、老北京西市等景观20余处。其中，打造的明清一条街，集码头、仿古街道、江南水乡、仿

香河国华影视基地内景　　县融媒体中心供图

明清建筑、徽派建筑为一体，以清明上河图为蓝本，打造北方的“江南水乡”，街道将拥有18座牌坊。基地拥有四星级大佛快捷宾馆、明星楼等宾馆可以满足剧组及游客入住，计划再投资兴建能容纳2000人入驻的快捷酒店。基地实现中国移动无线网络全覆盖，是CERTIFICICATE亚太地区指定拍摄基地、中国广播电影电视协会指定拍摄基地。

多年来已有《最后一小时》《盗墓笔记》《辛亥革命》《太极拳》《赵氏孤儿》《道士下山》《妖猫传》《狼烟北平》《百年荣宝斋》《少帅》《神话》《家有儿女 5》《徐悲鸿》《父亲的草原母亲的河》《烈火英雄》等上百部影视作品的拍摄；由国华影视基地承制的电影《狗年》等影片也顺利在基地杀青。基地每天都有2000人的剧组人员在基地工作拍摄，摄影棚爆满，所有的摄影棚必须提前半年预定。

基地2009年被河北省文化厅评为省级文化产业示范基地，被廊坊市委宣传部确定为全市文化产业发展“五个一”工程之一；2010年，在中国广播电视协会电视制片委员会对全国138家“影视指定拍摄景地”的评选中脱颖而出，在获准挂牌的9家基地中位列第四；2011年，成为河北省重点建设项目“一卡通”企业，被省委宣传部授予河北省文化发展“五个一”工程奖；2012年，被评为河北省十大文化产业项目；2018年，被评为河北省优秀文化企业三十强，荣获CERTIFICATE亚太地区指定拍摄基地称号；2019年，获批“河北省国防教育基地”“中国文化管理协会网络文化工作委员会网络直播创研培训基地”。国华影视基地董事长刘国华2015年被河北省委评为“燕赵文化之星”，2016年，被中国广播电影电视协会评为“全国文化产业年度风云人物”，2019年7月，被中国文化管理协会网络文化工作委员会聘任为副会长，11月刘国华出席由河南省慈善总会、凤凰网河南频道、河南交通广播台联合主办的“2019女童守护者百城行动”公益活动，并被授予“2019女童守护者公益大使”荣誉称号。国华影视基地创办的国华娱乐网、新浪微博“国华娱乐网”、微信订阅号“国华娱乐网”、今日头条“国华娱乐网”等自媒体账号，与各大新闻门户和视频门户达成了深度内容合作，并加入百度新闻源。

2019年，国华影视基地围绕京津冀文化产业协同发展规划，坚持以习近平新时代文艺思想为指针，以“孵化器+产业化”双轮驱动为战略，以影视文化创意产业发展为核心，以“影视文化、艺术体验、文创科技、研学培训、观光休闲”融合拓展为方向，构建独具特色的国家级影视文化创意产业生态园和影视文化主题旅游观光休闲区。项目建设。“明清古街”影视实体景观项目，已建成仿古石牌楼3座，木牌楼1座，城门楼1座，石亭2个，沿湖长廊近百米，仿古建筑1000余平方米，游人和货物码头2座，画舫游船6只，天鹅湖水面4.7万平方米。配合电影《少年时代》拍摄，建造“北京西四一条街”实体景观。影视剧拍摄。与博纳影业合作，由陈凯歌执导的电影《少年时代》第一阶段拍摄圆满杀青；由刘国华策划创作，国华影视基地作为著作权人的电影剧本《二手生活》已经国家版权局颁发“作品登记证书”，登记号：国作登字-2019-A-00883369，并进行前期的策划拍摄工作；拍摄反映消防战士事迹的电影《烈火英雄》。特色活动。举办香河县福利院儿童与明星家庭共度“六一”儿童节活动，邀请香河县福利院的孩子到基地游玩，与明星家庭面对面交流，共度节日；举办香河县“不忘初心，牢记使命，庆祝新中国成立七十周年暨中秋赏月慈善晚会”，邀请全县优秀共产党员、劳动模范、军烈属、孤寡老人同庆新时代，共赏中秋月；“八一”建军节期间，在香河文化艺术中心影院举办6场《烈火英雄》主演与影迷见面交流会；11月2日，邀请西藏那曲地区藏族小学生到基地观光旅游；12 月，举办中国网红快手才艺主播大赛，来自全国 60 名网络才艺主播参加了大赛； 4 月 28 日，河北省国防教育基地正规化建设观摩活动在香河国华影视基地举行，省军区副司令员朱世海，省委宣传部副部长、省电影局局长史建伟出席观摩活动，廊坊军分区司令员白文建，县委书记、县人民武装部党委第一书记李桂强等市县领导出席活动，香河国华影视基地被正式命名为“河北省国防教育基地”，朱世海为国华影视基地授牌，其间，中央电视台《军事大舞台》栏目走进国华“河北省国防教育基地”，录制国防教育基地专题节目。

4 月 28 日，香河国华影视基地被命名为“河北省国防教育基地”，省军区副司令员朱世海（左）为国华影视基地总裁刘国华（右）授牌　　县融媒体中心供图

（郑万强）

【中信国安新桥国际影视产业基地】 中信国安集团中信国安文化传媒有限公司旗下中信国安新桥国际影视产业基地（以下简称“新桥影视基地”）位于香河县中信国安第一城，建筑面积约 6 万平方米，规划投资 15.3 亿元，2018 年 5 月投入使用，截至 2019 年年底，已完成前三期投资 5.3 亿元。引进国际一流的影视制作设备及电影拍摄制作理念，打造国内最先进的电影一站式制作平台及高品质、全流程的影视制作服务体系。

新桥影视产业基地秉持“用世界的语言，讲中国的故事”的理念，致力于打造高品质、全流程的影视制作服务体系。作为国内最先进的电影一站式制作平台，基地建设涵盖了大型摄影棚、动作捕捉棚、绿幕抠像棚、电影调色棚、音乐录音棚、杜比全景声混录棚以及特效制作区、集群渲染区、特效教学区等。基地汇聚了国际化的特效艺术家和后期制作艺术家团队，可提供从摄影棚及外景场地租赁、后期制作、特效制作、制片协作到住宿餐饮、后勤支持等全方位、高质量的电影制作全流程服务。截至 2019 年年底，该基地涉及项目共计 17 个，涵盖电影、电视剧、网大、广告等制作业务，实现收入 2000 万元。视效制作为主要业务类型，完成了电影《时间牢笼》《二代妖精》特效制作；电视剧《凤凰无双》《蜀山战纪》、《武动乾坤》特效制作；《平昌冬奥会》等宣传片的制作。随着基地二期建设的逐步推进和完善，与北京电影学院携手打造公益电影《150 小时 + 》。先后与北京电影学院、温哥华电影学院、THE FOUNTRY 建立战略合作，并联合多家国内教育机构，共同开展面向社会的影视职业人才培训，为行业输送后备力量。

2019 年，影视基地一、二期电影前期拍摄、特效制作、后期处理投入使用，三期已完成 4 个影棚建设，总面积 3000 平方米。先后投资了新版电影《红楼梦》（胡玫导演），与北京电影学院合作的《150 小时》等电影。筹备与好莱坞著名制片人汤姆·德桑托合作的具有中国传统文化元素的动画电影。《红楼梦》是由中信国安文化传媒有限公司参与投资制作的影片，是年，在影视基地进行特效制作以及影片后期画面、声音等工作，此片是国安影视基地建成后第一部全流程制作的影片。2 月，完成电视剧《加油，你是最棒的》拍摄工作。《加油，你是最棒的》由刘新执导，邓伦、马思纯、韩童生、倪虹洁主演的都市情感励志剧。根据自由极光的小说《加油，你是最棒的》改编，7月31日在湖南卫视金鹰独播剧场首播，并在爱奇艺、腾讯视频、优酷同步播出。2月，完成电影《月半爱丽丝》拍摄工作。10月，完成电视剧《猎狐》拍摄工作。11月，完成2次中央电视台少儿频道《动物好伙伴》节目拍摄，1次《大风车》节目拍摄。《动物好伙伴》是由中央电视台少儿频道与新西兰自然历史有限公司合作，专为小朋友以及他们的家长定制的一档具有国际水准的季播大型动物科普系列节目。《动物好伙伴》和《大风车》剧组与国安影视基地签订长期合作协议。影视特效与后期制作。1月，承接电影《县委书记谷文昌》制作。5月，完成电影《八子》后期处理。7月，完成电影《烈火英雄》项目后期处理工作，8月，在中国内地上映，9月，该片列入教育部办公厅、中共中央宣传部办公厅第39批向全国中小学生推荐优秀影片。10月，完成中石油新疆油田公司招标中心《新疆油田公司招标中心企业文化》宣传片项目。5月，完成电影《忽必烈》推介片项目剪辑制作。8月，完成VR项目《遵义会议》部分镜头制作。通过3Dmax/玛雅等特效制作工具制作VR项目《遵义会议》中的部分镜头，运用建模、贴图、绑定、动画等，完成的动画资产模型有毛泽东、周恩来、朱德等20余位人物形象，于10月登录建党网，并在遵义会议会址及陈列馆中现场体验。

（郑　丹）

## 文化市场监督管理

【概况】　2019年3月29日，中共香河县委机构编制委员会办公室印发《关于组建县文化市场综合行政执法局的通知》，整合组建县文化市场综合行政执法局，在县文化广电和旅游局挂牌，实行“局队合一”体制，保留原文化市场行政执法队，为县文化广电和旅游局下属副科级事业单位。整合组建后的文化市场行政执法队内设综合股、文化市场稽查队、广播电影电视稽查队、新闻出版（版权）稽查队、旅游稽查队5个股室，全额拨款事业编制11名。县文化市场行政执法队以县文化和旅游行政部门名义统一行使文化和旅游、文物、出版、广播电视、电影行政管理部门市场领域的行政处罚以及与行政处罚相关的行政检查、行政强制等职能。

【文化市场综合执法】　执法力度持续增强。联合公安局、工商局、安监局开展联合执法检查行动，先后出动执法人员1300余人次、车辆332余辆次，共检查文化市场企业710余家次，对1家网吧给予警告并给予行政处罚。加强文化市场执法检查，重点开展在全国“两会”、第二届“一带一路”国际合作高峰论坛、“5·18”中国廊坊国际经贸洽谈会、亚洲文明对话大会、暑期、国庆节等重要会议和重点期间对文化市场专项检查行动400余家次，确保香河县文化市场安全稳定。加强广电市场执法检查，进一步强化影院的监管力度，重点是票务系统，从源头杜绝偷票房收入现象；加大对网络视频等新事物的管理，突出抓好广播电视的广告播出管理，杜绝非法广告。加强出版物市场执法检查，重点对出版物销售场所、书报刊亭以及印刷复制企业的加大检查力度，2019年，立案结案4件，罚款7.4万元，没收非法图书5772册（盒）。加强旅游市场执法检查，在旅游旺季及法定节假日期间，先后3次对具有旅游业务经营资质的旅行社、分社、服务网点采取不定向抽查检查。

【文化市场经营监管】　建立健全适应现代农村文化市场体系建设需要的文化市场监督管理制度，创新农村文化市场监管网络机制，建立农村文化市场监管网络信息监督员制度，进一步提升监管效能，推动农村文化市场综合治理。开展文化娱乐场所法人培训，先后举办了农村文化市场监督员培训班、文化娱乐场所法人培训班，与经营单位签订责任状，督促和引导其守法经营、文明经营。推进政务服务改革，实现省级垂直系统和“互联网+政务服务”平台的深度融合，确定本级本部门与省级对应的事项名称。深化文化和旅游市场监管机制改革，强化事中事后监管，充分利用大数据技术创新监管方式，提高市场监管效能；建立健全信用约束和激励奖惩机制，健全文化市场“黑名单”，推动以信用监管为核心的新型市场监管机制建设。持续深入开展扫黑除恶专项斗争，加强源头治理，确保全县文化和旅游市场规范有序、健康发展。对全县 78 家印刷企业和 17 家出版物发行单位认真做好 2019 年度印刷企业年度报告、年统、年度核验工作，更新企业基本信息登记表，实现市场资料管理的精准化、可查化。

【“扫黄打非”专项行动】　2019 年，加强对出版物市场的清查力度，重点检查出版物销售场所和书报刊亭；加强对印刷复制企业的巡查力度，重点检查具备出版物印刷能力的印刷企业，对企业的印刷业务承接、验证、制版、印刷、保管、交付、残次品销毁、运输等各个环节严格规范，要求各印刷企业严格查验印刷委托书制度，严厉打击各类非法印刷活动。深入打击有害和非法少儿出版物及不良信息。在全县中小学校深入开展绿色阅读系列宣传教育活动，推介和组织阅读优秀少儿出版物，引导少年儿童自觉远离和抵制有害出版物及信息。集中整治校园周边文化、出版物市场环境，着力清查妨害青少年身心健康内容的出版物，为青少年提供一个健康的生活、学习环境。围绕学校周边、车站附近等重要地段，突出对非法出版物、淫秽色情出版物及有害信息的查处整治，加强对无证的图书销售场所和批发、零售单位以及报刊亭等单位的检查。县文化市场行政执法、教育、市场监管、公安、综合执法等部门联合执法，重点检查全县中小学校园周边的书店和文百商店等有可能销售出版物的经营单位以及出版物印刷企业。6 月 25 日，根据举报线索，全国、省、市、县“扫黄办”组成联合检查组对香河高氏印务有限公司引入的印刷企业进行检查，发现“北京红丹博雅印刷有限公司”“北京海纳百川印刷有限公司”“北京卡梅尔彩印厂”“北京市瑞雪印刷有限责任公司”4 家印刷企业存在违规行为，依法依规对 4 家企业进行处罚，共罚款 7.4 万元，没收非法图书 5772 册（盒）。

【安全生产】　全面落实“党政同责，一岗双责”安全生产责任制，实施领导包联制度，县文化广电和旅游局领导班子成员及各股室分包乡镇（社区办）、园区，坚持“日常巡查”和“重要节点巡查”相结合，做好对企业的监督检查工作。2019 年，组织安全生产培训 3 次，提高了从业人员的安全意识和安全知识水平。认真开展了“双控”试点和安全生产隐患大排查大整治工作。

## 公共文化

【概况】　建立健全县、镇、村三级公共文化服务体系，县级建有香河文化艺术中心，内设图书馆、文博馆、文化馆、美术馆，对外实行免费开放服务。2019 年，9 个镇级综合文化站定期组织开展文化活动，300 个行政村基层综合文化服务中心已建设完成 276 个，余下 24 个正在完善提升中。

【镇级文化站】　全县 9 个镇级综合文化站采取政府购买服务方式，推进乡镇综合文化站市场化运营，在原有文化站工作人员的基础上，每个镇级文化站再增加 2 名文艺工作者，真正实现“有人管起来、群众走进来、活动搞起来”，解决“沉睡”问题。县级文化馆、图书馆总分馆制建设有序推进，淑阳、安平、原平安街道办、钳屯 4 个总分馆试点已完成设备设施购置、图书报刊配备以及公共数字文化软硬件平台建设、基层公共文化服务人员培训等工作。

香河文化艺术中心　　　　牛宝森 摄

**【香河文化艺术中心】** 香河文化艺术中心项目是香河县委、县政府加强公共文化服务体系建设、改善民生的重点工程之一，采取政企共建模式进行建设。文化艺术中心是集剧场、电影院、文化馆、图书馆、美术馆、博物馆、乒羽中心等功能为一体的大型综合文化类公益项目。该项目位于香河核心区——新城区新华大街西延南侧，总投资 3.3 亿元，占地面积 2.49 公顷（37.38 亩），建筑面积 3 万平方米，由香河鼎泰园区建设发展有限公司投资建设。项目于 2016 年 11 月底竣工，2017 年 4 月 28 日，全面对外开放，文化馆、图书馆、美术馆、博物馆免费对外开放。

**【香河县图书馆】** 香河县图书馆新馆于 2015 年 2 月开工建设，2017 年 4 月 28 日，正式对外免费开放。位于香河文化艺术中心二、三、四层，总建筑面积 9446.5 平方米，2018 年 8 月，在第六次全国县级以上公共图书馆评估定级中被评为二级图书馆。香河县图书馆总馆藏量为 34 万册，同时，配备数字图书馆，截至 2019 年年底，拥有行知国学、基层图书馆数字资源提升活动等数字资源达到 6TB，其中，配有内含 5 万册图书、3 万集听书、50 万分钟视频的电子阅读机；200 余种报纸的电子读报机；内存 20 万册电子图书，6 万集有声读物，占用 2TB 以上存储空间的数字阅览区。馆内共设青少年阅览区、老年人阅览区、电子阅览区、休闲阅览区、亲子阅览区五大功能区。每周对外开放 72 小时，节假日正常开放。截至 2019 年年底，进馆总人数达 90 万余人次。

馆内具有自助办证机、自助借还机、读报终端、查询终端、电子书借阅机、视障人士专用设备、设置健全的无障碍设施、行知国学阅读终端、打印机等电子设备，方便读者自助查询及借阅。为读者提供免费办证、换证、检索、阅览、借阅、讲座、展览、存包、饮水、上网等服务项目，每周六配有儿童免费接待日服务。定期开展“英语角”“儿童红色故事会”“每周一课”“绘本讲读”“品味书香读书会”等特色活动，组织开展“我和我的祖国”系列活动、暑期儿童手工制作活动、“4·23”读书日系列活动、绿书签发放活动、端午活动、儿童画展、送书进特殊学校等一系列全民阅读推广活动。创建图书馆志愿者队伍，先后有 190 余名爱心人士加入志愿者队伍。

**【香河县文化馆】** 香河县文化馆位于香河文化艺术中心四层，总面积 6259.5 平方米，集公益演出、培训、展览、创作、研究、交流、非物质文化遗产保护于一体。文化馆是为市民提供文艺创作交流、艺术教育培训的平台，是组织举办群众文化活动和惠民文化活动的场所，是建设社会主义先进文化、为广大人民群众提供精神食粮的重要阵地。每天免费开放，开放时间为9:00—16:30，每周开放 72 小时。文化馆组织的各类大中型演出、文化交流会、文化惠民活动、各类展览、培训、志愿者活动等在戏楼、剧场、美术馆、大厅举办。常态文化活动包括每周一、三、五举办戏迷天天唱，每两周举办一次周末大舞台活动，每两周举办一次星星市场活动，每两周举办一次艺术赏析活动，每周举办一次周末大舞台活动，每月组织一场免费观影活动，县文化馆每周六、日组织舞蹈培训班、美术培训班、合唱培训班、口才培训、少儿写作、少儿模特形体培训、创意儿童画等活动。截至 2019 年年底，文化馆举办各类活动 475 场次，展览 11 场，培训 124 余场。

【香河县美术馆】 香河县美术馆位于香河文化艺术中心一层，总面积 1289 平方米。美术馆为大众提供文化展览、作品展示、文化交流平台。通过引进优秀文化资源，举办主题展览和书画展览，打造文化展览高端平台，提升大众文化素养。每周免费开放 7 天，开放时间为周一至周日 9:30—16:30（法定节假日除外）。举办“香河县文物研究会成立大会暨庆祝中华人民共和国成立 70 周年——京津冀文物展”“学习宣传贯彻党的十九大精神书法展”“香河颂大美乡情书画展”“不忘初心 圆梦中华喜迎十九大书画展”“盛世华夏 幸福香河”纪念改革开放 40 周年画展等各类展览共计 11 场。2019 年，举办“一书一画名家书画展”，每 2 个月举行 1 次，展出书画名家创作的精品。

【香河文博馆】 香河县文博馆位于香河文化艺术中心一、二层，总面积 1272 平方米，谨遵“朴素大气、厚重典雅、自然流畅、特色鲜明、科技环保”的设计原则，参照新型博物馆建设标准，全力打造县域历史文化展示中心。文博馆一层为香河历史展，以“运河驿站 • 荷香香河”为主题，聚焦于香河历史沿袭与文明遗址。历史展分为“香河之源”“运河金波”“古城大观”“近代风云”四个篇章；二层为香河文化展，以“富美与斯，历久旎新”为主题，聚焦于香河文化传承与生活场景。重现百年来的香河民间生活的景象，传递出香河商贸富裕、文化富足、精诚为美的人文风貌特点。文博馆展出文物共计 188 件，一层展出文物 127 件，主要出土的朝代是辽代、唐朝、宋朝；二层展出文物 61 件，主要出土的朝代是唐朝、宋朝、清朝。

文博馆全年免费对外开放，每周开放 6天（星期一闭馆），开放时间为 9:00—16:00，每周 42 小时。截至 2019 年年底，进馆参观 54403 人次，完成政府、企业、社会参观接待 400 余场次。

【文艺团体】 全县有荷韵之声艺术团、笑语欢歌艺术团、八方艺术团等 12 个文艺团体参加县文化广电和旅游局组织的“七进”文化惠民演出，节目种类丰富，涵盖歌舞、戏曲、曲艺等多种形式，满足了人民群众日益增长的文化需求。

8 月 12 日，香河全域旅游资源推介暨香河大运河文化云名片上线发布

香河大运河文化研究会供图

【大运河文化】 2019 年，大运河文化带建设启动实施。开发制作了全国首个“香河大运河文化

云名片”，通过 VR 全景、虚拟现实等技术，全方位展示香河大运河文化。举办了首届香河大运河文化节暨 2019 香河荷花节，其间，举办了全国诗词名家走进香河、2019 香河消夏赏荷自驾旅游季、文化旅游摄影大赛、香河大运河文化云名片上线发布会等系列文化旅游活动。协调推进了运河文化公园文化元素植入工程，植入了文化墙、景观雕塑、名人雕塑、雕刻壁画、景观亭楹联、诗词石刻等文化元素。启动北运河通航及文旅项目的谋划。

7 月 1 日，香河县“双创双服”“七进”文化惠民活动举办“不忘初心、砥砺前行”“七一”专场文艺演出　　县文化广电和旅游局供图

## 文化活动

【概况】　2019，香河县文化活动异彩纷呈，举办了欢乐城乡“七进”文化惠民 200 场演出、香河县首届文化和旅游产业发展大会、首届香河大运河文化节暨 2019 香河荷花节、2019 第五届京津冀中华大庙会、庆祝中华人民共和国成立 70 周年系列文化活动、“美丽幸福新香河大家唱”广场文化惠民 18 场演出、“文艺惠三农·乡村再振兴”送文化下乡 45 场演出、“韵荷香——家乡美”九大乡镇巡演诗歌朗诵会等文化活动；全民阅读、文化交流等活动扎实推进。

【欢乐城乡“七进”文化惠民演出】　按照《香河县“双创双服”公共文化服务工程实施方案》的安排部署，县文化广电和旅游局制定了《欢乐城乡“七进”系列文化活动实施方案》，以宣传贯彻中共十九大精神和传承弘扬中华优秀传统文化为主题，以群众喜闻乐见的文艺形式进企业、进农村、进机关、进校园、进社区、进网站、进军营，开展丰富多彩的文艺演出，丰富人民群众精神文化生活。全年计划开展“七进”演出 70 场，截至年底，开展“双创双服”“七进”文化惠民演出 200 场，“美丽幸福新香河大家唱”广场文化惠民演出 18 场。

【“韵荷香·家乡美”诗歌朗诵活动】　为了深入贯彻习近平总书记对大运河文化带建设的重要指示精神，讴歌中国共产党带领人民建设发展的辉煌成就，抒发爱党情怀，也为进一步推动香河文化旅游的发展，让更多的人到香河，品味香河之美，自 6 月开始，举办以“韵荷香·家乡美”“韵荷香·荷韵长”“韵荷香·运河情”“韵荷香·一路芬芳”“韵荷香·大美香河”为主题的九大乡镇巡演诗歌朗诵会 5 场，活动以歌颂大运河、赞美家乡、抒发爱国情怀为主线，从不同方面展示大运河的古韵悠长及香河旅游文化近年来的发展变化。

【“我和我的祖国”主题快闪活动】　2019 年，围绕“我和我的祖国”主题，组织开展香河县庆祝中华人民共和国成立 70 周年”我和我的祖国”主题快闪活动，由广大青少年、各机关单位、公

8 月 4 日，中央电视总台农业农村频道（CCTV-17）《乡村大舞台》栏目组走进香河，录制体现香河风土人情的专题综艺节目　　县融媒体中心供图

益团体和中老年人组成拍摄主体，各党政机关、职能部门、优秀企业的党员干部和群众近万人参与其中，表达了香河人民对家乡的情、对祖国的爱。该片在香河融媒发布上线后，先后被中宣部“学习强国”平台发布，央视新闻移动网、《人民日报》新媒体人民号、澎湃新闻、网易新闻、今日头条、《河北日报》、民生网、环京津新闻网等各大权威媒体转发，发布仅 1 天时间，总点击量突破百万。

**【庆祝中华人民共和国成立 70 周年系列活动】** 4 月 29 日，举办“我和我的祖国”——香河县庆祝中华人民共和国成立 70 周年歌咏比赛决赛。大赛评选出冠军歌手 1 名、最佳歌手 5 名和优秀歌手 14 名；8 月 4 日，中央电视台 CCTV-17 农业农村频道《乡村大舞台》栏目走进香河，乡村艺人、达人纷纷登台献艺，以极具创意的节目构思，形式多样的节目内容，全方位、多角度展示了香河的经济社会大发展和香河人民的幸福生活，该期节目于 9 月 7 日在 CCTV-17 农业农村频道首播，反响热烈；组织“舞动香河”广场舞大赛共计 50 余场次，周末在新城公园举办“美丽幸福新香河大家唱”文化惠民演出 18 场，用歌声、用舞蹈来歌颂祖国、歌颂新时代；9 月 26 日，在县青少年活动中心举行了“我和我的祖国——辉煌 70 年·筑梦新时代”迎国庆演讲比赛，来自全县各中小学的 28 名选手参赛，在比赛中，选手们紧紧围绕爱国主题，抒发爱国情怀。9 月 13 日，在国华影视基地举办“庆祝中华人民共和国成立 70 周年暨中秋佳节观光赏月慈善晚会”，来自全县各界的老干部代表、退役军人代表、劳动模范代表、道德模范代表、教师代表和优秀党务工作者、优秀共产党员、村党支部书记、村主任代表，以及福利院孤儿共计 200 余人观看了演出；9 月 27 日晚，在新城公园举办庆祝中华人民共和国成立 70 周年“祝福祖国·欢度国庆”专场文艺演出。

**【春节期间文化活动】** 做好元旦、春节期间文化下乡宣传的安排部署。香河县文化馆、香河画院先后到安平镇、钳屯镇、县城内第四小学、香消费品县第五中学等地开展“元旦春节送书画下乡”活动。

香河文化艺术中心图书馆四层儿童阅读区的英语角　　香河文化艺术中心供图

【全民阅读】 为进一步提高全民综合素质，倡导全民读书学习，营造深厚的文化氛围，香河县图书馆积极开展了各项服务宣传活动，倡导全民读书，唤起全社会的读书意识，让读书成为全社会的新风尚。2019年，成功举办阅读推广活动146场、参与人数达5800余人。其中“品味书香读书会”“英语角”“每周一课”“绘本故事”“儿童红色故事会”已形成品牌活动，此外，书画展、儿童心理健康教育讲座、绘制脸谱、手抄报等活动，也深受读者喜爱。同时，图书馆还组织志愿者活动10余次，参加者达70余人；完成的活动均在图书馆网站（http://xianghelibrary.com/）进行宣传，总浏览次数达14.91万人次。

【文化交流】 1月25日，举办“书画运河 翰墨飘香”京津冀十区县纪念改革开放40周年书画联展，来自京津冀周边十区县的画家和书画爱好者参加联展。5月27日，举办第二届“大写香河·全县中小学书画艺术大赛”颁奖仪式，有10余所中小学学生参加，征集作品200余幅，选出获奖作品28幅，国画类、书法类、儿童画类、素描水粉类特等奖各1名，共4名，一等奖各1名，共4名，二等奖各2名，共8名，三等奖各3名，共12名，大赛还设立优秀教师奖5名。12月26日，联合北京、天津两地书画名家和爱好者，举办《运河印象》京津冀书画展，中国书协主席苏士澍为此次展览题写了展名。

## 文学艺术

【概况】 2019年，香河县继续坚持“文艺为人民服务、为社会主义服务”的方针，以出人才、出精品为宗旨，聚焦庆祝新中国成立70周年这条主线，积极开展各种丰富多彩的文艺活动，组织广大文艺工作者紧跟新时代脉搏、唱响新时代主旋律。5月，香河县荣获“河北省诗词之县”荣誉称号，10月，在全省基层文联工作会议上，香河县做题为“人才和精品两翼齐飞，构筑基层组织建设新格局”的典型发言。办好文学刊物，扶植文艺新人，以社会主义核心价值观指导艺术创作与艺术活动，年内，举办京津冀京东大鼓名家专场演出、大型书画摄影艺术展、庆祝新中国成立70周年诗词美文大赛等大型文艺活动10余场次；开展了文艺进校园、创办诗词之乡、文学艺术辅导等促进文艺发展的有益活动。文学艺术刊物《香河文艺》丰富了诗词、书画、书法专栏内容，激发了会员的参与热情。

【《香河文艺》创新】 《香河文艺》杂志从版面设计到内容编排，不断追求改进和创新。2019年，《香河文艺》增设“中华诗词之乡”专栏，每期刊登100余首诗词作品，这些诗词作品，歌颂祖国、歌颂党、歌颂美丽幸福新香河；《香河文艺》杂志专门开设会员作品展示栏，刊登会员摄影、书法、美术等30余件文艺作品。

【中华诗词之乡创建】 2019年3月，香河县启动“中华诗词之乡”创建活动。创建活动全县全覆盖，普及与提高并重，分类指导、典型引路，示范带动，诗词“六进”活动达到了常态化和制度化。2019年5月，香河县被河北省诗词协会授予“河北省诗词之县”荣誉称号，授予五百户镇为“河北省诗词之镇”，田各庄、西延寺村为“河北省诗词之村”，县第二中学为“河北省诗词之校”荣誉称号；由中国现代出版社出版了《香河诗词选》。

【文艺进校园】 2019年，在全县开展“文艺进校园活动”，推进素质教育，激发学生创作热情，在中小学校园中培养和发现优秀教师作者、学生作者。活动以专家讲座、交流会为主要形式，聘请知名作家、评论家对学生创作进行指导，与学生面对面交流创作经验，解答学生在文学创作方面遇到的问题。聘请浙江师范大学教授、博士生导师、中国作家协会儿童文学委员会副主任方卫平，辽宁省作协副主席、辽宁文学馆馆长薛涛，《儿童文学》杂志主编冯臻，《儿童文学》杂志编辑徐雅菲到香河县城内第二小学、第四小学、第五小学和安平镇第一小学，为师生举办文学创作辅导。年内，“文学进校园”活动举办讲座12场。“书法进校园”活动，邀请中国书协会员、楷书专业委员会委员曹月堂在香河县第二中学，为全县广大书法爱好者进行书法讲座。县书法家协会骨干人员，每周到县城内第三小学、县第二中学等学校免费辅导，举办书法讲座20场。

**【文学艺术辅导】** 香河县先后邀请中国作家协会《天津文学》主编和《燕南诗词》专家教授开展文学讲座。邀请中国书协会员开办“每周书法公益课堂”。中华诗词学会副会长林峰，在香河县文化艺术中心举办了中华诗词发展史讲座辅导。文学艺术辅导活动，激发了全县广大文学爱好者的学习和创作激情。

**【文学艺术活动】** 4月9日，在安头屯镇文化站举办庆祝“五一”国际劳动节戏曲演出。4月30日，“京津冀著名艺术家进香河送文化下乡活动启动仪式”在香河靓涌轩工艺品研发中心隆重举行，14个文艺团体班子成员代表和京津冀艺术家120人出席了启动仪式。

举办京津冀京东大鼓名家专场演出。5月，组织京津冀京东大鼓名家刘丙山、金克强、周春荣、郭宝艳、邱金鹏、王从民等20余人，在香河县艺术中心剧场，为广大群众表演传统和自编节目10余个，受到群众欢迎。

6月29日，在安头屯镇文化站举办“弘扬传统文化 迎接七一党的生日”戏曲专场。开展书法“六进”活动，到县公安交警大队、消防中队开展送书法慰问。

7月，举办香河县首届中小学生器乐比赛。全县200名学生和部分团体参加了比赛。

组织举办全县“壮丽70年 奋斗新时代”大型书画摄影艺术展。庆祝中华人民共和国成立70周年书画摄影展，展出书画摄影作品300幅。

举办“庆祝新中国成立70周年诗词美文大赛”。将优秀作品在《香河文艺》杂志刊登，并将部分优秀作品推荐到《新香河》、公众号等平台选登。

9月26日，香河县大型收藏文化展在县规划展览中心隆重开幕，旨在庆祝中华人民共和国成立70周年，弘扬中华优秀传统文化,共同营造盛世和谐、文化底蕴浓厚的收藏品交流学习平台。共展出7大类近3000件珍贵藏品，观展人数近1万人。

举办第四届廊坊市舞蹈大赛香河赛区选拔赛，全县众多艺术培训机构参加，参赛作品62个，参赛人员近1000人。大赛分幼儿组、儿童组、少年组3个组别，有35个优秀作品脱颖而出，成功晋级廊坊总决赛。

春节前组织全县书法骨干“下乡送春联”活动，累计书写春联1200余幅，其中，为达古庄村每户居民送上书法春联。

组织承办京津冀“文化旅游，美丽乡村”大型摄影作品巡回展。11月8日，京津冀“文化旅游美丽乡村”大型摄影大赛作品巡回展在香河县文化艺术中心举行，共展出参赛作品60幅。

（周月如）

## 文化文艺协会

**【概况】** 2019年，香河县各类文化文艺协会发展到14个，各个协会以自己不同的特色活跃在香河大地和京津冀一带，以不同的方式，记录新时代、书写新时代、讴歌新时代，弘扬社会主义文化、传承优秀的非物质文化遗产、不断丰富和满足人民群众文化艺术生活，深受群众喜爱。

【县曲艺家协会】 2019年2月，参加香河县第六届春节联欢晚会录制演出。4月，参加团县委组织的纪念“五四”运动100周年文艺演出；参加天津市宝坻区庆祝“五一”国际劳动节文艺演出。5月，组织并参加渠口镇西魏各庄村庆祝母亲节文艺演出；组织京津冀京东大鼓名家专场演出，来自京津冀30余位京东大鼓名家登台表演；组织曲艺进校园、进社区、进农村演出30余场次。7月，参加县委宣传部组织的非物质文化遗产专题片拍摄，弘扬和宣传香河文化。8月，参加北京市西城区举办的全国书鼓大赛，荣获三等奖；暑期组织快板书学员参加送文化下乡演出10场。9月，邳万宇参加CCTV-17农业农村频道“乡村大世界”节目，演出自己创作的杂唱数来宝《说喜事儿》；参加“牵手京津冀、欢乐进万家”第四届京东大鼓书会，获最佳表演奖。10月，县文化广电和旅游局组织县曲艺家协会、县文化馆参加《传统文化进校园》文艺演出巡演30场次；参加全国“董湘昆杯”第三届京东大鼓书会；香河曲艺家协会开设网络教学京东大鼓。12月，组织参加京津冀鲁快板邀请赛，县曲艺家协会选送的对口快板《新中国从这里走来》荣获三等奖。

年内，香河曲艺家协会开展快板培训进校园活动，每周一在县第二中学授课，每周五在县城内第三小学、第五小学授课。县第二中学有快板学员20名，县城内第三小学有快板学员30名，县城内第五小学有快板学员40名。

【县戏剧家协会】 2019年2月，在大清庄务村举办庆祝元宵佳节大型联合戏曲演出。4月，在安头屯文化站举办庆祝“五一”劳动节，戏曲专场演出。5月，举办庆“六一”儿童节网络演唱会。6月，举办迎接“七一”党的生日大型戏曲演出。9月，在新城广场大舞台，举办迎国庆大型评剧专场演出。9月，在香椿营村举办“民族一家亲”评剧、京剧联合演出。10月，举办京剧戏曲进校园活动，受到铿口小学和县城内第五小学师生的热烈欢迎。

曲艺进农村演出　　县文联供图

【县作家协会】 2019年，开展中华人民共和国成立70周年征文、京津冀作家大联盟等活动。7月27日，作家协会组织召开“新中国成立七十周年笔会”活动，传达了省文联、省作家协会会议精神，并就全县文艺工作进行交流，促进了香河文化事业的繁荣发展。县作家协会励志打造香河作家群品牌，在微信平台上创办《香河作家》公众号，截至2019年年底，累计推出100期作品，并定期出版成册。年内，《香河作家》第一期完成印刷出版，第二期《香河作家》进入校对阶段，预计2020年年初印刷出版。

【县诗词协会】 2019年，参与河北省“中华诗词之乡”创建工作。香河县诗词会员发展到600名。其中，国家级会员27名，省级会员30名，市级会员39名。年内，参加廊坊市庆祝中华人民共和国成立70周年诗词征文大赛，有2人获得优

9 月，中华诗词协会会长林峰应邀到香河举办诗词讲座
县文联供图

县书法家协会开展书法进校园活动　　县文联供图

秀奖；参加县文联举办的诗词大赛，9 人获奖。开展“香河诗词百家”展播活动；分期出版 40 余名作者的诗词作品，共印刷成专辑 1300 本。先后聘请中华诗词学会林峰、王子江等到香河授课。5 月，《香河诗词选》第三册正式出版。

【香河张中行研究会】　2019 年，香河张中行研究会以习近平新时代中国特色社会主义思想为指导，弘扬社会主义核心价值观，坚持“百花齐放、百家争鸣”的方针，以发掘、研究香河历史文化名人张中行为己任，团结、组织、推动社会各界人士，系统挖掘整理张中行文化资源，有计划地开展文化成果的推广和创造性转化、创新性发展，充分发挥传统文化引领香河文化产业发展的积极作用，打造文化强县，为建设“美丽幸福新香河”构建和谐社会做出贡献。

年内，香河张中行研究会组织有书法特长的会员开展送春联下乡活动，组织召开纪念张中行 110 周年诞辰大会，参与组织承办京津冀著名艺术家进香河送文化下乡活动，联系并邀请张中行家属到香河指导张中行研究会工作，组织对张中行文史资料进行搜集、发掘、整理。

【县书法家协会】　2019 年，香河书法家协会继续坚持书法进企业、进学校、进机关、进社区、进农村等义写春联和书法作品，深受社会各界喜爱和欢迎。继续开展“走出去、请进来”活动，加强与周边地市书协的交流。

【县摄影家协会】　2019 年，组织参加“礼赞新中国，讴歌新时代”、“2019 香河荷花节文化旅游摄影大赛”、“华北摄影艺术展”、河北省妇

纪念张中行 110 周年诞辰大会　　县文联供图

布置香河非遗摄影展展厅　　县文联供图

联“美丽庭际摄影大赛”，参加廊坊市“美丽廊坊我的家”网络摄影大赛、县委网信办“壮丽七十年，魅力新香河”摄影大赛、非物质文化遗产摄影展。组织参加摄影交流，邀请摄影名家到香河进行面对面交流；参加河北省摄协“雄安摄影工作坊”的培训。

**【县音乐家协会】** 2019年7月，举办了为期2天的香河县中小学生器乐大赛，前期报名参与人数800余人，优选出100人进入决赛，7月14日，举行香河县中小学生器乐大赛颁奖仪式，为获奖选手颁发荣誉证书及奖品。关注人数3万余人次。12月，香河音乐家协会举行年度总结大会；同月，香河音乐家协会举行换届大会。

**【县舞蹈家协会】** 2019年，举办第四届廊坊市舞蹈大赛香河赛区选拔赛，全县参赛作品62个，参赛人员近千人。大赛分幼儿组、儿童组、少年组三个组别，有35个优秀作品脱颖而出，成功晋级廊坊总决赛。12月，香河舞蹈家协会举办全县视频舞蹈大赛，共32支舞蹈队参加，20支舞蹈队进入决赛，其中，2支舞蹈队荣获一等奖，4支舞蹈队荣获二等奖，6支舞蹈队荣获三等奖，8支舞蹈队荣获优秀奖。

参加第四届廊坊舞蹈大赛决赛　　县文联供图

**【县影视家协会】** 2019年，香河影视家协会承接了电影《二十一岁首席执行官》在香河拍摄；由香河影视家协会出品的央视电影《把爱搬回家》

电影《二十一岁首席执行官》开机仪式　　县文联供图

成功在香河艺术中心举行新闻发布会；廊坊影视协会首次主席团会议在香河举办；年内，金鑫成为香河县第一位省级影协会员。

**【县美术家协会】** 2019年6月，在县文化艺术中心组织举办“庆祝人民政协成立70周年书画展”；9月，在县文化艺术中心举办“纪念新中国成立70周年书画展”；10月，由县美术家协会挂牌，成立了首批3个美协分会。

**【县收藏家协会】** 2019年，香河收藏家协会进一步规范协会管理，积极组织开展学习，提高会员自身素质，弘扬中华优秀传统文化，推广县域特色收藏品牌，推动全县收藏文化产业规范健康发展。9月，香河收藏家协会在香河规划展览中心举办“庆祝中华人民共和国70华诞”大型收藏文化展的开幕式，中国收藏家协会、北京经济杂志社、廊坊收藏家协会、北京将军书画院的老将军们、北京重锤国际拍卖公司应邀出席。展区分为香河特色展区、红色文化展区展、民俗展区、钱币展区、玉器展区、木艺葫芦展区和瓷器精品杂项区，展会为期18天，参观者达到1万余人次。10月，香河收藏家协会与蒋辛屯镇北李庄樱花书院建立合作关系，在樱花书院长期进行展品展览活动。

【县硬笔书法家协会】 2019 年 3 月 21 日，香河县硬笔书法协会举行首场书法公益讲座，邀请中国书法家协会楷书专业委员会委员、中国书法院硕士研究生、中国榜书家协会常务理事、中国国史文化研究馆馆员曹月堂授课。4 月 30 日，由县委宣传部、县文联和县文化广电和旅游局主办，县硬笔书法协会承办的“京津冀著名艺术家进香河送文化下乡”活动启动仪式，在香河靓涌轩工艺品研发中心举行。5 月 1 日，县硬笔书法协会走进香河特校，开展书法进校园活动。11 月 1 日，县硬笔书法协会成功组织廊坊市“北三县”书法交流会，协会骨干现场进行书法交流活动。年内，县硬笔书法协会发展会员之家 2 家，分别是香河靓涌轩文化传媒有限公司和香河中宫格辅导培训学校；发展市级会员 3 名。

阅读达人评选活动　　　　县文联供图

【县读书协会】 县读书协会的宗旨是捕捉中小学生文学兴趣，挖掘中小学生文学潜力，提高中小学生文学素质，培养阅读习惯从娃娃抓起。2019 年，举办“寻找秋天的足迹”远足活动、“畅游书海”文史知识竞赛、“感恩老师”诗歌朗诵比赛等。不仅让大家在活动中学习、感悟人生，而且促进大家的交流，共同提升自己的认知水平。开展“你争我抢”的图书借阅模式。社团拥有小小“图书馆”，存有各类书籍 3000 余本，供会员们借阅。

（周月如）

# 融媒体

【概况】 2019 年 1 月，按照《香河县机构改革实施方案》（香发〔2019〕2 号）文件精神，以县广播电视台为主体，组建香河县融媒体中心，挂广播电视台牌子，县融媒体中心为县委直属事业单位，归口县委宣传部管理。县融媒体中心内设机构 6 个：办公室、财务室、新闻宣传中心、广播电视广告信息中心、广播电视运营监管保障部、广播电视节目评审部。宣传单位 7 个：电视台节目中心、电台节目中心、广播电视活动中心、电视台播控中心、新媒体中心、电视制作中心、微波站。

是年，县融媒体中心坚持以“党媒姓党”为宗旨，以人民为中心，不断提升编辑记者的政治素质和业务素质，增强“脑力、眼力、笔力、脚力”，讴歌新时代、唱响主旋律，真正发挥县融媒体中心在基层宣传文化和舆论引导中的主导性、关键性作用，担负起引导群众、服务群众和举旗帜、聚民心、育新人、兴文化、展形象的历史使命。年内，香河县融媒体矩阵影响力显著提升，拥有包括电台、电视台、“香河融媒发布”微信公众平台、《新香河》报纸、“掌上香河”手机 App、“发现香河”抖音号、“发现香河”快手号、“发现香河”头条号、环京津新闻网生活家周刊及央视新闻移动网、央视频、《人民日报》人民号等媒体品牌及发布渠道，打造了香河融媒体矩阵。在做优传统广播、电视媒体的同时，不断拓展新媒体传播平台并强势发声，媒体矩阵传播力、影响力取得了显著提升。在扎实推进融媒体建设实践中，中心全力探索县域媒体融合发展新路，经验做法得到了中共中央宣传部县级融媒体中心建设课题组肯定，并被制作成课件在全国推广；县融媒体中心获得了河北省 2019 年“新春走基层”活动增强“四力”先进集体荣誉称号；

官方微信平台“香河融媒发布”荣获2019年廊坊市政务新媒体“十佳号”称号；电视文艺作品《荷香 香河》在河北广播影视节目奖（2018 年度）评选中荣获二等奖；电视文艺作品《2018香河春节联欢晚会》《荷香 香河》、电视消息作品《我县“放管服”整改回头看有力度见效快》在2018年度廊坊市广播电视学会奖评选中均获一等奖；县融媒体中心被县委、县政府评为2018年度实绩突出领导班子。

**【融媒体中心设施建设】** 2019年，县融媒体中心建设坚持高点起步，建设高端平台，围绕打通基层宣传“最后一公里”为主旨，全面探索“互联网+广播电视+报纸+网站+客户端+智能户外+楼宇社区”的多平台矩阵，开创和建构了基层主流媒体建设的发展模式。年内，初步完成平台指挥调度中心、节目生产中心、信息发布中心“三个中心”的建设。

高起点建设平台指挥调度中心。投资390万元，以县广播电视台为依托，整合县域内广播、电视、报纸、网站、“两微一端”等公共媒体资源，建设融媒体“中央厨房”。平台指挥高度中心基于大数据、智能化、云计算等技术，发挥集中指挥、采编调度、高效协调、信息沟通等功能。在此基础上，搭建全新的“一体策划、一次采集、多种生成、多元传播”管理系统，实现全媒体运作、全终端覆盖、全方位服务。

高标准建设节目生产中心。投资580万元高标准建设260平方米全媒体演播厅，融合广播电视、IT等技术，能够满足时政、专题访谈、综艺娱乐等多种类型电视节目的演播与制作要求，具备线上线下互动和网络直播功能。高规格建设融媒全景演播室，整合了原有的新闻演播室和虚拟演播室，提高了设备利用率，同时增加了站播、栏目采访、人机互动等功能，提高了节目制作水平，还可实现远程实时互动等智能化功能。

高质量建设播发中心。投资110万元建设140平方米的融媒体发布中心，具备广播、有线网络电视、地面数字电视、网络直播、IP电视、手机客户端、手机报等七大平台同步播发功能，通过无线、有线、网络等传输方式，播发信号能够达到香河行政区域内100%的覆盖率。同时配备预警监测和高清播出系统，保障了传媒产品的安全、优质播出。

**【融媒体平台的外部拓展】** 2019年，县融媒体指挥平台端口实现了与河北长城新媒体平台端口和廊坊电视台融媒体端口成功对接；3月，微信公众号“香河融媒发布”在全市率先加入央视新闻移动网“全国百家县级融媒体中心智慧平台”，成为全市首家融入央视融媒体矩阵的县级融媒体；4月，“香河融媒发布”加入人民日报客户端“人民号”矩阵网，成为全市首家融入人民日报客户端“人民号”矩阵网的县级融媒体。与新华社河北频道签订协议，取得央媒资源分享发布权；9月，正式取得中华人民共和国互联网新闻信息服务许可证，成为全市首家县级具有从事互联网新闻信息服务业务资质的单位，是河北省首批获得此证的7家单位之一。截至年底，已在央视新闻网推送短视频57条，其中38条点击量过万，最高点击量突破106万，2条还被列入精选版面；人民号发稿41条，其中，23条点击量破万。

**【融媒体的线下资源整合】** 2019年，县财政投入资金1000万元，融合县域内优质资源，不断拓展融媒体平台。在启动建设新时代文明实践中心服务平台中实现与融媒体智慧指挥平台有效整合，可融部分实现数据资源共享；在改扩建县人民广场和新城公园中，同步建设文化符号式高清智能户外大屏，对接5G技术和智慧城市平台，与扎实推进智慧城市建设相融合；在县域内文化、教育、金融、医院、宾馆、车站、社区等重要公共场所投放高清电子新闻屏等，并根据百姓需求时时更新内容和板块，实现党的声音在县域内具有最高覆盖率。

【庆祝中华人民共和国成立 70 周年专题栏目】组织策划新中国成立 70 周年专题系列报道——《家乡的 70 年》，全面展现了香河县 70 年中在教育、医疗卫生、交通路网、民生等方面的发展变化，共制作播出 26 篇，在社会上引起极大反响。

【新闻播出】 重点开设了《不忘初心 牢记使命》《壮丽 70 年 奋斗新时代》《深入开展“两违”治理暨城乡环境综合治理》等 10 余个专栏，围绕县委、县政府的中心工作和全县发展大局，做到每月有主线，每周有重点。其中，《壮丽 70 年 奋斗新时代》专栏，派出多名记者深入一线，全面展示新中国成立 70 年来全县各方面发生的巨大变化；《不忘初心 牢记使命》专栏，及时反映全县主题教育工作进展成效，为主题教育的开展营造全社会普遍关注和党员干部群众参与支持的良好舆论氛围；《深入开展“两违”治理暨城乡环境综合治理》专栏，多名记者深入“两违”拆除现场，深入挖掘新闻价值，形成人人支持“两违”治理的浓厚氛围。2019 年，《香河新闻》共播出新闻稿件 1200 余条。

【县域特色栏目】 精心锻造品牌节目，继续开办《时尚香河》《茶余饭后话养生》《你说我听》等多档突出县域文化、接地气的原创栏目，为观众奉上了一道道地域特色鲜明、人文底蕴深厚的文化大餐。其中，《茶余饭后话养生》是一档观众互动健康栏目，依托融媒体演播厅，实现了与观众的现场互动，丰富了百姓的健康知识，受到了观众的一致好评。法治栏目《以案说法》筹备就绪，将于年底前与观众见面，旨在引用县内的真实案例，解析法律问题，提高人民群众知法、懂法、守法、用法意识。2019 年，继续拍摄了大型系列文化专题片《香河·印记》3 集。拍摄制作《招商引资宣传片》《全域旅游汇报片》《改革开放四十年》等多个宣传片，均取得良好社会反响。为进一步深化纠正“四风”和作风纪律专项整治工作，充分发挥舆论监督、群众监督作用，着力解决工作中不担当、不作为、懒政怠政、推诿扯皮等问题，12 月，由县纠风办主办，县委宣传部、县融媒体中心联合录制推出的大型电视问政类节目《阳光问政》第一期节目在县融媒体中心演播大厅完成录制。

香河县大型电视问政类节目《阳光问政》第一期节目录制现场　县融媒体中心供图

【重要会议、活动专题报道】 圆满完成县委十一届四次、五次全会和县“两会”等重大时政新闻报道，对“4·9”第三届中国·香河国际家具展览会暨国际家居文化节、“5·18”中国廊坊国际经济贸易洽谈会、香河县首届文化和旅游产业发展大会、2019 廊坊文化旅游季·首届香河大运河文化节暨 2019 香河荷花节等大型活动进行了全程报道。

先后成功举办了纪念改革开放 40 周年暨

2019年香河春节晚会、少儿春节晚会、元宵节晚会、香河县庆祝建党98周年暨“一先两优”颁奖典礼、8月“时代新人·河北好人”发布暨道德模范与身边好人（廊坊·香河）现场交流活动等一系列兴文化、展形象的大型文化活动，并同步进行网络直播，与数万名观众实现互动，均取得良好的社会反响。其中，圆满举办了首届香河县文化和旅游产业发展大会开幕式大型晚会，融入了全息效果展示，取得了震撼的视觉效果。配合CCTV-17农业农村频道《乡村大舞台》栏目组圆满录制了走进香河特别节目，再次将全国观众的目光聚焦香河。组织近万人拍摄了爱国赞歌《我和我的祖国》大型快闪，被人民日报客户端人民号、中央电视台、河北电视台等多家中央和省级媒体报道，并在中宣部学习强国平台和学习强国河北平台发布。

**【香河融媒发布】** 2019年，为充分依托“大平台”更好地宣传推介美丽幸福新香河建设，香河官方微信平台“香河融媒发布”在全市率先加入央视新闻移动网“全国百家县级融媒体中心智慧平台”和人民日报客户端“人民号”矩阵网、新华社客户端等，成为全市首家融入央视融媒体矩阵的县级融媒体。开设《壮丽70年》《安全生产》《不忘初心 牢记使命》等专栏，围绕全县重点工作及主题主线精准策划，全年累计发送信息1600余条，关注人数10万余人。组织策划的新中国成立70周年专题系列报道——《家乡的70》，全面展现了香河县70年中教育、医疗卫生、交通路网、民生等方面的发展变化，共26篇，在社会上引起极大反响。

**【手机App掌上香河】** 手机App“掌上香河”是更具“舆论引导性、新闻传播性、社会服务性、观众互动性”的新媒体平台。以用户为中心，集政务、民生、资讯、服务等综合功能于一体,实现电视、广播在手机端的直播、点播以及各种活动的网上直播等功能。2019年，App中的“直播香河”频道完成37场活动的直播，全年增加访问量200万。截至年底，香河融媒直播频道已累积直播近70场大型活动，粉丝数突破24万人，总访问量达447万人次。“掌上香河”开设了掌上“行政审批大厅”和“香河党建”“教育天地”“便民信息”等板块，县融媒体中心与政务服务部门联合上线，提供审批办事服务，定期发布便民信息，回应群众关切，打通基层宣传和政务服务的“最后一公里”。同时，在县人民医院、县文化艺术中心等处放置的20台高清电子新闻屏,可以更加方便广大人民群众了解、使用“掌上香河”App。

**【《新香河》报刊】** 《新香河》报刊是香河新闻宣传的又一重要载体，2019年，共出版49期，圆满完成全县政治、经济、文化等方面的宣传报道任务，开辟《不忘初心 牢记使命》《普法宣传》《“扫黑除恶”动态》等栏目板块，积极配合部门在相关职能领域的宣传工作，取得良好宣传效果。年内，成功借助河北广播电视报廊坊《生活家周刊》拓展香河版，开办新闻、文化、健康养生和诗书画原创作品乐园等版块，成为中老年受众群体的最爱。

**【官方抖音号“发现香河”】** 2019年，官方抖音号“发现香河”一上线，便得到社会的广泛关注。截至年底，粉丝量已达10.8万，点赞量突破277万，总点击量突破7500万。

**【“直播香河”频道】** 截至2019年年底，已累计粉丝近25万，直播各类活动和晚会100余场。传统的广播电台逐步拓展升级，部分栏目相继开通了蓝鲸直播和融媒体直播，3种传播方式和渠道使电台节目不仅能在收音机里听见，又能在手机里看见，增添了更强的传播力量。

【广播电台节目播出】　增加了新闻播出时段与时长，在《香河新闻》基础上，先后推出了《大气治理——香河的蓝天》《创城在行动》《共和国的足迹》等 11 个特别节目和专栏节目，对香河产业发展、家乡变化、城乡环境治理、大气污染防治等重点工作开展多视角、全方位的宣传报道。2019 年，香河人民广播电台全新改版，《交通广播》在原有《经典书场》等固定栏目基础上，增设《香河故事》《直播间日记》《锦旗背后的故事》《听众做客直播间》和《交警面对面》5 个子栏目。其中，《香河故事》以讲述香河、宣传香河为主要内容，使听众更加了解香河、热爱家乡；《锦旗背后的故事》以收到的群众锦旗为题材，深入挖掘背后的感人故事；《听众做客直播间》以听众的视角，诉说香河的人、车、路以及生活的变化，讲好家乡故事。同时，电台注重创新特色，加快媒体融合发展步伐。3 月 8 日起，部分栏目开通了蓝鲸直播。4 月 1 日起，开通“掌上香河”App 融媒体直播。电台、蓝鲸直播、融媒体直播 3 种传播方式和渠道使受众人群更加广泛，年内，《交通广播》视频直播 450 期，新创办的栏目《香约 1056》《文字味道》《一起听音乐》《这里是香河》分别视频播出 56 期，总点播观看率突破 325 万次。

## 广播电视管理

【概况】　2019 年，香河县文化广电和旅游局严格对广播电视宣传、节目播出、卫星电视接收监管，促进“三网”融合发展，保障广播电视健康运行。

【广播电视宣传管理】　把握正确导向，进一步提升舆论引导能力，确保不发生政策性错误和导向性失误。抓好重大公益活动的策划和实施，增强广电媒体的责任感和凝聚力，提升广电媒体的权威性和公信力。

【广播电视节目播出监管】　督促播出机构严格遵守宣传管理各项规定，提高节目质量。超前安排做好节假日专栏的节目播出工作，突出部门联动宣传。

【卫星电视接收监管】　加强对广播电视安全接收播出的管理工作。确保国庆、两节等重大节假日期间广播电视节目播出、传输过程中的节目完整、信号安全和技术安全。

【“三网”融合发展】　2019 年，为满足广大农村居民对互联网的需求，筹集专项资金用于县、乡、村三级的互联网干路建设，蒋辛屯镇、渠口镇、钱旺镇、刘宋镇、五百户镇、安头屯镇等镇完成县乡村主干网建设，蒋辛屯镇的前建各庄村、后建各庄村、小尹庄村等村街完成了分配网的建设，其他地区分配网正在紧张有序的施工建设中。县城区域内全部实现双项网全覆盖，发展宽带用户 8000 余户。

## 档　案

【概况】　2019 年 1 月，按照《香河县机构改革实施方案》（香发〔2019〕2 号）文件精神，将县档案局（县档案馆）的行政职能划入县委办公室，将县档案馆调整为县委直属事业单位，不再保留县档案局。县档案馆的主要职责是：在县委、县政府和上级档案主管部门的双重领导下，贯彻执行档案工作的法律、法规和方针政策；集中统一管理县直机关及乡镇各历史时期的档案资料；征集散存在社会上对国家和社会有保存价值的珍贵档案资料；依法开放档案，为党和政府及社会各方面提供利用服务；开发档案信息资源，开展档案史料编研出版、展览陈列和社会教育活动，开展馆藏档案信息化建设。香河县档案馆内设办公室、管理技术股、征集编研股，有9名工作人员。

【档案接收】 2019年，县档案馆不断丰富馆藏，加大档案接收力度，有序接收各立档单位2013年以前档案进馆。年内，接收25个部门、647卷、14725件档案进馆；其中，重点完成在县级机构改革中20个撤并部门的档案接收进馆工作，共接收档案331卷，12425件。

【档案数字化】 档案数字化是将纸质文档通过扫描、录入信息到数据库中，以计算机存储档案信息。档案数字化能有效保护原有纸质档案，有检索快捷、容易备份、存储空间小，数据安全等优势。按照省、市的工作部署，近年来，县档案馆积极争取县财政资金，推动档案数字化建设。2019年，完成档案扫描78.2万页，目录著入16.9万条，加快县档案数字化进程。

【档案开放】 按照《中华人民共和国档案法》规定，年满30年的档案应向社会开放，县档案馆1989年以前应开放的档案，已经全部向社会开放，共计19214卷。其中，永久卷10778卷，长期卷8436卷。2019年，共开放756卷，其中，永久卷342卷，长期卷414卷。

【档案安全管理】 加强档案信息存储安全，2019年，投入奖金3万元，配置大容量存储器，强化档案数字化备份，确保档案信息化安全。严格落实档案库房安全管理制度，实行档案安全责任追究，加强档案馆库房及周边环境的管理，认真做好档案实体收、管、存、用各环节的工作，保持档案安全“零事故”。

【档案服务】 树立“热情、周到、细致”服务理念，认真做好档案查阅利用服务。2019年，共接待查阅档案群众1200余人（次），提调档案资料2000余卷（件），复印档案资料1600余页。

（吴　华）

## 地方志

【概况】 2019年，香河县地方志工作在县委、县政府以及县地方志编纂委员会的正确领导下，在上级地方志机构的指导帮助下，县地方志编纂委员会办公室（简称县方志办）认真贯彻落实《国务院地方志工作条例》《全国地方志事业发展规划纲要（2015－2020年）》，笃行修志问道，追求志以载道，秉承为党立言、为国存史、为民修志的理念，地方志工作努力做到思想上不断有新突破、理论上不断有新发展、工作上不断有新举措，率先完成国家地方志“两全”工作目标，香河县地方志整体工作走在国家、省、市地方志工作前列。1月，县方志办在2018年度全省地方志整体工作、政务新媒体运营工作、方志馆建设工作中成绩突出，分别荣获河北省地方志办公室表彰奖励。10月，《香河年鉴（2018）》荣获第六届全国地方志优秀成果（年鉴类）县级综合一等奖，是廊坊市唯一获奖的县级综合年鉴，受到全国地方志指导小组办公室通报表彰；11月，《香河年鉴（2018）》荣获河北省地方志优秀成果（年鉴类）县级综合一等奖，受到河北省地方志办公室通报表彰；同时受到县委、县政府主要领导的肯定性批示与表扬。

【《香河年鉴（2019）》编纂】 提前谋划，科学制定编纂方案及编纂具体任务，使得年鉴的编

2 月 28 日，召开《香河年鉴（2019）》编纂启动工作会议　县地方志编纂中心供图

目更加科学、合理、全面、系统，为年鉴的编纂打下坚实的基础。2 月 28 日，召开香河县《香河年鉴（2019）》编纂启动工作会议，印发《香河县人民政府办公室关于印发〈香河年鉴（2019）〉编纂方案的通知》，分管地方志工作的县委常委、县政府常务副县长齐建光出席会议并就做好年鉴编纂工作讲了重要意见。加强措施保障，明确职责分工，把职责与任务细化量化到人，倒排工期，确保质量与进度科学合理推进。要求各供稿单位 4 月底前完成稿件上报，7 月底，完成年鉴的初稿编纂工作，8 月 31，完成初审，9 月底，完第二稿修改，10 月底前，完成第二次审稿，11 月，交出版社进行专家评审，12 月，完成终稿的排版设计并交付印刷厂印刷出版。强化“质量就是年鉴的生命和价值”意识，严把稿件质量关，确保出精品年鉴。召开编纂工作交流会 4 次，将好的经验与存在的问题进行充分交流，促进整体编纂水平的提升。后勤保障到位，确保编纂人员和编纂经费到位，着力改善办公条件，为年鉴编纂工作提供强有力的后勤保障。

【为省、市年鉴供稿】　为上级年鉴提供资料，是县方志办的一项重要业务工作。2019 年，县方志办高度重视，认真筹备，为《河北年鉴》《廊坊年鉴》提供的资料客观翔实、准确无误，按质、按量、按时完成供稿，得到省、市方志办的肯定。

【镇村志、行业志编纂】　《安平镇志》自 2017 年 7 月开始启动编纂，在安平镇党委、政府的领导下，在县方志办的具体指导和参与下，编纂人员秉承“修志问道、直笔著史”的精神，求真务实，精益求精，扎实工作，截至 2019 年年底，先后召开编纂会议 12 次，走访人员 1500 余人次，搜集、整理第一手资料，完成 60 余万字初稿编纂和初审工作。2019 年 4 月，在刘宋镇党委政府的领导下，在县方志中心的具体指导和参与下，庆功台村党支部、村委会启动《庆功台村志》编纂工作，组建编纂实力较强的写作班子 8 人，年内，召开 6 次编纂工作会议，完成 40 万字的初稿。《香河县人民法院志》完成初稿，共 24 编、85 章、170 节、190 余万字。

【地方志理论研究】　2019 年，县方志办进一步深化地方志理论研究，提升地方志学术水平，更好地发挥地方志“存史、育人、资政”功能，在中国文化自信的坚守中实现更大的担当。编辑马军的学术论文《依法治国与依法治志的辩证关系》入围“第二届方志文化国际学术研讨会暨第九届中国地方志学术年会”，7 月 16 日，马军应中国地方志指导小组办公室、中国地方志学会联合邀请，赴湖南省长沙市参加会议，共有来自全国地方志系统和复旦大学、南开大学、北京师范大学、西南民族大学等 18 所高校，以及澳大利亚、美国、德国、挪威、日本、南非 6 个国家和中国台湾地区的 140 余位专家学者出席。马军在分组讨论会上以自己的论文为题，就依法治志的客观要求、

7 月 16 日，马军出席第二届方志文化国际学术研讨会暨第九届中国地方志学术年会
县地方志编纂中心供图

历史必然性和依法治志与依法治国相互依存、相互促进、相辅相成的内在关系以及对香河地方志事业的指导作用做了典型发言，受到与会专家学者的高度评价。编辑马军的学术论文《年鉴转型升级新探》入围“2019 年全国年鉴研讨会暨中国地方志学会年鉴分会年度会议第三届全国年鉴论坛”，11 月 2 日，马军受中国地方志指导小组办公室、中国地方志学会年鉴分会联合邀请，赴山西省晋中市参加会议，并在分组讨论会上以自己的论文为题，就如何在新时代年鉴的创新发展上勇于探索，扎实奋进，从而实现年鉴的转型升级做了典型发言，与会专家学者给予高度评价。

【地方志政务新媒体工作】 加大地方志政务新媒体工作力度，提升为经济社会的服务能力和服务质量。县方志办积极利用新媒体传播香河悠久的历史、深厚的文化底蕴和地情信息等，在提升香河的知名度和美誉度的同时，更好地为全县经济和社会做好服务。以香河方志网站、数字方志馆、香河方志微信公众号、澎湃新闻香河方志政务号、今日头条香河方志政务号等网络自媒体为主的宣传阵地，与实体方志馆交相呼应，进行线上线下宣传，取得显著成效，受到省、市方志办的表彰。2019 年，线上总访问量 648.2 万人次，发送地方志及香河县域信息 868 篇，日点击最高 6687 次，单篇文章最大阅读量 16.2 万次，文章受推荐 564.5 万次；澎湃新闻香河方志政务号政务指数，稳居澎湃新闻政务指数文化榜单前 10 名。香河方志馆位于香河文化艺术中心，对公众免费开放，是社会各界人士了解香河历史、文化和地情的信息中心与窗口，在挖掘和培育香河人文精神、树立文化自信、建设和谐社会以及对外交流辐射方面发挥重要作用。3 月和 12 月，分别接待新疆巴音郭楞蒙古自治州和邯郸市地方志系统参观考察团到香河县方志馆参观考察，截至年底，香河方志馆累计接待 3.8 万人次。

【志鉴编纂队伍建设】 2019 年，加强政治理论学习及培训，提升志鉴编纂队伍的政治素质，增强“为党立言”坚定的政治立场、正确的政治方向和敏锐的政治鉴别力；扎实、深入开展“不忘初心、牢记使命”主题教育，担当起“为党立言、为国存史、为民修志”大任，全力推进社会主义文化自信。选派 2 名干部分别参加廊坊市政治理论浙江大学专题培训班和香河县政治理论复旦大学专题学习班；全面落实“两学一做”学习教育制度化、规范化、常态化；加强专业知识的学习与培训，提升志鉴编纂队伍的专业素质和业务能力。选派 1 名干部参加中国地方志指导小组办公室在山东省济宁干部正德教育学院举办 2019 年第 2 期全国地方志工作机构新任负责人培训班；举办志鉴专业知识、文字能力提升、标点符号使用等学习、交流、研讨 4 次；充分利用机关微信工作群，推送志鉴编纂、编辑与校对等专业知识，有效提升队伍的专业素质能力。

（王树春）

# 旅　游

责任编辑　刘士刚

## 综　述

香河县将振兴文旅产业作为推进京津冀协同发展、服务北京城市副中心建设、加快县域高质量发展的重要抓手，以建设美丽幸福新香河为统揽，以创建“省级全域旅游示范县”为契机，集中精力打基础、优环境，挖底蕴、聚产业，初步形成“北运河生态文化体验带”和“潮白河乡村田园体验带”两翼齐飞，安头屯片区、刘宋片区等五大乡村旅游精品板块联动发展，机器人小镇、康养小镇等特色文旅小镇精彩纷呈的全域旅游发展格局。香河县将文旅产业发展与经济结构调整、乡村振兴、造林绿化等重点工作相结合，做足“旅游+”文章，创响了以“第一城”为龙头的皇家文化游、以家具城为载体的家居博览游、以万亩荷塘为代表的生态观光游、以国华和新桥影视基地为主导的影视文化游等一批精品旅游线路，每年举办的“京津冀中华大庙会”被列入“不得不享的河北十大休闲体验”，“国际家居文化节”成为享誉全国的家居文化盛宴，“香河荷花节”将“荷香十里到香河”传遍大江南北，香河被评为“全国最佳休闲旅游目的地”，荣登“最美中国榜”。2019年，香河县全域旅游创建工作深入推进，全域旅游总体规划、北运河廊坊段旅游通航规划完成初稿编制；成功举办香河县首届文化和旅游产业发展大会、2019廊坊文化旅游季·首届香河大运河文化节暨2019香河荷花节、2019第五届京津冀中华大庙会、2019第三届中国·香河国际家具展览会暨国际家居文化节等重大活动，“运河驿站，荷香香河”文化旅游品牌影响力得到全面推广和提升。不断加大旅游基础设施建设，智慧旅游系统建设率先在全市完成，潮白滨水公园启动建设，县旅游集散中心建成投入使用，旅游厕所建设任务顺利完成；组织参加全市乡村旅游创客大赛、最美民宿大赛、文化创意和旅游商品大赛，均取得优异成绩。9月，水岸潮白景区新增为国家AAA旅游景区。截至2019年，全县有5个国家A级景区，其中，国家AAAA景区2个，AAA景区1个，AA景区2个；省级工农业旅游示范点1个，市级工农业旅游示范点3个。2019年，全县旅游接待人数达556万人次，同比增长15.1%，其中，接待过夜游人数28.9万人次，同比增长17.4%；实现旅游总收入27.5亿元，同比增长20.6%。

## 全域旅游

**【概况】** 自2017年9月香河县被确定为省级全域旅游示范县创建单位以来，全县以建设美丽幸福新香河为统揽，将全域旅游纳入县重点工作之中，按照“一年打基础、两年出形象、三年上品质”的既定目标，全力推进省级全域旅游示范县创建工作，实现文化和旅游产业的蓬勃发展。2019年，全域旅游创建工作深入推进，旅游交通路网进一步提升，荣膺全国“四好”农村路示范县荣誉称号；县域生态环境进一步改善；公共服务体系进一步健全；旅游呈现多业态整合发展；旅游品牌的影响力进一步提升。

**【创建省级全域旅游示范区】** 香河县把全域旅游纳入全县发展战略。编制完成《香河县乡村旅游发展规划》《香河县全域旅游总体规划（初稿）》，统一部署、协同推进，形成了县委县政府主导、乡镇部门联动、全民广泛参与的创建格局。

制定出台《香河县加快发展全域旅游的实施意见》《香河县旅游质量提升行动方案》和《香河县创建省级全域旅游示范县工作实施方案》，设立旅游发展专项资金，加快构建“六环两带多小镇”全域旅游发展格局。成立以县委书记 、县长为组长的全域旅游发展领导小组，下设办公室，由 3 名县处级领导直接负责，对任务目标进行细化分解，建立工作进度台账，实行动态跟踪督导和定期督查通报。将全域旅游工作纳入乡科级领导班子年度考核指标评价细则，与年度评先评优挂钩，调动创建工作积极性。

**【营造优美环境】** 继续实施北运河、潮白河“两河”生态综合整治工程。坚持生态引领区域发展理念，推动“两河”生态涵养带加速成型。运河文化公园一期工程已建成开放，园内植入了文化墙、景观雕塑、名人雕塑、雕刻壁画、景观亭楹联、诗词石刻等文化元素。潮白河生态综合整治工程已完成总体规划。

**【健全公共服务体系】** 贯通旅游交通网络。2019年，香河县在省级“四好农村路”示范县的基础上，荣膺全国“四好农村路”示范县；京哈高速、首都环线高速、103 国道、通唐线等多条国省干线穿境而过，外部交通网络便捷顺畅；启动了平香线南延，香北线、倪李路拓宽改造升级等重点路网工程建设，加快县域内景区景点的交通路网串联贯通；100 辆新能源智慧公交车覆盖全县各景点，成为全省首个实现与全国公交地铁“一卡通”的县级城市。完善旅游服务设施。依托香河汽车站建设的县旅游集散中心建成并投入使用；县游客服务中心完成规划设计；全面加强乡村旅游、A 级景区旅游厕所建设工作并免费对外开放，完成 6 座旅游厕所建设；初步建成规范完善的旅游标识系统，率先在全市完成智慧旅游系统建设。提升旅游安全保障。常态化组织旅游、公安、交通、安监、质监、食药监等部门开展联防联控，重点加强各类游乐设施、旅游用车、旅游节庆活动等重点领域及环节的监管。

首届香河县文化和旅游产业发展大会文化旅游商品展　　县融媒体中心供图

**【多业态旅游融合发展】** 保护传承非遗文化。2019 年，有国家级非遗 1 项、省级非遗 5 项、市级非遗14项。香河中幡入选国家级非遗名录，香河县被命名为“中国中幡文化之乡”并挂牌“中国中幡文化研究中心”。打造香河美食名片。拥有香河肉饼、饹馇、馅糊饼、臭豆腐等多种特色美食，其中，香河肉饼多次荣登中央电视台、北京电视台等相关栏目，获评河北省“不得不品的十大特色美食”，是年，“香河肉饼协会”被国家知识版权局注册为集体商标。推动传统手工艺发展。香河花丝首饰、玉雕、珐琅镶嵌等多种传统手工制作技艺精湛，景泰蓝珐琅制品、银烧蓝银饰饰品获评“廊坊十大旅游商品”，多次参与国礼制作。

**【旅游品牌打造】** 打造以第一城为龙头的会奖旅游品牌。国家AAAA级景区中信国安第一城，是世界上唯一完整再现明清时期北京古都风貌的大型仿古建筑群，曾先后承接国际金融论坛、G20会议、中美战略经济对话等重要会议活动，成功举办了京津冀国际旅游季、草莓音乐节、京津冀中华大庙会等文化旅游活动，已成为中国最具文化魅力的会奖旅游目的地。

打造以国安新桥影视特效基地和国华影视城为龙头的影视旅游品牌。国安新桥影视特效基地建筑面积6万余平方米，投资5亿元，是国际影视产业集成性一体化平台，功能布局、技术标准均达到国内一流水准。国华影视城是全国最大的影视拍摄“群棚基地”，相继拍摄了《辛亥革命》等一百余部影片，被中国广电协会认定为“全国影视指定拍摄景地”，曾夺得河北省文化发展“五个一”工程奖，被评为河北省十大文化产业项目、首届“燕赵文化之星”。

打造以香河国际家具城为龙头的家居文化旅游品牌。以国家AAAA级景区金钥匙家具城为代表的香河国际家具城是北方规模最大、配套最齐全、行业最集中、功能最强大的超前家居商业中心，每年吸引消费者300余万人次，年交易额近300亿元，为香河赢得了“中国北方家具商贸之都”的美誉。

打造以北运河、潮白河为龙头的“两河”生态旅游品牌。2019年，制定《北运河廊坊段旅游通航规划》，完成5公里滨河步道修建，运河生态文化工程稳步实施，全国首个“大运河文化云名片”上线运行。实施运河生态文化项目和潮白河生态综合整治工程，挖掘利用“两河”历史文化资源，北运河生态文化体验带和潮白河乡村田园体验带正加快推进建设。

打造以赏荷观光为龙头的花卉旅游品牌。打造了万亩荷塘、第一城景区为核心的京津冀区域著名的赏荷目的地，每年吸引了近百万游客赏荷观光。

打造以乐农美联生态农场、东方千年古葡萄庄园为龙头的农业观光旅游品牌。乐农美联生态农场、东方千年古葡萄庄园，以果蔬采摘、农事体验、科普教育为主，彰显生态农业的魅力。依托安平大樱桃、高庄蜜桃、西河头冬瓜、香河韭菜等县域特色农产品，引导农民合作社发展都市农业、生态农业、绿色农业项目，实现“旅游+农业”的有机统一。

打造以特色民宿为龙头的乡村旅游品牌。利用闲置民居，大力发展特色主题民宿，带动乡村旅游产业加快发展。已经形成香居小筑、潮白别处两大系列主题民宿区，40余家规模化的特色民宿相继建成开放。

打造以香河机器人小镇和中粮可口可乐华北饮料生产基地为龙头的旅游新业态品牌。可口可乐大世界展示丰富神秘的企业文化，游客在观光廊道上实地观看产品的生产工艺流程，实现“旅游+工业”的融合互动。机器人小镇增加了产品展厅、智慧体验等旅游属性和观光功能，实现“旅游+科技”的融合发展。

打造以“三大节庆活动”为龙头的节庆旅游品牌。每年一届的“国际家居文化节”已成为中国北方最隆重的家居文化盛宴。“京津冀中华大庙会”被列入“不得不享的河北十大休闲体验”。“香河荷花节”将“荷香十里到香河”传遍大江南北。2019年，成功举办香河县首届旅游产业发展大会，开展了首届香河大运河文化节暨2019香河荷花节、京津冀中幡文化交流大赛、京津冀通臂拳交流大赛等项活动。

## 旅游基础设施建设

【概况】 2019年，香河县不断加大旅游基础设施建设，完成智慧旅游系统建设，县旅游集散中心建成投入使用，旅游厕所建设任务顺利完成，9月，水岸潮白景区新增为国家AAA旅游景区。

【智慧旅游系统建设】 2019年，智慧旅游系统在全市率先建设完成，围绕基于游客的智能服务和基于政府的智能管理两条主线进行规划建设，完成了一期工程建设。一期工程包括一个中心，两个平台，一个示范景区。

一个中心：旅游云数据中心。主要包括数据资源目录系统、数据采集管理系统、数据统计分析系统、数据交换管理系统等。

两个平台：服务于游客的智慧服务平台。开发手机游香河微信小程序，取名“慧游香河”，集香河的吃、住、行、游、购、娱等方面的旅游资讯，游客只需用一部手机，就可以满足所有的旅游需求，可以在上面找景区、找酒店、找厕所、找商场，相当于把导游“揣在兜里”，把导航“拿在手上”，把导览导购“放在身边”，最大限度地满足广大游客的个性化需求。服务于政府的智慧管理平台。该平台拥有三大功能：应急指挥调度功能。一方面可以将各景区实时画面、车流人流等动态信息显性的反应在该平台上，管理部门可以准确直观地了解整体运行状况，及时发现和处理各种问题；另一方面可以对旅游突发事件的事发地点进行快速准确定位，并进行实时实地视频连线，为应急指挥决策人员快速掌握事件情况及发展态势、调配应急资源、采取处置措施提供信息支持。旅游行业数据的统计分析功能。主要是基于通讯基站和视频监控，来进行客流动态监测，包括人流量和车流量变化、客源地分布、游客属性、停留时间等进行数据采集、分析，建立旅游消费者大数据库，一方面可以使管理部门对旅游资源、市场、客户等各个要素进行定量把控，实现旅游行业的精准管理；另一方面可以为景区、企业打造适用于广大游客的文化旅游产品提供决策参考。旅游市场监管功能。里面开发了游客评价和投诉系统，评价内容来源于各个旅游网站和社交媒体上的真实评论，投诉系统与国家旅游“12301”投诉平台对接，可以及时收到投诉反馈，相当于给各个旅游景区、企业建立了“红黑榜”，也为加强旅游执法、规范旅游市场管理提供了依据。

一个示范景区：选定水岸潮白田园综合体作为香河县智慧旅游建设示范点，年内，完成景区的WiFi覆盖、视频监控覆盖、应急广播、客流监测覆盖，智能停车场在建，有效提升了该景区的服务功能和管理水平。

【县旅游集散中心建设】 2019年，香河县旅游集散中心建成投入使用。该中心依托香河汽车站地缘优势，充分发挥枢纽功能，布局旅游集散网络，接驳公交、自驾等交通方式，着力打造集旅游景区展示、旅游信息查询、旅游集散换乘、旅游服务预定等为一体的多功能旅游服务平台。同时，县游客服务中心的规划设计也已经完成。

【旅游厕所建设】 2019年，香河县旅游厕所建设任务6座，其中，第一城东西看台2座，北李庄民宿7号院厕所1座，李家大院内1座，水岸潮白移动厕所 2 座，已全部建设完工，6 座旅游厕所均已在百度地图上线，旅客可随时查询。

## 旅游活动开展

【概况】 2019 年，为进一步塑造香河旅游品牌形象，提升香河旅游知名度和美誉度，香河县举办首届文化和旅游产业发展大会、首届香河大运河文化节暨 2019 香河荷花节、2019 第五届京津冀中华大庙会、2019 第三届中国·香河国际家具展览会暨国际家居文化节等重大活动，向国内外游客推介香河旅游文化。组织参加全市乡村旅游创客大赛、最美民宿大赛、文化创意和旅游商品大赛，均取得优异成绩。

【香河县第一届文化旅游产业发展大会】 2019 年 8 月 12—13 日，香河县举办首届文化和旅游产业发展大会，省市领导、国内文化旅游行业嘉宾、新闻媒体及市民代表共计 300 余人莅临大会。大会立足推进京津冀文化旅游协同发展，以发展全域旅游为方向，重点围绕大运河文化带建设组织会前预热活动、主体会议和会间主题活动。大会引入新兴会议科技与服务，实现会务服务数字化、信息化，主要包括：通过一站式会务云平台，实现邀约、日程、通知、证件、签到、现场、监控、数据的会议全流程智慧化；大幅减少会议各种纸质印刷品，会务手册、工作手册、宣传画册等全部数字化，实现“一部手机开文旅发大会”；全域旅游摄影展采用物联网智能显示终端——数字艺术画屏展示；上线发布“香河大运河文化云名片”。大会安排了 6 个重点观摩项目：中信国安第一城（代表会展旅游）、运河文化公园（代表大运河文化带建设）、香河文化艺术中心（代表文化综合体）、水岸潮白民宿（代表田园综合体）、国华影视基地（代表影视文化产业）、金钥匙家具城（代表家居文化产业）。大会文艺演出创意新颖，紧扣“运河印记”这一主题，将“历史厚重”“文化深远”“柔美芬芳”“传承发展”“流连忘返”等 5 个宣传短片，与歌舞、情景剧等 8 个节目穿插串联，讲述香河人的运河记忆，抒发香河人的运河情怀，并运用全新的表现形式，从不同角度，全方位地展现了香河的运河文化和旅游资源。大会期间，共组织开展了首届香河大运河文化节暨 2019 香河荷花节、京津冀中幡文化交流大赛、京津冀通臂拳交流大赛、香河肉饼美食大赛、文化旅游商品展、全域旅游摄影展、首届香河非物质文化遗产创意设计大赛、大会 LOGO 和吉祥物征集等 18 项会前、会中活动。会议当天，共展示景泰蓝工艺品、花丝镶嵌制品、乐器等香河特色文化旅游商品 100 余件，全域旅游摄影展示作品 200 余张，中幡、高跷、小车会、通臂拳等表演人数共计 200 余人。活动内容丰富、形式多样，彰显了香河文化特色。

香河县第一届文化和旅游产业发展大会开幕式　　县文化广电和旅游局供图

大会结束后，各界给予了充分肯定，普遍认为香河文旅发大会“组织服务好、现场经验展示好、与会代表感觉好”，香河县第一届文化旅游产业发展大会荣获全市“最佳组织奖”，香河县的水岸潮白田园综合体获最佳示范项目,首届香河大运河文化节获最佳文旅活动,宣传片获最佳宣传片,情景剧《家在运河》获最佳文旅展演，“运河驿站 荷香香河”文化旅游品牌影响力得到全面推广和提升。

首届香河大运河文化节暨 2019 香河荷花节启动仪式　　县文化广电和旅游局供图

【首届香河大运河文化节暨 2019 香河荷花节】首届香河大运河文化节暨 2019 香河荷花节，被廊坊市文化广电和旅游局列入了 2019 廊坊文化旅游季重要活动之一，活动内容同时列为首届香河县文化和旅游产业发展大会会前预热活动和会间主题活动。活动于 6 月 18 日在中信国安第一城景区正式启动，先后举办了“荷香十里到香河”消夏赏荷自驾旅游季、“水碧荷乡，魅力香河”文化旅游摄影大赛、“诗颂香河”诗词美文大赛暨全国诗词名家走进香河采风创作活动、2019 廊坊文化旅游季·京津冀中幡文化交流大赛、香河大运河文化云名片暨一部手机游香河上线发布会、大型民俗文化展演、京津冀通臂拳交流大赛、香河肉饼美食大赛、美丽乡村特色民宿体验等系列活动。本届活动创新文化旅游融合发展思路，将大运河文化、荷花文化与香河旅游资源深度融合，更加注重文化的参与性、互动性、体验性,通过群众喜闻乐见的形式充分展示香河文化旅游资源的独特魅力。节日期间，八方游客到香河可以品运河文化、赏万亩荷花、逛皇家园林、享香河美食、购精品家具、游美丽乡村。

2019 廊坊文化旅游季·首届香河大运河文化节暨 2019 香河荷花节及中信国安第一城第 16 届荷花节。6 月 18 日，“2019 廊坊文化旅游季·首届香河大运河文化节暨 2019 香河荷花节及中信国安第一城第 16 届荷花节启动仪式”在中信国安第一城景区举行。市文化广电和旅游局，县四大班子相关领导，中信国安第一城负责人，北京市通州区、平谷区，天津市武清区、宝坻区，廊坊市、三河市、大厂县和香河县的文化团体主要负责人、旅游企业代表以及新闻媒体记者等 200 余人参加启动仪式。20 余家新闻媒体进行现场报道。

“荷香十里到香河”消夏赏荷自驾旅游季。2019 香河荷花节自 6 月 18 日启动至 8 月 31 日结束，其间，吸引游客约 60 万人次走进香河赏荷观光、亲子度假、健身骑行、摄影采风、会奖旅游。

2019 廊坊文化旅游季·京津冀中幡文化交流大赛。为庆祝新中国成立 70 周年，弘扬大运河优秀传统文化，传承民族非物质文化遗产，推动全县文化旅游深度融合，打造香河文化旅游节庆品牌，提升文旅惠民服务水平，由廊坊市文化广电和旅游局、中共香河县委、香河县人民政府主办，中共香河县委宣传部、香河县文化广电和旅游局承办，蒋辛屯镇政府、安头屯镇政府协办的“2019 廊坊文化旅游季之香河县京津冀中幡文化交流大赛”，于 6 月 6 日上午在蒋辛屯镇北李庄村水岸潮白田园综合体丰收广场成功举行。来自京津冀的10支中幡表演队参加本次比赛。

2019香河荷花节文化旅游摄影大赛成果。为充分挖掘和弘扬香河深厚的荷花历史文化，全面展现香河美丽的生态环境和丰富的文化旅游资源，以影像艺术的生动形式见证中华人民共和国成立以来香河的建设发展成就，塑造“运河驿站、荷香香河”文化旅游形象，提高广大摄影爱好者为香河创作的积极性，进一步提升香河文化旅游品牌影响力，由县委宣传部、县文化广电和旅游局、县文联主办，以“钟秀香河，魅力荷乡”为主题的“2019香河荷花节文化旅游摄影大赛”征稿于6月18日启动，活动得到京津冀10余家摄影协会积极响应，荷花节期间共有20余个摄影团体组团到香河采风创作。截至8月31日投稿结束，共收到投稿作品1200余幅（组）。大赛评委组由中国摄影家协会会员、河北省摄影家协会理事、廊坊市摄影家协会主席范立彦担任组长。最终评选出一级收藏作品1幅、二级收藏作品3幅（组）、三级收藏作品6幅（组）、优秀收藏作品20幅（组）。

2019香河荷花节诗词美文大赛成果。为推进香河文化和旅游产业深度融合，大力弘扬华夏灿烂的诗歌文化，彰显香河深厚的历史文化底蕴和诗词之乡的无限魅力，塑造“运河驿站、荷香香河”文化旅游形象，进一步提升香河文化旅游品牌知名度，以诗歌、散文形式讲好香河故事，颂扬香河新时代建设发展成就，为大运河文化带建设及香河文化旅游产业发展、文明城市创建提供精神动力，由中共香河县委宣传部、香河县文化广电和旅游局、香河县文学艺术界联合会主办，以“水碧荷乡，诗颂香河”为主题的“2019香河荷花节诗词美文大赛”6月18日开始启动全网征稿活动。截至8月31日投稿结束，收到27个省（自治区、直辖市）、88个地级市的作者投稿225篇，其中，诗词类投稿117篇，散文类投稿46篇，现代诗投稿62篇。经过评委会评审，最终评出传统诗词一等奖1名、二等奖2名、三等奖3名、优秀奖10名；现代诗一等奖1名、二等奖2名、三等奖3名、优秀奖10名；散文类一等奖1名、二等奖2名、三等奖3名、优秀奖10名。

中华诗词名家走进香河采风创作活动成果。为推进香河文化和旅游业深度融合，大力弘扬华夏灿烂的诗歌文化，彰显香河深厚的历史文化底蕴和诗词之乡的无限魅力，塑造“运河驿站、荷香香河”文化旅游形象，以诗词歌赋的形式讲好香河故事，讴歌香河新时代建设发展成就，为大运河文化带建设及香河文化旅游产业发展、文明城市创建提供精神动力，由县委宣传部、县文化广电和旅游局、县文联主办，香河大运河文化研究会、香河县诗词协会共同承办的“2019香河荷花节·中华诗词名家走进香河采风创作活动”，于7月29—31日成功举行。本次活动是“首届香河县文化和旅游产业发展大会”召开前的一项重要预热活动。中华诗词学会副会长、光明日报出版社原社长兼总编辑、诗人李树喜，中华诗词学会顾问、北京诗词学会原会长、党支部书记张桂兴，中华诗词学会理事、中国书法家协会会员、中国作家协会会员陈廷佑，中华诗词学会学术部主任、北京诗词学会副会长李葆国，江苏省诗词协会副会长、淮安市诗词协会会长、大运河研究专家荀德麟，中诗协研究会会长、中诗协官网主编、青年诗人黄莽，河北安平县文联主席、书法家王彦博，上海诗词吾爱网站长、青年诗人廖振福等诗词名家莅临香河采风创作。采风团一行先后考察了第一城、运河文化公园、香河文化艺术中心、国华影视基地、红庙金门闸遗址、青龙湾、万亩荷塘等地，并在靓涌轩国学书画院举行了诗词书画笔会。通过考察采风，各位诗词名家对香河深厚的历史文化底蕴、优美的生态环境、丰富的文化旅游资源、完善的文化服务设施和浓郁的诗词文化氛围留下了极为深刻的印象，激发起了强烈的创作激情，采风期间即创作了大量歌咏香河的美妙诗篇。

【组织参加第三届廊坊市乡村旅游创客大赛】 2019年，精心组织第三届廊坊市乡村旅游创客大赛，香河县共有55个创客选手报名参赛，报名总人数列全市第二名。经过评选，香河县《水岸潮白田园综合体》获得银叶奖，《国家级中幡艺术团》获得铜叶奖，县文化广电和旅游局获得“优秀组织奖”。

【组织参加第三届廊坊市最美民宿大赛】 2019年，精心组织参加第三届廊坊市最美民宿大赛，香河县共有7家民宿企业参赛，其中，李家大院民宿荣获一等奖，别处酣客名宿获优秀奖，县文化广电和旅游局获得“最佳组织奖”。同时，市文化广电和旅游局选送香河县的水岸潮白田园综合体和民宿2个项目，参加全省乡村旅游暨民宿质量提升交流活动，获得好评。

【组织参省、市文化创意和旅游商品创意设计大赛】 2019年，精心组织参加2019河北省文化创意和旅游商品创意设计大赛暨廊坊市第二届文化创意和旅游商品创意设计大赛，县文化广电和旅游局获得“最佳组织奖”。全县82件商品参赛，县文化馆原创作品“香河潮童”非遗系列文创产品获得最具廊坊特色奖和2019年最佳文创旅游商品称号，同时获得首届北运河杯“通武廊”文创产品大赛创意设计主题铜奖。精选特色旅游商品、文创展品、非遗展品等6件展品参加省文化和旅游厅“2019河北文化创意精品展”。

## 旅游市场管理

【概况】 2019年，香河县加强旅游市场监管，规范旅游市场秩序，净化旅游环境，提高游客的满意度。执法对象有旅行社、分社、服务网点。目前香河县有旅行社总社2家，分社3家，服务网点17家。

【旅游市场监管】 加强旅游市场执法检查，在旅游旺季及法定节假日，先后3次对具有旅游业务经营资质的旅行社、分社各旅行社服务网点，强化旅游市场执法检查。主要检查：经营资质是否合法、手续是否完备、是否按规定在相关部门备案、是否存在超范围经营旅游业务、是否存在私自收客转客等违法违规行为；是否按规定签订旅游合同、使用旅游合同示范文本、在合同中载明导游服务费用及地接社等相关信息;旅游行程中是否有擅自变更行程安排行为;旅游合同是否按照规定妥善保管等;是否发布超经营范围线路产品广告以及不合理低价广告和宣传单；是否在各种媒体上发布明显低于成本价的旅游线路产品信息。进一步规范全县旅游市场秩序，为游客提供安全、和谐、健康的旅游环境。

【安全生产】 2019年，县文化广电和旅游局全面落实“党政同责，一岗双责”安全生产责任制，实施领导包联制度，领导班子成员及各股室分包乡镇（社区）、园区，坚持“日常巡查”和“重要节点巡查”相结合，做好旅游景区、景点的监督检查工作。年内，组织安全生产培训3次，提高了从业人员的安全意识和安全防范能力，切实消除了安全隐患，增强了旅游市场的安全性。认真开展了安全风险分级管控与隐患排查治理“双控”试点和安全生产隐患大排查大整治工作。

## 旅游景区、景点

【概况】 截至2019年，香河现有国家AAAA级旅游景区2家，中信国安第一城和金钥匙景区；国家AAA级旅游景区1家，水岸潮白景区；国家AA级旅游景区2家，新城广场景区和锦绣潮白景区；省级工农业旅游示范点 1 家，潮白码头度假村；市级工农业旅游示范点 3 家，万亩荷塘、东方千年古葡萄庄园和乐农美联生态农场。

中信国安第一城福安宫　　县融媒体中心供图

**【中信国安第一城国家 AAAA 级景区】** 中信国安第一城是中信国国安集团公司投资兴建的一座集会议展览、旅游观光、休闲度假、娱乐健身、美食购物、影视拍摄等多功能于一体的大型国际会议展览中心。占地 240 公顷（3600 亩），总建筑面积 36 万平方米。第一城按明清时期北京城垣格局，采取“缩地不缩景”的建设原则，22 座错落有致的城楼镶嵌在 5 千米长的空腹城墙之上。圆明胜景、宅府院落点缀在城池之中，整个建筑群体彰显华夏古今文化之精华、神州民族建筑之异彩。具有浓郁中国传统文化风格的建筑群和独具匠心的皇家园林组成的景园内，有百亩珍奇荷花园，佛教圣地北方峨眉大安寺，亭台楼榭，九曲回廊，雕梁画栋，融中国南北古典园林艺术于一身，虽经人工，宛若天成，第一城三季有花，四季有绿，是游客放松身心的一个好去处。中信国安第一城景区于 2015 年、2016 年成功举办了“京津冀国际旅游季”活动，吸引了数以万计的旅游爱好者前来游玩。自营业以来，先后有 300 余位各国部长级以上政要及 100 余名驻华使节到此出席各种会议、参观访问；成功接待了各种会议及活动 6000 余个、宾客 600 余万人次。主要有迎香港和澳门回归庆典、国际小姐全球总决赛、第一届和第二届中国新民歌演唱会、中国青少年宫协会主办的中国青少年社会教育“银杏奖”颁奖晚会等以及西班牙皇家马德里足球俱乐部参观访问。

**【香河金钥匙国家 AAAA 级景区】**

金钥匙景区是国家 AAAA 级旅游景区，是配套最齐全、行业最集中、功能最强大的北方最大的超前家居商业中心。景区以京津市场为依托，辐射华北、东北、西北地区，四通八达的交通网络，为各地游客及家具客商搭建了广阔的人流物流平台，是游客休闲购物的好去处。景区自 2003 年 11 月 23 日开业以来，就以总占地面积 15 万平方米，建筑面积 18 万平方米的规模及配套最齐全、行业最集中、功能最强大而成为

香河金钥匙国家 AAAA 级景区　　县融媒体中心供图

全国第二位、北方最大的“一站式家具卖场”。景区内道路宽敞畅通，秩序井然；大型的共享休闲中厅，风格别样；30台超宽自动扶梯全天运行；观光电梯尊贵豪华；大型液晶显示屏，随时公布政策法规及公共信息；全厅广播能够及时发布各类通知；餐饮服务区，健康卫生的食品供游客享用；儿童乐园更是孩子们的欢乐海洋；喷泉、绿化突出了景区的自然与生机。景区汇集全国各地400余家企业，经销民用、办公、宾馆、饭店、儿童套房及红木、藤艺、沙发等500余个品牌、上千品种家具，高中低档一应俱全。年成交额达20亿元，年纳税3000万元，成为香河最具代表性的企业之一。景区先后获得了“2008年、2009年中国家具十佳渠道品牌”“河北省家具行业二十强”“中国家具行业品牌创新企业”“2009年度家具行业单店运营能力十强市场”“百城万店无假货省级示范店”“中国家具行业杰出贡献企业”“中国家具协会第四届理事会常务理事单位”等荣誉称号。2011年，被评为河北省唯一一家国家级诚信市场。2011年12月30日被国家旅游局评定为国家AAAA级旅游景区。

**【水岸潮白国家AAA级旅游景区】** 水岸潮白景区位于香河县蒋辛屯镇北李庄村，紧邻首都环线高速公路香河西出口。景区依托北方田园乡村基质，以农为本、以乡为魂，充分挖掘北李庄村景泰蓝制作的非物质文化遗产资源优势，将传统工艺制作文化和旅游文化及休闲度假体验有机地结合起来，以文创为动力，以农、旅、文、娱为发展主题，发展休闲农业、手工艺体验，特色民宿。三产、农旅融合，充分体现返璞归真、人与自然的和谐共处，打造“别处潮白”民宿主题品牌，推进乡村旅游产业的升级改造。在不改变用地性质的前提下，按照“生态涵养、产业发展、康养结合、宜居宜游、活化体验”的理念，于约33.33公顷（500亩）用地、100余户民宿的乡村版图上匠心规划十大功能：火车主题商业街、李家大院（乡村博物馆、旅游接待中心）、别处潮白民宿群、房车营地、共享农庄、农事体验区、儿童研学区、油葵花海、林下种植区、萌宠乐园——林下散养区。2019年9月，水岸潮白景区荣获国家AAA级景区。

**【香河新城公园国家AA级景区】** 香河新城公园地处环渤海经济圈腹地，京津冀都市圈金点之区，以京、津、廊及周边市场为依托，京哈高速公路等多条国道、省道穿境而过，四通八达的交通网络，为各地游客提供了便利的交通条件。景区距北京45千米，天津70千米、廊坊40千米，是一个旅游休闲的好去处。香河新城公园占地11.33公顷（170亩），设置东、西、南3个出入口。广场设计别具匠心，各景观点相互联系又有遮掩，包括大门广场、中心集会广场、运动区、景观道、儿童娱乐区、亲水等区域。各区域功能明确，视线通畅。园区道路分主要景观道、次要景观道和景观小道，满足不同景观点客流需求。景区绿化采用乔灌木相结合，落叶与长绿相搭配。完善的照明系统，使景区夜间景色更加绚丽，同时满足晚间公园照明的需要。景区内有3个人工湖，水系相互联系。在广场区域还设有景观喷泉和戏水喷泉系统。运动区域设有网球场地、羽毛球场地、篮球场地和乒乓球台，在运动区周围铺设塑胶慢跑道，以满足人们运动需求。

**【锦绣潮白国家AA级旅游景区】** 锦绣潮白景区地处环渤海经济圈腹地，京津冀都市圈金点之区，以京、津、廊及周边市场为依托，京哈高速公路、环京高速等多条国道、省道穿境而过，四通八达的交通网络，为各地游客提供了便利的交通条件。景区距北京40千米，天津80千米、廊坊60千米，是一个旅游休闲的好去处。锦绣潮白景区占地6.67公顷（100亩），设置东南、东北

万亩荷塘　　县融媒体中心供图

2 个出入口。景区以主题民宿为纽带，建有木屋栈道、古林风情、荷花池、紫藤廊道等景点。各区域功能明确，视线通畅。景区道路分主要景观道、次要景观道和景观小道，满足不同景观点的人流量的不同要求。景区绿化采用国槐、柳树及成片的小雏菊分层种植，景色宜人。景区有一套完善的照明系统，体现田园慢生活的情趣。景区西临潮白河，河面旷阔，风吹而过层层波浪别有一份感觉。在此能让人感受到大自然的和谐与美景，心生宁静，流连忘返。现已经形成主题民宿建筑群，风格各异，吸引大量游客前来参观入住。

**【潮白码头度假村】** 河北省工农业旅游示范点。占地 6.7 万平方米，水面面积 36.3 万平方米，是集餐饮、住宿、垂钓、游艇、楼船、摆渡、戏水、采摘、农事体验等于一体的综合度假休闲之所。

**【万亩荷塘】** 万亩荷塘景区位于刘宋镇庆功台村，按照政府引导，市场运作，刘宋镇于 2013 年开始种植藕荷 933.33 公顷( 1.4 万亩），品种有大地红、红莲、飘花、野荷、珍珠等 10 余个系列，并育有精品荷花园。在荷塘中有荷花定情园、观荷厅、荷宴园、牤牛场旧址、庆功之台、杨六郎大破辽军古战场、杨家寨主题公园等 10 余个景点。为北方平原莲藕单体面积最大的种植基地，2014 年，被廊坊市科技局认定为市级农业科技园区，全部通过北京专业机构绿色食品检测。2015 年，在国家旅游局和国务院扶贫办共同主办的全国乡村旅游提升与旅游扶贫推进会议上，刘宋镇庆功台村获评“中国乡村旅游模范村”；2016 年，万亩荷塘万亩森林片区获得首批市级乡村旅游片区称号；游人可在“青青荷叶浩如海，点点芙蓉似浪花，栈道浮桥探幽径，一叶扁舟畅晚霞”的意境中放松身心，尽享自然之美。

**【左岸农业东方千年古葡萄庄园】** 位于安头屯镇大青庄务村南，由张家口东方科技有限公司投资建设，是以传承世界重要农业文化遗产“宣化

左岸农业东方千年古葡萄庄园　　县融媒体中心供图

牛奶葡萄”的种植、采摘、研发、保护于一体，集葡萄种植、酿酒以及休闲观光、生态旅游于一体的中国历史文化农业示范园区，其葡萄苗木被列为世界重要文化遗产，是中国古老的优质葡萄品种之一，采取传统的漏斗架方式进行栽培。主要包括大型漏斗架葡萄种植园、世界葡萄品种及架型展示园、葡萄研发基地、生态阳光房等设施。已栽植葡萄 26.67 公顷（400 亩），总计 200 余架、1400 株。

**【乐农美联生态农场】** 位于安头屯镇大青庄务村东，占地面积 26.67 公顷（400 亩），有高档阳光暖棚 1.5 万平方米、蔬菜大棚 2 万平方米。是集观光旅游、餐饮美食、休闲娱乐及特色种养殖于一体的新型农业项目。主要包括种植采摘区、珍味养殖区、生态木屋住宿区及农家特色小吃街等功能区域。年接待游客 3 万人次。

## 2019年度香河县旅游景区景点一览表

表12

| 名　称 | 性　质 | 地　址 |
|---|---|---|
| 中信国安第一城 | AAAA | 香河经济开发区 |
| 金钥匙景区 | AAAA | 香河家具城 |
| 水岸潮白景区 | AAA | 蒋辛屯镇北李庄村 |
| 新城广场景区 | AA | 香河新华大街北侧 |
| 锦绣潮白景区 | AA | 香河蒋辛屯镇 |
| 潮白码头度假村 | 省级工农业旅游示范点 | 香河县淑阳镇 |
| 万亩荷塘 | 市级工农业旅游示范地 | 香河县刘宋镇庆功台 |
| 左岸农业千年古葡萄庄园 | 市级工农业旅游示范地 | 香河县安头屯镇 |
| 乐农美联生态农场 | 市级工农业旅游示范地 | 香河县安头屯镇 |

## 2019年度香河县旅行社及服务网点一览表

表13

| 序号 | 单位名称 | 地　址 | 成立时间 | 法　人 | 联系电话 |
|---|---|---|---|---|---|
| 1 | 河北虹宇国际旅行社有限公司香河新华大街分社 | 新华大街国营机械厂商住楼 1 号门市（永新小区南门） | 2016.6.16 | 徐继生 | 13930662933 |
| 2 | 一起玩国际旅行社（北京）有限公司廊坊分公司 | 新开街 59 号泰安佳园 1 号楼 1 单元 103 号门市 | 2017.4.12 | 胡　丹 | 13722662229 |
| 3 | 河北虹宇国际旅行社有限公司香河分社 | 新开街香逸园 2 号楼 4 单元 102 号门市 | 2019.5.10 | 吴晓光 | 15133669990 |
| 4 | 香河春秋旅行社有限公司 | 新开街西段云天国际广场对面 | 2016.6.30 | 唐春海 | 13722660881 |
| 5 | 廊坊市新华旅行社有限公司 | 新开街 23 号 | 2019.3.19 | 王宏波 | 13522089199 |
| 6 | 河北携程国际旅行社有限公司新华大街服务网点 | 新华大街西段 119–32 号沿街商住楼五 B–096 门市（我家公坊小区南门对面） | 2019.3.19 | 殷宏宇 | 19943775777 |

续表 13

| 序号 | 单位名称 | 地　　址 | 成立时间 | 法　人 | 联系电话 |
|---|---|---|---|---|---|
| 7 | 河北乐道国际旅行社有限公司香河新华大街服务网点 | 新华大街 13 号（县发改局东侧） | 2017.10.18 | 成蒙蒙 | 15831699601 |
| 8 | 盈科美辰国际旅行社有限公司香河兴业公寓服务网点 | 新华大街东段北侧（兴业家园小区对面） | 2018.2.5 | 高清华 | 13601183010 |
| 9 | 廊坊市全景假日旅行社有限公司香河服务网点 | 新华大街山水田园小区西侧门市 | 2019.4.12 | 程慧娜 | 15076600888 |
| 10 | 廊坊市环宇国际旅行社有限公司香河县新开街服务网点 | 新开街南原自来水公司院内北楼 55–4 号门市 | 2017.11.10 | 王建雄 | 15932621666 |
| 11 | 河北携程国际旅行社有限公司香河县新开街服务网点 | 新开街南原自来水公司院内北楼 3 单元西门一侧 | 2018.10.23 | 吴洁 | 15831698766 |
| 12 | 河北康辉国际旅行社有限责任公司香河新开街服务网点 | 新开街 56 号（心悦宾馆东） | 2017.9.30 | 朱民埠 | 8269988 |
| 13 | 海洋国际旅行社有限责任公司香河服务网点 | 新开街西段北侧 56–2 号门市（原自来水公司对面） | 2017.9.18 | 郭孟然 | 15831623103 |
| 14 | 廊坊市行天下旅行社有限公司香河服务网点 | 县医院路南康宁园小区商住楼 | 2019.3.29 | 牛牧良 | 15901399989 |
| 15 | 盈科美辰国际旅行社有限公司香河县新开街服务网点 | 新开街北侧驻军东 | 2018.9.21 | 刘云峰 | 13483608777 |
| 16 | 廊坊五洲旅行社有限公司香河淑阳服务网点 | 迎宾路东淑阳大街商业街 9 号楼 8 号 | 2017.1.13 | 王子龙 | 13582665066 |
| 17 | 廊坊市众信旅行社有限公司香河服务网点 | 新华大街文曲星苑底商 6 号 | 2017.3.14 | 张艳 | 18833623668 |
| 18 | 廊坊春光国际旅行社香河欧陆服务网点 | 新华大街北侧欧陆豪庭小区柏林乐韵 6 号楼 1 单元 9 号车库 | 2016.6.27 | 刘志男 | 15030601225 |
| 19 | 北京和平天下国际旅行社有限公司香河第一服务网点 | 新开街西段北侧 50–3 号 | 2017.6.21 | 赵海波 | 18033660316 |
| 20 | 承德海航乐游国际旅行社有限公司香河服务网点 | 迎宾路东侧花园公寓第 3 幛 0114 号房 | 2018.5.4 | 张淑云 | 13263313453 |
| 21 | 盈科美辰国际旅行社有限公司香河县永泰路服务网点 | 香河县永泰路香江逸景 B 区 | 2018.5.23 | 尹德富 | 13831665188 |
| 22 | 盈科美辰国际旅行社有限公司香河县府前街营业网点 | 香河县府前街南安福路西居民区 |  | 许家豪 | 18531836777 |

# 卫生健康

责任编辑　刘士刚

## 综　述

2019年，香河县坚持以人民为中心，扎实做好卫生健康工作，着力提高人民健康水平和人口素质，深化医药卫生体制改革，完善县域医共体建设，精准开展健康扶贫，落实赤脚医生待遇政策；严厉打击非法行医，规范医疗事业管理，医疗卫生环境不断得到优化；加大医疗设施投入，努力提高香河县卫生健康科技水平。是年，全县深化推进医疗、医保、医院、医价“四医联动”改革，不断完善基层公共医疗服务体系。钳屯、安头屯2所卫生院完成主体施工，114所集体产权村卫生室完成修缮，聘任293名村医坐诊，县级医院与镇卫生院全部组建医共体；香河县被确定为“全国紧密型医共体建设试点县”“全省深化县级公立医院综合改革示范县”“全省推进镇卫生院与村卫生室一体化管理试点县”，廊坊市基本公共卫生绩效评价，香河县综合成绩名列第一；县人民医院被评为“省级现代医院管理制度建设样板”，管理模式在全国推广。

是年1月，按照《香河县机构改革实施方案》（香发〔2019〕2号）文件精神，组建县卫生健康局，将县卫生和计生局的职责，以及县民政局的老龄事业管理职责，县安全生产监督管理局的职业安全健康监督管理等整合，组建香河县卫生健康局，为县政府工作部门，加挂县爱国卫生运动委员会办公室牌子，县老龄工作委员会的日常工作由县卫生健康局承担，不再保留县卫生和计划生育局。

## 医疗卫生

【概况】　2019年，香河县有医疗机构424所。其中，县级医院4所，分别是香河县人民医院、香河县中医医院、香河县气管炎哮喘医院、香河县妇幼保健院；乡镇卫生院15所，分别是刘宋中心卫生院、安平中心卫生院、渠口中心卫生院、钱旺镇卫生院、淑阳镇卫生院、钳屯镇卫生院、蒋辛屯镇卫生院、五百户镇卫生院、安头屯镇卫生院、东鲁口医院、石虎辛庄医院、香城屯医院、李庄医院、金辛庄医院、梁家务医院；村卫生室293所，其中，乡村卫生服务一体化管理的村卫生室190所。是年，香河县人民医院加大硬件投入，投资3900余万元，先后购置了3.0T磁共振机、西门子胃肠机、大孔径放疗定位机等155台件，进一步增强影像诊断的实力和水平。为满足患者需求，全面改善就医环境，建设9225平方米肾病透析中心和药库、9054平方米的综合住院楼，扩建300平方米肿瘤科病房，全面投入使用。

【卫生健康队伍状况】 2019年，香河县卫生健康系统工作人员757人，其中，本科学历183人，大专学历349人，中专学历177人，其他学历47人；正、副主任医师60人、主治主管医师246人、医师级133人、医士级111人；干部516人，固定工46人，合同制人员195人；行政人员91人，工勤人员88人，医疗工作人员483人，防保人员95人；县卫生健康局机关57人，县级医院324人，县妇幼保健院69人，乡镇卫生院228人，县疾控中心37人，县卫健综合监督执法队29人，县药品配送中心7人，县卫生学校6人。

是年，香河县共有乡村医生296人；其中，乡医主治医师47人，乡医师147人、乡医士100人。

【全县医疗床位状况】 2019年，全县医疗机构共有床位2130张，其中，县人民医院有床位762张，县中医医院有床位380张，县气管炎哮喘医院有床位200张，县妇幼保健院有床位48张，9所镇卫生院床位365张，6所撤乡并镇一级医院床位120张，社会办医院床位255张，按照香河县总人口37.4万测算，每千人口床位数5.69张。

【基层药品销售改革】 2019年，全县乡镇卫生院全部实行“药品零差率销售”，县财政拨付收支差额补助资金2891.83万元。

【乡镇卫生院运营】 2019年，乡镇卫生院总门诊28.97万人次，住院0.73万人次，业务收入12657万元。15家乡镇卫生院中，业务收入500万元以上的有10家，其中，渠口中心卫生院1966.5万元，安头屯卫生院1268.9万元，钳屯镇卫生院1772.9万元，五百户镇卫生院881.4万元，安平中心卫生院510.7万元，钱旺镇卫生院614.2万元，淑阳镇卫生院1336.6万元，刘宋中心卫生院1263.6万元，淑阳镇金辛庄医院573.8万元，蒋辛屯镇梁家务医院548.8万元。

【村卫生室管理及基本公共卫生服务】 2019年，香河县共有村卫生室286所，村医296名。其中，新建集体产权村卫生室191所，村卫生室建筑面积80－130平方米，四室分开、医疗设备配置齐全。土地由村委会无偿提供，房屋产权归村集体所有，医疗设备及其他固定资产由乡镇卫生院统一管理。村卫生室在业务技术、人员聘用、药品器械、财务管理、绩效考核等方面，由辖区乡镇卫生院实行一体化管理。每季度对村卫生室基本公共卫生服务项目实施情况进行考核，根据考核结果拨付补助资金。对实行乡村一体化管理的村卫生室，按村街户籍人口每人每年给予10元药品零差率补助，高于全市每人8元标准。有283所村卫生室纳入一体化管理，基本实现公共卫生服务全覆盖。1月，在廊坊市基本公共卫生绩效评价中，香河县综合成绩名列第一，获得16万元补助奖励。

【医共体建设】 扎实推进县域医共体建设，研究制定《香河县开展紧密型县域医疗卫生共同体建设推进方案》，建设以县人民医院、县中医医院为龙头，县气管炎哮喘医院、二级卫生院为骨架，乡镇卫生院、基层医院为基点，村卫生室为网底，构建横向到边、纵向到底、覆盖城乡的医疗卫生服务体系。县人民医院在医共体成员单位渠口中心卫生院建成医共体疼痛中心，为渠口卫生院、刘宋卫生院安装CT机，为渠口卫生院安装核磁共振，培训医疗技术人员。县人民医院建立医共体诊疗中心和检查检验中心，与医共体卫生院开展CT检查、常规心电图、24小时动态心电图、甲功5项、胰岛功能、早早孕激素检查、性激素检查、肿瘤标志物、HPV、核酸检测等30余个检查检验项目。县人民医院应用心电图远程会诊系统为乡镇卫生院阅读心电图202份，检验结果分析34份，远程CT阅片147份。县中医医院利用京廊中医药协同发展“8·10”工程，与蒋辛屯镇卫生院、梁家务医院合作开展老年健康服务与医养结合项目，为辖区内65岁以上老年人群进行血压、超声、胸部X光等检查，开展有关高血压病、冠心病、糖尿病、脑血管后遗症等疾病的中医药健康知识讲座等。县中医医院定期选派骨干医师到医共体成员单位坐诊39人次，接诊患者100余人次；免费接收乡镇卫生院4名医师到县中医医院进修学习；组织开展各类培训班7期，参加培训160余人次，提高了基层医疗技术服务水平。

【家庭医生签约服务】 2019年，香河县全面推行家庭医生签约服务。6月，印发《香河县家庭医生签约服务实施方案（试行）》，规范了家庭医生签约服务的服务内容、人员安排、经费保障、工作持续性等内容；通过“世界家庭医生日”等多种形式宣传活动，营造了家喻户晓的宣传氛围。截至年底，全县共建立家庭医生签约服务团队54个，签约居民112507人，签约率30.11%；其中，重点人群签约83351人，重点人群签约率74.1%。

【落实赤脚医生养老补助】 按照省卫生计生委等部门《关于印发原“赤脚医生”养老补助办法的通知》要求，2019年，认定符合发放养老补助条件的原“赤脚医生”730名，养老补助全部发放到位。

【健康扶贫】 按照健康扶贫工作要求，开展对全县内59户、119名建档立卡贫困人口入户核实，核实因病致贫6户、8人，5名大病患者均已得到有效救治。贫困人口实现家庭医生签约服务全覆盖，镇卫生院每年对贫困人口提供免费健康体检和健康管理服务。各定点医疗机构严格实施“先诊疗后付费”和“一站式结算”，通过实施健康扶贫工程，解决了因病致贫返贫问题，年内，因病致贫6户、8人全部实现脱贫。

## 医疗卫生管理

【概况】 县卫生健康局全面加强医疗质量管理、依法执业管理、医疗纠纷处置、白内障患者复明工作、卫生健康综合监督执法。2019年，县卫生健康部门出动监督员500人次，监督车240辆次，监督检查医疗机构500余户次，查处违法违规医疗机构38家，罚款人民币13.1万元，没收非法所得1.3097万元，取缔非法行医32户。

【公共卫生监督】 重点对辖区内公共场所的卫生许可证发放情况、从业人员持有效健康证上岗情况进行监督检查。截至年底，监督检查347次，立案33起，罚款11.01万元。

对县内20家放射诊疗单位，重点监督持证情况，建档情况，设备性能、放射防护用品的配备情况，放射工作人员个人剂量监测，职业健康监护情况，辐射危害告知，警示标志设置等情况进行监督检查。截至年底，放射诊疗单位共新办1家，延续1家，处罚5家，罚款1万元。

对全县集中供水、自建供水及二次供水专项监督检查，共检查11家，均符合国家卫生标准。完成“5·18”中国廊坊国际经贸洽谈会公共场所、饮用水卫生安全保障工作。

【学校卫生监督】 2019年，完成对辖区内83所学校的日常监督检查，对10所学校进行了国家“双随机”监督检查，将检查结果上传至国家数据库，并将监督检查中发现的问题及时反馈县教育和体育局。对28所学校进行卫生管理评价，对5所学校的重点传染病综合防控工作给予专项监督。对5所幼儿园和5所校外培训机构进行现场抽检检测。对16家卫生协管站进行4次监督督导，对学校卫生、生活饮用水、非法行医、非法采供血、计划生育、食源性疾病共巡查2544次，整改问题 576 项。

【职业卫生监督】 2019 年，对辖区内 120 余家企业进行了职业卫生基本情况调查，调查摸底的信息形成汇总报告，按照市卫健委要求，先后制定并印发了《香河县开展冶金、化工行业领域职业危害专项整治工作方案》《群发性职业病（职业性中毒）风险防范化解专项方案》《香河县尘肺病攻坚行动方案》；10 月，召开新版《职业病危害项目危害系统》启用培训会和重点企业职业病危害因素检测现状调查调度会，现场解答了企业参会人员的相关问题。

【医疗美容监督】 2019 年，加强对美容机构的监管，出动 160 余车次，监督生活美容机构 137 家，医疗美容机构 5 家。处罚无卫生许可证经营的生活美容机构 17 家，罚款 7.47 万元；处罚非法医疗美容机构 5 家，罚款 1.86 万元，没收非法所得 0.44 万元。

## 疾病防控

【概况】 香河县疾病防控工作依据《中华人民共和国传染病防治法》《突发公共卫生事件应急条例》《医疗机构管理条例》等卫生法律法规，切实将医疗机构的传染病防控等公共卫生职责法制化、常态化、规范化。坚持预防是最经济最有效的健康策略，坚定不移地贯彻预防为主方针，坚持防治结合、联防联控、群防群控，努力为人民群众提供全生命周期的卫生与健康服务。2019 年，全县无突发公共卫生事件。

【重点传染病】 2019 年，香河县累计报告法定传染病 3100 例，报告发病数同比上升 9.97%，无死亡报告。其中，无甲类传染病报告，乙类传染病 10 种，丙类传染病 7 种。

【慢性病及重症精神病人管理】 香河县辖区有 19 家医疗机构负责死因监测和心脑血管事件直报工作，覆盖率达到 100%，2019 年，上报死亡卡 2449 例，其中，心脑血管事件累计报告 1921 例。精神障碍疾病发病报告率达到 4.05‰，规范管理率 81.85%，面访率 87.5%，服药率 85.05%，规范服药率 26.92%、精神分裂症服药率 90.64%、精神分裂症规律服药率 36.23%。

【地方病防治】 按计划完成了刘宋镇、淑阳镇、钳屯镇、五百户镇、钱旺镇的 5 所小学及辖区孕妇开展碘缺乏病监测采样工作。2019 年，监测对象是 8—10 周岁儿童的尿碘、食用盐碘含量及孕妇尿碘、食用盐碘含量的检查。采集的 309 份盐样均为精制盐，检验结果表明，儿童合格碘盐食用率 97.9%，孕妇合格碘盐食用率为 94.2%。采集的 304 份尿碘结果，儿童尿碘中位数 187.92 微克/升；孕妇尿碘中位数 167.36 微克/升。9 月，县疾控中心对辖区所有乡镇开展地方病现症病人调查，氟区 8—12 岁儿童氟斑牙病情调查，共检测 2045 名儿童，其中，正常人数 1520 例，可疑人数 240 例，极轻人数 179 例，轻度人数 101 例，中度人数 5 例。

【国家免疫规划工作】 常规免疫接种。2019 年，全县累计接种卡介苗 4232 剂次，接种率 100%。脊髓灰质炎疫苗 20129 剂次，接种率 99.22%。百白破疫苗 20022 剂次，接种率 99.04%。麻疹类疫苗 9814 剂次，接种率 94.58%。乙肝疫苗 14310 剂次，接种率 99.37%。白破 5088 剂次，接种率 99.31%。A 群流脑 10292 剂次，接种率 99.25%。A+C 群流脑 10890 剂次，接种率 98.70%。乙脑 10526 剂次，接种率 98.91%。甲肝 5448 剂次，接种率 80.24%。HepB 报告首针及时接种率为

100%。年内入托、入学查验接种证工作，共查验102所幼儿园、67所小学，辖区入托、入学儿童人数为10145人，查验预防接种证10145人，应补证4人，实际补证4人，全程接种人数6686人，已完成补种1877人。各级接种门诊对于应种儿童按照国家免疫规划疫苗漏种儿童补种原则，通知漏种儿童家长到接种门诊进行补种。

**【结核病防治】** 继续加强结核病防治工作，2019年9月，为香河县职业技术教育中心、第一中学、第三中学、第九中学的入学新生开展PPD试验，共有入学新生3389名，其中3336名学生接受了PPD试验，查验反应结果3305人，PPD阳性反应910人，阳性率27.3%，强阳性反应54人，强阳性率1.6%。对强阳性反应的54名学生均进行了X线胸片检查，其中，1人胸片异常，已给予规则抗结核药物治疗。

**【性病、艾滋病防治】** 截至2019年年底，全县在册存活的感染者和病人41例，死亡2例，年内新增3例，参加抗病毒治疗人员共计32人，治疗率78%。对高危人群行为干预，累计深入场所约180场次，干预3594人次，发放宣传资料3100份、安全套3600只，检测3300人次，取得良好社会效益。

**【生活饮用水监测】** 每月上旬、下旬分别对全县三强水厂、平安水厂、现代水厂、潮东水厂、国兴水厂5个水厂的水源水、出厂水、末梢水进行现场采集水样进行检验。其中，三强水厂负责县城区供水，设置4个末梢水监测点，共计采样528份，检测合格率100%；农村饮用水设置15个监测点，分别进行丰水期和枯水期检测，出厂水采样22份，末梢水采样34份；农村学校供水3所，出厂水采样6份；做到城区与农村全覆盖，已全部完成检测、录入上报工作。县疾控中心与县水务局成立农村饮水安全检测中心，由县疾控中心负责农村集中式饮水水质监测工作，按照《生活饮用水集中式供水单位卫生规范》要求，对全县300个村进行水质监测，其中，33个村所检项目氟化物含量不符合《生活饮用水卫生标准》。

7月10，县疾控中心医护人员参加2019香河县防汛救灾实战演练 县卫生健康局供图

**【职业健康及放射检查】** 2019年，县疾控体检中心共为111家企业、6575人次体检，检出疑似职业病16人，职业禁忌50人。年内，重点职业病检测，对73家企业5种接害因素的2242人建立档案；对78家216人进行放射体检；全国尘肺调查项目，年内，香河县发现3例病例，其中，死亡1人，按规定做好尘肺病情况上报与患者随访工作。

**【应急演练活动】** 4月25日，举办霍乱疫情桌面推演，让每支队伍、每名队员熟悉每项流程、每项职责。5月5日，参加2019年廊坊市卫生应急演练活动，在本次演练活动中，香河县疾控中心高水平完成各项演练科目，以优异的成绩圆满完成本次卫生应急实战演练。7月10日，参加全县防汛救灾实战演练活动。通过演练，展示应急队员优良的业务素质和先进的应急检测设备。

2019 年，在全市卫生应急工作会议上，香河县作为全市卫生应急工作先进县，作典型发言。

【健康促进县工作开展】 成立领导小组，将健康促进县建设纳入政府重点工作，制定出台《香河县创建健康促进县工作方案》，相继召开了启动会、培训会和工作推进会，定期听取工作汇报。6 月，顺利完成了基线调查问卷 490 份，为指导、评价健康促进县工作提供了科学依据。创建健康场所，重点打造健康促进机关 3 家，健康促进学校 3 所，健康促进企业 1 家，健康促进村街 6 个，建设健康主题公园 1 座，健康步道 1 条。环境卫生、食品和饮用水等指标达到省级卫生城市标准，全县所有公共单位实现无烟化，在全县起到了良好的示范带动作用。对 13 个健康场所进行了 2 次的督导检查，职业病防治法宣传周期间，深入到喜临门北方家具有限公司等企业进行职业病知识宣传培训 2 次。

## 妇幼保健

【概况】 2019 年，香河县妇幼保健服务中心认真贯彻落实《中华人民共和国母婴保健法》《中国妇女发展纲要（2011—2020 年）》以及上级相关妇幼保健工作安排部署，依法加强妇幼卫生管理，全面提升妇幼卫生服务水平，构建和谐妇幼保健服务环境，充分发挥妇幼保健特色，为全县妇女儿童提供更方便、更优质的妇幼保健服务保障，全面推进妇幼卫生事业健康发展。

【新生儿保健】 2019 年，香河县助产机构共接生活产 4137 人，新生儿疾病筛查及 35 项免费筛查采集标本 4093 份，筛查率 98.9%；听力筛查 4167 人，筛查率 100.73%；先心病筛查 3502 人，筛查率 84.65%。

【儿童保健管理】 严格按照《国家基本公共卫生服务项目规范》《托儿所、幼儿园卫生保健管理办法》要求，认真落实 0—6 岁儿童保健服务措施，加强托幼机构卫生保健管理。2019 年，香河县 7 岁以下儿童 28521 人，保健管理 27864 人，儿童保健管理率达 97.69%；3 岁以下儿童系统管理 11074 人，3 岁以下儿童系统管理率达 91.73%；5 岁以下儿童营养评价，实查 18663 人；管理体弱儿 525 人，全部采取了专案管理；5 岁以下儿童死亡监测项目，香河县自 1992 年起作为河北省孕产妇死亡、5 岁以下儿童死亡及出生缺陷监测点，2019 年全县 5 岁以下儿童死亡 8 例，5 岁以下儿童死亡率 2.54‰。

【孕产妇及高危孕妇管理】 为全县孕产妇免费发放孕产妇健康管理免费服务券和《母子健康手册》，免费建母子保健卡，通过妇幼保健信息平台，及时了解本辖区孕产妇情况，督促孕妇按时产前检查，有高危因素及时建卡、管理、随访；分娩后妇幼医生及时进行家访，发现问题及时解决，访视情况及时录入，提高了孕产妇系统管理的内在质量。2019 年，全县户籍活产 3149 人，系统管理 2923 人，产后访视 2953 人，住院分娩率 100%。筛查出高危孕产妇 1996 例，进行全程跟踪管理，使高危孕妇管理率和住院分娩率均达 100%，无孕产妇死亡。

【增补叶酸预防神经管缺陷项目】 落实国家政策，免费为准备怀孕妇女发放叶酸。2019 年，全县服用叶酸人数 3533 人，服用依从人数 2870 人，服用依从率 81.23%，发放叶酸 12803 瓶（12.4 毫克/瓶），随访人次数 15153 人，增补叶酸知识调查人数 2983 人，知晓 2931 人，知晓率 98.26%。

【预防艾滋病、梅毒、乙肝母婴传播项目】 为全县孕产妇（包括流动人口）提供艾滋病、梅毒、乙肝相关知识的免费咨询和免费检测，为艾滋病、梅毒、乙肝感染孕产妇及所生儿童免费提供规范的相应的干预措施。2019年，孕期HIV抗体检测4714人，梅毒检测4714人，乙肝5项检测4714人，梅毒阳性5人，乙肝阳性109人。对梅毒阳性孕产妇全部进行了追踪随访。

**【农村妇女“两癌”筛查】** 2019年，对全县35—64周岁农村妇女免费进行宫颈癌、乳腺癌和生殖道感染检查。免费乳腺癌筛查11019人、宫颈癌筛查10991人，做乳腺钼靶1294人，做阴道镜61人，宫颈病理43人。确诊乳腺癌15人，宫颈高级别病变14人，低级别病变13人，宫颈癌0人，所有筛查阳性人群均进行了追踪随访。

**【孕前优生检查】** 坚持科学规范、知情自愿、严格保密的原则，详细询问病史、体格检查，认真查看临床实验室、影像学检查结果报告，进行风险评估，给予受检夫妇相对应的优生健康教育、咨询指导。2019年，免费孕前优生健康检查共查849对夫妇，其中，巨细胞弱阳性3人，乙肝表面抗原阳性男性15人、女性17人，梅毒5人，甲状腺功能异常37人，针对这些异常人群分别给予了相应的健康指导。

**【孕妇产前筛查】** 2019年，全县助产机构产前筛查3510人，其中，高风险孕妇268人，均进行了转诊和随访。8—12月为全县孕产妇（包括流动常住人口）进行免费无创产前基因筛查387人，高风险1人。

**【婚前医学检查】** 根据《中华人民共和国婚姻法》和《中华人民共和国母婴保健法》开展免费婚前医学检查工作。2019年，共检查男性81人、女性86人。

**【规范出生医学证明管理】** 严格按照省市关于出生医学证明管理规定，建立健全管理组织，制定香河县出生医学证明管理制度，实行证、章分离，分别由专人管理，严格登记、发放、领取程序。2019年，全县出生医学证明首次签发4304份，换发95份，补发123份，机构外出生签发2份。

**【妇幼保健服务中心】** 不断提升妇幼保健服务中心的服务水平和形象，2019年，妇幼保健服务中心门诊量达7万余人次，住院人数300余人。

进一步规范规章制度和诊疗程序。推行“价格公示”，严格执行药品、器械网上集中采购，降低药品零售价格；强化业务素质提升，建立学科带头人选拔、培养和使用机制，定期选派技术骨干外出进修、培训或不定期选派业务骨干外出参加学习交流，培养学科带头人；加强医疗护理质量提升，组织护士认真开展基础理论、基础知识、基本技术知识培训和护理技术操作，使护理人员操作技能显著提高。

推进中医文化建设，提升服务内涵。持续推进突出中医特色，筹备妇孺国医堂项目建设工作；8月21日，与中国中医药信息学会妇幼健康分会开展“百花壶杯”健康义诊活动，活动主题“心连心，手牵手，中医国宝，妇孺皆好”。2019年，中医科诊疗4270人次，中医透药治疗1065人次，小儿推拿758人，皮内针920个，刮痧59人，拔罐治疗46人。

强化健康教育管理。定期开展孕妇学校健康讲座；在“三八”妇女节、“六一”儿童节、国际家庭日等重大节日广泛宣传妇幼保健知识；县妇幼保健服务中心与县妇联、县卫生健康局联合开展“送健康进校园”活动，2019年，走进县内幼儿园8场次；年内发放健康教育宣传资料6万余份，音像资料360余次。

信息化系统建设。落实市卫生健康委关于利用信息化平台顺利推进电子健康卡项目的要求，

5 月 28 日，县妇幼保健院医务人员到县第二幼儿园开展送健康进校园义诊活动
县卫生健康局供图

升级县妇幼保健服务中心 HIS 系统，完善电子病历，增加电子健康卡扫码基础设施，进一步提高服务质量。

加强对外合作交流，带动诊疗水平不断提高。依托京津冀医疗卫生协同发展，外聘妇产科、中医、妇保、儿保专家定期到县妇幼保健服务中心坐诊、带教，带动服务中心诊疗技术水平提高、带动临床科室发展。全年专家共接诊 1096 人次，阴道镜检查 132 人次，手术 6 人次。

## 爱国卫生运动

【概况】 2019 年，香河县以创建国家卫生县城、省级文明县城、省级森林城市为契机，以开展美丽乡村、美丽庭院建设为载体，深入开展爱国卫生运动，推进城乡人居环境治理，完善公共卫生设施，提倡文明健康、绿色环保的生活方式。

【农村改厕革命】 2019 年，全县完成改厕 15192 座，累计完成改厕 53668 座，改厕覆盖率 84%；计划 2020 年继续推进 3676 座无害化卫生厕所改建，达到省市一类地区改厕覆盖率 90%以上的要求。

【病媒微生物防治】 开展病媒生物防制工作，认真贯彻省、市关于加强爱国卫生工作的部署，积极开展除“四害”工作。

【爱国卫生宣传】 利用 4 月爱国卫生月，全面宣传“大卫生、大健康”理念，提高全民文明卫生素质。开展以城乡环境综合整治为主的多项爱国卫生活动，整顿市容市貌和集贸市场，治理污水沟渠坑塘，绿化美化环境；单位卫生重点落实“门前三包、门内达标”责任制，全面形成新时期爱国卫生运动新高潮。

【禁烟工作】 重点加强行政事业单位、学校、医院、会议室、公共交通工具等禁止吸烟工作。利用各种媒介载体，加强对禁烟工作的宣传。

## 人口和计划生育

【概况】 2019 年，人口出生 3948 人，符合政策生育率 96.96%，人口出生率为 10.98‰，人口自然增长率 5.09‰。第一个子女生育登记卡办理 1383 个，第二个子女生育登记卡办理 1980 个。

【落实计划生育家庭奖励政策】 2019 年，为全县城乡 10100 名子女未满 18 周岁的独生子女父母落实每人每月 10 元的奖励，共计 118.24 万元；为 277 名退休独生子女父母分别落实 3000 元的一次性奖励共计 83.1 万元；为 6221 名奖励扶助对象落实每人每年 960 元的奖扶金共计 597.22 万元；为独生子女死亡人员落实每人每年 10800 元特别扶助金 176.04 万元，为独生子女伤残人员落实每人每年 9000 元特别扶助金 50.4 万元；为 237

名参加 2020 高考的农村独生子女考生办理了加分手续；为 60 岁以上独生子女及双女户父母每人每年奖励 120 元，共计 74.65 万元；为全县领取独生子女父母光荣证的农村独生子女进行每人 100 元的意外伤亡投保。以上各项奖励落实率均达到了 100%。

【落实计划生育特殊家庭救助政策】 2019 年，香河县认真落实对计划生育特殊家庭的救助政策，为新增计划生育失独家庭发放每户 2 万元的一次性救助，为独生子女伤残家庭发放每户 1 万元的一次性救助，共计 28 万元。为符合条件的计划生育特殊困难家庭夫妻及伤残子女报销住院治疗费自费部分 50%费用，共计 14 万余元，并为其发放住院期间护工补贴每人每天 100 元，共计 4.99 万元；为 1 名生活不能自理的失独人员发放生活护理补贴 2 万元。对计划生育特殊家庭制定各项精准帮扶方案，落实县、乡、村三级联系人制度，建立了“三对一”帮扶制度，村级帮扶人每月两次到特殊家庭家中随访，镇级帮扶人每月一次，县级每季度一次；打造医疗服务绿色通道，指定县人民医院为特殊家庭绿色通道定点医院，为特殊家庭人员在就医诊疗方面给予减免、优先、优惠及各项服务；积极推进契约赡养和签订《医疗救助授权书》，积极为计划生育特殊家庭做好指导、监督等工作。实施医疗补贴优惠，为计划生育特殊家庭夫妻及其子女缴纳参加新型农村合作医疗或城镇居民基本医疗保险个人缴费部分，共计 3.76 万元。实施养老保障制度，为符合条件的计划生育特殊家庭参加城乡居民养老保险的人员，按照规定给予参保缴费补贴，共计 7 万元。对 60 岁及以上的计划生育特殊家庭夫妻,给予每人每年养老补贴 1200 元，共计 13.45 万元；为 60 岁以上独生子女及双女户父母每人每年奖励 120 元，共计 74.65 万元。

【药具管理与服务】 2019 年，药具站共调入药具价值 12.25 万元，发放药具价值 12.66 万元。严格执行在库养护和出入库检验制度，确保调出药具合格率达到 100%，保证群众使用避孕药具的安全性和有效性。

【妇幼健康服务】 通过开展“民心工程”、健康普查等活动，及时摸清已婚待孕和现孕妇女底数，并建立个人档案，同时广泛开展宣传、讲座，传授预防出生缺陷干预知识。2019 年，累计免费发放叶酸 12803 瓶（12.4 毫克/瓶），为 4096 名孕产妇提供孕期 HIV 抗体检测和梅毒检测，为 2523 名本县户籍怀孕 15—20 周孕妇提供免费产前筛查，为 964 名新生儿提供免费 35 项遗传代谢病筛查，全县无一例神经管缺陷儿出生。为 890 名服务对象提供了免费孕前优生健康检查，宣传覆盖率达到 80%、优生知识知晓率达到 80%、优生咨询指导率达到 100%，圆满完成廊坊市下达任务目标。

## 香河县计划生育协会

【概况】 2019 年，香河县有各级计划生育协会组织 335 个，会员 3.8 万人，会员小组 2590 个，会员之家 315 个，其中，优秀会员之家达到 50% 以上。自 2016 年以来，香河县一直被中国计划生育协列为“计划生育基层群众自治示范项目县”。

【计划生育基层群众自治示范项目县建设】 成立香河县计划生育基层群众自治示范县创建领导小组，制定《香河县计划生育基层群众自治示范项目县实施方案》。全县紧紧围绕基层计划生育协会组织建设“组织网络好、队伍发展好、工作机制好、阵地建设好、服务群众好”的目标要求，全面推动基层计生协组织建设规范化进程。各镇充分利用创建美丽乡村的契机加大资金投入，为示范点计划生育协会配备了高标准的办公桌椅、电脑、活动场所等，建立了“会员之家”。村级计划生育协会组织建立会员联系户制度，每个会员联系 1—3 户育龄妇女家庭；吸纳会员小组长、老党员、老模范、老干部、老职工、老长辈、社会贤达以及产业带头人、致富能手等进入理事会，建立民主参与和民主监督制度；设立宣传栏，定期开展人口计生政策法规、生育情况、计生帮扶资金落实情况公示。

【志愿者服务】 建立健全志愿者队伍，根据计生家庭需求和志愿者服务意愿，实行双向自主自愿选择，在“5·29”中国计划生育协会成立纪念日、母亲节、9 月集中服务月、元旦、春节等重大节日期间开展以宣传服务、生产帮扶、健康服务、尊老服务、精神慰抚等为主要内容的志愿服务。在 2019 年母亲节和“5·29”中国计划生育协会成立纪念日，各级计划生育协会开展以“共奋进建新功 喜庆新中国成立 70 周年”为主题的宣传服务活动，发放宣传资料 1.5 万份，受众达 7000 人。

【计生协信息宣传】 香河县计生协开展送健康进校园活动在中国网、《中国人口报》刊发，《香河计生协：“5·29 会员活动日”活动精彩纷呈》在中国计生协网站刊发，《香河县开展“人口流动健康相伴”主题宣传服务活动》在《中国人口报》刊发；在中国计划生育协会开展的“5·29”随手拍活动中，香河县计划生育协会随手拍荣获网友最喜爱的作品。

【慰问救助贫困计划生育家庭】 母亲节来临之际，县计划生育协会走访慰问全县 11 户贫困母亲，共发放慰问金 3.3 万元；8 月，开展救助贫困大学生工作，对全县 10 名大学生进行救助，市、县两级共发放救助金 3 万元。

【儿童营养改善公益项目】 县计划生育协会开展关爱新生命——儿童营养改善公益项目，对贫困及特殊低收入家庭的 0—36 个月婴幼儿每月免费资助 2 罐婴幼儿配方奶粉；育儿经济低收入家庭，根据个人意愿，可按不低于零售价格 50%的公益价格，购领配方奶粉。此公益活动每月免费资助 19 名婴幼儿 38 罐公益奶粉，差额资助 100 罐，每月为婴幼儿家庭总计节省奶粉支出 3 万元。

（郭景梅）

## 香河县人民医院

【概况】 香河县人民医院（以下简称县医院）始建于 1950 年，担负着全县医疗、救治、健康、保健、康复、理疗、科研、教学等项工作任务，设有人民医院院区、心脑血管院区、新院区 3 个院区，总占地面积 7.78 万平方米、建筑面积 10.2 万平方米，固定资产 5 亿余元，编制床位 762 张，开放床位 1200 张。设 23 个临床科室，11 个医技科室，17 个职能科室，另有泰康老年公寓、天使幼儿园。县医院职工总数 1047 人，其中，在编干部职工 180 人，人事代理 614 人，劳务派遣 56 人，新参加工作临床人员 166 人，离退休人员 163 人，退休返聘 31 人。

2019 年，县医院围绕“向三级医院迈进”目标，提升综合服务能力，全面深化改革，建立健全现代医院管理制度，推动治理体系和管理现代化，得到国务院医改领导小组的肯定，在全国推广香河县人民医院管理模式，被河北省医改领导小组命名为“2019 年度现代医院管理制度样板”，荣获中国医院竞争力排行榜 300 强第 204 位、国家级母婴友好医院、全国“2019 年卫生健康系统基层党建创新案例”奖、廊坊市先进基层党组织、2019 年度香河县实绩突出领导班子等 23 个荣誉称号。新华网、央视新闻移动网、《健康报》、网易新闻、环京津冀新闻网、《中国县域卫生》杂志、健康县域传媒、河北电视台、河北新闻网等媒体先后报道了香河县人民医院发展事迹，其中，国家级媒体报道 18 次，省级媒体报道 11 次，市级媒体报道 39 次；香河电视台、《新香河》、《香河信息》、香河融媒发布等对县医院进行 30 次宣传报道。

年内，县医院先后在国家第十三届中国医院院长年会“强县域 千县行”全国启动大会、全国医改培训班、河北省现代医院管理制度样板化建设现场观摩会、廊坊市二级综合医院评审培训会议、廊坊市医疗管理暨药政工作会议上作典型经验介绍。全年接待 21 批次近 300 人的调研、考察、学习。

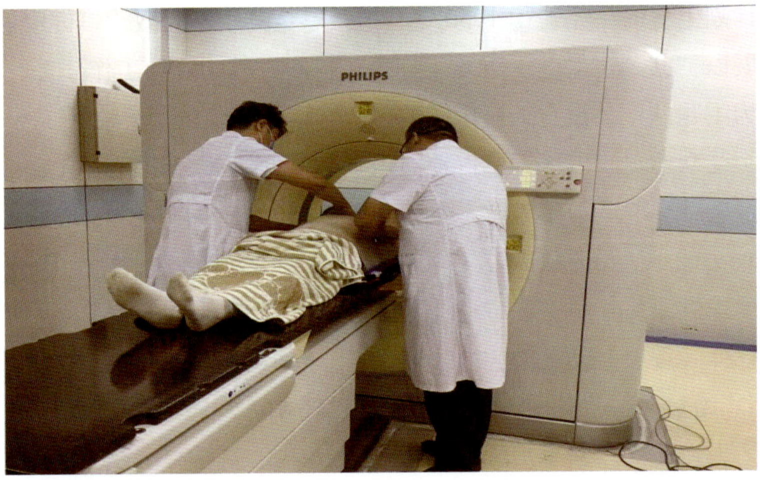

飞利浦 16 排大孔径肿瘤 CT 模拟定位机　　县人民医院供图

【主要业务指标完成情况】 2019 年，县医院实现业务收入 5.46 亿元，比上年增长 8.3%；总诊疗患者 76.83 万人次，比上年增长 8.2%；收治住院病人 2.9 万人次，比上年增长 1.1%；大中手术 6949 例，比上年略有下降。药品零差率销售全部完成，临床路径管理达到 54 个，人才培养 71 人，均次住院费用增长率 7.49%，诊断符合率 99.99%，患者满意度 96.77%，无医疗事故。超额完成考核目标。

【改善就医环境】 2019 年，投资 3900 万元，先后购置了 3.0T 磁共振机、西门子胃肠机、大孔径肿瘤 CT 模拟定位机等 155 台件，进一步提升影像诊断水平；建设了 9225 平方米肾病透析中心和药库，9054 平方米的综合住院楼，948.6 平方米静配中心，582.12 平方米感染性疾病楼，改造扩建 300 平方米肿瘤科病房，内镜中心、产房和高端病房完成改造，全面改善就医环境。

【科学诊疗布局】 加强专科建设，按三级医院标准进一步细化分科，将原普内科划分为内一科、内二科、肿瘤科和放射肿瘤科。成立科教科、营养科、输血科、肾内科和新生儿科。全面启动医疗中心建设，畅通急救绿色通道，胸痛中心已完成备案，卒中中心通过省专家组验收，被评为全省第一批防治卒中中心单位。肿瘤科被廊坊市卫健局授予首批癌痛示范病房。各科积极对标三级医院，开展新技术 29 项。

【医疗人才培养】 2019 年，县医院选派业务骨干 17 人到三甲医院进修学习，438 名同志参加短期培训，开展 9000 余人次各类培训考核，业务素质明显提升。新引进人才 71 人，31 人晋升高级职称，其中，2 人晋升正高级职称，全院高级职称医务人员 98 人。

【教学科研成果】 2019 年，县医院通过 7 项科研课题立项，5 项科研课题验收结题，53 项科研课题通过省级鉴定。作为省助理全科医生培训基地，招生 3 期 29 名学员，6 人顺利通过省结业考核。承担廊坊市“北三县”全科医师转岗培训，

6 月 26 日，举行中国医师协会乡村医生分会香河县人民医院乡村医生培训中心启动仪式暨乡医培训研讨会　　县人民医院供图

12 月 16 日，香河县人民医院乡村医生培训中心举办第四期基层医生培训　　县人民医院供图

有 37 名医生在县医院参加了培训。县医院被中国医师协会乡村医师分会授予“乡村医生培训中心”称号，全年组织 4 期基层医生培训，参训人员的医疗能力普遍得到提升。

【推进智慧医疗建设】　2019 年，香河县人民医院上线了智慧医保、银医通公众平台等多种线上交费功能，安装了窗口聚合 POS 设备、大厅多功能自助机，支持微信、支付宝、银行卡等多种交费方式，诊间支付功能极大地方便了患者就医。病区上线移动心电、移动血糖、移动护理、移动医生办公系统，床旁医疗及办公功能智能化，提高了诊疗效率。

【推进紧密型医共体建设】　香河县人民医院搭建分级诊疗平台，为紧密型医共体卫生院铺设办公光纤、安装院内办公网络、配置影像 PACS 系统、门诊心电图、动态心电图远程会诊系统、检验远程报告查询打印系统，建立了医共体内部放射检查、心电、检验远程合作新模式，在方便患者的同时，提高了乡镇医师的技术水平。2019 年，县医院帮助基层卫生院诊疗 2000 余人次；为渠口卫生院安装核磁共振成像设备 1 套，实现了农村居民看“小病不出村、常见病不出乡、大病不出县”。

（孙媛媛）

## 香河县中医医院

【概况】　2019 年，香河县中医医院（简称县中医医院）有职工 502 人，其中，硕士研究生导师 1 人，硕士研究生 12 人，正高级职称 5 人，副高级职称 21 人，中级职称 116 人。建有骨伤科、内一科、内二科、内三科、外科、妇科、产科、急诊、综合科等 9 个住院病区及门诊、医技等科室 43 个，其中，脑病科、骨伤科为省重点专科；妇科、消渴病科、中医护理为省级重点专科建设单位。是年，县中医医院坚持中西医并重发展，深化县级公立医院综合医疗改革，以创建三级医院、现代医院管理制度和健康促进医院试点医院为契机，不断加强医院内涵建设，提高核心竞争力，严格依法执业，重视职业道德建设和医德医风建设，大力推进各项工作开展，医疗、护理、感控质量大幅提升，专科建设有声有色，中医特色进一步凸显，各项医疗工作扎实稳步推进，全院呈现出一片良好的发展态势。全年，门诊量34万人次，出院量1.7万人次，手术量4482例，患者满意率增长到98.5%，收到锦旗129面，行风建设取得优异成绩。获得河北省“五四红旗团支部”、廊坊市“巾帼文明岗”、香河县“先进基层党支部”等荣誉称号。

县中医医院与北京中医药大学联合举办中医经典系列讲座　县中医医院供图

【改善就医环境】　2019年，县中医医院对住院北楼的硬件、软件设施进行了装修升级，病房功能分区重新布局改造、新装患者呼叫系统；心内科和骨伤科重症监护室投入使用；对急诊科、影像科、口腔科、血透室、检验科和供应室进行升级改造；完成了信息化机房、信息安全系统、医疗质量管理系统和数据中心的建设；完成医院his系统（医院管理信息系统）的升级和功能调整，引进的嘉禾电子病历系统，提高了医院的病历质量和病历书写速度，规范了病历文书书写和病历书写时效性；OA系统（办公自动化系统）的上线，提升了办公效率，降低了办公成本。医院购进飞利浦1.5T核磁共振系统、飞利浦极速之心64排128层CT、血液透析机、移动彩超、呼吸机等万元以上诊疗设备70台件；引进廊坊市首台自动发药机，让患者能够在最快的时间，准确接收到药品，保障了医疗安全，为患者提供更便捷的服务。

【中医药文化继承和推广】　县中医医院与北京中医药大学联合举办“中医经典系列讲座”，北京中医药大学刘丹彤博士讲授伤寒论课程，6月，全部完成；11月，邀请北京中医药大学博士生导师、金匮要略研究室主任钟相根博士讲授《金匮要略》，对县中医医院全体医护人员、乡镇卫生院医务人员、乡村医生以及全县的中医爱好者进行培训。自京廊中医药协同发展工程启动以来，县中医医院骨伤科积极开展老年骨病治疗管理，建立慢病管理档案，被确定为廊坊市骨病老年骨创伤规范化培训基地。脑病科、心血管病科和内分泌科分别开展高血压、慢阻肺、冠心病和糖尿病等慢病管理服务。同时，深入推进“京廊”中医药协同发展医药人才培养工程，邀请“热敏灸”创始人陈日新教授到院进行中医适宜技术的培训。通过组织中医经典知识竞赛，营造浓郁的学术氛围，培养造就更多医术精湛的优秀中医药临床人才。

【医疗人才培养】　2019年，邀请医院管理专家刘启正和孙学勤为县中医医院班子成员及中层干部进行管理培训，增强了管理团队的管理能力；连续举办3次招聘会，招聘医学专业人员47名，分别毕业于北京中医药大学、中国医科大学等10余所医科高等院校，其中，硕士研究生5名。从全院各科选送20名医护人员分别到北京301医院、北京市中医医院、宣武医院、朝阳医院和中日友好医院等进修学习；派出各类短期培训人员

300余人次，医护人员总体进修率达85%。4月，启动第一轮“护士轮岗交叉训练”，以护士临床护理服务能力和专业技术水平为主要指标，结合工作年限、职称和学历等，对护士进行合理分层，拓宽护士职业发展空间，保证有限的人力资源发挥最大的潜能，为医疗事业发展做好人才储备。作为实习教学医院，县中医医院严格按照教学要求，组织安排好临床实习、见习工作，年内，接收河北北方学院、承德医学院、廊坊卫生职业学院等院校实习、见习人员47人。

4月16日，举办香河县中医医院护士分层管理推进暨轮岗交叉训练启动会
县中医医院供图

【学术引进促提高】 2019年，县中医医院承办了河北省中医药学会第二届血栓病分会第四次学术会议、廊坊市第四届肿瘤学术大会；举办了第25届全国肿瘤防治宣传周知识讲座，邀请中国石油中心医院郭茜、王帅兵两位专家到县中医医院进行非小细胞肺癌靶向药物治疗及青年乳腺癌治疗及预防的知识讲座；特邀北京地坛医院王宪波及中国石油中心医院何文艳到县中医医院进行肝病相关健康知识讲座；邀请河北省神经内科质控中心秘书长檀国军教授到县中医医院就卒中防治中心建设工作进行现场指导，卒中绿色通道更加通畅，DNT时间不断缩短，由最初的60分钟左右缩短至27分钟。

【医联体建设】 在京津冀医疗一体化建设中，抢抓发展机遇，京冀医疗合作成效显著。在与陆军总医院、火箭军总医院、北京中医药大学东直门医院、北京市中医院、北京医学会麻醉分会、北京首儿李桥儿童医院、中国中医科学院望京医院、眼科医院、国家级名老中医黄丽娟、冯建春工作室继续深入合作的基础上，还与北京中日友好医院、天坛医院、阜外医院、安贞医院、积水潭医院、北医三院、同仁医院、妇产医院、儿童医院、首都医科大学儿研所、肿瘤医院、二龙路肛肠医院、朝阳医院等10余家三甲医院常年保持业务联系，各院知名权威专家可随时到县中医医院开展门诊、急诊、会诊、手术等临床工作，县中医医院每年选派医护人员到三甲医院进修深造学习。医联体建设不断深入推进，县中医医院各项工作得到健康持续发展。

【医共体建设】 县中医医院分别与淑阳镇卫生院、钱旺镇卫生院、蒋辛屯镇卫生院、钳屯镇卫生院、金辛庄卫生院、梁家务卫生院构建紧密型医共体，通过人员和技术下沉、人才培养、双向转诊、远程会诊、资源共享等途径，提高乡镇卫生院的服务能力，满足乡镇群众对医疗卫生服务的需求，促进分级诊疗工作的开展，确保对口支援取得实效。

【医疗公益活动】 2019年3月，县中医医院启动第三轮“两癌筛查”公益活动，对五百户镇、钳屯镇、安平镇和新开街道办的适龄妇女进行“宫颈癌、乳腺癌”筛查工作，为1000余名适龄妇女提供了医疗服务；组织各科医务人员走进社区和村街进行义诊、咨询、送药下乡等活动；体检科、急诊科、脑病科、心内科等科室，多次组织医务人员深入企业，为一线员工进行急救知识培训和体检报告解读，深得社会赞誉。

【社会荣誉和影响力】 2019年，香河县中医医院被评为“中国卒中学会红手环优秀志愿单位”“国家县域内分泌学科发展助力工程项目实践基地”“河北省急诊专科医联体理事单位”“河北省医养结合促进会第一届理事会常务理事单位”“河北省医院协会第三届团体会员”“廊坊市骨病老年骨创伤规范化培训基地”，先后加入“华北区域中医诊疗中心专科联盟”和“华北区域外科联盟”；放射科在河北省县级公立医院适宜技术培训规范化数字摄影比赛中，《胸部正位》荣获三等奖。

（李　林）

## 香河县气管炎哮喘医院

【概况】 香河县气管炎哮喘医院（简称县哮喘医院）坐落在河北省香河经济开发区，西面毗邻北京市通州区。占地面积2.7万平方米，其中，绿地面积1.2万平方米，建筑面积2.15万平方米，是一所集医疗、教学、科研、预防、保健为一体，气管炎哮喘专科为特色的大型全民所有制中西医结合二级医疗机构。2019年，设有哮喘科、内一科、内二科、妇产科、外科、急诊科、康复科、麻醉科、肛肠科、耳鼻咽喉科、放射科、检验科、功能检查科、制剂中心等30余个临床医技科室，编制床位200张，万级净化手术室2个，建有现代化的集中供氧系统、微机管理系统、集团通信系统、数字监控系统等配套设施，固定资产4866.5万元，有职工210人。全年完成业务收入5067.34万元，比上年增长7%；门诊量96907人次，比上年增长8.2%，住院2450人次。县哮喘医院荣誉名片：河北省十大发明单位、全国治疗哮喘病明星单位、中国知名专科医院、河北省三星级窗口单位、中国传统医药特色疗法国际交流协作单位、廊坊市药品不良反应监测工作先进单位，《人民日报》《健康报》《河北日报》《中国报道》《经济半小时》和中央电视台等新闻单位，先后对香河县气管炎哮喘医院进行报道。

【特色专科建设】 县哮喘医院哮喘科，是河北省重点中医专科，多次被上级评为重点中医专科先进单位，拥有优秀的人员梯队和领先的仪器设备。在中国首创的以中医中药为主的“绿色免疫增强体系”疗法，运用口服中药汤剂及中药胶囊、温根汤足浴、梅花针扣刺、针刺治疗、穴位注射、中药贴贴敷、气运平衡操等综合疗法，个体化治疗慢性支气管炎、支气管哮喘、肺气肿、肺心病等，见效快，疗效好，治愈率高，复发率低。尤其针对长期依赖激素、抗菌素的患者，疗效显著。就诊患者来自国内外30余个国家和地区，社会反响良好。

【科研学术成果】 县哮喘医院《中西医结合治疗支气管哮喘研究》获得河北省科技成果完成者证书，《“培元固本法”治疗支气管哮喘》获香河县科技进步特别奖，《自拟培元定喘组方配合卡介菌多糖核酸注射液腧穴注射治疗支气管哮喘临床研究》获得廊坊市支撑计划项目，通过市科技局验收。研发的“芪蛤平喘、鳖甲益清、参附养心、参蛤止哮”4种胶囊，被省药监局批准为“治疗气管炎、哮喘”纯中药制剂；6种中药组方先后申请了国家专利，分别是“用于治疗弥漫性泛细支气管炎的中药组合药物及制剂”“用于治疗支气管扩张的中药”“用于治疗慢性肺源性心脏病的中药”“用于治疗肺纤维化的药物组合物及其制剂”“用于治疗缓解期慢性阻塞性肺疾病的中药胶囊及制备方法”“用于治疗气管炎哮喘的中药胶囊及其制备方法”。

【医疗设备购置】 2019 年 2 月，通过河北省招标采购中心招标，采购 16 排进口金刚 CT1 台，3 月 6 日正式投入使用，大幅度提高检查效率和病人流通率。为保障急诊科危重患者院前抢救成功率、缓解医生体力付出，添置心肺复苏机 1 台。外科新增加了直肠癌筛查检测项目。

3 月 5 日，县气管炎哮喘医院到机器人小镇开展“弘扬雷锋精神大型义诊”活动
县气管炎哮喘医院供图

【医联、医共体建设】 2019 年，县哮喘医院继续保持与清华大学第一附属医院华信医院、北京广安门中医院建立医疗联合体，发挥两家医院的医疗资源和技术优势，建立医疗、康复、护理、科研、教学有序衔接、相互补充的一体化医疗服务体系，通过绿色通道转诊、远程会诊、技术输出、管理输出等方式，提升哮喘医院诊疗水平，让患者在家门口享受到北京专家团队医疗资源，最大限度方便群众看病就医，缓解群众看病难的问题。8 月，县哮喘医院与河北燕达医院建立医疗联合体。年内，县哮喘医院继续与安平中心卫生院、钳屯卫生院保持医共体模式，紧密合作，为基层卫生院提供支持帮助。

【医疗信息化建设】 2019 年，县哮喘医院对原有 HIS 系统中的电子病历系统进行更新，安装上新的住院医嘱系统，使医生与护士之间对病人了解更加清晰，提高了医护的工作效率。安装新的 PACS 医学影像系统、辅助科室叫号系统和更新财务软件，减少物料成本、提高医生工作效率和医院医疗水平。

【社会公益活动及扶贫】 2019 年 3 月 5 日，在香河机器人小镇开展“弘扬雷锋精神大型义诊”活动；3 月 6 日，在门诊楼五楼大会议室举办“百万妇女学法律家庭平安促和谐”司法公证与我们的生活专题普法讲座；为迎接 4 月 7 日第 70 个世界卫生日，4 月 4 日，到安平镇第一小学，开展了“全民健康覆盖”活动，为全校 100 余名老师上了一堂生动的急救课，并为学校准备 200 份急救包及理疗锤。5 月 4 日，组织青年志愿者到安福家园社区，持续开展创建省级文明县城周末文明志愿服务活动；5 月 6 日，在第 21 届世界哮喘日即将到来之际，医院为住院及门诊患者举办了义诊活动；5 月 7 日，副院长董树江，在张家口广播电台做“世界哮喘日 健康伴我行”专题公益访谈；5 月 12 日，在安平天悦小区开展“母亲节为妈妈们义诊”活动；8 月 16 日，开展无偿献血活动，广大医护人员共 41 人参加献血，献血量 10900 毫克；8 月 19 日是第二个中国医师节，组织医生们到蒋辛屯镇北李庄村，进行“送医下乡送药入户大型义诊”活动；9 月 6 日，为了庆祝教师节，组织医生到周庄中心小学为全体老师进行健康知识讲座和义诊；10 月 7 日，组织医护人员到安平共青社小区开展“重阳节送健康”义诊活动。

继续大力开展健康扶贫工作，落实贫困人口、五保户、低保人员先诊疗后付费政策，其中，贫困人口享受免挂号费、治疗费减 5%、检查费减 10%、床位费减 50%的“一免三减”政策。11 月 6 日院长尹志光带领哮喘科专家及医护人员到张家口市康保县开展医疗扶贫送医送药义诊活动，免费发放药品 10 余种 150 余盒，价值 7000 余元。

11 月 6 日，香河县气管炎哮喘医院在张家口市康保县人民医院举行医疗扶贫义诊活动启动仪式　　县气管炎哮喘医院供图

【先进人物】 宋立贤荣获廊坊市护理学会 2019 年度微课授课评比三等奖。郑春艳被评为 2019 年度廊坊市“美丽护士”。董树江被评为“农商银行杯”2019 年香河县首届“榜样的力量”岗位标兵。杨丙成在 2019 年度“学习强国”学习平台，被评为香河县“学习标兵”。黄永、菊荣、张秀丽分别获香河县 2019 年度“道德模范”荣誉称号。王海霞、吴海侠、许立颖分别被授予 2019 年度香河县“三八”红旗手称号。张立彬被授予 2019 年度香河县“最美巾帼奋斗者”称号。李文平被授予 2019 年度香河县“最美巾帼志愿者”称号。侯凤艳家庭、康立双家庭、屈平涛家庭、王海霞家庭、王秋靓家庭、张立彬家庭、李朝家庭分别被授予 2019 年度香河县“最美家庭”称号。

（陈丽颖）

# 社会生活

责任编辑　马　军

## 综　述

2019年，县委、县政府倾注民生，强化保障，社会事业蓬勃发展，城乡居民生活水平和幸福指数继续稳步提升。坚持以人民为中心的发展思想，不断提高公共服务供给层次和质量，群众的获得感、幸福感、安全感持续增强。坚决兜住民生底线。全县建档立卡59户125名贫困人口全部实现脱贫，为临贫易贫重点人群缴纳防贫保险，确保“脱贫不返贫、非贫不致贫”。完成民政事业服务中心综合楼新建、敬老院改造等工程建设，城乡低保标准由每人每月600元提高到900元，特困人员供养标准由每人每月960元提高到1440元，志愿服务、扶危救困等活动扎实开展，困难群众生活得到保障。严格落实各项优抚政策，设立关爱退役军人基金会，如期完成退役士兵社会保险接续工作。全年城镇新增就业人员7300余人，就业再就业工作保持全市前列。县人力资源和社会保障局被市委、市政府评为市级文明单位，被市委评为“全市先进基层党组织”，县城乡居民社会保险中心被评为全国人社系统优质服务窗口先进集体，录制的理论宣讲视频《这盛世如你所愿》被省委宣传部选树为“2019年度河北省优秀理论宣讲微视频”。县殡仪馆被河北省民政厅、河北省人力资源和社会保障厅授予“河北省民政系统先进集体”荣誉称号。

## 人力资源

**【概况】** 2019年，香河县积极适应新常态，认真落实就业创业政策，就业局势保持总体稳定。推进人事制度改革，完善派遣人员用工管理，人才队伍建设得到加强。严格执法，规范用工秩序，积极化解信访矛盾。加强对用人单位劳动用工管理，加大劳动监察执法力度，加强劳动关系调解仲裁，维护劳动者和用人单位双方合法权益，维护社会稳定。

**【全县就业再就业工作】** 2019年，城镇新增就业6873人，年度市下达任务目标6000人，完成率114.55%。城镇登记失业率1.14 %，年度任务目标值控制在4.5%以内，在全市名列前茅。下岗失业人员再就业574人，完成全年任务的104.36%。农村劳动力向非农转移3091人，完成全年任务103%。就业困难人员实现再就业402人，完成全年任务的211.57%。

**【就业创业扶持】** 使用就业专项资金542.56万元，促进就业6873人。其中，支出技能培训补贴

112万元，受益690人，支出社会保险补贴301.6万元，受益386人，支出岗位补贴84.07万元，受益108人，支出技能鉴定补贴13万元，受益449人，支出就业见习补贴29.88万元，受益83人；发放创业人员小额担保贷款208.5万元，完成市局下达目标任务的139%；创业孵化基地提升工作效果明显，美家尽有创客空间孵化基地面积3200平方米，进驻企业56家，带动就业312人，孵化场所利用率93%（上级要求80%）。

**【就业失业动态监测】** 及时准确掌握企业岗位增减情况，分析判断全县就业失业形态，启动就业失业动态监测系统，要求每个单位有专人负责，组建就业失业动态监测群，定时汇报本单位人员变动信息，年内，失业动态监测企业25家，监测人数4500人；就业动态监测企业8家，监测人数1525人。

“春风行动”招聘会现场　　县融媒体中心供图

**【开展专业招聘活动】** 县人力资源和社会保障局以“就业是民生之本”为宗旨，坚持就业优先战略和积极就业政策，推进各类群体充分就业，积极拓展就业渠道和劳动力资源。

2月12日至3月15日，组织开展以“送政策、送岗位、送技能、送服务”为内容的“春风行动”专项活动，上街发放宣传材料2.2万余份，加强对进城求职农村劳动者的就业服务，改善农民工进城就业环境。同时，与张家口机电学校，张家口市怀来县，邯郸市永年县、魏县，内蒙古自治区赤峰市等地人力资源和社会保障部门取得联系，为县内企业输送劳动力。

在县便民服务中心组织招聘会，进场企业136家，提供就业岗位4300余个，进场参与求职人员1000余人，开展就业指导920人，达成就业意向710人。

4月15—21日，开展“民营企业活动月”活动，通过香河就业网站、LED电子屏、微信公众号、微信朋友圈等媒体资源，开展面向社会、面向企业、面向有就业意愿的劳动力群体的全方位就业政策宣传活动。为民营企业开展专场招聘会，提供企业空岗信息，为有就业意愿的劳动者尽快实现高质量的就业。

8月至9月，开展“高校毕业生就业服务月”活动，为高校毕业生提供政策咨询、求职登记和职业介绍等一站式就业服务，有56名高校毕业生达成就业意向。

10月21日至11月20日，开展以“金秋送岗位、就业暖人心”为主题的“金秋招聘月”活动，以民营企业、中小微企业为重点，面向各类企业提供专项招聘服务；以失业人员困难企业职工、困难职工、离校未就业高校毕业生、建档立卡农村困难劳动力返乡人员等为重点，面向各类劳动者提供求职服务。

**【职业技能培训】** 开展职业技能培训，使农村转移劳动力和城镇登记失业人员至少掌握1项实用技能。全年举办28个批次的职业技能培训班，培训涉及电工、焊工、育婴员、保育员、保安员、家具修复、高铁乘务、3D打印技术等8个工种，培训1477人，分别占市、县目标任务的139.3%

和 113.6%。其中，百万燕赵工匠培养支持计划 711 人、农村转移劳动力培训 684 人，城镇登记失业人员培训 82 人。

**【职业技能鉴定】** 开展职业技能鉴定考试 7 次，938 人取得国家职业资格证书（其中，取得初级证书 227 人、中级证书 674 人、高级证书 37 人），539 人取得培训合格证书。

**【人力资源市场管理】** 年初，新建 3000 平方米的人力资源市场 1 处，用于求职招聘、职业指导、职业培训、技能鉴定、就业创业、小额贷款等公共就业服务事项，结合搭建"智慧人社""协同办公"系统，全面提升人力资源公共服务水平。

**【引进人才】** 2019 年度人才引进任务目标 80 人，实际引进人才 113 人，完成全年任务目标 141%。其中，高级人才 27 人，中级人才 86 人。

**【完善派遣人员用工管理】** 2019 年，参照机关事业单位增资及绩效考核管理办法，制定《香河县机关事业单位使用劳务派遣人员实施办法》和《香河县机关事业单位使用劳务派遣人员待遇递增机制的暂行办法》，规范机关事业单位使用劳务派遣人员的用工管理，明确派遣人员工资调整办法，调动劳务派遣人员工作的积极性。8 月，招录劳务派遣教师 358 名；10 月，招录应急管理工作人员 6 名。

**【机关事业单位人员年度考核】** 完成 2018 年度全县政府系统 38 家行政单位副科级以下公务员和 55 家事业单位科级以下人员的考核。其中，公务员 482 人，事业人员 7612 人（管理人员 1628 人，专技人员 5085 人，事业工勤 712 人，机关工勤 187 人）；对县教育和体育局等部分单位的 4000 人进行合同续聘和晋级工作，对县医疗保障局等 7 个单位 45 人进行推荐考察和任免。

**【专业技术人员职称管理】** 组织完成 65 名高级职称、70 名中级职称评审合格人员的资格证办理工作；完成对全县 3 名专业技术人员正高级职称申报及 148 名高级专业技术人员、141 名中级专业技术人员、175 名初级专业技术人员职称进行初审及申报工作；组织多次职称考试报名工作，涉及卫生、经济、审计、计算机软件等专业，服务考生 510 人。

**【劳动监察执法】** 加大劳动监察执法力度，维护职工合法权益。开展农民工工资支付、清理整顿人力资源市场秩序、用人单位遵守劳动保障法律法规和社会保险 3 个专项检查活动。加大举报投诉案件查处工作，接待群众来电来访咨询 400 人次，受理群众投诉案件 58 起、举报案件 2 起，全部协调处理完毕，为 110 余名工人追回拖欠工资 38 万余元。

开展清理整顿人力资源市场秩序专项行动。4 月 8—24 日，对全县劳务派遣企业开展"双随机"抽查，查看企业营业资质、劳动合同签订情况、劳务派遣协议、工资发放情况、职工花名册及社会保险缴纳情况。对备案的职业中介机构全面检查，查看企业营业资质、企业内部规章制度是否违反相关劳动法律法规、服务台账建立情况、是否收取被介绍劳动者押金和扣押介绍劳动者身份证等证件、是否介绍不满 16 周岁未成年人就业。随机抽取 4 家劳务派遣企业，对 2 家备案的职业中介机构全面检查，此次专项检查未发现人力资源市场违法违规行为。

开展跨部门联合检查。6 月 10—25 日，县人力资源和社会保障局与县市场监督管理局等相关部门联合对企业规章制度、劳动合同、招用工管理、休息和休假、禁止使用童工、女职工和未成年工保护、工资支付和最低工资、高温劳动保护8项内容进行检查，抽查6家用人单位，未发现违法行为，检查结果于6月21日在联合检查平台上进行公示。

开展农民工工资治欠保支专项行动。2019年6月25日开始，以工程建设领域和劳动密集型加工制造、餐饮服务等领域的企业为重点，在全县范围内开展农民工工资治欠保支专项检查。检查内容包括：劳动合同签订情况、职工花名册建立情况、工资支付情况和遵守最低工资规定情况等。通过开展专项检查，切实做到为民服务解难题、防范风险保稳定，确保2020年春节前欠薪案件、涉及农民工人数和欠薪数额，以及因欠薪引发的群体性事件明显下降。截至年底，检查用人单位35家，行政处罚4家。

**【劳动关系调解仲裁】** 坚持公平公正调裁，妥善处理劳动人事争议案件，规范用工秩序。年内，受理劳动争议案件263起，按争议类别划分，工伤亡赔偿争议案件57起，确认劳动关系案件8起，解除劳动关系经济补偿案件57起，工资福利待遇案件141起。截至12月底，结案242起（调解94起，裁决93起，撤诉26起,不予受理案件29起），正在处理之中21起（其中中止案件6起），涉案金额1259.12万元。

县便民服务中心社会保险服务窗口　　县人力资源和社会保障局供图

**【劳动用工备案制度】** 2019年，为进一步加强对用人单位劳动用工管理，规范劳动用工秩序，维护劳动者和用人单位双方合法权益，继续实行劳动用工备案制度。年内，新增用工备案单位61家，新签订劳动合同1573批次，涉及劳动者8200人；解除劳动合同1579批次,涉及劳动者4700人。

## 社会保障

**【概况】** 2019年，香河县以推进社保制度改革为抓手，完善城乡居民保障待遇调整机制。年内，制定出台《香河县建立城乡居民社会养老保险待遇确定和基础养老金正常调整机制的实施意见》（香政办〔2019〕54号），从待遇、缴费、补贴等方面对城乡居民养老保险制度进行系统改革和调整，缴费档次和养老金待遇标准都得到相应提高。围绕精准扶贫，落实各项政策，不断完善扶贫工作机制，扶贫脱贫工作巩固提升。以人为本，严格劳动监察执法，积极化解信访矛盾和纠纷调处，维护社会稳定，积极构建和谐劳动关系，劳动者合法权益得到有效维护。

**【城镇职工养老保险】** 市人力资源和社会保障局下达企业职工养老保险扩面任务1500人，征缴扩面任务2.5亿元。全县企业职工参保人员累计34516人，参保率95%以上，新增参保1850人，完成市局下达全年新增任务目标的124%；征缴养老保险费2.5亿元，完成市局下达征缴任务目标的100%。离退休人员6086人,支付离退休人员养老金 1.79 亿元，离退休金发放率 100%。

【机关事业单位养老保险】 在职参保 11268 人，收缴养老保险费 2.32 亿元,机关事业征缴率达到 100%；离退休人员 4786 人，支付离退休人员统筹内养老金 2.7 亿元，离退休费社会化发放率 100%。

【城乡居民养老保险】 年内,参保总人数 204287 人，参保率 99.9%，符合养老保险领取条件 62332 人，累计发放养老保险金 1.15 亿元，发放率和领取率均 100%。

【失业保险】 有 429 家企业参加失业保险，参保员工 1.6 万人，征缴保费 1001.14 万元，为 88 人发放失业金 52.463 万元，为 88 人发放医疗补助 13.91 万元，为 25 人发放技能补贴 3.93 万元，为 54 家企业发放“稳岗返还”资金 168.3 万元。

【工伤保险】 875 家企业参加工伤保险，在职参保 45537 人（其中建筑业项目参保 8441 人）。新增参保 2375 人，完成全年新增参保 1000 人任务的 237.5%；收缴工伤保险费 1872 万元，完成全年征缴工伤保险费 1200 万元任务的 156%；收到事故伤害备案 373 起，发放工伤保险待遇 310 人，支付工伤保险费用 1192 万元。

【基金风险防控】 为及时防范和有效化解社保基金监管风险，县人力资源和社会保障局从完善制度入手，强化社会保险风险管理和内控建设，深入贯彻落实《河北省社会保险基金监督办法》（河北省人民政府令〔2018〕第 1 号）和《人力资源和社会保障部关于加强社会保险基金管理风险防控工作的意见》（人社部发〔2018〕43 号）等文件要求，认真对大数据平台和日常发现的疑点信息进行逐一排查，全年清查疑点信息 1356 条，其中,疑似死亡冒领 233 条，疑似重复领取待遇人员 155 条，疑似重复参保 968 条。通过对经办机构风险预警，有效杜绝了基金冒领，全年未发生一起重大基金安全事故，形成较为完善的内部防范监督和控制体系。

【扶贫脱贫工作】 在就业扶贫和养老扶贫方面。开展乡村就业扶贫工作，落实就业优惠政策，通过就业援助、技能培训、公岗安置等措施，实现贫困劳动力就业脱贫。年初，对全县 56 户 119 名建档立卡人员进行调查走访，47 名建档立卡的 16－65 岁有就业意愿的贫困劳动力全部就业，其中，单位就业 3 人，公益性岗位安置 20 人，扶贫专岗安置 24 人。年内，精准掌握困难人口基数，划定扶贫代缴社会养老保险范围，全年为 16－59 周岁应代缴社会养老保险 3293 人，其中，建档立卡 51 人，特殊困难 181 人、低保 1457 人、重度残疾人 1604 人,完成代缴养老保险费每人 100 元。

（杨连永）

## 社会福利与救助

【概况】 2018 年，加强社会福利与救助工作，做好特困人员供养、城乡居民最低生活保障。

【特困人员供养】 全县有特困老人 1280 人，供养标准每人每年 17280 元。其中，3 所中心敬老院集中供养 156 人，分散供养 1124 人。与每位分散供养老人签订 1 份协议，确定 1 名负责人，建立 1 份个人档案，每月按时将供养经费拨付到香河农村商业银行，再由其发放到个人。

【城乡居民最低生活保障】 城乡低保对象实行审核审批规范化、认定条件标准化、复核复查制度化的动态管理。年内新增低保对象 2200 人，注销 264 人，城乡低保标准 900 元/月。全县城镇低保对象 166 户，224 人，人均月补差 682 元，全年发放城镇低保金 169.8 万元。农村低保对象 2599 户，3385 人，人均月补差 670 元，全年发放低保资金 1557.2 万元。

【特殊人员救助】 2019 年，重度残疾人为 4327 人，按照 100 元/月的标准发放护理补贴，全年发放 508.2 万元。困难残疾人为 2008 人，按照 255 元/月的标准发放生活补贴，全年发放 290.4 万元。在册孤儿 33 名，每人每月发放 1440 元，孩子的生活、教育得到保障。

【临时救助及流浪人员救助】 严格临时救助审核手续，共发放临时救助资金 11 万元，救助城乡困难群众 40 户，解决了困难群众突发性、紧迫性、临时性生活困难。救助各类流浪乞讨人员 80 人次，其中，自主返乡 48 人，本站护送 20 人，家属来站接领 18 人，站外救助 2 人。

## 社会事务管理

【概况】 2019 年，社会事务管理进一步加强，婚姻登记、社会养老、殡葬管理、地名管理、社区建设、扶贫脱贫等工作圆满完成目标任务，取得良好社会效果。

【婚姻登记】 全年办理结婚登记 2997 对，离婚登记 2376 对，补办结婚登记 1140 对，补办离婚登记 134 个，办理收养登记 0 例。婚姻合法登记率和登记合格率均 100%。

【民间组织管理】 对 134 家社会组织进行年检，合格率 100%。对已在行政审批部门登记的养老服务机构进行备案管理及后期监管。

【社会养老幸福工程】 完成 1 家社区居家养老服务中心改建，进一步丰富了老年人养老文化生活。

【老龄工作】 按照河北省民政厅、河北省财政厅《关于做好省级养老服务体系建设资金申请和发放工作的通知》（冀民〔2018〕28 号）文件要求，对低保家庭中经济困难的 80 岁（含 80 岁）以上和 60 岁（含 60 岁）以上失能半失能老年人发放养老服务补贴。

【殡葬管理】 加强对祭祀用品的监管、督查力度。组织执法人员协同相关部门，对县城区内销售殡葬、祭祀用品的商户进行 3 次联合突击检查，对发现的问题及时处理。清明、中元两节期间，出动执法车辆 84 辆次，执法人员 160 余人次，倡导文明理念。殡仪馆 4 台火化炉和 1 台遗物焚烧炉安装尾气处理设备，新建含尾气处理设备的 24 孔祭品焚烧炉。火化炉和祭祀焚烧炉除尘设备运行良好，实现排放过程无烟、无尘、无味。维护殡葬管理秩序，规范丧葬用品市场，推行文明殡葬、健康殡葬，全年火化遗体 2538 具，火化率连续 30 年均 100%。

【地名管理】 按照《地名管理条例实施细则》《河北省地名管理规定》等文件规定，严格审批。地名办公室审批建设小区名称 16 个，整改不规范申请名称 30 余次。对全县 50 个村街设立地名标志，设置街路牌 364 块、巷户牌 22484 块。地名普查补查档案整理工作顺利通过河北省第二次全国地名普查领导小组办公室审核验收并达到国家标准。

【基层组织建设】 2019 年，完成香河县第十一届村民委员会换届选举工作。接待荆庄、倪庄等村街村民 20 余次因换届选举问题来访，群众反映的问题全部得到化解。

【社区建设】 为提升社区管理水平、建立健全自治、法治、德治相结合的城乡社会治理体系，县民政局与县委组织部等七部门联合制订《关于修订村规民约和居民公约工作的实施方案》，引导和规范社区居民自我管理、自我服务、自我教育、自我监督，探索和完善现代基层社会治理机制建设。

6 月 1 日，县儿童福利院的儿童在国华影视基地与明星家庭共度“六一”儿童节

县融媒体中心供图

【儿童福利院管理】 2019 年，福利院有孤儿 33 名，其中，集中供养 5 人，散居 28 人（包括残疾问题儿童 6 人），生活费标准每人每月 1440 元，实行社会化发放；被服费每人每年 800 元，分春秋两季发放；所有在册孤儿全部纳入城乡医疗保险，每年最少 1 次体检。是年，全院有干部职工 15 名，其中，教师 5 名，负责日常学习辅导和寒暑假学习。

## 扶贫脱贫

【概况】 2017 年 9 月以来，全县精准识别认定建档立卡贫困户 60 户 127 人；因死亡等自然变更，2018 年年初，有建档立卡贫困户 59 户 125 人，其中，因病致贫 18 户 42 人，因残致贫 19 户 44 人，因缺劳动力致贫 16 户 22 人，因学致贫 6 户 17 人，涉及钳屯、安平、五百户、刘宋、安头屯、钱旺、渠口、香河经济开发区新兴产业园区 8 个镇区。2018 年，脱贫退出 42 户 93 人；2019 年 10 月，完成剩余 17 户 32 人的脱贫退出任务。在扶贫工作中，全县坚持以习近平新时代中国特色社会主义思想为指导，认真落实国家和省、市安排部署，把扶贫脱贫工作作为“一把手”工程，多措并举，全力攻坚，精准明责、精准管理、精准施策、精准整改、精准宣教，制定《2018 年香河县建档立卡贫困户退出验收工作实施方案》和《2019 年香河县建档立卡贫困户退出验收工作实施方案》，严格按照村评议、镇审核、县审定的程序，并以县政府名义进行公告，圆满完成扶贫脱贫各项工作任务。

【组织领导】 成立由县委书记、县长任组长，县委副书记、分管副县长为副组长的扶贫工作领导小组，对扶贫工作全面统筹具体领导。严格落实党委、政府定期研究脱贫攻坚制度，每月召开一次县委常委会、政府常务会议研究扶贫脱贫工作，安排部署相关任务、协调解决具体问题。按照上级要求定期召开县委常委会、政府常务会，召开领导小组会议,以及镇区党委书记擂台赛。扎实开展书记遍访工作，加强基层调研，了解全县脱贫工作动态。实施领导干部包联制度，县四大班子成员每人包联 2 户，30 个帮扶工作组同时每组包联 2 户，实现了每个贫困户都有一个副处级干部、一个专门工作组分包负责。

【成立工作专班】 将脱贫攻坚一线作为培养干

部、锻炼干部的主战场，及时调整脱贫攻坚班子队伍，建优配强扶贫工作专班。抽调县委办公室、县政府办公室、县民政局、县人力资源和社会保障局、县教育局、县农业局、县卫生和计划生育局、团县委等部门工作人员，成立县级扶贫工作专班，配备副主任 3 人，工作人员 18 人。对有脱贫任务的 8 个镇区 37 个村街全部设立镇村两级工作专班，对镇村扶贫脱贫工作具体负责；对没有建档立卡贫困户的镇区，由各镇明确 2 名专职人员具体负责此项工作，确保各项工作有人管、有人抓。

**【对贫困人口实行动态管理】** 按照《河北省贫困人口建档立卡和动态管理服务办法》要求，每季度开展一次建档立卡识别工作，确保贫困人口应纳尽纳。结合全市“低保扩面提率”工作，重点对低保户、五保户、大病户、残疾户等重点边缘户进行梳理、甄别，对贫困人口进行实时监测、动态管理。

**【建立健全长效机制】** 围绕脱贫攻坚目标任务，全面落实精准扶贫精准脱贫方略，2019 年，为“非贫低收入户”和“非高标准脱贫户”等两类临贫易贫重点人群缴纳防贫保险。2019 年，投入 159.2 万元，覆盖全县 2.8%的农村人口。各镇全部制定《边缘户花名册》，设立边缘户台账，实施动态管理。针对需要救助的边缘户，积极采取救助措施，全县 13 个镇区全部成立爱心救助协会对重点边缘户实施兜底帮扶，确保脱贫户、边缘户不滑入贫困户行列。

**【基层基础工作】** 统筹管理县、镇、村、户四级档案资料，及时补充完善建档立卡贫困人口工作台账。逐户填写月收入登记表，按时完成登统录入工作，并逐户制定脱贫计划。认真填写《扶贫手册》《分年度分措施脱贫计划表》《香河县扶贫脱贫帮扶措施落实情况台账》等各类档案资料。开展“三净一规范”和环境卫生整治提升行动，为群众翻新院墙、铺设甬路，送去家具、电器等生活物资，清理户村垃圾 2 万余立方米，提升群众居住环境和卫生水平。

**【饮水安全】** 制定《香河县农村供水用水管理办法》《香河县农村饮水安全工程应急预案》明确农村饮水工程运行管理经费收缴和使用办法。2019 年，县疾控中心对全县全部村街的水质进行两次检测和化验，经检测全县农村饮水水质符合《河北省脱贫攻坚农村饮水安全评价细则》规定的标准。对贫困人口饮水安全保障问题中的水量、水质、方便程度、供水保证率四项指标进行排查，经调查我县贫困人口饮水安全保障指标全部合格。

**【教育扶贫】** 严格落实“两免一补”“三免一助”等相关政策。2019 年，学前教育阶段性免除保育费 2300 元，义务教育阶段补助寄宿生生活费 8000 元，高中教育阶段（含中职）免学费、课本费、住宿费 6341.6 元，发放助学金 7100 元，高等教育阶段免学费、课本费、住宿费 28450 元，发放助学金 17650 元。落实中职高职学生的“雨露计划”职业教育补贴政策，为 3 名学生申报助学金 9000 元（含 2018 年秋季和 2019 年春季）。坚持义务教育阶段农村建档立卡家庭贫困学生考勤制度，逐校签订《廊坊市教育扶贫政策落实责任状》。落实“两知道”（旷课半天校长知道，旷课一天局长知道），班主任每天两次对建档立卡贫困学生考勤制度进行登记，月末将考勤情况上报教育体育局资助中心。

**【健康扶贫】** 确立县人民医院和县中医医院为大病专项救治定点医院，为 25 种大病患者进行集中救治工作。确定全县 19 所公立医院为健康扶贫定点医院，开通“先诊疗后付费”绿色窗口，提高贫困患者就医效率。设立贫困人口综合服务窗口，集中办理参保贫困患者住院费用“一站式”报销结算。2019 年，建档立卡贫困人口累计门诊、住院 517 人次，总费用 185480.19 元。从县人民医院、县中医医院、气管炎哮喘医院抽调专业技术能力强的主治医师以上职称医务人员，组建涵盖 16 个基层医疗单位、63 个家庭医生团队、500 余名基层医护人员家庭医生服务组织。按划分辖区指导基层一线，融入家庭医生签约服务团队进行服务，为建档立卡贫困人员提供高水平医疗服务。全县建档立卡贫困户全部签约和履约。

【兜底保障】 加强低保扶贫“两条线”的衔接，做好低保特困的纳入工作，为全县符合条件的建档立卡贫困人口 52 户 94 人实行社保兜底，其中低保户 39 户 81 人，特困 13 户 13 人。扎实开展“农村低保扩面提率”和“两残补贴发放”工作，截至 2019 年底农村低保户 2872 户 3342 人，已达到上级 1.5%的要求。

【产业扶贫】 全年累计投入资金 283 万元用于产业扶贫，其中省级扶贫资金投入 200 万元，市级扶贫资金投入 23 万元，县级扶贫资金投入 60 万元。2019 年新建的 10 个产业项目，年内均按要求完成公示公告、项目验收等环节，扶贫资金支出进度达到 100%。全县建档立卡贫困人口 56 户 119 人通过本人申请、村街镇区逐级审批的程序确定每人持股 2.16 万元，共计 257.04 万元，每股分红 1036.8 元。累计投入 1.8 万元，为 4 户贫困人口修缮种植大棚 6630 平方米，为部分建档立卡户提供农药化肥等帮扶。

【就业扶贫】 2019 年，全县 16—65 周岁有劳动能力和就业愿望的 47 人，全部纳入就业扶贫范围，并且实现稳定就业，其中，含有 10 个专岗、36 个公益性岗位、1 人灵活就业。督促各镇（社区办）、园区及时完善就业协议续签工作，区别兑现岗位补贴额度。

【助残扶贫】 针对全县建档立卡残疾人户 11 户 15 人，按照不同需求进行帮扶。上门办证。为刘宋镇庆功台村 1 名听力言语残疾人、渠口镇西河头村 1 名精神残疾人办理残疾人证。无障碍改造。完成对渠口镇高山村、安头屯镇孙营庄村和新兴产业园区前建各庄村 4 户建档立卡残疾人家庭无障碍改造，并上传至中残联网站。精准康复。依托淑阳镇卫生院精神科对 2 名精神类建档立卡残疾人进行免费服药服务。托养服务。按照中央“阳光家园计划”项目安排，经过对符合条件的建档立卡残疾人入户需求调查，县残联为 7 名符合条件的残疾人安排了居家托养服务，依托家政服务公司每月开展一次居家的日常生活服务。应急救助。新兴产业园区前建各庄村 1 名残疾人患下肢动脉栓塞，手术治疗费 18 万余元，个人支付 1.8 万元，县残联给予 5000 元应急救助。

【金融扶贫】 建立扶贫风险补偿金制度，制定出台扶贫贷款管理办法。分别成立县级金融服务中心、8 个镇级金融服务部和 37 个村街金融服务站，实现县、镇、村三级金融服务网络全覆盖率。截至年底，对五百户镇 5 户符合贷款条件且有资金需求的贫困户开展金融帮扶，发放扶贫贷款 1 万元，每户各 2000 元。

【科技扶贫】 组织蛋鸡养殖技术、香菇种植技术等 5 场农业科技特派员培训，科技特派员与当地农户积极配合，建立科技示范基地，为开展科技扶贫工作提供政策支持，打下良好基础。

【消费扶贫】 转发《关于开展消费扶贫助力打赢脱贫攻坚战的实施方案》到相关部门；建立贫

困户农产品台账；加强电商平台建设，建议优先使用贫困地区及贫困户的农产品；建议粮食收购企业加大收购贫困地区及贫困户农产品力度。

【对口帮扶】 县主要领导和分管领导分别深入对口帮扶单位张家口市张北县进行调研，督促有关部门与当地对口单位进行对接。香河县第一中学、第二中学、县城内第一小学、县城内第四小学、县直第二幼儿园，分别与张北县第一中学、第四中学、马场坊小学、馒头营小学及2所幼儿园建立结对帮扶关系，开展“手拉手”帮扶活动。县职教中心举办“SCL教学法”（以学生为中心教学法）专题培训，张北县职业教育中心选派24名骨干教师参加，就教学、管理等方面进行了深入学习交流。组织县人民医院、县中医医院、县气管炎哮喘医院的10余名医疗骨干人员，到张北县开展义诊、巡诊，举办“健康大讲堂”活动，方便群众看病就医。同时，为张北县乡镇卫生院举办医护人员临床教学和技术培训，帮助其提高基层诊疗服务水平。2019年，香河县安排对口帮扶资金3000万元，按程序将资金全部拨付到位。

（李淑雅）

## 退役军人事务

【概况】 2019年1月，按照《香河县机构改革实施方案》（香发〔2019〕2号）规定，将县民政局的退役军人优抚安置、县人力资源和社会保障局的军官转业安置等有关职责整合，组建县退役军人事务局，作为县政府工作部门。2019年1月25日，香河县退役军人事务局正式揭牌办公，设局长1名、副局长2名。内设办公室、安置就业股2个行政股室，工作人员3名；下设退役军人服务中心、“双拥”工作中心、优抚服务中心、香河县光荣院和香河县军休所5个直属事业单位，配备工作人员18名。年内，在县委、县政府正确领导下，围绕“让退役军人和其他优抚对象成为全社会尊重的人，让军人成为全社会尊崇的职业”的工作目标，加强服务管理，全县退役军人事务工作实现良好开端。

【三级服务保障体系建设】 按照要求，组建以县委书记为组长，县长为第一副组长，县委副书记为常务副组长，县直各有关部门“一把手”为成员的县委退役军人事务工作领导小组，领导小组下设办公室。挂牌成立县退役军人服务中心和全县9个镇、2个园区退役军人服务站及317个村级服务站。

【信息采集与比对】 5月，完成对全国优抚信息管理系统第一轮数据修正比对工作，县直各部门、中省直单位退役军人信息增项完成录入，指导各镇级服务站完成本辖区退役军人信息增项录入工作。

【就业服务】 开发香河就业平台软件，拓宽就业渠道，帮助退役军人就业。11月29日，举办退役军人就业专场招聘会。组织全县转业士官参加2019年度廊坊市符合政府安排工作条件退役士兵适应性培训，全部通过考核，颁发结业证书。

【关爱退役军人基金会】 成立香河县关爱退役军人基金会，设立专项资金500万元；确立办公地点，按程序推选出理事长、副理事长、秘书长、监事人员，明确服务宗旨和业务范围。

【退役士兵社会保险接续】 成立县委部分退役士兵社会保险接续工作专班领导小组，对符合条件的退役士兵及时纳入保险接续范围，完成收集材料，补缴保险系统录入。

【退役士兵移交安置】 结合地区实际情况，实行以扶持就业为主，自主就业、安排工作等方式相结合的退役士兵安置制度。完成自主就业退役士兵、转业士官、复员干部、军转干部的接收工作。自主就业退役士兵所需一次性经济补助发放到位，完成军转干部安置工作。对符合政府安排工作条件退役士兵，全面实施“阳光安置”政策安排工作。

【优抚服务】 采取社会化发放的形式，对全县各类重点优抚对象的抚恤金，及时、足额发放到位。全年发放各类抚恤补助金2020余万元，发放门诊医疗补助 81.67 万元，为全县重点优抚对象报销住院费用 40 余万元，实现全面保障到位。做好全县 2019 年义务兵家庭优待金发放，农村义务兵按上年度农村人均纯收入标准每人每年 18042 元，城镇义务兵按照全县最低工资标准每人每年 19080 元，大学生和进藏进疆的义务兵分别按全省年平均最低工资标准的 150%和 200%计发,对进藏和进疆新入伍的义务兵，在入伍时每人一次性补助 2 万元。发放退休企业军转干部生活困难补助金 68.5 万元，发放“协解”企业军转干部失业救济金 3.8 万元。完成对自主择业军转干部和部分企业军转干部的健康体检。“八一”建军节期间，对部分企业军转干部进行慰问，发放价值 3.2 万元的慰问品。

【落实军休干部“两个待遇”】 军休干部政治待遇。订阅各类党报党刊和军事杂志，供军休干部阅读；每月中旬组织落实军休干部参加政治理论学习，参加县领导组织的座谈会。生活待遇。军休干部离退休费和生活补贴足额按时发放，及时报销离休干部和特等伤残干部的医药费问题；年内，组织军休干部体检 1 次，并为他们建立健康卡。

8 月 1 日，市委副书记李龙（中）、县委书记李桂强（右）慰问老退伍军人
县融媒体中心供图

【流动党员管理】 组织各镇（社区）、园区对辖区内退役军人流动党员信息统一登记、造册、录入，实行统一管理。

（庄英艳）

## 医疗保障

【概况】 按照《香河县机构改革实施方案》（香发〔2019〕2 号）文件精神，组建县医疗保障局，将县人力资源和社会保障局的城镇职工和城乡居民基本医疗保险、生育保险职责，县发展改革局[县物价监督检查所（县物价局）]的药品和医疗服务价格管理职责，县民政局的医疗救助职责等整合，组建县医疗保障局，作为县政府部门。主要负责全县城镇职工和城乡居民医疗保险征缴、医保待遇保障、门诊特殊疾病认定、定点医药机构协议管理、药品、医用耗材价格监管和集中采购、医疗救助、医保扶贫等项工作。核定行政编制 9 名（其中，领导职数 3 名），事业编制 47 名。设立 3 个行政股室：办公室、待遇保障股、医药管理和基金监管股；2 个正股级事业单位：城镇职工医疗保险管理中心和城乡居民医疗保险管理中心。2019 年 1 月 25 日，县医疗保障局正式挂牌成立。

2019 年香河县定点医药机构警示教育暨业务培训会议　　阮永旺 摄

【价格监管】 2019 年，取消公立医疗机构药品加成后，完成定点医疗机构取消耗材加成工作，同时提高部分医疗服务价格。

【药品医用耗材招标采购平台建设】 2019 年 7 月 1 日，河北省跟进落实国家组织药品集中采购和使用试点，集中采购的药品平均降低 52%。10 月 20 日，原县卫生健康局采购平台全部纳入省医疗保障局的河北省药品采购平台,省医疗保障局组织全省“两病”（高血压、糖尿病）药品集中采购。

开展“打击欺诈骗保，维护医保基金安全”活动宣传月　　阮永旺 摄

【医疗保障基金监督管理】 县医疗保障局将打击欺诈骗取医保基金作为工作的重点，为切实维护医保基金安全，组织各定点医药机构负责人召开 2019 年度医疗保障工作会议，传达国家和省市医保部门关于严厉打击欺诈骗取医疗保障基金行为的文件精神，安排部署全县医疗保障工作。通过加强协议管理、现场检查、疑点监控系统分析排查、配合省市医保部门进行飞行检查（跟踪检查的一种形式，指事先不通知被检查部门实施的现场检查）、交叉检查等方式，加强对定点医药机构监管，实现对全县 131 家定点医药机构检查全覆盖。

【城镇职工医疗保险】 全县共 900 余家企业参加城镇职工医疗保险，参保人数达到 41760 人，同比增加 3000 人，基金总收入 10635 万元，总支出 7253 万元，基金结余 3382 万元。

【城乡居民医疗保险】 利用广播、电视、公交车广告、微信公众号、张贴海报、标语、发放明白纸、村街大喇叭广播和入户宣传等形式加大医保政策宣传力度，营造浓厚的参保氛围，与县税务、教育等部门密切配合，不断扩大参保覆盖面，促进城乡居民应保尽保。2019 年，全县城乡居民参保人数为 284727 人，参保率达到 95%以上。

【医疗保障关系转移接续】 为了促进人才流动、合理配置，保障参保人合法权益，参保职工因工作需要由本地转出或由外地转入可办理医疗保障关系转移接续手续。2019 年，为 435 名参保职工办理医疗保障关系转移接续手续。

【异地就医】 2019 年，河北省与北京市 15 家定点医疗机构、天津 3 家定点医疗机构签署了《京冀医疗保障协同发展医疗服务协议》《津冀医疗保障协同发展医疗服务协议》，河北省患者在北京儿童医院、北大医院、同仁医院等 15 家定点医院和天津泰达国际心血管病医院、天津市肿瘤医院、中国医学科学院血液病医院（血液学研究所）3 家定点医院就医，执行参保地同级同类定点医疗机构待遇标准，凭社会保障卡直接就医结算。香河县 3 家县级医院和 9 家乡镇卫生院接入国家异地就医结算系统，域外人员来香河县就医可直接结算，实现“一卡通办”。

（阮永旺）

## 居民生活

【概况】 2019 年，全县经济总体呈现稳中渐进态势，农村居民和城镇居民生活主要指标均比上年度有所增长，生活水平稳步提高，获得感、幸福感和满意度有所提升。

【城镇居民生活】 2019 年，城镇居民人均可支配收入 46685 元，同比增长 8.4%。

【农村居民生活】 2019 年，农村居民人均可支配收入 19738 元，同比增长 9.4%。

（邵亚海）

# 乡镇（社区办）

责任编辑　马　军

## 综　述

2019年，全县各乡镇（社区）党委、政府（社区办）在县委、县政府的正确领导下，以习近平新时代中国特色社会主义思想为指导，全面贯彻中共十九大以及十九届二中、三中、四中全会精神，紧紧围绕“坚持创新驱动，加快转型升级，强化基层基础，实现绿色崛起”的发展路径，紧密结合建设“美丽幸福新香河”目标，不忘初心、牢记使命，自我加压，砥砺前行，团结和依靠广大人民群众，攻坚克难、勇于创新、扎实工作，经济稳中有进、社会和谐安定、人居环境明显改善，辖区经济、社会呈现良好的发展态势，圆满完成年度工作目标任务。淑阳镇、安平镇、钳屯镇、五百户镇荣获“2019年度全国综合实力千强镇”称号；五百户镇获评“全国维护妇女儿童权益先进集体”，安平镇被国家统计局廊坊调查队授予“2019年农业调查工作先进单位”称号、安平镇被中共中央宣传部中国新闻出版研究院授予“书香单位”称号；获得省级荣誉16项，获得市级荣誉35项，获得县委、县政府表彰的“实绩突出领导班子”2项。

全县辖9个镇：淑阳镇、安平镇、钳屯镇、五百户镇、刘宋镇、安头屯镇、渠口镇、钱旺镇、蒋辛屯镇。下辖300个行政村，占地面积为448平方千米。全县有3个社区工作办公室：新开街、新华街和平安街社区办公室。下辖新开、新绣、安抚、段庄、永泰、康宁、绣水、五一、新华、永兴、迎宾、城西、珠光、城北、民安、新城、正阳、安泰18个社区居民委员会。

## 淑阳镇

**【概况】** 镇政府驻地县城新开街77号，位于县政府驻地西南部，距县政府1000米，全镇总面积25.66平方千米，播种面积59.67公顷（895亩），截至2019年年底，全镇总人口25516人，总户数7232户，辖28个行政村街。2019年规模以上企业工业产值17.9亿元，财政税收12.78亿元，固定资产投资3.76亿元。年内，荣获“2019年度全国综合实力千强镇”“廊坊市村（社区）两委换届工作先进单位”“廊坊市退役军人管理服务工作先进单位”“廊坊市卫生执法监督先进单位”“香河县实绩突出领导班子”等多项称号。

**【农业基础设施建设】** 2019年，高标准、高质量完成绿化任务20公顷（300亩），植树1.8万余株。积极推进路网建设，修建辖区道路2491米。建立健全镇、村两级河长组织体系和以党政领导一把手负责制为核心的责任落实体系，镇级河长巡河 271 次，村级河长巡河 2569 次。清运王家摆大桥老夏安线北侧岸边建筑垃圾 9100 立方米，清运北运河王止务段北侧岸边沙土堆 1.5 万余立方米，清运其他各类垃圾 1.7 万立方米。扎实做好防汛工作。成立防汛指挥部，建立领导包片责任制，健全应急值班制度，实行领导带班、专人值班，做到 24 小时在岗在位；加大排查力度，对镇域主要河道进行清淤排障，对排水沟渠进行全面疏通，成立 30 人的应急抢险队，对防汛物资及早进行购置、筹备，编织袋 4250 余条、彩条布 850 余米、木桩 200 根、树枝 100 吨、大型运输车 5 台、推土机 1 台、挖掘机 2 台、潜水泵 4 台、铁锹 300 把等各类防汛必备物资。

**【项目建设】** 2019 年，新建项目 2 个，机器人产业园专家公寓项目和香河县污水处理厂扩建及提标改造工程项目；结转项目 1 个，中国京津冀汽车零部件物流交易中心项目。其中，机器人产业园专家公寓项目由香河京御房地产开发有限公司建设，建设地址运河大道东侧、新开大街北侧，占地面积 33333.47 平方米（50 亩），总建筑面积 83118.04 平方米，总投资 30258 万元，年内完成投资 7269 万元；香河县污水处理厂扩建及提标改造工程，项目位于淑阳工业园，总投资 9783 万元；中国京津冀汽车零部件物流交易中心为结转项目，该项目由辰强汽车零部件销售（香河）有限公司承建，计划总投资 19.8 亿元，选址在新华大街西延北侧，占地 40 公顷（600 亩），主要建设高标准全自动立体化仓储中心、汽车立体化展示中心、招商中心、交易中心、电子商务中心、物流中心、生活服务中心及相关配套设施等，总建筑面积 62 万平方米。项目一期工程完成建设并投入使用，一期总建筑面积 18.1 万平方米，商铺面积 17.5 万平方米，商铺 1326 间，并配置办公区、餐饮区。

**【生态环境保护】** 成立巡查小组，每日出动 5 辆车，20 余名检查人员，对 28 个村街进行全面排查，发现并取缔 4 家违规生产作坊。定点收集沿街店面、单位以及各类垃圾 4000 余吨，清理卫生死角 150 余处；镇环卫所每月清运各类垃圾 900 余吨，全面做到垃圾日产日清。每天对辖区内重点区域进行巡查，确保发现一处，清理一处。打造精品户和精品片区，截至年底，完成美丽庭院建设 1375 户，精品庭院建设 304 户。

**【大气污染防治】** 禁烧秸秆、垃圾。各村街利用广播进行禁烧宣传，主地块悬挂禁烧条幅，35 名网格员对全镇域开展全方位不间断巡查，重点部位全部安排专人盯守；安排专人专车，对全镇域进行“地毯式”巡查，对发现的裸露土堆进行苫盖；每天安排保洁员对各村街主街道进行定时清扫，2 辆洒水车对主路进行洒水作业。

**【新农村（城中村）改造】** 稳步推进新农村（城中村）改造工作。2019 年，河北止务村城中村回迁改造工程，完成入户征求意见，签订拆迁补偿协议 275 户，签约率 85%，完成回迁区拆除工作。

**【安全生产】** 全面落实安全生产主体责任，与各村街签订《淑阳镇安全生产目标管理责任书》28 份，与重点企业签订《淑阳镇安全生产及消防安全责任书》65 份；开展安全生产大排查、大整治活动，全年督导检查生产经营单位 165 家，发现安全生产隐患 660 处，截至年底整改隐患 638 处。

**【综合执法】** 成立综合执法专项领导小组，制定实施方案，并与 28 个村街签订目标整改责任书；对排查出的违法违规问题，依据法律法规和有关政策，分类施策，逐一研究制定整改措施；将无人机航拍与人工巡查、网格巡查相结合，构建起违法建设立体防控网。对辖区内28个村街和工业园中出现的私搭乱建、违章建筑、大棚房、高铁项目等突出问题进行重点整治，发现一例拆除一例。同时，对金辛庄主街、绣水街东段、新开街东段、义井大桥集贸市场和堤顶路等重点路段的主路两侧路边摊贩、烧烤、占道经营等问题进行统一治理，全年拆除、制止违建97处，拆除面积5.8万平方米，治理路边摆摊90余处，整治建材料场50余家，废品回收站30余家。

**【法治建设】** 推进依法治镇。2019年，成功调解民事纠纷105件；做好社区矫正及安置帮教工作，全镇在册社区服刑人员13名，解除5人，无一人脱管漏管；为使社会弱势群体享有平等的法律权利，切实维护当事人的合法权益，解答法律咨询75人次。

**【信访工作】** 建立健全一把手负总责，主管领导亲自抓，片长包片、包村街的信访分包工作机制；实行科级干部轮流坐班接访制度，每日轮流到信访室坐班接待上访群众；采取“日常周排查”和“重点时期日排查”工作机制，加强对全镇各村街矛盾隐患的摸排和掌控；继续发挥重大村务先行风险评估、信访积案干部认领、关口前移筑牢村街防线、亲情感化等工作方法效用，在全国“两会”、中华人民共和国成立70周年大庆安保等重要时期，未发生一起越级访和非法上访事件。截至年底，成功化解新老信访案件62件，上报各类信访案件材料61件，网上录入信访案件310件，无迟报、漏报现象。

**【社会保障】** 全面实施“天网”和“大喇叭”工程建设。结合已有的广播喇叭，通过智能切换设备，一秒钟直接控制所有村街广播喇叭，并每天播放党的理论知识、法律法规、致富信息等广播稿件，为群众提供各类信息500余条；全年发放农村居民养老保险金1011万元，发放人数5.7万人次；发放低保金、特困户补贴金99.7万元。

**【卫生健康】** 开展春季传染病防治工作。为28个村街65周岁以上老人免费体检，参检率达到70%。组织适龄妇女参加“两癌”免费体检，参检人数1600人，完成任务目标；开展创建无偿献血示范镇和示范村活动。为全镇各村街主要干部进行免费体检。更新400平方米的宣传板块和知识长廊，建立各类工作服务群35个。依法办理一胎服务卡登记76个，二胎准生证登记127个。开展新家庭创建、亲情关爱，圆梦女孩志愿行动。救助帮扶计划生育特困户、贫困女孩20人，发放救助金3万余元。

**【文化建设】** 2019年10月，镇综合文化站经过重新整修，投入使用。文化工作制度上墙，多功能厅和图书电子阅览室正常开放。全镇28个村文化活动中心完成建设，实现村村有文化活动室和农家书屋。强化村街文化活动中心对外开放，全镇有22支村街文化娱乐队伍，每周开展活动。

4月22日，淑阳镇与孙止务小学共享“悦进校园、书香淑阳”世界读书日活动
淑阳镇政府供图

为村街农家书屋更新图书2600册，为村街文化活动中心配备体育器材60套，更新音响设备6套，配发大鼓3面，折扇、手绢等100套。组织“悦进校园 书香淑阳”读书日以及庆祝中华人民共和国成立70周年为主题的10场村街演出活动。

**【文明城市创建】** 加强阅报日常维护工作，更换创城展牌200余块。开展“迎新春，送书画”主题活动，邀请艺术家现场书写作画；举办新春拔河比赛；镇计生办组织志愿者开展为计划生育特殊家庭送温暖活动。

**【基层党组织建设】** 开展基层党员干部培训。健全基层党组织制度，规范和落实“三会一课”、组织生活会、民主评议党员、党费收缴、流动党员管理等党内组织生活报备督查机制，指导各基层党支部结合工作实际，科学制定组织生活年度和季度计划；完善村干部坐班值班制度，全面开展为民服务全程代办工作；全面推进以村级民主决策议事、阳光村务、“四议一行一监督”等村级民主决策机制；强化督导检查，镇党委组织员办公室选派专人指导各支部记录《党支部工作手册》，确保基层支部组织生活的规范化、制度化、常态化。

对村干部实行“两考三评一定”绩效考核管理办法。划分星级等次，考虑工作量、任职年限、绩效考核成绩等因素落实经济待遇，结合本年度重点工作把换届选举工作表现和“扫黑除恶”专项行动等方面工作纳入考核范围，细化考核项目，激发农村干部干事创业热情。

提升村级组织活动场所建设。村级组织活动场所作为党组织和党员、干部开展学习、工作的主要阵地，是广泛联系群众、组织群众、服务群众的重要窗口。2019年，投资9万元，对矬口、小罗屯、河南吴村、郎庄、前套5个村级组织活动场所进行整修，新“两室”整修后，全镇28个村级组织活动场所建筑风格统一，功能完备，能有效发挥服务基层、凝聚人心的作用。

**【意识形态工作】** 以习近平新时代中国特色社会主义思想为指导，认真开展中共十九大精神学习，以“两学一做”学习教育、“不忘初心、牢记使命”主题教育、党委中心组理论学习为依托，制订专项学习方案，撰写学习笔记、调研文章，用理论武装头脑，深入开展意识形态工作。抓好新闻舆论宣传，建立“淑阳便民服务”微信公众号以及镇村干部工作群、各党支部活动群、移风易俗宣传群、扶贫攻坚宣传群等微信群。编写、上报各类信息稿件近300篇，编辑推送微信消息1200条。发表网评文章80篇，专项引导网评11条。在运用“学习强国”“先锋在线”等党员教育管理平台的基础上，发挥“淑阳镇党员之家”微信公众号和微信群作用，以图文、短视频等形式发送“两学一做”学习教育、“十九大”等学习资料48篇。

12月9日，县委书记李桂强到淑阳镇矬口村，调研指导矬口村“不忘初心、牢记使命”专题民主生活会暨民主评议党员大会　　淑阳镇政府供图

7 月 30 日，淑阳镇组织村党支部书记、村主任述职述廉大会　　淑阳镇政府供图

**【“不忘初心、牢记使命”主题教育活动】** 强化组织领导。成立“不忘初心、牢记使命”主题教育领导小组，组建工作专班。创新学习方式。把主题教育延伸到机关、村街、企业等方方面面，先后召开全镇“不忘初心、牢记使命”主题教育动员大会、主题教育工作推进会；通过读原著、学原文，开展知识测试、“红色之旅”，观看爱国影片以及重温入党誓词、书写“初心墙”，前往盘山烈士陵园和李大钊纪念馆等多种形式将主题活动贯彻始终。开展调查研究。全体科级领导干部深入到村街、企业，联系党员干部群众，查找存在问题，并寻求解决问题的对策；利用研讨交流会、民主生活会、组织生活会等契机，开展研究讨论，检视问题。通过个别访谈、召开座谈会、设立意见箱及发放征求意见表等方式广泛征求意见，从政治、思想、作风、能力、党风廉政建设 5 个方面进行分类汇总，其中，检视出领导班子问题 12 个，科级领导干部问题 136 个，建立为民服务解难题问题清单 3 个。整改落实。根据检视出的问题，逐条梳理贯彻落实情况，建立工作台账，制定班子整改方案和个人整改措施，逐一列出领导班子和班子成员查找的主要问题、具体表现、整改措施和完成时限等，一项一项督办落实。

**【全面从严治党】** 制定全面从严治党领导班子主体责任清单，明确镇党委书记作为“第一责任人”，细化班子成员责任。镇党委负责对内设科室全面从严治党主体责任清单进行审核把关并指导全镇村街党支部主体责任清单的制定。机关各科室结合各自实际，制定本部门全面从严治党主体责任清单。定期召开专题会议，研究分析全镇全面从严治党的形势和存在的问题，安排部署工作任务，进行责任分解，协调解决工作中遇到的问题。建立“日常检查、专项巡察、重点监督、年终考核”常态化、立体式督查考核模式，对全面从严治党和党风廉政建设责任制落实情况实施动态管理，加大重点督查力度，督促各责任主体认真履职，提升实效性。

（李　盼）

## 新开街社区

**【概况】** 2019 年 1 月，按照《香河县机构改革实施方案》（香发〔2019〕2 号）文件精神，撤销新开街道办事处，按原区划并入淑阳镇。成立淑阳镇所属新开街社区党委，承担原新开街道办事处党委工作职责，淑阳镇组建股级事业单位新开街社区工作办公室，承担原新开街道办事处工作职责，社区工作办公室受社区党委领导。新开街社区工作办公室，位于新开大街中段路北，辖区范围：新华大街以南、五一路以东的城南、城东区，总面积 10.2 平方千米。总人口 75078 人，辖新开社区、新绣社区、安抚社区、段庄社区、永泰社区、康宁社区、绣水社区、五一社区 8 个社区居委会，西南街、东南街、南台、闫庄、安抚寨、周元、段庄、前店子 8 个村街。2019 年，完成财政收入 12780 万元，有民营经济 4943 家，其中，个体私营企业 3488 家，民营企业 1455 家，完成总产值 15.6 亿元，增加值完成 1.4 亿元，利润完成 0.9 亿元；完成固定资产投资 37360 万元。

**【项目建设】** 大力实施招商引资战略，立足城市远景规划，积极调整产业结构，大力发展城市综合体和高端三产项目，推动经济向现代服务和总部集约型加速转型。截至 2019 年年底，有重点项目 5 个，其中，在建亿元以上项目 2 个，分别是投资 2.1 亿元的春城丽景一期建设项目、投资 40.3 亿元的经纬家具城二期项目；储备项目 3 个，分别是计划投资 5 亿元的绣水经典二期项目、计划投资 2 亿元的时代商业广场项目、计划投资 10 亿元的金港花园项目。

**【惠民工程】** 老旧小区改造提升工作。对花园居民小区、广播局民居小区和花丝楼居民小区进行改造升级，完成对老旧小区的老化管道、破损道路改造修缮，增加消防、监控及娱乐健身等公共设施。

**【创建省级文明县城】** 在辖区所有村街、社区和主街进行全方位宣传发动，深入居民小区、沿街商铺、市场、企业等场所发放文明创城、社会主义核心价值观、精神文明建设等有关宣传材料、宣传彩页、宣传画和手册 7000 余册，悬挂宣传条幅 500 余条；在绣水街、五一路、新开街、永明路等主路两侧新建宣传围挡 1 万余平方米；更换和安装汇展路两侧、周元村主路、花丝楼、绣水经典、盛世家园、香江逸景、天琴湾等道路和居民小区宣传展牌、道旗、地插共 2500 余块；利用村街广播、机关 LED 电子显示屏和社区微信平台大力宣传文明创城知识和社会主义核心价值观等正能量内容，进一步提高了群众知晓率和参与率，达到人人皆知、家喻户晓的良好效果，在辖区掀起共建共创文明县城，共享发展成果的热潮。

健全农村环境综合整治长效机制，合理配备人员车辆，严格执行村街生产生活垃圾日产日清制度，针对辖区无物业小区生活垃圾乱堆、杂草丛生、私搭乱建情况，新开街社区责成专人进行了全面清理打扫，通过一系列整改，辖区环境卫生明显改观，村（居）民环境卫生意识明显提高。清理新开街及市场路两侧、花丝楼小区、京汉君庭小区垃圾 180 余吨，为多个居民小区添置可分类垃圾桶 300 个。开展各类活动，为文明创城助力添彩。在各点位小区开展文艺会演活动、志愿服务活动、宣传讲座、书画展活动以及“创城进社区”等系列活动，让社区居民在生活和工作中不断学习文明新风尚，参与多种形式的志愿服务活动，从身边做起，从小事做起，形成一股投身创城攻坚、倡导文明新风的全民参与创建热潮。

**【大气污染治理】** 严控秸秆和废弃物焚烧，加强烟花爆竹禁放管控，深入推进餐饮油烟污染防治工作，对辖区餐饮饭店进行逐家逐户排查，记录台账，排查餐饮饭店 318 家，发现问题，及时整改。强化扬尘管控，严格落实扬尘治理、露天焚烧、露天烧烤、垃圾清理等管控措施。控制扬尘，提高辖区道路清扫保洁频次。提升城区绿化水平，推进城市公共区域绿地建设。按照网格化管理要求，明确责任人，安排车辆 2 辆，工作人员 10 余人不间断对辖区工地扬尘实施动态监管，随时发现问题随时进行整改。

**【生态环境治理】** 对 VOCS 企业治理实行动态监管、定期巡查。以小家具厂、汽车维修厂喷漆为重点开展挥发性有机物综合治理工作，有效削减挥发性有机物排放总量，降低臭氧浓度。采取日常巡查及晚间抽查的方式，对重点区域进行“回头看”，并将排查记录及时上报至职能部门，确保没有遗漏。治理“散乱污”企业 28 家,其中，取缔 27 家，完成整改提升 1 家。

【市场综合整治】 加强对非法销售散装汽油及成品油市场整治，2019 年，排查出 1 家自备油企业，依法进行取缔，并通过市级验收。9 月，对辖区工农业用电情况进行摸排整治，出动车辆 45 台次，人员 120 人次，排查 700 户，其中，包括工业用电户 20 户，农业用电户 5 户，超出居民用电量平均值 675 户。

【“气代煤”“电代煤”及散煤治理】 每日出动巡查人员对各村街、社区进行拉网式全覆盖检查，发现违规使用燃煤情况立即责令整改，对排查出 40 余户所存散煤全部收缴。坚决执行清洁取暖政策，确保群众温暖清洁过冬，对已完成的村街进行“回头看”，消除安全隐患，确保正常使用，对未完成改造的例外户，成熟一户，改造一户。年内，完成改造 42 户。

【水污染防治】 严格落实河长制，把河渠环境治理纳入村街年度综合考评内容，将目标任务和指标分解到村，落实到人，做到目标明确化，任务具体化。坚持专项巡查和定期巡查相结合，重点巡查岸线清洁、有无涉河违建、堆放垃圾和公示牌是否清洁等情况。坚持及时清理和定期集中清理相结合，坚决做到岸线两侧商户和居民产生的生活垃圾日产日清。在“清四乱”专项行动中，出动机械车辆 3 辆，人工 20 余人，清理生活垃圾 30 余立方米。

【打造精品社区】 深入推进“一社一品”社区品牌文化创建。新开街社区党委在率先推进“智慧社区”建设的基础上，把品牌理念引入到社区创建中，确定“一社一品”创新工程，打造一个社区一个品牌，全力打造了党建精品型红色新开社区、安民调节型暖心五一社区、孝老爱亲型温情永泰社区、绿美亮净型生态绣水社区 4 个品牌社区。对康宁社区、新绣社区、安抚社区、段庄社区 4 个品牌社区，全面实现社区建设上档升级。加大新型示范社区创建力度，对人口达 7319 户的安抚社区进行调整，划分为安抚社区和府前东社区，更便于社区管理。府前东社区是首个立足于党建示范设计理念打造的品牌社区。对无物业小区进行改造升级。辖区目前共有 101 个小区，其中有物业小区 40 个，无物业小区 61 个。针对无物业小区的管理问题积极与荣盛物业公司对接，并提供相关数据信息。荣盛物业拟选取封闭式小区作为切入点，以点带面，逐步推广。

【安全生产】 开展安全生产大排查大整治攻坚行动。重点对幼儿园、小饭桌、仓储物流、人员密集场所，进行全面、细致、深入的安全检查，检查生产经营单位 2000 余家，发现各类隐患 836 处，下发整改通知书 286 份。开展安全生产宣传，悬挂宣传条幅 50 条、安全生产警示教育图片展板 24 块、发放手提袋 2000 个、具有宣传性能的围裙 500 个、发放各类宣传资料 8000 份。成立了专项检查组，针对各领域的生产责任落实、隐患排查治理进行重点检查，与辖区内各企业的法人代表签订安全生产责任书，将责任落实到位。为辖区 50 个无物业小区每个单元配备 2 个灭火器 1000 余个，聘请老党员、老干部 60 余人义务巡逻，发现问题及时处置。

【食品安全】 制订各个阶段食品安全整治工作方案，明确整治重点、责任分工、工作要求，使整治工作按照要求有步骤开展。建立食品安全知识科普宣传室，在贵都、富泰家园等小区举行食品安全知识宣传讲座，悬挂横幅 10 幅、发放宣传材料 800 余份。办理食品小摊点备案卡 69 份，对辖区小摊点进行巡查，发现问题 5 户，年内，均整改完毕。

【社会保障】 2019 年，对城乡低保人员进行年度复核，辖区原有 43 户 65 人，经复核清退 4 户 13 人，剩余 39 户 52 人；对城乡低保进行扩面提率，新增农村低保 2 户 2 人、城镇低保 2 户 2 人。为 8 名 60 周岁以上符合计划生育奖励扶助政策群众办理了手续；为 2 名符合计划生育特别奖励扶助政策群众办理了手续；做好奖励扶助和特别扶助人员资格确认、个案信息录入以及提前纳入人员的统计工作；完成 2020 年独生子女高考加分审批上报工作；为 88 名可以享受一次性 3000 元奖励的退休人员办理了相关手续；为辖区 13 户计生特困家庭发放救助公益金、养老保险补贴、医疗补贴等 9.49 万元；为下辖 191 名奖励扶助人员发放新农保补贴合计 2.29 万元；为辖区 475 户独生子女家庭发放独生子女费；为 521 名 80 周岁以上高龄老人发放高龄补贴。为辖区 60 周岁以上老人每月按时发放养老金，共发放 241.06 万元；开展 2019 年养老保险征缴工作，参保人员 2341 人；开展 2020 年城乡居民医疗保险征缴工作，共办理 6283 人，开展 2019 年城乡居民养老保险待遇人员认证工作，为 60 岁以上居民认证 1330 人；为辖区居民申请、发放社保卡 320 张。

【农村集体经济组织】 农经部门针对迁入、迁出以及出嫁女和入赘男等特殊身份人员，划分了 16 种情况，逐村与村两委干部和村民代表共同研究，通过召开村两委班子会、村民代表会、签字确认、张榜公布等方式，让村民认可、让群众满意。截至 2019 年年底，8 个村街确定农村集体经济组织成员 6799 人，在全县率先完成农村集体经济组织选举工作。

【基层党组织建设】 统筹兼顾，高质量完成后进村党支部转化。2019 年，段庄村因村党支部班子涣散、配备不齐问题被确定为后进村，社区党委按照“摸清情况、对症下药、力求实效”原则，在党员中确定 1 名素质高、能力强、作风正的优秀人才充实进了村党支部，同时，加强村党支部作风建设，使村党支部的凝聚力、战斗力明显增强，年内，顺利完成后进党支部转化。

多措并举，解决部分村街 3 年未发展党员问题。由于村情复杂、信访问题严重等历史原因，造成东南街村、闫庄村等村街多年未发展党员，针对这一问题，社区党委高度重视，采取坚决有力措施，狠抓落实，对 3 年以上未发展党员的村街进行全面摸排，认真查找原因，进行分类指导，全力整改，解决了安抚寨村、周元村 3 年未发展党员问题，对两年未发展党员的村街进行排查，防止重新出现 3 年未发展党员的村街。

明确目标，搞好农村党员发展规划。注重发现和培养入党积极分子，确定农村发展党员工作重点应放在政治素质好、文化程度高的优秀青年，企业中的骨干分子和劳动致富带头人。推荐优秀青年入党，使优秀青年能增强荣誉感、自豪感和责任感，对党认识有新的提高。在此基础上，不失时机加以引导和培养，促使其尽快成熟。

重塑形象，提升“两室”面貌。村街“两委”换届后，社区党委组织工作人员对各村街“两室”党建功能展板进行检查，对各类党建工作展板因机构改革更换名称进行全面更换，为村街党组织和党员活动提良好的环境，提升村街“两室”整体面貌。

【意识形态工作】 新开街社区党委高度重视意识形态工作，坚持“以创建学习型党组织为抓手，以弘扬社会主义核心价值观为主线，以服务新开发展为重点”的意识形态工作思路，严格按照全县宣传思想文化工作的总体要求，主动谋划，积极作为，加强对内对外宣传引导，确保意识形态领域工作取得实效。

加强组织领导，全面部署。党委履行意识形态工作主体责任，把意识形态工作纳入重要议程，与业务工作同部署、同落实。及时召开专题部署会议，传达学习中央、省市县委关于意识形态决策部署及指示精神，对重大事件、重要情况、重要社情民意中的苗头倾向性的问题，有针对性地进行引导。

狠抓学习教育，武装思想。坚持以科学的理论武装人，突出学习重点，打造学习型党组织。狠抓中心组学习规范化、制度化建设。精心制订中心组理论学习计划，并及时下发《新开街社区党委中心组学习计划》。加强中心组学习制度建设，组织中心组学习 12 次，上交各类心得体会数十篇。组织各村街、各社区党支部举办各类座谈会、宣讲会，开展专题讨论和“学讲话用讲话”心得交流活动，使广大党员干部的思想素质得以提高。

坚持阵地建设，引导舆论。在加强传统公开栏宣传的同时，逐步拓展新媒体宣传，加快推进网络、新媒体等平台建设，加强微博微信管理运用。积极参加县委网信办组织的网宣网评活动，及时应对当前热点难点问题，正面引导网络舆情，并积极开展志愿服务活动，强化正面宣传引导。

强化队伍建设，夯实保障。特别注重培养善于运用网络、熟悉意识形态工作、懂得管理的复合型人才，努力建设一支政治强、业务精、纪律严、作风正的高素质队伍，为做好意识形态工作打下坚实的人才基础，为意识形态领域各项工作健康发展提供智力支持。

【“不忘初心、牢记使命”主题教育】 精心部署，扎实抓好“不忘初心、牢记使命”主题教育。召开“不忘初心、牢记使命”主题教育动员大会对主题教育进行动员部署，确保主题教育扎实推进。全体党员干部坚持每周五理论学习制度，开展 4 次集体学习。领导班子成员在参加集体学习的同时，开展 3 次中心组理论集中学习，4 次集中研讨，并就学习习近平总书记在国庆期间的讲话做了体会交流，取得预期成效。制定《班子成员调研工作方案》，班子成员通过务实调研，把情况摸透、把问题找准，制定切实可行的改进措施。采取多种形式，广泛征求意见和建议，下发调查问卷 800 份，征集机关和村街意见建议 50 余条，拟定整改事项 18 个。通过查摆存在问题、剖析问题根源，结合走访调查征求到的意见建议，班子成员逐一制定《个人问题清单》和《班子成员个人整改措施台账》，明确整改方向和措施，实现自我革新、完成自我提升。

（王春明）

## 新华街社区

【概况】 2019 年 1 月，按照《香河县机构改革实施方案》（香发〔2019〕2 号）文件精神，撤销新华街道办事处，按原区划并入淑阳镇。成立淑阳镇所属新华街社区党委，承担原新华街道办事处党委工作职责，淑阳镇组建股级事业单位新华街社区工作办公室，承担原新华街道办事处工作职责，社区工作办公室受社区党委领导。新华街社区工作办公室位于新华大街北侧，五一路东侧。辖区范围：东至白庙村、西至西外环路、南至淑阳大街、北至潮白河南堤，面积 4.6 平方千米，辖新华、永兴、迎宾、城西、珠光、城北、永清、永胜、汇文、嘉园和兴济 11 个社区居民委员会，白庙、胡庄子、万福新村、北岗子、刘庄、西北街、东北街和西店 8 个村街。截至 2019 年年底，户籍人口 36583 人。年内，获得“河北省第四次全国经济普查先进集体”“2019 年度河北省投资领域统计工作先进”“2019 年度廊坊市文明单位”“廊坊市先进基层党组织”称号。

【老旧小区改造】 2019 年，对原县劳动人事局家属楼小区、大气层小区、财政局家属楼小区、老供电局小区等 17 个老旧小区进行实地摸底，走访小区居民征求改造意见，改造了包括路面硬化、雨污水管道更换、内外墙粉刷、安装照明监控设备等多项设施，改善居民的生活环境，为创建文明城市奠定基础。

改造后的供电局南小区　　　　新华街社区工作办公室供图

【生态环境保护】 加大“散乱污”企业治理力度，对家具行业实行“一企一策”工作方法，环保不达标的一律限期整改，整改不到位的坚决关停取缔。截至 2019 年年底，取缔台账外“散乱污”企业 29 家，取缔台账内企业 39 家，并对取缔企业进行不间断巡查，无反弹现象。2019 年，辖区内涉及违建 13 处，总面积 49.57 万平方米。年内，社区办公室执法队配合相关部门拆除完成 21 个点位，拆除违建 7.1 万平方米。

【大气污染防治】 扬尘专项治理，对辖区内的裸露地块进行全面苫盖，对背街小巷采取洒水降尘、全面清扫的方式，确保降低扬尘污染。散煤禁烧治理，组织各包村干部、村街干部及执法队对辖区 8 个村街进行地毯式排查，对使用散煤用户和商贩，发现一处查处一处。查处私自售卖散煤 3 起，查扣散煤 8.5 吨，清理、置换散煤 80 余吨，拆除锅炉 2 台，取缔小燃煤炉 30 余个。

【社会服务】 2019 年，做好社区服务工作，辖区有 11 个社区居委会，其中，年内，新建 5 个社区。新建社区办公设备、人员全部配置到位，并开展养老、党建、民政等相关工作，为辖区居民提供了便利服务。做好迎宾、永兴、城西社区居委会升级改造工作，迎宾社区建设 500 平方米党群服务中心及活动中心，永兴社区和城西社区分别建设 300 平方米党群服务中心。做好便民服务站工作，新华街完善便民服务中心建设，重新选址装修便民服务站，充实优化服务职能，由机关选取有责任心、服务意识强、有一定处理突发事件能力的精干力量充实到服务窗口，设立配套设施，开设党建、劳保、计生等服务窗口，成立组织领导小组，相关制度上墙；与村街、社区联网，实现“一站式”办公，提高群众办事效率。

【安全生产】 成立由新华街社区党委书记为组长，主任为副组长，各包村领导为成员的安全生产领导小组，严格实行安全生产网格化监管机制，统筹协调安全生产工作。在辖区内主要街道、人员密集的场所悬挂安全生产宣传条幅 90 余条，各村街还利用广播、发放宣传单、短信等形式向村民及各企业负责人宣传安全生产的相关知识和重大意义，发放宣传单 3500 余张，营造了浓厚的安全氛围。先后开展“利剑除患”专项行动、“两节”“两会”期间安全生产检查、人员密集场所检查、安全生产大排查大整治攻坚行动。对幼儿园（小饭桌）、宾馆、饭店、洗浴、商场、集贸市场进行专项检查，对火灾防控、电动车消防、危险化学品消防、液化石油气使用等进行安全大检查，重点锁定各生产经营单位消防设施、有无违章建筑、人员密集场所设施有无逃生灭火障碍等，检查各类生产经营单位、门店等 350 余家，对发现的问题及时有效进行整改。

【法治建设】 充分利用宣传标语、横幅、村街喇叭、微信群等深入广泛宣传“扫黑除恶”专项斗争，发放宣传单5000余份、宣传手册300册、张贴海报400张、布置展架15个、悬挂条幅标语200余条、粉刷固定标语31条、各商铺、银行设置LED宣传屏滚动播放标语100块、举报箱15个，公开举报电话，畅通信息渠道。确保“扫黑除恶”专项斗争行动取得实实在在的成效，为新华街社区提供和谐稳定的社会环境。加大打击传销和非法集资工作。成立社区戒毒（康复）和帮教工作领导小组，年内，有社区戒毒人员2人、康复1人，定期组织涉毒人员进行尿液检查，跟踪涉毒人员情况进展。扎实做好禁种铲毒，社区党委与各村党支部书记签订责任书，确保实现毒品“零种植，零产量”目标；加强对易发现毒品的娱乐场所等地的督查，为社区打造一方“无毒净土”。

【社会保障工作】 2019年，城乡居民医疗保险网上缴费13423人，完成目标任务的110%，全县排名第一。

【统计工作】 2019年，在全国第四次经济普查工作中，对全辖区14个普查区,进行地毯式核查摸底工作,核查登记法人单位1549家,产业活动单位469家,个体经营户382家,普查2400家，完成既定目标。

【创建省级文明县城】 积极助力创建省级文明县城工作，营造文明、整洁、优美的人居环境。整治行动中，重点改造了福宁园、馥馨苑，永新社区，粉刷小区墙体2万平方米，设置便民贴吧500个，安装健身活动场所指示牌50个，投放垃圾桶700个，张贴垃圾分类标识3000余张。安装路灯30余盏，更新公益广告牌500余块。

开展文明城市创建　　新华街社区工作办公室供图

【基层党组织建设】 开展丰富多彩的党建活动。“七一”期间走访慰问老党员、生活困难党员等，送慰问金和慰问品1万余元。国庆节前组织举办“庆祝中华人民共和国成立70周年歌舞大赛”，举办书画展、诗朗诵活动，弘扬了爱国主义精神。“十一”当天，组织机关全体150余人升国旗，集中观看阅兵仪式，组织辖区内村街、社区党支部全体党员重温入党誓词。规范村干部档案整理，顺利完成所辖村街全部44名村“两委”干部档案的整理工作，按规定做好离任村干部审计工作。完善党员档案管理，社区党委召开专题会议、成立党员档案审查工作领导小组，对2018年5月28日以来发展的39名党员档案进行系统梳理、审查、完善。

【“不忘初心、牢记使命”主题教育】 社区党委深入开展“不忘初心、牢记使命”主题教育。学习教育。坚持学思用贯通、知信行统一，始终把学习贯彻习近平新时代中国特色社会主义思想作为锤炼忠诚的重要理论武器。利用“先锋在线”、学习强国App、李大钊纪念馆主题党日、西柏坡红色革命圣地熏陶，机关党员干部学习先烈事迹、感悟初心力量，重温入党誓词、践行初心使命，更加坚定共产党人为伟大事业奉献的决心和信心。调查研究。党委始终把调查研究作为谋事之基、成事之道，作为弘扬党的优良传统的重要体现，更作为开展主题教育的方法论，一以贯之抓出成效。紧扣 13 个方面课题，制定调查研究工作方案。各班子成员带头深入基层就党员思想状况、基层党建、大气污染等工作进行专题调研，走访基层单位 20 个，分类别形成调研报告 15 件，着力推动各项决策部署落地落实。检视问题。党委将检视自身存在的问题，作为主题教育的“动员令”和“风向标”，征求到的领导班子和个人的意见建议 5 个方面 30 条。整改落实。党委坚持边学边改、边查边改、边议边改、即知即改。建立领导干部个人问题清单 75 条和整改措施 75 条，建立为民服务解难题问题清单 4 个方面，为民工作持续进行。

## 安平镇

【概况】　安平镇政府驻地安平镇一街村，距县城 12.5 千米。全镇总面积 33.52 平方千米，辖 29 个行政村街。2019 年，财政收入 42413 万元，同比增长 26.2%；规模以上企业工业总产值完成 8977 亿元，同比增长 16.22%；全年固定资产投资 9.7 亿元；常用耕地面积 1335.819 公顷，粮食播种面积 145 公顷，粮食总产量 1116 吨；截至 2019 年年底，全镇总人口 20428 人，总户数 5980 户，已婚育龄妇女 4329 人，年内，人口出生 247 人，其中，男 133 人，女 114 人，出生婴儿性别比 117，符合政策生育率 99.19%，人口出生率 10.28‰，自然增长率 3.79‰。完成 29 个村街清产核资、集体经济组织成员认定和股权设置工作。年内，安平镇第四次入选“全国综合实力千强镇”，位列第 371 名；被中共中央宣传部、中国新闻出版研究院授予“书香单位”称号；被廊坊市扶贫开发和脱贫工作领导小组授予 2019 年全市脱贫攻坚先进集体奖；被廊坊市诗词学会授予“廊坊市诗词之镇”称号；镇退役军人服务站被评为廊坊市退役军人管理服务工作先进单位；镇妇联被市妇联授予“廊坊市先进妇联组织”称号。

【植树造林】　2019 年，全镇造林任务 116.67 公顷（1750 亩），完成造林 160 公顷（2400 亩），完成目标任务的 137.14%，完成率在全县排名第一。镇域生态环境得到明显改善，为全镇经济发展、社会全面进步打下良好的基础。

【项目建设】　香河石材城计划投资 108 亿元，规划占地 213.3 公顷（3200 亩），截至 2019 年年底，完成投资 40 亿元，建成 80 公顷（1200 亩），入驻企业 1000 余户，从业人员 3 万余人，年客流量 30 万人次，成交量 5000 余万平方米，纳税 6000 余万元。

【新民居建设】　安平镇 29 个村街分为 3 个组团进行开发建设，其中，涉及城中村改造项目 1 个，燕都新村项目；新民居建设项目 2 个，香安城项目和运河新村项目。

燕都新村项目。由香河县龙盛房地产开发有限公司开发建设，涉及的安平一街、二街、东庄等 5 个村街，2019 年，完成一期规划的 11 栋建设，面积 7.3 万平方米，666 套，用于安平一街、东庄 2 个村街的回迁；二期规划的 6 栋回迁楼，面积 5.8 万平方米，508 套，用于安平二街村的回迁。其中，安平一街回迁 298 户，回迁率 97%，安平二街回迁 355 户，回迁率 85.5%，安平东庄回迁 113 户，回迁率 94%。

香安城项目。由香河中安房地产开发有限公司开发建设，涉及扁城村、赶古庄村、谢屯村 3

个村街，8 栋回迁楼。年内，一期 4 栋回迁楼完成内、外装修,建筑面积 7.25 万平方米，612 套；二期 4 栋回迁楼，建筑面积 7.25 万平方米，612 套，完成内外装修，精装修进场施工；小区市政完成 50%，园林绿化完成 50%；配套公建及村民活动中心建筑面积 9000 平方米，建设完成建筑面积 5800 平方米；市政工程民安北路完成路面建设。

运河新村项目。由盛达置地投资有限公司开发建设，涉及延福屯一村、草沙河、甘露寺、谭庄、贾庄、成辛庄、小友垡、王家摆、周庄、曹店、延福屯二村、太平庄等 12 个村街。一期共计 13 栋住宅楼，面积 22.2 万平方米，2042 套。4 栋配套公建已建设完成，面积 1.46 万平方米。截至年底，完成草沙河、甘露寺、延福屯一村、贾庄、谭庄 5 个村街的回迁，其中草沙河回迁 86 户，回迁率 91%，甘露寺回迁 68 户，回迁率 99%，贾庄回迁 132 户，回迁率 82%，延福屯一村回迁 224 户，回迁率 85%，谭庄回迁 151 户，回迁率 97%。

运河新村社区　　王树春 摄

【农村人居环境建设】 按照“村收集、镇转运、县处理”的垃圾处理模式，聘用保洁人员 102 人，购置垃圾清运车 15 辆，设立垃圾池、垃圾箱等 700 余个，实现每个村有一支保洁队伍、有一批基础设施、有一套清运制度。聘请环卫监督员 14 人，制定《村街保洁员考核制度》，实行日抽查、月检查、季联查，以查促规范、促提升。选取堡上、太平庄、三间房 3 个村街试点，每村安排 3 名垃圾分类指导员，对农户垃圾分类进行指导、宣传和监督。同时以户为单位，实行打分评比，规范群众垃圾分类行为，促进农村环境持续改善。陈辛庄、曹店、小友垡、孙家务、成辛庄 5 个村街污水治理工程，年内已完成前期设计及工程造价工作。美丽庭院创建工作，除 8 个回迁村外，其余 21 个村街均基本完成创建任务。

【生态环境保护】 在大气污染治理方面，抓好“散乱污”企业整治。坚持动态监管、露头就打，全天候、不间断、全覆盖开展排查工作，发现违法违规问题，坚决依法依规开展“两断三清”，辖区“散乱污”企业保持“动态清零”。严打垃圾秸秆焚烧行为。安排 58 名村街巡逻员在田间进行巡查，2 辆巡逻车在镇域不间断检查，形成垃圾秸秆禁烧无缝隙、无盲点监控的工作格局。严格散煤管控。成立专项工作领导小组，并将机关干部分区划片，对村“两委”干部明确责任，做到分工明确、责任到人。利用广播和悬挂条幅等形式开展散煤清零宣教活动，发放倡议书 3000 张，悬挂条幅 80 条。截至 2019 年年底，散煤由各户自行清理完毕。落实河长制，对北运河、龙凤减河、小友垡排干渠 3 条重点河流，23 名镇、村两级河长坚持每天一巡河、每天一记录，发现问题及时处置，河渠水质持续改善。

【综合执法】 拆违工作持续发力。组织保障到位，建立“1+5+11”的工作组，即成立 1 个由镇党委书记为组长的领导专班、5 个以班子成员为组长的工作小组和 11 个违建片区拆除小队。领导专班每天听取拆违工作进度汇报，棘手复杂问题集体研究解决，现场办公，有力保障了拆违工作顺利推进。宣传动员到位，镇村干部向当事人耐心细致讲政策、讲利害关系，争取理解和支持。同时，通过张贴公告、悬挂横幅、村街广播等多种方式进行宣传。坚持“一把尺子，一个标准，一体推进”的原则，依法依规拆除违章建筑，确保拆违工作稳中有进。2019 年，全镇拆除违章建筑 3.8 万平方米，完成全部拆违任务。拆违工作受到县委、县政府通报表彰。

【安全生产】 聚焦镇内道路交通、建筑工地、消防安全、气代煤安全、散装汽柴油非法销售、烟花爆竹危险化学品等重点领域，农村、城乡接合部等重点区域，开展排查整治工作,逐个方面列清单，逐项问题抓整改，将隐患消除在萌芽状态。全年发现问题隐患 200 余处，全部整改到位。坚持“零容忍、无禁区”，对各类违法违规生产经营行为，做到发现一起、查处一起，年内，取缔违法违规企业 2 家。利用村街“大喇叭”广播、悬挂条幅、张贴标语、开展知识竞赛等形式，宣传安全生产政策法规，普及安全常识。

【平安创建】 镇党政主要领导坚持轮流接访制度，定期开展矛盾排查，对苗头性问题立足于早、立足于小，早发现、早介入、早调处、早反馈；对群众上访的问题“不避、不烦、不推、不压”，件件有落实、事事有回音；组织开展“大调研、大走访”活动，班子成员带案下访，到重点信访人家中，及时掌握诉求群众的思想动态，寻找解决办法；在深入推进“天网”工程建设的基础上，组建义务巡逻队和平安志愿者队伍,形成镇村、党群齐抓共管的立体化治安防控体系。重点解决周庄、延福屯二村等重点村街信访问题，巨富九璟湾居民小区、狮子城居民小区等诸多楼盘问题和个别村街干群矛盾、土地遗留问题，消除了矛盾隐患。

【社会保障】 2019 年，城乡居民基本养老保险参保 7362 人。规范低保申请程序，强化民主评议，实施分类施保、明确公示制度，建立健全低保信息管理机制，加强动态管理，健全审核机制，应保尽保，应退尽退，阳光施保。年内，全镇享受城乡低保 150 户、185 人，五保户 35 人（敬老院集中供养 16 人，分散供养 19 人）；完成镇域内全国残疾人申报、登记、录入普查工作，全镇有 844 名残疾人，其中，享受两项补贴人员 405 人。做好全镇退役军人资料的收集整理和录入、优待证打印和发放等工作,完成年满 60 周岁农村籍退役士兵优抚申报工作，年内，运河新村退役军人管理服务站软硬件设施完备，被作为经验试点在全县推广。全镇建档立卡贫困户 3 户、4 人，年内，全部实现脱贫。

【教育基础设施建设】 加大教育投入，改善学校办学条件。2019 年，安平三小教学楼竣工，地面硬化初步完工，取暖设备更换进行中，教学楼投入使用；周庄小学运动场完成塑胶、人工草坪铺设及看台建设等工程并投入使用；完成安平一小取暖设施维修和大型橱窗更新工程；完成王指挥庄小学运动场塑胶和人工草坪铺设并投入使用；鲁家务小学添置大型宣传橱窗；完成王家摆小学地面硬化工程；运河新村幼儿园室内建设完工，室内设施和器材安装测试完毕，随时可投入使用。开展阳光助学活动，形成长效机制，搭建爱心平台，发动爱心企业家和爱心团体参与助学。

【食品卫生安全】 食品卫生安全工作实现网络

我和我的祖国——安平镇"舞动新时代、追梦新征程"广场舞展演　　安平镇政府供图

化管理，镇政府分别与29个村街、8所学校、重点企业签订食品安全责任书；每村设立1名食品安全监督员，负责村街食品安全工作；联合县市场监督管理局对各村街餐饮、小作坊、校园食堂及校园周边食品商店、村镇小卖部进行了排查，出动3辆执法车，人员6人，发现安全隐患13处，对负责人说明了问题严重性和整改要求，并督促其立即整改。

【文化建设】　完善镇村文化服务中心硬件设施建设，并采取形式多样的方式开展活动，各村街形成一批文化品牌；打造"书香乡镇"，建成县图书馆安平分馆；2019年，相继举办新春"花会踩街""讲文明树新风"书画笔会、诗词协会交流采风、"我和我的祖国"喜迎中华人民共和国成立70周年广场舞展演、"礼赞新中国 讴歌新时代"朗读比赛、"落实十九届四中全会精神迎春送福进村街"等活动20余场次；《安平村镇志》编纂工作取得阶段性成果，截至年底，先后召开编纂会议12次，走访人员1500余人次，搜集、整理第一手资料，完成60余万字初稿编纂和初审工作。

【基层党组织建设】　2019年，镇党委坚持以"不忘初心、牢记使命"主题教育为统领，将学习教育、调查研究、检视问题、整改落实四项重点措施贯穿始终，真正将主题教育成果转化为推动发展的强大动力，确保主题教育取得实实在在的成果。实施"农村领头羊"工程，打造高素质村级组织带头人队伍。落实"三会一课"、民主生活会、组织生活会、民主评议党员等基本制度；完善《安平镇农村"两委"绩效考核管理办法》，激发干部干事创业热情；完善《安平镇村务管理监督工作办法》，确保农村"小微权力"规范运行，从源头上整治基层"微腐败"，推动"两个责任"落细落实，打通管党治党向基层延伸的"最后一公里"；在全镇开展村"两委"干部党务、村务工作"擂台赛"，交流经验，展示成效，提升能力水平。实施3年以上不发展党员村专项治理工程，对2年和3年未发展党员的村建立整改台账，有计划、有措施推进解决农村党组织不发展党员问题，全镇8个3年未发展党员的村年内已全部解决。打造独具特色的党建活动阵地。坚持"规范、节约、实用"的原则，对

安平镇理论大讲堂走进运河新村社区　　安平镇政府供图

村级组织活动场所进行全面排查、改造提升。新建、翻建三间房、太平庄、东庄、曹店 4 个村街“两室”，有序建成规范化标准化的党员活动阵地；规范打造运河新村、香安城回迁社区和石材城 3 个精品党建示范点；实施环北京党建示范带创建提升工程，对堡上、高庄、赶古庄、扁城 4 个村街两室上档升级，筑牢“护城河”前沿阵地。

【意识形态工作】 开设 2019 年理论大讲堂，制定周五集中学习日制度，由副科级和股级干部轮流讲课，全体镇村干部参加学习培训，重点学习党的十九大精神、习近平新时代中国特色社会主义思想、农村土地法规、民事诉讼法、环保法规、村务工作条例、新农村建设等方面的内容，全年举办 30 余期。在新华社、《河北日报》、河北电视台、《廊坊日报》、《新香河》等媒体上发稿 300 余篇，报道安平镇人居环境整治、生态环境建设、安全生产、文明创建等方面工作。按照各项创建指标，进行查漏补缺，完善各项硬件设施和档案材料；在省、市、县检查组省级文明村复检中，圆满完成各项创建任务。

【“不忘初心、牢记使命”主题教育】 扎实开展“不忘初心、牢记使命”主题教育，坚持将学习教育、调查研究、检视问题、整改落实四项重点措施贯穿始终，真正将主题教育成果转化为推动发展的强大动力，确保主题教育取得实实在在的成果。通过推行“强化意识自主学、领导干部带头学、交流研讨集中学、‘三会一课’普遍学、微信短信推送学、特色活动实践学”的“六学”模式，筑牢党员干部思想基础。发挥媒体优势，通过电视上“播”、网络上“载”、微信上“传”、简报上“刊”、街道上“挂”等多种方式，在《新香河》“先锋在线”“幸福安平”等主流媒体刊载信息 10 余条，投稿刊发《简报》3 期，在镇区主干道、村街活动阵地等场所悬挂标语 50 余条。班子成员共检视问题 107 条，制定了 55 条整改措施，全部整改完成。开展为民服务解难题活动，打通安全“堵点”3 处，解决生活“难点”3 件，消除群众“痛点”3 个。

【全面从严治党】 落实从严治党，开列责任清单。镇党委制定了全面从严治党党委领导班子主体责任清单，明确党委书记作为“第一责任人”责任，细化班子成员责任；各村街和各部门结合实际，制定本村街、本部门全面从严主体责任清单，确保有职责、有任务、有措施、有时限、有标准，细化到人、量化到岗。开展专项整治自查整改工作。在全镇范围开展对形式主义、官僚主义的自查自纠，经自查，未发现存在形式主义、官僚主义方面问题；做好“私车公养”专项整治，经自查，没有出现私车公油、私车公修、私车公租、私车公补、私费公报等情况。加强廉政文化建设和警示教育工作。组织党员干部学习中共十九大精神和《中国共产党廉洁自律准则》《中国共产党党内监督条例》《中国共产党纪律处分条例》《中国共产党问责条例》等，使广大党员干部理解掌握其精神实质，学出坚定的信仰、纯粹的忠诚、可靠的担当。在机关内部开展演讲比赛、廉政知识竞赛、参观书画展等，在镇域主街道绘制廉政文化墙，用身边人和事加强对党员干部的正面教育和警示教育。狠抓案件查办工作，促进和谐清廉政务。畅通党员、群众的信访渠道，加大案件的查办力度；同时，积极下村入户调查了解各种不安定因素，对调查了解上来的问题，建立重点问题、重点人信访台帐，召开专题会议予以研究解决。

（李春杰）

## 平安街社区

【概况】 平安街社区位于安平镇平安大街南侧，辖区范围：东至北运河，南至县界，西至县界，北至龙凤碱河、县界，面积18.43平方千米。 社区办辖区下设民安、新城、正阳、安泰4个社区居委会，居民小区21个。其中，民安居委会负责管理平安小区、医院小区、平安丽景A区、平安丽景B区、福源小区、京津花园一期、共青社、阳光优势、燕都鑫城一期和燕都鑫城二期10个居民小区；新城居委会负责管理京津花园二期、京津花园三期、京津花园四期、福安城、花香小镇、罗纳河谷一期和罗纳河谷7个居民小区；正阳居委会负责管理孔雀城、天悦小区和香汐小区3个居民小区；安泰居委会负责管理紫藤堡小区。截至2019年年底，辖区户籍人口数1.4万人，常住人口5.5万，总户数3.5万户。

【生态环境保护】 以建设宜居社区为目标，重点做好社区环境卫生整治工作。提出“平安社区你我他·美好环境靠大家”口号，呼吁居民参与环境保护，倡导健康生活方式。成立垃圾清扫队，采取社会化运营方式，每天对街道和社区进行全面清扫，实现垃圾日产日清。改善社区环境，按照“单株成景、连片成园、见缝插绿、能绿则绿”原则，充分调动各家开发商、物业公司的积极性，在辖区广泛开展绿化、美化工作。2019年，在京津花园一期、天悦、福安城等居民小区进行补栽补种，使整体环境得到绿化美化。

【大气污染防治】 加大宣传力度，在各社区和主要街道悬挂宣传条幅，印制和发放宣传资料，摆放宣传展板，并利用社区广播系统、流动宣传车、微信公众号等服务平台进行宣传；建立大气污染防治专项排查长效机制，派专人进行巡查，建立巡查台账，严禁私自焚烧垃圾、乱堆乱放装修垃圾等，有效控制大气污染源，保障辖区空气质量；会同香河经济开发区执法队、市场监管分局责令各饭店安装高效油烟净化设施，实现达标排放，对不能达标排放，责令停业整顿；严查露天烧烤，发现一起处理一起。

【社会稳定】 平安街社区以加强和创新社会管理工作为重点，全力做好信访和安全保卫工作，认真开展社区矛盾纠纷排查整治，本着“早发现、早介入、早调处、早反馈”的工作原则，及时处置各类影响社会安定事件，确保社区和谐安定有序发展；深入开展“扫黑除恶”专项整治行动，破解身边小案、打击传销等行动，有效保证人民安全和社会和谐稳定；2019年，平安街社区及时解决各类信访案件120件，其中，网络信访案件24件。全年组织消防演练4次、电梯逃生演练8次，清理居民占用消防通道10余次。

【卫生健康】 以保证居民健康、提高人口素质为目标，深入社区进行基础数据采集，并将健康、生育服务融入社区建设中，使卫生健康和计划生育工作贴近群众、贴近生活、贴近实际，营造良好的社会环境。办理第一个子女生育登记卡44份，第二个子女生育登记卡47份，独生子女证15个，发放独生子女费2.03万元，为4户计划生育特别扶助家庭发放各类补贴5.39万元。

【文化建设】 利用社区阅报栏、电子屏、展牌和条幅等形式，积极宣传中共十九大精神、“两会”精神和“创城”精神，通过思想宣传教育，构建和谐社区。丰富居民业余文化生活，创建文化品牌，辖区有书画、摄影、象棋、乒乓球、羽毛球、舞蹈、合唱团、老年模特等14支文体活动团体，总人数达300余人，为社区的文化建设做出重要贡献。通过微信公众平台及时提供各种活动信息，使社区居民更全面地参加社区组织的各项活动。为社区居民构建交流互动平台，及时了解社区居民想法，采纳合理建议。

【党组织建设】 坚持以建立健全基层党组织为方向，以构建社区办党委、社区党组织共同参与的党建工作格局为目标，全面提升社区品位，切实提高居民幸福指数。创新“网格+”管理模式，推行“网格+党员、网格+服务、网格+信访、网格+安全、网格+文化”管理模式，有效改善社区服务功能，确保辖区各项事业和谐有序发展。加强制度建设，先后推出岗位责任、机关效能、流动党员管理、全程协办、亲情代办等15项工作制度，保证了机关作风硬朗，为居民服务热情高涨。

【意识形态工作】 平安街社区党委把意识形态工作放在重要位置，抓紧、抓好，召开专题会议研究部署意识形态工作；组织理论中心组集中学习14次；注重舆论宣传，加大对外宣传力度，向《廊坊日报》、香河电视台、廊坊电视台、《新香河》等媒体平台投稿文章30余篇，将平安街社区好的经验做法、先进典型、重大活动及时向社会进行传递。

【“两学一做”学习教育活动】 2019年，社区党委认真开展“两学一做”学习教育活动，集中学习党章党规、习近平总书记系列重要讲话精神及《中国共产党廉洁自律准则》《中国共产党纪律处分条例》《关于新形势下党内政治生活的若干准则》《中国共产党党内监督条例》等，并着重学习中共十九大精神，做到学习教育常态化。社区党委书记为全体党员干部以《为民务实清廉》《学党章党规 学系列讲话 做合格党员》《反腐倡廉是保持党的先进性的前提条件》《不忘初心，牢记使命》为题讲党课5次，开展专题讨论1期，通过开展形式多样的学习教育活动。

【全面从严治党】 加强学习，严肃党的纪律。开展廉政教育，增强党员干部廉洁自律意识，筑牢思想防线，提高自我约束能力，树立宗旨意识，严明政治纪律。改进作风，切实维护群众利益。认真贯彻落实中央“八项规定”，牢固树立群众观念，重点对“懒政怠政、不作为、不在状态”问题进行多次大排查，做好 “回头看”，发现问题及时责令整改到位，切实转变工作作风。围绕规范提效，建立内部管理制度。完善财务管理制度、档案管理、公务用车管理办法、办公用品管理制度、公文办理制度、印章管理制度、工作人员行为准则、请销假制度、首问责任制度等10余项规章制度，用刚性纪律规范内部运行。开展自查自纠活动，确保“干部清正、政府清廉、政治清明”的良好发展环境。

（宋　威）

## 钳屯镇

【概况】 钳屯镇位于香河县城西南，钳屯镇政府驻地钳屯村，距县政府6千米，北邻淑阳镇，东连环保产业园区和五百户镇，西与安平镇和香河经济开发区接壤，大香线、双安路、香务路、香武路、运河大道5条省、县级道路均从镇区纵横穿越。京杭大运河、青龙湾两条河流在镇区西部和南部蜿蜒流淌。

全镇总面积31平方千米，辖19个行政村，截至2019年年底，全镇总人口21497人，总户数6869户，其中，从业人员9797人，常用耕地面积1768.73公顷（26530.95亩），粮食播种面积1745.47公顷（26182.05亩）；粮食总产量17061吨，农林牧渔总产值2.9亿元。2019年，财政收入完成8064万元，占目标任务的103.4%；全社会固定资产投资完成 4.89 亿元，占目标任务数的 113.8%；全镇 7 家规模以上企业实现产值 30978 万元，主营业务收入 27969 万元,实现利润 1865 万元；新上亿元以上项目 5 个。镇企业民营经济单位 473 家，从业人员 5941 人，实现产值 456411 万元，同比增长 7.5%；实现营业收入 365129 万元，同比增长 7.5%；实现利润 28299 万元，同比增长 3.5%。是年，钳屯镇第三次入选“全国综合实力千强镇”榜单，镇党委被授予“市级优秀基层党组织”称号，被市诗词协会命名为“诗词之乡”，西延寺村获评省级“诗词之村”和廊坊市“诗教先进单位”称号。

**【农业基础设施建设】** 全年植树 124.27 公顷（1864.05 亩），及时做好春尺蠖及美国白蛾的监测和防治，主要是大香线、双安路两侧，运河大堤、青龙湾大堤的防治任务，防治面积 733.33 公顷（10999.95 亩）。加强农药、农资和种子化肥的管理，对全镇农资零售网点进行不定期检查，杜绝剧毒农药和高残留农药的销售和使用。建立镇村两级农业用水协会，保证农村用水安全。落实河长负责制，北运河、青龙湾减河、香五自流渠防护任务分段到村、巡护到人，设立公示牌 16 块。定期清理积存垃圾，对重点部位搞好水质监测，确保河道畅通。建立农业合作社。组织各村街、种养殖大户建立合作社村组织监理机构，为群众提供政策解答、信息共享，形成规模化、集约化，使种植业上档升级，扩大全镇“民生菜、放心菜”在北方市场的影响力。组织红草湾蔬菜合作社、聚贤种植专业合作社、赵屯村河北黑大叔农业发展有限公司等种养殖大户参加北京市第九届科技节农产品产销会、第二十三届中国廊坊农产品交易会等各项产销会。截至 2019 年年底，全镇规模化合作社达到 14 家，入社农户 560 户，各合作社的无公害蔬菜、豆制品、黑猪、盆景葡萄种植等特色农产品成功打入京津市场，入社农户年均增收近万元。

**【项目建设】** 2019 年，京唐城际铁路建设，涉及钳屯镇 7 个村街的放线、勘界、清登等各种基础保障工作均已结束，完成征地 8.75 公顷（131.25 亩），叶屯、钳屯、西延寺、池屯、赵屯等村街地上物清理完毕，交付施工单位进场施工，2 个控制性节点工程叶屯村跨省道 271 连续梁、钳屯村跨规划家具景观大道连续梁已交付。

大运河景观带文化项目，一期工程地上物清理完成，已交付中信国安（香河）投资有限公司，二期工程前期准备工作暨地上物测量登统完成，已具备入场施工条件。

香务路改造提升工程（双安路至红庙闸桥段），全线采用二级公路标准建设，征地、拆迁工作全部结束，主体工程已经完工，路面由原来的 6 米拓宽至 9 米， 9 月 18 日，实现通车。

建设中的奥特莱斯城市综合体项目　　钳屯镇政府供图

香河经济开发区东扩项目，钳屯村已经完成开发区七号路征地工作。清山 · 芭蕾雨 · 奥特莱斯城市综合体项目，总投资 20 亿元，年内已完成投资 10.6 亿元。占地约 23.33 公顷的信基酒店用品项目完成征收土地 7.1 公顷，展览招商中心取得规划许可证。

【农村人居环境】 全面推进实施道路硬化、墙体保温、绿化美化等惠民工程。2019 年，清理河道、坑塘垃圾 2800 余吨，生活垃圾 1.1 万立方米，清理残垣断壁和路障 79 处。后家湾、二百户 2 个村全部完成村内道路硬化任务，其中，后家湾硬化道路 3.03 万平方米，二百户硬化道路 5 万余平方米。推进农村居民厕所退街、进院、入室，推广水冲式厕所，引导村街新建住房配套建设无害化卫生厕所。完成双瓮式改厕 1432 户，达到全镇改厕任务的 97.02%。在后家湾、二百户、前延寺 3 个村街采用分散式污水处理模式，两户共用一座，建设小型潜流湿地，对生活污水进行无害化处理，截至年底，完成 469 处。

后湾村美丽庭院 钳屯镇政府供图

【美丽乡村建设】 高标准打造大香线与双安路交会三角地节点公园，占地总面积约 22.5 公顷（337.5 亩），整体设计为火炬祥云造型，内部设置广场、游步道、景观小品、廊架、坐凳等设施，成为集通行、观光、休憩、游览、体验、文化展示等功能为一体的综合游园。同时，以地域文化为主线，布置精神堡垒、景观立柱、剪影小品等立体文化雕塑结合主题性的地雕，营造积极进取的文化氛围，实现历史文脉的传承与发扬。2019 年，完成以栽植华山松、银杏、月季等为主的绿化及草坪、路砖的铺设工作。将大香线东侧双安新城、奥特莱斯、香江 CBD 等企业景观绿化方案整合，设计边界围挡、开花小乔（木）、背景乔木、点景大乔（木）、荣耀广场、玫瑰之约、凯旋广场、达芬奇密码、星月广场等景点，打造大香线“翠林花海”走廊。年内，香江 CBD 的 0.7 公顷（10.5 亩）景观带、奥特莱斯 2.3 公顷（34.5 亩）景观带、双安新城 1.8 公顷（27 亩）绿化带完工，铺设草坪 4.8 公顷（72 亩），华山松、银杏、紫叶李等高端精品树种的栽种工作完成，种植各类树种 600 余棵。大香线两侧播撒观赏性强、成活率高、维护成本低的花籽、草籽 3.5 公顷（52.5 亩），实现大香线沿线风貌生态化、景观化。确定前延寺、后家湾、二百户村为美丽庭院精品村街，其余 13 个村街为一般村街。通过入户发放宣传美丽庭院的设计图纸和效果图 2500 余份，同时由镇里统一购置月季花、茉莉花及花籽发放给美丽庭院示范户。截至年底，完成美丽庭院建设 1690 个，精品庭院建设 396 个。采用“村收集、镇转运、县处理”的垃圾处理模式，由镇政府统一外包第三方负责清运。定期组织专业清理队伍对北运河、青龙湾减河、香五自流渠等坑塘、沟渠积存垃圾进行集中清理，对镇区主干道、村街小街小巷进行彻底清扫。在各村街主要位置设置封闭式大型垃圾收集点 56 个，每个占地 20 平方米，并且设置了垃圾分类池。确定后家湾、尚店、张庄 3 个村街为垃圾分类试点村，采用示范户带动的模式，配备垃圾分类保洁桶。

【新民居建设】 双安新城社区位于双安路北侧，

占地 15.6 公顷（234 亩），建筑面积 24 万平方米，首批搬迁村街 3 个，分别为窝头、贾庄和坨子村，完成签约、搬迁 485 户。2019 年，镇政府探索管理模式，组织精干力量去周边乡镇标杆社区参观考察，借鉴成熟社区管理经验，建立社区的活动中心、图书室、多功能会议室、陈列室、红白理事活动场所、儿童乐园、健身娱乐中心等，设立社区警务室和消防站。

双安新城社区　　王树春 摄

【生态环境保护】 2019 年，各农业合作社加大对秸秆、杂草、落叶的收集和有效利用，与动物粪便、村街厕所粪便制成有机肥料。红草湾合作社引进相关机器设备，破碎碾压颗粒，制成有机肥料。落实“河长制”工作要求，在 2 条主要河流和 5 条支干渠明显位置，分别设置严禁倾倒垃圾、杂物和监督举报电话的宣传牌 18 块，在河道两侧和沿河村街悬挂宣传标语 38 条，利用“钳屯微视角”、公共宣传栏、“大喇叭”广播等多种途径宣传，提高群众的环保意识。镇村河长、巡河员加强日常巡查，镇城建、土地、安监办、派出所等部门组成水污染监督执法小分队，对沿河、沿堤村街的企业排污情况和乱扔垃圾的情况进行专项检查，重点对土门楼断面加大巡查力度。组织专业队伍对水面浮萍、垃圾漂浮物及岸边杂草、垃圾进行清理，香务自流渠水面及岸上清理出垃圾 18 吨，确保北运河土门楼断面水质稳定达标。

【大气污染防治】 整治“散乱污”企业。对符合规划的企业进行整治改造升级，对所有未取得排污许可证且无法办理相关环保手续的企业依法依规进行“两断三清”（断水、断电、清原料、清设备、清场地）等措施，重点监察家具打磨、喷漆等污染企业，截至年底，辖区内持证企业 81 家。对未取得排污许可证而偷排的企业采取取缔等措施。成立由镇环保所、安监站组成的“散乱污”工业企业整治巡查小组，对易滋生（已取缔）“散乱污”工业企业重点部位不定时巡查回头看，一经发现立即采取“两断三清”等措施。2019 年，辖区内共排查出“散乱污”企业 47 家，其中，整改提升 1 家，并对剩余 46 家进行“两断三清”措施。制定钳屯镇禁烧区域图，标注地块，明确责任人，成立由镇大气办、安监、综合执法人员组成的巡逻小分队，进行不定时巡逻，各村街雇佣防火员对各村街易发生点火冒烟的重点部位警醒监督，确保所负责区域不着一把火、不冒一股烟。安排 6 辆洒水车对镇区内大香线、香务路、双安路等主要干道及连村公路进行全天候散水降尘作业，安排 26 名道路保洁员对道路两侧垃圾、积土等进行清理。

【拆除违建】 2019 年，钳屯镇涉及拆违工作 13 处、3.29 公顷（49.35 亩），拆除 3 处、0.46 公顷。涉及“一河一策”违规建设 1 处、3 家，占地 6.4 公顷（96 亩），拆除完毕。卫星遥感发现疑似河渠“四乱”问题 15 处，其中，清理 2 处，9 处协调处置中。

【综合执法】 镇城建、安监、环保等部门联合交警、县综合执法、公路执法组成联合执法队，对大香线、双安路道路两侧的垃圾、杂物等进行清理，对沿街占道经营、商铺摊点乱摆乱放、广告牌匾乱贴乱挂、机动车乱停乱放等违法违规行为进行现场规劝与整治，营造整洁、有序的镇域环境。出动环卫、执法人员140余人（次），清理摊点170余处，清理垃圾杂物30余吨。

**【安全生产】** 把安全生产工作纳入镇经济社会发展总体规划，列入领导班子工作议事日程，做到党政一把手亲自抓、分管领导具体抓、班子成员按分工落实“一岗双责”责任制。与各村委会、重点企业签订年度安全生产目标管理责任书。在春节、中秋节及新中国成立70周年大庆等重大节日和重点时段，启动网格化安全管理系统，对出租房、闲置厂房、超市、宾馆等重点部位及重点人员进行全天候排查。出动安全网格员2280人（次），排查各类场所1000余处（次）。组织开展安全生产专项检查，发现问题73处，整改73处。镇安监站自行组织检查企业及夜查135家次，发现消防及各类安全隐患189处，全部整改完毕。

**【法制建设】** 开展各种形式的思想道德和法制教育，重点抓好预防青少年违法犯罪、流动人口管理、刑满释放人员帮教等工作。开展中小学生普法宣传教育工作，重点是加强对学生的道德和法制教育，增强遵纪守法的自觉性，推动规范校园安全管理，提高校园整体防范水平。开展以普法为主题的法律宣传咨询活动6次，解答群众咨询350人次，法律宣传受教育面达到4200余人次，完善矛盾纠纷排查、预警、调解、处置4个机制，进行矛盾纠纷排查9次，排查出矛盾纠纷105起，全部进行了调处。全镇形成上下联动、纵横联网、责任落实、运转有序的大调解格局，基层司法行政整体职能得到充分发挥。

**【服务群众】** 按照“实战化工作平台”的定位和“综治办＋综治信息化＋组团式服务”模式，建成镇综治中心，设立“一厅两室两中心”（接待大厅、视联网会议室、矛盾纠纷调处室、综治信息工作中心、视频监控中心），镇司法、民政、信访、国土、人社、卫计等职能部门派员入驻办公，建成了融群众接待、便民服务、平安指挥于一体的群众工作中心，实现了“天网”、信访、便民服务“三位一体”。并在窝头、二百户、红庙3个村街设立试点，按照“一格一员”的要求实行网格化管理。镇村两级累计为群众办理各类事项2300余件，进行矛盾纠纷排查9次，排查出矛盾纠纷105起，全部进行了调处。建立全镇信访台账，实行动态管理，发现新的问题随时入账。力求精准梳理源头预防到位、合理诉求着力解决到位、无理诉求强化稳控到位、缠访闹访依法解决到位。全年接待群众来访83件，及时处理市长热线投诉52件，受理河北省信访业务综合管理系统平台案件153件，办结153件（含重复访），截至年底，在系统统计中，钳屯镇信访案件的及时受理率、按期答复率、满意度均为100%，参评率为96.5%。

**【社会保障】** 全镇19个村街全部建立村级卫计室，最大程度方便群众就近就医。建立城乡居民统一的基本医疗保险制度，执行统一的城乡居民医疗保险政策，做好城乡居民医保保费收缴工作。2019年，共发放575张社会保障卡，养老保险发放4444人次，发放金额76.4万元。对领取居民养老保险人员进行网上认证工作，本着方便群众的原则，各村采用到村委会集中认证和分散入户认证两种方式开展工作。救助慰问贫困户191户，发放救助慰问物品573件。特殊养老老人73人，发放养老服务补贴5.76万元。对290名重度残疾人及19名享受生活补贴人员进行资格认证，发放轮椅、坐便器等辅助康复器材28件；慰问贫困残疾人家庭 57 户，发放救助慰问物品 171 件；为 3 户特困及低保户残疾人家庭发放菊花 300 株，为 6 名精神残疾人申报免费领药，对听力残疾人有需求的 1 名残疾人申报助听器。全镇城乡低保户 118 户，保障人口 153 人，特困人员救助供养 69 人，残疾人享受生活补贴 9 人、护理补贴 290 人，资金全部实行社会化发放并按时发放到位。

**【义务教育】** 2019 年，全镇有初级中学 1 所（县第十一中学），小学 6 所，国办幼儿园 6 所，有在岗教职工 145 人。小学适龄儿童入学率、初中适龄人口入学率、小学升初中升学率、九年义务教育覆盖率均达 100%。

**【卫生健康】** 2019 年，全镇有已婚育龄妇女 3720 人，出生 261 人，其中，男婴 136 人，女婴 125 人，人口出生性别比为 108.8，办理一胎服务登记卡 75 个，二胎准生证 116 个，再生育 8 个，符合政策生育率 98.47%。完善全员人口信息系统，实现 PIS（个人形象识别）系统离线版管理客户端上线运行。加强基础信息库建设，查漏补缺，确保信息变更的及时性，数据录入的完整性和准确性，努力提高人口覆盖率水平。按照“属地化管理，市民化服务”的原则，流动人口实现规范化管理，电子建档率 60%。开展农村妇女免费两癌筛查活动，共有 700 余人参加免费检查。设立药具发放点 21 个，安装免费发放药具机 2 台、自动药具发放扫码机 3 台，注册人次 1638 次，领取量 17469 个。发放独生子女费 7.71 万元，关爱女孩发放救助金 7800 元，母亲节慰问贫困母亲发放慰问金 3000 元，发放贫困大学生慰问金 3000 元，独生子女高考加分 20 人，独生子女父母退休奖励 2 人。年内，新增计划生育家庭奖励扶助 32 人，特别扶助 4 人，奖励扶助人员养老保险补贴 59160 元，特别扶助各类补贴金 41320 元，发放救助公益金 4 万元。

**【精神文明建设】** 坚持“团结、稳定、鼓劲、正面宣传为主”，利用报刊、广播、电视、政务微信平台等信息媒体，宣传钳屯镇各条战线上的先进经验和涌现的先进人物，宣传钳屯镇的区位优势、新农村建设、农业产业化和项目带动战略，对县、镇重点工程进行重点宣传。截至年底，向新华社、《廊坊日报》、县委宣传部等媒体和部门发送稿件 210 余篇，被录用信息 80 余篇。立足理论根本，开展思想宣传教育。镇党委采取领导干部带头学、机关干部广泛学、农村党员干部重点学等多种学习形式有针对性地开展宣传教育工作，激发广大党员干部群众学习理论的积极性，扩大理论武装工作的覆盖面。加强培训，提高镇村党员素质。坚持“两学一做”学习教育常态化，开展“不忘初心、牢记使命”主题教育活动，加强基层党员的教育培训，制订学习计划，定期组织全体党员学习中共十九大精神、习近平总书记系列重要讲话精神及新党章等，让基层党员及时学习新的理论知识、政策法规和大政方针，对涉及土地流转、新民居回迁、重点项目服务和重点工程保障的村街，组织村“两委”干部和党员学习相关法律法规，发挥党员辐射与带头作用，引导党员干部做好政策宣传员、沟通联络员，为群众答疑解惑，认真听取民意，随时掌握工作动态，确保重点工作关键环节、关键时刻有党组织和党员发挥作用。全年开展集中学习 125 次，学习相关政策法规 20 余次。开展广泛的群众文化活动，推动精神文明建设不断深入发展。开展系列活动，做好创建省级文明县城工作。通过室外 LED 显示屏、阅报栏、广播、微信平台、宣传单多种形式，推动中共十九大精神进村街、进企业、进机关、进校园，利用各类宣传文化阵地和资源，直观形象地宣传中共十九大精神，努力营造良好的社会氛围。

**【文化建设】** 为村街更新办公桌椅、远程教育广播设备，制作更新宣传标语、展牌，新添健身器材及篮球、乒乓球等健身娱乐设施，为群众提供休闲娱乐场所。为赵屯村、后家湾村新建高标准村级活动场所，为张庄村扩建老年活动中心。鼓励各村根据实际情况，加强文化阵地建设。村民自发组建业余表演队和秧歌队30余支，戏迷协会3个。全镇19个村街均配齐文化体育设施，实现农家书屋全覆盖。年内，举办宪法宣传培训、迎新春乒乓球比赛、篮球联谊赛、迎新春花会会汇演、迎新春送书画下乡、迎新春运动会、“庆新春迎两会”花会会演、迎“七一”庆祝建党98周年等系列活动，以“七进”文化下乡活动为契机，在各村街举办精彩的文艺演出，弘扬传承中华民族传统文化，丰富了群众文化生活。

**【基层组织建设】** 2019年，全镇有3个基层党总支、33个基层党支部。其中，镇机党关支部1个，社会组织党支部1个，非公企业党支部16个，人才党支部1个，19个村街设立社区党总支1个、村街党总支2个、村街党支部14个。有党员954名，30岁以下的68人，60岁以上的474人；党员中有研究生8人、大学本科74人、大学专科115人；镇机关党支部有党员72人；有农村党员852名，其中，村“两委”成员中党员92名，村民代表中党员295名。加强村“两室”建设，夯实党建基础。按照“一室多用”“一室多能”要求，加大村“两室”建设力度，对达标的村“两室”进行升级改造，对不达标的村“两室”重新翻建，提高村“两室”硬件条件。

**【意识形态工作】** 实行镇党委主要领导负责制，明确镇党委书记为意识形态工作第一责任人，把意识形态工作作为党的建设重要内容，与全镇经济建设、政治建设、文化建设、生态文明建设和党的思想意识建设紧密结合，同部署同落实，严格落实“一岗双责”。设立微信工作群，不断增强镇机关干部特别是领导干部的责任意识，坚持意识形态工作原则，全力打好意识形态工作主动战。年内，镇党委会议专题研究意识形态工作4次，把中心组学习作为干部提高理论水平、增强理论修养的平台。制定《钳屯镇2019年党委中心组理论学习计划》，班子成员带头学习中共十九大、十九届四中全会精神、习近平重要讲话精神和省、市、县委全会精神，由镇领导班子学到组织机关学、村街学，以镇领导班子带机关，以机关带全镇。进一步健全完善党委班子建设各项规章制度，实行重大事项民主决策，开展“转作风、提效能”活动，定期开好班子民主生活会。坚持每周五的机关干部学习制度，全年组织党委中心组学习15次，机关干部集中学习26次。全力抓好学习强国、先锋在线、理论大讲堂等平台的推广应用和学习。推进基层党员干部学习教育常态化、制度化，拓宽学习范围，开展理论培训、业务培训、特色培训，提升镇村干部综合素质，激发学习正能量，搭建干部培训新平台，提升学习层次，展示学习成果。全镇共完成学习强国党员注册765人，参与率122.79%。在机关党支部开展“升国旗、唱国歌，我与党旗合影”主题活动，在村街开展“重温入党誓词、与党旗合影”的主题活动，结合中心组学习、党委书记讲党课、周五集中学习、学习强国、理论大讲堂等活动，将“两学一做”学习教育制度化、常态化。

**【“不忘初心、牢记使命”主题教育活动】** 镇党委领导班子“走在前、作表率”，坚持把“不忘初心、牢记使命”主题教育放在首位，不打折扣、不搞变通，成立由党委书记任组长、镇长任副组长、班子成员为成员的主题教育领导小组，形成一把手抓总、一级抓一级、合力抓落实的工作格局。在学习研讨、调查研究、检视问题、整改落实中发挥带头作用，对每位班子成员的文字材料严格审核把关，确保四项重点措施贯穿主题教育全过程。结合全镇实际，制订主题教育实施方案，从重要意义、总体要求、重点任务、组织领导等方面，召开动员部署会议，对全镇开展主题教育进行具体部署。镇科级领导干部围绕本镇以及分管工作中的突出问题和群众反映强烈的热点难点问题，进村入企开展调查研究，掌握第一手资料，把情况摸清楚、把症结分析透，拿出破解难题的实招、硬招，把调研成果转化为解决问题、改进工作的具体行动；开展“六对照”“五查找”“三问三查三看”工作，全面对标对表，认真开展自查，围绕“十八个是否”，组织召开对照党章党规找差距专题会议。在实地走访、召开座谈会、一对一谈心、发放征求意见表等形式征求意见建的基础上，聚焦查找出来的问题，认真检视、全面梳理、汇总建立问题整改清单，并建立相关台账。通过“六征求”征求到领导班子意见建议 67 条，个人意见建议 1005 条。梳理问题清单，列出具体问题 20 个，制定整改措施 20 项，年底前全部整改到位。

【全面从严治党】 坚持以习近平新时代中国特色社会主义思想和中共十九大精神为指导，进一步健全完善镇党委班子建设，实行重大事项民主决策，定期开好班子民主生活会，以班子自身建设不断加强为基层作表率。成立以镇纪委为主的检查组，不定期对便民服务中心窗口工作进行抽查检查，严肃机关纪律。成立村干部绩效考核小组，结合年度重点工作，对村“两委”班子进行考核打分。把发展党员、村民宅基地审批、计划生育审核、困难补助申请及村民需要村干部出具证明或加盖印章等 33 项便民服务权力事项进行明确，让权力在阳光下运行，促使村街干部种好“责任田”，当好“服务员”。

（李宏亮）

## 五百户镇

【概况】 镇政府驻地五百户村，位于县城南 10 千米。全镇总面积 60.5 平方千米，辖 43 个行政村，截至 2019 年年底，全镇总人口 38698 人，总户数 11035 户，从业人员 18496 人，常用耕地面积 3776.27 公顷（56644 亩），全镇完成财政收入 3475 万元，占全年任务的 100.7%。已婚育龄妇女 7101 人，年内出生 268 人，符合政策生育率为 94.40%，人口出生率为 6.69‰，人口死亡率为 6.76‰，人口自然增长率为-0.07‰。2019 年，先后获“全国维护妇女儿童权益先进集体”“2019 年度全国综合实力千强镇”（第 663 名）“河北省投资领域统计工作先进单位”“河北省诗词之镇”“廊坊市诗词之镇”“廊坊市先进乡镇（街道）武装部”“2019 年廊坊市文明村镇”“全民国防教育工作先进单位”“2018 年度廊坊市先进妇联组织”等多项称号。

【农业基础设施建设】 2019 年，镇现代农业园区基础设施建设全部完工，1800 亩无公害蔬菜产销项目完成发改立项和土地报备，一期四季蔬菜大棚项目投产达效。香椿营村标准化养殖小区和屠宰加工厂完成建设，牛羊养殖屠宰产业形成集

设施蔬菜生产　　五百户镇政府供图

群化、标准化、规模化，综合效益全面提高。新恒昌养鸡有限公司圆满完成扩大规模、增加效益，获评市级农业产业化龙头企业。

美丽庭院　　五百户镇政府供图

【工业企业转型升级】 2019 年，全镇有规模以上工业企业 5 家，全部完成转型升级方案的编制，2 家已经启动实施。其中，香河众旺木业有限公司、香河天亚木业有限公司已经成为国内高端环保板材的龙头企业，香河港龙汽车配件有限公司、香河海潮制件有限公司等成为国内百强企业合作商，与法国雪铁龙等汽车品牌的合作项目积极深入。

【营商环境优化】 深入开展“大走访、大调研”和“集中协调解决问题”等多种活动，全面提升服务企业发展的软环境，走访企业 96 家，收集政策、资金和人才、用地方面的问题 11 个，集中解决 9 个；形成《全镇家具行业发展调研报告》，针对镇域家具企业发展提出了对策建议和保障措施。

【美丽乡村建设】 2019 年，以“拆违”为突破口，全力整治沿街乱搭乱建，为后续实施厕所改造、街道硬化等工程提供空间保障。累计拆除李庄、前楼等沿街私搭乱建和违章建筑等 120 余处，共 3.7 万平方米，清理建筑垃圾近 6 万立方米；集中实施 24 个村街 4689 户的改厕，年内，完成全镇 43 个村街的厕所改造任务；同步完成 33 个村街的 190 个露天垃圾池改造，为 15 个村街配备 100 个地上封闭式垃圾箱。开展美丽庭院建设，通过宣传培训、入户指导、集中整治、督查评比等一系列举措，全镇累计创建美丽庭院 3494 户，打造精品庭院 982 户，涌现出香椿营、九百户等一批干净整治且富有特色的美丽庭院示范村。镇村交通路网建设，重点实施了香务线拓宽工程，全长 7 千米，路面由原来的 6 米拓宽至 9 米，年内竣工并全线通车；完成倪李路道路两侧绿化美化亮化工程，石辛庄小公园竣工；修复、硬化连村公路 12 条，总里程 12 千米；实施了李庄、骡子王等 7 个村的街巷硬化、亮化工程，村民生活环境稳步提升。

香河县民俗文化村——五百户镇九百户村　　五百户镇政府供图

【生态环境建设】 “散乱污”企业管控取得实效。镇大气办和环保所、综合执法队等单位依托网格，实行动态管理，清理取缔散乱污企业47家，整改完成率100%。大气污染防治保持长效。坚持在燃煤锅炉淘汰、建筑工地扬尘监管、秸秆禁烧管控等方面实行科学部署，完善了各种相关方案，进一步明确了工作任务和部门职责分工，大气污染防治常规性工作常态化开展。同时，各村街均成立了禁煤巡查小组，累计查处散煤销售行为13起，清理散煤30余吨。水土环境防治不断推进。全面落实河长制要求，完善了域内河渠常态化规范管理方案，对辖区内全部河渠以及53个坑塘定人定期进行巡管；集中清理河面漂浮物近3000立方米，清理河岸乱搭乱建、乱种乱养4处；全力推进畜禽养殖废弃物资源化利用工作，全镇80%以上的养殖企业增设了雨污分流设施和无害化堆粪池。

【安全生产】 严格落实安全生产监管责任，开展20余次各项安全隐患大排查和联合执法检查，消除和整改各类安全隐患500处。加大《中华人民共和国安全生产法》的宣传教育培训，使安全生产的理念深入人心，安全生产制度执行到位，安全生产工作成效明显，2019年，镇域内无一起重特大事故的发生。

【“扫黑除恶”工作】 “扫黑除恶”斗争不断深入。依托网格化治理和人防、技防手段，摸排核查涉黑涉恶线索、整顿农村基层党组织，实行镇村联动问题线索大排查制度，累计收集微腐败问题线索12个，查实0件，诫勉谈话和提醒谈话14人，“扫黑除恶”工作法治化、规范化、专业化水平不断提高，人民群众安全感、满意度明显提升。

【社会保障工作】 严格落实低保政策，积极创新帮扶新举措，每月为418户低保户559人、特困人员175人发放救助金25.2万元，每月为758名困难残疾人和重度残疾人发放助残资金9.7万元，依法维护残疾人合法权益。认真落实抚恤补助政策，发放抚恤金197万元。坚持“一户一策”帮扶政策，采取多种措施，强力推动扶贫工作扎实开展，2019年，全镇建档立卡贫困户12户32人全部实现稳定增收、提前脱贫。在此基础上，按照中央提出的脱贫不脱政策的要求，全面落实“两不愁、三保障”帮扶标准，巩固提升扶贫攻坚成果。

【精神文明建设】 成立镇级诗社1个，村级诗社3个，印发自创诗刊4期，2019年，五百户镇成功获评“河北省诗词之镇”，田各庄村获评“河北省诗词之村”。各村街修订《村规民约》，建立红白理事会、道德评议会、禁赌禁毒会，进一步提高约束力、执行力，推动农村精神文明建设稳步提高。

【基层党组织建设】 镇党政班子聚焦主题主线，立足“学实改深见成效”，通过学理论、讲党课，找差距、抓落实，紧密联系实际，不断推动学习贯彻习近平新时代中国特色社会主义思想往深里走、往心里走、往实里走。全面开展“万户大走访”活动，组织镇党政领导和机关干部深入村街，倾听群众意见，切实了解群众的合理诉求和实际需要，千方百计帮助群众解决问题。同时，在机关股级及以下干部中，开展“服务口碑、吃苦耐劳、学习达人、突破创新、业务权威、包村贡献、突出贡献”7个方面的评比，树典型、亮形象，营造担当实干的浓厚氛围。进一步规范村两委“三会一课”、村干部“坐班”、党支部书记例会、组织生活会、民主评议等制度，突出基层党支部堡垒作用。高辛庄、五百户、荒凌庄3个软弱涣散党组织全部完成整顿转化，并不断巩固加强；

全镇 43 个村街，全部建立并完善村级综合服务站，提供“一站式”办公，“一条龙”服务，尽最大努力解决群众问题，切实提高为民服务水平。

**【意识形态建设】** 2019 年，全镇组织理论中心组学习 15 次，机关学习 40 余次，专题研讨 4 次，运用“学习强国”“先锋在线”等载体营造学习氛围，利用镇村视频会议系统讲专题党课 4 次。开展“不忘初心、牢记使命”主题教育，组织党员干部到红色基地西柏坡和冉庄参观学习，缅怀先烈、增强党性。

**【“不忘初心、牢记使命”主题教育】** 扎实深入开展“不忘初心、牢记使命”主题教育,9 月 12 日，召开全镇“不忘初心、牢记使命”主题教育动员会议，制定印发《五百户镇“不忘初心、牢记使命”主题教育实施方案》；制定《五百户镇党委理论中心组“不忘初心、牢记使命”主题教育集中学习研讨方案》、镇机关学习计划、各村街学习计划，重点将规定书目作为学习内容，开展集中学习与个人自学相结合，同时，充分运用“学习强国”“先锋在线”App 以及“香河县五百户镇政府”微信公众号等党员教育管理平台推送学习内容；组织镇机关党员干部分 2 批到西柏坡和冉庄村参观学习，缅怀革命先烈，教育党员干部牢记党的宗旨，增强党性，爱岗敬业；镇党政领导班子深入一线开展集中调研，形成了一批高质量的调研成果并进行研讨交流；利用镇村相通的远程视频会议系统，由镇党委书记为全镇党员干部集中讲授了一堂党课，其他领导班子成员分别深入所包村街讲授专题党课；采取个别访谈、召开座谈会、设立征求意见箱、发放征求意见表等多种方式征求意见，同时对标对表自查问题，将问题一条一条梳理归类，纳入检视问题清单；在征求意见和实地调研的基础之上，聚焦检视出来的问题，建立整改清单，并始终把“改”字贯穿始终，对主题教育期间发现的问题，能立即整改的立即整改，对于一时解决不了的，紧盯不放，明确阶段目标，持续推动整改。

**【全面从严治党】** 严格落实“一岗双责”制度，镇党委与各村街、各所站主要负责人分别签订了《党风廉政建设责任状》，确保党风廉政建设目标落到实处。严格执行领导干部有关事项报告制度，认真落实民主集中制，发挥党委会作用，对于重大事项，均由集体讨论决定；定期召开班子民主生活会，开展批评与自我批评，不断提高决策民主化、科学化水平；认真落实党政“一把手”不直接分管财务、人事、工程建设、物资采购四不直接分管规定，从制度层面规范领导干部依法行使权力，促进领导干部廉洁从政。

把对党员干部的思想政治教育放在首位，坚持每周五机关政治理论学习，每月一次镇村两级干部集中学习，充分利用每次的镇、村干部大会，结合工作实际开展一系列党风廉政教育。运用“第一种形态”开展批评教育 2 人次，查处各类违纪案件 6 件，查结 6 件。其中，给予党内严重警告处分 1 人、党内警告处分 5 人。同时，在机关干部大会、村干部大会上进行通报，使党员干部以案明纪、引以为戒，增强拒腐防变的能力。

（茹　超）

## 刘宋镇

**【概况】** 刘宋镇政府驻地刘宋村，位于香河县城东南部，距县政府 20 千米，辖区总面积 62 平方千米，播种面积 5072.27 公顷（76084 亩），有 25 个行政村。截至 2019 年年底，全镇总人口 37239 人，已婚育龄妇女 6453 人，出生 287 人（一孩 107 人，二孩 159 人，多孩 21 人，计划外出生 16 人），符合政策生育率 94.43%，综合避孕率 90%，出生婴儿性别比 106。植树造林 196.67 公顷(2950 亩)，植树 14.75 万株。2019 年 6 月，刘宋镇党委获廊坊市“先进基层党组织”称号,庆功台村党支部书记范国生获“市级优秀共产党员”称号。

【万亩荷塘建设】 2019 年，重点打造尚荷园绿化景观节点，完善景区交通、荷塘栈道、凉亭等基础设施建设，丰富荷塘荷花品种培植和扩大种植面积，聘请专业管理公司加强对景区的交通、安全、疏导、管理以及处理应急事件等，给游客提供安全、方便、卫生、整洁的旅游环境。2018 年 CCTV-17 农业农村频道《乡村大世界》栏目“走进香河”特别节目在万亩藕荷成功录制播出后，进一步提升“荷香香河”的生态品牌和万亩荷塘景区的知名度、美誉度。荷花盛开期间，日接待游客最高突破万人。

万亩荷塘 刘宋镇政府供图

【大气污染防治】 开展“散乱污”企业专项整治行动。通过排查确定域内有“散乱污”企业 159 家，符合整改提升条件的企业有 11 家。制定《刘宋镇 2019 年新排查发现整改提升类“散乱污”企业动态整治清单》和《刘宋镇 2019 年“散乱污”企业动态整治清单》，依法依规对 148 家“散乱污”企业进行取缔清理。加大对取缔的“散乱污”企业监管力度，不定期开展“回头看”行动，防止出现虚假整改、死灰复燃的现象；对于符合整改提升条件的企业，镇环保所帮助办理相关环评手续，尽快完成整改提升措施，截至年底，有 10 家企业完成环保设备安装并通过环保部门的验收，取得排污许可证。通过悬挂条幅、各村街广播、微信公众平台等渠道，宣传相关环保知识，增强群众环保意识，发放环保通知 300 余份，悬挂条幅 200 余条。严格控制燃煤污染。淘汰所有燃煤锅炉，坚决查处散煤违规销售和燃煤锅炉使用。对沿街商铺加强巡查监管力度，镇环保所执法队向有沿街商户下发散煤禁烧通知书，坚决制止商户使用燃煤炉取暖，一经发现坚决予以拆除取缔，重点对烧烤经营门店逐一检查。深化扬尘污染治理。持续开展道路扬尘管控，加大机械化保洁力度，机械化保洁范围由主干道向次干道延伸，重点路段、重点区域每天清扫和洒水不少于 6 次，根据天气情况适时增加洒水次数，同时对道路两侧的垃圾进行清理。按照《香河县纳污坑塘排查整治工作方案》通知要求，安排专人对镇域内所有坑塘进行排查并登记造册，排查出纳污坑塘 54 个，其中，有水坑塘 24 个，无水垃圾坑、点 30 个，通过水样监测，辖区内坑塘全部达标，镇政府安排专人对坑塘周边的垃圾进行清理，所有坑塘设立围挡、标识牌，划分责任人，通过省验收组验收全部合格。加强卫生监管，建立日常维护机制。按照“村收集、镇清运、县处理”的垃圾清理模式，镇、村两级 25 个环卫队，对村街的积存垃圾、落叶、秸秆和杂草进行清理，确保村街垃圾处处有人清理不留死角，长效治理机制得到落实。

【美丽乡村建设】 镇党委、政府坚持“政府主导、各村联动、全民参与、综合整治”原则，通过以点带面，逐步推开的方式，扎实推进美丽乡村建设。2019 年，美丽乡村建设涉及 22 个村街，其中，完成庆功台村便道铺装、绿化、亮化、民俗一条街建设和北务屯休闲广场建设工程，共铺装 4.4 万余平方米、绿化 3000 平方米；完成太平庄村委会建设工程；程官屯村南景观节点及东张庄村委会、广场工程完成相关建设手续办理，具备入场施工条件；北村、荆庄、大田、刘宋村巷道提升等工程完成工程设计、预算编制等工作；中营、陈庄等 14 个村街的村域测绘工作结束，为下一步工作开展提供数据支持；完成 10 个村街规划设计工作，正在抓紧推进辛立屯、中营等未开展美丽乡村建设工作的村街工程设计和预算编制工作。年内，全镇厕所改造任务剩余的刘宋、倪庄、荆庄等 13 个村街全部完成厕所改造，完成厕所改造 5111 座，建设卫生公厕 48 座。确定八户、程官屯、太平庄等 8 个村为美丽庭院示范村。以“净化、绿化、美化”为准则，组织开展“家庭清洁”集中整治活动，通过清扫庭院内外，做到“四清”（清垃圾、清杂物、清残垣断壁、清庭院）和“六净”（院落净、居室净、厨房净、衣物净、厕所净、禽舍净），年内，全镇选出美丽庭院 3030 户，精品庭院 1198 户。

**【“煤替代”工程】** 全镇有“气代煤”村 7 个、用户 5254 户，“电代煤”村 18 个、用户 6918 户。2019 年，完成取暖季补贴统计、发放等工作；在“气代煤”村，通过广播、宣传栏、海报等多种方式对燃气用户进行安全用气宣传，村街协管员每天对村街内燃气管线进行巡查；镇安监站人员不定期对村街进行抽查，确保居民用户使用安全，检查“气代煤”村 7 个、发现问题 45 处，检查“电代煤”村 18 个，抽查农户 180 户，发现安全隐患 88 处，均整改落实到位。

**【路网建设工程】** 按照农村公路养护机制，加强日常管理，完善养护内业及养护台账，不定时填补坑洞及村街损坏路面。2019 年，完成对香北线—大田小学路段、刘庆庄—陈庄—北务屯路段、北务屯—八户路段、孙庄—大田小学路段、辛立屯—村路、太平庄—刘庄路段进行了改造，总里程数为 9.605 千米。完成京唐城际铁路征地任务，年内，交付铁路红线内永久用地 10.32 公顷（154.8 亩）、临时用地 1.83 公顷（27.4 亩），除民宅及厂房处土地全部完成交付。

**【经济普查工作】** 悬挂条幅 30 余条，张贴公告以及经济普查一封信 500 余张；培训普查员、PDA 录入员 50 余人。全镇共设定 25 个普查小区，摸底调查走访经营户 1700 余户，确保入户率达到 100%，确保入户调查、填表、录入一体化。通过摸底调查确定并录入个体工商户 1335 户，其中有营业执照户数 788 户，共核查法人和产业活动单位 321 户。正式填表录入全镇法人单位 309 户，抽中个体户 87 户，个体运输户 10 户，规模户 15 户，完成全国第四次经济普查工作。

**【安全生产执法】** 与各村、重点企业签订“消防安全责任状”和“安全生产目标管理责任书”，每月对镇域内企业、村街进行安全督导检查，发现安全隐患及时告知单位负责人，并下发限期整改指令书。全年进行明察暗访 30 余次，出动检查人员 130 余人，检查企业 87 家次，发现隐患 448 处，截至 2019 年年底，完成整改 397 处，其余隐患处于整改阶段，有效地遏制了重特大安全生产事故的发生，实现全镇安全生产零死亡的目标。

**【法治建设】** 加大安置帮教和社区矫正人员的管理，全镇 13 名矫正人员每周到镇司法所签到、上传照片，每月进行一次集中听课培训，实现两类人员无重新违法犯罪，犯罪率控制在零，营造全镇安定团结、知法、守法的大环境。

【群众工作】 加强镇群众工作中心和村街群众工作站建设，建立和完善各项规章制度、安装群众工作中心视频网络系统。集中精力对本辖区的矛盾纠纷和隐患进行排查清理，排查到村、到户，逐案逐人逐项登记造册并建立工作台账，横到边，纵到底，不留空白、不留死角、应排尽排、应查尽查、底数清、情况明。对影响全镇稳定的重点问题和有关人员进行了研判梳理，对一切不稳定因素和人员实行包案制，确定了包案领导，做到“小事不出村，大事不出镇，矛盾不上交”。圆满完成全国“两会”、中华人民共和国成立70周年大庆、中共十九届四中全会、“5·18”中国廊坊国际经济贸易洽谈会、暑期安全保卫及第23届中国廊坊农产品交易会等重要会议、重大活动期间的安保工作。

【平安创建】 全面做好“扫黑除恶”工作。成立“扫黑除恶”专项斗争领导小组，制订《刘宋镇关于开展“扫黑除恶”专项斗争的实施意见》，镇政府分别与辖区内25个村签订责任状；利用网络平台通过机关微信工作群、人民调解微信群、村街党支部微信群、村街党员微信群广泛宣传“扫黑除恶”相关知识；通过各村“大喇叭”广播、悬挂条幅、固定标语、展牌、发放“明白纸”等方式对“扫黑除恶”专项斗争进行广泛宣传，形成人民群众广泛参与，对黑恶势力人人喊打的浓厚氛围。严厉打击非法传销。镇政府分别与辖区内25个村签订《刘宋镇打击传销责任书》，建立起镇政府、职能部门和派出所、村委会参与的打击传销工作网络体系。悬挂条幅70余条，张贴标语200余条、发放宣传资料1000余份，并在学校开展打击传销法律、法规及警示教育宣传，各村向村民开展禁止传销规范直销宣传教育，广泛发动村民举报传销线索，落实群防群治群管措施，有效打击和预防非法传销。

【社会保障】 2019年，完成60岁以上7900名农村居民领取养老金人脸识别认证工作，1.5万名农村居民缴纳养老保险320万元；2.8万名农村居民缴纳医疗保险780万元。认真做好农业补贴资金公开、录入、上报工作，确保资金按时发放到农民手中，是年，全镇农业补贴面积3545.1公顷（53177.15亩），补贴金额503.06万元。开展“关爱女孩、金秋圆梦”志愿行动活动，为马庄、尹庄、刘庆庄村3户单亲家庭的女孩每人发放助学金2000元；为刘宋村单亲女孩、太平庄村贫困大学生每人发放慰问金3000元；为太平庄村1名贫困母亲送去慰问金3000元。为全镇8户特殊家庭人群建立帮扶台账，发放体检卡15张，发放救助公益金、各种补贴3万元；审批通过计划生育家庭奖励扶助、特别扶助对象54人，发放独生子女父母奖励金16万元，发放城乡养老保险计划生育补贴款11万元。年内，开展残疾人种养实用技术、电脑、按摩、修理等培训，先后共有10余人参加了培训；办理残疾证105个，残疾人动态更新登记填报933人，困难残疾人生活补贴9人，重度残疾人护理补贴67人，无障碍改造7户，辅助器具发放85人、96件，应急救助3人，困难残疾人生活补贴、重度残疾人护理补贴核查515人。全镇共有农村低保392户、536人，月低保金额为27.73万元；城镇低保6户、10人，月低保金额为6388元；特困178人，每人每月1440元。所有资金全部实行社会化发放，低保、特困工作实现动态管理下的应保尽保、应退尽退。年内，严格落实对退役军人及优抚对象各项优抚政策，所有人员的抚恤金及其他优抚款全部实行社会化发放；按质、按量完成征兵工作，按要求做好民兵的各项基础和应急准备工作。

【精准扶贫工作】 2019年，全镇有建档立卡贫困户16户、41人。其中，刘宋村2户、8人，荆庄村2户、7人，西王村1户、3人，刘庄村1户、

2人，太平庄村1户、5人，张庄村4户、5人，八户村1户、2人，庆功台村4户、9人。年内，16户贫困户、41人全部实现脱贫。

**【文化建设】** 2019年，在镇政府及全镇25个村设立阅报栏，并安排专人负责及时更新，便于群众及时了解掌握国家的方针政策和信息；依托村街文化广场，组织开展秧歌、广场舞、戏曲文化演出120余场，丰富了群众的业余文化生活；立足助力创建文明县城，开展“美丽庭院”创建活动，组织开展宣讲活动6次，发放宣传资料600余份。加强以社会主义核心价值观、未成年人思想道德教育等内容的公益宣传，印制发放《文明城市创建倡议书》3000余份，在主要道路两侧、村街路口等张贴悬挂标语100余条，并运用“荷香刘宋”微信公众号对工作中先进典型做法及时宣传9期，营造了浓厚的舆论氛围。在全镇25个村制定村规民约制度、红白理事会制度、志愿者队伍制度、乡镇骨干队伍制度，制作安装“善行功德榜”展板、“道德讲堂”牌、“十星级文明户”牌、“乡风文明示范街”牌等。

**【基层党组织建设】** 严格规范党员管理。实行“党员先锋指数积分管理机制”，每季度公示一次，教育引导党员不断增强身份意识和责任意识，激发干事创业和为民服务的热情；严格落实发展党员“四库”管理办法，全面建立申请入党人员库、入党积极分子库、预备党员库、党员信息库，严把录入关、审核关、质量关，实行动态管理，及时报备更新相关内容，准保“四库”信息准确、及时；全面开展基层组织生活会和民主评议党员，全镇31个党组织通过召开组织生活会、民主评议党员工作，各支部班子通过查摆问题，逐一列出整改事项，明确目标，作出承诺，并在党务公开栏内公示。全镇1551名党员中，评价为“优秀”档次的党员455名，评价为“合格”档次的党员1092名，评价为“基本合格”档次的党员4名，无“不合格”档次的党员；对“基本合格”党员分别进行谈心谈话，促其思想转变，树立先锋意识。

强力转化软弱涣散基层党组织。2019年，张庄、东王各庄、太平庄3个村街，由于村级活动场所危旧狭小不能正常使用、村集体经济薄弱被确定为市级后进村党组织，马庄、张庄2个村因信访问题被确定为省级后进村党组织。县、镇两级突出对后进村街进行整顿转化，由县领导、县直局驻村工作队队长、镇整改责任人分包后进村。针对马庄、张庄等村信访问题，通过召开村“两委”会，研究解决对策，入户做思想工作等措施顺利实现后进转化工作。针对张庄、东王、太平庄村3个村街村级活动场所危旧狭小不能正常使用、村集体经济薄弱问题，工作组多次组织村“两委”干部、党员、村民代表积极筹措资金，并以美丽乡村建设和村级一事一议工作为契机，为村街申请专项资金。截至年底，太平庄村村级活动场所完成新建并投入使用，东王各庄完成资金预算，即将上招投标平台，张庄村开始施工建设。

深层次打造“水润荷香”党建示范区。严格落实基层党建重点工作责任状要求，确定党建示范区以庆功台村——万亩荷塘为亮点，发挥荷花带动效应，延伸打造刘宋、程官屯、八户、王务、北务屯、太平庄、德辛庄等共8个村街。围绕“建设坚实班子、推动经济发展、打造宜居环境、促进和谐稳定”目标，在示范区内所涉及8个村街打造示范街巷，营造“荷花之乡”氛围。截至年底，对八户、刘庄、德辛庄村委会进行修缮，并配备办公桌椅等。严格落实村“两委”干部“两考三评一定”绩效考核、村务活动专项考核、创建“五星”级党组织考核及村务工作“四议一行一监督”机制等考核制度，增强干部勤政廉政意识，体现干部能干事、敢担当、做表率。采取集中学习、“大喇叭”广播、“荷香刘宋”微信平台、党建微信群等方式，对党员干部进行党章党规、习近平新时代中国特色社会主义思想以及中央省市县委一系列文件精神的传达学习，提升全体党员当先锋、做模范意识。

**【“不忘初心、牢记使命”主题教育】** 牢牢把握“守初心、担使命、找差距、抓落实”的总体要求，在全镇全面开展“不忘初心、牢记使命”主题教育工作。9月12日，召开全镇“不忘初心、牢记使命”主题教育动员部署会议，制定《刘宋镇“不忘初心、牢记使命”主题教育实施方案》；进行学习研讨，召开领导班子专题会议，研究制定《刘宋镇“不忘初心、牢记使命”主题教育学习研讨方案》；开展调查研究，结合贯彻落实党中央决策部署，着眼解决实际问题，班子成员确定了11个调研课题，并形成了高质量调研报告，召开了调研成果交流会；进行检视反思和整改落实，在发放征求意见表、设置征求意见箱等形式征求意见建议的基础上，围绕政治建设、思想建设、作风建设、能力建设和党风廉政建设等5个方面的突出问题，认真检视、全面梳理、汇总建立了问题整改清单，明确措施和完成时限。镇党委班子和科级干部检视问题19条，立行立改8条，建立问题清单及整改措施11条，形成长效机制5条；重点解决民生实事24件，化解信访积案13件，整改安全隐患75处。

**【意识形态工作】** 严格党委中心组学习制度，做到党政班子成员率先垂范、带头学习，每月集中学习不少于1次，自学不少于2次。为村“两委”干部在党委微信群及时发布相关学习内容，方便了农村党员干部学习。落实“三会一课”等党内组织生活报备督查机制，严格实行月自查、季抽查、半年互查机制，使基层组织活动有目标，党委督导活动有针对性。

**【全面从严治党】** 严肃规范党内政治生活，坚决把纪律和规矩落在实处。认真组织学习《习近平新时代中国特色社会主义思想学习纲要》《中国共产党党内监督条例》，教育引导党员干部牢固树立政治意识、大局意识、核心意识、看齐意识，让党员干部熟知规矩、掌握方法，严格按程序决策、按规矩办事。细化责任，主责主抓。结合党风廉政建设主体责任，按照职责分工，制订《刘宋镇党委班子领导干部党风廉政建设责任清单》，由党委书记与班子成员签订党风廉政建设责任书15份。召开专题会议对全面从严治党工作进行安排部署，加强检查考核，促进各项任务落实到位。为加强机关效能建设，切实把效能建设工作抓紧、抓好、落到实处，继续严格实行机关干部职工考勤学习及有关制度，规范机关干部职工的行为，其中，包括机关干部行为规范，机关干部职工考勤制度，节假日公务用车管理制度等。同时抓好政务、村务公开，增强工作透明度，自觉接受群众监督，提高工作质量和效率。

（田文忠）

## 安头屯镇

**【概况】** 安头屯镇政府驻地安头屯四村，位于香河县城东南9千米处。辖区总面积37.44平方千米，有21个行政村。截至2019年年底，全镇总人口22192人，其中，从业人员9536人；常用耕地面积2589公顷（38835亩），粮食耕种面积2402.27公顷（36034亩）（复种），粮食产量13937吨，农林牧渔产值33661万元，财政总收入1525万元，全镇工业总产值10.3亿元；镇区总人口5119人，镇区面积4.9平方千米。年内，安头屯镇被河北省统计局授予“2019年度河北省投资领域统计工作先进单位”称号，被共青团河北省委授予“2018年度河北省五四红旗团委”称号；获得“廊坊市脱贫攻坚先进集体奖”及“廊坊市文明乡镇”

“廊坊市诗词之镇”“廊坊市党委信息工作优胜单位”“廊坊市维护妇女儿童权益先进集体”“廊坊市农业调查工作先进单位”称号；被县委、县政府授予“2018年度优秀领导班子”“安全生产目标管理考核良好”称号，被县政府、县人武部授予“基层全面建设先进单位”，荣获全县“依法行政考核优秀单位”称号。小青庄务村获得“河北省森林乡村”和“绿美村庄”称号，西口头村被评为市级示范“妇女之家”“香河县先进基层党组织”。

自动化植物工厂　　安头屯镇政府供图

**【农业片区建设】** 农业片区计划完成长12.68千米、宽9米、两侧绿化带各15米的“两横三纵”路网建设，2019年，已打通农业片区与香宋路、双安路、潮白河堤顶路的连接互通。清理障碍树木9410棵、移植风景树4130棵、移动通信杆215根、拆除房屋3800平方米，修桥5座，平整地面36.67公顷（550亩）。农业片区铺设天然气管网7000米，铺设人行道路6500米，新打绿化用水井11眼，铺设绿化灌溉管网5.6千米，栽植各种高档风景树8100株，旅游片区绿化率达80%。截至年底，“两横三纵”道路修建完成2条共计5.783千米，完成道路两侧15米绿化带建设。

**【燃气储气站项目】** 百川燃气储气站项目，规划占地7.87公顷（118亩），年内完成地上附着物的补偿和清理工作，土地移交百川燃气公司，截至年底，项目完成围墙建设。

**【美丽乡村建设】** 全镇21个村街实现美丽乡村全覆盖。其中，重点打造西口头、杨营、小青庄务、前独立、后独立、东太平庄6个精品村街。21个村街地下管网全面铺设，其中，铺设自来水管网35万米、污水管网17万米、燃气管网16.5万米；新建西口头、前独立2个污水处理站和东太平庄村159个分散式小型湿地污水处理设施；安一、安四2个村街的污水纳入城镇污水管网；21个村街的大街小巷全部实现水泥硬化，面积73.5万平方米；各村街铺设彩砖13.4万平方米、粉刷墙壁15万平方米；在活动广场、连村路、村街主要道路共种植各类观赏乔木4800株、灌木7800株、铺设草坪6000平方米，全镇村庄绿化覆盖率均达到30%以上；实

农业片区路网建设　　安头屯镇政府供图

施道路亮化工程，安装新型太阳能路灯5800根；拆除房前屋后、欺街占道等各类影响村容村貌的违建2.1万平方米。21个村街全部建立保洁员队伍，垃圾实现村收集、镇转运、县处理，达到日产日清目标；西口头、小青庄务、杨营庄3个村街垃圾分类试点工作正常开展；农村改厕工程全面实施，已完成改厕6040座，改厕率93%；创建美丽庭院1909户，打造精品庭院604户。

【生态环境治理】 2019年，全镇共有“散乱污”企业111家，依法依规和“两断三清”要求全部取缔；对96家持有排污许可证工业企业，全部安排驻厂员监管；全年完成16台低氮锅炉改造任务。潮白河、北排干、东干渠、香绣渠、商汪甸排干渠5条河渠流经辖区14个村街，河流总长21.32千米，年内，镇政府对镇域内河渠进行了全面清理整治，各河段沿岸醒目位置设置了河长制公示牌22块，安排镇级河长12名，村级河长17名，专职巡护员14名，落实巡河任务。对全镇47个坑塘和潮白河大套桥断面的垃圾杂物、水面漂浮物全部进行了集中清理。

【京唐城际铁路征地工作】 京唐城际铁路安头屯段全长3.805千米，途经安一、安二、安三、安四、杨营、孙营、黄庄7个村街，涉及103户，永久占地6.9公顷（103.5亩）、临时用道和施工场地2.8494公顷（42.741亩）。其中，敏感区内涉及房屋2处，沿线涉及征拆看护房、大棚、养殖棚4处，鱼塘1个，坟58座。工作中，共清理各类树木3.5万株，拆除大棚、看护房、养殖棚等872.33平方米，迁坟46座，迁改高低压线路30处。年底前，永久占地、临时用地及5处控制性节点工程占地均已全部交付。

【连村路网建设】 全镇计划建设23条26.97千米连村路，2019年完成16条20.6千米。工作中，共清理树木5280棵、移动通讯杆500根，拆除违建3500平方米。

【产权制度改革】 完成农村集体产权制度改革工作，全镇统计资产总额19351.77万元，资源性资产集体土地总面积3387.09公顷（50806.39亩），认定集体经济成员21321人。21个村街全部成立了股份经济合作社，均报上级部门等待颁发证书。土地确权工作全面完成，5150本经营权证书发放到户。

【民主法制建设】 切实加强法制宣传，广泛宣传《中华人民共和国宪法》、《中华人民共和国土地法》、国务院《信访条例》等与群众生活息息相关的法律法规。在“三八”妇女节、“3·15”消费者权益日、“6·26”国际禁毒日等时间节点，开展相关普法宣传。全年，开展法制宣传30次，办法制宣传专栏6期；动员宣传车65台次，发放各种宣传资料2.8万余份。全镇共有登记办理居住证人员1320人，及时掌握流动人口的居住处所，服务处所等相关信息，预防流动人口违法犯罪。建立健全“三位一体”的边排查边调处工作制度，2019年，镇调解中心及村街调委会调解案件35件，立卷35件。

【“扫黑除恶”】 深入开展“扫黑除恶”专项行动，全力维护社会治安大局稳定，成立以镇领导班子成员为核心的扫黑除恶工作领导小组，各村成立以党支部书记为第一责任人的工作小组，做到有黑必打、有恶必除。

【社会保障】 2019年，以扶贫脱贫工作为契机，实施“一户一档”“一户一策”的精准帮扶措施，全镇建档立卡贫困户8户、11人全部实现脱贫退出。加强对弱势群体的帮扶救助力度，为6户危房进行改造，其中，4户新建、2户翻修。春节前走访慰问建档立卡贫困户、低保户、特困户、困难户、重点优抚对象共计378户，发放米、面14900千克，食用油1490升，慰问金4万元。全年累计为低保户、特困人员、残疾人发放救助金和补贴345.3万元。全面落实计划生育奖励扶助和特殊扶助政策，奖励扶助342人、特殊扶助15人；落实独生子女退休人员一次性奖励1人；发放2019年独生子女费64230元、特困人员救助公益金及补贴23596元。

【文化建设】 2019年，加大对民间花会的扶持力度，重点抓好具有1200年历史的国家级非物质文化遗产项目“安头屯中幡”的传承与发展，进一步提升其知名度和影响力，带动全镇文化活动广泛深入开展。文化阵地建设得到进一步加强，新建镇综合文化站，高标准配置电子阅览室、图书室、多功能活动室、中幡文化活动室等功能室，升级软硬件配套设施，增加活动空间，为群众提供更加优质的文化服务。群众文化活动进一步丰富，北口头戏迷协会每周一、三、五在镇文化站彩排演出，中幡主题文化广场和各村街文化活动广场上每晚广场舞、小车会、秧歌会轮番上演，群众文化生活丰富多彩；为各村街文娱队伍配备音响、大鼓、服装等演出器具，定期开展培训交流活动。

【基层党组织建设】 2019年，全镇发展党员17名，解决3年未发展党员村7个，通过补选村委会主任、村委会委员，实现大青庄务、商汪甸2个后进村转化。建设韩营、安一、安三、兴隆庄4个村级活动场所，基层组织活动阵地达到13个。以镇政府为中心，辐射带动东、西两个区片的党建示范区。西片以西口头等村街为主，打造“中幡党建示范区”；东片以小青庄务村、乐农美联企业联合支部为主，打造“现代农业党建示范区”。

【意识形态】 思想认识到位。镇党委将意识形态工作摆在最首要、最突出的位置，坚持党管宣传、党管意识形态，牢牢掌握意识形态工作的领导权主动权，将意识形态工作列入了党委年度工作要点，建立健全了党委统一领导、党政齐抓共管、宣传部门组织协调、各相关部门积极配合，共同做好意识形态的工作机制。理论学习到位。落实镇党委理论学习中心组制度，将中共十九大精神及《习近平新时代中国特色社会主义思想三十讲》《关于坚持和发展中国特色社会主义的几个问题》《中国共产党政法工作条例》等60项内容纳入学习范畴。2019年，开展中心组理论学习12次，集中研讨3次，撰写体会文章32篇。工作落实到位。召开2次意识形态工作专题研究会，分析全镇在意识形态领域的动态动向、判断意识形态领域形势，对全镇意识形态工作任务、目标要求进行明确和部署。

【“不忘初心、牢记使命”主题教育】 精心组织实施。召开“不忘初心、牢记使命”主题教育

10月18日，安头屯镇举办“不忘初心、牢记使命”主题教育专题党课
安头屯镇政府供图

工作动员会议，下发《安头屯镇“不忘初心、牢记使命”主题教育实施方案》，明确总体要求和方法措施，保证主题教育方向不偏，目标不散，节奏不乱。筑牢思想根基。按照读原著、学原文、悟原理的总体思路，为全体镇村党员干部发放《习近平关于“不忘初心、牢记使命”重要论述选编》等重点理论学习资料。由镇党委书记、镇长及副科级干部带头分别为全体机关干部、所包村街党员上党课。拓展学习载体。充分利用“学习强国”“河北干部网络学院”、微信公众平台等学习平台，增强在线学习的有效性。开展主题党日活动。组织全镇 93 名机关干部到李大钊纪念馆参观学习，引导大家探寻初心、牢记使命。深入查摆问题。始终把检视问题贯穿主题教育始终，建立领导班子“三个一”调研机制，聚焦一个重点问题、完成一份调研报告、制订一个整改方案，通过上门走访、蹲点调研、座谈交流等方式，最终形成了 16 个专题调研报告，收集各类意见建议 241 条，归纳整合为五大类 90 条问题清单，形成问题整改台账，明确整改措施和整改时限，逐项整改。召开民主生活会。高质量召开领导班子专题民主生活会，会前开展集中学习、谈心谈话、撰写剖析材料，会上大家敞开心扉，相互批评，真正达到红脸出汗的目的。

【全面从严治党】 严格落实党风廉政建设责任制，实行“一把手”负总责，党政领导齐抓共管、部门各负其责的工作机制。年初，把反腐倡廉的主要工作任务分解落实到各部门，把责任制落实到岗到人，镇纪委负责监督检查责任制的落实情况；镇党委与 21 个村党支部签订《2019 年党风廉政建设责任书》，各村街党支部书记对所在支部负总责，重点抓好班子成员的党风廉政建设。加强领导干部廉洁自律，认真落实领导干部廉洁从政行为的相关规定，同时，镇纪委加大督导检查力度，增强党员干部的自我约束力，确保了各项廉政制度的贯彻落实。强化监督，抓好机关效能建设。严格落实机关内控系列管理制度，提高工作质量和效率，切实解决群众关心的热点难点问题，同时，抓好政务村务公开，增强工作透明度，自觉接受群众监督。抓好党风廉政建设宣传工作。深入开展落实中央“八项规定”、反对“四风”、社会主义核心价值观教育，开展理想信念、宗旨观念、从政道德、党纪条规以及反腐败典型案例教育为重点的党风廉政教育活动，认真抓好党政领导干部廉洁自律，增强廉洁从政的自觉性。

（康亚静）

## 渠口镇

【概况】 渠口镇位于香河县城东 12.5 千米，东临天津市宝坻区，西与钱旺镇相连，南至潮白河畔，北与三河市接壤。交通便利，有京哈高速、通唐公路东西横穿全境，全镇总面积 66.32 平方千米，辖 48 个行政村。2019 年，全镇总人口 51034 人，全年人口出生 449 人，符合政策生育率为 96.9%，人口出生率为 2.21‰，人口自然增长率 0.88‰。全年完成财政收入 7281 万元，比上年增长 0.14%；社会固定资产投资完成 10.15 亿元，比上年增长 4.64%；规模以上工业产值完成 3.32 亿元，比上年减少 49.16%。年内，渠口镇党委被市委授予“全市先进基层党组织”称号，渠口镇被河北省统计局授予“2019 年度河北省投资领域统计工作先进单位”称号，邵庄村和小圈村被县委授予“先进基层党组织”称号。

【项目建设】 2019 年，大爱城——香河健康小镇成功入围全省特色小镇创建类名单，大爱城大爱书院养老中心正式运营；镇政府与大爱城建立信息通报制度、协调会商制度和督导推进制度，为企业提供全方位服务，定期对项目建设情况进

在建的爱晚污水处理厂项目　　渠口镇政府供图

行督导；推进“国家智能康复辅具产业创新示范基地”“香河功能肽科技研发及产业化项目”等省级重点项目及“大爱医养中心”廊坊市级重点项目；已建成的大爱城生态农场集生态观光、果蔬采摘、老人及全家休闲健身活动功能于一体；大爱医院开工建设；北京景山学校香河大爱城分校一期教学楼投入使用，艺术楼及综合楼进行主体结构施工。年内，招生 10 个班，256 名学生；医院二期及学校二期工程正在办理土地组卷工作。

【轻工金属制品产业】 20 世纪 80 年代中期，在渠口镇店子务村开始出现轻工金属制品制造并迅速发展和扩大，2008 年，渠口钣金园区被河北省科技厅命名为“河北省机械钣金特色产业基地”。2019 年，轻工金属制品企业（包括个体经营单位）有 450 余家，从业人员近万人，拥有各类技术职称的技术人员近 400 人，覆盖全镇 80% 的村街，规模以上轻工金属制品企业完成总产值 3.32 亿元，企业实现由分散型向集约型转变，由数量型向规模型转变，以轻工金属制品为主导的产业集群由此形成。渠口镇成立了香河县拓新金属制品研发中心，向轻工金属制品企业提供产品研发、试制、检测、信息咨询、员工培训、技术指导，新材料、新工艺、新技术引进、消化和推广应用服务，促进产业集群的上档升级。

渠口镇轻工金属制品产品由生产文件柜、电器柜等，到为汽车、航空、电力、现代办公、电脑等 10 余个领域生产 100 余品种配件。企业的产品质量和管理水平不断提升，友邦电器设备有限公司等 10 家龙头企业先后通过 ISO 9002 国际质量管理体系认证；拥有 “妥”牌、“腾飞”牌、“亿华”牌铁柜，“银江”牌转椅，“圣环”“亿华”“友邦”“爽通”“腾飞”“长城”“友宝”等 20 余个知名品牌。产品销往北京、天津、河北、河南、山西、东北地区及全国其他部分省市，有 60 家企业分别在北京、大连等 20 余个城市建立 80 个销售网点；建立企业网站，积极拓展电子商务和线上销售。

【污水处理项目】 渠口镇污水处理厂项目计划投资 1290 万元，采用 EPC 模式进行建设，占地面积 0.67 公顷（10 亩），建成一期污水处理能力 300 吨/天，主要收集镇区（王刘圈、渠口及金庄 3 个村庄）及通唐公路至污水处理厂主管网沿线的污水，受益人口约 5000 人。2019 年，渠口镇污水处理厂厂区办公用房主体建设完成，内部设备安装完毕，管网铺设完成，供电设施架设完成。爱晚污水处理处理厂项目计划投资 5300 余万元，占地面积 1.8 公顷（27 亩），建成后污水处理能力 1.2 万吨/天，可服务于 7.5－12 万人口的生活社区。年内，爱晚污水处理厂办公楼主体结构竣工，正在进行污水处理构筑物结构施工。

【美丽乡村建设】 2019 年，全镇美丽乡村创建村街有躲各庄、谭家务、青户、邱庄、固庄 5 个村，修建水泥路 15 万平方米，铺设彩砖 8.3 万平方米，栽植绿化树木8482株，建设花池2个，安装太阳能路灯806盏，修建17条连村路，约11.4千米，并协助县交通局、水务局对牛济河桥、小高坨桥等4座桥梁进行修建改造。

【农村人居环境整治】 2019年，镇财政安排专项资金200万元，按照“以奖代补”的形式对村街进行补贴。农村人居中环境整治工作坚持做到全员参与、全域覆盖，各村街明确“两委”干部责任分工，建立奖惩机制，实施动态管理。镇人居环境整治工作小组通过督导检查等办法，对各村环境卫生进行考核、排名。年内，出动挖掘机、翻斗车等大型机械980余辆次，人工近3800人次，清理村内垃圾9.5万立方米、坑塘积存垃圾8.4万立方米。对魏家滩、大七里、西河头、宣教寺4个未改造的村全面实施旱厕改造。年内，完成旱厕改造880座，魏家滩、大七里、西河头3个村全部完成，宣教寺村因季节影响，完成一半，预计2020年上半年全部完成。开展美丽庭院创建，制定《渠口镇人民政府关于开展美丽庭院创建活动的安排意见》，成立领导小组，年内，完成精品庭院1600户，美丽庭院5517户。

清理河渠垃圾漂浮物　　渠口镇政府供图

【生态环境保护】 2019年，以经济林、景观林、公路河渠绿化为载体，春季植树205.25公顷（3078.8亩），植树17万株，完成全年造林任务的114.02%。继续推进清洁能源的使用，新增“气代煤”“电代煤”66户，为群众新装炉具12户。为6400户“气代煤”用户申请补贴资金约483.6万元。统计完成9580户“电代煤”用户补贴花名册，补贴电费约为348.6万元，并对其全年生活用气补贴383.2万元。协调牛济河小学完成安装300米燃气管道贯通工程。全面落实河长制。建立镇、村河长组织体系，落实“一河一策”要求，设置镇级河长16名、村级河长38名、专职巡河员4名；建立工作台账和巡查制度，各“河长”、巡河员开展巡河普查工作，坚持做到镇河长每月至少巡河两次，村河长每周至少巡河两次，按时做好巡河记录；开展巡河检查非法捕鱼行为，有效控制水质下降；对窝头河、梁务干渠清淤疏浚，清理河渠垃圾漂浮物，在水面抛撒生石灰，河渠水质明显改善，确保汛期排水畅通。

【大气污染防治】 建立“散乱污”企业常态化管理机制，对全镇64家“散乱污”企业全部取缔，对270余家企业环保设备正常运转进行常态化巡查，确保企业合法合规正常生产。做好扬尘治理，累计苫盖裸土、料堆9万余平方米，利用雾炮车、洒水车、湿扫车每天对唐通公路和蒋渠线等主要干道进行降尘作业。严格执行露天禁烧和散煤清零实施方案，利用“大喇叭”循环播放全域禁煤、禁烧秸秆等公告，健全责任体系和工作机制，明确村干部职责；镇、村两级巡查队开展常态化巡查工作。年内，悬挂横幅160条，及时处理火情50余次，批评教育40余人。

【“两违”治理】 开展“5+1”专项行动，并根据2019年违法占地集中拆除任务表，进行“两违”治理，违法占地上的建筑物全部拆除，硬化路面全部破除，建筑垃圾全部清运，达到复耕标准，共计拆除20余处。与路政、交通、城建、土地等各部门联合执法，对违法建筑、违法用地、占道经营、乱设摊点，以及陈旧破损、影响行人安全的广告牌等进行集中清理整治。全年共计发放门前五包通知书800余份，清理路边广告牌及各种杂物600余处，清理临时摊位及非法占道经营500余处，处理违规停车300余辆次。

开展使用燃气安全知识入户宣传　　　渠口镇政府供图

**【安全生产】** 制定《渠口镇安全生产风险分级管控与隐患排查治理双重预防机制建设推进工作实施方案》，建立“双控”企业机制台账，要求企业在城建安装“双控”标识牌，组建企业文件档案，有效预防和减少生产安全事故，截至年底，10家企业圆满完成。开展安全生产巡查，与企业签订安全生产责任状，监督企业建立安全管理机构和应急救援组织，健全安全管理制度。开展日常安全生产隐患大排查，对隐患排查情况建立“一台账、四清单”。开展食品安全监管，严格落实包联职责，扎实做好非洲猪瘟防控工作，对48个村街的涉食店铺和集体聚餐提供者分别进行了重新排查，充分发挥村街食品安全协管员作用，加大农村集体聚餐的监督检查力度，确保食品安全形势的持续稳定。开展安全生产主题宣讲、安全生产应急演练等活动，增强广大人民群众的安全意识，共发放各类宣传材料3500余份，排查隐患469处，其中，422处整改完毕，其余47处限期整改。加强村街协管员安全队伍建设，排查用电用气安全隐患，用多种方式宣传安全知识，提高农户取暖安全性，为镇域内燃气取暖用户缴纳民用燃气综合保险16万余元。

**【社会稳定】** 利用三级视频联动接访平台，落实领导班子成员轮班值勤制度。组织村街网格员参加相应的综治网格员的培训、信息录入等相关工作。2019年，67名网格员用网格手机上报的500余件矛盾纠纷件全部办结。完成全国“两会”、中华人民共和国成立70周年国庆等重要会议、重大活动期间的安保及社会稳定。召开3次党委专题会议，研究部署“扫黑除恶”专项行动，通过设置举报箱，公开举报电话等方式畅通信息渠道。镇党委书记与48个村街党支部书记“谈心谈话”，落实“扫黑除恶”工作。悬挂宣传条幅120余条，发放普及读本1500余册，宣传图画300余张，展架图画宣传20余个，营造“扫黑除恶”氛围。坚决打击传销、非法集资等影响社会安定的犯罪活动，悬挂条幅标语110余条，发放宣传图册2000余册，通过宣传车、微信公众号等方式进行宣传。制定《渠口镇关于2019年禁种铲毒工作实施方案》，成立领导小组和社区戒毒社区康复工作站，与村街签订禁种承诺书、责任状；发放禁种铲毒类宣传册500余份，安装永久性禁种宣传牌30余个，对48个村街开展全覆盖地毯式排查，确保大麻“零种植”“零产量”。

**【社会保障】** 全面完成精准脱贫。对3户建档立卡贫困户完善帮扶措施，实施精准帮扶，年内，3户贫困家庭均实现脱贫，并通过上级部门验收。按照“应保尽保、应退尽退”的低保救助动态管理制度，对全镇低保户进行家庭情况核查，2019

年，新增低保252户273人，特困6户6人。低保调标完成223人，整理低保档案504套。签定特困养老人员护理协议497份，完成233人自理能力评估。通过“看看社保”App两次对全镇60周岁以上老人养老金发放待遇进行资格认证，确保全镇1万余名老人的173万元养老金按时发放。截至年底，3.78万城乡居民缴纳医疗保险，1.93万人城乡居民缴纳养老保险，养老保险新增186人。全面落实退役军人、现役军人家属、烈士家属和优质对象的各项优惠政策，做好相关人员的信息采集和系统录入工作，组织退役军人参加市、县专场招聘会，拓宽就业渠道。按要求完成民兵整组工作，组织基干民兵轮训和对口保障民兵训练；圆满完成征兵工作。

**【卫生健康】** 严格落实包联职责，扎实做好非洲猪瘟防控工作，对48个村街的涉食店铺和集体聚餐提供者分别进行排查。发挥村街食品安全协管员作用，加大对学校及校园周边等重点区域，集贸市场、超市、饭店等重点场所，农村集体聚餐等重点事件的监督检查力度，确保食品安全。全面落实计生奖励优惠政策，发放独生子女费11.31万元，落实计划生育家庭的各项优惠政策，发放计划生育奖励扶助金72.48万元、特别扶助金21.42万元、特困扶助金8.51万元、奖励扶助人员养老保险补贴9.06万元；为1350名妇女进行乳腺癌、宫颈癌筛查。

**【文化建设】** 举办庆祝中华人民共和国成立70周年广场舞表演和书画展等活动，开展“迎元旦文艺演出”“迎新春送春联”“迎新春趣味运动会”等活动，群众文化生活日益丰富。根据村居实际情况和群众需要，组织开展送文化下乡演出活动30余场。扶持文艺团体，对文艺团体开展专业培训，提升基层文艺团体水平；为相关村街配置文化设备、演出服装。注重挖掘人才，吸纳文艺骨干，依托文艺辅导基地，丰富群众的文化生活。加强建设文化阵地，为各村街文化中心配备健身和文体娱乐器材。

**【精神文明建设】** 大力宣传社会主义核心价值观，组织开展“五好文明家庭，十星级文明户”评选活动，发掘推荐镇域内的优秀先进典型，以点带面、长期坚持，培育文明乡风、良好家风、淳朴民风。常态化整治村街环境卫生，清理村级房前屋后杂草垃圾、卫生死角、河渠坑塘，村街环境显著提升。加强志愿者队伍建设，多元组织志愿服务活动，把志愿服务融入服务居民、关爱帮扶等方面。开展省级文明县城创建，扎实推进“最美家庭”“孝老爱亲模范”等评选活动，紧抓时间节点，精心组织爱老敬老系列服务活动和维护妇女儿童合法权益宣讲活动。按标准建立乡风文明示范街，做到各种制度上墙，更换唐通路两侧文明宣传展牌15块、分类垃圾桶80处，高标准建设户外公共卫生间2座，增强群众的文明意识和社会责任感。

**【基层党组织建设】** 落实村干部“两考三评一定”绩效考核，结合实际，细化完善考核方案。严格落实“三会一课”等党内组织生活，每季度开展《党支部工作手册》专项检查行动，对村街进行面对面指导整改，确保填写规范准确；鼓励党员积极注册登录并充分利用“学习强国”和“先锋在线”App学习平台在线学习。统筹推进后进村转化，对4个后进村分类施治，建立一村一策台账，实行包村领导分包责任制，10月底，全部完成转化。结合实际制订2019年发展党员计划，严格把握发展党员的条件和程序，注重从优秀大中专毕业生、退役军人中培养积极分子；做好发展党员违规违纪问题排查、审查、整改工作，年内，发展党员34名，解决9个3年村未发展党员的村街。高标准创建党建示范区。以康庄、店子务、邵庄、小高坨、小圈、王刘圈、友邦电器设备有限公司、顺利建材机械厂为重点，打造党建示范区，投资 70 万元，统一规划党建示范区内的村级组织活动场所，对村“两室”进行装修提升，建设党建文化展牌，发挥引领示范作用。

**【意识形态工作】** 定期召开党委专题会议研究部署意识形态工作，牢牢掌握意识形态工作的领导权。落实好意识形态主体责任和直接责任，党委书记为第一责任人，分管领导为直接责任人，其他领导班子实行“一岗双责”，形成党委统一领导、党政齐抓共管、宣传部门组织协调、有关部门分工负责的工作格局。用习近平新时代中国特色社会主义思想武装全党、教育人民，以社会主义核心价值观引领社会思想意识和价值取向，不断提高百姓的思想觉悟、道德水准、文明素养，

9 月 24 日，在中华人民共和国成立 70 周年之际，店子务中心小学组织师生在“店子务惨案”纪念遗址开展爱国主义教育活动　渠口镇政府供图

以凝聚起全体人民团结奋斗的思想共识。坚持以人民为中心，强化内容创新，充分利用群众喜闻乐见的方法开展意识形态工作，创新考核机制，把意识形态工作量化、细化、具体化，制定灵活制度和有实效的措施，为意识形态工作的开展创造良好的软环境。组织广大党员干部深入学习贯彻中共十九大精神和习近平新时代中国特色社会主义思想，大力宣传弘扬社会主义核心价值观和中华民族伟大复兴的中国梦论述，确保党员政治素养不断提高。

**【“不忘初心、牢记使命”主题教育】** 召开全镇“不忘初心、牢记使命”动员部署会议，制定印发《渠口镇“不忘初心、牢记使命”实施方案》，将开展主题教育与解难题、办实事、惠民生等实实在在的工作结合起来，着力解决群众的操心事、烦心事、揪心事。结合实际，通过举办庆祖国华诞书法作品展、开展“童心向党共圆中国梦”喜迎中华人民共和国成立 70 周年亲子活动、在“店子务惨案”纪念遗址开展爱国教育、组织机关党员干部分两批到李大钊纪念馆和李大钊故居参观学习、运用“学习强国”和“先锋在线”App 以及“渠口在线”微信公众号等党员教育管理平台进行案例教学，有效增强主题教育的吸引力和感染力，确保主题教育覆盖到每一个支部、每名党员。科级以上干部完成 5 次集中学习研讨、1 次学习体会交流。班子成员围绕冬季取暖、人居环境治理、基层阵地建设等群众关心的热点难点问题进行调研，形成 16 份高质量的调研报告，针对发现的问题提出解决措施。建立领导班子及班子成员征求意见台账和问题清单，在民主生活会上坚持红脸出汗原则，深刻开展批评与自我批评，最终达到深刻剖析、彻底正视问题的效果，通过剖析，检视出问题 100 余条。各基层党支部分别组织召开专题组织生活会和民主评议党员工作，增强了基层组织凝聚力，党员先锋带头作用更加突出。镇党政班子成员进一步落实“一岗双责”，挂图作战，明确时限，对整改落实不力的责任部门和责任人严肃追责。截至 2019 年年底，完成问题整改 40 余个。镇党委书记为机关党

员干部和村党支部书记讲党课，副科级以上干部为分管科室、领域讲党课，党支部书记为本支部党员讲党课，增强了党性，转变了工作作风。

【全面从严治党】 严格落实一岗双责、党政同责，精准把握运用监督执纪“四种形态”，强化“两个责任”落实。严格落实公章使用审批制度，认真执行公务用车审批手续，对公车加油严格管理，进行实时监管。签订镇村两级《落实党风廉政建设主体责任承诺书》，建立并坚持落实廉政提醒制度、诫勉谈话制度和逐级汇报制度。制定工作方案，开列问题清单和工作台账，协调相关责任部门全面开展自查。2019 年，立案 9 件，给予党纪处分 9 人。

（杨腾飞）

## 钱旺镇

【概况】 钱旺镇政府驻地钱旺村，位于香河县城东，距县政府 5 千米，辖区面积 36.90 平方千米，辖 21 个行政村。截至 2019 年年底，全镇总人口 26888 人，人口自然增长率 3.99‰，从业人员 15460 人；财政收入 7632 万元，全镇规模以上企业生产总值 4.779 亿元；镇区总人口 942 人，占地面积 0.45 平方千米。年内，钱旺镇被河北省统计局评为“河北省投资领域统计工作先进单位”；被市委、市政府授予“廊坊市文明村镇”称号；被廊坊市统计局评为“经济普查先进集体”；被廊坊市交通运输局评为“农村公路养护工作先进集体”。

【植树造林】 2019 年，坚持标准质量，严格管护措施，高标准完成植树造林面积 136.4 公顷（2046 亩）；做好林木的管护和病虫害防治，配合飞机防治，有效地遏制了虫害的发生。

【路网建设】 2019 年，钱旺镇大力推进大辛路（唐通线—义井大桥段）养护改造工程项目，项目建设单位为香河县交通运输局，项目全长 3.6 千米，含 457 米跨潮白河大桥 1 座，总投资 17625.5 万元，年内完成投资 13890 万元。投资 976.99 万元，为东马家窝、和平街、姜吴街、西大街、土堡子、袁官屯 6 个村街新建村内道路，年内，全部竣工。

【美丽乡村建设】 改善村容村貌，以公路沿线为重点，完成大河各庄、义井、姜吴街、西大街、土堡子、和平街、东马家窝、袁官屯 8 个村街及工业小区路面硬化 9.2 万平方米。为焦庄、西大街 2 个村安装路灯 308 盏，田贾庄和大高坨村亮化工程完成前期准备工作。和平街、田贾庄、东马家窝、马房顶、焦康庄、义井 6 个村街完成改厕 1715 座，完成任务数的 82%。各村街垃圾清理统一外包，定期清运，确保垃圾及时清理。截至年底，改造露天垃圾池 245 处，清理房前屋后杂物 4800 处，清理村庄墙体小广告 340 处，搬迁生产收购场地 3 处 5000 平方米，完成坑塘整治 18 处，每月清理生活建筑垃圾 4000 余立方米。

【新民居建设】 镇党委、政府按照“政府主导、村民自愿”的原则，稳步推进新民居建设工作。借鉴元庄村回迁的成功经验，立足村情实际，合理规划大六王村的回迁进程，制定《新农村建设回迁方案》，在充分尊重群众意愿的基础上，按照规划一步到位、搬迁循序渐进的原则，有计划、有步骤地开展回迁，坚持运作程序规范、政策运用规范、补偿标准规范、统筹布局规范，将回迁社区打造成为环境优美、配套齐全、管理规范的精品社区，全面提升群众的幸福指数。大六王村共有 297 户、1413 人、425 处宅基地，签订拆迁改造协议书 230 户，涉及 349 处宅基地，其中，

220户1128人迁入新居，回迁率82.12%，230户的349处旧宅全部拆除到位。

**【生态环境保护】** 镇党委、镇政府把生态环境保护作为重中之重，成立由镇党委书记任组长，镇长任副组长，副科级干部为成员的领导小组，制定《钱旺镇打赢蓝天保卫战工作方案》《钱旺镇大气污染综合治理攻坚行动方案》等完善的推进计划；建立镇村两级网格化管理模式，明确镇村两级责任，抽调精干人员成立钱旺镇环保巡查队伍。针对大气环境监测、“散乱污”企业整治、燃煤锅炉整治、扬尘治理，焚烧秸秆、树叶、垃圾和劣质散煤管控等工作采取一系列有效措施，严格落实生态环境综合治理“党政同责”“一岗双责”，对“散乱污”企业进行动态监管。全年，出动巡查人员和包村干部2000余人次，取缔“散乱污”企业133家。对企业严格管控，细化执法队分工，将辖区划分为3片，各由一组执法队员分包，开展24小时不间断检查巡查，202家企业全部纳入监管范围，督促企业严格按照“一厂一策”方案，落实重污染天气应急减排措施。推进涉气企业分表计电工作，将辖区内涉气持证排污企业全部纳入安装范围，杜绝企业偷排偷放、治污设备不按规定使用等问题。秸秆禁烧取得实效，制定并实施农作物秸秆禁烧补贴政策，对禁烧农户给予40元/亩秸秆破碎补贴；集中清理主干道路沿线及河渠岸边的秸秆、树叶、垃圾杂物。组建巡查队伍，配合村街保洁员对各村街开展全方位不间断巡查，重点部位安排专人负责，最大程度减少露天焚烧行为。扬尘污染治理。每天安排2辆洒水车、1辆雾炮车，对各主要道路、工业园区实施降尘作业；对辖区大面积裸露地面和易产生扬尘的场所全部苫盖。散煤管控。组建11人的散煤管控巡查小组，在平香路县域交界处和高速二出口设立散煤运输车辆检查点，各村街在村口设立检查点，严查直销到户、游击兜售散煤等违法行为；建立镇干部包村街、村街“两委”干部包户机制，包村干部入村、村街干部入户，杜绝散煤复燃。

钱旺镇“安全生产月”宣传　　钱旺镇政府供图

**【安全生产】** 结合镇域企业布局和实际情况，制定《安全生产工作攻坚方案》，与21个村街签订《钱旺镇2019年度食品药品安全工作目标责任书》《食品安全工作目标责任书》。组建农村食品监管网格，在21个村街分别设立1名食品药品安全协管员，加强对安全责任的量化考核，全面提升安全生产管理体系，有效落实安全生产主体责任。强化隐患排查，深入开展专项整治。深入企业开展安全生产执法检查工作，制定化工行业安全生产整治攻坚行动工作方案。截至年底，检查各类生产经营单位201家，发现安全生产隐患400处，发放《节日期间安全生产通知书》238份。不间断对镇域内餐饮单位、早点摊、超市、小吃摊点、烧烤摊点等开展食品安全隐患大排查大整治行动。全年检查食品药品经营单位计200余家，出动车辆20余辆次，参加人员30余人次，对在检查中发现的问题，立即对问题单位下达整改通知书，限期整改。加大宣传力度，利用“食品安全宣传周”“安全生产月”活动，采取悬挂宣传条幅、设立咨询台、发放宣传手册等方式，在各村街、人员密集场所开展安全知识宣传；在镇政府两侧及各村街显著位置张贴标语、悬挂横幅，发放宣传单册1000余份，增强人民群众的自我安全保护意识。

【法治建设】 深入开展法治宣传教育，推进依法治理进程，建立健全普法、学法制度。不定期用平安网进行法律宣讲，利用“天网”广播、发放明白纸、悬挂横幅、中小学校黑板报等形式进行普法宣传，在镇政府明显位置设置宣传栏，定期进行更换内容。结合矫正人员的实际情况制订社区矫正方案，做到一人一档，并有专人负责管理，使用管理机和手机定位系统，随时察看每名矫正人员的行动情况，社区矫正人员日常工作的管理进一步强化。2019年，全镇19名矫正人员没有发生脱管和再次违法犯罪情况。采取一名司法干警和一名村干部负责帮教一名刑满释放人员的方法，确保安置帮教工作落到实处，全镇有刑满释放人员45人，分布在10个村街，各村街坚持“教育、感化、挽救”的方针，开展对刑释解教人员的教育和就业安置工作，有效预防此类人员重新犯罪。全镇23个调委会调解各种矛盾纠纷50件，调解成功50件，调解成功率100%。加大对困难群体的法律帮扶力度，截至年底，接受法律援助咨询100人次，完成法律援助案件34件。

【综合执法】 对辖区的占道经营、流动商贩等行为加大管理力度，对小广告进行全面清理整治，做到“发现一起，清除一起”，营造整洁、有序的镇容环境。完善土地执法监察网络体系，健全动态巡查登记台账。在巡查过程中，及时发现并制止各种土地违法行为9起，配合县不动产登记中心完成宅基地补证变更等业务200余宗，切实维护土地使用者的合法权益，避免新的权属纠纷产生。

【服务群众】 镇党委、镇政府高度重视群众工作，成立以党委书记为组长的信访工作领导小组，镇党委书记亲自带队值班接访、约访、带案下访，化解多起各类疑难信访案件，对进京非正常上访、赴省集体上访和重要上访实行镇领导包案、化解各类矛盾，通过不断努力，妥善处理各种信访事件60余件。

畅通群众解决问题渠道。工作方式变“访”为“问”，创新约访、陪访、随访并加以思想疏导的“三访一疏”工作机制，领导干部扑下身子深入群众当中去“接地气”，把基层的问题“带”上来。对排查出来的问题逐项制订切实可行的解决方案，针对群众集体性诉求，充分听取群众意见，梳理问题脉络，查找问题根源，耐心细致做好政策解读工作，做好群众思想疏导工作，和群众一起研究制订解决方案，争取大多数群众的理解支持，把问题最大限度解决在基层。

创新“敞开窗口集中受理、统筹条块联合接访”的新机制，实行领导班子、机关干部24小时信访值班制度，坚持每天2名领导班子成员接待来访群众，建立信访接待台账，切实做好源头稳控，做到早发现、早报告、早处理。重要节点和重点时期，开展集中排查、建立信访台账，明确责任单位，限期妥善化解。坚持信访事项“日报告”制度，对突发性、苗头性问题，及时掌握动态，确保将问题解决在初始阶段。

【社会保障】 2019年，为283户困难群众和63户贫困残疾人发放米面油等慰问品；为残疾人发放重残护理补贴40万余元，生活补贴14万元；为困难群众发放临时救助1万元。年内，发放农村居民养老金12次，符合领取条件人员5275人，累计发放养老金108.09万元。截至年底，全镇有城乡低保223户252人，月发放低保金11.25万元；为50名持证残疾人发放轮椅、手杖、坐便器、助听器等辅助器具；完成对全镇53名困难残疾人、312名重度残疾人、53名精神智力三四级残疾人统计、报表和信息录入工作，按政策发放生活补贴和护理补贴。做好退役军人和其他优扶对象信息采集及发放退役军人优待证工作，走访慰问退伍军人、残疾军人、军属、烈属、烈士子女，发放慰问金6.7万元。注销死亡人员210人，其中，60周岁以下死亡25人，退保费25697.36元；60周岁以上死亡185人，发放丧葬费133200元。

9月27日，举办“舞动乡风情、共筑中国梦”钱旺镇庆祝中华人民共和国成立70周年广场舞交流赛　　钱旺镇政府供图

【卫生健康】 综合治理出生人口性别比偏高问题，制定《钱旺镇整治计划生育“两非”专项行动实施方案》，联合县卫生健康、市场监管、公安等部门，分别于1月、5月开展3次联合执法检查，深入医疗网点、药店，对B超机使用、实施终止妊娠手术、终止妊娠药品销售使用等情况进行突击检查；落实有奖举报制度。通过综合整治，取得良好效果。

落实各项计划生育优惠政策，独生子女父母退休一次性奖励及时发放率100%；落实农村计划生育奖励扶助补贴和特别扶助政策，2019年，全镇新增农村奖扶对象24人，退出奖扶10人，走访慰问贫困计生家庭9户、贫困母亲1名，送去慰问品并发放救助金。

【文化建设】 充分发挥农家书屋、休闲健身广场、娱乐活动室等设施的作用，以文艺节目为载体，开展一系列的文化宣传活动。春节期间，在镇文化站举行“干部职工贺新春”活动；在义井村开展“喜迎新春 文化惠民”送春联活动；为喜迎中华人民共和国成立70周年，在大河各庄村开展“弘扬文明新风 建设美丽家园”广场舞交流赛；国庆节期间，镇文化站开展“庆祝中华人民共和国成立70周年广场舞交流赛”；协助上级单位在各村街开展文化下乡活动12场。

【精神文明建设】 广泛开展诚信教育和社会主义核心价值观教育实践活动，积极引领干部职工做道德的楷模、行业的尖兵、文明的典范，大力倡导文明新风，有力促进了全镇践行社会主义核心价值体系的思想自觉、文化自觉、责任自觉和道德自觉。完善未成年人思想道德建设工作机制，通过家长、学校对他们进行思想道德和《中华人民共和国未成年人保护法》《中华人民共和国预防未成年人犯罪法》等法律法规教育，让他们从小树立正确的人生观、价值观、世界观。做好留守、流动儿童的入学、日常管理工作，关心留守、流动儿童的健康成长。组织在校中小学生开展多种形式的学习教育活动，既丰富学生的课余生活又寓教于乐将爱国主义教育融入学生的心中。以提高群众对文明创建工作的知晓率、支持率、参与率、满意率为目标，扎实推进文明创建工作。利用电子显示屏、宣传栏、道旗、公益广告等新增宣传标语150余幅，采取微博、微信、天网广播等多种形式，调动广大群众积极参与的自觉性和主动性，做到人人知晓，讲文明话，做文明香河人。

【基层党组织建设】 钱旺镇有党员1131名，下设29个党（总）支部，其中，农村党总支5个、党支部16个，镇直党支部2个，非公企业党支部6个。严格做好党员管理工作，落实“四违”党员及失联党员实施方案，党员先锋指数管理办法，落实从严治党10项机制，及时督促各村街“三会一课”报备。按照要求开展基层党组织民主生活会和民主评议党员工作，让广大党员在批评和自我批评中受到深刻的思想教育，达到增加理解、促进团结、共同提高的目的。全镇21个村街中，按照8%的比例倒排，姜吴街和大高坨2个村街为后进基层党组织，针对姜吴街、大高坨村实际情况，镇党委召开专题研讨会议，确定整顿方法和措施，明确整改时限和整改责任人，确保每一个后进基层党组织有人抓、有人管、有人负责，切实整改到位。截至年底，2个村街均完成转化。

9月12日，钱旺镇召开“不忘初心、牢记使命”主题教育动员大会　钱旺镇政府供图

【意识形态工作】 全面贯彻中央和省、市、县委意识形态工作精神，加强理论学习、强化思想教育、深化文明创建、推进文化发展、扩大新闻外宣，创新宣传方式、丰富宣传载体，继续探索和深化宣传思想工作，找准服务经济社会发展的着力点和出发点，加强和改进意识形态领域工作，为实现全镇各项事业又好又快发展提供有力的理论武装、舆论引导、精神动力和文化支持。在舆论引导与对外宣传中，始终坚持正面宣传为主，严格落实网络信息发布机制，加强对微信群等平台管理，主动设置议题，营造清朗和谐的网上舆论氛围。充分利用微信、微博等宣传媒介，深入解读中央及省市县重要会议的精神实质、目标任务和深刻内涵。设立微信工作群，加强职工微信群管理，同时组织党员干部在网络媒体上发声，弘扬主旋律、传播正能量。加强统筹协调，建立健全协调联动机制，加强热点事件和有害信息的检测处理。尊重舆论宣传规律，讲究舆论宣传艺术，提高舆论引导效果，为全镇的改革发展稳定大局提供强有力的舆论支持。

【“不忘初心、牢记使命”主题教育】 按照县委的安排部署，镇党委把开展“不忘初心、牢记使命”主题教育作为重大的政治任务,聚焦勇于担当负责、积极主动作为的主线和根本任务，严格将“学习教育、调查研究、检视问题、整改落实”贯穿始终，切实做到抓思想认识到位、检视问题到位、抓整改落实到位、抓组织领导到位，保证主题教育扎实有序开展。确定学习主题，每月进行集中学习1—2次；适时举办全镇中心组理论学习研讨会；中心组成员按照学习安排，根据工作需要和个人实际制定学习计划，认真学习各专题所列篇目，并作好学习笔记。建立钱旺镇微信公众平台，在公众平台首屏首页首条转载转发习近平总书记参加各项会议、各类活动的新闻报道以及重要讲话和金言金句。利用微信公众平台发布全镇工作亮点、进展、经验、总结，典型人物、事迹和贴近群众切身利益的各类消息等。加大舆情信息报送力度，把握舆情信息需求重点，拓宽和畅通舆情信息采集渠道；加快政务信息的传递和民情民意的收集，充分利用宣传橱窗、黑板报、微信公众平台、天网广播等平台，使主题教育活动取得实效。先后组织集中学习8次，举办视频讲座3次，党员干部主动深入21个村庄、6家企业调研走访，征求意见建议40余条，开展专题研讨2场次，学习交流2次，检视发现问题18条，即知即改18条，形成主题教育一启动就冲锋，各项工作任务一开始就决战的比、学、赶、帮、超的良好局面，并取得了初步成效。10月，镇组织机关全体党员赴狼牙山、西柏坡进行红色革命教育，激励党员干部进一步发扬艰苦奋斗的作风；11月，组织全镇村党支部书记赴李大钊纪念馆进行红色革命教育和先进村街学习观摩，通过学习观摩，看到了差距和不足，激发村党支部书记进一步做好村街工作的信心。

**【全面从严治党】** 做好2019年度党风廉政建设和反腐败工作，落实党委主体责任、党委书记“第一责任人”责任，制定2019年度党风廉政建设和反腐败工作计划，党政领导班子成员进行“签字备书”，把党风廉政建设的主要工作任务分解落实到各部门，把责任制落实到岗到人。严格履行纪委监督责任，加强监督执纪问责力度，开展专项工作监督和检查。先后开展利用名贵特产类特殊资源谋取私利问题，“私车公养”问题，纠正“四风”和作风纪律问题，基层单位存在的形式主义、官僚主义问题，办公用房违规问题，整治群众身边腐败和作风问题的自查自纠工作及专项治理；同时加强对机关干部与各村委会的检查和暗访，对违规违纪问题有关责任人实行严肃问责。2019年，镇纪委处理群众身边腐败与作风等信访问题18件；协助县纪委审查调查案件4次；立案审查调查1件。处理违纪党员1人，给予党内严重警告处分。

镇纪委联合镇民政办、农经办、财政所对城乡低保等涉农资金开展专项检查，对发现的问题及时整改纠错，确保各项资金管理规范、发放到位。做好镇政府财政预算的监督工作，严控经费支出，严防铺张浪费。加强廉政宣传，多次开展机关全体党员干部廉政谈话会，加强对农村基层党员干部的廉洁履职教育管理，组织党员干部观看廉政警示片，通过开展专题党课、示范教育、警示教育等形式，规范镇村干部行为，切实改进了工作作风，增强拒腐防变和抵御风险的能力。

（张艺馨）

## 蒋辛屯镇

**【概况】** 镇政府驻地蒋辛屯村，位于县城北10千米。全镇总面积28.8平方千米，辖18个行政村。2019年，全镇常住人口18254人，从业人员9375人，全年完成财政收入57069万元，同比增长24.3%，位居全县前列，完成固定资产投资49600万元。

水岸潮白景区　　县融媒体中心供图

【乡村旅游】 以农村人居环境整治为契机，深入推进乡村旅游产业做大、做强，锦绣潮白景区、水岸潮白景区分别获评国家AA级、AAA级景区，假日游模式基本成型，常态化日均客流量约达500人。截至年底，引入“香居小筑”“别处潮白”精品民宿品牌2个，建成主题宅院26家，在建10家，主要分布在北李庄、仓头、岭子、河北吴村4个村街，民宿集群效应初步显现，依托锦绣潮白、水岸潮白2个景区资源，节假日入住率达到90%以上。鼓励村民流转土地，进行规模化经营，引入集种植、采摘、观光一体的农业旅游项目9个，其中：岭子村水岸潮白田园康养综合体项目已于2019年试运行，菊花种植基地产出菊花1.5万千克、菊苗800万株，实现销售收入300万元；北李庄村水岸潮白田园综合体项目，10月19—27日，成功举办“恐龙+风车文化艺术节”，期间接待北京及周边游客2万余人，实现收入16万元。建立项目运营机制，在仓头村、北李庄村、北三百户村等8个村街成立“企业+合作社+农户”的“农宅合作社”，村集体、村民共享发展成果的体系逐步搭建完善；建立健全村民培训机制，组织村民开展餐饮、特色小吃、住宿服务等方面的培训，村民主动参与、融入旅游产业发展的意识和热情进一步提升。

【农业基础设施】 2019年，杨簸箕庄、河北吴村、王店子、梁家务、仓头、岭子6个村街新建水泥路6千米，新换水泵90台套，铺设管道23.3千米、小管出流35.3公顷（530亩）、微喷28公顷（420亩），安装变压器14台，架设高压线2.1千米、低压线21千米，填埋坑塘枯井43处。

【农村人居环境】 对完成美丽乡村建设的河北吴村、王店子、北三百户、仓头、领子、北李庄6个村街进行房前屋后清理，实施精品街道提升工程。2019年，完成道路硬化2万平方米，安装路灯1207盏，维修路灯100余盏，新建休闲广场1个。大窑上、梁务、头百户3个村街铺装、绿化、路灯建设有序实施。推进农村垃圾分类和资源化利用，完善垃圾分类、收集、转运、处理体系，北三百户、北李庄、仓头3个村街实现垃圾

菊花种植基地　　蒋辛屯镇政府供图

王店子村纪和广场　　蒋辛屯镇政府供图

分类处理，北三百户村垃圾中转站建成投入使用，阳光堆肥房建设完毕。创新美丽庭院建设，坚持"政府引导、村街组织、群众主体、干部带头、奖补撬动"的工作思路，打造完成精品庭院480户、美丽庭院1203户，制定村街"美丽庭院"评选指导意见，分批次组织辖区村街开展美丽庭院评选。

美丽庭院　　县妇联供图

【生态环境治理】　坚持构建"绿带环绕、绿廊相连、绿块镶嵌"的生态景观格局，围绕干路水系、村内村外，精选树种、合理搭配，植树192.53公顷（2888亩），超额完成目标任务。北三百户、仓头2个村街入选河北省森林乡村候选村名单。

推进网格化管理，对"小散乱污"企业实现动态清零；全力做好大气污染治理，严格按照重污染天气预警要求，落实扬尘管控，做好企业停限产；加强散煤管控联合执法，加强散煤治理，彻底切断散煤销售网络，对企业、沿街商户等非住宅单位燃煤锅炉进行动态监管；强化巡查治理露天焚烧行为，火情发生率明显降低；实施饭店油烟治理，对检查监测点附近23家餐饮店进行定期巡查，确保油烟净化设备正常使用。

全面落实河长制，扎实做好水污染防治；完成违建清理14处，清理河渠垃圾7300立方米；彻底完成辖区内纳污坑塘改造工作，封堵主要干渠排污口10余个；杨簸箕庄、河北吴村、王店子、仓头4个村街完成污水处理站建设。打击偷倒垃圾夜巡常态化，建立群众举报等长效监管机制。开展"双违"整治工作，拆除违法建设20处、35960平方米。

【安全生产】　建立"横向到边，纵向到底，责任到人"的三级安全管理网络，推进"气代煤"工程监管工作，进行安全大排查，对检查过程中发现的隐患逐条列出，督促施工方、用户及时进行整改，全力保障取暖用户用气安全。每周五召开村街安全员例会，定期加强对燃气相关的安全知识、日常检查、安全监管进行培训，确保监管有力。召开专题工作会议，广泛开展"安全生产月"、安全生产隐患大排查大整治、校园安全隐患大排查、烟花爆竹打非治违等专项整治行动。充分利用广播、微信等媒介广泛宣传，组织开展6次安全生产大检查、5次专项整治检查，共检查生产经营单位462家（次），对1家医疗机构、2家宾馆、23家饭店的消防设施进行了重点检查，对30家小作坊、小餐饮、小摊点食品经营者、8家大棚席、8家小饭桌登记造册，完成8家企业安全生产标准化建设。"两节""两会"期间，实行24小时领导带班及24小时值班制度，每天出动执法车分白班夜班在镇域内进行巡逻，确保及时发现隐患并予以消除。

【法治建设】　加强法制宣传，广泛宣传《中华人民共和国宪法》《中华人民共和国婚姻法》《中华人民共和国土地法》《河北省人口与计划生育条例》等与群众生活息息相关的法律法规。年内开展法制宣传22次，发放各种宣传资料2万余份；每月组织安排1次法律法规集中学习，摸排社区矫正人员情况，对工作情况、家庭住址、生活状态进行跟踪。2019 年，接收社区矫正人员 8 名，每名矫正人员安排 2 名帮教责任人，并成立帮教小组，保证信息随时更新。镇人民调解委员会全年调解案件 25 件，立卷 12 件，有效维护了镇区稳定。

【社会保障】 2019 年，完成退役军人的信息采集，完善符合条件的退役军人保险接续资料，为 60 周岁以上农村退役军人办理生活补贴手续，为农村籍义务兵发放补贴 15.43 万元。为符合条件的残疾人办理残疾证，为重度残疾人申请护理补贴,为 11 名低保户残疾人申请生活补贴；组织开展残疾人自主创业技能培训班 12 场,受训残疾人累计达 86 人次;为 19 名残疾人免费发放轮椅、拐杖、助听器、坐便器等残疾人辅助康复器具 21 件,为 13 名重度精神类残疾人免费发放治疗药物。

【卫生健康】 推进北三百户村“新家庭计划”市级试点村工作，在北三百户村组织大型宣传活动，梁家务卫生院为村里的群众免费义诊、检查身体；县妇幼保健院的医生为村里 0—3 周岁的儿童家长讲解婴幼儿护理知识，发放宣传资料 1000 余份，宣传品 800 余份。全镇 35—64 周岁 860 名农村妇女享受到全省乳腺癌、宫颈癌“两癌”免费筛查服务，80 对待孕夫妻享受到了孕前免费检查服务，避孕药具扫码工作覆盖全镇育龄妇女的 13%以上。

【文化建设】 开展庆祝中华人民共和国成立 70 周年“我和我的祖国”系列活动；开展“美丽庭院”主题评选活动；先后组织锦绣潮白艺术团在仓头、潮北新城社区、佰闻花园社区开展文艺演出，举办“庆端午”书画笔会、美食厨艺大赛和骑行活动，邀请美丽生活指导员对村民进行培训，开展家风文明培育行动，开展文明礼仪、绿植养护培训、生活技能等培训，充分发挥新时代农民讲习所的平台及载体作用，邀请高级讲师到仓头村讲习所围绕乡村旅游经营管理、民宿打造、餐饮服务等方面进行现场教学，锦绣潮白艺术团开展系列下乡文艺会演活动 14 场，助力乡村振兴。

【精神文明建设】 坚持中国特色社会主义文化发展道路，人民群众精神文化生活更加丰富多彩，精神文明建设不断提升。2019 年，市级媒体刊登稿件 23 篇，国家级、省级媒体刊登稿件 7 篇，电台报道 19 篇，被评为“2019 年度新闻外宣工作成绩突出单位”。“蒋辛屯镇人民政府”微信公众平台每周更新，荣获“2019 年度香河县优秀政务新媒体”称号。以志愿服务活动为载体，在“六一”儿童节前夕，志愿者与妇联组织开展“春蕾女童”爱心资助活动，帮助全镇 20 个贫困儿童及留守儿童，为他们送去学习用品和助学金，携手蒋辛屯镇中心小学组织“小手拉大手共建美丽庭院”“小手拉大手垃圾分类齐动手”户外实践活动，深入推进镇域村街创建文明城市全覆盖，创城工作取得明显成效。

【基层组织建设】 以“潮白之星”党建示范区创建为统揽，结合 2018 年环首都党建示范带建设，对梁家务村、北头百户村的村级活动场所进行翻建、扩建，与示范区内其他村街“两室”统一风格、统一标准。按照县委组织部安排，对 2014 年 4 月 28 日以来发展的 56 名党员档案进行全面排查，根据追责办法对问题党员进行处理，对相关责任人进行追责，对党员档案进行整改完善。完成 1 个后进村整顿，2 个软弱涣散党组织整顿工作。2019 年，苍头和北李庄被确定为省级经济扶持村，北三百户、梁家务、岭子、杨簸箕庄和河北吴村被确定为市级经济扶持村。

【意识形态工作】 强化组织领导，落实主体责任。以习近平新时代中国特色社会主义思想为指引，认真贯彻落实中共十九大精神和相关意识形态工作要求，把意识形态工作作为党的建设和政治建设的重要内容，形成党委统一领导，党政齐抓共管，部门分工负责的工作格局。加强理论学习，占领思想高地。不断强化学习和思想意识方面的引导作用，将意识形态工作与党委中心组学习相结合，制定中心组学习“课程表”，每月召开 1 次中心组学习会，把涉及意识形态方面的文件和会议精神作为学习重要内容，及时学习最新精神，分析研判当前形势，布置宣传引导任务。扎实推进新时代文明实践所站建设，镇区和 18 个村全部完成新时代文明实践所站建设，新设立公开栏 10 处、户外液晶播放大屏 2 处。充分利用思想教育阵地开展各项思想教育活动，教育引导广大党员干部群众听党话、感党恩、跟党走。把握舆论方向，弘扬正能量。利用简报、宣传栏等形式和通过广播、电视、报刊等媒介，大力宣传我镇好做法和好经验，发动全体党员、鼓励群众下载使用“学习强国” App，紧跟思想教育潮流。

**【“不忘初心、牢记使命”主题教育】** 深入开展“不忘初心、牢记使命”主题教育，认真落实“守初心、担使命、找差距、抓落实”总要求，聚焦主题主线，坚持学做结合、查改贯通，统筹推进学习教育、调查研究、检视问题、整改落实这四个核心步骤，10 月，组织全体党员干部及村街党支部书记分批次赴红色教育基地实地学习 3 次，先后组织召开 5 轮集中研讨交流以及 1 次调研成果交流，召开座谈会 3 次，采取个别访谈 80 余次，发放征求意见表 60 份，设立征求意见箱 1 个，走访调研 60 余次，接待群众来电来信来访 100 余人次，推动主题教育在基层一线落地见效。

**【全面从严治党】** 坚持党要管党、从严治党，深入贯彻党中央和省市县委关于加强党风廉政建设的各项要求，严格落实党建工作责任制，全面落实党委主体责任和纪委监督责任。强化正风肃纪，紧盯不收敛不收手、线索反映集中、群众反映强烈的问题，坚决查处发生在群众身边的不正之风和腐败问题。深化机关作风整顿。着力解决不作为、慢作为、乱作为等庸政懒政怠政问题。深入实践监督执纪“四种形态”，加强对党员领导干部的日常管理监督，抓早抓小、防微杜渐，切实强化底线意识。持续抓好“四风”问题，持续开展党风党纪教育、警示教育和岗位廉政教育，坚持民主集中制，坚决杜绝随意、草率决策，严格按规矩制度办事，切实把纪律和规矩挺在前面。

（李　帆）

# 人　物

责任编辑　马　军

## 综　述

2019年，香河县广大干部群众在县委、县政府的坚强领导下，以习近平新时代中国特色社会主义思想为统领，不忘初心，牢记使命，爱岗敬业，甘于奉献，涌现出一大批贡献突出的优秀人物。或数十年如一日，勤勉工作，任劳任怨，在平凡岗位做出不平凡业绩；或在专业领域刻苦钻研，成为行家里手，他们在各自领域取得突出成绩，获得上级授予的各项荣誉。

## “五一”劳动奖章获得者

### 【河北省劳动模范】

#### 孙玉洁

孙玉洁，女，汉族，1983年10月出生，河北省香河县人，大专学历，2005年6月加入中国共产党，2006年6月参加工作，截至2019年年底，任香河第一城酒业有限公司办公室主任。

孙玉洁思想上积极向上，能够矢志不渝地坚持马列主义、毛泽东思想、邓小平理论、“三个代表”重要思想、科学发展观、习近平新时代中国特色社会主义思想不动摇，把全心全意为人民服务的宗旨贯穿于工作和生活的始终，在思想上、政治上、行动上始终与党中央保持高度一致，政治立场坚定。工作上勤恳，任劳任怨，具有强烈的事业心和责任感，能够创造性地开展工作。作风上严于律己，始终以党员的标准严格要求自己，做到了自重、自省、自警、自励。能够遵守单位的各项规章制度，组织纪律性强。为人谦虚谨慎，处事宽容正派，宽容大度，宽以待人，不计较个人得失，待人诚恳友善，善于听取他人意见，博采众长，不断完善自己，展现良好的工作作风和精神风貌。

由于成绩突出，2011年6月，被中共廊坊市委授予优秀共产党员称号；2017年，被河北省总工会授予“河北省五一巾帼标兵”称号；2017年4月，被省委、省政府授予河北省五一劳动奖章；2019年4月，被省委、省政府授予“河北省劳动模范”称号。

#### 杨建明

杨建明，男，汉族，1988年4月出生，河北省怀来县人，2009年参加工作，大专学历，无党派，截至2019年

年底，任香河众旺木业有限公司自动化平压车间主任。

杨建明凭借过人的魄力和胆识，独特的管理手段，创新思维，带领班组克服困难，努力奋斗。始终坚持质量高于一切的发展战略，以品牌战略作为行业的核心战略，坚持倡导健康环保理念，坚持走科技兴企之路，建立了一流的现代化企业车间管理制度和完善的质量控制体系；以技术创立品牌、以质量维护品牌、以孜孜不倦的精神培育品牌，从而受到了消费者的广泛信赖。众旺木业在短短的几年时间，“众旺天亚”在人造板行业内成为国际领头军。制定出严密的检验验收作业指导书，质量保证能力评审、产品验证、试用、有关协议及合同的签订，确定合格供应商及其产品。经过严格的层层把关，保证实力供应商进入众旺公司的配套体系。杨建明不断思索、不断求新和不断开拓，他把全部精力都投入到他所钟爱的事业上，在人造板这个生产一线默默耕耘、奉献，用自己的实际行动去践行在心中曾经许下的誓言。

2017 年 12 月，荣获公司突出贡献奖。2019 年 1 月，荣获公司 2018 年度生产先进个人称号；4 月，被省委、省政府授予“河北省劳动模范”称号。

## 【河北省先进工作者】

### 李树峰

李树峰，男，汉族，1964 年 11 月出生，河北省香河县人，1985 年 7 月参加工作，1998 年 4 月加入中国共产党，大学本科学历，中小学高级教师。2012—2019 年，任河北省香河县第一中学校长。

李树峰在香河一中工作期间，香河一中先后被评为河北省先进集体、河北省 AAA 级劳动关系和谐单位、河北省高中课改教育教学研究成果先进单位、全国科技教育创新优秀学校、全国体育工作示范校、全国生态文明教育示范学校等等。高考成绩连续六年攀升。他率先垂范，重视领导班子建设。在他带领下，班子成员注重学习，做学者型管理者，全心全意为师生做好服务，推行调查研究的工作方式，实行依法治校，民主管理，科学管理。关心关爱教师，助推教师发展。不断推进教师走学者型发展道路。强化制度建设，对教师工作进行全面、客观、科学、公正的考核。推进高效课堂授课模式，提高课堂效率，大幅度提高教学成绩。心系学生，全面立德树人。提出学生“成人”教育和激励型管理模式，确立成才先成人的育人目标；开展校园文化建设活动，让学校文化不断浸润学生心灵。

连续 6 年在全县干部考核中被评为优秀干部，受到县委、县政府表彰；2012 年 12 月，被市教育局授予市中小学优秀校长称号；2014 年 9 月，被省教育厅、省人力资源和社会保障厅、省总工会授予河北省优秀教育工作者和河北省中小学优秀德育工作者称号；2016 年 7 月，被河北省教育厅授予河北省第四批中小学骨干校长称号；2017 年 9 月，被市教育局授予市中小学骨干校长称号；2019 年 4 月，被省委、省政府授予河北省先进工作者称号。

### 梁建伟

梁建伟，男，汉族，1978 年 1 月出生，中共党员，研究生学历，2015—2019 年，任香河县信访局局长。参加工作以来始终以一名共产党员的标准严格要求自己，在任县公安局巡警特警大队大队长期间，巡警特警大队被公安部评为“全国公安机关爱民模范先进集体”，梁建伟作为爱民模范集体代表受到了中共中央总书记习近平，中共中央政治局常委、国务院总理李克强等党和国家领导人的亲切接见。从事信访工作后，梁建伟始终把帮助群众当职责，把化解矛盾当目标，把为百姓排忧解难当追求。政策、法律范围内可以解决的问题，真心实意全力帮助群众解决到位；对不符合政策、法律规定的过高要求，认真做好教育、解释、疏导工作，同时尽量予以关照，取得群众的理解和支持。多年来，亲自参与接待群众来访4000余人次，办理来信781件次，圆满完成了上级领导交办的各项工作任务，保持了香河信访形势平稳，为香河的社会和谐稳定做出了贡献。梁建伟带领县信访局连续3年受到县委、县政府表彰，他本人4次受到省表彰、6次受到县表彰；2015年5月，被共青团河北省委、省人力资源和社会保障厅、省青年联合会授予第十八届“河北青年五四奖章”称号；2015年7月，被中共河北省委授予“全省‘百姓喜爱的好官’称号”、享受廊坊市劳动模范待遇；2019年4月，被省委、省政府授予河北省先进工作者称号。

## 【其他模范人物】

### 2019年香河县受市级以上（含市级）表彰的先进人物一览表

表14

| 姓 名 | 性别 | 民族 | 出生年月 | 工 作 单 位 | 荣 誉 称 号 | 授 奖 单 位 | 授奖时间 |
|---|---|---|---|---|---|---|---|
| 史长城 | 男 | 汉 | 1968年3月 | 县融媒体中心 | 全国岗位学雷锋标兵 | 中共中央宣传部 | 2019年2月 |
| 张春海 | 男 | 汉 | 1977年10月 | 香河县第五中学 | 全国优秀教师 | 中华人民共和国教育部 | 2019年9月 |
| 陈俊朋 | 男 | 汉 | 1982年5月 | 县公安局 | 第四届全国公安系统文艺会演铜奖 | 中华人民共和国公安部政治部 | 2019年10月 |
| 杜铁城 | 男 | 汉 | 1975年2月 | 县公安局 | 2019年度暑期工作先进个人 | 河北省暑期工作领导小组 | 2019年9月 |
| 左春喜 | 男 | 汉 | 1970年10月 | 蒋辛屯镇北三百户村 | 河北省“千名好支书” | 中共河北省委组织部 | 2019年6月 |
| 史长城 | 男 | 汉 | 1968年3月 | 县融媒体中心 | 河北省第四届“德业双优”新闻工作者 | 中共河北省委宣传部<br>河北省新闻工作者协会 | 2019年11月 |
| 张晓莉 | 女 | 汉 | 1974年10月 | 县人民法院 | 优秀法官 | 河北省高级人民法院 | 2019年8月 |
| 彭开全 | 男 | 汉 | 1975年8月 | 县人民法院 | 嘉奖 | 河北省高级人民法院 | 2019年1月 |
| 谭振华 | 男 | 汉 | 1969年5月 | 县人民法院 | 2019年度全省法院司法警察教练员骨干训练班优秀学员 | 河北省高级人民法院 | 2019年6月 |
| 刘　元 | 男 | 汉 | 1980年10月 | 县公安局 | 2019年全国“两会”安保环京“护城河”行动先进个人 | 河北省公安厅 | 2019年3月 |
| 李成圆 | 男 | 汉 | 1977年6月 | 县公安局 | 2018年全省大型群众性活动安保工作成绩突出个人 | 河北省公安厅 | 2019年3月 |
| 赵春生 | 男 | 汉 | 1976年12月 | 县公安局 | 2018年度全省公安监管工作成绩突出民警 | 河北省公安厅 | 2019年3月 |
| 康振新 | 男 | 汉 | 1978年3月 | 县公安局 | 2018年度全省公安监管工作成绩突出民警 | 河北省公安厅 | 2019年3月 |
| 李成圆 | 男 | 汉 | 1977年6月 | 县公安局 | 应急处突工作成绩突出个人 | 河北省公安厅 | 2019年4月 |
| 李永会 | 男 | 汉 | 1972年1月 | 县公安局 | 保卫工作成绩突出受通报表扬 | 河北省公安厅 | 2019年7月 |
| 梁冬生 | 男 | 汉 | 1976年11月 | 县公安局 | 保卫工作成绩突出受通报表扬 | 河北省公安厅 | 2019年7月 |
| 屈殿军 | 男 | 汉 | 1977年6月 | 县公安局 | 个人二等功 | 河北省公安厅 | 2019年8月 |
| 石克森 | 男 | 汉 | 1973年1月 | 县公安局 | 成绩突出个人 | 河北省公安厅 | 2019年11月 |

续表 14

| 姓 名 | 性别 | 民族 | 出生年月 | 工 作 单 位 | 荣 誉 称 号 | 授 奖 单 位 | 授奖时间 |
|---|---|---|---|---|---|---|---|
| 赵相娜 | 女 | 满 | 1988 年 3 月 | 县人民检察院 | “冀青之星” | 共青团河北省委 | 2019 年 11 月 |
| 刘 双 | 女 | 汉 | 1989 年 6 月 | 钱旺镇大河各庄小学 | 燕赵最美少先队辅导员 | 河北省少年先锋队工作委员会 | 2019 年 12 月 |
| 王 蕊 | 女 | 汉 | 1973 年 7 月 | 县城内第二小学 | 先进德育工作者 | 河北省教育厅 | 2019 年 3 月 |
| 纪建平 | 男 | 汉 | 1979 年 8 月 | 渠口镇店子务中心小学 | 河北省绿色园丁 | 河北省教育厅<br>河北省生态环境厅 | 2019 年 5 月 |
| 何振龙 | 男 | 汉 | 1976 年 9 月 | 安平镇政府 | 优秀党务工作者 | 中共廊坊市委 | 2019 年 6 月 |
| 史长城 | 男 | 汉 | 1968 年 3 月 | 县融媒体中心 | 优秀共产党员 | 中共廊坊市委 | 2019 年 6 月 |
| 张劲松 | 男 | 汉 | 1979 年 2 月 | 县城市管理综合行政执法局 | 优秀共产党员 | 中共廊坊市委 | 2019 年 6 月 |
| 张志雷 | 男 | 汉 | 1970 年 8 月 | 安平镇延福屯一村 | 优秀共产党员 | 中共廊坊市委 | 2019 年 6 月 |
| 周铁刚 | 男 | 汉 | 1978 年 2 月 | 安平镇草沙河村 | 优秀共产党员 | 中共廊坊市委 | 2019 年 6 月 |
| 范国生 | 男 | 汉 | 1965 年 1 月 | 刘宋镇庆功台村 | 优秀共产党员 | 中共廊坊市委 | 2019 年 6 月 |
| 刘建光 | 男 | 汉 | 1970 年 9 月 | 县公安局 | 廊坊市 2018 年度创建全国、省级文明城市工作先进个人 | 廊坊市精神文明建设委员会 | 2019 年 3 月 |
| 张劲松 | 男 | 汉 | 1979 年 2 月 | 县城市管理综合行政执法局 | 廊坊市 2018 年度创建全国、省级文明城市工作先进个人 | 廊坊市精神文明建设委员会 | 2019 年 3 月 |
| 姜宝良 | 男 | 汉 | 1978 年 9 月 | 新华街社区办 | 廊坊市“新中国成立 70 周年庆祝活动”信访维稳工作先进个人 | 廊坊市信访工作联席会 | 2019 年 10 月 |
| 刘春辉 | 男 | 汉 | 1979 年 2 月 | 淑阳镇政府 | 全民国防教育先进个人 | 中共廊坊市委宣传部<br>廊坊军分区政治处 | 2019 年 12 月 |
| 张劲松 | 男 | 汉 | 1979 年 2 月 | 县城市管理综合行政执法局 | 第三届“大美廊坊·最美蓝天卫士” | 中共廊坊市委宣传部 | 2019 年 5 月 |
| 贾桂青 | 女 | 汉 | 1981 年 3 月 | 安头屯镇政府 | 优秀妇联干部 | 廊坊市妇女联合会 | 2019 年 3 月 |
| 李 芳 | 女 | 汉 | 1978 年 3 月 | 县人民法院 | 廊坊市维护妇女儿童权益先进个人 | 廊坊市妇女联合会 | 2019 年 3 月 |
| 王 旭 | 女 | 汉 | 1979 年 9 月 | 县人民法院 | 廊坊市维护妇女儿童权益先进个人 | 廊坊市妇女联合会 | 2019 年 3 月 |
| 杜慧文 | 男 | 汉 | 1987 年 1 月 | 县公安局 | 优秀共青团干部 | 共青团廊坊市委 | 2019 年 4 月 |
| 孙 倩 | 女 | 汉 | 1987 年 10 月 | 县城内第五小学 | 优秀少先队辅导员 | 共青团廊坊市委、廊坊市教育局、廊坊市少工委 | 2019 年 6 月 |
| 王长艳 | 女 | 汉 | 1981 年 7 月 | 县城内第四小学 | 优秀少先队辅导员 | 共青团廊坊市委、廊坊市教育局、廊坊市少工委 | 2019 年 6 月 |
| 张红艳 | 女 | 汉 | 1976 年 1 月 | 县城内第四小学 | 优秀少先队辅导员 | 共青团廊坊市委、廊坊市教育局、廊坊市少工委 | 2019 年 6 月 |
| 王亚萍 | 女 | 汉 | 1978 年 1 月 | 县人民法院 | 纪检监察交叉联办案件优秀个人 | 廊坊市中级人民法院 | 2019 年 1 月 |
| 王爱民 | 男 | 汉 | 1968 年 3 月 | 县人民法院 | 家事审判方式和工作机制改革工作先进个人 | 廊坊市中级人民法院 | 2019 年 1 月 |
| 张 玮 | 男 | 汉 | 1980 年 7 月 | 县人民法院 | 三等功 | 廊坊市中级人民法院 | 2019 年 1 月 |
| 李宏斌 | 男 | 汉 | 1978 年 10 月 | 县人民法院 | 三等功 | 廊坊市中级人民法院 | 2019 年 1 月 |
| 彭开全 | 男 | 汉 | 1975 年 8 月 | 县人民法院 | 三等功 | 廊坊市中级人民法院 | 2019 年 1 月 |
| 张明妍 | 女 | 汉 | 1975 年 1 月 | 县人民检察院 | 食品药品安全领域检察公益诉讼专项活动办案人员嘉奖 | 廊坊市人民检察院 | 2019 年 5 月 |
| 李 颖 | 女 | 汉 | 1986 年 4 月 | 县人民检察院 | 2018 年度廊坊市思想政治工作优秀成果三等奖 | 廊坊市人民检察院 | 2019 年 3 月 |
| 陈 阳 | 女 | 汉 | 1987 年 3 月 | 淑阳镇政府 | 2018 年度廊坊市基层统计先进个人 | 廊坊市统计局 | 2019 年 9 月 |

续表 14

| 姓名 | 性别 | 民族 | 出生年月 | 工作单位 | 荣誉称号 | 授奖单位 | 授奖时间 |
|---|---|---|---|---|---|---|---|
| 李文兴 | 男 | 汉 | 1977 年 9 月 | 安平镇第一小学 | 廊坊市优秀乡村教育工作者 | 廊坊市教育局、财政局 | 2019 年 8 月 |
| 池冬松 | 男 | 汉 | 1977 年 9 月 | 香河县第六中学 | 廊坊市优秀乡村教师 | 廊坊市教育局、财政局 | 2019 年 8 月 |
| 王铁丽 | 女 | 汉 | 1980 年 11 月 | 刘宋镇幞头屯小学 | 廊坊市优秀乡村教师 | 廊坊市教育局、财政局 | 2019 年 8 月 |
| 张立娟 | 女 | 汉 | 1977 年 7 月 | 钳屯镇雀林院小学 | 廊坊市优秀乡村教师 | 廊坊市教育局、财政局 | 2019 年 8 月 |
| 高琳静 | 女 | 汉 | 1976 年 11 月 | 香河县第七中学 | 廊坊市优秀乡村教师 | 廊坊市教育局、财政局 | 2019 年 8 月 |
| 蔡宝华 | 女 | 汉 | 1968 年 8 月 | 香河县第十二中学 | 廊坊市优秀乡村教师 | 廊坊市教育局、财政局 | 2019 年 8 月 |
| 王　艳 | 女 | 汉 | 1981 年 6 月 | 渠口镇店子务中心小学 | 廊坊市优秀乡村教师 | 廊坊市教育局、财政局 | 2019 年 8 月 |
| 刘长虹 | 女 | 汉 | 1977 年 10 月 | 安平镇第一小学 | 廊坊市优秀乡村教师 | 廊坊市教育局、财政局 | 2019 年 8 月 |
| 成建平 | 女 | 汉 | 1977 年 12 月 | 安平镇第三小学 | 廊坊市优秀乡村教师 | 廊坊市教育局、财政局 | 2019 年 8 月 |
| 王占祥 | 男 | 汉 | 1979 年 9 月 | 香河县第十一中学 | 廊坊市优秀乡村教师 | 廊坊市教育局、财政局 | 2019 年 8 月 |
| 李冬丽 | 女 | 汉 | 1978 年 12 月 | 蒋辛屯镇蒋辛屯中心小学 | 廊坊市优秀乡村教师 | 廊坊市教育局、财政局 | 2019 年 8 月 |
| 陈　倩 | 女 | 汉 | 1980 年 1 月 | 县城内第四小学 | 廊坊市中小学幼儿园骨干教师 | 廊坊市教育局 | 2019 年 9 月 |
| 于秋红 | 女 | 汉 | 1979 年 6 月 | 县城内第二小学 | 廊坊市中小学幼儿园骨干教师 | 廊坊市教育局 | 2019 年 9 月 |
| 王翠艳 | 女 | 汉 | 1980 年 07 月 | 香河县第三中学 | 廊坊市中小学幼儿园骨干教师 | 廊坊市教育局 | 2019 年 9 月 |
| 吴秀丽 | 女 | 汉 | 1970 年 12 月 | 县城内第三小学 | 廊坊市中小学幼儿园骨干教师 | 廊坊市教育局 | 2019 年 9 月 |
| 冯立静 | 女 | 汉 | 1982 年 2 月 | 香河县第八中学 | 廊坊市中小学幼儿园骨干教师 | 廊坊市教育局 | 2019 年 9 月 |
| 成建平 | 女 | 汉 | 1977 年 12 月 | 安平镇第三小学 | “一师一优课”先进个人 | 廊坊市教育局 | 2019 年 3 月 |
| 高琳静 | 女 | 汉 | 1976 年 11 月 | 香河县第七中学 | “一师一优课”先进个人 | 廊坊市教育局 | 2019 年 3 月 |
| 梁　倩 | 女 | 汉 | 1980 年 12 月 | 县城内第二小学 | 廊坊市师德标兵 | 廊坊市教育局 | 2019 年 9 月 |
| 李双红 | 女 | 汉 | 1976 年 11 月 | 县第一幼儿园 | 廊坊市师德标兵 | 廊坊市教育局 | 2019 年 9 月 |
| 张春雁 | 女 | 汉 | 1978 年 9 月 | 蒋辛屯镇蒋辛屯中心小学 | 廊坊市师德标兵 | 廊坊市教育局 | 2019 年 9 月 |
| 刘欣然 | 男 | 汉 | 1986 年 12 月 | 刘宋镇中营小学 | 廊坊市师德标兵 | 廊坊市教育局 | 2019 年 9 月 |
| 张丽霞 | 女 | 汉 | 1976 年 11 月 | 香河县第七中学 | 廊坊市师德标兵 | 廊坊市教育局 | 2019 年 9 月 |
| 王秀梅 | 女 | 汉 | 1975 年 8 月 | 香河县第十二中学 | 廊坊市师德标兵 | 廊坊市教育局 | 2019 年 9 月 |
| 王　颖 | 女 | 汉 | 1991 年 5 月 | 渠口镇渠口中心小学 | 廊坊市师德标兵 | 廊坊市教育局 | 2019 年 9 月 |
| 杨静华 | 女 | 汉 | 1978 年 3 月 | 县城内第一小学 | 廊坊市先进德育工作者 | 廊坊市教育局 | 2019 年 4 月 |
| 高云霞 | 女 | 汉 | 1975 年 3 月 | 县城内第五小学 | 廊坊市先进德育工作者 | 廊坊市教育局 | 2019 年 4 月 |
| 张瑞娟 | 女 | 汉 | 1978 年 1 月 | 刘宋镇幞头屯小学 | 廊坊市先进德育工作者 | 廊坊市教育局 | 2019 年 4 月 |
| 陈金维 | 女 | 汉 | 1980 年 9 月 | 钳屯镇雀林院小学 | 廊坊市先进德育工作者 | 廊坊市教育局 | 2019 年 4 月 |
| 王继辉 | 男 | 汉 | 1980 年 12 月 | 香河县第十三中学 | 廊坊市先进德育工作者 | 廊坊市教育局 | 2019 年 4 月 |
| 张　静 | 女 | 汉 | 1978 年 8 月 | 香河县第十一中学 | 廊坊市先进德育工作者 | 廊坊市教育局 | 2019 年 4 月 |
| 王　欢 | 女 | 汉 | 1989 年 5 月 | 县第三幼儿园 | 学校安全工作先进个人 | 廊坊市教育局 | 2019 年 3 月 |
| 孙　倩 | 女 | 汉 | 1987 年 10 月 | 县城内第五小学 | 学校安全工作先进个人 | 廊坊市教育局 | 2019 年 3 月 |
| 陈金维 | 女 | 汉 | 1980 年 9 月 | 钳屯镇雀林院小学 | 学校安全工作先进个人 | 廊坊市教育局 | 2019 年 3 月 |
| 胡伯忠 | 男 | 汉 | 1979 年 3 月 | 渠口镇渠口中心小学 | 法制工作先进个人 | 廊坊市教育局 | 2019 年 3 月 |

# 香河县第二批县管优秀专家和县域特色人才

【概况】 2019年，县委、县政府认真贯彻落实党中央、国务院，省委、省政府和市委、市政府的人才工作部署，深化人才发展体制机制改革，优化人才创新创业环境，努力构建人人渴望成才、人人努力成才、人人皆可成才、人人尽展其才的良好局面。全县广大人才以施展所长、服务发展为己任，大力弘扬爱国奉献精神，建功立业新时代，涌现出了一批成绩卓著、贡献突出、影响广泛的优秀人才。为进一步发挥高层次人才的示范带动作用，激发全县人才队伍活力，2019年4月4日，县委、县政府制定印发《关于命名香河县第二批县管优秀专家和县域特色人才的决定》(香发〔2019〕4号)，命名丁云梅、门德志、王立强、王加森、王洪仁、尹玉如、刘国华、刘德旺、孙兴忠、杨万海、李颖、李树峰、张玉清、陈大志、陈树山、赵红艳、晋广志、高福君、姬德富19人为香河县第二批县管优秀专家，王从民、刘怀伶、邦力宇、张井林、赵瑞民、徐崇武、董瑞春、谢长青8人为香河县第二批县域特色人才，管理期为2019年1月至2022年12月。

## 【香河县第二批县管优秀专家情况简介】

### 丁云梅

**县委党校教研室主任**
**廊坊社科联特聘研究员**

女，1963年8月出生，河北省香河县人，中共党员，在职研究生学历，省委党校研究生院经济管理专业毕业，高级讲师。1983年7月参加工作，截至2019年4月，在县委党校从事理论教学工作，擅长政治理论教学和研究。

**近年来取得成绩：**2014年，撰写的党课文章《正“四风”转作风 努力做到抓常抓细抓长》发表在2014年《廊坊社会科学》第4期；党课《甲午战争给我们的警示》在全省党校国防教育课评比活动中，荣获三等奖，文章发表于《廊坊社会科学》2015年第1期；2015年，宣传香河、赞美家乡的散文《赏香河荷塘》被《光明日报》发表；2016年，在廊坊市党员教育五项竞赛活动中，被评为优秀党课教员；在全省党校系统首次教学比赛活动中，获得一等奖；散文《赏荷随想》被评为廊坊市第二届优秀网络文化“五个一”作品，并发表于《廊坊文学》2016年第2期；发表于2016年《廊坊社会科学》第3期的理论文章《知行合一 做合格党员》，在2017年廊坊市党员教育五项竞赛活动中，被评为优秀党教文章。2015年，入选香河县第一批县管优秀专家，被县直工委评为优秀共产党员；2018年，被县妇联授予“优秀巾帼志愿讲师”称号，被县直工委授予“优秀共产党员”称号。多年来积极参加党校教学和理论宣讲工作。

### 门德志

**县人民医院院长**

男，1950年2月出生，河北省香河县人，中共党员，大学学历，北京经济函授大学经济管理专业毕业，政工师。1985年4月从部队转业至香河县外贸局工作，先后任副局长兼外贸包装公司总经理、中国包装纸张进出口公司香河县分公司总经理、中国包装进出口总公司企业管理办公室副主任等职，1998年3月至2019年4月任县人民医院院长，擅长企业管理。

**近年来取得成绩：**在门德志带领下，县医院实现了跨越式发展，先后荣获“全国百姓放心百佳示范医院”“全国卫生系统先进集体”“河北省文明单位”等100余个国家和省市级荣誉称号，并跻身全国县级医院300强。医院文化、院务公开、医院改革等工作是全省的先进典型，成为河北省白求恩式模范医院。2014年，被市科技局、市工商联、廊坊日报社评为廊坊首届十大最具社会责任感企业家。2014年、2015年、2018年，分别被廊坊日报社评为廊坊市十大新闻人物。2015年，入选香河县第一批县管优秀专家；入选香河县百姓喜爱的好官。2018年，入选中国县域医院院长联盟会员；在第十二届中国医疗品牌发展高峰论坛获评全国优秀医院院长；被新时代质量诚信万里行组委会评为中国“3·15”诚信建设联盟中国诚信建设功勋人物；被河北省白求恩精神研究会评为河北省白求恩精神传承者。

## 王立强

### 县中医医院副院长

河北省中医药学会理事、河北省糖尿病防治协会第一届委员会理事、中华医学会风湿病学分会会员、河北省中医药治未病专业委员会委员、河北省中医药学会理事、廊坊市抗癌协会常务理事、廊坊市医学会肿瘤分会常务委员、廊坊市中医药学会专家顾问

男，1971年8月出生，大学学历，天津市武清区人，中共党员，张家口医学院中医专业毕业，主任中医师。1997年9月参加工作，截至2019年4月，在县中医医院工作，先后任急诊科主任、内分泌主任、副院长等职。擅长内分泌、肿瘤、肾脏等疾病的治疗。

**近年来取得成绩：**2015年，入选香河县第一批县管优秀专家。2016年，被河北省名医学会评为白求恩式的好医生；被评为廊坊市有突出贡献的中年优秀人才；被评为廊坊名医。2017年，被评为廊坊最美医生。2014年，在《数理医药学杂志》发表《老年2型糖尿病合并脑梗塞患者的病变特点与临床分析》。2015年，在《医学前沿》发表《糖尿病周围血管病变中医诊治探讨》；在《现代中医临床》发表《温阳祛风活血法治疗早期糖尿病周围血管病变的临床研究》；在《中国中医药现代远程教育》发表《内外同治法治疗早期糖尿病周围血管病变临床研究》。2014年，其著作《实用糖尿病中西医结合诊疗手册》由科学技术文献出版社出版。其主持的课题“温阳祛风活血法治疗早期糖尿病周围血管病变的临床研究”，获得河北省中医药学会科学技术奖一等奖。参研的课题“真武汤重用茯苓治疗心肌病心衰的临床研究”，获得河北省中医药学会科学技术奖三等奖。

## 王加森

香河县第一中学教科处副主任
廊坊市生物教学专业委员会会员

男，1965年2月出生，河北省香河县人，双大专学历，廊坊师院生物专业、文秘专业毕业，中学高级教师，河北省特级教师。1985年7月至2019年4月，在香河一中工作，先后担任生物教研组组长、理科综合组组长、教科处副主任等职，擅长生物教学。

**近年来取得成绩：**2014年，被省政府授予河北省特级教师称号。2015年，入选香河县第一批县管优秀专家；参与的河北省教育科学“十一五”规划重点课题《在高中新课程背景下打造高中生物和谐课堂的有效策略和途径的研究》、科研成果必修系列《高中生物一轮复习导学案》在中学学科网“精彩的生物”书店发行，获科研成果一等奖。2016年，获县政府嘉奖奖励。2017 年，被市委宣传部、市教育局评为廊坊市最美教师。

## 王洪仁

### 县文联原主席

中国无神论学会理事
中国散文学会会员
廊坊市作家协会会员
廊坊文艺评论家协会副主席

男，1947 年 10 月出生，河北省香河县人，大专学历，河北师范大学中文专业毕业。1978 年参加工作，1975 年发表作品，1982 年加入河北省作协。擅长文学创作、文学评论。

**近年来取得成绩：**2014 年，作品《梦想中国赖读书》在河北省“我的中国梦”有奖征文活动中，荣获二等奖；作品《从中国画谈到中国文化》在《书屋》杂志刊载。2015 年，作品《遥望七七》在中国人民纪念抗日战争胜利 70 周年征文活动中，荣获三等奖。2016 年，被县文联聘为香河县文学艺术界联合会作家协会名誉主席；作品《生产队记忆》在《天涯》杂志刊载；《歌啸人生》《走出红楼梦》等专著先后由中国文化出版社出版。2017 年，作品《从中国画谈到中国文化》荣获第九届河北省文艺评论奖文章类二等奖。2018 年，作品《深情挚爱谱华章》《篱笆院》先后在《河北日报》刊载；作品《上海河》在《四川文学》杂志刊载。

## 尹玉如

### 县文联编辑部原主任

河北省作家协会会员
中国民间文艺家协会会员
中国散文学会会员

男，1945 年 3 月出生，河北省香河县人，大专学历，河北文学院文学专业毕业，河北省文学创作三级作家、馆员。1965 年 8 月参加工作，任中小学教师，1979 年在香河文化馆工作，1990 年在县文联工作，2005 年退休，专门从事文学研究和创作。

**近年来取得成绩：**2014 年 1 月，24.8 万字的小说集《我只想瞅瞅》由团结出版社出版；2014 年 9 月，40 万字的儿童文学集《女儿国的秘密》由中国文联出版社出版；2015 年 7 月，17 万字的散文集《飘逝了的声音》由团结出版社出版；2016 年 7 月，20 万字的散文集《抹不去的乡愁》由中国电影出版社出版；2016 年 7 月，18 万字《血脉中的记忆》由中国电影出版社出版；2018 年 2 月，42 万字的《古运流香》由团结出版社。代表作有《姥家门口唱大戏》《我是一条龙》《乡风》《隔岸两三家》《卖菜的妹子十八九》《泥塑的媳妇》等。2015 年，入选香河县第一批县管优秀专家。

## 刘国华

### 国华影视基地负责人

男，1959 年 5 月出生，高中学历，河北省香河县人。1979 年毕业于香河县蒋辛屯中学，1980 年在家务农，1985 年从事红木家具经营，2005 年以来一直从事影视工作，2008 年建立国华影视基地，擅长企业管理、影视文化宣传推广。

**近年来取得成绩：**国华影视基地为发展县域影视制作全产业链，以及宣传香河、推介香河做出了积极贡献。2009 年，国华影视基地被纳入《河北省文化产业振兴规划》，被河北省文化厅评为省级文化产业示范基地，被廊坊市委宣传部确定为全市文化产业发展“五个一”工程之一；2011 年，成为河北省重点建设项目“一卡通”企业，被省委宣传部授予河北省文化发展“五个一”工程奖；2014年，被河北省发改委评为河北省服务业领军企业和最具成长性企业；2017年，被评为河北省文化企业30强。2014年，被省委宣传部评为"燕赵文化之星"；2015年，入选香河县第一批县管优秀专家。

## 刘德旺

**县交通运输局总工程师**
**公路管理站副站长**

男，1967年12月出生，河北省香河县人，大学学历，武汉水运工程学院工程力学（桥梁结构工程专业）毕业，高级工程师，河北省统一评标专家库评标专家。1992年7月，在河北省铁路勘测设计事务所桥梁室参加工作，1995年7月至2019年4月，在县交通运输局公路管理站工作，2004—2019年4月任县交通运输局公路管理站副站长，擅长桥梁设计、施工。

**近年来取得成绩：**自2015年入选香河县第一批县管优秀专家以来，先后取得咨询工程师（投资）、招标师等项国家级技术资格，2016年，被评为廊坊市公路学会先进会员；入选省发改委、财政厅、住建厅专家库；《市政公路施工中的质量控制及技术应用》发表于《工程技术》（引文版）2015年11期140页；《市政工程设计阶段的工程造价控制》发表于《工程技术》（文摘版）2017年3期178页。2015年，在青龙湾减河大桥建设工程中担任项目总工程师，该工程被评为优质工程，被北京城建道桥建设集团评为精品工程，在该桥建造过程中发明的《多跨连续梁复合式临时支座快速架设施工工法》获得北京市优秀工法奖。

## 孙兴忠

**第一城酒业有限公司党支部书记、董事长，北京顺鑫农业股份有限公司牛栏山酒厂香河生产基地总经理**

男，1956年12月出生，天津市宁河区人，中共党员，高中学历，会计师。1976年3月参加工作，在天津市宁河县芦台镇供销社任会计；1980年12月在天津市宁河县商业局任会计；1983年1月任天津市宁河县宁河酒厂副厂长；1993年1月至2019年4月任第一城酒业有限公司董事长；2006年10月至2019年4月任香河东方电子有限公司董事长；2013年至2019年4月任北京顺鑫农业股份有限公司牛栏山酒厂香河生产基地总经理。擅长企业管理。

**近年来取得成绩：**2014年，荣获河北省"创业功臣"称号，河北省"五一"劳动奖章；2015年，荣获河北省优秀民营企业家、优秀中国特色社会主义事业建设者等荣誉称号，入选香河县第一批县管优秀专家；2016年，荣获廊坊市优秀民营企业家、质量奖个人奖，最美香河人等。第一城酒业有限公司已经成为香河县重点骨干企业、廊坊市百强企业、河北省知名企业。香河县纳税大户之一，2017年，上缴税金6.1亿元；2018年，上缴税金7亿元，为公益事业捐款260万元。

## 杨万海

**原县畜牧兽医局兽医股股长**

男，1963年7月出生，河北省香河县人，中共党员，大学学历，河北农业大学兽医学专业毕业，高级兽医师。1988年7月至1990年7月，在县农业局工作；1990年7月至2019年4月，先后任县畜牧兽医局防治站站长、兽医股副股长、股长等职。擅长兽医工作。

**近年来取得成绩：**负责全县动物防疫、畜牧养殖规划及项目管理、种畜禽管理、奶牛及生鲜乳奶站管理等。2014年，被县政府记三等功；2016年、2017年，获县政府嘉奖；2014年，被评为河北省动物疾病防控先进工作者；2016年，被评为河北省动物疫病防控先进工作者；《规模猪场突发猪传染性胸膜肺炎治愈案例》发表于2015年第11期《今日畜牧兽医》。

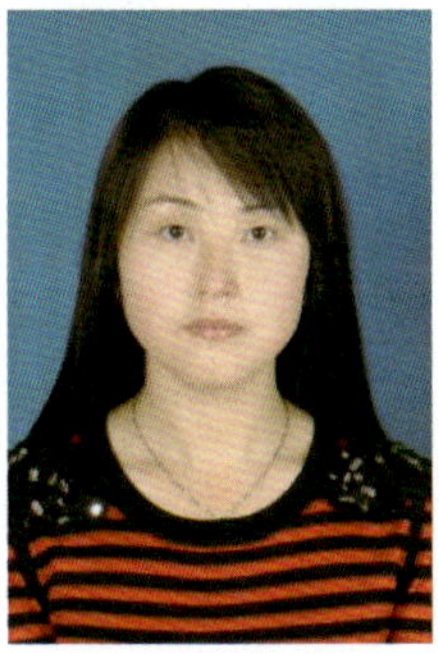

## 李 颖

### 县第十一中学副校长

廊坊市初中语文名师工作室主持人

女，1979年4月出生，河北省香河县人，中共党员，大学学历，北京师范大学汉语言文学专业毕业，中学高级教师，河北省特级教师。2005年7月在香河县第七中学任教；2017年2月至2019年4月在香河县第十一中学任教。擅长初中语文教学。

**近年来取得成绩：** 2014年，论文《唯有书香润泽师生 校园文化方可汇流成河》发表在《语言文字报》第800期第八版；参与市课题《中学课堂教学中激发学生学习兴趣的研究》成功结题；主持省“十三五”课题《初中生名著高效阅读模式的研究》成功结题；《秋天的怀念》一课在“2014年河北省信息技术与学科融合优质课”评比中获初中组三等奖；《秋天的怀念》一课在“河北省第六届中小学公开课电视展示活动”中获省二等奖；讲授的《秋天的怀念》在2014年廊坊市中小学信息技术与学科融合优质课评比活动中荣获初中语文组一等奖；在2014年廊坊市“一师一优课 一课一名师”活动中课例《罗布泊，消逝的仙湖》获市级一等奖；被评为廊坊市模范教师；获县政府嘉奖。2015年，《丹心化春雨 润得满园香》发表在《廊坊日报》9月10日第八版； 被评为河北省骨干教师，被评为廊坊市中小学学科名师；被评为廊坊市师德标兵；被评为廊坊市“一师一优课 一课一名师”先进个人；论文《如何培养学生乐学语文》在河北省第十届教育教学征文活动中获二等奖；《唐雎不辱使命》获廊坊市中学语文教学设计二等奖；获县政府嘉奖。2016年，河北省中小学名师培训做了讲座示范课；在“国培计划”（2017）—河北省乡村中小学教师送培到县培训项目中被聘为授课专家，并送教五个地区；被评为香河县优秀教师；被评为香河县教育系统优秀共产党员；《散步》一课在市2015－2016年度“一师一优课一课一名师”优质课评选活动中获二等奖；在廊坊市信息技术与学科融合优质课评选活动获一等奖；获县政府嘉奖。2017年，《散步》被评为省级2015－2016年度“一师一优课 一课一名师”活动“优课”；在京津冀第一届“青年教师优质课展播”活动中指导“燃烧与火火”荣获一等奖；《如何培养学生乐学语文》发表在《新课堂》；《谈初中语文自主阅读能力的培养》发表在《写作》第55页；《寻找语文教学中的美》发表在《中华少年》第53页；被聘为河北省第七届基础教育教学成果奖评审专家；被评为河北省特级教师，被评为河北省中小学学科名师；被评为香河县优秀共产党员；由贵州出版集团贵州教育出版社出版个人独著《语文写作教学的高效分析》一书。2018年，《初中语文名著阅读策略浅议》发表在中国核心期刊数据库来源期刊《读写算》第196页。

## 李树峰

### 香河县第一中学校长

男，1964年11月出生，河北省香河县人，中共党员，大学学历，河北师大法律专业毕业，中学高级教师。1985年7月至2008年7月，在香河县第一中学历任化学老师、班主任、化学备课组组长、化学教研组组长、年级组长、年级主任、副校长；2008年7月至2011年9月，任香河县第六中学校长；2011年9月至2012年9月，任香河县第二中学校长；2012年9月至2019年4月，任香河县第一中学校长。擅长教学管理。

**近年来取得成绩：**为香河教育事业做出较大贡献，高考成绩屡创新高，香河县第一中学社会影响力显著增强。2014年，被评为河北省优秀教育工作者、河北省中小学优秀德育工作者；2015年，被县委、县政府评为“百姓喜爱的好官”；2016年，被评为第四批河北省中小学骨干校长；2017年，被评为廊坊市中小学骨干校长；2016年、2017年，获县委嘉奖。任香河县第一中学校长期间，学校高考成绩连创佳绩，2016年、2017年、2018年重点大学上线人数分别为629人、819人、901人，2年考出廊坊市文、理科状元，3年连续有学生考入清华大学、北京大学。2014年，香河县第一中学被省政府评为河北省先进集体；被评为市级文明单位。2015年，获得河北省AAA级劳动关系和谐单位称号；被评为廊坊市教育工作先进集体。2016年，被教育部办公厅授予“全国体育工作示范校”称号；被评为全国科技教育创新优秀学校。2017年，被评为全国生态文明教育示范学校、廊坊市文明校园、廊坊市先进基层学校。2018年，被评为廊坊市学校安全工作先进单位。

## 陈大志

### 国网冀北电力有限公司
### 香河县供电分公司副经理

男，1977年7月出生，河北省香河县人，中共党员，大学学历，河北工程学院电力工程及自动化专业毕业，高级工程师。1997年10月至2019年4月，在香河供电公司工作，历任客服中心副主任、主任、电网改造办公室副主任、设计室主任、供电科科长、安全运检部主任、运维检修部主任等职，2015年12月，任国网冀北电力有限公司香河县供电分公司副经理。擅长供用电工技术。

**近年来取得成绩：**近几年，香河电网负荷屡创历史新高，陈大志结合农网改造、县城电网改造、低电压治理等多项电网建设改造项目，解决超负荷、电压低、停限电次数多等问题，线路跳闸次数大幅下降。组织完成香河县配电网“十三五”规划；完成廊坊北500千伏变电站、渠口220千伏变电站站址选定工作；完成香河县3万户“电代煤”项目编制、上报工作。积极参与“电代煤”户表以下工程的组织实施。主持制定《香河县“电代煤”进户线安装技术标准》。2017年，香河区域实施“电代煤”工程，陈大志组织各专业人员加班加点，掌控工程设计、物资到货、施工组织及占地协调等关键环节，建立机制、分解任务、落实责任，确保了香河县“电代煤”配套电网工程及时竣工投运。2015年，入选香河县第一批县管优秀专家；先后荣获冀北电力有限公司2014年度、2015年度、2017年度“优秀共产党员”称号；2018年，荣获国家电网公司“基建管理先进个人”称号。

## 陈树山

**香河东方电子有限公司总经理、总工程师　中国材料研究学会热电技术及应用分会第二届理事**

男，1955 年 3 月出生，天津市宁河区人，中共党员，大学学历，南开大学半导体物理专业毕业，高级工程师。1985 年与天津十八所合作研究半导体制冷产品，1989 年到日本进修学习，1994 年到香河华北制冷有限公司工作，任副总经理和总工程师，指导并完成公司一、二期技术创新和设备改造，使公司成为当时世界产量最大的半导体制冷器件生产企业，技术水平保持世界前列。2006 年，组建香河东方电子有限公司任总经理、总工程师，擅长半导热电技术。

**近年来取得成绩：**2013 年，香河东方电子有限公司荣获河北省高新技术企业称号。2014 年，被中国材料研究学会热电材料及应用分会聘为第二届理事会理事；TEC-SP 半导体空调制冷制热组件项目入选科技型中小企业技术创新基金立项，执行期限 2012 年 7 月至 2014 年 7 月，并于 2016 年通过验收；2015 年，半导体空调制冷制热组件获得廊坊市科技进步三等奖。拥有“一种多级半导体温差电制冷组件（ZL201420508779.3 第一发明人）、一种水冷式大功率半导体制冷低温冷台（ZL201420873545.9 第一发明人）、一种水冷式半导体温差发电模块（ZL201520936812.7 第二发明人）、太阳能温差发电系统（ZL201620765986.6 第二发明人）、全自动恒温恒湿的植物种植箱（ZL201620767008.5 第二发明人）、外置式高效半导体恒温除湿器（ZL201620765652.9 第二发明人）、便携式应急冷热敷治疗仪（ZL201621471617.2 第二发明人）”等多项专利。2001 年 6 月起，享受国务院政府特殊津贴；2015 年，入选香河县第一批县管优秀专家。

## 张玉清

**县文联原副主席**

**河北省儿童文学委员会主任**

**中国作家协会会员**

**河北省作家协会理事**

**廊坊市作家协会副主席**

男，1966 年 1 月出生，河北省香河县人，大专学历，廊坊教育学院中文专业毕业，擅长文学创作，2008 年，入选市管优秀专家。1984 年 7 月，在大罗屯乡河南吴村小学任教，1986 年 7 月在渠口中学任教；1989 年 7 月任县文化馆编辑、辅导员，1990 年 8 月，县文联工作，历任编辑、辅导员、办公室主任、副主席等职。擅长文学创作。

**近年来取得成绩：**2015 年，《炫舞的花季》获国家新闻出版广电总局第十二届向全国青少年推荐百种优秀图书。2016 年，绘本《女孩和蝉》获得 2016 年冰心图书奖；小说集《张玉清直面青春系列作品集》获廊坊文艺繁荣奖优秀奖；短篇小说《一百元》获得第二届河北省孙犁文学奖,发表于《人民文学》2016 年第 1 期。2015 年，在晨光出版社出版长篇童话《鼠洞奇遇记》；在希望出版社出版绘本《做成标本的小燕子》《女孩和蝉》。2016 年，在长江少年儿童出版社小说集《小百合》。2017 年，在明天出版社出版小说集《途中的风景》；在希望出版社出版长篇校园小说《成长吧，少年》；在河北教育出版社出版小说集《蜘蛛茧》。2018 年，在长春出版社出版小说集《一百元》。被廊坊市人力资源和社会保障局评为 2014－2018 年廊坊市有突出贡献的中年优秀人才；2017 年经河北省人民政府批准为享受河北省政府特殊津贴专家；市管优秀专家。

## 赵艳红
### 香河县第一中学教师

女，1968年4月出生，河北省香河县人，中共党员，大学学历，河北师范大学生物专业毕业，正高级教师，河北省省特级教师。1989年7月在县第五中学任教，1990年7月至2019年4月，在香河县第一中学任教，负责高三年级生物教学工作及河北省名师赵艳红工作室主持人工作，擅长高中生物教学。

**近年来取得成绩：**论文《让我们与高中生物去“约会”》发表于《内蒙古教育》2014年第4期；论文《美哉，高中生物学那点事儿》发表于陕西师范大学《中学生物教学》2015年第8期；论文《纯粹为分数而教的局面必须打破——对当前中学教学现状的审视与自我追问》发表于《湖南教育》2018年第977期。2018年，主编《微观高考》在金太阳新高考研究院、江西高校出版社出版发行；2015年，在学科网学易书城“精彩的生物”书店出版《高中生物一轮复习导学案（必修1、2、3）》、《生物与生活》校本教材；2016年，在学科网学易书城“精彩的生物”书店出版《高中生物同步导学案（必修1、2、3）》《高考生物四步自主学习法（必修1、2、3）》《高考生物命题规律与专题诊断》《高考生物考前指导与超越教材训练》《高考生物考点必读与考前必练》，指导出版《高中生物同步课件（必修1）》，编辑《羞答答花朵静悄悄地开》。2014年，河北省教育科学“十一五”规划重点课题《在高中新课程背景下打造高中生物和谐课堂的有效策略和途径的研究》获河北省第二届教育科学研究优秀成果三等奖；《植物有效成分的提取》获河北省第二十九届青少年科技创新大赛二等奖；公开课《植物组织培养技术》获河北省三等奖。2015年，获学科网科研成果一等奖证书；2014年、2015年，两次参加河北省中小学高级职称评审工作；2015年，课例《植物的组织培养技术》获廊坊市一等奖。2015年，入选香河县第一批县管优秀专家；被评为河北省第三届中小学学科名师；获得河北省中小学教师资格考试面试考官资格；县政府记三等功。2016年，讲授的《月季的花药培养》被评为教育部优课；《课题2—月季的花药培养》获河北省优课；在学科网学易书城2016年暑期主题研讨会作主题演讲；在廊坊市第26届优秀自制教具评比活动中《显微镜手机拍照平台》被评为一等奖；在廊坊市成果交流评比中课例《生命活动的主要承担者—蛋白质》获高中组三等奖；在香河县优秀自制教具评比活动中“显微镜手机拍照平台”获一等奖；2018年，指导易桐在2018年全国中学生生物学联赛中获全国三等奖；2014—2018年，连续参加河北省普通高中学业水平考试工作；参加金太阳教育作者会；被廊坊市教育局聘为市级“十三五”规划课题评委；成为北京凤凰学易科技有限公司独家签约作者。2016年，被评为河北省特级教师；被学科网评为优秀作者；被县政府嘉奖。2017年7月担任河北省名师赵艳红工作室主持人；被学科网评为优秀独家签约作者；被聘为河北师范大学卓越教师培养实践导师。2018年，被评为北京师范大学《中国教师》特聘专家。

## 晋广志
### 香河海潮制件有限公司总经理

男，1972年4月出生，河北省香河县人，大专学历，北京师范学院工业企业管理专业毕业。1998年，参加工作，在香河燕龙公司做技术员，2001年，任香河港龙公司总工程师，2004年，任总经理兼总工程师，2010 年，任香河海潮制件有限公司总经理兼总工程师，擅长科技型企业创新管理、汽车配件生产研发。

**近年来取得成绩：** 精于研发和管理，在汽车配件研发方面拥有多项专利。2014 年，先后取得“一种纵梁夹紧装置”“一种气动铆母机”“一种前悬架支撑套自动焊接夹具”“一种钳式气动夹紧装置”“一种三向调节装置”“一种大型磨具的装卸模装置”等实用新型专利；2015 年，获得“一种可反转的夹具”“汽车用货箱支架以及汽车”“汽车支架”以及“变速箱托架”等实用新型专利；2017 年，获得“用于汽车车架的横梁支架”“夹紧装置”“一种转向器支架总成及其汽车”“板簧前吊耳支架”“汽车车架的纵梁”“一种手持式液压冲凸装置”“用于汽车车架上的货厢支架”“副转向臂衬管总成”以及“一种夹紧工装”等实用新型专利。2012 年，企业被认定为“河北省高新技术企业”“河北省对标示范企业”；2014 年被认定为“河北省诚信企业”，2017 年被认定为“专精特新中小企业”；自建了“市级技术研发中心”；2017 年，资产总额达到 1.9 亿元，上缴税金 540 万元；2014 年，荣获河北省企业诚信建设优秀工作者称号；2015 年，入选香河县第一批县管优秀专家。

## 高福君

**县人民医院外一科主任**
**市医学会介入分会第一届委员会常务委员**
**中国抗癌协会会员**

男，1973 年 4 月出生，香河县人，中共党员，大学学历，承德医学院临床医学专业毕业，副主任医师。1997 年 7 月参加工作，截至 2019 年 4 月，一直在县医院工作，擅长外科手术。

**近年来取得成绩：** 在外科手术方面技术娴熟，能独立完成普外科、肝胆外科、泌尿外科等各种疑难肿瘤手术，尤其擅长微创手术。先后开展了县医院首例腹腔镜下肾部分切除术、腹腔镜下前列腺癌根治术等，填补了县医院技术空白。特别是开展了难度较大的胃镜下胃癌黏膜切除术，开创县医院手术史上的新篇章。2014 年，在《实用临床医药杂志》上发表《生精合剂联合腹腔镜下精索静脉高位结扎术治疗弱精子症的疗效》。2015 年，在《中华高血压杂志》上发表《球囊扩张术与开放手术治疗输尿管狭窄疗效对比》；在《河北医药》上发表《泌尿外科腹腔镜手术 120 例临床观察》。2016 年，在《河北医药》上发表《腹腔镜联合软镜治疗输尿管结石合并肾结石的疗效观察》；论著《实用泌尿外科疾病诊疗常规》被科学技术文献出版社出版。2018 年，“醒脑镜联合还原型谷胱甘肽治疗苯二氮卓类药物中毒临床研究”项目获得河北省科技成果证书（第伍完成人）。2017 年，被县政府授予“三等功”；2018 年，被廊坊市卫生和计划生育委员会、中共廊坊市委宣传部评为“美丽医生”。

## 姬德富

**县审计局副主任科员**

男，1969 年 3 月出生，香河县人，中共党员，大学学历，河北经贸大学财会专业毕业，注册会计师、会计师、高级信用管理师。1991 年 6 月至 1996 年 12 月，在县供销社工作；1997 年 1 月至 2019 年 4 月，在县审计局工作,先后任股长、副局长、副主任科员。擅长财务、审计。

**近年来取得成绩：** 2014 年参加国家审计署组织的全国土地出让收支和耕地保护审计；2016—2018 年带队参加省厅组织的保障房审计；2017

年，直接参与廊坊市审计局组织的对廊坊控股公司的审计，审计结果得到领导的高度评价。2000年考试取得了注册会计师执业资格；2012年考取高级项目管理师；2016年考取高级信用管理师；2014年、2015年、2017年分别受到县政府嘉奖奖励；2016年，被县人大常委会聘任为财政预决算审查监督专家；2017年，被廊坊市财政局评为会计领军人才。

【香河县第二批县域特色人才情况简介】

王从民

香河曲艺家协会主席

男，1947年2月出生，香河县人，中共党员，廊坊市劳动模范，初中学历，文化馆员。1965年至1974年在安平镇王指挥庄村务农，1974年至1984年在村里当电工（其间，被抽调到县文化馆工作3年），1984年在县总工会艺术团工作，2014年5月至2019年4月任县曲艺家协会主席，擅长京东大鼓创作及演唱。

近年来取得成绩：积极参与县域文化宣传推广活动，2005年，被河北省文化厅授予首批河北省民族民间文化传承人（京东大鼓代表人物）；2015年，入选香河县第一批县域特色人才；作品《劝君莫把酒杯贪》在首届“董湘昆杯”全国京东大鼓邀请赛中被天津市文化广播电视局、天津市津南区政府授予演唱二等奖；在2015年“爱香河、爱家乡”原创作品大赛曲艺歌舞类京东大鼓《自强模范》荣获一等奖；2016年，荣获香河县春节联欢晚会特别奉献奖；2017年，被河北省文化厅授予河北省第十二届（曲艺类）燕赵群星奖；2018年，在“牵手京津冀、欢乐进万家”第四届京津冀（廊坊）京东大鼓书会活动中被河北省群众艺术馆、北京群众艺术馆、天津群众艺术馆授予最佳表演奖；在首届“京津冀晋鲁豫”评鼓书擂台赛决赛中荣获短节目一等奖。

刘怀伶

安头屯中幡艺术团团长

男，1948年5月出生，香河县人，高中学历。1969年6月，自香河一中毕业后务农并开始接触中幡；2004年10月，成立安头屯中幡艺术团。擅长中幡艺术表演和文化推广。

近年来取得成绩：安头屯中幡为国家级、省级非物质文化遗产项目，作为核心骨干力量，积极参加安头屯中幡文化传承活动，为中幡文化传承做出了较大贡献。2015年、2018年2次参加中央电视台七套《乡村大世界》栏目录制；2016年，先后参加全球献爱心公益演出、北京市朝阳区文艺演出、石家庄石门庙会演出、北京顺义举办的京津冀文艺展演、唐山国际旅游岛举办的京津冀中幡大赛、固安非遗展演、北京非遗展演等活动；2017年，先后参加第一城春节展演、京津冀大联欢、非遗进校园展示汇报等活动；2018年，先后到昆明、河南、天津等地表演；2014—2018年，在安头屯中、小学义务传授中幡技艺，取得较好传承效果。2015年，入选香河县第一批县域特色人才；被授予2014年度全县文化工作热心人称号；安头屯中幡表演队表演的《安头屯中幡》荣获中国文联授予的第十二届民间文艺山花奖·民间艺术表演奖（民俗礼仪表演）。2016年，荣获河北省文联授予的首届河北文艺贡献奖·突出贡献奖；香河中幡入选河北省美丽乡村特色体育品牌项目。2017年，被县第十中学中幡队聘为顾问。

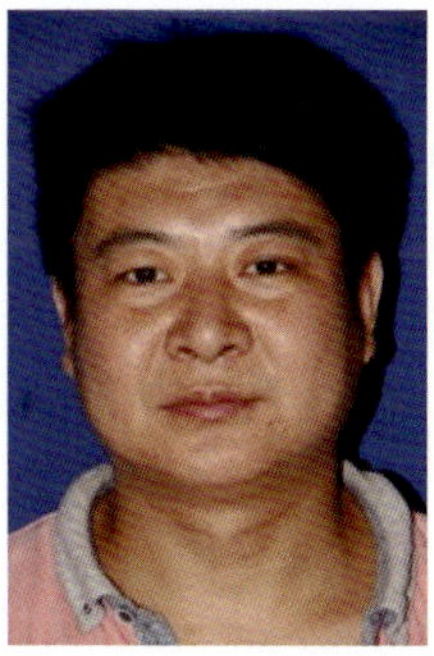

## 邳万宇

**县人力资源和社会保障局职工**

**香河曲艺家协会常务副主席**

男，1978 年 7 月出生，香河县人，中共党员，初中学历。1997 年 5 月，参加工作，截至 2019 年 4 月，在县人力资源和社会保障局工作。1998 年，与全国著名快板表演艺术家常志学习快板，2013 年 7 月，正式拜师于常志。擅长评书、快板创作与表演。

**近年来取得成绩：**多年来，一直活跃在香河文艺的各个舞台，编写制作了宣传香河、歌颂香河、赞美香河的文艺作品，并热心成为香河城内第三小学快板兴趣小组辅导教师；2015年1月参加第一届香河春节晚会，创作编演小品《我要上春晚》并获优秀表演奖和原创作品奖；入选香河县第一批县域特色人才；参加第八届北京快板邀请赛暨京津冀快板邀请赛，表演快板《香河颂》并获二等奖。创作的《金猴闹春》荣获2016年香河县春节联欢晚会原创作品奖。2017年，表演的相声《话说香河》荣获2017年香河春节联欢晚会优秀原创作品奖；荣获2017年京津冀快板邀请赛暨第九届北京快板邀请赛优秀创作奖；参加通州区“宣传十九大、建设副中心”节目会演，表演快板《通州颂歌》荣获一等奖；参加央视7套正月十五闹元宵晚会；2017年，参加央视《黄金100秒》栏目，创作表演《夸赞黄金100秒》，赢得挑战成功；被香河县电视台聘为文化艺术顾问。2018年，创作的《大年初一》，荣获2018年香河春节联欢晚会原创作品奖；参加录制央视七套《乡村大世界》栏目。

## 张井林

**香河大张肉饼店总经理**

男，1959 年 7 月出生，香河县人，高中学历，中级面点师四级。1977 年 6 月参加工作，在香河县国营东风饭店工作，1978 年到国营车站饭店工作；1979 年在县人大常委会机关食堂工作；1981 年被聘请到首都国际机场从事肉饼制作；1987 年成立大张肉饼店，并建立了加盟连锁店，擅长香河肉饼制作。

**近年来取得成绩：**积极参加香河肉饼文化技艺传承与推广，是香河肉饼技艺传承推广的活动骨干，并作出了独特贡献。2014 年，参加廊坊电视台“廊坊零距离”春节特别节目——特色美食《香河肉饼》录制；参加第七届河北省举办的非物质文化遗产民俗文化节。2015 年，荣获香河美食文化暨香河肉饼大赛金奖；参加河北电视台《家政女皇》节目录制；参与中央电视台第 7 套《乡村大世界》走进香河节目录制；入选香河县第一批县域特色人才。2017 年，参加河北卫视《你早，京津冀》走进香河“品味特色文化——香河肉饼”节目录制；参加河北地理标志商标保护和发展研讨会；《外酥里嫩 唇齿留香》在 5 月 7 日《人民日报》给予图文报道。2018 年，参加中央电视台第 7 套《丰收中国》走进香河节目录制；参加京津冀非物质文化遗产精品联展暨廊坊特色文化博览会。

## 赵瑞民

**香河县景泰蓝珐琅制品厂董事长**

男，1956 年 9 月出生，香河县人，高中学历。从事珐琅行业 30

余年，截至2019年4月，任香河景泰蓝珐琅制品厂董事长。擅长景泰蓝制作。

**近年来取得成绩：**景泰蓝珐琅工艺原是香河县传统特色手工艺。多年来，赵瑞民带领香河县景泰蓝珐琅制品厂取得了较大的经济效益和社会效益，景泰蓝珐琅作品“四海同心”曾作为国礼赠送给外国元首。为发扬传统技艺，个人出资建设珍宝馆，宣传展示景泰蓝珐琅作品。2013年，获河北省民间工艺美术大师（景泰蓝类）称号；2015年，入选香河县第一批县域特色人才；2018年，被廊坊市文学艺术界联合会、廊坊市民间艺术家协会评为2017年度廊坊市民间文艺家协会优秀会员。

## 徐崇武

**香河县武协主席**

男，1964年5月出生，香河县人，中共党员，大专学历，中国武术七段（通臂拳项目）。1978年，拜卢永城为师学习五行通臂拳；1982—1985年，在部队服役；1986年，随张策大师侄子张永清学习五行通臂拳；1991年，开始授徒；1997年，成立香河武术培训中心，任中心主任；2004—2019年4月，任香河武术协会主席。擅长五行通臂拳。

**近年来取得成绩：**五行通臂拳为省级非遗项目，在香河县群众体育文化活动中有较大影响力和覆盖面。认真履行香河县武术协会主席工作职责，经常组织各种武术文化交流活动，积极宣传推广五行通臂拳文化技艺，属业务型活动骨干。2014年，被廊坊市文化广电新闻出版局命名为市级非物质文化遗产项目通臂拳（五行通臂拳）代表性传承人。2015年，入选香河县第一批县域特色人才。2016年，被中华民间传统武术联盟天津市滨海新区塘沽第一分会聘请为顾问；由金城出版社出版发行《中国通臂拳论坛文集》。2017年，被东方艺术天地聘为艺术顾问。2018年8月被国际武道联合会聘为创会主席，任期4年。

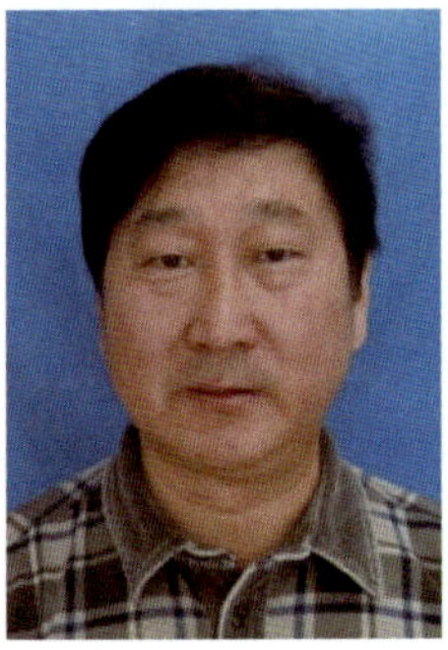

## 董瑞春

**香河恒信龙浩国术酒业有限公司董事长**
**香河国术文化发展促进会会长**

男，1967年4月出生，香河县人，中国武术六段（吴式太极拳）。1976年，学习通臂拳；1980年，拜张策通臂拳第三代传人吴术清为师学习五行通臂拳；1992年，拜张策通臂拳第三代非遗传承人赵建国为师学习五行通臂拳；1995年，开始授徒，2004年，任香河武术协会副主席，2008年，任香河武术协会常务副主席、五行通臂拳研究会会长，截至2019年4月，任香河恒信龙浩国术酒业有限公司董事长。擅长五行通臂拳。

**近年来取得成绩：**五行通臂拳为省级非遗项目，在香河县群众文化体育活动中有较大影响力。多年来，积极参加五行通臂拳文化的宣传与推广，自筹资金组织大型武术交流活动，为五行通臂拳文化推广做出了贡献，属发动型和奉献型活动骨干。2014年，在京津冀首届“香神杯”传统武术比赛中荣获最佳表演奖；参加第六届海峡两岸青少年武术交流活动，荣获金奖；承办京津冀“香神杯”首届国术文化节，并获最佳贡献奖、优秀组织奖。2015年，入选香河县第一批县域特色人才。2016年，组织参加张策大师150周年诞辰活动，获优秀组织奖。长期为青少年传授武术技艺。

## 谢长青

香河腾远家俬职工
北京建筑设计研究院有限公司兼职讲师

男，1971 年 11 月出生，香河县人，高中学历。1988—1992 年，在香河县淑阳镇城关建筑队工作，曾参加县城水上市场牌楼、四合院民宅施工；1993—2019 年 4 月，在香河县腾远家具厂从事古典家具制作；2013—2019 年 4 月，被聘为北京市建筑设计研究院有限公司兼职讲师。擅长古建木工。

**近年来取得成绩：** 2009 年，入选市级非物质文化遗产（古建筑模型制作技艺）传承人。2014 年，参加河北省"文化遗产日"和第七届河北省民俗文化节，作品获优秀奖；被河北省文学艺术界联合会、河北省民间文艺家协会、河北省民间工艺美术大师评委会评为河北省民间工艺美术家（木雕类）。2015 年，入选香河县第一批县域特色人才。2016 年，作品《宋式斗拱》在第六届民间工艺美术"乡土奖"评选中荣获铜奖；2017 年，作品《中国古建筑模型制作技艺》在"匠意乡愁，镌刻文明"首届民间工匠寻访大赛系列活动中被中国民族建筑研究会、北京光华设计发展基金会授予征文类优秀奖；被河北省文学艺术界联合会、河北省民间文艺家协会、河北省民间工艺美术大师评委会评为河北省民间工艺美术大师（古建模型类）；2017 年 12 月至 2018 年 1 月，在北京建筑大学参加由文化部、教育部组织的中国非物质文化遗产传承人研修研习培训计划培训班学习；2 谢长青入选香河县第一批县域特色人才后，积极参加县内各项文化推广宣传活动，义务为县职教中心学生讲授古建模型技艺。2014—2018 年，参加历届廊坊市非物质文化遗产博览会。

# 2019 年香河县专业技术人员晋升高级职称一览表

表15

| 姓　名 | 性别 | 出生年月 | 取得资格时间（年月日） | 申报系列 | 申报专业 | 资格名称 | 任职资格文　号 | 单　　位 | 级　别 | 备　注 |
|---|---|---|---|---|---|---|---|---|---|---|
| 李　颖 | 女 | 1979 年 4 月 | 2019.12.2 | 中小学教师 | 语文 | 正高级教师 | 廊职改办字〔2019〕16 号 | 县第十一中学 | 正高级 | — |
| 赵玉清 | 女 | 1969 年 8 月 | 2019.12.29 | 中小学教师 | 语文 | 高级教师 | 廊职改办字〔2019〕16 号 | 刘宋镇北务屯小学 | 副高级 | 定向评价定向使用 |
| 马桂云 | 女 | 1965 年 1 月 | 2019.12.29 | 中小学教师 | 幼儿教师 | 高级教师 | 廊职改办字〔2019〕16 号 | 刘宋镇大田小学 | 副高级 | 定向评价定向使用 |
| 杨永起 | 男 | 1963 年 7 月 | 2019.12.29 | 中小学教师 | 语文 | 高级教师 | 廊职改办字〔2019〕16 号 | 刘宋镇幞头屯小学 | 副高级 | 定向评价定向使用 |
| 王宝芹 | 女 | 1974 年 4 月 | 2019.12.29 | 中小学教师 | 数学 | 高级教师 | 廊职改办字〔2019〕16 号 | 刘宋镇庆功台小学 | 副高级 | 定向评价定向使用 |
| 李继辉 | 女 | 1965 年 11 月 | 2019.12.29 | 中小学教师 | 音乐 | 高级教师 | 廊职改办字〔2019〕16 号 | 刘宋镇中营小学 | 副高级 | 定向评价定向使用 |
| 吕艳红 | 女 | 1976 年 8 月 | 2019.12.29 | 中小学教师 | 语文 | 高级教师 | 廊职改办字〔2019〕16 号 | 刘宋镇中营小学 | 副高级 | 定向评价定向使用 |
| 靳洪梅 | 女 | 1973 年 5 月 | 2019.12.29 | 中小学教师 | 数学 | 高级教师 | 廊职改办字〔2019〕16 号 | 钳屯镇池屯小学 | 副高级 | 定向评价定向使用 |

续表 15

| 姓 名 | 性别 | 出生年月 | 取得资格时间（年月日） | 申报系列 | 申报专业 | 资格名称 | 任职资格文 号 | 单 位 | 级 别 | 备 注 |
|---|---|---|---|---|---|---|---|---|---|---|
| 宋万敏 | 女 | 1968 年 3 月 | 2019.12.29 | 中小学教师 | 数学 | 高级教师 | 廊职改办字〔2019〕16 号 | 钳屯镇红草湾小学 | 副高级 | 定向评价定向使用 |
| 刘桂文 | 女 | 1970 年 2 月 | 2019.12.29 | 中小学教师 | 语文 | 高级教师 | 廊职改办字〔2019〕16 号 | 钳屯镇红草湾小学 | 副高级 | 定向评价定向使用 |
| 刘桂霞 | 女 | 1973 年 7 月 | 2019.12.29 | 中小学教师 | 数学 | 高级教师 | 廊职改办字〔2019〕16 号 | 钳屯镇红草湾小学 | 副高级 | 定向评价定向使用 |
| 刘俊霞 | 女 | 1971 年 10 月 | 2019.12.29 | 中小学教师 | 数学 | 高级教师 | 廊职改办字〔2019〕16 号 | 钳屯镇钳屯中心小学 | 副高级 | 定向评价定向使用 |
| 李瑞华 | 女 | 1972 年 10 月 | 2019.12.29 | 中小学教师 | 数学 | 高级教师 | 廊职改办字〔2019〕16 号 | 钳屯镇钳屯中心小学 | 副高级 | 定向评价定向使用 |
| 高雅静 | 女 | 1973 年 5 月 | 2019.12.29 | 中小学教师 | 数学 | 高级教师 | 廊职改办字〔2019〕16 号 | 钳屯镇钳屯中心小学 | 副高级 | 定向评价定向使用 |
| 张红英 | 女 | 1975 年 8 月 | 2019.12.29 | 中小学教师 | 体育 | 高级教师 | 廊职改办字〔2019〕16 号 | 钳屯镇钳屯中心小学 | 副高级 | 定向评价定向使用 |
| 冯建红 | 女 | 1967 年 4 月 | 2019.12.29 | 中小学教师 | 数学 | 高级教师 | 廊职改办字〔2019〕16 号 | 钳屯镇雀林院小学 | 副高级 | 定向评价定向使用 |
| 陈桂兰 | 女 | 1967 年 12 月 | 2019.12.29 | 中小学教师 | 语文 | 高级教师 | 廊职改办字〔2019〕16 号 | 钳屯镇天都希望小学 | 副高级 | 定向评价定向使用 |
| 罗红香 | 女 | 1972 年 8 月 | 2019.12.29 | 中小学教师 | 科学 | 高级教师 | 廊职改办字〔2019〕16 号 | 钳屯镇天都希望小学 | 副高级 | 定向评价定向使用 |
| 刘淑华 | 女 | 1965 年 5 月 | 2019.12.29 | 中小学教师 | 幼儿教师 | 高级教师 | 廊职改办字〔2019〕16 号 | 钳屯镇西延寺小学 | 副高级 | 定向评价定向使用 |
| 杨秀杰 | 女 | 1966 年 11 月 | 2019.12.29 | 中小学教师 | 幼儿教师 | 高级教师 | 廊职改办字〔2019〕16 号 | 钳屯镇西延寺小学 | 副高级 | 定向评价定向使用 |
| 马春青 | 女 | 1970 年 2 月 | 2019.12.29 | 中小学教师 | 幼儿教师 | 高级教师 | 廊职改办字〔2019〕16 号 | 钳屯镇西延寺小学 | 副高级 | 定向评价定向使用 |
| 王喜刚 | 男 | 1975 年 11 月 | 2019.12.29 | 中小学教师 | 体育 | 高级教师 | 廊职改办字〔2019〕16 号 | 钳屯镇西延寺小学 | 副高级 | 定向评价定向使用 |
| 安书舸 | 女 | 1966 年 7 月 | 2019.12.29 | 中小学教师 | 幼儿教师 | 高级教师 | 廊职改办字〔2019〕16 号 | 五百户镇第二小学 | 副高级 | 定向评价定向使用 |
| 张英秀 | 女 | 1967 年 10 月 | 2019.12.29 | 中小学教师 | 体育 | 高级教师 | 廊职改办字〔2019〕16 号 | 五百户镇第二小学 | 副高级 | 定向评价定向使用 |
| 杜书凤 | 女 | 1967 年 6 月 | 2019.12.29 | 中小学教师 | 数学 | 高级教师 | 廊职改办字〔2019〕16 号 | 五百户镇李庄中心小学 | 副高级 | 定向评价定向使用 |
| 康秀华 | 女 | 1968 年 1 月 | 2019.12.29 | 中小学教师 | 幼儿教师 | 高级教师 | 廊职改办字〔2019〕16 号 | 五百户镇香城中心小学 | 副高级 | 定向评价定向使用 |
| 周秀云 | 女 | 1970 年 10 月 | 2019.12.29 | 中小学教师 | 语文 | 高级教师 | 廊职改办字〔2019〕16 号 | 五百户镇香城中心小学 | 副高级 | 定向评价定向使用 |
| 于 淼 | 女 | 1965 年 12 月 | 2019.12.29 | 中小学教师 | 幼儿教师 | 高级教师 | 廊职改办字〔2019〕16 号 | 渠口镇店子务小学 | 副高级 | 定向评价定向使用 |
| 李秀艳 | 女 | 1968 年 6 月 | 2019.12.29 | 中小学教师 | 幼儿教师 | 高级教师 | 廊职改办字〔2019〕16 号 | 渠口镇店子务小学 | 副高级 | 定向评价定向使用 |
| 李晓红 | 女 | 1976 年 11 月 | 2019.12.29 | 中小学教师 | 语文 | 高级教师 | 廊职改办字〔2019〕16 号 | 渠口镇店子务小学 | 副高级 | 定向评价定向使用 |
| 张亚平 | 女 | 1969 年 8 月 | 2019.12.29 | 中小学教师 | 数学 | 高级教师 | 廊职改办字〔2019〕16 号 | 渠口镇东梨园小学 | 副高级 | 定向评价定向使用 |
| 宋玉书 | 女 | 1970 年 1 月 | 2019.12.29 | 中小学教师 | 数学 | 高级教师 | 廊职改办字〔2019〕16 号 | 渠口镇东梨园小学 | 副高级 | 定向评价定向使用 |
| 孙书荣 | 女 | 1971 年 3 月 | 2019.12.29 | 中小学教师 | 语文 | 高级教师 | 廊职改办字〔2019〕16 号 | 渠口镇东梨园小学 | 副高级 | 定向评价定向使用 |

续表 15

| 姓　名 | 性别 | 出生年月 | 取得资格时间（年月日） | 申报系列 | 申报专业 | 资格名称 | 任职资格文　号 | 单　位 | 级　别 | 备 注 |
|---|---|---|---|---|---|---|---|---|---|---|
| 程志秀 | 女 | 1974 年 12 月 | 2019.12.29 | 中小学教师 | 幼儿教师 | 高级教师 | 廊职改办字〔2019〕16 号 | 渠口镇鲁口小学 | 副高级 | 定向评价定向使用 |
| 宋志友 | 男 | 1960 年 8 月 | 2019.12.29 | 中小学教师 | 科学 | 高级教师 | 廊职改办字〔2019〕16 号 | 渠口镇石虎小学 | 副高级 | 定向评价定向使用 |
| 陈连芬 | 女 | 1966 年 12 月 | 2019.12.29 | 中小学教师 | 幼儿教师 | 高级教师 | 廊职改办字〔2019〕16 号 | 渠口镇石虎小学 | 副高级 | 定向评价定向使用 |
| 贺凤兰 | 女 | 1965 年 9 月 | 2019.12.29 | 中小学教师 | 科学 | 高级教师 | 廊职改办字〔2019〕16 号 | 渠口镇小河各庄小学 | 副高级 | 定向评价定向使用 |
| 张跃伶 | 女 | 1966 年 3 月 | 2019.12.29 | 中小学教师 | 数学 | 高级教师 | 廊职改办字〔2019〕16 号 | 渠口镇中心总校 | 副高级 | 定向评价定向使用 |
| 赵艳芳 | 女 | 1968 年 1 月 | 2019.12.29 | 中小学教师 | 数学 | 高级教师 | 廊职改办字〔2019〕16 号 | 安头屯镇第二中心小学 | 副高级 | 定向评价定向使用 |
| 姜海波 | 男 | 1977 年 12 月 | 2019.12.29 | 中小学教师 | 体育 | 高级教师 | 廊职改办字〔2019〕16 号 | 安头屯镇第二中心小学 | 副高级 | 定向评价定向使用 |
| 阚玉敏 | 女 | 1965 年 11 月 | 2019.12.29 | 中小学教师 | 数学 | 高级教师 | 廊职改办字〔2019〕16 号 | 安头屯镇东口头小学 | 副高级 | 定向评价定向使用 |
| 吴文清 | 女 | 1972 年 7 月 | 2019.12.29 | 中小学教师 | 数学 | 高级教师 | 廊职改办字〔2019〕16 号 | 安头屯镇东口头小学 | 副高级 | 定向评价定向使用 |
| 张宝林 | 男 | 1969 年 4 月 | 2019.12.29 | 中小学教师 | 体育 | 高级教师 | 廊职改办字〔2019〕16 号 | 安头屯镇黄顾小学 | 副高级 | 定向评价定向使用 |
| 朱秀红 | 女 | 1969 年 12 月 | 2019.12.29 | 中小学教师 | 幼儿教师 | 高级教师 | 廊职改办字〔2019〕16 号 | 安头屯镇四营中心小学 | 副高级 | 定向评价定向使用 |
| 刘洪生 | 男 | 1975 年 12 月 | 2019.12.29 | 中小学教师 | 数学 | 高级教师 | 廊职改办字〔2019〕16 号 | 安头屯镇四营中心小学 | 副高级 | 定向评价定向使用 |
| 张淑玉 | 女 | 1976 年 5 月 | 2019.12.29 | 中小学教师 | 幼儿教师 | 高级教师 | 廊职改办字〔2019〕16 号 | 安头屯镇四营中心小学 | 副高级 | 定向评价定向使用 |
| 刘文军 | 男 | 1962 年 10 月 | 2019.12.29 | 中小学教师 | 数学 | 高级教师 | 廊职改办字〔2019〕16 号 | 安头屯镇铁佛堂小学 | 副高级 | 定向评价定向使用 |
| 张秀荣 | 女 | 1965 年 9 月 | 2019.12.29 | 中小学教师 | 英语 | 高级教师 | 廊职改办字〔2019〕16 号 | 安头屯镇铁佛堂小学 | 副高级 | 定向评价定向使用 |
| 吴金霞 | 女 | 1967 年 3 月 | 2019.12.29 | 中小学教师 | 数学 | 高级教师 | 廊职改办字〔2019〕16 号 | 安头屯镇铁佛堂小学 | 副高级 | 定向评价定向使用 |
| 张丽芬 | 女 | 1973 年 8 月 | 2019.12.29 | 中小学教师 | 幼儿教师 | 高级教师 | 廊职改办字〔2019〕16 号 | 安头屯镇铁佛堂小学 | 副高级 | 定向评价定向使用 |
| 刘建平 | 女 | 1971 年 8 月 | 2019.12.29 | 中小学教师 | 数学 | 高级教师 | 廊职改办字〔2019〕16 号 | 钱旺镇成自务小学 | 副高级 | 定向评价定向使用 |
| 王建华 | 女 | 1970 年 9 月 | 2019.12.29 | 中小学教师 | 语文 | 高级教师 | 廊职改办字〔2019〕16 号 | 钱旺镇大河各庄小学 | 副高级 | 定向评价定向使用 |
| 程伶凤 | 女 | 1975 年 6 月 | 2019.12.29 | 中小学教师 | 综合实践 | 高级教师 | 廊职改办字〔2019〕16 号 | 钱旺镇钱旺村小学 | 副高级 | 定向评价定向使用 |
| 赵建成 | 男 | 1967 年 10 月 | 2019.12.29 | 中小学教师 | 音乐 | 高级教师 | 廊职改办字〔2019〕16 号 | 钱旺镇田贾庄小学 | 副高级 | 定向评价定向使用 |
| 陈亚平 | 女 | 1972 年 4 月 | 2019.12.29 | 中小学教师 | 英语 | 高级教师 | 廊职改办字〔2019〕16 号 | 蒋辛屯镇北吴村小学 | 副高级 | 定向评价定向使用 |
| 王旭明 | 女 | 1971 年 4 月 | 2019.12.29 | 中小学教师 | 语文 | 高级教师 | 廊职改办字〔2019〕16 号 | 蒋辛屯镇打鹌户中心小学 | 副高级 | 定向评价定向使用 |
| 庹立君 | 女 | 1969 年 5 月 | 2019.12.29 | 中小学教师 | 幼儿教师 | 高级教师 | 廊职改办字〔2019〕16 号 | 蒋辛屯镇大窑上小学 | 副高级 | 定向评价定向使用 |
| 罗红军 | 女 | 1968 年 8 月 | 2019.12.29 | 中小学教师 | 幼儿教师 | 高级教师 | 廊职改办字〔2019〕16 号 | 蒋辛屯镇后建各庄小学 | 副高级 | 定向评价定向使用 |

续表 15

| 姓名 | 性别 | 出生年月 | 取得资格时间（年月日） | 申报系列 | 申报专业 | 资格名称 | 任职资格文号 | 单位 | 级别 | 备注 |
|---|---|---|---|---|---|---|---|---|---|---|
| 史华静 | 女 | 1966 年 3 月 | 2019.12.29 | 中小学教师 | 幼儿教师 | 高级教师 | 廊职改办字〔2019〕16 号 | 蒋辛屯镇梁家务小学 | 副高级 | 定向评价定向使用 |
| 李文海 | 男 | 1969 年 4 月 | 2019.12.29 | 中小学教师 | 幼儿教师 | 高级教师 | 廊职改办字〔2019〕16 号 | 蒋辛屯镇梁家务小学 | 副高级 | 定向评价定向使用 |
| 安红超 | 女 | 1975 年 11 月 | 2019.12.29 | 中小学教师 | 数学 | 高级教师 | 廊职改办字〔2019〕16 号 | 蒋辛屯镇梁家务小学 | 副高级 | 定向评价定向使用 |
| 李景荣 | 男 | 1962 年 7 月 | 2019.12.29 | 中小学教师 | 数学 | 高级教师 | 廊职改办字〔2019〕16 号 | 蒋辛屯镇中心小学 | 副高级 | 定向评价定向使用 |
| 丁宝稷 | 男 | 1969 年 11 月 | 2019.12.29 | 中小学教师 | 历史 | 高级教师 | 廊职改办字〔2019〕16 号 | 蒋辛屯镇成人学校 | 副高级 | 定向评价定向使用 |
| 王建立 | 女 | 1971 年 5 月 | 2019.12.29 | 中小学教师 | 语文 | 高级教师 | 廊职改办字〔2019〕16 号 | 安平镇第三小学 | 副高级 | 定向评价定向使用 |
| 王文芳 | 女 | 1971 年 9 月 | 2019.12.29 | 中小学教师 | 综合实践 | 高级教师 | 廊职改办字〔2019〕16 号 | 安平镇第三小学 | 副高级 | 定向评价定向使用 |
| 成广臣 | 男 | 1962 年 11 月 | 2019.12.29 | 中小学教师 | 幼儿教师 | 高级教师 | 廊职改办字〔2019〕16 号 | 安平镇第一小学 | 副高级 | 定向评价定向使用 |
| 冯海燕 | 女 | 1971 年 4 月 | 2019.12.29 | 中小学教师 | 语文 | 高级教师 | 廊职改办字〔2019〕16 号 | 安平镇鲁家务小学 | 副高级 | 定向评价定向使用 |
| 张继华 | 女 | 1967 年 9 月 | 2019.12.29 | 中小学教师 | 英语 | 高级教师 | 廊职改办字〔2019〕16 号 | 安平镇鲁家务小学 | 副高级 | 定向评价定向使用 |
| 张文颖 | 女 | 1970 年 6 月 | 2019.12.25 | 中小学教师 | 品德 | 高级教师 | 廊职改办字〔2019〕16 号 | 安平镇鲁家务小学 | 副高级 | 定向评价定向使用 |
| 单淑莲 | 女 | 1966 年 11 月 | 2019.12.29 | 中小学教师 | 语文 | 高级教师 | 廊职改办字〔2019〕16 号 | 安平镇王指挥庄中心小学 | 副高级 | 定向评价定向使用 |
| 张建洪 | 女 | 1969 年 10 月 | 2019.12.29 | 中小学教师 | 数学 | 高级教师 | 廊职改办字〔2019〕16 号 | 安平镇王指挥庄中心小学 | 副高级 | 定向评价定向使用 |
| 祁建永 | 男 | 1974 年 2 月 | 2019.12.29 | 中小学教师 | 数学 | 高级教师 | 廊职改办字〔2019〕16 号 | 安平镇王指挥庄中心小学 | 副高级 | 定向评价定向使用 |
| 高红梅 | 女 | 1976 年 12 月 | 2019.12.29 | 中小学教师 | 数学 | 高级教师 | 廊职改办字〔2019〕16 号 | 安平镇周庄中心小学 | 副高级 | 定向评价定向使用 |
| 王艳芝 | 女 | 1973 年 10 月 | 2019.12.29 | 中小学教师 | 数学 | 高级教师 | 廊职改办字〔2019〕16 号 | 县特殊教育学校 | 副高级 | 定向评价定向使用 |
| 樊红凤 | 女 | 1977 年 12 月 | 2019.12.29 | 中小学教师 | 语文 | 高级教师 | 廊职改办字〔2019〕16 号 | 县特殊教育学校 | 副高级 | 定向评价定向使用 |
| 勾志芹 | 女 | 1972 年 10 月 | 2019.12.29 | 中小学教师 | 体育 | 高级教师 | 廊职改办字〔2019〕16 号 | 县第十二中学 | 副高级 | 定向评价定向使用 |
| 王秀梅 | 女 | 1975 年 8 月 | 2019.12.29 | 中小学教师 | 生物 | 高级教师 | 廊职改办字〔2019〕16 号 | 县第十二中学 | 副高级 | 定向评价定向使用 |
| 杨海月 | 女 | 1970 年 10 月 | 2019.12.29 | 中小学教师 | 生物 | 高级教师 | 廊职改办字〔2019〕16 号 | 县第十一中学 | 副高级 | 定向评价定向使用 |
| 周艳艳 | 女 | 1976 年 10 月 | 2019.12.29 | 中小学教师 | 英语 | 高级教师 | 廊职改办字〔2019〕16 号 | 县第八中学 | 副高级 | 定向评价定向使用 |
| 李晓兰 | 女 | 1972 年 6 月 | 2019.12.29 | 中小学教师 | 物理 | 高级教师 | 廊职改办字〔2019〕16 号 | 县第六中学 | 副高级 | 定向评价定向使用 |
| 周艳春 | 女 | 1973 年 5 月 | 2019.12.29 | 中小学教师 | 语文 | 高级教师 | 廊职改办字〔2019〕16 号 | 县第五中学 | 副高级 | 定向评价定向使用 |
| 赵淑凤 | 女 | 1967 年 11 月 | 2019.12.29 | 中小学教师 | 英语 | 高级教师 | 廊职改办字〔2019〕16 号 | 县第四中学 | 副高级 | 定向评价定向使用 |
| 张锦云 | 女 | 1975 年 5 月 | 2019.12.29 | 中小学教师 | 历史 | 高级教师 | 廊职改办字〔2019〕16 号 | 县第四中学 | 副高级 | 定向评价定向使用 |

续表 15

| 姓　名 | 性别 | 出生年月 | 取得资格时间（年月日） | 申报系列 | 申报专业 | 资格名称 | 任职资格文　号 | 单　　位 | 级　别 | 备 注 |
|---|---|---|---|---|---|---|---|---|---|---|
| 王翠霞 | 女 | 1977 年 9 月 | 2019.12.29 | 中小学教师 | 体育 | 高级教师 | 廊职改办字〔2019〕16 号 | 蒋辛屯镇中心小学 | 副高级 | — |
| 张菊坤 | 女 | 1979 年 6 月 | 2019.12.29 | 中小学教师 | 美术 | 高级教师 | 廊职改办字〔2019〕16 号 | 蒋辛屯镇后建各庄小学 | 副高级 | — |
| 刘　芳 | 女 | 1980 年 3 月 | 2019.12.29 | 中小学教师 | 语文 | 高级教师 | 廊职改办字〔2019〕16 号 | 钱旺镇钱旺村小学 | 副高级 | — |
| 左学军 | 男 | 1974 年 4 月 | 2019.12.29 | 中小学教师 | 历史 | 高级教师 | 廊职改办字〔2019〕16 号 | 县第六中学 | 副高级 | — |
| 周立鹏 | 男 | 1983 年 11 月 | 2019.12.25 | 中小学教师 | 体育 | 高级教师 | 廊职改办字〔2019〕16 号 | 县第四中学 | 副高级 | — |
| 苏连营 | 男 | 1975 年 3 月 | 2019.12.29 | 中小学教师 | 物理 | 高级教师 | 廊职改办字〔2019〕16 号 | 县第四中学 | 副高级 | — |
| 崔建国 | 男 | 1974 年 10 月 | 2019.12.29 | 卫生技术人员 | 普外科 | 主任医师 | 廊职改办字〔2019〕16 号 | 县人民医院 | 正高级 | — |
| 金永钢 | 男 | 1977 年 4 月 | 2019.12.29 | 卫生技术人员 | 耳鼻喉 | 主任医师 | 廊职改办字〔2019〕16 号 | 县人民医院 | 正高级 | — |
| 李智慧 | 女 | 1977 年 7 月 | 2019.12.29 | 卫生技术人员 | 心血管内科 | 副主任医师 | 廊职改办字[2019]16 号 | 县人民医院 | 副高级 | — |
| 杨志杰 | 女 | 1974 年 9 月 | 2019.12.29 | 卫生技术人员 | 神经内科 | 副主任医师 | 廊职改办字〔2019〕16 号 | 县人民医院 | 副高级 | — |
| 刘树华 | 男 | 1963 年 10 月 | 2019.12.29 | 卫生技术人员 | 放射医学 | 副主任医师 | 廊职改办字〔2019〕16 号 | 县人民医院 | 副高级 | — |
| 赵　丹 | 女 | 1983 年 1 月 | 2019.12.29 | 卫生技术人员 | 消化内科 | 副主任医师 | 廊职改办字[2019]16 号 | 县人民医院 | 副高级 | — |
| 李友学 | 男 | 1984 年 10 月 | 2019.12.29 | 卫生技术人员 | 超声医学 | 副主任医师 | 廊职改办字〔2019〕16 号 | 县人民医院 | 副高级 | — |
| 秦建国 | 男 | 1978 年 4 月 | 2019.12.29 | 卫生技术人员 | 放射医学 | 副主任医师 | 廊职改办字〔2019〕16 号 | 县人民医院 | 副高级 | — |
| 梁德峰 | 男 | 1980 年 7 月 | 2019.12.29 | 卫生技术人员 | 放射医学 | 副主任医师 | 廊职改办字〔2019〕16 号 | 县人民医院 | 副高级 | — |
| 杨立君 | 男 | 1982 年 2 月 | 2019.12.29 | 卫生技术人员 | 神经内科 | 副主任医师 | 廊职改办字〔2019〕16 号 | 县人民医院 | 副高级 | — |
| 杨士春 | 男 | 1982 年 11 月 | 2019.12.29 | 卫生技术人员 | 呼吸内科 | 副主任医师 | 廊职改办字〔2019〕16 号 | 县人民医院 | 副高级 | — |
| 唐连菊 | 女 | 1982 年 1 月 | 2019.12.29 | 卫生技术人员 | 眼科 | 副主任医师 | 廊职改办字〔2019〕16 号 | 县人民医院 | 副高级 | — |
| 谷志燕 | 女 | 1983 年 2 月 | 2019.12.29 | 卫生技术人员 | 妇产科 | 副主任医师 | 廊职改办字〔2019〕16 号 | 县人民医院 | 副高级 | — |
| 刘　佳 | 女 | 1985 年 5 月 | 2019.12.29 | 卫生技术人员 | 妇产科 | 副主任医师 | 廊职改办字〔2019〕16 号 | 县人民医院 | 副高级 | — |
| 孙艳艳 | 女 | 1982 年 1 月 | 2019.12.29 | 卫生技术人员 | 小儿内科 | 副主任医师 | 廊职改办字〔2019〕16 号 | 县人民医院 | 副高级 | — |
| 李景会 | 女 | 1984 年 9 月 | 2019.12.29 | 卫生技术人员 | 妇产科 | 副主任医师 | 廊职改办字〔2019〕16 号 | 县人民医院 | 副高级 | — |
| 袁凤霞 | 女 | 1981 年 2 月 | 2019.12.29 | 卫生技术人员 | 病理学 | 副主任医师 | 廊职改办字〔2019〕16 号 | 县人民医院 | 副高级 | — |
| 王　鹤 | 女 | 1982 年 12 月 | 2019.12.25 | 卫生技术人员 | 妇产科 | 副主任医师 | 廊职改办字〔2019〕16 号 | 县人民医院 | 副高级 | — |
| 绳丽娟 | 女 | 1982 年 9 月 | 2019.12.29 | 卫生技术人员 | 小儿内科 | 副主任医师 | 廊职改办字〔2019〕16 号 | 县人民医院 | 副高级 | — |

续表 15

| 姓 名 | 性别 | 出生年月 | 取得资格时间（年月日） | 申报系列 | 申报专业 | 资格名称 | 任职资格文 号 | 单 位 | 级 别 | 备 注 |
|---|---|---|---|---|---|---|---|---|---|---|
| 王丽娜 | 女 | 1986 年 8 月 | 2019.12.29 | 卫生技术人员 | 中医内科 | 副主任医师 | 廊职改办字〔2019〕16 号 | 县人民医院 | 副高级 | — |
| 赵海华 | 女 | 1973 年 5 月 | 2019.12.29 | 卫生技术人员 | 针灸 | 副主任医师 | 廊职改办字〔2019〕16 号 | 县人民医院 | 副高级 | — |
| 王丽华 | 女 | 1981 年 1 月 | 2019.12.29 | 卫生技术人员 | 针灸科 | 副主任医师 | 廊职改办字〔2019〕16 号 | 县人民医院 | 副高级 | — |
| 李兴艳 | 女 | 1976 年 5 月 | 2019.12.29 | 卫生技术人员 | 内科护理 | 副主任护师 | 廊职改办字〔2019〕16 号 | 县人民医院 | 副高级 | — |
| 王孝忠 | 男 | 1979 年 8 月 | 2019.12.29 | 卫生技术人员 | 妇产科护理 | 副主任护师 | 廊职改办字〔2019〕16 号 | 县人民医院 | 副高级 | — |
| 王桂荣 | 女 | 1973 年 8 月 | 2019.12.29 | 卫生技术人员 | 外科护理 | 副主任护师 | 廊职改办字〔2019〕16 号 | 县人民医院 | 副高级 | — |
| 张 颖 | 女 | 1977 年 9 月 | 2019.12.29 | 卫生技术人员 | 内科护理 | 副主任护师 | 廊职改办字〔2019〕16 号 | 县人民医院 | 副高级 | — |
| 王慧君 | 女 | 1969 年 6 月 | 2019.12.29 | 卫生技术人员 | 内科护理 | 副主任护师 | 廊职改办字〔2019〕16 号 | 县人民医院 | 副高级 | — |
| 董俊华 | 女 | 1965 年 8 月 | 2019.12.29 | 卫生技术人员 | 内科护理 | 副主任护师 | 廊职改办字〔2019〕16 号 | 县人民医院 | 副高级 | — |
| 倪宏云 | 女 | 1980 年 4 月 | 2019.12.29 | 卫生技术人员 | 临床医学检验技术 | 副主任检验技师 | 廊职改办字〔2019〕16 号 | 县人民医院 | 副高级 | — |
| 员金利 | 男 | 1982 年 11 月 | 2019.12.29 | 卫生技术人员 | 临床医学检验技术 | 副主任检验技师 | 廊职改办字〔2019〕16 号 | 县人民医院 | 副高级 | — |
| 王立新 | 男 | 1970 年 8 月 | 2019.12.29 | 卫生技术人员 | 医院药学 | 副主任药师 | 廊职改办字〔2019〕16 号 | 县人民医院 | 副高级 | — |
| 关福强 | 男 | 1979 年 10 月 | 2019.12.29 | 卫生技术人员 | 骨外科 | 副主任医师 | 廊职改办字〔2019〕16 号 | 县中医医院 | 副高级 | — |
| 陈瑞青 | 女 | 1981 年 12 月 | 2019.12.29 | 卫生技术人员 | 妇产科 | 副主任医师 | 廊职改办字〔2019〕16 号 | 县中医医院 | 副高级 | — |
| 胡建明 | 女 | 1984 年 2 月 | 2019.12.29 | 卫生技术人员 | 中医耳鼻喉科 | 副主任医师 | 廊职改办字〔2019〕16 号 | 县中医医院 | 副高级 | — |
| 李春英 | 女 | 1982 年 3 月 | 2019.12.29 | 卫生技术人员 | 中医内科 | 副主任医师 | 廊职改办字〔2019〕16 号 | 县中医医院 | 副高级 | — |
| 胡艳霞 | 女 | 1980 年 3 月 | 2019.12.29 | 卫生技术人员 | 病房护士 | 副主任护师 | 廊职改办字〔2019〕16 号 | 县中医医院 | 副高级 | — |
| 成玉群 | 女 | 1970 年 12 月 | 2019.12.25 | 卫生技术人员 | 病房护士 | 副主任护师 | 廊职改办字〔2019〕16 号 | 县中医医院 | 副高级 | — |
| 王 雷 | 男 | 1976 年 11 月 | 2019.12.29 | 卫生技术人员 | 神经内科 | 副主任医师 | 廊职改办字〔2019〕16 号 | 县气管炎哮喘医院 | 副高级 | — |
| 张桂玲 | 女 | 1969 年 9 月 | 2019.12.29 | 卫生技术人员 | 小儿内科 | 副主任医师 | 廊职改办字〔2019〕16 号 | 县气管炎哮喘医院 | 副高级 | — |
| 许立颖 | 女 | 1983 年 11 月 | 2019.12.29 | 卫生技术人员 | 消化内科 | 副主任医师 | 廊职改办字〔2019〕16 号 | 县气管炎哮喘医院 | 副高级 | — |
| 张景艳 | 女 | 1982 年 1 月 | 2019.12.29 | 卫生技术人员 | 病房护士 | 副主任护师 | 廊职改办字〔2019〕16 号 | 县妇幼保健院 | 副高级 | — |
| 张艳梅 | 女 | 1971 年 10 月 | 2019.12.29 | 卫生技术人员 | 护士 | 副主任护师 | 廊职改办字〔2019〕16 号 | 县妇幼保健院 | 副高级 | — |
| 周 伟 | 女 | 1980 年 12 月 | 2019.12.29 | 卫生技术人员 | 儿科医师 | 副主任医师 | 廊职改办字〔2019〕16 号 | 县妇幼保健院 | 副高级 | — |
| 程秀芹 | 女 | 1972 年 9 月 | 2019.12.29 | 卫生技术人员 | 门诊护士 | 副主任护师 | 廊职改办字〔2019〕16 号 | 县疾控中心 | 副高级 | — |

续表 15

| 姓 名 | 性别 | 出生年月 | 取得资格时间（年月日） | 申报系列 | 申报专业 | 资格名称 | 任职资格文 号 | 单 位 | 级 别 | 备 注 |
|---|---|---|---|---|---|---|---|---|---|---|
| 李久云 | 女 | 1974 年 5 月 | 2019.12.29 | 卫生技术人员 | 其他护理 | 副主任护师 | 廊职改办字〔2019〕16 号 | 县疾控中心 | 副高级 | — |
| 刘玉娟 | 女 | 1975 年 2 月 | 2019.12.29 | 卫生技术人员 | 门诊护士 | 副主任护师 | 廊职改办字〔2019〕16 号 | 县卫生健康综合监督执法队 | 副高级 | — |
| 吴春侠 | 女 | 1976 年 6 月 | 2019.12.29 | 卫生技术人员 | 门诊护士 | 副主任护师 | 廊职改办字〔2019〕16 号 | 县农村合作医疗定点机构药品配送中心 | 副高级 | — |
| 屈艳华 | 女 | 1976 年 10 月 | 2019.12.29 | 卫生技术人员 | 妇产科医师 | 副主任医师 | 廊职改办字〔2019〕16 号 | 蒋辛屯镇梁家务医院 | 副高级 | 基层 |
| 宋 莉 | 女 | 1977 年 11 月 | 2019.12.29 | 卫生技术人员 | 病房护士 | 副主任护师 | 廊职改办字〔2019〕16 号 | 钳屯镇卫生院 | 副高级 | 基层 |
| 何更田 | 男 | 1973 年 10 月 | 2019.12.29 | 畜牧兽医人员 | 兽医 | 高级畜牧（兽医）师 | 廊职改办字〔2019〕16 号 | 县农业农村局 | 副高级 | — |
| 张 杰 | 女 | 1980 年 3 月 | 2019.12.29 | 畜牧兽医人员 | 兽医 | 高级畜牧（兽医）师 | 廊职改办字〔2019〕16 号 | 县农业农村局 | 副高级 | — |

# 文献文件辑存

责任编辑　闫振春

## 忠诚履行职责　勇于担当作为 推动新时代香河县纪检监察工作高质量发展

### ——在中国共产党香河县第十一届纪律检查委员会第三次全体会议上的工作报告

中共香河县委常委、纪委书记、监委主任　牛　静

（2019 年 3 月 22 日）

这次全会的主要任务是：深入学习贯彻习近平新时代中国特色社会主义思想，全面贯彻落实党的十九大和十九届二中、三中全会精神，按照十九届中央纪委三次全会、省纪委九届四次全会、市纪委六届四次全会和县委十一届四次全会要求，回顾 2018 年全县纪检监察工作，部署 2019 年任务。刚才，县委书记李桂强作了讲话，为全县深入学习落实习近平总书记重要讲话精神，贯彻党的十九大精神和中省市纪委全会精神、坚定不移推进党风廉政建设和反腐败斗争指明了方向。全县纪检监察干部都要认真学习、深刻领会，坚决贯彻落实。

#### 一、2018 年工作回顾

2018 年是全面贯彻党的十九大精神的开局之年，也是纪委监委合署办公的第一年。县纪委监委按照省市纪委监委的安排部署，在县委的坚强领导下，以党的十九大精神和习近平新时代中国特色社会主义思想为统领，以稳中求进为总基调，以深化国家监察体制改革为主线，忠诚履职、勇于担当、真抓实干，推动全县纪检监察工作取得新成效。

（一）强化政治担当，坚决践行“两个维护”。扎实推进“两学一做”学习教育常态化制度化，精心部署党的十九大精神学习，县纪委常委会带头学习习近平新时代中国特色社会主义思想，带头旗帜鲜明讲政治，带头践行“两个维护”，引导全县纪检监察系统提高理论思维、战略谋划、精准落实水平。对全县 108 家单位落实党风廉政建设责任制“签字背书”和“双报告”制度情况进行督导，确保主体责任落细落实。与县委组织部联合组成 10 个督导组，以参会的方式对全县各单位民主生活会制度执行情况进行督导检查，确保民主生活会方向不偏、内容不空、程序不漏、作风不虚。全年县纪委监委共回复党风廉政意见

620人次，并对村（社区）“两委”换届中的4100余名候选人初步人选进行了任职资格审查，有效防止“带病上岗”“带病提拔”。

（二）强化正风肃纪，推动党风政风持续好转。扎实推进纠正“四风”和作风纪律专项整治，组织开展节前“1+3”重点工作监督检查，印发“作风建设明白纸”，压紧压实党风廉政建设主体责任，推动党风政风持续好转。全年共开展各类监督检查50余次，发现问题21件，使用第一种形态处置21人，给予党纪处分8人。紧盯元旦、春节、“五一”等重要节点，全年向县四大班子领导及全县各镇（社区）、园区和县直各单位主要领导推送廉政短信5000余条次，重申纪律要求，提醒廉洁注意事项。组织全县党员干部集中观看大型反腐现代京剧《脚印》，精心办好“清廉香河”微信公众平台，全年共推送60期，200余条党风廉政新闻、信息。在全省率先开通抖音账号，录制快板《过年千万别收礼》、歌曲《欢乐中国年》等短视频，传播廉政好声音，点击率达27000余人次。中央及省市级媒体推介全县纪检监察工作报道近70余篇，名列全市前茅。

（三）强化统筹推进，惩治腐败力度显著加大。2018年，全县纪检监察机关共立案104件，结案100件，处理98人，其中乡科级干部14人，同比分别增长13.1%、9.9%、7.1%和55.6%。全县纪检监察机关运用“四种形态”处理281件，运用第一种形态183件，第二种形态84件，第三种形态2件，第四种形态12件，其中办理市纪委指定管辖留置案件2件，均已查结并移送司法机关。县纪委监委全年共受理举报线索623件，召开信访问题线索分析会议11次，分析处置问题线索605件，提级交办212件，办结率85%，回复属实名信访举报432件。县纪委监委作为全省唯一县级纪检监察机关代表，在全省纪检监察信访举报工作会议上作典型发言，工作经验先后被中省纪检监察网站、《河北日报》刊发转载。扎实开展巡视整改暨“一问责八清理”专项行动整改“回头看”及扶贫领域腐败和作风问题专项治理，查处扶贫领域腐败与作风问题11件，给予党纪处分1人，运用第一种形态处理23人次，通报曝光10起整改“回头看”工作中的典型案例。“扫黑除恶”惩腐打伞工作压茬推进，确保纪法衔接、资源整合、协同推进。全年共梳理和接收涉黑涉恶腐败和“保护伞”问题线索51件次，已办结45件次，对4人立案审查。启动人防系统腐败问题专项治理行动，对人防系统腐败问题实施精准监督。

（四）强化政治巡察，提升政治站位和工作规范化水平。在县委第三轮巡察中探索先审计后巡察监督新机制，审计从业务角度查问题、提建议，巡察从政治角度促整改、建机制。被审计的55家乡科级单位发现的28类529个问题已进行整改。县委第二、三轮巡察已圆满完成，共发现问题217件，移交问题线索38件，其中涉及乡科级以上干部20人。做好巡视巡察整改“后半篇文章”，压实整改主体责任，推进共性问题前置整改，有效解决屡巡屡犯、边改边犯问题。中央和省委巡视组移交问题线索66件，已全部办结。

（五）强化改革创新，不断释放改革活力。2月1日，县监察委员会正式挂牌成立，纪委监委合署办公，纪检监察室增至12个，实现定位向监督聚焦，责任向监督压实，力量向监督倾斜。组织全县纪检监察干部赴市法治宣教中心进行廉政警示教育，开展全县纪检监察业务大讲堂活动，邀请上级纪委监委、县检察院、县法院等单位业务骨干围绕相关业务知识开展专题讲座，全年开展培训15场，纪检监察干部履职能力得到显著提高。坚持工作融合与党建融合两手抓双促进，及时调整机关党总支，增加党支部至6个、党小组至19个，以党支部和党小组为单位常态化开展活动，以党的建设带动各项工作。开出全市首份“政务处分”决定书，仅用20余天便圆满完成全市首例“指定管辖”留置案件的办理工作，全年共下发《监察建议书》16份，提出监察建议30余条，监察体制改革活力不断释放。

回顾过去的一年，虽然全县党风廉政建设和反腐败斗争取得一定成效，但对标上级要求和群众期盼，还有一定差距。党内政治生活不严肃的问题还没有得到根本解决；一些领导干部从严治党态度不明，管党治党狠劲不足，重业务、轻党建的现象依然存在；有的领导干部依法履职的意识还不够强、公职人员执纪执法行为还不够规范；违反中央八项规定精神和“四风”问题仍时有发生，特别是形式主义、官僚主义问题还比较突出；有的纪检监察干部能力素质还不能完全适应新形势、新任务的需要。对这些问题，必须高度重视、认真解决。

## 二、2019年主要任务

2019年是中华人民共和国成立70周年，是全面建成小康社会、实现第一个百年奋斗目标的关键之年。纪检监察工作必须融入新时代、适应新形势、抓住新机遇、展现新作为。要以习近平新时代中国特色社会主义思想为指导，深入贯彻落实党的十九大精神和习近平总书记对河北工作重要指示批示精神，按照中央纪委和省、市纪委全会要求，忠实履行党章和宪法赋予的职责，以党的政治建设为统领，坚持稳中求进工作总基调，忠诚履职尽责，勇于担当作为，努力实现香河县纪检监察工作高质量发展。

结合香河实际，2019年要重点抓好八项工作：

（一）强化思想武装，扎实开展学习教育活动。要从县纪委常委会做起，把学懂弄通做实习近平新时代中国特色社会主义思想和党的十九大精神作为首要政治任务，并用其丰富内涵和思想精髓统领全县纪检监察各项工作，推动习近平总书记视察河北重要讲话和对河北工作重要指示批示落地见效。要扎实开展“不忘初心、牢记使命”主题教育，在学深悟透、务实戒虚、整改提高上持续发力，不断增强“四个意识”，坚定“四个自信”。严格落实“三会一课”、民主生活会和组织生活会、谈心谈话、民主评议党员等制度，以干部大讲堂、专题党性教育、实践锻炼等方式，依托县委党校、县融媒体中心、“党建先锋在线”App等资源平台，加强教育培训。强化监督检查，对搞形式、走过场的严肃追责问责，注重建章立制，健全长效机制，把教育成果转化为坚定理想信念、砥砺党性心性、忠诚履职尽责的思想自觉和实际行动。加强意识形态工作的组织领导，推动意识形态责任制有效落实。

（二）强化党的政治监督，坚决破除形式主义、官僚主义。督促县委对照形式主义、官僚主义4个方面问题12项具体表现，组织开展一次调研排查，摸清查摆全县存在的形式主义、官僚主义突出问题、具体表现，剖析危害和根源，制定整改措施，向表态多调门高、行动少落实差等不作为慢作为问题亮剑，严肃查处空泛表态、应景造势、只喊口号、敷衍塞责、出工不出力等突出问题。紧紧围绕“1+N”重点工作，围绕“三深化、三提升”活动，围绕落实县委“坚持创新驱动、加快转型升级、强化基层基础、实现绿色崛起”战略举措，推动廊坊北三县与通州区统一规划、统一政策、统一标准、统一管控，加快一体化和高水平发展等举措加强监督检查，督促党员领导干部把“两个维护”落实在实际行动上，坚决纠正上有政策、下有对策，有令不行、有禁不止行为。严肃党内政治生活，加强对新形势下党内政治生活若干准则等法规制度执行情况的监督检查，着力纠正党内政治生活不严肃、执行民主集中制不严格、开展批评和自我批评不认真等问题。强化精准问责，扭住主体责任，履行监督专责，防止问责不力或者问责泛化。严格落实“三个区分开来”要求，敢于容错纠错，持续净化优化政治生态，督促各级领导干部大力弘扬忠诚老实、公道正派、担当实干、清正廉洁等价值观，营造干事创业的新风正气。

（三）深化纪检监察体制改革，推动制度优势向治理效能转化。进一步强化上级纪委对下级纪委的领导和指导，在坚持镇纪委书记、副书记的提名和考察以县纪委会同组织部门为主的基础上，重点围绕线索管理、审查调查、处分处置等环节，建立健全查办腐败案件以县纪委领导为主的工作机制，实行纪检监察室对镇（社区）、园区和县直部门分包联系制度，探索建立长效、有用的管理办法。严格执行请示报告制度，镇纪委每半年向县纪委全面报告一次工作，重要工作及时请示报告。认真履行对党委全面从严治党的协助职责，强化对下级党组织的监督，使主体责任、监督责任贯通协同、形成合力。按照上级纪委统一部署，抓好县级党和国家机关派驻机构改革，加强对派驻干部教育培训、管理监督和考核评价，提升派驻机构干部监督执纪能力和水平，为实行派驻机构“全覆盖”提供坚强组织保障。持续深化国家监察体制改革，充分发挥镇监察办公室作用，研究制定推进镇监察办公室规范化建设、制度化履职的工作机制，完善片区协作机制，强化干部专职专用，确保高效有序运转。

（四）进一步完善监督机制，提升监督效能。坚持在日常监督、长期监督上探索创新、实现突破，让让“咬耳扯袖、红脸出汗”成为常态，贯通运用“四种形态”特别是用好第一种形态，使监督更加聚焦、更加精准、更加及时有力。加强同级监督，发现问题，及时提醒，推动解决。督促各级党组织、党员干部认真落实监督责任，履行好日常监督职责，做到监督常在、形成常态。研究建立政治生态状况动态评估机制，加强对政治生态整体研判，对重要对象一一“画像”，促进党风廉政意见回复工作规范化、制度化。坚持问题导向，持续督查落实中央八项规定及其实施细则精神，深挖细查“四风”问题隐形变异的新变形新表现，对享乐主义、奢靡之风等歪风陋习露头就打，对“四风”隐形变异新动向时刻防范，出重拳予以治理。构建“1+5+X”监督新机制，统筹使用监督力量，打好纪律监督、监察监督、派驻监督、巡察监督“组合拳”，将组织监督和群众监督有机结合起来，有效发挥新媒体、新技术和大数据作用，探索“互联网+监督”工作，把权力置于严密监督之下。坚持惩前毖后、治病救人方针，注重谈话和函询相结合，加大对函询结果抽查核实力度，对如实说明的予以采信并了结，对欺瞒组织的严肃处理。建立健全相应制度规定，保障党员权利，严厉打击诬告陷害行为，及时澄清不实信访问题，还党员干部清白。

（五）坚持发现问题与整改落实并重，推动巡察工作高质量发展。要认真贯彻巡视工作条例、省委巡视工作规划和市县两级巡察工作规划，按照“六围绕一加强”和“五个持续”要求深化政治巡察，统筹安排常规巡察、专项巡察和机动式巡察，推进巡察向村（社区）延伸，高质量推进巡察监督全覆盖。牢牢把握政治巡察方向，把“探照灯”聚焦在被巡察党组织的政治立场和政治生态上，着力发现落实党的路线方针政策和党中央、省市县委决策部署方面存在的责任问题、腐败问题、作风问题等。深入探索审计巡察对接联动新机制，把巡察与净化政治生态相结合，与整治群众身边的腐败问题相结合，与解决日常监督发现的突出问题相结合，形成监督合力。强化巡视巡察成果运用，夯实各级党组织整改主体责任，进一步完善纪检监察机关、组织部门加强对整改日常监督的工作机制，形成有序衔接、互为补充、协调一致的整改监督链条。及时组织“回头看”，对整改责任不落实、敷衍整改，甚至边改边犯的严肃追责问责。健全完善巡察办公室职能，探索创新巡察工作体制机制，进一步提质提效。加强巡察队伍建设，组建巡察人才库，精心选拔政治素质和政策水平高、业务能力强的巡察队伍，全面锻造党内监督的“前哨”、发现问题的“尖兵”，不断提升巡察质量。

（六）继续保持正风反腐高压态势，巩固发展反腐败斗争压倒性胜利。要坚持靶向治疗、精确惩治，对县域内重大工程、重点领域和关键岗位深入开展监督检查，加大金融、生态环保、国土、房地产等领域反腐力度，依法查处贪污贿赂、滥用职权、玩忽职守、徇私舞弊等职务违法和职务犯罪行为。着力做好审查调查“后半篇文章”，用身边事教育身边人，在案发单位开展警示教育大会，以案说纪、以案说法、以案说责，以警示强化不敢腐的震慑，以教育筑牢不想腐的思想堤坝。用好纪律检查建议书和监察建议书，深化“一案一整改”，坚持以案为鉴、以案促改，督促案发单位加大问题整改力度，健全制度、堵塞漏洞。发挥反腐败协调小组统筹协调作用，不断增强反腐败工作合力。

（七）强化基层公权力监督，持续整治群众身边腐败和作风问题。继续深入开展扶贫领域腐败和作风问题专项治理，以作风攻坚促进脱贫攻坚。开展民生领域专项整治，加强对香河县30项民心工程工作推进的监督，着力解决教育医疗、环境保护、食品药品安全等方面侵害群众利益的问题，严肃查处基层干部贪污侵占、虚报冒领、截留挪用、优亲厚友等行为。持续开展人防系统腐败问题专项治理，推动人防部门建章立制、规范管理，构建人防系统清正廉洁的长效机制。深挖彻查涉黑涉恶腐败和“保护伞”，深化“一案三查”，沿着“一条主线、三条支线”，严肃查处党员干部和公职人员助长黑恶势力坐大成势、干预和阻挠案件调查处理等问题，严肃查处“村霸”宗族恶势力和黄赌毒背后的腐败行为。强化对基层公权力的监督制约，完善基层纪委“积分制”履责考评体系，开展基层站所执法队伍集中整顿，常态化开展村级财务审计，进一步完善村级“小微权力”清单内容，强化村级“小微权力”监管，织密基层权力运行的“廉政防护网”。

（八）从严从实加强自身建设，打造政治过硬、本领高强的纪检监察铁军。带头加强党的政治建设，当好党和人民的忠诚卫士，建设让党放心、让人民满意的模范队伍。带头提升履职本领，加大干部教育培训力度，搭建“学习培训、业务提升、岗位练兵、青年成长、以赛促学”五大平台，不断增强纪检监察干部做思想政治工作本领、精准监督能力、开展审查调查水平等专业素养。加大纪检监察干部轮岗交流力度，实现全面培养、多岗位锻炼，促进系统内的“良性循环”。强化作风和纪律建设，落实“三严三实”要求，严格执行监督执纪工作规则，把执纪执法权力关进制度笼子，确保依纪依法、安全文明办案，做到“清理门户、打扫庭院”经常化，坚决防止“灯下黑”。自觉接受党内监督和其他各方面监督，以铁的纪律维护队伍纯洁性，打造忠诚干净担当的纪检监察铁军。

新时代纪检监察工作使命光荣、责任重大，全面从严治党永远在路上。县纪委常委会将更加紧密地团结在以习近平同志为核心的党中央周围，在省市纪委监委和县委的坚强领导下，不忘初心、牢记使命，奋发进取、砥砺前行，奋力谱写新时代纪检监察工作高质量发展的香河篇章，为加快建设美丽幸福新香河作出新的更大贡献。

# 香河县人民法院工作报告

## ——在香河县第十五届人民代表大会第三次会议上

香河县人民法院院长　刘　君

（2019 年 1 月 17 日）

## 2018 年主要工作

一年来，县法院以习近平新时代中国特色社会主义思想为指导，全面贯彻党的十九大精神，牢牢把握公正司法、司法为民主线，深入开展扫黑除恶专项斗争和“基本解决执行难”攻坚行动，全面推进新时代人民法院工作实现新发展。县法院司法改革、文化建设等工作步入全省先进，荣立集体二等功。

### 一、以服务大局为着眼点，全力化解矛盾纠纷，维护社会公平正义

全年受理案件 8759 件，审结 8125 件，结案率 92.76%，员额法官人均结案 280 件。

**扫黑除恶专项斗争向纵深发展。**受理刑事案件 271 件，审结 269 件，结案率 99.26%。县法院始终站在讲政治高度，增强责任感和使命感，对涉黑恶案件与推进以审判为中心的刑事诉讼改革紧密结合，实现快审、快判；对审结的案件全面排查涉黑恶势力犯罪线索及“保护伞”线索；开展扫黑除恶专项斗争宣传实现全覆盖，制作明白纸、口袋书，发动并引导群众主动参与到扫黑除恶专项斗争中来。受理审结涉恶案件 8 件，判处罪犯 36 人。适用“3+4”大陪审模式公开审理郑某、李某等非法拘禁、故意伤害、毁坏财物、寻衅滋事、强迫交易案，增强人民群众获得感、幸福感、安全感。

**保障县域经济发展坚实有力。**受理民商事案件 5094 件，审结 4899 件，结案率 96.17%。全面贯彻平等保护不同所有制主体要求，审结合同纠纷 2200 件，推动形成平等有序、充满活力的营商环境；审结家事纠纷 652 件，营造和睦、健康的家庭关系和社会关系；妥善处理重大项目推进过程中的涉案纠纷，开设绿色通道，审结某房地产公司诉某村委会、王某房屋拆迁安置补偿案及其他商品房买卖、物业服务等涉房地产案件 540 余件，促进市场经济正常健康发展。

**助推政府法治建设平稳运行。**坚持监督、支持行政机关依法行政与保护行政相对人合法权益并重，受理行政案件 45 件，审结 45 件；受理非诉行政执行案件 264 件，全部执结，为全县“两违”整治提供优质法律保障；建立健全与行政机关良性互动，加强沟通交流，开展业务指导，邀请执法人员观摩庭审 200 余人次，提升依法行政意识，促进法治政府建设。

### 二、以基本解决执行难为重心，重拳打击失信行为，推动诚信香河建设

举全院全员之力，向执行难宣战。受理执行案件 2957 件，执结 2520 件，执结率 85.22%，“基本解决执行难”第三方评估“四项核心指标”全部达标。

**凝聚千钧之力。**“基本解决执行难”工作得到党政领导高度重视和全力支持。县委常委会专

题听取“基本解决执行难”工作汇报；成立打赢“精准执行”攻坚战领导小组，县委主要领导任总指挥，召开执行联动联席推进会，各职能部门协同配合；县“两办”出台打赢精准执行攻坚战和联合惩戒实施意见，基本形成党委领导、政府支持、政法委协调、法院主办、部门配合、各界参与的综合治理执行难大格局。

**营造雷霆之势。**建设高标准执行指挥中心，全面实现指挥中心自动查询、冻结功能，确保银行存款、房产、车辆等“一网打尽”。开展“燕赵利剑”专项行动，对有能力履行而逃避执行的“老赖”挥“重拳”，组织集中执行49次，拘留56人次，拘传120人次，罚款8万元，查询工商、房产、车辆等信息4万余次，冻结资金近3亿元，查封不动产资产近4亿元，网络查控申请380余万次；强化联合惩戒机制，1032名被执行人被纳入失信名单，121人嵌入行政审批平台，实现行政审批、投资置业限制；移送1件拒不执行生效判决案，维护司法权威。

**奏响攻坚之歌。**邀请数名人大代表、政协委员深入一线见证执行。在县电视台、《新香河》及新城广场等大屏幕曝光失信被执行人信息，在《中国法院网》等媒体刊发多篇向“老赖”亮剑为主题的文章；联合检察院、公安局发布惩治拒执罪通告，并在全县400余个村街、社区张贴；拍摄微电影《执行内外》，在最高院、省高院微电影评选活动中荣获“优秀奖”，增进社会各界对执行工作的理解和支持。

## 三、以提升司法公信力为动力，推进司法体制改革，提升办案质效

全面推进司法改革措施落地生根，不断提升司法公信力。

**优化资源配置。**完成法官单独序列职务套改、三大类人员分类管理，健全司法人员职业保障等改革举措，设置审判团队25个，遴选优秀法官担任合议庭主审法官，确保员额法官、法官助理、书记员权责清晰，办案质效稳步提升。

**落实司法责任制。**制定《审判权力责任清单》《院庭长办理案件暂行规定》等制度，在繁简分流、简案快审、类案同审、繁案精审等工作上下功夫，坚持院庭长带头办理重大、疑难案件，逐级压实责任，发挥示范效应。

**深化陪审员制度改革试点。**在实践中不断摸索，确保陪审员制度改革试点在良性轨道上发展。全县164名人民陪审员参审、调解案件210件350人次，普通程序案件陪审员参审率100%，推进了司法民主。推行“2+3”“3+4”大陪审模式，打造陪审员制度改革的“香河模式”，受邀参加由全国人大组织的《人民陪审员法（草案）》评估会、最高院主办的中英陪审员制度研讨会，并做典型发言。

## 四、以“五个过硬”为基本遵循，落实从严治党要求，打造过硬法院队伍

贯彻习近平总书记“五个过硬”要求，加强正规化、专业化、职业化建设，打造信念坚定、执法为民、敢于担当、清正廉洁的法院队伍。

**强化理想信念。**加强意识形态工作，召开党风廉政建设和反腐败工作会议，组织十九大精神及廉政知识测试，筑牢防腐底线；升级机关党委，建设标准化党员活动室，打造党建长廊，通过院长讲党课、重温入党誓词、集体宣誓、慰问老党员等，营造良好政治生态。

**强化文化建设。**将文化建设融入审判各个领域，加强教育培训，改建图书室、乒乓球室，开展演讲比赛、摄影展等活动，丰富文化生活；成立学雷锋志愿者服务队，开展创城宣讲，展示干警积极向上的精神风貌，提高队伍凝聚力和战斗力。

**强化执纪问责。**严格落实“两个责任”“一岗双责”，切实把纪律严起来，多年来，无一干警违法违纪。强化外部监督，主动接受人大、政协监督，主动向县人大常委会报告工作，走访人

大代表、政协委员30余人次，邀请人大代表、政协委员视察法院、旁听观摩100余人次；庭审直播案件1313件，公开审判流程信息6400条，裁判文书上网2844份，实现阳光司法。

**五、以为人民服务为宗旨，抓好基层基础工作，争创司法服务品牌**

坚持把司法为民理念体现在司法办案的每一个细节，充分展示人民法院和法官良好形象。

**诉讼服务中心提档升级。**加强诉讼服务中心窗口建设，推行诉讼引导、立案查询、网上立案缴费等“一站式”服务；加大对困难群众司法救助力度，缓减免诉讼费近60万元，司法救助200余万元；推行律师、调解员进驻法院参与调解新模式，减轻当事人诉累。

**维稳防控成效显著。**开展“送法进企业”活动，了解企业司法需求；开展“送法进社区”活动，选择典型案件就地开庭、巡回审判，实现“审理一案、教育一片”；多措并举，畅通信访监督渠道，健全责任制，明确责任主体，共接访当事人232人次，化解信访案件57件，实现积案基本化解、新的信访案逐渐减少。

**多元化解机制无缝衔接。**以创建无诉讼乡镇村街为抓手，签署《无诉讼乡镇村街共建协议》，形成庭、站、点、员“四位一体”便民网络；深化诉调对接，构建以法庭为中心，派出所、司法所、人民调解委员会等协同参与的“1+N”多元纠纷化解机制，凝聚司法调解、人民调解、行政调解合力，共诉前化解案件400余件，努力实现“小事不出村、大事不出镇、矛盾不上交”，促进社会和谐。

县法院上述成绩的取得，是全院干警牢记使命、顽强拼搏的结果，更是县委的坚强领导，县人大的有力监督，县政府、县政协、各有关部门及社会各界鼎力支持的结果。

同时，县法院清醒地认识到县法院仍然存在不少困难和问题：司法辅助人员不足，严重影响审判工作可持续性发展；干警的司法能力与司法责任制要求仍有一定差距，少数案件审判质效还不够高；智慧法院建设仍需加强，依靠科技推进司法办案的力度还需进一步加大；执行工作还有短板、执行不规范还不同程度存在；运用市场化、社会化手段破解司法难题的方法还需进一步创新。面对这些问题和困难，县法院将采取有效措施，努力加以解决。

## 2019年工作部署

2019年，是新中国成立70周年，做好今年工作意义重大。县法院指导思想是：以习近平新时代中国特色社会主义思想为指导，全面贯彻党的十九大精神，全面落实县委第十一届四次全会决策部署，坚持“政治建院、公信立院、科技强院、从严治院”，努力提升司法能力，为建设美丽幸福新香河提供有力的司法保障。

**一是坚持依法履职，努力在服务大局上有新作为。**深入推进“两学一做”学习教育常态化、制度化，确保十九大精神落地生根；落实县委、政府工作部署，贯彻新发展理念，服务实体经济，服务供给侧结构性改革，为创新创业营造良好法治环境；恪守法治思维，坚定不移、不折不扣推进扫黑除恶专项斗争，净化社会环境；妥善处理因城镇改造、土地流转、环境治理等产生的纠纷，为推进北京城市副中心与廊坊市“北三县”协同发展提供司法保障。

**二是坚持公正司法，努力在审判质效上有新提升。**完善以人民调解为基础、司法调解为主导、司法审判为保障的多元化纠纷解决机制，坚持发展新时代的“枫桥经验”，创建无诉讼乡镇村街；对照第三方评估指标体系，加快补齐短板，继续在执行规范化上下功夫、在执行长效机制上做文章；进一步增强接受人大、政协、检察和社会各界监督的自觉性，有针对性地改进工作，提升管理水平。

**三是坚持便民利民，努力在司法为民上有新突破。**持之以恒审理好家事纠纷、劳动争议、商品房买卖等案件，开展涉民生、涉执信访专项执行行动；深化司法为民便民利民举措，加强人民法庭基础设施建设和规范管理，着力提供更加精细的司法服务，提升人民群众法治素养；牢固树立以人民为中心的发展思想，加强对困难群体权益保护，确保困难群体打得起官司，让困难申请人获得最基本的司法救助，提升司法形象。

**四是坚持开拓创新，努力在司法改革上有新进展。**深化司法体制综合配套改革，做好人财物省级统管工作，落实司法责任制，优化审判团队，健全员额动态管理和退出机制，推进审判辅助事务集约化管理，全面释放司法改革整体效能；继续推行专业法官会议制度改革，深化陪审员制度改革，扩大参审范围，健全履职激励机制；围绕“移动互联”，推动诉讼服务向移动终端拓展，深化在线调解、电子送达、庭审语音识别系统转换、电子卷宗同步生成等信息系统开发和应用，推进智慧法院建设。

**五是坚持内外兼修，努力在队伍建设上有新气象。**坚持内强素质，继续强化业务培训，提高司法能力；落实全面从严治党责任，切实增强“四个意识”，牢牢把握司法领域意识形态主导权。按照“支部建在庭上、党小组建在审判团队上”的要求，落实党建责任制；健全监督制约机制，始终保持正风肃纪高压态势，持之以恒改进司法作风，加大巡查和审务督察力度，严管厚爱，确保法官清正、法院清廉、司法清明。

县法院将在县委的坚强领导下，在县人大及其常委会的监督支持下，忠实履行宪法和法律赋予的职责，认真贯彻本次大会精神，为建设美丽幸福新香河做出新的更大贡献!

附

## 相关用语名词解释和说明

**①推进以审判为中心的刑事诉讼改革：**由最高人民法院、最高人民检察院、公安部、国家安全部、司法部发布并实施。法院审判工作要重点抓好严格贯彻证据裁判原则的要求、着力提高人权司法保障水平、充分发挥庭审在查明事实、认定证据、保护诉权、公正裁判中的决定性作用、完善审判程序繁简分流机制。

**②“3+4”大陪审模式：**是一种特殊的人民陪审模式。对于涉及群体利益、社会公众利益、人民群众广泛关注或社会影响较大的刑事、民事、行政案件推行“ 3 名法官+4 名人民陪审员”大合议庭陪审模式，最大程度地发挥陪审员社会阅历丰富、了解社情民意的优势。

**③“基本解决执行难”第三方评估：**为体现解决执行难效果评估工作的客观性、中立性和权威性，最高人民法院引入第三方评估机构，对“基本解决执行难”工作进行跟踪评估。

**④“燕赵利剑”专项行动：**为认真贯彻落实最高院“基本解决执行难”决策部署，省高院在全省开展了“燕赵利剑”专项行动，以决战决胜的精神状态，攻坚克难，坚决如期打赢“基本解决执行难”这场硬仗。

**⑤强化联合惩戒机制：**由国家发展改革委和最高人民法院牵头，人民银行等 44 家联合签署《关于对失信被执行人实施联合惩戒的合作备忘录》，提出 55 项惩戒措施，对失信被执行人全面进行限制。

**⑥“五个过硬”：**2018 年 1 月 5 日，习近平总书记在学习贯彻党的十九大精神研讨班开班式上，对中央委员会成员和省部级主要领导干部提出的“五个过硬”，是指信念过硬、政治过硬、

责任过硬、能力过硬、作风过硬。

⑦**党建长廊**：为提高广大干警文化素质，加强党性修养，县法院充分利用办公走廊闲置空间，以党建文化为主题内容，精心打造党建文化墙，使党员干警在潜移默化中受到党建文化墙内容的熏陶。

⑧**网上立案缴费**：为进一步方便当事人交纳诉讼费，县法院开通网上自助交纳诉讼费服务，让当事人或代理人足不出户就可以轻松缴费。

⑨**创建无诉讼乡镇村街**：创建“无诉讼乡镇村街”活动是市中院提出的“十项改革”举措之一，目的是坚持以人民为中心的发展理念，推动乡村振兴战略、搭建基层社会矛盾纠纷化解平台，打造新时代的“廊坊经验”。

⑩**庭、站、点、员“四位一体”便民网络**：构建以法庭为主体，以法官工作站为依托，以巡回审判点为补充，以司法联络员为触角的“四位一体”便民诉讼网络，为人民群众提供及时便捷、优质高效的司法服务，促进社会和谐稳定。

# 香河县人民检察院工作报告

## ——在香河县第十五届人民代表大会第三次会议上

香河县人民检察院检察长　刘振华

（2019年1月17日）

## 2018年工作回顾

2018年，县检察院在县委和上级院的正确领导下，在县人大及其常委会的有力监督下，在县政府、县政协及社会各界的关心支持下，深入学习贯彻党的十九大、十九届二中、三中全会精神，以习近平新时代中国特色社会主义思想为指导，顺应人民群众在法治、公平等方面的新期待，忠实履行宪法和法律赋予的职责，全面提升检察质效，各项检察工作取得新进展。先后被省委省政府评为“文明单位”、“优秀青少年维权岗”。

### 一、围绕党委政府工作大局，助力全县经济社会发展

**着力服务三大攻坚战。**防范化解金融风险，批捕合同诈骗、非法经营等犯罪12人，提起公诉30人，为维护市场经济秩序提供了有力的司法保障。全力护航精准脱贫攻坚，起诉危害农村稳定、侵害农民利益等犯罪8人。深入村街、集市开展法律宣传活动，提供法律咨询帮助108人次。积极参与污染防治攻坚战，开展“利剑斩污”等专项行动，办理破坏生态环境等犯罪8人，提起公诉7人。

**重视保护非公有制经济发展。**针对非公企业在经济活动中的法律需求，县检察院与多家企业建立定点联系制度，为其提供法律咨询服务。通过举办法律风险管理、商业秘密保护等培训班，进一步提高企业法律风险防范水平。

**推进社会治安综合治理。**深化落实“谁执法谁普法”责任制，检察长、副检察长分别兼任中小学法治副校长，带头开展法制教育。组织“反校园欺凌”等主题宣讲活动6场，受教师生1500余人。深入推进矛盾纠纷化解，依法对亲友、邻里等纠纷引发的轻微刑事案件促成刑事和解34件，对犯罪情节轻微的案件不批捕26人，不起诉20人。

### 二、依法履行批捕起诉职能，维护社会稳定

全年共批准逮捕各类刑事犯罪298人，提起公诉366人。

**深入开展“扫黑除恶”专项斗争。**坚持把扫黑除恶专项斗争作为重大政治任务和重大政治责任，重点谋划、重点部署、重点推进。与监察委、公安、法院协作配合，形成打击合力，全年共批准逮捕涉恶犯罪37人，提前介入13件，提起公诉33人,批捕率、起诉率均高于全省平均水平。在村“两委”换届选举过程中，对竞选村（社区）“两委”成员违法犯罪情况进行审查、复查，核查人员6201人次，查出问题人员13人，确保黑恶势力“无缝可入”，严厉打击了恶势力的嚣张气焰。

**依法打击各类刑事犯罪。**切实保护公民人身权、财产权，批捕严重暴力、多发性财产犯罪104人，起诉131人。突出打击群众反映强烈的犯罪，批捕危险驾驶、制售假药等犯罪8人，起诉60人；依法打击妨害社会管理秩序犯罪，批捕妨碍公务、涉黄赌毒等犯罪24人，起诉24人。

**依法做好职务犯罪检察工作。**探索建立职务犯罪案件“捕诉合一”工作机制，明确专门部门

办理职务犯罪案件。与县监察委会签《关于办理职务犯罪案件暂行办法（试行）》，对监察委移送的王某涉嫌挪用公款案，提前介入引导侦查，依法提起公诉。

**依法维护特殊群体合法权益。**加强妇女儿童权益保护，批捕性侵、猥亵妇女儿童犯罪13人，起诉14人；加强老年人权益保护，批捕故意伤害、诈骗老年人犯罪5人，起诉8人。

### 三、忠实履行法律监督职责，切实维护司法公正

**加强刑事诉讼监督。**针对立案不当问题，监督侦查机关立案 8 件，撤案 2 件。纠正侦查活动中违法情形 54 件，向公安机关发送书面检察建议 14 件。追捕漏犯 8 人，追诉漏犯 11 人，追加漏罪 1 件 1 人。认真落实检察长列席法院审判委员会制度，讨论公诉案件 3 次。

**强化民事行政审判监督。**办理审判程序违法监督案件4件，执行监督案件3件，提出行政督促履职检察建议31件，均被有关单位采纳。

**强化刑事执行监督。**加大监管场所安全防范检查力度，提出纠正违法通知并被采纳 20 件。办理羁押必要性审查案件 21 件，变更强制措施的建议均被相关单位采纳。与县司法局联合开展社区矫正工作执法检查活动，实地走访座谈基层司法所 14 个，检查社区矫正人员 192 名，书面纠正社区矫正违法 10 件。

**大力推进公益诉讼工作。**主动向县委、人大汇报公益诉讼工作，县“两办”印发了《关于深入推进检察机关提起公益诉讼工作的实施意见》，为公益诉讼工作提供有力支持和制度保障。针对生态环境和资源保护、食品药品安全等重点领域，开展专项监督工作，办理公益诉讼案件36件，办结27件。

### 四、深化改革创新，推动检察工作转型发展

**推进司法责任制改革。**继续深化检察官办案责任制，入额院领导全部到一线办案，全年共办理案件 112 件。完善绩效考核办法、员额检察官司法办案工作考评办法，将工作业绩、效率与评先评优挂钩。省检察院司改组来县检察院调研时，对县检察院司法改革工作给予高度评价。

**打造智慧检务。**远程庭审、远程提讯、远程接访、羁押人员监督管理平台等信息化手段的应用，切实提高了检察工作质效。建成全市首家高标准的未成年人犯罪检察“一站式”办案区，利用心理测试仪等科技设备为青少年开展心理救助。运用网络技术、软件技术管理实体档案和电子数据，建成全县首家通过“5A”级认证的档案室。

### 五、锤炼检察队伍，夯实检察发展根基

**强化思想教育，做到政治过硬。**制定党建责任清单，落实意识形态工作责任制，推进党建、队伍建设和文化建设有机融合。牢固树立“四个意识”、坚定“四个自信”、落实“两个维护”，扎实推进“两学一做”主题教育常态化、制度化，积极开展政治学习周、书记讲党课等活动。建设标准化的党员活动中心和“党员之家”。

**强化人才培养，做到业务过硬。**组织各类培训 23 次，网络在线考试 3 批 114 人次。组织开展岗位练兵、技能比武、模拟庭审等活动 17 次。围绕扫黑除恶、捕诉合一等主题，积极参加业务培训班，提高了新形势下开展检察工作的能力。

**强化党风廉政建设，做到作风过硬。**严格落实党组“两个责任”和中央“八项规定”，驰而不息纠正“四风”。继续开展“机关作风建设年”活动，营造风清气正、海晏河清的良好政治生态。组织检务督察 13 次，继续保持县检察院干警违纪违法“零纪录”。

### 六、树立检察良好形象，提升检察公信力

**严格规范司法行为。**加强流程监控、节点控制，坚持系统监督与案前、案中、案后监督相结合，运用“案件质量评查系统”评查各类案件 268 件，逐案制作评查台账和问题清单，并及时核查整改。

**主动接受外部监督。**落实与人大代表沟通联

系制度，班子成员定期向人大代表通报检察工作、听取意见。邀请人大代表、政协委员、人民监督员以及社会各界人士参加座谈会、检察开放日等重大检察活动，主动征询其对检察工作的意见和建议。2018年，共办理提请人民监督员监督案件3件。

**积极打造“阳光检察”**。通过门户网站公开法律文书221份，发布案件程序性信息373件。通过微信、微博等新媒体发布检察工作信息264篇，在各级报纸、杂志等传统媒体发表检察工作信息89篇，保障了人民群众对检察工作的知情权、参与权和监督权，推动检务公开向纵深发展。

过去一年成绩的取得，是县委正确领导、县人大及其常委会有力监督，县政府、县政协和社会各界大力支持的结果。

回顾一年来的工作，县检察院深知成绩来之不易，经验弥足珍贵，但是在总结成绩的同时，县检察院也清醒地认识到，当前检察工作中仍存在不少问题和不足：**一是**服务香河高质量发展的思路不够开阔，服务手段单一，服务大局的能力还需提高；**二是**法律监督职能的发挥还不够充分，监督途径还需进一步拓宽，监督方法还需进一步创新；**三是**民事行政检察工作还存在短板弱项，公益诉讼检察工作刚刚起步。对此，县检察院将坚持问题导向、树立短板意识，下大力气予以解决。

## 2019年检察工作思路

坚持以习近平新时代中国特色社会主义思想为指导，全面贯彻落实中央和省市县委的各项决策部署，积极适应检察职能调整，强化法律监督主责主业，深化司法体制综合配套改革，突出加强能力作风建设，创造性地做好新时代检察工作，为建设美丽幸福新香河提供强有力的司法保障。

**一、服务大局更有作为**。紧紧围绕县委打造美丽幸福新香河的要求，主动回应群众对美好生活的需求，守牢安全稳定底线。聚焦“三大攻坚战”持续发力，继续深入开展扫黑除恶专项斗争，对已办理的案件循线深挖，逐一见底，主动加强与公安机关、法院的协调配合，提前介入引导侦查、完善快捕快诉机制，从重、从快、从严打击黑恶势力。

**二、法律监督更加精准**。认真贯彻落实修改后的刑事诉讼法，积极适应认罪认罚从宽、刑事诉讼缺席审判等制度带来的新要求，确保法律得到正确实施。做深做实刑事诉讼监督，加强民事行政诉讼监督，切实维护社会公平正义。在党委领导、政府支持下，用好公益诉讼这一职能，严格把握诉前程序标准，努力当好公益诉讼的代表者和守护者。

**三、队伍建设更加严实**。以强化能力作风建设为重点，锻造政治过硬、本领高强的新时代检察队伍。继续深入开展习近平新时代中国特色社会主义思想大学习、大培训，严格落实意识形态工作责任制。制定和落实对内监督规定，形成长效机制。将青年人才培养作为基础性战略性工程常抓不懈，着力培养业务骨干和拔尖人才，建设新时代检察官队伍。

**四、检察改革更加深入**。以内设机构改革为契机，适应新形势新变化，进一步优化工作机制，整合办案力量，提高办案效率。继续深化以审判为中心的刑事诉讼制度改革，充分发挥检察机关诉前介入、诉中主导作用，确保案件事实清楚、证据确实充分。探索推进轻微刑事案件速裁机制，推动案件繁简分流，缩短办案期限，简化办案程序，最大限度地快速办理。

在新的一年里，县检察院将更加紧密地团结在以习近平为核心的中共中央周围，在县委的坚强领导下，认真贯彻本次大会精神，不忘初心、牢记使命，扎实履职、锐意创新，努力创造无愧于新时代的检察业绩，为建设美丽幸福新香河作出更大的贡献。

# 附 录

## 名词解释

**"拆违"**：拆除违章建筑。

**"大班额"**：随着城镇化进程的加快，流动人口不断向城区涌入，人民群众对优质教育资源的需求与教育供给之间的矛盾日益突出，城市学校所承受的压力越来越大，城区学校每个班的人数剧增，超出额定人数的班的现象。大班额有两类：每个班 66 人以上称为超大班额，56 人以上称为大班额。

**党员"四库"**："四库"即申请入党人员库、入党积极分子库、预备党员库、党员库。

**"放管服"**：简政放权、放管结合、优化服务的简称。"放"即简政放权，降低准入门槛。"管"即创新监管，促进公平竞争。"服"即高效服务，营造便利环境。

**枫桥经验**：枫桥经验是 20 世纪 60 年代初，浙江省诸暨市枫桥镇干部群众创造的"发动和依靠群众，坚持矛盾不上交，就地解决，实现捕人少、治安好"的管理方式。

**河渠"清四乱"**：清理乱占、乱采、乱堆、乱建行为。

**"两不愁、三保障"**：不愁吃（含安全饮水）、不愁穿，义务教育、基本医疗、住房安全有保障。

**"两河"**：特指香河县境内的潮白河、北运河。

**"两会"**：中华人民共和国全国人民代表大会与中国人民政治协商会议以及省、市、县人民代表大会与人民政治协商会议。

**"两个维护"**：坚决维护习近平总书记在党中央和全党的核心地位、坚决维护党中央权威和集中统一领导。

**"两个责任"**：中国共产党第十八届中央委员会第三次全体会议提出，落实党风廉政建设责任制，党委负主体责任，纪委负监督责任。

**"两考三评一定"**：2016 年 6 月 12 日，香河县建立农村干部"两考三评一定"机制，即半年考核、年终考核，村街党员群众评议、执法执纪部门评审、基层党（工）委评鉴，确定村干部星级等次。

**"两违"**：违法占地和违法建设的行为。

**"两学一做"**：学党章党规、学系列讲话，做合格党员。

**"六稳"**：稳就业、稳金融、稳外贸、稳外资、稳投资、稳预期。

**廊坊市"北三县"**：廊坊市行政区域内北部的香河县、大厂回族自治县和三河市。

**楼宇经济**：楼宇经济是近年来中国城市经济发展中涌现的一种新型经济形态。它是以商务楼、功能性板块和区域性设施为主要载体，以开发、出租楼宇引进各种企业，从而引进税源，带动区域经济发展为目的，以体现集约型、高密度为特点的一种经济形态。主要表现为现代服务业，如金融业、咨询业、广告策划、影视制作、网络公司、律师事务所、会计事务所、咨询中介公司、高科技企业、娱乐服务企业、房地产开发企业、旅游服务企业、交通通讯企业等国内外各类企业和公司。

**“煤替代”“电代煤（煤改电）”“气代煤（煤改气）”：**用电、天然气等清洁能源代替燃煤。

**“亩均论英雄”：**将农业领域“亩产”概念引入工业领域，通过建立一套以“单位产出效益”为核心的评价指标体系，对园区及工业企业进行综合评价，并建立要素差异化配置的制度设计，其目的就是转变资源利用方式，助推工业高质量发展。

**农村“两室”：**农村党支部办公室、党员活动室。

**农村“两委”：**农村党支部委员会、村民委员会。

**“七进”文艺演出：**文艺演出进企业、进农村、进机关、进校园、进社区、进网站、进军营。

**“‘七五’普法”：**中共中央宣传部、中华人民共和国司法部关于在公民中开展法治宣传教育的第七个五年规划（2016－2020年）。

**“散乱污”企业：**不符合产业政策，不符合当地产业布局规划，未办理工信、发改、土地、规划、环保、工商、质监、安监、电力等相关审批手续，不能稳定达标排放的企业。散：不符合当地产业布局规划，没有进驻工业园区的规模以下企业。乱：不符合产业政策的企业，应办而未办理相关审批手续的企业，存在于居民集中区的企业、工业摊点、工业小作坊。污：指无污染防治设施或污染防治设施不完备、不能对产生的污染物进行有效收集、无组织排放严重的企业，污染防治设施不具备达标排放能力的企业，没有治理价值的企业，不能实现稳定达标排放的企业。

**社会主义核心价值观：**富强、民主、文明、和谐，自由、平等、公正、法治，爱国、敬业、诚信、友善。

**“双创”：**大众创业、万众创新。出自2014年9月夏季达沃斯论坛上国务院总理李克强的讲话，李克强提出，要在960万平方公里土地上掀起“大众创业”“草根创业”的新浪潮，形成“万众创新”“人人创新”的新势态。

**“双创双服”：**河北省开展的以创新创业、服务发展、服务民生为主要内容的活动。

**“双随机、一公开”：**在监管过程中随机抽取检查对象，随机选派执法检查人员，抽查情况及查处结果及时向社会公开。“双随机、一公开”是国务院办公厅于2015年8月发布的《国务院办公厅关于推广随机抽查规范事中事后监管的通知》中要求在全国全面推行的一种监管模式。

**“双拥”：**地方政府拥军优属，军队拥政爱民。

**“三创四建”：**创新、创业和创建全国文明城市、国家卫生城市、国家森林城市；建设现代化经济体系，建设城乡融合高质量发展体系，建设一流营商环境体系，建设现代化社会治理体系。

**“三定”方案：**是各级机构编制部门，对所辖范围内所有的党政机关、人民团体、事业单位等机构，在单位初设或者机构改革过程中有重大变更事项时，颁布实施的纲领性文件，是每一个单位的身份证、户口簿。三定具体是指：定职能、定机构、定编制。

**“三会一课”：**是指按照党章和党内有关规定，定期召开支部大会、支部委员会、党小组会，按时上好党课。

**“三个区分开来”：**即把干部在推进改革中因缺乏经验、先行先试出现的失误和错误，同明知故犯的违纪违法行为区分开来；把上级尚无明确限制的探索性试验中的失误和错误，同上级明令禁止后依然我行我素的违纪违法行为区分开来；把为推动发展的无意过失，同为谋取私利的违纪违法行为区分开来。

**“三公”经费：**党政机关、人民团体及事业单位等财政开支的部门人员因公出国（境）经费、公务用车的购置及运行经费、公务招待经费。

**“三农”：**农业、农村、农民。

**“三深化、三提升”：**深化“双创双服”活动、提升高质量发展水平；深化民心工程、提升保障改善民生水平；深化纠正“四风”和作风纪律专项整治、提升工作效能和营商环境。

**“四风”：**形式主义、官僚主义、享乐主义和奢靡之风。

**“四个意识”：**政治意识、大局意识、核心意识、看齐意识。

**“四个自信”：**中国特色社会主义道路自信、理论自信、制度自信、文化自信。

**“四好”农村公路：**建设好、管理好、养护好、运营好农村公路。

**“四力”：**新闻工作者的“脚力、眼力、脑力、笔力”

**“四违”党员：**“四违”即违法、违纪、违规、违信。

**“四医联动”改革：**医疗、医保、医药、医价联动改革。

**“四议两公开一监督”：**所有村级重大事项在广泛征求民意的基础上，村党组织会提议；村“两委”会商议；村党员议事会或党员大会审议；村民代表会议或村民会议决议，最后由村委会执行，村民监督委员会和党员群众进行民主监督）

**“四种形态”：**第一种形态，党内关系要正常化，批评和自我批评要经常开展，让咬耳扯袖、红脸出汗成为常态。第二种形态，党纪轻处分和组织处理要成为大多数。第三种形态，对严重违纪的重处分、作出重大职务调整应当是少数。第四种形态，而严重违纪涉嫌违法立案审查的只能是极少数。

**“十三五”规划：**中华人民共和国国民经济和社会发展第十三个五年规划，“十三五”的时间为2016－2020年。

**“十四五”规划：**中华人民共和国国民经济和社会发展第十四个五年规划。“十四五”规划的时间为2021－2025年。

**“通武廊”：**北京市通州区、天津市武清区、河北省廊坊市。

**“五好红旗支部”：**政治建设好、组织功能好、制度执行好、任务完成好、作用发挥好。

**“五规范五加强”：**规范思想政治建设，筑牢信仰之基；规范党内组织生活，提升党性修养；规范组织体系设置，增强组织活力；规范机关阵地建设，筑牢基层堡垒；规范党员发展管理，提高发展质量。加强担当精神培树，凝聚干事合力；加强纪律作风建设，提升服务效能；加强党务培训管理，提升党务水平；加强先进典型培树，打造党建品牌；加强服务平台建设，亮出党员风采。

**新九通一平：**信息通、市场通、法规通、配套通、物流通、资金通、人才通、技术通、服务通和双创平台。

**夜经济：**是指从当日18时至次日凌晨所发生的，以当地居民、工作人群、游客为消费主体，以购物、餐饮、娱乐、休闲等服务消费为主要形式的经济活动。

**“1+5”专项治理：**“1”即违建别墅问题；“5”即违法违规用地、违法违规建设、违法违规采矿、违法违规采砂、破坏生态环境。

**“一案三查”：**落实党风廉政建设开展责任追究，一查当事人的违纪违法责任；二查党委（党组）的主体责任；三查纪委（纪检机构）的监督责任。

**“一府一委两院”：**“一府”是指人民政府，“一委”是指监察委员会，“两院”是指人民法院、人民检察院。

**“一岗双责”：**“一岗”就是一个领导干部的职务所对应的岗位；“双责”就是一个领导干部既要对所在岗位应当承担的具体业务工作负责，又要对所在岗位应当承担的党风廉政建设责任制负责。

**“一问责八清理”**：一问责：对党的领导弱化、主体责任缺失，管党治党不力、发生严重违纪违法问题的，抓住典型，严肃问责，公开处理。八清理：对超职数配备干部、违规进人问题，违规公费出国(境)、公款旅游问题，乱收费、乱摊派问题，领导干部经商办企业及其亲属利用其职务影响谋取不正当利益问题，滞留截留套取挪用财政专项资金特别是涉农资金问题，省属企业违规配车、用车问题，招标投标不规范、违规出让土地、违反规划调整容积率等问题，懒政怠政、不作为、不在状态问题，进行清理。

**“医共体”**：即医疗卫生服务共同体。在保证财政投入政策和政府投入渠道不变的前提下，由县级公立医院与镇级卫生院组建医共体，镇级卫生院机构名称和行政隶属关系不变，加挂县级公立医院医共体牌子，医共体内人员、资金、业务、绩效考核、药品采购供应实行统一管理。

**“中央八项规定”**：2012 年 12 月 4 日，中共中央政治局召开会议，审议通过了中央政治局关于改进工作作风、密切联系群众的八项规定。主要内容：（1）要改进调查研究，到基层调研要深入了解真实情况，总结经验、研究问题、解决困难、指导工作，向群众学习、向实践学习，多同群众座谈，多同干部谈心，多商量讨论，多解剖典型，多到困难和矛盾集中、群众意见多的地方去，切忌走过场、搞形式主义；要轻车简从、减少陪同、简化接待，不张贴悬挂标语横幅，不安排群众迎送，不铺设迎宾地毯，不摆放花草，不安排宴请。（2）要精简会议活动，切实改进会风，严格控制以中央名义召开的各类全国性会议和举行的重大活动，不开泛泛部署工作和提要求的会，未经中央批准一律不出席各类剪彩、奠基活动和庆祝会、纪念会、表彰会、博览会、研讨会及各类论坛；提高会议实效，开短会、讲短话，力戒空话、套话。（3）要精简文件简报，切实改进文风，没有实质内容、可发可不发的文件、简报一律不发。（4）要规范出访活动，从外交工作大局需要出发合理安排出访活动，严格控制出访随行人员，严格按照规定乘坐交通工具，一般不安排中资机构、华侨华人、留学生代表等到机场迎送。（5）要改进警卫工作，坚持有利于联系群众的原则，减少交通管制，一般情况下不得封路、不清场闭馆。（6）要改进新闻报道，中央政治局同志出席会议和活动应根据工作需要、新闻价值、社会效果决定是否报道，进一步压缩报道的数量、字数、时长。（7）要严格文稿发表，除中央统一安排外，个人不公开出版著作、讲话单行本，不发贺信、贺电，不题词、题字。（8）要厉行勤俭节约，严格遵守廉洁从政有关规定，严格执行住房、车辆配备等有关工作和生活待遇的规定。

**总部经济**：总部经济是指一些区域由于特有的优势资源吸引企业总部集群布局，形成总部集聚效应，并通过“总部——制造基地”功能链条辐射带动生产制造基地所在区域发展，由此实现不同区域分工协作、资源优化配置的一种经济形态。

# 索　　引

**说　　明：**

1. 本索引采用主题分析法编制，范围包括篇目、类目、分目和条目等。

2. 本索引按主题词首字汉语拼音字母（同音按声调）顺序排列，若首字拼音相同，则按照第二个汉字音序排列，以此类推。

3. 索引中主题词后面的数字，表示内容所在的页码。

## A



## B

C

## E



## F

## G

H

J

K

L

M



N

P



Q

R



S

T

X

Y

## Z